Les fonctions du consentement des administrés en droit administratif français

Logiques Juridiques

Fondée par Gérard Marcou

Dirigée par Jean-Claude Némery et Thomas Perroud

Le droit n'est pas seulement un savoir, il est d'abord un ensemble de rapports et pratiques que l'on rencontre dans presque toutes les formes de sociétés. C'est pourquoi il a toujours donné lieu à la fois à une littérature de juristes professionnels, produisant le savoir juridique, et à une littérature sur le droit, produite par des philosophes, des sociologues ou des économistes notamment.

Parce que le domaine du droit s'étend sans cesse et rend de plus en plus souvent nécessaire le recours au savoir juridique spécialisé, même dans des matières où il n'avait jadis qu'une importance secondaire, les ouvrages juridiques à caractère professionnel ou pédagogique dominent l'édition, et ils tendent à réduire la recherche en droit à sa seule dimension positive. À l'inverse de cette tendance, la collection « Logiques juridiques » des éditions L'Harmattan est ouverte à toutes les approches du droit. Tout en publiant aussi des ouvrages à vocation professionnelle ou pédagogique, elle se fixe avant tout pour but de contribuer à la publication et à la diffusion des recherches en droit, ainsi qu'au dialogue scientifique sur le droit. Comme son nom l'indique, elle se veut plurielle.

Dernières parutions

Amer TABBARA, *Les actions de groupe dans le contentieux international*, 2020.

Mathieu BAUCHARD, *Emmanuel Macron et l'imposition de la richesse, La politique fiscale des hauts revenus et patrimoines entre 2019 et 2019*, 2020.

Newton Tavares FILHO, Juger les lois, *L'activisme du Tribunal suprême au Brésil*, 2020.

BALLA CISSE, *Le juge, la doctrine et le contrôle des lois de révision de la constitution,* 2020.

Boris BARRAUD, *La prospective juridique*, 2020.

Virginie LANCERON, *La fonction de coordination en droit public,* 2019.

Abir ELMEKKI, Les réserves aux traités relatifs aux droits de l'homme : évolutions récentes, 2019.

Behnaz HAKIMI, Protection de la faune sauvage dans l'Union Européenne et principe de proportionnalité, 2019.

Jean-Nazaire TAMA, *Nouveau droit de la responsabilité de protéger, droit international public et régional*, 2019.

Catherine TEITGEN-COLLY et Olivier RENAUDIE (Dir.), *Confiance et droit public*, 2019.

Mohamed Jamal BENNOUNA, *Responsabilité civile extracontractuelle et assurance des constructeurs, Droit comparé*, 2019.

Basile MÉRAND

Les fonctions du consentement des administrés en droit administratif français

Avant-propos de Benoît PLESSIX
Professeur à l'Université de Paris II Panthéon-Assas

Préface de Mathieu DOAT
Professeur de droit public à l'Université de Perpignan Via-Domitia

L'Harmattan

5-7, rue de l'École-Polytechnique, 75005 Paris
http://www.editions-harmattan.fr
ISBN : 978-2-343-19223-9
EAN : 9782343192239

AVERTISSEMENTS ET REMERCIEMENTS

Le présent ouvrage est issu d'une thèse de doctorat en droit public, soutenue publiquement le 27 novembre 2015 à l'Université de Bretagne Occidentale devant un jury composé de M. Gilles DARCY, Professeur émérite de droit public à l'Université Paris Nord, Paris XIII ; M. Benoît PLESSIX, Professeur de droit public à l'Université Panthéon-Assas, Paris II ; Mme Catherine RIBOT, Professeure de droit public à l'Université de Montpellier I ; Mme Béatrice THOMAS-TUAL, Maître de conférences à l'Université de Brest, doyen honoraire ; Mathieu DOAT, Professeur de droit public à l'Université de Brest, directeur de recherche.

Le texte présenté ici au lecteur ajoute à la version de soutenance certains éléments, suite aux remarques qui ont pu être faites par les membres du jury. Pour l'essentiel, le texte a été conservé.

Merci à tous ceux, Maîtres, Parents, Amis, sans qui ce travail n'aurait pu voir le jour.

Merci au laboratoire Lab-*Lex* et à l'Université Catholique de l'Ouest, qui participent financièrement à la publication de cet ouvrage.

Lab-LEX ubs: UBO
Laboratoire de recherche en droit EA 7480

UCO
UNIVERSITÉ CATHOLIQUE DE L'OUEST

AVANT-PROPOS

Appelé à présider hier le jury de thèse de l'auteur, monsieur Basile Mérand me demande aujourd'hui de la présenter aux lecteurs dans sa version publiée, en avant-propos de la thèse et de la préface de son directeur de thèse. Je le fais bien volontiers, ayant trouvé à l'époque, à la lecture de sa thèse, que monsieur Mérand avait travaillé sur un sujet original, délaissé par la doctrine, et qu'il en avait fait une étude très intéressante.

Le premier mérite de cette thèse est de tordre le cou à une idée reçue, selon laquelle le consentement serait un peu le monopole du droit privé. Le droit public français lui fait également une large place, y compris dans des domaines régaliens. Le consentement de l'administré ne se rencontre pas en effet seulement, par mimétisme, dans la conclusion d'un contrat public : on en trouve trace en matière médicale (le consentement du malade), en droit fiscal (le consentement à l'impôt), en droit des biens (par exemple, le consentement du propriétaire à l'ouverture au public d'une voie privée ou le consentement de l'exproprié) et enfin de manière fréquente dans les procédures administratives. Monsieur Basile Mérand ne s'est toutefois pas contenté de dresser l'inventaire des hypothèses où le consentement des administrés est requis. Sa recherche s'est orientée plus précisément sur l'étude des fonctions de la notion de consentement en droit administratif, et il s'est volontairement limité à l'étude de son rôle juridique, laissant de côté les explications historiques ou sociologiques. De ce point de vue, son travail aboutit à trois conclusions. Tout d'abord, par sa présence ou, au contraire, par son absence, le consentement structure le discours doctrinal, en constituant un élément de définition d'un certain nombre de notions du droit administratif. Ensuite, notamment au regard des textes du droit positif, le consentement permet l'exercice de multiples libertés par les administrés, notamment dans le domaine des droits de la personnalité, tout en mettant à juste titre en avant le fait que cette recherche du consentement de l'administré (en matière de voies privées, d'expropriation, d'impôts, etc.) est parfois un élément de renonciation à certains droits et à certaines garanties. Enfin, le consentement assure une fonction de légitimation de l'action administrative, la prise en compte par l'Administration du consentement de l'administré pouvant être mise au service de l'appareil de domination étatique.

Il n'appartient évidemment pas à l'auteur d'un simple avant-propos, ni de déflorer la thèse qu'on va lire, ni d'empiéter sur les propos de celui qui l'a dirigée. Je ne peux laisser qu'au lecteur le soin et le plaisir de découvrir par lui-même cet ouvrage original qui vient ici combler un angle mort de la recherche juridique en droit public. Chaque lecteur en tirera ce qui l'intéresse ; il se fera aussi par lui-même son opinion sur les points d'accord et les points de désaccord avec l'auteur. Pour ma part, la lecture de la thèse de monsieur Basile Mérand m'a conforté dans une certaine pérennité de la vision objectiviste du droit administratif français : les analyses de Duguit ou de Jèze, notamment sur l'acte-règle ou l'acte-condition, restent utiles pour comprendre certains phénomènes. Dans tous les exemples choisis par l'auteur, c'est en effet toujours le législateur qui prévoit l'intervention du consentement de l'administré dans la production d'effets de droit. De sorte que la volonté est moins la source qu'un déclencheur d'effets de droit. En droit public, c'est bien la règle de droit qui prévoit à l'avance, dans certaines hypothèses, que la recherche de l'accord de l'administré devra être une condition légale de l'accomplissement d'une opération administrative, que celle-ci, du reste, soit de nature unilatérale ou contractuelle, question qui importe ici au fond assez peu, ce qui confirme que le publiciste a des choses à dire différentes de celles du privatiste, même sur des concepts dont on peut croire qu'ils sont, sinon propres au droit privé, du moins communs à toutes les branches du droit.

Benoît Plessix
Professeur à l'Université Paris II Panthéon-Assas

PREFACE

Monsieur Basile Mérand a eu la délicatesse de me demander de faire une préface sur une thèse dont j'ai suivi la construction. L'exercice est difficile car il me faut tenter de relier un texte, un auteur et son futur lecteur et je dois partager mon expérience vécue de directeur, de premier lecteur et tout simplement de juriste.

Présenter les fonctions du consentement en droit administratif dans son historique et ses enjeux est un défi que Basile Mérand a largement relevé ici. Avec la rigueur et l'écriture du juriste qui veut transmettre, il nous expose dans cet ouvrage une recherche sur un objet qui était longtemps resté à l'écart du champ de notre discipline. Si l'étude de l'adhésion, de l'accord est centrale en droit privé et se retrouve dans toutes les théories de l'Etat depuis les écrits sur le contrat social ou encore sur l'institution, la question de l'accord ou de l'adhésion des administrés est beaucoup plus rarement posée. Et pourtant, quoi de plus rassurant pour une administration que le consentement ? Dire oui, à une décision administrative est sans aucun doute la meilleure manière d'organiser un vivre ensemble.

Un des nombreux mérites de cette étude est donc d'avoir vu l'intérêt d'une recherche sur le consentement des administrés. Comme l'explique dès son introduction l'auteur de cette thèse, pour renforcer la performance de l'administration et garantir l'effectivité des droits fondamentaux, il est devenu essentiel de s'intéresser au destinataire et plus particulièrement à sa perception des textes juridiques. Il est en effet important que l'administration tienne compte de sa communication et du fait fondamental qu'une décision n'est jamais parfaitement unilatérale. C'est une relation qui implique un auteur, un texte et son récepteur. Le travail de l'auteur s'inscrit ainsi dans les lignes générales dessinées par Paul Ricoeur qui a été un des premiers philosophes à concevoir la littérature comme une forme de communication qui relie ces trois instances[1].

Bien que monsieur Mérand considère le droit comme une forme de communication, il n'en insiste pas moins sur la spécificité de la relation entre l'administré et l'administration par rapport aux autres formes d'échanges juridiques. Tout au long de ces années de thèse, l'auteur s'est livré à une véritable enquête, recherchant dans la jurisprudence et les textes juridiques, les traces du consentement des administrés, tout en discutant les formes mais

[1] Cf. Paul Ricœur, *Du texte à l'action, Lectures herméneutiques II,* éd. du Seuil, 1986.

aussi les manifestations de ce phénomène. Cette thèse ne se contente pas de faire le récit de la diffusion du consentement sur le terrain de l'administration. Elle ne part pas de certaines certitudes dogmatiques et notamment d'une forme idéalisée de ce concept, longtemps mis en scène en droit privé. Si la thèse se forge autour d'une intuition première, monsieur Mérand a su la resituer dans le système administratif. Mais il n'en est pas resté là. Il a mis ses pensées à l'épreuve, car toute thèse connait des passages difficiles, des zones d'ombres, des contradictions et des limites. Le doute a donc été un moteur important, en soutenant cette enquête de sa force positive, en consolidant les hypothèses.

C'est pourquoi l'auteur ne s'est pas engagé dans une construction d'une notion de consentement empreinte de certitudes. Lors de nos rencontres régulières, il reconnaissait n'avoir aucune conviction définitive sur cette question et il a préféré dans son introduction, indiquer des éléments de définition, sans prétendre livrer l'essence du mot et de la chose. Il est vrai que l'on peut se faire piéger par ce mot qui peut prendre des significations multiples, comme s'il était une « sorte de cube où les diverses faces racontent chacune une histoire »[2]. Ecartant des approches excessives, monsieur Mérand, conformément à la pensée de Michel Villey qu'il affectionne, a recherché un certain équilibre dans sa définition en indiquant que « le mot désignera dans cette étude *la volonté, librement émise par un sujet de droit, de créer des effets de droit et extériorisée en direction d'autrui* ». Partant de cette définition modérée et peut-être discutable, qui traduit un certain scepticisme à l'encontre des grandes constructions scientifiques, monsieur Mérand s'est proposé d'analyser précisément les trois fonctions remplies par le consentement des administrés. Car le concept de consentement est capable du meilleur comme du pire. Il nous aide dans un travail de définition de certaines notions administratives. Il légitime des actions administratives discutables. Il permet l'exercice de liberté. Il dissimule des rapports de pouvoir.

Plus la thèse avance, plus on découvre les obscurités de ce mot. Entre accepter et permettre, entre dire oui et ne pas s'opposer, il existe toute une palette qui permet à l'administration d'user du consentement pour agir. Le oui de l'administré oscille entre liberté et adhésion ; il signifie aussi bien acquiescer, autoriser ou permettre un acte administratif. Comme l'avait déjà souligné Maurice Hauriou[3], toute adhésion à un acte ne signifie pas pour autant un accord avec le contenu et la mise en place d'un rapport d'égalité entre l'administration et l'administré. Et la thèse s'interroge d'une manière très opportune, dans sa troisième partie, sur le sens politique du

---

[2] Cf. Geneviève Fraisse, *Du consentement,* éd. du Seuil, 2017, p. 20.

[3] Maurice Hauriou, *Principes de droit public,* 1ère éd., 1910, rééd. Dalloz, 2010.

consentement. Il serait possible alors de voir à partir de l'étude de monsieur Mérand, que la question du consentement ne peut pas être appréhendée sans inscrire celui-ci dans le contexte qui le détermine et le borne, à savoir un paternalisme administratif bienveillant, car consentir à plus fort que soit est une autre forme de répétition de l'autorité paternelle. La thèse prudente, vertu centrale de ce texte, se garde d'une conclusion aussi radicale. Elle montre que les pratiques du consentement sont trop complexes pour les réduire à une stratégie de domination. Et nous retrouvons à la lecture de cette belle thèse, une des autres qualités de son auteur.

Il est certain que l'ouvrage de Basile Mérand ouvre des pistes de recherches originales et nous savons que le lecteur sera guidé par un texte passionnant qui a un souci constant de clarté et de précision et qui se méfie du superflu. Il est certain aussi qu'il va adhérer à ce manuscrit et consentir à de nombreuses propositions. De multiples aspects pourront être discutés. Monsieur Mérand sait pertinemment que la perfection est un chemin. Et si le doute et la prudence ont été les moteurs de sa recherche, sa thèse a su, indubitablement, enchainer des éléments de vérité afin de permettre une solide compréhension des fonctions du consentement de l'administré.

Mathieu Doat
Professeur de droit public à l'Université de Perpignan Via Domitia

LISTE DES PRINCIPALES ABREVIATIONS

Act.	Actualités
AJCT	*L'actualité juridique – Collectivités territoriales*
AJDA	*L'actualité juridique – Droit administratif*
AJPénal	*L'actualité juridique – Pénal*
Al.	Alinéa
AN	Assemblée Nationale
Archives parlementaires	*Archives parlementaires de 1787 à 1860*, sous la direction de J.-M. MAVIDAL et M.-E. LAURENT
APD	*Archives de Philosophie du Droit*
Art.	Article
Asso.	Association
BDP	Bibliothèque de droit public
BF	*Bulletin fiscal Francis Lefebvre*
BJCP	*Bulletin juridique des contrats publics*
BO	*Bulletin officiel*
Bull. crim.	*Bulletin de la chambre criminelle de la Cour de cassation*
Cass.	Cour de Cassation
CAA	Cour Administrative d'Appel
CC	Conseil Constitutionnel
CCI	Chambre de commerce et d'industrie
CCNE	Conseil Consultatif National pour l'Ethique et les sciences de la vie et de la santé
CE	Conseil d'Etat
Cf.	*Confer*
Chron.	Chronique
Cie	Compagnie
Circ.	Circonscription
CJEG	*Cahiers juridiques de l'électricité et du gaz*
CMP	*Contrats et marchés publics, actualité de l'achat public*
Cne	Commune
CNIL	Commission Nationale Informatique et Libertés

Coll.	Collection
Comm.	Commentaire
Concl.	Conclusions
Cons.	Considérant
Conv. EDH	Convention européenne de sauvegarde des droits de l'homme et des libertés fondamentales
Cour. EDH	Cour européenne des droits de l'homme
Coord.	Coordination
CP	Conseil de préfecture
CR	Compte-rendu
CRAPS	Centre de Recherches Administratives, Politiques et sociales
CTI	*Collectivités territoriales et intercommunalité*
Cts	Consorts
CURAPP	Centre Universitaire de Recherches Administratives et Politiques de Picardie
Dlle	Demoiselle
Doc.	Document(s)
DOM	Départements d'outre-mer
DP	*Dalloz périodique*
Dpt	Département
Droits	*Droits, revue française de théorie juridique*
Duvergier	*Collection complète des lois, décrets, ordonnances, règlemens, avis du Conseil d'Etat,* par J.-B. DUVERGIER
EDCE	*Etudes et documents du Conseil d'Etat*
EHPAD	Etablissement d'Hébergement pour Personnes Agées et Dépendantes
EPCI	Etablissement Public de Coopération Intercommunale
Epx	Epoux
Et a.	Et autre(s)
Ets	Etablissements
Et s.	Et suivant(e)(s)
Gaz. Pal.	*La Gazette du Palais*
HLM	Habitations à loyer modéré
IR	Informations rapides
Jcl.	*Jurisclasseur*
Jcl. adm.	*JurisClasseur administratif*
Jcl. coll. terr.	*JurisClasseur collectivités territoriales*

JCPA	*Jurisclasseur périodique administration et collectivités territoriales*
JCPG	*La semaine juridique, édition générale*
JD	JurisData
JOAN	*Journal Officiel* de l'Assemblée Nationale
JORF	*Journal Officiel de la République Française*
JO Sénat	*Journal Officiel* du Sénat
juris.	Jurisprudence
Jurisprudence du Conseil d'Etat	*Jurisprudence du Conseil d'Etat, depuis 1806*, par J.-B. Sirey
LPA	*Les petites affiches*
Min.	Ministre
NBT	Nouvelle bibliothèque de thèses
NRH	*Nouvelle revue historique de droit français et étranger*
Obs.	Observations
p. ou pp.	Page ou pages
Plén.	Assemblée plénière
PMP	*Politiques et Management Public*
PUAM	Presses universitaires d'Aix-Marseille
Quest.	Question
PUF	Presses Universitaires de France
R.	*Recueil Lebon*
RDI	*Revue de Droit de l'Immobilier*
RDLF	*Revue des Droits et Libertés Fondamentaux*
RDP	*Revue du Droit Public et de la science politique en France et à l'étranger*
RPDA	*Revue Pratique de Droit Administratif*
Réimp.	Réimpression
Rep. cont. adm. Dalloz	*Répertoire de Contentieux Administratif Dalloz*
Rep. proc. civ. Dalloz	*Répertoire de Procédure Civile Dalloz*
Rep. resp. puiss. publ. Dalloz	*Répertoire de la Responsabilité de la Puissance Publique Dalloz*
RFAP	*Revue Française d'Administration Publique*
RFDA	*Revue Française de Droit Administratif*
RFDC	*Revue Française de Droit Constitutionnel*
RFFP	*Revue Française de Finances Publiques*
RFSP	*Revue Française de Science Politique*
RGDIP	*Revue Générale de Droit International Public*

RGDM	*Revue Générale de Droit Médical*
RHD	*Revue Historique de Droit français et étranger*
RIDA	*Revue Internationale du Droit d'Auteur*
RIDC	*Revue Internationale de Droit comparé*
RISA	*Revue Internationale de Sciences Administratives*
RJEP	*Revue Juridique de l'Economie Publique*
RLCT	*Revue Lamy des Collectivités Territoriales*
RLDI	*Revue Lamy Droit de l'Immatériel*
RRJ	*Droit prospectif, Revue de la Recherche Juridique*
RSC	*Revue de Science Criminelle et de droit pénal comparé*
RSF	*Revue de Science financière*
RTD civ.	*Revue Trimestrielle de Droit Civil*
RTDH	*Revue Trimestrielle des Droits de l'Homme*
SCI	Société Civile Immobilière
Spéc.	Spécialement
SPA	Service Public Administratif
SPIC	Service Public Industriel et Commercial
Sté	Société
Synd.	Syndicat
T.	Tables du *Recueil Lebon*
TA	Tribunal administratif
TOM	Territoire d'outre-mer
Trad.	Traduction
Vol.	Volume

SOMMAIRE

« La première marque du prince souverain, c'est la puissance de donner loy à tous en général, et à chacun en particulier [...] sans le consentement de plus grand, ni de pareil, ni de moindre que soy »
Jean Bodin, Les six livres de la République

« Le Conseil d'Etat, attentif aux interactions des évolutions de la société et des besoins de l'administration, souhaite revenir sur cette question de l'autorité et du consentement, du commandement et de la négociation »
Conseil d'Etat, Rapport public 2011

INTRODUCTION GENERALE

1. « Ce fut [...] l'étonnement qui poussa, comme aujourd'hui, les premiers penseurs aux spéculations philosophiques »[4]. Ce même étonnement, vanté par de nombreux philosophes[5], peut encore animer une recherche juridique en général et des travaux sur le consentement des administrés en particulier. A ce sujet, en effet, un double étonnement se fait jour.

2. Si l'on adopte tout d'abord un point de vue juridique, il paraît surprenant qu'il puisse être question, en droit administratif, du consentement des administrés. Cette branche du droit est souvent présentée comme celle de la puissance publique, de la souveraineté et de l'unilatéralité. Autant de notions qui semblent, au moins à première vue, incompatibles avec le consentement des destinataires de l'action administrative. Comme l'indiquait récemment le Conseil d'Etat, « le droit public repose [...] tout entier sur l'idée d'une prééminence de l'acte unilatéral, expression d'une volonté générale davantage valorisée que la volonté particulière »[6]. Gaston JEZE affirmait déjà que « ces règles juridiques spéciales, les procédés du droit public, se ramènent à cette idée essentielle : l'intérêt particulier doit s'incliner devant l'intérêt général »[7]. Or rien ne semble plus contraire à cette finalité que l'obligation qu'aurait l'administration de prendre en compte le consentement des administrés.

3. D'un autre côté, si l'on envisage la question d'un point de vue plus général, presque politique, il serait étonnant que le droit administratif ne fasse pas place au consentement des administrés. « Dans tout système politique concret, il y a de la contrainte et du consentement »[8]. On voit dès lors difficilement comment il pourrait en être différemment dans ce droit

---

[4] ARISTOTE, *Métaphysique*, A, 2, 982b, 12, trad. et notes par J. TRICOT, Librairie philosophique J. Vrin, coll. « Bibliothèque des textes philosophiques », 1933, réimp. 1991, tome 1, *Livres A-Z*, 309 p., pp. 8-9.

[5] Voir les auteurs cités par P. AMSELEK, « L'étonnement devant le droit », *Sur les notions du contrat*, *APD*, n°13, 1968, pp. 163-183. L'auteur, p. 175, invite pour sa part le juriste à une attitude systématique d'étonnement afin de « rendre plus riche son contact quotidien avec les choses juridiques ».

[6] CONSEIL D'ETAT, *Le contrat, mode d'action publique et de production de normes. Rapport public 2008*, La documentation française, 2008, 397 p., p. 91.

[7] G. JEZE, *Les principes généraux du droit administratif*, tome 2, *La notion de service public. Les individus au service public. Le statut des agents publics*, Giard, 3ème éd., 1930, réimp. Dalloz, coll. « Bibliothèque Dalloz », 2004, 848 p., p. 3.

[8] G. BURDEAU, *Traité de science politique*, tome 2, *L'Etat*, LGDJ, 2ème éd., 1967, 682 p., p. 129. L'auteur poursuit, insistant sur l'importance du consentement : « mais tandis que le consentement se passe évidemment de la contrainte, celle-ci ne peut pas aller sans être étayée par le consentement d'une partie au moins des membres du groupe ». Voir plus généralement le paragraphe intitulé « Le consentement au pouvoir », pp. 125-144.

éminemment politique qu'est le droit administratif[9]. D'une manière plus spécifique, l'œuvre des penseurs de la modernité consiste principalement à construire l'Etat et le droit à partir du consentement des citoyens. C'est tout le travail de HOBBES que d'établir un système, certes encore autoritaire, mais consenti[10], avant que LOCKE et surtout ROUSSEAU n'en viennent à imaginer un système politique également consenti mais cette fois-ci démocratique[11]. Le consentement, traduction concrète de l'autonomie, devint ainsi la marque de la modernité politique en se substituant au commandement, expression de l'hétéronomie[12]. L'Etat moderne tout entier est donc « fondé sur le consentement »[13]. On ne voit alors pas comment le droit administratif, qui s'inscrit dans le cadre plus vaste du droit public, c'est-à-dire du droit de l'Etat, pourrait exclure de manière systématique la question du consentement.

4. Par-delà ces raisonnements théoriques, l'étude du droit positif ne permet pas de douter du fait que le droit administratif accorde une place au consentement des administrés. Sa présence plutôt discrète dans les représentations de la matière ne doit pas masquer la réalité. Les recherches montreront qu'il se retrouve aussi bien dans les textes que dans la

---

[9] Comme l'affirme F. MELLERAY, « le droit administratif est fondamentalement un droit politique, au sens où ses différentes règles, des plus essentielles à certaines d'apparence plus anodine, reposent, plus ou moins directement, sur un substrat idéologique, sur une conception du rôle de l'Etat, du champ de son intervention et de ses rapports avec les administrés » : « L'exorbitance du droit administratif en question(s) », *AJDA*, 2003, pp. 1961-1964, p. 1961.

[10] *Cf.* J. SAADA-GENDRON, *Hobbes et le sujet de droit : contractualisme et consentement*, CNRS, coll. « CNRS philosophie », 2010, 248 p. Pour l'auteur, HOBBES constitue le penseur clef de la modernité politique en plaçant à la base de l'espace politique le contrat et le consentement des sujets de droit. Sur ce sujet, voir notamment M. VILLEY, « Métamorphose de l'obligation », dans *Critique de la pensée juridique moderne. Douze autres essais*, Dalloz, 1976, réimp. coll. « Bibliothèque Dalloz », 2009, 274 p., pp. 201-217.

[11] C'est donc la figure du contrat social qui domine la pensée politique et juridique moderne et sur laquelle repose l'ensemble de l'édifice juridique.

[12] H. KELSEN affirmait que « la question décisive du point de vue des individus soumis aux normes est la suivante : leur obligation naît-elle avec leur consentement, c'est-à-dire leur volonté conforme, ou apparaît-elle au contraire sans ce consentement, éventuellement même contre leur volonté ? C'est cette distinction que l'on présente généralement sous les termes d'autonomie et d'hétéronomie ; la doctrine a accoutumé d'établir l'antithèse de l'autonomie et de l'hétéronomie essentiellement sur le terrain du droit public ; elle y apparaît sous la forme de la distinction entre la démocratie et l'autocratie, ou entre la république et la monarchie ; elle y fournit la division traditionnelle des formes politiques ou formes de gouvernement » : *Reine Rechtslehre, Einleitung in die rechtswissenschaftliche Problematik*, Vienne, 2ème éd., 1960, trad. par Ch. EISENMANN, *Théorie pure du droit*, Dalloz, coll. « Philosophie du droit », 1962, 496 p., p. 371.

[13] L. JAUME, « Représentation », dans Ph. RAYNAUD et S. RIALS (dir.), *Dictionnaire de philosophie politique*, PUF, coll. « Quadrige. Dicos poche », 3ème éd., 2003, 892 p., pp. 651-657, p. 656.

jurisprudence ou la doctrine. Qui plus est, il ne s'agit pas seulement d'une présence anecdotique, mais relativement fréquente et touchant à un grand nombre de chapitres du droit administratif. Une telle affirmation ne va pas de soi. Il convient donc de s'intéresser à la justification d'une telle étude (Section 1) avant d'en préciser la méthode (Section 2).

Section 1
Intérêt d'une étude consacrée au consentement des administrés

5. Deux raisons principales justifient une étude consacrée au consentement des administrés en droit administratif français. La première, que l'on pourrait qualifier de matérielle, résulte du fait qu'elle s'inscrit dans des problématiques juridiques essentielles (I). La seconde, qui pourrait se rapprocher d'une explication formelle, tient au fait que les travaux existant en ce domaine paraissent insuffisants, rendant nécessaire la réalisation d'une étude générale sur ce sujet (II).

I. Une recherche s'insérant dans des problématiques juridiques fondamentales

6. L'intelligence allant du général au particulier, il convient de situer cette recherche dans son contexte le plus large avant de l'étudier dans son environnement plus immédiat. Par ailleurs, parce qu'il touche autant à la volonté des sujets de droit qu'aux relations entre l'administration et les administrés, le sujet de cette étude s'inscrit dans des problématiques juridiques fondamentales. Si certaines concernent le droit en général (A), d'autres intéressent plus spécifiquement le droit administratif (B).

A. Une recherche s'insérant dans des problématiques juridiques fondamentales et générales

7. L'étude du consentement des administrés en droit administratif s'inscrit dans des perspectives plus vastes, dont deux semblent devoir être relevées. La première concerne l'attention croissante accordée aux destinataires des normes. Alors que pendant longtemps ce sont les auteurs des normes juridiques, leur compétence et leurs pouvoirs qui ont davantage retenu l'attention, un déplacement du point d'observation de la réalité juridique peut être relevé. Sans doute résulte-t-il de multiples facteurs comme le développement de la sociologie juridique[14] ou de l'analyse économique du droit mais aussi et plus particulièrement de la subjectivisation du droit et de sa fondamentalisation.

8. L'analyse économique du droit, parce qu'elle cherche à prendre en compte les considérations d'efficacité, impose de mesurer l'impact des normes sur leurs destinataires. Comme l'affirme Jacques CAILLOSSE, « pour le juriste, la prise en compte de l'efficacité suppose un changement de terrain, un déplacement donc : alors, il ne peut plus se contenter de regarder le droit depuis les institutions qui sont habilitées à le fabriquer, il lui faut choisir un autre lieu d'observation et prendre le point de vue des acteurs auxquels la norme est destinée, ceux-là mêmes qui la pratiquent, l'interprètent, bref, la vivent »[15].

9. Ce sont plus particulièrement la subjectivisation et la fondamentalisation du droit qui imposent de prendre davantage en considération le destinataire des normes juridiques, celui-ci se voyant reconnaître un certain nombre de droits, préexistants à l'Etat, qu'il doit pouvoir être en mesure de faire valoir de manière effective par le système juridique étatique. Le droit objectif et « les lois positives ne sont que le moyen d'assurer la protection de ces droits "subjectifs", historiquement et ontologiquement premiers »[16]. D'une certaine manière, ce n'est plus le droit objectif qui tient la première place et dont on pourrait inférer les droits subjectifs de chacun, mais ceux-ci qui s'imposent par conséquent à celui-là. Il y a donc un renversement de perspective[17] et à partir du moment où l'homme devient le point de départ du système juridique, la prise en compte de sa volonté est requise avec davantage de force[18].

10. Cette attention portée aux destinataires des normes permet de mettre en lumière la seconde problématique fondamentale dans laquelle

---

[14] *Cf.* notamment J. CARBONNIER, *Sociologie juridique*, PUF, coll. « Quadrige », 2ème éd., 2004, 415 p., spéc. le paragraphe intitulé « Les hommes », pp. 388-397.

[15] J. CAILLOSSE « Introduction. Esquisse d'une réflexion sur une fausse évidence : l'efficacité du droit », dans M. FATIN-ROUGE STEFANINI, L. GAY et A. VIDAL-NAQUET (dir.), *L'efficacité de la norme juridique : nouveau vecteur de légitimité ?*, Bruylant, coll. « A la croisée des droits », 2012, 352 p., pp. 153-159, p. 159.

[16] J. CHEVALLIER, « Vers un droit post-moderne ? Les transformations de la régulation juridique », *RDP*, 1998, pp. 659-690, p. 667.

[17] Pour une mise en relief de cette évolution, voir M. VILLEY, *La formation de la pensée juridique moderne*, PUF, coll. « Quadrige », 2003, 624 p. L'auteur consacre un grand nombre des travaux, historiques ou philosophiques, mais toujours critiques, à la notion de droit subjectif. *Cf.* notamment *Le droit et les droits de l'homme*, PUF, coll. « Quadrige », 2008, 169 p.

[18] *Cf.* N. FOULQUIER, *Les droits publics subjectifs des administrés. Emergence d'un concept en droit administratif français du XIXe au XXe siècle*, Dalloz, coll. « NBT », vol. 25, 2003, 805 p., pp. 329-335.

s'inscrit le sujet : l'évolution de la technique juridique contemporaine. En raison notamment de la complexification et de la crise de l'autorité qui touchent nos sociétés occidentales[19], « le droit d'aujourd'hui passe volontiers, en termes d'éthique, du registre de la direction autoritaire des conduites à celui de la direction non autoritaire des conduites, de même d'ailleurs qu'il passe volontiers d'une direction hétéronome des conduites, à une direction autonome. Le reflux des prescriptions dans la production juridique est un symptôme de ces mutations : il traduit bien la tendance du droit à glisser de l'emploi du commandement à celui de la recommandation ; il est très lié, aussi, comme on le verra, au passage fréquent de la norme imposée de l'extérieur à la recherche du consentement à la norme »[20]. Faisant écho à la formule de SIEYES selon laquelle « lors même que vous trouveriez le moyen d'établir partout le bon ordre sans notre concours, nous ne pouvons pas souffrir qu'on dispose de nous sans nous »[21], la postmodernité juridique développe une « "mauvaise conscience" de l'unilatéral »[22]. Il devient dès lors nécessaire de prendre davantage en compte les destinataires des normes, si ce n'est de faire de ceux-ci les auteurs de celles-là. La technique juridique semble donc irrésistiblement se déplacer de la pyramide au réseau[23], de la loi ou du statut au contrat[24] et de la contrainte au consensus voire au consentement[25]. Plus fondamentalement, la contractualisation, résultant en partie de cette même crise de l'autorité[26],

---

[19] Voir notamment P. AMSELEK, « L'évolution générale de la technique juridique dans les sociétés occidentales », *RDP*, 1982, pp. 275-294.

[20] J.-B. AUBY, « Prescription juridique et production juridique », *RDP*, 1988, pp. 673-686, p. 674.

[21] E.-J. SIEYES, *Qu'est-ce que le tiers état ?*, 1789, nouv. éd., PUF, coll. « Quadrige », 1982, 93 p., p. 56.

[22] Y. GAUDEMET, « Loi et contrat », dans *Les Cahiers du Conseil constitutionnel*, n°17, 2004, pp. 75-76, p. 75. Voir encore J. CHEVALLIER, « Loi et contrat dans l'action publique », dans *Les Cahiers du Conseil constitutionnel*, n°17, 2004, pp. 81-86 et J.-P. GAUDIN, *Gouverner par contrat*, Presses de Sciences Po, coll. « Références », 2ème éd., 2007, 275 p.

[23] Fr. OST et M. VAN DE KERCHOVE, *De la pyramide au réseau ? Pour une théorie dialectique du droit*, Bruxelles, Facultés universitaires Saint-Louis, coll. « Publications des facultés universitaires Saint-Louis », 2002, 596 p.

[24] Sur ce point, voir notamment A. SUPIOT, *Homo juridicus. Essai sur la fonction anthropologique du droit*, éd. du Seuil, coll. « La couleur des idées », 2005, 333 p. et J.-Fr. KERVEGAN, « "From status to contract" ? Variations sur un thème trop bien connu », dans G. LEWKOWICZ et M. XIFARAS (dir.), *Repenser le contrat*, Dalloz, coll. « Méthodes du droit », 2009, 305 p., pp. 93-104.

[25] Sur ce point, voir notamment J. CHEVALLIER, « Vers un droit post-moderne ? Les transformations de la régulation juridique », *op. cit.*, pp. 659-690.

[26] *Cf.* notamment CONSEIL D'ETAT, *Le contrat, mode d'action publique et de production de normes. Rapport public 2008*, *op. cit.*, p. 15.

semble une des conséquences les plus tangibles de ces mutations qui affectent toutes les branches du droit. La loi, qui régnait jadis sur la culture juridique continentale[27], tend à être remplacée par le contrat[28], qui devient l'outil juridique « à la mode »[29], appelé par conséquent à une « singulière fortune »[30].

11. Tous ces éléments invitent à prendre pour point d'observation le destinataire des normes juridiques ainsi que son consentement. D'autres, spécifiques au droit administratif, incitent encore à envisager une étude prenant comme objet particulier le consentement des administrés.

B. Une recherche s'insérant dans des problématiques juridiques fondamentales spécifiques au droit administratif

12. Les problématiques relevées ci-dessus mériteraient d'être à nouveau développées, cette fois-ci sous l'angle particulier du droit administratif. Il faudrait évoquer notamment le fait que le droit administratif prend davantage en compte que par le passé le point de vue des destinataires de la norme[31] ou encore que cette branche du droit, comme l'ensemble du système juridique, se contractualise elle aussi[32].

13. De manière plus spécifique et par-delà la question de la contractualisation qui n'est qu'un aspect du sujet, il convient d'insister sur

[27] Les Grecs déjà tiraient leur fierté de ce qu'ils obéissaient, non aux hommes, comme les Asiatiques, mais aux lois de la Cité. *Cf.* J. DE. ROMILLY, *La loi dans la pensée grecque, des origines à Aristote*, Les Belles Lettres, 2ème éd., 2002, 265 p. Voir aussi A. SUPIOT, *Homo juridicus. Essai sur la fonction anthropologique du droit, op. cit.*, spéc. pp. 85-133, le chapitre intitulé « L'empire des lois : *dura lex, sed lex* ».

[28] Voir notamment S. CHASSAGNARD-PINET et D. HIEZ (dir.), *La contractualisation de la production normative*, Dalloz, coll. « Thèmes et commentaires », 2008, 343 p. L'importance du contrat s'explique aussi par les nouvelles fonctions, notamment symboliques, qu'il remplit. A ce sujet, voir M. MEKKI, « Le discours du contrat : quand dire ce n'est pas toujours faire », *Revue des contrats*, avr. 2006, pp. 297-310 et « Les incidences du mouvement de contractualisation sur les fonctions du contrat », dans S. CHASSAGNARD-PINET et D. HIEZ (dir.), *La contractualisation de la production normative*, *op. cit.*, pp. 323-343.

[29] A. DE LAUBADERE, « Administration et contrat », dans *Mélanges offerts à Jean Brèthe de la Gressaye*, Bordeaux, Bière, 1967, 826 p., pp. 453-467, p. 463.

[30] A. HOLLEAUX, « Vers un ordre juridique conventionnel », *Bulletin de l'IIAP*, oct.-déc. 1974, pp. 9-33, p. 9.

[31] Pour une telle démarche, voir notamment R. NOGUELLOU, « La décision administrative et son destinataire », *RFDA*, juill.-août 2013, pp. 732-736. L'auteur affirme, p. 732, que son thème de recherche permet de « s'interroger sur les évolutions de notre droit de l'acte administratif unilatéral en adoptant un point de vue, celui du destinataire de l'acte, qui n'est que rarement celui qui est retenu ».

[32] Sur ce point, voir *infra*, n°276 et s.

une autre mutation fondamentale du droit administratif, qui rejoint d'une certaine manière la fondamentalisation et la subjectivisation[33] du droit. La question du consentement des administrés s'inscrit en effet au cœur de la thématique de l'évolution des rapports entre l'individu et le pouvoir, entre les gouvernants et les gouvernés[34]. C'est en le replaçant au centre de ceux-ci que la question du consentement des administrés prend son relief véritable.

14. L'histoire du droit administratif, tel qu'il existe depuis le XIXème siècle, peut schématiquement être présentée en deux périodes successives[35]. Dans un premier temps, le droit administratif aurait surtout consisté à assurer la suprématie de l'Etat et sa domination sur les particuliers[36]. Dans un second temps, le droit administratif serait devenu, non plus un droit de la domination, mais un droit de la protection[37], en prenant

---

[33] N. FOULQUIER définit la subjectivisation du droit administratif comme « son imprégnation par l'idée de droit subjectif des administrés » : *Les droits publics subjectifs des administrés. Emergence d'un concept en droit administratif français du XIX*[e] *au XX*[e] *siècle*, *op. cit.*, p. 10. Voir encore P. FRAISSEIX, « La "subjectivisation" du droit administratif », *LPA*, 15 oct. 2004, n°207, pp. 12-16. L'auteur affirme notamment, p. 12, que « le droit administratif change de nature en intégrant de plus en plus les intérêts particuliers dans le cadre d'une dynamique de "subjectivisation" ». A la même page, il estime encore que l'intérêt général qui sous-tend le droit administratif est « de proche en proche concurrencé, voire dépassé, par les intérêts subjectifs des administrés ». Voir encore J.-B. AUBY, « La bataille de San Romano. Réflexions sur les évolutions récentes du droit administratif », *AJDA*, 2001, pp. 912-926, spéc. pp. 925-926.

[34] J. RIVERO affirme que « toute la jurisprudence administrative sous-entend, depuis son origine, une certaine conception de l'homme dans ses relations avec le pouvoir » : « Le juge administratif français : un juge qui gouverne ? », *D.*, 1951, chron., pp. 21-24, reproduit dans A. DE LAUBADERE, A. MATHIOT, J. RIVERO et a., *Pages de doctrine*, LGDJ, 1980, tome 2, pp. 303-312, p. 304. Etudier le consentement des administrés, c'est apporter sur cette conception un éclairage nouveau.

[35] Ces deux phases correspondraient aux deux finalités que pourrait poursuivre le droit administratif. « Un système de droit administratif peut tendre à réaliser deux objectifs différents. Il peut s'attacher à rendre l'action de l'administration la plus efficace possible pour permettre à celle-ci de défendre l'intérêt général dans les meilleures conditions. Il peut, au contraire, viser à assurer la plus grande protection possible des administrés face aux activités de l'administration [...]. Le droit administratif classique résout cette opposition en valorisant la défense des droits des particuliers » : Ch. DEBBASCH, « Le droit administratif face à l'évolution de l'administration française », *RISA*, 1973, vol. 39, n°2, pp. 101-107, p. 101.

[36] G. BIGOT affirme ainsi que « deux empires ont forgé le droit administratif dont les autres régimes politiques du XIXe siècle se sont fort bien accommodés. Ils organisent un droit dont la principale caractéristique est d'assurer une domination » : *Introduction historique au droit administratif depuis 1789*, PUF, coll. « Droit fondamental », 2002, 390 p., p. 47. Voir encore Fr. SAINT-BONNET, « Le droit des libertés publiques, antonyme du droit administratif au XIXe siècle », *RDP*, 2012, pp. 457-472.

[37] Voir le titre révélateur de la troisième partie du *Traité de droit administratif* de P. GONOD, F. MELLERAY et Ph. YOLKA (dir.), Dalloz, coll. « Traités Dalloz », 2011, 2 tomes, 841 p. et 711 p. : « Le droit administratif, droit de la protection ».

notamment en compte les droits publics subjectifs des administrés[38]. Nombreux sont les auteurs à relever cette évolution. Jacques CHEVALLIER affirme ainsi que « le droit administratif était construit au dix-neuvième siècle sur le dogme de la puissance et conçu avant tout comme un droit de privilèges pour l'administration, il est désormais fondé sur le souci de renforcer les garanties offertes aux administrés contre l'arbitraire administratif »[39]. Fabrice MELLERAY évoque quant à lui un « mouvement de "banalisation" du droit administratif » et « un basculement de son centre de gravité [...] hier ordonné autour de l'administration et de ses pouvoirs et prenant aujourd'hui plus largement en compte les administrés et ce que l'on nomme couramment leurs droits fondamentaux »[40].

15. Le droit administratif, après avoir fait systématiquement primer le collectif sur l'individuel, prendrait davantage en compte ce dernier aspect. Dès lors, « c'est aujourd'hui le droit administratif classique, holiste (socialiste aurait écrit Duguit), valorisant prioritairement la totalité sociale, qui s'efface devant les revendications individualistes contemporaines »[41].

16. Une telle présentation de l'évolution du droit administratif doit cependant être relativisée, tant il est vrai que « tous les manichéismes sont dangereux »[42]. Il semble plutôt que ce droit consiste à concilier ces

---

[38] Sur ce point, voir notamment N. FOULQUIER, *Les droits publics subjectifs des administrés. Emergence d'un concept en droit administratif français du XIXe au XXe siècle*, *op. cit.*, et Association française pour la recherche en droit administratif, *Les droits publics subjectifs des administrés*, LexisNexis, coll. « Colloques et débats », 2011, 238 p.

[39] J. CHEVALLIER, « L'Etat de droit », *RDP*, 1988, pp. 313-380, p. 331. Du même auteur, voir encore « Le droit administratif, droit de privilège ? », *Droit administratif. Bilan critique*, *Pouvoirs*, n°46, 1988, pp. 57-70.

[40] F. MELLERAY, « Existe-t-il un critère du droit administratif ? A propos de deux articles de Jean Rivero », dans F. MELIN-SOUCRAMANIEN et F. MELLERAY (dir.), *Le Professeur Jean Rivero ou la liberté en action*, Dalloz, coll. « Thèmes et commentaires », 2012, 133 p., pp. 55-65, p. 64.

[41] F. MELLERAY, « L'exorbitance du droit administratif en question(s) », *op. cit.*, p. 1962. L'auteur affirme encore, à la page suivante, que « le droit administratif classique a été construit sur une logique différente, essentiellement holiste, c'est-à-dire assurant la valorisation prioritaire de la collectivité au détriment des individus [...]. Les aspirations contemporaines sont très nettement inverses, d'essence individualiste, privilégiant les individus et non plus la collectivité ». Sur l'individualisme en droit, voir notamment M. WALINE, *L'individualisme et le droit*, Domat Montchrestien, 2ème éd., 1949, 436 p. ou encore Y. MADIOT, « De l'évolution sociale à l'évolution individualiste du droit contemporain », dans P. COUVRAT (textes réunis par), *Les orientations sociales du droit contemporain : écrits en l'honneur du professeur Jean Savatier*, PUF, 1992, 441 p., pp. 353-365.

[42] J. RIVERO, « Contrôle juridictionnel et nouvelles protections de l'administré », dans Ch. DEBBASCH (dir.), *Administration et administrés en Europe. Actes du colloque sur "le contrôle juridictionnel et les nouveaux modes de protection en Europe" tenu à Aix en octobre 1983*, CNRS, 1984, 352 p., pp. 325-336, p. 336.

impératifs[43], le problème n'étant pas de « choisir entre la discipline collective et la liberté individuelle, mais de redéfinir leur nécessaire combinaison »[44]. La doctrine « organique » semble particulièrement attentive à cet équilibre que s'efforce d'atteindre tout particulièrement le juge. Guy BRAIBANT affirme ainsi que « le juge administratif doit sauvegarder les règles qui, depuis 1789, régissent notre droit public, protéger l'exercice des libertés publiques mais aussi assurer la conciliation entre ces libertés et les prérogatives indispensables de l'autorité »[45] et Bernard CHENOT que la fonction essentielle du Conseil d'Etat « est d'assurer un équilibre entre la primauté de l'intérêt général et le respect des droits individuels »[46]. Ce thème de l'équilibre entre les droits de l'administration et ceux des particuliers semble nuancer toute opposition trop tranchée dans l'histoire du droit administratif, comme le soulignent plusieurs historiens de la matière[47]. Si le centre de gravité de cet équilibre a pu varier, il n'a jamais été question de donner tous pouvoirs à l'administration, ni de satisfaire toutes les revendications des administrés.

17. Il n'en demeure pas moins que le droit administratif est davantage tourné que par le passé vers les individus. La subjectivisation, en diminuant corrélativement le caractère objectif de ce droit, favorise l'attention vis-à-vis des situations concrètes et des droits des administrés[48]. Une telle dynamique

---

[43] J. RIVERO estimait ainsi que « la vertu majeure qu'une Doctrine à peu près unanime s'accorde à saluer dans la jurisprudence administrative, c'est l'équilibre. Entre les deux impératifs, apparemment contradictoire, des exigences de l'action administrative d'une part, de la protection des citoyens contre l'arbitraire d'autre part, le Conseil d'Etat a su trouver une voie moyenne ; "concilier" : le verbe qui revient si souvent dans ses décisions résume sa sagesse » : « Préface », dans A. MESTRE, *Le Conseil d'Etat, protecteur des prérogatives de l'administration*, LGDJ, coll. « BDP », tome 116, 312 p., p. 7.

[44] A. SUPIOT, *Homo juridicus. Essai sur la fonction anthropologique du droit*, *op. cit.*, p. 79.

[45] G. BRAIBANT, « L'arrêt "syndicat des ingénieurs-conseils" et la théorie des principes généraux du droit », *EDCE*, n°16, 1962, pp. 67-71, p. 70.

[46] B. CHENOT, « Avant-propos », *EDCE*, n°28, 1976, pp. 9-10, p. 10

[47] Voir notamment Fr. BURDEAU, « Naissance d'un droit », dans *Nonagesimo anno. Mélanges en hommage à Jean Gaudemet*, PUF, 1999, 898 p., pp. 521-540, p. 539 ; « Droit administratif », dans D. ALLAND et S. RIALS (dir.), *Dictionnaire de la culture juridique*, pp. 423-431, p. 428 ou J.-L. MESTRE, *Introduction historique au droit administratif*, PUF, coll. « Droit fondamental », 1985, 294 p., p. 18 et du même auteur « La contribution des droits romain et canonique à l'élaboration du droit administratif », *AEAP*, vol. 5, 1983, pp. 925-943, p. 943.

[48] Ce passage de l'objectivisme au subjectivisme se manifeste notamment dans deux domaines clefs du droit administratif : les obligations et le contentieux. En ce qui concerne le premier sujet, voir notamment J. CHEVALLIER, « L'obligation en droit public », *L'obligation*, *APD*, 2000, n°44, pp. 179-194. Quant au second, voir par exemple les célèbres articles de J. RIVERO : « Le Huron au Palais-Royal, ou réflexions naïves sur le recours pour excès de pouvoir », *D.*, 1962, chron., pp. 37-40 ; « Nouveaux propos naïfs d'un Huron sur le contentieux administratif », *EDCE*, n°31, 1979-1980, pp. 27-30 et plus récemment,

ne semble pas pouvoir se poursuivre sans que soit prise en compte la volonté de ceux qui deviennent par ailleurs, avec le passage de l'Etat-gendarme à l'Etat-providence, les bénéficiaires de l'action administrative[49]. Se pose donc la question de la compatibilité entre la puissance publique et la volonté des administrés, entre leur consentement et la souveraineté de l'Etat[50]. De même que certains se sont demandé si le droit public allait pouvoir survivre à sa contractualisation[51], on peut légitimement s'interroger, de manière un peu provocante, sur le fait de savoir si le droit administratif français survivra à la prise en compte du consentement des administrés, ou, de manière plus nuancée, dans quelle mesure il peut le prendre en compte sans cesser d'être lui-même.

18. Cette recherche se justifie également par le fait qu'il n'existe pas à ce jour d'étude d'ampleur consacrée au consentement des administrés.

II. Une étude d'ampleur à réaliser

19. La tentation est forte, pour tout chercheur, d'imaginer que son domaine d'étude, telle une *terra incognita*, n'a encore jamais été exploré. Mais « les innovations sont bien souvent des réinventions »[52] et la faculté

B. SEILLER, « Droits publics subjectifs et transformations contemporaines du contentieux », dans Association française pour la recherche en droit administratif, *Les droits publics subjectifs des administrés*, *op. cit.*, pp. 191-209.

[49] Jadis essentiellement soumis aux prescriptions de l'appareil d'Etat, les administrés deviennent aujourd'hui demandeurs par rapport à l'action administrative ce qui renverse la manière habituelle de voir les relations entre l'administration et les administrés. Sur ce point, voir notamment J. CHEVALLIER, « Le droit administratif, droit de privilège ? », *op. cit.*, spéc. pp. 65-66. Par ailleurs, le développement des interventions de l'administration dans la vie quotidienne des administrés appelle nécessairement une protection proportionnée pour l'administré, dont le consentement pourrait être un élément important.

[50] La souveraineté désigne le « caractère d'une puissance [...] qui n'est soumise à aucune autre » : G. CORNU, *Vocabulaire juridique*, PUF, coll. « Quadrige », 8ème éd., 2007, entrée « Souveraineté ». Elle semble donc à première vue difficilement conciliable avec le consentement de ceux qui sont assujettis à cette puissance. J. BODIN, théoricien de la souveraineté, affirmait déjà que « la première marque du prince souverain, c'est la puissance de donner loy à tous en général, et à chacun en particulier ». Mais il continuait : « ce n'est pas assez, car il faut adjouster sans le consentement de plus grand, ni de pareil, ni de moindre que soy : car si le prince est obligé de ne faire loy sans le consentement d'un plus grand que soy, il est vrai subject : si d'un pareil, il aura compagnon : si des subjects, soit du Senat, ou du peuple, il n'est pas souverain » : *Les six livres de la République*, Lyon, Gabriel Cartier, 10ème éd., 1593, nouv. éd., Fayard, 1986, Livre Premier, 341 p., p. 306.

[51] *Le droit public survivra-t-il à sa contractualisation ?*, *Revue de droit de l'Université libre de Bruxelles*, n°33, 2006.

[52] P. NICOLAY, « Avant-propos », *EDCE*, n°34, 1982-1983, pp. 9-10, p. 9.

d'oubli donne facilement « l'apparence trompeuse de l'innovation »[53]. Il serait donc fondamentalement injuste, et qui plus est désastreux en termes de méthode, de ne pas faire référence aux travaux existants consacrés au consentement en général et à celui des administrés en particulier. « Nous sommes des nains sur des épaules de géants »[54] et c'est grâce à la capitalisation des savoirs qu'une recherche peut espérer voir plus loin que celles qui l'ont précédée.

20. Les études consacrées au consentement ne sont pas quelque chose de rare dans le domaine juridique[55]. Sans même parler du droit international[56], il existe bon nombre de travaux relatifs au consentement. Pour ne prendre que des exemples récents, le droit privé[57] a donné lieu à des études en droit des contrats[58] ou de la famille[59], mais aussi dans un panel de

---

[53] G. DARCY, « La décision exécutoire. Esquisse méthodologique », *AJDA*, 1994, pp. 663-678, p. 671. De manière semblable, J. LARGEAULT mettait en garde contre une telle illusion : « nos maîtres de l'ancienne Sorbonne nous prévenaient contre l'illusion du nouveau par ignorance du passé. Il n'y a plus d'ancienne Sorbonne » : cité par E. DESMONS, Le normativisme est une scolastique (brèves considérations sur l'avènement de la démocratie spéculaire présentée comme un progrès), *Repenser le droit constitutionnel*, *Droits*, n°32, 2000, pp. 21-32, p. 21. Br. GENEVOIS indiquait également que « rares [...] sont les hypothèses où une question de droit est à ce point nouvelle qu'elle n'a pas encore donné lieu à un précédent jurisprudentiel » : « Le commissaire du gouvernement devant le Conseil d'Etat statuant au contentieux ou la stratégie de la persuasion », *RFDA*, 2000, pp. 1207-1218, p. 1209. Par analogie, une telle affirmation vaut tout aussi bien pour la doctrine.

[54] Phrase attribuée à Bernard DE CHARTRES. Sur cette phrase, voir E. JEAUNEAU, « "Nani gigantum humeris insidentes": Essai d'interprétation de Bernard de Chartres », *Vivarium*, vol. 5, n°2, 1967, pp. 79-99.

[55] Pour des exemples d'études non juridiques relatives au consentement, voir notamment N. CHOMSKY et E. HERMAN, *Manufacturing Consent. The Political Economy of the Mass Media*, 2002, trad. par D. ARIAS, *La fabrication du consentement. De la propagande médiatique en démocratie*, Marseille, Agone, coll. « Contre-feux », 2009, 669 p. ; G. FRAISSE, *Du consentement. Essai*, éd. du Seuil, coll. « Non conforme », 2007, 135 p. et M. MARZANO, *Je consens, donc je suis... : éthique de l'autonomie*, PUF, 2006, 261 p.

[56] Le droit international public repose classiquement, en vertu de la théorie de la souveraineté et d'égalité des Etats, sur le consentement de ceux-ci. Quant au droit international privé, il fait de plus en plus souvent appel, pour la détermination de la loi applicable, à la volonté individuelle. Voir par exemple, D. BUREAU et H. MUIR WATT, *Droit international privé*, tome 2, *Partie spéciale*, PUF, coll. « Thémis droit », 3ème éd., 2014, 712 p., p. 39.

[57] Pour une étude d'ensemble récente, voir notamment L. ATTUEL-MENDES, *Consentement et actes juridiques*, Litec, coll. « Bibliothèque de droit de l'entreprise », 2008, 475 p.

[58] *Cf.* par exemple : J. GHESTIN, G. LOISEAU, Y.-M. SERINET, *Traité de droit civil. La formation du contrat*, tome 1, *Le contrat. Le consentement*, LGDJ et Lextenso éditions, 4ème éd., 2013, 1526 p. ; G. FRANCOIS, *Consentement et objectivation. L'apport des principes du droit européen du contrat à l'étude du consentement contractuel*, PUAM, 2007, coll. « Institut de droit des affaires », 510 p. ; Fr. LIMBACH, *Le consentement contractuel à l'épreuve des conditions générales. De l'utilité du concept de déclaration de volonté*, LGDJ, coll. « Bibliothèque de droit privé », tome 412, 2004, 362 p. ; E. RASCHEL, *La pénalisation des atteintes au consentement dans le champ contractuel*, LGDJ et Presses universitaires

branches spécialisées : droit de la consommation[60], droit médical[61] ou encore et de manière *a priori* plus surprenante, en droit pénal[62] ou en procédure pénale[63].

21. A côté d'une telle richesse scientifique, le droit administratif fait figure de parent pauvre, même si le consentement des administrés a tout de même été l'objet de quelques études. Il convient donc de faire état de ces recherches, sans pour autant négliger d'en montrer les limites. Celles-ci sont doubles. Un certain nombre d'études demeurent partielles (A). D'autres, plus générales, n'ont le consentement des administrés que comme objet indirect et ne l'envisagent que d'un point de vue spécifique (B).

A. Des études au domaine souvent limité

22. Les études concernant le consentement des administrés, malgré les qualités intrinsèques qu'elles peuvent revêtir, sont en général partielles et ne concernent souvent que quelques domaines spécifiques du droit administratif. Peuvent ainsi être citées des recherches ayant pour objet le contrat administratif en général et les vices qui peuvent l'affecter en particulier[64]. Des études existent également en droit fiscal, centrées

---

juridiques de Poitiers, coll. « Faculté de droit et des sciences sociales de l'université de Poitiers », 2014, 488 p.

59 Voir par exemple S. DERGHAL, *Le consentement matrimonial : essai d'une approche historique, canonique et civile*, Thèse, Toulouse I Capitole, 2012, 1675 p.

60 Voir notamment E. BAZIN, *Le consentement du consommateur*, Thèse, Reims, 1999, 671 p. ou K. JAKOULOFF, *L'influence des droits de la consommation et de la concurrence sur la théorie des vices du consentement*, Thèse, Paris Est, 2013.

61 Voir par exemple C. BERLAND-BENHAIM, *Le consentement et la bienfaisance dans la relation médicale*, Thèse, Aix-Marseille III, 2007, 495 p. ; J. LOUSTE, *Le consentement dans le contrat médical*, Thèse, Nice, 1988, ANRT, 1989, 421 p. ; C. LIZEE BUTRUILLE, *Pour une lecture éthique du principe de consentement aux soins*, Thèse, Paris VIII, 1998, 339 p. ; L. PELTIER, *Le consentement du patient à l'acte médical*, Thèse, Aix-Marseille III, 1991, 363 p.

62 Voir notamment Fr. ARCHER, *Le consentement en droit pénal de la vie humaine*, L'Harmattan, coll. « Sciences criminelles », 2003, 618 p. ; J. LESPARRE, *Le consentement du délinquant*, Thèse, Bordeaux I, 1994, 508 p. et X. PIN, *Le consentement en matière pénale*, LGDJ, coll. « Bibliothèque des sciences criminelles », tome 36, 2002, 724 p.

63 Voir par exemple V. ANTOINE, *Le consentement en procédure pénale*, Thèse, Montpellier I, 2011, 449 p. ; la seconde partie de la thèse de X. PIN, *Le consentement en matière pénale*, *op. cit.*, pp. 325-647, ou encore M. DANTI-JUAN, « Le consentement et la sanction », *dans Mélanges offerts à Pierre Couvrat. La sanction du droit*, PUF, coll. « Publications de la Faculté de droit et des sciences sociales de Poitiers », 2001, 559 p., pp. 367-381.

64 Voir notamment la thèse de D. POUYAUD, *La nullité des contrats administratifs*, LGDJ, coll. « BDP », tome 158, 1991, 598 p., spéc. pp. 99–139 ainsi que celle de B. PLESSIX,

notamment sur la théorie du consentement de l'impôt[65]. Il en est de même en matière de libertés publiques, avec la question de la libre disposition de soi[66] ou encore en droit hospitalier, avec la question du consentement des patients qui a été largement traitée[67]. Dans tous ces exemples, le consentement des administrés est certes envisagé pour lui-même, mais dans des études qui ne prétendent pas adopter un point de vue général. En revanche, certaines recherches plus vastes sont amenées à s'intéresser au consentement des administrés. Mais ce n'est alors souvent que de manière indirecte, le consentement y étant traité, non pour lui-même, mais à l'occasion de travaux centrés sur d'autres objets.

B. Des études adoptant généralement un point de vue spécifique

23. Plusieurs recherches se sont intéressées aux destinataires des normes administratives, sans pour autant prendre comme point de vue leur consentement[68]. M. GHELLAL tente par exemple de démontrer que le droit administratif n'est pas nécessairement un ordre de contrainte et que la correspondance nécessaire entre unilatéralité et impérativité « ne va pas sans

L'utilisation du droit civil dans l'élaboration du droit administratif, Panthéon-Assas, 2003, 878 p., spéc. pp. 192-214 et du même auteur, « La théorie des vices du consentement dans les contrats administratifs », *RFDA*, 2006, pp. 12-18. Voir encore Y. WEBER, « La théorie des vices du consentement dans les contrats administratifs », dans *L'unité du droit : mélanges en hommage à Roland Drago*, Economica, 1996, 503 p., pp. 315-341.

65 *Cf.* par exemple Ph. MILLAN, *Le consentement à l'impôt*, Thèse, Paris II, 1996, 2 tomes, 605 p. ou Y. THOMAS, *Essai sur le consentement à l'impôt aux derniers siècles de l'Ancien Régime (XVe-XVIIIe siècle)*, Thèse, Paris II, 1974, 2 tomes, 750 p. Pour un autre domaine d'étude concernant le droit fiscal, voir A. PUPIER, *La recherche du consentement dans le contrôle fiscal. Des principes fondamentaux au pragmatisme de l'administration fiscale*, Thèse, Aix-Marseille III, 1992, 308 p.

66 P. RAYROUX, *Consentement, liberté de disposer de son corps et licéité des conventions relatives au corps humain*, Thèse, Paris II, 1993, non reproduite. Voir encore certaines contributions dans *La liberté du consentement. Le sujet, les droits de l'homme et la fin des "bonnes mœurs" /1* et *2/*, *Droits*, n°48 et n°49, 2008 et 2009.

67 Voir notamment J. MONTADOR, « Le défaut de consentement et la responsabilité des services publics hospitaliers », *RDSS*, 1971, pp. 180-192. La médecine « privée » et la médecine hospitalière présentant de nombreux points communs, certaines références citées à propos du consentement en droit médical pourraient l'être à nouveau ici. Pour davantage de références, *cf. infra*, le chapitre premier de la seconde partie.

68 Voir notamment A. GHELLAL, *Recherche sur la notion d'effet impératif des actes administratifs unilatéraux*, Thèse, Montpellier I, 1973, 373 p. ; M. ZAGHLOUL, *La participation des administrés à l'acte administratif unilatéral*, Thèse, Toulouse I, 1986, 366 p. ou encore L. LAFFORGUE, *La situation juridique du destinataire d'un acte administratif unilatéral*, Thèse, Toulouse I, 2007, 211 p.

beaucoup d'exagération »[69]. Il en vient alors à relativiser l'effet impératif des actes administratifs unilatéraux, en démontrant notamment que certains d'entre eux reposent sur le consentement de leurs destinataires. L'auteur n'étudie donc le consentement des administrés que comme un moyen, non comme une fin[70].

24. Certaines études qui présentent la même caractéristique envisagent souvent le consentement d'un point de vue particulier, celui de la théorie institutionnelle. Tel est par exemple le cas de la thèse précitée de Mohammed ZAGHLOUL, ou, plus récemment, de celle de Laurence LAFFORGUE[71]. Cette dernière s'interroge sur les raisons qui justifient que l'administration puisse imposer sa volonté à celle de l'administré sans le consentement de celui-ci. Utilisant les travaux d'HAURIOU, l'auteur explique ce pouvoir par le recours à la théorie de l'institution. Etant donné que « l'origine de l'autorité des gouvernants se trouve [...] dans le consentement des gouvernés »[72], ce n'est pas tel acte administratif qui est consenti en lui-même, mais l'institution politique au nom de laquelle il est pris. La sujétion des administrés doit donc en permanence être replacée dans le contexte plus général de l'action administrative, contexte caractérisé, via la théorie de l'institution, par des éléments consensuels qui forment le « moteur secret » de l'Etat.

25. Wilfried KLOEPFER a quant à lui développé une étude consacrée exclusivement aux rapports du consentement et de l'acte administratif unilatéral[73]. Si le domaine de l'étude est assez large, étant consacré aux actes administratifs unilatéraux en général, l'auteur limite cependant son sujet d'un double point de vue. Tout d'abord, il s'attache essentiellement à la doctrine[74] et ne cite que peu d'exemples issus du droit positif. Ensuite, comme dans la thèse évoquée précédemment, il concentre son attention sur la théorie de l'institution[75]. Il envisage de la sorte de réintroduire le

---

[69] A. GHELLAL, *Recherche sur la notion d'effet impératif des actes administratifs unilatéraux*, *op. cit.*, p. 349.

[70] Ce que démontre notamment le fait que le consentement est invoqué parmi d'autres arguments et essentiellement dans la seconde partie.

[71] L. LAFFORGUE, *La situation juridique du destinataire d'un acte administratif unilatéral*, *op. cit.*

[72] *Ibid.*, p. 21.

[73] W. KLOEPFER, « L'acte unilatéral et le consentement », *RRJ*, 2004-2(1), pp. 937-965.

[74] L'auteur affirme ainsi que son projet est « de montrer que le consentement du destinataire de l'acte unilatéral peut être pris en compte [...]. Pour mener à bien cette tâche, il sera opportun de s'intéresser à la façon dont l'acte unilatéral est saisi par la doctrine » : W. KLOEPFER, « L'acte unilatéral et le consentement », *op. cit.*, p. 940.

[75] L'auteur met également en avant, pp. 964-965, les liens qui unissent la pensée institutionnelle d'HAURIOU avec le courant « procéduraliste » de J. HABERMAS ou de J. RAWLS. Pour ces auteurs, la légitimité d'une décision provient, non de son contenu, mais

consentement des administrés dans l'acte unilatéral, non en aval, dans le contenu de l'acte, mais, en amont, par le biais des institutions et de la procédure, qui, elles, sont consenties : « le consentement n'est donc plus lié au contenu de l'acte mais à la procédure qui habilite une autorité à prendre l'acte »[76].

26. Ces deux dernières études, celles de Laurence LAFFORGUE et de Wilfried KLOEPFER, reposent par ailleurs sur un postulat fondamentalement différent de celui adopté dans cette thèse. Ces auteurs prennent en effet pour point de départ de leurs réflexions le fait que l'administration peut adopter des actes qui s'imposent à leurs destinataires sans leur consentement, alors que les hypothèses évoquées dans cette étude sont justement celles dans lesquelles l'appareil d'Etat est amené à prendre en compte leur consentement[77].

27. Il résulte de ce bref état des lieux doctrinal qu'aucun travail général et spécifique ne semble à ce jour avoir été consacré au consentement des administrés. Toutefois commence à apparaître, comme sur un négatif, l'intérêt d'entreprendre aujourd'hui une étude globale sur le consentement des administrés. Les études existantes donnent suffisamment de clarté pour qu'il soit possible d'entreprendre un travail sur le consentement des administrés, certains matériaux ayant déjà été mis au jour. Elles comportent cependant suffisamment d'ombre pour qu'une telle recherche conserve tout son intérêt. L'orientation de celle-ci doit dès lors être précisée.

---

essentiellement de la procédure qui l'a précédée. Sur ce point, voir notamment P. LOKIEC, « Contractualisation et recherche d'une légitimité procédurale », dans S. CHASSAGNARD-PINET et D. HIEZ (dir.), *La contractualisation de la production normative*, *op. cit.*, pp. 95-108 et les remarques de G. TIMSIT « Droit administratif et science administrative », dans P. GONOD, F. MELLERAY et Ph. YOLKA (dir.), *Traité de droit administratif*, *op. cit.*, tome 1 , pp. 709-732, p. 731.

[76] W. KLOEPFER, « L'acte unilatéral et le consentement », *op. cit.*, p. 961. L'auteur affirme encore, p. 963, qu' « il y a donc déplacement du consentement, du contenu de l'acte à la procédure. C'est un consentement donné *a priori* ». Sur la question des rapports entre procédure, consentement et légitimité, voir notamment G. DUMONT, *La citoyenneté administrative*, Thèse, Paris II, 2002, 744 p., spéc. pp. 363-366 et du même auteur, « Théorie de la procédure », dans Association française pour la recherche en droit administratif, *Les procédures administratives*, Dalloz, coll. « Thèmes et commentaires », 2015, 303 p., pp. 3-11 ainsi que J. WALINE, « Le rôle de la volonté dans la théorie de l'acte administratif unilatéral et dans le droit civil des contrats », dans *Le rôle de la volonté dans les actes juridiques. Etudes à la mémoire du professeur Alfred Rieg*, Bruylant, 2000, 935 p., pp. 869-881.

[77] Ces deux points de départ ne sont pas nécessairement incompatibles tant il est vrai que le droit administratif connaît les deux cas de figure. Si l'administration peut prendre en compte le consentement des administrés, elle est aussi généralement en mesure de leur imposer sa volonté si elle le souhaite.

Section II
Précisions sur la démarche adoptée

28. Afin d'élaborer un travail scientifique, il importe non seulement de choisir une méthode adaptée au sujet à traiter, mais aussi d'expliciter clairement celle-ci et d'en montrer les présupposés. Dans une communication intitulée « L'aveu théorique comme préalable au travail juridique savant », Eric MILLARD donne des indications sur ce qui constitue selon lui une attitude indispensable pour tout chercheur qui prétend faire œuvre scientifique[78]. L'auteur formule un plaidoyer pour l' « aveu des méthodes », c'est-à-dire « la mise à jour (voire la recherche) par chacun dans sa pratique savante des postures théoriques qu'il adopte effectivement »[79]. Cet « aveu », s'il ne permet pas nécessairement de résoudre toutes les difficultés qu'une étude juridique peut soulever, constitue tout d'abord une aide précieuse pour le chercheur lui-même. Cela doit l'aider à s'astreindre à la cohérence : une fois la méthode précisée, le chemin balisé, il est plus facile de parcourir ce dernier conformément à l'esprit de la recherche. L' « aveu » constitue ensuite nécessairement un bénéfice estimable pour qui veut reconstituer les postures théoriques d'un travail qui se présente à lui, facilitant ainsi la discussion doctrinale.

29. Il convient donc de procéder à cet « aveu ». Espérant que cette démarche permettra de parvenir à l'un comme l'autre des objectifs qui lui sont assignés, il convient de délimiter le domaine exact de l'étude (I) avant de présenter la méthode retenue (II).

I. <u>Délimitation de l'étude</u>

30. Cette recherche souhaite s'inscrire dans un cadre étendu et présenter un essai de synthèse sur les fonctions du consentement des administrés en droit administratif français. Il serait cependant illusoire de

---

[78] E. MILLARD, « L'aveu théorique comme préalable au travail juridique savant », Communication au VIème congrès français de droit constitutionnel, 10 juin 2005, 8 p., disponible à l'adresse http://www.droitconstitutionnel.org/congresmtp/textes4/MILLARD.pdf, [17 sept. 2015].

[79] E. MILLARD, « L'aveu théorique comme préalable au travail juridique savant », *op. cit.*, p. 6.

prétendre à l'exhaustivité et plusieurs délimitations s'imposent. Certaines résultent tout d'abord de la définition qui sera donnée des termes du sujet (A). D'autres procèdent de précisions complémentaires (B).

A. Délimitation résultant directement de la définition des termes du sujet

31. Quatre notions principales composent l'intitulé de ce sujet consacré aux fonctions du consentement des administrés en droit administratif français. Toutes, dans l'absolu, posent de réels problèmes de définitions. Les notions de « droit administratif », d' « administrés » et de « fonctions » ne présentent cependant pas de particularités au regard de cette recherche (1). Tel n'est pas en revanche le cas pour le terme « consentement » qui nécessite une étude spécifique (2).

1. Des définitions classiques des termes « droit administratif », « administrés » et « fonctions »

32. Il convient tout d'abord de circonscrire le domaine de l'étude en retenant une définition du droit administratif. A ce sujet, il n'est pas possible d'ignorer les difficultés tant théoriques que techniques posées par cette question qui a préoccupé et qui préoccupe toujours la doctrine[80]. Pour le présent travail cependant, sera adoptée *a priori* mais à une réserve près, la définition proposée par Jean-François LACHAUME. Pour l'auteur, « le droit administratif est une branche du droit public interne, regroupant les règles spécifiques relatives à l'accomplissement par les personnes publiques, ou sous leur contrôle, de missions qu'elles considèrent comme d'intérêt général, et qu'applique le juge administratif »[81]. La réserve qu'il faut dès à présent poser concerne la spécificité des règles qui composeraient le droit

[80] Parmi une littérature immense, dont il sera donné un aperçu moins incomplet dans le second chapitre de la première partie, voir notamment Ch. EISENMANN, *Cours de droit administratif*, LGDJ, 1982, 2 tomes, 786 p. et 908 p., tome 1, pp. 12-153. Le débat est rendu encore plus complexe par le développement des droits supranationaux. Voir notamment L. DUBOUIS, « Le droit communautaire a-t-il un impact sur la définition du droit administratif ? », *AJDA*, n°spécial, 20 juin 1996, pp. 102-108.

[81] J.-F. LACHAUME, « La définition du droit administratif », dans P. GONOD, F. MELLERAY et Ph. YOLKA (dir.), *Traité de droit administratif*, *op. cit.*, tome 1, pp. 103-143, p. 115.

administratif[82]. Ce critère, qui a pour conséquence de restreindre le champ d'application de la matière, ne semble pas se justifier pour une étude sur le consentement des administrés. Celui-ci se voit souvent appliquer des règles proches de celles du droit privé, si ce n'est peut-être parfois identiques. Il convient donc de retenir, dans une acception large, l'ensemble des règles appliquées par le juge administratif.

33. Mais il ne faudrait pas s'en tenir à une vision exclusivement contentieuse de la matière. Comme l'indiquait Jean RIVERO, « la prise de vue qu'offre, sur la réalité administrative, le seul contentieux, source principale de la réflexion juridique en France, est singulièrement étroite et déformante. Seul, le hasard du recours amène à la lumière la situation sur laquelle celui-ci porte ; la résolution d'un plaideur, son humeur, tiennent en suspens, en définitive, la réflexion de la doctrine, ainsi condamnée à ne s'exercer que sur des cas-limites, de caractère pathologique, et à ignorer le plerumque fit. Une matière sans contentieux risque fort de demeurer, pour la science du droit administratif, terre inconnue »[83]. Cette mise en garde est d'autant plus importante dans une étude consacrée au consentement qu'il n'est pas impossible que celui-ci ait pour conséquence de rendre plus rare le contentieux[84]. Aux règles appliquées par le juge administratif, il faudra donc ajouter les travaux de la doctrine ainsi que l'ensemble des règles qui auraient *a priori*, en cas de contentieux, vocation à être appliquées par les juridictions administratives.

34. Par ailleurs, la présente recherche porte, non sur le consentement des administrations entre elles, ni d'ailleurs à titre principal sur le consentement des administrés entre eux, mais sur le consentement des administrés vis-à-vis de l'administration. De la sorte, on serait tenté de parler ici, pour simplifier, du droit administratif comme du « droit des administrés »[85].

35. La notion d'administré soulève également un certain nombre de difficultés. Comme l'indique Jacques CAILLOSSE à propos de l'administré : « ne perdez surtout pas votre temps à chercher cette entrée dans l'index thématique des manuels et autres traités de droit administratif :

---

[82] Pour une étude de la nécessité ou non de tenir compte de la spécificité des règles qui composent le droit administratif, voir notamment Ch. EISENMANN, *Cours de droit administratif*, *op. cit.*, tome 1, pp. 13-117.

[83] J. RIVERO, « Remarques à propos du pouvoir hiérarchique », *AJDA*, 1966, pp. 154-155, p. 155,

[84] Une telle affirmation n'a rien de définitif et le consentement n'empêche certainement pas le contentieux. Les litiges portant sur les contrats administratifs, actes consentis s'il en est, le prouvent.

[85] J.-L. AUTIN et C. RIBOT, *Droit administratif général*, LexisNexis, coll. « Objectif droit », 5ème éd., 2007, 415 p., p. 2.

elle ne s'y trouve pas. Elle ne figure pas non plus au répertoire des dictionnaires spécialisés »[86]. L'objet de cette étude concernant directement le destinataire de l'action administrative, il importe tout de même de préciser, autant que possible, l'emploi qui sera fait de ce terme. Afin de n'exclure *a priori* aucune hypothèse, c'est encore une acception large qu'il faut retenir du vocable « administré ».

36. A défaut de disposer d'une définition synthétique, il est possible de procéder par énumération et faire nôtres les propos de Didier TRUCHET concluant un colloque consacré aux transformations du destinataire de l'action administrative et de son droit. L'auteur énonçait qu'il n'avait « pas trouvé le destinataire car ce "caméléon" [...] s'est constamment dérobé derrière ses différentes postures, comme il l'a fait tout au long de l'histoire du droit administratif moderne. En témoigne la diversité d'expressions utilisées par les intervenants pour le désigner. Elle est impressionnante : usager (lui-même distingué selon qu'il reçoit les prestations du service public ou qu'il utilise le service public ou le domaine public pour exercer son activité), client, consommateur, citoyen, participant au processus de décision en matière d'environnement, administré, prévenu, personne vulnérable, bénéficiaire, victime, requérant, contribuable national ou local, voire acteur ou régulateur... Si la durée du colloque l'avait permis, nous aurions pu rencontrer aussi l'étudiant, l'étranger, l'apatride, le patient dans les institutions de santé publiques, le détenu... Rassembler toutes ces figures en une seule s'avère très difficile car le destinataire est toujours situé dans une relation spécifique avec l'administration, de laquelle découlent ses droits et ses obligations »[87].

37. Il faut donc retenir de l'administré une notion plurielle, qu'il ne semble pas possible de ramener à l'unité[88]. C'est d'ailleurs la raison pour laquelle le vocable d'administré ne sera que rarement employé au singulier, afin de bien montrer qu'il ne s'agit pas de procéder à des généralisations qui

---

86 J. CAILLOSSE, « Administré », dans J. ANDRIANTSIMBAZOVINA, H. GAUDIN et J.-P. MARGUENAUD (dir.), *Dictionnaire des droits de l'homme*, PUF, coll. « Quadrige. Dicos poche », 2008, 1074 p., pp. 11-16, p. 11. La formule semble tout de même excessive car des exceptions existent. Voir notamment J.-M. AUBY, « Administrés », dans R. ODENT et M. WALINE (dir.), *Répertoire de droit public et administratif*, Dalloz, coll. « Encyclopédie juridique Dalloz », 1958, tome 1, 966 p., pp. 30-36, p. 31. L'auteur y définit les administrés comme « ceux qui [...] sont soumis aux règles ou à certaines règles du droit administratif français ».

87 D. TRUCHET, « Rapport de synthèse », *RFDA*, 2013, pp. 741-742, p. 741.

88 J. CHEVALLIER affirme que « l'administré est à la fois un et multiple : *un*, par les vertus de la symbolique politique et de la dogmatique juridique ; *multiple*, par la diversité des situations concrètes et des facettes de la relation administrative » : « Regards sur l'administré », dans M. CHAUVIERE et J.-T. GODBOUT (dir.), *Les usagers entre marché et citoyenneté*, L'Harmattan, coll. « Logiques sociales », 1992, 332 p., pp. 25-40, p. 25.

pourraient être hâtives. C'est pour la même raison que les termes « usagers »[89] ou « citoyens »[90] ne seront pas retenus en tant que tels, sans qu'il s'agisse pour autant d'un parti pris sur l'utilisation de ces vocables en droit administratif. Il s'agit simplement, par-delà les différentes acceptions employées par le droit positif ou par la doctrine, d'envisager de la manière la plus générale et la plus neutre possible[91], les destinataires de l'action, juridique ou matérielle, de l'administration[92]. Il est en revanche certain qu'il ne sera pas question dans cette étude, sauf pour établir certaines analogies, du consentement des agents.

38. Il reste enfin à expliciter le terme de « fonction ». Cette étude n'a pas pour objectif de définir la notion de consentement ni d'étudier son régime juridique[93], mais, partant du constat que le consentement des administrés est présent en droit administratif, de chercher à comprendre les

---

[89] Voir notamment J. DU BOIS DE GAUDUSSON, *L'usager du service public administratif*, LGDJ, coll. « BDP », tome 115, 1974, 318 p. ; S. NICINSKI, *L'usager du service public industriel et commercial*, L'Harmattan, coll. « Logiques juridiques », 2001, 564 p. ou encore A. COCATRE-ZILGIEN, « L'usager du service public industriel ou commercial en droit français », *RTC. com.*, 1960, pp. 265-282 et H. PAULIAT, « Usager, client, consommateur du SPIC local », dans J.-B. AUBY et S. BRACONNIER, *Services publics industriels et commerciaux : questions actuelles*, LGDJ, coll. « Décentralisation et développement local », 2003, 255 p., pp. 80-110.

[90] En ce qui concerne l'administré entendu comme « citoyen » , voir notamment l'intitulé révélateur de la loi n°2000-321 du 12 avr. 2000 *relative aux droits des citoyens dans leurs relations avec l'administration*, *JORF*, 13 avr. 2000, p. 5646, texte n°1. Sur la notion, contestée, de citoyenneté administrative, voir notamment G. DUMONT, *La citoyenneté administrative*, *op. cit.*, et V. CHAMPEIL-DESPLATS, « La citoyenneté administrative », dans GONOD (P.), F. MELLERAY, Ph. YOLKA (dir.), *Traité de droit administratif*, *op. cit.*, tome 2, pp. 397-432, ou encore G. EVEILLARD, « La citoyenneté administrative : vecteur de nouveaux droits publics subjectifs des administrés ? », dans Association française pour la recherche en droit administratif, *Les droits publics subjectifs des administrés*, *op. cit.*, pp. 97-113.

[91] Il est certain que le mot « administré » est parfois connoté de manière péjorative, en ce qu'il ferait référence à une situation de passivité, voire d'assujettissement. Mais il n'en a pas toujours été ainsi et il est encore possible d'employer le terme dans un sens tout à fait neutre. Sur cette question, voir notamment D. MAILLARD DESGREES DU LOU, *Droit des relations de l'administration avec ses usagers*, PUF, coll. « Thémis. Droit public », 2000, 567 p., spéc. le paragraphe intitulé « Un glissement de vocabulaire : de l'administré à l'usager de l'administration », pp. 23-28.

[92] Cette interprétation extensive correspond à l'état de la jurisprudence qui adopte un point de vue semblable. Sont ainsi considérés comme des usagers les simples candidats usagers ainsi que les usagers irréguliers. Voir respectivement CE, 21 avr. 1961, *Veuve Agnesi*, *R.*, p. 253 et TC, 5 déc. 1983, *Niddam c/SNCF*, *R.*, p. 541.

[93] Tout au plus faudra-t-il ponctuellement s'intéresser à la notion de consentement ou à son régime. Mais il ne s'agira alors pas de les étudier pour eux-mêmes, mais pour mieux mettre en valeur les fonctions du consentement.

utilisations qui en sont faites, ce qui revient à se demander quelles sont ses fonctions.

39. Dans le vocabulaire courant, la fonction désigne notamment l'action, le rôle caractéristique d'un élément ou d'un organe dans un ensemble[94], c'est-à-dire la tâche « qu'une partie a à accomplir en relation avec un tout »[95]. Conformément à l'étymologie[96], il peut s'agir pour les personnes de l'emploi ou de la charge qu'elles exercent et pour les choses du rôle caractéristique qu'elles jouent dans un ensemble dont elles font partie. Dans le domaine juridique, la notion de fonction revêt principalement deux sens différents. A la suite de Charles EISENMANN, il est classique de distinguer la « fonction-objet » et la « fonction-fin »[97]. La première, davantage objective, est « le résultat de l'activité de l'organe, c'est l'acte d'un organe ou d'un agent, au terme d'une activité qui a précisément pour objet l'édiction de cet acte »[98]. Il s'agit donc d'un moyen au service d'un but qui la dépasse. Ce but est justement appelé « fonction-fin », parce qu'il constitue la finalité de telle institution, organe ou acte.

40. C'est l'acception finaliste du terme fonction qui sera retenue dans cette étude. Cette dernière se fixe donc pour but d'étudier le *rôle* que le consentement des administrés joue en droit administratif, les *finalités* qu'il permet de poursuivre.

41. Il convient à ce stade de préciser que les finalités du consentement peuvent être envisagées à plusieurs points de vue. Il peut tout d'abord s'agir de prendre le point de vue du consentement exprimé par l'administré. Mais il

---

[94] *Cf.* J. REY-DEBOVE et A. REY (dir.), *Le Petit Robert*, 2012, entrée « Fonction ». Le *Vocabulaire philosophique* de M. LALANDE donne du terme fonction une définition semblable : « rôle propre et caractéristique joué par un organe dans un ensemble dont les parties sont interdépendantes ». *Cf.* A. LALANDE (dir.), *Vocabulaire critique et technique de la philosophie*, PUF, coll. « Quadrige dicos poche », 2ème éd. « Quadrige », 2006, 1323 p., entrée « Fonction ».

[95] N. LUHMANN, « Fonction », trad. par G. HORMANN et A.-J. ARNAUD, dans A.-J. ARNAUD (dir.), *Dictionnaire de théorie et de sociologie du droit*, LGDJ, 2ème éd., 1993, 758 p., pp. 265-266, p. 265.

[96] Le terme « fonction » est issu du latin *functio*, qui signifie « accomplissement, exécution ». *Functio* dérive lui-même de *functum*, supin de *fungi*, qui signifie « s'acquitter de, accomplir ». Voir A. REY (dir.), *Le Robert, Dictionnaire historique de la langue française*, 1998, entrée « Fonction ».

[97] Voir Ch. EISENMANN, « Les fonctions de l'Etat », dans Ch. EISENMANN, *Ecrits de théorie du droit, de droit constitutionnel et d'idées politiques*, textes réunis par Ch. LEBEN, Panthéon-Assas, coll. « Les introuvables », 2002, 668 p., pp. 183-220, spéc. pp. 184-189. En plus des travaux de l'auteur, voir encore la thèse de l'un de ses doctorants, G. TIMSIT : *Le rôle de la notion de fonction administrative en droit administratif français*, LGDJ, coll. « BDP », tome 54, 1963, 329 p., spéc. pp. 3-14.

[98] G. TIMSIT, *Le rôle de la notion de fonction administrative en droit administratif français*, *op. cit.*, p. 12.

peut aussi être intéressant de se placer du point de vue des textes, de l'administration ou du juge lorsqu'ils utilisent la notion de consentement. Par ailleurs, au sein même de chacun de ces points de vue, plusieurs regards sont encore possibles. Par exemple, l'administré émettant un consentement peut avoir comme fin prochaine la création d'un acte juridique tout en ayant comme fin plus éloignée le but que permet justement de réaliser cet acte.

42. *A priori*, rien n'impose de choisir de manière générale et préliminaire un point de vue plutôt qu'un autre. Par ailleurs, dans tous les cas, l'étude des fonctions du consentement impose de prendre en compte des éléments plus ou moins psychologiques et de déceler l'intention qui anime les acteurs du droit considérés, administrés ou autorités normatives. Si cela pose évidemment des difficultés en termes de méthode, plusieurs avantages méritent d'être soulignés. Le premier est tout d'abord l'intérêt scientifique que cela représente. Découvrir les finalités du consentement, c'est énoncer des vérités, qui, en tant que telles, méritent d'être connues. Mais un intérêt plus pratique peut également être souligné. Connaître les finalités du consentement des administrés peut servir de prémisses à des raisonnements juridiques concrets. « Toute règle est la traduction ponctuelle de principes qui lui sont supérieurs »[99] et « les normes juridiques qui sont posées ne sont elles-mêmes jamais qu'un moyen au service de *fins* »[100] qui les dépassent. Avoir une vision plus précise de ces principes et de ces fins permet nécessairement d'éclairer la technique juridique, tout particulièrement dans le domaine de l'interprétation[101].

43. L'utilisation de ces termes ayant été indiquée, reste à formuler le sens que revêt le terme « consentement », spécifique à cette étude.

---

[99] Fr. LOMBARD, *La cause dans le contrat administratif*, Dalloz, coll. « NBT », vol. 77, 2008, 484 p., p. 238.

[100] Ch. EISENMANN, *Cours de droit administratif*, *op. cit.*, tome 1, pp. 504-505.

[101] Adopter une analyse fonctionnelle du consentement permet ainsi de mieux comprendre certains raisonnements finalistes du juge ou encore d'apporter des éléments supplémentaires pour l'interprétation des textes relatifs au consentement, rendant possible le recours à la méthode téléologique. Sur ce point, voir notamment Y. GAUDEMET, *Les méthodes du juge administratif*, LGDJ, coll. « BDP », tome 108, 1972, 321 p., spéc. pp. 66-70, la section intitulée « Les raisonnements finalistes » ou encore Fr. ROUVILLOIS, « Le raisonnement finaliste du juge administratif », *RDP*, 1990, pp. 1817-1857. Sur l'interprétation téléologique en droit, voir notamment J.-L. BERGEL, *Méthodologie juridique*, PUF, coll. « Thémis droit privé », 2001, 408 p., pp. 240-243 ; *Théorie générale du droit*, Dalloz, coll. « Méthodes du droit », 5ème éd., 2012, 399 p., pp. 284-285 ou encore V. CHAMPEIL-DESPLATS, *Méthodologie du droit et des sciences du droit*, Dalloz, coll. « Méthodes du droit », 2014, 432 p., pp. 387-390.

2. Une acception spécifique du terme « consentement »

44. Même si cette étude n'a pas pour but d'étudier en elle-même la notion de consentement[102], il est nécessaire de disposer d'une définition minimale de ce concept, étant donné que l'on peut difficilement rechercher quelque chose que l'on ne connaît pas.

45. Pour la définition de la notion, nécessairement limitée ici, le droit positif ne fournit que très peu d'éléments. Le Code civil, qui fait pourtant référence plus de cent fois au consentement et y consacre une section entière[103], n'en donne aucune définition[104]. Il en est de même, à l'exception de quelques textes particuliers dont le domaine d'application est restreint[105], dans l'ensemble de la législation[106]. De manière identique, ni le juge judiciaire ni le juge administratif, pas plus d'ailleurs que le juge constitutionnel ou les juges européens, ne semblent davantage définir le consentement[107]. Cette absence de définition peut paraître problématique, mais elle n'a pas que des inconvénients et présente l'avantage de rendre le

---

102 Pour une telle démarche en droit pénal, voir par exemple la thèse de X. PIN, préc. L'auteur, après avoir identifié différents types de consentements, cherche méthodiquement à en préciser la nature. Voir encore, pour un domaine particulier, C. ENGEL, *La nature juridique du consentement à l'expérimentation*, Mémoire de DEA, Paris I, 1994, 48 p. Cela étant dit, même si cette étude avait pour but de préciser la notion de consentement, il n'est pas certain qu'il serait possible d'en donner, de prime abord, une définition. A ce sujet, voir Chr. ATIAS, *Epistémologie juridique*, Dalloz, coll. « Précis droit privé », 2002, 230 p. L'auteur affirme, p. 23, que « l'erreur est répandue ; son origine serait sans doute assez facile à trouver. Elle consiste à se convaincre que la connaissance commence par une définition, la délimitation de son objet relèverait d'une sorte de postulat innocent. Le rêve de savoir de quoi on parle avant de l'avoir analysé, observé, recherché, conduit à ces impasses au fond desquelles ne siègent que quelques évidences emportées avec lui par l'audacieux explorateur ».

103 Voir les articles 1109 à 1122 du Code civil qui constituent la section relative au consentement comme condition de validité des conventions. Voir aussi l'article 1108 du même code.

104 Sans doute le législateur se souvient-il de l'avertissement formulé au *Digeste*, 50, 17, 202 : *omnis definitio in jure periculosa.* Sur ce point, voir notamment J.-L. BERGEL, *Théorie générale du droit, op. cit.*, p. 234.

105 Voir notamment l'article L. 34-5 du Code des postes et télécommunication qui définit le consentement comme « toute manifestation de volonté libre, spécifique et informée par laquelle une personne accepte que des données à caractère personnel la concernant soient utilisées à fin de prospection directe ». Si le Conseil d'Etat juge cette définition « précise », il convient de remarquer qu'elle n'a qu'un domaine de validité limité, le texte indiquant qu'elle ne vaut que « pour l'application du présent article ». *Cf.* CE, 23 nov. 2011, n°341258.

106 Voir notamment L. ATTUEL-MENDES, *Consentement et actes juridiques*, *op. cit.*, pp. 6-7 ou X. PIN, *Le consentement en matière pénale*, *op. cit.*, p. 15.

107 Pour un tel constat à propos du juge judiciaire, voir L. ATTUEL-MENDES, *Consentement et actes juridiques*, *op. cit.*, p. 8.

concept « très ouvert à la créativité du juriste »[108] et d'accorder ainsi à ce dernier une grande liberté. Toutefois, cette liberté doit être utilisée avec prudence et à bon escient, ce qui invite à s'intéresser au vocabulaire courant ainsi qu'aux éléments juridiques dont il est possible de disposer.

46. Dans le vocabulaire courant le mot « consentement » et ses dérivés sont employés dans de multiples acceptions. Il peut désigner tout d'abord l' « assentiment accordé à une assertion », mais aussi, plus couramment, l' « acquiescement donné à un projet » ou la « décision de ne pas s'y opposer »[109]. Quant au verbe « consentir », il signifie « accepter qu'une chose se fasse, ne pas l'empêcher »[110]. Le *Vocabulaire juridique* donne quant à lui du consentement cinq définitions différentes. Il peut ainsi s'agir d' « accord de deux ou plusieurs volontés en vue de créer des effets de droit » ou dans l'accord, de « la volonté de chacune des parties contractantes ». Il s'agit parfois, plus spécialement, de l' « acceptation ». Par extension, il peut encore s'agir de « la volonté de l'auteur d'un acte unilatéral » ou enfin de l' « adhésion d'une personne à un acte conclu par d'autres »[111].

47. La multiplicité des significations du concept en fait une notion « imprécise »[112], un terme chargé d' « ambiguïté »[113]. Il convient dès lors d'étudier plus précisément les utilisations qu'en font le droit positif ou la doctrine. Afin de donner une première vue synthétique sur les nombreuses utilisations de ce terme polysémique, la métaphore de l'échelle, déjà largement utilisée en droit administratif[114], paraît utile et particulièrement bien adaptée à la notion qu'il s'agit de cerner. Il est en effet possible de relever une gradation du consentement, ce dernier étant situé « sur un axe structuré par l'opposition entre autonomie et contrainte »[115]. En laissant de côté la contrainte, cette gradation part d'une signification juridique précise,

---

[108] *Ibid.*, p. 7.

[109] J. REY-DEBOVE et A. REY (dir.), *Le Petit Robert*, 2012, entrée « Consentement ». De telles acceptions sont conformes à l'étymologie du terme qui provient du latin *consentire*, « être d'accord ».

[110] J. REY-DEBOVE et A. REY (dir.), *Le Petit Robert*, 2012, entrée « Consentir ».

[111] G. CORNU, *Vocabulaire juridique*, *op. cit.*, entrée « Consentement ».

[112] L. ATTUEL-MENDES, *Consentement et actes juridiques*, *op. cit.*, p. 4.

[113] F. COSTE, P. COSTEY et L. TANGUY, « Editorial », *Consentir : domination, consentement et déni*, *Tracés. Revue de Sciences humaines*, n°14, 2008, pp. 5-27, p. 9.

[114] Voir notamment, L. DUGUIT, *Traité de droit constitutionnel*, tome 3, *La théorie générale de l'Etat*, E. de Boccard, 2ème éd., 1923, 800 p., p. 327. Pour d'autres exemples et une utilisation par l'auteur lui-même, voir G. ECKERT, « Droit administratif et droit civil », dans P. GONOD, F. MELLERAY et Ph. YOLKA (dir.), *Traité de droit administratif*, *op. cit.*, tome 1, pp. 601-649, p. 641.

[115] F. COSTE, P. COSTEY et L. TANGUY, « Editorial », *op. cit.*, p. 9.

l'accord de volontés, pour descendre jusqu'à une acception plus vague, le simple consensus, en passant par de multiples intermédiaires.

48. Dans un premier sens, sans doute le plus courant, le consentement s'entend comme l' « accord de deux ou plusieurs volontés en vue de créer des effets de droit », ou, plus spécifiquement, dans l'accord, « la volonté de chacune des parties contractantes », voire « l'acceptation ». Dans ce sens, il est « d'usage de désigner par consentement la manifestation de volonté de chacune des parties formant le contrat et l'accord de volonté lui-même »[116]. S' « il n'est pas très satisfaisant de désigner par le même terme à la fois les volontés qui s'accordent l'une à l'autre et l'accord qui les lie »[117], telle est cependant l'utilisation qu'en fait le droit positif, qui connaît aussi bien la signification bilatérale qu'unilatérale du consentement. Une telle définition évoque le consentement contractuel qui constitue l'archétype du consentement en droit dans la mesure où, à défaut d'une théorie générale de l'acte juridique, c'est à partir de lui que les autres consentements sont bien souvent étudiés[118]. Contrairement à un point de vue répandu, tout consentement ne s'inscrit cependant pas nécessairement dans le cadre du contrat. Comme l'indiquent les auteurs du *Traité des contrats administratifs*, « si l'accord de volontés est un élément essentiel du contrat, il n'en constitue pas, à lui seul, le critère. Tout accord de volontés n'est pas nécessairement contrat »[119].

---

[116] J. GHESTIN, G. LOISEAU, Y.-M. SERINET, *Traité de droit civil. La formation du contrat*, tome 1, *le contrat. Le consentement*, *op. cit.*, p. 487. G. ROUHETTE indique également à propos du consentement que « le terme comporte, tout à la fois, une signification unilatérale, celle de manifestation individuelle de volonté, et une signification bilatérale, celle précisément d'accord de volontés » : *Contribution à l'étude critique de la notion de contrat*, Thèse, Paris, 1965, tome 1, n°107, p. 388, cité par L. ATTUEL-MENDES, *Consentement et actes juridiques*, *op. cit.*, p. 9. Selon l'auteur la doctrine semblerait pencher en faveur de la signification bilatérale tandis que le codificateur l'emploierait davantage dans sa signification unilatérale. Voir encore M.-A. FRISON-ROCHE, « Unilatéralité et consentement », dans Chr. JAMIN et D. MAZEAUD (dir.), *L'unilatéralisme et le droit des obligations*, Economica, coll. « Etudes juridiques », 1999, 103 p., pp. 21-30.

[117] X. PIN, *Le consentement en matière pénale*, *op. cit.*, p. 18.

[118] Voir *infra*, notamment le chapitre premier de la première partie ainsi que le second de la deuxième partie.

[119] A. DE LAUBADERE, Fr. MODERNE et P. DELVOLVE, *Traité des contrats administratifs*, LGDJ, 1983, 2 tomes, 808 p. et 1124 p., tome 1, p. 29. Nombreux sont les auteurs à mettre en garde contre cette assimilation. X. PIN estime ainsi qu' « il faut cesser d'avoir à l'esprit une équivalence quasi-systématique entre le consentement et le contrat. Si le contrat suppose le consentement, l'inverse n'est pas vrai » : *Le consentement en matière pénale*, *op. cit.*, p. 537. Cette critique n'est pas nouvelle. M. HAURIOU notait déjà que « l'erreur que commettent bien des gens, est de croire que tous les phénomènes de consentement se ramènent au contrat. Il y a, au contraire, des quantités de consentements qui ne sont pas contractuels, qui ne sont que l'acceptation d'un fait » : *La jurisprudence administrative de 1892 à 1929*, Sirey, 1929, réimp. La Mémoire du droit, 2000, 3 tomes,

49. Le consentement peut donc être entendu dans une deuxième acception. Il peut ainsi désigner « la volonté de l'auteur d'un acte unilatéral ». Une telle utilisation est fréquente en droit administratif, non seulement pour l'administration mais aussi pour les administrés, et ce, dans des domaines très divers[120].

50. Il peut ensuite s'agir, et c'est le dernier sens relevé par le *Vocabulaire juridique*, d'une « adhésion d'une personne à un acte conclu par d'autres ». Il constitue alors une certaine forme d'accord, sans pour autant revêtir la qualité de contrat. Comme le note Rémy ROUQUETTE, le terme « consentement » est « également utilisé en droit administratif, au sens d' "accord", à propos de l'édiction d'un acte unilatéral qui suppose l'accord préalable des personnes concernées ou d'une majorité de ces personnes, par exemple *le consentement des communes à se regrouper dans un établissement public de coopération intercommunale, le consentement des propriétaires à être réunis en association syndicale autorisée.* Cette acception du terme correspond à des processus qui, quoique unilatéraux, empruntent au régime contractuel par la nécessité au moins partielle du consentement de ceux qui se trouvent obligés »[121]. Un tel consentement peut être individuel mais aussi collectif. Tel est par exemple le cas du troisième alinéa de l'article 53 de la Constitution qui énonce que « nulle cession, nul échange, nulle adjonction de territoire n'est valable sans le consentement des

743 p., 764 p. et 846 p., tome 3, note sous CE, 22 juin 1906, *Lacourte* et CE, 15 fév. 1907, *Pauly*, pp. 32-43, p. 37. E. GOUNOT, critique à l'égard de la doctrine volontariste, affirmait également que « dans n'importe quel phénomène de consentement ou même simplement d'assentiment, ils sont tentés de voir un contrat : par exemple, dans l'obéissance à un ordre d'un supérieur [...]. Ce sont là des abus regrettables, source perpétuelle d'équivoques et de confusion » : *Le principe de l'autonomie de la volonté en droit privé. Contribution à l'étude critique de l'individualisme juridique*, Arthur Rousseau, 1912, 470 p., p. 264.

120 Par exemple, l'expression « vice du consentement » est parfois employée pour désigner le « "vice qui affecte la manifestation de volonté d'un administré qui conditionne un acte administratif unilatéral", par exemple *le vice de consentement du fonctionnaire qui démissionne* » : R. ROUQUETTE, *Dictionnaire du droit administratif : terminologie, expressions, noms propres*, Le Moniteur, 2002, 891 p., entrée « Vice (– du consentement) ». Dans un domaine différent mais qu'il est possible de mentionner au titre de l'analogie, le Conseil constitutionnel évoque un vice du consentement à propos d'une saisine. Il affirme « qu'aucune disposition de la Constitution non plus que de la loi organique relative au Conseil constitutionnel ne permet aux autorités ou parlementaires habilités à déférer une loi au Conseil constitutionnel de le dessaisir en faisant obstacle à la mise en œuvre du contrôle de constitutionnalité engagé ; que dès lors, hormis les cas d'erreur matérielle, de fraude ou de vice du consentement, le Conseil constitutionnel ne saurait prendre en compte des déclarations exprimées en ce sens » : CC, 30 déc. 1996, décision n°96-386 DC, *Loi de finances rectificative pour 1996*, cons. n°4.

121 R. ROUQUETTE, *Dictionnaire du droit administratif : terminologie, expressions, noms propres*, *op. cit.*, entrée « Consentement ».

populations intéressées ». Ce consentement, généralement matérialisé par un vote, ne fait que s'inscrire dans une procédure qui dépend d'autres acteurs, en l'occurrence le législateur.

51. Au-delà de ces acceptions explicitement employées en droit positif, des auteurs utilisent le mot « consentement » dans des sens encore plus larges. Il est en effet possible de noter que l'administration ne recourt que rarement à l'exécution forcée, car, indépendamment des conditions restrictives qui entourent sa mise en œuvre, les administrés obéissent le plus souvent spontanément à ses prescriptions[122]. Or, comme l'indique Norberto BOBBIO, « il n'y a aucune façon meilleure pour démontrer le consentement que l'obéissance »[123]. On pourrait donc, d'une certaine manière, déceler du consentement dans la plupart des chapitres du droit administratif. Une telle analyse pourrait être menée à l'aide de la théorie de l'institution, telle que la développe notamment Maurice HAURIOU. Celui-ci définit l'institution comme « une idée d'œuvre ou d'entreprise qui se réalise et dure juridiquement dans un milieu social ; pour la réalisation de cette idée, un pouvoir s'organise qui lui procure des organes ; d'autre part, entre les membres du groupe social intéressé à la réalisation de l'idée, il se produit des manifestations de communion dirigées par les organes du pouvoir et réglées par des procédures »[124]. Si cette définition ne mentionne pas explicitement le consentement, l'auteur fait par ailleurs constamment référence à la « volonté », à l' « assentiment » et à l' « adhésion » des membres de l'institution et met en lumière le caractère « consensuel » de celle-ci. Il définit en effet la manifestation de volonté avec commune intention de fonder, qui « constitue, de beaucoup, l'élément le plus important », comme « le facteur consensuel et, par conséquent, le fondement

---

[122] Cela est particulièrement visible, ainsi qu'aisément quantifiable, en droit fiscal, où l'administration ne procède qu'à peu de recouvrements forcés en comparaison de tous les recouvrements qu'elle opère. Pour des chiffres, supérieurs à 98%, voir M. COLLET et P. COLLIN, *Procédures fiscales. Contrôle, contentieux et recouvrement de l'impôt*, PUF, coll. « Thémis droit », 2ème éd., 2014, 369 p., p. 303.

[123] N. BOBBIO, « Sur le principe de légitimité », dans Institut international de philosophie politique, *Annales de philosophie politique*, n°7, *L'idée de légitimité*, PUF, 1967, 221 p., pp. 47-60, p. 50. Cet article est reproduit dans *Repenser le droit constitutionnel*, *Droits*, n°32, 2000, pp. 147-155.

[124] M. HAURIOU, « La théorie de l'institution et de la fondation (essai de vitalisme social) », dans *Aux sources du droit, le pouvoir, l'ordre et la liberté*, Bloud et Gay, 1933, réimp. par le Centre de philosophie politique et juridique de l'Université de Caen, coll. « Bibliothèque de Philosophie politique et juridique. Textes et documents », 1986, 191 p., pp. 72-86, p. 75. Voir encore J.-A. BRODERICK, O.P., « La notion d'"institution" de Maurice Hauriou dans ses rapports avec le contrat en droit positif français », *Sur les notions de contrats*, *APD*, n°13, 1968, pp. 143-160, qui insiste à plusieurs reprises sur la notion de consentement, ainsi qu'E. MILLARD, « Hauriou et la théorie de l'institution », *Droit et société*, n°30/31, 1995, pp. 381-409, spéc. p. 402.

juridique, non seulement de l'opération de fondation, mais de l'existence même du corps constitué »[125].

52. D'autres auteurs distinguent encore, au sein des relations unilatérales existant entre l'administration et les administrés, les situations réellement unilatérales, c'est-à-dire non seulement formellement mais aussi matériellement, et les situations unilatérales qui s'inscrivent, si ce n'est dans un « contexte consensuel », du moins dans un contexte qui n'est pas autoritaire[126].

53. Enfin dans son sens le plus large, le terme « consentement » est parfois utilisé comme synonyme de « consensus »[127]. Ce dernier terme renvoie à des « croyances et valeurs fondamentales, à des compromis plus ou moins stables ou à des règles du jeu générales, qui font l'objet d'une adhésion active, négative ou passive largement répandues dans un groupe ou une société »[128]. Il s'agit en effet d'un « accord entre personnes », ou plus spécifiquement d'un « accord d'une forte majorité de l'opinion publique »[129],

---

[125] M. HAURIOU, « La théorie de l'institution et de la fondation (essai de vitalisme social) », *op. cit.*, p. 120. De manière semblable, J. CHEVALLIER donne une définition de l'institution qui fait directement appel à la notion de consentement : « il y a nécessairement à l'origine des institutions une "volonté commune", qui s'exprime par un "acte collectif" de fondation. La naissance de l'institution suppose la "communion fondative" – c'est-à-dire le rassemblement des intelligences et la mobilisation des volontés autour de d'une "idée d'œuvre" ; cette communion est traduite par l'action d'un pouvoir, capable d'unifier les consentements, puis matérialisée par une procédure juridique » : « L'analyse institutionnelle », dans CURAPP, *L'institution*, PUF, 1981, 411 p., pp. 3-61, p. 7.

[126] Voir notamment la thèse d'A. GHELLAL, préc. Voir encore X. DUPRE DE BOULOIS, *Le pouvoir de décision unilatérale, étude de droit comparé interne*, LGDJ, coll. « BDP », tome 248, 2006, 444 p., p. 21. et S. SAUNIER, « La théorie de l'autonomie de la volonté dans les actes administratifs », dans M. NICOD (dir.), *De la volonté individuelle,* Presses de l'Université de Toulouse I Capitole, coll. « Travaux de l'IFR Mutations de normes juridiques », 2009, 303 p., pp. 205-220, pp. 209-210. Une telle distinction, qui n'est pas sans rappeler celle qu'opèrent certains auteurs entre le consentement de l'impôt et le consentement à l'impôt, aurait éventuellement pu servir de cadre à une étude sur le consentement des administrés en droit administratif. Mais celle-ci aurait alors été très différente et autrement plus vaste que celle qui est ici menée.

[127] Voir notamment Ch. EISENMANN, « Essais de définition », dans *Le consensus*, *Pouvoirs*, n°5, 1978, pp. 28-29. L'auteur affirme, p. 28, que, de soi, « le mot "consensus" [...] est synonyme de consentement » avant d'indiquer les différences qui, dans l'usage qu'il est fait de ces termes, les distinguent. De manière assez proche, il pourrait aussi être fait état de la coutume, qui repose sur l'*opinio juris*. Sur ce point, voir notamment G. TEBOUL, *Usages et coutume en droit administratif*, LGDJ, coll. « BDP », tome 153, 1989, 331 p.

[128] R. VANDYCKE, « Consensus », dans ARNAUD (A.-J.) (dir.), *Dictionnaire de théorie et de sociologie du droit*, *op. cit.*, pp. 101-103, p. 101. L'auteur souligne la difficulté d'emploi du concept en sciences juridiques.

[129] J. REY-DEBOVE et A. REY (dir.), *Le Petit Robert*, 2012, entrée « Consensus ».

d'une adhésion à une idée ou à un acte[130]. Une telle approche serait intéressante, notamment parce qu'un tel consensus autour de l'action administrative emporterait des résultats qui lui seraient très favorables[131]. Mais, comme l'indique le Vocabulaire technique et critique de la philosophie, il s'agit d'un « terme un peu vague »[132]. Il en est d'ailleurs de même d'un de ses dérivés, le mot « consensuel », qui, en plus de son sens juridique précis, peut également signifier « fondé sur un consensus »[133].

---

[130] Pour une telle approche, voir notamment R. CABRILLAC, « La réception de la loi : consentement ou adhésion ? », dans S. CHASSAGNARD-PINET et D. HIEZ (dir.), *La contractualisation de la production normative*, *op. cit.*, pp. 153-163.

[131] A ce sujet, voir notamment J. RIVERO, « A propos des métamorphoses de l'administration d'aujourd'hui : démocratie et administration », dans *Mélanges offerts à René Savatier*, Dalloz, 1965, 972 p., pp. 821-833. L'auteur indique par exemple, p. 830, qu'il faut « revenir à l'essentiel : parce que l'homme est doué de liberté et de raison, on ne peut espérer obtenir de lui, là où la contrainte s'avère vaine, des attitudes qui n'emporteraient pas, de sa part, un minimum d'adhésion. Il n'est pas, sans ce ressort essentiel de l'adhésion, d'action administrative possible dans l'ordre économique et social ; et la recherche de l'adhésion emprunte, dans l'expérience la plus récente, des formes diverses, encore incertaines, mais significatives ». Il ajoute également, p. 832, que « la décision n'a qu'une fin : sa traduction dans la réalité ; qu'elle soit judicieuse et savante, que son auteur puisse trouver dans sa contemplation, le légitime orgueil que l'œuvre parfaite donne au créateur, peu importe, si elle se révèle inapte à transformer le monde dans le sens qu'elle a choisi ; l'exécution demeure la raison d'être de l'acte administratif, comme de l'acte juridictionnel et de la règle législative ; seule, une déformation psychologique fréquente, mais redoutable, peut faire perdre de vue cette évidence, et conduire à considérer la décision comme une chose en soi, portant en elle-même la mesure de sa perfection, non comme un instrument d'action. Or, dans l'optique de l'exécution, l'efficacité n'est plus du côté de l'autorité, fut-elle technocratique, mais du côté de l'adhésion, c'est-à-dire de la démocratie ».

[132] A. LALANDE (dir.), *Vocabulaire critique et technique de la philosophie*, *op. cit.*, entrée « Consensus ». Le terme connaît bien une définition strictement juridique : « terme euphémique (et diplomatique) [...] pour désigner le substitue informel d'un vote comme mode d'adoption d'une délibération à laquelle certains participants ne veulent, formellement, ni s'associer ni faire obstacle, acceptant qu'elle soit adopter sans vote » :

[133] J. REY-DEBOVE et A. REY (dir.), *Le Petit Robert*, 2012, entrée « Consensuel ». Le sens proprement juridique signifie « formé par le seul consentement des parties ». Sur la notion de consensus, voir encore A. AKOUN, « Consensus *[soc., pol.]* » dans S. AUROUX (dir.), *Les notions philosophiques : dictionnaire*, tome 1, *Philosophie occidentale, A-L*, PUF, coll. « Encyclopédie philosophique universelle », 1990, 1517 p., pp. 435-436 et *Le consensus*, *Pouvoirs*, n°5, 1978, avec notamment la contribution de Ch. EISENMANN, « Essais de définition », pp. 28-29. L'auteur distingue bien le sens sociologique du consensus du consentement juridique. Pour une mise en perspective de ce point, voir notamment A. HOLLEAUX, « Vers un ordre juridique conventionnel », *op. cit.*, pp. 9-33. L'auteur énonce, p. 19, que « les décrets, et plus généralement les textes unilatéraux, sont truffés de dispositions concertées. Si on pouvait les passer à la radioscopie comme le font les laboratoires de musées qui reconstituent l'histoire d'un tableau en faisant apparaître les repeints successifs, on verrait que les livraisons du *Journal officiel* qui ont une apparence d'airain buriné, dissimulent des montagnes de compromis, de "consensus" échangés et parfois des diktats de groupements puissants ou obstinés [...]. Grattez le décret, vous découvrez le

54. Une telle présentation des différents sens du mot consentement et de ses dérivés a confirmé le caractère équivoque de la notion, sans pour autant résoudre le problème de la définition à retenir. A la réflexion, celle-ci ne semble pas résulter de manière nécessaire de l'étude du droit positif, ni d'ailleurs d'une doctrine qui serait unanime[134]. Il faut donc renoncer à *recevoir* de ceux-ci une définition qui serait incontestable. Il convient dès lors d'en *choisir* une, en acceptant le caractère subjectif d'une telle démarche.

55. Une alternative voit alors le jour. Il serait possible d'adopter une définition large du consentement, qui permettrait de traiter des différentes hypothèses envisagées. A l'inverse, une acception stricte aurait l'avantage d'éviter toute ambiguïté. Dans le premier cas cependant, l'étude perdrait toute dimension spécifique et dans le second, du fait de la fréquente « dissimulation » du consentement des administrés en droit administratif[135], les recherches risqueraient de ne pas saisir l'intégralité du sujet. La solution la plus adaptée au but assigné à cette étude semble demeurer dans l'adoption d'une définition médiane, équilibrée, tout en ayant conscience que « la fragilité est la loi de tous les équilibres »[136].

56. La définition proposée par L. ATTUEL-MENDES, selon laquelle « le consentement est la volonté, émise par un sujet de droit, de créer des effets de droit extériorisée en direction d'autrui »[137], paraît correspondre à cette voie médiane. Elle mérite cependant d'être légèrement amendée afin de mettre en évidence le caractère nécessairement libre d'une telle manifestation de volonté[138]. Sauf exception[139], le mot « consentement »

---

pacte. Ecornez le statut, vous trouvez une convention collective. Pour le juriste c'est du réglementaire, mais pour l'analyste c'est du contractuel honteux » :

[134] Voir notamment Br. PETIT et S. ROUXEL, « Art. 1109, fasc. unique. Contrat et obligations. Consentement », *Jcl. Civil Code*, 2012 et P. CHAUVEL, « Consentement », dans *Répertoire de droit civil Dalloz*, 2007. Quant à J. GHESTIN, il ne consacre que quelques lignes à la définition du consentement en lui-même. Il affirme notamment qu' « il est d'usage de désigner par consentement la manifestation de volonté de chacune des parties formant le contrat et l'accord de volontés lui-même » : J. GHESTIN, G. LOISEAU, Y.-M. SERINET, *Traité de droit civil. La formation du contrat*, tome 1, *le contrat. Le consentement*, *op. cit.*, p. 487. Cette définition ne vaut que pour le contrat.

[135] Sur ce point, voir *infra*, n°67.

[136] J. RIVERO, « Préface », dans Th. FORTSAKIS, *Empirisme et conceptualisme en droit administratif français*, LGDJ, coll. « BDP », tome 152, 1987, 542 p., pp. 13-15, p. 15.

[137] L. ATTUEL-MENDES, *Consentement et actes juridiques*, *op. cit.*, p. 393.

[138] Voir par exemple la définition que donne Ch. EISENMMAN du consentement : « *l'idée* de consentement [...] est à peu près la suivante : consentir, c'est dire oui par une décision personnelle, c'est-à-dire juridiquement libre ; c'est oui, alors que juridiquement on était libre de choisir de dire oui et dire non, par une appréciation personnelle » : *Cours de droit administratif*, *op. cit.*, tome 2, p. 380. Sur ce point, voir *infra*, la seconde section du premier chapitre de la deuxième partie.

désignera dans cette étude *la volonté, librement émise par un sujet de droit, de créer des effets de droit et extériorisée en direction d'autrui.*

57. De cette définition ressortent plusieurs éléments qu'il convient de préciser. Tout d'abord, elle prend en compte la distinction fréquemment opérée entre le consentement et la volonté. Cette dernière est la « disposition mentale », l' « acte de la personne qui veut »[140] et peut éventuellement de ce fait demeurer interne au sujet et porter sur tout objet alors que le consentement est nécessairement extériorisé et porte sur un objet déterminé. Autrement dit, si le consentement constitue nécessairement une manifestation de volonté, la volonté peut exister indépendamment de tout consentement. Il lui suffit pour cela de ne pas être portée à la connaissance d'autrui[141]. Cette distinction, juste en elle-même[142], ne doit cependant pas être exagérée. Si le droit ne se confond pas avec la psychologie, il doit tout de même parfois chercher à pénétrer la conscience des individus, afin notamment d'établir une absence de correspondance entre la volonté et le consentement exprimé, entre la volonté interne et la volonté déclarée.

58. Une autre distinction, d'ordre également psychologique, doit en revanche être écartée de cette étude. Le consentement en effet, contrairement à ce qu'ont souligné certains auteurs, ne revêt pas nécessairement, en droit, une connotation péjorative[143]. Il est vrai que dans le vocabulaire usuel le

---

[139] Cette définition, relativement stricte, présente l'inconvénient de prendre comme postulat implicite une opposition trop franche entre les actes juridiques et les faits juridiques. Afin de ne pas exclure systématiquement ces derniers de l'étude, il faudra, plutôt que d'adopter une définition qui pourrait devenir imprécise, accepter certaines exceptions. Pour une relativisation de la distinction entre actes et faits juridiques, voir notamment M. BASTIT, « Suggestions sur les origines philosophiques de l'acte juridique », dans *L'acte juridique*, *Droits*, n°7, 1988, pp. 11-19.

[140] J. REY-DEBOVE et A. REY (dir.), *Le Petit Robert*, 2012, entrée « Volonté ».

[141] Voir notamment l'adage *Voluntas in mente retenta nil efficit*, dans H. ROLAND, *Lexique juridique. Expressions latines*, LexisNexis, 5ème éd., 2010, 451 p., p. 379.

[142] Voir notamment M.-A. FRISON-ROCHE, « Remarques sur la distinction de la volonté et du consentement en droit des contrats », *RTD civ.*, juill.-sept. 1995, pp. 573-578 ou encore L. ATTUEL-MENDES, *Consentement et actes juridiques*, Litec, 2008, coll. « Bibliothèque de droit de l'entreprise », 475 p., *op. cit.*, spéc. pp. 62-68 et pp. 145-150 et S. HOURSON, *Les conventions d'administration*, LGDJ, coll. « BDP », tome 277, 2014, 622 p., pp. 44-47. Sur la volonté en droit, en plus des ouvrages généraux consacrés à la formation des actes juridiques, voir notamment *La volonté*, *Droits*, n°28, 1999, ainsi que P. GODE, *Volonté et manifestations tacites*, PUF, coll. « Travaux et recherches de l'Université du droit et de la santé de Lille », 1977, 275 p., spéc. pp. 13-21, le chapitre intitulé « Les volontés ».

[143] Voir notamment M.-A. FRISON-ROCHE, « Remarques sur la distinction de la volonté et du consentement en droit des contrats », *op. cit.* L'auteur affirme par exemple, p. 574, qu' « en Occident, la liberté est dans le "non" ; le consentement est dans le "oui". Par la volonté, je domine ; par le consentement, je me soumets. La force est du côté de la volonté ; la faiblesse du côté du consentement ». Voir aussi, du même auteur, « Rapport de synthèse », *RJC*, 1995, numéro spécial, pp. 151-164 ou encore G. FRAISSE *Du consentement. op. cit.*

verbe « consentir » peut marquer, « dans l'ordre de la pensée comme dans celui de l'action, une nuance de réserve, ou du moins une tendance primitive à refuser »[144]. Plus rarement, le mot peut d'ailleurs signifier, dans le vocabulaire maritime, « céder, se courber »[145]. Cette liaison du consentement avec l'idée de soumission, sans doute héritée du stoïcisme[146], ne semble cependant pas présente en droit administratif.

59. Par ailleurs, la définition donnée du consentement n'exclut pas que soit pris en considération des objets d'étude qui seraient qualifiés autrement par le droit positif ou la doctrine. Bien au contraire, elle vise à rassembler, par-delà la diversité des vocables, des objets présentant des caractères identiques[147]. De même, cette définition n'opère par la distinction, utilisée par certains auteurs, entre le consentement « initial » et le consentement « en retour »[148]. Si le vocabulaire usuel pourrait faire penser à cela, étant donné que le consentement est souvent défini comme un « acte de volonté par lequel on décide ou même on déclare expressément qu'on ne s'oppose pas à une action déterminée *dont l'initiative est prise par autrui* »[149], il n'en est

---

144 A. LALANDE (dir.), *Vocabulaire critique et technique de la philosophie*, *op. cit.*, entrée « Consentement ».

145 J. REY-DEBOVE et A. REY (dir.), *Le Petit Robert*, 2012, entrée « Consentir ».

146 Sur le consentement dans la philosophie stoïcienne, voir notamment L. MONTEILS-LANG, « Perspectives antiques sur la philosophie du consentement », *Consentir : domination, consentement et déni, Tracés. Revue de Sciences humaines*, n°14, 2008, pp. 31-41. Pour l'auteur, pp. 31-32, chez les stoïciens, « le consentement se voit attribuer une définition précise comme acte d'acceptation dirigé à l'endroit de quelque chose qui nous dépasse, contre quoi on ne peut rien, mais que l'on fait paradoxalement sien en acquiesçant à sa présence ». L'auteur indique encore, p. 35, que « consentir est une modalité de notre âme qui souscrit dans son ensemble à tout ce qui ne dépend pas de nous », même s'il s'agit d'acquiescer à un ordre, celui du cosmos, dont on reconnaît la bonté intrinsèque.

147 Il est fréquent par exemple que le juge administratif n'emploie pas le terme « consentement » alors même que les textes qu'il applique en font état. A ce point de vue, une décision du Conseil d'Etat est caractéristique. Elle indique « qu'en utilisant l'œuvre de M. F... D... pour la diffuser dans le cadre d'une exposition, sans qu'il ressorte de l'instruction qu'elle ait obtenu l'*autorisation* pour ce faire ni de celui-ci ni de ses héritiers, la commune de Nantes a commis une faute de nature à engager sa responsabilité ». En cela, la Haute juridiction ne fait que tirer les conséquences de l'article L. 122-4 du Code de la propriété intellectuelle, cité explicitement dans la décision, aux termes duquel « toute représentation ou reproduction intégrale ou partielle faite sans le *consentement* de l'auteur ou de ses ayants droit ou ayants cause est illicite ». *Cf.* CE, 27 avr. 2011, *Cts Fédida*, n°314577. Souligné par nous. Une telle décision de justice fait partie intégrante du sujet. A l'instar de cet exemple, il faudra tenir compte de toutes les hypothèses qui correspondent à la définition donnée, indépendamment des termes employés.

148 Voir notamment les multiples utilisations de ces termes par L. ATTUEL-MENDES, *Consentement et actes juridiques*, *op. cit.*

149 A. LALANDE, *Vocabulaire critique et technique de la philosophie*, *op. cit.*, entrée « Consentement ». Souligné par nous. Il semble donc que sur ce point, Ch. EISENMANN se soit davantage inspiré du vocabulaire courant que des exemples donnés par le droit positif.

pas de même en droit où le terme « consentement » désigne aussi bien la manifestation de volonté initiale que celle formulée « en retour ».

60. Pour reprendre l'image de l'échelle utilisée précédemment, le consentement, tel qu'il est entendu dans cette étude, regroupera seulement les premiers sens donnés, ceux qui revêtent une dimension directement juridique. Les suivants, en ce qu'ils font référence à la théorie de l'institution ou au consensus qui peut exister autour de certaines normes juridiques ou de certains faits, ne seront pas étudiés en tant que tels[150].

61. La définition des termes du sujet n'est pas à elle seule suffisante pour opérer la délimitation de l'étude. Il faut encore lui ajouter des éléments complémentaires.

B. Délimitation complémentaire du sujet

62. En raison de son objet, le domaine de cette étude est extrêmement vaste. Il faut essayer d'embrasser, tout en étant conscient qu'il ne peut s'agir que d'un objectif, l'ensemble des hypothèses dans lesquelles le consentement des administrés apparaît en droit administratif. Pour reprendre une expression de Didier TRUCHET, c'est une « diagonale »[151] qu'il faudra tracer au sein de la matière pour tenter d'appréhender au mieux les fonctions du consentement des administrés. Il sera donc parfois nécessaire d'adopter une vision extensive du sujet (1). Mais il n'est pas possible de tout étudier et de nouvelles délimitations s'imposent (2). De la sorte, seront précisés les contours exacts de cette étude.

1. Une extension parfois nécessaire du sujet

63. Il est fréquent qu'une notion soit plus facilement perçue grâce à l'étude de la notion contraire. Par exemple, ARISTOTE, cherchant à indiquer ce qu'est l'homme juste, commence par voir ce qu'est l'homme

---

L'auteur indique en effet que le consentement « c'est la prise de position à l'égard de quelque chose qui est proposé ou voulu par autrui, qui émane d'une autre personne. On ne parle donc pas de consentement : 1° quand l'acte est fait par un seul sujet – individuel ou collectif ; ni 2° quand on vise le sujet premier intervenant, c'est-à-dire qui propose ou adopte le premier » : *Cours de droit administratif*, *op. cit.*, tome 2, p. 380.

150 Ils pourront cependant être envisagés lorsqu'il sera question d'étudier le discours doctrinal, si celui-ci y fait référence.

151 D. TRUCHET, *Les fonctions de la notion d'intérêt général dans la jurisprudence du Conseil d'Etat*, LGDJ, coll. « BDP », tome 125, 1977, 394 p., p. 22

injuste[152]. De plus, « toute analyse implique un grossissement du phénomène analysé »[153] et le danger existe de « vouloir trop prouver. A s'attacher à un seul aspect de la réalité, et surtout le plus négligé, on risque fort de le grossir inconsciemment, au détriment du reste, et de déformer l'image qu'on prétendait au contraire rétablir de la vérité »[154]. Pour ces deux raisons, il est parfois utile d'envisager, quoique de manière nécessairement limitée, des hypothèses dans lesquelles le consentement des administrés n'apparaît pas. Cela permet tout d'abord de profiter de l'effet de contraste que peut procurer l'étude de mécanismes opposés à ceux dont il s'agit de rendre compte à titre principal. Cela permet également d'avoir du sujet une vue sans doute plus équilibrée. Ce travail vise avant tout à démontrer une thèse, à défendre un point de vue. Mais, pour établir une analogie avec la pratique judiciaire, il ne s'agit pas pour autant d'adopter de préférence le point de vue de l'avocat sur celui du juge. Il convient au contraire de suivre une démarche qui soit la plus neutre possible, c'est-à-dire de préférer le point de vue de l'équilibre à celui de l'unilatéralité[155].

64. Sur d'autres points cependant, c'est un point de vue plus restrictif qu'il convient d'adopter.

2. Une restriction nécessaire concernant l'histoire et le droit comparé

65. Deux éléments essentiels pourraient être envisagés dans cette étude : le droit comparé et l'histoire, la seconde pouvant d'ailleurs être interprétée comme une forme chronologique du premier.

66. Il est indéniable que l'histoire, « indispensable science auxiliaire »[156], apporte à toute étude un éclairage particulièrement précieux. Comme le dit François OLIVIER-MARTIN, « toute culture un peu large, toute culture harmonieusement conçue comporte des enseignements

---

[152] Voir ARISTOTE, *Ethique à Nicomaque*, V, 2, 1129a, 33, trad., introduction et commentaires par J. TRICOT, Librairie philosophique J. Vrin, coll. « Bibliothèque des textes philosophiques », 1997, 539 p., p. 216.

[153] Fr. ROUVILLOIS, « Le raisonnement finaliste du juge administratif », *RDP*, 1990, pp. 1817-1857, p. 1820.

[154] J. RIVERO, « Préface », dans A. Mestre, *Le Conseil d'Etat, protecteur des prérogatives de l'administration, études sur le recours pour excès de pouvoir*, *op. cit.*, p. 8.

[155] Sur ce point, voir notamment l'article très imagé de G. CORNU, « L'expression corporelle dans le langage du droit », dans Société de législation comparée, *Mélanges en l'honneur de Denis Tallon : d'ici, d'ailleurs, harmonisation et dynamique du droit*, 1999, 362 p., pp. 45-55. Voir encore J.-L. BERGEL, *Méthodologie juridique*, *op. cit.*, pp. 364-369. Etudiant la logique des parties et la logique du juge, il déclare, p. 364 : « tandis que le raisonnement du juge doit être impartial pour trancher et faire autorité, celui des parties est naturellement partisan ».

[156] P. LEGENDRE, « La facture historique des systèmes. Notations pour une histoire comparative du droit administratif français », *RIDC*, 1971, pp. 5-47, p. 7.

historiques »[157]. Cela semble encore plus vrai en droit en général[158] et en droit administratif en particulier : « davantage encore que pour les autres branches du droit, l'histoire est un préalable obligé pour quiconque entreprend de voir clair dans l'écheveau compliqué des règles qui composent le régime juridique de l'administration »[159]. Une approche historique du sujet permettrait notamment d'éclairer un point particulier, celui du faible nombre d'études consacrées au consentement des administrés et de résoudre la question de savoir si la prise en compte du consentement des administrés a toujours existé en droit administratif et si oui, dans quelle mesure, ou s'il s'agit d'une évolution récente.

67. Une analyse historique permettrait de mettre en lumière les raisons du nombre relativement limité d'études consacrées au consentement des administrés en droit administratif français. Parmi celles-ci, il faudrait évoquer comment le droit administratif a pendant longtemps été étudié par la doctrine à travers le prisme de son opposition au droit privé. Comme l'affirme Jean-Jacques BIENVENU, « traditionnellement, l'exposition du droit administratif s'est ordonnée autour d'une idée stratégique chargée d'exprimer le fondement ou l'autonomie de ce droit »[160]. D'autres auteurs partagent ce point de vue et insistent sur la volonté qui a longtemps prédominé dans la doctrine du droit administratif, celle d'affirmer son autonomie[161]. Une telle volonté implique nécessairement d'insister

[157] Fr. OLIVIER-MARTIN, *L'administration provinciale à la fin de l'Ancien Régime*, Loysel, 1988, 421 p., p. 4.

[158] J.-B.-V. PROUDHON affirmait par exemple qu' « en toutes choses il est bon de remonter aux anciennes traditions, parce qu'un droit n'est jamais mieux connu que lorsqu'on l'aperçoit dès son origine » : *Traité du domaine public, ou de la distinction des biens considérés principalement par rapport au domaine public*, Dijon, Lagier, 1833-1934, tome 1, 502 p., p. 370. M. HAURIOU estimait quant à lui que le passé des institutions « explique leur état présent et projette de la lumière sur leur avenir. A toutes les belles époques, le droit a été étudié dans cette perspective historique qui est la plus proche du réel » : « Le pouvoir, l'ordre, la liberté et les erreurs des systèmes objectivistes », dans *Aux sources du droit, le pouvoir, l'ordre et la liberté, op. cit.*, p. 79.

[159] Fr. BURDEAU, *Histoire du droit administratif*, PUF, coll. « Thémis droit public », 1995, 494 p., p. 20.

[160] J.-J. BIENVENU, « Remarques sur quelques tendances de la doctrine contemporaine en droit administratif », *Destin du droit de propriété, Droits*, n°1, 1985, pp. 153-160, p. 159.

[161] Cette question mériterait de plus amples développements. Mais il est possible de citer quelques auteurs ayant étudié plus particulièrement cette question. S. PAPAEFTHYMIOU, auteur d'une thèse sur *La distinction du "droit privé-droit public" dans la théorie du droit et de l'Etat*, Thèse, Paris X, 1994, 684 p., affirme notamment dans un de ses articles, évoquant la fin du XIXème siècle et le début du XXème, que « la communauté des juristes de cette période partage l'idée de subordination du droit privé au droit public – qui continue d'être considéré comme étant *opposé* au droit privé » : « La distinction "droit privé-droit public" en France entre 1848 et 1900 : le paradigme positiviste perdu », dans O. BEAUD et P. WACHSMANN (dir.), *La science juridique française et la science juridique allemande de*

davantage sur les éléments différenciant droit public et droit privé que sur les éléments qui tendent à les rapprocher. Or, le consentement des administrés évoque une notion centrale du droit privé, bien souvent perçu comme un « droit du libre consentement »[162]. Dans un tel contexte, il apparaît difficile de porter sur le consentement des administrés un regard objectif, voire plus simplement de l'envisager comme un objet possible d'étude[163]. Cela pourrait constituer un facteur d'explication de cette fréquente « dissimulation »[164] dont fait l'objet le consentement des administrés. Sans doute serait-il alors possible, au moins dans une certaine mesure, d'établir une analogie avec ce que Norbert FOULQUIER affirme des droits publics subjectifs. L'auteur estime que si, dès le début du XXème siècle « tous les éléments d'une acceptation explicite de la notion de droit public subjectif des administrés étaient en place en France, la doctrine se refusa de sauter le pas. Pour préserver l'autonomie du droit administratif et l'autorité de l'Etat, le tout dans un contexte de lutte idéologique où le droit subjectif était régulièrement mis à contribution, les auteurs français se résolurent à *taire* que le droit administratif reposait sur la notion de droit public subjectif des administrés. Et ce ne fut qu'à la fin du XXe siècle que les obstacles à cette explication tombèrent »[165].

68. Par ailleurs et cela est lié au point précédent, une étude historique permettrait également de répondre à la question de savoir si le consentement des administrés constitue un nouvel objet du droit administratif ou s'il a toujours existé au sein de celui-ci. Si une étude menée sur les travaux doctrinaux invite à le penser, les éléments qui viennent d'être indiqués

---

1870 à 1918, *Annales de la faculté de droit de Strasbourg*, Presses Universitaires de Strasbourg, 1997, n°1, 345 p., pp. 101-135, p. 103. Nous soulignons. B. PLESSIX évoque également, à propos de la doctrine administrativiste, « la volonté prédominante d'affirmer son autonomie » : *L'utilisation du droit civil dans l'élaboration du droit administratif*, Panthéon-Assas, 2003, 878 p., *op. cit.*, p. 20. Voir également le titre qu'il consacre à « l'utilisation du droit civil et l'idéologie de l'autonomie du droit administratif », pp. 687-813. J. RIVERO affirme enfin que « le droit administratif ne peut se définir que par rapport au droit commun ; c'est là une vérité historique : c'est à partir de ce droit qu'il s'est formé, en effet, par un long effort de différenciation ; c'est aussi une nécessité pratique : on ne peut caractériser un système, et marquer son originalité, que par référence à un autre » : « Existe-t-il un critère du droit administratif ? », *RDP*, 1953, pp. 279-296, p. 294. Voir encore J. CHEVALLIER, « La fin des écoles ? », *RDP*, 1997, pp. 679-700, spéc. pp. 682-687.

162 J. RIVERO, « *Droit public et droit privé : conquête, ou* statu quo *?*, *D.*, 1947, chron., pp. 69-72, p. 69.

163 Un tel contexte semble plus particulièrement remis en cause depuis quelques années. Voir par exemple F. MELLERAY (dir.), *L'exorbitance du droit administratif en question(s)*, LGDJ, 2004, 312 p.

164 R. BONNARD, *Précis de droit administratif*, LGDJ, 4ème éd., 1943, 786 p., p. 34, note 1.

165 N. FOULQUIER, *Les droits publics subjectifs des administrés. Emergence d'un concept en droit administratif français du XIXe au XXe siècle*, *op. cit.*, p. 18.

incitent à davantage de précautions. Par-delà les préjugés, il semble certain que le droit administratif fait davantage aujourd'hui référence au consentement, mais rien n'indique *a priori* que l'évolution est radicale. Les quelques exemples développés dans cette thèse, lorsque certains domaines d'étude ont semblé nécessiter des investigations historiques plus spécifiques, inviteraient même à penser le contraire[166]. Une telle question mériterait cependant une étude à part entière, dont la conclusion s'approcherait sans doute, là encore, singulièrement de celle à laquelle parvient Norbert FOULQUIER : l'affirmation actuelle du consentement des administrés en droit administratif français ne serait peut-être « pas une révolution, mais une *révélation* »[167].

69. Il serait encore intéressant d'envisager le sujet sous l'angle du droit comparé. Au titre du droit comparé externe, il serait possible de chercher à voir quelles sont les fonctions jouées par le consentement des administrés dans les systèmes juridiques étrangers. Plus encore, une étude de droit comparé interne permettrait de mettre en lumière comment une notion qui semble *a priori* appartenir davantage au droit privé existe également en droit administratif ou est reçue progressivement par lui[168]. Une telle approche,

---

[166] Les brèves études historiques menées par exemple sur le consentement en droit médical ou sur les accords amiables en matière d'expropriation pour cause d'utilité publique montrent la permanence de ce concept, même si une évolution peut être notée. L'évolution semble en réalité plus importante dans le tableau que la doctrine dresse du droit positif que sur le fond du droit lui-même. Tel semble également être le cas en droit pénal. Comme l'indique X. PIN, il peut y avoir une conformité de desseins entre le consentement et le droit pénal et « il existe une relative permanence de leur coexistence [...]. En cela, le phénomène consensuel n'est peut-être pas aussi nouveau qu'on voudrait le croire » : *Le consentement en matière pénale*, *op. cit.*, p. 53. Une étude historique sur le consentement des administrés en droit administratif devrait distinguer deux points. Si l'évolution est avérée. La multiplication du consentement vient-elle d'une évolution au sein de matières données ou résulte-t-elle du fait que le droit administratif a investi de nouveaux domaines, voire des deux à la fois ?

[167] N. FOULQUIER, *Les droits publics subjectifs des administrés. Emergence d'un concept en droit administratif français du XIXe au XXe siècle*, *op. cit.*, p. 694.

[168] Une telle approche, qui emprunte d'ailleurs des formes très diverses, fait l'objet de nombreux travaux, soit généraux, soit plus précis. Voir notamment et respectivement : B. PLESSIX, *L'utilisation du droit civil dans l'élaboration du droit administratif*, *op. cit.*, ou J. ANTIPPAS, *Les droits de la personnalité : de l'extension au droit administratif d'une théorie fondamentale de droit privé*, PUAM, coll. « Laboratoire de droit privé et de sciences criminelles », 2012, 467 p. ; Ch.-E. BUCHER, *L'inexécution du contrat de droit privé et du contrat administratif. Etude de droit comparé interne*, Dalloz, coll. « NBT », vol. 102, 2011, 504 p. ; X. DUPRE DE BOULOIS, *Le pouvoir de décision unilatérale, étude de droit comparé interne*, *op. cit.* ; J. MARTIN, *Les sources de droit privé des contrats administratif*, Thèse, Panthéon-Assas, 2008, 2 tomes, 853 p. ; B. THOMAS-TUAL, *Droit de la fonction publique et droit du travail*, Thèse, Rennes I, 1988, 585 p. ; M.-C. VINCENT-LEGOUX, *L'ordre public : étude de droit comparé interne*, PUF, coll. « Les grandes thèses du droit français », 2001, 558 p.

pour intéressante qu'elle soit, ne saurait cependant être développée dans cette thèse.

70. Le sujet ayant été délimité, il convient maintenant d'évoquer la méthode de recherche proprement dite.

II. Eléments sur la méthode

71. Une méthode est un chemin, une voie qui mène au but[169]. Elle « n'est jamais qu'un instrument, contingent et partiel, visant à dévoiler certains pans cachés du réel : dépourvue de portée universelle et vouée, par essence, à être dépassée, elle ne saurait être utilisée en toute hypothèse avec un égal bonheur ; il appartient aux chercheurs d'essayer successivement, à l'instar d'un *mécanicien* ou d'un *serrurier*, les différents *outils* ou *clefs* disponibles, et de choisir ceux qui se révèlent les mieux adaptés aux problèmes particuliers qu'il a à résoudre »[170]. En raison d'un certain nombre de points propres au sujet, le raisonnement qui semble le mieux convenir à l'étude, telle qu'elle a été délimitée, des fonctions du consentement des administrés est le raisonnement inductif. C'est le dernier élément qu'il faut préciser (A) avant d'indiquer la problématique et le plan retenus (B).

A. Une méthode essentiellement inductive

72. Deux difficultés principales qui ont déjà été signalées comportent des conséquences en termes de méthode. D'une part, le consentement des administrés a jusqu'à présent fait l'objet d'assez peu d'études. Il existe donc peu de principes certains à partir desquels il serait possible d'établir des déductions rigoureuses. Par ailleurs, découvrir les fonctions du consentement impose de prendre en considération des données d'ordre psychologique, nécessairement délicates à appréhender. La fin, parce qu'elle est psychologique, constitue un objet « non immédiatement sensible à l'observateur extérieur »[171].

73. En raison de ces deux éléments, c'est une méthode de type inductive qu'il convient d'adopter. Il est habituel, tant en logique qu'en

---

[169] « Méthode » vient du grec *methodos*, qui signifie, « route, voie », « direction qui mène au but ». Voir A. REY (dir.), *Le Robert, Dictionnaire historique de la langue française*, 1998, entrée « Méthode ».

[170] J. CHEVALLIER, « L'analyse institutionnelle », *op. cit.*, p. 3.

[171] G. TIMSIT, *Le rôle de la notion de fonction administrative en droit administratif français*, *op. cit.*, p. 13.

droit, de distinguer l'induction de la déduction[172]. Par rapport à la déduction qui constitue « le passage d'un énoncé général [...] vers un énoncé particulier[173], l'induction consiste « à passer d'une proposition particulière à une proposition générale ou universelle », « d'une somme d'énoncés particuliers portant sur une même classe de faits, de personnes ou d'objets, à un énoncé général qui dépersonnalise ou désingularise les énoncés de départ »[174]. Le procédé normal de l'induction est de « rechercher le point de ressemblance entre divers cas particuliers, l'universel n'étant pas autre chose que l'élément commun à plusieurs individus »[175]. Il s'agit de relever les ressemblances qui existent entre différents cas particuliers et par-delà ceux-ci, de tenter de dégager des règles d'ordre général. Cette méthode semble donc indiquée pour tenter, à partir d'exemples particuliers fournis par les textes, la jurisprudence ou même la doctrine, de parvenir à des règles plus générales concernant les fonctions du consentement des administrés en droit administratif. L'induction nécessite donc une attention particulière pour chaque cas envisagé. Elle impose, contrairement au mot célèbre de ROUSSEAU[176], d'accorder une place importante aux faits, ainsi que de considérer précisément le contexte dans lequel les normes ou les discours juridiques sont élaborés[177].

74. Cela ne doit cependant pas faire oublier les limites d'un tel raisonnement. « L'induction ne produit des conclusions certaines, et est alors dite "rigoureuse" ou "parfaite", que si elle est effectuée à partir d'un ensemble fini et connu d'éléments, c'est-à-dire à partir de la totalité des

---

[172] En philosophie, *cf.* par exemple R. VERNEAUX, *Introduction générale et logique*, Beauchesne, 1964, 184 p., pp. 89-93. En droit, voir notamment J.-L. BERGEL, *Méthodologie juridique*, *op. cit.*, pp. 140-143 ; *Théorie générale du droit*, *op. cit.*, pp. 303-305.

[173] V. CHAMPEIL-DESPLATS, *Méthodologie du droit et des sciences du droit*, *op. cit.*, p. 357. L'auteur définit la déduction comme « le passage d'un énoncé général – ou, en termes aristotéliciens, d'une proposition universelle – qui constitue une "prémisse supposée assurée", connue, vraie ou vérifiable, vers un énoncé particulier qui est réputé alors présenter ces mêmes propriétés ». Le syllogisme est l'archétype de ce mode de raisonnement.

[174] V. CHAMPEIL-DESPLATS, *Méthodologie du droit et des sciences du droit*, *op. cit.*, p. 360. Voir encore R. VERNEAUX, *Introduction générale et logique*, *op. cit.*, pp. 109-113. L'auteur, p. 110, définit l'induction comme une « argumentation dans laquelle, de faits singuliers, *ex singularibus*, suit nécessairement une proposition universelle ».

[175] R. VERNEAUX, *Introduction générale et logique*, *op. cit.*, p. 140.

[176] L'auteur affirmait, en introduction de son *Discours sur l'origine et les fondements de l'inégalité parmi les hommes* de 1755 : « commençons donc par écarter tous les faits » : J.-J. ROUSSEAU, « Discours sur l'origine et les fondements de l'inégalité parmi les hommes », dans *Ecrits politiques*, éd. par G. MAIRET, Librairie générale française, coll. « Le livre de poche », 1992, 545 p., pp. 75-140, p. 77.

[177] Cette nécessité sera tout particulièrement tangible lorsqu'il s'agira de traiter de la question de l'efficience du droit administratif. Voir le second chapitre de la troisième partie.

éléments considérés »[178]. A défaut de prendre pour point de départ la totalité des cas existants, l'induction ne peut être qu' « amplifiante », c'est-à-dire une induction dont « la portée dépasse l'addition des propositions particulières ou des cas observés qui lui ont servi de point de départ »[179]. Une telle induction n'aboutit alors qu'à une conclusion probable, mais d'autant plus probable que les cas étudiés auront été nombreux[180].

B. Problématique et plan retenus

75. En règle générale, l'administration peut se passer du consentement des administrés pour agir. Une telle faculté est d'ailleurs présentée comme « la plus caractéristique »[181] ou même « la première »[182] des prérogatives de puissance publique. La prise en compte du consentement des administrés ne découle donc pas, en droit administratif, de la *nécessité*, mais d'un choix motivé par la recherche de certaines finalités. Quelles sont alors les fonctions du consentement des administrés en droit administratif ? Telle est la question à laquelle cette étude se propose de répondre.

76. Une telle problématique revient à envisager le consentement comme une technique au service de finalités qui lui sont extérieures et qui le dépassent. A l'étude, il apparaît que celles-ci sont principalement de trois ordres. Le droit administratif constitue, au moins dans une certaine mesure, un système dans lequel cohabitent différentes notions. Le consentement peut être utilisé, par sa présence ou au contraire son absence, afin de définir ou de caractériser plusieurs d'entre elles. Dans le contexte plus général de la subjectivisation de la matière, les administrés se voient reconnaître de plus en plus de droits qu'ils peuvent opposer à l'appareil d'Etat. Le consentement peut encore servir à garantir les libertés des administrés. Enfin, l'administration ayant découvert, « à ses dépens, que la contrainte pouvait

---

178 V. CHAMPEIL-DESPLATS, *Méthodologie du droit et des sciences du droit*, *op. cit.*, p. 360.

179 *Ibid.*, p. 361.

180 Cette induction permet tout de même de prouver avec certitude l'applicabilité de la règle générale aux cas particuliers qui ont servi à l'élaboration du raisonnement. Il faut donc distinguer au sein de ce type d'induction les éléments étudiés, qui relèvent de la science, de ceux qui ne l'ont pas été et pour lesquels il n'est possible d'établir qu'une simple probabilité.

181 G. VEDEL et P. DELVOLVE estiment ainsi que « parmi les prérogatives de puissance publique dont dispose l'administration, la plus caractéristique est sans doute celle de prendre des décisions exécutoires, c'est-à-dire de faire naître unilatéralement des obligations et éventuellement des droits au profit ou à la charge de tiers sans le consentement de ceux-ci » : *Droit administratif*, PUF, coll. « Thémis droit », 10ème éd., 1988, 1206 p., p. 237.

182 R. CHAPUS, *Droit administratif général*, Montchrestien, coll. « Domat droit public », 15ème éd., 2001, 2 tomes, 1427 p. et 797 p., tome 1, p. 501.

être inefficace »[183], elle peut avoir intérêt, pour remplir ses missions, à privilégier la persuasion à la contrainte, l'accord au commandement unilatéral. Le consentement des administrés constitue alors dans ce but un formidable instrument de légitimation de l'action de l'appareil d'Etat.

77. Ces trois fonctions ne sont pas nécessairement exclusives les unes des autres et rien n'interdit que, dans une hypothèse donnée, le consentement remplisse plusieurs fonctions simultanément. L'exigence de clarté impose cependant de bien les distinguer en adoptant successivement trois points de vue différents. La première fonction concerne en effet essentiellement le juge ou la doctrine, qui occupent un rôle central dans la systématisation du droit administratif. La deuxième intéresse en premier lieu les administrés eux-mêmes. La troisième, enfin, met en valeur le rôle joué par le consentement du point de vue de l'administration.

78. Il est donc possible de présenter de manière distincte les trois fonctions jouées par le consentement des administrés. Celui-ci possède tout d'abord une fonction définitionnelle, c'est-à-dire qu'il est utilisé afin de définir ou de caractériser certaines notions juridiques (première Partie). Il permet ensuite l'exercice d'un certain nombre de libertés des administrés (deuxième Partie). Il remplit enfin une fonction essentielle dans la légitimation de l'action administrative (troisième Partie).

---

[183] D. TRUCHET, « La structure du droit administratif peut-elle demeurer binaire ? A propos des catégories juridiques en droit administratif », dans Centre de formation permanente, *Clés pour le siècle : droit et science politique, information et communication, sciences économiques et de gestion*, Dalloz, 2000, 1818 p., pp. 443-464, p. 457.

PREMIERE PARTIE
LE CONSENTEMENT DES ADMINISTRES COMME ELEMENT DE DEFINITION

79. « Outil essentiel de clarification du langage »[184], la définition est une « opération mentale qui consiste à déterminer le contenu d'un concept en énumérant ses caractères »[185]. C'est aussi, selon l'étymologie même du mot, la « détermination des frontières »[186]. Définir provient en effet du latin *definire*, qui signifie « déterminer », « fixer », « délimiter »[187], *definire* étant lui-même issu de *finis*, « borne », « limite d'un champ », « frontière »[188]. Le mot « définition » renvoie donc à cette idée importante de limite, de frontière.

80. Par extension, c'est aussi l' « action de caractériser, de préciser une idée, une notion »[189] et définir consiste à « déterminer par une formule précise l'ensemble des caractères qui appartiennent à un concept »[190]. Or, le caractère est un « trait propre à une personne, à une chose, et qui permet de la distinguer d'une autre »[191]. Le mot vient du grec *kharaktêr*, « qui, à partir du sens propre de "graveur" (spécialement "graveur de monnaies"), a pris par métonymie le sens de "signe gravé, empreinte, marque" »[192]. Ainsi, caractériser quelque chose consiste à mettre en évidence ses véritables traits distinctifs.

81. Ces précisions sur la définition pourraient être multipliées tant les conceptions de ce qu'est une définition sont nombreuses. Cette pluralité fait écho aux différents types de définitions qui existent, certains auteurs en mentionnant jusqu'à quarante et un[193]. Il est notamment fréquent d'opposer les définitions réelles, qui portent sur les choses elles-mêmes, aux définitions

---

[184] V. CHAMPEIL-DESPLATS, *Méthodologie du droit et des sciences du droit*, *op. cit.*, p. 297.

[185] J. REY-DEBOVE et A. REY (dir.), *Le Petit Robert*, 2012, entrée « Définition ». Il s'agit aussi, selon le même dictionnaire, du résultat de cette opération mentale. Selon le *Vocabulaire* LALANDE, « la définition, considérée comme opération de l'esprit, consiste à déterminer la compréhension caractérisant un concept » : A. LALANDE (dir.), *Vocabulaire critique et technique de la philosophie*, *op. cit.*, entrée « Définition ».

[186] G. CORNU, *Vocabulaire juridique*, *op. cit.*, entrée « Définition ».

[187] A. REY (dir.), *Le Robert, Dictionnaire historique de la langue française*, 1998, entrée « Définir ».

[188] A. REY (dir.), *Le Robert, Dictionnaire historique de la langue française*, 1998, entrée « Fin ». Cette notion de frontière est encore présente dans le verbe « délimiter », « limite » provenant de *limes*, qui signifie « sentier entre deux champs », « limite », « frontière ». Voir A. REY (dir.), *Le Robert, Dictionnaire historique de la langue française*, 1998, entrée « Limite ».

[189] J. REY-DEBOVE et A. REY (dir.), *Le Petit Robert*, 2012, entrée « Définition ».

[190] J. REY-DEBOVE et A. REY (dir.), *Le Petit Robert*, 2012, entrée « Définir ».

[191] J. REY-DEBOVE et A. REY (dir.), *Le Petit Robert*, 2012, entrée « Caractère ».

[192] A. REY (dir.), *Le Robert, dictionnaire historique de la langue française*, 1998, entrée « Caractère ».

[193] Voir V. CHAMPEIL-DESPLATS, *Méthodologie du droit et des sciences du droit*, *op. cit.*, p. 298.

nominales ou terminologiques, qui consistent à attribuer un sens à un mot ou à une expression[194]. Dans l'un comme dans l'autre cas, plusieurs méthodes de définitions sont utilisables. C'est cependant la définition par genre prochain et différence spécifique qui est considérée, chez les juristes, comme le modèle même de la définition[195]. Il s'agit, suivant l'analyse de la définition héritée d'Aristote[196] et de l'école scolastique[197], de procéder à « l'indication cumulative du « *genus proximus* » – terme le plus large – et la « *differentia specifica* » – principe de division du *genus*, de la différenciation de ses espèces »[198]. De la sorte, définir, c'est « situer et opposer pour individualiser »[199].

82. Une telle démarche est précieuse à plus d'un titre. Elle permet tout d'abord, au sein du droit administratif lui-même, d'élaborer des catégories juridiques afin d' « appliquer un traitement semblable à des choses similaires et des traitements différents à des choses dissemblables »[200]. Elle peut également être appliquée dans l'énonciation des caractères du droit administratif, voire dans la recherche d'un éventuel « critère »[201] de définition de ce droit.

83. Le consentement des administrés semble constituer bien souvent une limite ou une frontière. On peut donc se demander si, à l'instar de la

---

194 Voir notamment G. CORNU, « Les définitions dans la loi », dans *Mélanges dédiés à Jean Vincent*, Dalloz, 1981, 458 p., pp. 77-92.

195 Voir V. CHAMPEIL-DESPLATS, *Méthodologie du droit et des sciences du droit*, *op. cit.*, p. 302.

196 ARISTOTE, *Topiques, Organon V*, notamment I, 8, 103b, 15, trad. par J. TRICOT, Librairie philosophique J. Vrin, coll. « Bibliothèque des textes philosophiques », nouv. éd., 2004, 368 p., p. 33. Sur la définition chez ARISTOTE, *cf.* J.-M. LE BLOND, *Logique et méthode chez Aristote. Etude sur la recherche des principes dans la physique aristotélicienne*, Vrin, coll. « Bibliothèque d'histoire de la philosophie », 4ème éd., 1996, 454 p., spéc. pp. 296-297.

197 Sur la question de la définition dans la philosophie réaliste, on pourra se reporter à R. VERNEAUX, *Introduction générale et logique*, *op. cit.*, spéc. pp. 76-78. Sur la définition en droit, voir encore S. BALIAN, *La définition dans la loi. Essai de linguistique juridique*, La maison du dictionnaire, 2014, 295 p. ; V. CHAMPEIL-DESPLATS, *Méthodologie du droit et des sciences du droit*, *op. cit.*, pp. 297-319 ; D. TRUCHET, « Les définitions législatives », dans G. DRAGO (dir.), *La confection de la loi*, PUF, coll. « Cahiers des sciences morales et politiques », 2005, 308 p., pp. 193-207 et A. VIANDIER, *Recherche de légistique comparée*, Berlin et Heidelberg, Springer-Verlag, 1988, 175 p., pp. 92-96

198 Ch. EISENMANN, « Quelques problèmes de méthodologie des définitions et des classifications en science juridique », *La logique du droit*, *APD*, n°11, 1966, pp. 25-43, p. 30.

199 *Ibid.*

200 J.-L. BERGEL, *Méthodologie juridique*, *op. cit.*, p. 111.

201 J. RIVERO, « Existe-t-il un critère du droit administratif ? », *op. cit.*, pp. 279-296.

volonté en droit privé[202], il ne serait pas à même de participer à la définition de certaines catégories juridiques du droit administratif, voire à la caractérisation de celui-ci. La réponse impose une distinction, car si le consentement participe effectivement de la définition de certaines catégories juridiques en droit administratif (Chapitre 1), il ne peut pas jouer le même rôle en ce qui concerne le droit administratif lui-même (Chapitre 2).

---

[202] Voir Fr. TERRE, *L'influence de la volonté individuelle sur les qualifications*, LGDJ, coll. « Bibliothèque de droit privé », tome 2, 1957, 599 p., et, du même auteur, « Volonté et qualification », *Le rôle de la volonté dans le droit*, *APD*, n°3, 1957, pp. 99-123.

Chapitre I
Le consentement des administrés et les définitions en droit administratif

84. Le droit administratif, comme d'ailleurs les autres branches du droit français contemporain, repose sur un certain nombre de catégories juridiques[203]. Il ne peut s'en passer et malgré les querelles qui ont opposé les "empiristes" aux "conceptualistes"[204], la plupart des auteurs s'accordent aujourd'hui à le reconnaître. Il en va notamment de l'impartialité et de la sécurité juridique que sont en droit d'attendre les justiciables[205]. Le travail de

---

[203] Terme que l'on remplacera parfois, pour éviter les répétitions, par ceux de « concept » ou encore de « notion ». A ce sujet, voir Th. FORTSAKIS, *Empirisme et conceptualisme en droit administratif français*, LGDJ, coll. « BDP », tome 152, 1987, 542 p., p. 286, ou Ch. VAUTROT-SCHWARZ, *La qualification juridique en droit administratif*, LGDJ, coll. « BDP », tome 263, 2009, 685 p. Pour ce dernier auteur, p. 10, la catégorie peut être considérée « comme synonyme des termes "notion" ou "concept", "espèce", "genre" ou "type" ». Sur la question, en général, des catégories en droit administratif, voir tout spécialement S. THERON, « Les catégories en droit administratif », *RRJ*, 2005-4(2), pp. 2399-2420.

[204] Voir notamment, à l'origine du débat : B. CHENOT, concl. sur CE, 10 fév. 1950, *Sieur Gicquel*, *R.*, pp. 100-104 ; « La notion de service public dans la jurisprudence économique du Conseil d'Etat », *EDCE*, n°4, 1950, pp. 77-83, et la réponse de J. RIVERO, « Apologie pour les "faiseurs de systèmes" », *D.*, 1951, chron., pp. 99-102. Par la suite : B. CHENOT, « L'existentialisme et le droit », *RFSP*, janv-mars 1953, pp. 57-68 ; J. RIVERO, « Jurisprudence et doctrine dans l'élaboration du droit administratif », *EDCE*, 1955, pp. 27-36, spéc. p. 32 et M. WALINE, « Empirisme et conceptualisme dans la méthode juridique : faut-il tuer les catégories juridiques ? », dans *Mélanges en l'honneur de Jean Dabin*, tome 1, *Théorie générale du droit*, Sirey, 1963, 410 p., pp. 359-371. Enfin, très récemment : M. GUYOMAR, « Le chœur à deux voix : dissonances et résonances », dans F. MELIN-SOUCRAMANIEN et F. MELLERAY (dir.), *Le professeur Jean Rivero ou la liberté en action*, *op. cit.*, pp. 91-95. Pour une vue d'ensemble du problème on pourra se reporter à la thèse précitée de Th. FORTSAKIS.

[205] Voir notamment J.-L. BERGEL, *Méthodologie juridique*, PUF, coll. « Thémis droit privé », 2001, 408 p., *op. cit.*, p. 113. Il est intéressant de noter que les justifications avancées par les défenseurs du conceptualisme font écho aux arguments avancés par des représentants du droit naturel classique pour démontrer la nécessité du droit positif. Il suffira pour s'en convaincre de comparer s'il en était besoin l'article de J. RIVERO, « Apologie pour les "faiseurs de systèmes" », *op. cit.*, avec les théories d'ARISTOTE ou de saint THOMAS D'AQUIN sur les lois positives. Pour une première approche, voir M. VILLEY, *La formation de la pensée juridique moderne*, PUF, coll. « Quadrige », 2003, 624 p., les développements intitulés « De la nécessité des lois » et « Les limites du droit naturel et la théorie de la loi

tout juriste consiste donc, face à un problème, à chercher à quelle catégorie juridique tel fait ou telle norme peut se rattacher afin de lui appliquer le régime juridique correspondant. C'est cette opération de qualification juridique des faits qui constitue le métier de tout juriste[206]. Elle consiste « à prendre en considération l'élément qu'il s'agit de qualifier (fait brut, acte, règle, etc.) et à le faire entrer dans une catégorie juridique préexistante [...] en reconnaissant en lui les caractéristiques essentielles de la catégorie de rattachement »[207]. Loin de créer les catégories, la qualification les suppose donc, rendant ainsi nécessaire un travail préalable de définition. Ces définitions, qu'elles résultent du législateur, du juge ou de la doctrine, doivent identifier « les éléments constitutifs du concept envisagé » et « caractériser leurs relations réciproques »[208].

85. Etant donné l'importance des catégories en droit, il n'est alors pas inutile de regarder *si* le consentement intervient dans la définition de certaines d'entre elles, autrement dit s'il constitue un *élément* de leur définition. Cela permet ainsi de relever des hypothèses de consentement et de procéder à un premier repérage des cas d'utilisation de la notion[209].

---

positive », respectivement pp. 91-93 et pp. 161-165. La question du conceptualisme juridique semble donc bien être liée, au moins en ce qu'elle concerne le droit positif lui-même, à celle de la justification des normes positives.

[206] Pour Ph. JESTAZ, « la qualification est [...] le métier du juge, mais aussi du législateur et en général de tous les juristes » : « La qualification en droit civil », *La qualification, Droits*, n°18, 1993, pp. 45-53, p. 47. Ch. VAUTROT-SCHWARZ, Fr. RIGAUX et D. TRUCHET vont dans le même sens : « La qualification juridique est une opération du raisonnement juridique à laquelle se livrent tous les acteurs du droit » ; elle est « le nerf du raisonnement juridique » ; « en vérité, il [le travail de qualification] est présent dans tout raisonnement juridique : quiconque en mène un, fait de la qualification juridique, parfois sans le savoir ! ». Voir respectivement *La qualification juridique en droit administratif, op. cit.*, p. 1 ; *La loi des juges*, O. Jacob, 1997, 319 p., p. 18, cité par Ch. VAUTROT-SCHWARZ, *La qualification juridique en droit administratif, op. cit.*, p. 1 et *Droit administratif*, PUF, coll. « Thémis droit », 4ème éd., 2011, 470 p., p. 66. D. LABETOULLE est encore plus explicite en ce qui concerne le juge administratif : « d'une certaine façon, le juge administratif "fait" de la qualification comme M. Jourdain de la prose, à tout moment, dans les hypothèses et selon les modalités les plus variées » : « La qualification et le juge administratif : quelques remarques », *La qualification, Droits*, n°18, pp. 31-43, p. 31.

[207] G. CORNU, *Vocabulaire juridique, op. cit.*, entrée « Qualification ».

[208] J.-L. BERGEL, *Méthodologie juridique, op. cit.*, p. 108. Pour une mise en perspective de ces deux constituants des définitions, « éléments » et « relations réciproques », voir la thèse de Fr. TERRE, *L'influence de la volonté individuelle sur les qualifications, op. cit.* L'auteur articule en effet son raisonnement en deux temps, le premier sur « les éléments » et le second sur ce qu'il appelle, lui, « la structure » des qualifications.

[209] Seuls les cas les plus emblématiques selon le point de vue adopté ici seront donc étudiés dans ce chapitre. Les autres cas seront étudiés au fur et à mesure des développements de cette thèse.

86. Mais il est encore plus intéressant de chercher à comprendre *comment* le consentement de l'administré intervient dans les définitions en droit administratif. Cela permet de montrer que non seulement le consentement de l'administré est bel et bien présent dans différents chapitres du droit administratif, mais aussi de *préjuger* de ce que pourront être ses conséquences concrètes, non plus sur la structure elle-même du droit administratif mais sur ses acteurs : l'administration et les administrés[210].

87. Les définitions peuvent résulter du travail de différents acteurs du droit. Véronique CHAMPEIL-DESPLATS affirme ainsi que « trois niveaux de définitions sont couramment distingués dans le champ juridique : tout d'abord, les définitions réglementaires, légales, conventionnelles, bref, celles qui sont formulées dans les textes juridiques eux-mêmes ; ensuite les définitions prétoriennes, à savoir celle formulées par les juges ; enfin les définitions doctrinales, c'est-à-dire élaborées à un niveau métadiscursif »[211].

88. Cette distinction tripartite peut cependant être simplifiée. Reprenant la distinction entre le droit et le discours sur le droit[212], il est possible de s'en tenir à deux points de vue : celui du droit positif, essentiellement jurisprudentiel[213], et celui de la doctrine. Une telle distinction

---

[210] Toutefois, il ne s'agit pas encore de chercher à comprendre la signification concrète que le critère « consentement » pourrait avoir. Voir pour cela les parties II et III de cette étude. Pour reprendre une distinction de Ch. EISENMANN, il ne s'agit pas ici de rechercher la valeur scientifique de la classification proposée, c'est-à-dire l'intérêt intellectuel qu'elle peut présenter ou ce qu'elle va faire découvrir en droit administratif, mais simplement sa valeur logique. Autrement dit, il s'agira dans ce premier temps de présenter des classifications valides, c'est-à-dire respectant les règles de la logique formelle. Voir Ch. EISENMANN, « Essai d'une classification théorique des formes politiques », *Politique*, 1968, pp. 5-88.

[211] V. CHAMPEIL-DESPLATS, *Méthodologie du droit et des sciences du droit*, *op. cit.*, p. 300. Le *Vocabulaire juridique* indique également que la définition est l' « opération (et [l'] énoncé qui en résulte) par laquelle la loi principalement, la jurisprudence (dans le cas de définitions prétoriennes consacrées) et la doctrine caractérisent une notion, une catégorie juridique par des critères associés » : G. CORNU, *Vocabulaire juridique*, *op. cit.*, entrée « Définition ». Voir encore Ch. EISENMANN qui met en lumière le rôle important du juge et de la doctrine dans ce travail de définition : « Quelques problèmes de méthodologie des définitions et des classifications en science juridique », *La logique du droit*, *APD*, n°11, 1966, pp. 25-43, spéc. pp. 26-27.

[212] Sur cette distinction, voir notamment M. TROPER, *La philosophie du droit*, PUF, coll. « QSJ ? », 3ème éd., 2011, 126 p., pp. 27-33. Quant à l'utilisation de catégories dans le discours sur le droit, on lira tout spécialement S. THERON, « Les catégories en droit administratif », *op. cit.*, pp. 2399-2420. L'auteur note, p. 2399, que « l'action de classer, d'établir des catégories est inhérente à toute science ; la science juridique y a donc recours ».

[213] Il est assez classique de mettre en avant le caractère largement prétorien du droit administratif. Voir notamment R. CHAPUS, *Droit administratif général*, *op. cit.*, tome 1, p. 6. L'auteur affirme qu' « il serait erroné de présenter le droit administratif comme un droit jurisprudentiel. Il est seulement (si j'ose dire) *un droit fondamentalement jurisprudentiel* ».

n'est certes pas exempte d'artifices, surtout en droit administratif où jurisprudence et doctrine ont participé de manière étroitement liée à la formation de la matière[214]. Elle présente cependant l'avantage de la clarté. Il faut alors observer comment le consentement intervient de manière incontestable dans la définition d'un certain nombre de catégories juridiques en droit positif (Section I), mais de manière parfois discutable en doctrine (Section II).

Voir encore G. VEDEL, « Le droit administratif peut-il être indéfiniment jurisprudentiel ? », *EDCE*, n°31, 1979-1980, pp. 31-44.

214 Voir notamment J. RIVERO, « Jurisprudence et doctrine dans l'élaboration du droit administratif », *EDCE*, 1955, pp. 27-36. L'auteur affirmait notamment, p. 34, que « plus on s'efforce de serrer les termes du problème, plus on voit s'estomper, entre doctrine et jurisprudence administrative, la rigueur des frontières : dialogue ? duo dans lequel deux voix alternent ? ou bien, plutôt, les deux parties d'un même chœur ? ».

Section I
L'utilisation incontestable du consentement dans les catégories du droit positif

89. Une catégorie juridique se définit à l'aide de deux types de composantes : ses éléments constitutifs ainsi que les relations qu'ils entretiennent entre eux. Dès lors, chacun des éléments peut être analysé en lui-même et dans ses relations aux autres éléments constituant la catégorie étudiée.

90. Prendre pour objet d'étude le consentement dans le droit positif, c'est-à-dire les textes intéressant le droit administratif ainsi que la jurisprudence[215], fait apparaître deux points. Tout d'abord, en ce qui concerne certaines catégories, le consentement peut être analysé comme une différence spécifique, c'est-à-dire qu'il constitue le discriminant de cette catégorie (I). En revanche, dans d'autres cas, on ne peut pas dire qu'il en constitue *le* critère. Il n'est alors qu'un élément, parmi plusieurs, de la définition des catégories juridiques en question (II).

I. Le consentement comme discriminant de certaines catégories juridiques

91. Prendre pour objet d'étude le consentement comme discriminant de catégories juridiques impose préalablement de s'entendre sur la signification de ce terme. La notion de discrimination est en effet utilisée en droit, mais le plus souvent dans une acception péjorative, comme « une différenciation contraire au principe d'égalité »[216], ou une « distinction de droit ou de fait

[215] C'est d'ailleurs elle qui donnera les objets d'étude les plus nombreux. Cela n'a rien de surprenant, tant le phénomène est général en droit administratif. Pour S. THERON en effet, « il n'est guère étonnant de constater une prééminence de la jurisprudence sur les autres sources du droit – la loi notamment – à l'origine des catégories en droit administratif : il ne s'agit là que du reflet de la spécificité de cette discipline » : « Les catégories en droit administratif », *op. cit.*, p. 2401. Il convient de noter par ailleurs qu'il pourra être fait référence à la doctrine, mais seulement en tant qu'elle reprend directement le droit positif.

[216] G. CORNU, *Vocabulaire juridique*, *op. cit.*, entrée « Discrimination ». E. VERNY note ainsi, après avoir relevé qu'il « serait envisageable de concevoir la discrimination de la façon la plus large comme toute distinction, acceptable ou condamnable », indique que « pourtant,

entre individus ou groupes aboutissant à une inégalité »[217]. C'est en ce sens que la doctrine et le droit positif l'utilisent le plus couramment. Mais dans son sens premier, la discrimination est une opération neutre consistant à distinguer une personne ou une chose d'une autre[218]. Dans cette acception, qui est parfois utilisée par certains auteurs[219], le discriminant est l'élément qui « établit une séparation »[220]. Le mot, pris dans son sens le plus large, sera donc ici retenu et préféré au mot « critère » qui aurait pu être choisi[221], mais qui présente l'inconvénient d'être moins clair. Le critère, « signe qui permet de distinguer une chose, une notion »[222], peut en effet servir à lui seul à

---

dans le domaine juridique, domine une définition plus restreinte qui limite la discrimination à la distinction fondée sur des raisons prohibées » : « Avant-propos », dans COUR DE CASSATION, *Les discriminations dans la jurisprudence de la Cour de cassation. Rapport annuel 2008,* 482 p., pp. 49-59, p. 50. Pour une appréciation semblable, voir encore D. LOCHAK, « Réflexions sur la notion de discrimination », *Droit social,* nov. 1987, pp. 778-790 ou A. PAPPALARDO, « Rapport général », dans *La discrimination, Travaux de l'association Henri Capitant,* tome LI, Société de législation comparée, 2004, pp. 17-30, p. 18.

[217] G. SOULIER, « Discrimination », dans A.-J. ARNAUD (dir.), *Dictionnaire de théorie et de sociologie du droit, op. cit.*, pp. 184-186, p. 184. Il est intéressant de noter que l'auteur ne donne que cette définition de la discrimination et n'évoque son aspect neutre que lorsqu'il indique l'étymologie de la notion.

[218] Selon J. REY-DEBOVE et A. REY (dir.), *Le Petit Robert,* 2012, entrée « Discrimination », le sens premier de ce mot est de « distinguer l'un de l'autre (des objets de pensée concrets) ». Le mot vient en effet du latin « *discriminare* », « séparer, diviser ». Sur ce point voir A. REY (dir.), *Le Robert, Dictionnaire historique de la langue française,* 1998, entrée « Discrimination ». Le *Vocabulaire juridique* de G. CORNU, préc., entrée « Discrimination », note ainsi que ce mot peut être synonyme de distinction, mais en indiquant que cet usage neutre est utilisé « plus rarement ». Voir encore A. LALANDE (dir.), *Vocabulaire critique et technique de la philosophie, op. cit.*, entrée « Discrimination ».

[219] Voir par exemple D. LOCHAK, « L'agencement des catégories juridiques : la structure du droit administratif », dans P. ALLIES, J. GATTI-MONTAIN, J.-J. GLEIZAL (et a.), *L'administration dans son droit. Genèse et mutation du droit administratif français*, Publisud, coll. « Critique du droit », 1985, 302 p., pp. 89-106. L'auteur indique, p. 101, que le juge recourt souvent à la méthode du faisceau d'indices « après avoir vainement tenté de formuler un critère unique et simple permettant de discriminer – par exemple – entre l'établissement public et l'établissement d'utilité publique, entre le service public administratif et le service public industriel et commercial ». De manière semblable, J. MARTIN DE LA MOUTTE, cherchant à identifier l'acte unilatéral, note qu'il comporte certains caractères fondamentaux grâce auxquels « il est possible de le discriminer et d'indiquer, à propos d'un acte quelconque, s'il doit être ou non, considéré comme unilatéral » : *L'acte juridique unilatéral, essai sur sa notion et sa technique en droit civil,* Sirey, 1951, 343 p., p. 37.

[220] J. REY-DEBOVE et A. REY (dir.), *Le Petit Robert*, 2012, entrée « Discriminant ».

[221] Voir A. REY (dir.), *Le Robert, Dictionnaire historique de la langue française*, 1998, entrée « Critère ». Critère est emprunté au latin scolastique « *criterium* », au sens de « jugement ». Il est lui-même issu du grec « *kritêrion* », « capacité de juger », l'un des nombreux dérivés de « *krinein* », « séparer, trier, trancher ».

[222] J. REY-DEBOVE et A. REY (dir.), *Le Petit Robert*, 2012, entrée « Critère ».

définir une notion, à la manière d'une différence spécifique, mais il est très fréquent que la définition d'une catégorie juridique se fasse grâce à plusieurs critères. Or, c'est bien la première hypothèse qu'il s'agit d'étudier ici.

92. Il convient donc d'analyser les cas dans lesquels le consentement de l'administré peut, à lui seul, selon qu'il est présent ou non, entraîner une qualification ou au contraire l'exclure. On parlera alors respectivement de discriminant positif ou négatif[223]. C'est ainsi que dans quelques rares cas, la présence du consentement fait naître une catégorie particulière, une espèce dans un genre plus général (A), alors qu'il est beaucoup plus fréquent que la présence du consentement empêche une situation donnée de recevoir la qualification à laquelle on pouvait s'attendre (B).

A. La rareté du consentement comme discriminant positif

93. Dans les hypothèses où le consentement joue le rôle d'un discriminant positif, sa présence constitue une différence spécifique et fait naître dans un genre plus général une espèce particulière. Si de tels exemples ne sont guère fréquents (1), l'analyse de leur fonctionnement ne manque pas d'intérêt (2).

1. Des hypothèses en pratique peu fréquentes

94. Les hypothèses dans lesquelles le consentement se présente comme un discriminant positif sont peu nombreuses[224]. La situation sans doute la plus emblématique, bien qu'elle tende elle-même à se faire plus rare que par le passé[225], est celle des voies privées ouvertes au public[226]. De cette

---

[223] Il faudrait encore parler des cas où la présence du consentement de l'administré pourrait être qualifiée « d'indifférente ». Il est en effet des situations qui reçoivent la même qualification sans qu'il soit tenu compte de la présence ou l'absence du consentement. Etrangères aux définitions du droit administratif et donc à ces développements, leur étude n'en présente pas moins, à un autre point de vue, le plus haut intérêt et sera donc mentionnée dans la seconde section du chapitre 2 de la deuxième partie.

[224] Il serait ainsi possible d'évoquer, en plus de l'exemple qui sera donné dans ce paragraphe, la distinction entre le désistement « volontaire » et le désistement d'office. Sur ce point, voir *infra*, n°910. Cela ressortira des développements ultérieurs, mais il est d'ores et déjà possible d'indiquer que la rareté des hypothèses de consentement positif constitue un premier indice de la présence assez abondante du consentement en droit administratif. C'est notamment parce que le consentement de l'administré peut s'observer dans de multiples situations qu'il peine à constituer un critère positif, comme ce sera particulièrement visible à propos de la distinction entre le contrat et l'acte administratif unilatéral. Sur ce point, *cf. infra*, section 2.

[225] Plusieurs mécanismes juridiques permettent en effet de faire davantage correspondre le statut de ces voies avec leur utilisation de fait, en les faisant passer dans le domaine public.

catégorie, aucun texte ne donne de définition précise et générale[227]. Se pose donc la question de savoir comment la jurisprudence distingue les voies privées ouvertes au public de celles qui ne le sont pas[228].

95. Aujourd'hui, en droit positif, la réponse fait l'objet d'une jurisprudence bien établie : l'ouverture au public de la voie privée ne résulte pas d'une décision administrative[229], mais, comme l'indique le Conseil

---

Outre, dans certaines hypothèses, le recours possible à l'expropriation pour cause d'utilité publique, voir les mécanismes des articles L. 318-3 du Code de l'urbanisme et L. 171-14 du Code de la voirie routière. Sur ces procédures, *cf. infra*, n°430.

[226] La jurisprudence évoque notamment, et indifféremment semble-t-il, les voies privées ouvertes « à l'usage public », « à l'usage du public », ou les voies privées affectées à la « circulation publique », « à la circulation du public ». *Cf.* par exemple et respectivement : CE, 4 juill. 2008, *Romel*, n°301375 ; CE, 18 juill. 1919, *Dame Magnier, Sieur Godon-Boiry et a.*, *R.*, p. 646 ; CE, 16 juill. 1937, *Trivier*, *R.*, p. 703 et CE, 28 mars 1939, *Dame Beaulac*, *R.*, p. 234. Sur la notion de voies privées ouvertes au public, voir notamment P. BON, « Voies ouvertes ou non ouvertes à la circulation », *Encyclopédie Dalloz des collectivités locales*, folio n°2258, juin 1999, spéc. n°34 à n°40 ; Br. CANTIER, P. LIGNIERES et D. LINOTTE, *Droit du domaine public routier : compétences et responsabilités*, Litec, coll. « Administration territoriale, guide pratique », 2000, 254 p., pp. 9-11 et S. GUERARD, « Voirie routière. Voies privées et chemins ruraux », *Jcl. adm.*, fasc. n°410-28, 2015.

[227] Si l'article 1er du décret n°80-923 du 21 nov. 1980 *portant règlement national de la publicité en agglomération et déterminant les conditions d'application à certains dispositifs publicitaires d'un régime d'autorisation pour application de la loi n°79-1150 du 29 déc. 1979 relative à la publicité aux enseignes et préenseignes* définit les voies ouvertes à la circulation publique comme les voies « publiques ou privées qui peuvent être librement empruntées, à titre gratuit ou non, par toute personne circulant à pied ou par un autre moyen de transport individuel ou collectif », cela ne concerne pas spécifiquement les voies privées ouvertes au public et ne vaut qu' « au sens de la loi du 29 décembre 1979 relative à la publicité ». Aujourd'hui, l'article R. 581-1 du Code de l'environnement énonce que « par voies ouvertes à la circulation publique au sens de l'article L. 581-2, il faut entendre les voies publiques ou privées qui peuvent être librement empruntées, à titre gratuit ou non, par toute personne circulant à pied ou par un moyen de transport individuel ou collectif ». Toute la difficulté consiste donc à savoir à quelles conditions on peut dire qu'une voie privée « peut être librement empruntée » par toute personne.

[228] Il convient de noter que la distinction, qui ne sera ici envisagée que du point de vue de son critère, présente le plus haut intérêt pratique. En effet, les régimes juridiques des deux notions diffèrent largement et sur des points essentiels comme l'imputation d'une éventuelle responsabilité en cas de dommage occasionné à une personne circulant sur une voie ou sur la possibilité qu'a le maire de faire usage de ses pouvoirs de police en matière de circulation ou de stationnement. Sur ces questions, voir par exemple G. GONZALEZ et P. ROMAN, « Les voies privées ouvertes à la circulation publique. Gestion et occupation par le concessionnaire de transport et de distribution d'électricité », *CJEG*, oct. 1991, pp. 307-316, spéc. le paragraphe intitulé « Les conséquences résultant de l'affectation au public des voies », pp. 311-312. Pour une autre différence, capitale elle aussi, voir *infra*, n°430, concernant la question du classement dans le domaine public des voies privées ouvertes à la circulation publique.

[229] Le maire ne pouvant imposer une telle ouverture. Cependant, il peut la soumettre à autorisation. *Cf.* CE, 18 juill. 1919, *Dame Magnier, Sieur Godon-Boiry et a.*, *R.*, p. 646.

d'Etat depuis plus d'un siècle, du « consentement du propriétaire »[230]. La jurisprudence judiciaire utilise elle aussi le même critère. La Cour de cassation évoque ainsi en 1929 des voies qui, « restant à l'état de rues privées, ont été du consentement de leurs propriétaires ouvertes au public »[231]. Et les formulations jurisprudentielles actuelles reprennent invariablement le consentement comme critère d'identification des voies privées ouvertes au public. Une décision du Conseil d'Etat du 15 février 1989 énonce ainsi qu' « une voie privée ne peut être réputée affectée à l'usage du public que si son ouverture à la circulation publique résulte du consentement, au moins tacite, des propriétaires »[232].

96. La définition que donne de cette notion le Conseil constitutionnel, si elle ne mentionne pas explicitement le terme « consentement » s'appuie cependant sur la notion de volonté. Saisi d'une question prioritaire de constitutionnalité relative à l'article L. 318-3 du code de l'urbanisme, il relève que l'ouverture au public des voies privées « résulte de la volonté exclusive » des propriétaires[233].

97. Des auteurs reprennent aujourd'hui[234] à leur compte ces définitions. MM. GONZALEZ et ROMAN notent ainsi qu'une voie privée

---

230 CE, 31 mars 1905, *Dame Pluquet et a.*, *R.*, p. 323. La Haute juridiction administrative évoque des voies « qui, demeurées propriétés privées, ont été, du consentement du propriétaire, ouvertes à l'usage du public ». Pour une telle formulation, voir encore CE, 5 mai 1958, *Dorie et Jaunault*, *T.*, p. 852 ; *RA*, 1958, pp. 396-399, note LIET-VEAUX. Y. MENY note ainsi que l'ouverture au public ne dépend que de « la seule volonté du propriétaire qui a édifié la voie [...] ou de son absence d'opposition à une circulation de fait » : « L'ouverture au public des voies privées urbaines », *AJDA*, janv. 1971, pp. 18-28, p. 18. Encore convient-il de ne pas confondre l'ouverture à la circulation générale avec un simple droit d'usage limité à des personnes déterminées, qui plus est pour une utilisation particulière. *Cf.* CE, 12 janv. 1934, *Dame Dégeille, Cts Lartet et a.*, *R.*, p. 60. Enfin, il importe de noter qu' « il est constant que le juge administratif est compétent pour apprécier la réalité » du consentement des propriétaires » : CAA, Marseille, 24 oct. 2005, *Cne de Mandelieu la Napoule*, n°04MA02081.

231 Cass., Crim., 2 août 1929, *S.*, 1931, I, p. 60.

232 CE, 15 fév. 1989, *Cne de Mouvaux*, n°71992. Sur cette décision, voir la note de D. D., *CJEG*, fév. 1990, pp. 55-57. Voir encore et notamment : CE, 5 mars 2008, *Bermond*, n°288540 et CE, 4 juill. 2008, n°301375.

233 CC, 6 oct. 2010, décision n°2010-43 QPC, *Epx A.* Certaines formulations récentes du Conseil d'Etat semblent inspirées par la rédaction utilisée par le Conseil constitutionnel et reprennent la notion de volonté, tout en continuant à faire référence au consentement des propriétaires. Voir notamment CE, 3 juin 2015, n°369534 et CE, 17 juin 2015, *Cne de Noisy-le-Grand*, n°373187.

234 Sur les hésitations qu'ont pu avoir, par le passé, certains auteurs quant à la définition des voies privées ouvertes au public, voir l'article de G. GONZALEZ et P. ROMAN, « Les voies privées ouvertes à la circulation publique. Gestion et occupation par le concessionnaire de transport et de distribution d'électricité », *op. cit.*, spéc. le paragraphe intitulé « Le critère de la voie privée ouverte au public est-il vraiment introuvable ? », pp. 307-308. Un problème a pu particulièrement retenir l'attention, celui de savoir s'il était nécessaire que la voie soit

« ne peut être réputée affectée à l'usage du public que si son ouverture à la circulation publique résulte du consentement, au moins tacite, des propriétaires »[235] et Yves MENY que l'ouverture au public d'une voie privée « résulte de la volonté du propriétaire »[236].

98. La nécessité absolue du consentement du propriétaire est encore appuyée par deux données importantes. D'une part, en cas de multiplicité de propriétaires, il ne suffit pas qu'une majorité d'entre eux consente à l'ouverture, mais bien chacun d'eux individuellement. Ce que la jurisprudence traduit d'ailleurs de manière implicite dans la formule, souvent employée : « du consentement de *leurs propriétaires* », au pluriel[237]. D'autre part, ce consentement est tellement nécessaire, qu'il doit être en permanence réaffirmé. Autrement dit et *a contrario*, il est librement révocable. « A tout moment »[238], le propriétaire peut décider de revenir sur son consentement et fermer ainsi la voie jusque-là ouverte au public[239]. Le maire ne pourra alors pas obliger le propriétaire à maintenir l'ouverture[240]. Cette solution n'est pas

---

effectivement ouverte au public. Si des débats ont eu lieu, la jurisprudence ne mentionne jamais cette condition et les auteurs faisant référence à cette condition ne citent aucune décision de justice. Voir, pour un exemple significatif : S. DELIANCOURT, « Les voies privées ouvertes à la circulation générale », *La Gazette des communes*, 9 janv. 2006, n°1820, pp. 48-54, p. 50. En revanche, il semble bien que le juge administratif ait par le passé reconnu l'ouverture d'une voie, alors même que le propriétaire n'y avait pas consenti, faisant ainsi primer l'élément objectif sur la volonté du propriétaire. Sur cette question, voir la jurisprudence citée par Y. MENY, « L'ouverture au public des voies privées urbaines », *op. cit.*, p. 20. Mais la jurisprudence, comme il a été démontré, a aujourd'hui abandonné ce point de vue.

[235] G. GONZALEZ et P. ROMAN, « Les voies privées ouvertes à la circulation publique. Gestion et occupation par le concessionnaire de transport et de distribution d'électricité », *op. cit.*, p. 308.

[236] Y. MENY, « L'ouverture au public des voies privées urbaines », *op. cit.*, p. 19.

[237] Voir par exemple : CE, 4 juill. 2008, *Romel*, n°301375. Une affaire récente mentionne explicitement cette nécessité. Il s'agit de la décision CE, 5 mars 2008, *Bermond*, n°288540 qui énonce que « la circonstance, à la supposer établie, que les deux autres propriétaires du chemin n'aient pas manifesté leur opposition à sa réouverture au public est sans incidence sur la solution à donner au litige dès lors que les consorts Bermond, propriétaires d'une partie du chemin, s'étaient expressément opposés à sa réouverture ».

[238] CE, 5 nov. 1975, *Cne de Villeneuve-Tolosane*, *T.*, p. 1176. Voir encore Quest. AN, n°27825, *JOAN*, 6 janv. 2009, p. 105 et dernièrement, CE, 17 juin 2015, *Cne de Noisy-le-Grand*, n°373187.

[239] CE, 4 juill. 2008, *Romel*, n°301375. Ne constitue plus une voie privée ouverte au public la voie dont le propriétaire a révoqué son consentement en manifestant expressément son opposition. La rédaction de la décision est particulièrement explicite en ce qu'elle indique que le maire « ne pouvait légalement réglementer la circulation sur une voie privée qu'à la condition que cette voie ait été ouverte au public du consentement, même tacite, du propriétaire et que ce consentement *n'ait pas été révoqué* ». Souligné par nous.

[240] *Cf.* par exemple : CE, 11 juill. 1939, *Moze et Fagnoni*, *R.*, p. 462 ; CE, 11 juill. 1939, *Sté agricole Notre-Dame-du-Port-d'Alon*, *R.*, p. 463 et TA, Versailles, 8 juin 1999, *Synd. des*

nouvelle et est depuis longtemps affirmée, parfois de manière explicite, parfois de manière implicite. Une décision du Conseil d'Etat de 1906 relève ainsi qu'une entreprise laisse « actuellement » la voie ouverte au public, laissant penser qu'il pourrait en être autrement à tout moment[241].

99. Ainsi donc, le consentement des propriétaires constitue non seulement « l'élément primordial »[242], le point ou le caractère « essentiel »[243] mais bien le discriminant de la voie privée ouverte au public, c'est-à-dire *le* critère permettant de discerner cette notion dans un genre plus général, celui des voies privées[244].

---

copropriétaires de la résidence La Fesnerie Victor Hugo c/Cne de Fontenay-le-Fleury, T., p. 1087.

[241] CE, 7 août 1906, *Cie des Mines de Douchy, R.*, p. 765.

[242] Y. MENY, « L'ouverture au public des voies privées urbaines », *op. cit.*, p. 19.

[243] Respectivement J.-Ph. THIELLAY dans ses conclusions inédites sur CE, 5 mars 2008, *Bermond*, préc. et E. GLASER, « Réouverture d'une voie privée à la circulation publique », *RLCT*, n°36, 1er juin 2008, p. 23.

[244] Une étude qui s'intéresserait au régime du consentement devrait encore chercher à mettre en lumière comment le juge administratif l'apprécie. Il suffit ici de mentionner qu'il peut parfois résulter, de manière évidente, d'une convention passée avec une personne publique. Ainsi, une société civile immobilière a pu conclure un contrat avec la ville de Tours pour que celle-ci s'engage « à contribuer aux frais d'entretien de la voie privée d'un ensemble immobilier en contrepartie de l'institution d'un droit de passage et de circulation pour le public » : TC, 20 juin 2005, *Ville de Tours*, n°C3456. Mais le plus souvent et en l'absence de tout acte juridique, le juge administratif est tenu de rechercher la présence ou l'absence du consentement dans les faits de l'espèce. Le Conseil d'Etat a ainsi pu admettre que le fait pour les propriétaires d'une voie privée de n'avoir « jamais dressé aucun obstacle pour en interdire l'accès » mais édifié une clôture autour de leur propriété en « maintenant au contraire la libre disposition de ce passage » traduisait la volonté d'ouvrir la voie au public : CE, 13 mars 1992, n°117814. Au contraire, le propriétaire qui installe « un portail », « une chaîne », « un panneau » ou une « barrière » afin d'interdire l'accès à sa propriété empêche le juge de retenir la qualification de voie privée ouverte au public. Voir respectivement : CE, 5 mai 1943, *Ville de Cannes, R.*, p. 118 ou TA, Nancy, 10 nov. 1965, *Sieur Vincent, R.*, p. 792 ; CE, ord., 11 sept. 2003, n°260015 ; Cass, Civ. 1ère, 20 janv. 1971, *Essier et a. c/Epx Thébault et a.*, n°69-11.213 et CE, 25 juill. 1980, *Buisson*, n°10023. Le juge se livre donc à une analyse très concrète afin de déterminer la volonté des propriétaires comme le montre encore une cour administrative d'appel qui a même retenu « que l'apposition à l'initiative des riverains d'un panneau de signalisation "Sens interdit sauf riverains" du modèle prévu par le code de la route, qui, en toute hypothèse ne s'applique pas aux piétons, ne saurait à elle seule être regardée comme manifestant la volonté de faire obstacle à la circulation publique, alors notamment que les boîtes aux lettres de chacun d'eux sont implantées au droit de leur propriété et non regroupées au bord de la voie publique » : CAA, Lyon, 8 fév. 2007, *Cne de Chamonix Mont-Blanc*, n°04LY00708. Pour un autre exemple d'analyse factuelle très précise, voir encore CE, 5 mai 1958, *Dorie et Jaunault, T.*, p. 852.

2. Des hypothèses éclairantes

100. Concernant les voies privées ouvertes au public, le consentement de l'administré s'analyse donc comme *le discriminant* qui permet la distinction entre les deux types de voies privées, à savoir celles qui sont ouvertes au public et celles qui ne le sont pas. C'est le consentement, et lui seul, qui permet de distinguer ces deux catégories. Sa présence suffit en effet à entraîner la qualification de « voie privée ouverte au public », alors que son absence l'empêche nécessairement. Cela signifie que le consentement joue le rôle de « différence spécifique » dans la définition de la notion de voie privée ouverte au public. Une fois le genre « voie privée » admis, le consentement permet la définition de l'espèce « voie privée ouverte au public ».

101. Puisqu'une voie privée ne saurait être ouverte au public sans le consentement du ou des propriétaires, cette manifestation de volonté revêt la qualité d'une *condition nécessaire* à la qualification d'une voie privée ouverte au public. Le juge ne saurait en effet qualifier de la sorte une voie qui ne serait pas ouverte du consentement du propriétaire. Le Conseil constitutionnel insiste sur cet aspect en affirmant que l'ouverture résulte de la volonté « exclusive » des propriétaires[245]. Certains auteurs, mettant en avant cette nécessité, indiquent qu'une voie privée « ne peut être réputée affectée à l'usage du public *que* si son ouverture à la circulation publique résulte du consentement, au moins tacite, des propriétaires »[246]. Mais il faut aussi relever qu'une voie privée ouverte de la sorte ne peut que recevoir cette qualification, selon le point de vue ici envisagé[247]. Plus fondamentalement alors, dans cette hypothèse, la présence du consentement constitue non seulement une condition nécessaire mais aussi, de manière plus précise, *la condition nécessaire et suffisante* de la notion de voie privée ouverte au public. Cette condition est en effet « celle qui entraîne toujours une conséquence, quand elle est posée, et qui l'exclut toujours, quand elle fait défaut »[248].

---

[245] CC, 6 oct. 2010, décision n°2010-43 QPC, *op. cit.*, cons. n°4.

[246] G. GONZALEZ et P. ROMAN, « Les voies privées ouvertes à la circulation publique. Gestion et occupation par le concessionnaire de transport et de distribution d'électricité », *op. cit.*, p. 308. C'est nous qui soulignons.

[247] Rien n'empêche en effet, si l'on adopte un autre point de vue, de donner à ces voies une qualification différente. On parlera alors de catégories équivalentes, qui peuvent être vérifiées simultanément. Si l'on s'intéresse par exemple à la domanialité publique, on pourra dire que ces voies privées ouvertes au public, dans la mesure où les communes réaliseraient elles-mêmes des travaux d'aménagement de la voie, constituent des ouvrages publics. *Cf.* par exemple CE, 30 nov. 1979, *Ville Joeuf*, *R.*, p. 2.

[248] A. LALANDE (dir.), *Vocabulaire critique et technique de la philosophie*, *op. cit.*, entrée « Condition ».

102. L'intérêt d'analyser notre hypothèse en termes de condition permet de mettre en avant un point essentiel, grâce notamment aux travaux de Sophie THERON[249]. Selon cet auteur, la condition est « construite autour de deux principes liés l'un à l'autre : d'une part l'idée de fondement : l'existence d'un élément est subordonnée à l'existence d'un autre ; d'autre part celle d'une dépendance étroite entre les deux éléments »[250]. C'est tout particulièrement cette idée de dépendance qui mérite attention. La dépendance du conditionné (ici la notion de voie privée ouverte au public) à l'égard du conditionnant (ici le consentement) traduit la faiblesse du premier vis-à-vis du second et réciproquement, la force et l'importance du second vis-à-vis du premier. Selon Sophie THERON, « l'élément qui est "conditionné" manque d'autonomie et celui qui "conditionne" opère une domination, une maîtrise, un encadrement »[251]. Cela laisse bien évidemment préjuger du rôle concret que pourra jouer le consentement de l'administré, non seulement à l'égard des autres administrés, mais aussi vis-à-vis de l'administration.

103. Quant à l'appréciation quantitative du phénomène, elle s'avère plus délicate. Un premier jugement pourrait affirmer que la quasi-inexistence du consentement comme critère positif traduit la quasi-inexistence du consentement de l'administré en droit administratif. Il serait possible de s'appuyer pour cela sur les analyses de Jean-Louis BERGEL au sujet des classifications. L'auteur expose le concept de catégories « hiérarchisées » qui sont des « catégories juridiques diverses qui sont respectivement des sous-catégories les unes des autres et qui se superposent, en allant du général au particulier par spécifications successives, chacune constituant une sous-catégorie de la catégorie immédiatement supérieure »[252]. Le consentement ne se retrouvant ici qu'au sein d'une sous-catégorie, sans d'ailleurs que cette sous-catégorie se subdivise à son tour, montrerait que le consentement n'intervient qu'en de rares hypothèses, en « bout de chaîne ». Mais cela est trompeur, car le consentement peut être pris en compte de bien d'autres manières que comme un discriminant positif. Les développements à venir le démontreront.

104. Une seconde opinion pourrait affirmer que le fait de ne retenir que le consentement comme critère d'une catégorie montre la subjectivisation du droit administratif[253], c'est-à-dire la prise en compte croissante de la volonté

---

[249] S. THERON, *La notion de condition. Contribution à l'étude de l'acte administratif*, L'Harmattan, coll. « Logiques juridiques », 2001, 640 p.

[250] *Ibid.*, p. 27.

[251] *Ibid.*, pp. 27-28.

[252] J.-L. BERGEL, *Méthodologie juridique*, *op. cit.*, p. 123.

[253] Pour une première approche sur cette notion, voir par exemple P. FRAISSEIX, « La "subjectivisation" du droit administratif », *op. cit.*

de ses acteurs, ici les administrés, ainsi que leurs intérêts particuliers. Sans doute cela est-il exact, mais il paraît hasardeux de chercher à obtenir d'un unique exemple des résultats réellement probants. Il semble au contraire qu'au stade actuel de la démonstration la seule conclusion que l'on puisse conjecturer soit d'ordre très général. Le droit positif, s'il prend en compte la volonté des sujets de droit, ne le fait pas sans référence à la réalité, si bien qu'aux éléments subjectifs se rajoutent presque toujours des éléments objectifs[254]. La volonté, si elle tient une place importante, ne crée rien au sens fort du terme. C'est-à-dire qu'elle ne peut rien « tirer du néant »[255] mais agit toujours sur des éléments extérieurs à elle et qui lui préexistent.

105. Nombreuses sont en revanche les hypothèses dans lesquelles le consentement peut être qualifié de discriminant négatif.

B. L'abondance du consentement comme discriminant négatif

106. Envisager le consentement comme discriminant négatif, c'est le découvrir comme principe d'une disqualification[256]. La question qui se pose est toujours la même et consiste à savoir quelles seront les conséquences en termes de qualification juridique si le consentement de l'administré se rajoute à une série donnée d'éléments. Hormis les cas dans lesquels le consentement est indifférent[257], la situation change de qualification. Comme c'était précédemment le cas, elle peut constituer une nouvelle espèce sous un genre plus général. Mais elle peut aussi, au contraire, ne même plus faire partie du genre.

107. De telles situations sont fréquentes en droit administratif. Il serait par exemple possible d'étudier la distinction faite entre le contrat et le quasi-contrat[258] ou encore de voir comment le consentement intervient comme un

---

[254] Sur cette question, voir notamment J. HAUSER, *Objectivisme et subjectivisme dans l'acte juridique*, LGDJ, coll. « Bibliothèque de droit privé », tome 117, 1971, 339 p. et P. HEBRAUD, « Rôle respectif de la volonté et des éléments objectifs dans les actes juridiques », dans *Mélanges offerts à Jacques Maury*, tome 2, *Droit comparé, théorie générale du droit et droit privé*, Dalloz et Sirey, 1960, 596 p., pp. 419-476.

[255] J. REY-DEBOVE et A. REY (dir.), *Le Petit Robert*, 2012, entrée « Créer ».

[256] Ce terme est pris ici, non pas dans une de ses acceptions juridiques (disqualification d'une infraction par le juge pénal ou perte de qualification à titre de sanction), mais dans son sens commun, comme synonyme d'exclusion. Certains auteurs l'utilisent ainsi. Voir par exemple, A.-M. BATUT, concl. sur TC, 17 juin 2013, n°3911, disponible sur le site du Tribunal des conflits à l'adresse http://www.tribunal-conflits.fr/PDF/3911_Conclusion_conclusions_tc_3911.pdf, [28 avr. 2015].

[257] Sur cette notion, voir *infra*, le second chapitre de la deuxième partie.

[258] Sur l'utilisation du critère du consentement pour distinguer le contrat du quasi-contrat, voir notamment L. MARCUS, *L'unité des contrats publics*, Dalloz, coll. « NBT », 2010, 608 p.,

discriminant négatif à propos de la notion de risque accepté[259]. Mais il sera préférable de se concentrer sur quelques hypothèses particulièrement emblématiques. C'est en analysant quelques-unes de ces situations (1) qu'il sera possible de mettre en lumière le rôle éminent joué par le consentement en tant que discriminant négatif (2).

1. Des hypothèses emblématiques de consentement négatif

108. Un certain nombre de notions changent de qualification si l'administré a exprimé son consentement aux actes ou aux faits juridiques dont l'administration a eu l'initiative. Peuvent ainsi être étudiées, à titre d'exemples significatifs qui concernent notamment la responsabilité de l'administration, la voie de fait et l'emprise irrégulière d'une part et la faute d'autre part.

109. La voie de fait se caractérise par le cumul de deux éléments. Il faut d'une part que l'administration commette une illégalité inadmissible, « ce qui se produit soit quand la personne publique procède à l'exécution forcée d'une de ses décisions en dehors des rares cas dans lesquels une telle exécution forcée est possible [...], soit lorsqu'elle a édicté une mesure

pp. 173-190. L'auteur montre tout d'abord que la jurisprudence administrative reçoit les trois catégories de quasi-contrats du droit privé que sont la répétition de l'indu, la gestion d'affaires et l'enrichissement sans cause. Ensuite il démontre que le consentement, pris ici dans le sens d'accord de volonté, constitue le critère de distinction entre le quasi-contrat et le contrat, notant ainsi que « le critère de l'accord de volonté est efficace pour opposer contrat administratif et répétition de l'indu », que la gestion d'affaires ne peut s'envisager que si le gérant agit à l'égard du géré « spontanément et à son insu », c'est-à-dire en l'absence de consentement et enfin que « l'existence d'un contrat, né d'un accord de volonté valide, est une cause qui fait obstacle à l'application du principe de l'enrichissement sans cause ». Voir respectivement p. 175, p. 174 et p. 177 et la jurisprudence citée. Voir enfin et très récemment la rédaction éclairante à ce sujet de la décision CE, 27 fév. 2015, *Cne de Béziers*, n°357028 : « considérant que la commune de Béziers, qui est liée à la commune de Villeneuve-lès-Béziers par un contrat, ne peut exercer à l'encontre de celle-ci, en raison des préjudices dont elle demande réparation, d'autre action que celle procédant de ce contrat, dès lors que celui-ci doit être appliqué ; que, par suite, les conclusions présentées par la commune de Béziers tendant à l'engagement de la responsabilité quasi-contractuelle de la commune de Villeneuve-lès-Béziers à raison d'un enrichissement sans cause et à l'engagement de la responsabilité quasi délictuelle de celle-ci à raison de la faute de son maire à avoir conclu une convention sans y avoir été régulièrement autorisé par le conseil municipal doivent être rejetées ». Pour une formulation semblable, voir encore CE, 5 juill. 2013, n°348050.

[259] Pour des développements sur cette notion, mais sous un point de vue différent, *cf. infra*, n°444. Il serait encore possible d'évoquer la question des traitements inhumains et dégradants au sens de l'article 3 de la Convention européenne des droits de l'homme. Sur cette question, voir *infra*, n°587.

manifestement insusceptible de se rattacher à un pouvoir lui appartenant »[260]. L'administration devait jusqu'à récemment « avoir porté une atteinte grave au droit de propriété ou à une liberté fondamentale »[261]. La jurisprudence actuelle du Tribunal des conflits énonce ces éléments, tout en semblant restreindre le champ d'application du second. En effet, il caractérise désormais la voie de fait lorsque l'administration « soit a procédé à l'exécution forcée, dans des conditions irrégulières, d'une décision, même régulière, portant atteinte à la liberté individuelle ou aboutissant à l'extinction d'un droit de propriété, soit a pris une décision qui a les mêmes effets d'atteinte à la liberté individuelle ou d'extinction d'un droit de propriété et qui est manifestement insusceptible d'être rattachée à un pouvoir appartenant à l'autorité administrative »[262]. Malgré cette définition[263], la notion est parfois difficile à caractériser *in concreto*. La preuve la plus manifeste réside sans aucun doute dans le nombre de décisions que le Tribunal des conflits, répartiteur des compétences, rend au sujet de la voie de fait[264]. Quant à l'emprise irrégulière, elle désigne des « prises de possession temporaires ou définitives de terrains privés opérées par des autorités administratives en violation des textes qui les autorisent »[265].

110. Les décisions sont nombreuses qui font référence, de manière simultanée, à la voie de fait ou à l'emprise irrégulière et au consentement de l'administré. Des administrés en effet tentent de montrer que l'administration a procédé à une voie de fait ou à une emprise irrégulière en n'ayant pas recueilli leur consentement préalablement à telle ou telle opération. La société ERDF aurait ainsi commis une voie de fait en

---

[260] B. SEILLER, « Les juges de l'administration », dans P. GONOD, F. MELLERAY, Ph. YOLKA (dir.), *Traité de droit administratif*, *op. cit.*, tome 2, pp. 435-485, p. 478.

[261] *Ibid.*

[262] TC, 17 juin 2013, n°C3911. Expression reprise moins d'un mois plus tard par le Conseil d'Etat : CE, 10 juill. 2013, n°360901.

[263] Dans les développements qui suivent, il ne sera pas tenu compte de cette variation de définition. Seule importe ici la question de la disqualification, indépendamment de la variation des définitions dans le droit positif au cours du temps.

[264] Pour un aperçu concret voir, outre la jurisprudence du Tribunal des conflits, les rapports annuels établis par celui-ci. Avant la mise en ligne du site internet du Tribunal en 2011, ces rapports comportaient souvent une rubrique exclusivement consacrée à la voie de fait et à l'emprise irrégulière. L'attractivité de la première notion est due au fait que la qualification de voie de fait, dénaturation de l'action administrative, entraîne la compétence des juridictions judiciaires. Celles-ci, notamment les juridictions du fond, sont donc souvent enclines à qualifier un acte ou un agissement de l'administration de voie de fait afin de retenir leur compétence. De la même manière, les parties ont pendant longtemps recherché la compétence des juridictions judiciaires, notamment pour des questions de célérité. L'évolution de la législation puis de la jurisprudence administrative au sujet des procédures d'urgence rend sans doute moins attractif le régime de la voie de fait aujourd'hui.

[265] B. SEILLER, « Les juges de l'administration », *op. cit.*, p. 479.

implantant un poteau électrique sans titre sur une propriété privée, le propriétaire n'ayant par ailleurs « donné aucun accord en bonne et due forme à l'implantation litigieuse »[266]. De même, un maire, en faisant installer un compteur d'eau sur la propriété de M. X. « à son insu et sans son consentement en pénétrant irrégulièrement sur sa propriété », aurait également commis une voie de fait[267]. D'autres fois au contraire, c'est l'administration qui invoque le consentement des administrés pour nier l'existence d'une voie de fait ou d'une emprise irrégulière. Un syndicat intercommunal n'aurait de la sorte pas commis d'emprise irrégulière en installant sur une propriété privée appartenant à un particulier un ouvrage de traitement des eaux usées dès lors que « la réalisation de l'ouvrage s'est effectuée avec l'accord préalable » du propriétaire[268].

111. Le moyen n'est pas dénué de portée dans la mesure où les juridictions suivent le même raisonnement et certaines décisions l'indiquent parfois de manière directe et explicite. Ainsi, la Cour de cassation relève que le fait pour des propriétaires d'avoir donné leur « consentement verbal » à l'implantation d'une canalisation d'eaux usées sur leur parcelle a pour conséquence que soit « exclue la voie de fait »[269]. De même, le fait pour un maire de déplacer une stèle posée sur la tombe d'un défunt « *ne peut être regardé comme* procédant d'une exécution forcée irrégulière et comme constitutive d'une voie de fait », étant donné que les membres de la famille du défunt avaient donné leur accord à cette opération[270]. Une décision de la cour administrative d'appel de Douai est particulièrement explicite lorsqu'elle indique que « les conditions dans lesquelles ont été décidés et exécutés les travaux de voirie en cause ne présentent pas le caractère d'une voie de fait, *dès lors que* M. A, invité le 11 octobre 2002 par la commune à venir consulter le plan établi par le géomètre, a donné son accord le 16 octobre 2002 »[271].

112. La plupart du temps cependant cette possibilité de disqualification résultant du consentement de l'administré, pour être bien réelle, est exprimée

---

[266] TC, 17 juin 2013, n°C3911. De la même manière, un syndicat intercommunal d'assainissement aurait commis une voie de fait en posant un regard sur la propriété de Mme Z. « sans son autorisation » : Lyon, 10 janv. 2008, n°06/05297.

[267] CAA, Marseille, 15 nov. 2004, n°01MA02641. Serait, de même, susceptible de recevoir une telle qualification le fait pour l'administration d'avoir procédé à des travaux de déboisement et reboisement sur le terrain d'un particulier « sans son consentement » : CE, 26 mars 1990, n°71222.

[268] TC, 21 juin 2004, n°C3397.

[269] Cass., Civ. 1ère, 27 avr. 2004, n°02-11219.

[270] CE, 24 mars 1997, n°165273. Souligné par nous.

[271] CAA, Douai, 10 avr. 2012, n°10DA01115. Nous soulignons.

de manière moins évidente. C'est ainsi que seule une lecture *a contrario*[272] permet le plus souvent de comprendre ce mécanisme. Nombreuses sont les décisions qui mentionnent en effet, dans une rédaction désormais habituelle et très pédagogique, qu'un certain nombre d'opérations qui ont pour résultat de déposséder des propriétaires d'un élément de leur droit de propriété ne peuvent être mises à exécution « qu'après, soit l'accomplissement d'une procédure d'expropriation pour cause d'utilité publique, soit l'institution de servitudes [...], soit enfin, l'intervention d'un accord amiable »[273] avec les propriétaires. De la sorte, commet une voie de fait la commune qui enfouit des canalisations d'assainissement dans les parcelles d'un propriétaire « sans avoir obtenu son accord et sans détenir aucun titre pour ce faire »[274] ainsi que les communes qui ont déversé des ordures ménagères sur un terrain sans faire « la preuve de l'existence d'un accord amiable »[275] qui aurait été conclu avec le propriétaire. De même, constituent des voies de fait l'occupation d'une usine et l'exécution de travaux d'aménagements sans l'accord du propriétaire et sans réquisition[276], ainsi que la prise de possession de terrains par l'administration, sans accord amiable ni réquisition préalable, dans le but de construire des baraquements provisoires destinés au logement de réfugiés[277].

113. Parfois le raisonnement du juge est très bref et ne mentionne la présence du consentement de l'administré que de manière elliptique, alors même que sa présence ou son absence détermine l'issue du litige. C'est ainsi que le Tribunal des conflits indique que « l'abattage [...], sur le terrain de Mme A et sans son accord, d'arbres lui appartenant, [...] constitue une voie de fait »[278].

---

[272] Sur ce type de raisonnement en droit, voir notamment : J.-L. BERGEL, *Méthodologie juridique*, *op. cit.*, pp. 246-247. L'auteur, p. 246, y définit le raisonnement *a contrario* comme le raisonnement « selon lequel, à partir du texte à interpréter, on déduit d'une opposition dans les hypothèses une opposition dans les conséquences. Autrement dit, si une règle est formellement subordonnée à certaines conditions, elle implique que c'est la règle inverse qui doit s'appliquer lorsque ces conditions ne sont pas réunies ». On pourra également se reporter à l'ouvrage de M.-L. MATHIEU-IZORCHE, *Le raisonnement juridique*, PUF, coll. « Thémis droit privé », 2001, 439 p., pp. 419-421.

[273] TC, 17 déc. 2007, n°C3586. Les décisions reprenant soit une formulation identique soit une formulation voisine sont nombreuses, tant dans la jurisprudence du Tribunal des conflits que celle du Conseil d'Etat. Voir par exemple : TC, 2 juill. 1979, n°C02121 ; TC, 2 juill. 1979, n°C02122 ; TC, 21 juin 2004, n°C3400 ; TC, 13 déc. 2010, n°C3767 ; CE, 8 mars 2002, n°231843 ; CE, 23 juill. 2010, n°332761 ou encore, pour la juridiction judiciaire, Cass., Civ. 1ère, 8 mars 1988, *SA Nègre frères c/Ville de Marseille*, n°86-165, 89n°86-16589.

[274] TC, 21 juin 2010, n°C3751.

[275] TC, 30 juin 1969, n°C01928.

[276] TC, 25 mars 1957, *Sté Mittelberger*, *R.*, p. 813.

[277] TC, 13 janv. 1958, *Moleux*, *R.*, p. 791.

[278] TC, 15 fév. 2010, n°C3722.

114. Il convient enfin de préciser que le consentement de l'administré est analysé de manière très minutieuse dans ces hypothèses, ce qui montre son rôle essentiel. Les juridictions s'attachent à relever que l'accord du propriétaire a bien été donné pour la réalisation de l'opération projetée et pas pour une autre. De la sorte, si la requérante a autorisé par convention l'accès à son terrain sur une largeur de sept mètres autour d'une canalisation afin de procéder à tous les travaux d'entretien nécessaire, la commune commet une emprise irrégulière en effectuant un déboisage sur une largeur de plus de dix-sept mètres, violant ainsi les stipulations « sans l'accord de la propriétaire »[279]. De même, si une communauté de communes « soutient que le propriétaire intéressé a autorisé l'opération, la production d'une convention, signée entre les parties le 2 mai 1980, laquelle ne porte que sur l'indemnisation allouée à ce propriétaire, et à ses locataires, pour l'implantation de regards de visites, ne démontre pas qu'une autorisation ait été donnée par le propriétaire préalablement aux travaux de pose des canalisations »[280]. Les travaux ainsi réalisés constituent alors une emprise irrégulière. La Cour d'appel de Lyon caractérise quant à elle très explicitement une emprise irrégulière en notant que le syndicat intercommunal, en posant quatre regards au lieu des deux prévus, a violé « l'étendue limitée de l'autorisation que Mme Z… avait donnée »[281]. Ainsi donc, comme le note un auteur, « l'accord initial ne vaut pas blanc-seing pour toute action »[282] ce qui démontre l'importance que le juge attache concrètement au consentement de l'administré dans ces hypothèses.

115. De manière semblable, le consentement permet parfois de disqualifier un comportement de l'administration qui serait sans cela constitutif d'une faute. Pour un certain nombre de situations susceptibles de recevoir une telle qualification, le juge administratif réserve en effet l'intervention du consentement de la victime. Une décision du Conseil d'Etat indique ainsi « qu'en utilisant l'œuvre de M. F… D… pour la diffuser dans le cadre d'une exposition, sans qu'il ressorte de l'instruction qu'elle ait obtenu l'autorisation pour ce faire ni de celui-ci ni de ses héritiers, la commune de Nantes a commis une faute de nature à engager sa responsabilité »[283]. En cela, la Haute juridiction ne fait que tirer les

---

[279] TC, 23 avr. 2007, n°C3590. De la même manière, un syndicat intercommunal commet une emprise irrégulière en posant une canalisation d'assainissement sans respecter les plans annexés à la convention signée avec le propriétaire et sans qu'il soit établi « que cette modification substantielle ait été acceptée » par lui : TC, 21 juin 2004, n°C3400.

[280] TC, 15 déc. 2003, n°C3378.

[281] Lyon, 10 janv. 2008, 06/05297.

[282] H. PAULIAT, « Le juge du référé-liberté a-t-il mis fin aux jours de la "folle du logis" ? », *JCPA*, n°8, 18 fév. 2013, pp. 32-35, p. 34.

[283] CE, 27 avr. 2011, n°314577.

conséquences de l'article L. 122-4 du Code de la propriété intellectuelle, aux termes duquel « toute représentation ou reproduction intégrale ou partielle faite sans le consentement de l'auteur ou de ses ayants droit ou ayants cause est illicite ». De la même manière, les juges du Palais Royal estiment que l'emport de documents comptables d'une société au cours d'une vérification de comptabilité par les services fiscaux, « sans le consentement » des personnes vérifiées, ne constituent pas une faute lourde de nature à engager la responsabilité de l'administration. Ce faisant, ils reconnaissent qu'il s'agit tout de même d'une faute[284]. *A contrario* en effet, la rédaction employée par les juges indique que le consentement des responsables de la société aurait eu pour effet d'empêcher toute qualification de faute. Plus fondamentalement, il en est de même lorsqu'un patient est l'objet de recherches biomédicales[285]. Dès lors que celui-ci a consenti au protocole de recherche et à ce que soit réalisée une vidéo pédagogique sur le mal dont il souffrait, les actions entreprises par le service public hospitalier ne sauraient être « constitutives d'une faute de nature à engager la responsabilité du service »[286].

116. Le consentement joue donc de manière assez fréquente le rôle de discriminant négatif. Cela est d'autant moins anodin que cette fonction est riche d'enseignements.

2. Le rôle éminent du consentement comme discriminant négatif

117. Dans les hypothèses considérées, le rôle tenu par le consentement de l'administré est essentiel. D'un simple point de vue logique, il joue le rôle d'un véritable *discriminant*, au sens premier du terme. Il donne ainsi naissance à une classification logiquement inattaquable, parce que basée sur le principe de non-contradiction qui veut qu'il soit « impossible que le même [attribut] appartienne et n'appartienne pas au même [sujet] en même temps et sous le même rapport »[287]. C'est ce qu'exigeait Michel TROPER d'une opposition logique en notant que « si l'on a pris pour critère une certaine propriété, l'une des classes doit être définie par cette propriété et

---

[284] CE, 24 fév. 1986, n°40031.

[285] Sur le rôle du consentement dans les recherches biomédicales, voir *infra*, n°496. Pour d'autres exemples d'utilisation du consentement comme discriminant négatif dans des domaines différents, voir encore CE, 9 fév. 1940, *Monier*, *R.*, p. 54 ; CAA, Douai, 26 fév. 2002, *Cne de Nieppe*, n°99DA00433 ; TA, Lille, 11 mars 1999, *Cts Kheddache c/Cne de Maubeuge*, n°97338, *AJDA*, 1999, p. 1026, note D. DUTRIEUX.

[286] CAA, Nancy, 6 avr. 2006, n°02NC01104.

[287] R. VERNEAUX, *Introduction générale et logique*, *op. cit.*, p. 97.

l'autre par la propriété contraire, c'est-à-dire par l'absence de cette propriété »[288].

118. Pour le dire autrement et reprendre une expression de Jean-Louis BERGEL, observer des faits identiques en tous points, à l'exception justement de la présence ou non du consentement de l'administré, donne naissance à des « *catégories alternatives* »[289]. Une même situation, toujours selon le principe de non-contradiction, ne peut en effet recevoir la qualification de voie de fait et en même temps ne pas la recevoir. Il en est de même concernant l'emprise irrégulière ou la faute. Ces catégories alternatives, résultant d'une même classification, s'opposent ainsi aux catégories que Jean-Louis BERGEL nomme « *cumulatives* »[290]. Contrairement à ces dernières, deux catégories alternatives, ne pouvant se cumuler, sont nécessairement exclusives l'une de l'autre.

119. A la différence des hypothèses de consentement « positif », dans celles de consentement « négatif », ce n'est pas la présence du consentement qui est une condition *sine qua non* de telle ou telle qualification, mais son absence. Tel phénomène ne pourra recevoir telle qualification qu'à la condition que le consentement de l'administré ne s'y rencontre pas. Cette analyse pourrait être développée en termes de condition, comme cela a été fait précédemment, et l'on arriverait à la conclusion que dans ces hypothèses l'absence de consentement de l'administré est une condition *nécessaire* de la qualification de voie de fait, d'emprise irrégulière ou de faute.

120. Mais un autre point de vue peut encore être adopté. Il est en effet possible de reprendre ici les analyses théoriques que Marie-Laure IZORCHE a exposées dans son article sur la distinction[291]. L'auteur y montre que la

---

[288] M. TROPER, « Les classifications en droit constitutionnel », *RDP*, 1989, pp. 945-956, p. 947. Pour une vue globale, mais qu'il n'est pas nécessaire d'exposer ici, la question portant davantage sur le critère de la classification que sur la classification elle-même, des critères de jugement des classifications, on pourra lire avec profit deux articles de Ch. EISENMANN : « Quelques problèmes de méthodologie des définitions et des classifications en science juridique », *op. cit.*, pp. 25-43 et « Essai d'une classification théorique des formes politiques », *op. cit.*

[289] J.-L. BERGEL, *Méthodologie juridique*, *op. cit.*, pp. 123-124. L'auteur reprend également cette distinction dans son ouvrage *Théorie générale du droit*, Dalloz, coll. « Méthodes du droit », 5ème éd., 2012, 399 p., pp. 244-245.

[290] J.-L. BERGEL, *Méthodologie juridique*, *op. cit.*, pp. 123-124. Les catégories cumulatives traduisent le fait qu'un même phénomène juridique peut être simultanément qualifié de différentes manières, selon le point de vue adopté, si les catégories sont compatibles entre elles. Un même phénomène pourrait ainsi être qualifié d'emprise irrégulière et de voie de fait, car rien n'interdit le cumul de ces deux qualifications si leurs conditions respectives sont remplies.

[291] M.-L. IZORCHE, « Réflexions sur la distinction », dans *Mélanges Christian Mouly*, Litec, 1998, 2 tomes, 455 p. et 460 p., tome 1, pp. 53-68. Article dont le contenu sera repris par l'auteur dans son ouvrage *Le raisonnement juridique*, *op. cit.*, spéc. pp. 23-27.

distinction, en tant qu'opération, constitue un instrument de connaissance nécessaire au juriste[292]. Elle est déjà un instrument de connaissance en ce qu'elle permet « de "trier" les données, et éventuellement d'opérer une classification afin de *décrire* l'objet de recherche »[293] et de susciter certaines interrogations. Mais elle constitue aussi un « instrument d'orientation de la pensée »[294], en ce qu'elle reflète une volonté, celle du sujet qui l'opère. L'auteur note ainsi que la distinction « peut être utilisée comme instrument de réduction du domaine de référence d'un discours »[295], ici d'un domaine d'application d'une catégorie juridique. Les juridictions, en mentionnant que l'emprise irrégulière, la voie de fait ou encore la faute de l'administration ne peuvent être caractérisées en présence du consentement de l'administré, viennent réduire le champ d'application de ces qualifications. Dans ces hypothèses, la présence du consentement de l'administré est bien un facteur de réduction du champ d'application des notions envisagées. C'est en cela qu'on peut parler de « disqualification ».

121. Plus fondamentalement encore, l'auteur évoque la notion de « distinction hiérarchisante » qui « permet notamment d'exclure certains cas du domaine de référence tout en affirmant [...] qu'ils auraient eu vocation à être concernés par la règle, mais qu'ils sont soustraits à son domaine, en raison de l'application d'un principe supérieur : il s'agit ici, afin de restreindre le domaine d'une règle, de faire interférer avec celle-ci un principe qui lui serait supérieur, afin de l'évincer » [296]. C'est bien de cela qu'il s'agit dans nos hypothèses : tels agissements auraient dû recevoir la qualification d'emprise irrégulière, de voie de fait ou de faute mais la présence simultanée du consentement de l'administré interdit qu'il en soit ainsi. Toute la question sera ensuite de savoir pourquoi le consentement opère cette disqualification et au nom de quel principe supérieur[297].

122. A cette étape de la démonstration, il importe déjà d'évoquer l'existence en droit administratif de ce que l'on peut appeler le « consentement exclusif », car sa présence exclut que tel phénomène reçoive

[292] A ce sujet, voir l'article de J.-L. AUBERT, « A propos d'une distinction renouvelée des parties et des tiers », *RTD civ.*, n°2, avr.-juin 1993, pp. 263-278. L'auteur, p. 278, mentionne l'art de distinguer comme « qualité première du juriste ».
[293] M.-L. IZORCHE, « Réflexions sur la distinction », *op. cit.*, p. 56.
[294] *Ibid.*, p. 59.
[295] *Ibid.*
[296] *Ibid.*, p. 60.
[297] Ce sera l'objet, au moins indirectement, de nombreux développements de la deuxième et de la troisième partie dans lesquelles il sera démontré que le consentement de l'administré est au service de sa liberté mais aussi, et très fréquemment, de l'efficience de l'administration, en permettant à l'administré de renoncer à certaines protections.

la qualification à laquelle on pouvait *a priori* s'attendre, tout en réservant pour plus tard la question de sa signification concrète sur le fond du droit.

123. Les cas où le consentement joue le rôle d'un véritable discriminant ayant été abordés, il convient maintenant d'envisager des hypothèses voisines mais différentes : celles dans lesquelles le consentement tient le rôle d'un élément parmi d'autres dans la définition de catégories juridiques.

II. Le consentement comme élément de définition de certaines catégories juridiques

124. Très souvent le consentement, lorsqu'il est pris en compte par le droit administratif, ne définit pas à lui seul une catégorie juridique. Il faut, pour que telle ou telle qualification puisse être opérée, qu'il s'ajoute à d'autres éléments. S'il ne peut alors plus constituer un discriminant, au sens technique du terme, il peut en revanche jouer le rôle d'un critère d'une catégorie juridique.

125. La catégorie la plus importante est évidemment composée des contrats de l'administration, qu'ils soient administratifs ou non (A). Mais ce n'est pas la seule hypothèse envisageable et, sans être des contrats, d'autres catégories d'actes, y compris unilatéraux, font appel à la notion de consentement (B).

A. Le consentement comme élément indispensable dans la définition des contrats de l'administration

126. En droit public, le contrat, qu'il soit administratif ou non, peut être défini comme « un accord de volonté générateur (ou créateur) d'obligations »[298]. Qualifier un acte de contrat nécessite donc d'identifier un accord de volontés, c'est-à-dire, lorsqu'il lie l'administration à un administré, le consentement de celui-ci[299] et de celle-là. Cette exigence, particulièrement visible dans la phase de formation des contrats de l'administration[300], revêt

[298] A. DE LAUBADERE, Fr. MODERNE et P. DELVOLVE, *Traité des contrats administratifs*, *op. cit.*, tome 1, p. 29. Pour une discussion plus développée sur la notion même de contrat en droit administratif, voir *infra*, section 2.

[299] Le consentement de l'administration est requis, mais ne sera pas envisagé ici. Pour des éléments relatifs à cette question, voir D. POUYAUD, *La nullité des contrats administratifs*, *op. cit.*, p. 103.

[300] Encore faut-il relever que cette exigence de consentement se retrouve également, en principe, dans l'exécution du contrat, même administratif. Voir L. MARCUS, *L'unité des*

deux aspects proches mais distincts[301]. Pour qu'un contrat se forme validement, le consentement du cocontractant de l'administration doit non seulement exister (1) mais aussi être intègre (2).

1. L'existence du consentement dans les contrats de l'administration

127. Un contrat ne peut pas se former sans le consentement du cocontractant de l'administration. Si c'est une évidence pour les contrats civils de l'administration[302], cela n'en demeure pas moins vrai pour les contrats administratifs eux-mêmes. Cette exigence, bien que peu mentionnée par une partie de la doctrine[303], est en effet essentielle à la formation de tout

---

contrats publics, *op. cit.*, p. 63 : « L'utilisation par le juge administratif de la notion civiliste de consentement ne se manifeste pas seulement au stade de la qualification des contrats. Ce juge y fait également référence pour déterminer le régime qui leur est applicable ». Voir également *infra*, n°519.

[301] Il peut être tentant, par simplification, d'assimiler l'absence de consentement aux vices pouvant l'atteindre. Voir par exemple D. DE BECHILLON et Ph. TERNEYRE qui évoquent les « vices divers du consentement – absence de consentement, erreur, dol, violence et lésion » : « Contrats administratifs (contentieux des) », *Rep. cont. adm. Dalloz*, 2000, n°143.

[302] Contrats qui relèveront de la compétence du juge judiciaire et qui se verront appliquer le droit privé, notamment l'article 1108 du Code civil aux termes duquel « quatre conditions sont essentielles pour la validité d'une convention : le consentement de la partie qui s'oblige ; sa capacité de contracter ; un objet certain qui forme la matière de l'engagement ; une cause licite de l'obligation ». Il est tout de suite possible de noter que le consentement de tous les cocontractants est nécessaire, et pas seulement celui du débiteur.

[303] Les auteurs du *Traité des contrats administratifs*, ne consacrent à cette question que quelques lignes et D. POUYAUD, dans sa thèse précitée, seulement trois pages, alors que leurs développements sur les vices du consentement sont bien plus importants (respectivement dix et trente-trois pages). Si Chr. GUETTIER évoque la nécessité du consentement en une phrase avant de se concentrer sur la question des vices du consentement, L. RICHER, lui, ne parle pas de l'existence du consentement, au moins dans ses développements consacrés à la protection du consentement. Voir respectivement : *Droit des contrats administratifs*, PUF, coll. « Thémis droit », 3ème éd., 2011, 640 p., pp. 341-351 et *Droit des contrats administratifs*, LGDJ, coll. « Manuel », 7ème éd., 2010, 713 p., pp. 145-148. Il est vrai que la question de l'existence du consentement peut être, au moins en partie, analysée dans les développements relatifs à la question des pourparlers. Par ailleurs, telle est, il est vrai, la démarche adoptée par le Code civil. Comme le note P. REMY-CORLAY, après avoir rapidement exigé l'existence du consentement à l'article 1108, le Code « ne s'intéresse ensuite, dans la section I du chapitre II du livre III du titre III, consacré au consentement, qu'à la qualité de celui-ci. C'est la théorie des vices du consentement. Rien ne nous est dit sur la rencontre des volontés » : « L'existence du consentement », dans P. REMY-CORLAY et D. FENOUILLET (dir.), *Les concepts contractuels français à l'heure des Principes du droit européen des contrats*, Dalloz, coll. « Thèmes et commentaires », 2003, 276 p., pp. 29-51. B. PLESSIX, en revanche, consacre d'importants développements à cette question dans sa thèse : *L'utilisation du droit civil dans l'élaboration du droit administratif*, Panthéon-Assas, 2003, 878 p., pp. 192-200.

contrat de l'administration comme le relèvent d'autres auteurs. André DE LAUBADERE, Franck MODERNE et Pierre DELVOLVE estiment ainsi que, « comme tout contrat, le contrat administratif est un accord de volontés ; il suppose l'existence et la rencontre de deux consentements. De ce fait, le consentement est plus qu'une condition de validité du contrat ; c'est une condition de sa formation même ; l'absence de consentement entraîne l'inexistence et non la simple nullité du contrat puisqu'on peut dire que celui-ci n'"existe" littéralement pas »[304]. Christophe GUETTIER relève que « sans accord de volonté, il n'y a pas de convention »[305] et Dominique POUYAUD que « l'accord de volonté qui constitue le consentement se compose de trois éléments : l'offre, l'acceptation par lesquelles se manifeste la volonté des contractants et la rencontre de ces volontés. Si une de ces composantes du consentement fait défaut, aucun contrat ne peut se former »[306]. Le commissaire du gouvernement GUILLAUME affirmait encore qu' « un contrat administratif, comme tout contrat, suppose l'existence et la rencontre de deux consentements »[307] et Benoît PLESSIX que « le juge administratif, prenant acte d'une très ancienne pratique contractuelle des autorités publiques, a toujours su qu'il n'y a point de contrat sans consentement »[308] et Laure MARCUS que « le juge administratif fait de l'accord de volontés une condition toujours nécessaire [...] à la naissance d'un contrat public »[309]. Les citations pourraient être multipliées, mettant davantage en exergue cette nécessité : en droit administratif comme en droit privé, le consentement des cocontractants est un élément de la définition du contrat, une condition nécessaire de sa formation.

128. Si les auteurs relèvent, parfois rapidement, mais invariablement, que le consentement du cocontractant de l'administration est nécessaire à la formation du contrat c'est parce que le juge administratif l'exige impérativement. En 1972, le Conseil d'Etat a ainsi constaté, dans une décision *OPHLM du Calvados et Caisse franco-néerlandaise de cautionnement*, la nullité d'un contrat pour « défaut d'accord de volonté » de

---

[304] A. DE LAUBADERE, Fr. MODERNE et P. DELVOLVE, *Traité des contrats administratifs*, *op. cit.*, tome 1, p. 533.

[305] Chr. GUETTIER, *Droit des contrats administratifs*, *op. cit.*, p. 341.

[306] D. POUYAUD, *La nullité des contrats administratifs*, *op. cit.*, p. 101.

[307] G. GUILLAUME, concl. sur CE, 11 fév. 1972, *OPHLM du Calvados et Caisse franco-néerlandaise de cautionnement*, *AJDA*, 1972, pp. 245-249.

[308] B. PLESSIX, *L'utilisation du droit civil dans l'élaboration du droit administratif*, *op. cit.*, p. 193. Pour l'auteur, p. 194, la nécessité du consentement est même « l'exigence première en dehors de laquelle le contrat ne se forme pas ».

[309] L. MARCUS, *L'unité des contrats publics*, *op. cit.*, p. 53.

deux parties sur certaines clauses essentielles du contrat envisagé[310]. Cette décision ayant été largement commentée par la doctrine[311] il n'est pas utile d'en détailler l'analyse, mais seulement de relever les éléments qui concernent l'existence du consentement. Un office public HLM avait accordé des avances sur matériel, avances qui avaient été garanties par la Caisse franco-néerlandaise sans que celle-ci soit informée des conditions exactes dont le maître d'ouvrage entendait assortir ces avances. L'entrepreneur ayant été mis en état de liquidation judiciaire, le marché fut résilié et l'office se retourna contre la caution qui estima que certaines des avances consenties avaient été payées, à son insu, dans des conditions irrégulières. La Haute juridiction prononça la nullité du contrat de cautionnement au motif qu'il « était entaché d'un défaut d'accord de volonté des deux parties sur certaines de ses clauses essentielles ».

129. Il est possible de mentionner d'autres décisions dans lesquelles « le juge administratif constate, mieux que la nullité, l'inexistence d'un contrat administratif, dès lors que les volontés ne se sont pas rencontrées »[312], montrant ainsi toute l'importance de cette exigence du consentement, de l'accord de volontés, dans la définition puis dans la qualification des contrats en droit administratif. C'est ainsi qu'une offre de concours n'a pu engager son auteur, celui-ci ayant retiré son offre avant que l'administration ne l'accepte[313].

130. Le Conseil d'Etat indique explicitement que le contrat repose sur la « volonté de se lier par des obligations réciproques »[314].

131. L'appréciation de l'existence[315], ou au contraire du défaut[316], des consentements est « une étape intermédiaire dans le contrôle du juge, entre l'examen de la forme de l'acte dans lequel se cantonnent les droits archaïques et celui de la réalité des consentements qui implique une

---

310 CE, 11 fév. 1972, *OPHLM du Calvados et Caisse franco-néerlandaise de cautionnement*, *AJDA*, 1972, pp. 245-250, concl. G. GUILLAUME.

311 Voir notamment : B. PLESSIX, *L'utilisation du droit civil dans l'élaboration du droit administratif*, *op. cit.*, pp. 193-194 ; L. MARCUS, *L'unité des contrats publics*, *op. cit.*, pp. 53-54 ; D. POUYAUD, *La nullité des contrats administratifs*, *op. cit.*, pp. 101-102.

312 B. PLESSIX, *L'utilisation du droit civil dans l'élaboration du droit administratif*, *op. cit.*, pp. 194.

313 CE, 26 avr. 1860, *de Rastignac*, *R.*, p. 361.

314 CE, 20 mars 1996, *Cne de Saint-Céré*, *R.*, p. 87, *DA*, 1996, n°307.

315 Un autre problème mériterait d'être abordé, celui de la présence de stipulations contradictoires au sein d'une même convention. Mais, outre que la jurisprudence fait défaut sur ce point, il semble plutôt que cette situation se rattache aux vices du consentement, plus exactement à l'erreur. Sur cette question, voir D. POUYAUD, *La nullité des contrats administratifs*, *op. cit.*, pp. 103 et les références citées.

316 Pour un tel moyen avancé par un requérant, *cf.* CE, 24 juill. 1885, *Ville de Vichy c/Couturier*, *R.*, p. 723.

investigation concernant la volonté profonde des parties »[317]. Cela n'empêche cependant pas le juge administratif, si l'existence du consentement est avérée, de se situer également sur le terrain plus subjectif des vices du consentement.

2. L'intégrité du consentement dans les contrats de l'administration

132. De même que le *défaut* de consentement est inconciliable avec la qualification de contrat, la présence d'un *vice* du consentement ne permet pas non plus la formation du lien contractuel. Il y aurait beaucoup à dire sur l'utilisation de cette théorie par le juge administratif[318], mais seuls ici retiendront l'attention les éléments essentiels à la démonstration.

133. Il convient tout d'abord de noter que la théorie des vices du consentement est assez peu étudiée en droit administratif car peu fréquente en jurisprudence. Comme le notent un certain nombre d'auteurs, les nullités pour vice du consentement existent, mais restent, en droit public, « exceptionnelles »[319] et la jurisprudence est à ce sujet « peu fournie »[320], « restrictive »[321] ou « peu importante et peu significative »[322]. Quant à la

---

[317] D. POUYAUD, *La nullité des contrats administratifs*, *op. cit.*, pp. 102.

[318] Pour une vision globale de la question, voir notamment : J. MARTIN, *Les sources de droit privé des contrats administratifs*, Thèse, Panthéon-Assas, 2008, 853 p., pp. 416-433 ; B. PLESSIX, *L'utilisation du droit civil dans l'élaboration du droit administratif*, *op. cit.*, pp. 200-214 et du même auteur « La théorie des vices du consentement dans les contrats administratifs », *RFDA*, 2006, pp. 12-18 ; D. POUYAUD, *La nullité des contrats administratifs*, *op. cit.*, pp. 105-138 ; Y. WEBER, « La théorie des vices du consentement dans les contrats administratifs », *op. cit.* On pourra aussi se reporter à d'autres articles ou ouvrages, notamment : P. BOURDON, *Le contrat administratif illégal*, *op. cit.*, pp. 309-339 ; S. BRACONNIER, « La formation du contrat administratif », *op. cit.*, n°123-139 ; Chr. GUETTIER, *Droit des contrats administratifs*, *op. cit.*, pp. 341-351 ; G. JEZE, *Les principes généraux du droit administratif*, tome 3, *Le fonctionnement des services publics*, Giard, 3ème éd., 1926, réimp. Dalloz, coll. « Bibliothèque Dalloz », 2011, 519 p., pp. 196-207 ; A. DE LAUBADERE, Fr. MODERNE et P. DELVOLVE, *Traité des contrats administratifs*, *op. cit.*, tome 1, pp. 533-543 ; Fr. LICHERE, *Droit des contrats publics*, Dalloz, coll. « Mémentos Dalloz », 2014, 160 p., pp. 61-63 ; Fr. MODERNE, « Permanence et actualité d'une théorie classique : le dol dans la formation des contrats de l'administration », *CJEG*, n°574, mars 2001, pp. 91-102 ; L. RICHER, *Droit des contrats administratifs*, *op. cit.*, pp. 146-148, ou L. S., « Les vices du consentement en matière de marchés », *AJ*, éd. Travaux, nov. 1952, pp. 413-415.

[319] D. POUYAUD, *La nullité des contrats administratifs*, *op. cit.*, p. 106.

[320] A. DE LAUBADERE, Fr. MODERNE et P. DELVOLVE, *Traité des contrats administratifs*, *op. cit.*, tome 1, p. 533.

[321] J.-Fr. LAFAIX, *Essai sur le traitement des irrégularités dans les contrats de l'Administration*, Dalloz, coll. « NBT », vol. 87, 2009, 768 p., p. 19.

[322] R. DRAGO, « Paradoxes sur les contrats administratifs », dans *Etudes offertes à Jacques Flour*, Répertoire du notariat Defrénois, 1979, 439 p., pp. 151-162, p. 156.

théorie développée à partir de ces exemples, pour exister, elle n'en reste pas moins « peu importante, presque marginale »[323], ou même « marginale »[324], voire « très marginale »[325]. Cependant, tous les auteurs ne sont pas de cet avis et Benoît PLESSIX, s'il note effectivement qu'on ne peut nier « la rareté des arrêts »[326], estime cependant, reprenant les termes d'Yves WEBER, que « l'importance quantitative d'une jurisprudence n'est pas le critère de sa pertinence et même, à la limite, que sa rareté peut être le signe de sa plus grande portée »[327]. Sans même prendre part au débat, il suffit ici de montrer que, en droit positif, le juge administratif fait application, même si cela est peu fréquent, de la théorie des vices du consentement. Il montre ainsi la nécessité d'un consentement véritable émanant du cocontractant de l'administration pour qu'il y ait contrat.

134. Depuis très longtemps[328], les juridictions administratives font application de la théorie des vices du consentement. Comme en droit privé[329], le juge administratif peut prononcer la nullité d'un contrat pour erreur, dol, ou violence[330]. S'agissant de l'erreur[331], le juge administratif

---

[323] Y. WEBER, « La théorie des vices du consentement dans les contrats administratifs », *op. cit.*, p. 319.

[324] S. BRACONNIER, « La formation du contrat administratif », *op. cit.*, n°123.

[325] L. RICHER, *Droit des contrats administratifs*, *op. cit.*, p. 146.

[326] B. PLESSIX, « La théorie des vices du consentement dans les contrats administratifs », *op. cit.*, p. 15.

[327] *Ibid.*

[328] Voir à ce sujet, concernant l'Ancien Régime : J.-L. MESTRE, *Un droit administratif à la fin de l'Ancien Régime : le contentieux des Communautés de Provence*, LGDJ, coll. « BDP », tome 121, 1976, 597 p., p. 144, où l'auteur évoque les vices du consentement, notamment la violence, qui pouvaient affecter les contrats conclus par ces Communautés. Au tout début du XIXème siècle, le Conseil d'Etat annula des contrats pour cause de dol, de violence ou d'erreur. Voir respectivement : CE, 18 sept. 1806, *Collé, Jurisprudence du Conseil d'Etat*, tome 1, p. 4 ; CE, 22 oct. 1810, *Bouvier, Jurisprudence du Conseil d'Etat*, tome 1, p. 423 ; CE, 22 sept. 1814, *Caisse d'amortissement c/Magaud, Jurisprudence du Conseil d'Etat*, tome 3, p. 18. Sur cette question, voir B. PLESSIX, *L'utilisation du droit civil dans l'élaboration du droit administratif*, *op. cit.*, p. 201 ou « La théorie des vices du consentement dans les contrats administratifs », *op. cit.*, p. 12.

[329] Le juge administratif n'hésite d'ailleurs pas à rendre certaines décisions en visant les articles du Code civil relatifs au consentement. Voir par exemple : CE, 22 mai 1912, *Granjouan, R.*, p. 588, pour l'erreur, rendu au visa de l'article 1110 du Code civil et CE, 14 déc. 1923, *Sté des Grands Moulins de Corbeil, R.*, p. 852, visant l'article 1116 du Code civil relatif au dol.

[330] Faisant en cela application de l'article 1109 du Code civil aux termes duquel : « il n'y a point de consentement valable si le consentement n'a été donné que par erreur, ou s'il a été extorqué par violence ou surpris pas le dol ». Il convient de noter par ailleurs que, contrairement aux souhaits de G. JEZE, la lésion n'est pas un vice du consentement en droit administratif. Voir, notamment, à ce sujet : D. POUYAUD, *La nullité des contrats administratifs*, *op. cit.*, pp. 135-138.

sanctionne tant l'erreur sur la personne[332] que l'erreur sur la substance, celle-ci se subdivisant encore en erreur sur l'objet lui-même[333] ou erreur sur les qualités substantielles de la chose qui a été déterminante pour une partie dans la conclusion du contrat[334]. Encore convient-il que l'erreur soit substantielle[335] et excusable[336].

135. Le juge administratif a également développé une jurisprudence relative au dol[337], même s'il est « pratiquement très rare que l'administration »[338] en commette un. Le tribunal administratif de Paris a

---

[331] Sur l'erreur comme vice du consentement, voir notamment : Chr. GUETTIER, *Droit des contrats administratifs*, *op. cit.*, pp. 342-345 ; B. PLESSIX, « La théorie des vices du consentement dans les contrats administratifs », *op. cit.*, pp. 13-14 ; D. POUYAUD, *La nullité des contrats administratifs*, *op. cit.*, pp. 107-124 ; Y. WEBER, « La théorie des vices du consentement dans les contrats administratifs », *op. cit.*, pp. 321-324

[332] CE, 26 avr. 1950, *Domergue*, *R.*, p. 813. Si cette décision fait sienne la notion d'erreur sur l'identité physique, la jurisprudence ne semble pas avoir eu l'occasion de censurer une erreur sur les qualités de la personne.

[333] Voir par exemple : CE, 6 juin 1958, *Ayssi*, *R.*, p. 323 ou CE, 22 janv. 1986, *Sté de construction et de ravalements*, *RDP*, 1986, p. 1729.

[334] CE, 13 oct. 1972, *Sté anonyme de banque « Le Crédit du Nord » c/Office public d'HLM du Calvados*, *R.*, p. 630.

[335] CE, 28 déc. 1917, *Belmont*, *R.*, p. 878. Voir encore CE, 1er déc. 1976, *Berezowski*, *D.*, 1978, juris., p. 45, note L. RICHER et CE, 22 janv. 1986, *Sté de construction et de ravalements*, *RDP*, 1986, p. 1729.

[336] Voir par exemple : CE, 10 janv. 1912, *Ville de Saint-Etienne*, *R.*, p. 22 ; CE, 8 fév. 1928, *Sté des constructions économiques*, *R.*, p. 196 ou encore CAA, Nancy, Plén., 19 déc. 1989, *Sté du tunnel de Sainte-Marie-aux-Mines*, *R.*, p. 365. Etant entendu que l'erreur sur le prix n'est jamais admise par le juge administratif. Pour des illustrations, voir : CE, 4 mars 1910, *Sieur Dollfus c/Colonie de la Réunion*, *R.*, p. 210 ; CE, 3 août 1910, *Sté Gille, Brahic et Thomas*, *R.*, p. 687 ; CE, 22 mai 1912, *Granjouan*, *R.*, p. 589 ; CE, 21 mai 1948, *Sté coopérative ouvrière de production, entreprises générales ouvrières rhodaniennes*, *R.*, p. 641 ; CE, 16 juin 1978, *Sté d'achats et de consignations*, *RDP*, 1980, p. 1478 ; CE, 1er fév. 1980, *OPHLM de la ville de Brest c/Sté lorientaise de bâtiments et de travaux publics*, *RDP*, 1981, p. 521 ou CE, 30 mai 1980, *Sté de la piscine de la Dame Blanche*, *R.*, p. 257.

[337] Sur le dol comme vice du consentement, voir notamment : Chr. GUETTIER, *Droit des contrats administratifs*, *op. cit.*, pp. 345-350 ; B. PLESSIX, « La théorie des vices du consentement dans les contrats administratifs », *op. cit.*, p. 14 ; D. POUYAUD, *La nullité des contrats administratifs*, *op. cit.*, pp. 124-131 ; Y. WEBER, « La théorie des vices du consentement dans les contrats administratifs », *op. cit.*, pp. 324-326.

[338] D. POUYAUD, *La nullité des contrats administratifs*, *op. cit.*, p. 124. Pour des décisions dans lesquelles le requérant estime avoir été victime de manœuvres dolosives de la part de l'administration, voir par exemple : CE, 3 août 1910, *Sté Gille, Brahic et Thomas*, *R.*, p. 687 ; CE, 10 mai 1940, *Sieur Gheusi*, *R.*, p. 161 ; CE, 25 juill. 1947, *Sté l'Alpha*, *R.*, p. 344 ; CE, 21 mai 1971, *Sté La cellulose d'Aquitaine*, *RDP*, 1973, p. 275 et CE, 9 mars 1979, *Paysa*, *RDP*, 1980, p. 1478. L'auteur note également, p. 125, qu'il est aussi rare que le cocontractant de l'administration, au stade de la formation du contrat, essaie de la tromper. Pour un exemple dans lequel le juge refuse de caractériser des manœuvres dolosives pourtant invoquées par l'administration contre son cocontractant, voir CE, 21 mai 1926, *Ville de Honfleur*, *R.*, p. 533. L'actualité tend sans doute à relativiser cette affirmation.

admis la nullité de contrats de concessions funéraires accordés à plusieurs personnes, qui avaient pour unique but de participer à la tromperie organisée par la veuve du général Trujillo visant à offrir à ce dernier une importante sépulture[339]. Pour que la nullité du contrat soit retenue par le juge, le dol doit avoir été déterminant, c'est-à-dire avoir entraîné le cocontractant à donner son consentement[340], sans qu'il soit possible de mettre en cause son imprudence ou sa négligence[341]. Il doit par ailleurs résulter de manœuvres dont le cocontractant doit être l'auteur. Des arrêts récents sont encore venus confirmer, s'il en était besoin, que le juge administratif continue d'appliquer cette jurisprudence relative au dol[342].

---

339 TA, Paris, 21 avr. 1971, *Ville de Paris c/sieurs Ribette, Manoury et dame Ropert*, *AJDA*, 1972, p. 164, note Ph. GODFRIN.

340 Le juge administratif fait également application de la théorie du dol incident, lorsque les manœuvres ont simplement entraîné le cocontractant à consentir dans des conditions moins avantageuses que celles qui auraient existé en l'absence de ces manœuvres. Dans ce cas, la sanction n'est pas la nullité du contrat mais l'allocation éventuelle de dommages et intérêts. *Cf.* CE, 14 déc. 1923, *Sté des Grands Moulins de Corbeil*, *R.*, p. 852 et du même jour, *Sieur Collin*, *R.*, p. 857. La rédaction du considérant de principe de ces deux décisions, rédigées au visa de l'article 1116 du Code civil, est intéressante : « si le contrat légalement formé tient lieu de loi à ceux qui l'ont fait, et ne peut en principe être révoqué ni modifié que de leur consentement mutuel, il n'en est pas de même lorsque les manœuvres de l'une des parties ont constitué un dol ; que ces manœuvres entraînent la résolution du contrat, s'il est prouvé que sans elles l'autre partie n'aurait pas contracté ; qu'elles ne donnent lieu, au contraire, qu'à des dommages-intérêts au profit du contractant qui en a subi les effets, lorsque, sans être la cause déterminante de sa volonté, elles ont eu pour résultat de l'amener à accepter des conditions plus onéreuses que celles auxquelles il aurait dû normalement souscrire, et de lui causer ainsi un préjudice dont il est fondé à demander réparation ».

341 Il y a là une des explications à la rareté de la jurisprudence relative au dol, l'administration ayant généralement les moyens de se prémunir contre d'éventuelles manœuvres de son cocontractant. *Cf.* D. POUYAUD, *La nullité des contrats administratifs*, *op. cit.*, p. 129.

342 Voir notamment CE, 19 déc. 2007, *Sté Campenon-Bernard et a.*, n°268918. Sur cette décision, voir S. BRACONNIER, « Les actions en dommages et intérêts pour infraction aux règles sur les ententes et abus de position dominante (à propos des arrêts du Conseil d'Etat du 19 décembre 2007, *Société Campenon-Bernard et autres* et du 19 mars 2008, *SA Dumez et autres*) », *RDP*, 2008, pp. 1159-1173 ; Fr. MODERNE, « Une illustration exemplaire de la théorie du dol dans le contentieux des contrats administratifs. A propos de l'arrêt du Conseil d'Etat du 19 décembre 2007, Société Campenon-Bernard et autres », *RFDA*, 2008, pp. 109-123 ; J. ROCHFELD, « Le mélange des branches : le Conseil d'Etat et le dol dans la formation du contrat », *Revue des contrats*, 2008/3, pp. 671-676. Voir encore CAA, Paris, 22 avr. 2004, *Sté Bouygues*, n°99PA01016 et du même jour, CAA, Paris, *SNCF*, n°99PA01031, *JCPG*, 26 janv. 2005, pp. 161-166, note J. MARTIN ; CAA, Paris, 27 fév. 2007, *SNCF*, n°05PA03920, *AJDA*, 2007, pp. 1978-1982, note L. RICHER ; CAA, Paris, 17 avr. 2007, *SNCF*, n°05PA04298, *AJDA*, 2007, pp. 2200-2206, note S. BRACONNIER et les conclusions du commissaire du gouvernement HAIM sur l'arrêt de la cour administrative d'appel de Paris du 22 avr. 2004, *Sté Bouygues et a.*, préc., *AJDA*, 2004, pp. 1417-1425. Si les contractants de l'administration se livrent parfois à des manœuvres dolosives sanctionnées par le juge administratif, les cas dans lesquelles l'administration, invoquant un dol, n'obtient pas

136. Il en est enfin de même au sujet de la violence[343], bien qu'il semble s'agir du vice du consentement « le plus ancien »[344] et d'ailleurs « le plus rarement constaté en pratique »[345], la contrainte devant être déterminante[346] et illégitime[347]. Contrairement au dol, elle peut résulter d'autres personnes que le cocontractant[348].

137. De ces quelques éléments, il est possible d'affirmer que les règles relatives à l'intégrité du consentement sont bien présentes dans le droit des contrats administratifs. Il convient alors de noter que, hormis pour certaines hypothèses de dol qui ne semblent qu'ouvrir droit au cocontractant victime à des dommages et intérêts[349], la sanction d'un vice du consentement est la *nullité* du contrat. Sans le consentement intègre de chacune des parties, le lien contractuel ne peut en aucun cas se former. Cela montre bien, encore une fois, que le consentement constitue un élément nécessaire à la définition du contrat, y compris en droit public. Cette condition est tellement importante qu'une des grandes décisions récentes du droit des contrats administratifs cite explicitement comme « vice d'une particulière gravité » les « conditions dans lesquelles les parties ont donné leur consentement »[350]. En présence d'un tel vice, le juge administratif est tenu, sauf exception liée à l'intérêt général, de prononcer *l'annulation* du contrat[351]. Dès lors, il ne peut

---

gain de cause, sont nombreuses. Voir par exemple : CE, 19 fév. 1919, *Ville de Nanterre c/Sieur Jaccaz*, *R.*, p. 165 ; CE, 26 nov. 1975, *Sté d'Etudes Travaux Préfabrication*, *R.*, p. 600.

343 Sur la violence comme vice du consentement, voir notamment : Chr. GUETTIER, *Droit des contrats administratifs*, *op. cit.*, pp. 350-351 ; B. PLESSIX, « La théorie des vices du consentement dans les contrats administratifs », *op. cit.*, pp. 14-15 ; D. POUYAUD, *La nullité des contrats administratifs*, *op. cit.*, pp. 131-135 ; Y. WEBER, « La théorie des vices du consentement dans les contrats administratifs », *op. cit.*, pp. 326-328.

344 B. PLESSIX, « La théorie des vices du consentement dans les contrats administratifs », *op. cit.*, p. 12.

345 P. BOURDON, *Le contrat administratif illégal*, *op. cit.*, p. 337. S. BRACONNIER évoque quant à lui des cas « rarissimes » : « La formation du contrat administratif », *op. cit.*, n°132.

346 Voir notamment, CE, 4 mai 1900, *Héritiers du sieur Gouy*, *R.*, p. 318.

347 CE, Sect., 19 janv. 1945, *Sté des aéroplanes G. Voisin*, *R.*, p. 19.

348 *Ibid.* Le juge administratif semble encore admettre que l'état de nécessité pourrait constituer une hypothèse de contrainte. Voir par exemple, CE, 21 mai 1971, *Sté La cellulose d'Aquitaine*, *RDP*, 1973, p. 275.

349 Sur ce point, voir notamment Fr. MODERNE, « Permanence et actualité d'une théorie classique : le dol dans la formation des contrats de l'administration », *op. cit.*, spéc. pp. 99-102.

350 CE, Ass., 28 déc. 2009, *Cne de Béziers*, n°304802. Pour des applications de cette jurisprudence, voir par exemple : CE, 10 nov. 2010, n°314449 ; CE, Sect., 19 avr. 2013, n°340093, ou encore CE, 1er oct. 2013, n°349099.

351 La rédaction de la décision CE, Ass., 28 déc. 2009, *Cne de Béziers*, n°304802, est révélatrice : « les parties à un contrat administratif peuvent saisir le juge d'un recours de plein contentieux contestant la validité du contrat qui les lie ; qu'il appartient alors au juge, lorsqu'il

que « rejeter les conclusions tendant à la reprise des relations contractuelles »[352] et « doit écarter le contrat et ne peut régler le litige sur le terrain contractuel »[353].

138. Ainsi donc, le consentement du cocontractant de l'administration constitue bien un élément de définition de tous les contrats de l'administration. Cependant, s'il s'agit d'une condition nécessaire, il serait simplificateur de dire que c'est la seule condition, qu'elle serait nécessaire et suffisante. Au consentement de chacune des parties s'ajoute notamment la création de relations subjectives réciproques sur lesquelles il faudra revenir.

139. Par ailleurs, le contrat n'est pas la seule catégorie à faire du consentement de l'administré un élément nécessaire. Cette situation se retrouve, de manière plus surprenante, pour certains actes unilatéraux.

B. Le consentement comme élément indispensable de certains actes unilatéraux

140. Le Code civil n'expose la théorie générale du consentement comme condition de validité des actes juridiques qu'à propos des contrats[354]. Cependant, la jurisprudence judiciaire a logiquement étendu cette condition aux actes unilatéraux[355]. La cour d'Aix-en-Provence a ainsi affirmé que « la maxime : *Non videntur qui errant consentire*, consacrée par l'art. 1109 c. nap. suivant lequel *il n'y a point de consentement valable*, si le consentement n'a été donné que par erreur, est un principe de droit naturel qui domine toutes les matières de droit, et non pas seulement celle des

---

constate l'existence d'irrégularités, d'en apprécier l'importance et les conséquences, après avoir vérifié que les irrégularités dont se prévalent les parties sont de celles qu'elles peuvent, eu égard à l'exigence de loyauté des relations contractuelles, invoquer devant lui ; qu'il lui revient, après avoir pris en considération la nature de l'illégalité commise et en tenant compte de l'objectif de stabilité des relations contractuelles, soit de décider que la poursuite de l'exécution du contrat est possible, éventuellement sous réserve de mesures de régularisation prises par la personne publique ou convenues entre les parties, soit de prononcer, le cas échéant avec un effet différé, après avoir vérifié que sa décision ne portera pas une atteinte excessive à l'intérêt général, la résiliation du contrat ou, en raison seulement d'une irrégularité invoquée par une partie ou relevée d'office par lui, tenant au caractère illicite du contenu du contrat ou à un vice d'une particulière gravité relatif notamment aux conditions dans lesquelles les parties ont donné leur consentement, son annulation ».

[352] CE, 1er oct. 2013, n°349099.

[353] CE, Ass., 28 déc. 2009, *Cne de Béziers*, n°304802.

[354] Voir les articles 1108 et s. du Code civil, qui prennent place dans un chapitre intitulé « Des conditions essentielles pour la validité des conventions ».

[355] Sur la nécessaire extension de cette théorie à toutes les manifestations de volonté, mêmes unilatérales, voir *infra*, la seconde section du chapitre premier de la deuxième partie.

conventions »[356]. De manière plus générale, la Cour de cassation a énoncé que « les causes de nullité qui atteignent le consentement sont applicables aux actes unilatéraux »[357]. Le consentement n'est donc pas une condition du seul contrat et sa présence déborde largement le cadre de ce type d'actes. Comme l'indique Pierre BOURDON, « le vice du consentement ne touche pas la seule matière contractuelle. Le consentement de tout auteur d'un acte résultant de sa seule volonté peut avoir été vicié »[358]. Il apparaît de la sorte dans le domaine de l'acte unilatéral, non seulement en ce qui concerne l'auteur de l'acte[359], mais aussi et parfois son destinataire. Cela montre la pluralité des acceptions dans lesquelles le mot « consentement » est utilisé en droit positif, y compris en dehors de la matière contractuelle.

141. Le droit administratif fait ainsi du consentement de l'administré un élément indispensable de certains actes unilatéraux[360]. Cela se vérifie aussi bien pour des actes administratifs unilatéraux adoptés en matière non contentieuse (1) que pour des actes unilatéraux pris par les administrés eux-mêmes, notamment dans le domaine contentieux (2).

---

[356] Aix-en-Provence, 22 déc. 1852, *D.*, 1854, II, p. 121.

[357] Cass., Civ., 24 mai 1948, *D.*, 1948, juris., p. 517, note M. LENOAN. Sur la question des vices du consentement dans l'acte unilatéral en droit privé, voir J. MARTIN DE LA MOUTTE, *L'acte juridique unilatéral, essai sur sa notion et sa technique en droit civil, op. cit.*, spéc. la section intitulée « Les vices du consentement dans l'acte unilatéral », pp. 198-223.

[358] P. BOURDON, *Le contrat administratif illégal, op. cit.*, p. 310.

[359] Voir sur ce point J. MARTIN DE LA MOUTTE, *L'acte juridique unilatéral, essai sur sa notion et sa technique en droit civil, op. cit.*, spéc. pp. 158-233. En droit public, voir notamment : J.-J. BIENVENU, *L'interprétation juridictionnelle des actes administratifs et des lois : sa nature et sa fonction dans l'élaboration du droit administratif*, Thèse, Paris II, 1979, 2 tomes, 324 p. et 296 p., spéc. tome 1, le paragraphe intitulé « L'appréciation in abstracto des erreurs viciant la volonté de l'administration », pp. 44-54 ; M. HAURIOU et G. DE BEZIN, « La déclaration de volonté dans le droit administratif », *RTD civ.*, 1903, pp. 543-586 ; G. JEZE, *Les principes généraux du droit administratif*, tome 3, *Le fonctionnement des services publics*, *op. cit.*, pp. 196-207 ; P. PY, *Le rôle de la volonté dans les actes administratifs unilatéraux*, LGDJ, coll. « BDP », tome 124, 1976, 180 p. ; J.-C. VENEZIA, « Réflexion sur le rôle de la volonté en droit administratif », dans *Etudes offertes à Pierre Kayser*, PUAM, 1979, 2 tomes, 502 p. et 455 p., tome 2, pp. 383-393.

[360] Cette hypothèse est à distinguer de celle, sans doute plus courante, dans laquelle le consentement de l'administré-destinataire, bien qu'il ne soit pas juridiquement indispensable, se rencontre tout de même, dans les faits, au cours de l'élaboration, de l'édiction voire de l'exécution d'un acte administratif unilatéral.

1. La multiplicité, en matière non contentieuse, des actes administratifs unilatéraux consentis

142. La question de la présence du consentement du destinataire dans l'acte administratif unilatéral est théoriquement délicate[361]. Mais il s'agit pour l'instant uniquement de montrer que le droit positif reconnaît que certains actes administratifs unilatéraux sont des actes consentis, non seulement dans les faits, mais aussi juridiquement.

143. Les hypothèses les plus fréquentes, ou au moins les plus évidentes, concernent sans doute la fonction publique. Le juge administratif annule par exemple une mise à la retraite ou une acceptation de démission lorsque la demande initiale de l'agent public est entachée d'un vice du consentement. Ainsi, le fait pour un agent de présenter sa démission alors qu'il est atteint d'une affection mentale conduisant à son hospitalisation dans un établissement spécialisé quelques jours plus tard traduit un « vice du consentement » et entraîne la nullité de l'arrêté par lequel le maire de la commune a accepté sa démission et prononcé sa radiation des cadres[362]. Mais cette thèse portant sur le consentement de l'administré, il n'est pas nécessaire de développer davantage ces cas de figure[363]. Quelques exemples emblématiques relatifs au consentement de l'administré suffiront ici[364].

---

[361] Sur ce point, voir *infra*, n°174.

[362] CE, 10 mars 1997, n°151787. Voir encore CE, Sect., 5 nov. 1971, *Cne de Billère*, *AJDA*, 1973, p. 96, note P. LANDON, et la jurisprudence citée, ou CE, 15 janv. 1931, *Sieur Boyreau*, *R.*, p. 49. *A contrario*, le fait pour un agent de ne pas soutenir que sa demande de démission, qui a été acceptée par l'autorité hiérarchique, était entachée d'un vice du consentement, équivaut pour celui-ci à la renonciation au bénéfice de son concours et de sa nomination : CE, 7 nov. 2007, n°280818. Pour d'autres illustrations sur la démission, voir par exemple : CE, 28 mars 2013, n°350121 ; CE 27 juill. 2005, n°265271 ; CE, 9 oct. 1995, n°137605 ; CE, 22 juin 1994, *Cne de Lançon de Provence*, *T.*, p. 1017 ; CE, 12 sept. 1994, n°141660 ; CE, 30 avr. 1990, n°76633, ou encore TA, Nantes, 24 mars 1994, *Le Grand*, *R.*, p. 695. Pour des exemples concernant la mise à la retraite sur demande, voir notamment CE, 5 mai 1999, n°198221 ; CE, 13 mai 1988, n°70873 et CE, Sect., 29 juill. 1943, *Sieur Mathieu*, *R.*, p. 213.

[363] En matière de fonction publique, la nature juridique de deux actes, nécessitant justement le consentement du fonctionnaire, a retenu l'attention de la doctrine au début du XXème siècle. Il s'agissait de l'entrée dans la fonction publique ainsi que plus spécifiquement de l'engagement militaire volontaire. Sur ces points, voir notamment L. DUGUIT, *Etudes de droit public. L'Etat, les gouvernants et les agents*, Fontemoing, coll. « Bibliothèque de l'histoire du droit et des institutions », 1903, 774 p., réimp. Dalloz, coll. « Bibliothèque Dalloz », 2005, pp. 385-413 ; G. JEZE, *Les principes généraux du droit administratif*, tome 3, *Le fonctionnement des services publics*, *op. cit.*, pp. 171-176 ; « De l'application des règles du droit privé aux manifestations unilatérales ou contractuelles de volonté du droit public », *RDP*, 1923, pp. 16-21. Voir encore CE, 29 mars 1917, *Péchin*, *RDP*, 1917, p. 269, note G. JEZE, concl. L. CORNEILLE, ou CE, 16 juill. 1920, *Chirac*, *RDP*, 1920, p. 532, note G. JEZE.

[364] Pour d'autres exemples classiques, voir l'article de D. TRUCHET, «Le contrat administratif, qualification juridique d'un accord de volontés », *op. cit.*, p. 187-188, qui

144. Le premier, fréquemment cité, concerne certains arrêtés ministériels adoptés en matière de politique des prix. Le Conseil d'Etat a ainsi estimé qu'un arrêté, ayant pour objet de fixer, après concertation avec la profession, le régime de prix applicable par les détaillants en viande de boucherie, « ainsi que l'engagement professionnel qu'il rend applicable et dont les dispositions s'y incorporent, ne constitue pas un engagement contractuel de l'administration mais une décision unilatérale à caractère réglementaire prise en accord » avec les professionnels concernés[365]. Or, une décision prise « en accord » avec ses destinataires traduit bien la manifestation d'un certain consentement. Il est vrai, cependant, que la notion

---

mentionne notamment diverses autorisations ou encore la situation de certains usagers, étant entendu que ceux-ci ne deviennent généralement pas usagers contre leur gré. Voir également : A. DE LAUBADERE, Fr. MODERNE et P. DELVOLVE, *Traité des contrats administratifs*, *op. cit.*, tome 1, pp. 55-66 ; X. DUPRE DE BOULOIS, *Le pouvoir de décision unilatérale, étude de droit comparé interne*, *op. cit.*, pp. 22-23 et les références citées, ou encore B. SEILLER, « Acte administratif. (I – Identification) », *Rep. cont. adm. Dalloz*, 2010, n°44-55. Pour des réflexions sur ce sujet en droit allemand, voir E. FORSTHOFF, *Lehrbuch des Verwaltungsrechts, Erster Band, Allgemeiner Teil*, München und Berlin, C. H. Beck'sche Verlagsbuchhandlung, 9ème éd., 1966, trad. M. FROMONT, *Traité de droit administratif allemand*, Bruylant, 1969, 753 p., spéc. la section intitulée « L'acte administratif exigeant la participation de l'intéressé », pp. 333337.

[365] CE, 23 oct. 1974, *Sieur Valet et asso. pour la défense des intérêts professionnels de la boucherie du bassin parisien*, *R.*, p. 500 ; *AJDA*, 1975, p. 364, note Ch.-L. VIER. Pour une formulation semblable, *cf.* CE, 4 juill. 1975, *Syndicat national du commerce de la chaussure*, *R.*, p. 404. Voir encore CE, 2 mars 1973, *Syndicat national du commerce en gros des équipements, pièces pour véhicules et outillages*, *R.*, p. 181 ; *AJDA*, 1973, p. 323, concl. G. BRAIBANT, note Ch.-L. VIER. Sur ces décisions, voir notamment Fr. MODERNE, « Autour de la nature juridique des accords conclus entre l'administration et les organisations professionnelles en matière de prix », *Droit social*, déc. 1975, pp. 505-516 et R. ROMI, « La requalification par le juge des actes négociés en actes unilatéraux », *AJDA*, 1989, pp. 9-14. Des auteurs citent fréquemment d'autres hypothèses assez proches, comme les protocoles d'accord conclus entre l'Etat, les caisses d'assurance maladie et syndicats de praticiens en matière de régulation des dépenses. Sur ce point, voir notamment B. SEILLER, « Acte administratif. (I – Identification) », *op. cit.*, n°54. Voir encore, à propos de conventions de prix en matière de médicaments, la décision CE, 3 mai 2004, *Sté Les laboratoires Servier*, n°257698, dont la rédaction est intéressante : « considérant qu'il résulte des dispositions précitées du code de la sécurité sociale que la décision de fixer le prix d'un médicament remboursable incombe au comité économique des produits de santé lorsque l'entreprise qui commercialise le médicament donne son accord au prix qu'il entend retenir et qu'elle résulte d'un arrêté interministériel dans le cas contraire ; que, dans le premier cas cette décision présente, tout comme dans le second, et alors même qu'elle prend alors la forme d'une convention, le caractère d'un acte réglementaire ; que la requête de la SOCIETE LES LABORATOIRES SERVIER tendant à l'annulation pour excès de pouvoir de la décision du comité économique des produits de santé de signer cette convention doit être regardée comme dirigée contre la décision de ce comité fixant le prix du Vastarel 35 mg ». Sur cette décision, voir notamment P. BRUNET, « Le conflit des qualifications : le cas des actes réglementaires "en forme de convention" », *Revue des contrats*, avr. 2005, pp. 434-442.

de consentement n'apparaît pas de manière expresse. Mieux vaudra donc se référer ici à des situations où ce terme est explicitement utilisé par le droit positif.

145. Une hypothèse concerne une notion déjà rencontrée, celle de voies privées ouvertes au public. Cette ouverture ne pouvant résulter que du consentement des propriétaires, le maire qui désire réglementer la circulation sur de telles voies, par l'édiction d'actes administratifs unilatéraux, doit préalablement recueillir le consentement des propriétaires. Le Conseil d'Etat, dans l'affaire *Bermond* déjà mentionnée[366], indique que le propriétaire d'une voie privée ouverte au public est en droit d'en interdire à tout moment l'usage au public et que le juge administratif est compétent pour apprécier la « réalité du consentement » à l'ouverture. Comme le note Jacques MOREAU, la réouverture d'une voie privée qui avait été préalablement fermée par l'autorité municipale doit être prononcée par l'autorité de police « mais cette manifestation de volonté ne suffit pas : est nécessaire, en outre, l'accord exprès ou tacite de tous les propriétaires. On se trouve donc en présence d'un exemple assez singulier où une décision de police municipale – acte administratif unilatéral s'il en est – présuppose le consentement de tous les administrés les plus directement concernés »[367].

146. D'autres hypothèses éclairantes concernent certains actes administratifs, qui, d'évidence, sont des actes unilatéraux. Ainsi en va-t-il de certains types de décrets, par exemple les décrets de changement de nom[368]. Selon l'article 61 du Code civil, « toute personne qui justifie d'un intérêt légitime peut demander à changer de nom » et aux termes de l'article 61-1 du même code « tout intéressé peut faire opposition devant le Conseil d'Etat au décret portant changement de nom dans un délai de deux mois à compter de sa publication au Journal officiel ». Après avoir demandé à changer de nom, un requérant revient sur sa décision et introduit devant le Conseil d'Etat un recours pour excès de pouvoir contre le décret qu'il avait lui-même sollicité. La Haute juridiction juge son opposition irrecevable, après avoir

---

[366] CE, 5 mars 2008, n°288540.

[367] J. MOREAU, « Police administrative. Ouverture et fermeture des voies privées à la circulation publique », *JCPA*, n°26, 23 juin 2008, pp. 35-36, p. 36.

[368] On pourrait également citer les décrets libérant les citoyens français, suite à leur demande et conformément aux articles 23 et suivants du Code civil, de leurs liens d'allégeance à la France. Le Conseil d'Etat, saisi d'un recours pour excès de pouvoir par celui-là même qui avait sollicité le décret, le rejette, mais, eu égard à la gravité d'un tel acte, vérifie l'existence de la demande et l'absence de vice de consentement affectant cette dernière. Voir par exemple CE, 5 nov. 1999, n°186298 et CE, 26 avr. 2006, *Marschalik*, n°278730 et 281325. Les termes « vice du consentement » n'apparaissent cependant pas explicitement dans la seconde décision qui indique plus discrètement que la demande du requérant a été « formulée conformément à sa volonté d'être libéré de ses liens d'allégeance avec la France ». Seul le résumé présent sur le site *Légifrance* utilise l'expression « vice de consentement ».

cependant vérifié que la demande ne résultait pas « d'un vice du consentement »[369]. Certes le juge administratif ne dit pas que le décret repose sur le consentement de l'administré, mais il est indéniable que sans celui-ci l'acte ne saurait exister. Tel est d'ailleurs, de manière plus générale, le cas des actes administratifs édictés suite à une demande de l'administré[370]. Bien que l'administration puisse refuser de prendre l'acte sollicité ou bien adopter un acte différent de celui envisagé par de demandeur, il reste vrai que l'acte ne saurait exister sans la manifestation initiale de volonté de l'administré. C'est la raison pour laquelle le juge administratif fait alors parfois explicitement référence à la théorie des vices du consentement.

147. De la même manière, certaines lois exigent expressément la présence du consentement des administrés pour qu'un acte administratif unilatéral puisse être adopté, en dehors même de toute demande. Tel était par exemple le cas de l'article 17, aujourd'hui abrogé, de la loi du 10 juillet 1976 *relative à la protection de la nature*[371]. Aux termes de celui-ci et concernant les réserves naturelles, « la décision de classement est prononcée par décret, après consultation de toutes les collectivités locales intéressées. /A défaut du consentement du propriétaire, le classement est prononcé par décret en Conseil d'Etat ». La lecture combinée de ces deux alinéas montre bien que le classement par décret simple exige impérativement le consentement du propriétaire, conformément à la lettre même de cette loi.

148. Le législateur prévoit des mécanismes semblables à propos d'un certain nombre d'arrêtés ministériels. Le Code de l'environnement, qui prévoit l'instauration dans chaque département d'une liste des monuments naturels et des sites dont la conservation ou la préservation présente, au point de vue artistique, historique, scientifique, légendaire ou pittoresque, un intérêt général, énonce que dans certains cas « le monument naturel ou le site [...] est classé par arrêté du ministre chargé des sites s'il y a consentement du propriétaire »[372]. Selon le même article et à défaut de consentement, le classement est prononcé par décret en Conseil d'Etat.

---

[369] CE, 6 nov. 2000, n°198459.

[370] Comme l'affirment J.-M. GALABERT et M. GENTOT, « si, dans bien des cas, l'administration a la faculté ou même le devoir d'agir spontanément, il arrive également que l'acte administratif ne puisse intervenir que si l'autorité compétente est saisie d'une demande préalable » : « Les actes administratifs intervenant sur demande des intéressés : effets juridiques du retrait de la demande », *AJDA*, 1962, pp. 146-147, p. 146. Sur ce point, voir encore S. THERON, *La notion de condition. Contribution à l'étude de l'acte administratif*, *op. cit.*, spéc. les développements intitulés « La demande de l'intéressé, condition de l'acte administratif unilatéral », pp. 296-306.

[371] Loi n°76-629 du 10 juill. 1976 *relative à la protection de la nature*, *JORF*, 13 juill. 1976, p. 4203.

[372] Article L. 341-6 du Code de l'environnement.

L'arrêté ministériel, s'il est légalement pris, nécessite donc bien le consentement du premier administré concerné, le propriétaire.

149. A la suite du Conseil d'Etat et de son rapport de 2008 consacré au contrat[373], il serait encore possible de mentionner d'autres exemples de « décisions formellement unilatérales, en réalité négociées », voire prises nécessairement avec le consentement de leurs destinataires. Il faudrait alors citer bon nombre de décisions édictées par les autorités administratives indépendantes, certains actes unilatéraux adoptés en matière de police des installations classées[374] ou d'urbanisme[375]. Les exemples pourraient être multipliés[376], ils attesteraient tous, de manière plus ou moins évidente, qu'un certain nombre d'actes administratifs unilatéraux ne peuvent pas exister en l'absence de consentement de l'administré.

150. Il en va encore de même, en matière contentieuse, à propos d'actes unilatéraux pris, cette fois-ci, non par l'administration, mais par les administrés.

2. Le cas des actes de procédure adoptés par l'administré-justiciable : l'exemple du désistement

151. Les actes de procédures sont des actes juridiques[377]. Il n'y a dès lors rien de surprenant, l'acte juridique consistant essentiellement en un

---

[373] CONSEIL D'ETAT, *Le contrat, mode d'action publique et de production de normes. Rapport public 2008*, *op. cit.*, spéc. pp. 154-156, et les références citées. Voir encore les exemples donnés par R. CHAPUS, *Droit administratif général*, *op. cit.*, tome 1, pp. 493-496.

[374] Sur ce point, *cf.* M. PERRIER, *Le recours au contrat en matière de police administrative*, Thèse, Lyon III, 2011, 603 p., pp. 416-417.

[375] Voir E. FATOME, « L'urbanisme contractuel », *AJDA*, n° spécial, 20 mai 1993, pp. 63-72.

[376] Voir notamment la thèse de R. DEAU consacrée à ce sujet : *Les actes administratifs unilatéraux négociés*, Thèse, Angers, 2006, 595 p. Des cas particuliers pourraient aussi être relevés, telle cette réquisition d'un individu afin qu'il enlève et stocke divers éléments d'une ligne téléphonique abandonnée par les troupes allemandes, réquisition que le Conseil d'Etat qualifie d'« accord amiable » : CE, 13 mars 1957, *Sté « L'immobilière Construction de Paris »*, *R.*, p. 170. M. HAURIOU avait déjà signalé dans une de ses notes d'arrêt qu'une « réquisition peut être consentie » : *La jurisprudence administrative de 1892 à 1929*, *op. cit.*, tome 3, note sous TC, 10 mars 1923, *Veuve Rousseau*, pp. 484-488, p. 487.

[377] Pour une telle affirmation, voir notamment E. JEULAND, *Droit processuel général*, LGDJ, coll. « Domat droit privé », 3ème éd., 2014, 734 p., p. 451. Voir encore H.-R. SCHUPBACH, « Les vices de la volonté en procédure civile », dans *Hommage à Raymond Jeanprêtre. Recueil de travaux offert par la Faculté de droit et des sciences économiques de l'Université de Neuchâtel*, Neuchâtel, Ides et calendes, coll. « Travaux publiés par la Faculté de droit et des sciences économiques de l'Université de Neuchâtel. Série juridique », 1982, 181 p., pp. 61-100. L'auteur, qui estime pourtant que l'acte de procédure n'est pas toujours un acte juridique, affirme, p. 76, que « l'acte de procédure est, par essence, volontaire ; c'est le trait qu'il a en commun avec l'acte juridique ; s'il n'est pas un acte

« acte de volonté destinée [...] à produire un effet de droit »[378], à ce que les actes de procédures, ainsi que le juge éventuellement chargé d'en contrôler la validité, fassent référence à la notion de consentement. Tel est le cas en droit judiciaire privé[379].

152. La nature particulière du contentieux administratif n'exclut pas nécessairement le recours au consentement et certains actes de procédure pris par l'administré-justiciable ne peuvent effectivement pas s'en passer[380]. Cela est particulièrement visible, eu égard notamment aux conséquences qu'il entraîne sur le procès administratif et donc sur la situation du justiciable, en ce qui concerne le désistement, tout particulièrement le désistement qualifié de « volontaire »[381]. Ce désistement est l'« acte par

---

juridique, il est un parent de l'acte juridique ; ceci parle en faveur d'un régime d'invalidité et d'invalidation pour vices de la volonté ».

[378] G. CORNU, *Vocabulaire juridique*, *op. cit.*, entrée « Acte ».

[379] Bien que les textes ne mentionnent pas positivement les qualités que doivent revêtir les actes de procédure, une lecture *a contrario* de l'article 117 du Code de procédure civile permet d'en cerner certains éléments. Cet article ne mentionne cependant pas le consentement du justiciable. Fort logiquement, certains auteurs n'évoquent donc pas cette question, du moins pas de manière générale. Voir notamment G. MAUGAIN, « L'acte de procédure », *Rep. proc. civ. Dalloz*, 2014. D'autres auteurs, en revanche, l'abordent brièvement. J. HERON et Th. LE BARS indiquent par exemple, après un développement relatif à la nullité des actes de procédure, qu'« à supposer qu'un acte de procédure soit entaché d'erreur, de dol ou de violence, son annulation devrait être soumise aux règles qui viennent d'être étudiées. Il s'agit là, il est vrai, d'hypothèses marginales, mais qu'on ne saurait totalement négliger » : *Droit judiciaire privé*, Montchrestien, coll. « Domat droit privé », 4ème éd., 2010, 1016 p., p. 182.

[380] Voir, de manière générale sur cette question, B. HEMERY, *L'autonomie de la volonté dans le règlement juridictionnel en droit administratif français*, Thèse, Paris II, 1980, 2 tomes, 682 p., spéc. tome 1, le paragraphe intitulé « La volonté doit consentir », pp. 121-141. L'auteur affirme par ailleurs, dès son introduction, p. 23, que « la plupart des auteurs ont eu trop tendance à voir dans les rapports de la volonté et du droit des relations d'antagonisme et non de complémentarité. Comme si l'adhésion aux théories volontaristes ne pouvait s'accommoder d'un rôle limité de la volonté ; comme si l'approbation des thèses objectivistes devait nécessairement exclure tout rôle efficient de sa part dans le processus juridique. La vérité se situe, là encore, dans un juste milieu ». Et l'auteur applique cette constatation au procès administratif, qu'il qualifie par ailleurs, p. 578, de « chose des parties ».

[381] Il importe en effet de distinguer clairement deux formes de désistement. Le désistement volontaire, dont il sera question dans ces développements, résulte d'une volonté non équivoque du demandeur. Il ne doit pas être confondu avec le désistement d'office, ou implicite, que le juge prononce notamment lorsqu'un requérant n'a pas produit dans les temps le mémoire complémentaire qu'il avait annoncé. Bien que les textes fassent alors référence implicitement à la notion de volonté, il s'agit en réalité d'une sanction à la disposition du juge permettant d'écarter du prétoire les requérants négligents afin de favoriser la bonne administration de la justice. Sur la question générale du désistement d'office, voir notamment R. CHAPUS, *Droit du contentieux administratif*, Montchrestien, coll. « Domat droit public », 13ème éd., 1540 p., pp. 858-863 et G. PEISER, « Incidents de procédure », dans *Rep. cont.*

lequel le requérant renonce totalement ou partiellement à ses prétentions dans le cadre de l'instance qu'il a entreprise »[382]. Contrairement au désistement d'office qui ne repose parfois sur la volonté du requérant que par un artifice[383], il « résulte d'une manifestation de volonté du requérant »[384]. Il est vrai qu'ayant « le pouvoir de déclencher l'instance et d'en définir par la même occasion le contenu, la volonté possède, en prolongement de ce pouvoir, celui de répudier l'instance, de manière unilatérale ou conventionnelle, et ce aux différents stades de sa perception, soit en anticipant sur sa formation, soit en interrompant son déroulement, soit enfin en remettant en cause ses résultats »[385].

153. Bien qu'il doive parfois être accepté par le défendeur[386], le désistement constitue essentiellement une « renonciation unilatérale »[387]. Pour autant, et s'agissant de l'« expression souveraine »[388] d'une volonté qui risque d'engager son auteur[389], la jurisprudence administrative emploie fréquemment le vocable de « consentement » à son sujet et applique explicitement à cette manifestation de volonté le même raisonnement qu'en matière de contrat. Ainsi, le consentement doit non seulement exister mais

---

adm. Dalloz, janv. 2007, n°211 à n°230. Sur la question du rôle de la volonté dans le désistement en procédure administrative, voir les développements consacrés à ce point par la thèse de B. HEMERY, préc., dans le chapitre intitulé « La volonté comme puissance destructrice de l'instance », pp. 542-602.

382 J.-M. AUBY et R. DRAGO, *Traité de contentieux administratif*, LGDJ, 2ème éd., 1975, 2 tomes, 884 p. et 723 p., tome 1, p. 852. Sur le désistement en droit administratif, voir encore C. EUDE, « Le désistement dans la procédure administrative contentieuse », *AJDA*, 1984, pp. 3-13 et A. HEURTE, « Le désistement dans la jurisprudence du Conseil d'Etat. Le désistement en droit public et en droit civil », *AJDA*, 1959, pp. 81-91, spéc. le paragraphe intitulé « Les conditions de fond », p. 85, dans lequel l'auteur évoque les différents vices qui peuvent atteindre la volonté à l'origine du désistement. Voir enfin Cl. BLUMANN, *La renonciation en droit administratif français*, LGDJ, coll. « BDP », tome 113, 1974, 498 p., spéc. pp. 151-172.

383 Sur cette question, voir *infra*, n°910.

384 R. CHAPUS, *Droit du contentieux administratif*, *op. cit.*, p. 949.

385 B. HEMERY, *L'autonomie de la volonté dans le règlement juridictionnel en droit administratif français*, *op. cit.*, tome 2, p. 542.

386 Sur ce point, voir notamment J.-Ph. THIELLAY, « Instruction. Désistement », *Jcl. Justice administrative*, fasc. n°69, 2009, n°44 à n°47. C'est souvent par cette question de l'acceptation du désistement que la doctrine mobilise le plus fréquemment la notion de consentement en matière de désistement, par écho au droit judiciaire privé notamment. Mais les développements présents visent à montrer que le consentement intervient aussi en dehors de cette problématique.

387 J.-M. AUBY et R. DRAGO, *Traité de contentieux administratif*, *op. cit.*, tome 1, p. 24, note 5.

388 Fr. SCANVIC, Conclusions sur CE, Sect., *Min. des départements et territoires d'outre-mer*, n°142456, *R.*, p. 43, *AJDA*, 1994, pp. 389-393, p. 391.

389 Le désistement ne devient effectif que par la volonté du juge administratif, qui, sous conditions, en donne acte.

aussi être exempt de vices[390]. Cela apparaît clairement sous la plume de René CHAPUS qui énonce que « le juge n'a, avant de donner acte du désistement, qu'à s'assurer de la réalité de la volonté du requérant, ainsi que de l'absence de méprise de sa part sur le fait qui a déterminé sa volonté de se désister »[391].

154. Le juge est donc dans la nécessité de vérifier l'existence même du consentement. Le désistement, même si l'emploi du terme « désistement » par le requérant n'est pas une nécessité[392], doit avoir été réellement voulu et une simple manifestation selon laquelle le requérant aurait eu l'intention de se désister ne suffit pas[393].

155. Le juge doit encore vérifier que le consentement du justiciable est exempt de vices. Bien que la contrainte et le dol ne soient souvent ni invoqués ni caractérisés, ils existent tout de même. La volonté doit en effet être libre et l'auteur d'un désistement résultant de pressions de la part de l'administration peut non seulement invoquer la nullité de son désistement[394], mais encore rechercher la responsabilité de l'appareil d'Etat[395]. La volonté doit aussi être éclairée et le dol peut donc être admis, en la matière, par le juge administratif[396]. *A fortiori* en est-il de même en ce qui concerne l'erreur, vice du consentement le plus fréquent en ce qui concerne le désistement.

156. Certaines demandes de désistement entachées d'erreur sont ainsi ignorées par le juge administratif. Il ne peut donner acte d'un désistement résultant d'une méprise, par exemple lorsque le requérant pensait que l'acte attaqué n'existait plus[397], ou bien lorsque le mémoire de désistement a été

---

[390] Autre parallèle avec le contrat, le désistement volontaire requiert aussi une cause, à défaut de quoi il sera réputé non avenu. Sur ce point, voir notamment R. ODENT, *Contentieux administratif*, Dalloz, 2007, 2 tomes, 1051 p. et 783 p., tome 1, p. 982, et la jurisprudence citée.

[391] R. CHAPUS, *Droit du contentieux administratif*, *op. cit.*, p. 952.

[392] Comme l'indique R. ODENT, « le mot "désistement" n'est pas un sacramentel et peut être remplacé par des expressions équivalentes » : *Contentieux administratif*, *op. cit.*, tome 1, p. 981. Le désistement peut même dans certains cas être implicite.

[393] CE, 12 mars 1924, *Monnerot*, *R.*, p. 286.

[394] CE, 15 sept. 1995, n°161386 ; CAA, Paris, 22 oct. 2008, n°06PA03567 ; CAA, Marseille, 19 avr. 2003, *Agostini*, n°99MA00841 ; CAA, Marseille, 29 oct. 1998, n°96MA02451, ou encore CAA, Nantes, 11 mars 1996, *Mme François*, *T.*, p. 1096. Sur ce point, voir encore G. PEISER, « Incidents de procédure », *op. cit.*, n°159 et J.-Ph. THIELLAY, « Instruction. Désistement », *op. cit.*, n°14, ainsi que la jurisprudence citée par les auteurs.

[395] CP, Orléans, 1er juill. 1949, *Sté X. c/Min. des travaux publics*, *AJDA*, 1949, p. 313.

[396] Notamment par le biais d'une action en responsabilité : CE, Ass., 5 juill. 1929, *Ville de Béziers c/Cie d'électricité de Béziers*, *R.*, p. 678.

[397] CE, 6 avr. 1914, *Gravier*, *R.*, p. 491 ; CE, 2 fév. 1940, *Derion*, *R.*, p. 41 ; CE, 5 juin 1942, *Pasquali*, *R.*, p. 189, et CE, 16 avr. 1948, *Vaquerie*, *R.*, p. 165. La jurisprudence ne semble cependant pas constante sur ce point et le juge administratif tient compte désormais d'un désistement erroné dont la cause est imputable au seul requérant. Voir notamment

envoyé par erreur au greffe, le requérant ayant confondu deux affaires pendantes devant deux juridictions administratives différentes[398]. Plus souvent, l'erreur du requérant amène le juge à requalifier un désistement d'action en simple désistement d'instance[399]. C'est ainsi que dans l'affaire *Dame veuve Janson*, le Conseil d'Etat estime que le désistement de la requérante, qui s'était méprise sur la portée de son acte, « n'a pas eu le caractère d'une renonciation de sa part à la prétention qu'elle faisait valoir, mais s'est appliqué seulement à l'instance qu'elle avait introduite », rendant ainsi une nouvelle requête recevable[400]. Enfin, l'erreur commise par le requérant peut entraîner la nullité du désistement d'action ou d'instance donné par la juge. Tel est par exemple le cas lorsqu'un requérant invoque, à juste titre, un trouble ayant altéré ses facultés mentales[401].

157. Il convient cependant de noter que, comme en matière de vices de consentement en droit administratif des contrats, toutes les erreurs ne sont pas susceptibles d'entraîner la nullité du désistement. Certaines semblent être jugées inexcusables, justifiant qu'elles ne soient pas prises en compte par le juge administratif. C'est ainsi qu'une société ayant, par erreur, écrit à la juridiction que sa requête était devenue sans objet, ne peut demander l'annulation du désistement qui lui a dès lors été donné. Il lui appartenait en effet de revenir sur son désistement avant le donné acte de celui-ci par le juge[402]. Même si ces éléments sont de nature à rendre plus difficile

---

R. CHAPUS, *Droit du contentieux administratif*, *op. cit.*, p. 953 ; J.-Ph. THIELLAY, « Instruction. Désistement », *op. cit.*, n°29, ou encore J.-Cl. BONICHOT, P. CASSIA, B. POUJADE, *Les grands arrêts du contentieux administratif*, Dalloz, coll. « Grands arrêts », 4ème éd., 2014, 1400 p., , p. 819, et la jurisprudence citée par les auteurs.

[398] CE, 31 janv. 2005, n°264799. Il en va bien évidemment de même lorsqu'une erreur semblable porte sur deux affaires pendantes devant la même juridiction, l'auteur du désistement ayant confondu les numéros de requête. Voir par exemple CE, 18 mars 1994, n°140111 ; CAA, Marseille, 6 juill. 2004, n°03MA02222 ou CAA, Nantes, 18 juin 2002, n°00NT01102 et 00NT01731.

[399] Sur la distinction entre désistement d'action et désistement d'instance, voir par exemple : G. PEISER, « Incidents de procédure », *op. cit.*, n°72 à n°74. L'auteur indique, au n°72, que « dans le désistement d'action, le demandeur renonce définitivement à son action, c'est-à-dire au droit qu'il provoquait. Dans le désistement d'instance, le demandeur renonce seulement à l'instance qu'il avait engagée devant une juridiction déterminée tout en ayant la possibilité de la reprendre d'une autre manière ». Ces deux types de désistement ont donc, pour le requérant, des conséquences radicalement différentes.

[400] CE, 29 janv. 1932, *Dame veuve Janson*, *R.*, p. 128. Voir les conclusions du commissaire du gouvernement LATOURNERIE sur cette décision : *D.*, 1933, III, pp. 11-12. Voir encore CE, 15 déc. 1899, *Labour*, *R.*, p. 745 et CE, 26 oct. 1938, *Dame Meunier*, *R.*, p. 792.

[401] CAA, Lyon, Plén., 30 mai 2002, *Alves Martin da Rocha*, *R.*, p. 525. Voir encore CAA, Marseille, 11 juill. 2014, n°13MA03864.

[402] CAA, Paris, 2 nov. 2000, n°99PA01082. Voir encore CAA, Bordeaux, 4 mars 1997, n°95BX00512.

l'acceptation par le juge administratif d'un vice du consentement, cela ne change rien sur le fond. Comme en matière de contrat, un désistement ne saurait être valable sans le plein consentement de l'administré-requérant qui le sollicite. La théorie des vices du consentement ne trouve donc pas seulement à s'appliquer dans le domaine du contrat, mais se manifeste également en ce qui concerne l'acte unilatéral, qu'il émane de l'administration ou de l'administré.

158. Le consentement de l'administré se rencontre donc dans différentes hypothèses en droit administratif. Il permet même, dans une certaine mesure, de constituer des catégories juridiques du droit positif. Cette fonction est également présente dans les travaux de la doctrine, mais parfois de manière plus contestable.

Section II
L'utilisation parfois contestable du consentement dans les catégories de la doctrine

159. De même que le consentement est utilisé en droit positif pour définir certaines notions, des auteurs s'en servent dans certaines des définitions qu'ils proposent[403]. Tel est notamment le cas en ce qui concerne la théorie des actes, qu'il s'agisse de l'acte administratif unilatéral ou du contrat. Il semble cependant que l'utilisation du consentement comme critère soit parfois discutable. Afin d'éviter les jugements hâtifs, il convient d'abord d'exposer précisément[404] comment la présence, ou au contraire l'absence de consentement, est utilisée par certains auteurs pour définir ces notions en droit administratif (I). Ce n'est que dans un second temps qu'il sera éventuellement possible de porter un regard critique sur les définitions étudiées (II).

---

[403] Dans la section première, il a aussi été fait appel à la doctrine. Mais alors c'était seulement lorsqu'elle reprenait ou explicitait le droit positif, de manière très directe. Ici, il sera davantage question de la doctrine lorsqu'elle fait œuvre de théorisation, lorsqu'elle se fait l'écho des « faiseurs de système » ou des bâtisseurs de « cathédrales » selon les termes de B. CHENOT et de Fr. BURDEAU. Voir respectivement, concl. sur CE, 10 fév. 1950, *Sieur Gicquel*, préc., p. 100 et *Histoire du droit administratif*, *op. cit.*, p. 323.

[404] Cependant ces développements mériteraient une étude plus approfondie, notamment historique. Ici, il ne sera fait référence qu'à un nombre limité d'auteurs représentatifs de la période contemporaine. Un auteur tel que DUGUIT, dont les développements sur la théorie des actes sont bien connus, sera volontairement laissé de côté, d'autant plus que les définitions qu'il donne des actes ont plus souvent vocation à être théoriques qu'à rendre compte directement du droit positif. Comme le notent les auteurs du *Traité des contrats administratifs*, *op. cit.*, p. 42, note 48 , « les classifications des actes plurilatéraux proposées par Duguit pèchent par l'absence d'explication sur les régimes juridiques respectifs des diverses sortes d'actes qu'il distingue ».

I. Exposé des définitions adoptées par certains auteurs

160. L'occurrence « consentement »[405] n'apparaît pas très fréquemment dans les ouvrages de droit administratif général[406]. Il est cependant un chapitre qui y fait abondamment référence, quels que soient les auteurs considérés : celui consacré aux actes de l'administration. Il ne s'agit pas ici de théorie générale des actes, avec la question du rôle de la volonté dans la création des situations juridiques[407], ni même de la question plus particulière de la fonction jouée par la volonté de l'administration dans la création des actes juridiques en droit administratif. Mais bien plutôt des définitions concrètes qui peuvent être données tant du contrat que de l'acte administratif unilatéral[408]. Ainsi, il est très fréquent que les auteurs définissent le contrat par le critère de l'accord des volontés, ce qui implique nécessairement le consentement de l'administré dans le cas de contrats passés entre l'administration et un administré (A). Ils sont également nombreux à faire référence, de manières diverses, à la notion de consentement dans la définition de l'acte administratif unilatéral (B).

A. Des définitions du contrat fondées sur l'accord des volontés

161. En droit administratif, la doctrine est loin de donner une définition unique du contrat[409]. Si toutes les définitions proposées font unanimement

---

[405] Encore est-il nécessaire de tenir compte, avec les précisions qu'il faudra éventuellement apporter au cours de cette thèse, d'expressions proches telles que « adhésion », « acquiescement » ou encore « accord de volonté(s) » (au singulier ou au pluriel selon les auteurs ou les situations). Sur ce dernier point, voir notamment R. DEAU, *Les actes administratifs unilatéraux négociés*, Thèse, Angers, 2006, 595 p., pp. 353-354 et les références citées.

[406] De même, les index des manuels ne comportent presque jamais d'entrée à ce mot. Exceptions notables : les ouvrages consacrés aux contrats administratifs, ainsi que les cours de doctorat de Ch. EISENMANN : *Cours de droit administratif, op. cit.*

[407] Sur cette question, voir par exemple : E. GOUNOT, *Le principe de l'autonomie de la volonté en droit privé. Contribution à l'étude critique de l'individualisme juridique, op. cit.*

[408] Il faut s'intéresser en premier lieu au contrat, étant donné que c'est à son sujet que l'on fait le plus facilement référence à l'idée de consentement. Ensuite, il sera possible de regarder ce qu'il en est de l'acte administratif unilatéral, comme « en négatif ». L'ordre adopté conduit ici logiquement, sous l'influence du point de vue adopté – le consentement –, à inverser l'ordre de la présentation généralement faite des actes de l'administration.

[409] Comme l'affirment par exemple A. DE LAUBADERE, Fr. MODERNE et P. DELVOLVE dans leur *Traité des contrats administratifs, op. cit.*, tome 1, p. 19 : « pour paradoxal que cela puisse paraître, la définition même et le critère du contrat demeurent encore de nos jours controversés en droit administratif » ou encore p. 24 : « la doctrine du droit public en France ne fait pas apparaître, en ce qui concerne la notion de contrat, un accord comparable à celui

appel à la notion d'accord de volontés comme élément nécessaire du contrat (1), elles divergent sur la question de savoir s'il s'agit d'un critère nécessaire et suffisant ou si au contraire d'autres critères sont nécessaires (2).

1. L'unanimité sur la nécessité d'un accord de volontés dans la définition du contrat

162. Passées les incertitudes relevées par certains auteurs sur la nature même du contrat administratif[410], l'étude de la doctrine montre que, unanimement, l'accord des volontés est un critère nécessaire à la définition du contrat. En cela les auteurs publicistes ne font que reprendre les travaux accomplis par les privatistes qui définissent le contrat comme « un accord de volontés, qui sont exprimées en vue de produire des effets de droit et auxquels le droit objectif fait produire de tels effets »[411], ou plus simplement comme un « accord de volonté destiné à créer des obligations »[412]. Le Code civil définit lui-même le contrat, dans son article 1101 comme « une convention par laquelle une ou plusieurs personnes s'obligent, envers une ou plusieurs autres, à donner, à faire ou à ne pas faire quelque chose ».

163. L'idée que le contrat se définit grâce au critère de l'accord de volontés, c'est-à-dire de la rencontre des consentements, se retrouve tant dans les ouvrages ou articles consacrés au contrat en droit administratif, que dans les ouvrages de droit administratif général.

---

que l'on peut découvrir chez les civilistes ». L. DUGUIT notait déjà que « le point capital est de déterminer exactement ce qu'est le contrat » : *Traité de droit constitutionnel*, tome 1, *La règle de droit. Le problème de l'Etat*, E. de Boccard, 1921, 593 p., p. 280.

[410] Voir par exemple : G. PEQUIGNOT, *Théorie générale du contrat administratif*, Pédone, 1945, 625 p., p. 433, pour qui « la théorie de la mutabilité suggère un doute envers le contrat administratif », cité par L. RICHER, *Droit des contrats administratifs*, *op. cit.*, p. 42. Par ailleurs, pour G. PEQUIGNOT, le contrat administratif, s'il est un acte de volonté, n'est pas un accord de volontés au sens que le droit privé donne à cette expression. Pour une plus ample explication de la théorie de l'auteur, voir L. MARCUS, *L'unité des contrats publics*, *op. cit.*, p. 113. Pour d'autres discussions sur la nature des contrats en droit administratif, voir encore J. L'HUILLIER, « Les contrats administratifs tiennent-ils lieu de loi à l'administration ? », *D.*, 1953, chron., p. 87-90 ; M.-H. SHINKONDO, « La notion de contrat administratif : acte unilatéral à contenu contractuel ou contrat civil de l'administration ? », *RTD civ.*, 1993, pp. 239-262. Voir enfin L. MARCUS, *L'unité des contrats publics*, *op. cit.*, qui consacre une section entière, pp. 108-146, à « la qualification contractuelle du contrat administratif », avec de nombreuses références. Il convient cependant de rappeler que son étude porte sur la notion de contrat en général et pas seulement sur celle de contrat administratif.

[411] J. GHESTIN, « La notion de contrat », *Le contrat*, *Droits*, n°11, 1990, pp. 7-24, p. 24.

[412] J. CARBONNIER, *Droit civil*, tome 4, *Les obligations*, PUF, coll. « Thémis droit privé », 22ème éd., 2000, 665 p., p. 50.

164. Concernant les premiers, il est possible de prendre quelques exemples significatifs. Ainsi, pour Yves GAUDEMET, « les contrats des personnes publiques sont de la nature de ceux conclus par les personnes privées »[413]. Selon Dominique POUYAUD, « le contrat administratif reste avant tout un accord de volontés »[414]. Les auteurs du *Traité des contrats administratifs* insistent sur cet aspect qui leur semble tellement évident qu'ils estiment, à propos du fait que le contrat soit « un accord de volontés », qu'il « n'est point besoin de s'étendre sur cette affirmation »[415]. Laurent RICHER, quant à lui, définit le contrat comme « un accord créateur d'un dispositif qui fait la loi des parties », précisant que « la notion d'accord renvoie à celle de volonté, d'échange de consentements : le contrat résulte de la rencontre de plusieurs volontés »[416]. Pour Christophe GUETTIER, le contrat doit « réaliser un accord entre des volontés distinctes, qui expriment un échange de consentements »[417].

165. Laure MARCUS consacre à cette question de longs développements dans sa thèse, notamment dans une section intitulée « la réception de la notion civiliste d'accord de volontés en droit public »[418]. L'auteur arrive à la conclusion « que l'accord des volontés est bien un élément constitutif du contrat en droit public », que c'est « une condition nécessaire à la formation des contrats publics »[419].

166. Quant à la plupart des ouvrages traitant du droit administratif en général, ils ne disent pas autre chose lorsqu'ils abordent la question du contrat. Par exemple, pour François BRENET, « le contrat se définit comme

---

413 Y. GAUDEMET, « Le contrat administratif, un contrat hors la loi », *Les cahiers du Conseil constitutionnel*, n°17, 2004, pp. 91-94, p. 91. Or, il est entendu que la nature des contrats privés repose sur l'accord des volontés, du consentement unanime de la doctrine. L'auteur le mentionne explicitement lorsqu'il affirme que l'institution du contrat en droit administratif est fondée, comme en droit privé, « sur l'accord de volontés générateur d'effets de droit » : « Prolégomènes pour une théorie des obligations en droit administratif français », dans *Nonagesimo anno. Mélanges en hommage à Jean Gaudemet*, PUF, 1999, 898 p., pp. 613-627, p. 617. On retrouve ainsi la conception unitaire du contrat chère à DUGUIT selon qui « le contrat est une certaine catégorie juridique et quand les éléments qui le constituent sont réunis, il y a contrat ayant toujours les mêmes caractères et les mêmes effets », *Traité de droit constitutionnel*, tome 3, *La théorie générale de l'Etat*, E. de Boccard, 2ème éd., 1923, 800 p., p. 41.

414 D. POUYAUD, *La nullité des contrats administratifs*, *op. cit.*, p. 106.

415 A. DE LAUBADERE, Fr. MODERNE et P. DELVOLVE, *Traité des contrats administratifs*, *op. cit.*, tome 1, p. 29.

416 L. RICHER, *Droit des contrats administratifs*, *op. cit.*, p. 16.

417 Chr. GUETTIER, *Droit des contrats administratifs*, *op. cit.*, p. 61.

418 L. MARCUS, *L'unité des contrats publics*, *op. cit.*, pp. 41-69.

419 *Ibid.*, respectivement p. 52 et p. 53.

l'accord de volontés créant des droits et des obligations »[420]. Pour Jean RIVERO et Jean WALINE, par le procédé contractuel, « une situation juridique nouvelle est créée par l'accord des volontés des intéressés »[421]. De même, le contrat est pour Jacques MOREAU « un accord de volontés générateur de droits et d'obligations »[422] et pour Bertrand SEILLER, un acte « issu de la rencontre de deux volontés »[423]. Jacqueline MORAND-DEVILLER affirme également que le procédé contractuel repose « sur un accord réciproque de volontés »[424].

167. Si tous les auteurs s'accordent à voir dans le consentement une condition nécessaire de la définition du contrat, se pose désormais la question de savoir si ce critère est suffisant ou non pour définir un contrat.

2. Une divergence quant à d'éventuels critères complémentaires

168. La question de savoir si le consentement est un critère suffisant de définition du contrat est assez délicate. En effet, si certains auteurs, sans aucun doute les plus nombreux, sont extrêmement clairs sur le sujet, d'autres le sont peut-être moins.

169. Au nombre des auteurs qui ne voient dans le consentement qu'un élément parmi d'autres, fût-il le plus important, il est possible de citer, pour reprendre ceux dont il a déjà été question, les auteurs du *Traité des contrats administratifs*, Georges PEQUIGNOT, Laurent RICHER, Christophe GUETTIER, François BRENET, Jean RIVERO et Jean WALINE, Jacques MOREAU.

170. Tous ces auteurs, estimant que le consentement ne peut à lui seul servir à définir le contrat, proposent un ou des critères complémentaires, critères qui permettraient, ajoutés à l'accord de volontés, une vraie définition du contrat[425]. Ainsi, certains estiment qu'un accord de volontés est un contrat

---

420 Fr. BRENET, « Les contrats administratifs », dans P. GONOD, F. MELLERAY, Ph. YOLKA (dir.), *Traité de droit administratif*, *op. cit.*, tome 2, pp. 217-281, p. 220.

421 J. RIVERO et J. WALINE, *Droit administratif*, Dalloz, 16ème éd., 1996, 503 p., p. 100.

422 J. MOREAU, *Droit administratif*, PUF, coll. « Droit fondamental », 1989, 569 p., p. 255.

423 B. SEILLER, *Droit administratif*, tome 2, *L'action administrative*, Flammarion, coll. « Champs Université », 3ème éd., 2010, 355 p., p. 105.

424 J. MORAND-DEVILLER, *Cours de droit administratif*, Montchrestien, 8ème éd., 2003, 857 p., p. 389.

425 Cette démarche est particulièrement claire et explicite chez D. DE BECHILLON lorsqu'il affirme que « sera présumé conventionnel tout acte attestant la conjonction de plusieurs volontés. Mais la révélation définitive de la réelle "conventionnalité" de cette conjonction suppose *l'addition* de deux caractéristiques supplémentaires » : « Le contrat comme norme dans le droit public positif », *RFDA*, 1992, pp. 15-35, p. 18. Pour l'auteur, ces deux caractéristiques supplémentaires sont la détention par les partenaires d'un pouvoir de

s'il entraîne la création : « de droits et d'obligations »[426], d'une « situation juridique nouvelle »[427], « d'effets de droits en vertu des compétences reconnues aux volontés individuelles par le droit objectif »[428] ou de « situations juridiques subjectives »[429]. Laurent RICHER, quant à lui, part de la définition classique du contrat comme « accord de volontés conclu entre deux personnes au moins, d'où résultent des droits et obligations ». S'il fait sien le critère de l'accord de volontés, comme il a été dit ci-dessus, il estime que le critère tenant à la définition de droits et d'obligations « est trop réducteur » et lui préfère la notion de « dispositif contractuel »[430], dispositif qui fait la loi des parties. Pour identifier un contrat, il faut donc, outre la présence d'un accord entre au moins deux personnes, la « production d'effets de droit »[431]. Christophe GUETTIER, cherchant à cerner la nature contractuelle d'un acte administratif, relève qu'il faut se « référer aux éléments qui caractérisent un contrat »[432], au pluriel. Il ajoute ainsi à l'accord des volontés le fait que le contrat « est créateur d'obligations juridiques »[433]. Pour Georges PEQUIGNOT, le contrat se définit comme l'accord des parties qui est créateur de droits et d'obligations, d'une « situation juridique subjective »[434]. Enfin, pour Jacques MOREAU, le contrat est également« un accord de volontés générateur de droits et d'obligations »[435].

171. Les auteurs du *Traité des contrats administratifs* résument la pensée générale de la doctrine lorsqu'ils relèvent que « si l'accord de volontés est un élément essentiel du contrat, il n'en constitue pas, à lui seul, le critère. Tout accord de volontés n'est pas nécessairement contrat »[436].

---

décision, pouvoir qui doit par ailleurs apparaître comme un pouvoir sur soi et non seulement un pouvoir sur l'autre.

426 Fr. BRENET, « Les contrats administratifs », *op. cit.*, p. 220.

427 J. RIVERO et J. WALINE, *Droit administratif, op. cit.*, p. 101.

428 M.-H. SHINKONDO, « La notion de contrat administratif : acte unilatéral à contenu contractuel ou contrat civil de l'administration ? », *op. cit.*, p. 247.

429 A. DE LAUBADERE, Fr. MODERNE et P. DELVOLVE, *Traité des contrats administratifs, op. cit.*, tome 1, p. 39.

430 L. RICHER, *Droit des contrats administratifs, op. cit.*, p. 16.

431 *Ibid.*, p. 18. Ce critère permet ainsi de distinguer le contrat du « gentlemen's agreement » notamment.

432 Chr. GUETTIER, *Droit des contrats administratifs, op. cit.*, p. 58.

433 *Ibid.*, pp. 59-61. L'auteur – est-ce à dessein ? – commence d'ailleurs par exposer ce critère, n'abordant l'accord de volontés que dans un second temps, pp. 61-64.

434 G. PEQUIGNOT, *Contribution à la théorie générale du contrat administratif*, Thèse, Montpellier I, 1944, 625 p., p. 24, cité par Fr. BRENET, « Les contrats administratifs », *op. cit.*, p. 221.

435 J. MOREAU, *Droit administratif, op. cit.*, p. 255.

436 A. DE LAUBADERE, Fr. MODERNE et P. DELVOLVE, *Traité des contrats administratifs, op. cit.*, tome 1, p. 29. G. JEZE estimait déjà que « tout contrat est un accord

172. D'autres auteurs semblent au contraire définir le contrat par le seul accord de volontés. Il convient de citer notamment Laure MARCUS qui traite longuement de cette question dans sa thèse. A plusieurs reprises, elle semble indiquer que l'accord des volontés est un critère suffisant pour définir le contrat en droit public. Elle note ainsi que « dans le silence des textes, l'accord subjectif des parties, intègre et extériorisé, est nécessaire *et suffisant* pour identifier un contrat »[437]. De même, pour elle, « l'accord de volontés est *le* critère de définition du contrat en droit public et en droit privé »[438]. Ces phrases montrent bien que pour Laure MARCUS, l'accord des volontés permet, *à lui seul*, de définir le contrat. De la même manière, M. SHINKONDO affirme que « l'existence du consentement *suffit* à caractériser le contrat »[439].

173. Si les définitions du contrat font souvent appel à la notion de consentement, il est à première vue plus surprenant que certaines définitions de l'acte administratif unilatéral fassent de même.

B. Consentement et définitions de l'acte administratif unilatéral

174. Il n'est pas rare que les définitions de l'acte administratif unilatéral[440] fassent référence à la notion de consentement. Mais cette fois-ci, contrairement au contrat, pour de nombreux auteurs la notion de consentement du destinataire est antinomique avec celle d'unilatéralité (1). Pour d'autres, elle est simplement indifférente dans la définition de l'acte administratif unilatéral (2).

---

de volontés ; mais tout accord de volontés n'est pas un contrat » : *Les principes généraux du droit administratif*, tome 3, *Le fonctionnement des services publics*, *op. cit.*, p. 156.

[437] L. MARCUS, *L'unité des contrats publics*, *op. cit.*, p. 42. C'est nous qui soulignons.

[438] *Ibid.*, p. 59. Souligné par nous.

[439] M.-H. SHINKONDO, « La notion de contrat administratif : acte unilatéral à contenu contractuel ou contrat civil de l'administration ? », *op. cit.*, p. 247. Souligné par nous.

[440] Il convient de préciser que la terminologie employée par les auteurs est très variée. Tandis que certains évoquent l'acte administratif unilatéral, d'autres préfèrent parler de décision administrative ou de décision exécutoire. Sans prendre parti sur la dénomination qui conviendrait le mieux, les définitions relevées portent toutes sur des actes dotés d'une certaine spécificité, à savoir au moins des actes différents des actes plurilatéraux. Certains auteurs utilisent en effet le terme « acte administratif » au sens général, avant de distinguer au sein de cette catégorie ce qui est plurilatéral et ce qui ne l'est pas, quelle que soit la manière dont ces actes sont alors nommés. C'est précisément cet ensemble composé des actes qui ne sont pas plurilatéraux qui est étudié dans ce paragraphe.

1. L'absence de consentement comme critère de l'acte administratif unilatéral

175. Il est très fréquent que les définitions de l'acte administratif unilatéral proposées par les auteurs posent comme critère l'absence de consentement des destinataires. Dit d'une autre manière, la présence du consentement de ces derniers serait incompatible avec la notion d'acte administratif unilatéral. Il serait exclusif d'une telle qualification, constituant ainsi un discriminant négatif. Cela peut se voir de deux manières.

176. Tout d'abord, cela est visible grâce à l'interprétation de l'opposition que font certains auteurs entre les actes juridiques de droit privé et les actes unilatéraux en droit administratif[441]. Alors que les premiers reposeraient nécessairement sur le consentement des participants à l'acte, les seconds, de par l'opposition suggérée, ne pourraient pas reposer sur le consentement de l'administré. Telle semble être la position de Jacqueline MORAND-DEVILLER lorsqu'elle indique que si en « droit privé les relations juridiques reposent principalement sur l'accord des volontés scellé par un contrat, un particulier, ne pouvant, en principe, imposer d'obligations à un autre sans recueillir son consentement, le procédé normal de l'action administrative est l'*acte unilatéral* »[442]. L'auteur ne le dit pas, mais on peut estimer qu'en opposant de la sorte contrat et acte unilatéral, le second ne peut pas reposer sur « l'accord des volontés », caractéristique du premier. Jean RIVERO et Jean WALINE introduisent leur chapitre consacré à la décision exécutoire par des considérations semblables : « en règle générale, nul, dans les rapports entre particuliers, ne peut voir sa situation juridique modifiée sans son consentement [...]. En droit administratif, au contraire, l'administration peut modifier les situations juridiques par sa seule volonté, sans le consentement des intéressés. La décision exécutoire est l'acte dans lequel l'administration met en œuvre ce pouvoir de modification unilatérale des situations juridiques »[443]. Il semblerait là aussi que pour les auteurs la décision exécutoire doive se passer du consentement du destinataire. La même analyse peut être faite concernant la section consacrée au privilège de la décision exécutoire par Georges VEDEL et Pierre DELVOLVE qui

[441] Un certain nombre d'auteurs sont opposés à cette manière de voir les choses et pensent l'acte unilatéral présent aussi bien en droit public qu'en droit privé. Voir par exemple : Ch. EISENMANN, *Cours de droit administratif*, *op. cit.*, spéc. tome 1, pp. 412-443 ; J. MARTIN DE LA MOUTTE, *L'acte juridique unilatéral, essai sur sa notion et sa technique en droit civil*, *op. cit.* ; X. DUPRE DE BOULOIS, *Le pouvoir de décision unilatérale, étude de droit comparé interne*, *op. cit.* ; G. DUPUIS, « Définition de l'acte unilatéral », dans *Recueil d'études en hommage à Charles Eisenmann*, Cujas, 1975, 467 p., pp. 205-213.

[442] J. MORAND-DEVILLER, *Cours de droit administratif*, *op. cit.*, p. 317.

[443] J. RIVERO et J. WALINE, *Droit administratif*, *op. cit.*, p. 83.

débute par ces mots : « parmi les prérogatives de puissance publique dont dispose l'administration, la plus caractéristique est sans doute celle de prendre des décisions exécutoires, c'est-à-dire de faire naître unilatéralement des obligations et éventuellement des droits au profit ou à la charge de tiers sans le consentement de ceux-ci »[444]. La décision exécutoire semble ainsi être définie comme celle qui exclut nécessairement le consentement des destinataires. Telle serait encore la position de Bertrand SEILLER pour qui l'acte unilatéral est l' « expression de la volonté de la puissance publique » et « peut provoquer des modifications de l'ordonnancement juridique en créant des droits ou en imposant des obligations aux tiers, *par hypothèse* sans leur consentement »[445].

177. Mais les extraits cités ci-dessus sont d'interprétation délicate[446] et ne reflètent pas forcément la pensée exacte de leurs auteurs. Tout au plus cela permet-il de montrer que la formulation d'une définition, en particulier celle de l'acte administratif unilatéral, est chose difficile. Mieux vaut donc analyser des définitions faisant explicitement référence au consentement.

178. Ainsi, certains auteurs notent l'antinomie entre l'acte administratif unilatéral et le consentement, estimant par exemple que l'administration peut passer des actes « de nature contractuelle, puisqu'ils reposent sur l'accord de deux volontés »[447]. Ce qui montre bien, les décisions exécutoires et les contrats étant présentés par les auteurs comme deux catégories alternatives, que l'acte administratif unilatéral ne peut pas reposer sur un accord de volontés.

179. D'autres auteurs[448] sont encore plus explicites en définissant par exemple l'acte administratif unilatéral comme « un acte juridique adopté unilatéralement par une autorité administrative, portant sur l'ordonnancement juridique et affectant les droits et les obligations des tiers

---

[444] G. VEDEL et P. DELVOLVE, *Droit administratif*, PUF, coll. « Thémis droit », 10ème éd., 1988, 1206 p., p. 237. *A contrario*, un acte, même unilatéral, pris avec le consentement des destinataires ne serait plus, de ce simple fait, un acte traduisant l'utilisation de prérogatives de puissance publique.

[445] B. SEILLER, *Droit administratif*, tome 2, *L'action administrative*, *op. cit.*, p. 105. Souligné par nous.

[446] Comment comprendre l'affirmation de B. SEILLER ? Faut-il conclure que pour lui l'acte unilatéral est incompatible avec la notion de consentement du destinataire, ou plutôt, ce que suggère d'ailleurs le « peut » qu'il utilise, que le consentement, tout en pouvant être recherché ou même présent, n'est pas, dans tous les cas, nécessaire ?

[447] J. RIVERO et J. WALINE, *Droit administratif*, *op. cit.*, p. 100.

[448] Voir également X. DUPRE DE BOULOIS, *Le pouvoir de décision unilatérale, étude de droit comparé interne*, *op. cit.*, p. 18 : « la doctrine contemporaine [...] se contente généralement d'une définition modeste de la décision exécutoire. Elle est l'acte unilatéral par lequel l'administration crée une obligation ou un droit à la charge ou au profit d'un tiers sans son consentement ». Voir encore les références citées par l'auteur.

sans leur consentement »[449], ou comme l'acte « destiné à régir le comportement de personnes qui sont étrangères à son édiction : il consiste, pour son auteur, à imposer à ses destinataires des obligations sans leur consentement »[450].

180. Mais si le consentement figure dans les définitions de l'acte administratif unilatéral ce n'est pas toujours pour mentionner sa nécessaire absence. Il s'agit parfois de souligner son caractère simplement indifférent.

2. L'indifférence du consentement dans la définition de l'acte administratif unilatéral

181. Certains auteurs proposent des définitions qui font encore référence au consentement, mais sans exiger son absence pour caractériser un acte administratif unilatéral. On peut par exemple noter la définition, plus nuancée que l'extrait relevé précédemment, de Jacqueline MORAND-DEVILLER. Elle affirme qu'outre son pouvoir « de prendre des décisions unilatérales exécutoires s'imposant aux tiers sans que leur consentement soit *recherché*, l'administration use aussi du procédé consensuel reposant, comme en droit commun, sur un accord réciproque de volontés »[451]. Affirmer que le consentement des tiers n'a pas à être *recherché* est très différent du fait de dire que le consentement des tiers exclut la qualification d'acte administratif unilatéral. Alors que les définitions citées précédemment semblaient indiquer une incompatibilité entre consentement et acte administratif unilatéral, celle-ci relativise les choses et établit les deux notions dans une simple indifférence.

182. Il est nécessaire ici de faire référence aux travaux de Charles EISENMANN. Le disciple de KELSEN s'est en effet intéressé aux définitions des actes unilatéraux et plurilatéraux en droit administratif et fait alors abondamment référence à la notion de consentement. Pour lui, les actes plurilatéraux sont « les actes créant des normes qui régissent les rapports mutuels de leurs auteurs, c'est-à-dire statuant des obligations-droits des uns envers les autres ; en d'autres termes, les actes créant des normes ayant pour sujet leurs créateurs mêmes » alors que les actes unilatéraux sont soit les actes d'un seul individu, soit « les actes de deux ou plusieurs individus qui ne créent pas des normes destinées à régir leurs rapports »[452]. Cela fait référence à la notion de consentement parce que, pour EISENMANN, peut

---

[449] P. DELVOLVE, *L'acte administratif*, Sirey, coll. « Droit public », 1983, 294 p., p. 11.

[450] A. PERRIN, « Conditions d'exercice du recours pour excès de pouvoir. Conditions particulières relatives à la nature de l'acte contesté », *Jcl. adm.*, fasc. n°1140, 2011, n°120.

[451] J. MORAND-DEVILLER, *Cours de droit administratif*, *op. cit.*, p. 389. Nous soulignons.

[452] Ch. EISENMANN, *Cours de droit administratif*, *op. cit.*, tome 2, p. 394.

seule être qualifiée d'auteur d'un acte la personne dont le consentement est nécessaire à l'édiction de celui-ci[453]. Au critère *quantitatif* habituellement utilisé à son époque pour identifier les actes unilatéraux, il propose de substituer un critère « d'ordre *qualitatif* »[454], à savoir le fait que les auteurs de l'acte, qui y ont nécessairement consenti, sont en même temps destinataires[455].

183. Prolongeant ces travaux, Georges DUPUIS propose la définition suivante : « l'acte unilatéral est une décision dont la valeur juridique est *indépendante* du consentement de ses destinataires. En d'autres termes (aussi simples que l'on peut imaginer), l'acte unilatéral met des droits ou des obligations au compte de ses sujets, actifs ou passifs, *indépendamment* de leur consentement »[456]. Il ajoute également qu' « on pourrait encore dire que le contrat est un échange de consentement tandis que l'acte unilatéral vaut sans le consentement de ceux auxquels il impose une règle de conduite »[457]. Les citations de l'auteur pourraient être multipliées. Pour lui, « ce qui est essentiel, c'est que les normes s'imposent à leurs sujets *indépendamment de leur consentement* : peu importe qu'en fait, ils aient consenti à la norme, celle-ci n'en réglerait pas moins leur conduite, s'ils ne lui avaient pas donné leur accord »[458]. Cette définition de l'acte administratif unilatéral est également reprise par Henry-Michel CRUCIS[459].

184. Ces définitions ayant été exposées, il convient maintenant d'y porter un regard critique.

---

[453] Ch. EISENMANN expose trois conceptions différentes de la notion d'auteur d'un acte administratif. La seconde, à laquelle il adhère car elle a « la signification juridique la plus profonde », est celle selon laquelle « l'auteur d'un "acte juridique" ou ses co-auteurs, ce sont, et ce sont exclusivement, les personnes à qui on imputera cet acte, ce sont les personnes qui en auront, en quelque sorte, "la paternité juridique". Ces personnes-là, ce sont toutes celles dont le consentement aux normes à poser est requis, mais elles seules » : *Cours de droit administratif*, *op. cit.*, tome 2, respectivement p. 201 et p. 197.

[454] *Ibid.*, p. 392. Souligné par nous.

[455] Plus récemment, ce critère est encore repris par B. SEILLER, « Acte administratif. (I – Identification) », *Rep. cont. adm. Dalloz*, 2010, n°44-55

[456] G. DUPUIS, « Définition de l'acte unilatéral », *op. cit.*, p. 205. Nous soulignons.

[457] *Ibid.*, p. 211. Souligné par nous.

[458] *Ibid.*, p. 213. Nous soulignons.

[459] H.-M. CRUCIS, « Notion d'acte administratif », *Jcl. adm.*, n°106-10, 1996, n°9. L'auteur, reprenant les termes mêmes de G. DUPUIS, affirme que l'acte administratif unilatéral est « un acte normateur qui s'impose à ses sujets indépendamment de leur consentement ».

II. Critiques des solutions adoptées par certains auteurs

185. L'exposé des définitions proposées par certains auteurs a permis de montrer leur variété et par là d'exposer la difficulté de définir le contrat ou l'acte administratif unilatéral en droit administratif. Il ne s'agit cependant pas ici de proposer de nouvelles définitions, ce qui dépasserait largement le cadre de cette étude, mais seulement d'analyser les définitions étudiées sous l'angle des liens qu'elles entretiennent avec la notion de consentement[460]. Il apparaît dès lors que certaines d'entre elles sont discutables (A). Cela affecte donc, comme par ricochet, la distinction faite entre le contrat et l'acte administratif unilatéral (B).

A. Des définitions discutables

186. Si le consentement peut servir dans certaines définitions en droit administratif, encore faut-il respecter un certain nombre de conditions. Les définitions proposées doivent, d'une part, respecter les lois de la logique formelle elle-même et, d'autre part, correspondre avec le droit positif, du moins quand il s'agit d'en rendre compte[461].

187. Fort de cette distinction, il est possible de constater que de nombreux auteurs, en utilisant le consentement dans leurs définitions, ne respectent pas toujours les exigences de la logique, notamment en ce qui concerne la définition du contrat en droit administratif (1). Par ailleurs, ils ne tiennent pas toujours compte rigoureusement du droit positif dans les définitions qu'ils proposent de l'acte administratif unilatéral (2).

1. Des définitions parfois illogiques du contrat en droit administratif

188. Parmi les nombreuses définitions du contrat présentées ci-dessus, toutes ne peuvent pas simultanément être vraies car certaines sont contradictoires. Comme cela vient d'être rappelé, il ne s'agit pas de choisir entre elles, encore moins de proposer une énième définition, mais plus modestement de montrer comment certaines ne respectent pas les lois de la

---

[460] Le point de vue adopté, conforme à celui de cette thèse, est donc partiel en ce qui concerne la théorie des actes. Peut-être pourra-t-il cependant apporter une ébauche de contribution aux définitions générales du contrat et de l'acte administratif unilatéral en droit administratif.

[461] La doctrine peut aussi faire œuvre prospective, étant alors moins liée par le droit positif. Tel est par exemple le cas des auteurs qui proposent des réformes ou appellent de leurs vœux des évolutions du droit positif. Mais cela ne saurait être le cas lorsque la doctrine se propose de théoriser le droit positif. Il lui appartient alors d'en rendre compte fidèlement.

logique. Il s'agit de celles qui prétendent que l'accord de volontés, ou consentement, suffit à définir le contrat. Cela concerne les définitions qui estiment qu'il n'est pas nécessaire de rajouter au genre prochain « accord de volontés » une différence spécifique, différence qui particulariserait le contrat au sein de ces actes. Ainsi celle qui affirme que « dans le silence des textes, l'accord subjectif des parties, intègre et extériorisé, est nécessaire *et suffisant* pour identifier un contrat »[462] ou celle qui prétend que « l'existence du consentement *suffit* à caractériser le contrat »[463]. Ces définitions ne sont pas recevables et la raison est d'ordre logique. Si le contrat se définit uniquement comme un accord de volontés, tout accord de volontés doit être un contrat[464]. Or, ce n'est pas le cas et le droit positif en fournit de nombreux exemples.

189. Il faut tout d'abord mentionner brièvement[465] les accords de volontés qui ne sont même pas des actes juridiques, tels que certains protocoles d'accord, comparés par Laurent RICHER aux « gentlemen's agreement » du droit international[466].

190. Plus fondamentalement ensuite, cette fois-ci parmi les actes juridiques eux-mêmes, de véritables accords de volontés sont qualifiés d'actes unilatéraux, non seulement par le juge administratif, mais parfois par le législateur lui-même, point qui a été précédemment démontré[467]. Il n'est donc pas possible de prétendre que l'accord de volontés suffit à caractériser le contrat, puisqu'on le retrouve aussi, parfois sous des formes identiques, dans certains actes unilatéraux.

191. De nombreux auteurs viennent confirmer cette analyse. Pour montrer que le contrat ne peut se réduire au critère de l'accord de volontés, ils y rajoutent des critères complémentaires. Cela ayant déjà été évoqué, on peut se borner à reprendre leurs affirmations les plus emblématiques. Didier TRUCHET estime que « le contrat administratif naît d'un accord de

---

[462] L. MARCUS, *L'unité des contrats publics*, *op. cit.*, p. 42. C'est nous qui soulignons.

[463] M.-H. SHINKONDO, « La notion de contrat administratif : acte unilatéral à contenu contractuel ou contrat civil de l'administration ? », *op. cit.*, p. 247. Souligné par nous.

[464] Plus fondamentalement il est fait application du principe selon lequel il faut que la définition « convienne à tout le défini et à lui seul » : R. VERNEAUX, *Introduction générale et logique*, *op. cit.*, p. 77. Une définition du contrat qui serait applicable à certains actes administratifs unilatéraux ne peut donc être retenue.

[465] Pour une vue plus générale on pourra se reporter à l'article d'A. DE LAUBADERE, « Les difficultés actuelles de l'identification du contrat administratif en droit français », dans Universidad de la Repùblica, *Estudios de derecho administrativo*, Montevideo, Uruguay, Division publicaciones y ediciones, 1979, tome 1, 527 p., pp. 69-84.

[466] Voir à ce sujet L. RICHER, *Droit des contrats administratifs*, *op. cit.*, pp. 18-19.

[467] Pour des exemples précis sur ce point, *cf. supra*, n°140.

volontés, mais de tout accord de volontés ne naît pas un contrat »[468]. Les auteurs du *Traité des contrats administratifs* affirment également que « si l'accord de volontés est un élément essentiel du contrat, il n'en constitue pas, à lui seul, le critère. Tout accord de volontés n'est pas nécessairement contrat »[469]. Telle était déjà l'opinion de Gaston JEZE qui indiquait que « tout contrat est un accord de volontés ; mais tout accord de volontés n'est pas un contrat »[470]. Richard DEAU, dans sa thèse consacrée aux actes administratifs unilatéraux négociés, énonce aussi que l'accord de volontés « ne peut, à lui seul, permettre de déterminer à coup sûr la nature juridique de l'acte car on le retrouve en matière contractuelle mais aussi dans les actes administratifs unilatéraux négociés »[471]. Et de conclure : « l'accord de volonté ne peut plus être considéré comme un critère exclusif au contrat »[472]. Charles EISENMANN, se demandant ce qui caractérise le contrat ou la convention, répond que « ce n'est pas du tout, contrairement à ce que l'on écrit ou suggère souvent, le fait d'être un accord de volontés : tout acte juridique ayant plusieurs co-auteurs est un accord de volontés, repose sur l'accord de plusieurs volontés, sur leur concordance, – sinon il ne serait l'œuvre que d'une seule volonté ! »[473].

192. Il est donc possible, en accord avec le droit positif ainsi qu'avec une grande partie de la doctrine, d'affirmer que le critère de l'accord de volontés est un critère nécessaire mais *non suffisant* dans la définition du contrat en droit administratif. Que ce soit un critère nécessaire, tous en conviennent et cela avait déjà été démontré. Mais il restait à montrer qu'il ne s'agissait que d'un critère, fût-il essentiel, parmi d'autres. Tel fut l'objet des développements présents.

193. Ceci étant dit, il convient de revenir sur les définitions qui ont été critiquées. Il semblerait qu'elles traduisent davantage les difficultés

---

468 D. TRUCHET, « Le contrat administratif, qualification juridique d'un accord de volontés », dans L. CADIET (dir.), *Le droit contemporain des contrats. Bilan et perspectives*, Economica, coll. « Travaux et recherches », 1987, pp. 185-205.

469 A. DE LAUBADERE, Fr. MODERNE et P. DELVOLVE, *Traité des contrats administratifs*, *op. cit.*, tome 1, p. 29.

470 G. JEZE, *Les principes généraux du droit administratif*, tome 3, *Le fonctionnement des services publics*, *op. cit.*, pp. 156.

471 R. DEAU, *Les actes administratifs unilatéraux négociés*, *op. cit.*, p. 351. L'auteur prend soin, p. 348, de citer un certain nombre d'auteurs affirmant également que tout accord de volontés n'est pas nécessairement un contrat.

472 *Ibid.*, p. 360.

473 Ch. EISENMANN, *Cours de droit administratif*, *op. cit.*, tome 2, p. 689. Il convient de noter que l'auteur ne semble envisager ici que l'hypothèse dans laquelle plusieurs autorités administratives s'accorderaient afin d'édicter un acte administratif unilatéral. Mais le raisonnement demeure identique en cas d'accord avec l'administré.

inhérentes à l'exposition d'une matière complexe[474] que de véritables erreurs. Leurs auteurs développent en effet, à côté des phrases inexactes étudiées, d'autres passages conformes à la logique. Par exemple, Laure MARCUS, après avoir dit que « l'accord subjectif des parties, intègre et extériorisé, est nécessaire *et suffisant* pour identifier un contrat »[475] affirme qu'il est une condition « généralement suffisante »[476], ce qui est vrai et qui n'est pas du tout la même chose d'un point de vue logique.

194. Mais la logique ne suffit pas à faire une bonne définition. Il faut encore qu'elle soit conforme au droit positif.

2. Des définitions parfois inexactes de l'acte administratif unilatéral

195. La question de la définition et de l'identification de l'acte administratif unilatéral est délicate et le sera sans doute de plus en plus étant donné la contractualisation croissante de l'action administrative, contractualisation qui entraîne un enchevêtrement des catégories juridiques classiques, rendant la frontière entre le contrat et l'acte administratif unilatéral de plus en plus « floue »[477]. Il ne s'agit cependant pas, là encore,

---

[474] Il serait intéressant de rechercher les causes de ces difficultés. La première réside certainement dans les nécessités de la pédagogie. Il est en effet beaucoup plus didactique de présenter des oppositions franches et marquées que de développer tous les états intermédiaires qui pourraient exister entre deux notions Sur ce point, voir notamment J. RIVERO, « Jurisprudence et doctrine dans l'élaboration du droit administratif », *op. cit.*, p. 32. Sans doute est-il possible aussi de mentionner le fait que la logique, en général, n'est plus guère enseignée. Mais la cause la plus essentielle doit plutôt, croit-on, être recherchée dans la pensée juridique moderne qui imprègne évidemment, comme les autres branches du droit, le droit administratif. De même qu'une attention particulière est portée en droit sur tout ce qui est manifestation de volonté, le droit moderne étant volontariste, une attention particulière est portée sur les éléments subjectifs du contrat au détriment des autres aspects. Une phrase d'E. GOUNOT semble ici devoir être citée : « pour tous nos auteurs, l'essence de l'acte juridique, c'est uniquement la volonté : elle seule en constitue la substance ; tout le reste est secondaire, accidentel et sans valeur propre » : *Le principe de l'autonomie de la volonté en droit privé. Contribution à l'étude critique de l'individualisme juridique*, *op. cit.*, p. 132. Sur cette question de philosophie juridique, voir également, parmi de nombreuses études : M. BASTIT, *Naissance de la loi moderne*, PUF, coll. « Léviathan », 1990, 389 p. ; P. HEBRAUD, « Rôle respectif de la volonté et des éléments objectifs dans les actes juridiques », *op. cit.* ; M. VILLEY, « Essor et déclin du volontarisme », dans *Leçons d'histoire de la philosophie du droit*, Dalloz, coll. « Philosophie du droit », 2ème éd., 1962, 315 p., réimp. Dalloz, coll. « Bibliothèque Dalloz », 2002, pp. 271-283.

[475] L. MARCUS, *L'unité des contrats publics*, *op. cit.*, p. 42. C'est nous qui soulignons.

[476] *Ibid.*, p. 53.

[477] P. AMSELEK, « L'évolution de la technique juridique dans les sociétés occidentales », *RDP*, 1982, pp. 275-294, p. 292. De la même manière, J. CHEVALLIER estime que « les frontières entre contrat et acte unilatéral [...] deviennent floues » : « Loi et contrat dans l'action publique », *op. cit.*, p. 81 et L. MARCUS évoque « l'instabilité de la frontière entre

de proposer une nouvelle définition de l'acte administratif unilatéral, mais seulement d'analyser les définitions existantes dans les liens qu'elles entretiennent avec la notion de consentement.

196. Le raisonnement suivi ici pourrait se rapprocher d'un raisonnement par l'absurde[478], mais en fait, il sera encore plus simple. Si, en effet, pour fonder positivement un principe par un raisonnement inductif, il convient d'envisager tous les exemples possibles, à défaut de quoi l'induction ne sera que probable[479], pour invalider un principe un seul contre-exemple suffit. C'est la voie qui sera empruntée dans les lignes qui suivent. Si le consentement n'intervenait jamais dans l'acte administratif unilatéral, comme le prétendent ou le suggèrent certaines définitions étudiées ci-dessus, pourquoi la jurisprudence ou les textes feraient-ils place, pour certains de ces actes, à la notion de consentement en l'appliquant à l'administré?

197. Il convient encore une fois de reprendre les éléments développés précédemment démontrant, non seulement la présence mais encore la nécessité du consentement de l'administré dans un certain nombre d'actes administratifs unilatéraux[480]. Etant donné ces exemples, qui pourraient d'ailleurs être multipliés[481], il semble difficile de dire que l'acte administratif unilatéral est *nécessairement* pris sans le consentement de l'administré-destinataire, ou même que le consentement du destinataire est forcément *indifférent*, car tel n'est pas toujours le cas.

---

l'acte unilatéral et le contrat » : *L'unité des contrats publics*, *op. cit.*, p. 150. Sur le thème spécifique du contrat, voir notamment la thèse, au titre évocateur, de M. PERRIER, *Le recours au contrat en matière de police administrative*, *op. cit.*, spéc. pp. 395-401. Sur ce point, voir encore G. ECKERT, « Police et contrat », dans Ch. VAUTROT-SCHWARZ (dir.), *La police administrative*, PUF, coll. « Thémis Essais », 2014, 302 p., pp. 167-183. Pour un aperçu plus global, voir par exemple : J.-M. PONTIER (dir.), *Les états intermédiaires en droit administratif*, PUAM, coll. « Centre de recherches administratives », 2008, 178 p., tout spécialement la contribution de J.-M. PONTIER, « La notion d'état intermédiaire en droit administratif », pp. 11-71 et la conclusion de D. TRUCHET, pp. 167-172, ou encore D. TRUCHET, « La structure du droit administratif peut-elle demeurer binaire ? A propos des catégories juridiques en droit administratif », dans Centre de formation permanente, *Clés pour le siècle : droit et science politique, information et communication, sciences économiques et de gestion*, Dalloz, 2000, 1818 p., pp. 443-464.

478 Raisonnement encore appelé « apagogique ». Sur cette notion, voir notamment : J.-L. BERGEL, *Théorie générale du droit*, *op. cit.*, p. 106 ; M.-L. MATHIEU-IZORCHE, *Le raisonnement juridique*, *op. cit.*, p. 182 et 201 ; R. VERNEAUX, *Introduction générale et logique*, *op. cit.*, p. 106.

479 Voir *supra*, n°72.

480 *Cf. supra*, n°140.

481 Pour d'autres exemples d'actes unilatéraux ne pouvant être adoptés qu'avec le consentement de leur destinataire, voir notamment *infra*, première section du second chapitre de la troisième partie.

198. Des auteurs indiquent donc que l'acte administratif unilatéral peut, dans certains cas, exiger le consentement, ou du moins l'accord, de l'administré[482]. Il s'agit là d'une observation ancienne qui a conduit les plus grands auteurs à s'interroger sur ces actes qui mêlent intimement le contractuel et l'unilatéral. Tel fut notamment le cas de Léon DUGUIT[483], de Maurice HAURIOU[484], ou encore, plus récemment, d'Yves MADIOT[485]. Mais leurs propositions ne semblent avoir conquis ni l'ensemble de la doctrine, ni le juge administratif, de sorte que le questionnement n'est pas terminé.

199. Les auteurs du *Traité des contrats administratifs* évoquent alors l' « accord donné à un acte unilatéral »[486], distinguant l'accord « condition d'un acte unilatéral »[487] de l'accord « aménagement procédural d'un acte unilatéral »[488]. Quant à lui, Bertrand SEILLER identifie trois voies utilisées par le juge administratif pour qualifier d'acte unilatéral des accords[489]. Il est tout d'abord possible que le juge ne prenne en considération que l'acte unilatéral entérinant les termes de l'accord. Il peut ensuite qualifier l'accord lui-même d'acte unilatéral. Enfin, le juge peut refuser toute valeur juridique

---

[482] Les auteurs semblent en effet très prudents sur les termes employés. R. DEAU affirme que les auteurs du *Traité des contrats administratifs* « évitent d'employer l'expression "accord de volontés" s'agissant des actes administratifs unilatéraux négociés » : *Les actes administratifs unilatéraux négociés*, *op. cit.*, p 359. De manière semblable, A. GHELLAL, qui défend pourtant la compatibilité entre l'acte administratif et le consentement de son destinataire, nuance souvent son propos en parlant, non pas de consentement, mais d' « un certain consentement » : *Recherche sur la notion d'effet impératif des actes administratifs unilatéraux*, *op. cit.*, p. 7 et 12 par exemple. R. ROUQUETTE définit aussi le terme « acceptation » de manière intéressante, comme la « manifestation de volonté nécessaire lorsque la théorie juridique refuse de qualifier une situation de contractuelle, tout en admettant que l'acte administratif ne peut produire ses effets que par l'accord du destinataire » : *Dictionnaire du droit administratif : terminologie, expressions, noms propres*, *op. cit.*, entrée « Acceptation ». Si cette définition qualifie bien l'attitude de la doctrine, il convient de noter que le droit positif est moins scrupuleux, le terme de « consentement » apparaissant explicitement, y compris dans des lois, à propos d'actes pleinement unilatéraux, tels que des décrets. Voir les exemples cités *supra*, dans la première section.

[483] Voir M. PERRIER, *Le recours au contrat en matière de police administrative*, *op. cit.*, pp. 403-405.

[484] *Ibid.*, pp. 405-407.

[485] *Ibid.*, pp. 407-409.

[486] A. DE LAUBADERE, Fr. MODERNE et P. DELVOLVE, *Traité des contrats administratifs*, *op. cit.*, tome 1, pp. 55-66. Pour les auteurs, p. 59, l'accord donné à un acte unilatéral est « source de grandes difficultés ».

[487] Les auteurs citent comme exemple les avantages fiscaux octroyés sur agrément, les primes de développement régional, l'acte de nomination d'un fonctionnaire, etc.

[488] Les auteurs font ici référence principalement aux accords relatifs au régime des prix, dont il a déjà été question.

[489] B. SEILLER, « Acte administratif. (I – Identification) », *op. cit.*, n°53 à n°55.

à des conventions intervenues dans des matières exigeant l'édiction de décisions unilatérales.

200. Ces distinctions et classifications permettent de mieux appréhender la difficulté qu'il y a à définir l'acte administratif unilatéral[490]. Elles mettent surtout en avant, même si tel n'est pas nécessairement leur but premier, que ce type d'acte peut tout à fait, aussi bien dans les faits que juridiquement, nécessiter le consentement de leurs destinataires. Comme l'indique Amine GHELLAL, il arrive souvent que l'acte unilatéral « se présente comme relevant d'un certain consentement de son destinataire »[491]. Si la distinction du contrat et de l'acte administratif unilatéral demeure, éventuellement au prix de l'utilisation de fictions juridiques[492], le consentement du destinataire peut bien être présent dans le second, quel que soit alors le nom que l'on donne à cette manifestation de volonté[493]. Il est donc possible d'affirmer que « l'unilatéralité est compatible avec le consentement »[494], ou encore, avec Pierre DELVOLVE, que « le concours des volontés, l'échange des consentements, s'ils sont nécessaires pour produire un contrat, ne sont pas incompatibles avec l'acte unilatéral : ils peuvent donc être à l'origine d'un acte administratif »[495].

201. Cela ne serait sans doute pas le cas si l'on entendait uniquement le consentement au sens contractuel du terme. Mais la notion de consentement n'est pas une notion univoque[496]. Parce qu'elle est au contraire équivoque[497],

---

490 Voir encore M. ROUSSET, *L'idée de puissance publique en droit administratif*, Dalloz, 1960, 269 p., pp. 73-74. L'auteur développe une distinction entre les actes foncièrement unilatéraux et les actes seulement formellement unilatéraux. Pour une critique de ce raisonnement, voir G. DUPUIS, *Les privilèges de l'administration*, Thèse, Paris, 1962, 649 p., pp. 128-134.

491 A. GHELLAL, *Recherche sur la notion d'effet impératif des actes administratifs unilatéraux*, *op. cit.*, p. 7.

492 Sur ce point, voir les développements de D. COSTA consacrés explicitement aux actes unilatéraux négociés : *Les fictions juridiques en droit administratif*, LGDJ, coll. « BPD », tome 210, 2000, 614 p., p. 285.

493 On pourrait en effet être tenté de réserver le terme de consentement pour les véritables contrats et d'utiliser d'autres vocables pour les actes administratifs unilatéraux pris en accord avec les administrés, mais cela ne semble pas justifié au regard des textes et de la jurisprudence, qui utilisent parfois le terme de consentement alors même qu'il est question d'un acte administratif unilatéral.

494 A. GHELLAL, *Recherche sur la notion d'effet impératif des actes administratifs unilatéraux*, *op. cit.*, p. 113.

495 P. DELVOLVE, *L'acte administratif*, Sirey, coll. « Droit public », 1983, 294 p., p. 37.

496 *Cf. supra*, n°47 et s.

497 A. GHELLAL énonce que « le consentement n'est pas une notion univoque. Il faut tenir de toutes ses significations, avant d'affirmer que l'acte unilatéral de droit administratif en est insusceptible » : *Recherche sur la notion d'effet impératif des actes administratifs unilatéraux*, *op. cit.*, p. 115.

le fait de reconnaître que des actes administratifs, même unilatéraux, nécessitent le consentement de leur destinataire, ne pose aucune difficulté théorique[498]. Une telle reconnaissance, si elle rend certes plus délicate l'exposition théorique de la distinction entre l'acte administratif unilatéral et le contrat, ne vient pas la remettre en cause. Peut-être même qu'elle la renforce, en la rendant plus fidèle au droit positif.

202. Si certaines définitions du contrat et de l'acte administratif unilatéral sont critiquables il en est bien souvent de même, logiquement, du critère utilisé par certains auteurs pour distinguer ces deux types d'actes.

B. Une distinction du contrat et de l'acte administratif unilatéral contestable

203. Etant donné les différences de régimes qui existent entre les contrats et les actes administratifs unilatéraux[499], la distinction de ces deux types d'actes revêt une importance pratique de premier ordre. Les auteurs ne manquent donc pas de proposer des méthodes de distinction. Parmi celles-ci, l'une doit particulièrement retenir l'attention ici : celle qui fait du consentement de l'administré le critère de distinction des deux catégories (1). Mais il est possible de montrer que cette distinction, si elle reste valable dans de nombreux cas, ne saurait être posée comme un principe valant en toutes circonstances (2).

1. La distinction fondée sur le consentement proposée par certains auteurs

204. Nombreux sont les auteurs à fonder la distinction du contrat et de l'acte administratif unilatéral sur le fait que l'administré ait ou non consenti à l'acte en cause. Laurent RICHER affirme ainsi que « la notion d'accord de volontés renvoie à un échange de consentements et *différencie* le contrat de

---

[498] Pour une typologie des différents cas dans lesquels il est possible de parler de consentement, voir notamment A. GHELLAL, *Recherche sur la notion d'effet impératif des actes administratifs unilatéraux*, *op. cit.*, pp. 119-120.

[499] Là encore, des rapprochements ont lieu, notamment sur le plan contentieux. Voir par exemple l'article de W. KLOEPFER, « Réflexions sur l'admission du recours pour excès de pouvoir en matière contractuelle », *AJDA*, 2003, pp. 585-592, ou plus récemment : CE, Ass., 16 juill. 2007, *Sté Tropic Travaux Signalisation, R.*, p. 360. Mais les convergences entre contrat et acte administratif unilatéral ne doivent pas masquer que les différences entre ces deux types d'actes sont encore nombreuses et fondamentales. Sur le contrat et l'acte administratif unilatéral, voir S. FLOGAITIS, « Contrat et acte administratif unilatéral », dans *L'Etat de droit : mélanges en l'honneur de Guy Braibant*, Dalloz, 1996, 817 p., pp. 229-251.

l'acte unilatéral »[500]. De même, pour Laure MARCUS, « l'accord de volontés est non seulement un élément constitutif du contrat en droit public, mais aussi un critère de distinction des actes contractuels et non contractuels. La définition juridique du contrat à partir de la notion civiliste de consentement vérifie ainsi la règle scolastique héritée d'ARISTOTE suivant laquelle la définition se fait *per genus proximum et differentiam specificam* »[501]. L'auteur ne le dit pas, mais la différence spécifique qui permet de distinguer les actes contractuels des autres semble bien être ici, pour elle, l'accord de volontés. C'est en tout cas ce qu'elle affirme à un autre endroit de sa thèse : « la notion objective de l'accord de volontés est le critère de la distinction du contrat public parmi les sources de droit public »[502].

205. Pour Alix PERRIN, « le contrat est un acte plurilatéral destiné à régir les relations réciproques entre ses auteurs : en ce sens, il constitue un accord de volontés [...]. *Au contraire*, l'acte administratif unilatéral est destiné à régir le comportement de personnes qui sont étrangères à son édiction : il consiste, pour son auteur, à imposer à ses destinataires des obligations sans leur consentement »[503].

206. Enfin, pour Georges DUPUIS et Jean-Yves VINCENT, « la véritable différence entre l'acte plurilatéral et l'acte unilatéral réside en ce que les normes plurilatérales règlent la conduite de sujets qui ont donné leur consentement à l'acte *tandis que* les normes unilatérales s'imposent à leurs sujets indépendamment de tout consentement de ces derniers »[504]. Georges DUPUIS reprend encore ces développements dans un article relatif à l'acte administratif unilatéral. Il y indique, en faisant référence au contrat

---

[500] L. RICHER, *Droit des contrats administratifs*, *op. cit.*, p. 15. Souligné par nous.

[501] L. MARCUS, *L'unité des contrats publics*, *op. cit.*, p. 39. Il convient de noter que l'auteur utilise, p. 41, l'expression « accord de volontés » comme synonyme de consentement.

[502] *Ibid.*, p. 107. A la page 90, l'auteur précise ce qu'il faut entendre par « conception objective de l'accord de volontés » en indiquant que « la notion d'accord de volontés en droit public résulte d'un compromis trouvé par le juge administratif entre le consensualisme et le formalisme des contrats publics. Un accord de volontés, susceptible de faire naître un contrat, n'est identifié par le juge administratif que si deux éléments sont réunis. La première composante de l'accord de volontés en droit public est un élément de fait : le juge recherche l'existence d'un accord subjectif entre les parties. La deuxième composante est un élément de droit : le juge vérifie que toutes les conditions de compétence, de procédure et de forme posées par les textes pour organiser la rencontre des volontés des parties ont bien été respectées ».

[503] A. PERRIN, « Conditions d'exercice du recours pour excès de pouvoir. Conditions particulières relatives à la nature de l'acte contesté », *op. cit.*, n°120. C'est nous qui soulignons.

[504] G. DUPUIS, J. DUPUIS et J.-Y. VINCENT, « Acte administratif », *Jcl. adm.*, fasc. n°107, cité par A. DE LAUBADERE, Fr. MODERNE et P. DELVOLVE, *Traité des contrats administratifs*, *op. cit.*, tome 1, p. 56. C'est nous qui soulignons.

et à l'acte unilatéral : « ou bien le droit est "voulu" par ceux auxquels il s'applique et puise sa valeur dans ce consentement, ou bien il existe malgré eux, en dehors de leur volonté, indépendamment de leur accord »[505].

207. D'autres auteurs n'affirment pas expressément que ce serait le consentement qui permettrait de différencier le contrat de l'acte administratif unilatéral. Cependant certains de leurs développements pourraient le faire croire si on les lisait indépendamment de ce qu'ils ont pu écrire par ailleurs. Ainsi, par exemple, les auteurs du *Traité des contrats administratifs* indiquent qu'« entre le contrat et l'acte unilatéral l'antinomie est complète »[506]. Or, ils avaient précédemment montré que le contrat comportait nécessairement un accord de volontés. Même s'ils ne précisent pas ici que l'antinomie repose sur la question du consentement, le fait de dire que l'antinomie est « complète » implique nécessairement que le consentement fait partie du raisonnement des auteurs, et puisqu'il est présent dans le contrat, c'est qu'il serait forcément absent des actes unilatéraux. La lecture attentive du reste de l'ouvrage vient démontrer que telle n'était pas l'intention des auteurs[507]. Mais cela montre bien la tendance, peut-être inconsciente, qui consiste à opposer contrat et acte administratif unilatéral sur le critère de l'accord de volontés[508].

208. Le critère de distinction du contrat et de l'acte administratif unilatéral est donc pour certains auteurs la présence ou l'absence de consentement de l'administré, alors même qu'ils ne faisaient pas forcément

---

[505] G. DUPUIS, « Définition de l'acte unilatéral », *op. cit.*, p. 206.

[506] A. DE LAUBADERE, Fr. MODERNE et P. DELVOLVE, *Traité des contrats administratifs*, *op. cit.*, tome 1, p. 54.

[507] Ceux-ci indiquent très clairement, même s'ils n'emploient pas le terme de « consentement », que l'acte administratif unilatéral peut très bien résulter d'un accord. Voir, pp. 59-66, la section intitulée « La distinction de l'accord donné à un acte unilatéral et du contrat ».

[508] Sans doute cette tendance est-elle une des conséquences du fait que « l'exorbitance du droit des actes administratifs unilatéraux a été considérablement exagérée par la présentation qui en est traditionnellement donnée » : B. SEILLER, « L'exorbitance du droit des actes administratifs unilatéraux », dans F. MELLERAY (dir.), *L'exorbitance du droit administratif en question(s)*, *op. cit.*, pp. 107-124, p. 111. Cela explique sans doute une remarque de R. BONNARD indiquant que « l'accord de volontés n'implique pas toujours une convention. Il en est ainsi lorsque l'acceptation est traitée comme *condition préalable suspensive* ou *résolutoire* [...]. Dans tous ces cas, pratiquement, il existe un accord de volontés, alors que, théoriquement on ne trouve qu'un acte unilatéral. Cette dissimulation de l'accord de volonté est souvent pratiquée en droit administratif » : *Précis de droit administratif*, LGDJ, 4ème éd., 1943, 786 p., p. 34, note 1. A l'inverse, J.-M. FEVRIER évoque « les vains efforts pour masquer ou marginaliser les manifestations de la puissance privée » : « Sur le fondement de l'autorité des décisions exécutoires », *RRJ*, 1999-3, pp. 873-894, p. 874. Ces citations invitent à se demander les raisons de cet état de fait. Le chapitre 2 apportera des éléments de réponse à cette question.

de l'échange des consentements l'unique critère du contrat. Se pose donc la question de savoir si ce mode de distinction est toujours satisfaisant.

2. Une distinction critiquable

209. Les frontières de l'unilatéral et du contractuel étant « ni très certaines ni très imperméables »[509], il est évident que la distinction de ces deux types d'actes n'est pas chose facile. De nombreux auteurs l'indiquent d'ailleurs expressément. Il s'agit en effet d'une question « délicate »[510], d'un « problème inépuisable »[511] étant donné que le critère de distinction n'est « pas [...] parfaitement établi »[512]. La « gestion » de la frontière juridique entre décisions et contrats administratifs « a toujours été plus ou moins problématique »[513], mais l'est plus encore aujourd'hui, l'évolution du droit administratif engendrant « une perturbation générale », « une déstabilisation de la topographie juridique dans laquelle la période moderne nous avait installés, et qui était elle-même le résultat d'une logique de classement dichotomique de la matière à ordonner »[514].

210. Il est cependant certain que l'utilisation du consentement comme critère de distinction des deux notions n'est pas satisfaisante. Pour le démontrer, il convient de reprendre des éléments qui ont déjà été exposés précédemment à propos du contrat et de l'acte administratif unilatéral afin

509 D. DE BECHILLON et Ph. TERNEYRE : « Contrats administratifs (contentieux des) », *op. cit.*, n°6.

510 C. JAUFFRET-SPINOSI, « Rapport français », dans D. TALLON et D. HARRIS (dir.), *Le contrat aujourd'hui : comparaisons franco-anglaises*, LGDJ, coll « Bibliothèque de droit privé », 1987, 443 p., pp. 91-123, p. 111.

511 P. BRUNET, « Le conflit des qualifications : le cas des actes réglementaires "en forme de convention" », *Revue des contrats*, avr. 2005, pp. 434-442, p. 435.

512 B. SEILLER, « Acte administratif. (I – Identification) », *op. cit.*, n°36.

513 J. CAILLOSSE, « Actes et contrats de l'administration. Remarques sur une partition juridique déréglée », dans J.-M. PONTIER (dir.), *Les états intermédiaires en droit administratif*, *op. cit.*, pp. 101-117, p. 111. Les auteurs du *Traité des contrats administratifs* affirment pour leur part, p. 54, et à propos du contrat et de l'acte unilatéral, qu' « il n'est pas toujours facile de les distinguer et l'on s'accorde à reconnaître que cette difficulté s'est accrue à une époque récente, surtout dans certains domaines, tels que, par exemple, l'interventionnisme économique ».

514 J. CAILLOSSE, « Actes et contrats de l'administration. Remarques sur une partition juridique déréglée », *op. cit.*, p. 104. D. POUYAUD notait pour sa part qu' « en droit civil, les notions de contrats et d'acte unilatéral sont assez faciles à différencier. La frontière entre les deux est au contraire plus subtile en droit administratif du fait de l'ampleur de la catégorie des actes unilatéraux, de leur richesse et de leur originalité, de la multiplication des procédés de concertations dans l'activité administrative et de la spécificité du contrat administratif qui demeure, bien que contrat, un acte de la puissance publique » : *La nullité des contrats administratifs*, *op. cit.*, p. 16.

d'en tirer toutes les conclusions, non pas en ce qui regarde leur définition respective, mais en ce qui concerne cette fois-ci leur distinction.

211. Une classification logiquement valide doit se faire sur le principe de non-contradiction[515]. Comme le note Michel TROPER, une opposition logique suppose que « si l'on a pris pour critère une certaine propriété, l'une des classes doit être définie par cette propriété et l'autre par la propriété contraire, c'est-à-dire par l'absence de cette propriété »[516]. Ce qui n'est que la mise en œuvre de ce que l'on appelle en logique une dichotomie[517]. Dès lors, distinguer le contrat de l'acte administratif unilatéral grâce au critère du consentement des destinataires supposerait que dans l'une des catégories le consentement soit toujours présent, ce qui est certes vrai pour le contrat, mais qu'il soit *toujours* absent de l'autre catégorie, ce qui est faux pour l'acte administratif unilatéral[518].

212. La distinction étudiée cumule donc deux erreurs : une erreur de logique d'une part, à cause du non-respect des règles de la dichotomie ; une contradiction avec le droit positif d'autre part.

213. Des auteurs font donc la part des choses et mettent en lumière le problème du consentement dans la distinction des deux types d'actes de l'administration. Par exemple, Xavier DUPRE DE BOULOIS consacre un paragraphe entier, dans la présentation qu'il fait de l'acte administratif unilatéral, aux « actes consentis », notant qu'il « n'est pas rare qu'un acte de l'administration qui a fait l'objet d'un consentement de la part de son destinataire n'en conserve pas moins sa qualification d'acte unilatéral »[519]. Bertrand SEILLER indique quant à lui que la doctrine souligne « souvent l'importance du consentement dans la distinction entre l'acte unilatéral et l'acte contractuel. Le second serait consenti, le premier imposé. Mais autant l'existence d'un consentement est indispensable à l'apparition d'un contrat,

---

[515] Principe qui peut se formuler ainsi : « il est impossible que le même attribut appartienne et n'appartienne pas au même sujet en même temps et sous le même rapport ». Voir R. VERNEAUX, *Introduction générale et logique*, *op. cit.*, p. 97.

[516] M. TROPER, « Les classifications en droit constitutionnel », *op. cit.*, p. 947.

[517] La dichotomie est définie comme l'« opposition binaire d'éléments abstraits complémentaires » : *Le Petit Robert*, 2012, entrée « Dichotomie ». En logique, il s'agit de « diviser un genre en deux espèces par la présence et l'absence du même caractère » : R. VERNEAUX, *Introduction générale et logique*, Beauchesne, 1964, 184 p., p. 79.

[518] Sans répéter la démonstration exposée ci-dessus à propos des actes administratifs unilatéraux, on peut ici reprendre le constat fait par A. DE LAUBADERE, Fr. MODERNE et P. DELVOLVE, *Traité des contrats administratifs*, *op. cit.*, tome 1, p. 29 : « certaines procédures semblent en effet faire apparaître des "accords donnés à un acte unilatéral" qui n'enlèvent pas à celui-ci son unilatéralité ».

[519] X. DUPRE DE BOULOIS, « Les actes administratifs unilatéraux », dans P. GONOD, F. MELLERAY, Ph. YOLKA (dir.), *Traité de droit administratif*, *op. cit.*, tome 2, pp. 157-215, p. 172.

autant il est aujourd'hui souvent difficile d'affirmer que l'absence de consentement est la condition de l'acte unilatéral. Nombre de ces actes bénéficient, en effet, du consentement de leurs destinataires »[520].

214. Tout cela ne fait que mettre en avant la difficulté de la distinction du contrat et de l'acte administratif unilatéral en droit administratif. Se pose alors la question du véritable critère qui devrait présider à la distinction. Il n'appartient pas à cette étude d'y répondre. Il est cependant possible de suggérer, au moins dans un premier temps et à défaut de mieux, d'ajouter des tempéraments aux définitions étudiées et au critère de distinction proposé. Il suffirait de noter que la distinction des actes faite sur le critère du consentement vaut « dans la plupart des cas », « en général », ou « en principe », pour éviter un certain nombre d'erreurs. On pourrait aussi préciser à quel moment le consentement est ou n'est pas nécessaire[521]. Mais si cela permettrait peut-être de supprimer les imprécisions relevées, comme en négatif, cela ne fonderait pas positivement une distinction rigoureuse[522].

215. Certaines propositions ont cependant été mises en avant, suivant deux axes principaux. Pour certains, le critère de distinction est intrinsèque aux actes qu'il s'agit de distinguer et résulte de leur nature. Pour d'autres au contraire, un tel critère n'existe pas et il faut avoir nécessairement recours à des éléments extrinsèques qui viendront déterminer les actes en question.

216. Parmi les tenants de la première hypothèse, figurent notamment René CHAPUS et Bertrand SEILLER. Le premier indique en effet qu'il faut se méfier des dénominations employées et que « ce qui est déterminant, c'est *le contenu* de l'acte »[523]. Bertrand SEILLER adopte la même démarche matérielle en s'intéressant aux destinataires de l'acte. Si « les auteurs de

---

520 B. SEILLER, « Acte administratif. (I – Identification) », *op. cit.*, n°50.

521 Cela permettrait de faire une distinction entre les actes administratifs unilatéraux pris et ayant force exécutoire sans qu'aucune manifestation de volonté de la part du destinataire soit nécessaire, et ceux qui résultent d'une demande de l'administré ou nécessitent son acceptation. Cela dit, cette distinction ne serait pas non plus pleinement satisfaisante, car certains actes administratifs unilatéraux pris sur demande du destinataire nécessitent encore, au moment de leur édiction, le consentement de celui qui en a fait la demande, comme cela a déjà été mentionné à propos des voies privées ouvertes au public.

522 L. DUGUIT affirmait : « il y a une série d'hypothèses où, bien qu'il y ait concours de volontés, on ne doit pas dire, on ne peut pas dire qu'il y ait contrat. Seulement, il ne suffit pas d'arriver à une conclusion négative, il faut aussi donner une solution positive, et la chose n'est pas aisée » : *Traité de droit constitutionnel*, tome 1, *La règle de droit. Le problème de l'Etat*, *op. cit.*, pp. 274-275.

523 R. CHAPUS, *Droit administratif général*, *op. cit.*, tome 1, p. 492. L'auteur estime ainsi, à la même page, que le contenu de l'acte, ou bien « est tel que l'acte est destiné à régir le comportement de personnes qui sont étrangères à son édiction, c'est-à-dire qui sont des tiers par rapport à lui. Ou bien, il est tel que l'acte est destiné à régir les relations réciproques de ses auteurs. Au premier cas, il est un acte unilatéral. Au second cas, il est un acte bilatéral (ou plurilatéral) ou, pour employer un terme plus usuel, il est un contrat ».

l'acte sont aussi ses destinataires exclusifs, par le fait qu'ils se sont engagés exclusivement l'un envers l'autre, l'acte est contractuel »[524].

217. Parmi ceux qui soutiennent la nécessité du recours à des éléments extrinsèques, il est possible de mentionner Didier TRUCHET et Frédéric ROLIN. Les auteurs s'accordent à reconnaître qu'il n'y a pas de *nature* contractuelle ou unilatérale au sujet d'un acte juridique. Le premier note qu' « un accord de volonté pourrait, en certains cas au moins, s'exprimer aussi bien par un acte unilatéral que par un acte contractuel »[525]. Selon l'auteur, à défaut de texte attribuant une qualification précise, il revient au juge administratif, en cas de litige, de qualifier subjectivement un acte de contrat, selon les besoins de l'affaire[526]. *A contrario*, le même raisonnement pourrait être envisagé pour qualifier l'acte administratif unilatéral. Frédéric ROLIN estime également que « l'accord de volonté qui se trouve contenu dans une décision administrative unilatérale présente la même nature que celui qui trouve sa place au cœur du processus contractuel »[527]. Dès lors, en l'absence d'indication provenant de ce qui serait la nature d'un acte juridique, la qualification ne peut provenir que de causes extrinsèques, comme l'autorité du texte instituant l'acte, ou encore, dans le silence des textes, l'autonomie de la volonté des auteurs de l'acte[528].

[524] B. SEILLER, « Acte administratif. (I – Identification) », *op. cit.*, n°45. L'auteur indique, au n°44, que « l'analyse, tout en demeurant d'une certaine manière d'ordre organique, ne doit pas être quantitative – combien d'auteurs ? – mais matérielle – quels destinataires ? – Il s'agit d'identifier les positions respectives des auteurs et destinataires de l'acte étudié ».

[525] D. TRUCHET, « Le contrat administratif, qualification juridique d'un accord de volontés », *op. cit.*, p. 187.

[526] De manière plus générale, voir encore Th. JANVILLE, *La qualification juridique des faits*, PUAM, 2004, 2 tomes, 345 p. et 745 p. L'auteur estime que la qualification juridique demeure pour l'essentiel une opération subjective. Voir le titre 2 de la première partie, intitulé « Une opération subjective », tome 1, pp. 203-341. De même, Ch. VAUTROT-SCHWARZ, dans sa thèse préc., pp. 195-347. P. WACHSMANN affirme quant à lui que « l'opportunisme des qualifications – le mot ne devant pas normalement être pris en mauvaise part – est souligné par tous les auteurs qui ont étudié la question, quelle que soit leur discipline » : « Qualification », dans D. ALLAND et S. RIALS (dir.), *Dictionnaire de la culture juridique*, *op. cit.*, pp. 1275-1283, p. 1280.

[527] Fr. ROLIN, *Accord de volontés et contrat dans les relations entre personnes publiques*, Thèse, Paris II, 1997, 2 tomes, 611 p., tome 1, p. 193. Il convient de noter que si la thèse de l'auteur concerne les rapports entre personnes publiques, il étudie la question de la distinction du contrat et de l'acte administratif unilatéral de manière générale.

[528] Pour plus de précisions, voir, dans la thèse précitée, le chapitre intitulé « Proposition pour une théorie générale de la distinction entre acte unilatéral et contrat », pp. 217-236. Voir encore la huitième proposition formulée par l'auteur dans sa conclusion, bien qu'elle ne concerne cette fois-ci que les personnes publiques : « la distinction de l'acte administratif unilatéral pris après l'accord de deux personnes publiques et du contrat passé entre les mêmes collectivités publiques ne résulte d'aucun critère analysant les actes du point de vue de leur

218. Mais cette vision nécessite de s'accorder sur un postulat : celui qu'il n'existerait pas de contrats par nature, autrement dit d'adhérer à une vision existentielle du droit. Cela implique également un corollaire, celui de la liberté totale laissée au juge administratif[529]. Liberté qui rendrait alors vaine la recherche d'un critère de distinction valable quelles que soient les circonstances.

Conclusion du chapitre

219. Ces premières recherches ont permis de mettre en relief deux éléments. D'une part, le consentement de l'administré est utilisé pour définir certaines catégories juridiques en droit administratif. Il participe donc dans une certaine mesure à sa structuration. Cela confirme d'ailleurs que, contrairement à ce que l'on aurait pu envisager, eu égard à la présentation généralement faite du droit administratif, cette matière est loin d'ignorer le consentement des administrés.

220. D'autre part, la distinction faite par certains auteurs entre contrat et acte administratif unilatéral avec pour critère le consentement du destinataire est parfois inadéquate. Tout porte à croire qu'une confusion est faite entre deux distinctions, valables en soi, mais qu'il est cependant erroné de prendre pour équivalentes. Il est utile de distinguer le contrat de l'acte administratif unilatéral[530]. Il est également intéressant de différencier les actes consentis des actes non consentis. Si dans de nombreux cas les deux distinctions se superposent, c'est loin d'être automatique et l'erreur consiste précisément à

---

nature. Elle est le fruit d'une qualification qui résulte soit d'un texte, soit de la volonté de ses auteurs, si aucun texte ne l'impose ».

[529] Sur cette question, voir notamment, Fr. ROUVILLOIS, « Le raisonnement finaliste du juge administratif », *op. cit.* En ce qui concerne la qualification des actes, cette vision paraît partagée par plusieurs auteurs. Par exemple, M. PERRIER note qu'en procédant à la requalification d'actes consensuels en actes administratifs unilatéraux, « la volonté du juge est claire : éviter l'annulation certaine de ces actes » : *Le recours au contrat en matière de police administrative*, *op. cit.*, p. 416. Les auteurs du *Traité des contrats administratifs* parlaient quant à eux d' « un "repêchage" de la légalité de mesures qui, sans le secours de cette qualification de décisions unilatérales, eussent dû être annulées en raison de l'inapplicabilité du procédé contractuel à la police des prix » : A. DE LAUBADERE, Fr. MODERNE et P. DELVOLVE, *Traité des contrats administratifs*, *op. cit.*, tome 1, p. 66, note 25.

[530] A condition toutefois d'estimer que les contrats représentent l'intégralité des actes plurilatéraux, c'est-à-dire tous les actes qui ne sont pas unilatéraux.

assimiler, sans vérification préalable, acte administratif unilatéral et acte non consenti.

221. La *summa divisio* des actes juridiques en droit administratif ne se fait donc pas sur le critère du consentement, pas plus d'ailleurs que la *summa divisio* du droit, entre droit public et droit privé.

Chapitre II
Le consentement des administrés et la définition du droit administratif

222. La définition du droit administratif, ouvrage sans cesse remis sur le métier de la doctrine, peut procéder d'une méthode analogue à celle utilisée pour définir les catégories juridiques. Cherchant à identifier le domaine de la discipline appelée « droit administratif », Charles EISENMANN s'interroge : « que comprend-il, que comprend sa notion ? Qu'exclut-elle ? Quelles sont ses limites, par rapport à d'autres classes, par exemple par rapport au droit privé ? Quelle est sa consistance, sa substance, et où s'arrête-t-elle ? [...]. Cela signifie qu'on se demande comment il convient de découper la réalité, de la diviser, de classer ses éléments, de les mettre en ordre sur la base de certains concepts. Le droit est un ensemble de règles. Chacun admet qu'il y a lieu de partager, de subdiviser la masse totale de ces règles en une série d'éléments divers, qui en constituent autant de parties, tels que le droit privé, le droit administratif, le droit constitutionnel, etc. Que contient chacune de ces "provinces", chacun de ces compartiments ? Où passent les frontières qui les séparent ? »[531].

223. A nouveau, les questions de la distinction et de la frontière reparaissent. De ce point de vue, le consentement permet de définir certaines catégories juridiques. Il est maintenant possible de se demander s'il pourrait éventuellement servir, par sa présence ou son absence, à définir le droit administratif. Se pose donc la question de savoir si le consentement est en mesure de constituer un critère, *a priori* négatif, permettant d'isoler le droit administratif parmi les autres branches du droit.

224. La question paraît surprenante, mais elle est légitimée par un nombre important d'auteurs qui semblent, non pas nécessairement définir au sens fort du terme, mais au moins caractériser le droit administratif par l'absence du consentement alors que le droit privé, lui, serait tout entier bâti autour de cette notion. Cette idée est résumée par une formule lapidaire de Michel MIAILLE : « l'impératif en droit public, le consentement en droit privé »[532].

---

[531] Ch. EISENMANN, *Cours de droit administratif*, *op. cit.*, tome 1, p. 19.
[532] M. MIAILLE, *Une introduction critique au droit*, François Maspéro, 1976, 388 p., p. 176.

225. S'interroger sur la possibilité pour le consentement d'apparaître comme un critère de distinction entre le droit administratif et les autres branches du droit suppose un raisonnement en deux temps. S'il faut tout d'abord envisager la fonction du consentement dans la distinction du droit public et du droit privé (Section 1), ce n'est qu'ensuite qu'il devient possible de s'interroger sur son rôle dans la distinction des deux principales branches du droit public[533], le droit constitutionnel et le droit administratif (Section 2).

[533] Seront donc volontairement laissées de côté certaines matières comme le droit international public et le droit des finances publiques. Le premier parce que cette thèse s'inscrit essentiellement dans une perspective de droit interne, le second, parce qu'il s'agit d'une matière technique et très spécifique. Pour une telle délimitation, voir D. LOCHAK, « Les revues de droit public », dans A.-J. ARNAUD (dir.), *La culture des revues juridiques françaises*, Milan, Giuffrè, 1988, 140 p., pp. 47-57.

Section I
Le consentement et la distinction du droit public et du droit privé

226. La distinction du droit public et du droit privé n'a pas fini d'opposer les auteurs[534]. Plusieurs questions, restées semble-t-il sans réponse unanime à ce jour, se posent à ce sujet. Deux sont essentielles. La première consiste à se demander si cette *summa divisio* est justifiée[535]. La seconde, en admettant qu'une réponse affirmative ait été apportée à la question précédente, porte alors sur le ou les critères permettant de faire la distinction entre les deux principales branches du droit[536].

227. Bien que certains auteurs refusent, plus ou moins directement, une telle partition du droit[537], d'autres l'admettent[538]. Parmi ceux-ci certains semblent faire du consentement des individus un critère permettant de délimiter ces deux sphères du droit : au droit privé le consentement, au droit public la contrainte. Jean-Marc FEVRIER, citant des propos de Charles EISENMANN, exprime bien les conséquences de cette vision. Elle aboutirait à « une "double équation" : "droit privé égale droit de liberté, droit d'autonomie ; droit public égale droit de commandement, droit impératif".

---

[534] H. LELSEN affirme ainsi qu' « il est bien connu que jusqu'à ce jour on n'a pas réussi à obtenir une définition parfaitement satisfaisante de cette distinction » : H. KELSEN, *Théorie pure du droit, op. cit.*, p. 372.

[535] Voir, pour une étude récente, B. BONNET et P. DEUMIER (dir.), *De l'intérêt de la* summa divisio *droit public-droit privé ?*, Dalloz, coll. « Thèmes et commentaires », 2010, 297 p.

[536] Deux questions qu'évoque M. TROPER : « … l'opposition du droit public et du droit privé fait l'objet, parmi les juristes, au moins en Europe continentale, d'un débat récurrent : ils y discutent à la fois la pertinence de la distinction – le droit public et le droit privé sont-ils différents ? – de son critère, de son objet, ou de son fondement » : *Pour une théorie juridique de l'Etat*, PUF, coll. « Léviathan », 1994, 358 p., p. 183.

[537] Tel est notamment le cas de H. KELSEN. Voir par exemple *Théorie pure du droit, op. cit.*, pp. 372-376.

[538] Voir par exemple M. TROPER, *Pour une théorie juridique de l'Etat, op. cit.*, pp. 183-198, le chapitre intitulé « La distinction droit public-droit privé et la structure de l'ordre juridique ». Ces pages reprennent une publication précédente de l'auteur : « L'opposition droit public-droit privé et la structure de l'ordre juridique », *PMP*, vol. 5, n°1, 1987, pp. 181-198.

Au droit privé revient la technique contractuelle, au droit public le procédé autoritaire de la décision exécutoire »[539].

228. Le droit privé serait donc, sur le plan théorique, le droit de la liberté, du consentement, alors que le droit public serait tout entier caractérisé par la contrainte, donc par l'absence de consentement des individus (I). Mais les théories trouvent toujours leur traduction dans le droit positif et les principes ne tardent jamais à produire une technique juridique propre. Le droit privé serait donc, sur le plan technique, le droit du contrat, tandis que le droit public tout entier ne serait que le droit de l'unilatéralité (II).

I. Les termes généraux de l'opposition : un droit de la contrainte opposé à un droit du libre consentement

229. Comme l'affirme Gabriel ECKERT, le droit public est né, historiquement, « d'un effort de différenciation et de singularisation par rapport au droit privé »[540]. Dès lors, rien d'étonnant à ce que le droit public soit analysé, encore aujourd'hui, en termes d'opposition au droit privé[541].

---

[539] J.-M. FEVRIER, « Sur le fondement de l'autorité des décisions exécutoires », *op. cit.*, p. 880.

[540] G. ECKERT, « Droit administratif et droit civil », *op. cit.*, p. 603. Un certain nombre d'auteurs confirment cette analyse sur le plan historique, par exemple A. RIGAUDIERE, G. CHEVRIER ou encore G. BIGOT pour ce qui concerne plus spécifiquement le droit administratif. Voir respectivement : « Pratique politique et droit public dans la France des XIVe et XVe siècles », dans *Le privé et le public*, *APD*, n°41, 1997, pp. 83-114 ; « Remarques sur l'introduction et les vicissitudes de la distinction du "*jus privatum*" et du "*jus publicum*" dans l'œuvre des anciens juristes français », dans *La distinction du droit privé et du droit public et l'entreprise publique, APD*, n°1, 1952, pp. 5-77 et « La difficile distinction droit public/droit privé dans l'Ancien droit : l'exemple du droit administratif », *Naissance du droit français/1*, *Droits*, n°38, 2003, pp. 97-111. Pour une synthèse d'ensemble, voir L.-A. BARRIERE, « Une approche historique de la *summa divisio* droit public-droit privé », dans B. BONNET et P. DEUMIER (dir.), *De l'intérêt de la* summa divisio *droit public-droit privé ?*, *op. cit.*, pp. 7-30.

[541] Ce phénomène repose, encore une fois, sur la notion de définition héritée d'ARISTOTE. Dans cette idée d'opposition on retrouve la notion de « différence spécifique », c'est-à-dire l'élément que possède la notion qu'il s'agit de définir, tandis que les autres, justement, ne la possèdent pas. En un mot on peut dire que « définir, c'est exclure ». Des auteurs insistent bien sur cette notion d'opposition entre les deux droits. D. TRUCHET souligne que « le droit public n'a de sens que si on le distingue du droit privé ». G. BIGOT note que « par la façon dont il s'est construit contre le droit privé comme en témoigne l'arrêt *Blanco*, le droit public administratif a immédiatement fait l'objet de critiques. La distinction droit public/droit privé que recoupe la dualité des juridictions a été analysée en terme de lutte ». Parlant plus spécifiquement du droit administratif, J. CHEVALLIER indique qu'il est amené, « en tant que

Mais il existe différentes manières de s'opposer et celle qu'il s'agit d'étudier ici n'est sans doute pas la moins radicale. Tandis que le droit privé reposerait principalement sur l'autonomie de la volonté, donc *in fine* le consentement, le droit public ne ferait qu'incarner la supériorité de l'Etat et de l'intérêt général, supériorité exclusive de tout consentement de la part des sujets de droit destinataires des normes produites par l'appareil étatique.

230. En d'autres termes certains auteurs, non seulement établissent une distinction essentielle entre le droit privé et le droit public, mais la font reposer sur un critère, ou au moins un caractère, qui serait la présence, ou, au contraire, l'absence de consentement. Il convient donc de présenter les éléments caractéristiques de l'opposition (A) avant de la relativiser (B).

A. Les éléments caractéristiques de l'opposition

231. Pour prendre la mesure de la théorie qui consiste à opposer droit public et droit privé grâce à la présence ou à l'absence du consentement, il convient de s'assurer qu'il ne s'agit pas simplement d'une vision partagée par quelques auteurs isolés. Une analyse de la doctrine permettra d'établir ce fait (1), ce qui justifiera ensuite de remonter aux principes sous-entendus par ces auteurs (2).

1. Un point de vue fréquent et relativement partagé

232. Parmi les auteurs qu'il est possible de citer, certains opposent droit privé et droit public, non pas directement en utilisant le *terme* de consentement, mais des expressions qui impliquent nécessairement l'*idée* de consentement[542]. D'autres, en revanche, font explicitement référence à la notion même de consentement.

---

savoir juridique spécialisé, à se situer par rapport aux autres branches du droit. C'est dans/par la *relation duale* entretenue avec, d'un côté la science administrative, de l'autre le droit constitutionnel, que le droit administratif acquiert sa véritable dimension ». Voir, respectivement : *Le droit public*, PUF, coll. « QSJ ? », 2ème éd., 2010, 127 p., p. 21 ; « La difficile distinction droit public/droit privé dans l'Ancien droit : l'exemple du droit administratif », *op. cit.*, p. 97 et « Le droit administratif entre science administrative et droit constitutionnel », dans CURAPP, *Le droit administratif en mutation*, PUF, 1993, 321 p., pp. 11-40, p. 12.

[542] Si les hommes sont égaux, rien ne peut leur être imposé par un être semblable à eux sans leur consentement. Cette idée est à la base de l'autonomie, qui est à la racine de la liberté des Modernes. L'article consacré à l'autorité politique dans l'*Encyclopédie* de Diderot et D'Alembert commence ainsi par ces mots : « aucun homme n'a reçu de la nature, le droit de commander aux autres », avant de préciser que « le prince ne peut donc pas disposer de son pouvoir et de ses sujets sans le consentement de la nation » : *Encyclopédie, ou dictionnaire*

233. Parmi les premiers, beaucoup opposent droit public et droit privé selon le degré d'égalité qui existe entre les sujets de droit. Selon Jean GICQUEL et Jean-Eric GICQUEL, « le droit privé régit les rapports entre les particuliers que nous sommes, les uns et les autres. Fondé sur l'autonomie de la volonté, il présente un caractère égalitaire : *Les hommes naissent et demeurent libres et égaux en droit* [...]. En revanche, le droit public qui organise les relations, d'une part, entre les personnes publiques [...], et, d'autre part, entre celles-ci et les individus est *inégalitaire* »[543]. Quoique de manière plus nuancée, Jean-Claude RICCI abonde dans le même sens : « le droit public est un droit à base normalement inégalitaire [...], alors que le droit privé repose sur une base plutôt égalitaire »[544]. D. MAINGUY dit la même chose : le droit public est « fondamentalement inégalitaire puisqu'il favorise l'Etat en toute hypothèse contre les particuliers alors que le droit privé tend au contraire à promouvoir l'égalité entre les personnes »[545]. Jean RIVERO, enfin, affirme que si « l'égalité entre les personnes privées est à la base du droit privé, le droit administratif implique, lui, une relation fondamentalement inégalitaire »[546].

234. Droit public et droit privé sont encore différenciés selon le degré d'autonomie et de liberté laissé aux individus, donc à leur consentement. Dans un article qui résume bien le débat engagé après la Seconde Guerre mondiale sur la publicisation du droit privé, Jacques FLOUR décrit la pensée juridique dominante en disant que « le droit privé est, normalement, un droit d'autonomie, le droit public, normalement, un droit impératif »[547]. D'autres auteurs affirment que « le droit public est essentiellement *impératif*. Les particuliers ne peuvent déroger à ses prescriptions. Le droit privé laisse une

---

raisonné des sciences, des arts et des métiers, Briasson, David, Le Breton, Durand, 1751, tome 1, 914 p., entrée « Autorité politique », respectivement p. 898 et pp. 898-899.

543 J. GICQUEL et J.-E. GICQUEL, *Droit constitutionnel et institutions politiques*, LGDJ, 27ème éd., 2013, coll. « Domat droit public », 834 p., p. 27. Sur la question de l'inégalité, voir aussi E. SAILLANT, *L'exorbitance en droit public*, Dalloz, coll. « NBT », vol. 109, 2011, 662 p.

544 J.-Cl. RICCI, *Introduction à l'étude du droit*, Hachette, coll. « Les fondamentaux », 2ème éd., 2002, 155 p., p. 34-35.

545 D. MAINGUY, *Introduction générale au droit*, LexisNexis, coll. « Objectif Droit – Cours », 5ème éd., 2010, 241 p., p. 27.

546 J. RIVERO, « La question : "Existe-t-il un critère du droit administratif ?" est-elle toujours actuelle ? », dans F. MELIN-SOUCRAMANIEN et F. MELLERAY (dir.), *Le Professeur Jean Rivero ou la liberté en action*, *op. cit.*, pp. 67-74, p. 71. Ces propos, concernant le droit administratif peuvent tout à fait être étendus au droit public en général.

547 J. FLOUR, « Sur l'influence du droit public sur le droit privé en France », dans *Journées de droit civil franco-suisse*, *Travaux de l'association Henri Capitant*, tome II, Dalloz, 1948, pp. 184-199, p. 184.

plus large place aux volontés individuelles. Ses règles seront souvent supplétives. Elles ne s'imposeront qu'à défaut de volonté contraire »[548].

235. Enfin, des auteurs opposent droit public et droit privé en faisant directement référence à la notion de consentement. Tel est le cas de Jean RIVERO qui affirme que « même dans le droit de la famille où l'accord des volontés fait le mariage, même dans le droit des successions où nul ne peut être héritier malgré lui, le droit privé apparaît dans son essence comme un droit du libre consentement, et toute l'analyse du XIXème siècle l'a développé dans le sens de l'autonomie de la volonté. En droit public, le procédé-type est celui de la décision exécutoire, par laquelle l'administration force la volonté de l'administré, et commande »[549]. Comme l'écrit Michel TROPER, le droit qui concerne les relations entre particuliers « est dans une large mesure déterminé par les particuliers eux-mêmes, notamment par voie de contrat ; c'est un droit de l'égalité et de la liberté » alors que le droit qui a pour objet le statut des gouvernants et leurs relations avec les particuliers « est imposé par les gouvernants de manière unilatérale et ne requiert pas pour être valable le consentement des sujets. C'est un droit de l'autorité »[550]. Mais il revient sans doute à Michel MIAILLE d'utiliser la formule, déjà citée, la plus synthétique à ce sujet, même si c'est pour la critiquer : « l'impératif en droit public, le consentement en droit privé »[551].

236. Par-delà ces citations et les positions des auteurs, c'est le fond des choses qu'il faut interroger.

2. Une opposition fondamentale

237. L'opposition du droit privé et du droit public faite à partir du critère du consentement semble se manifester à trois niveaux, selon un degré d'abstraction croissant. Au premier, qui est celui des faits, il est possible de constater que l'administration[552] peut user de *contrainte* envers les particuliers, alors que ceux-ci, dans leurs relations réciproques, n'auraient pas cette possibilité. Cela révèle, au plan théorique – c'est le deuxième niveau –, une *inégalité* de situation entre les personnes privées et les personnes publiques. Enfin, cette contrainte et cette inégalité ne sont pas

---

[548] J. GHESTIN, G. GOUBEAUX et M. FABRE-MAGNAN, *Traité de droit civil*, tome 1, *Introduction générale*, LGDJ, 4ème éd., 1994, 891 p., p. 68.

[549] J. RIVERO, « *Droit public et droit privé : conquête, ou* statu quo *?*, *D.*, 1947, chron., pp. 69-72, p. 69.

[550] M. TROPER, *Pour une théorie juridique de l'Etat*, *op. cit.*, p. 184.

[551] M. MIAILLE, *Une introduction critique au droit*, *op. cit.*, p. 176.

[552] L'administration étant ici à prendre dans son sens le plus large, le sens fonctionnel.

sans but : elles sont finalisées par le souci de faire prévaloir l'*intérêt général* sur les intérêts particuliers. C'est le troisième niveau.

238. L'opposition entre, d'un côté, le droit privé qui ne connaîtrait pas la contrainte non consentie et, de l'autre, le droit public qui, au contraire, reposerait sur ce mécanisme, est une idée fréquente en doctrine. Jacques CHEVALLIER fait ainsi référence à l'autorité et à la contrainte : « la société est censée être formée de deux sphères distinctes, séparées par une cloison étanche : d'un côté, la sphère privée, fondée sur la libre initiative individuelle et structurée autour des rapports d'interaction qui se nouent entre les individus et les groupes [...] ; de l'autre, la sphère publique, condensant les rapports d'autorité et de contrainte, qui intègre l'ensemble des fonctions de direction et de gestion de la collectivité »[553]. Grégoire BIGOT, quant à lui et en ce qui concerne plus spécifiquement le droit administratif, parle de domination : « le rapport juridique administration/administré n'est-il pas en effet toujours caractérisé par un rapport de domination à sujétion même si les progrès accomplis par le droit administratif paraissent en atténuer les excès ? »[554]. Ou encore : « le droit administratif demeure marqué par un rapport de domination à sujétion dans le commerce juridique qu'entretiennent les particuliers avec l'administration »[555].

239. Cette possibilité de contrainte ne fait que traduire une inégalité foncière entre les représentants de la sphère publique et les acteurs de la sphère privée. Pour Jacques CHEVALLIER, « le droit administratif a été conçu comme un droit par essence même inégalitaire : le caractère dérogatoire de ses règles par rapport à celles du droit commun, était fondé sur l'idée d'une différence irréductible de situation entre l'administration, détentrice du monopole de la contrainte, et l'administré ; les prérogatives reconnues à l'administration, comme les sujétions qui lui étaient imposées, n'étaient que la traduction tangible de cette inégalité »[556]. Didier TRUCHET, quant à lui, note que « le droit public repose sur une inégalité juridique fondamentale [...], il n'y a pas d'égalité juridique entre personnes publiques

---

[553] J. CHEVALLIER, « Présentation », dans CURAPP, *Public/privé*, PUF, 1995, 230 p., pp. 5-18, p. 6.

[554] G. BIGOT, « Les bases constitutionnelles du droit administratif avant 1875 (Définir le droit administratif/1) », *RFDA*, 2003, pp. 218-224, p. 224.

[555] G. BIGOT, « La dictature administrative au XIXe siècle : théorie historique du droit administratif (Définir le droit administratif/2) », *RFDA*, 2003, pp. 435-441, p. 441.

[556] J. CHEVALLIER, « L'évolution du droit administratif », *RDP*, 1998, pp. 1794-1809, p. 1806.

et personnes privées. Qu'elles y consentent ou pas, ces dernières doivent s'incliner devant la domination, et parfois la contrainte, des premières »[557].

240. Enfin, ces deux premiers aspects sont la conséquence de la finalité poursuivie par le droit public qui diffère de celle poursuivie par le droit privé. Ainsi, par exemple, le droit administratif classique a été pensé comme devant assurer « la valorisation prioritaire de la collectivité au détriment des individus »[558]. Tel était notamment l'avis de Gaston JEZE qui affirmait que « ces règles juridiques spéciales, les procédés du droit public, se ramènent à cette idée essentielle : l'intérêt particulier doit s'incliner devant l'intérêt général »[559]. De l'opposition entre droit public et droit privé le premier occupe la première place, étant « traditionnellement perçu comme primant le droit privé afin d'assurer la prévalence de l'intérêt général sur les intérêts particuliers »[560].

241. Mais en réalité ces trois aspects sont indissolublement liés et il est extrêmement difficile de les présenter séparément. Il s'agit en effet du lien qui unit la finalité avec les moyens permettant de l'atteindre, ces deux éléments trouvant ensuite naturellement leur traduction dans les faits. Pour ne prendre que quelques exemples, Jean RIVERO mentionne que « l'égalité entre les personnes privées est à la base du droit privé », alors que « le droit administratif implique, lui, une relation fondamentalement inégalitaire. Il n'en peut être autrement : à défaut, les intérêts privés pourraient tenir en échec la poursuite du bien commun, qui peut leur imposer des sacrifices »[561]. Jacques CHEVALLIER indique que « du fait du lien organique qui l'unit à l'Etat, l'administration est dotée de moyens d'action particuliers : "appareil d'Etat", elle est chargée de mettre en œuvre, de gérer, d'instrumenter le

---

[557] D. TRUCHET, *Le droit public*, *op. cit.*, p. 22. Ch. DEBBASCH estime pour sa part que « le droit administratif a été trop longtemps enfermé dans une idéologie inégalitaire. L'administration dans la conception classique est placée sur un piédestal par rapport aux personnes privées » : « Le droit administratif, droit dérogatoire au droit commun ? », dans *Mélanges René Chapus*, Montchrestien, 1992, 707 p., pp. 127-133, p. 128.

[558] F. MELLERAY, « L'exorbitance du droit administratif en question(s) », *op. cit.*, p. 1963.

[559] G. JEZE, *Les principes généraux du droit administratif*, tome 2, *La notion de service public. Les individus au service public. Le statut des agents publics*, *op. cit.*, p. 3.

[560] G. ECKERT, « Droit administratif et droit civil », *op. cit.*, p. 645. Le développement du libéralisme est cependant susceptible d'influer sur de telles considérations. S. PAPAEFTHYMIOU note ainsi que « l'idéologie libérale constitue une autre force centrifuge par rapport à la subordination du droit privé au droit public : la place que les auteurs assignent à l'Etat au sein de la société et la fonction qu'ils lui attribuent font de l'individu le point de départ et d'arrivée de toute construction juridique. L'Etat, investi par ces auteurs d'une suprématie de fait, redevient, dans ces développements, le serviteur de l'individu » : « La distinction "droit privé-droit public" en France entre 1848 et 1900 : le paradigme positiviste perdu », *op. cit.*, p. 122.

[561] J. RIVERO, « La question : "Existe-t-il un critère du droit administratif ?" est-elle toujours actuelle ? », *op. cit.*, p. 64.

monopole de la contrainte, sous son double aspect juridique et matériel. Transcrivant cette puissance en termes juridiques, le droit administratif est caractérisé par une structure inégalitaire, asymétrique, régie par un principe de non-réversibilité, de non-réciprocité »[562]. Le Conseil d'Etat, enfin, indiquait dans son rapport de 2008, que « le droit public repose [...] tout entier sur l'idée d'une prééminence de l'acte unilatéral, expression d'une volonté générale davantage valorisée que la volonté particulière exprimée dans le contrat »[563].

242. Cette opposition ne doit pas pour autant être érigée en absolu et mérite d'être relativisée.

B. La relativisation de l'opposition

243. Cette opposition du droit privé et du droit public sur la base du critère du consentement est exagérée. Des exemples ont déjà été donnés de la présence de consentement en droit administratif[564], branche du droit public. D'autres seront donnés de contrainte et d'unilatéralité en droit privé[565], venant confirmer, s'il en était besoin, ce que la théorie peut avoir d'excessif, en ne tenant pas compte de toutes les données du droit positif. Mais ici il conviendra d'insister sur deux aspects plus généraux. La distinction proposée, non seulement ne tient pas compte du rapprochement qui a lieu entre les deux branches du droit depuis plusieurs décennies (1), mais surtout repose sur une vision idéalisée des deux droits (2).

1. Rapprochement des branches du droit et consentement

244. Que l'on adhère ou non à l'idée d'une *summa divisio* du droit, il est indéniable que droit public et droit privé tendent à se rapprocher, sous l'effet notamment de ce que Raphaël ENCINAS DE MUNAGORRI appelle la « fondamentalisation » du droit[566], c'est-à-dire la prise en compte croissante des droits fondamentaux. Cette « fondamentalisation » s'opère par le biais de la constitutionnalisation des diverses branches du droit ainsi que par le

[562] J. CHEVALLIER, « Le droit administratif, droit de privilège ? », *op. cit.*, p. 59.

[563] CONSEIL D'ETAT, *Le contrat, mode d'action publique et de production de normes. Rapport public 2008*, *op. cit.*, p. 91.

[564] *Cf. supra*, chapitre 1.

[565] *Cf. infra*, n°271.

[566] R. ENCINAS DE MUNAGORRI, « De la cohérence des contrôles de constitutionnalité : la *summa divisio* est-elle un atout ou un obstacle ? », dans B. BONNET et P. DEUMIER (dir.), *De l'intérêt de la* summa divisio *droit public-droit privé ?*, *op. cit.*, pp. 107-120, p. 108.

développement du droit international, tout spécialement européen. Ce mouvement, général en soi, est visible également en ce qui concerne le consentement qui ne peut plus, en tout cas pas de manière générale, servir de critère de distinction entre les deux branches du droit. Le droit européen, par exemple, vient brouiller la distinction en imposant des normes applicables aussi bien en droit public qu'en droit privé[567].

245. La question du rapport entre consentement et données à caractère personnel en est un bon exemple[568]. A partir des années 1970, l'informatique permet un développement formidable des traitements automatisés de données. Ces traitements concernent, bien sûr, des activités purement privées[569], mais aussi un certain nombre d'activités publiques[570]. C'est

---

567 A cet égard, il semble que la doctrine soit unanime pour considérer que le droit international relativise fortement la division entre droit public et droit privé. D'abord parce qu'il irrigue, selon les termes de B. MATHIEU et M. VERPEAUX « l'ensemble du système juridique, le droit privé comme le droit public ». D'autre part, parce qu'il est un facteur d'homogénéisation des deux branches du droit. Ainsi, pour G. ECKERT, « le droit de l'Union européenne et le droit issu de la Convention européenne des droits de l'Homme tendent à une certaine homogénéisation des solutions [...]. Il en résulte que la distinction entre le droit administratif et le droit civil, et, par-delà, entre le droit public et le droit privé n'est plus première. Elle tend à devenir secondaire, amenée à se greffer sur le tronc commun du droit constitutionnel, du droit de l'union et du droit européen ». Pour B. BONNET, « les mouvements d'internationalisation et surtout d'européanisation de nos ordres juridiques ont nécessairement des conséquences sur l'organisation de nos ordres : ces mouvements sont à l'origine d'une réinitialisation de nos ordres juridiques et d'une reconstruction de ces derniers. Ces mouvements, la "logique" européenne, conduisent irrémédiablement à diluer la *summa divisio* ». Pour J. CAILLOSSE, « la manière française de séparer le droit public du droit privé n'a pas d'équivalent possible en droit communautaire ». Enfin, selon Y. GAUDEMET, avec l'influence des systèmes conventionnels, « les mécanismes juridiques, qu'ils soient de droit privé ou de droit public, doivent satisfaire aux mêmes standards de garantie, tant au fond qu'en termes de procédure ». Voir, respectivement : *Droit constitutionnel*, PUF, coll. « Droit fondamental », 2004, 874 p., p. 20 ; « Droit administratif et droit civil », *op. cit.*, p. 609 ; « La *summa divisio* droit public-droit privé, chimère ou pierre angulaire ? », dans B. BONNET et P. DEUMIER (dir.), *De l'intérêt de la* summa divisio *droit public-droit privé ?*, *op. cit.*, pp. 3-6, p. 5 ; « Droit public-droit privé : sens et portée d'un partage académique », *AJDA*, 1996, pp. 955-964, p. 963 ; « Prolégomènes pour une théorie des obligations en droit administratif français », *op. cit.*, p. 623. Voir encore J.-S. BERGE, « La *summa divisio* droit privé-droit public et le droit de l'Union européenne : une question pour qui ? une question pour quoi ? », dans B. BONNET et P. DEUMIER (dir.), *De l'intérêt de la* summa divisio *droit public-droit privé ?*, *op. cit.*, pp. 45-56.

568 D'autres illustrations pourraient également être données, comme le consentement en droit médical ou dans les mesures alternatives aux recours contentieux. Dans tous ces cas, le rapprochement est la conséquence de l'application, aux différentes branches du droit, de principes supérieurs à chacune de celles-ci prises séparément et s'appliquant donc à elles, comme la notion de dignité humaine qui vaut aussi bien en droit médical « privé » que « public ».

569 Comme la constitution, par une société commerciale, d'un fichier clients.

même, à l'origine, pour assurer la protection des données à caractère personnel contre les Etats que les premiers textes juridiques ont vu le jour. C'est notamment le cas de la *loi relative à l'informatique, aux fichiers et aux libertés*[571], adoptée le 6 janvier 1978 suite au scandale de l'affaire SAFARI[572]. Apparut dès lors la nécessité de protéger les données personnelles, avec « pour objectif d'établir un équilibre entre le droit à la vie privée des personnes et le légitime besoin de certains tiers (entreprises, administrations) de traiter les informations concernant ces personnes »[573].

246. La loi de 1978 ne faisait pas référence au consentement de l'individu. On en retrouvait cependant l'idée à l'article 26 qui énonçait que toute personne physique « a le droit de s'opposer, pour des raisons légitimes, à ce que des informations nominatives la concernant fassent l'objet d'un traitement »[574]. De même, l'article 31 indiquait qu'il est « interdit de mettre ou conserver en mémoire, sauf accord exprès de l'intéressé, des données nominatives, qui, directement ou indirectement, font apparaître les origines raciales ou les opinions philosophiques ou religieuses ou les appartenances syndicales des personnes ».

247. Le droit de l'Union européenne a fait évoluer les choses de manière significative. La directive n°95/46/CE du Parlement européen et du Conseil du 24 octobre 1995, *relative à la protection des personnes physiques à l'égard du traitement des données à caractère personnel et à la libre*

---

[570] Il en est ainsi des innombrables fichiers publics que constituent par exemple l'état civil, les listes électorales ou encore les nombreux fichiers existant en matière pénale ou dans le domaine des impôts. Pour davantage d'exemples concernant les collectivités territoriales, voir le guide de la CNIL, *Les collectivités locales*, 2009, disponible à l'adresse http://www.cnil.fr/fileadmin/documents/Guides_pratiques/CNIL_Guide_CollLocales.pdf, [6 sept. 2015].

[571] Loi n°78-17 du 6 janv. 1978 *relative à l'informatique, aux fichiers et aux libertés*, *JORF*, 7 janv. 1978, p. 227-231. D'autres textes, notamment internationaux, verront le jour peu après. Voir par exemple : en ce qui concerne l'OCDE, la *Recommandation du Conseil concernant les lignes directrices régissant la protection de la vie privée et les flux transfrontières de données de caractère personnel*, du 23 sept. 1980 et en ce qui concerne le Conseil de l'Europe, la *Convention pour la protection des personnes à l'égard du traitement automatisé des données à caractère personnel*, du 28 janv. 1981, dite *Convention 108*.

[572] Voir F. MATTATIA, *Traitement des données personnelles. Le guide juridique. La loi Informatique et libertés et la CNIL. Jurisprudences*, EYROLLES, 2013, 187 p., pp. 27-28 et Ph. BOUCHER, « "SAFARI", ou la chasse aux Français », *Le Monde*, 21 mars 1974, p. 9. Le fichier SAFARI (Système Automatisé pour les Fichiers Administratifs et le Répertoire des Individus) était un projet du ministère de l'Intérieur qui visait à répertorier les données de toute la population.

[573] F. MATTATIA, *Traitement des données personnelles. Le guide juridique. La loi Informatique et libertés et la CNIL. Jurisprudences*, *op. cit.*, p. 12.

[574] Une lecture *a contrario* de cet article montre bien que le consentement de l'intéressé est en principe une condition nécessaire de la constitution d'un traitement contenant des informations nominatives. L'alinéa 2 du même article indique cependant des dérogations.

circulation de ces données[575], fait intervenir en effet massivement la notion de consentement[576]. Non seulement elle définit précisément cette notion[577], traite de la question du consentement dès les articles initiaux, comme pour marquer son rôle prépondérant, mais encore l'exige dans plusieurs types de circonstances : pour la constitution du traitement lui-même, ainsi que pour son éventuelle diffusion. Au niveau de la constitution du traitement, le principe est l'interdiction, sauf, notamment, si « la personne concernée a indubitablement donné son consentement »[578]. Parmi plusieurs justifications possibles permettant le traitement, le consentement apparaît en premier, montrant par là son importance. Par ailleurs, le traitement de certaines données, celles qui « révèlent l'origine raciale ou ethnique, les opinions religieuses ou philosophiques »[579], etc., est interdit de manière plus particulière, sauf si « la personne concernée a donné son consentement explicite à un tel traitement »[580]. En ce qui concerne la communication des traitements de données à caractère personnel à des tiers, la personne concernée bénéficie là encore d'un droit d'opposition[581]. De manière plus accentuée, le transfert vers un pays tiers de données à caractère personnel faisant l'objet d'un traitement n'est possible que si le pays tiers assure un niveau de protection adéquat[582]. A défaut, le transfert envisagé est en principe impossible à moins que « la personne concernée ait indubitablement donné son consentement »[583].

248. Ceci étant dit, il convient de noter deux choses essentielles à la démonstration envisagée. D'une part, sur les différentes hypothèses où le

---

575 *JOCE*, 23 nov. 1995, n°L281, p. 31.

576 Le terme n'apparaît ainsi pas moins de douze fois dans la directive.

577 Voir l'article 2, h) qui définit le « consentement de la personne concernée » comme « toute manifestation de volonté, libre, spécifique et informée par laquelle la personne concernée accepte que des données à caractère personnel la concernant fassent l'objet d'un traitement ».

578 Article 7, a). Il conviendrait encore de noter que les personnes concernées par un traitement de données à caractère personnel disposent aussi dans certains cas d'un droit d'opposition, prévu à l'article 14, qui leur permet de revenir à tout moment sur le consentement donné initialement, « pour des raisons prépondérantes et légitimes ». Ce droit est d'ailleurs particulièrement affirmé en ce qui concerne les traitements mis en place dans le cadre d'une mission de service public, « sauf en cas de disposition contraire du droit national ».

579 Article 8, 1.

580 Article 8, 2. La protection renforcée de ces données se traduit par l'exigence d'un consentement « explicite ». Encore convient-il de noter que ce consentement est parfois insuffisant, le même article prévoyant que les Etats membres peuvent interdire de manière absolue le traitement des données dites sensibles, indépendamment du consentement de la personne concernée. Sur la signification d'une telle interdiction, voir *infra*, n°574.

581 Voir notamment les articles 8, d) et 14.

582 Voir l'article 25, 1.

583 Article 26, 1.

consentement de la personne est nécessaire, trois peuvent concerner les traitements mis en place par les personnes publiques, ou plus largement toute personne gérant un service public. Seule la première peut y échapper, le traitement pouvant être autorisé, non seulement par le consentement de l'intéressé, mais également s'il est « nécessaire à l'exécution d'une mission d'intérêt général ou relevant de l'exercice de l'autorité publique »[584]. Mais hormis ce cas, dans toutes les autres hypothèses, la nécessité du consentement concerne aussi bien les organismes de droit privé que ceux de droit public. Sauf si la loi en dispose autrement, les administrations ne peuvent pas par exemple se communiquer des données à caractère personnel sans le consentement des personnes concernées[585]. D'autre part, cette directive a été transposée en droit français par la loi du 6 août 2004[586]. Sans surprise, le consentement a fait alors son apparition en droit français de manière très prononcée. On en retrouve la notion, conformément à la directive, en ce qui concerne la mise en place du traitement[587], mais aussi les données sensibles[588] ou encore le transfert des données à des tiers[589].

---

[584] Article 7, e). Il est à noter par ailleurs que les domaines régaliens sont par nature exclus de la directive, le droit de l'Union européenne ne s'y appliquant pas, comme le rappelle l'article 3. F. MATTATIA relève de manière humoristique cette nécessité d'exclure de la directive les traitements prévus par la loi en imaginant le courrier suivant : « Monsieur le directeur des impôts, je vous rappelle que je n'ai pas donné mon consentement pour figurer dans vos fichiers. Je vous prie en conséquence de bien vouloir effacer mon nom de la liste des contribuables. Dans l'attente, veuillez agréer, etc. » : « *Traitement des données personnelles. Le guide juridique. La loi Informatique et libertés et la CNIL. Jurisprudences*, *op. cit.*, p. 20. En revanche, s'il s'agit d'un traitement qui n'est pas obligatoire, comme les fichiers d'administrés que mettent en place certaines collectivités locales, le consentement des personnes concernées redevient le principe.

[585] Cette nécessité du consentement est à rapprocher du mécanisme prévu par l'article 6 de l'ordonnance n°2005-1516 du 8 déc. 2005 *relative aux échanges électroniques entre les usagers et les autorités administratives et entre les autorités administratives*, *JORF*, 9 déc. 2005, p. 18986, texte n°9, qui prévoit que « lorsqu'une personne doit, en vertu d'un texte législatif ou réglementaire, communiquer à une autorité administrative une information contenant des données à caractère personnel la concernant et que cette information émane d'une autre autorité administrative, cette communication peut, à condition que l'intéressé l'ait préalablement accepté de manière expresse, être directement opérée par voie électronique par l'autorité dont émane l'information. » Sur cette question, voir L. CLUZEL-METAYER, « Procédures administratives électroniques », *Jcl. adm.*, fasc. n°109-24, mars 2013, spéc. n°39.

[586] Loi n°2004-801 du 6 août 2004 *relative à la protection des personnes physiques à l'égard des traitements de données à caractère personnel et modifiant la loi n°78-17 du 6 janvier 1978 relative à l'informatique, aux fichiers et aux libertés*, *JORF*, 7 août 2004, p. 14063, texte n°2.

[587] Article 7.

[588] Article 8.

[589] Articles 8. Sur ces points, les explications ne sont pas nécessaires, la loi reprenant le contenu de la directive, dont les mécanismes ont été expliqués ci-dessus.

249. Enfin, plus récemment, la Commission européenne s'est proposé de refondre le droit concernant les données à caractère personnel. Son projet de règlement, qui devrait être adopté fin 2015, prévoit ainsi de réaffirmer l'exigence du consentement et même de lui donner un rôle encore plus important, notamment en exigeant qu'il soit systématiquement donné de manière explicite[590], la charge de la preuve incombant désormais au responsable du traitement[591]. Il y aurait encore beaucoup à dire sur ce projet de règlement. Mais l'essentiel est ici de noter que, s'agissant d'un règlement, il fera directement partie du droit national, sans qu'il soit nécessaire de le transposer en droit français. Comme la directive précitée de 1995, il viendra par là directement minimiser la distinction entre droit public et droit privé au regard du critère du consentement.

250. Sur cette question des données à caractère personnel, le droit de l'Union européenne a donc bien été un facteur de rapprochement des deux branches du droit. Mais sans même parler de cette évolution récente, l'analyse du droit « classique » suffisait déjà à dénier au consentement le caractère d'un critère de distinction des droits public et privé.

2. Des représentations idéales à dépasser

251. Au-delà d'arguments spécifiques qui viendraient relativiser la distinction sur tel ou tel point précis, la critique la plus importante consiste à relever que l'opposition du droit public et du droit privé s'articulant autour du consentement traduit en fait une vision si ce n'est idéologique[592], du moins idéalisée, donc déformée, des deux droits. D'un côté, il est fréquent qu'au cours du raisonnement le droit privé soit en fait réduit au droit civil, et

---

590 Voir notamment le considérant 25, ainsi que l'article 4. Le texte adopte donc le principe de ce qu'on appelle l'*opt-in*, par opposition à l'*opt-out*. Le refus de consentement est donc le principe, mais l'intéressé peut donner son accord par un acte positif d'inscription (« cochez la case pour recevoir la newsletter » et non pas « cochez la case pour ne plus recevoir la newsletter » par exemple). Sur cette question, voir notamment F. MATTATIA, *Traitement des données personnelles. Le guide juridique. La loi Informatique et libertés et la CNIL. Jurisprudences*, *op. cit.*, p. 25 et p. 123.

591 Voir le considérant 32 et l'article 7, 1.

592 De nombreux auteurs notent plus spécifiquement le caractère idéologique de la distinction du droit public et du droit privé. Voir notamment : J. CAILLOSSE, « Droit public-droit privé : sens et portée d'un partage académique », *op. cit.* ; E. DESMONS, « Droit privé, droit public », dans D. ALLAND et S. RIALS (dir.), *Dictionnaire de la culture juridique*, *op. cit.*, pp. 520-525 ; H. KELSEN, *Théorie pure du droit*, *op. cit.*, pp. 373-376 et F.-X. TESTU, « La distinction du droit public et du droit privé est-elle idéologique ? », *D.*, 1998, chron., pp. 345-355. Développer une telle analyse permettrait de mettre davantage en lumière, en ce qui concerne le consentement, le décalage qui existe entre le droit administratif et la représentation qui en est donnée. Sur ce point, voir *supra*, n°67.

qui plus est à un droit civil largement réinterprété[593]. De l'autre côté, le droit public est souvent réduit au droit administratif, et qui plus est à un droit administratif centré sur les domaines régaliens. C'est ainsi, mais à cette condition seulement, qu'il devient possible de voir le consentement comme caractérisant, plus ou moins d'ailleurs, la *summa divisio*.

252. Concernant le droit privé, tout se passe comme si on assistait à un phénomène de réductions successives : d'abord celle du droit privé au droit civil, ensuite celle du droit civil au droit des obligations, puis celle du droit des obligations au droit des contrats[594]. Enfin, le droit des contrats est souvent ramené à un unique fondement : l'autonomie de la volonté. Le droit privé tout entier serait ainsi fondé, de manière caricaturale, sur la théorie de l'autonomie de la volonté[595]. Or, l'autonomie de la volonté, dans son expression la plus pure, est la théorie selon laquelle, « l'homme étant libre

---

[593] Tels sont les avis de Ch. EISENMANN et de J. FLOUR. Pour le premier en effet, M. SAVATIER eut le tort de faire reposer toute sa thèse, consistant à affirmer la publicisation du droit privé au lendemain de la Seconde Guerre mondiale, sur une vision particulière et partisane du droit privé. Le disciple de KELSEN affirme alors que « du droit privé qu'il juge le meilleur, en tout cas dans son idéologie et son orientation politique et sociale foncières – celui du Code civil napoléonien – il fait le droit privé en soi, absolu […]. Il n'était dès lors que logique que, dans la mesure où l'ordre des relations entre particuliers s'est éloigné de cette idéologie et de cette orientation il n'y vît plus un vrai droit privé, pur et authentique, mais un droit privé adultéré, mâtiné de… droit public, puisque le droit public devenait l'incarnation des idées contraires ». De son côté, M. FLOUR utilise, à propos de la même discussion, un vocabulaire dénué de toute ambiguïté. Il parle ainsi de « mythes » et de « postulats », notamment à propos du fait que le droit privé à l'époque de la codification serait abandonné, « en tout point, au jeu des libertés individuelles ». Voir respectivement : « Droit public, Droit privé (en marge d'un livre sur l'évolution du droit civil français du XIXe au XXe siècle) », *RDP*, 1952, pp. 903-979, p. 962 et « Sur l'influence du droit public sur le droit privé en France », *op. cit.*, p. 185. Il est à noter que MM. EISENMANN et FLOUR n'avaient pas pour point de vue celui qui est retenu dans les développements présents. Mais les observations qu'ils ont faites sur la distinction du droit public et du droit privé restent tout à fait valables ici. Pour un exemple particulier, celui du droit des contrats, on pourra lire J.-B. SEUBE, « Contrats privés – contrats administratifs : points de convergence ? », dans G. CLAMOUR et M. UBAUD-BERGERON (textes réunis et présentés par), *Contrats publics. Mélanges en l'honneur du Professeur Michel Guibal*, Montpellier, Presse de la Faculté de droit de Montpellier, coll. « Mélanges », 2006, tome 1, 874 p., pp. 367-383. L'auteur écrit notamment, p. 368, que « l'opposition entre les contrats administratifs et les contrats de droit privé a été bâtie sur une certaine image du contrat de droit privé, laquelle est aujourd'hui remise en cause ».

[594] Voir par exemple D. DEROUSSIN, *Histoire du droit des obligations*, Economica, 2ème éd., 2012, 919 p., pp. 101-105, le paragraphe intitulé « Une constante : l'hypertrophie du modèle contractuel ».

[595] Bien sûr, aucun auteur ne procède explicitement à un tel raisonnement. Mais cette idée est tout de même latente, quoique de manière beaucoup moins forte, dans l'esprit de nombreux juristes. Nombre d'introductions au droit semblent se faire l'écho de cette vision réductrice, sans aucun doute par souci pédagogique.

par essence », il « ne peut s'obliger que par sa propre volonté ».[596] Cela met bien évidemment le consentement au cœur de la théorie, puisqu'il n'est rien d'autre que l'expression juridique de la volonté[597]. Comme l'affirme Bertrand SEILLER, « l'autonomie de la volonté conduit à affirmer que seul le concours de volontés est apte à créer des effets de droit et, notamment, à donner naissance à une obligation »[598].

253. Du côté du droit public, on assiste de la même manière, quand il s'agit de le faire apparaître comme un droit caractérisé par l'absence du consentement, à un recentrage sur le droit administratif. Droit qui est souvent envisagé comme le droit de la « domination »[599], du « pouvoir »[600]. Il est alors, de manière habituelle, centré tout entier sur l'acte administratif unilatéral[601].

254. De la sorte, est mis en avant « le pouvoir de prendre des décisions s'imposant par la seule volonté de leur auteur et par conséquent indépendamment du consentement de ceux qu'elles concernent »[602]. Ce

---

[596] J. GHESTIN, G. LOISEAU, Y.-M. SERINET, *Traité de droit civil. La formation du contrat*, tome 1, *Le contrat. Le consentement*, *op. cit.*, p. 147.

[597] Sur ce point, voir G. ROUHETTE, « La force obligatoire du contrat. Rapport français », dans D. TALLON et D. HARRIS (dir.), *Le contrat aujourd'hui : comparaisons franco-anglaises*, *op. cit.*, pp. 27-55, p. 30.

[598] B. SEILLER, « L'exorbitance du droit des actes administratifs unilatéraux », dans F. MELLERAY (dir.), *L'exorbitance du droit administratif en question(s)*, *op. cit.*, pp. 107-124, p. 114.

[599] G. BIGOT, *Introduction historique au droit administratif depuis 1789*, *op. cit.*, p. 47.

[600] Fr. BURDEAU, « Naissance d'un droit », *op. cit.*, p. 538.

[601] Comme l'affirme Y. GAUDEMET, « le droit administratif est singularisé par sa construction tout entière autour du procédé exorbitant de l'acte unilatéral » et pour DUGUIT, l'acte administratif est la « manifestation normale de la volonté gouvernante ». Voir respectivement : « Prolégomènes pour une théorie des obligations en droit administratif français », *op. cit.*, p. 613 et *Etudes de droit public. L'Etat, le droit objectif et la loi positive*, *op. cit.*, p. 414. L'acte administratif unilatéral est certes un élément essentiel du droit administratif, comme le prouve notamment la décision du Conseil constitutionnel n°86-224 DC du 23 janv. 1987, dite « Conseil de la concurrence », ou encore la décision d'Assemblée du Conseil d'Etat du 2 juill. 1982, *Huglo*, R., p. 257, mais il serait inexact, en l'état actuel du droit positif, d'y réduire le droit administratif tout entier. Par exemple, la constitutionnalisation envisagée par la première décision citée ne concerne en effet qu'une partie des compétences du juge administratif, à savoir « l'annulation ou la réformation des décisions prises, dans l'exercice des prérogatives de puissance publique, par les autorités exerçant le pouvoir exécutif, leurs agents, les collectivités territoriales de la République ou les organismes publics placés sous leur autorité ou leur contrôle ». *A contrario*, il est donc possible de dire que tous les actes unilatéraux ne sont pas concernés et, plus largement, il est facile de mesurer l'immensité du champ actuel du droit administratif n'entretenant pas de rapport avec l'acte unilatéral.

[602] R. CHAPUS, *Droit administratif général*, *op. cit.*, tome 1, n°668.

« pouvoir remarquable de l'administration » est considéré comme « la première des prérogatives de la puissance publique »[603].

255. Résultant essentiellement d'une vision idéalisée des deux droits, l'opposition étudiée ne peut donc être que « caricaturale »[604]. Il suffit alors de revenir à la réalité pour que l'opposition s'estompe ou du moins soit relativisée. Il est bien sûr possible d'observer à titre liminaire que le droit privé ne saurait se réduire au droit civil, que celui-ci ne saurait se réduire à celui des obligations, qui ne sauraient lui-même se réduire au droit des contrats. De la même manière, le droit public n'est pas seulement le droit administratif, et ce dernier n'est pas seulement un droit de la domination, mais plutôt, malgré ses imperfections et les différents stades qu'il a pu traverser, un droit d'équilibre[605]. Mais il faut aller au-delà et porter le raisonnement sur le cœur de l'opposition : la théorie de l'autonomie de la volonté. De nombreux auteurs ayant traité le sujet[606], il suffit ici de reprendre les grandes lignes du raisonnement qui viennent remettre en cause la théorie, *a minima* lui apporter d'importantes nuances.

256. Si le Code civil a pu être, un temps, vu par certains auteurs comme « triomphe de la liberté individuelle »[607] et le droit des obligations de 1804 un « terrain d'élection des lois supplétives » où « régnait comme un dogme

---

[603] *Ibid.*

[604] « Trop souvent, l'affrontement se prête à la caricature : à ma gauche, un droit public étatique réputé autoritaire et unilatéral, à ma droite, un droit privé des particuliers réputé libéral et contractuel. Malgré d'excellentes études pour tordre le cou à ces approximations grossières, ces polémiques sont toujours prêtes à retrouver une certaine actualité » affirme R. ENCINAS DE MUNAGORRI : « De la cohérence des contrôles de constitutionnalité : la *summa divisio* est-elle un atout ou un obstacle ? », dans B. BONNET et P. DEUMIER (dir.), *De l'intérêt de la* summa divisio *droit public-droit privé ?*, *op. cit.*, pp. 107-120, p. 108.

[605] Pour K. WEIDENFELD, « la question de savoir si le droit administratif est un instrument mis au service du pouvoir ou un élément de défense libérale des administrés paraît vaine. L'originalité de ce droit est justement de chercher à maintenir ensemble ces objectifs, dont la contradiction n'est qu'apparente » : *Histoire du droit administratif. Du XIV*ᵉ *siècle à nos jours*, Economica, coll. « Corpus histoire du droit », 2010, 345 p., p. 4.

[606] Voir notamment J. CARBONNIER, *Droit civil,* tome 4, *Les obligations*, *op. cit.*, pp. 53-56 et J. GHESTIN, G. LOISEAU, Y.-M. SERINET, *Traité de droit civil. La formation du contrat*, tome 1, *Le contrat. Le consentement*, *op. cit.*, spéc. pp. 145-174. Concernant la formation historique de la théorie, voir l'étude de V. RANOUIL, *L'autonomie de la volonté : naissance et évolution d'un concept*, PUF, 1980, 165 p.

[607] R. SAVATIER, *Du droit civil au droit public, à travers les personnes, les biens et la responsabilité civile*, LGDJ, 1945, 149 p., p. 6. Telle est aussi le point de vue de L. JOSSERAND. Voyant la liberté des cocontractants diminuer, il en conclut la « publicisation du contrat » : « La publicisation du contrat », dans *Introduction à l'étude du droit comparé. Recueil d'études en l'honneur d'Edouard Lambert*, LGDJ, 1938, tome 3, 558 p., pp. 143-158, p. 143.

la règle de l'autonomie de la volonté »[608], il n'est plus possible aujourd'hui de prétendre cela de manière aussi affirmative. D'une part parce que certains travaux spécifiques l'ont démontré de manière indubitable[609]. Mais, d'autre part, parce que les auteurs, s'ils ne partagent pas tous les critiques radicales adressées à la théorie de l'autonomie de la volonté, sont, aujourd'hui et de manière unanime, d'accord pour relativiser la portée de la théorie[610]. Celle-ci vaudrait éventuellement dans certaines hypothèses particulières, mais ne saurait en aucun cas être érigée en absolu. C'est ainsi que Jacques FLOUR affirme que « rien n'est moins sûr » que « l'identification du droit privé classique à un droit d'autonomie »[611]. En conséquence, le droit privé connaît lui aussi l'absence du consentement ainsi que la présence de normes impératives.

257. Pour Gabriel ECKERT, la représentation consistant à voir le droit administratif comme « fondé sur un rapport d'inégalité entre personnes publiques et personnes privées justifié par la recherche de l'intérêt général » alors que le droit privé serait « fondé sur l'égalité des sujets de droit et l'autonomie de leur volonté » est non seulement « largement idéologique »[612] mais surtout « ne correspond plus que très partiellement à la réalité »[613]. Et cela vaut aussi pour le droit public de manière générale. Selon Michel MIAILLE, il s'agit là d'une « dichotomie simpliste »[614] car, en réalité, « le droit privé connaît de nombreuses situations de contrainte où l'individu n'a pas le choix pendant que le droit public est loin d'être

---

608 H. MAZEAUD, « Défense du droit privé », *D.*, 1946, chron., pp. 5-6, p. 5. Encore l'auteur signale-t-il que le législateur n'avait pas instauré cette liberté « sans frein ».

609 Voir notamment : E. GOUNOT, *Le principe de l'autonomie de la volonté en droit privé. Contribution à l'étude critique de l'individualisme juridique*, *op. cit.* ; X. MARTIN, *Mythologie du Code Napoléon. Aux soubassements de la France moderne*, 2003, 510 p., pp. 447-450 ; G. ROUHETTE, « La force obligatoire du contrat. Rapport français », *op. cit.* Pour une vue d'ensemble, voir : D. DEROUSSIN, *Histoire du droit des obligations*, *op. cit.*, pp. 497-504 et J.-L. HALPERIN, *Histoire du droit privé français depuis 1804*, PUF, coll. « Quadrige manuels », 2ème éd., 2012, 391 p., pp. 142-153 et 195-196.

610 Cela n'étant pas sans lien avec la philosophie qui est à la base de la théorie de l'autonomie de la volonté. Selon S. NICINSKI, « issu d'une philosophie individualiste et libérale, postulant que le libre jeu des volontés individuelles profite nécessairement à l'ensemble de la société, le dogme de l'autonomie de la volonté a souffert d'une remise en cause de ses propres fondements, laquelle remise en cause a précipité la propre crise du contrat » : « Le dogme de l'autonomie de la volonté dans les contrats administratifs », dans G. CLAMOUR et M. UBAUD-BERGERON (textes réunis et présentés par), *Contrats publics. Mélanges en l'honneur du Professeur Michel Guibal*, *op. cit.*, pp. 45-61, pp. 45-46.

611 J. FLOUR, « Sur l'influence du droit public sur le droit privé en France », *op. cit.*, p. 191.

612 G. ECKERT, « Droit administratif et droit civil », *op. cit.*, p. 607.

613 *Ibid.*

614 M. MIAILLE, *Une introduction critique au droit*, François Maspéro, 1976, 388 p., p. 176.

uniquement un droit de contrainte, surtout dans ses développements récents »[615].

258. L'opposition théorique des deux droits ayant été relativisée, c'est maintenant à ses traductions concrètes qu'il faut s'attacher.

II. La concrétisation de l'opposition : une technique contractuelle opposée à une technique unilatérale

259. A la divergence des fondements et des fins correspondrait nécessairement une différence des moyens. Tandis qu'en droit privé l'égalité des particuliers, au moins sur le plan juridique, imposerait le recours au contrat pour que les intérêts de chacun soient respectés, il serait nécessaire, en droit public, de recourir au procédé de l'acte unilatéral afin de sauvegarder la primauté de l'intérêt général. Etant entendu que le contrat nécessite le consentement des parties, la technique du droit privé serait consensuelle, alors que celle de droit public ne le serait pas, l'acte unilatéral étant souvent présenté comme celui qui est édicté indépendamment du consentement de son destinataire, si ce n'est même contre son consentement[616]. Si cette opposition des techniques existe réellement et mérite à ce titre d'être relevée (A), il ne faut cependant pas lui donner une portée exagérée (B).

A. Une opposition présentée comme essentielle

260. L'opposition des moyens entre les droits privé et public se manifeste à deux points de vue différents. Le premier est d'ordre simplement quantitatif. Les acteurs du droit privé auraient davantage recours au contrat que ceux du droit public. Inversement, ces derniers utiliseraient plus fréquemment la technique unilatérale que les premiers. Si une telle approche n'est pas illégitime[617], elle est nécessairement limitée. Il faut donc aller plus

---

615 *Ibid.*

616 *Cf. supra*, la seconde section du chapitre précédent.

617 Ne serait-ce que parce que certains auteurs l'emploient à propos de la question étudiée. Il peut donc être intéressant de voir leur opinion sur ce point de vue, quand bien même il ne serait pas le plus important. Pour X. DUPRE DE BOULOIS, « s'il convient de ne pas en abuser, on ne saurait exclure complètement l'approche quantitative » : *Le pouvoir de décision unilatérale. Etude de droit comparé interne*, *op. cit.*, p. 25. Par exemple, si B. SEILLER relève que « le contrat, utilisé depuis longtemps par les personnes publiques, connaît certes un engouement contemporain », il reste que « malgré l'attention que lui porte désormais la

loin et juger l'essence même des choses[618]. Sur le fond du droit, deux éléments méritent d'être signalés. Au terme d'une première approche, le droit privé est souvent présenté comme étant, par nature[619], le droit du contrat alors que le droit public serait le droit de l'acte unilatéral (1). Et quand ce clivage est dépassé, c'est souvent pour marquer la différence qui existe entre l'acte unilatéral du droit privé et celui du droit public (2).

1. Un droit privé, droit du contrat opposé à un droit public, droit de l'acte unilatéral

261. Afin de leur permettre de parvenir à leurs finalités respectives[620], le droit privé est souvent caractérisé comme étant le droit du contrat, alors que le droit public, et tout spécialement le droit administratif, serait le droit de l'acte unilatéral. Autrement dit, les particuliers agiraient sur la scène juridique uniquement par le biais du contrat, alors que les pouvoirs publics, au premier rang desquels l'administration, agiraient, eux, exclusivement par l'entremise de l'acte unilatéral, acte qui « est avant tout un mécanisme de contrainte… »[621]. Telle est la présentation faite par Michel VAN DE KERCHOVE de la doctrine majoritaire concernant les actes juridiques. « Dépositaires d'une fonction d'intérêt général », les pouvoirs publics « se doivent de l'exercer avec autorité et en toute indépendance par rapport aux intérêts privés qui divisent la société civile. Le caractère unilatéral de leurs actes en est la manifestation la plus visible […]. Le droit privé au contraire, régulateur des intérêts des particuliers, tant au niveau de leurs relations

---

doctrine, il conserve une place modeste ». Il ne s'attarde donc pas, même s'il y fait référence, sur le point de vue quantitatif. Voir « L'exorbitance du droit des actes administratifs unilatéraux », *op. cit.*, p. 113.

618 Comme le note J.-C. VENEZIA, « n'est-il pas alors permis de douter de la sûreté d'un critère qui repose sur des fondements non point qualitatifs […] mais simplement quantitatifs ? » : « Puissance publique, puissance privée », *op. cit.*, p. 373.

619 On n'ignore pas le débat théorique fondamental qui existe en droit autour de ces termes d' « essence » ou de « nature ». Sans prendre aucun parti, ils sont utilisés ici pour signaler un point de vue qualitatif, et non simplement quantitatif.

620 Pour J.-L. AUBERT et E. SAVAUX : « il est exact que ces deux domaines de la vie sociale appellent des techniques juridiques qui peuvent être différentes : l'utilité publique mérite d'être privilégiée » : *Introduction au droit et thèmes fondamentaux du droit civil*, Sirey, coll. « Sirey Université », 13ème éd., 2010, 366 p., p. 34. Ce lien entre finalités et techniques est évoqué par de nombreux auteurs. Voir par exemple B. SEILLER, « L'exorbitance du droit des actes administratifs unilatéraux », *op. cit.*, pp. 107-124, p. 108 : « pour mener à bien leur fonction de promotion de l'intérêt général, les autorités administratives doivent disposer de moyens juridiques leur permettant d'outrepasser la résistance des intérêts privés ».

621 R. NOGUELLOU, « La décision administrative et son destinataire », *op. cit.*, p. 732.

personnelles qu'à celui de la production et de la circulation des biens, constitue, dans les doctrines libérales, le terrain privilégié de l'acte contractuel, par rapport auquel l'acte unilatéral occupe un rôle tout à fait secondaire »[622]. Telle était également, quoique de manière partiellement implicite, la présentation de Hans KELSEN : « alors que, dans le contrat, les sujets qu'il s'agit d'obliger prennent part à la création des normes qui les obligent – c'est en effet en cela que consiste l'essence de la création contractuelle du droit – dans l'ordre administratif, en droit public, le sujet à obliger ne participe absolument pas à la création de la norme qui l'oblige. On a ici un cas-type de création de normes suivant une méthode autocratique ; alors que le contrat de droit privé représente, lui, une méthode typiquement démocratique de création du droit »[623]. Pour Pierre PY, le droit public, « droit impératif, d'autorité et d'inégalité, [...] trouverait sa spécificité dans l'usage d'une technique unilatérale, autoritaire. Droit ayant pour essence la liberté de l'individu, la souveraincté de sa volonté, le droit privé trouverait sa spécificité dans l'usage d'une technique contractuelle »[624]. Traitant plus spécifiquement du droit administratif, Yves GAUDEMET estime que ce dernier « s'est construit autour de l'acte administratif unilatéral, comme le droit civil s'est construit autour du contrat. [...] En droit administratif, l'obligation naît de la loi, d'abord de la loi (ou du règlement administratif) ; elle ne procède pas d'un accord de volonté ni d'un fait juridique. C'est l'acte unilatéral qui est constitutif du droit administratif, qui le caractérise »[625]. De même, Jean-Marc FEVRIER indique que « dans la doctrine classique, la puissance publique est conçue comme s'exprimant par voie d'autorité. Sa production normative emprunte donc le procédé de la décision exécutoire »[626].

262. Certains auteurs semblent même faire de la technique unilatérale le monopole du droit public. Jean-Claude VENEZIA affirme ainsi que « selon l'opinion dominante, l'acte unilatéral à l'état pur c'est-à-dire l'acte "impératif" attributif de droits ou de pouvoirs sans le consentement de son destinataire serait un monopole du droit public »[627].

263. Mais cette vision ne fait pas l'unanimité. Ainsi par exemple, Michel VAN DE KERCHOVE et Jean-Marc FEVRIER reconnaissent son

---

622 M. VAN DE KERCHOVE, « Acte juridique », dans A.-J. ARNAUD (dir.), *Dictionnaire encyclopédique de théorie et de sociologie du droit*, *op. cit.*, p. 4-6, p. 4.

623 H. KELSEN, *Théorie pure du droit*, *op. cit.*, p. 373.

624 P. PY, *Le rôle de la volonté dans les actes administratifs unilatéraux*, *op. cit.*, p. 160.

625 Y. GAUDEMET, « Prolégomènes pour une théorie des obligations en droit administratif français », *op. cit.*, p. 615.

626 J.-M. FEVRIER, « Sur le fondement de l'autorité des décisions exécutoires », *op. cit.*, p. 892.

627 J.-C. VENEZIA, « Puissance publique, puissance privée », *op. cit.*, p. 370.

caractère excessif[628]. De la même manière, les auteurs contemporains ont tendance à atténuer l'opposition des techniques. Mais cela demeure encore une présentation classique. Par exemple, pour Bénédicte DELAUNAY, la décision exécutoire est « le mode normal » de l'action administrative[629].

264. L'opposition est parfois atténuée, mais est alors souvent remplacée par une autre : celle qui existerait entre les actes unilatéraux du droit privé et ceux du droit public.

2. Des actes unilatéraux différents en droit privé et en droit public

265. Comme on peut de moins en moins prétendre que le droit privé ne connaît pas l'acte unilatéral[630], il est tentant d'essayer de sauvegarder l'opposition en faisant une distinction entre les actes unilatéraux du droit privé et ceux du droit public[631]. Il s'agit ici des actes unilatéraux ayant des effets obligatoires sur les tiers, ceux qui posent le plus de questions au regard de l'opposition des branches du droit. Cette distinction fait tout naturellement appel au consentement, conformément aux principes censés régir le droit privé tout entier. Si les actes unilatéraux existent en droit privé, ce serait uniquement parce qu'ils sont consentis. Cela passe essentiellement par l'intermédiaire du *contexte* dans lequel l'acte unilatéral est pris comme le signale Xavier DUPRE DE BOULOIS dans sa thèse sur le pouvoir de décision unilatérale[632]. Pour l'auteur, selon la vision classique, « l'acte administratif unilatéral trouve toujours sa place dans un contexte autoritaire. A l'inverse, l'acte unilatéral de droit privé intervient dans un contexte

---

628 Ces auteurs, après avoir présenté l'opinion de la doctrine dominante, la remettent en effet en cause. Voir respectivement : « Acte juridique », dans A.-J. ARNAUD (dir.), *Dictionnaire encyclopédique de théorie et de sociologie du droit*, *op. cit.*, p. 4-6, et « Sur les fondements de l'autorité des décisions exécutoires », *op. cit.*, pp. 873-894.

629 B. DELAUNAY, *L'amélioration des rapports entre l'administration et les administrés : contribution à l'étude des réformes administratives entreprises depuis 1945*, LGDJ, coll. « BDP », tome 172, 1993, 1003 p., p. 10.

630 Voir *infra*, n°271 pour la démonstration. Pour une première approche du sujet, voir la célèbre thèse de J. MARTIN DE LA MOUTTE, *L'acte juridique unilatéral. Essai sur sa notion et sa technique en droit civil*, *op. cit.*, 343 p.

631 Sans doute retrouve-t-on encore ici la nécessité, évoquée ci-dessus, de définir en opposant, en marquant la singularité d'une discipline ou d'une institution. Cette attitude, particulièrement présente en droit administratif, amène alors à se focaliser davantage sur les différences que sur les points communs entre les disciplines juridiques, justifiant ainsi l'autonomie du droit administratif. Sur cette question, voir notamment : J. CHEVALLIER, « La fin des écoles ? », *RDP*, 1997, pp. 679-700 et S. NICINSKI, « Le dogme de l'autonomie de la volonté dans les contrats administratifs », *op. cit.*, spéc. p. 46 et p. 50.

632 X. DUPRE DE BOULOIS, *Le pouvoir de décision unilatérale. Etude de droit comparé interne*, *op. cit.* Les lignes qui suivent seront essentiellement inspirées de son travail. Voir encore B. SEILLER, « Acte administratif. (I – Identification) », *op. cit.*, n°201.

consensuel »[633]. L'auteur voit dans l'évocation du contexte dans lequel intervient l'acte administratif unilatéral, « le dernier argument avancé par la doctrine publiciste pour opposer l'acte administratif unilatéral et l'acte unilatéral de droit privé »[634].

266. Contrairement aux actes unilatéraux du droit public, les actes unilatéraux du droit privé seraient donc en fait consentis, soit en amont, soit en aval. Telle était déjà l'opinion de Jean RIVERO, pour qui il « arrive qu'un particulier paraisse prendre une décision unilatérale ayant effet à l'égard d'un autre ; mais c'est, sauf rares exceptions, soit en vertu d'un consentement préalable donné par l'intéressé (ex : le salarié, par le contrat de travail, a accepté de se soumettre aux décisions prises par le patron en matière disciplinaire) soit sous réserve d'un consentement ultérieur (acceptation d'un testament, d'une donation) »[635]. Georges VEDEL affirmait également que « dans le cas où un particulier reçoit autorité à l'égard d'un tiers non-incapable (le patron sur son personnel par exemple), c'est en vertu et dans les limites du contrat qui les lie »[636].

267. Toujours selon Xavier DUPRE DE BOULOIS, le recours au contexte dans lequel l'acte unilatéral est adopté serait également utilisé par le juge afin de qualifier l'acte en question d'acte de droit privé ou d'acte de droit public. Cela serait particulièrement visible dans la jurisprudence relative aux actes unilatéraux des personnes morales de droit privé chargées d'une mission de service public, notamment les fédérations sportives. L'auteur note que « la loi du 16 juillet 1984 distingue deux catégories de fédérations sportives, les fédérations agréées (art. 16) et les fédérations délégataires (art. 17) »[637]. Or, si toutes deux participent bien à l'exercice d'une mission de service public, les premières ne jouissent pas d'un monopole pour organiser certaines compétitions, contrairement aux secondes. Tandis que les sanctions, actes unilatéraux s'il en est, des fédérations agréées sont des actes de droit privé, celles des fédérations délégataires sont des actes de droit public. L'auteur, notant que la nature des sanctions prononcées par les deux types de fédérations est identique, en ce

---

633 X. DUPRE DE BOULOIS, *Le pouvoir de décision unilatérale. Etude de droit comparé interne*, *op. cit.*, p. 5.

634 *Ibid.*, p. 18.

635 J. RIVERO, *Droit administratif*, Dalloz, coll. « Précis Dalloz », 1960, 551 p., n°82, cité par X. DUPRE DE BOULOIS, *Le pouvoir de décision unilatérale. Etude de droit comparé interne*, *op. cit.*, pp. 18-19.

636 G. VEDEL, *Droit administratif*, PUF, 1958, tome 1, 268 p., cité par X. DUPRE DE BOULOIS, *Le pouvoir de décision unilatérale. Etude de droit comparé interne*, *op. cit.*, p. 19.

637 X. DUPRE DE BOULOIS, *Le pouvoir de décision unilatérale. Etude de droit comparé interne*, *op. cit.*, p. 19. Aujourd'hui, voir respectivement les articles L.131-8 et L.131-14 du Code du sport.

qu'elles « constituent des actes unilatéraux qui modifient la situation juridique d'une personne sans son consentement », en conclut que c'est le contexte dans lequel s'inscrivent les différentes sanctions qui va « justifier que les unes soient des actes administratifs unilatéraux et les autres des actes unilatéraux de droit privé »[638].

268. Ce contexte particulier se traduit dans certains cas par un monopole, mais il peut aussi résulter, toujours selon l'auteur, du « caractère forcé du groupement au sein duquel l'acte unilatéral s'inscrit »[639]. Bertrand SEILLER, lorsqu'il s'interroge sur les conditions qui font du pouvoir de décision unilatéral une prérogative de puissance publique, relève les deux mêmes hypothèses : lorsque ce pouvoir est exercé par une personne privée « à laquelle l'adhésion est obligatoire [...] ou/et qui jouit d'un monopole »[640].

269. En somme, le droit privé serait le droit du contrat, mais dans certaines hypothèses il pourrait aussi faire place à l'acte unilatéral, à condition toutefois que ce dernier procède, à un moment ou à un autre, du consentement de son destinataire.

B. Une opposition en réalité limitée

270. L'opposition du droit public et du droit privé autour de l'opposition entre le contrat et l'acte unilatéral est exagérée et ne répond pas aux lois de la logique. En effet, si le contrat devait être le procédé technique caractérisant, au sens fort du terme, le droit privé, il devrait être absent du droit public. De même, si l'acte unilatéral devait être le procédé technique caractérisant le droit public, il devrait être absent du droit privé. Or, ces deux assertions sont loin d'être vraies tant le droit privé connaît l'unilatéralité (1) et le droit public le contrat (2).

1. L'unilatéralité en droit privé

271. Malgré une vision classique exclusivement contractualiste du droit privé[641], plusieurs études ont depuis longtemps démontré que l'acte

---

638 *Ibid.*, p. 20.
639 *Ibid.*
640 B. SEILLER, « Acte administratif. (I – Identification) », *op. cit.*, n°201.
641 A ce sujet, voir les développements, déjà cités, de D. DEROUSSIN, *Histoire du droit des obligations*, *op. cit.*, pp. 101-105, sous le paragraphe intitulé « Une constante : l'hypertrophie du modèle contractuel ». Voir également la présentation historique de la question faite par X. DUPRE DE BOULOIS, *Le pouvoir de décision unilatérale. Etude de droit comparé*

unilatéral n'était pas un monopole du droit public[642]. Le droit privé, lui aussi, y a recours, et « sur une large échelle »[643]. La chose est si bien entendue qu'une littérature considérable existe sur le sujet, aussi bien en droit public[644] qu'en droit privé[645]. Les études de droit comparé interne sont d'ailleurs fréquentes qui montrent que l'acte unilatéral est un procédé commun aux deux droits[646]. Les présents développements visent simplement, conformément au point de vue retenu ici, à démontrer qu'aujourd'hui le droit privé connaît largement le procédé technique de l'acte unilatéral, sans s'interroger sur les raisons de cet état de choses[647]. Ainsi donc, les acteurs du

---

interne, *op. cit.*, spéc. pp. 3-4. Une telle présentation convenait également aux auteurs publicistes soucieux de maintenir la spécificité de leur discipline. Sur cette question, voir par exemple : B. SEILLER, « L'exorbitance du droit des actes administratifs unilatéraux », *op. cit.*, spéc. p. 111.

642 Voir notamment les travaux de Ch. EISENMANN, pour les publicistes et de J. MARTIN DE LA MOUTTE, pour les privatistes. Respectivement : « Droit public, Droit privé (en marge d'un livre sur l'évolution du droit civil français du XIXe au XXe siècle) », *op. cit.*, et surtout *Cours de droit administratif*, *op. cit.*, tome 1, spéc. pp. 421-443 ; *L'acte juridique unilatéral. Essai sur sa notion et sa technique en droit civil*, *op. cit.*

643 J.-C. VENEZIA, « Puissance publique, puissance privée », *op. cit.*, p. 370 ou Ch. EISENMANN, *Cours de droit administratif*, *op. cit.*, tome 1, p. 442.

644 Voir, par exemple : J.-M. FEVRIER, « Sur le fondement de l'autorité des décisions exécutoires », *op. cit.*, pp. 873-894 ; B. SEILLER, « L'exorbitance du droit des actes administratifs unilatéraux », *op. cit.*, pp. 107-124 ;

645 Voir, notamment : C. DELOBEL, *L unilatéralisme en droit des contrats : essai de rationalisation*, Thèse, Nice, 2011, 676 p. ; C. DOUBLEIN, *L'unilatéralisme dans les contrats*, Nantes, Mémoire de DEA, 2001, 103 p. ; R. ENCINAS DE MUNAGORRI, *L'acte unilatéral dans les rapports contractuels*, LGDJ, coll. « Bibliothèque de droit privé », tome 254, 1995, 551 p. ; V. LE-COMBY, *L'unilatéralisme et le droit des contrats*, Thèse, Paris XI, 2009, 404 p. Le thème a aussi été l'occasion d'un colloque ayant donné lieu à un ouvrage : Chr. JAMIN et D. MAZEAUD (dir.), *L'unilatéralisme et le droit des obligations*, *op. cit.*

646 Parmi de nombreuses références, voir : Fr. CHENEDE, « Les emprunts du droit privé au droit public en matière contractuelle », ADJA, 2009, pp. 923-928 ; X. DUPRE DE BOULOIS, *Le pouvoir de décision unilatérale. Etude de droit comparé interne*, *op. cit.* ; J.-B. SEUBE, « Contrats privés – contrats administratifs : points de convergence ? », *op. cit.* ; J.-C. VENEZIA, « Puissance publique, puissance privée », *op. cit.* Il en résulte un rapprochement des deux disciplines et un brouillage de leur frontière commune. Comme le note L. AYNES, sur un point plus particulier, le droit des obligations, « la frontière qui sépare le droit des obligations du droit administratif, phénomène assez français, s'affaisse progressivement, par une « contractualisation » du second et, peut-être, par une admission progressive […] de l'acte unilatéral par le premier » : « Rapport introductif », dans Chr. JAMIN et D. MAZEAUD (dir.), *L'unilatéralisme et le droit des obligations*, *op. cit.*, pp. 3-6, p. 4.

647 La première justification qui vient à l'esprit est celle de la nécessité pour toute institution de mettre en œuvre des procédés autoritaires. Sur cette question, voir notamment : J.-M. FEVRIER, « Sur le fondement de l'autorité des décisions exécutoires », *op. cit.*, et les nombreuses références citées, spécialement celles concernant M. HAURIOU.

droit privé ont recours à l'acte unilatéral dans des cas très divers et plus fréquemment qu'on ne pourrait le penser[648]. Cela aussi bien dans leurs relations contractuelles qu'en dehors de tout contrat et même de tout contexte consensuel[649].

272. Au sein même du contrat, présenté traditionnellement comme le lieu d'expression privilégié de l'autonomie de la volonté, l'acte unilatéral est présent[650]. Cela se voit à deux points de vue principaux. L'unilatéralité existe non seulement dans la vie du contrat, par exemple par sa modification[651], mais aussi au moment de son extinction, notamment par sa résiliation unilatérale[652]. De manière très visible, on peut encore relever l'exécution privée qui « est loin d'être inconnue d'un droit privé qui n'a jamais conféré à l'adage : "Nul ne peut se faire justice à soi-même" une portée générale et absolue… »[653].

---

[648] On n'insistera pas sur l'aspect quantitatif. Il convient cependant de noter avec B. SEILLER, que « les actes unilatéraux sont moins rares en droit privé que ne le laisse croire l'évidente prédominance du procédé contractuel » : « Acte administratif (I – Identification) », *op. cit.*, n°79. J.-C. VENEZIA estimait déjà que l'acte unilatéral se rencontre dans la sphère des relations privées « non point dans des proportions infimes mais dans des proportions appréciables et dont il y a tout lieu de penser qu'elles iront en s'accroissant » : « Puissance publique, puissance privée », *op. cit.*, p. 375. Quant à Chr. JAMIN et D. MAZEAUD, ils estiment que les îlots d'unilatéralisme dans le droit des contrats « sont beaucoup plus nombreux qu'on ne le penserait au premier abord » : « Avant-propos », dans Chr. JAMIN et D. MAZEAUD (dir.), *L'unilatéralisme et le droit des obligations*, *op. cit.*, pp. 1-2, p. 1.

[649] Une autre classification de la présentation qui va être faite aurait pu être retenue : celle qui aurait consisté à relever l'unilatéralité dans et hors du droit civil. Mais elle aurait fait passer au second plan celle, essentielle ici, qui met davantage en lumière le lien entre l'acte unilatéral et son contexte, notamment contractuel.

[650] Voir notamment Chr. JAMIN et D. MAZEAUD (dir.), *L'unilatéralisme et le droit des obligations*, *op. cit.*

[651] J.-B. SEUBE affirme ainsi que « la modification unilatérale du contenu du contrat est possible en droit privé même s'il faut convenir qu'elle demeure exceptionnelle » : « Contrats privés – contrats administratifs : points de convergence ? », *op. cit.*, p. 375. Cela concerne notamment la possibilité pour un contractant de déterminer unilatéralement, pour un contrat déjà conclu, le prix d'un service. De manière générale, voir H. LECUYER, « La modification unilatérale du contrat », dans Chr. JAMIN et D. MAZEAUD (dir.), *L'unilatéralisme et le droit des obligations*, *op. cit.*, pp. 47-59.

[652] Ainsi, la jurisprudence admet parfois la résiliation unilatérale d'un contrat à durée déterminée, même en l'absence de faute. Cela est non seulement vrai dans les hypothèses prévues par la loi, mais aussi dans certaines hypothèses purement jurisprudentielles. Voir Ph. DELEBECQUE, « L'anéantissement unilatéral du contrat », dans Chr. JAMIN et D. MAZEAUD (dir.), *L'unilatéralisme et le droit des obligations*, *op. cit.*, pp. 61-69.

[653] J.-C. VENEZIA, « Puissance publique, puissance privée », *op. cit.*, p. 369. Sur la question de l'exécution privée, voir le commentaire fait de l'adage « Nul n'a droit de faire à soi-même justice » dans H. ROLAND et L. BOYER, *Adages du droit français*, Litec, 4ème éd., 1999, 1021 p., pp. 569-576. Sur la question des sanctions unilatérales, voir Chr. JAMIN, « Les sanctions unilatérales de l'inexécution du contrat : trois idéologies en concurrence », dans

273. En dehors du contrat, il est classique de citer les exemples que sont le testament, la promesse de récompense, la reconnaissance d'un enfant naturel ou encore la constitution d'une société unipersonnelle[654]. L'unilatéralité est donc présente même en dehors de tout contexte consensuel[655]. On peut encore prendre comme exemple le règlement intérieur d'une entreprise, par lequel le chef d'entreprise fixe les mesures d'hygiène, de sécurité et de discipline applicables à l'intérieur de sa structure. Cela concerne donc non seulement les salariés, mais encore toutes les personnes qui pourraient être amenées à se trouver dans l'entreprise[656]. Un autre exemple concerne les droits des personnes et de la famille, qui sont « peuplés d'actes unilatéraux »[657] et où « nul ne songe aujourd'hui à fonder l'autorité des parents sur un consentement de l'enfant »[658].

274. De nombreux auteurs reconnaissent que l'unilatéralité existe en droit privé et ce constat est « désormais classique »[659]. Jacques CHEVALLIER affirme ainsi par exemple que « l'acte unilatéral existe aussi, et "à une large échelle" en droit privé » [660] et Xavier DUPRE DE BOULOIS que « le droit privé n'ignore donc pas, par principe, l'acte juridique

---

Chr. JAMIN et D. MAZEAUD (dir.), *L'unilatéralisme et le droit des obligations*, Economica, coll. « Etudes juridiques », 1999, 103 p., pp. 71-86.

[654] Pour d'autres exemples, voir L. AYNES, « Rapport introductif », dans Chr. JAMIN et D. MAZEAUD (dir.), *L'unilatéralisme et le droit des obligations*, *op. cit.*, pp. 3-6, p. 4 ou G. ECKERT, « Droit administratif et droit civil », *op. cit.*, p. 643-644.

[655] On peut noter à l'inverse que l'acte administratif unilatéral ne s'inscrit pas forcément dans un contexte autoritaire. Sur la question du contexte de l'acte unilatéral, voir notamment X. DUPRE DE BOULOIS, *Le pouvoir de décision unilatérale. Etude de droit comparé interne*, *op. cit.* Il conclut son raisonnement en affirmant, p. 21, qu'il est « patent que l'opposition entre le contexte autoritaire du droit administratif et le contexte consensuel du droit privé est simpliste. Plutôt qu'une séparation irrémédiable, il existe un dégradé de situations entre deux pôles extrêmes. On pourrait parler d'une échelle pour user d'une image à la mode dans la doctrine publiciste ».

[656] CE, 4 mai 1988, *Sté BDW*, n°74589. Le Conseil d'Etat admet que rien ne s'oppose à ce que ce règlement « soit applicable, en tant qu'il fixe les mesures d'application de la réglementation en matière d'hygiène et de sécurité ainsi que les règles générales et permanentes relatives à la discipline, à toutes les personnes qui exécutent un travail dans cette entreprise ou cet établissement, que ces personnes soient liées ou non par un contrat de travail avec l'employeur qui a établi ledit règlement ». Sur cette question, voir B. SEILLER, « L'exorbitance du droit des actes administratifs unilatéraux », *op. cit.*, p. 116.

[657] L. AYNES, « Rapport introductif », dans Chr. JAMIN et D. MAZEAUD (dir.), *L'unilatéralisme et le droit des obligations*, *op. cit.*, p. 3.

[658] X. DUPRE DE BOULOIS, *Le pouvoir de décision unilatérale. Etude de droit comparé interne*, *op. cit.*, p. 298. Telle était pourtant l'opinion soutenue par PUFENDORFF ou HOBBES. Sur cette question, voir P. BASTID, *L'idée de Constitution*, Economica, coll. « Classiques », 1985, 197 p., p. 111.

[659] X. DUPRE DE BOULOIS, *Le pouvoir de décision unilatérale. Etude de droit comparé interne*, *op. cit.*, p. 3.

[660] J. CHEVALLIER, « Le droit administratif, droit de privilège ? », *op. cit.*, p. 60.

unilatéral qui crée une obligation à la charge d'une personne sans son consentement »[661]. Dès lors, « la thèse niant purement et simplement l'existence de décisions exécutoires en droit privé est devenue irrecevable »[662]. De ce fait, l'hypothèse d'un « monopole » du droit public pour la décision unilatérale ne peut qu'être remise en cause. « Si l'on fait un tour d'horizon suffisamment large, si l'on prend en considération l'ensemble des faits qu'il faut prendre en considération, il ne peut être question un seul instant de retenir l'idée que l'acte unilatéral serait un monopole de la sphère publique ni même l'idée moins extrême que l'acte unilatéral serait de minime importance quantitativement et qualitativement en ce qui concerne la sphère des relations privées »[663]. Jean-Marc FEVRIER conclut pour sa part son raisonnement en notant que, « s'agissant du pouvoir de décider unilatéralement, il ne s'agit nullement d'une prérogative appartenant à la seule puissance publique »[664].

275. Le droit privé connaît donc largement la technique de l'acte unilatéral. De son côté, le droit public recourt abondamment au contrat.

2. La contractualisation du droit public

276. Il ne s'agit pas ici de chercher à comprendre les raisons et les enjeux de la contractualisation de l'action publique, mais plus modestement de montrer que le droit public recourt, sur le plan technique, non seulement à l'acte unilatéral, mais aussi très largement au contrat[665].

277. Différentes définitions ont été données de la contractualisation[666] et elle peut être considérée en première approche comme un « choix de

---

661 X. DUPRE DE BOULOIS, *Le pouvoir de décision unilatérale. Etude de droit comparé interne*, *op. cit.*, p. 8

662 J.-M. FEVRIER, « Sur le fondement de l'autorité des décisions exécutoires », *op. cit.*, p. 892.

663 J.-C. VENEZIA, « Puissance publique, puissance privée », *op. cit.*, pp. 370-371.

664 J.-M. FEVRIER, « Sur le fondement de l'autorité des décisions exécutoires », *op. cit.*, p. 884.

665 Pour un constat très général, voir CONSEIL D'ETAT, *Le contrat, mode d'action publique et de production de normes. Rapport public 2008*, *op. cit.* Voir aussi l'ouvrage au titre évocateur de J.-P. GAUDIN, *Gouverner par contrat*, Presses de Sciences Po, coll. « Références », 2ème éd., 2007, 275 p. et le compte rendu de cet ouvrage par J. CAILLOSSE : « L'action publique contractuelle : beaucoup de bruit pour rien ? » dans *Droit et Société*, n°47, 2001, pp. 285-293. En ce qui concerne plus particulièrement l'administration contractuelle, on trouvera une bibliographie détaillée, quoiqu'ancienne, dans le numéro spécial de l'*AJDA* consacré à ce thème : « Bibliographie », *AJDA*, 2003, p. 972.

666 Certaines soulignaient l'imprécision du terme, en soulevant notamment la question des « faux contrats », ces actes juridiques qui n'ont de contractuel que le nom.

politique juridique en faveur d'un traitement contractuel des questions »[667], ou l'action « qui tend à remplacer ou à compléter dans certains domaines le procédé autoritaire par un procédé conventionnel »[668]. Autrement dit, la contractualisation tend à « régler par contrat ce qui autrefois ne relevait pas du contrat »[669].

278. Ainsi donc, si la présence du contrat en droit public n'est pas nouvelle[670], elle s'est considérablement développée ces dernières années. Le recours au contrat, qui, à l'origine, n'occupait qu'une place « limitée »[671], a connu un « enrichissement »[672], « un essor considérable »[673] et constitue désormais pour les administrations, non seulement « un procédé de plus en plus familier »[674], mais surtout un mécanisme « essentiel de la vie juridique »[675] qui « s'étend désormais à toutes les facettes de l'action publique »[676]. Le droit public connaît ainsi, notamment depuis les années 1970 et la décentralisation des années 1980, une « profusion » [677] ou même une « explosion » [678] contractuelle et aucun domaine ne semble échapper au contrat[679]. Même si la contractualisation et son résultat, l'omniprésence du

---

[667] G. CORNU, *Vocabulaire juridique*, *op. cit.*, entrée « Contractualisation ».

[668] R. ROUQUETTE, *Dictionnaire du droit administratif : terminologie, expressions, noms propres*, *op. cit.*, entrée « Contractualisation ».

[669] R. ROUQUETTE, *Dictionnaire du droit administratif : terminologie, expressions, noms propres*, *op. cit.*, entrée « Contractualiser ».

[670] Voir par exemple : Fr. BURDEAU, *Histoire du droit administratif*, *op. cit.*, spéc. pp. 32 et 61 ; J.-L. MESTRE, *Un droit administratif à la fin de l'Ancien Régime : le contentieux des communautés de Provence*, *op. cit.*, pp. 109-182 ; *Introduction historique au droit administratif*, PUF, 1985, 294 p. ; K. WEIDENFELD, *Histoire du droit administratif. Du XIV*e *siècle à nos jours*, *op. cit.*, pp. 292-314.

[671] A. DE LAUBADERE, « Administration et contrat », *op. cit.*, p. 453.

[672] *Ibid.*, p. 455.

[673] B. SEILLER, *Droit administratif*, tome 2, *L'action administrative*, *op. cit.*, p. 25.

[674] B. STIRN, *Les sources constitutionnelles du droit administratif. Introduction au droit public*, LGDJ, coll. « Systèmes », 7ème éd., 2011, 213 p., p. 121.

[675] Chr. GUETTIER, *Droit des contrats administratifs*, *op. cit.*, p. 2.

[676] J. CHEVALLIER, « Loi et contrat dans l'action publique », *op. cit.*, p. 81.

[677] F. TIBERGHIEN, « Le contrat en droit administratif », *D.*, 2008, p. 1192. Il serait également intéressant de relever comment ce phénomène a été accompagné par l'évolution de la littérature juridique publiciste consacrée au contrat. Partant de quelques ouvrages au XIXe siècle, on en viendrait à l'œuvre fondatrice de G. JEZE au début du XXe siècle, puis à la multitude des ouvrages contemporains consacrés au sujet. Pour une telle présentation, voir L. RICHER, *Droit des contrats administratifs*, 7ème éd., *op. cit.*, pp. 26-27. Enfin, il ne faudrait pas oublier les revues exclusivement consacrées aux contrats en droit public, de création récente pour la plupart.

[678] N. POULET-GIBOT LECLERC, « La contractualisation des relations entre personnes publiques », *RFDA*, 1999, pp. 551-565, p. 565.

[679] Par ailleurs, dans certaines de ces matières, le recours au contrat est extrêmement fréquent. Voir, pour une approche quantitative, CONSEIL D'ETAT, *Le contrat, mode d'action publique et de production de normes. Rapport public 2008*, *op. cit.*, pp. 88-89, le paragraphe

contrat, ne sont ni sans limite[680] ni sans critique[681], on la retrouve tout particulièrement en matière économique[682], dans l'aménagement du territoire[683] ou encore en matière éducative, culturelle et sportive[684]. Les droits de l'homme eux-mêmes sont parfois l'objet de contrats[685]. Certains domaines méritent d'être signalés plus particulièrement, du fait de leur caractère régalien qui aurait pu faire douter de la possibilité de leur contractualisation. Ainsi, la police administrative s'ouvre au contrat[686], le droit fiscal également[687].

279. A la lumière de ces quelques exemples, il est possible de voir que « la contractualisation tend à gagner la sphère des activités régaliennes »[688] et « force est de constater aujourd'hui que peu de domaines échappent à l'emprise du contrat »[689].

280. Cela est d'autant plus vrai que si le contrat se développe dans de très nombreux domaines de droit substantiel, il est également présent en droit processuel, privé aussi bien que public. C'est le cas notamment dans ce

---

intitulé « La quantification du phénomène contractuel, ou Chr. GUETTIER, *Droit des contrats administratifs*, *op. cit.*, pp. 1-2.

680 Voir notamment : CONSEIL D'ETAT, *Le contrat, mode d'action publique et de production de normes. Rapport public 2008*, *op. cit.*, pp. 179-189.

681 Voir par exemple : Chr. GUETTIER, *Droit des contrats administratifs*, PUF, coll. « Thémis droit », 3ème éd., 2011, 640 p., pp. 20-21, et L. RICHER, *Droit des contrats administratifs*, 7ème éd., *op. cit.*, pp. 55-56. Plus spécifiquement : Y. JEGOUZO, « L'administration contractuelle en question », dans *Mouvement du droit public : du droit administratif au droit constitutionnel, du droit français aux autres droits. Mélanges en l'honneur de Franck Moderne*, Dalloz, 2004, 1264 p., pp. 543-556.

682 Sans même parler du droit de la commande publique, où le contrat est, par définition, le seul mode possible d'action pour les personnes publiques.

683 Ces trois domaines étant, selon N. POULET-GIBOT LECLERC, une « terre d'élection » des partenariats entre collectivités publiques : « La contractualisation des relations entres personnes publiques », *op. cit.*, p. 551.

684 CONSEIL D'ETAT, *Le contrat, mode d'action publique et de production de normes. Rapport public 2008*, *op. cit.*, pp. 79-84.

685 L. HENNEBEL et G. LEWKOWICZ, « La contractualisation des droits de l'homme. De la pratique à la théorie du pluralisme politique et juridique », dans G. LEWKOWICZ et M. XIFARAS (dir.), *Repenser le contrat*, *op. cit.*, pp. 221-244.

686 Voir la thèse, déjà citée, de M. PERRIER, *Le recours au contrat en matière de police administrative.*

687 Voir par exemple, CONSEIL D'ETAT, *Le contrat, mode d'action publique et de production de normes. Rapport public 2008*, *op. cit.*, pp. 65-69.

688 J. CHEVALLIER, « Loi et contrat dans l'action publique », *op. cit.*, p. 84.

689 N. POULET-GIBOT LECLERC, « La contractualisation des relations entre les personnes publiques », *op. cit.*, p. 555. Si les propos de l'auteur ne concernent que les relations entre les personnes publiques, ils sont tout à fait généralisables à l'ensemble de l'action publique. Par ailleurs, les rares domaines qu'elle cite comme échappant, à l'époque, au contrat, ne seraient plus forcément aussi nombreux aujourd'hui. Pour un exemple topique, voir M. PERRIER, *Le recours au contrat en matière de police administrative*, *op. cit.*

qu'il est convenu d'appeler les modes alternatifs de règlement des litiges, procédures en constant développement et dont certaines renvoient à la conclusion de contrats[690].

281. Par ailleurs, ce mouvement de contractualisation de l'action publique n'est pas propre à la France. On le retrouve largement dans les droits anglo-saxon, ou encore allemand, italien, et bien évidemment en droit de l'Union européenne[691].

282. Le droit public connaît donc, et « sur une large échelle »[692], la technique contractuelle. Cette tendance ne semble pas près de s'inverser, le Conseil d'Etat appelant, dans son rapport de 2008, à « ouvrir de nouveaux horizons au contrat »[693].

283. En conclusion de cette section il est possible de noter que le consentement est présent, quoiqu'à des degrés différents, tant en droit privé qu'en droit public de la même manière que la contrainte existe en droit privé. Les techniques juridiques correspondantes, contrat ou acte unilatéral, ne permettent pas plus de caractériser un droit que l'autre. Force est donc de constater que, de même que le consentement n'était pas le critère de distinction des contrats et des actes administratifs unilatéraux, de même il n'est pas le critère de la distinction entre le droit public et le droit privé[694]. Reste à savoir s'il pourra l'être davantage pour la distinction du droit constitutionnel et du droit administratif.

---

[690] De manière générale, voir P. ANCEL, « Contractualisation », dans L. CADIET (dir.), *Dictionnaire de la justice*, PUF, 2004, 1362 p., pp. 231-236. Pour une première approche en droit public, voir Chr. GUETTIER, *Droit des contrats administratifs*, PUF, coll. « Thémis droit », 3ème éd., 2011, 640 p., pp. 504-521 et L. RICHER, *Droit des contrats administratifs*, 7ème éd., *op. cit.*, pp. 302-319. Voir également *infra*, partie III, chapitre 2, section 2.

[691] Sur une approche comparatiste, voir M. PERRIER, *Le recours au contrat en matière de police administrative*, *op. cit.*, pp. 75-80.

[692] Pour reprendre le constat que faisait J.-C. VENEZIA au sujet de l'unilatéralité en droit privé, dans « Puissance public, puissance privée », *op. cit.*, p. 370.

[693] CONSEIL D'ETAT, *Le contrat, mode d'action publique et de production de normes. Rapport public* 2008, *op. cit.*, pp 222-234. La Haute juridiction administrative estime en effet qu'il est « souhaitable de laisser une place plus large au contrat à la fois comme mode de production de normes et d'action publique », p. 222.

[694] Et cela n'a jamais été le cas. Il serait intéressant de se demander tout de même si le mouvement contemporain de privatisation du droit administratif ne rend pas davantage illusoire la distinction de ces deux branches du droit grâce au critère du consentement.

Section II
Le consentement et la distinction du droit constitutionnel et du droit administratif

284. Après avoir démontré que le consentement, étant présent aussi bien en droit privé qu'en droit public, ne pouvait pas servir à les distinguer, il reste à se demander si, au sein du droit public, il pourrait permettre de distinguer le droit constitutionnel et le droit administratif. Sans prendre parti sur le degré d'autonomie des deux matières[695], encore moins sur leur définition respective[696], la question mérite attention. Seule la réponse apportée à celle-ci permettra d'avoir un point de vue complet sur le rôle joué par la notion de consentement dans l'identification du droit administratif.

285. Le consentement joue un rôle non négligeable dans la théorie « classique » du droit constitutionnel[697]. Le droit administratif, comme cela a déjà été démontré, faisant également appel à cette notion, le consentement n'est spécifique à aucune de ces matières et ne permet donc pas de les distinguer. La question demeure cependant intéressante, car même si en droit positif la réponse est entendue, il n'en reste pas moins que certaines représentations qui ont pu être données de chapitres du droit constitutionnel font intervenir largement la notion de consentement, tandis que cette dernière était présentée, et reste encore, comme exclue des grandes notions du droit administratif. Cela est particulièrement visible en ce qui concerne la théorie des actes et des organes dans ces deux matières. Il apparaît en effet

---

[695] Pour des éléments d'analyse, voir notamment : J. CHEVALLIER, « La fin des écoles ? », *op. cit.* ; J.-L. MESTRE, « Introduction. Histoire du droit constitutionnel et de son enseignement », dans L. FAVOREU, P. GAÏA, R. GHEVONTIAN et a., *Droit constitutionnel*, Dalloz, coll. « Précis Dalloz », 14ème éd., 2011, 1077 p., pp. 1-31 ; O. SCHRAMECK, « Droit administratif et droit constitutionnel », *AJDA*, n° spécial, 20 juin 1995, pp. 34-42.

[696] Pour le droit administratif, voir les éléments de bibliographie cités *supra*, n°32. Pour le droit constitutionnel, se reporter notamment à l'introduction très méthodique du manuel de Fr. HAMON et M. TROPER, *Droit constitutionnel*, LGDJ, coll. « Manuel », 34ème éd., 2013, 744 p., pp. 19-39.

[697] Il convient de noter qu'il ne s'agit pas là de voir pour elle-même la place tenue par la notion de consentement en droit constitutionnel, ce qui dépasserait le cadre de cette thèse. Si la question est abordée, c'est uniquement dans ce qu'elle a de relatif à une éventuelle délimitation du droit administratif. Cela dit, une telle étude serait intéressante, tant le droit constitutionnel, y compris positif, comporte de références directes ou indirectes à la notion de consentement.

que le consentement est parfois présenté non seulement comme un élément caractérisant certains actes ou organes (I), mais aussi comme un élément lié à la hiérarchisation de ceux-ci (II).

I. Le consentement comme élément d'identification de certains actes et organes

286. Il serait excessif de prétendre que la loi ou la Constitution[698] soient des contrats, qui nécessiteraient ainsi le consentement des citoyens. De même, il serait faux de dire que le constituant et le législateur sont liés par contrat aux citoyens. Cependant, une analyse sous l'angle du consentement n'est pas illégitime, parce que, d'une part, consentement ne signifie pas nécessairement contrat et parce que, d'autre part, cette notion entretient avec l'Etat moderne des liens très étroits. Il faut donc s'intéresser au consentement en ce qu'il permet, dans la représentation classique, de caractériser, contrairement à ce qu'il en est en droit administratif, non seulement les actes les plus importants du droit constitutionnel (A) mais aussi ses organes principaux (B).

A. Des actes constitutionnels caractérisés par le consentement

287. Il a déjà été largement question des rapports qu'entretiennent l'acte administratif unilatéral, acte essentiel du droit administratif, et le consentement dans la représentation que s'en font beaucoup d'auteurs. Cette relation était tout simplement celle de l'exclusion, l'acte administratif unilatéral étant pour de nombreux auteurs un acte pris sans le consentement de ses destinataires[699]. En revanche, et le contraste est frappant, les actes essentiels[700] du droit constitutionnel que sont la constitution (1) et la loi (2)

---

[698] Certains auteurs nient que la constitution soit un acte de droit public. Voir par exemple G. RENARD, « Qu'est-ce que le droit constitutionnel ? Le droit constitutionnel et la théorie de l'institution », dans *Mélanges R. Carré de Malberg*, Sirey, 1933, 534 p., pp. 485-499. Pour une réponse, M. VERPEAUX, « Le contrôle de constitutionnalité est-il indifférent à la *summa divisio* ? », dans B. BONNET et P. DEUMIER (dir.), *De l'intérêt de la* summa divisio *droit public-droit privé ?*, *op. cit.*, pp. 97-105. La thèse adoptée ici sera conforme à l'idée dominante qu'on se fait de la Constitution, comme acte de droit public.

[699] Voir *supra*, n°175.

[700] Ne seront donc pas étudiées d'autres notions moins essentielles. Par ailleurs, si elles font intervenir le consentement, c'est de manière plus indirecte, par exemple les conventions de la Constitution. Mais elles sont pleines d'incertitudes et de controverses. Leur évocation n'étant pas indispensable à la démonstration, il n'y sera pas fait référence ici. Pour une première

sont souvent présentés comme la manifestation du consentement de leurs principaux destinataires, les citoyens.

1. La constitution : un acte consenti

288. Envisager la constitution comme un acte consenti par les citoyens n'est pas quelque chose de surprenant en démocratie. On peut même dire que c'est un des principaux résultats de la philosophie politique moderne, pensée comme l'exact opposé de la philosophie politique antique et médiévale[701]. Ce détour par la philosophie politique est nécessaire, car « politique et droit public sont des notions liées, quoique distinctes »[702]. Les conceptions de la première ne peuvent donc qu'influencer le second.

289. Après, semble-t-il, quelques développements dans l'Antiquité[703], les premières théories à avoir placé explicitement le consentement des individus à l'origine[704] du pouvoir politique sont nées au Moyen Age, avec ce que l'on a appelé le *pactum subjectionis*, le contrat de gouvernement. Ce contrat entre le gouvernant et les gouvernés peut être trouvé « dès la période qui précéda le développement complet du système féodal ; mais c'est en celui-ci que les relations contractuelles furent fermement établies »[705]. Certains auteurs, par exemple MANEGOLD DE LAUTENBACH,

approche voir notamment : Y. MENY, « Les conventions de la Constitution », *1789-1989. Histoire constitutionnelle*, *Pouvoirs*, n°50, 1989, pp. 53-68 ; « Convention constitutionnelle », dans O. DUHAMEL et Y. MENY (dir.), *Dictionnaire constitutionnel*, PUF, 1992, 1112 p., pp. 232-233, ou encore P. AVRIL, *Les conventions de la Constitution, normes non écrites du droit politique*, PUF, 1997, coll. « Léviathan », 202 p.

[701] Sur cette idée d'opposition, voir notamment Ph. RAYNAUD, « Anciens et Modernes », dans Ph. RAYNAUD et S. RIALS (dir.), *Dictionnaire de philosophie politique*, PUF, coll. « Quadrige. Dicos poche », 3ème éd., 2003, pp. 12-16.

[702] H. JOZEFOWICZ, « L'impolitique en droit public : une tentation récurrente mais récusée », *RRJ*, 2011-3, pp. 1185-1224, p. 1185. Pour les rapports qu'entretiennent les deux disciplines, voir par exemple J. CAILLOSSE, « Droit et politique : vieilles lunes, nouveaux champs ? », *Droit et Société*, n°26, 1994, pp. 127-154, ou encore J. FREUND, « Droit et politique. Essai de définition du droit », *Le droit investi par la politique*, *APD*, n°16, 1971, pp. 15-35. Ces liens entre politique et droit sont tout particulièrement visibles dans le droit constitutionnel qui est profondément politique, tant et si bien d'ailleurs que Littré en fait un synonyme de « droit politique ».

[703] Sur cette question, voir l'article de A.-J. CARLYLE, « La notion de "contrat" dans les doctrines politiques », *Sur les notions de contrats*, *APD*, 1940, n°1-4, pp. 77-84, spéc. pp. 77-78.

[704] Le consentement est-il vraiment, dans ces théories, l'origine du pouvoir ? N'est-il pas plus simplement la condition de celui-ci ? Quoi qu'il en soit, les deux notions entretiennent des liens étroits. Pour une discussion sur cette question, voir G. BURDEAU, *Traité de science politique*, tome 2, *L'Etat*, *op. cit.*, pp. 136-157.

[705] A.-J. CARLYLE, « La notion de "contrat" dans les doctrines politiques », *op. cit.*, p. 79.

déclaraient même « qu'il y avait un contrat entre le prince et le peuple »[706] et nombreux furent les auteurs médiévaux à faire référence, pour expliquer la forme des gouvernements, soit à la notion de contrat soit à celle de consentement[707]. Cette théorie sera notamment reprise par les monarchomaques afin d'opposer aux rois les droits du peuple, et, dans certains cas, de justifier la résistance, voire le tyrannicide. Plus proche de nous, la traduction juridique la plus célèbre de cette théorie se trouve sans aucun doute dans la Déclaration d'indépendance des Etats-Unis du 4 juillet 1787 qui affirme que « les gouvernements sont établis par les hommes [...], et leur juste pouvoir émane du consentement des gouvernés ».

290. Mais une autre théorie, qui n'est d'ailleurs pas incompatible avec la précédente[708], fait passer le contrat de gouvernement au second plan. Car elle fonde non seulement la relation gouvernants-gouvernés sur le consentement des individus, mais plus fondamentalement encore, elle fait résulter la société politique elle-même de cette notion. C'est le *pactum societatis*, ou la théorie du contrat social proprement dit. Pour ROUSSEAU par exemple, le *pactum subjectionis* ne résout rien car il n'explique pas en quoi « le peuple est peuple »[709], question qui devient fondamentale dans la philosophie politique moderne. Car si, selon ARISTOTE, « la cité est au nombre des réalités qui existent naturellement, et [...] l'homme est par nature un animal politique »[710], un « *zoon politikon* », la pensée moderne a

---

706 Cité par A.-J. CARLYLE, « La notion de "contrat" dans les doctrines politiques », *Sur les notions de contrat, op. cit.*, p. 81.

707 Voir par exemple la thèse de M. TATARU-CAZABAN, Quod omnes tangit : *le problème du consentement politique de Thomas d'Aquin jusqu'à Nicolas de Cues*, Bologne, 2007 (disponible en ligne sur http://amsdottorato.unibo.it/459/1/Tesi_Cazaban.pdf). De nombreuses publications ont été consacrées à cette maxime. Voir notamment : A. GOURON, « Aux origines médiévales de la maxime Quod omnes tangit », dans J.-L. HAROUEL (dir.), *Histoire du droit social : mélanges en hommage à Jean Imbert*, PUF, 1989, 572 p., pp. 277-286 ; A. MARONGIU, « Q.o.t, Principe fondamental de la Démocratie et du Consentement au XIVe siècle », *Album Helen-Maud Cam*, Publications universitaires de Louvain, 2 tomes, 1960 et 1961, 290 p. et 379 p., tome 2, pp. 101-115 ; le commentaire sur la maxime « Quod omnes tangit ab omnibus tractari et approbari debet », dans H. ROLAND et L. BOYER, *Adages du droit français, op. cit.*, pp. 760-762, et de manière plus spécifique, à propos de la Hongrie, J. HOLLUB, « Quod omnes tangit... », *RHD*, 1951, pp. 97-102.

708 Certains auteurs font ainsi succéder au *pactum societatis* le *pactum subjectionis*, par exemple PUFENDORF ou BARBEYRAC. Sur cette question, voir S. GOYARD-FABRE, « Contrat (– social) », dans S. AUROUX (dir.), *Les notions philosophiques : dictionnaire*, tome 1, *Philosophie occidentale, A-L, op. cit.*, pp. 475-477.

709 J.-J. ROUSSEAU, *Du contrat social ou principe de droit politique*, Amsterdam, 1762, nouv. éd. par G. MAIRET, Librairie générale française, coll. « Les classiques de la philosophie », 2011, 319 p., p. 78.

710 ARISTOTE, *La politique*, I, 2, 1253 a, 2, trad. et introduction par J. TRICOT, Librairie philosophique J. Vrin, coll. « Bibliothèque des textes philosophiques », 1962, nouv. éd., 1995, 595 p., p. 28.

renversé ce point de départ et voit au contraire dans la société politique une « création artificielle et donc volontaire »[711]. Si les hommes ne sont pas naturellement politiques mais ont d'abord vécu dans l' « état de nature »[712], ils sont essentiellement égaux. Dès lors, seule la technique du contrat peut leur permettre de passer à l'état social et justifier ainsi la société politique.

291. Ce contrat social, dont l'expression apparaît avec ORESME au XIVème siècle[713], fonde la réflexion politique et juridique moderne[714]. Johannes ALTHUSIUS, Hugo GROTIUS, Samuel PUFENDORF, John LOCKE, mais surtout Thomas HOBBES et Jean-Jacques ROUSSEAU théorisent le contrat social et construisent leurs doctrines politiques à partir de celui-ci. Par-delà leur grande diversité, il faut retenir que le point commun à toutes ces doctrines est de mettre le consentement de l'individu au centre de toute la construction politique[715]. En effet, comme « il est clair qu'il n'existe pas entre les hommes, antérieurement à la décision constitutive de la société, de relations d'autorité, mais seulement d'égalité [...], les individus ne peuvent être liés qu'en vertu de leur consentement »[716].

292. Si, délaissant la philosophie politique, on passe maintenant au droit constitutionnel proprement dit, il y a au moins deux théories de la constitution qui font une large place à la notion de consentement.

293. La première est celle issue de la théorie de l'institution, notamment telle qu'elle fut développée en France par Maurice HAURIOU[717]. Bien que

[711] M. TROPER, « Contrat social », dans Y. KIRCHNER et J.-M. PRUVOST-BEAURAIN (dir.), *Encyclopædia Universalis*, 5ème éd., 2002, 28 volumes, vol. 6, pp. 389-392, p. 389.

[712] Si certains auteurs ont cru à la réalité historique du contrat social, comme le poète MILTON, la plupart de ses théoriciens estiment que la question n'a pas d'importance. Il ne s'agit pas de savoir ce qui a réellement eu lieu, mais ce qui, en logique et de manière *a priori*, peut fonder à la fois la société politique et la légitimité du pouvoir. Sur cette question, voir par exemple : S. GOYARD-FABRE, *Philosophie critique et raison juridique*, PUF, coll. « Thémis. Philosophie », 2004, 253 p., spéc. le paragraphe intitulé « Le contrat social, "simple idée de la raison" : la clef de voûte de l'architecture juridique », pp. 136-149 ; Y.-Ch. ZARKA, « Etat de nature et fiction dans la pensée politique moderne », dans *La fiction*, *Droits*, n°21, 1995, pp. 105-111, ou encore M. TROPER, « Contrat social », *op. cit.*, p. 390.

[713] S. GOYARD-FABRE, « Contrat social », dans A.-J. ARNAUD (dir.), *Dictionnaire de théorie et de sociologie du droit*, *op. cit.*, pp. 106-111, p. 106.

[714] Pour un historique détaillé, voir par exemple l'excellent ouvrage de P. BASTID, *L'idée de Constitution*, *op. cit.*

[715] Le consentement de l'individu devient ainsi le seul fondement de la légitimité des gouvernements. Voir par exemple J.-F. SPITZ, « Etat de nature et contrat social », dans Ph. RAYNAUD et S. RIALS (dir.), *Dictionnaire de philosophie politique*, *op. cit.*, pp. 255-260, spéc. p. 255.

[716] M. TROPER, « Contrat social », *op. cit.*, p. 390.

[717] M. HAURIOU définit l'institution comme « une idée d'œuvre ou d'entreprise qui se réalise et dure juridiquement dans un milieu social ; pour la réalisation de cette idée, un

le doyen toulousain récuse toute idée de contrat social, cela ne l'empêche pas de noter que « toute constitution est un pacte constitutionnel entre le Gouvernement et le peuple »[718]. L'auteur relève que « sauf dans la constitution du 4 novembre 1848 et dans celle de 1875, où l'Assemblée nationale apparaît seule, toutes les autres constitutions font apparaître formellement deux parties, dont l'une fait la déclaration constitutionnelle et dont l'autre en prend acte »[719]. Mais la constitution n'est pas l'institution et cette dernière se distingue nettement du contrat[720]. On retrouve cependant en celle-ci, toujours sous la plume de Maurice HAURIOU, la notion de consentement. Car « la manifestation de volonté commune avec intention de fonder constitue, de beaucoup, l'élément le plus important, elle est le facteur consensuel et, par conséquent, le fondement juridique, non seulement de l'opération de fondation, mais de l'existence même du corps constitué »[721]. HAURIOU affirme ainsi qu' « il existe une très vieille et bonne justification juridique du droit de commander ; elle se trouve dans le consentement des gouvernés »[722]. Les auteurs étudiant sa pensée ne s'y sont pas trompés et montrent que pour HAURIOU le consentement est bien à la base de la constitution, ainsi d'ailleurs que de l'institution étatique qui en résulte. Laurence LAFFORGUE, étudiant la situation juridique de destinataire d'un acte administratif unilatéral et s'inspirant de la pensée du doyen toulousain, affirme que « comme toute institution, l'Etat apparaît ainsi créé par le

---

pouvoir s'organise qui lui procure des organes ; d'autre part, entre les membres du groupe social intéressé à la réalisation de l'idée, il se produit des manifestations de communion dirigées par les organes du pouvoir et réglées par des procédures » : « La théorie de l'institution et de la fondation (essai de vitalisme social) », *op. cit.*, p. 75. Textes et documents », 1986. Sur l'institution chez M. HAURIOU, voir par exemple : G. GURVITCH, « Les idées maîtresses de Maurice Hauriou », *APD*, 1931, pp. 155-194, spéc. pp. 155-166 ; E. MILLARD, « Hauriou et la théorie de l'institution », *Droit et Société*, n°30/31, 1995, pp. 381-409 ou encore L. SFEZ, « Institution (Doctrine) », dans D. ALLAND et S. RIALS (dir.), *Dictionnaire de la culture juridique*, *op. cit.*, pp. 835-837.

[718] M. HAURIOU, *Principes de droit public*, Sirey, 1910, réimp. Dalloz, coll. « Bibliothèque Dalloz », 2010, 734 p., p. 217.

[719] *Ibid.*

[720] Sur la distinction entre le contrat et l'institution, voir J.-A. BRODERICK, O.P., « La notion d'"institution" de Maurice Hauriou dans ses rapports avec le contrat en droit positif français », *op. cit.*, spéc. pp. 147-148. Mais, pour M. HAURIOU, si l'institution n'est pas un contrat, elle ne nécessite pas moins que lui le consentement. Seuls les objets auxquels s'applique le consentement diffèrent. Sur cette question, voir L. LAFFORGUE, *La situation juridique du destinataire d'un acte administratif unilatéral*, *op. cit.*, p. 22.

[721] M. HAURIOU, « La théorie de l'institution et de la fondation (essai de vitalisme social) », *op. cit.*, p. 120.

[722] M. HAURIOU, « Le pouvoir, l'ordre, la liberté et les erreurs des systèmes objectivistes », *op. cit.*, p. 75. Ce n'est pas un hasard si, à l'occasion de ces développements, HAURIOU mentionne le texte précité de la Déclaration d'indépendance des Etats-Unis.

rassemblement des individus et la mobilisation de leurs volontés autour d'une idée d'œuvre. Et cette "communion fondative" se concrétise dans un acte juridique qui est la Constitution »[723]. Jacques CHEVALLIER affirme que « pour Hauriou [...], l'Etat repose, comme toute institution, sur le "consentement coutumier" : c'est de la Nation que naît l'exigence de mise en place d'un pouvoir de contrainte ; et ce pouvoir ne peut subsister s'il ne s'appuie en permanence sur l'adhésion des membres »[724]. Christian LAVIALLE confirme cela et note que « Maurice Hauriou va, sur ce terrain de l'acceptation et de la durée comme élément constitutif de l'Etat beaucoup plus loin que saint Thomas. Il situe en effet le consentement coutumier à l'origine de l'institution »[725].

294. La seconde conception de la constitution faisant une large place à la notion de consentement, et qui a d'ailleurs précédé historiquement la première, est celle de plusieurs Révolutionnaires. Pour eux, la constitution n'est en effet rien d'autre que l'actualisation, ou la conséquence du contrat social[726]. ROUSSEAU déjà, lorsqu'il s'était interrogé sur la procédure devant donner naissance aux lois fondamentales, « semblait assimiler les lois véritablement fondamentales au pacte social »[727]. Plus largement, la doctrine des Lumières, qui animera l'idéal révolutionnaire, envisage la constitution comme « l'expression écrite du "contrat social" rationnellement choisi et voulu par le peuple »[728]. Concernant SIEYES, « le grand théoricien constitutionnel de la Révolution », Paul BASTID note que « les thèmes de l'état de nature et du contrat social servent de soubassement à son œuvre »[729]. Il n'y a alors rien d'étonnant à ce que des membres de la

---

723 L. LAFFORGUE, *La situation juridique du destinataire d'un acte administratif unilatéral*, *op. cit.*, p. 20. L'auteur affirme encore, p. 35, que « l'analyse de la formation de l'acte constituant fait apparaître des éléments consensuels, mais pas d'éléments contractuels », ou, p. 39, que « c'est le peuple qui a la faculté de donner son consentement à l'acte constitutionnel proposé à sa ratification ».

724 J. CHEVALLIER, « L'Etat de droit », *op. cit.*, p. 369.

725 Chr. LAVIALLE, « L'influence de saint Thomas d'Aquin sur la pensée de Maurice Hauriou », *RRJ*, 2000-4, pp. 1335-1347.

726 Ils n'ont pas pour autant nécessairement confondu les deux notions. A ce sujet, voir O. BEAUD, *La puissance de l'Etat*, PUF, coll. « Léviathan », 1994, 512 p., pp. 237-243 ou Ph. PICHOT-BRAVARD, *Conserver l'ordre constitutionnel (XVIe-XIXe siècle). Les discours, les organes et les procédés juridiques*, LGDJ, coll. « Bibliothèque d'histoire du droit et du droit romain », tome 24, 2011, 522 p., p. 346. Pour des exemples et une critique de la confusion opérée par certains auteurs entre la constitution et le contrat social, voir notamment C. SCHMITT, *Verfassungslehre*, 1928, trad. par L. DEROCHE, *Théorie de la Constitution*, PUF, coll. « Léviathan », 1993, 576 p., pp. 195-196.

727 P. BASTID, *L'idée de Constitution*, *op. cit.*, p. 135.

728 A.-M. LE POURHIET, *Droit constitutionnel*, Economica, coll. « Corpus », 5ème éd., 2013, 557 p., p. 34.

729 P. BASTID, *L'idée de Constitution*, *op. cit.*, p. 137.

Convention chargés d'élaborer une nouvelle constitution lient celle-ci au contrat social. Pour VALDRUCHE, le 15 avril 1793, les articles de la Constitution ne sont rien d'autre que « les conséquences du contrat social »[730]. ROMME et ISNARD, respectivement le 17 avril et le 10 mai de la même année, voient un contrat social dans la déclaration des droits qui devait figurer en tête de la Constitution et le second souhaite même qu'avant de rédiger la Constitution, on rédige le pacte social[731]. Même si leurs propositions n'ont pas été retenues, leur présentation n'a pas perdu toute sa vigueur et le rapprochement, voire l'assimilation, de la constitution avec le pacte social est encore fréquent[732]. Ainsi, Vlad CONSTANTINESCO et Stéphane PIERRE-CAPS affirment que « le dialogue individu-souveraineté se noue [...] par le biais de la figure juridique du *contrat social* dont la constitution est la mise en forme juridique : le droit constitutionnel repose désormais sur une convention fondatrice qui institue la société politique, aménage ses institutions, et règle son fonctionnement »[733]. Michel VAN DE KERCHOVE note pour sa part que « l'acte contractuel occupe une place primordiale au niveau des fondements idéologiques du droit public dans les démocraties libérales », et cela par le biais de la « théorie du contrat social »[734].

295. De la sorte, la constitution repose bien, pour certains auteurs, sur le consentement des individus. Il en est d'ailleurs de même pour la loi.

2. La loi : un acte consenti

296. La démonstration sera ici plus aisée car on retrouve des éléments semblables à ceux avancés à propos de la Constitution. Poursuivant ce qui vient d'être dit, il serait ainsi possible de voir que, pour HAURIOU, la loi repose sur un contrat. Dès lors, comme la constitution, elle prend appui sur

---

730 Cité par P. BASTID, *L'idée de Constitution*, Economica, coll. « Classiques », 1985, 197 p., p. 167.

731 Sur ces deux déclarations, voir P. BASTID, *L'idée de Constitution*, *op. cit.*, p. 167.

732 Sur cette question en général, voir C.-M. PIMENTEL, « Du contrat social à la norme suprême : l'invention du pouvoir constituant », *Autour de la notion de Constitution*, *Jus politicum*, n°3, 2009, disponible à l'adresse http://juspoliticum.com/Du-contrat-social-a-la-norme.html, [4 sept. 2015]. L'auteur donne notamment de nombreux éléments et citations sur les liens qu'entretiennent la Constitution et le contrat social dans la pensée des Révolutionnaires américains.

733 V. CONSTANTINESCO et S. PIERRE-CAPS, *Droit constitutionnel*, PUF, coll. « Thémis droit », 6ème éd., 2013, 535 p., p. 9.

734 M. VAN DE KERCHOVE, « Acte juridique », *op. cit.*, p. 5.

le consentement des gouvernés[735]. Mais comme « songer à la loi, telle qu'elle devrait (?) être, c'est avoir à l'esprit la mystique révolutionnaire de la loi, la Loi sacrée, œuvre de perfection »[736], il sera préférable ici de faire appel à l'œuvre de deux auteurs qui ont entretenu un rapport étroit avec la doctrine révolutionnaire de la loi. Le premier sera Jean-Jacques ROUSSEAU car sa pensée ne fut pas sans influence sur les Révolutionnaires et il pourrait ainsi être qualifié de précurseur. Le second sera Raymond CARRE DE MALBERG car il fut celui qui, plus d'un siècle après la Révolution, décrivit scrupuleusement le modèle classique de la loi, faisant retour aux sources de 1789. Il pourrait ainsi être qualifié de continuateur. Or, ces deux auteurs restent centraux dans la pensée juridique moderne et Olivier BEAUD disait à propos du second que « c'est désormais son opinion qui fait autorité en matière constitutionnelle »[737]. Les étudier c'est donc assurément mieux comprendre la conception classique de la loi en droit constitutionnel français.

297. De même que la philosophie politique moderne est construite contre celle des Anciens, la conception de la loi développée par la philosophie des Lumières en général, et par ROUSSEAU en particulier, est en opposition avec celle qui l'a immédiatement précédée. Alors que pour les premiers théoriciens de la souveraineté la loi est un acte unilatéral adopté sans le consentement des sujets, l'œuvre de ROUSSEAU consistera précisément à faire de la loi un acte consenti par l'ensemble des citoyens[738]. Jean BODIN estimait ainsi de manière emblématique que la première

---

[735] L'auteur ne fait pas, en effet, du point de vue étudié, de distinction entre la constitution et la loi. Comme la première, la seconde repose sur « un contrat politique. Cela est dans sa nature puisque, ainsi que nous l'avons vu déjà, par la loi le peuple s'oblige [...]. Cette obligation du peuple n'est pas une figure de langage, elle est le résultat d'un pacte réel conclu entre le gouvernement et le peuple au moment du vote de la loi, mais cet élément de pacte et de contrat, ici encore, est immédiatement résorbé dans la règle impérative qui seule survit » : M. HAURIOU, *Principes de droit public*, *op. cit.*, p. 218.

[736] B. MATHIEU, *La loi*, Dalloz, coll. « Connaissance du droit », 3ème éd., 2010, 138 p., p. 1. Pour les évolutions postérieures de la loi, voir notamment G. BURDEAU, « Essai sur l'évolution de la notion de loi en droit français », *APD*, 1939, pp. 7-55, ou plus récemment, H. DUMONT et S. VAN DROOGHENBROECK, « La loi », dans M. TROPER et D. CHAGNOLLAUD (dir.), *Traité international de droit constitutionnel*, tome 1, *Théorie de la Constitution*, Dalloz, coll. « Traités Dalloz », 2012, 815 p., pp. 529-572.

[737] O. BEAUD, « La souveraineté dans la Contribution à la théorie générale de l'Etat de Carré de Malberg », *RDP*, 1994, pp. 1251-1301, p. 1252.

[738] Toujours dans cette même logique consistant à chercher les conditions de la légitimité du pouvoir politique. Et cela se traduit notamment par la participation des citoyens à l'élaboration de la loi. G. BURDEAU affirme ainsi que « dans l'idée que la loi est l'expression de la volonté générale, il y a une affirmation d'ordre politique : à savoir la nécessaire participation des citoyens à la formation de la loi » : « Essai sur l'évolution de la notion de loi en droit français », *op. cit.*, p. 13.

marque de la souveraineté est « la puissance de donner loy à tous en général, et à chacun en particulier [...] sans le consentement de plus grand, ni de pareil, ni de moindre que soy »[739]. En revanche, dans le *Contrat social*, la loi est présentée en divers passages comme un acte consenti et l'auteur insiste sur ce point. Tout d'abord, et c'est l'élément essentiel, la loi est l'œuvre de la volonté générale. Cela signifie bien sûr que la loi, une fois votée, est le reflet de la volonté du corps politique pris dans son ensemble. Mais cela signifie aussi que chaque citoyen a exprimé sa propre volonté générale ; celle qui est la sienne, non en tant qu'individu, mais en tant que citoyen[740]. Le citoyen consent donc « à toutes les lois, même à celles qu'on passe malgré lui, et même à celles qui le punissent quand il ose en violer quelqu'une »[741]. L'auteur explique les raisons d'un tel consentement : « quand on propose une loi dans l'assemblée du peuple, ce qu'on leur demande n'est pas précisément s'ils approuvent la proposition ou s'ils la rejettent, mais si elle est conforme ou non à la volonté générale qui est la leur : chacun en donnant son suffrage dit son avis là-dessus, et du calcul des voix se tire la déclaration de la volonté générale. Quand donc l'avis contraire au mien l'emporte, cela ne prouve autre chose sinon que je m'étais trompé, et que ce que j'estimais être la volonté générale ne l'était pas. Si mon avis particulier l'eût emporté, j'aurais fait autre chose que ce que j'avais voulu, c'est alors que je n'aurais pas été libre »[742]. Ensuite, la loi ne peut être pleinement loi que par la ratification de l'ensemble des citoyens. S'il est possible[743] que ceux-ci s'en remettent à une partie du corps politique pour délibérer, les députés du peuple ne sont que des commissaires et « toute loi que le peuple en personne n'a pas ratifiée est nulle ; ce n'est point une loi »[744]. Enfin, si la loi d'hier oblige les citoyens aujourd'hui, ce n'est pas par la vertu propre de cette loi. Mais c'est en raison du consentement tacite du législateur actuel : « la loi

---

[739] J. BODIN, *Les six livres de la République*, *op. cit.*, p. 306.

[740] Sur cette double signification, collective et individuelle, de la volonté générale, voir L. ROBERT-WANG, « Volonté générale », dans D. ALLAND et S. RIALS (dir.), *Dictionnaire de la culture juridique*, *op. cit.*, pp. 1531-1534.

[741] J.-J. ROUSSEAU, *Du contrat social ou principe de droit politique*, *op. cit.*, p. 183.

[742] *Ibid.*, p. 184.

[743] C'est même une nécessité, la volonté générale n'étant qu'un vouloir, et non un savoir. Il est donc nécessaire de recourir aux qualités particulières de certains hommes chargés de définir précisément le contenu de l'intérêt général. Sur cette question, voir L. ROBERT-WANG, « Volonté générale », *op. cit.*, p. 1532, ou encore O. BEAUD, *La puissance de l'Etat*, *op. cit.*, pp. 235-236.

[744] J.-J. ROUSSEAU, *Du contrat social ou principe de droit politique*, *op. cit.*, p. 170. La position de ROUSSEAU évoluera sensiblement, dans un sens plus réaliste, dans ses *Considérations sur le gouvernement de la Pologne*. A ce sujet, voir : O. BEAUD, « Souveraineté », dans Ph. RAYNAUD et S. RIALS (dir.), *Dictionnaire de philosophie politique*, *op. cit.*, pp. 735-742, p. 740.

d'hier n'oblige pas aujourd'hui, mais le consentement tacite est présumé du silence, et le souverain est censé confirmer incessamment les lois qu'il n'abroge pas, pouvant le faire »[745].

298. Les conceptions de ROUSSEAU eurent un grand écho à la Révolution et plus largement dans tout le droit constitutionnel classique. Un des aspects essentiels de l'œuvre de Raymond CARRE DE MALBERG a justement consisté à le démontrer. Pour le constitutionnaliste strasbourgeois, la loi est effectivement, conformément à l'article 6 de la Déclaration des droits de l'homme et du citoyen de 1789, « l'expression de la volonté générale ». Il prouve en effet que cette définition est bien celle adoptée par le droit constitutionnel français issu de la Révolution. Tel est l'objet de son ouvrage au titre évocateur *La loi, expression de la volonté générale*[746], qui a pour but de « montrer que la Constitution de 1875 a appliqué et s'est par conséquent approprié, touchant la notion de loi et de pouvoir législatif, le concept énoncé dans le célèbre article 6 de la Déclaration des Droits de 1789 »[747]. Cette définition fut d'ailleurs reprise explicitement par plusieurs Constitutions, notamment celles de 1793[748] et de l'An III[749]. Elle fait encore partie du droit positif, par le biais de la Déclaration des droits de l'homme et du citoyen, partie intégrante de la Constitution de 1958. Quant à la ratification de la loi par l'ensemble de la population, Raymond CARRE DE MALBERG loue la cohérence des Constituants de 1793 qui avaient organisé un « régime législatif dans lequel la confection de la loi dépendait, en dernier lieu, de son adoption par les assemblées primaires comprenant la totalité des citoyens »[750]. Autant d'éléments, et il y en aurait bien d'autres, qui montrent que dans la conception moderne de la loi, il s'agit nécessairement d'un acte établi avec le consentement des citoyens.

299. Et ce qui vaut au niveau des actes se retrouve évidemment en ce qui concerne les organes, tant les deux notions sont liées.

---

[745] J.-J. ROUSSEAU, *Du contrat social ou principe de droit politique*, *op. cit.*, p. 163. On retrouve là une idée classique, notamment développée par le passé à propos de la coutume, obligatoire tant que le législateur, qui doit en avoir connaissance, la tolère.
[746] R. CARRE DE MALBERG, *La loi, expression de la volonté générale*, Sirey, 1931, réimp. Economica, coll. « Classiques », 1984, 228 p.
[747] *Ibid.*, « Avertissement », page non numérotée.
[748] Selon son article 4, « la loi est l'expression libre et solennelle de la volonté générale ».
[749] Selon son article 6, « la loi est la volonté générale ».
[750] R. CARRE DE MALBERG, *La loi, expression de la volonté générale*, *op. cit.*, p. 215.

B. Des organes caractérisés grâce au consentement

300. La théorie de la séparation des pouvoirs nécessite leur distinction. L'idée de séparation implique en effet nécessairement l'idée de distinction[751]. Il est en effet impossible de séparer ce qui n'aurait pas au préalable été distingué. Mais il ne s'agit pas ici de proposer un nouveau critère de distinction des pouvoirs ou des organes, ce qui serait pourtant théoriquement possible[752]. En revanche, rien n'empêche d'essayer de voir si et comment le consentement accompagne ou non la distinction classique. Il est alors possible d'affirmer que le constituant et le législateur, voulant pour la nation, reçoivent en principe leur autorité du consentement de celle-ci (1), ce qui n'est pas nécessairement le cas des administrateurs (2).

1. Les pouvoirs constituant et législatif : des pouvoirs consentis

301. La question des rapports qu'entretiennent les pouvoirs constituant et législatif avec les citoyens mériterait à elle seule une étude complète, car c'est au fond toute la théorie moderne de la démocratie qui est en jeu[753]. Il ne s'agit ici que de montrer qu'en démocratie ces deux pouvoirs sont envisagés comme reposant, à divers degrés, sur le consentement des citoyens[754]. En

[751] Telle est d'ailleurs la démarche suivie par MONTESQUIEU, considéré comme le « père » de la théorie de la séparation des pouvoirs. Le chapitre VI du livre XI de son célèbre ouvrage commence en effet par ces mots : « il y a dans chaque Etat trois sortes de pouvoirs : la puissance législative, la puissance exécutrice des choses qui dépendent du droit des gens, et la puissance exécutrice de celles qui dépendent du droit civil » : *De l'esprit des lois*, Genève, 1748, nouv. éd. par L. VERSINI, Gallimard, coll. « Folio Essais », 1995, 2 tomes, 1627 p., tome 1, p. 327.

[752] Tant il est vrai qu'« une même collection d'objets est susceptible de plusieurs classifications » : M.-L. MATHIEU-IZORCHE, *Le raisonnement juridique*, *op. cit.*, p. 22.

[753] Pour ce qui concerne le pouvoir constituant en général, voir notamment : O. BEAUD, *La puissance de l'Etat*, *op. cit.* ; Cl. KLEIN, *Théorie et pratique du pouvoir constituant*, *op. cit.* ; C. SCHMITT, *Théorie de la Constitution*, *op. cit.* Pour le pouvoir législatif, voir notamment : P. BRUNET, *Vouloir pour la nation. Le concept de représentation dans la théorie de l'Etat*, *op. cit.*

[754] C'est là un point de vue classique. H. KELSEN le résume en disant que « la question décisive du point de vue des individus soumis aux normes est la suivante : leur obligation naît-elle avec leur consentement, c'est-à-dire leur volonté conforme, ou apparaît-elle au contraire sans ce consentement, éventuellement même contre leur volonté ? C'est cette distinction que l'on présente généralement sous les termes d'autonomie et d'hétéronomie ; la doctrine a accoutumé d'établir l'antithèse de l'autonomie et de l'hétéronomie essentiellement sur le terrain du droit public ; elle y apparaît sous la forme de la distinction entre la démocratie et l'autocratie, ou entre la république et la monarchie » : *Théorie pure du droit*, *op. cit.*, p. 371. Voir également, A. MARONGIU, « Q.o.t, Principe fondamental de la Démocratie et du Consentement au XIVe siècle », *Album Helen-Maud Cam*, *op. cit.*

effet, « l'homme moderne aspire à l'autonomie, c'est-à-dire à n'obéir qu'à lui-même (version pure du rousseauisme et de la démocratie directe) ou plus modestement à obéir à un pouvoir auquel il a consenti (démocratie représentative) »[755]. Ainsi donc, les citoyens consentent soit directement aux actes étudiés[756], devenant alors les auteurs des constitutions et des lois, soit aux pouvoirs chargés de les élaborer.

302. Le premier cas, dans lequel on pourrait qualifier le consentement, par analogie avec une certaine forme de démocratie, de « direct », vaut tant pour la constitution que pour la loi. Les citoyens en sont directement les auteurs. En ce qui concerne la Constitution, la chose est désormais classique. Cela est si vrai qu'un juge à la Cour constitutionnelle de Karlsruhe a pu dire que « le concept de pouvoir constituant est d'après son origine aussi bien que son contenu un concept démocratique et révolutionnaire », ajoutant « qu'il n'a sa place que dans le seul cadre d'une théorie constitutionnelle démocratique »[757]. Cela ne fait que reprendre la grande tradition héritée des Lumières : « comme Vattel, mais de façon plus développée et plus incisive, Rousseau met au suffrage des citoyens le choix de la Constitution de l'Etat »[758]. De même, Emmanuel-Joseph SIEYES estime que le pouvoir de faire la constitution « n'appartient qu'à la nation seule »[759]. Le droit positif, notamment au cours de la Révolution, donne des exemples d'un tel pouvoir constituant[760]. Tel est le cas emblématique de la Constitution du 24 juin 1793. Elle fut non seulement soumise à des électeurs primaires, mais l'article 28 de la Déclaration de droits qu'elle comporte déclare qu' « un peuple a toujours le droit de revoir, de réformer et de changer sa constitution ». Paul BASTID note ainsi que « la Convention introduit dans la technique constitutionnelle française une grande innovation en décidant dès sa première séance utile, le 21 septembre 1792, qu'il ne peut y avoir de

---

[755] O. BEAUD, *La puissance de l'Etat*, *op. cit.*, p. 201.

[756] Devenant ainsi, selon une vision rousseauiste, à la fois gouvernants et gouvernés.

[757] E.-W. BOCKENFORDE, *Die verfassungsgebende Gewalt des Volkes. Ein Grenzbegriff des Verfassungsrechts*, 1986, pp. 11-12, cité par Cl. KLEIN, *Théorie et pratique du pouvoir constituant*, *op. cit.*, pp. 3-4. O BEAUD déclare pour sa part que « si la démocratie a un sens juridique, c'est d'abord parce que le peuple intervient comme titulaire du pouvoir constituant, c'est-à-dire celui qui détient et exerce le pouvoir constituant » : « Le souverain », *La souveraineté*, *Pouvoirs*, n°67, 1993, pp. 33-45, p. 38.

[758] J.-L. MESTRE, « Introduction. Histoire du droit constitutionnel et de son enseignement », *op. cit.*, p. 7. Pour d'autres exemples de théoriciens prônant l'adoption de la constitution par le peuple, voir P. BASTID, *L'idée de Constitution*, *op. cit.*

[759] E.-J. SIEYES, *Qu'est-ce que le tiers état ?*, *op. cit.*, p. 73.

[760] Voir par exemple Ph. ARDANT et B. MATHIEU, *Institutions politiques et droit constitutionnel*, LGDJ, coll. « Manuel », 24ème éd., 2012, 662 p., pp. 84-85 ou A.-M. LE POURHIET, *Droit constitutionnel*, *op. cit.*, pp. 50-51. Quant à la charte « négociée », elle repose sur un pacte entre le constituant et le peuple, traduisant ainsi son consentement.

constitution que celle qui est acceptée par le peuple. C'était en la matière le désaveu du principe purement représentatif qui avait prévalu sous la première assemblée et qui avait conduit celle-ci à écarter une ratification populaire. Ainsi s'est créée une tradition qui a été respectée jusqu'à 1814, qui a reparu encore en 1815, qui a ensuite subi une longue éclipse, mais qui s'est réveillée sous la Quatrième et la Cinquième République »[761]. Il serait encore possible de mentionner, malgré les réticences actuelles vis-à-vis de ces procédés, la pratique des plébiscites napoléoniens qui, selon Carl SCHMITT, « reposait sur le principe démocratique du pouvoir constituant du peuple »[762]. Il faudrait alors citer notamment ceux de l'An VIII, de 1802, 1804, 1815, 1851 et 1852, dont certains présentent des liens étroits avec une Constitution. Au final, le droit constitutionnel classique repose en grande partie sur cette idée que « le peuple est souverain parce qu'il se donne une Constitution »[763].

303. Il en est de même pour la loi, qui peut être votée directement et exclusivement par le peuple dans le cas d'un référendum législatif. Mais l'hypothèse est rare. Sans être l'auteur exclusif d'une loi, le peuple peut encore y être associé de manière très étroite. Telle est la vision de 1793, inspirée par l'auteur du *Contrat social*[764]. Pour ROBESPIERRE par exemple, « les lois n'ont le caractère de loi que lorsque le peuple les a formellement acceptées »[765]. La Constitution de 1793 prévoyait en effet des Assemblées primaires qui disposaient d'un droit de *veto* par référendum. Pierre BRUNET note ainsi que « le peuple peut donc être qualifié de co-législateur avec le Corps législatif »[766]. Or, un colégislateur est un coauteur, c'est-à-dire un acteur dont le consentement est indispensable à l'édiction d'une norme[767].

304. Dans une seconde série de cas, la plus fréquente, le peuple n'est pas directement constituant ou législateur, mais agit par l'intermédiaire de représentants. C'est là un des aspects de la pensée de SIEYES notamment. Pour lui, « il est indifférent d'adopter la forme de la démocratie directe ou

---

[761] P. BASTID, *L'idée de Constitution*, *op. cit.*, p. 164.

[762] C. SCHMITT, *Théorie de la Constitution*, *op. cit.*, p. 230.

[763] O. BEAUD, *La puissance de l'Etat*, *op. cit.*, p. 208.

[764] Voir *supra*, n°297.

[765] M. DE ROBESPIERRE, Séance du 16 juin 1793, *Archives parlementaires*, tome 66, p. 578.

[766] P. BRUNET, « La représentation », dans M. TROPER et D. CHAGNOLLAUD (dir.), *Traité international de droit constitutionnel*, tome 1, *Théorie de la Constitution*, *op. cit.*, pp. 607-641, p. 634.

[767] Sur le lien entre la notion de coauteur et de consentement, voir *infra*, le premier chapitre de la troisième partie.

celle de la démocratie représentative pour la décision constituante »[768], et cela vaut aussi pour la décision législative. Sans rentrer dans trop de détails[769], bon nombre d'auteurs envisagent alors la théorie de la représentation comme le moyen de faire coïncider la volonté du peuple avec celle des organes qui, concrètement, adoptent les textes[770]. Certains Révolutionnaires voient ainsi dans les mécanismes institutionnels tels que l'élection ou la publicité des séances, « des moyens efficaces pour assurer une correspondance aussi parfaite que possible entre la volonté générale et celle du peuple »[771]. Telle était également l'opinion d'Albert Venn DICEY, pour qui « la caractéristique essentielle du gouvernement représentatif » est « sa faculté de produire une coïncidence entre les vœux du souverain et les vœux de ses sujets »[772]. Cela revient à dénier, dans la tradition classique du droit constitutionnel[773], toute volonté propre au législateur, pour faire figurer à sa place la volonté du peuple ou de la nation. Georges BURDEAU affirme ainsi « que le législateur, en tant que tel, n'a pas de volonté qui lui soit véritablement propre. En ce sens, on a pu dire que, si la loi est l'expression de la volonté générale, elle n'est pas l'expression de la volonté du

---

[768] O. BEAUD, *La puissance de l'Etat*, *op. cit.*, p. 228. Voir, en plus de cet ouvrage, pp. 227-233, C. CLAVREUL, « Sieyès et la genèse de la représentation moderne », *La représentation*, *Droits*, n°6, 1987, pp. 45-56.

[769] Pour une étude approfondie de la représentation et des différentes interprétations, parfois opposées, qu'elle suscite, voir notamment P. BRUNET, *Vouloir pour la nation. Le concept de représentation dans la théorie de l'Etat*, *op. cit.*, 396 p. Sur la question, plus générale, du régime représentatif, voir, en plus des ouvrages de droit constitutionnel, R. CARRE DE MALBERG, *Contribution à la théorie générale de l'Etat*, Librairie de la société du Recueil Sirey, 2 tomes, 1920 et 1922, 837 p. et 638 p., spéc. tome 2, pp. 199-232.

[770] Se pose alors la question sous-jacente de la théorie des mandats électifs, avec l'opposition entre le mandat impératif et le mandat politique. Certains auteurs critiquent même l'idée que l'on puisse appliquer en matière de représentation politique la notion de mandat. Pour une analyse convaincante, voir notamment : R. CARRE DE MALBERG, *Contribution à la théorie générale de l'Etat*, *op. cit.*, spéc. tome 2, pp. 211-224 ; Ch. EISENMANN, « Essai d'une classification théorique des formes politiques », *op. cit.*, p. 78-81, ou encore, de manière plus spécifique, P. AVRIL et J. GICQUEL, *Droit parlementaire*, Montchrestien, Coll. « Domat droit public », 4ème éd., 2010, 482 p., pp. 29-34. Le premier auteur est alors amené à critiquer le parlementarisme de la IIIème République, estimant que le Parlement a monopolisé, au détriment du peuple, l'expression de la volonté générale.

[771] P. BRUNET, *Vouloir pour la nation. Le concept de représentation dans la théorie de l'Etat*, *op. cit.*

[772] E. ZOLLER, *Introduction au droit public*, Dalloz, coll. « Précis. Droit public, science politique », 2ème éd., 2013, 241 p., p. 95.

[773] G. BURDEAU estime que ces subtilités sont devenues inutiles au XXème siècle. « Le paradoxe représentatif qui permet de détacher la loi de son auteur réel pour l'imputer à la volonté générale et, par là, de la rattacher à la règle de droit, est désormais rejeté car il est devenu inutile aux assemblées, qui, à son abri, établirent leur hégémonie » : G. BURDEAU, « Essai sur l'évolution de la notion de loi en droit français », *op. cit.*, p. 54.

législateur »[774]. Le résultat est dès lors « la négation d'une volonté autonome chez le législateur [...]. Et cette négation, c'est l'essence même du système représentatif »[775].

305. Que ce soit directement ou non, le peuple ou la nation sont ainsi envisagés comme étant les auteurs des actes essentiels du droit constitutionnel[776], ce qui n'est pas le cas pour les actes administratifs unilatéraux.

2. Le pouvoir administratif : un pouvoir non consenti

306. La question de savoir si le pouvoir administratif est un pouvoir consenti est importante. Il s'agit en effet de savoir si l'administration doit être formellement démocratique. Aussi surprenant que cela puisse paraître, la pensée moderne, héritée là encore des Lumières et de la Révolution, est généralement hostile à l'idée que l'administration puisse et même doive être démocratique[777]. Olivier BEAUD affirme par exemple que si ROUSSEAU « est le partisan par excellence de l'*Etat* démocratique (régi par la souveraineté du peuple), il s'oppose en revanche au "gouvernement démocratique" [...] parce que l'essence même du politique est rebelle à une *démocratisation de l'exécutif* »[778]. Si l'on se tourne vers l'histoire du droit, il est possible de relever que l'élection des administrateurs est loin d'être une constante. Si elle n'est pas totalement nouvelle à la Révolution, c'est à cette époque que le procédé se généralise[779]. Tel est par exemple le cas pour les

---

[774] F. TERRE, « La "crise de la loi" », *La loi*, *APD*, n°25, 1980, pp. 17-28, p. 18.

[775] G. BURDEAU, « Essai sur l'évolution de la notion de loi en droit français », *op. cit.*, p. 24.

[776] Deux autres arguments auraient pu être utilisés ici. Le premier, qui ne concerne explicitement que la loi, aurait été celui de R. CARRE DE MALBERG étudiant la formulation même des lois de la IIIème République. Selon lui, elles ne comportent pas de formule de commandement parce que, le peuple étant considéré comme l'auteur de la loi, il ne saurait se commander à lui-même. Voir *La loi, expression de la volonté générale*, *op. cit.*, pp. 141-173. Le second, adoptant un point de vue purement théorique, reposerait sur la notion moderne de la souveraineté. Puisque c'est la faculté d'imposer sa volonté sans qu'aucun autre consentement ne soit nécessaire, faire du peuple le souverain et dire que la constitution ou la loi sont l'expression de la souveraineté, c'est montrer que le peuple consent à ces actes.

[777] Il existe toutefois des exceptions. L. JAUME indique par exemple, que, pour LOCKE, « même le cas de pouvoir exécutif [...] n'échappe pas à la règle du "consentement" » : « Représentation », *op. cit.*, p. 655.

[778] O. BEAUD, « Souveraineté », *op. cit.*, p. 739. Telle est également, pour un autre courant, la conception d'E. BURKE. Sur ce point, voir C. POLIN, « La définition de la légitimité chez Burke », dans Institut International de Philosophie Politique, *L'idée de légitimité*, *Annales de philosophie politique*, n°7, 1967, pp. 161-180, spéc. p. 172.

[779] Voir notamment G. BIGOT, *L'administration française. Politique, droit et société*, tome 1, *1789-1870*, LexisNexis, coll. « Manuel », 2010, 361 p., spéc. pp. 15-36 et P. BRUNET,

assemblées administratives départementales[780] et communales[781]. Mais les problèmes que cela a pu faire naître[782] feront que par la suite, les différents régimes seront très méfiants sur l'élection des administrateurs, et l'entoureront de multiples précautions. Sans qu'il soit possible de faire un historique complet[783], quelques points particuliers suffiront à la démonstration. Par exemple, si les conseils municipaux ou départementaux étaient souvent élus, tel n'était pas le cas des maires pendant longtemps[784]. Par ailleurs, tant pour les maires que pour les conseillers, ils restent souvent sous la surveillance de l'exécutif central, celui-ci pouvant dissoudre les conseils[785]. Le cas de la ville de Paris est encore plus emblématique, la capitale ayant conservé, afin de s'assurer de sa docilité, un statut spécial. Celui-ci met en avant, notamment par la prépondérance du préfet de la Seine et du préfet de Police, le rôle du pouvoir exécutif national[786]. Ce dernier, à part sous la Deuxième République, n'est pas élu directement par le peuple, afin d'éviter que le chef de l'Etat, fort d'un soutien populaire, ne mette en danger la République elle-même[787].

307. Passant maintenant à la théorie, il convient de noter que pour Hans KELSEN et à sa suite Charles EISENMANN, la démocratisation du pouvoir législatif ne va pas forcément de pair avec celle du pouvoir exécutif. Pour le juriste français, « c'est un fait extrêmement frappant que jusqu'à une époque récente la revendication de la démocratie était considérée comme satisfaite,

---

Vouloir pour la nation. Le concept de représentation dans la théorie de l'Etat, *op. cit.*, spéc. pp. 189-221.

780 Voir l'article 2 de la section II du décret du 22 déc. 1789, *Archives parlementaires*, tome 11, pp. 191-195.

781 Voir le décret du 14 déc. 1789 *relatif à la constitution des municipalités*, *Duvergier*, tome 1, p. 63.

782 Procédant eux aussi de l'élection, les corps administratifs ont eu tendance à se considérer comme représentants de la nation et à s'émanciper de la représentation nationale. Sur cette question, voir *infra*, n°328.

783 Pour cela, voir notamment G. BIGOT, *L'administration française. Politique, droit et société*, tome 1, *1789-1870* et tome 2, *1870-1944*, LexisNexis, coll. « Manuel », 2010 et 2014, 361 p. et 500 p.

784 Tel n'est justement pas le cas dans la loi du 28 pluviôse An VIII, dans la loi du 21 mars 1831, dans la loi du 7 juill. 1852. Voir G. BIGOT, *L'administration française. Politique, droit et société*, tome 1, *1789-1870*, *op. cit.*, respectivement p. 162, pp. 185-187 et p. 230.

785 Tel est le cas en l'An VIII, en 1831, en 1852, en 1884. Voir G. BIGOT, *L'administration française. Politique, droit et société*, tome 1, *1789-1870*, *op. cit.*, respectivement p. 163, p. 187, et p. 231 et tome 2, *1870-1944*, pp. 108-111.

786 Voir G. BIGOT, *L'administration française. Politique, droit et société*, tome 1, *1789-1870*, *op. cit.*, p. 191.

787 Sous la Troisième République, conformément à l'article 2 de la loi du 25 fév. 1875 *relative à l'organisation des pouvoirs*, *JORF*, 28 fév. 1875, p. 1521,« le Président de la République est élu à la majorité absolue des suffrages par le Sénat et par la Chambre des députés réunis en Assemblée nationale ».

pourvu seulement que la législation fût confiée au peuple ou à la représentation nationale, que le problème d'une démocratisation de l'administration, ou de la juridiction, ne parvenait pas à véritablement percer jusqu'au premier plan de l'intérêt, ni dans la politique ni dans la théorie de l'Etat »[788]. EISENMANN expose en effet que pour son maître, l'exécution « est soumise par sa notion même à l'idée de légalité. Or, une démocratisation radicale de l'exécution risque, au moins si elle est appliquée à certains étages, principalement aux instances locales, de compromettre cette légalité, c'est-à-dire la démocratie de la législation »[789]. Et il conclut en disant que « l'exigence de démocratie de l'administration, si elle veut être plus qu'un mot d'ordre à courte vue, ne peut avoir que conditionnellement une valeur limitée, cela précisément dans l'intérêt du maintien même de la démocratie elle-même »[790].

308. Rien n'impose donc, et certainement pas l'histoire, que l'administration soit un pouvoir consenti. L'opinion classique est plutôt qu'il faut éviter que cela soit le cas, afin de garantir la suprématie du corps législatif. C'est à cette condition qu'il est possible de faire respecter, dans un système légicentriste et centralisateur tel que celui mis en place à la Révolution, la hiérarchie inhérente à la séparation des pouvoirs.

II. Le consentement comme critère de hiérarchisation des actes et des organes

309. La séparation des pouvoirs implique nécessairement leur distinction. Mais, pour beaucoup d'auteurs, la théorie va plus loin : non seulement elle distingue les pouvoirs, mais elle les hiérarchise[791]. Telle est

---

788 Ch. EISENMANN, « Essai d'une classification théorique des formes politiques », *op. cit.*, pp. 56-57.

789 *Ibid.*, p. 57.

790 *Ibid.*

791 Pour des éléments de réflexion sur cette question, voir par exemple L. DEPUSSAY, « Hiérarchie des normes et hiérarchies des pouvoirs », *RDP*, 2007, pp. 421-443. Sur la séparation des pouvoirs en général, voir notamment : J. CHEVALLIER, « La séparation des pouvoirs », dans *La continuité constitutionnelle en France de 1789 à 1989. Journée d'études des 16-17 mars 1989*, PUAM et Economica, coll. « Droit public positif », 1990, 178 p., pp. 113-146 ; J.-Ph. FELDMAN, « La séparation des pouvoirs et le constitutionnalisme. Mythes et réalités d'une doctrine et de ses critiques », *RFDC*, n°83, 2010, pp. 483-496 ; M. LAHMER, « Séparation et balance des pouvoirs », dans D. ALLAND et S. RIALS (dir.), *Dictionnaire de la culture juridique*, *op. cit.*, pp. 1406-1411 ; M. TROPER, « L'interprétation de la Déclaration des droits. L'exemple de l'article 16 », *La Déclaration de 1789*, *Droits*, n°8, 1988, pp. 111-122 ; « Séparation des pouvoirs », dans Ph. RAYNAUD et S. RIALS (dir.),

notamment la théorie de Raymond CARRE DE MALBERG qui relevait l'erreur qui « consistait à présenter la législation, l'administration et la justice comme trois fonctions ou pouvoirs séparés, [...] et aussi égaux en ce sens, tout au moins, qu'ils sont destinés à s'équilibrer entre eux »[792]. Pour le constitutionaliste strasbourgeois, les différentes fonctions de l'Etat sont au contraire inégales, la législation tenant évidemment la première place, l'administration et la justice des places subordonnées, et cela « en fonction de leur proximité avec la source de toute légitimité, la volonté du peuple »[793]. Ainsi, la hiérarchie des actes mise en parallèle avec le consentement fait apparaître un lien nécessaire entre celui-ci et celle-là (A), lien qui se retrouve également en ce qui concerne les organes (B).

A. Hiérarchie des actes et consentement

310. Les différents actes de l'ordonnancement juridique se placent dans la hiérarchie des normes selon le « degré de consentement » qui est le leur. Ainsi, pendant longtemps[794], la hiérarchie des normes fut dominée par la loi et la constitution (1), au détriment de l'acte administratif unilatéral (2).

1. Constitution et loi au sommet de la hiérarchie des normes

311. Envisager tous les régimes politiques que la France a connus permettrait de constater que la théorie de la souveraineté favorise tantôt la constitution tantôt la loi, selon qu'elle s'oriente davantage vers le pouvoir constituant ou le pouvoir législatif[795]. Mais il suffira ici de constater que, de manière générale, la constitution et la loi prennent place au sommet de la

---

Dictionnaire de philosophie politique, *op. cit.*, pp. 708-714 ; et sur des points plus spécifiques, voir par exemple : Ch. EISENMANN, « L'"Esprit des lois" et la séparation des pouvoirs », dans *Mélanges R. Carré de Malberg*, Librairie du Recueil Sirey, 1933, réimp. Topos Verlag et Duchemin, 1977, 536 p., pp. 165-192 et O. BEAUD, « Michel Troper et la séparation des pouvoirs », dans *Michel Troper*, *Droits*, n°37, 2003, pp. 149-171.

[792] R. CARRE DE MALBERG, *Confrontation de la théorie de la formation du droit par degrés avec les idées et les institutions consacrées par le droit positif français relativement à sa formation*, Librairie du Recueil Sirey, 1933, 174 p., p. 7.

[793] E. MAULIN, « Carré de Malberg », dans O. CAYLA et J.-L. HALPERIN (dir.), *Dictionnaire des grandes œuvres juridiques*, Dalloz, 2010, 620 p., pp. 82-91, p. 85.

[794] Les choses ne sont plus ainsi aujourd'hui, notamment avec le développement du droit international. Pour une approche générale de la question, voir par exemple J.-L. QUERMONNE, *L'évolution de la hiérarchie des actes juridiques en droit public français*, Thèse, Caen, 1952, 281 p.

[795] A ce sujet, voir O. BEAUD, « Souveraineté », *op. cit.*, p. 740.

hiérarchie des normes, sans chercher à les hiérarchiser elles-mêmes entre elles.

312. Il a déjà été montré qu'en régime démocratique, constitution et lois sont des actes consentis. Si ces actes sont situés « en haut » de la hiérarchie des normes, reste à savoir s'il est possible d'établir un lien de cause à effet entre ces deux constats, tant en ce qui concerne la constitution qu'en ce qui concerne la loi. L'évidence s'impose : pour l'une comme pour l'autre, il n'est pas possible de faire du consentement le facteur de leur primauté dans la hiérarchie des normes. Deux éléments le démontrent : l'un comparatiste, l'autre historique. D'un point de vue comparatiste, il est évident que la Constitution, même dans les régimes non démocratiques, occupe le sommet de l'édifice juridique, en ce qu'elle a pour but, *a minima*, d'organiser les pouvoirs publics et les relations entre ceux-ci. Cette place suprême est donc un élément de sa définition, indépendamment de toute référence à l'idée démocratique. Léo HAMON et Michel TROPER définissent ainsi le droit constitutionnel, et par ce biais la Constitution, comme un ensemble de normes dont la « valeur est supérieure à celle de toutes les autres normes »[796]. C'est aussi toute l'histoire de la théorie constitutionnelle qu'il faudrait ici invoquer[797], montrant que la conception rigide de la Constitution, qui distingue très nettement pouvoir constituant et pouvoirs constitués, a justement pour but de mettre la constitution hors d'atteinte des seconds[798]. Il s'agit en cela de garantir la séparation des pouvoirs, et donc la préservation des libertés, en empêchant par exemple qu'une majorité parlementaire puisse accroître ses propres compétences au détriment des autres pouvoirs, rompant ainsi l'équilibre institué au sein de l'Etat.

313. Quant aux lois, elles sont tenues partout pour des actes essentiels, là encore en dehors de toute idée de démocratie[799]. D'autre part, et au fond l'argument est le même[800], l'histoire du droit français montre que, même en dehors des époques démocratiques, constitutions et lois ont toujours occupé,

---

[796] Fr. HAMON et M. TROPER, *Droit constitutionnel*, *op. cit.*, p. 29.

[797] Voir à ce sujet, P. BASTID, *L'idée de Constitution*, *op. cit.*, ou pour des exemples spécifiques, O. BEAUD, *La puissance de l'Etat*, *op. cit.*

[798] E.-J. SIEYES affirmait ainsi que les lois constitutionnelles « sont dites *fondamentales*, non pas en ce sens qu'elles puissent devenir indépendantes de la volonté nationale, mais parce que les corps qui existent et agissent par elles ne peuvent point y toucher » : *Qu'est-ce que le tiers état ?*, *op. cit.*, p. 67.

[799] Cette idée n'est d'ailleurs pas propre à la pensée moderne. Pour la période antique, voir par exemple J. DE ROMILLY, *La loi dans la pensée grecque, des origines à Aristote*, *op. cit.*, 265 p. Pour la période médiévale et l'Ancien Régime, voir notamment Fr. OLIVIER-MARTIN, *Les lois du roi*, Cours de doctorat, 1945-1946, Loysel, 1988, 371 p.

[800] L'histoire permettant de faire une comparaison non plus entre systèmes de pays différents à une même époque, mais entre les systèmes successifs d'un même pays.

de manière plus ou moins stricte et effective, la place qui est la leur en droit constitutionnel classique[801].

314. S'il est ainsi impossible de prétendre que la constitution et la loi tiennent leur place élevée dans la hiérarchie des normes par le fait qu'il s'agit d'actes consentis, il est en revanche exact de dire que, du fait de leur position, toute la pensée juridique moderne n'a eu de cesse d'en faire des actes consentis, le consentement étant vu à l'époque moderne comme le seul moyen de légitimité valable au niveau politique.

315. Cela dit, il est fréquent que la supériorité de la loi soit présentée comme le résultat de son adoption par le peuple. Comme l'affirmait très explicitement la Constitution de 1791, « il n'y a pas en France d'autorité supérieure à celle de la loi »[802]. Les lois occupent donc une place prépondérante, notamment du fait de l'absence de tout contrôle de constitutionnalité les concernant. Elles sont en effet l' « expression de la volonté générale »[803] et dès lors, il est impensable que la loi fasse l'objet d'un contrôle de constitutionnalité. Cela serait « contraire à la démocratie » [804] et à la célèbre définition de la loi donnée par l'article 6 de la Déclaration des droits de l'homme et du citoyen. C'est parce que la loi émane du peuple, éventuellement par l'intermédiaire de ses représentants, qu'on ne peut la contrôler et qu'elle occupe ainsi une place élevée dans la hiérarchie des

---

801 Tel est, pour ce qui concerne la Constitution, l'objet de la démonstration de la thèse de Ph. PICHOT-BRAVARD, *Conserver l'ordre constitutionnel (XVIe-XIXe siècle). Les discours, les organes et les procédés juridiques*, *op. cit.* Voir la bibliographie citée, notamment les travaux de Fr. SAINT-BONNET, p. 504. Indépendamment même de tout contrôle effectif, la constitution est toujours envisagée, du point de vue théorique, comme située au sommet de la hiérarchie des normes. Voir par exemple D. GRIMM, « La souveraineté », dans M. TROPER et D. CHAGNOLLAUD (dir.), *Traité international de droit constitutionnel*, tome 1, *Théorie de la Constitution*, *op. cit.*, pp. 547-606, spéc. pp 567-568. L'auteur affirme, p. 568, que « sans primauté, la constitution ne peut remplir sa fonction ». En ce qui concerne la loi, voir par exemple B. MATHIEU, *La loi*, *op. cit.*, pp. 7-23.

802 Constitution des 3 et 4 sept. 1791, titre III, chap. II, sect. 1, article 3.

803 Au moins jusqu'à la décision du Conseil constitutionnel du 23 août 1985, n°85-197 DC, *Loi sur l'évolution de la Nouvelle-Calédonie*, selon laquelle « la loi n'est l'expression de la volonté générale que dans le respect de la Constitution ». Sur les implications d'une telle affirmation, voir notamment Ph. BLACHER, *Contrôle de constitutionnalité et volonté générale. Etude sur l'obiter dictum : "la loi votée ... n'exprime la volonté générale que dans le respect de la Constitution"*, PUF, coll. « Les grandes thèses du droit français », 2001, 246 p., et P. BRUNET, « Que reste-t-il de la volonté générale ? Sur les nouvelles fictions du droit constitutionnel français », *La loi*, *Pouvoirs*, n°114, sept. 2005, pp. 5-19.

804 Fr. HAMON et M. TROPER, *Droit constitutionnel*, *op. cit.*, p. 61. Sur les arguments, employés par les juges ou la doctrine, se rattachant à la notion de volonté générale, voir J. BONNET, *Le juge ordinaire français et le contrôle de la constitutionnalité des lois. Analyse critique d'un refus*, Dalloz, coll. « NBT », vol. 81, 2009, 716 p., spéc. pp. 175-251 et Ph. PICHOT-BRAVARD, *Conserver l'ordre constitutionnel (XVIe-XIXe siècle). Les discours, les organes et les procédés juridiques*, *op. cit.*, pp. 333-382.

normes[805]. Ce qui n'est, *a contrario*, pas le cas des actes administratifs unilatéraux qui n'occupent qu'une position subordonnée.

2. Des actes administratifs étroitement subordonnés

316. Selon Olivier BEAUD, « tout Souverain est – ou se sent – contraint d'invoquer un principe de légitimité, à la différence des subordonnés du Souverain qui peuvent se contenter d'invoquer un simple *principe de légalité* (la loi du Souverain) »[806]. Et l'on serait tenté de rajouter, en ce qui concerne la conception classique, que non seulement les subordonnés le peuvent, mais surtout le doivent. Tel est le cas en droit administratif français. Sans qu'il soit nécessaire de faire ni l'histoire[807], ni la théorie[808] du principe de légalité, les actes administratifs sont, en principe et aussi importants soient-ils, subordonnés à des normes supérieures, au premier rang desquelles figurent la constitution et la loi. Cette subordination trouve son expression juridique la plus visible dans le recours pour excès de pouvoir.

---

[805] Encore aujourd'hui, le Conseil constitutionnel se refuse à exercer un contrôle de constitutionnalité sur les lois adoptées par référendum, en ce qu'elles « constituent l'expression directe de la souveraineté nationale ». *Cf.* CC, 6 nov. 1962, décision n°62-20 DC, *Loi référendaire du 6 nov. 1962 relative à l'élection du président de la République au suffrage universel direct, adoptée par le référendum du 28 octobre 1962, cons. n°2*, et plus récemment, CC, 23 sept. 1992, décision n°92-313, *Loi autorisant la ratification du traité sur l'Union européenne*, dite « *Maastricht III* ». Voir L. FAVOREU et L. PHILIP, *Les grandes décisions du Conseil constitutionnel*, Dalloz, 16ème éd., 2011, n°4, pp. 29-38. Une question délicate du contrôle de constitutionnalité des lois consiste précisément à articuler théoriquement ce contrôle avec le principe de la souveraineté du peuple. Sur cette question, voir notamment O. BEAUD, « Le souverain », *op. cit.* D'une manière générale, cette conception renvoie bien évidemment à celle de J-J. ROUSSEAU. Voir par exemple J.-L. QUERMONNE, *L'évolution de la hiérarchie des actes juridiques en droit public français*, *op. cit.*, p. 30.

[806] O. BEAUD, « Souveraineté », *op. cit.*, p. 740.

[807] Voir notamment la thèse de S. VELLEY, *Les origines du principe de légalité en droit public français*, Thèse, Paris X, 1988, 437 p. ou son article « Légalités », dans M. DOAT et P. CHARLOT (coord.), *Liber amicorum Gilles Darcy. Détours juridiques : le praticien, le théoricien et le rêveur*, Bruylant, 2012, 921 p., pp. 867-884.

[808] Voir par exemple les articles bien connus de Ch. EISENMANN, « Le droit administratif et le principe de légalité », *EDCE*, n°11, 1957, pp. 25-40, de J. CHEVALLIER, « L'Etat de droit », *op. cit.*, ou de D. LOCHAK, « Le droit administratif, rempart contre l'arbitraire ? », *Droit administratif. Bilan critique*, *Pouvoirs*, n°46, 1988, pp. 43-55 ; « Le principe de légalité. Mythes et mystifications », *AJDA*, 1981, pp. 387-392. Pour une synthèse encore plus globale, voir notamment J. CHEVALLIER, *L'Etat de droit*, Montchrestien, coll. « Clefs. Politique », 5ème éd., 2010, 158 p. Le principe de légalité est bien résumé dès 1791 par l'article 3 du titre III du chap. 2 de la section 1 de la Constitution du 3 sept. aux termes duquel « il n'y a point en France d'autorité supérieure à celle de la loi. Le Roi ne règne que par elle, et ce n'est qu'au nom de la loi qu'il peut exiger l'obéissance ».

317. Il importe seulement ici de démontrer que ce contrôle étroit exercé sur les actes de l'administration résulte du fait qu'ils n'expriment pas, contrairement à la loi ou à la Constitution, la volonté générale. Avant que l'administration n'accroisse véritablement son rôle dans la production des normes, elle se contente, conformément à la conception classique, d'exécuter la volonté du législateur[809]. Elle n'a donc pas vocation à former la volonté générale[810], et par conséquent, « l'acte administratif unilatéral se borne traditionnellement à la mise en œuvre de la volonté générale exprimée par le législateur, le respect de cette expression étant garanti par sa soumission au principe de légalité »[811]. Cette démonstration s'appuie sur tout un corpus doctrinal classique au début du XXème siècle. Pour de nombreux auteurs, il est évident qu'il existe entre la loi[812] et l'acte administratif unilatéral une réelle hiérarchie. Raymond CARRE DE MALBERG l'exprime très clairement lorsqu'il affirme qu'il y a entre l'acte législatif et l'acte administratif « une différence de puissance quant à leurs effets »[813] et qu'ils possèdent « une portée, une force, bien différentes »[814]. Maurice HAURIOU parle quant à lui de « différence hiérarchique »[815]. Et cette différence hiérarchique résulte de la notion de souveraineté, et par ce biais, en démocratie, du consentement des citoyens. Raymond CARRE

---

809 Voir notamment G. EVEILLARD, « La place de la volonté générale dans l'élaboration de l'acte administratif unilatéral », *La volonté générale*, *Jus Politicum*, n°10, disponible à l'adresse http://juspoliticum.com/La-place-de-la-volonte-generale.html,[4 sept. 2015]. Voir également la thèse de J.-L. QUERMONNE, *L'évolution de la hiérarchie des actes juridiques en droit public français*, *op. cit.*, p. 1 : « jusqu'à ces dernières années, le droit public français a vécu sur l'héritage de la Révolution [...]. Le régime représentatif, postulat de l'ordonnancement juridique, plaçait la loi au sommet de la hiérarchie des normes. Un certain pouvoir réglementaire, confié à l'Exécutif, avait bien pu manifester sa présence : il était resté néanmoins dans le cadre de la légalité. La création du droit était demeurée le bénéfice exclusif d'autorités représentatives. L'on ne concevait même pas qu'elle pût appartenir à des organismes ne justifiant que de compétences techniques ou professionnelles ». Voir également pp. 30-34, le paragraphe intitulé « Le principe de légalité entendu comme subordination de toute activité juridique à la Volonté Générale ».

810 En effet, « sauf le cas de la monarchie d'Ancien Régime, le détenteur du pouvoir exécutif n'est pas investi de la souveraineté ; son existence et ses attributions résultent d'une reconnaissance par le souverain » : F. DE BAECQUE, « Exécutif », dans O. DUHAMEL et Y. MENY (dir.), *Dictionnaire constitutionnel*, PUF, 1992, 1112 p., pp. 427-428, p. 428.

811 G. EVEILLARD, « La place de la volonté générale dans l'élaboration de l'acte administratif unilatéral », *op. cit.*, p. 3.

812 C'est surtout d'elle qu'il s'agit à l'époque, la Constitution ne contenant pas de déclaration de droits susceptible d'être invoquée par les administrés.

813 R. CARRE DE MALBERG, *Contribution à la théorie générale de l'Etat*, *op. cit.*, tome 1, p. 485.

814 *Ibid.*

815 Cité par R. CARRE DE MALBERG, *Contribution à la théorie générale de l'Etat*, *op. cit.*, tome 1, p. 485.

DE MALBERG estime en effet que le système de hiérarchie des fonctions consacrée par l'article 3 de la loi du 25 février 1875[816] « se rattache à l'idée que le corps législatif, en tant que formé des élus du pays, est l'autorité supérieure, qui possède seule un pouvoir de volonté et de décision initial, et il a pour but direct de faire dépendre toute l'activité subalterne des autorités administratives, jusques et y compris le chef de l'Exécutif, de volontés préalablement énoncées par le législateur »[817]. Il en résulte, selon Joseph BERTHELEMY, que « la volonté du législateur est seule souveraine » de telle sorte que « l'administrateur n'est que l'exécuteur de cette volonté »[818]. Il ne possède donc qu'une « souveraineté dérivée puisque c'est dans la loi que se trouve la source et la mesure de l'autorité réglementaire »[819]. Dès lors, il en résulte une théorie de la légalité qui a pour effet de subordonner les actes de toutes les autorités étatiques « à la volonté arbitraire du Parlement »[820].

318. De manière semblable, cette hiérarchie des actes trouve tout naturellement son pendant dans la hiérarchie des organes.

B. Des organes hiérarchisés grâce au consentement

319. Si les actes que sont la Constitution, la loi ou l'acte administratif unilatéral occupent une place dans la hiérarchie des normes qui n'est pas sans lien avec le consentement dont ils sont l'objet, cela est également vrai pour leurs auteurs. Ce qui n'a rien de surprenant car « la hiérarchie des fonctions doit nécessairement entraîner celle des organes »[821]. Et cette position dépend là encore de la place laissée, au moins fictivement, au

---

[816] Selon lequel « Le Président de la République a l'initiative des lois, concurremment avec les membres des deux Chambres. Il promulgue les lois lorsqu'elles ont été votées par les deux Chambres ; il en surveille et en assure l'exécution [...] ».

[817] R. CARRE DE MALBERG, *Contribution à la théorie générale de l'Etat*, *op. cit.*, tome 1, p. 491.

[818] J. BERTHELEMY, « De l'exercice de la souveraineté par l'autorité administrative », *RDP*, 1904, pp. 209-227, p. 209.

[819] *Ibid.*, p. 210. Pour l'auteur, p. 214, reconnaître à l'administration la possibilité d'exercer directement la souveraineté reviendrait à faire planer « le spectre de la tyrannie administrative ».

[820] G. BURDEAU, « Préface » à R. CARRE DE MALBERG, *La loi, expression de la volonté générale*, *op. cit.*, p. IX.

[821] M. TROPER, « L'interprétation de la déclaration des droits. L'exemple de l'article 16 », *op. cit.*, p. 118. J.-L. QUERMONNE ne dit pas autre chose lorsqu'il affirme que « la supériorité d'un acte, la subordination d'un autre, nous apprendront l'ascension d'un "pouvoir" ou le déclin d'un "organe" » : *L'évolution de la hiérarchie des actes juridiques en droit public français*, *op. cit.*, p. 4.

consentement des citoyens dans la désignation de ces organes. Ainsi le constituant et le législateur occupent une place prépondérante (1), alors que l'administration n'occupe qu'une place subordonnée (2).

1. Constituant et législateur au sommet de l'ordre juridique

320. La constitution et loi ayant tenu des places variables dans la hiérarchie des normes au cours de l'histoire du droit public français[822], il est nécessaire, à défaut de pouvoir faire une présentation exhaustive, de procéder à une certaine simplification. De la sorte, il est possible de dire que, dans la vision classique, le constituant a tenu le premier rôle de principe, tandis que le législateur a tenu, en l'absence de réel contrôle de constitutionnalité des lois, le premier rôle en pratique.

321. Concernant le pouvoir constituant[823], c'est une affirmation classique, découlant de son concept même, de dire qu'il n'est soumis à aucun autre. SIEYES note ainsi que le droit de se donner une constitution « n'appartient qu'à la nation seule »[824]. Dès lors et très logiquement, « de quelque manière qu'une nation veuille, il suffit qu'elle veuille ; toutes les formes sont bonnes et sa volonté est toujours la loi suprême »[825]. La nation est en effet à la base du droit positif, donc de la constitution qui en est l'élément premier, et celle-ci ne peut donc être soumise à aucun autre pouvoir : « la nation existe avant tout, elle est à l'origine de tout. Sa volonté est toujours légale, elle est la loi elle-même. Avant elle et au-dessus d'elle il n'y a que le *droit naturel* »[826]. C'est ce que résume Paul BASTID en disant que pour SIEYES, « le pouvoir constituant, au sens large, figure la source de l'autorité politique tout entière »[827], montrant ainsi sa supériorité de principe sur tous les autres pouvoirs.

322. La même idée se trouvait déjà chez ROUSSEAU lorsqu'il affirmait qu'il « est contre la nature du corps politique que le Souverain s'impose une loi qu'il ne puisse enfreindre » et qu' « il n'y a ni ne peut y avoir nulle espèce de loi fondamentale obligatoire pour le corps du peuple, pas même le

---

[822] Selon que la théorie de la souveraineté s'orientait davantage vers le pouvoir constituant ou le pouvoir législatif.

[823] Etant laissée de côté la discussion sur la juridicité d'un tel pouvoir, au moins lorsqu'il agit en tant que constituant originaire, ainsi que la question relative à la supra-constitutionnalité.

[824] E.-J. SIEYES, *Qu'est-ce que le tiers état ?*, *op. cit.*, p. 73.

[825] *Ibid.*, p. 69. L'auteur, p. 70, insiste sur cette idée essentielle de son œuvre : « répétons-le : une nation est indépendante de toute forme ; et de quelque manière qu'elle veuille, il suffit que sa volonté paraisse, pour que tout droit positif cesse devant elle, comme devant la source et le maître suprême du droit positif ».

[826] E.-J. SIEYES, *Qu'est-ce que le tiers état ?*, *op. cit.*, p. 67.

[827] P. BASTID, *L'idée de Constitution*, *op. cit.*, p. 143.

contrat social » [828]. ROBESPIERRE disait également qu' « il n'appartient à aucune puissance de la terre d'expliquer des principes, de s'élever au-dessus d'une nation, et de censurer ses volontés »[829]. Le constituant est ainsi le pouvoir suprême dans l'Etat, car il n'est soumis à aucun autre. Et s'il n'est soumis à aucun autre, c'est bien parce qu'il est la *volonté* même de la nation, directement ou éventuellement par l'intermédiaire de ses représentants.

323. S'il n'en est théoriquement pas de même pour le législateur, il faut bien reconnaître qu'il a longtemps occupé la première place au sein des pouvoirs publics. Et là encore, c'est essentiellement parce que le législateur est considéré comme le porteur de la volonté de la nation. C'est dès lors le principe représentatif qui justifie la primauté du législatif sur les autres pouvoirs. Ainsi, pour Jean-Louis QUERMONNE, même si aujourd'hui le principe représentatif ne peut plus servir de « fondement à l'ordonnancement juridique contemporain »[830], il a eu son utilité en son temps, en organisant les pouvoirs publics suite à la Révolution française. Or la tradition juridique française repose tout entière sur la primauté du pouvoir législatif. Comme cela a été précédemment expliqué[831], c'est la raison de l'absence, pendant longtemps, de tout contrôle effectif de constitutionnalité des lois. Il est d'ailleurs intéressant et révélateur de noter que malgré les changements instaurés par la Cinquième République en ce domaine, le Conseil constitutionnel se refuse toujours à contrôler la constitutionnalité des lois référendaires[832]. Cela montre bien que l'autorité supérieure qui est celle de la loi ne tient pas tant à sa nature qu'à son origine. Ceci explique également la différence de régime entre deux lois, pouvant porter sur la même matière et avoir le même contenu, mais dont l'une bénéficierait directement du consentement du peuple, l'autre seulement indirectement, en admettant d'ailleurs que ce soit effectivement le cas.

324. Directement ou par l'intermédiaire du principe représentatif, constituant et législateur occupent la première place dans la hiérarchie des pouvoirs publics. Cette primauté trouve tout naturellement son pendant dans la subordination corrélative de l'administration.

---

[828] J.-J. ROUSSEAU, *Du contrat social ou principe de droit politique*, *op. cit.*, p. 82.

[829] M. DE ROBESPIERRE, Séance du 5 oct. 1789, *Archives parlementaires*, tome 9, p. 343.

[830] J.-L. QUERMONNE, *L'évolution de la hiérarchie des actes juridiques en droit public français*, *op. cit.*, p. 233.

[831] Voir *supra*, n°310.

[832] Elles constituent en effet « l'expression directe de la souveraineté nationale ». *Cf.* CC, 6 nov. 1962, décision n°62-20 DC, *Loi référendaire du 6 nov. 1962 relative à l'élection du président de la République au suffrage universel*, et plus récemment, CC, 23 sept. 1992, décision n°92-313, *Loi autorisant la ratification du traité sur l'Union européenne*, dite « *Maastricht III* ». Voir L. FAVOREU et L. PHILIP, *Les grandes décisions du Conseil constitutionnel*, *op. cit.*, n°4, pp. 29-38.

2. L'administration subordonnée

325. La subordination de l'administration à la constitution et à la loi n'est pas une idée récente. BODIN, même s'il n'évoquait pas à son époque la Constitution, avait posé cette notion de subordination et faisait déjà la distinction entre le souverain et les magistrats qui agissent pour lui[833]. Deux manières de commander sont possibles selon l'Angevin : « l'une en souveraineté, qui est absolue, infinie et par-dessus les loix, les magistrats et les particuliers ; l'autre est légitime, sujecte aux loix et au souverain »[834]. Par la suite, l'avènement de la souveraineté populaire, s'il a opéré un transfert de titulaire de la souveraineté du roi vers la nation, n'a pas changé fondamentalement son exercice et cette notion de subordination se retrouve à la Révolution, peut-être même accentuée du fait de la suppression des corps intermédiaires[835].

326. Cette subordination traditionnelle de l'administration, qui n'a d'ailleurs pas que des inconvénients pour les administrateurs[836], est bien mise en lumière par Raymond CARRE DE MALBERG dans son ouvrage *La loi, expression de la volonté générale*. Georges BURDEAU résume sa pensée en mentionnant, comme cela a déjà été relevé, « une théorie de la légalité qui a pour effet de subordonner toutes les autorités étatiques à la volonté arbitraire du Parlement »[837]. Le maître dira lui-même qu'on a « exprimé souvent la même idée en disant, au point de vue organique, que le législateur est la tête qui conçoit et décide, tandis que l'autorité administrative n'est que le bras qui exécute. Ainsi comprise l'administration n'est pas seulement une fonction subalterne, subordonnée aux lois, elle apparaît comme une tâche servile [...] ne comportant aucun pouvoir propre d'initiative ou d'appréciation, et même, à bien dire, elle ne consiste

---

833 Sur cette question, voir Fr. OLIVIER-MARTIN, *L'absolutisme français*, Cours de doctorat, 1950-1951, Loysel, 1988, 359 p., p. 97.

834 J. BODIN, *Les six livres de la République*, Livre III, chap. 5, cité par Fr. OLIVIER-MARTIN, *L'absolutisme français*, Cours de doctorat, 1950-1951, Loysel, 1988, 359 p., p. 97. Légitime doit bien sûr être entendu ici dans son sens classique, c'est-à-dire soumis à la loi.

835 Pour une mise en lumière de la continuité entre la fin de l'Ancien Régime et la Révolution sur la question de la subordination de l'administration au titulaire de la souveraineté, voir J.-L. QUERMONNE, *L'évolution de la hiérarchie des actes juridiques en droit public français*, *op. cit.*, pp. 16-18. En ce qui concerne la conception révolutionnaire du pouvoir réglementaire, voir notamment M. VERPEAUX, *La naissance du pouvoir réglementaire : 1789-1799*, PUF, coll. « Les grandes thèses du droit français », 1991, 434 p.

836 Elle a pendant longtemps été l'unique fondement de la légitimité de l'administration. En régime parlementaire, c'est aussi une garantie de protection pour les fonctionnaires.

837 G. BURDEAU, « Préface » à R. CARRE DE MALBERG, *La loi, expression de la volonté générale*, *op. cit.*, p. IX.

aucunement en actes de volonté »[838]. Mettant en avant le critère organique, il conclut, à propos de la législation et de l'administration à l' « inégalité de leurs organes »[839].

327. L'auteur strasbourgeois n'est pas le seul à relever cet état de fait. C'est même, conformément d'ailleurs à l'étymologie du mot « administration »[840] et au sous-entendu de l'expression « pouvoir exécutif »[841], une constante doctrinale. Pour Joseph BARTHELEMY, qui a pourtant une conception plus large de la fonction de l'exécutif et de l'administration qui en est l'instrument, « il y a une primauté nécessaire de l'organe législatif ; elle ne supporte pas de degrés et se retrouve partout la même »[842]. Finalement, « la conception traditionnelle d'un exécutif assujetti à la loi, dominante sous la IIIe et la IVe République, conduira à envisager l'administration comme une activité de simple "exécution des lois" »[843]. Ainsi, depuis la Révolution, le modèle européen d'administration s'appuie sur « un principe de subordination de l'administration au pouvoir politique : l'administration n'a pas de légitimité propre : elle est, dans une démocratie, l'instrument du pouvoir politique auquel elle obéit »[844].

328. Reste maintenant à montrer que cette subordination est liée de manière étroite au consentement. Le lien entre les deux se fait encore par l'intermédiaire du concept de représentation. Ce n'est d'ailleurs pas un hasard si c'est sur cette notion qu'est « basé tout le droit public français depuis la Révolution »[845]. La question est donc de savoir si les administrateurs représentent, au même titre que les membres du Parlement,

---

838 R. CARRE DE MALBERG, *Contribution à la théorie générale de l'Etat*, *op. cit.*, tome 1, p. 466.

839 R. CARRE DE MALBERG, *Contribution à la théorie générale de l'Etat*, *op. cit.*, tome 1, p. 476.

840 « *Administrare* » signifiant en latin « prêter son aide ». Voir A. REY, *Le Robert, Dictionnaire historique de la langue française*, 1998, entrée « Administrer ».

841 Par définition, l'exécution ne saurait être première, mais vient forcément en seconde position par rapport à ce qu'il s'agit justement d'exécuter.

842 J. BARTHELEMY, *Le rôle du pouvoir exécutif dans les républiques modernes*, Giard et Brière, 1906, 762 p., p. 12.

843 J. CHEVALLIER, « Administration (– et Constitution) », dans O. DUHAMEL et Y. MENY (dir.), *Dictionnaire constitutionnel*, PUF, 1992, 1112 p., pp. 9-11, p. 10.

844 G. TIMSIT, *Théorie de l'administration*, Economica, 1986, 375 p., p. 275. On retrouve ici bien évidemment la conception de ROUSSEAU selon laquelle le pouvoir exécutif a pour seule fonction de réduire la loi en actes particuliers. Cette fonction sera mise en œuvre à la Révolution : « en 1789, le rôle de l'administration a été réduit à la mise en œuvre des lois par la voie de proclamations appelant à leur exécution et par la prise d'actes individuels » : G. EVEILLARD, « La place de la volonté générale dans l'élaboration de l'acte administratif unilatéral », *op. cit.*, p. 1.

845 J. BARTHELEMY, *Le rôle du pouvoir exécutif dans les républiques modernes*, *op. cit.*, p. 626.

les citoyens. Dans l'histoire du droit public, la question s'est posée de manière flagrante à plusieurs reprises, notamment à la Révolution[846]. Sans même parler du fait de savoir si le Roi peut être qualifié de représentant de la nation au même titre que l'Assemblée, la difficulté est due au fait que « les assemblées administratives ne cesseront de vouloir s'émanciper et prétendront, elles aussi, avoir leur part à la représentation, arguant ainsi du fait qu'elles étaient élues, qu'elles émanaient du peuple »[847]. La Constituante devait donc mettre fin à cette ambiguïté afin d'assurer une exécution des lois efficace sur tout le territoire et de parer aux provocations des corps administratifs locaux. La solution fut de faire du corps législatif le seul représentant de la nation, chargé de vouloir pour elle, les corps administratifs restant dans un rôle d'exécution au niveau local, celui des départements et des municipalités notamment[848]. La question sera encore la même en 1793 et l'article 82 de la Constitution du 24 juin affirmera très catégoriquement que « les administrateurs et officiers municipaux n'ont aucun caractère de représentation ». Pierre BRUNET résume cet état de choses en disant que « le législateur ayant pour fonction d'exprimer la volonté générale doit être appelé représentant, tandis que l'administrateur, qui a pour fonction d'appliquer la loi, doit être appelé fonctionnaire »[849]. Comme le note Stéphane DOUMBE-BILLE, il faut se méfier des confusions. L'élection de certains administrateurs ne fait pas d'eux des représentants, mais consiste seulement en un « procédé de désignation des organes administratifs »[850].

329. Au-delà de la seule Révolution, c'est toute l'analyse de Raymond CARRE DE MALBERG dans son ouvrage *La loi, expression de la volonté*

---

846 Pour la période classique, P. BRUNET mentionne, outre la Révolution, le régime parlementaire tel qu'il naît progressivement à partir de 1814. Il mentionne encore, mais pour une période plus récente, celle inaugurée par la Constitution de 1958, la question du Président de la République, ainsi d'ailleurs que celle du Conseil constitutionnel, mais il ne s'agit alors plus d'administration. Voir P. BRUNET, *Vouloir pour la nation. Le concept de représentation dans la théorie de l'Etat*, *op. cit.*, spéc. pp. 183-346.

847 P. BRUNET, *Vouloir pour la nation. Le concept de représentation dans la théorie de l'Etat*, *op. cit.*, p. 189.

848 Sur cette question, voir le projet présenté par LE CHAPELIER lors de la séance du 28 fév. 1791, *Archives parlementaires*, tome 23, pp. 558-560.

849 P. BRUNET, *Vouloir pour la nation. Le concept de représentation dans la théorie de l'Etat*, *op. cit.*, p. 186.

850 S. DOUMBE-BILLE, « L'élection en droit administratif », *RDP*, 1992, pp. 1065-1102, p. 1087. Il faut dès lors nuancer certaines affirmations qui ont tendance à entretenir la confusion entre le mécanisme de l'élection et la notion de représentation, comme celle selon laquelle « la généralisation de l'élection des *représentants* à partir du XVIIIe siècle a favorisé puissamment la mise en place d'une *hiérarchie* entre les pouvoirs publics favorable au Parlement. Tandis que celui-ci représente la volonté de la nation, l'exécutif ne représente que la sienne » : J. et J.-E. GICQUEL, *Droit constitutionnel et institutions politiques*, *op. cit.*, p. 41.

générale, qu'il faudrait reprendre. Dans cet ouvrage, il démontre notamment que le Parlement est l'unique représentant de la nation, « le but effectif de tout le système représentatif ainsi édifié [étant] de substituer la volonté des élus à celle des citoyens »[851]. C'est encore le Parlement qui porte en lui « la représentation de la volonté générale »[852] excluant de ce fait l'Exécutif de cette qualité et justifiant sa subordination ainsi que celle, subséquente, de l'administration.

330. Le pouvoir administratif n'étant pas le représentant de la volonté générale, rien n'impose dès lors qu'il soit un pouvoir consenti et il faudra même éviter que cela soit le cas, afin de garantir la suprématie du corps législatif[853], c'est-à-dire de faire respecter, dans un système légicentriste tel que celui mis en place à la Révolution, la hiérarchie inhérente à la séparation des pouvoirs.

Conclusion du chapitre

331. En conclusion de ces développements, un double constat s'impose. D'une part, le consentement ne saurait servir de critère pour distinguer le droit public du droit privé. Il se rencontre en effet aussi bien, quoique à des degrés différents, de part et d'autre de la *summa divisio*. D'autre part et pour les mêmes raisons, il faut reconnaître qu'il ne permet pas davantage de séparer, au sein du droit public, le droit constitutionnel du droit administratif. S'il caractérisait sans doute mieux, à l'époque classique, le premier que le second en étant largement présent dans un certain nombre de grands chapitres du droit constitutionnel tandis qu'il n'apparaissait généralement que dans des détails techniques du droit administratif, cela ne saurait être suffisant pour en faire un critère, au sens strict du terme, de distinction. D'autant moins que s'il est exact de dire que l'individu a été envisagé comme citoyen dans l'ordre politique et constitutionnel depuis longtemps, mais est resté assujetti dans l'ordre administratif, cela est de moins en moins

[851] R. CARRE DE MALBERG, *La loi, expression de la volonté générale*, *op. cit.*, p. 18.
[852] *Ibid.*, p. 175.
[853] L'exemple emblématique de l'élection au suffrage universel direct du Président de la République en 1962 et des critiques qu'elle a reçues montre à quel point la question est importante et la révolution considérable.

vrai, le droit administratif s'ouvrant depuis plusieurs décennies à la logique de la citoyenneté, mettant ainsi en avant les libertés des administrés[854].

Conclusion de la première partie

332. Il apparaît non seulement que le consentement de l'administré existe en droit administratif, mais encore qu'il remplit une première fonction : celle de structurer, dans une certaine mesure, ce droit. Ainsi, le consentement peut servir, sous certaines conditions, à définir des catégories juridiques du droit administratif. En revanche, l'absence de consentement, contrairement à ce qu'on aurait pu penser, n'est pas à même de caractériser le droit administratif par rapport aux autres branches du droit. Le consentement, apparaissant en droit privé, mais aussi, au sein du droit public, en droit constitutionnel et en droit administratif, ne peut dès lors servir à les distinguer, comme étant un attribut propre à une seule de ces matières.

333. Force est cependant de reconnaître qu'au niveau pratique, le droit privé recourt davantage au consentement que le droit public, et qu'au sein de celui-ci, le droit constitutionnel s'en inspire plus souvent que le droit administratif. Mais, au plan théorique et dans le discours de la doctrine, le consentement est tout aussi présent à la base du droit public, par le contrat social notamment, qu'à la base du droit privé par l'autonomie de la volonté.

334. Le consentement remplit donc une fonction définitionnelle importante en théorie, mais limitée en pratique à certaines catégories juridiques du droit administratif. De la même manière, s'il concourt indéniablement à la garantie de certaines libertés des administrés, cela n'est pas sans limite.

---

[854] Voir *infra*, le premier chapitre de la troisième partie.

DEUXIEME PARTIE
LE CONSENTEMENT DES ADMINISTRES COMME ELEMENT DE LIBERTE

335. La volonté d'amélioration des relations entre l'administration et les administrés, bien qu'ancienne dans les textes et la jurisprudence administrative, semble s'être accentuée depuis le milieu du XXème siècle[855]. L'administré, en raison du développement de l'Etat-providence, est par ailleurs bien souvent non plus débiteur, mais créancier de l'administration, et dans de nombreux domaines « il n'est plus défendeur mais demandeur par rapport à l'action administrative »[856]. Pour ces raisons, notamment, les droits publics subjectifs tendent à se multiplier. Or ces derniers reposent nécessairement sur la volonté et la liberté du sujet de droit[857]. Le Conseil constitutionnel évoque ainsi le « principe du libre consentement qui doit présider à l'acquisition de la propriété, *indissociable* de l'exercice du droit de disposer librement de son patrimoine »[858]. Cela vaut pour tous les droits, de sorte que le consentement, s'il est intègre, manifeste la liberté du sujet et permet l'exercice des droits subjectifs.

336. Tous les exemples évoqués au cours de ces recherches pourraient ainsi être présentés dans ces développements, car, quels que soient l'objet concret et la finalité du consentement des administrés dans une hypothèse donnée, ce dernier manifeste nécessairement leur liberté[859]. Il s'agit plutôt ici, non de présenter l'ensemble des libertés dont bénéficient les administrés, mais de montrer que le consentement constitue un « antidote à l'arbitraire »[860] et qu'une de ses fonctions consiste précisément à permettre l'exercice d'un certain nombre de libertés[861].

337. De même que l'administré, au singulier, n'existe pas, mais qu'il y a plutôt des administrés, au pluriel, il n'existe pas non plus une liberté absolue,

---

855 Voir notamment B. DELAUNAY, *L'amélioration des rapports entre l'administration et les administrés : contribution à l'étude des réformes administratives entreprises depuis 1945*, *op. cit.*

856 Ch. DEBBASCH, « Le droit administratif face à l'évolution de l'administration française », *op. cit.*, p. 104.

857 Voir notamment N. FOULQUIER, *Les droits publics subjectifs des administrés. Emergence d'un concept en droit administratif français du XIXe au XXe siècle*, *op. cit.*, spéc. le paragraphe intitulé « Le droit subjectif, un intérêt exploité librement par son titulaire », pp. 335 et s.

858 CC, 29 juill. 1998, décision n°98-403 DC, *Loi d'orientation relative à la lutte contre les exclusions*, cons. n°40. Nous soulignons.

859 Ainsi en va-t-il notamment de la renonciation, étant donné qu'il s'agit « de la manifestation extrême de l'autodétermination et de l'individualisme » dont peut faire preuve le sujet de droit : N. FOULQUIER, *Les droits publics subjectifs des administrés. Emergence d'un concept en droit administratif français du XIXe au XXe siècle*, *op. cit.*, p. 336.

860 L. AYNES, « Rapport introductif », dans Chr. JAMIN et D. MAZEAUD (dir.), *L'unilatéralisme et le droit des obligations*, *op. cit.*, p. 6.

861 Seuls quelques exemples significatifs seront donc évoqués ici, le raisonnement pouvant être repris lorsque d'autres hypothèses de consentement seront abordées sous un angle différent.

mais bien plutôt *des* libertés. Comme l'indiquait Roger NERSON, « la liberté, dans ses manifestations concrètes, est protéiforme et la pratique connaît plutôt *des* libertés que *la* liberté »[862]. Dès lors, la « faculté de se déterminer librement à agir ou à s'abstenir »[863] ne se traduit pas nécessairement par la reconnaissance d'une totale autonomie, c'est-à-dire le « droit ou fait de se gouverner par ses propres lois »[864]. Cela n'est d'ailleurs pas spécifique au droit administratif ou aux administrés. L'autonomie est en effet « affectée d'un paradoxe quasi ontologique. Par son étymologie, elle a une portée d'apparence absolue et désigne le pouvoir de se diriger librement en droit [...], tandis que dans ses expressions réelles elle est toujours relative et limitée »[865]. Admettre le contraire reviendrait à dire que les administrés sont souverains, c'est-à-dire « soumis à aucun autre »[866], ce qui n'est évidemment pas le cas.

338. Le consentement, lorsqu'il est pris en compte, marque ainsi la reconnaissance d'un certain nombre de libertés au profit des administrés (Chapitre 1). Il reste cependant toujours limité de telle sorte que, s'il est possible de parler de libertés, il ne saurait être question d'une véritable autonomie des administrés (Chapitre 2).

---

862 R. NERSON, « Le respect par le médecin de la volonté du malade », dans *Mélanges dédiés à Gabriel Marty*, Université des Sciences Sociales de Toulouse, 1978, 1184 p., pp. 853-880, p. 853.

863 A.-J. ARNAUD, « Liberté », dans A.-J. ARNAUD (dir.), *Dictionnaire de théorie et de sociologie du droit*, *op. cit.*, pp. 345-346.

864 P. STOCKINGER, « Autonomie », dans A.-J. ARNAUD (dir.), *Dictionnaire de théorie et de sociologie du droit*, *op. cit.*, pp. 47-49. P.-J. LABARRIERE définit encore l'autonomie comme la « condition d'un individu ou d'un groupe susceptibles de se déterminer par eux-mêmes, en possédant le droit de se régir par leurs propres lois » : « Autonomie [philo. géné.] », dans S. AUROUX (dir.), *Les notions philosophiques : dictionnaire*, tome 1, *Philosophie occidentale, A-L*, *op. cit.*., pp. 199-200.

865 R. HERTZOG, « L'autonomie en droit : trop de sens, trop peu de signification ? », dans G. COHEN-JONATHAN, Y. GAUDEMET, R. HERTZOG et a. (dir.), *Mélanges Paul Amselek*, Bruylant, 2005, 857 p., pp. 445-470, p. 446.

866 M. TROPER, « Souveraineté », dans A.-J. ARNAUD (dir.), *Dictionnaire de théorie et de sociologie du droit*, *op. cit.*, pp. 580-581. Le mot « souveraineté » est issu du latin *superanus*, qui signifie « supérieur » : A. REY (dir.), *Le Robert, Dictionnaire historique de la langue française*, 1998, 4304 p., entrée « Souverain ». Cl. PONCE affirme qu' « une autonomie absolue équivaut à dire que la volonté est souveraine » : *Le consensualisme dans les contrats administratifs*, Thèse, Strasbourg, 1956, 180 p., p. 68. Pour une analyse du consentement du point de vue de la souveraineté, voir encore Ph. RAIMBAULT, « Le corps humain après la mort. Quand les juristes jouent au "cadavre exquis"... », *Droit et Société*, n°61, 2005, pp. 817-844.

Chapitre I
Le consentement, consécration de certaines libertés

339. Comme l'affirme Norbert FOULQUIER, « la notion de droits subjectifs ne peut être comprise sans référence à celle de volonté »[867]. Cette faculté, lorsqu'elle s'extériorise et se manifeste en direction d'autrui, constitue un consentement. Il n'est donc pas surprenant que celui-ci ait pour fonction de permettre l'exercice d'un certain nombre de libertés. Il est d'ailleurs fréquent de noter que la prise en compte du consentement participe du mouvement général de développement des libertés et droits fondamentaux. Ainsi en va-t-il par exemple en droit pénal, matière également régalienne dans laquelle « tout le monde s'accorde pour reconnaître que la montée du consentement, au stade de la mise en œuvre de la loi pénale, est un corollaire de l'émergence des droits de l'homme »[868].

340. En principe, les libertés ne s'imposent pas à leur sujet. Toute liberté concrète, c'est-à-dire l' « exercice sans entrave garanti par le Droit de telle faculté ou activité »[869], suppose donc un consentement. Plus précisément, le fait qu'une norme exige le consentement des administrés permet à ces derniers de faire des choix et en cela d'exercer leur liberté (Section 1). Mais si toute liberté présuppose une faculté de choix, tout choix ne constitue pas nécessairement une liberté réelle ni ne donne nécessairement lieu à un avantage certain. Aussi le droit administratif, lorsqu'il prend en compte la liberté des administrés, exige un certain nombre de conditions et en tire toutes les conséquences, montrant par là qu'il n'est pas indifférent aux implications d'un véritable consentement (Section 2).

---

[867] N. FOULQUIER, *Les droits publics subjectifs des administrés. Emergence d'un concept en droit administratif français du XIXe au XXe siècle*, *op. cit.*, p. 343.

[868] X. PIN, *Le consentement en matière pénale*, *op. cit.*, p. 328. Pour un constat similaire, voir encore V. ANTOINE, *Le consentement en procédure pénale*, *op. cit.*, spéc. p. 9.

[869] G. CORNU, *Vocabulaire juridique*, *op. cit.*, entrée « Liberté ».

Section I
Le consentement, révélateur de véritables libertés

341. La liberté est une faculté de choix permettant « de faire tout ce qui n'est pas défendu par la loi, et de refuser de faire tout ce qu'elle n'ordonne pas »[870]. Elle peut donc, concrètement, se manifester sous deux aspects : soit par l'acceptation soit par le refus, et telle est bien la signification profonde de l'exigence du consentement[871]. Si le fait de prendre en compte le consentement de l'administré permet à ce dernier d'exercer un choix positif autorisant l'action de l'administration, cela lui donne aussi, *a contrario*, la possibilité de s'opposer à l'action de l'appareil d'Etat.

342. Il importe de bien mesurer que ces deux attitudes sont logiquement inséparables et ne sauraient être envisagées l'une sans l'autre. Plusieurs auteurs mettent en avant cet aspect ambivalent du consentement. Le Comité Consultatif National d'Ethique pour les sciences de la vie et de la santé se demande ainsi ce que serait un « consentement qui ne s'accompagnerait pas […] d'une possibilité de refus »[872]. Jocelyn KLERCKX insiste également sur « la logique même du principe du consentement qui implique la possibilité d'un libre choix »[873], et donc d'un refus.

---

870 A. LALANDE, *Vocabulaire critique et technique de la philosophie*, *op. cit.*, entrée « Liberté », pp. 558-567, p. 560.

871 Il importe, afin d'éviter certaines imprécisions, de bien distinguer deux choses. D'une part, l'exigence de consentement qui peut être posée par une norme et d'autre part le consentement en lui-même, tel que le donne l'administré. S'il y a bien sûr un lien très étroit entre les deux dans la mesure où le second est permis par le premier, il faut cependant observer que les points de vue pris alors en compte ne sont pas les mêmes. Dans un cas le raisonnement porte sur la norme en elle-même, dans l'autre, sur l'attitude du destinataire de la norme qui peut alors aussi bien donner son consentement que le refuser.

872 CCNE, *Refus de traitement et autonomie de la personne*, Avis n°87, 14 avr. 2005, disponible à l'adresse http://www.ccne-ethique.fr/sites/default/files/publications/avis087.pdf, [6 sept. 2015], p. 19. Le Comité insiste sur le lien logique qui unit ces deux possibilités en notant que « qui dit consentir aux soins implique logiquement la possibilité de refuser telle ou telle thérapeutique » : *ibid.*, p. 4.

873 J. CLERCKX, « Une liberté en péril ? Le droit au refus de soins », *RDP*, 2004, pp. 139-168, p. 142. V. EDEL indique quant à lui que « le droit au consentement a comme corollaire le droit au refus » : « Le refus de soins », *LPA*, 14 déc. 2007, n°250, pp. 9-20, p. 9. D'autres citations pourraient être relevées qui iraient dans le même sens. Voir par exemple S. HENNETTE-VAUCHEZ qui affirme que « la question du droit au refus de traitement est intimement liée à celle du consentement à l'acte médical dont elle n'est que le pendant » :

343. Mais, au-delà de la seule hypothèse du refus de soins, cette dualité du consentement peut être étudiée d'un point de vue théorique, notamment à partir des travaux de Charles EISENMANN. Le disciple de KELSEN, s'interrogeant sur le problème de l'identification des coauteurs d'un acte administratif unilatéral, développe le critère du consentement-opposition, apportant par là d'utiles réflexions sur la notion de consentement. Pour lui, plusieurs éléments sont à prendre en compte afin de qualifier une personne ou un organe de coauteur d'un acte. Positivement, « si des normes ne peuvent être posées qu'avec l'agrément, avec le consentement d'un certain sujet, celui-ci participe bien à la décision des normes »[874]. Par ailleurs, l'opinion de ceux qui établissent une différence de nature entre l'approbation et l'opposition méconnaît, selon lui, une « idée élémentaire », celle de « l'indissociabilité du oui et du non », car « le droit de dire oui implique le droit de dire non, comme inversement le droit de dire non implique le droit de dire oui »[875]. Il faut donc convenir avec l'auteur qu' « une faculté d'assentiment est en même temps une faculté de dissentiment »[876], que « consentement et opposition sont les deux branches indissociables d'une seule et même faculté »[877] et qu'il n'y a donc entre les deux qu'une « différence de pure forme »[878]. Dès lors, pour Charles EISENMANN, la

---

Disposer de soi ? Une analyse du discours juridique sur les droits de la personne sur son corps, L'Harmattan, coll. « Logiques juridiques », 2004, 447 p., p. 153.

874 Ch. EISENMANN, *Cours de droit administratif*, *op. cit.*, tome 2, p. 375.

875 *Ibid.*, p. 377.

876 *Ibid.* Cette affirmation, bien qu'elle semble évidente, trouve son explication en philosophie. ARISTOTE, s'interrogeant sur le fait de savoir si la vertu et le vice sont des actes volontaires ou involontaires, notait que « là où il dépend de nous de dire non, il dépend aussi de nous de dire oui » : *Ethique à Nicomaque*, III, 7, 1113b, 6, *op. cit.*, p. 140. Saint THOMAS D'AQUIN, commentant le Stagirite, démontre cette indissociabilité de l'agir et du non-agir, du oui et du non, par un raisonnement apagogique, c'est-à-dire par l'absurde : « si agir est en notre pouvoir, il faut bien que ne pas agir soit aussi en notre pouvoir. Si, en effet, ne pas agir n'était pas en notre pouvoir, il serait impossible de ne pas agir : il nous serait nécessaire alors d'agir : ainsi, agir ne procéderait pas de nous, mais de la nécessité ». D'où il conclut alors : « il faut donc dire que, partout où l'affirmation est en nous, la négation aussi ; en sens inverse aussi » : *Commentaire sur les Ethiques*, trad. par Y. PELLETIER, texte disponible à l'adresse http://www.thomas-d-aquin.com/Pages/Traductions/Traductions4.html, [27 août 2015], livre troisième, §498. Voir encore J.-L. GARDIES, *Essai sur les fondements a priori de la rationalité morale et juridique*, LGDJ, coll. « Bibliothèque de philosophie du droit », 1972, 272 p., p. 67. Cette donnée de la logique est traduite en droit par l'adage *Ejus est nolle qui potest velle* : « il est au pouvoir de celui qui peut vouloir de ne pas vouloir ». Sur ce brocard, voir H. ROLAND et L. BOYER, *Adages du droit français*, *op. cit.*, p. 730.

877 Ch. EISENMANN, *Cours de droit administratif*, *op. cit.*, tome 2, p. 377.

878 *Ibid.* Le disciple de KELSEN conclut donc, p. 387 : « par "auteur" d'un acte, nous entendrons : l'organe normateur, l'organe de création des normes. Et cela signifiera pour nous : l'ensemble des éléments auxquels est reconnue une faculté de consentement – dissentiment à l'égard des normes ». Les coauteurs sont donc « ceux que le droit appelle à

définition du consentement traduit ce double aspect : « on peut définir la faculté ou pouvoir de consentement : la faculté, ou pouvoir de concourir ou mettre obstacle à la genèse d'une norme en exécution d'une décision juridiquement libre, arrêtée par soi-même »[879].

344. Ces développements mettent bien en lumière la dualité du consentement[880]. Bien qu'il soit alors d'une certaine manière artificiel de distinguer, au niveau des normes, le consentement du refus de consentement, puisque les deux sont interdépendants, la conséquence concrète au niveau du destinataire de ces normes n'est pas du tout la même. S'il s'agit toujours pour l'administré d'exercer sa liberté, il peut le faire en acceptant ou bien en refusant l'action telle qu'envisagée par l'administration. Il convient dès lors d'étudier séparément les cas dans lesquels l'exigence du consentement

---

donner ou à refuser, par une décision personnelle et libre, leur consentement aux normes que l'acte doit poser. Le pouvoir de consentement – opposition, voilà le critère de la qualité de coauteur juridique de l'acte » : Ch. EISENMANN, *Cours de droit administratif*, *op. cit.*, tome 1, p. 416. H. BELRHALI, étudiant à son tour la notion de coauteur, estime certes que la théorie de la codécision d'Eisenmann doit « faire l'objet de réserves sur quelques aspects » : H. BELRHALI, *Les coauteurs en droit administratif*, LGDJ, coll. « BDP », tome 231, 2003, 391 p., p. 84. Mais elle reconnaît cependant, p. 86, que « même si elle peut être en partie nuancée, la théorie de la codécision d'Eisenmann a néanmoins le mérite de proposer le critère du consentement – opposition », confirmant ainsi sa pertinence.

[879] Ch. EISENMANN, *Cours de droit administratif*, *op. cit.*, tome 2, p. 198. L'auteur note ainsi, p. 200, que l'approbation ou le refus d'approbation « sont les deux faces d'un même pouvoir ».

[880] Cela permet également de soulever une question théorique intéressante. Les administrés, lorsqu'ils donnent leur consentement à l'administration, peuvent-ils être considérés comme coauteurs de normes ou des faits juridiques produits ? J. RIVERO se posait déjà cette question lorsqu'il se demandait si la démocratisation de l'administration pouvait aller « jusqu'à transférer de l'administrateur à l'administré le pouvoir de décision ou même à faire de celle-ci une codécision » : « L'administré face au droit administratif », *AJDA*, n° spécial, 20 juin 1995, pp. 147-150, p. 150. P. FERRARI note également que la réflexion sur les coauteurs « pourrait être étendue à la répartition des tâches à l'intérieur d'une même personne publique ou encore aux rapports entre l'administration et les administrés » : « Essai sur la notion de co-auteurs d'un acte unilatéral en droit administratif français », dans *Recueil d'études en hommage à Charles Eisenmann*, Cujas, 1975, 467 p., pp. 215-229, p. 228. H. BELRHALI relève pour sa part que « l'étude des coauteurs d'un acte permet de reconnaître les véritables codécisions à l'heure où le discours administratif met particulièrement en valeur la consultation des administrés et les pratiques de partenariat » : *Les coauteurs en droit administratif*, *op. cit.*, p. 105. Elle semble par là exclure la possibilité pour l'administré d'être coauteur d'un acte administratif. Cependant, elle consacre plusieurs pages à l'étude du comportement de l'administré en matière de responsabilité, indiquant que « le raisonnement du juge conduit donc bien à assimiler la victime à un coauteur du dommage ». Voir p. 143 ainsi que plus généralement pp. 135-145 et pp. 282-286. La question du consentement de l'administré ne sera cependant pas traitée dans ces développements selon ce point de vue, celui de la liberté lui étant préféré. Pour une telle démarche, voir *infra*, le chapitre premier de la troisième partie. Voir encore R. DEAU, *Les actes administratifs unilatéraux négociés*, *op. cit.*, pp. 280-312 et les références citées.

permet à l'administré d'exercer de manière manifeste un choix positif (I) et ceux où elle lui permet avant tout d'exprimer un refus, faisant ainsi obstacle à l'action de l'administration (II).

I. Le consentement comme faculté de choix positif

345. Les hypothèses de dispositifs juridiques permettant à l'administré de n'être plus seulement assujetti à l'action administrative mais d'être acteur de celle-ci, au moins en partie, sont de plus en plus nombreuses. Toutes ne sauraient être étudiées dans ce paragraphe. Seront mis en valeur dans ces développements les domaines dans lesquels la faculté de choix donnée à l'administré grâce à l'exigence du consentement apparaît la plus visible. Si un certain nombre de cas très divers concerne les libertés en général (A), les plus caractéristiques[881] concernent la libre disposition du corps humain, spécialement en droit médical (B).

A. Le consentement, expression de multiples libertés

346. Les domaines concernés ici sont très nombreux. Deux cependant semblent particulièrement topiques en droit administratif. Le premier est celui du consentement des candidats aux élections, car il touche de très près au droit « politique » (1). Le second concerne « un droit inviolable et sacré »[882], le droit de propriété (2).

1. Le consentement des candidats, condition de leur liberté politique

347. Le consentement occupe une place essentielle dans la justification des sociétés politiques modernes fondées sur le contrat social[883]. Il constitue de manière indéniable un précieux argument dans la légitimation des sociétés, notamment en démocratie où il joue un rôle central. Mais le

---

[881] Pour une remarque similaire à propos du consentement en droit pénal, voir par exemple. A. PROTHAIS, préface à Fr. ARCHER, *Le consentement en droit pénal de la vie humaine*, *op. cit.*, p. 12 : « toutes ces manifestations diverses du problème pénal du consentement, en droit des personnes ou en droit sanitaire, en matière de génétique ou d'éthique biomédicale, ont en commun de concerner la vie humaine, son existence et sa préservation, c'est pourquoi s'est imposé naturellement comme domaine de cette recherche, celui du droit pénal de la vie humaine ».

[882] Art. 17 de la Déclaration des droits de l'homme et du citoyen du 26 août 1789.

[883] *Cf. supra*, n°288.

consentement apparaît aussi, de manière plus technique, avec la question du consentement des candidats aux élections politiques[884].

348. Ce consentement du candidat est tout d'abord nécessaire au moment du dépôt des candidatures[885]. Depuis la loi du 17 mai 2013[886], en effet, « nul ne peut être élu sans avoir été candidat »[887]. Ainsi, l'article L. 210-1 du Code électoral dispose notamment que « les candidats

---

884 Cette étude, en plus d'exposer une hypothèse supplémentaire où le consentement de l'administré est nécessaire, est aussi un bon exemple pour illustrer, même quand il s'agit d'exprimer une liberté positive, que le consentement ne se voit souvent que par la faculté qu'a l'administré de le refuser. Un autre exemple se rapprochant du domaine politique pourrait être étudié : celui de la libération des liens d'allégeance avec la France, car il traduit lui aussi la mise en œuvre d'une liberté par l'administré. Le dispositif juridique en vigueur se trouve dans un chapitre du Code civil intitulé « De la perte, de la déchéance et de la réintégration dans la nationalité française ». Si l'Etat peut prononcer la déchéance de la nationalité comme le prévoit par exemple l'article 23-7 du Code civil, la nationalité peut aussi se perdre par le souhait du national lui-même. L'article 23-4 énonce que « perd la nationalité française le Français, même mineur, qui, ayant une nationalité étrangère, est autorisé, sur sa demande, par le Gouvernement français, à perdre la qualité de Français. Cette autorisation est accordée par décret ». Cet article a été créé par l'art. 50 de la loi n°93-933 du 22 juill. 1993 *réformant le droit de la nationalité*, *JORF*, 23 juill. 1993, pp. 10342-10348, p. 10345. Si cette démarche n'est guère fréquente et ne représente environ qu'une cinquantaine de demandes par an, elle donne lieu à un contentieux intéressant, eu égard notamment aux conséquences d'un refus ou au contraire d'une telle autorisation. Ce contentieux relève du juge administratif, car il est compétent pour statuer sur la légalité des décisions administratives qui confèrent ou retirent la nationalité française. Voir par exemple CE, Sect., 25 juill. 1986, *Epx Djebbar*, *R.*, p. 214. Voir pour une appréciation quantitative du phénomène, Quest. AN, n°16580, *JOAN*, 22 avr. 2008, p. 3497. Enfin, il aurait aussi été possible d'évoquer la question du consentement du mandant dans le cadre des procurations. *Cf.* par exemple CE, 19 déc. 2012, n°358644 ou 29 juill. 2002, n°236106.

885 Il est à noter que la nécessité du consentement des candidats aux élections pour lesquelles le juge administratif est compétent en cas de litige est également une condition des élections qui relèvent du contrôle du Conseil constitutionnel. C'est ainsi qu'il appartient à ce dernier, « lorsqu'il arrête la liste des candidats à l'élection du président de la République [...] de s'assurer de la régularité des candidatures et du consentement des candidats » : P.-O. CAILLE, « Président de la République », *Jcl. adm.*, fasc. n°100, 2014, n°12. Dans l'histoire de la cinquième République, aucune irrégularité en ce domaine ne semble avoir été relevée par le Conseil.

886 Loi n°2013-403 du 17 mai 2013 *relative à l'élection des conseillers départementaux, des conseillers municipaux et des conseillers communautaires, et modifiant le calendrier électoral*, *JORF*, 18 mai 2013, p. 8242, texte n°2. L'article 25 de cette loi rend obligatoire la déclaration de candidature pour tous les candidats, y compris aux élections municipales. Il met ainsi fin au système, existant dans les communes de moins de 2500 habitants, qui permettait que le nom de toute personne, qu'elle soit candidate ou non, puisse être porté sur le bulletin de vote. Cet article est codifié à l'article L. 255-4 du Code électoral selon lequel « une déclaration de candidature est obligatoire au premier tour du scrutin pour tous les candidats et, au second tour, pour les candidats qui ne se sont pas présentés au premier tour ».

887 L. TOUVET et Y.-M. DOUBLET, *Droit des élections*, Economica, coll. « Corpus », 2ème éd., 2014, 658 p., p. 182.

présentés en binôme en vue de l'élection au conseil départemental souscrivent, avant chaque tour de scrutin, une déclaration conjointe de candidature dans les conditions prévues par décret en Conseil d'Etat. Cette déclaration, revêtue de la signature des deux candidats, énonce les nom, prénoms, sexe, date et lieu de naissance, domicile et profession de chacun d'entre eux ». Or cette signature manifeste le consentement du candidat, comme le relève par exemple François ROBBE[888].

349. En ce qui concerne les élections uninominales, cette exigence du consentement se retrouve tant pour le candidat que pour son remplaçant. Mais la question se pose évidemment de manière plus particulière pour les suppléants, les candidats ayant peu de chances d'être forcés à se présenter à une élection. En revanche, comme la présence d'un remplaçant est une condition nécessaire à l'enregistrement des candidatures[889], les risques de pression ou même de fraude sont beaucoup plus nombreux en ce qui concerne les remplaçants, un candidat n'en ayant pas trouvé ayant tout intérêt à indiquer le nom d'un remplaçant, même sans son consentement. Il est cependant surprenant de relever que l'article L. 210-1 précité ne mentionne pas explicitement l'exigence de ce consentement, ce que font pourtant très clairement les autres textes relatifs à des élections uninominales[890].

350. Les tentatives de fraude sont encore plus probables pour les élections de listes, qui nécessitent en effet davantage de candidats[891]. Ce sont

[888] « La signature des intéressés atteste de leur consentement à figurer sur la liste » : Fr. ROBBE, « Contentieux des élections locales », *Jcl. adm.*, fasc. n°1132, 2007, n°71. Si la jurisprudence n'affirme pas explicitement cette idée, elle ne la réfute pas non plus, alors même que des requérants l'avaient formellement avancée. Voir CE, 10 juill. 2002, *Elections municipales de Paris (13ème secteur)*, *R.*, p. 273, JD n°2002-064137.

[889] L'article L. 210-1 du Code électoral énonce ainsi que « si la déclaration de candidature n'est pas conforme aux deux premiers alinéas du présent article [...] elle n'est pas enregistrée ». Or l'alinéa 1er indique que la déclaration de candidature « mentionne également pour chaque candidat la personne appelée à le remplacer comme conseiller départemental dans le cas prévu à l'article L. 221 ».

[890] En ce qui concerne les élections législatives, l'article L. 155 du Code électoral indique que la déclaration de candidature « doit être accompagnée de l'acceptation écrite du remplaçant ». A défaut, elle est irrecevable. Voir par exemple CC, 9 sept. 1981, décision n°81-947 AN, *Dordogne (3ème circ.)*, Quant aux élections sénatoriales, qu'elles soient uninominales ou non, l'article L. 299 du même code prévoit que « dans les départements où les élections ont lieu au scrutin majoritaire, chaque candidat doit mentionner dans sa déclaration de candidature les nom, sexe, prénoms, date et lieu de naissance, domicile et profession de la personne appelée à le remplacer comme sénateur dans les cas prévus à l'article LO. 319. Il doit y joindre l'acceptation écrite du remplaçant ».

[891] L'hypothèse n'est pas seulement un cas d'école. De nombreuses listes, notamment dans les petites communes, peuvent avoir du mal à présenter un nombre de candidats suffisant. C'était d'ailleurs une des raisons pour lesquelles les dispositions relatives aux élections municipales

d'ailleurs elles qui donnent lieu au plus grand nombre d'exemples jurisprudentiels en droit administratif. Le Conseil d'Etat rejette ainsi le pourvoi formé contre un jugement de tribunal administratif ayant annulé l'élection des requérants au motif « qu'au moins une personne n'a donné son consentement à être candidat sur la liste "Laxou d'abord" qu'à la suite d'une tromperie sur la portée de sa signature »[892]. De la même manière, il juge que « pour obtenir la signature de M. et Mme X..., M. Y... s'est présenté à eux comme un candidat indépendant qui sollicitait un simple soutien ; qu'il n'a fait état, ni de son appartenance au Front national, ni du fait qu'il leur demandait, en réalité, d'être candidats sur la liste "Bischheim d'abord avec le Front national" ; que le document présenté aux époux X... afin qu'ils y apposent leur signature ne comportait pas l'intitulé de la liste, qui n'a été ajouté que postérieurement ; qu'ainsi le consentement de M. et Mme X... à figurer sur la liste "Bischheim d'abord avec le Front national" a été obtenu par l'effet d'une manœuvre »[893]. Afin d'éviter de tels cas, le Code électoral comporte de nombreuses dispositions qui imposent, pour les scrutins de listes, la candidature de chacun des candidats composant cette liste. Par exemple, pour les communes de plus de 1000 habitants, l'article L. 265 exige que le dépôt de la liste soit assorti, pour le premier tour, « de l'ensemble des mandats des candidats qui y figurent », la déclaration devant comporter la signature de chaque candidat[894].

---

dans les communes de moins de 2500 habitants permettaient de rajouter sur les listes le nom de personnes qui n'étaient pas candidates. Voir à ce sujet le paragraphe intitulé « les candidats à leur insu » dans L. TOUVET et Y.-M. DOUBLET, *Droit des élections*, *op. cit.*, pp. 193-194. Voir encore, de manière plus générale : G.-D. DESRAMEAUX, *Droit électoral*, Levallois-Perret, Studyrama, coll. « Panorama du droit », 2013, 264 p., spéc. p. 100, p. 155, p. 202 et p. 224.

[892] CE, 8 janv. 1997, n°176627.

[893] CE, 30 sept. 1996, *Elections municipales de Bischheim*, n°177158, n°177159 et n°177160. Pour des exemples similaires, voir encore CE, 4 janv. 1978, *Elections municipales de Herrlisheim, T.*, p. 821 ; CE, 12 fév. 1990, *Elections municipales du Raincy, R.*, p. 789, *LPA*, 29 mars 1991, n°38, pp. 24-25, note E. B. ; CE, Ass., 21 déc. 1990, *Elections municipales de Mundolsheim, R.*, p. 379, CE, 10 juill. 2002, n°240104, CE, 11 mai 2015, n°385722 et CE, 17 juin 2015, n°385713.

[894] Cependant le même article prévoit que tout candidat peut « compléter la déclaration collective non signée de lui par une déclaration individuelle faite dans le même délai et portant sa signature ». Le Code électoral prévoit des mécanismes similaires pour les autres élections relevant du contrôle du juge administratif. Voir notamment les articles L. 347 et L. 558-20 concernant respectivement l'élection des conseillers régionaux, des conseillers à l'assemblée de Guyane et des conseillers à l'assemblée de Martinique. De la même manière, l'article 9 de la loi n°77-729 du 7 juill. 1977 *relative à l'élection des représentants au Parlement européen*, *JORF*, 8 juill. 1977, p. 3579, indique que « la déclaration de candidature [...] comporte la signature de chaque candidat ».

351. Il apparaît donc que le consentement des candidats les protège de toute contrainte et que seuls ceux désirant librement se faire élire peuvent être candidats[895]. Comme le note le rapporteur de la Commission des lois au Sénat, « ce formalisme vise [...] à éviter qu'une personne puisse être élue sans qu'elle ait déposé sa candidature, voire même contre son gré »[896].

352. Le consentement est tout aussi important dans l'exercice du droit de propriété.

2. Le consentement, condition du respect du droit de propriété

353. Selon l'article 544 du Code civil, la propriété « est le droit de jouir et disposer des choses de la manière la plus absolue ». Le propriétaire, disposant de l'*usus*, du *fructus* et de l'*abusus*[897] sur son bien, peut donc consentir à ce qui pourrait à première vue être qualifié d'atteinte à son droit de propriété, notamment l'utilisation par des tiers. Plusieurs dispositifs juridiques illustrent cette situation en droit administratif et montrent ainsi la liberté que conserve l'administré en la matière.

354. Le premier est relatif aux voies privées ouvertes au public. Comme le révèle la jurisprudence administrative, tout propriétaire peut autoriser les tiers, et donc à ce titre l'administration, à utiliser une voie dont il est propriétaire. Cette ouverture résulte nécessairement du consentement des propriétaires. Certains auteurs, mettant en avant cette nécessité, indiquent qu'une voie privée « ne peut être réputée affectée à l'usage du public *que* si son ouverture à la circulation publique résulte du consentement, au moins tacite, des propriétaires »[898]. Il doit cependant s'agir d'une autorisation de

---

[895] Cela protège du même coup la vie politique dans son ensemble, car on conçoit mal qu'une personne élue sans son consentement, voire contre sa volonté, puisse servir au mieux le bien commun.

[896] M. DELEBARRE, « Rapport fait au nom de la commission des lois constitutionnelles, de législation, du suffrage universel, du Règlement et d'administration générale sur le projet de loi organique relatif à l'élection des conseillers municipaux, des délégués communautaires et des conseillers départementaux et sur le projet de loi relatif à l'élection des conseillers départementaux, des conseillers municipaux et des délégués communautaires, et modifiant le calendrier électoral », *Rapport n°250*, session ordinaire 2012-2013, enregistré à la Présidence du Sénat le 19 déc. 2012.

[897] Voir par exemple J. CARBONNIER, *Droit civil,* tome 2, *Les biens. Les obligations*, *op. cit.*, pp. 1640-1642, ou G. CORNU, *Droit civil. Les biens*, Montchrestien, coll. « Domat droit privé », 13ème éd., 2007, 377 p., pp. 66-78.

[898] G. GONZALEZ et P. ROMAN, « Les voies privées ouvertes à la circulation publique. Gestion et occupation par le concessionnaire de transport et de distribution d'électricité », *op. cit.*, p. 308. C'est nous qui soulignons.

portée générale et pas seulement d'une autorisation ponctuelle ou sous surveillance du propriétaire[899].

355. Les analyses de Sophie THERON à propos des rapports qu'entretiennent le conditionné (ici la notion de voie privée ouverte au public) et le conditionnant (ici le consentement) permettent de mettre en avant la liberté de l'administré consacrée par le régime juridique des voies privées ouvertes au public. L'auteur explique en effet que « l'élément qui est "conditionné" manque d'autonomie et celui qui "conditionne" opère une domination, une maîtrise, un encadrement »[900]. En l'espèce, le consentement, condition de l'ouverture d'une voie privée au public, permet au propriétaire d'avoir une réelle maîtrise, une pleine domination sur sa propriété. Par ce mécanisme juridique fondé exclusivement sur le consentement, le propriétaire décide en effet de partager l'usage de sa propriété. Cette faculté, à moins que l'autorité de police estime qu'une telle ouverture présente potentiellement un danger pour l'ordre public et souhaite alors soumettre l'ouverture à autorisation[901], est laissée à son entière appréciation. Le propriétaire n'a pas à se justifier : son choix peut résulter de différents motifs dont il est le seul juge[902] et l'administration ne peut en aucun cas imposer une telle ouverture[903], ni même obliger le propriétaire à la maintenir[904]. Le

---

[899] Voir par exemple CE, Sect., 7 juill. 1939, *Sté agricole de Notre-Dame-du-Port-d'Alon*, *R.*, p. 463. Dans cette affaire, la Haute juridiction estime que ne peut pas être considéré comme ouvert au public un chemin « emprunté seulement par quelques pêcheurs et touristes sous la surveillance du préposé » de la propriétaire. S. DELIANCOURT estime ainsi que, pour qu'une voie privée puisse être qualifiée d'ouverte à la circulation publique, « les tiers doivent y être admis librement » : « Les droits du propriétaire d'une voie privée ouverte au public », *AJDA*, 2008, p. 1334-1338, p. 1335.

[900] S. THERON, *La notion de condition. Contribution à l'étude de l'acte administratif*, *op. cit.*, p. 27-28.

[901] Pour un exemple assez rare, voir CE, 18 juill. 1919, *Dame Magnier, Sieur Godon-Boiry et a.*, *R.*, p. 646.

[902] Il peut s'agir de motifs économiques, afin de faire prendre en charge par la commune les frais d'entretien de la voie. Voir par exemple : CE, 17 oct. 1980, *Mme Braesch et a.*, n°17395, *R.*, p. 940 ; CAA, Paris, 1er fév. 2007, n°03PA00165 ou encore J.-L. COSTA, « La prise en charge par les communes des voies privées dans les ensembles d'habitations », *Administrer*, nov. 1981, pp. 6-8, spéc. p. 6. Mais il peut au contraire s'agir de faire réaliser des économies à la personne publique, en évitant le recours onéreux à une expropriation pour cause d'utilité publique. Pour un exemple concernant cette dernière possibilité : CAA, Marseille, 11 fév. 2014, *M. M.*, n°11MA04203, arrêt dans lequel c'est le maire d'une commune qui avait décidé l'ouverture au public d'une voie lui appartenant afin de faire réaliser des économies à la municipalité. Voir la note de S. DELIANCOURT, « L'appréciation du consentement d'un propriétaire d'une voie privée empruntée par le public et l'atteinte au droit de propriété », *Annales des loyers*, n°4, 1er avr. 2014, pp. 610-626.

[903] CE, 18 juill. 1919, *Dame Magnier, Sieur Godon-Boiry et a.*, *R.*, p. 646.

[904] *Cf.* par exemple : CE, 11 juill. 1939, *Moze et Fagnoni*, *R.*, p. 462 ; CE, 11 juill. 1939, *Sté agricole Notre-Dame-du-Port-d'Alon*, *R.*, p. 463.

droit de propriété permet en effet au propriétaire de disposer de ses immeubles[905] et de les aménager librement[906]. Ainsi, tout propriétaire peut, non seulement aménager des voies sur sa propriété[907], mais laisser les tiers les emprunter en toute liberté. Par ce mécanisme, le propriétaire accepte « l'usage public de son bien » et renonce ainsi à « son usage purement privé » comme le relève le Conseil constitutionnel[908]. L'exigence de consentement, qui « se justifie naturellement par la protection du droit de propriété »[909], permet ainsi au propriétaire non seulement de conserver sa propriété[910], mais aussi d'en disposer librement, ce qui se vérifie encore dans d'autres domaines, par exemple celui des fouilles archéologiques.

356. De manière semblable, en effet, un propriétaire peut décider de laisser son terrain être l'objet de fouilles archéologiques de la part de tiers ou directement de l'Etat[911]. Ces fouilles peuvent être entreprises par un particulier et si elles concernent un terrain ne lui appartenant pas, il devra, pour obtenir l'autorisation du préfet de région[912], recueillir préalablement le

---

[905] CE, ord., 23 mars 2001, *Sté Lidl*, *R.*, p. 154.

[906] CE, 18 juill. 1919, *Magnier, Godon-Boiry et a.*, *R.*, p. 646. Le Conseil d'Etat affirme, justement à propos d'un litige relatif à l'ouverture au public d'une voie privée, que le maire, en l'absence de loi l'y autorisant, ne saurait soumettre « à son appréciation discrétionnaire l'aménagement des terrains privés, qui constitue le libre exercice du droit de propriété ».

[907] Sous réserve aujourd'hui d'éventuelles dispositions contraires, « relatives à la construction, à l'urbanisme, à la santé publique ». *Cf.* Y. MENY, « L'ouverture au public des voies privées urbaines », *op. cit.*, p. 18.

[908] CC, 6 oct. 2010, décision n°2010-43 QPC, préc.

[909] J.-Ph. THIELLAY, concl. inédites sur CE, 5 mars 2008, *Bermond*, *op. cit.*

[910] Les voies privées ouvertes au public, bien que constituant des ouvrages publics comme le précise notamment le Conseil d'Etat dans sa décision du 30 nov. 1979, *Ville Joeuf*, *R.*, p. 2, demeurent des propriétés privées. Voir par exemple, CE, 29 avr. 1938, *Gailhac*, *R.*, p. 392 ; CE, 17 mars 1948, *Poungavananattar et a.*, *R.*, p. 132 ; CE, 16 nov. 1957, *Ville de Marseille c/Dame Poro*, *R.*, p. 1041 ; CE, 15 fév. 1989, *Cne de Mouveaux*, n°71992. Cette jurisprudence a été réaffirmée plus récemment par un arrêt du Tribunal des conflits du 16 mai 1994, *Allard c/Malemort-sur-Corrèze*, *R.*, p. 599.

[911] Selon V. NEGRI,, « une fouille vise, par des études, des travaux de terrain et de laboratoire, à recueillir les données archéologiques présentes sur le site, à en faire l'analyse, à en assurer la compréhension et à présenter l'ensemble des résultats dans un rapport final » : « Archéologie préventive », *Jcl. adm.*, fasc. n°467, 2005, n°115. Sur les fouilles archéologiques, voir encore, du même auteur, « Recherche archéologique. Cadre général », et « Archéologie préventive », *Jcl. Environnement et Développement durable*, respectivement fasc. n°3600 et 3610, 2003 et 2005 ou encore M. CORNU et V. NEGRI, *Code du patrimoine et autres textes relatifs aux biens culturels*, LexisNexis, 2012, 1953 p.

[912] Toute personne désirant entreprendre des fouilles archéologiques doit, depuis la loi du 27 sept. 1941 *sur la réglementation des fouilles archéologiques*, *JORF*, 15 oct. 1941, p. 4438, obtenir une autorisation de l'administration. Il s'agit d'une restriction au droit de propriété puisque les fouilles non autorisées sont alors interdites. La recherche de vestiges archéologiques n'est donc pas libre, y compris sur son propre terrain. Aujourd'hui, l'article L. 531-1 du Code du patrimoine dispose que « nul ne peut effectuer [...] des fouilles ou des

consentement du propriétaire[913]. L'alinéa premier de l'article L. 531-2 du Code du patrimoine dispose en effet que « lorsque les fouilles doivent être réalisées sur un terrain n'appartenant pas à l'auteur de la demande d'autorisation, celui-ci doit joindre à sa demande le consentement écrit du propriétaire du terrain et, s'il y a lieu, de tout autre ayant droit »[914]. Le propriétaire peut encore donner ce consentement à l'Etat. Il résulte en effet des termes de l'article L. 531-9 du même code que « l'Etat est autorisé à procéder d'office à l'exécution de fouilles ou de sondages pouvant intéresser la préhistoire, l'histoire, l'art ou l'archéologie sur les terrains ne lui appartenant pas, à l'exception toutefois des terrains attenant à des immeubles bâtis et clos de murs ou de clôtures équivalentes ». Mais l'alinéa 2 de cet article prévoit que l'exécution des fouilles ou sondages est déclarée d'utilité publique « à défaut d'accord amiable avec le propriétaire ». Cela montre bien, *a contrario*, que le particulier peut librement contracter avec l'Etat sur d'éventuelles fouilles sur sa propriété et ainsi user librement de son droit de propriété dans ses relations avec l'autorité publique.

357. Enfin et dans le même ordre d'idée, un particulier peut décider de mettre sa propriété au service de ses concitoyens désireux de pratiquer ce qu'il est convenu d'appeler des activités physiques et de pleine nature, telles que l'escalade, le *canyoning*, la randonnée, etc.[915]. Sous conditions, ces sports peuvent se pratiquer sur le domaine public, mais également sur les propriétés privées, comme le prévoit l'article L. 311-1 du Code du sport aux termes duquel « les sports de nature s'exercent dans des espaces ou sur des sites et itinéraires qui peuvent comprendre des voies, des terrains et des souterrains du domaine public ou privé des collectivités publiques *ou appartenant à des propriétaires privés*, ainsi que des cours d'eau domaniaux

---

sondages à l'effet de recherches de monuments ou d'objets pouvant intéresser la préhistoire, l'histoire, l'art ou l'archéologie, sans en avoir au préalable obtenu l'autorisation. La demande d'autorisation doit être adressée à l'autorité administrative ». Selon l'article R. 531-1, « le préfet de région délivre les autorisations de fouilles ou de sondages » prévues par l'article L. 531-1.

913 Sur ce point, voir *Quest. AN*, n°30495, *JOAN*, 13 août 2013, p. 8698 et C. SAUJOT, *Le droit français de l'archéologie*, Cujas, 2ème éd., 2007, 352 p., pp. 43-44.

914 Il est intéressant de noter qu'en matière d'archéologie le consentement du propriétaire est exigé parmi les documents à fournir à l'administration lors de la demande. Il s'agit donc aussi d'une hypothèse de prise en compte par le droit administratif d'un consentement concernant en premier lieu deux administrés.

915 Voir notamment : B. MIELLET, « Accès à la nature à des fins de loisirs », *Jcl. Environnement et Développement durable*, fasc. n°3650, 2007 ; Fr. ROUX et K. SONTAG, *Guide juridique du canyonisme et des sports de nature*, Aix-en-Provence, Edisud, 2002, 155 p. ou encore Fr. ROUX et K. SONTAG (dir.), *Droit des sports de nature*, Voiron, 2007.

ou non domaniaux »[916]. En conséquence de quoi un certain nombre de dispositions permettant une harmonie entre propriété privée et usage public ont été instaurées. L'article L. 311-3 prévoit que « le département favorise le développement maîtrisé des sports de nature. A cette fin, il élabore un plan départemental des espaces, sites et itinéraires relatifs aux sports de nature »[917]. Or, « ce dispositif repose essentiellement sur la concertation avec les propriétaires des Espaces Sites et Itinéraires (ESI) qui décident de donner accès à ces espaces »[918], accès permis par la signature de conventions entre le département et les propriétaires concernés[919]. Des communes peuvent encore signer de tels contrats afin de permettre ponctuellement la pratique d'une activité de nature. Or ces conventions, auxquelles une personne publique est partie, peuvent revêtir la qualification de contrats administratifs si les critères jurisprudentiels le permettent. Le critère organique étant ici par hypothèse rempli, le juge saisi d'un éventuel litige devra examiner si ces contrats comportent des clauses exorbitantes du droit commun ou constituent une modalité d'exécution du service public, étant entendu que l'aménagement d'un site de pleine nature peut constituer un service public[920]. Par son consentement, le propriétaire peut alors permettre aux collectivités publiques de mettre à la disposition des particuliers des sites

---

[916] Nous soulignons.

[917] L'article L. 311-4 prévoit un mécanisme semblable concernant la randonnée motorisée : « le département établit un plan départemental des itinéraires de randonnée motorisée dans les conditions prévues à l'article L. 361-2 du Code de l'environnement ».

[918] *Quest. AN*, n°32914, *JOAN*, 22 oct. 2013, p. 11120.

[919] Plusieurs codes prévoient des mécanismes semblables. Ainsi, l'article L. 361-1 du Code de l'environnement prévoit un dispositif concernant les sentiers de randonnée : « le département établit, après avis des communes intéressées, un plan départemental des itinéraires de promenade et de randonnée. Les itinéraires inscrits à ce plan peuvent emprunter des voies publiques existantes, des chemins relevant du domaine privé du département ainsi que les emprises de la servitude destinée à assurer le passage des piétons sur les propriétés riveraines du domaine public maritime en application de l'article L. 160-6 du Code de l'urbanisme. Ils peuvent également, après délibération des communes concernées, emprunter des chemins ruraux et, après conventions passées avec les propriétaires intéressés, emprunter des chemins ou des sentiers appartenant à l'Etat, à d'autres personnes publiques ou à des personnes privées ». L'article L. 130-5 du Code du tourisme dispose quant à lui que « les collectivités territoriales ou leurs groupements peuvent passer avec les propriétaires de bois, parcs et espaces naturels des conventions tendant à l'ouverture au public de ces bois, parcs et espaces naturels [...]. Les collectivités territoriales et leurs groupements peuvent passer, dans les mêmes conditions, des conventions pour l'exercice des sports de nature, notamment en application du titre Ier du livre III du Code du sport ». Sur l'ensemble de ces dispositifs, voir notamment le *Guide pratique PDESI/CDESI* édité par le Gouvernement, disponible à l'adresse http://www.cdesi-sportsdenature.fr/docs/guidecdesi13Mo.pdf, [6 sept. 2015].

[920] Sur la qualification de ces contrats, voir les développements consacrés aux « moyens juridiques d'aménagement des sites » dans Fr. ROUX et K. SONTAG, *Guide juridique du canyonisme et des sports de nature*, Aix-en-Provence, Edisud, 2002, 155 p., pp. 51-57.

privés indispensables à la pratique de certains sports, comme une falaise pour l'escalade, un cours d'eau et ses berges pour le canyoning, etc.

358. Ces exemples illustrent la faculté qu'a le propriétaire de disposer librement, par son consentement, de sa propriété. Frédérique DREIFUSS-NETTER indique « que l'artiste ou le personnage public qui tolère ou encourage divulgations ou publications le concernant ne renonce qu'à demander réparation de l'éventuel préjudice qui en résulterait. En revanche, non seulement il ne renonce ni explicitement, ni tacitement à son droit de la personnalité, mais au contraire il l'exerce pleinement. Autoriser ou refuser, fixer les limites du respect de la personne constitue *la mise en œuvre même du droit, non une renonciation* »[921]. Il est possible d'établir une analogie avec le droit de propriété. En choisissant de partager l'usage de ses biens, l'administré ne renonce pas à son droit de propriété mais le met en œuvre librement. Ce qui n'est pas non plus sans parallèle avec le droit médical et la liberté dont dispose l'administré sur son corps.

B. Le consentement, expression de la libre disposition de soi en droit médical

359. Le droit médical est sans aucun doute, avec le contrat, le domaine dans lequel le consentement apparaît de la manière la plus évidente en droit administratif. Pour paraphraser Didier TRUCHET, la jurisprudence l'a depuis longtemps consacré, le législateur l'a récemment confirmé et la doctrine l'a abondamment commenté[922]. Sans qu'il soit possible d'envisager dans ces développements l'ensemble du problème, il est important de montrer ici spécifiquement comment le consentement de l'administré lui permet, dans une certaine mesure, d'être acteur de sa santé et ainsi de manifester positivement sa liberté. Si cela ne fait plus aujourd'hui difficulté (2), il n'en a pas toujours été ainsi et l'histoire du concept mérite d'être précisée (1).

---

[921] Fr. DREIFUSS-NETTER, *Les manifestations de volonté abdicatives*, LGDJ, Coll. « Bibliothèque de droit privé », tome 185, 1985, 245 p., p. 76.

[922] L'auteur notait que « personne n'a jamais réussi à donner au service public une définition incontestable : le législateur ne s'en est pas soucié, le juge ne l'a pas voulu, la doctrine ne l'a pas pu » : « Nouvelles récentes d'un illustre vieillard. Label de service public et statut du service public », *AJDA*, 1982, pp. 427-439, p. 427.

1. Une liberté résultant d'une histoire millénaire

360. L'histoire du consentement du patient aux soins reste pour une large part à écrire. Si de nombreuses études consacrées au consentement du patient évoquent l'aspect historique, et si certains articles s'attachent exclusivement à ce point de vue[923], aucune étude d'ampleur en langue française ne semble avoir été menée sur ce sujet[924]. Pourtant, un tel travail serait d'autant plus nécessaire que les auteurs s'étant jusqu'à présent penchés sur cette histoire en présentent des versions très différentes. Il est possible de dégager, en procédant à quelques simplifications, deux versions fondamentalement opposées. Pour certains, la notion de consentement en droit médical est « récente »[925]. Pour d'autres, elle aurait sans doute été

[923] Voir notamment : CCNE, *Refus de traitement et autonomie de la personne*, Avis n°87, *op. cit.*, spéc. l'annexe intitulée « Analyse historique », pp. 35-39 ; A. FAGOT-LARGEAULT, « Le consentement éclairé. Historique du concept de consentement », *Médecine et droit*, n°6, mai-juin 1994, pp. 55-56 ; B. HŒRNI et R. SAURY, *Le consentement. Information, autonomie et décision en médecine*, Masson, coll. « Abrégés », 1998, 156 p., spéc. le chapitre intitulé « Historique », pp. 9-15 et A. LECA et C. BERLAND-BENHAIM, « Le consentement aux soins, replacé dans une perspective historique », dans Association française de droit de la santé, *Consentement et santé*, Dalloz, coll. « Thèmes et commentaires », 2014, 386 p., pp. 19-34.

[924] Tel était déjà le constat de deux auteurs qui relevaient au début du XXème siècle que « la question paraît avoir été rarement envisagée dans son ensemble » : P. GARRAUD et M. LABORDE-LACOSTE, « Le rôle de la volonté du médecin et du patient quant au traitement médical et à l'intervention chirurgicale. Limites et conséquences juridiques, notamment en droit pénal, de cette volonté », *Revue générale du droit, de la législation et de la jurisprudence*, 1926, pp. 129-153 et pp. 193-252, p. 129, note 1. La raison essentielle tient sans doute à la difficulté inhérente au concept de consentement en droit médical. Ainsi, relevant que « la simplicité du principe du consentement éclairé contraste avec la variété et la complexité des situations que l'on rencontre en pratique », B. HŒRNI et R. SAURY affirment que « les difficultés habituelles d'une reconstitution historique s'accentuent quand on s'attache à un concept tel que le consentement » : *Le consentement. Information, autonomie et décision en médecine*, *op. cit.*, respectivement p. 59 et p. 9. A cela il faudrait ajouter la difficile question de l'évaluation de la représentativité des auteurs anciens qui se sont exprimés sur le sujet. Sur l'histoire du consentement, voir, en langue anglaise, R.-R. FADEN et T.-L. BEAUCHAMP, *A history and theory of informed consent*, New York et Oxford, Oxford University Press, 1986, 392 p.

[925] Ainsi, pour A. FAGOT-LARGEAULT « la notion qu'une intervention thérapeutique pertinente peut être empêchée par la volonté du malade (par exemple, refus de transfusion par les témoins de Jéhovah) est récente » : « Le consentement éclairé. Historique du concept de consentement », *op. cit.*, p. 55. Il serait possible de citer de nombreux autres auteurs, mais G. MEMETEAU résume les choses en affirmant qu' « une doctrine quasiment unanime enseigne qu'il faudrait trouver, dans la décision du tribunal militaire américain [de 1947] à l'encontre des médecins nazis, l'origine de la naissance du consentement éclairé. La réalité est toute autre » : « Le consentement éclairé en France. Le point de vue du juriste », dans D. JOLLY (dir.), *L'information du patient. Du consentement éclairé à la décision partagée*, Flammarion Médecines-Sciences, 1999, 67 p., pp. 6-7, p. 6. L'auteur n'hésite alors pas à

présente dans l'Antiquité mais la période médiévale l'aurait fait oublier et il aurait fallu attendre une époque assez récente pour la voir renaître et s'imposer véritablement[926]. Il semble cependant que ces deux versions sont trop étroites[927]. Car si la question du consentement médical, ainsi d'ailleurs que celle de son histoire, se révèle « d'une rare complexité »[928], il est possible de relever que l'exigence du consentement est ancienne mais surtout constante, ce qui permet de mieux comprendre son exigence actuelle.

361. Les textes relatifs à la médecine pré-hippocratique ne semblent pas avoir envisagé la question du consentement[929]. L'auteur du célèbre serment

---

parler, à la même page, d' « illusion » de la doctrine ou, ailleurs, de « dénaturation de l'histoire du droit médical » : « La déontologie dévorée par la bioéthique », dans A. LECA (dir.), *La déontologie médicale. Actes du Vè colloque national Droit, histoire, Médecine. Aix-en-Provence (1-2 décembre 2006),* PUAM, 2007, Coll. « Droit de la santé », 404 p., pp. 93-106, p. 98.

926 Telle est par exemple la version que développe le Comité Consultatif National d'Ethique pour les sciences de la vie et de la santé qui affirme que « l'histoire du refus de traitement, exprimé par un malade, se confond inévitablement avec l'histoire des droits et de l'autonomie de la personne. C'est, depuis l'époque hippocratique, une histoire qui fluctue au gré du pouvoir que la société accorde à la médecine et aux médecins » : *Refus de traitement et autonomie de la personne*, Avis n°87, *op. cit.*, p. 35. Cette seconde version, que l'on pourrait qualifier d'histoire « à éclipses », mériterait encore d'être divisée entre ceux qui datent la renaissance du principe aux temps modernes et ceux qui la datent à une période beaucoup plus récente, celle du XXème siècle, voire du milieu du XXème siècle.

927 Une telle affirmation doit cependant restée prudente dans la mesure où retracer l'histoire d'un concept pose d'importants problèmes épistémologiques. Par exemple, s'il est facile de prouver qu'une notion était présente à une certaine époque, il est beaucoup plus difficile de dire qu'elle ne l'était pas. L'absence de mention concrète du consentement dans les textes ne prouve pas nécessairement son inexistence. Peut-être que le consentement était une notion évidente et qu'il n'a pas été jugé utile de la transcrire dans la législation. Par exemple, un secrétaire général de l'ordre des médecins indiquait, à propos du devoir qu'avait le praticien de n'agir qu'avec le consentement du patient, que « ce "devoir", qui n'a pas été exprimé dans le Code de déontologie médicale, est pour nous médecins évident » : J.-R. DEBRAY, *Le malade et son médecin : déontologie médicale*, Flammarion, 1965, 329 p., p. 234. Pour d'autres exemples semblables, voir *infra*, note n°946. Sans doute y a-t-il d'ailleurs ici une autre explication à la diversité des histoires du consentement médical. Bien que les auteurs ne semblent pas le mentionner, il existe une grande différence entre ceux qui considèrent le consentement quelle que soit la source dont il émane, par exemple la religion ou la morale, et ceux qui s'attachent à l'aspect purement juridique de la question. Peut-être ces derniers ont-ils raison de situer alors son apparition dans des temps relativement récents à moins tout simplement qu'aucun requérant n'ait invoqué de moyen lié à l'absence de consentement. Sans rentrer dans cette controverse, les développements présents visent à rendre compte des influences favorables à la prise en compte du consentement, qu'elles soient juridiques ou non.

928 Fr. VIALLA, « Le principe du consentement », dans E. MARTINEZ et Fr. VIALLA (dir.), *Les grands avis du Comité consultatif national d'éthique*, LGDJ, coll. « Les grandes décisions », 2013, 809 p., pp. 129-163, p. 162.

929 Voir B. HŒRNI, *La relation médecin-malade. L'évolution des échanges patient-soignant*, Imothep, 2008, 288 p., spéc. pp. 229-239, le chapitre intitulé « consentement ».

ne semble pas non plus avoir consacré positivement la notion[930]. Le contexte laisse cependant envisager une ambiance favorable au consentement[931]. Ainsi en est-il lorsque le Père de la médecine blâme le manque de coopération du patient, ce qui aurait tendance à montrer, *a contrario*, que le patient avait son mot à dire en ce qui concerne les soins qui lui étaient prodigués[932]. Un argument important doit encore être envisagé, bien qu'il ne résulte ni des textes, ni d'éventuelles décisions de justice. La médecine de l'époque est fondée nécessairement sur une demande du patient[933], en un temps où n'existent ni services de secours d'urgence, ni assurance sociale. On ne voit donc pas ce qui aurait motivé un médecin à passer outre à un refus d'un malade puisque c'est par définition le malade qui s'adressait de son plein gré au médecin et que c'est encore lui qui le rémunérait[934]. Ainsi, à première vue, rien n'autorise à penser que le consentement n'aurait pas été requis avant toute intervention sur le corps d'un malade[935].

---

930 Le Comité Consultatif National d'Ethique pour les sciences de la vie et de la santé affirme par exemple que les écrits laissés par Hippocrate « ne donnent aucune indication sur la possibilité offerte de refuser les prescriptions médicales » : *Refus de traitement et autonomie de la personne*, Avis n°87, *op. cit.*, p. 35. Voir encore A. LECA, « Introduction historique à l'éthique et à la déontologie médicales », dans A. LECA (dir.), *La déontologie médicale. Actes du Ve colloque national Droit, histoire, Médecine. Aix-en-Provence (1-2 décembre 2006), op. cit.*, pp. 13-59, p. 18.

931 De même, PLATON énonçait que le médecin qui soigne un homme libre ne lui « prescrit rien avant de l'avoir persuadé d'une manière ou d'une autre » : *Les Lois*, livre IV, 720 d, dans PLATON, *Œuvres complètes*, trad. L. BRISSON (dir.), Flammarion, 2008, 2004 p., p. 780.

932 B. HŒRNI, *La relation médecin-malade. L'évolution des échanges patient-soignant*, *op. cit.*, p. 229. Le Comité Consultatif National d'Ethique pour les sciences de la vie et de la santé relève encore que « Hippocrate recherche l'égalité dans son rapport avec le patient. Ne va-t-il pas jusqu'à choisir, lors de la consultation, deux tabourets d'identique hauteur pour que celui qui sait ne domine pas celui qui souffre ! » : *Refus de traitement et autonomie de la personne*, Avis n°87, *op. cit.*, p. 35.

933 Cela est encore valable au XVIIème siècle. Le règlement de la faculté de Paris prescrit ainsi « que personne ne visite les malades à moins d'être appelé valablement » : cité par R. VILLEY, *Histoire du secret médical*, Seghers, coll. « Médecine et histoire », 1986, 170 p., p. 43.

934 Peut-être pourrait-il en aller différemment en ce qui concerne la recherche médicale, qui a tout intérêt à disposer de sujets d'expérimentation. Hormis ce cas, l'argument pourrait être repris pour toute la période dans laquelle aucune source *juridique* ne mentionne l'exigence du consentement. Peut-être que les modalités mêmes de la médecine rendaient cette mention inutile. En revanche, cette mention serait devenue nécessaire avec le développement de la santé publique qui a, non seulement intérêt, mais aussi les moyens de soigner des populations entières, ou de protéger la santé du plus grand nombre, en imposant par exemple des vaccinations obligatoires.

935 La situation des esclaves aurait pu être différente, leur maître pouvant avoir intérêt à les faire soigner même contre leur gré. Si la question est évoquée dans une décision *Hord vs. Grimes* de 1852, citée par A. LECA et C. BERLAND-BENHAIM, « Le

362. Dans la tradition hébraïque, la notion de consentement semble bien présente. Dans le *Talmud*, au traité de *Baba Kamma*[936], il serait indiqué que « le médecin ne peut exécuter aucune opération sans le consentement du malade »[937].

363. Durant la période médiévale, malgré un point de vue qui semble assez unanime en doctrine[938], le consentement n'est éclipsé ni en Orient[939] ni en Occident. Si deux chirurgiens du XIVème siècle, Guy DE CHAULIAC et Henri DE MONDEVILLE, sont souvent cités pour démontrer l'absence de la notion de consentement à l'époque[940], il est difficile de tirer de leurs écrits des conclusions certaines. Car si le premier affirme effectivement que le malade doit obéir au médecin « comme un serf à son seigneur »[941], le second, à plusieurs reprises, évoque que certains choix doivent être laissés au patient[942]. Il semble donc difficile d'inférer de la citation de CHAULIAC

---

consentement aux soins, replacé dans une perspective historique », *op. cit.*, p. 22. Mais nous n'avons rien trouvé de semblable en ce qui concerne l'Antiquité.

936 Ce livre est la « première partie du volumineux traité *Nezikin* consacré essentiellement à la loi civile, notamment aux différents types de dommages dont une personne est responsable directement ou non » : A. STEINSALTZ, *Le Talmud : l'Edition Steinsaltz. Guide et lexiques*, Ramsay, 1995, 290 p., p. 40.

937 *Cf.* L. ATTUEL-MENDES, *Consentement et actes juridiques*, *op. cit.*, p. 2. L'auteur ne cite cependant pas de références précises sur ce point et des recherches, certes sommaires, dans le Talmud, n'ont pas davantage permis d'en trouver.

938 Plusieurs auteurs estiment ainsi que le Moyen-âge aurait été totalement indifférent à la question du consentement. Fr.-J. PANSIER et A. GARAY affirment ainsi que « la fin de la dictature médicale exercée par des prétentieux autoritaires et inintelligents a surtout été la conséquence des enseignements des philosophes et encyclopédistes du XVIIIè siècle » : *Le médecin, le patient et le droit*, Rennes, ENSP, 1999, 223 p., p. 25-26. A. LECA et C. BERLAND-BENHAIM estiment qu' « historiquement, le consentement aux soins reste étranger à la tradition chrétienne de la médecine », « Le consentement aux soins, replacé dans une perspective historique », *op. cit.*, p. 21. Enfin le Comité Consultatif National d'Ethique pour les sciences de la vie et de la santé indique que « les longs siècles qui constituent le Moyen-âge ne laissent donc entrevoir, du moins en France, aucun signe favorable à l'autonomie du malade et à un éventuel refus de soin » : *Refus de traitement et autonomie de la personne*, Avis n°87, *op. cit.*, p. 35.

939 En ce qui concerne la médecine du Proche-Orient, il est classique de faire référence à la prière de M. MAIMONIDE. Le médecin du fils de SALADIN prie afin que ses malades aient confiance en lui et « qu'ils suivent [ses] conseils et [ses] prescriptions », cité par R. VILLEY, *Déontologie médicale*, Masson, 1982, 106 p., p. 3. Il semble alors possible de dire, par un raisonnement *a contrario*, qu'il laisse une place au consentement du patient, au moins par la possibilité que celui-ci a de refuser ses prescriptions.

940 Pour une telle démarche, voir par exemple B. HŒRNI et R. SAURY, *Le consentement. Information, autonomie et décision en médecine*, *op. cit.*, p. 10.

941 Cité par B. HŒRNI, *La relation médecin-malade. L'évolution des échanges patient-soignant*, *op. cit.*, p. 230.

942 Il énonce ainsi à propos des accidents extérieurs qu'il faut, suivant GALIEN, « agir selon la volonté du malade » ou encore, pour le traitement d'un apostème, que « le chirurgien devra

une conséquence pratique certaine quant au consentement. Au patient qui refuserait d'obéir à son médecin, il reste toujours la possibilité de ne plus faire appel à lui, ou pour celui-ci de ne plus prodiguer de soins au malade. D'autre part, et malgré le rôle éminent de ces praticiens qui furent respectivement chirurgien de plusieurs papes d'Avignon et de plusieurs rois de France, rien n'autorise à penser, en admettant même qu'ils dénient tout rôle au consentement, qu'ils constitueraient la référence unique de l'époque. D'autres voix se font entendre au même moment qui consacrent explicitement la nécessité du consentement. Ainsi saint THOMAS D'AQUIN affirme par exemple que l'amputation est moralement possible, mais qu'il faut obtenir l' « accord du malade, car chacun est responsable de sa propre santé »[943].

364. Ces différentes influences, grecque, juive et chrétienne, sont donc concourantes[944]. Il serait dès lors surprenant que la pratique médicale et le droit n'en aient pas tenu compte à une époque où droit, morale et religion étaient particulièrement liés.

---

laisser le choix au malade ». De manière plus générale, il affirme que le chirurgien « s'efforcera autant que possible d'obtenir que son malade lui obéisse », ce qui, encore une fois, semble laisser implicitement une possibilité de refus au patient, ainsi, *a contrario*, qu'une faculté de consentement. Voir H. DE MONDEVILLE, *Chirurgie de Maître Henri de Mondeville*, trad. par A. NICAISE, Félix Alcan, 1893, 903 p., respectivement p. 179, p. 768 et p. 143.

[943] Saint THOMAS D'AQUIN, *Somme théologique*, IIa, IIae, quest. 65, art. 1, trad. par A.-M. ROGUET, éd. du Cerf, 1985, tome 3, 1158 p., p. 433. La position de l'Eglise catholique semble d'ailleurs constante à ce sujet. Car non seulement l'Aquinate fut déclaré docteur commun de l'Eglise, ce qui accorde d'autant plus de crédit à son opinion, mais aussi parce que d'autres auteurs ont réaffirmé très clairement la nécessité du consentement, comme F. DE VITORIA, le cardinal LUGO ou encore saint ALPHONSE DE LIGORI. Sur ces auteurs, voir CCNE, *Refus de traitement et autonomie de la personne*, Avis n°87, *op. cit.*, p. 36. Enfin, plus récemment et alors que L. PORTES semblait revenir sur la nécessité du consentement, le pape PIE XII la réaffirmait sans ambiguïté. Il indiquait ainsi que « le médecin, comme personne privée, ne peut prendre aucune mesure, tenter aucune intervention sans le consentement du patient. Le médecin n'a sur le patient que le pouvoir et les droits que celui-ci lui donne, soit explicitement, soit implicitement et tacitement » ou encore que « les droits et les devoirs du médecin sont corrélatifs à ceux du patient. Le médecin, en effet, n'a pas à l'égard du patient de droit séparé ou indépendant ; en général, il ne peut agir, que si le patient l'y autorise explicitement ou implicitement (directement ou indirectement) ». Voir PIE XII, « Allocution au congrès d'histopathologie », 13 sept. 1952 et « Allocution à des médecins et anesthésistes », 22 nov. 1957, dans MOINES DE SOLESMES, *Les enseignements pontificaux. Le corps humain*, Desclée et Cie, 3ème éd., 1960, 628 p., pp. 181-195 et pp. 527-535, respectivement p. 185 et p. 532.

[944] Sans doute y en aurait-il encore d'autres, notamment la médecine islamique, héritière des médecines grecque et perse.

365. Quoi qu'il en soit, la période récente[945], pour laquelle les sources sont plus nombreuses, y compris cette fois-ci au point de vue juridique, fournit d'abondantes illustrations de la nécessité du consentement du patient. Ainsi, dès 1926, deux auteurs se posent la question de savoir si le malade ou le blessé a le droit de refuser un traitement ou une intervention que propose le médecin. Leur réponse, si elle n'était pas amplement démontrée, pourrait surprendre : « *a priori*, on se demande comment la difficulté peut s'élever. [...] le principe du droit à l'intégrité corporelle cesserait-il d'être un dogme intangible ? »[946].

366. Deux autres auteurs d'un ouvrage de droit médical du début du XXème siècle, Paul APPLETON et Marcel SALAMA, consacrent, dans un chapitre relatif à la responsabilité civile et pénale des médecins, un paragraphe sur le « défaut d'avertissement ou de consentement » et affirment qu' « en principe, pour pratiquer légitimement une opération, le médecin doit prévenir le malade ou la personne sous l'autorité de laquelle celui-ci se trouve placé, et obtenir le consentement de l'un ou de l'autre, en indiquant l'aléa de l'opération »[947]. Par la suite, les exigences explicites de consentement iront en grandissant[948].

---

945 On pourrait encore parler de la période moderne, notamment dans le monde anglo-saxon. Sur cette question, voir notamment S. HENNETTE-VAUCHEZ, *Le droit de la bioéthique*, La Découverte, 2009, 125 p., pp. 31-46 et les références citées.

946 P. GARRAUD et M. LABORDE-LACOSTE, « Le rôle de la volonté du médecin et du patient quant au traitement médical et à l'intervention chirurgicale. Limites et conséquences juridiques, notamment en droit pénal, de cette volonté », *op. cit.*, p. 130. C'est une bonne partie de cet article qu'il serait possible de citer. Ces auteurs, même s'ils y apportent des tempéraments, parlent, p. 132, du « principe de la souveraineté de la volonté du malade »[946], évoquent, pp. 132-146, « le principe du droit au refus » et affirment, p. 133, que « l'on chercherait en vain dans les textes la reconnaissance du droit pour le malade ou le blessé de refuser un traitement ou une intervention chirurgicale [...]. Le principe n'en est pas moins certain », avant de conclure, p. 133, que « la grande majorité des auteurs, médecins et juristes, se rangent à cette opinion sans songer à la justifier par de longs développements tant elle leur paraît évidente ».

947 P. APPLETON et M. SALAMA, *Droit médical*, Paris, Librairie du monde médical, 1931, 768 p., p. 70. Ce qui est valable à l'époque pour les opérations en général l'est aussi pour les changements intervenus en cours d'opération. Les auteurs signalent ainsi, p. 71, que « lorsqu'au cours d'une opération, un chirurgien constate qu'il est nécessaire de modifier son intervention dans un sens qu'il n'avait pas prévu, il doit en référer au client, s'il peut le faire sans inconvénient pour son état ». Il en est de même pour les expériences médicales ou encore les anesthésies. Voir respectivement p. 70 et p. 71. Les auteurs peuvent alors conclure, p. 71, que « sauf le cas d'extrême urgence, le médecin qui pratique une opération sans le consentement du malade s'expose à une action en responsabilité civile ». Sur toutes ces questions, voir les très nombreuses références, doctrinales et jurisprudentielles, citées par les auteurs. Certains ouvrages anciens, par leur seul titre, sont déjà riches d'enseignement. Voir notamment : B. GUENOT, *Du consentement nécessaire au médecin pour pratiquer une opération chirurgicale*, Paris, J. Rousset, 1904, 159 p. et O. DE PAOLI, *De la nécessité pour*

367. Un changement, ou du moins un tempérament, est peut-être apparu avec les développements spectaculaires qu'a connus la médecine au XXème siècle. Comme l'affirme le Conseil Consultatif National d'Ethique : « pendant les "trente glorieuses", la parole du malade sera de moins en moins entendue par des médecins, aux certitudes chaque jour renforcées par les extraordinaires progrès de la science »[949]. C'est dans ce contexte qu'il faut resituer la pensée de Louis PORTES, premier président de l'Ordre national des médecins, lorsqu'il se demande : « mais si l'intelligence du patient est, du fait de son mal, à tel point amoindrie et si sa sensibilité n'est souvent pour lui que génératrice d'erreur, quelle valeur, je vous le demande, peut avoir le jugement qu'il porte sur son propre cas, qu'il tient, parce qu'il espère, pour bénin quand il est grave et parce qu'il craint, pour grave quand il est bénin »[950]. Ainsi « se pose l'important problème de savoir dans quelle mesure le patient est apte à consentir aux gestes thérapeutiques qui lui sont proposés »[951]. Et l'auteur de répondre : « le consentement "éclairé" du malade, à chaque étape de ce petit drame humain, n'est en fait qu'une notion mythique que nous avons vainement cherché à dégager des faits. Le patient, à aucun moment, ne "connaissant" au sens exact du terme, vraiment sa misère, ne peut vraiment "consentir" ni à ce qui lui est affirmé, ni à ce qui lui est proposé – si du moins nous donnons au mot de consentement sa signification habituelle d'acquiescement averti, raisonné, lucide et libre »[952].

---

le médecin d'obtenir le consentement de la femme pour pratiquer une opération chirurgicale au cours d'un accouchement difficile, Paris, Chacornac et Doutaut, 1909, 114 p. Pour des développements récents notant l'abondance des hypothèses dans lesquelles le consentement du patient était exigé, voir par exemple Cl. BERGOIGNAN-ESPER et P. SARGOS, *Les grands arrêts du droit de la santé*, Dalloz, coll. « Grands arrêts », 2010, 603 p., pp. 7-8 et les références citées.

[948] Avec notamment l'arrêt *Teyssier* de la Cour de cassation du 28 janv. 1942 : *DC.*, 1942, juris., p. 63. La Cour affirme que « comme tout chirurgien, le chirurgien d'un service hospitalier est tenu, sauf cas de force majeure, d'obtenir le consentement du malade avant de pratiquer une opération », cette obligation étant imposée « par le respect de la personne humaine ». De manière plus générale, voir par exemple S. HENNETTE-VAUCHEZ, *Droit de la bioéthique*, *op. cit.*, pp. 31-34 ou encore A. LECA et C. BERLAND-BENHAIM, « Le consentement aux soins, replacé dans une perspective historique », *op. cit.*, pp. 24-30, avec notamment, p. 23, des éléments sur les Etats-Unis et, p. 24, des développements consacrés à l'Allemagne d'avant et d'après-guerre.

[949] CCNE, *Refus de traitement et autonomie de la personne*, Avis n°87, *op. cit.*, p. 38.

[950] L. PORTES, *A la recherche d'une éthique médicale*, *op. cit.*, p. 158. Et l'auteur continue, p. 159 : « je dirais qu'il [le patient] n'est qu'un jouet, à peu près complètement aveugle, très douloureux et essentiellement passif ; qu'il n'a qu'une connaissance objective très imparfaite de lui-même ; que son affectivité est dominée par l'émotivité ou par la douleur et que sa volonté ne repose sur rien de solide ».

[951] L. PORTES, *A la recherche d'une éthique médicale*, *op. cit.*, p. 166.

[952] *Ibid.*, p. 170.

368. De telles phrases ont sans aucun doute permis à certains de voir dans le consentement du patient une notion récente, en prenant pour point de départ l'évolution postérieure à la pensée de Louis PORTES. Mais, au-delà du fait même que cela laisse de côté vingt-cinq siècles d'histoire, une lecture complète de ses travaux vient tempérer les conclusions que l'on peut tirer de ses écrits[953]. Car Louis PORTES affirme aussi qu' « il est bien certain que le médecin n'a pas coutume d'"imposer" – au sens rigoureux du terme – à son patient, une thérapeutique que ce dernier refuse nettement »[954], notant ainsi le rôle du consentement à l'époque. De même, lorsqu'il indique « que l'égalité des forces en l'espèce n'existe guère et que, sauf exception, le consentement du malade n'est ni libre ni éclairé »[955], il ne remet pas en cause le consentement, mais bien plutôt les qualités réelles que celui-ci revêt, affirmant par là même son existence. Plus fondamentalement encore, il affirme de manière dénuée de toute ambiguïté que « le consentement [est] la clef de voûte de notre jurisprudence »[956], attendu que celle-ci « a toujours considéré qu'un individu était libre de refuser toute intervention, même salvatrice »[957]. Il semble donc que l'auteur cherche à renforcer le pouvoir du médecin en prenant en compte la faiblesse du malade. Mais de là à affirmer qu'il nie au patient tout pouvoir de consentement, il y a un pas qu'il semble difficile de franchir sans trahir sa pensée.

369. C'est d'ailleurs un ensemble impressionnant de jurisprudences, de textes internationaux mais aussi nationaux qui, des années cinquante à aujourd'hui, affirment explicitement la nécessité du consentement en droit médical[958].

---

953 De la même manière, de nombreux auteurs notent encore aujourd'hui, comme L. PORTES, que le consentement est très relatif chez un malade. Ce n'est par pour autant qu'ils le nient. S. HENNETTE-VAUCHEZ cite un chercheur qui « établit ainsi dans son enquête qu'on ne "rencontre" jamais vraiment de "consentement éclairé" mais bien plutôt des "consentements résignés" : *Le droit de la bioéthique*, *op. cit.*, p. 45. Ainsi, « dans le domaine de la santé humaine, on ne sait jamais ce à quoi au juste on consent : consentir c'est étymologiquement "reprendre à son compte les arguments qu'un autre a fait valoir" et le médecin lui-même ignore les résultats des moyens qu'il va utiliser » en sorte que « la relation soigné-soignant est fondamentalement une relation d'inégalité ». Voir respectivement : A. LECA et C. BERLAND-BENHAIM, « Le consentement aux soins, replacé dans une perspective historique », *op. cit.*, p. 34 et Ph. JEAMMET, M. REYNAUD et S.-M. CONSOLI, *Psychologie médicale*, Paris, Masson, 2ème éd., 1996, 394 p., p. 340.

954 L. PORTES, *A la recherche d'une éthique médicale*, *op. cit.*, p. 166.

955 *Ibid.*, p. 172.

956 *Ibid.*, p. 173.

957 *Ibid.*, p. 175.

958 Pour des références sur ce point qui ne pose pas de difficulté particulière, voir notamment les indications données par A. LECA et C. BERLAND-BENHAIM, « Le consentement aux soins, replacé dans une perspective historique », *op. cit.*, pp. 27-34 et en ce qui concerne plus particulièrement le juge administratif, voir les exemples donnés par L. PELTIER, *Le*

370. De ces différentes influences, grecque, juive, chrétienne, humaniste, autonomiste, il résulte aujourd'hui une unanimité[959], consacrée juridiquement : le consentement du patient, exprimant sa liberté, est aujourd'hui un point cardinal du droit médical.

2. Une liberté aujourd'hui amplement consacrée

371. Les influences précédemment mentionnées ont amené le législateur à introduire dans le Code civil, en 1994, l'article 16-3 qui énonce qu' « il ne peut être porté atteinte à l'intégrité du corps humain qu'en cas de nécessité médicale pour la personne ou à titre exceptionnel dans l'intérêt thérapeutique d'autrui. Le consentement de l'intéressé doit être recueilli préalablement hors le cas où son état rend nécessaire une intervention thérapeutique à laquelle il n'est pas à même de consentir »[960]. Si l'article L. 1111-4 du Code de la santé publique[961] énonce également qu' « aucun acte médical ni aucun traitement ne peut être pratiqué sans le consentement libre et éclairé de la personne et ce consentement peut être retiré à tout moment », il indique aussi, mettant explicitement en avant la liberté du patient, que « toute personne prend, avec le professionnel de santé et compte tenu des informations et des préconisations qu'il lui fournit, les décisions concernant sa santé ».

372. Ces deux articles n'opèrent pas de distinction entre le droit médical « privé » et le droit hospitalier[962]. Ils ont donc vocation à régir l'ensemble

---

consentement du patient à l'acte médical, Thèse, Aix-Marseille III, 1991, 363 p., pp. 31-34. Voir aussi, pour un article plus ancien, J. MONTADOR, « Le défaut de consentement et la responsabilité des services publics hospitaliers », *op. cit.*

[959] C. JONAS peut ainsi noter, à propos de l'exigence de consentement qu'il ne s'élève « nulle voix discordante dans la doctrine à l'heure actuelle » et O. GUILLOD qu' « à travers toute l'Europe, le consentement est devenu la clé de voûte de la relation médecin-patient ». Voir respectivement *L'opposition de la personne à l'acte médical*, Thèse, Tours, 1993, 586 p., p. 18, et « Introduction. Le consentement dans tous ses états », dans Association française de droit de la santé, *Consentement et santé*, *op. cit.*, pp. 1-15, p. 1. R. SAVATIER, J.-M. AUBY, J. SAVATIER et H. PEQUIGNOT indiquaient déjà qu'il s'agissait d'une règle « universellement reconnue » : *Traité de droit médical*, Librairies techniques, 1956, 574 p., p. 224.

[960] Voir l'article 3 de la loi n°94-653 du 29 juill. 1994 *relative au respect du corps humain*, *JORF*, 30 juill. 1994, p. 11056. La rédaction actuelle est due à l'article 9 de la loi n°2004-800 du 6 août 2004 *relative à la bioéthique*, *JORF*, 7 août 2004, p. 14040.

[961] Cet article résulte de l'article 11 de la loi n°2002-303 du 4 mars 2002 *relative aux droits des malades et à la qualité du système de santé*, *JORF*, 5 mars 2002, p. 4118. La rédaction du texte actuel est due à l'article 3 de la loi n°2005-370 du 22 avr. 2005 *relative aux droits des malades et à la fin de vie*, *JORF*, 23 avr. 2005, p. 7089, rectificatif, *JORF*, 20 mai 2005, p. 8732.

[962] Pour des rapprochements explicites de la médecine privée avec la médecine hospitalière avant l'introduction de ces articles en droit positif, voir notamment J.-M. AUBY, « Les

des rapports médecin-malade[963]. Dès lors, c'est la totalité du secteur hospitalier qui est amené à reconnaître la liberté du patient pour tous les actes de diagnostic et de soins. La loi dite *Kouchner* du 4 mars 2002 a en effet voulu rééquilibrer la relation médicale en réduisant la volonté du médecin et en valorisant celle du patient. La loi comporte ainsi de manière très révélatrice un titre II relatif à la « Démocratie sanitaire »[964]. Si le chapitre III de ce titre est lui-même relatif à la « participation des usagers au fonctionnement du système de santé », le législateur n'a pas entendu en rester à cet aspect classique de la démocratie et consacre[965], dans le Code de la santé publique, un chapitre à l' « information des usagers du système de santé et [l'] expression de leur volonté ». Ce chapitre s'attache ainsi à la volonté, non plus collective mais individuelle, des usagers du système de santé[966]. L'article L. 1111-4 consacre ainsi la « codécision »[967], c'est-à-dire

---

relations entre le médecin et le malade dans l'hospitalisation publique », dans *Les activités et les biens de l'entreprise. Mélanges offerts à Jean Derruppé*, Litec, 1991, 437 p., pp. 171-182 et R. NERSON, « Le respect par le médecin de la volonté du malade », *op. cit.*

963 Le Conseil d'Etat note ainsi, sans distinguer médecine privée et médecine publique et à la suite de G. NICOLAS, que le respect du consentement est la « pièce maîtresse de la relation médecin-malade » : « Le nouveau code de déontologie », Actualité et santé publique, Revue trimestrielle du Haut Comité de la santé publique, cité dans CONSEIL D'ETAT, *Réflexions sur le droit de la santé. Rapport public 1998*, La Documentation française, 1998, 509 p., p. 297. Il s'agit par ailleurs de textes dotés d'une portée générale, mais des textes particuliers énoncent, au moins en principe, les mêmes exigences en ce qui concerne par exemple l'interruption volontaire de grossesse, le prélèvement d'organes, le prélèvement d'éléments du corps humain et la collecte de ses produits, la stérilisation à visée contraceptive, les recherches biomédicales, ou encore la procréation médicalement assistée. Voir respectivement les articles L. 2222-1, L. 1231-1, L. 1211-2, L. 2123-1, L. 1122-1-1 et L. 2141-4 du Code de la santé publique.

964 Sur cette notion, voir notamment : L. DUBOUIS, « Démocratie sanitaire et droit de la personne malade. A propos de la loi du 4 mars 2002 sur les droits des malades et la qualité du système de santé », dans *Mouvement du droit public : du droit administratif au droit constitutionnel, du droit français aux autres droits. Mélanges en l'honneur de Franck Moderne*, *op. cit.*, pp. 127-143.

965 De manière révélatrice, cette consécration est introduite dans le deuxième chapitre du titre II relatif à la démocratie sanitaire, alors que la question de la « participation des usagers au système de santé » ne constitue l'objet que du chapitre suivant.

966 Cela traduit une vérité mise en avant par G. DUMONT : « la "vertu démocratique de la représentation" tend donc à disparaître lorsqu'il s'agit de l'action concrète de l'administration, dont le lien avec les organes représentatifs est d'autant plus lointain que son domaine d'action est toujours plus étendu » : *La citoyenneté administrative*, *op. cit.*, p. 582. Dès lors, la simple représentation des administrés dans certains organes administratifs du milieu hospitalier ne saurait suffire à garantir le caractère démocratique de décisions aussi individuelles qu'un diagnostic médical ou une intervention thérapeutique.

967 Pour des références doctrinales, voir A. CATHERINE, « La codécision, entre mythe et réalité », dans Association française de droit de la santé, *Consentement et santé*, *op. cit.*,

un système de décision partagée, puisque c'est le patient qui prend, avec le professionnel de santé, la décision concernant sa santé[968]. Lors des discussions préparatoires à l'adoption de la loi, Bernard KOUCHNER indique ainsi que « le consentement ne doit plus être l'acceptation passive d'une décision prise par un autre. Il doit devenir l'expression d'une participation active du malade aux décisions qui le concernent, l'expression d'une responsabilité sur sa propre santé »[969]. Le principe de codécision est devenu la « pierre angulaire »[970] de la loi du 4 mars 2002 et constitue un véritable « outil légal de revalorisation de la volonté du patient »[971]. Les auteurs notent alors que le changement opéré a pour conséquence la pleine reconnaissance de la liberté du patient. François VIALLA indique que « ce partage de pouvoir se traduit par le rôle essentiel de la personne dans la décision de soins. Le patient, devenu agent n'est plus confiné dans une position passive, il devient un acteur à part entière et non plus à part de la décision »[972]. Le médecin propose, mais n'impose pas[973], et c'est le patient, qui en toute liberté, choisit ou non le traitement proposé[974]. Ainsi, « il ne s'agit plus simplement pour le malade de donner son assentiment mais bien plus encore de participer à la décision du professionnel de santé »[975].

373. La jurisprudence est aussi très explicite puisque le Conseil d'Etat a reconnu dès 2002 que « le droit pour le patient majeur de donner, lorsqu'il se

pp. 119-130, p. 119. Voir encore, A. LAUDE, « Le patient, nouvel acteur de santé ? », *D.*, 2007, pp. 1151-1155.

968 Le projet de loi allait d'ailleurs encore plus loin puisque son article 6 prévoyait que l'article L. 1111-3 du Code de la santé soit rédigé ainsi : « toute personne prend, compte tenu des informations et préconisations des professionnels de santé, les décisions concernant sa santé. Aucun acte médical, aucun traitement ne peut être pratiqué sans son consentement libre et éclairé. Ce consentement peut être retiré à tout moment ». Voir le projet de loi n°3258 enregistré à la Présidence de l'Assemblée nationale le 5 sept. 2001.

969 B. KOUCHNER, 2ème séance du 2 oct. 2001, *JOAN*, 3 oct. 2001, p. 5319.

970 A. CATHERINE, « La codécision, entre mythe et réalité », *op. cit.*, p. 119.

971 *Ibid.*, p. 120.

972 Fr. VIALLA, « Le principe du consentement », *op. cit.*, p. 145.

973 Voir Cl. BERGOIGNAN-ESPER et P. SARGOS, *Les grands arrêts du droit de la santé*, *op. cit.*, p. 9.

974 Jacques ROBERT indique qu'« il s'agit plutôt d'une liberté, ou mieux d'une des expressions de la liberté individuelle » : « Le corps humain et la liberté individuelle en droit français », dans *Le corps humain et le droit*, *Travaux de l'association Henri Capitant*, tome XXVI, Dalloz, 1975, pp. 463-484, p. 463.

975 CCNE, *Refus de traitement et autonomie de la personne*, Avis n°87, *op. cit.*, p. 19. Pour un point de vue semblable, voir encore B. MATHIEU, « Les droits des personnes malades », *LPA*, 19 juin 2002, n°122, pp. 10-18. Cela a bien évidemment comme corollaire un devoir d'information accru de la part du professionnel. Comme le note S.-M. AGBOTON, « l'information du malade permet de garantir le plein épanouissement de l'autonomie de sa volonté » : *Information et secret médical en droit administratif*, Thèse, Paris Ouest Nanterre La Défense, 2003, 425 p., p. 49.

trouve en état de l'exprimer, son consentement à un traitement médical revêt le caractère d'une liberté fondamentale »[976] au sens de l'article L. 521-2 du Code de justice administrative[977].

374. Ce sont donc le législateur, des auteurs de doctrine et encore le juge administratif qui reconnaissent au patient la possibilité d'être véritablement acteur de sa santé, en exerçant positivement la liberté que lui confère l'exigence de consentement. Ce pouvoir est d'autant plus important qu'il ne s'exerce pas seulement à un moment donné, mais doit, en quelque sorte, être continuellement renouvelé[978]. A tout moment la personne peut le reprendre et ainsi s'opposer à l'action de l'administration.

II. Le consentement comme faculté d'opposition

375. Si le consentement de l'administré lui permet dans un grand nombre de cas d'entrer dans un nouveau rapport juridique avec l'administration, ou de modifier un rapport préexistant, il permet aussi dans certaines hypothèses de faire obstacle à l'action de l'administration. Dans de nombreux dispositifs juridiques mettant le consentement en avant, ce qui

---

976 CE, ord., 16 août 2002, *Mmes Feuillatey*, *R.*, p. 309. Voir encore, dans le même sens CE, ord., 8 sept. 2005, *Garde des sceaux c/Brunel*, n°284803. La position du juge administratif est confortée par celle de la Cour européenne des droits de l'homme. Voir notamment l'affaire « Lambert ». La Cour affirme notamment que « le patient, même hors d'état d'exprimer sa volonté, est celui dont le consentement doit rester au centre du processus décisionnel, qui en est le sujet et acteur principal » : Cour EDH, 5 juin 2015, *Lambert et a. c/France*, n°46043/14, §178.

977 Il est aussi intéressant de noter que le consentement, s'il consacre la liberté de l'administré dans un certain nombre de domaines, est aussi un instrument qui agit en faveur de l'égalité. Il avait été relevé dans le second chapitre de la première partie que le consentement était souvent exclu du droit administratif par la doctrine au motif que celui-ci serait un droit fondamentalement inégalitaire. Si cette exclusion est excessive, l'exemple du droit médical au travers de la procédure de codécision montre bien le mécanisme qui est en jeu. Lorsque le législateur souhaite introduire plus d'égalité entre le patient et le professionnel de santé, il introduit massivement la notion de consentement. S'il est dès lors exact de dire que le consentement traduit une certaine égalité, il est exagéré de prétendre que le droit administratif serait, dans toutes ses manifestations, inégalitaire. Dès lors il peut tout à fait, jusqu'à un certain point, prendre en compte le consentement de l'administré.

978 De ce point de vue, le consentement dans le domaine médical s'apparente à celui qui est nécessaire pour qu'une voie privée puisse être qualifiée d'ouverte au public. Ce consentement « continué » est le plus favorable à l'administré et consacre de la manière la plus totale sa liberté. Sur ce point en droit médical, voir notamment V. MARTENET et C. DEVAUD, « La révocation du consentement aux soins médicaux », dans *Mélanges en l'honneur de François Dessemontet*, Centre du droit de l'entreprise de l'Université de Lausanne, coll. « CEDIDAC », 2009, 444 p., pp. 265-278.

frappe avant tout c'est la possibilité qu'a l'administré de le refuser à l'administration. Il s'agit des hypothèses dans lesquelles une norme juridique prévoit que l'administration doit obtenir le consentement de l'administré. Si elle peut ainsi l'obtenir, l'administré peut aussi s'opposer à l'action des pouvoirs publics. Dans ce cas elle ne peut pas agir, du moins comme elle l'envisageait initialement[979].

376. Reprenant la démonstration développée précédemment sur l'indissociabilité du oui et du non, il serait possible d'utiliser tous les exemples déjà cités, mais cette fois-ci *a contrario*. Par exemple, si le consentement permet à l'administré de passer des conventions avec le département visant à permettre la pratique des sports de nature sur sa propriété, l'absence de consentement permettra de manière symétrique d'empêcher un tel usage[980]. Mais certains exemples sont plus emblématiques que d'autres et il convient d'examiner ces hypothèses dans lesquelles le refus de consentement est le plus visible. Il apparaît ainsi que l'administré peut, en refusant son consentement, s'opposer à l'action de l'administration dans

---

[979] Deux situations générales peuvent être distinguées dans ce cadre. Il est des hypothèses, par exemple le droit hospitalier, dans lesquelles l'administration, en principe, ne peut pas agir sans le consentement de l'administré. Parfois au contraire, l'absence de consentement de ce dernier ne permettra de s'opposer qu'à une procédure particulière de l'administration, celle-ci ayant alors la possibilité de recourir à d'autres mécanismes qui lui permettront, éventuellement et sous conditions, de faire primer l'intérêt général sur la volonté de l'administré. L'exemple de l'expropriation peut ici être pris en exemple. Si l'administré peut refuser de vendre un bien immobilier à l'administration qui envisage un équipement, celle-ci pourra tout de même, si certaines conditions sont réunies, recourir à l'expropriation afin d'acquérir le bien. V. ANTOINE développe à ce sujet le concept de « consentement contournable » : *Le consentement en procédure pénale*, *op. cit.*, pp. 114-117. Pour davantage de développements sur ces questions, *cf. infra*, chapitre premier de la troisième partie.

[980] La nécessité du consentement est alors une protection efficace pour l'administré. On retrouve d'ailleurs la même idée en ce qui concerne un certain nombre d'agents publics qui ne peuvent pas recevoir d'affectation, même en avancement, sans leur consentement. Cela les protège de manière très forte, puisque l'exigence d'un tel consentement est la traduction concrète du principe d'inamovibilité. L'article 4 de l'ordonnance n°58-1270 du 22 décembre 1958 *portant loi organique relative au statut de la magistrature*, *JORF*, 23 déc. 1958, p. 11551, établit ce lien en indiquant que « les magistrats du siège sont inamovibles. *En conséquence*, le magistrat du siège ne peut recevoir, sans son consentement, une affectation nouvelle, même en avancement ». Nous soulignons. Pour une exigence de consentements similaires, voir par exemple les articles L. 231-3 du Code de justice administrative et L. 212-8 du Code des juridictions financières. De manière proche, l'article 5 du décret n°58-351 du 2 avr. 1958 *portant règlement d'administration publique pour l'application de la loi n°57-871 du 1er août 1957 relative à l'affectation ou au détachement de certains fonctionnaires de l'Etat hors du territoire européen de la France*, *JORF*, 5 avr. 1958, p. 3335, prévoit que « la durée de l'affectation ou du détachement ne peut excéder deux ans sans le consentement de l'intéressé ». Un éventuel refus de consentement permet donc à l'agent de s'opposer à une affectation qu'il jugerait trop longue.

deux types de cas principaux[981]. D'une part, dans un certain nombre de domaines liés aux droits fondamentaux en général (A) et d'autre part dans le domaine particulier des droits de la personnalité (B).

A. Le consentement et les droits fondamentaux

377. Le droit administratif contemporain est marqué par une fondamentalisation importante, qu'il s'agisse de droits reconnus aux administrés par la Constitution ou par des normes internationales. Parmi ces droits, certains font implicitement référence à la volonté de l'administré. La nécessité du consentement permet alors à l'administré de s'opposer à l'action de l'administration[982]. Parce qu'ils comptent parmi les libertés les plus importantes, deux domaines méritent une attention particulière : la question de la propriété (1) et la question de l'inviolabilité du domicile (2).

1. Consentement et droit de propriété

378. Protégé par les articles 2 et 17 de la Déclaration des droits de l'homme et du citoyen[983] et par de nombreux textes internationaux[984], le droit

---

[981] L'hypothèse particulière du refus de soins met particulièrement en lumière la nécessité du consentement. Comme l'indique C. JONAS, c'est la faculté d'opposition « qui révèle qu'en principe ce consentement est nécessaire » : *L'opposition de la personne à l'acte médical*, *op. cit.*, p. 3. Sur cette question, voir *infra*, n°613.

[982] Il convient de noter qu'un mécanisme similaire pourrait être étudié, celui dans lequel l'échange de consentements a lieu entre administrés, tout en étant impérativement pris compte par l'administration. Tel est par exemple le cas en droit de l'urbanisme, pour certains permis de construire. Lorsque la construction envisagée prend appui sur un mur mitoyen, ou présumé tel en vertu de l'article 653 du Code civil, l'autorité administrative, si celle-ci est informée de l'existence du mur séparatif, est tenue « d'exiger la production par le pétitionnaire soit d'un document établissant qu'il est le seul propriétaire de ce mur, soit du consentement de l'autre copropriétaire » : CE, 15 mai 2013, *Sté civile de construction et de vente "Le Clos de Bonne Brise"*, n°341235. En revanche, il n'en est plus de même en ce qui concerne une autorisation de travaux qui modifieraient les parties communes ou l'aspect extérieur d'une copropriété. Voir par exemple CE, 15 fév. 2012, *Mme Quennesson*, n°333631. Bien que ces hypothèses puissent intéresser le droit administratif, elles ne seront pas spécifiquement étudiées dans cette thèse.

[983] Aux termes desquels, respectivement : « le but de toute association politique est la conservation des droits naturels et imprescriptibles de l'homme. Ces droits sont la liberté, la propriété, la sûreté et la résistance à l'oppression » et « la propriété étant un droit inviolable et sacré, nul ne peut en être privé, si ce n'est lorsque la nécessité publique, légalement constatée, l'exige évidemment, et sous la condition d'une juste et préalable indemnité ». Sur le droit de propriété envisagé sous l'angle, non du droit privé, mais des libertés publiques, c'est-à-dire dans ses rapports avec la puissance publique, voir par exemple R. LETTERON, *Libertés*

de propriété compte historiquement parmi les droits fondamentaux les plus importants dans notre système libéral. Il n'est dès lors pas surprenant que le droit administratif prenne en compte en ce domaine, dans une certaine mesure, le consentement de l'administré. S'il est indéniable que l'intérêt général peut prévaloir sur le droit de propriété, comme c'est notamment le cas dans la procédure d'expropriation pour cause d'utilité publique par exemple, il n'en est pas toujours ainsi[985].

379. Les recherches ou l'exploitation de mines ou de carrières qui peuvent être entreprises sur ou sous la propriété d'un particulier en sont un bon exemple. Si l'Etat peut dans certains cas autoriser des tiers à procéder à de telles recherches en l'absence même du consentement du propriétaire du terrain sur lequel ont lieu les recherches ou l'exploitation[986], d'autres

---

publiques, Dalloz, coll. « Précis. Droit public, science politique », 9ème éd., 2012, 613 p., qui consacre un chapitre entier au droit de propriété, pp. 279-297.

[984] Notamment le premier protocole additionnel de la Convention européenne des droits de l'homme dont l'article 1er, même s'il ne vise pas explicitement le droit de propriété, déclare que « toute personne physique ou morale a droit au respect de ses biens ».

[985] Le droit se devant de concilier au mieux les différents impératifs parfois contradictoires que sont l'intérêt général et le droit de propriété. Si l'intérêt général prime par principe les intérêts particuliers, il n'autorise pas tout. Pour la recherche d'une telle conciliation, voir par exemple CC, 31 juill. 2003, décision n°2003-480 DC *loi modifiant la loi n°2001-44 du 17 janvier 2001 relative à l'archéologie préventive*, cons. n°6 : « considérant qu'en raison de leur durée, de leur objet et des possibilités d'intervention de l'Etat postérieurement à leur échéance, les délais prévus par la loi déférée, qui, pour la plupart d'entre eux, figuraient déjà dans la réglementation prise en application de la législation antérieure, ne portent pas atteinte à la continuité des missions d'archéologie préventive ; qu'au demeurant, ils tendent à concilier l'intérêt général qui s'attache à la préservation du patrimoine archéologique avec des principes constitutionnels tels que le droit de propriété et la liberté d'entreprendre, ainsi qu'avec d'autres objectifs d'intérêt général tels que le développement économique et l'aménagement du territoire ».

[986] Le régime des mines et des carrières est en effet très favorable à l'exploitation de celles-ci, exploitation qui constitue un intérêt économique majeur qui vise, comme l'indique l'article L. 321-1 du Nouveau code minier, à « satisfaire les besoins des consommateurs, l'intérêt économique national ou régional ». Ainsi, l'article L. 121-1 du Nouveau code minier prévoit qu'à défaut du consentement du propriétaire de la surface, les travaux de recherches pour découvrir des mines peuvent avoir lieu « avec l'autorisation de l'autorité administrative compétente, après que le propriétaire a été invité à présenter ses observations et dans des conditions fixées par décret en Conseil d'Etat ». Il existe également un dispositif semblable en ce qui concerne les carrières. L'article L. 322-1 prévoit que « dans les zones instituées en application de l'article L. 321-1, peuvent être accordées des autorisations de recherches à défaut du consentement du propriétaire du sol ». Il s'agit en effet de « favoriser la recherche et l'exploitation de gisements inexplorés ou volontairement stérilisés par leur propriétaire, en autorisant leur exploitation en l'absence même de consentement du propriétaire » : J.-N. CLEMENT, « Carrières et environnement », *Jcl. Environnement et Développement durable*, fasc. n°4018, 2010, n°31. Dans ce cas, le titulaire de l'autorisation peut pénétrer sur le terrain en question et y effectuer les travaux nécessaires à l'exploitation. Voir encore J.-N. CLEMENT, « Carrière et environnement », *Jcl. adm.*, fasc. n°373, 2010, spéc. n°28-34.

opérations ne sauraient s'en passer. En posant la condition du consentement, les textes donnent alors au propriétaire les moyens de faire respecter son droit de propriété. Il peut autoriser l'atteinte à sa propriété comme il peut l'empêcher, selon qu'il donne ou refuse son consentement.

380. Le consentement du propriétaire protège ainsi tout particulièrement certaines parties de sa propriété. L'article L. 153-1 du Nouveau code minier établit ainsi que « nul droit de recherches ou d'exploitation de mine ne vaut, sans le consentement du propriétaire de la surface, autorisation de faire des sondages, d'ouvrir des puits ou galeries, ni d'établir des machines, ateliers ou magasins dans les enclos murés, les cours et les jardins ». L'article L. 153-2 du même code dispose quant à lui que « les puits, sondages de plus de cent mètres et les galeries ne peuvent être ouverts dans un rayon de cinquante mètres des habitations et des terrains compris dans les clôtures murées et y attenantes, sans le consentement des propriétaires de ces habitations ». Le propriétaire peut donc, alors même qu'une autorisation de recherches ou d'exploitation aurait été accordée par l'administration sans son consentement, s'opposer à ce que les travaux touchent certaines parties de sa propriété. Cette faculté est d'ailleurs protégée pénalement, puisque l'article L. 512-5 du Nouveau code minier punit d'un an d'emprisonnement et d'une amende de 15000 euros le fait « de réaliser des travaux de recherches ou d'exploitation de mines, effectuer des sondages, ouvrir des puits ou des galeries, établir des machines, ateliers ou magasins dans les enclos murés, les cours et les jardins, sans le consentement du propriétaire de la surface dans les conditions prévues par l'article L. 153-1 ».

381. Le Code du patrimoine prévoit logiquement un mécanisme similaire en ce qui concerne l'archéologie. Quand bien même la nécessité de diagnostic ou de fouilles serait déclarée d'utilité publique, le propriétaire peut encore s'opposer, non pas à toutes les fouilles, l'intérêt général primant le droit de propriété[987], mais aux fouilles qui auraient lieu sur « des terrains attenant à des immeubles bâtis et clos de murs ou de clôtures

[987] L'article L. 531-9 prévoit en effet que « l'Etat est autorisé à procéder d'office à l'exécution de fouilles ou de sondages pouvant intéresser la préhistoire, l'histoire, l'art ou l'archéologie sur les terrains ne lui appartenant pas ». Dans ce cas, le même article prévoit que « l'exécution des fouilles ou sondages est déclarée d'utilité publique par décision de l'autorité administrative, qui autorise l'occupation temporaire des terrains ». Il est intéressant de relever à cette occasion que, contrairement à d'autres circonstances telles que les réquisitions, la légalité d'un arrêté d'occupation temporaire n'est pas subordonnée à la recherche préalable du consentement du propriétaire. Voir par exemple CE, 11 mai 1953, *Cts Gandon*, *R.*, p. 220. Pour un exemple de recherche du consentement comme préalable obligatoire à la légalité d'un acte administratif, *cf. infra*, note n°2018.

équivalentes »[988]. Cette restriction protège, tout particulièrement d'ailleurs dans les zones urbanisées, le propriétaire, la faculté d'opposition ne dépendant que de lui. Et s'il faut reconnaître que cette opposition n'est pas en soi absolue, l'Etat conservant toujours la capacité d'exproprier, y compris les « terrains attenant à des immeubles bâtis et clos de murs »[989], elle l'est dans les hypothèses où l'utilité publique des fouilles ne serait pas avérée[990].

382. Ce qui vaut pour la propriété vaut *a fortiori* pour ce qui concerne le respect de la vie privée.

2. Consentement et inviolabilité du domicile

383. Jean RIVERO définit la vie privée comme la « sphère de chaque existence dans laquelle nul ne peut s'immiscer sans y être convié »[991]. Cette définition met en exergue le rôle de la volonté de la personne qu'il s'agit de protéger, car la personne qui peut convier les autres à s'immiscer dans la « sphère de chaque existence » est bien le titulaire du droit lui-même.

384. Les droits liés à la vie privée sont extrêmement nombreux[992]. Certains sont directement en rapport avec la puissance publique[993] comme c'est notamment le cas de l'inviolabilité du domicile. Or, il est fréquent que des agents de l'administration souhaitent se rendre au domicile de certains administrés, afin par exemple d'y effectuer des contrôles. Si cette faculté leur est parfois accordée par le droit positif indépendamment de tout consentement[994], ce n'est pas toujours le cas, et les hypothèses sont nombreuses où les agents ne peuvent pas pénétrer dans des locaux privés

---

[988] Article L. 531-9 al. 1 du Code du patrimoine. La rédaction de cet article est intéressante en ce qu'elle protège explicitement certaines parties de la propriété : « l'Etat est autorisé à procéder d'office à l'exécution de fouilles ou de sondages pouvant intéresser la préhistoire, l'histoire, l'art ou l'archéologie sur les terrains ne lui appartenant pas, *à l'exception toutefois* des terrains attenant à des immeubles bâtis et clos de murs ou de clôtures équivalentes ». Nous soulignons.

[989] CE, 24 fév. 1950, *Dame de Blégier*, *R.*, p. 123.

[990] Pour un exemple dans lequel le juge administratif contrôle l'utilité publique d'expropriation à des fins archéologiques, voir CE, 10 juill. 1987, *Lutz*, n°79144. Sur la question générale de l'archéologie, voir notamment C. SAUJOT, *Le droit français de l'archéologie*, *op. cit.*, pp. 53-61 et la jurisprudence citée.

[991] J. RIVERO, *Les libertés publiques*, tome 2, *Le régime des principales libertés*, PUF, coll. « Thémis droit public », 5ème éd., 1996, 417 p., p. 76.

[992] Voir par exemple dans P. WACHSMANN, *Libertés publiques*, Dalloz, coll. « Cours Dalloz », 7ème éd., 2013, 807 p., le chapitre intitulé « Le droit au respect de la vie privée », pp. 573-616.

[993] Justifiant ainsi qu'ils soient étudiés dans des ouvrages de libertés publiques.

[994] Tel est par exemple le cas des perquisitions dont il est question aux articles 56 et suivants du Code de procédure pénale.

sans le consentement de leurs occupants. Ceux-ci peuvent alors bénéficier de l'exigence posée par la norme et s'opposer ainsi à la visite en question. Plusieurs mécanismes peuvent ainsi être relevés qui traduisent la prise en compte de la faculté d'opposition que possède l'administré. La similarité de ces dispositifs est logique dans la mesure où ces visites domiciliaires de l'administration ont un même but générique, le contrôle des administrés ou de leurs activités, et se heurte à un même droit, l'inviolabilité du domicile.

385. Le premier exemple qui peut être relevé concerne l'entrée d'un étranger sur le territoire national[995]. L'article L. 211-1 du Code de l'entrée et du séjour des étrangers et du droit d'asile énonce notamment que « pour entrer en France, tout étranger doit être muni : 1° Des documents et visas exigés par les conventions internationales et les règlements en vigueur ; 2° Sous réserve des conventions internationales, du justificatif d'hébergement prévu à l'article L. 211-3 ». Ce dernier article dispose que « tout étranger qui déclare vouloir séjourner en France pour une durée n'excédant pas trois mois dans le cadre d'une visite familiale ou privée doit présenter un justificatif d'hébergement. Ce justificatif prend la forme d'une attestation d'accueil signée par la personne qui se propose d'assurer le logement de l'étranger, ou son représentant légal, et validée par l'autorité administrative ». Or, le maire peut refuser de valider l'attestation d'accueil s'il « ressort, soit de la teneur de l'attestation et des pièces justificatives présentées, soit de la vérification effectuée au domicile de l'hébergeant, que l'étranger ne peut être accueilli dans des conditions normales de logement »[996]. L'autorité administrative peut donc procéder à une vérification en se rendant au domicile de l'hébergeant, comme le prévoit l'article L. 211-6 : « à la demande du maire, des agents spécialement habilités des services de la commune chargés des affaires sociales ou du logement ou l'Office français de l'immigration et de l'intégration peuvent procéder à des vérifications sur place. Les agents qui sont habilités à procéder à ces vérifications ne peuvent pénétrer chez l'hébergeant qu'après s'être assurés du consentement, donné par écrit, de celui-ci »[997].

---

[995] Sans doute serait-il intéressant d'évoquer la question des contrôles auxquels procèdent les agents de l'administration fiscale aux domiciles des contribuables qui ont déclaré ne pas disposer de téléviseur. Ni le Code général des impôts ni le Livre des procédures fiscales ne semblent envisager un quelconque droit de visite. Seul le consentement du contribuable permet alors à l'agent d'effectuer son contrôle, sans que l'administration puisse y procéder d'une autre manière.

[996] Article L. 211-5 du Code de l'entrée et du séjour des étrangers et du droit d'asile.

[997] Le même article prévoyant, *in fine*, qu' « en cas de refus de l'hébergeant, les conditions d'un accueil dans des conditions normales de logement sont réputées non remplies ». Un mécanisme similaire existe en ce qui concerne le regroupement familial. Aux termes de l'article L. 411-5 du Code de l'entrée et du séjour des étrangers et du droit d'asile, le

386. Un autre exemple concerne la loi n°78-17 du 6 janvier 1978 *relative à l'informatique, aux fichiers et aux libertés*[998] qui prévoit un mécanisme similaire. L'article 44 de la loi énonce que « les membres de la Commission nationale de l'informatique et des libertés ainsi que les agents de ses services habilités dans les conditions définies au dernier alinéa de l'article 19 ont accès, de 6 heures à 21 heures, pour l'exercice de leurs missions, aux lieux, locaux, enceintes, installations ou établissements servant à la mise en œuvre d'un traitement de données à caractère personnel et qui sont à usage professionnel, à l'exclusion des parties de ceux-ci affectées au domicile privé [...]. Le responsable de locaux professionnels privés est informé de son droit d'opposition à la visite »[999]. L'administré peut donc décider de refuser cette visite en ne donnant pas son consentement à l'administration[1000]. Il sauvegarde de la sorte un élément essentiel de sa vie privée[1001].

---

regroupement familial peut être refusé notamment si « le demandeur ne dispose pas ou ne disposera pas à la date d'arrivée de sa famille en France d'un logement considéré comme normal pour une famille comparable vivant dans la même région géographique ». Pour procéder à la vérification de cette condition de logement, « le maire examine les pièces justificatives requises dont la liste est déterminée par décret. Des agents spécialement habilités des services de la commune chargés des affaires sociales ou du logement, ou, à la demande du maire, des agents de l'Office français de l'immigration et de l'intégration peuvent pénétrer dans le logement. Ils doivent s'assurer au préalable du consentement écrit de son occupant » : article L. 421-2 du même code. Il est à noter que le même article prévoit que les conséquences d'un refus sont les mêmes qu'en ce qui concerne l'admission sur le territoire français : « en cas de refus de l'occupant, les conditions de logement permettant le regroupement familial sont réputées non remplies ».

[998] *JORF*, 7 janv. 1978, p. 227.

[999] Il existe cependant un moyen de contourner ce droit d'opposition, comme le prévoit la fin de ce même article : « lorsqu'il exerce ce droit, la visite ne peut se dérouler qu'après l'autorisation du juge des libertés et de la détention du tribunal de grande instance dans le ressort duquel sont situés les locaux à visiter, qui statue dans des conditions fixées par décret en Conseil d'Etat. Toutefois, lorsque l'urgence, la gravité des faits à l'origine du contrôle ou le risque de destruction ou de dissimulation de documents le justifie, la visite peut avoir lieu sans que le responsable des locaux en ait été informé, sur autorisation préalable du juge des libertés et de la détention. Dans ce cas, le responsable des lieux ne peut s'opposer à la visite ». Mais encore faut-il que le juge des libertés et de la détention autorise cette visite, ce qui semble en général être le cas, comme l'indique la CNIL dans son *Rapport d'activité 2011*, disponible à l'adresse http://www.cnil.fr/fileadmin/documents/La_CNIL/publications/Cnil-RA2011/, [6 sept. 2015], p. 71. La possibilité de faire appel au juge vient diminuer la valeur du refus d'accord dont il est question, l'opposition n'étant alors efficace que de manière temporaire.

[1000] Pour une illustration de cette possibilité, même si elle n'a pas été utilisée en l'espèce, voir CE, 27 juill. 2012, *Sté AIS 2*, n°340026. La décision dispose notamment que « si la société requérante soutient que les responsables des locaux ayant fait l'objet des contrôles sur place qui ont permis aux agents de la CNIL de constater les manquements sanctionnés par la délibération attaquée n'ont pas été informés de leur droit de s'opposer à ces visites, il ressort

B. L'exemple particulier des droits de la personnalité

387. Les droits de la personnalité sont encore un bon exemple pour mettre en valeur le rôle du consentement de l'administré[1002]. Qu'il s'agisse

des pièces du dossier que M. A, qui doit être regardé comme le responsable des lieux au sens des dispositions de la loi du 6 janvier 1978, a signé un procès-verbal de visite comportant la mention manuscrite de son accord pour ce contrôle et indiquant qu'il avait pris connaissance, avant le début des opérations, de la décision du président de la CNIL de faire procéder à une mission de vérification, de l'ordre de mission des agents ainsi que des dispositions de l'article 44 de la loi du 6 janvier 1978 ; qu'ainsi, dans les circonstances de l'espèce, M. A, dont la qualité de responsable des locaux n'est pas contestée, doit être regardé comme ayant été complément [sic] informé de son droit de s'opposer à ce contrôle tel qu'il découle de l'article 44 ». La Haute juridiction écarte alors le moyen tiré de la violation des stipulations de l'article 8 de la convention européenne de sauvegarde des droits de l'homme et des libertés fondamentales, ainsi que des dispositions des articles 19 et 44 de la loi du 6 janvier 1978.

[1001] Des développements similaires pourraient être faits au sujet de la fouille des bagages, qui est assimilée à une perquisition. De nombreux dispositifs juridiques prévoient qu'une telle fouille n'est pas toujours possible et ont alors recours à la notion de consentement. C'est notamment le cas en ce qui concerne certains agents qui n'ont pas la qualité d'officier de police judiciaire. L'article L. 511-1 du Code de la sécurité intérieure dispose ainsi en son dernier alinéa que les policiers municipaux, affectés sur décision du maire à la sécurité de certaines manifestations sportives, récréatives ou culturelles « peuvent procéder à l'inspection visuelle des bagages à main et, avec le consentement de leur propriétaire, à leur fouille ». De même, l'article L. 613-2 du même code accorde des prérogatives identiques aux personnes privées ayant pour mission la surveillance ou le gardiennage de biens meubles ou immeubles ainsi que la sécurité des personnes se trouvant dans ces immeubles. Selon l'article L. 531-1, les agents de la ville de Paris chargés d'un service de police, agréés par le procureur de la République et assermentés, peuvent eux aussi, s'ils sont affectés sur décision du maire à la sécurité de certaines manifestations sportives, récréatives ou culturelles, faire de même. Enfin, le Code des transports, en son article L. 5332-6, permet à certaines personnes privées, sous le contrôle d'un officier de police judiciaire ou d'un agent des douanes de « procéder à la visite des navires, à l'exception des parties à usage exclusif d'habitation et des locaux syndicaux, ainsi que des personnes, des bagages, des colis, des marchandises et des véhicules pénétrant ou se trouvant dans les zones d'accès restreint ou embarqués à bord des navires se trouvant dans ces mêmes zones ». Cependant, ils ne peuvent procéder « à la fouille des bagages à main qu'avec le consentement de leur propriétaire ». Ces différents exemples, qui pourraient être multipliés, montrent bien que le consentement garantit indéniablement, lorsqu'il est reconnu par le droit positif, une véritable liberté à l'administré qui peut alors s'opposer à l'action de l'administration.

[1002] Ce ne sont cependant pas nécessairement les questions les plus traitées par le juge administratif. E. GLASER note ainsi, à propos d'une décision touchant au respect du droit d'auteur et au droit à la vie privée, qu'elle « aborde des questions très rares dans la jurisprudence du Conseil d'Etat » : « Atteinte au droit à l'image et compétence du juge administratif », *RLCT*, n°69, juin 2011, pp. 27-28, p. 27. Il convient cependant de noter que l'évolution actuelle du droit administratif tend sans doute à rendre ces questions de plus en plus fréquentes. Sur ce point, voir notamment B. WARUSFEL, « L'émergence d'un droit public de la propriété intellectuelle », dans M. CONAN et B. THOMAS-TUAL, *Les* du droit à l'image, qui fut historiquement le premier droit de la personnalité protégé par les juridictions[1003] (1), ou du prolongement de la personnalité que constitue la propriété littéraire et artistique (2), l'administré peut facilement manifester dans ces domaines son opposition à l'action de l'administration.

1. Consentement et droit à l'image

388. S'il s'agit classiquement d'une question étudiée en droit privé[1004], le droit administratif n'est pas pour autant indifférent au droit à l'image[1005]. Le juge administratif affirme en effet que « la protection de la vie privée ne relève pas, par nature, de la compétence exclusive des juridictions judiciaires ; qu'en conséquence et en l'absence de dispositions législatives contraires, les demandes indemnitaires à raison des atteintes au droit à l'image, lequel est une composante du droit au respect de la vie privée, commises par une personne publique dans l'exercice d'un service public administratif relèvent de la compétence du juge administratif »[1006].

---

transformations du droit public. Actes de la journée d'études organisée le 20 juin 2008 à Brest, La Mémoire du droit, 2010, 302 p., pp. 161-212 et les références citées.

[1003] Sur cette affirmation, voir J.-Chr. SAINT-PAU (dir.), *Droits de la personnalité*, LexisNexis, coll. « Traités », 2013, 1409 p., p. 749. Après avoir cité l'affaire *Rachel* du 16 juin 1858, l'auteur indique, p. 751, que « l'image d'une personne n'est pas un bien, mais représente la personnalité de son titulaire : il s'agit donc d'un droit de la personnalité ».

[1004] Comme le note G. LECUYER, « il est rarement offert au juge administratif de se prononcer sur les atteintes aux droits de la personnalité » : « Les droits de la personnalité au Palais-Royal », *D.*, 2011, pp. 1945-1950, p. 1945. Un commissaire du gouvernement indiquait aux membres de la formation de jugement que « la mise en cause d'une atteinte au droit à l'image protégée par l'article 9 du Code civil n'est pas une question à laquelle vous êtes fréquemment confrontés » : S. DEWAILLY, « Une commune ne peut pas utiliser l'image d'une enfant sans le consentement de ses parents », *AJDA*, 2005, pp. 1853-1856, p. 1854 , concl. sur TA, Melun, 26 mai 2005, *Mlle A.*, *AJDA*, 2005, p. 1856. De manière générale, voir encore A. ROUX, *La protection de la vie privée dans les rapports entre l'Etat et les particuliers*, Economica, coll. « Droit public positif », 1983, 279 p.

[1005] Sans doute en serait-il de même en ce qui concerne le droit à la voix, qui n'est autre qu' « une sorte d'image sonore » et constitue à ce titre un droit de la personnalité : TGI, Paris, 19 mai 1982, *Maria Callas*, *D.*, 1983, II, p. 147. La question est rarement abordée en droit privé et semble l'être beaucoup moins ou même pas du tout en droit administratif, si ce n'est éventuellement par sa reconnaissance implicite par l'article 41 de la loi n°2009-1436 du 24 nov. 2009 *pénitentiaire*, *JORF*, 25 nov. 2009, texte 1/98, qui dispose en son alinéa premier que « les personnes détenues doivent consentir par écrit à la diffusion ou à l'utilisation de leur image ou de leur voix lorsque cette diffusion ou cette utilisation est de nature à permettre leur identification ».

[1006] CE, 27 avr. 2011, *Cts Fédida*, n°314577. Dans cette décision, la Haute juridiction administrative s'est encore reconnue compétente, contrairement à ce qu'avait jugé la cour administrative d'appel, pour adresser des injonctions visant à faire cesser l'atteinte au droit à

389. Saisi d'éventuels litiges[1007], le juge administratif, comme son homologue judiciaire, rattache le droit à l'image à l'article 9 du Code civil qui indique que « chacun a droit au respect de sa vie privée » [1008]. Dans ce cadre, il met en avant la volonté de l'administré en affirmant que chacun peut en principe s'opposer à la fixation et à la diffusion[1009] de son image : « toute personne dispose sur son image ou sur l'utilisation qui en est faite d'un droit exclusif qui lui permet de s'opposer à sa diffusion sans son autorisation laquelle doit être, sauf exception, expresse et spéciale »[1010].

---

l'image commise par les personnes publiques. Voir CAA, Nantes, 6 déc. 2007, n°07NT01119. Si cela semble nouveau, il convient de noter de manière générale que le juge administratif protège depuis longtemps « la liberté fondamentale que constitue, conformément aux prescriptions de l'article 9 du Code civil [...], le respect de la vie privée et de son intimité » : CE, 6 fév. 1980, *Confédération syndicale des familles*, n°09857.

[1007] Rendus plus nombreux en raison notamment du développement de la communication des personnes publiques, par le biais, par exemple, de sites internet ou de bulletins municipaux.

[1008] Voir, par exemple, pour un tel rattachement : Cass., Civ. 2ème, 30 juin 2004, n°02-19.599 pour le juge judiciaire et CE, 27 avr. 2011, *Cts Fédida*, n°314577 ou CAA, Nantes, 23 fév. 2012, *Mme A.*, n°10NT01752 pour le juge administratif. De manière très explicite, la cour administrative d'appel de Marseille relève qu'une société travaillant pour une commune « devaient solliciter l'autorisation de M. G...C... pour utiliser son image dans le cadre de la production du visuel, objet du contrat, alors même qu'une telle obligation ne résulterait pas des dispositions de l'article 9 du Code civil selon lequel "Chacun a droit au respect de sa vie privée" » : 26 mai 2014, n°12MA01066. De la même manière, si la Convention européenne des droits de l'homme ne consacre pas explicitement le droit à l'image, la Cour rattache le droit à l'image à l'article 8 de la Convention qui stipule notamment que « toute personne a droit au respect de sa vie privée ». Voir par exemple Cour EDH, 21 fév. 2002, *Schüssel c/Autriche*, n°42409/98.

[1009] Il en va différemment des images qui n'auraient pas pour but d'être diffusées. C'est ainsi qu'un hôpital a pu procéder, même contre le consentement de la mère, à la prise de photographies d'un nouveau-né au cours d'un accouchement afin de faire figurer ces clichés dans le dossier médical de la mère et de l'enfant, ce dossier étant par ailleurs couvert par le secret médical. Voir CAA, Nantes, 23 fév. 2012, *Mme A.*, n°10NT01752, *AJDA*, 2012, pp. 1514-1515 et le commentaire de S. DEGOMMIER, « La prise de photographies d'un nouveau-né lors de l'accouchement et le droit au respect de la vie privée », *AJDA*, 2012, pp. 1512-1514.

[1010] CAA, Douai, 24 nov. 2011, n°10DA01057. La formulation de cet arrêt est extrêmement proche de celle retenue dans certaines décisions du juge judiciaire. Voir par exemple Paris, 16 avr. 1996, JD n°1996-022230, qui énonce que « toute personne [...] a sur son image et l'utilisation qui en est faite un droit exclusif qui lui permet de s'opposer à sa diffusion, sans son autorisation expresse et spéciale ». Dans une formulation un peu moins ressemblante dans la forme, mais encore très proche sur le fond, la Cour de cassation indique qu' « en principe toute personne a sur son image un droit exclusif et absolu et peut s'opposer à sa fixation, à sa reproduction ou à son utilisation sans autorisation préalable » : Cass., Civ. 2ème, 30 juin 2004, n°02-19599. Le juge administratif admet dans certaines hypothèses que l'autorisation ne soit pas expresse, mais seulement tacite. Voir par exemple : CAA, Douai, 24 nov. 2011, n°10DA01057.

390. S'il y a bien évidemment des exceptions dans lesquelles les administrés ne peuvent pas s'opposer à la diffusion de leur image, ce droit devant être mis en balance avec d'autres tels que le droit à l'information du public ou la liberté d'expression[1011], le principe est la maîtrise par l'administré de son image[1012]. Comme le note Théo HASSLER, « le principe

---

[1011] Voir par exemple : CAA, Douai, 24 nov. 2011, n°10DA01057. La cour affirme dans un considérant de principe que le droit à l'image « doit être concilié avec la liberté d'expression » et rejette donc la violation alléguée du droit à l'image au motif que la commune n'a pas fait de sa liberté d'expression « un usage abusif ». La cour relève encore que la commune « n'a pas détourné la photographie en cause du contexte professionnel où elle a été prise et en a assuré la diffusion dans des supports en rapport direct avec la mission de service public culturel de son école des beaux-arts dans un but d'information d'établissements analogues ou de futurs élèves ». Le juge administratif doit donc, comme son homologue judiciaire, procéder à une mise en balance de différents droits, comme le prévoit d'ailleurs l'article 8§2 de la Convention européenne des droits de l'homme. Le juge administratif consacre dans cet arrêt la liberté d'expression et le droit d'information du public. Mais rien n'empêcherait *a priori* que d'autres exceptions soient appliquées par lui. Les auteurs relèvent classiquement en droit privé que le droit à l'image peut être limité par le contrôle de l'employeur, la liberté d'expression, le droit à l'information du public ou encore le droit à la preuve. Voir notamment dans Th. HASSLER, *Le droit à l'image des personnes : entre droit de la personnalité et propriété intellectuelle*, Paris et Strasbourg, LexisNexis et Université de Strasbourg, coll. « CEIPI », 2014, 229 p., p. 70-127, le chapitre consacré aux limites du droit à l'image et dans J.-Chr. SAINT-PAU (dir.), *Droits de la personnalité*, *op. cit.*, pp. 759-854, le chapitre 3 consacré aux « atteintes légitimes au droit au respect de la vie privée ». En droit administratif, peut-être que l'intérêt général, dont l'administration est la gardienne privilégiée, imposerait encore au droit à l'image d'autres limitations.

[1012] Inversement, en vertu de l'indissociabilité du oui et du non, les administrés sont aussi en principe libres de disposer, positivement, de leur droit à l'image. Un exemple particulièrement intéressant est fourni par le cas des détenus. S'ils peuvent comme les autres administrés s'opposer à la diffusion de leur image, ils peuvent au contraire, dans d'autres cas, souhaiter une telle diffusion, alors que l'administration pénitentiaire s'y opposerait. L'alinéa 2 de l'article 41 de la loi n°2009-1436 du 24 nov. 2009 *pénitentiaire*, *JORF*, 25 nov. 2009, texte 1/98, énonce en effet que « l'administration pénitentiaire peut s'opposer à la diffusion ou à l'utilisation de l'image ou de la voix d'une personne condamnée, dès lors que cette diffusion ou cette utilisation est de nature à permettre son identification et que cette restriction s'avère nécessaire à la sauvegarde de l'ordre public, à la prévention des infractions, à la protection des droits des victimes ou de ceux des tiers ainsi qu'à la réinsertion de la personne concernée. Pour les prévenus, la diffusion et l'utilisation de leur image ou de leur voix sont autorisées par l'autorité judiciaire ». Le déplacement des détenus de la maison d'arrêt pour hommes Jacques-Cartier vers le centre pénitentiaire Rennes-Vézin a été l'occasion pour le juge administratif de préciser les droits respectifs des détenus et de l'administration pénitentiaire sur l'image de ceux-ci. La société Candela Productions a obtenu de l'administration pénitentiaire l'autorisation de réaliser un documentaire sur ce déménagement et, de toutes les personnes apparaissant dans le montage, une autorisation de diffusion de leur image et de leur voix. Après le tournage, l'administration, usant de la faculté prévue dans la loi pénitentiaire, a émis des restrictions à l'exploitation de l'image des détenus en exigeant leur anonymat patronymique et physique. Le tribunal administratif, saisi d'un recours pour excès de pouvoir contre cette décision, l'annule au motif qu'il revenait au ministre non pas d'alléguer de façon est qu'il faut un consentement. L'exception, c'est le droit à l'information du public *lato sensu* ou la notoriété des éléments diffusés »[1013]. Le droit à l'image renvoie ainsi notamment « à la faculté de s'opposer à la prise de photos ou de films, ainsi qu'à leur divulgation, sans le consentement de la personne »[1014], à la condition bien entendu que les personnes soient identifiables[1015]. Le consentement, en ce qu'il permet une véritable opposition vis-à-vis de l'administration, peut alors être qualifié de « prérogative défensive »[1016].

391. La jurisprudence administrative a l'occasion de reconnaître de temps en temps cette prérogative[1017]. C'est ainsi que des parents peuvent

---

générale mais de démontrer de manière circonstanciée que le documentaire était « de nature à porter atteinte à la sauvegarde de l'ordre public, à la prévention des infractions, à la protection des droits des victimes ou de ceux des tiers ainsi qu'à la réinsertion de la personne concernée » : TA, Paris, 13 juill. 2012, *Sté Candela productions et Mme Rechard*, n°1201622, *AJDA*, 2012, p. 1436. Sur ce jugement voir notamment M. HERZOG-EVANS, « Particularités du droit à l'image des détenus », *AJPénal*, 2013, pp. 57-58 ; P. PONCELA, « Les liaisons dangereuses du droit à l'image et du droit à l'information du public », *RSC*, juill.-sept. 2012, pp. 649-659, et D. POUPEAU, « Les détenus ne perdent pas tout droit sur leur image », *AJDA*, 2012, p. 1436. Sur la question du droit à l'image des détenus, voir encore Quest. AN, n°110107, *JOAN*, 23 août 2011, p. 9196 ; Quest. AN, n°118816, *JOAN*, 15 nov. 2011, p. 12066, et Quest. AN, n°118377, *JOAN*, 20 déc. 2011, p. 13362.

[1013] Th. HASSLER, *Le droit à l'image des personnes : entre droit de la personnalité et propriété intellectuelle*, *op. cit.*, p. 127. L'auteur note encore, p. 37, que « la nécessité d'une autorisation des sujets de l'image est une exigence fondamentale » ou, p. 37, que « le consentement des sujets de l'image est requis ». Voir encore : J.-Chr. SAINT-PAU (dir.), *Droits de la personnalité*, *op. cit.* Les auteurs affirment, p. 761, qu' « au regard de l'individu, le consentement apparaît comme une condition subjective d'exercice du droit de la personnalité ».

[1014] J. FIALAIRE, E. MONDIELLI, « Le droit au respect de la vie privée », dans J. FIALAIRE, E. MONDIELLI et A. GRABOY-GROBESCO, *Libertés et droits fondamentaux*, Ellipses, coll. « Universités. Droit », 2012, 678 p., pp. 459-497, p. 487.

[1015] *Cf.* TA, Marseille, 30 oct. 2007, n°0402827 et 0502615, cité par O. GUILLAUMONT, « L'action des collectivités confrontée au respect du droit à l'image, à la vie privée et au droit d'auteur », *RLCT*, n°70, juill.-août 2011, pp. 31-35.

[1016] J.-Chr. SAINT-PAU (dir.), *Droits de la personnalité*, *op. cit.*, p. 783.

[1017] Si les décisions de justice publiées sont assez rares qui reconnaissent cette faculté d'opposition, il ne faut pas oublier deux points. D'une part, le juge administratif considère que le droit d'agir pour le respect de la vie privée s'éteint au décès de la personne concernée, seule titulaire de ce droit, et n'est pas transmis aux héritiers, ce qui vient limiter les hypothèses ou ce droit peut être invoqué. Voir par exemple CE, 27 avr. 2011, *Cts Fédida*, n°314577. D'autre part et surtout, un grand nombre de décisions de justice, qui ne reconnaissent pas en l'espèce à l'administré la possibilité de s'opposer à la diffusion de son image, consacrent cependant un tel principe par une lecture *a contrario*. De la sorte, si un mineur n'a pas pu s'opposer au fait qu'un « musée-mine » diffuse des plaquettes, illustrées par sa photographie, servant de guide aux visiteurs, c'est uniquement parce qu'en l'espèce les photographies avaient été prises à l'époque avec l'accord du requérant et « n'ont pas été détournées du contexte professionnel où elles ont été prises » . Dans cette affaire, loin de nier s'opposer à ce qu'une commune utilise, sans leur accord, l'image de leur enfant afin d'illustrer un dépliant et des affiches présentant les activités du centre aéré dans le cadre d'une communication visant à faire la promotion des différentes activités proposées aux habitants par la commune. Au visa des articles 8 de la Convention européenne des droits de l'homme et 9 du Code civil, le juge énonce que « l'exploitation sans aucune autorisation de l'image de Mlle. A. par la commune de Champigny-sur-Marne constitue une [...] atteinte au droit à l'image dont la requérante est fondée à demander réparation devant le juge administratif »[1018].

392. Le régime juridique du droit à l'image accorde donc, sauf exception, un rôle primordial au consentement de l'administré. Il en est de même avec cet autre droit de la personnalité qu'est la propriété littéraire et artistique.

2. Le cas de la propriété littéraire et artistique

393. La propriété intellectuelle est encore un bon exemple du rôle que peut jouer le consentement en matière de droits fondamentaux, car l'œuvre, objet d'une telle propriété, constitue « le prolongement de la personne »[1019] et mérite à ce titre protection[1020]. Cette propriété est souvent déclinée au

---

le droit à l'image des administrés, le juge administratif la réaffirme au contraire. Voir CAA, Bordeaux, 12 fév. 2008, n°06BX00749. Sur cet arrêt, lire notamment M.-P. VIARD, « L'inexistence d'un préjudice lié au droit à l'image », *AJDA*, 2008, pp. 1005-1006. Pour un exemple similaire, *cf.* CAA, Douai, 24 nov. 2011, n°10DA01057. Pour d'autres exemples de décisions non publiées, voir les affaires évoquées par O. GUILLAUMONT, dans « L'action des collectivités confrontée au respect du droit à l'image, à la vie privée et au droit d'auteur », *op. cit.* Sur ces questions, voir encore : M. LE ROY, « Respect du droit d'auteur et du droit à l'image par les personnes publiques : le rôle du juge administratif », *RLDI*, n°76, nov. 2011, pp. 16-21.

[1018] TA, Melun, 26 mai 2005, *Mlle A.*, *AJDA*, 2005, p. 1856. En ce qui concerne le mode de calcul et l'évaluation des préjudices, voir les intéressantes conclusions du commissaire du gouvernement S. DEWAILLY : « Une commune ne peut pas utiliser l'image d'une enfant sans le consentement de ses parents », *op. cit.*

[1019] L. MARINO, *Droit de la propriété intellectuelle*, PUF, coll. « Thémis droit », 2013, 425 p., p. 175.

[1020] Notamment de la part du Conseil constitutionnel. Les Sages ont reconnu « pleine valeur constitutionnelle » au droit de propriété dans la décision n°81-132 DC du 16 janv. 1982, *Loi de nationalisation*, et ont étendu cette protection à la propriété intellectuelle. Le Conseil constitutionnel affirme ainsi que « que la propriété figure au nombre des droits de l'homme consacrés par l'article 2 de la Déclaration de 1789 ; que son article 17 proclame : "La propriété étant un droit inviolable et sacré, nul ne peut en être privé, si ce n'est lorsque la nécessité publique, légalement constatée, l'exige évidemment, et sous la condition d'une juste et préalable indemnité" » et « que les finalités et les conditions d'exercice du droit de propriété ont subi depuis 1789 une évolution caractérisée par une extension de son champ d'application pluriel tant ses espèces sont nombreuses. Les auteurs distinguent classiquement la propriété industrielle[1021] de la propriété littéraire et artistique, laquelle se subdivise encore en droits d'auteurs proprement dits et droits voisins[1022]. Si les litiges relatifs à la première relèvent exclusivement de la compétence du juge judiciaire[1023], les litiges de la seconde étaient portés, jusqu'à une récente décision du Tribunal des conflits, devant le juge administratif lorsqu'était en jeu « la violation du droit à la propriété intellectuelle par une personne publique »[1024]. Si la question de l'articulation

---

à des domaines nouveaux ; que, parmi ces derniers, figurent les droits de propriété intellectuelle et notamment le droit d'auteur et les droits voisins » : CC, 27 juill. 2006, décision n°2006-540 DC, *Loi n°2006-961 du 1er août 2006 relative au droit d'auteur et aux droits voisins dans la société de l'information.* Il faut également mentionner la loi n°57-298 du 11 mars 1957 *sur la propriété littéraire et artistique*, *JORF*, 14 mars 1957, pp. 2723-2730, et, aujourd'hui, le Code de la propriété intellectuelle. Sur cette question, voir le paragraphe intitulé « fondamentalisation de la propriété intellectuelle » dans L. MARINO, *Droit de la propriété intellectuelle, op. cit.*, pp. 146-148.

1021 Qui comporte essentiellement le droit des brevets, le droit des marques et le droit des dessins et modèles.

1022 Pour une telle classification, voir par exemple L. MARINO, *Droit de la propriété intellectuelle, op. cit.*

1023 *Cf.* TC, 2 mai 2011, n°C3770. Sur la question de la compétence du juge judiciaire en matière de propriété industrielle, voir par exemple C. COTTIER, « Le juge administratif et les litiges sur les "œuvres de l'esprit" », *RIDA*, n°227, janv. 2011, pp. 4-67, p. 11 : « les violations de la propriété industrielle […] ressortissent quant à elles de la compétence exclusive du juge judiciaire (exception faite des demandes d'annulation des actes réglementaires des ministres qui restent de la compétence du juge administratif) ».

1024 CAA, Nancy, 19 mars 2009, *Mlle Legrand c/Ministère de l'Education* nationale, n°07NC01327 : « considérant que, hormis le prononcé des mesures conservatoires prévues par le code de la propriété intellectuelle et sous réserve des autres dispositions dudit code attribuant expressément compétence aux juridictions de l'ordre judiciaire, la juridiction administrative est seule compétente pour se prononcer sur le fond de l'action en responsabilité à raison de la violation du droit à la propriété intellectuelle par une personne publique ». Plus généralement, voir C. COTTIER, « Le juge administratif et les litiges sur les "œuvres de l'esprit" », *op. cit.*, p. 9-12. L'auteur cite plusieurs décisions jurisprudentielles dénuées de toute ambiguïté qui affirmaient la compétence du juge administratif pour appliquer la loi du 11 mars 1957 sur la propriété intellectuelle et le code du même nom à raison de la violation du droit à la propriété intellectuelle par une personne publique. *Cf.* notamment CE, Sect., 26 avr. 1963, *Min. des Postes et télécommunications c/sieur Dengremont*, *R.*, p. 253, et surtout : TC, 15 oct. 1973, n°01982, *Sté Filmsonor Marceau* ; TC, 6 janv. 1975, n°C01995 et TC, 1er mars 1993, n°C02695. Le Conseil d'Etat a réaffirmé encore récemment sa compétence, contestée cependant par le juge judiciaire. *Cf.* par exemple : CE, 27 avr. 2011, *Cts Fédida*, n°314577 et le commentaire de J.-M. BRUGUIERE sur Paris, 31 oct. 2013, *SAS Empreinte Multimedia c/Inserm*, n°12/21933, *Propriétés intellectuelles*, n°50, janv. 2014, pp. 88-89, arrêt non reproduit. L'auteur note que « la compétence du juge administratif en matière de propriété littéraire et artistique se réduit comme peau de chagrin » : « Défense du droit – Compétence du juge », *Propriétés intellectuelles*, n°50, janv. 2014, pp. 88-89. Mais la loi n°2001-525 du 17 mai 2011 *de simplification et d'amélioration de la qualité du droit*, *JORF*, 25 mai 2011, p. 8993, a modifié la rédaction du Code de la propriété intellectuelle. Dès du consentement de l'auteur avec l'intérêt général dans le cadre de la propriété littéraire et artistique ne revêt depuis ce revirement de jurisprudence qu'un intérêt historique en droit administratif[1025], du moins en ce qui concerne la responsabilité des personnes publiques[1026], son étude reste cependant éclairante, montrant le rôle joué par le consentement de l'administré en la matière[1027].

394. Comme son homologue judiciaire, le juge administratif ne protège pas toutes les œuvres, mais bien les « œuvres de l'esprit » au sens des articles L. 112-1 et L. 112-2 du Code de la propriété intellectuelle, c'est-à-dire celles qui traduisent une réelle originalité témoignant de la personnalité de leur auteur[1028]. Cette propriété donne naissance à deux types de droits :

---

lors, dans une décision récente du 10 fév. 2014, n°366782, le Conseil d'Etat a renvoyé au Tribunal des conflits, en application de l'article R. 771-2 du Code de justice administrative, le soin de trancher la question de la compétence des juridictions administratives pour connaître d'une action tendant à ce que soit condamné un département pour violation du droit d'auteur suite à la passation d'un contrat administratif. Sur cette question voir notamment J.-M. BRUGUIERE, « Compétence du juge administratif en matière de droit d'auteur », *Propriétés intellectuelles*, avr. 2014, n°51, pp. 175-176. Le Tribunal des conflits s'est aujourd'hui prononcé : TC, 7 juill. 2014, *M. M. c/Département de Meurthe-et-Moselle*, n°C3954 et n°C3955 : « considérant qu'il résulte du premier alinéa de l'article L. 331-1 du code de la propriété intellectuelle, selon lequel "Les actions civiles et les demandes relatives à la propriété littéraire et artistique, y compris lorsqu'elles portent également sur une question connexe de concurrence déloyale, sont exclusivement portées devant des tribunaux de grande instance, déterminés par voie réglementaire", que par dérogation aux principes gouvernant la responsabilité des personnes publiques, la recherche d'une responsabilité fondée sur la méconnaissance par ces dernières de droits en matière de propriété littéraire et artistique relève, depuis l'entrée en vigueur de la loi du 17 mai 2011, de la compétence des juridictions de l'ordre judiciaire ». Cette question de compétence résolue, il faut noter que cela n'aura sans doute pas beaucoup d'influence sur la solution concrète des litiges, les jurisprudences des deux ordres de juridictions étant *a priori* identiques, hormis peut-être le fait que le juge administratif se montrait plus sévère pour reconnaître le caractère original d'une œuvre de l'esprit et moins regardant quant à sa protection par rapport à son homologue judiciaire. Pour un tel constat, voir J.-L. PIOTRAUT, « Les droits de propriété littéraire et artistique à l'épreuve des juridictions administratives », *RFDA*, 1997, pp. 105-115.

1025 Il convient encore de noter que si la question ne concerne plus aujourd'hui le droit administratif au sens strict du terme, c'est-à-dire seul le droit dérogatoire au droit commun applicable à l'administration, elle s'inscrit toujours pleinement dans le droit de l'administration, mais sous le contrôle du juge judiciaire.

1026 C'est en effet sur cette seule question que s'est prononcé le Tribunal des conflits. *Cf.* TC, 7 juill. 2014, n°C3954 et C3955.

1027 Rôle qu'il continuera bien évidemment et *a fortiori* à jouer dans la jurisprudence du juge judiciaire.

1028 Sur la définition des œuvres de l'esprit, voir notamment C. COTTIER, « Le juge administratif et les litiges sur les "œuvres de l'esprit" », *op. cit.*, p. 17-25.

des droits intellectuels et moraux[1029] et des droits patrimoniaux. Les premiers sont les plus fréquemment invoqués et depuis longtemps[1030], notamment par les architectes qui cherchent à faire valoir le droit au respect de leur œuvre face à des dégradations, volontaires ou non, d'une œuvre de l'esprit[1031]. Cécile COTTIER indique que « dans le cadre de leurs droits moraux, les auteurs sont susceptibles de demander le respect de l'intégrité matérielle de l'œuvre de l'esprit et de demander réparation du préjudice moral causé par des atteintes matérielles à une telle œuvre »[1032]. Il s'agit alors pour le juge de s'interroger sur l'articulation du consentement de l'auteur de l'œuvre avec le droit de propriété des personnes publiques[1033]. Autrement dit, peuvent-elles modifier les œuvres de l'esprit dont elles sont propriétaires sans l'accord préalable de leur auteur ? La jurisprudence a eu à statuer sur cette question et il est possible de dire que par principe, en vertu du droit au respect de l'œuvre, les personnes publiques ne peuvent pas procéder à une telle modification[1034]. Ainsi dans une décision *Marcuccini* de 1977, le Conseil d'Etat avait reconnu le droit à réparation d'un architecte dont l'œuvre avait été altérée, « malgré des protestations » de celui-ci, par des adjonctions qui en dégradaient l'aspect extérieur[1035].

395. Le principe comporte cependant des exceptions et l'œuvre de l'esprit n'est pas intangible, l'intérêt général pouvant justifier certaines atteintes à celle-ci. Le juge administratif a admis des modifications à

[1029] Ceux-ci se subdivisant en droit de divulgation, droit au respect de l'œuvre, droit à la paternité ou droit au respect du nom de l'auteur, ou encore droits de repentir et de retrait. Ces droits sont perpétuels.

[1030] Voir par exemple CE, 3 avr. 1936, *Sudre*, *DP*, 1936, III, p. 62-63, et la jurisprudence antérieure citée par le commissaire du gouvernement JOSSE sur cette décision : *DP*, 1936, III, p. 57-63.

[1031] Pour un tel constat, voir C. COTTIER, « Le juge administratif et les litiges sur les "œuvres de l'esprit" », *op. cit.*, p. 15.

[1032] *Ibid.*, p. 33. Comme le note l'auteur, ces atteintes peuvent prendre différentes formes telles la modification, la déformation, la mutilation, voire la destruction de l'œuvre elle-même.

[1033] Comme le note M. WALINE, le droit d'auteur « peut entrer en conflit avec d'autres droits plus impérieux, et ne pas être le plus fort ; sa mise en échec dans des cas de ce genre ne signifie pas sa négation » : note sous CE, 3 avr. 1936, *Sudre*, *DP*, 1936, III, pp. 57-61, p. 58.

[1034] Cl. MALWE note alors que cette situation fait de la personne publique un « propriétaire sous condition » : « Le droit moral de l'architecte et les bâtiments publics », *RDI*, 2011, p. 424-434, p. 424. L'auteur note encore que dans les hypothèses où seuls sont en opposition droit moral de l'auteur et droit de propriété de la personne publique, « le juge administratif va faire prévaloir le droit moral de l'artiste sur le droit de propriété », p. 429. Cela ne vaut pas en revanche pour des modifications mineures qui n'auraient pas pour conséquence de porter atteinte aux droits d'auteurs. Sur cette question, voir notamment : Ph. TERNEYRE, « Responsabilité contractuelle », *Rep. resp. puiss. publ. Dalloz*, 2012, n°268-271 et la jurisprudence citée.

[1035] CE, 5 janv. 1977, *Marcuccini*, n°00261.

condition qu'elles soient « rendues strictement indispensables par des impératifs esthétiques, techniques ou de sécurité publique, légitimés par les nécessités du service public et notamment la destination de l'instrument ou de l'édifice ou son adaptation à des besoins nouveaux »[1036]. Le consentement de l'auteur de l'œuvre, s'il n'est donc pas systématiquement nécessaire, n'est pas pour autant totalement exclu, puisqu'il demeure nécessaire pour modifier une œuvre de l'esprit si cette modification n'est pas rendue « strictement indispensable » par les nécessités du service public[1037]. A la suite de Claire MALWE, il convient ainsi de distinguer deux hypothèses : celle dans laquelle « les attributs du droit moral sont confrontés à des règles de droit public qui lui sont supérieures »[1038] et celle dans laquelle seuls sont en jeu le droit d'auteur et le droit de propriété des personnes publiques. Si dans le premier cas ce sont les nécessités de l'intérêt général qui l'emportent, l'absence de consentement de l'auteur de l'œuvre étant alors indifférente[1039], dans le second cas le droit d'auteur prime[1040], le consentement de l'auteur de l'œuvre étant alors indispensable à toute modification de celle-ci[1041].

[1036] CE, 14 juin 1999, *Conseil de fabrique de la cathédrale de Strasbourg*, n°181023. Sur cette décision, voir notamment Y. G., « Le droit des collectivités publiques de modifier les œuvres d'art en leur possession. Note sous Conseil d'Etat, 14 juin 1999, *Conseil de fabrique de la cathédrale de Strasbourg* », *RFDA*, 2000, pp. 600-604. La Haute juridiction administrative a encore repris le considérant de principe de cette décision à propos d'un litige relatif au stade de la Beaujoire, à Nantes, qui avait été modifié, sans le consentement de l'architecte, afin d'accueillir des matches de la coupe du monde de football de 1998. A cette occasion, le Conseil d'Etat exerce un contrôle rigoureux sur les nécessités de la modification en jugeant que c'était à la ville de Nantes d'établir que la dénaturation apportée à l'œuvre de l'architecte « était rendue strictement indispensable par les impératifs dont elle se prévalait » : CE, 11 sept. 2006, *Agopyan*, n°265174. Pour d'autres illustrations jurisprudentielles employant un considérant semblable au considérant de principe de cette dernière décision, voir par exemple CAA, Nantes, 10 sept. 2014, n°13NT00183, CAA Paris, 1er oct. 2008, n°07PA01335, ou encore CAA, Lyon, 20 juill. 2006, n°02LY02163, à propos respectivement du déplacement d'une mosaïque dans un lieu moins visible au sein d'un centre aquatique, de la modification d'ensemble d'une bibliothèque municipale et de la destruction d'œuvres d'art qui avaient mal résistés aux intempéries.

[1037] La Haute juridiction est donc assez exigeante puisque la décision *Agopyan* de 2006 restreint l'exception en indiquant que la modification n'est possible que si elle est « strictement » indispensable, adverbe qui ne figurait pas dans la décision *Conseil de fabrique de la cathédrale de Strasbourg* de 1999 précitée.

[1038] Cl. MALWE, « Le droit moral de l'architecte et les bâtiments publics », *op. cit.*, p. 429.

[1039] L. MARINO note que l' « on enseigne traditionnellement que la propriété littéraire et artistique est un droit équilibré, c'est-à-dire qu'il a été pensé dès l'origine pour être un droit équilibré [...]. Comme les autres droits de propriété intellectuelle, il tente de concilier les intérêts des titulaires de droits et les intérêts de la société tout entière » : *Droit de la propriété intellectuelle*, *op. cit.*, p. 175. De cette conciliation résulte directement la place qu'il convient de laisser au consentement de l'auteur.

[1040] Cl. MALWE note ainsi que le droit moral de l'auteur prévaut sur le droit de propriété publique « dès lors qu'aucun enjeu sur le fonctionnement des services publics, ni aucune autre

396. Le consentement est donc un élément fondamental dans la consécration d'un certain nombre de libertés des administrés. Par une manifestation de volonté positive ou au contraire négative, ils sont en mesure, lorsque le droit leur reconnaît cette prérogative, soit d'agir ou de laisser agir l'administration, soit au contraire de s'opposer à son action. Cela ne se fait pas cependant sans qu'il soit tenu compte des implications d'un véritable consentement.

---

prérogative de puissance publique n'intervient » : « Le droit moral de l'architecte et les bâtiments publics », *op. cit.*, p. 433.

[1041] Un dernier élément pourrait être ajouté qui viendrait renforcer le rôle du consentement, sans pour autant le rendre strictement indispensable. La cour administrative d'appel de Nancy a souhaité mettre à la charge du propriétaire public l'obligation de faire précéder toute modification, quelle qu'elle soit, de la recherche d'un accord avec l'auteur des œuvres. Elle estimait ainsi qu'en cas de modification d'un orgue il incombait « au maître de l'ouvrage de rechercher sinon le concours du moins l'assentiment du facteur afin de trouver les solutions permettant d'effectuer lesdites modifications en altérant le moins possible le caractère original de l'œuvre » : CAA, Nancy, 2 mai 1996, *Cts Koenig*, n°94NC00098. Malgré l'invitation de son commissaire du gouvernement, le Conseil d'Etat ne s'est pas prononcé sur ce point et n'impose donc pas aux personnes publiques de rechercher l'accord de l'auteur de l'œuvre avant de modifier celle-ci. Peut-être cependant que cela pourrait influer sur le degré de l'atteinte au droit d'auteur et donc sur le montant des réparations. Sur cette question, voir J.-D. COMBREXELLE, « Les prérogatives du maître d'ouvrage public sur une œuvre sont-elles limitées par les droits moraux de l'auteur sur cette œuvre ? », *BJCP*, n°7, 1er nov. 1999, pp. 583-587, p. 587 ; C. COTTIER, « Le juge administratif et les litiges sur les "œuvres de l'esprit" », *op. cit.*, pp. 45-47 et Cl. MALWE, « Le droit moral de l'architecte et les bâtiments publics », *op. cit.*, spéc. p. 433. Voir aussi *infra*, note n°2018.

Section II
Les implications d'un véritable consentement

397. En prenant en compte, dans certaines hypothèses, le consentement des administrés, le droit administratif consacre leur liberté. Cette possibilité de choix n'est cependant pas reconnue sans conditions, comme elle n'est pas non plus sans conséquences importantes, notamment pour les administrés eux-mêmes[1042]. Dans les domaines concernés, ces derniers acquièrent un rôle positif dans leurs relations avec l'administration. Ils peuvent devenir coauteurs des normes qui leur seront appliquées ou encore coproducteurs des faits, éventuellement dommageables, qui les toucheront. Cette liberté suppose donc, en amont, que le consentement initial revête certaines qualités, car n'importe quel consentement ne saurait engager les administrés (I). Cela est d'autant plus vrai que parfois ceux-ci décident eux-mêmes de se mettre dans une situation qui leur est défavorable. Dans cette dernière hypothèse, le droit administratif prend par ailleurs la mesure de la liberté accordée aux administrés et leur impose alors aussi, en aval, d'endosser pleinement la responsabilité de leurs choix (II).

I. **En amont, l'exigence d'un consentement de qualité**

398. La véritable liberté de l'administré, dans les domaines où le droit administratif la consacre, suppose nécessairement un certain nombre de conditions. Celles-ci se traduisent notamment par les caractères que le consentement doit revêtir afin d'être un consentement « de qualité »[1043], c'est-à-dire plein et entier, car n'importe quel consentement ne saurait exprimer une véritable liberté[1044]. Les situations évoquées précédemment

---

[1042] Envisager les implications du consentement nécessite à certains égards de s'intéresser au régime de la manifestation de volonté. Mais cette recherche semble indispensable dans la mesure où le régime du consentement éclaire ses finalités, ou du moins l'efficacité plus ou moins grande avec laquelle il va pouvoir y parvenir.

[1043] Pour reprendre une expression de J.-L. AUBERT et Fr. COLLART DUTILLEUL dans *Le contrat. Droit des obligations*, Dalloz, coll. « Connaissance du droit », 4ème éd., 2010, 141 p., p. 53.

[1044] « Il y a consentement et consentement » affirment Ph. MALINVAUD et D. FENOUILLET, *Droits des obligations*, LexisNexis, coll. « Manuel », 11ème éd., 2010, 761 p., p. 92. C'est bien ce que suggère d'ailleurs la formulation de l'article 1109 du Code font ressortir que l'exigence minimale et généralement suffisante[1045] consiste à faire produire des effets, non pas à tout consentement quel qu'il soit, mais seulement à celui qui peut être qualifié de « libre et éclairé ». Cet état de fait mérite attention car le droit positif ne donne que peu de précisions sur ces deux conditions. Il convient donc de chercher à percevoir ce que les textes ou la jurisprudence ne posent le plus souvent que de manière implicite (A) avant de détailler leurs principales implications d'un consentement « libre et éclairé » (B).

A. La nécessité logique d'un consentement « libre et éclairé »

399. Cette nécessité n'est guère expliquée, d'autant plus que si elle est parfois rappelée explicitement par plusieurs textes ou par la jurisprudence, elle n'est le plus souvent qu'implicitement exigée (1). Elle est néanmoins importante, notamment du fait que la jurisprudence administrative exige un

---

civil : « il n'y a point de consentement valable, si le consentement n'a été donné que par erreur, ou s'il a été extorqué par violence ou surpris par dol ». L'emploi du qualificatif « valable » montre bien que pour le législateur, tous les consentements ne se valent pas et que certains ne sont pas nécessairement aptes à créer des obligations. Telle est d'ailleurs d'emblée la conclusion que l'on peut tirer de la seule expression « vices du consentement ». Elle montre bien que dans certaines hypothèses le consentement existe (pour que le consentement soit vicié, il faut bien admettre préalablement son existence), mais ne revêt pas toutes les qualités nécessaires à sa prise en compte par le droit. Sur cette question, voir *supra*, n°132. D. POUYAUD énonce que « seule la volonté saine oblige réellement. Aussi, pour être juridiquement efficace, le consentement doit-il présenter certaines qualités » : *La nullité des contrats administratifs*, *op. cit.*, p. 105. Pour un point de vue très général sur cette question, voir par exemple M. MARZANO, *Je consens, donc je suis... : éthique de l'autonomie*, *op. cit.*, tout spécialement le paragraphe intitulé « L'idéalisation de l'humain », pp. 28-35. L'auteur se pose notamment la question, p. 28, de savoir si « tout consentement est une manifestation d'autonomie ».

[1045] On trouve parfois d'autres exigences, par exemple celle d'un consentement « spécifique » formulé à l'article 2, h) de la directive n°95/46/CE du Parlement européen et du Conseil du 24 oct. 1995 *relative à la protection des personnes physiques à l'égard du traitement des données à caractère personnel et à la libre circulation de ces données*, *JOCE*, 23 nov. 1995, n°L281, p. 31. Cette exigence a pour but d'éviter que le consentement obtenu pour tel traitement de données ne soit utilisé pour d'autres traitements, mais cela ne concerne pas les qualités que doit revêtir le consentement en lui-même. Sur cette question, voir F. ATMANI, *La protection des données à caractère personnel dans l'Union Européenne*, Thèse, Montpellier I, 1996, 2 vol., 535 p., pp. 94-95. La même directive emploie encore l'expression « consentement libre et informé » dans ses motifs, au considérant n°70. On trouve aussi l'exigence d'un consentement « exprès, libre et éclairé » à l'article L. 3121-2 du Code de la santé publique. Mais là encore, le mot « exprès » ne porte pas, en soi, sur la qualité du consentement, mais sur la manière dont il s'extériorise. Il en est de même pour les normes qui exigent par exemple un consentement « écrit » ou encore « explicite ».

tel consentement dans différentes hypothèses sans pour autant faire référence à un texte. Il importe alors de savoir ce qui la justifie (2).

1. Une exigence peu expliquée et pas toujours formulée

400. Dans un certain nombre de textes, pour la plupart relatifs au droit médical, figure explicitement l'exigence d'un consentement « libre et éclairé »[1046]. Cette expression revient environ vingt fois sous la plume du législateur dans le Code de la santé publique[1047], notamment aux articles L. 1111-4, L. 1122-1-1, L. 1231-1, L. 2151-5 et L. 3121-2 respectivement relatifs aux actes et traitements médicaux, à la recherche médicale, aux prélèvements d'organes sur une personne vivante, à la recherche sur l'embryon et à la levée de l'anonymat de la personne atteinte du virus de l'immunodéficience humaine. L'expression est aussi utilisée par le législateur dans d'autres textes concernant la bioéthique ou le droit médical, mais toujours à propos des articles cités du Code de la santé publique ou en liaison avec les sujets qu'ils abordent. L'exigence d'un consentement « libre et éclairé » est encore mise en avant par des conventions internationales ratifiées par la France, que ce soit à propos du droit médical en général[1048] ou, plus particulièrement, du consentement des personnes handicapées à

[1046] Une alternative, parfois mentionnée par les textes, est le consentement « libre et informé ». Ainsi, l'article L. 35-4 du Code des postes et communications électroniques définit le consentement comme « toute manifestation de volonté libre, spécifique et informée ». Mais il semble bien qu'il s'agisse d'une des seules occurrences concernant le droit administratif disponibles sur la base *Légifrance*, au 4 avr. 2014. Voir cependant la directive n°95/46/CE du Parlement européen et du Conseil du 24 oct. 1995 *relative à la protection des personnes physiques à l'égard du traitement des données à caractère personnel et à la libre circulation de ces données*, *JOCE*, 23 nov. 1995, n°L281, p. 31, motifs, cons. n°70 : « considérant qu'il n'y a pas lieu que la personne concernée donne à nouveau son consentement pour permettre au responsable de continuer à effectuer, après l'entrée en vigueur des dispositions nationales prises en application de la présente directive, un traitement de données sensibles nécessaire à l'exécution d'un contrat conclu sur la base d'un consentement libre et informé avant l'entrée en vigueur des dispositions précitées ».

[1047] Et plusieurs fois encore sous celle du pouvoir réglementaire, par exemple aux articles R. 1131-4 et R. 6316-2 relatifs respectivement à l'examen des caractéristiques génétiques d'une personne et aux actes de télémédecine.

[1048] Décret n°2012-855 du 5 juill. 2012 *portant publication de la convention pour la protection des droits de l'homme et de la dignité de l'être humain à l'égard des applications de la biologie et de la médecine : convention sur les droits de l'homme et la biomédecine, signée à Oviedo le 4 avril 1997*, *JORF*, n°0157, 7 juill. 2012, p. 11138, texte n°5.

l'acte médical[1049]. Mais dans aucun de ces textes l'exigence de ce consentement libre et éclairé n'est expliquée.

401. En dehors du domaine du droit médical, cette exigence est présente dans quelques rares décisions de juridictions administratives, sans qu'elle ne découle pour autant d'un texte[1050]. Il s'agit donc d'hypothèses nouvelles, comme celle dans laquelle le Conseil d'Etat refuse d'annuler le texte imposant aux élèves ou anciens élèves de l'Ecole nationale d'administration de rembourser, en cas de démission, les frais correspondant au coût de leur scolarité. Il juge que même si « les élèves de l'Ecole nationale d'administration ne savent pas précisément, au moment où ils concluent l'engagement de servir l'Etat pendant une durée minimum de dix ans, quel sera le montant du reversement dont ils auront à s'acquitter au cas où ils décident de quitter le service de l'Etat avant l'expiration de ce délai, puisque celui-ci est directement lié au traitement perçu lors de la dernière année de service », cela ne saurait avoir d'influence sur la légalité du texte imposant un tel remboursement dans la mesure où « les modalités de calcul de l'indemnité à verser au Trésor public sont connues dès la conclusion de l'engagement et permettent un consentement libre et éclairé »[1051]. Bien que l'expression soit un peu différente, car plus développée, le Conseil d'Etat juge encore que « le client d'une banque peut toujours renoncer à la protection du secret bancaire à condition d'y consentir *librement* et de manière expresse au vu d'une information complète lui permettant de prendre sa décision de manière *éclairée* »[1052]. Mais là encore, il convient de constater que le juge ne motive pas cette référence.

[1049] Décret n°2010-356 du 1er avr. 2010 *portant publication de la convention relative aux droits des personnes handicapées (ensemble un protocole facultatif), signée à New York le 30 mars 2007*, *JORF*, n°0079, 3 avr. 2010, p. 6501, texte n°16.

[1050] Les hypothèses dans lesquelles l'expression est utilisée par les textes donnent évidemment lieu à des décisions de justice. Voir par exemple, citant l'article L. 1114-1 du Code de la santé publique : CE, 14 fév. 2014, n°375081 ; CE, ord., 8 sept. 2005, *Garde des sceaux c/Brunel*, n°284803, ou encore CAA Paris, 28 mai 2007, n°03PA02197 ; même juridiction, 8 nov. 2006, n°04PA00518. Pour des éléments relatifs au désistement, voir *supra*, n°151.

[1051] CE, 22 fév. 2006, n°262623.

[1052] CE, 30 déc. 2009, n°306173. C'est nous qui soulignons. Un relevé plus complet au sujet de cette expression montrerait qu'elle est encore utilisée, même sans référence directe à des normes, par un certain nombre d'acteurs publics, par exemple la Commission Nationale Consultative des Droits de l'Homme (CNCDH). Celle-ci invite les pouvoirs publics à conditionner l'entrée des personnes âgées en EHPAD à leur « consentement libre et éclairé ». Voir son *Avis sur l'effectivité des droits des personnes âgées*, 27 juin 2013, *JORF*, n°0176, 31 juill. 2013, texte n°101. Il faut enfin signaler que l'argument du consentement libre et éclairé est aussi parfois avancé par des requérants, sans pour autant être nécessairement retenu par le juge administratif. Voir par exemple CAA Nancy, 30 sept. 2013, n°12NC02116, arrêt dans lequel l'association requérante contestait le jugement du tribunal administratif ayant rejeté sa demande en annulation de l'acte par lequel le ministre chargé du travail avait annulé

402. Concernant la formation des contrats administratifs[1053], on pourrait s'attendre à trouver expressément formulée la nécessité d'un consentement libre et éclairé. Mais loin s'en faut, et à quelques très rares exceptions près[1054], une telle exigence ne semble pas être mentionnée explicitement, ni par les textes[1055], ni par le juge administratif[1056]. Quant à la doctrine, ses développements consacrés à la théorie des vices du consentement en droit administratif ne semblent guère mentionner cette exigence[1057]. A l'exception de Dominique POUYAUD, qui y consacre quelques lignes dans sa thèse[1058], les auteurs des principaux ouvrages ou articles ayant trait aux vices du consentement ne semblent pas y faire référence ni l'expliquer, en tout cas, jamais de manière développée. Pourtant cette exigence est tout à fait justifiée, y compris à propos des contrats administratifs.

2. Une exigence tout à fait justifiée

403. Lorsque le droit administratif cherche à faire produire des effets au consentement de l'administré, il exige de celui-ci, éventuellement

l'autorisation donnée par l'inspecteur du travail pour la rupture conventionnelle d'un contrat de travail la liant avec une de ses employées, contestation fondée sur le motif que l'employée aurait, selon la requérante, donné « un consentement libre et éclairé à la rupture conventionnelle de son contrat de travail ».

1053 Il pourrait être fait la même étude concernant la formation de certains actes administratifs unilatéraux, étant donné que le juge administratif leur applique également, dans des conditions dont il a déjà été question, la théorie des vices du consentement. Cela n'a d'ailleurs rien de surprenant, la même extension ayant aussi eu lieu de droit civil, les articles 1109 et suivants du Code civil, applicables initialement aux seules conventions, ayant également été appliqués aux actes unilatéraux. Sur cette question, voir J. GHESTIN et Y.-M. SERINET, « Erreur », dans *Répertoire de droit civil Dalloz*, 2006, n°33.

1054 Un jugement du tribunal administratif d'Amiens du 15 mai 2009, *Mme Thuillier*, n°0700801, *AJDA*, 2009, p. 1630, énonce ainsi « qu'il ne résulte pas de l'instruction que la convention signée le 26 août 2005 par Mme Thuillier, qui n'a formulé d'ailleurs aucune réserve quant à la validité de l'engagement de servir dont s'agit avant la présente action contentieuse, présenterait un déséquilibre en faveur du centre hospitalier "Philippe Pinel" tel qu'elle n'exprimerait pas le consentement libre et éclairé de l'intéressée ».

1055 A titre d'exemple, le seul mot « consentement » n'apparaît pas une seule fois dans le Code des marchés publics, au 1er sept. 2015.

1056 Les seules décisions, émanant soit du Conseil d'Etat, soit des cours administratives d'appel, faisant référence au consentement « libre et éclairé » ont été précédemment citées. Aucune ne fait référence au contrat.

1057 Ainsi, l'expression « consentement libre et éclairé » ne figurait, au 4 juin 2014, dans aucun fascicule du JurisClasseur « Contrats et marchés publics », et si elle apparaissait dans le JurisClasseur « Administratif », ce n'était jamais à propos des contrats. Une recherche sur le Portail Dalloz, le même jour, ne mentionnait également aucun résultat concernant les contrats administratifs.

1058 D. POUYAUD, *La nullité des contrats administratifs*, *op. cit.*, p. 105 et p. 131.

implicitement, un consentement libre et éclairé. Le droit administratif des contrats, alors même qu'il ne mentionne pas explicitement cette exigence, reste cependant un bon moyen pour le démontrer. Deux voies peuvent alors être empruntées. La première s'appuie sur la doctrine civiliste, la seconde directement sur la philosophie, notamment celle d'ARISTOTE[1059].

404. Comme le souligne un grand nombre d'auteurs[1060], la théorie des vices du consentement telle que la connaît le droit administratif provient du droit privé. Il est donc *a priori* possible de reprendre les développements de la doctrine privatiste relatifs aux vices du consentement, sous réserve bien sûr d'une éventuelle adaptation à la réalité du droit administratif[1061]. Mais le Code civil ne mentionne pas non plus l'exigence d'un consentement libre et éclairé à propos des conventions, et l'expression n'apparaît nullement dans les articles 1108 à 1116 du Code civil[1062]. Cependant, dans son travail de théorisation du droit, la doctrine en est parvenue tout de même à cette

---

[1059] Sur l'intérêt que présente pour le juriste la philosophie d'ARISTOTE, voir notamment M. VILLEY, *Philosophie du droit. Définitions et fins du droit. Les moyens du droit*, Dalloz, coll. « Bibliothèque Dalloz », 2001, 339 p., pp. 40-71. Il s'agit de la réédition, en un seul volume, de deux ouvrages de l'auteur : *Philosophie du droit. 1. Définitions et fins du droit*, Dalloz, 4ème éd., coll. « Précis Dalloz », 1986, 205 p. et *Philosophie du droit. 2. Les moyens du droit*, Dalloz, 1979, 2ème éd., coll. « Précis Dalloz », 1984, 241 p.

[1060] Ainsi, pour Y. WEBER, « il y a effectivement une théorie des vices du consentement dans les contrats administratifs [...]. Elle provient du droit privé en raison de l'antériorité de celui-ci » : « La théorie des vices du consentement dans les contrats administratifs », *op. cit.*, p. 320. B. PLESSIX indique à propos des articles 1109 et suivants du Code civil qu'il s'agit « d'une transposition manifeste, consciente, voulue, mais aussi formelle » : *L'utilisation du droit civil dans l'élaboration du droit administratif, op. cit.*, p. 200. A. DE LAUBADERE, Fr. MODERNE et P. DELVOLVE, *Traité des contrats administratifs, op. cit.*, tome 1, p. 533, affirment que « la jurisprudence administrative retient et utilise les notions essentielles qui caractérisent la théorie classique des vices du consentement en droit civil ». Quant à Chr. GUETTIER, il estime que le juge administratif « s'est très largement inspiré de la théorie qui existe en droit privé », tandis que L. RICHER affirme que « la théorie des vices du consentement est valable aussi bien en droit public qu'en droit privé ». Voir respectivement : *Droit des contrats administratifs, op. cit.*., p. 342, et *Droits des contrats administratifs, op. cit.*, 7ème éd., 2010, 713 p., p. 145. Telle était déjà l'opinion de G. JEZE qui affirmait qu'en règle générale il fallait appliquer « aux manifestations unilatérales de volontés et aux accords bilatéraux de volontés du droit public – contractuels ou non contractuels – les solutions du droit privé sur les vices du consentement » : *Les principes généraux du droit administratif*, tome 3, *Le fonctionnement des services publics, op. cit.*, p. 196.

[1061] Telle est notamment la démarche adoptée par Fr. MODERNE qui compare en permanence les solutions du juge judiciaire et du juge administratif en ce qui concerne le dol, le plus souvent pour montrer leur convergence : « Permanence et actualité d'une théorie classique : le dol dans la formation des contrats de l'administration », *op. cit.*, pp. 91-102.

[1062] Le Code civil ne mentionne qu'une seule fois la nécessité d'un consentement « libre et éclairé », mais dans un article relatif au divorce par consentement mutuel, l'article 232. L'expression a été introduite dans le code par l'article 2 de la loi n°2004-439 du 26 mai 2004 *relative au divorce*, *JORF*, n°122, 27 mai 2004, p. 9319, texte n°1.

conclusion. Bruno PETIT et Sylvie ROUXEL la résument en disant que « pour fonder un contrat valable, le consentement [...] doit non seulement exister, mais encore être *libre et éclairé* »[1063] et renvoient à de nombreux auteurs qui font la même analyse. Bruno PETIT et Sylvie ROUXEL estiment que cette double exigence « résulte *a contrario* des dispositions de l'article 1109 du Code civil : le consentement n'est pas *éclairé* s'il a été donné par erreur ou surpris par dol ; il n'est pas *libre* s'il a été extorqué par violence »[1064]. Le juge administratif faisant application des trois vices du consentement, il est probable qu'il reprenne également le principe sous-jacent qui découle de l'article 1109 du Code civil, à savoir celui de la nécessité d'un consentement libre et éclairé. Car certains principes du Code civil trouvent à s'appliquer à tout contrat, du fait même qu'il s'agit de contrat. Et parmi ces principes figurent ceux relatifs aux vices du consentement. Le commissaire du gouvernement GUILLAUME affirmait ainsi qu' « un contrat administratif, comme tout contrat, suppose l'existence et la rencontre de deux consentements »[1065]. Dès lors, même si des différences peuvent exister dans son application concrète, « la théorie civiliste des conditions de validité des contrats a une portée générale ; si l'application *in terminis* des articles 1108 à 1133 du Code civil ne s'impose pas au juge administratif, il n'en reste pas moins que l'on y trouve les *bases générales du droit des contrats* qui sont pour tout contrat parce qu'elles sont liées à une définition commune de l'acte contractuel »[1066]. L'application de la théorie des vices du consentement par le juge administratif, aussi discrète soit-elle, montre, *a contrario*, que le consentement exigé des contractants

---

1063 Br. PETIT et S. ROUXEL, « Art. 1109. Contrat et obligations. Consentement », *Jcl. Civil Code*, 2012, n°85. C'est nous qui soulignons.

1064 *Ibid.* Souligné par nous.

1065 Concl. G. GUILLAUME sur CE, Sect., 11 fév. 1972, *OPHLM du Calvados c/Caisse franco-néerlandaise de cautionnement*, *op. cit.*, p. 247.

1066 A. DE LAUBADERE, Fr. MODERNE et P. DELVOLVE, *Traité des contrats administratifs*, *op. cit.*, tome 1, p. 532. Les auteurs précisent bien sûr, à la même page, que cela vaut « sous réserve d'être éventuellement, pour certaines d'entre elles, "transposées" selon les exigences du droit administratif ». D. CHABANOL, J.-P. JOUGUELET et Fr. BOURRACHOT, *Le régime juridique des marchés publics : droits et obligations des signataires des marchés de travaux*, Le Moniteur, coll. « Analyse juridique », 5ème éd., 595 p., p. 36, voient dans la théorie des vices du consentement un élément du fonds commun de techniques et de notions [...] qui constituent une sorte de "droit naturel" des obligations ». Telle était déjà l'opinion de L. CORNEILLE dans ses conclusions sur CE, 23 mars 1917, *Péchin*, *RDP*, 1917, pp. 271-277, p. 274 : « du moment où nous sommes ici en matière de contrats de service public, les principes généraux de la théorie des nullités doivent s'appliquer, car ce sont des principes généraux que le Code civil, par exemple, n'a fait qu'adapter dans divers de ses articles à des cas particuliers ; et les cas généraux des contrats ne doivent pas rester étrangers aux contrats des services publics en tant qu'ils ne sont point contraires aux caractères propres de ces contrats ».

doit être éclairé, puisqu'il peut être vicié par l'erreur ou par le dol, et libre, puisqu'il peut être vicié par la crainte résultant de la violence.

405. La philosophie, notamment celle d'ARISTOTE, permet également de mieux saisir l'exigence posée, explicitement ou non, par le législateur ou le juge. Si l'on se rappelle que par définition les conventions sont des sources volontaires d'obligations[1067] on ne peut que parvenir à cette conclusion. Le Stagirite se pose en effet la question de savoir à quelles conditions un acte peut être dit volontaire[1068]. Comme à son habitude, il commence par relever le sens courant de la notion à laquelle il s'intéresse, plus précisément ici la notion opposée, celle d'acte involontaire, notant que d'ordinaire ce dernier « est fait sous la contrainte, ou par ignorance »[1069]. Le philosophe commence alors par consacrer des développements aux actes effectués sous la contrainte[1070], puis aux actes faits par ignorance[1071], c'est-à-dire respectivement les actes qui ont leurs principes hors de l'agent ou du patient et dont celui-ci ignore les circonstances, ou du moins certaines d'entre elles. Ce n'est qu'ensuite qu'il peut conclure positivement que l'acte volontaire semblerait être celui « dont le principe réside dans l'agent lui-même connaissant les circonstances particulières au sein desquelles son action se produit »[1072]. L'acte volontaire résulte donc d'un choix, c'est-à-dire d'une « action volontaire fondée en raison, délibérée et réfléchie »[1073]. Est ainsi posée une double exigence : l'acte volontaire doit d'une part avoir sa

---

[1067] Selon la distinction faite entre l'acte et le fait juridique. Pour J. GHESTIN, « l'étude du contrat est souvent intégrée aujourd'hui dans celle des sources des obligations. Une distinction fondamentale est faite entre les actes juridiques (manifestations de volontés en vue de produire certains effets de droit) et les faits juridiques (événements, volontaires ou non, mais dont les effets sont indépendants de la volonté de leur auteur) » : *Traité de droit civil. La formation du contrat*, LGDJ, 3ème éd., 1993, 976 p., p. 1. Et le contrat figure dans la catégorie des actes juridiques. Il s'agit donc d'un acte volontaire. Le fait que deux théories s'affrontent en doctrine pour justifier la théorie des vices du consentement n'a pas à être pris en compte ici. Le simple fait de considérer que le contrat est un acte volontaire suffit à la démonstration.

[1068] Il s'interroge dans les chapitres 1 à 8 du livre III de l'*Ethique à Nicomaque* sur la moralité des vertus et cherche donc à montrer qu'elles sont, tout comme les vices qui s'y opposent, des actes volontaires de l'homme. Voir par exemple, *Ethique à Nicomaque*, *op. cit.*, pp. 119-146. Sur cette question, voir notamment P. RICOEUR, « Volonté », dans Y. KIRCHNER et J.-M. PRUVOST-BEAURAIN (dir.), *Encyclopædia Universalis*, 5ème éd., 2002, 28 volumes, vol. 23, pp. 760-765.

[1069] ARISTOTE, *Ethique à Nicomaque*, III, 3, 1111a, 20, *op. cit.*, p. 126.

[1070] « Est fait par contrainte tout ce qui a son principe hors de nous, c'est-à-dire un principe dans lequel on ne relève aucun concours de l'agent ou du patient » : ARISTOTE, *Ethique à Nicomaque*, III, 3, 1110a, 1, *op. cit.*, p. 119.

[1071] Lequel acte est toujours « *non volontaire* ». Agit involontairement celui qui est dans « l'ignorance des particularités de l'acte, c'est-à-dire de ses circonstances et de son objet » : ARISTOTE, *Ethique à Nicomaque*, III, 3, 1110b, 9, *op. cit.*, p. 124.

[1072] ARISTOTE, *Ethique à Nicomaque*, 1109, b, 35, *op. cit.*, p. 119.

[1073] J. TRICOT, commentaire sur ARISTOTE, *Ethique à Nicomaque*, *op. cit.*, p. 132, note 3.

cause dans l'agent, c'est-à-dire être libre (cela concerne la volonté) et doit d'autre part être réfléchi, c'est-à-dire posé en toute connaissance de cause (cela concerne l'intelligence)[1074].

406. Ces éléments théoriques trouvent leur traduction concrète dans la formulation des vices du consentement. Le consentement, pour permettre la formation de l'acte volontaire qu'est le contrat, doit en effet remplir certaines conditions, conditions qui sont identiques à celles de l'acte volontaire tel que décrit par ARISTOTE. « Il doit tout d'abord être éclairé. [...] Erreur et dol atteignent l'élément intellectuel du consentement. [...] Le consentement doit en outre être libre : c'est pourquoi la décision de contracter est annulée pour violence lorsque l'intéressé a fait l'objet de pression »[1075]. Dès lors, « alors que l'erreur et le dol atteignent le consentement "dans son élément intellectuel", la violence, elle, l'atteint "dans son élément de liberté" »[1076].

407. Les contrats, qu'ils soient de droit privé ou de droit public nécessitent donc tous un consentement « libre et éclairé ». Ce principe, fondé en raison et non seulement sur le droit positif est donc transposable à tout consentement vraiment libre, qu'il s'agisse ou non du domaine des contrats[1077]. Il en est de même par exemple en droit médical ou dans les autres exemples qui ont été cités[1078]. Si tout consentement véritable doit en

---

1074 Saint THOMAS D'AQUIN, reprenant en grande partie la philosophie d'ARISTOTE, dit la même chose lorsqu'il affirme, dans un adage devenu juridique, que « Consensus voluntatis est actus qui praesupponit actum intellectus » (l'acte de volonté présuppose un acte intellectuel) : Saint THOMAS D'AQUIN, *Commentaire sur les sentences de Pierre Lombard, IV, 30, question 1*, cité par H. ROLAND et L. BOYER, *Adages du droit français*, *op. cit.*, p. 106. De la sorte, la volonté ne peut se porter que sur un bien qui lui est préalablement présenté par l'intelligence. « Le volontaire importe le mouvement de la faculté appétitive, lequel présuppose la connaissance de la faculté appréhensive, du fait que c'est une fois appréhendé que le bien meut la faculté appétitive » : *Commentaire sur les Ethiques*, *op. cit.*, livre troisième, §386. Sur cette « interférence constante entre l'intelligence et la volonté », voir R. VERNEAUX, *Philosophie de l'homme*, Beauchesne, 2ème éd., 1985, 200 p. pp. 123-140, spéc. p. 124 ou encore E. GILSON, *Le thomisme. Introduction à la philosophie de saint Thomas d'Aquin*, Librairie philosophique J. Vrin, coll. « Etudes de philosophie médiévale », 5ème éd., 1948, 552 p., pp. 332-356.

1075 D. POUYAUD, *La nullité des contrats administratifs*, *op. cit.*, p. 105.

1076 *Ibid.*, p. 131. Telles sont les analyses auxquelles parvient par l'étude de la jurisprudence la doctrine civiliste lorsqu'elle explique les différents vices du consentement. Voir par exemple, parmi tant d'autres : J. FLOUR, J.-L. AUBERT, E. SAVAUX, *Droit civil. Les obligations. 1. L'acte juridique*, Sirey, coll. « Université », 15ème éd., 2012, 524 p., p. 173 ou encore J. GHESTIN, *Traité de droit civil. La formation du contrat*, *op. cit.*, 3ème éd., p. 444.

1077 Voir par exemple D. BEYLEVELD et R. BROWNSWORD, *Consent in the law*, Oxford and Portland, Oregon, Hart publishing, 2007, 388 p., spéc. p. 130, et plus généralement le chapitre 5 intitulé "The condition of a valid consent (I) : unforced and informed choice".

1078 G. JEZE notait ainsi que la théorie des vices du consentement valait également en ce qui concerne les actes administratifs unilatéraux, à partir du moment où ils nécessitaient réalité être libre et éclairé, le fait que certains textes ou jurisprudences exigent explicitement cette double condition montre, non une exigence nouvelle et supplémentaire, mais un renforcement, une insistance sur le consentement dans certaines hypothèses où il revêt une dimension particulièrement importante.

408. Théoriquement, la formation de tout acte juridique, tout spécialement le contrat, nécessite donc un consentement libre et éclairé. Mais il reste encore à voir ce que cela signifie concrètement en droit administratif et à constater que la réalité fait moins cas de la volonté de l'administré.

B. Des nécessités impératives mais largement interprétées par le juge

409. Si, en théorie, le véritable consentement doit non seulement être libre, c'est-à-dire dénué de toute contrainte, mais encore éclairé, c'est-à-dire pris en toute connaissance de cause, l'appréciation concrète de ces deux exigences dans différentes circonstances peut varier de manière importante[1079]. Il n'y a jamais en effet d'acte parfaitement libre[1080] ni parfaitement éclairé[1081], et le juge, au lieu de consacrer de manière absolue la volonté interne de l'administré, est amené à la concilier avec les besoins de l'ordre public. Concernant la liberté du consentement de l'administré, le droit administratif est confronté à la difficulté de savoir jusqu'à quel degré de contrainte on peut considérer que le consentement est encore libre. Quant au caractère éclairé du consentement, il en est de même et il n'est pas évident de savoir à partir de quand l'entendement de l'administré est suffisamment éclairé pour qu'il puisse donner lieu à un consentement formulé en toute connaissance de cause. Cela concerne, pour l'aspect volontaire du consentement, les différentes contraintes qui peuvent toucher

---

l'expression d'un consentement de la part de leur destinataire : *Les principes généraux du droit administratif*, tome 3, *Le fonctionnement des services publics*, *op. cit.*, p. 196. Cela vaut aussi dans d'autres branches du droit. Ainsi, la question d'un véritable consentement est également soulevée en droit des personnes à propos par exemple des incapacités, ou encore en droit pénal, au sujet de l' « *iter criminis* ».

[1079] Autrement dit, le droit administratif s'intéresse plus aux manifestations de volonté qu'à la volonté elle-même. Sur cette question, voir notamment, B. PLESSIX, *L'utilisation du droit civil dans l'élaboration du droit administratif*, *op. cit.*, pp. 164-196.

[1080] « La volonté [...] parfaitement libre n'existe pas » affirment J. FLOUR, J.-L. AUBERT et E. SAVAUX, *Droit civil. Les obligations. 1. L'acte juridique*, *op. cit.*, p. 175.

[1081] Il n'y a jamais en effet d'acte parfaitement conscient de tous les enjeux : « cet aspect intellectuel du consentement ne se rencontre pas toujours au même degré dans tous les actes de la vie juridique » : H. ROLAND et L. BOYER, *Adages du droit français*, *op. cit.*, p. 107.

l'administré (1), et pour l'aspect intellectuel du consentement, le devoir d'information qui pèse sur l'administration dans certaines circonstances (2).

1. Le consentement libre, en principe dénué de toute contrainte

410. Il est intéressant de se demander si le consentement de l'administré, pour être pris en compte par le droit administratif, doit être soustrait à toute forme de contrainte. Pour répondre à cette question, il est utile de faire à nouveau appel à la pensée d'ARISTOTE, car elle apporte des éléments importants sur ce point. Après avoir montré que l'acte involontaire résultait soit de la violence soit de l'ignorance, le Stagirite précise la question de la violence. Dans certains cas, il est clair que l'agent ou le patient n'a pas agi de manière volontaire parce qu'un principe extérieur l'a fait agir sans que sa volonté y concoure aucunement[1082]. Mais dans certaines situations, la question est plus délicate. Qu'en est-il de celui qui agit volontairement, mais par crainte d'un plus grand mal ? S'agit-il d'un acte volontaire ou involontaire ? ARISTOTE prend l'exemple éclairant d'un marin qui, à bord d'un navire au cours d'une tempête, en vient à jeter la cargaison à la mer afin de sauver et le navire et ses compagnons[1083]. Dans l'absolu, il ne souhaite pas se débarrasser de ses biens, mais dans les circonstances précises dans lesquelles il se trouve, il le souhaite effectivement et tout homme sensé ferait de même. « Volontaires sont donc les actions de ce genre, quoique dans l'absolu elles soient peut-être involontaires, puisque personne ne choisirait jamais une pareille action en elle-même »[1084]. Ces actes, qu'ARISTOTE qualifie de mixtes, se rapprochent davantage d'actes volontaires, parce qu'une action doit être étudiée, non dans l'absolu, mais par rapport aux circonstances concrètes qui l'entourent.

411. Cette théorie semble inspirer directement l'adage juridique « *Coacta voluntas tamen voluntas* » : « la volonté contrainte demeure tout de même une volonté »[1085]. Contrairement à l'hypothèse dans laquelle la

---

1082 ARISTOTE prend alors comme exemple la personne qui serait emportée quelque part soit par le vent, soit par des gens qui la tiendraient en leur pouvoir. Voir *Ethique à Nicomaque*, III, 3, 1110a, 1, *op. cit.*, p. 119.

1083 *Ibid.*, p. 120.

1084 *Ibid.*

1085 Sur cet adage, voir H. ROLAND et L. BOYER, *Adages du droit français*, *op. cit.*, p. 107. On retrouve encore l'adage sous une forme voisine : « *Coacta voluntas est voluntas* » : « une volonté contrainte est une volonté ». La même idée est encore exprimée sous une forme un peu différente : « *Coactus volui sed volui* », « j'ai voulu contraint, mais j'ai voulu quand même ». Voir respectivement H. ROLAND et L. BOYER, *Adages du droit français*, *op. cit.*, p. 107, et H. ROLAND, *Lexique juridique. Expressions latines*, *op. cit.*, p. 47.

personne aurait par exemple signé un contrat parce que quelqu'un l'aurait forcée en lui tenant la main (il y aurait tout simplement absence de consentement et non pas vice du consentement), l'adage prévoit le cas où une personne, par crainte de subir un mal plus grand, accepte de donner son consentement. Celui-ci, quoique éventuellement vicié, existe tout de même. C'est bien l'hypothèse des actes qu'ARISTOTE qualifie de mixtes eu égard à la question de la volonté. Alexandre CAVALLIOTI affirme ainsi, dans une formule cependant ambiguë, que « le consentement extorqué par violence est un véritable consentement constituant un acte de volonté humaine »[1086]. En droit administratif comme ailleurs, il faut en effet observer que la liberté « est et ne peut être que celle de l'homme social, c'est-à-dire non pas un pur esprit d'essence supérieure mais un être animé par des désirs et soumis à des besoins. Ce n'est donc sans doute pas de « la » liberté qu'il s'agit, mais seulement d'une liberté, liberté du moins essentielle comme étant celle qui fait de l'homme un être responsable »[1087]. Dès lors, il faut non seulement tenir compte de la volonté interne de l'administré, mais aussi d'autres impératifs sociaux, comme la stabilité des conventions ou la prévisibilité des situations juridiques. Le droit administratif, comme d'ailleurs d'autres branches du droit[1088], utilise donc implicitement cette théorie de l'acte mixte

---

[1086] A. CAVALLIOTI, *L'origine et l'évolution de la théorie des nullités fondées sur les vices du consentement dans les contrats*, Thèse, Paris, Jouve et Cie, 1923, 120 p., p. 49. Il semble que parler de « véritable consentement » prête à confusion, au moins dans la mesure où l'expression, aujourd'hui, est employée pour signifier justement un consentement exempt de vice. Il est à noter que c'est bien vis-à-vis de la volonté que se pose le problème, l'intelligence étant pleinement consciente des enjeux, même si elle les réprouve.

[1087] J.-L. AUBERT et Fr. COLLART DUTILLEUL, *Le contrat. Droit des obligations*, *op. cit.*, p. 54.

[1088] C'est par exemple la question de l'obligation de soins en droit pénal. L'article 131-36-4 du Code pénal prévoit en effet que « sauf décision contraire de la juridiction, la personne condamnée à un suivi socio-judiciaire est soumise à une injonction de soins dans les conditions prévues aux articles L. 3711-1 et suivants du Code de la santé publique, s'il est établi qu'elle est susceptible de faire l'objet d'un traitement, après une expertise médicale ordonnée conformément aux dispositions du Code de procédure pénale. Le président avertit alors le condamné qu'aucun traitement ne pourra être entrepris sans son consentement, mais que, s'il refuse les soins qui lui seront proposés, l'emprisonnement prononcé en application du troisième alinéa de l'article 131-36-1 pourra être mis à exécution ». Bien que le prévenu n'ait dans ces situations que le choix entre consentir à des soins, par exemple pour soigner sa toxicomanie, et se voir infliger des peines d'amende ou de prison, on considère que les soins sont tout de même réellement consentis, car choisis. Le prévenu peut en effet tout à fait les refuser, même si cela n'est pas sans conséquence pour lui. Ces soins remplissent donc la condition de consentement posée par l'article L. 1111-4 du Code de la santé publique. D'où la raison pour laquelle on parle de soins obligatoires et non de soins contraints. Sur cette différence, voir par exemple Ph. SALVAGE, « Les soins obligatoires en matière pénale », *JCPG*, 1997, doct., n°4062, pp. 460-466. Ce raisonnement fait application de l'adage « *qui mavult vult* », c'est-à-dire « préférer, c'est vouloir ». A propos de cet adage, *cf.* H. ROLAND et fait parfois comme si le consentement était donné en toute liberté alors même qu'il n'est pas totalement dénué de contrainte.

412. Cela est particulièrement visible dans le domaine médical[1089]. Bien que l'exigence de consentement soit renforcée, le droit français connaît les vaccinations obligatoires, qui semblent à première vue contraires au principe du consentement. L'article L. 3111-2 du Code de la santé publique prévoit ainsi que « les vaccinations antidiphtérique et antitétanique par l'anatoxine sont obligatoires, sauf contre-indication médicale reconnue [...]. Les personnes titulaires de l'autorité parentale ou qui ont la charge de la tutelle des mineurs sont tenues personnellement responsables de l'exécution de cette mesure, dont la justification doit être fournie lors de l'admission dans toute école, garderie, colonie de vacances ou autre collectivité d'enfants »[1090]. Les vaccinations étant des actes médicaux, elles sont nécessairement soumises, conformément aux articles 16-3 du Code civil et L. 1111-4 du Code de la santé publique, au consentement préalable du patient. Mais la question se pose de savoir si ce dernier est vraiment libre de consentir dans la mesure où son refus l'expose à des sanctions. Autrement dit, le caractère contraignant des vaccinations obligatoires « pose des difficultés d'articulation avec le droit au consentement »[1091]. S'il ne s'agit en aucun cas de vaccinations forcées, le juge administratif admet tout de même que des sanctions puissent résulter d'un non-respect de l'obligation de vaccination. Il a ainsi admis que « le médecin départemental, agissant au nom du président du conseil général, pouvait, sans illégalité [...], subordonner l'admission de Gaëlle X... à la crèche à l'administration préalable des vaccinations obligatoires »[1092]. De même, l'inspecteur d'académie « a pu, sans excès de pouvoir, refuser l'envoi

---

et L. BOYER, *Adages du droit français*, *op. cit.*, pp. 729-731. Il y a choix, donc volonté, conformément à la théorie d'ARISTOTE sur les actes mixtes. D'où la raison pour laquelle la violence, sauf exception, peut entraîner un vice du consentement mais non une absence de consentement contrairement à certaines erreurs. Voir par exemple Br. PETIT et S. ROUXEL, « Art. 1111 à 1115. Contrat et obligations – violence », *JCl. Civil Code*, 2013, n°2.

[1089] Il en est de même en matière de contrats administratifs où l'admission par le juge de la théorie des vices du consentement ne fait pas obstacle à ce que certaines contraintes ne soient pas prises en compte, notamment pour des raisons de sécurité juridique. Sur ce point, *cf. infra*, n°459.

[1090] Le Code de la santé publique prévoit encore d'autres vaccinations obligatoires, par exemple pour la « personne qui, dans un établissement ou organisme public ou privé de prévention de soins ou hébergeant des personnes âgées, exerce une activité professionnelle l'exposant à des risques de contamination ». Elle doit alors être immunisée contre l'hépatite B, la diphtérie, le tétanos, la poliomyélite et la grippe : art. L. 3111-4 du Code de la santé publique.

[1091] A. LAUDE, B. MATHIEU et D. TABUTEAU, *Droit de la santé*, PUF, coll. « Thémis droit », 3ème éd., 2012, 728 p., p. 363.

[1092] CE, 29 juill. 1994, n°102334. Cela est en revanche impossible en ce qui concerne les vaccinations non obligatoires : même décision.

en classe de neige [d'une enfant] par le motif qu'elle n'avait pas subi la vaccination antitétanique »[1093].

413. Malgré ces sanctions éventuelles qui ne peuvent évidemment manquer d'influer sur la liberté du consentement à l'acte de vaccination, il ne s'agit pas de soins forcés. Les personnes, si elles préfèrent les sanctions à la vaccination, demeurent toujours libres de refuser cette dernière[1094].

414. Il apparaît donc très clairement que la liberté du consentement est une notion relative, alors même que le juge administratif a parfois défini le consentement libre comme « non contraint de quelque façon que cela soit »[1095]. Cette liberté est donc appréciée *in concreto* par le juge administratif et varie suivant les circonstances afin de concilier la volonté de l'administré avec certaines nécessités de la vie en société[1096].

415. L'acte volontaire résultant du concours de l'intelligence et de la volonté, la liberté de cette dernière n'est pas la seule condition d'un véritable consentement. Encore faut-il que la première soit suffisamment éclairée.

[1093] CE, 1er avr. 1977, n°00941.

[1094] La Haute juridiction administrative a ainsi admis la légalité d'une ordonnance prévoyant des vaccinations obligatoires, mais sur un autre fondement il est vrai, la nécessité et la proportionnalité de ces mesures visant à protéger la santé publique. Voir CE, 26 nov. 2001, n°222741. Le Conseil constitutionnel, saisi d'une question prioritaire de constitutionnalité, a également admis la pratique des vaccinations obligatoires. Voir CC, 20 mars 2015, décision n°2015-458 QPC, *Epx L.* Un parallèle pourrait être fait avec la notion de refus fautif de soins. La personne peut toujours refuser une intervention médicale susceptible de diminuer son préjudice et le juge ne peut en aucune manière lui imposer des soins. Mais il peut en revanche, en cas de refus fautif de soins, diminuer la réparation due à la victime. Sur cette notion, voir notamment S. HENNETTE-VAUCHEZ, *Disposer de soi ? Une analyse du discours juridique sur les droits de la personne sur son corps*, *op. cit.*, pp. 161-165.

[1095] CE, 22 mai 1942, *Baudray*, *R.*, p. 177.

[1096] Une multitude d'autres exemples pourraient encore être cités. C'est ainsi que l'accès à certaines professions nécessite un certificat médical ou des vaccinations particulières ou encore que la prise en charge par la collectivité d'une partie importante des frais des écoles privées est subordonnée à la passation d'un contrat entre celles-ci et l'Etat. Voir respectivement et par exemple l'article L. 3111-4 du Code de la santé publique et les articles L. 442-5 à L. 442-11 du Code de l'éducation qui traitent du contrat d'association à l'enseignement public passé avec l'Etat par des établissements d'enseignement privés. Autant d'exemples dans lesquels le consentement, tout en étant considéré par le droit comme donné librement, n'est pas dénué de toute contrainte. D. TRUCHET évoque, à propos de telles hypothèses, « un consentement libre mais sous très forte pression » : « Le consentement en droit de la santé », dans J.-P. CAVERNI et R. GORI (dir.), *Le consentement : droit nouveau du patient ou imposture ?*, In press, coll. « Champs libres », 2005, 209 p., pp. 23-36, p. 33.

2. Le consentement éclairé, préalablement informé

416. Le consentement éclairé, c'est-à-dire donné en toute connaissance de cause, nécessite lui aussi certaines conditions. Puisqu'il s'agit d'éclairer l'intelligence en supprimant l'ignorance qui pourrait l'atteindre, l'information donnée à l'administré devrait tenir un rôle de premier ordre. Il convient cependant de remarquer que, là encore, l'obligation d'information reposant sur l'administration varie de manière importante selon les domaines envisagés, protégeant[1097] plus ou moins le consentement des administrés. Deux principaux exemples[1098], antagonistes, doivent ici être envisagés : le droit des contrats et le droit médical.

417. En droit civil des contrats la notion d'information tient un rôle important[1099]. Même si elle ne figure pas pour l'instant expressément dans le Code civil[1100], l'obligation générale d'information préalable à tout contrat

---

[1097] La finalité de l'information dans les hypothèses envisagées est en effet la protection du consentement de l'administré et ne diffère pas en cela de ce qu'il en est par exemple en droit de la consommation, où l'information « est clairement affirmée comme garantissant le consentement et la protection du consommateur » : M. MERINO, *L'obligation d'informer dans l'action administrative*, PUAM, 2006, 381 p., p. 19.

[1098] Il conviendrait encore de noter que le même raisonnement pourrait être tenu à propos de l'erreur qu'à propos de la violence. Le juge administratif, pas plus qu'il ne sanctionne toute violence, ne sanctionne toute erreur comme vice du consentement. Il suffit pour s'en convaincre de noter que seule l'erreur « déterminante » et « excusable » est susceptible de constituer un vice du consentement. Voir par exemple B. PLESSIX, « La théorie des vices du consentement dans les contrats administratifs », *op. cit.*, p. 13, et la jurisprudence citée.

[1099] Certains auteurs préfèrent distinguer les situations et parler d'« obligation précontractuelle de renseignement », par opposition à l'« obligation contractuelle d'information » et à l'« obligation contractuelle de conseil ». Voir par exemple Ph. LE TOURNEAU, *Responsabilité des vendeurs et fabricants*, Dalloz, coll. « Dalloz référence », 4ème éd., 2012, 341 p., p. 71. Pour des précisions sur ces distinctions, voir notamment J. GHESTIN, *Traité de droit civil. La formation du contrat*, *op. cit.*, 3ème éd., pp. 577-583. Ici, quel que soit le nom qu'on lui donne, c'est bien d'une obligation précontractuelle qu'il s'agit, qui vise à protéger le consentement au moment de son émission. Il faut donc bien qu'elle soit antérieure, ou au plus tard concomitante, à la passation du contrat.

[1100] Les choses pourraient cependant évoluer, le Gouvernement souhaitant introduire l'obligation d'information en droit positif. Voir à ce sujet l'article 2 du projet d'ordonnance *portant réforme du droit des contrats, du régime général et de la preuve des obligations*, disponible à l'adresse http://www.justice.gouv.fr/publication/j21_projet_ord_reforme_contrats_2015.pdf, [1er sept. 2015]. Cet article vise à modifier le Code civil qui comporterait un article 1129 énonçant que « celui des contractants qui connaît ou devrait connaître une information dont l'importance est déterminante pour le consentement de l'autre doit l'en informer dès lors que, légitimement, ce dernier ignore cette information ou fait confiance à son cocontractant. /Le manquement à ce devoir d'information engage la responsabilité extracontractuelle de celui qui en était tenu. Lorsque ce manquement provoque un vice du consentement, le contrat peut être annulé ».

résulte de la jurisprudence[1101] et la doctrine civiliste aborde largement cette question[1102]. Il s'agit d'un moyen essentiel visant notamment à « faciliter l'émission d'un consentement éclairé »[1103] en faisant en sorte de donner aux contractants tous les éléments nécessaires afin qu'ils puissent se faire de la situation une représentation aussi exacte que possible.

418. Pourtant, le droit administratif des contrats paraît silencieux sur cette obligation d'information. Charles-Edouard BUCHER affirme ainsi que « cette obligation précontractuelle ne semble pas se retrouver en droit administratif »[1104]. L'étude des index des principaux ouvrages de droit des contrats administratifs confirme cette assertion[1105]. Muriel MERINO, dans sa thèse sur *l'obligation d'informer dans l'action administrative*[1106], ne relève pas non plus d'obligation générale d'information précontractuelle qui lierait l'administration. Les seules occurrences qui semblent exister sont de deux ordres. Les premières concernent l'information des assemblées délibérantes des collectivités locales préalablement à l'autorisation donnée à l'autorité exécutive de signer un contrat[1107]. Cela ne relève pas des dispositions propres aux contrats, mais du droit des collectivités locales[1108] et qui plus est

---

[1101] En plus des conséquences que l'on peut tirer de l'admission par le juge judiciaire de la réticence dolosive, le fait que des contractants soient condamnés, sur le fondement de l'article 1382 du Code civil, à une réparation complémentaire d'une annulation du contrat pour dol ou même pour une simple erreur ne résultant pas d'un dol, montre bien qu'il y a violation d'une obligation préexistante, celle d'information. Voir pour plus de développements et des exemples jurisprudentiels, J. GHESTIN, *Traité de droit civil. La formation du contrat*, *op. cit.*, 3ème éd., pp. 605-609.

[1102] Par exemple, J. GHESTIN consacre un chapitre entier de près de 80 pages à cette question : *Traité de droit civil. La formation du contrat*, *op. cit.*, 3ème éd., pp. 576-653. Voir également les références citées.

[1103] Ch.-E. BUCHER, *L'inexécution du contrat de droit privé et du contrat administratif. Etude de droit comparé interne*, *op. cit.*, p. 70.

[1104] *Ibid.*

[1105] Ont ainsi été consultés, sans résultat, les ouvrages suivants : Chr. GUETTIER, *Droit des contrats administratifs*, *op. cit.* ; A. DE LAUBADERE, Fr. MODERNE et P. DELVOLVE, *Traité des contrats administratifs*, *op. cit.*, et L. RICHER, *Droits des contrats administratifs*, *op. cit.*, 7ème éd., et 8ème éd., 2012, 798 p.

[1106] M. MERINO, *L'obligation d'informer dans l'action administrative*, *op. cit.*

[1107] Voir par exemple CE, 4 juill. 2012, *Communauté d'agglomération de Chartres Métropole*, n°352417. Le Conseil d'Etat estime que l'insuffisante information des membres d'un conseil communautaire entache sa délibération d'un vice du consentement. Pour d'autres exemples, voir par exemple les références citées par L. RICHER, *Droits des contrats administratifs*, *op. cit.*, 7ème éd., p. 140 et p. 174 ou encore Fr. BRENET, « Formation du contrat administratif », *Jcl. Contrats et marchés publics*, fasc. n°12, 2009, n°80-82.

[1108] Dans l'affaire précitée, *Communauté d'agglomération de Chartres Métropole*, le Conseil d'Etat estimait que ce défaut d'information violait l'article L. 2121-13 du Code général des collectivités territoriales aux termes duquel « tout membre du conseil municipal a le droit, dans le cadre de sa fonction, d'être informé des affaires de la commune qui font l'objet d'une délibération ».

ne protège pas le cocontractant de l'administration mais uniquement cette dernière.

419. Les secondes ont trait à la concurrence dans la passation de certains contrats publics : « cette information préalable n'est pas imposée pour toutes les catégories de contrats administratifs. Elle se retrouve essentiellement dans la passation des marchés publics, des contrats de délégation de service public et des contrats de partenariat »[1109]. Mais Muriel MERINO note aussitôt que « préalablement à l'examen des offres, l'obligation d'informer a pour fonction de garantir l'effectivité de la mise en concurrence imposée par les textes. Postérieurement à cet examen, elle vise notamment à informer les candidats évincés du rejet de leurs offres »[1110]. L'information vise donc à permettre le dépôt des offres afin de garantir une concurrence optimale dans la commande publique, en permettant des offres nombreuses et en évitant la corruption. C'est donc un outil au service de l'efficience et de la moralisation de l'action administrative[1111]. L'information a pour but essentiel de garantir la libre concurrence, la transparence ainsi que l'égalité et non pas la protection du consentement du futur contractant de l'administration. Celle-ci semble être assurée par le formalisme des contrats administratifs ou peut-être aussi par les procédures de communication des documents administratifs, comme celle prévue par le titre premier de la loi du 17 juillet 1978[1112]. Mais aucun dispositif spécifique au contrat administratif ne semble être le pendant de l'obligation générale d'information qui pèse sur les contractants en droit privé[1113].

420. Si le droit des contrats ne semble généralement pas faire de l'information du cocontractant de l'administration une obligation, il en est très différemment en droit médical où cette obligation est « le cœur de la

---

1109 M. MERINO, *L'obligation d'informer dans l'action administrative*, *op. cit.*, p. 71.

1110 *Ibid.*

1111 Sur tous ces éléments, voir M. MERINO, *L'obligation d'informer dans l'action administrative*, *op. cit.*, pp. 71-78 ou encore D. DE BECHILLON et Ph. TERNEYRE, « Contrats administratifs (contentieux des) », *op. cit.* ; M. DE MONSEMBERNARD, « Marchés publics (contentieux des) », *Rep. cont. adm. Dalloz*, 2013 ; G. ECKERT, « Passation du contrat », *Jcl. Contrats et Marchés publics*, fasc. n°420, 2012 ou encore J. DIETENHOEFFER, « Mise en concurrence du candidat sortant : la détermination des obligations de la personne publique », *Contrats et Marchés publics*, n°5, mai 2008, étude 5, n°15 à n°21.

1112 Loi n°78-753 du 17 juill. 1978 *portant diverses mesures d'amélioration des relations entre l'administration et le public et diverses dispositions d'ordre administratif, social et fiscal*, *JORF*, 18 juill., p. 2851. Le titre premier de la loi est consacré à « la liberté d'accès aux documents administratifs ».

1113 A l'inverse, certaines décisions de justice mentionnent l'obligation pour le cocontractant de l'administration d'informer celle-ci. Pour des exemples jurisprudentiels, voir Ch.-E. BUCHER, *L'inexécution du contrat de droit privé et du contrat administratif. Etude de droit comparé interne*, *op. cit.*, p. 71.

relation médecin-patient »[1114] et est constamment réaffirmée, tant par les textes que par le juge administratif[1115]. Il résulte en effet de l'article L. 1111-2 alinéa 1er du Code de la santé publique que « toute personne a le droit d'être informée sur son état de santé »[1116]. Cette obligation est précisée à l'article 35 du Code de déontologie médicale aux termes duquel « le médecin doit à la personne qu'il examine, qu'il soigne ou qu'il conseille une information loyale, claire et appropriée sur son état, les investigations et les soins qu'il lui propose »[1117].

421. L'importance de cette obligation est soulignée par le fait que le consentement pouvant être repris à tout moment par le patient[1118], l'information doit être permanente et dispensée « tout au long de la maladie »[1119]. Cette obligation demeure parfois même postérieurement aux soins. Commet ainsi une faute le médecin qui manque à son devoir de conseil en n'informant pas sa patiente du risque de grossesse qui demeure après la stérilisation tubaire qu'il a pratiquée sur elle[1120].

1114 CONSEIL D'ETAT, *Réflexion sur le droit de la santé. Rapport public 1998*, La Documentation française, 1998, 509 p., p. 311.

1115 Pour un historique de cette obligation, voir par exemple : Cl. BERGOIGNAN-ESPER et P. SARGOS, *Les grands arrêts du droit de la santé*, *op. cit.*, pp. 27-32. Des textes particuliers imposent une obligation approfondie dans certains cas, comme le don d'organe. Il n'en sera pas fait mention ici.

1116 L'information porte encore sur les frais des soins : « toute personne a droit, à sa demande, à une information, délivrée par les établissements et services de santé publics et privés, sur les frais auxquels elle pourrait être exposée à l'occasion d'activités de prévention, de diagnostic et de soins et les conditions de leur prise en charge » selon l'article L. 1111-3 du Code de la santé publique, précisé par l'alinéa 4 de l'article R. 4127-53 du même code, aux termes duquel « un médecin doit répondre à toute demande d'information préalable et d'explications sur ses honoraires ou le coût d'un traitement ».

1117 Article R. 4127-35 du Code de la santé publique, constituant l'article 35 du Code de déontologie médicale. Cette obligation d'information est encore reprise par la Charte du patient hospitalisé, dans son chapitre 3 intitulé « L'information donnée au patient doit être accessible et loyale ». Cette charte est annexée à la circulaire DHOS/E1/DGS/SD1B/SD1C/SD4A n°2006-90 du 2 mars 2006 *relative aux droits des personnes hospitalisées et comportant une charte de la personne hospitalisée*, *BO Santé-solidarités*, n°4/2006, 15 mai 2006, p. 25.

1118 Conformément à l'article L. 1111-4 du Code de la santé publique.

1119 Article R. 4127-35 du Code de la santé publique, constituant l'article 35 du Code de déontologie médicale.

1120 TA, Strasbourg, 21 avr. 1994, *Mme M.*, *AJDA*, 1994, p. 916. L'article L. 1111-2 du Code de la santé publique dispose également que « lorsque, postérieurement à l'exécution des investigations, traitements ou actions de prévention, des risques nouveaux sont identifiés, la personne concernée doit en être informée ». Le Conseil d'Etat a ainsi jugé que le service public hospitalier n'est pas dispensé, « en cas d'identification de risques nouveaux postérieurement à l'exécution d'une investigation, de l'obligation […] d'en informer la personne concernée, sauf impossibilité de retrouver celle-ci » : CE, 2 sept. 2009, *Mme P.*, n°292783.

422. Cette obligation comporte cependant certaines exceptions. L'information n'est pas requise « en cas d'urgence, d'impossibilité, de refus du patient d'être informé »[1121]. Une autre exception était possible jusqu'à la modification du Code de déontologie médicale par un décret du 7 mai 2012[1122]. Selon l'ancienne version de ce code, « dans l'intérêt du malade et pour des raisons légitimes que le praticien apprécie en conscience, un malade peut être tenu dans l'ignorance d'un diagnostic ou d'un pronostic graves, sauf dans les cas où l'affection dont il est atteint expose les tiers à un risque de contamination »[1123]. Aujourd'hui, cette hypothèse, qualifiée « d'exception thérapeutique », n'est plus d'actualité et seule demeure, sous conditions, le refus du patient d'être informé : « lorsqu'une personne demande à être tenue dans l'ignorance d'un diagnostic ou d'un pronostic, sa volonté doit être respectée, sauf si des tiers sont exposés à un risque de contamination »[1124].

423. Cependant, le plus important ici est de mettre en lumière que cette nécessité de l'information est finalisée. Cette obligation n'est pas à considérer comme un fait brut mais dans la relation qu'elle entretient avec le consentement. Elle n'a en effet d'autre but que de rendre possible le consentement éclairé du patient[1125]. Ce lien de cause à effet est mis en lumière par un grand nombre d'auteurs[1126]. Louis DUBOUIS affirme ainsi que le consentement « n'aurait aucune signification s'il n'était pas éclairé par l'information dispensée »[1127] et Didier TRUCHET que « le consentement n'a de sens que s'il est "éclairé", c'est-à-dire précédé d'une information

---

[1121] CE, Sect., 5 janv. 2000, *AP-HP c/M. Guilbot et Cts Telle,* n°198530 et n°181899. Sur les exceptions à l'information du patient, voir par exemple M. MERINO, *L'obligation d'informer dans l'action administrative*, *op. cit.*, pp. 144-146.

[1122] Décret n°2012-694 du 7 mai 2012 *portant modification du code de déontologie médicale*, *JORF*, n°0108, 8 mai 2012, p. 8479, texte n°97.

[1123] Ancien article 4127-35 du Code de la santé publique.

[1124] Article R. 4127-35 du Code de la santé publique, constituant l'article 35 du Code de déontologie médicale. Sur cette question, voir notamment M. MERINO, *L'obligation d'informer dans l'action administrative*, PUAM, 2006, 381 p., pp. 145-146 ou encore A. LAUDE, B. MATHIEU et D. TABUTEAU, *Droit de la santé*, *op. cit.*, pp. 347-349.

[1125] Sur cette question, voir notamment M. REYNIER, « L'information, condition du consentement », dans E. MARTINEZ et Fr. VIALLA (dir.), *Les grands avis du CCNE*, *op. cit.*, pp. 164-172.

[1126] La jurisprudence administrative l'exprime également, en indiquant par exemple que le patient doit être informé « dans des conditions qui permettent de recueillir son consentement éclairé ». Voir par exemple CE, Sect., 5 janv. 2000, *AP-HP c/M. Guilbot et Cts Telle*, n°198530 et n°181899.

[1127] L. DUBOUIS, « Démocratie sanitaire et droit de la personne malade. A propos de la loi du 4 mars 2002 sur les droits des malades et la qualité du système de santé », *op. cit.*, p. 133.

loyale et adéquate sur les soins envisagés »[1128]. Le Conseil d'Etat énonce aussi que « le médecin doit informer le patient *en vue d'*éclairer son consentement »[1129]. Il s'agit là d'un des éléments de la démocratie sanitaire. Le patient, en effet, ne peut pas être dit autonome et décider s'il se soumet à des soins ou non (et si oui, choisir lesquels) s'il n'a pas une parfaite connaissance des éléments lui permettant de faire ces choix. Serge-Marie AGBOTON explique ainsi le lien qui unit la démocratie sanitaire au consentement, et le consentement à l'information : « de simple spectateur, le malade est devenu un véritable acteur de la décision médicale au sein de la relation médecin-patient. Ce qui implique qu'avant tout acte médical, le médecin doit obtenir le consentement du patient, et un consentement qui se veut "éclairé". Cette exigence fait naître à la charge du médecin une obligation d'information »[1130]. Si cette dernière est donc première chronologiquement, elle n'est qu'un moyen, en l'occurrence essentiel puisque c'est le seul, de parvenir à un consentement éclairé de la part du patient[1131].

424. Dans leur rapport rendu pour la commission des affaires culturelles, familiales et sociales sur le projet de loi relatif aux droits des malades et à la qualité du système de santé, MM. Claude EVIN, Bernard CHARLES et Jean-Jacques DENIS rappelaient que le droit à l'information du malade est une « condition du consentement éclairé ». Il participe d'un « droit de savoir » pour « pouvoir décider »[1132] : « le médecin à le devoir

---

1128 D. TRUCHET, « Hôpitaux (Responsabilité des services hospitaliers) », *Rep. resp. puiss. publ. Dalloz*, sept. 2005, n°123. Sur la question de l'information dans le domaine médical, voir encore Comité Consultatif National d'Ethique pour les sciences de la vie et de la santé, Avis n°58, *Consentement éclairé et information des personnes qui se prêtent à des actes de soin ou de recherche*, 12 juin 1998, 33 p., disponible sur le site http://www.ccne-ethique.fr/, [28 août 2015].

1129 CONSEIL D'ETAT, *Réflexion sur le droit de la santé. Rapport public 1998 op. cit.*, p. 305. C'est nous qui soulignons.

1130 S.-M. AGBOTON, *Information et secret médical en droit administratif*, *op. cit.*, p. 18. Les citations de l'auteur allant dans ce sens pourraient encore être multipliées. Voir notamment p. 49 et p. 264.

1131 Il est intéressant de noter que cette démonstration est renforcée par les propos de certains auteurs, tel L. PORTES, premier président de l'Ordre des médecins, qui critiquait dans les années cinquante la pertinence du consentement du patient aux soins : « le consentement "éclairé" du malade [...] n'est en fait qu'une notion mythique que nous avons vainement cherché à dégager des faits ». Il note en effet que le patient est un être « à peu près complètement aveugle » (159), faute d'une formation médicale appropriée. Dès lors, il pouvait conclure que « sauf exception, le consentement du malade n'est ni libre, ni éclairé » : *A la recherche d'une éthique médicale*, *op. cit.*, respectivement p. 170, p. 159 et p. 172.

1132 Cl. EVIN, B. CHARLES et J.-J. DENIS, « Rapport n°3263 fait au nom de la Commission des affaires culturelles, familiales et sociales sur le projet de loi relatif aux droits des malades et à la qualité du système de santé », enregistré à l'Assemblée nationale le 18 sept. 2001.

d'informer le malade parce qu'il a l'obligation de recueillir son consentement »[1133]. Dans ses conclusions sur les arrêts du 5 janvier 2000, *AP-HP c/M. Guilbot et Cts Telle*, Didier CHAUVAUX affirmait : « l'obligation de recueillir le consentement du patient [...] a pour corollaire l'obligation de lui fournir les informations utiles pour éclairer sa décision »[1134]. Muriel MERINO résume ce lien de cause à effet en parlant « d'un droit de savoir pour mieux décider »[1135]. L'obligation d'information constitue donc un préalable, une condition d'un consentement réellement éclairé.

425. Cette obligation d'information étant acquise, la question se pose de savoir quelles sont les informations qui vont permettre au patient de donner son consentement de manière réellement éclairée[1136]. L'article L. 1111-2 du Code de la santé publique indique que l'information doit porter « sur les différentes investigations, traitements ou actions de prévention qui sont proposés, leur utilité, leur urgence éventuelle, leurs conséquences, les risques fréquents ou graves normalement prévisibles qu'ils comportent ainsi que sur les autres solutions possibles et sur les conséquences prévisibles en cas de refus ». Le Conseil d'Etat précise que « cette information doit en particulier être suffisamment précise pour permettre à l'intéressé de donner son consentement »[1137]. La question s'est posée de savoir si l'information sur les risques exceptionnels devait également être délivrée. Le Conseil d'Etat avait d'abord exclu de l'obligation les risques exceptionnels en ce qui concerne la médecine et la chirurgie classique[1138]. Puis il a opéré un revirement de

---

1133 *Ibid.*

1134 D. CHAUVAUX, « L'obligation du médecin d'informer le patient. Conclusions sur Conseil d'Etat, Section, 5 janvier 2000, *Assistance publique-Hôpitaux de Paris c/M. Guilbot et Epoux Telle* », *RFDA*, 2000, pp. 641-653, p. 641.

1135 M. MERINO, *L'obligation d'informer dans l'action administrative*, *op. cit.*, p. 137. M. REYNIER estime pour sa part que l'information constitue « une prémisse nécessaire [...] à l'émergence et à l'accomplissement du consentement éclairé » : « L'obligation d'information due par le médecin », *op. cit.*, p. 192.

1136 Sur l'étendue de l'obligation d'information en matière médicale, voir par exemple M. MERINO, *L'obligation d'informer dans l'action administrative*, *op. cit.*, p. 139-143 ou D. TRUCHET, « Hôpitaux (Responsabilité des services hospitaliers) », *op. cit.*, n°123-129.

1137 CONSEIL D'ETAT, *Réflexion sur le droit de la santé. Rapport public 1998*, *op. cit.*, p. 307.

1138 CE, 9 janv. 1970, *Carteron*, *R.*, p. 17. Sur cet arrêt, voir les références citées par D. TRUCHET, « Hôpitaux (Responsabilité des services hospitaliers) », *op. cit.*, n°124, et la défense de cette jurisprudence par le Conseil d'Etat lui-même, deux ans seulement avant son revirement de jurisprudence : CONSEIL D'ETAT, *Réflexion sur le droit de la santé. Rapport public 1998*, *op. cit.*, pp. 307-311. La question se posait différemment dans certains domaines particuliers, par exemple la chirurgie esthétique, le praticien devant informer le patient des risques, mêmes exceptionnels. Le praticien est en effet en la matière « tenu d'une obligation jurisprudence par un arrêt du 5 janvier 2000[1139], estimant que « si cette information n'est pas requise en cas d'urgence, d'impossibilité, de refus du patient d'être informé, la seule circonstance que les risques ne se réalisent qu'exceptionnellement ne dispense pas les praticiens de leur obligation ». La loi du 4 mars 2002 *relative aux droits des malades et à la qualité du système de santé*, bien que ne mentionnant pas explicitement les risques exceptionnels, n'a pas voulu les exclure de l'obligation d'information et le Conseil d'Etat a en conséquence confirmé sa jurisprudence postérieurement à l'adoption de la loi[1140].

426. Un élément démontre enfin toute l'importance que le droit attache à cette obligation d'information en matière médicale : les conditions d'engagement de la responsabilité de l'administration en cas de défaut d'information[1141]. Le Conseil d'Etat affirme ainsi que « hors les cas d'urgence ou d'impossibilité de consentir, la réalisation d'une intervention à laquelle le patient n'a pas consenti oblige l'établissement responsable à réparer tant le préjudice moral subi de ce fait par l'intéressé que, le cas échéant, toute autre conséquence dommageable de l'intervention »[1142]. La Haute juridiction réaffirmera quelque temps après que « indépendamment de la perte d'une chance de refuser l'intervention, le manquement des médecins à leur obligation d'informer le patient des risques courus ouvre pour l'intéressé, lorsque ces risques se réalisent, le droit d'obtenir réparation des troubles qu'il a pu subir du fait qu'il n'a pas pu se préparer à cette éventualité, notamment en prenant certaines dispositions personnelles »[1143]. Dès lors, les patients ont la possibilité, au cas où la perte de chance ne pourrait être établie, d'obtenir réparation pour les troubles occasionnés par la réalisation du risque pour lequel ils n'avaient pas été informés. L'obligation

---

d'information particulièrement étendue à l'égard de son client » : CE, 15 mars 1996, *Mlle Durand*, *R.*, p. 85.

[1139] CE, Sect., 5 janv. 2000, *AP-HP c/M. Guilbot et Cts Telle*, n°198530 et n°181899.

[1140] La formulation de l'arrêt *Cts Telle* est ainsi fréquemment reprise par la Haute juridiction. Voir par exemple CE, 24 sept. 2012, n°339285 ; CE, 30 nov. 2011, n°327658 ou encore CE, 11 juill. 2011, n°328183.

[1141] Cette question pose elle-même celle de la preuve de cette information. Sur ce point, voir par exemple C. CHAMOT, « Information et consentement éclairé du patient : l'importance de l'entretien individuel dans les règles d'administration de la preuve », *Gaz. Pal.*, 2013, n°71 et n°72, 12 mars 2014, pp. 12-16.

[1142] CE, 24 sept. 2012, n°336223. Pour des réflexions sur la question de la responsabilité pour défaut d'information, voir notamment Fr. ALT-MAES, « La réparation du défaut d'information médicale. Métamorphose et effets pervers », *JCPG*, n°19, 6 mai 2013, pp. 944-950.

[1143] CE, 10 oct. 2012, *Michel C.*, n°350426, *RGDM*, n°46, mars 2013, pp. 362-364, note J. SAISON-DEMARS et M. GIRER, *JCPG*, 2012, pp. 2109-2110, note Fr. VIALLA, *JCPA*, n°46, 19 nov. 2012, p. 34, note V. VIOUJAS.

d'information est par ce moyen valorisée, même si le juge administratif reste encore en retrait par rapport à son homologue judiciaire[1144]. Peut-être en ira-t-il différemment dans les années à venir, tant l'importance de l'information est grande et les jurisprudences administratives et judiciaires convergentes en matière médicale.

427. Une fois le consentement considéré comme libre et éclairé, le droit administratif peut alors tenir compte des conséquences induites par le choix fait par l'administré, quand bien même cela se révélerait défavorable pour ce dernier.

II. En aval, l'exigence de cohérence du consentement

428. Si le consentement est pris en compte, la liberté ainsi consacrée doit être envisagée dans tous ses aspects. Cela vaut bien sûr toutes les fois que le consentement produit des conséquences favorables pour l'administré, mais peut aussi jouer lorsqu'il lui est défavorable et que l'administré a, par un choix libre et réfléchi, consenti aux situations qui le touchent. En d'autres termes, lorsque le droit administratif prend en compte le consentement de l'administré, il assure la protection de sa volonté en la respectant, mais peut alors se désintéresser de la protection objective de l'administré, comme celle de son patrimoine. Doivent alors être distinguées, au moins théoriquement[1145], les hypothèses où le droit administratif cherche à responsabiliser l'administré en lui faisant assumer les conséquences de ses choix (A), de celles où il cherche avant tout à garantir un impératif supérieur, celui de sécurité juridique, fût-ce au détriment de l'administré (B).

[1144] La Cour de cassation voit dans le droit à l'information un « droit subjectif » dont la violation entraîne « un préjudice moral, résultant d'un défaut de préparation psychologique aux risques encourus et du ressentiment éprouvé à l'idée de ne pas avoir consenti à une atteinte à son intégrité corporelle » : Cass., Civ. 1ère, 12 juill. 2012, n°11-17.510.

[1145] Il va de soi que les deux éléments ne sont pas toujours faciles à différencier et sans doute que des mécanismes visent les deux à la fois, comme c'est aussi le cas en droit privé des obligations. Des auteurs relèvent ainsi les limites assignées à l'erreur sanctionnable, ce qui « l'empêche *à la fois* de constituer un encouragement à la négligence et de compromettre la sécurité juridique » : J.-L. AUBERT et Fr. COLLART DUTILLEUL, *Le contrat. Droit des obligations*, *op. cit.*, p. 61. Nous soulignons.

A. La responsabilisation de l'administré

429. Le fait de tenir compte dans certaines hypothèses des choix de l'administré ne peut que se traduire par une plus grande responsabilité de celui-ci. Il est juste en effet que celui qui a de plus grands pouvoirs assume de plus grandes responsabilités[1146]. La question de l'acte volontaire est même liée, historiquement et philosophiquement, à la détermination des personnes responsables[1147]. Ainsi donc, les domaines de la volonté et de la responsabilité sont proportionnels et plus le champ de la première s'élargit plus celui de la seconde s'étend. Cela est visible dans plusieurs domaines et peut concerner tant les biens de l'administré (1) que sa responsabilité à travers la question de « l'exception de risque accepté » (2).

1. La responsabilisation de l'administré au travers de ses biens

430. En donnant son consentement, l'administré est dans une certaine mesure acteur de l'action de l'administration. Lorsqu'il accepte certains actes de l'administration concernant ses biens, le droit administratif le prend en compte et en tire toutes les conséquences afin de le responsabiliser[1148]. Un mécanisme apparaît ici, caractéristique de cette volonté du droit administratif de prendre le consentement au sérieux et de lui faire produire tous les effets qu'il renferme. Il s'agit du classement d'office des voies privées ouvertes au public[1149].

431. L'ouverture au public de ces voies entraîne un certain nombre de conséquences juridiques[1150]. Alors même que la propriété de la voie reste privée[1151], plusieurs mécanismes de droit public interviennent. Ainsi, pour ne

---

[1146] Voir notamment T. JOUZEL, *Pouvoir et responsabilité au sein de l'administration décentralisée*, L'Harmattan, 2014, 376 p., pp. 18-20 et les références citées.

[1147] Sur cette question, voir P. RICOEUR, « Volonté », *op. cit.*, pp. 760-765.

[1148] Cette finalité correspond par ailleurs bien souvent avec d'autres, comme la simplification de l'action administrative.

[1149] Voir notamment X. COUTON, « Lotissements. Réalisation. Gestion des équipements collectifs », *Jcl. Civil Annexes*, V° Lotissements, fasc. n°50, 2008, n°155 à 163. De manière plus générale, voir encore G. LIET-VEAUX, « Quelques précisions sur la transformation de voies privées urbaines en voies publiques », *RA*, 1971, pp. 29-32.

[1150] Pour plus de précisions sur la notion, voir notamment Y. MENY, « L'ouverture au public des voies privées urbaines », *op. cit.*, ou plus récemment, S. DELIANCOURT, « Les voies privées ouvertes à la circulation générale », *op. cit. Cf.* aussi *supra*, n°94, et n°430.

[1151] *Cf.* par exemple, CE, 29 avr. 1938, *Gailhac*, *R.*, p. 392 ; CE, 17 mars 1948, *Poungavananattar et a.*, *R.*, p. 132 ; CE, 16 nov. 1957, *Ville de Marseille c/Dame Poro*, *R.*, p. 1041 ; CE, 15 fév. 1989, *Cne de Mouveaux*, n°71992 et TA, Lille, 3 août 1956, *SARL des Ets Laisné*, *Gaz. Pal.*, 14 déc. 1956, juris., p. 383. Cette jurisprudence a été réaffirmée plus citer que les principaux, le maire peut, et parfois doit[1152], faire usage de ses pouvoirs de police administrative générale pour y réglementer la circulation[1153] ou le stationnement[1154], l'article L. 2212-2 du Code général des collectivités territoriales s'appliquant indifféremment aux voies publiques et aux voies privées ouvertes au public[1155]. L'ouverture de la voie au public fait de celle-ci un ouvrage public[1156]. Par ailleurs, cette ouverture présentant un intérêt général, la commune peut prendre financièrement et matériellement en charge les travaux nécessaires à son entretien[1157], travaux qui auront alors la qualité de travaux publics[1158], entraînant éventuellement l'engagement de la responsabilité de la commune en cas de dommage[1159].

432. Le régime juridique des voies privées ouvertes au public présente ainsi une certaine complexité qui peut s'analyser en un double mouvement. D'un côté, et alors même que la voie est affectée à l'usage du public, le droit

---

récemment par un arrêt du Tribunal des conflits du 16 mai 1994, *Allard c/Malemort-sur-Corrèze*, *R.*, p. 599.

1152 *Cf.* par exemple : CE, 8 mai 1963, *Cne de Maisons-Laffitte*, *R.*, p. 276 ; CE, Ass., 20 oct. 1972, *Ville de Paris c/Marabout*, *R.*, p. 664 ; CAA, Bordeaux, 28 fév. 2002, *Fontaine*, n°98BX00490.

1153 Voir notamment : CE, 31 mars 1905, *Pluquet et a.*, *R.*, p. 323 ; CE, 19 nov. 1975, *Epx Roussel et Beuriot*, *T.*, p. 1173 ; CE, 1er juill. 1981, *SA Carrière Chalumeau*, *R.*, p. 292. Voir notamment J. SINGER, « Police des voies privées », *Départements et communes*, janv. 1982, p. 40.

1154 *Cf.* par exemple : CE, 29 mars 1989, *Fradin*, n°80063 ; CAA, Marseille, 22 oct. 2007, *Tourrenc*, n°05MA02078 et la note de S. DELIANCOURT : *JCPA*, 28 avr. 2008, n°2109, pp. 22-23, avec la jurisprudence citée.

1155 La jurisprudence administrative note en effet que les pouvoirs du maire en matière de police administrative générale s'appliquent sur toutes les voies, « sans distinguer entre celles qui font partie du domaine communal et celles qui, demeurées propriétés privées, ont été, du consentement de leurs propriétaires, ouvertes à l'usage du public » : CE, 20 fév. 1989, *Sté des tuyaux Bonna et a.*, n°68813, ou encore CE, 29 mars 1989, n°80063. Cette solution était déjà en vigueur avant l'entrée du Code général des collectivités territoriales, à propos de l'article 97 de la loi du 5 avr. 1884 ou de l'article 97 du Code de l'administration communale, puis de l'article L. 131-2 du Code des communes. *Cf.* par exemple et respectivement : CE, 8 mai 1963, *Cne de Maisons-Laffitte*, *R.*, p. 276 ; CE, 3 déc. 1975, *Sté foncière Paris Languedoc*, n°89689, *R.*, p. 900, et CE, 1er juill. 1981, *SA Carrière Chalumeau*, *R.*, p. 292. Pour d'autres références jurisprudentielles, voir par exemple J. LEGER et J.-M. PONTIER (dir.), « Cour administrative d'appel de Marseille. Décisions de septembre à décembre 2007 », *JCPA*, n°18, 28 avr. 2008, pp. 17-23, p. 22.

1156 CE, 30 nov. 1979, *Ville Joeuf*, *R.*, p. 2. La responsabilité de la commune peut donc être engagée pour défaut d'entretien normal. *Cf.* par exemple, CAA, Nancy, 12 mai 1999, *Ville d'Amiens*, n°95NC00214. Sur cette question, voir notamment J. PETIT, « Ouvrage public. Notion », *Jcl. Propriétés publiques*, fasc. n°8, 2013, n°232.

1157 CE, 17 oct. 1980, *Mme Braesch et a.*, *R.*, p. 940.

1158 CE, 16 nov. 1957, *Ville de Marseille c/Dame Poro*, *R.*, p. 1041.

1159 CE, 9 fév. 1977, *Ville de Limoges*, *R.*, p. 742 ; CE, 16 nov. 1957, *Ville de Marseille c/Dame Poro*, *R.*, p. 1041.

privé continue de s'appliquer, au travers notamment du droit de propriété ; de l'autre, et alors même que la voie reste une propriété privée, un certain nombre de notions de droit public trouve tout naturellement à s'appliquer du fait de l'affectation de la voie à l'usage du public[1160].

433. Des auteurs notent donc que ce régime qui associe « deux composantes a priori antinomiques »[1161] dans un « équilibre précaire »[1162] « constitue un nid à procès »[1163] en raison « d'une situation équivoque »[1164] résultant d'un « décalage »[1165] entre le droit et le fait.

434. Plusieurs mécanismes juridiques existent afin de résoudre le problème en permettant le transfert de la propriété de ces voies aux communes. Ce changement de propriétaire peut bien sûr, et en premier lieu, résulter d'une cession amiable[1166] ou d'une procédure d'expropriation pour cause d'utilité publique, si les conditions de cette dernière sont réunies[1167]. Mais de manière plus spécifique, deux ensembles normatifs sont à la disposition des communes. Il s'agit des articles L. 171-14 et suivants du Code de la voirie routière[1168] et L. 318-3 et suivants du Code de l'urbanisme[1169].

[1160] Cette application simultanée du droit privé et du droit public selon la question envisagée ressort particulièrement bien dans la thèse de M. SCHNECKENBURGER, *Le régime juridique des voies privées*, Les Presses modernes, 1937, 254 p. L'auteur consacre une partie aux « voies privées sous le régime du droit privé », n°14 à n°66, et une partie « aux voies privées sous le régime du droit public », n°67 à n°102.

[1161] G. GONZALEZ et P. ROMAN, « Les voies privées ouvertes à la circulation publique, gestion et occupation par le concessionnaire de transport et de distribution d'électricité », *op. cit.*, p. 307.

[1162] *Ibid.*

[1163] F. BOUYSSOU, « Voies privées et permis de construire », *RFDA*, 1985, pp. 901-908, p. 908.

[1164] Y. MENY, « L'ouverture au public des voies privées urbaines », *op. cit.*, p. 23.

[1165] S. DELIANCOURT, « Le mécanisme de l'article L. 318-3 du Code de l'urbanisme : un procédé particulier d'incorporation d'une voie privée dans le domaine public communal », *JCPA*, n°22, 26 mai 2008, pp. 41-44, p. 42.

[1166] J.-L. COSTA note à ce sujet qu' « en général, les propriétaires intéressés souhaitent le transfert » : « La prise en charge par les communes des voies privées dans les ensembles d'habitations », *op. cit.*, p. 7. Plus largement, la jurisprudence estime qu' « il est loisible à tout habitant de la commune de solliciter le transfert d'une voie dans le domaine public » : CAA, Lyon, 21 juin 2012, *M. Muller*, n°11LY00363, *JCPA*, n°35, 3 sept. 2012, pp. 34-35, note D. GILLIG, *AJDA*, 2013, pp. 861-863, note N. HUTEN.

[1167] *Cf.* par exemple CE, 13 mars 1992, n°117814 ou CAA, Lyon, 26 nov. 1996, n°94LY01377.

[1168] La loi du 15 mai 1930, en son article 4, prévoyait déjà un mécanisme semblable. *Cf. D.*, 1931, IV, 177-178.

[1169] Voir également la loi n°65-503 du 29 juin 1965 *relative à certains déclassements, classements et transferts de propriété de dépendances domaniales et de voies privées*, *JORF*, 1er juill. 1965, p. 5483 ainsi que le décret d'application n°67-302 du 31 mars 1967 *pris pour l'application de la loi n°65-503 du 29 juin 1965 relative à certains déclassements,*

435. L'un comme l'autre ont pour finalité de faire davantage correspondre le statut juridique de ces voies privées avec leur affectation à l'usage du public en permettant leur classement dans la voirie communale. Cette idée ressort très bien des discussions parlementaires ayant précédé le vote de la loi du 29 juin 1965[1170] : « les propriétaires détiennent juridiquement ces voies sur lesquelles ils ont renoncé à exercer tout droit de jouissance exclusive, mais les autorités communales possèdent, dans les cas d'espèce, des pouvoirs de police légitime et, dans certains cas, la responsabilité des dommages causés. Elles n'ont cependant aucune action sur leur aménagement et sur leur entretien. Il s'agit par conséquent de faire coïncider le droit avec le fait »[1171].

436. Ces deux mécanismes sont très différents sur le fond et seul celui prévu par le Code de l'urbanisme peut être préjudiciable à l'administré et mérite d'être étudié ici à ce titre[1172]. L'article L. 318-3 de ce code peut être qualifié d'expropriation masquée. Il dispose[1173] en effet que « la propriété des voies privées ouvertes à la circulation publique dans des ensembles d'habitations peut [...] être transférée d'office sans indemnité dans le domaine public de la commune sur le territoire de laquelle ces voies sont situées [...]. Cette décision est prise par délibération du conseil municipal. Si un propriétaire intéressé a fait connaître son opposition, cette décision est prise par arrêté du représentant de l'Etat dans le département, à la demande

---

classements et transferts de propriété de dépendances domaniales et de voies privées, *JORF*, 5 avr. 1967, p. 3344.

[1170] Dont l'article 4 sera codifié à l'article L. 318-3 du Code de l'urbanisme par le décret n°73-1022 du 11 nov. 1973 *relatif à la codification des textes législatifs concernant l'urbanisme (1ère partie : législative) et portant révision du code de l'urbanisme et de l'habitation*, *JORF*, 13 nov. 1973, p. 12047.

[1171] R. BOULIN, séance du mardi 22 juin 1965, *JO Sénat*, CR, 23 juin 1965, p. 755.

[1172] L'article L. 171-14 du Code de la voirie routière, dans sa rédaction issue de l'article 242 de la loi n°2010-788 du 12 juill. 2010 *portant engagement national pour l'environnement*, *JORF*, 13 juill. 2010, p. 12905, énonce notamment que « la propriété des voies privées ouvertes à la circulation publique, peut, sur délibération du conseil municipal, et après enquête publique réalisée conformément aux dispositions du code de l'expropriation pour cause d'utilité publique être transférée dans le domaine public de la ville de Paris. La décision de classement est prise par arrêté motivé du maire lorsque aucune déclaration contraire au projet n'est produite à l'enquête par un des propriétaires intéressés et que l'avis du commissaire enquêteur est favorable ». Le propriétaire d'une voie concernée par ce mécanisme dispose donc d'une faculté d'opposition, puisque le texte ne prévoit pas de pouvoir passer outre à une « déclaration contraire au projet ». Un tel agissement serait constitutif d'une voie de fait. Sur cette question, voir M.-O. AVRIL, « Voirie routière », *Jcl. Adm.*, fasc. n°410-28, 2005, n°42. Si ce mécanisme permet d'augmenter la cohérence de l'action administrative en faisant correspondre le statut d'une voie à son utilisation, cela ne se fait pas au détriment de l'administré. Ce mécanisme n'a donc pas à être étudié dans les présents développements.

[1173] Dans sa rédaction issue de l'article 242 de la loi n°2010-788 du 12 juill. 2010.

de la commune »[1174]. Si l'expression d'expropriation peut sembler à première vue surprenante pour qualifier le mécanisme prévu par cet article[1175], force est de constater que ce dispositif n'est respectueux ni de la volonté, ni de la liberté, ni de la propriété de l'administré.

437. Parmi les différentes conditions d'application de ce classement d'office figure celle selon laquelle la voie doit être ouverte au public, ouverture, qui, de jurisprudence constante, ne peut résulter « que du consentement du propriétaire »[1176]. C'est en prenant acte de ce consentement initial à l'ouverture de la voie que le Conseil constitutionnel a jugé conforme à la Constitution ce dispositif, à l'occasion d'une question prioritaire de constitutionnalité[1177]. Parmi divers arguments employés afin de déclarer l'article L. 318-3 du Code de l'urbanisme conforme à la Constitution[1178], le Conseil constitutionnel relève que le transfert est « conditionné, sous le contrôle du juge administratif, par l'ouverture à la circulation générale de ces voies, laquelle résulte de la volonté exclusive de leur propriétaire d'accepter l'usage public de son bien et de renoncer par là à son usage purement privé ; que le législateur a entendu en tirer les conséquences en permettant à

[1174] Il importe de noter que l'utilisation de ce mécanisme n'est qu'une simple faculté pour les communes qui ne sont pas tenues de donner suite aux demandes qui leur seraient faites en ce sens. *Cf.* notamment CAA, Paris, 8 juill. 2004, *Julia*, n°00PA00332 et CAA, Marseille, 8 janv. 2008, *Asso. libre du domaine d'Alzone*, n°05MA03341.

[1175] Plusieurs auteurs l'emploient cependant. L. TOUZEAU parle d'une « forme d'expropriation qui ne dit pas son nom » : « Le transfert d'office des voies privées à la commune considéré comme conforme à la Constitution », *DA*, n°12, déc. 2010, comm. 163 et F. DUVAL évoque un « mode particulier d'expropriation » : « Le régime du transfert dans la voirie communale des voies privées ouvertes au public : un essai de simplification administrative qui reste à transformer », *Les annales de la voirie*, n°96, mai 2005, pp. 83-85. N. FOULQUIER est encore plus affirmatif lorsqu'il relève laconiquement « qu'il s'agit d'une expropriation » : « La conformité peu convaincante à la Constitution de l'incorporation d'office des voies privées ouvertes à la circulation publique », *RDI*, 2010, pp. 612-614, p. 612.

[1176] *Cf.* par exemple : CE, 31 mars 1905, *Pluquet et a.*, *R.*, p. 323 et CE, 5 mars 2008, *Bermond*, n°288540.

[1177] CC, 6 oct. 2010, décision n°2010-43 QPC, préc. Le Conseil statuait sur renvoi du Conseil d'Etat. *Cf.* CE, 9 juill. 2010, *Anastasio*, n°338977. Un dossier comprenant l'arrêt de renvoi du Conseil d'Etat, les conclusions du rapporteur public L. OLLEON sur cette décision, la décision du Conseil constitutionnel ainsi qu'une note de J. TREMEAU sur cette dernière, a été publié sous le titre « Le transfert d'office des voies privées ouvertes à la circulation publique est-il conforme à la Constitution ? » dans *BJDU*, n°6, 2010, pp. 437-444. La question de la conformité à la Constitution de l'article L. 318-3 du Code de l'urbanisme avait déjà été soulevée par des requérants, mais la théorie de la loi-écran faisait obstacle à son examen par le juge. *Cf.* par exemple : CAA, Lyon, 27 mai 2010, n°08LY01808. Quant à la question de la conventionnalité du dispositif, elle ne semble pas pour l'instant avoir été mise en cause devant le juge administratif.

[1178] Les requérants invoquaient la violation des articles 2 et 17 de la Déclaration des droits de l'homme et du citoyen.

l'autorité administrative de conférer à ces voies privées ouvertes à la circulation publique un statut juridique conforme à leur usage »[1179]. Il est alors possible de dire que, pour le Conseil constitutionnel, la disposition contestée n'est pas contraire à la Constitution parce qu'elle repose nécessairement sur le consentement du propriétaire. Celui-ci, consentant à l'ouverture au public de sa voie privée, consent nécessairement à ce que, le cas échéant, la commune en transfère la propriété. L'expression la plus importante du considérant employé par les sages de la rue Montpensier est alors le fait que le transfert est « conditionné » par l'ouverture à la circulation générale des voies, ouverture qui ne peut résulter que du consentement du propriétaire. Le Conseil semble ainsi tisser un lien étroit entre le consentement à l'ouverture de la voie et le consentement au classement, le premier entraînant nécessairement le second. Il établit en quelque sorte entre les deux une présomption irréfragable.

438. Si le consentement à l'ouverture portait en lui-même le consentement au classement, la décision du Conseil constitutionnel n'aurait sans doute pas suscité de réaction de la part des commentateurs. Il est évident que le propriétaire peut transférer sa propriété à la collectivité publique s'il le souhaite, par voie d'accord amiable, sans que cela remette en cause ni sa volonté, ni sa liberté, ni son droit de propriété.

439. Mais l'hypothèse de l'article L. 318-3 du Code de l'urbanisme est bien différente. Le transfert, selon les termes même de l'alinéa 1er, peut avoir lieu « d'office » et l'alinéa 3 prévoit quant à lui que les propriétaires peuvent faire valoir leur « opposition » lors de l'enquête publique[1180]. On peut à cela rajouter le fait que des requérants intentent des recours contre des décisions de classement[1181], montrant par là leur absence de consentement au classement. Les juridictions ont admis, de manière très prudente il est vrai, que l'exercice d'un recours juridictionnel pouvait indiquer une opposition à une mesure de l'administration[1182]. Enfin, Jérôme TREMEAU, voulant

---

1179 CC, 6 oct. 2010, décision n°2010-43 QPC, préc. Voir notamment : J.-B. AUBY, « Procédés de l'urbanisme ordinaire au crible de la QPC », *DA*, n°11, nov. 2010, repère 10 ; J.-H. DRIARD, « Le transfert d'office de voies privées dans le domaine public communal est conforme à la constitution », *AJCT*, 2010, p. 183 ; M. MORITZ, « Constitutionnalité du transfert de propriété des voies privées ouvertes à la circulation publique dans les ensembles d'habitations », *JCPA*, n°44, 2 nov. 2010, n°2331, pp. 38-40, ou J. TREMEAU, « La constitutionnalité des transferts d'office des voies ouvertes à la circulation publique », *AJDA*, 2011, pp. 223-227.

1180 *Cf.* notamment : CAA, Marseille, 27 mars 2012, n°10MA02072 et CAA, Bordeaux, 22 janv. 2009, *Cne de Chatelaillon-Plage*, n°07BX01591.

1181 Voir par exemple : CAA, Bordeaux, 22 janv. 2009, *Cne de Chatelaillon-Plage*, préc. ou CE, 10 juill. 2010, *Anastasio*, n°338977.

1182 Le Conseil d'Etat a ainsi jugé dans la décision *Bermond* du 5 mars 2008, précitée, pour montrer l'absence de consentement des propriétaires à l'ouverture au public de leur voie, insister sur le fait que le transfert n'avait pas forcément l'acquiescement des propriétaires, note que « ce dispositif n'a d'utilité que dans la mesure où il n'existe pas d'accord entre la collectivité publique et les propriétaires de la voie, puisque dans cette dernière hypothèse, le transfert de propriété s'opère sur un fondement contractuel, sans que la formalité (lourde et onéreuse) de l'enquête publique soit nécessaire »[1183]. Il ressort de tout cela que, contrairement au raisonnement du Conseil constitutionnel, le mécanisme de l'article L. 318-3 du Code de l'urbanisme, et c'est d'ailleurs sa raison d'être, peut très bien être mis en jeu contre la volonté des propriétaires.

440. Il est alors surprenant d'associer consentement à l'ouverture et consentement au classement, d'autant plus que le propriétaire peut revenir à tout moment sur sa volonté d'ouvrir sa voie privée au public. Un raisonnement par analogie peut mettre en lumière ce point. De jurisprudence constante en effet, les communes ne peuvent pas faire des travaux sur les voies privées ouvertes au public sans le consentement des propriétaires. A défaut, elles commettraient une voie de fait[1184]. Et il ne s'agit pas du consentement à l'ouverture, mais bien d'un nouveau consentement, spécifique aux travaux envisagés. Les juridictions administratives et judiciaires n'établissent donc pas de lien entre consentement à l'ouverture et consentement aux travaux ultérieurs, tandis que le Conseil constitutionnel établit une similitude entre le consentement à l'ouverture et le consentement

---

qu'avant l'intervention de l'arrêté, « les propriétaires d'une partie de la voie s'y sont opposés en assignant la commune devant le tribunal de grande instance de Grasse aux fins de demander l'arrêt immédiat des travaux sur la voie ». J.-Ph. THIELLAY, commissaire du gouvernement dans cette affaire, faisait le même raisonnement dans ses conclusions précitées. Mais la réciproque n'est en revanche pas nécessairement vraie : de l'absence de recours juridictionnel ou d'autre forme d'opposition, on ne peut pas forcément déduire un consentement. *Cf.* par exemple, Cass., Civ. 1ère, 8 mars 1988, *SA Nègre frères c/Ville de Marseille*, n°86-16589.

1183 J. TREMEAU, « La constitutionnalité des transferts d'office des voies ouvertes à la circulation publique », *op. cit.*, p. 225.

1184 Voir par exemple : Cass., Civ. 1ère, 3 fév. 2004, *Cts Pellissier c/Cne de Saint-Paul-le-Froid*, *JD* n°2004-022096, *JCPA*, 12 avr. 2004, n°1276, pp. 550-551, note O. RENARD-PAYEN. Il serait intéressant de voir si la jurisprudence évoluera sur cette question et si elle s'alignera sur le raisonnement du Conseil constitutionnel en considérant que le consentement à l'ouverture de la voie emporte consentement aux travaux que la personne publique pourrait entreprendre d'office sur celle-ci. Selon le même raisonnement, la jurisprudence refuse par ailleurs d'établir un lien direct entre le consentement à l'ouverture, ou même le consentement aux travaux entrepris par la commune et le consentement à en payer les frais. Le Conseil d'Etat affirme ainsi que certaines dispositions, mises en place par une commune, « organisant une participation des riverains aux dépenses consécutives aux travaux d'aménagement des trottoirs entrepris par la ville ne peuvent être appliquées à une voie privée, même ouverte à la circulation publique, à moins que les propriétaires aient consenti tant à l'exécution de ces travaux par la ville qu'à la perception de cette participation par les riverains » : CE, 6 mars 1974, *Ville de Marseille c/sieur Pradier*, *R.*, p. 171.

au classement, alors même que les conséquences pour l'administré sont plus graves dans cette seconde hypothèse. Il ne s'agit en effet pas d'une simple modification de la propriété comme c'est le cas avec les travaux, mais d'une véritable dépossession.

441. Un autre argument critiquant la décision du Conseil constitutionnel a été avancé par certains commentateurs[1185]. Lorsqu'un administré consent à ouvrir à la circulation publique une voie qui lui appartient, il consent, et c'est une marque de liberté, à partager l'usage de son bien, alors que son droit de propriété lui permettrait d'en conserver l'usage exclusif. De cet état de fait, on ne voit pas comment aboutir à la conclusion que l'administré renonce à son droit de propriété, comme le fait le Conseil constitutionnel. La propriété comporte en effet trois composantes que sont l'*usus*, le *fructus* et l'*abusus* et il n'est pas possible de la réduire à un seul de ces éléments et certainement pas le premier[1186].

442. La présomption que le Conseil semble poser entre consentement à l'ouverture et consentement au classement ne peut donc pas être irréfragable. Au mieux peut-il s'agir d'une présomption simple, mais elle ne saurait dès lors être retenue contre le propriétaire qui aurait manifesté clairement son opposition au classement. On comprend maintenant mieux pourquoi certains auteurs voient dans l'article L. 318-3 du Code de l'urbanisme une véritable « expropriation »[1187], alors même le transfert de propriété se fait sans indemnités[1188] et sans l'intervention du juge judiciaire[1189].

1185 Voir par exemple : L. TOUZEAU, « Le transfert d'office des voies privées à la commune considéré comme conforme à la Constitution », *op. cit.*

1186 Des trois éléments constitutifs de la propriété, c'est plutôt l'*abusus* qui semble fondamental. M. XIFARAS écrit ainsi, à propos de la propriété, que l'*abusus* est « le caractère essentiel par lequel on la reconnait en l'absence duquel on peut conclure qu'elle n'existe pas » : « Le code hors du code. Le cas de la "transposition" de la propriété au droit administratif », *Esprit du Code civil (2)*, *Droits*, n°42, 2006, pp. 49-74, p. 57.

1187 Y. MENY, « L'ouverture au public des voies privées urbaines », *op. cit.*, p. 28, relève que « la notion de transfert cache en réalité une expropriation ». Si cette affirmation est toujours exacte, la jurisprudence la plus récente du Conseil d'Etat en minimise cependant la portée. La Haute juridiction administrative a en effet estimé que « l'administration ne peut transférer d'office des voies privées dans le domaine public communal si les propriétaires de ces voies ont décidé de ne plus les ouvrir à la circulation publique et en ont régulièrement informé l'autorité compétente avant que l'arrêté de transfert ne soit pris, quand bien même cette décision serait postérieure à l'engagement de la procédure de transfert » : CE, 17 juin 2015, *Cne de Noisy-le-Grand*, n°373187. Sur cette décision, voir notamment X. COUTON, « Requiem pour le transfert d'office des voies privées ouvertes à la circulation publique », *Construction-urbanisme*, sept. 2015, n°9, comm. 116.

1188 Cela résulte des termes mêmes de l'alinéa premier de l'article L. 318-3. La jurisprudence a eu l'occasion de le confirmer par la suite à plusieurs reprises. *Cf.* par exemple : Cass., Civ. 3ème, 9 déc. 1987, *Cne de Galfingue*, n°86-15396, *AJDA*, 1988, p. 424, note J.-B. AUBY ; CAA, Douai, 4 mars 2004, *Communauté urbaine de Lille c/De Clercq*,

443. Le mécanisme posé à l'article L. 318-3 du Code de l'urbanisme est donc un exemple topique dans lequel un consentement initial de l'administré entraîne des conséquences qui ne sont pas forcément voulues par lui. Si cela se réalise dans un but de cohérence de l'action administrative et de responsabilisation de l'administré, ce mécanisme n'est pas nécessairement respectueux de la volonté réelle de l'administré. Cela l'incite du moins à veiller à toutes les conséquences possibles qu'induira son consentement initial, comme cela est encore le cas en matière de responsabilité[1190].

---

n°01DA00341, *JCPA*, 2004, n°1331, p. 644, note J. MOREAU. Que ce mécanisme constitue une forme d'expropriation pour cause d'utilité publique n'est pas en soi critiquable, le droit de propriété ne saurait en effet être un droit absolu. Le problème est que son régime juridique ne comporte pas toutes les garanties qui devraient être accordées au propriétaire dépossédé, sous prétexte qu'il aurait consenti à ce classement. Le consentement de l'administré dans cette hypothèse peut donc être véritablement à son désavantage.

[1189] Cette dernière question avait été soulevée dans l'intervention orale de Me LACROUTS devant le Conseil Constitutionnel, mais celui-ci n'a pas répondu à cet argument dans sa décision. Voir les débats oraux relatifs à cette question prioritaire de constitutionnalité sur le site du Conseil constitutionnel : http://www.conseil-constitutionnel.fr/.

[1190] Le même souci se retrouve dans d'autres mécanismes touchant directement cette fois-ci au patrimoine financier des administrés. De la sorte, le décompte général et définitif d'un marché qui est accepté sans réserve par le cocontractant de l'administration, en vertu du principe de son intangibilité et sauf exception, « interdit toute réclamation ultérieure » : CE, 10 déc. 1969, n°73756 ou CE, 22 fév. 1980, n°13217. Sur cette question, voir notamment R. CHAPUS, *Droit administratif général*, *op. cit.*, tome 1, n°1380. Un autre exemple illustre le lien qu'établit le droit administratif entre un consentement initial et les conséquences qui peuvent en découler, dans le souci de responsabiliser l'administré. Les personnes inscrites en tant que demandeurs d'emploi se voient proposer de recevoir leurs courriers sous forme dématérialisée, c'est-à-dire par voie électronique. Cette possibilité est subordonnée au consentement du demandeur d'emploi, consentement sur lequel l'administré peut revenir à tout moment. Mais une fois que celui-ci a consenti et tant qu'il n'est pas revenu sur son consentement, il doit en assumer toutes les conséquences. La plus grave d'entre elles est bien sûr la radiation qui peut résulter par exemple d'une absence à un rendez-vous obligatoire, comme le prévoit l'article L. 5412-1 du Code du travail. Un certain nombre de demandeurs d'emploi se sont ainsi vu sanctionner alors que leur absence pouvait simplement résulter d'un problème de messagerie électronique, les courriers électroniques ne doublant pas les courriers papier mais les remplaçant. Sur cette question, voir le rapport du Médiateur national de Pôle emploi, *La gestion de la liste des demandeurs d'emploi. Les radiations*, janv. 2013, disponible sur le site www.pole-emploi.org, [12 oct. 2015], spéc. pp. 65-76. Le Médiateur met en avant la gravité que peut revêtir le consentement en notant que « le clic pour valider l'adresse électronique aura des conséquences importantes, puisqu'il va entrainer la disparition des envois de courriers papier. Sous cette forme, ce geste n'apparait que comme ce qu'il est (la confirmation d'une adresse électronique), mais pas comme le consentement pour une modification substantielle de la nature des services proposés » : rapport préc., p. 69. Le consentement du demandeur d'emploi à recevoir ses courriers sous forme électronique est donc bien un consentement qui engage, et de manière forte puisque pouvant avoir comme conséquence éventuelle une radiation, et donc une cessation des paiements. Sur ce problème, voir Quest. AN, n°19390, *JOAN*, 24 sept. 2013, p. 10185.

2. Le cas de l'exception de risque accepté

444. Le droit administratif cherche, en matière de responsabilité également, à faire accepter par l'administré les conséquences de ses actes. Il est ainsi très fréquent que le juge administratif retienne le comportement de la victime afin de diminuer son droit à indemnisation, voire de le supprimer totalement[1191]. Dans ce que René CHAPUS appelle « l'exception de risque accepté »[1192], le consentement[1193] de « l'administré-victime » peut en effet entraîner des conséquences défavorables sur son droit à réparation, car cette exception est « de nature à provoquer le refus du droit à réparation pour les

[1191] Il serait intéressant d'étudier cette question en matière médicale, où le consentement du patient revêt un rôle extrêmement important. Les évolutions législatives faisant du patient un co-décideur, il serait éventuellement possible que le juge en fasse un co-responsable en cas de dommage. Des auteurs n'ont pas manqué de relever cette question. Voir notamment M. HARICHAUX, « Les droits à information et consentement de l' "usager du système de santé" après la loi n°2002-303 du 4 mars 2002 », *RDSS*, n°4, 1er oct. 2002, pp. 673-685, pp. 684-685 ; A. LAUDE, « Le patient, nouvel acteur de santé ? », *op. cit.*, p. 1152 ou encore D. TRUCHET, « Le consentement en droit de la santé », *op. cit.*, p. 28. Pour des éléments de réponse, voir notamment E. LANDROS-FOURNALES, *La libre disposition du corps humain en droit médical*, Thèse, Paris XIII, 2009, 529 p., pp. 430-433 et E. KOLBERT, « Faute médicale et volonté du malade en matière de responsabilité hospitalière », *AJDA*, 2007, pp. 1470-1473. Quant au juge administratif, ses décisions actuelles ne semblent pas aller dans le sens d'un partage de responsabilité entre hôpital public et patient, en raison du principe selon lequel la décision médicale relève, malgré le consentement nécessaire du patient, de la compétence exclusive du médecin. Voir par exemple CAA, Lyon, 15 mai 2007, *M. D.*, n°04LY00116, *AJDA*, 2007, p. 1470, et de la même juridiction : 16 déc. 2003, n°00LY01640. De la sorte, si le patient doit consentir aux traitements envisagés, il n'est pas pour autant en mesure de les décider. Cela équivaudrait à reconnaître qu'il est à même de les imposer au personnel médical, tout spécialement au médecin, ce qui n'est pas le cas. La démocratie « directe » n'a donc pas cours en droit hospitalier.

[1192] R. CHAPUS, *Droit administratif général*, *op. cit.*, tome 1, p. 1256. Pour situer ce problème dans un cadre plus général, voir J. MOREAU, *L'influence de la situation et du comportement de la victime sur la responsabilité administrative*, LGDJ, coll. « BDP », tome 7, 1957, 263 p. L'auteur affirme notamment, p. 10, qu' « il est naturel que le montant de la réparation alloué à la victime se trouve déterminé par l'attitude de cette dernière. Si elle a contribué à causer l'accident, la logique et l'équité veulent qu'il soit tenu compte de ce fait dans l'évaluation des dommages et intérêts ». Voir encore N. ALBERT, « Le dommage causé à soi-même : point de vue publiciste », *Responsabilité civile et assurances*, n°3, mars 2010, dossier n°13.

[1193] Les auteurs civilistes s'accordent à reconnaître que le consentement de la victime n'est pas un fait justificatif de portée générale, mais qu'il peut tout de même alléger la responsabilité de l'auteur du dommage. Sur cette question, voir I. MARIANI-BENIGNI, « L' "exception de risque accepté" dans le contentieux administratif de la responsabilité », *RDP*, 1997, pp. 841-877, p. 856, et les auteurs cités.

dommages prévisibles auxquels une personne a, en connaissance de cause, pris le risque de s'exposer »[1194].

445. Il convient toutefois de ne pas donner au concept de consentement plus d'étendue qu'il n'en a en la matière. Dans une conception extensive et volontariste, il serait possible de retenir que l'administré, en acceptant d'entrer en contact avec l'administration, consent de manière implicite à tous les dommages qui pourraient en résulter[1195]. En effet, la victime a, « par quelque point, la qualité d'auteur »[1196] et le juge administratif pourrait en tirer une conséquence extrême : l'irresponsabilité de l'administration. Un tel raisonnement doit cependant être exclu, car il conduirait *in fine* à vider la notion de responsabilité de son contenu, au moins dans toutes les situations où les rapports entre l'administration et l'administré procèdent de la volonté de ce dernier[1197]. Or il n'est pas possible de tirer de telles conclusions car le juge administratif accepte bien par principe d'engager la responsabilité de l'administration dans de tels cas[1198].

[1194] R. CHAPUS, *Droit administratif général, op. cit.*, tome 1, p. 1256. La doctrine est partagée sur l'analyse à donner de la jurisprudence du juge administratif sur cette question, notamment sur le fait de savoir s'il s'agit d'un élément intervenant au niveau du lien de causalité entre le préjudice et le fait générateur du dommage ou plus simplement au niveau de l'étendue de la réparation. Pour un aperçu des débats, voir notamment : R. CHAPUS, *Droit administratif général, op. cit.*, tome 1, pp. 1248-1260 ; J.-P. PAYRE, « Faute et fait de la victime dans le contentieux de la responsabilité administrative extra-contractuelle », *AJDA*, 1980, pp. 398-406 ; M. FORNACCIARI et D. CHAUVAUX, « Exonérations ou atténuations de responsabilité », *Rep. resp. puiss. publ. Dalloz*, oct. 2011, spéc. le chapitre 4 : « Fait de la victime », n°115-185 ; I. MARIANI-BENIGNI, « L' "exception de risque accepté" dans le contentieux administratif de la responsabilité », *op. cit.*, notamment p. 872 ; ou encore H. BELRHALI, *Les coauteurs en droit administratif, op. cit.*, spéc. pp. 135-144 ; M. DEGUERGUE, *Jurisprudence et doctrine dans l'élaboration du droit de la responsabilité administrative*, LGDJ, coll. « BDP », tome 171, 1994, 884 p., spéc. pp. 455-463 et H.-B. POUILLAUDE, *Le lien de causalité dans le droit de la responsabilité administrative*, Thèse, Paris II, 2011, 594 p., spéc. pp. 385-411.

[1195] Il s'agit là d'un des problèmes les plus difficiles que le droit a à résoudre en matière de conséquence d'un acte de volonté. La question est en effet de savoir à quoi l'on s'engage exactement et jusqu'où la causalité entre la volonté initiale et ses suites peut raisonnablement être retenue.

[1196] M. TEISSEIRE, *Essai d'une théorie générale sur le fondement de la responsabilité*, Rousseau, 1901, 333 p., p. 169. La qualité d'auteur, ou plus précisément de coauteur, résulte alors d'une certaine manière du critère du consentement-opposition.

[1197] I. MARIANI-BENIGNI affirme ainsi que « si la victime a un certain pouvoir sur le risque, puisqu'en décidant de l'accepter, elle ne le subit pas – au sens fataliste du terme –, en conclure qu'elle a une part de responsabilité dans la réalisation de ce risque semble par trop rapide » : « L' "exception de risque accepté" dans le contentieux administratif de la responsabilité », *op. cit.*, p. 843.

[1198] Voir par exemple la responsabilité de l'administration à l'égard des usagers des ouvrages publics ou bien des usagers des services publics administratifs, qui bien que placés dans une situation « légale et réglementaire » ont eu volontairement recours à l'ouvrage ou au service.

446. Si toutes les hypothèses de risques acceptés ne permettent donc pas raisonnablement d'étayer la démonstration, certaines peuvent tout de même être retenues. Il arrive en effet que l'administré accepte un risque ou un aléa en pleine connaissance de cause et décide tout de même d'agir. Dans ce cas, le juge estime que le risque ou l'aléa signalés ont été pleinement acceptés par l'administré qui y a consenti et qu'en conséquence son indemnisation peut être réduite, voire supprimée. Dans ces situations, le juge administratif prend soin d'indiquer que les administrés avaient non seulement connaissance du risque ou de l'aléa qui s'est réalisé[1199], mais qu'ils y ont consenti. Tel est le cas des victimes dont « l'accident litigieux doit être regardé comme la réalisation d'un risque [qu'ils] avaient accepté en s'engageant sur le tronçon dangereux alors qu'une signalisation appropriée les en avait prévenus »[1200] ou encore d'une skieuse victime d'un accident qui « ne peut réclamer des dommages-intérêts à une commune si la piste sur laquelle elle évoluait était correctement signalée et aménagée »[1201].

447. En dehors de ces hypothèses de dangers physiques, le domaine du contrat offre aussi des exemples topiques : « en raison des termes formels du contrat conclu entre la société et le port autonome, qui avait été passé "sous la condition suspensive de son approbation par le ministère de l'équipement...", la société ne pouvait ignorer l'aléa que comportait nécessairement la passation d'un tel contrat ; qu'elle devait normalement

---

[1199] Certaines décisions de la Haute juridiction administrative insistent particulièrement sur le fait que l'administration elle-même a mis en garde l'administré. Voir par exemple et *a contrario* : CE, Sect., 7 déc. 1979, *Sté Les fils de Henri Ramel*, n°13001 : « Considérant toutefois que les dommages qu'ont pu subir les propriétaires des cargaisons, du fait de l'impossibilité dans laquelle ils se sont trouvés d'en prendre livraison dans le port de Sète, ne sauraient être regardés comme une charge qui leur incomberait normalement, ni, d'ailleurs, en l'absence, notamment, de toute mise en garde des pouvoirs publics, comme la réalisation d'un risque auquel ils se seraient sciemment exposés ». Sans être toujours aussi explicites, la plupart des décisions emploient des expressions caractéristiques pour marquer le fait que l'administré avait connaissance du risque ou de l'aléa. Ainsi sont notamment utilisés l'adverbe « sciemment » et l'expression « en toute connaissance de cause ». On retrouve là les éléments touchant l'aspect intellectuel du consentement. Ils sont d'ailleurs souvent renforcés par la considération de l'antériorité du risque ou de l'aléa par rapport aux agissements des administrés. Voir par exemple : CE, 28 avr. 1938, *Sieur Aviat*, *R.*, p. 383 : « que la scierie du sieur Aviat n'a été édifiée que postérieurement à la date ci-dessus indiquée et que l'intéressé était alors à même de se rendre compte des risques que pouvait comporter l'état des lieux ». Pour d'autres exemples, voir I. MARIANI-BENIGNI, « L' "exception de risque accepté" dans le contentieux administratif de la responsabilité », *op. cit.*, notamment p. 861. Quand à l'élément de liberté que l'on pourrait s'attendre à trouver mentionné dans les décisions, les arrêts étudiés restent silencieux à son sujet. Mais c'est sans doute parce qu'il est évident, en règle générale, que les administrés agissent librement.

[1200] CE, Sect., 11 avr. 1975, *Dpt de la Haute-Savoie*, n°84846.

[1201] J.-P. PAYRE, « Faute et fait de la victime dans le contentieux de la responsabilité administrative extra-contractuelle », *op. cit.*, p. 404.

envisager l'éventualité où, pour des motifs légitimes, comme celui qui a été retenu, l'approbation sollicitée lui serait refusée ; qu'ayant ainsi assumé ce risque en toute connaissance de cause, elle ne saurait utilement soutenir que l'Etat doit supporter les conséquences onéreuses résultant pour elle du refus d'approbation du contrat »[1202].

448. La doctrine, cherchant à théoriser la jurisprudence[1203], s'accorde unanimement à voir dans celle-ci la volonté du juge administratif de responsabiliser les administrés[1204]. Jean-Paul PAYRE affirme ainsi que « le développement de la notion de fait de la victime comme cause d'exonération révèle l'effort du juge pour maintenir, face à l'élargissement de la responsabilité collective, le principe de la responsabilité individuelle »[1205]. Cette idée est partagée par Hugo-Bernard POUILLAUDE qui « ne voit rien d'autre dans cette hypothèse qu'une juste application de la fonction moralisatrice de la responsabilité »[1206]. Marc FORNACCIARI et Didier

---

1202 CE, 13 mars 1985, *SARL Barlocher-France-Production*, n°16173. Solution semblable pour une entreprise qui, sans tenir compte des réserves faites par l'administration dans un accord préalable, se plaint des conséquences dommageables pour elle d'un refus de permis de construire d'un palais des sports qu'elle projetait de construire : CE, 22 juill. 1977, n°95443. Pour des cas similaires, voir encore CE, 16 nov. 1998, *M. Sille*, n°175142 ; CE, 16 juin 1997, n°161900 ou CE, 12 déc. 2003, n°242649. Il serait encore possible de mentionner des exemples dans lesquels l'administré a eu par lui-même connaissance du danger ou du risque. Voir notamment : CE, 10 juill. 1996, *Meunier*, n°143487 ; CE, 10 nov. 2000, *Sté l'Etoile commerciale*, n°193541 ; CE, 10 avr. 2002, *SARL Somatour*, n°223100 ; CE, 12 déc. 2003, n°242649 et CE, 4 avr. 2005, n°260887.

1203 Pour davantage d'exemples, voir encore ceux donnés par les articles ou ouvrages cités dans ce paragraphe.

1204 Ce qui n'exclut pas en soi d'autres interprétations complémentaires, comme celle qui fait de cette jurisprudence un moyen d'équité, non pas d'ailleurs vis-à-vis de l'administré comme c'est souvent le cas, mais vis-à-vis de l'administration. Voir par exemple : I. MARIANI-BENIGNI, « L' "exception de risque accepté" dans le contentieux administratif de la responsabilité », *op. cit.*, p. 873 ; J.-P. PAYRE, « Faute et fait de la victime dans le contentieux de la responsabilité administrative extra-contractuelle », *op. cit.*, p. 398 et p. 406 ou encore H. BELRHALI, *Les coauteurs en droit administratif*, *op. cit.*, p. 141 et p. 285 et M. DEGUERGUE, *Jurisprudence et doctrine dans l'élaboration du droit de la responsabilité administrative*, *op. cit.*, p. 463. Il est encore possible d'avancer d'autres arguments à l'appui de cette jurisprudence, par exemple la protection des deniers publics ou encore la volonté du juge administratif de faire de l'administré un participant actif de ses relations avec l'administration à une époque d'interventionnisme étatique qui incite à la passivité. Voir respectivement I. MARIANI-BENIGNI, « L' "exception de risque accepté" dans le contentieux administratif de la responsabilité », *op. cit.*, p. 877 ou H. BELRHALI, *Les coauteurs en droit administratif*, *op. cit.*, p. 141 et J.-P. PAYRE, « Faute et fait de la victime dans le contentieux de la responsabilité administrative extra-contractuelle », *op. cit.*, p. 403.

1205 J.-P. PAYRE, « Faute et fait de la victime dans le contentieux de la responsabilité administrative extra-contractuelle », *op. cit.*, p. 406.

1206 H.-B. POUILLAUDE, *Le lien de causalité dans le droit de la responsabilité administrative*, *op. cit.*, p. 387. M. DEGUERGUE estime également que cette règle vise « la

CHAUVAUX, quoique de manière plus discrète, indiquent que « le juge se laissera guider par l'idée que la victime ne peut que s'en prendre à elle-même des conséquences de ses propres fautes » [1207]. Telle est d'ailleurs, selon eux, l'inspiration de la règle indiquée au Digeste : « *Quod si quis ex culpa sua damnum sentit, non intellegitur damnum sentire* »[1208].

449. Il s'agit donc d'une « politique jurisprudentielle de sévérité à l'encontre des victimes coauteurs de leur dommage »[1209]. Mais elle découle nécessairement de la liberté reconnue à l'administré. Parce qu'il consent, éventuellement malgré les avertissements de l'administration, à se mettre dans une situation de danger ou d'aléa, le juge administratif estime normal qu'il en subisse les conséquences, aussi désagréables soient-elles. Parce qu'il a participé à la réalisation ou à l'aggravation du dommage, l'administré en devient alors d'une certaine manière coauteur, endossant alors la responsabilité avec l'administration. Sans doute est-il possible d'y voir un cas assez rare d'application de l'adage « *volenti non fit injuria* », « on ne fait

protection de la moralité des administrés » : *Jurisprudence et doctrine dans l'élaboration du droit de la responsabilité administrative*, *op. cit.*, p. 463.

1207 M. FORNACCIARI et D. CHAUVAUX, « Exonérations ou atténuations de responsabilité », *op. cit.*, n°164. Certains auteurs invoquent également, mais parfois avec des réserves, l'adage « *nemo auditur suam propriam turpitudinem allegans* ». Il en va ainsi pour H. BELRHALI qui énonce que « cet adage inspire donc, sans doute, les solutions du Conseil d'Etat » mais qu'il n'est « pas érigé en règle par la Haute Assemblée : sa valeur explicative de l'effet exonératoire du fait de la victime reste somme toute limitée » : *Les coauteurs en droit administratif*, *op. cit.*, p. 285. Pour une discussion sur l'utilisation ou non de cet adage dans ces situations, voir également H.-B. POUILLAUDE, *Le lien de causalité dans le droit de la responsabilité administrative*, *op. cit.*, pp. 391-392. J.-P. PAYRE quant à lui ne semble l'appliquer explicitement que pour la catégorie de fautes de la victime que constituent les infractions : « Faute et fait de la victime dans le contentieux de la responsabilité administrative extra-contractuelle », *op. cit.*, p. 401. Il est encore possible de dire qu'il s'agit aussi d'une question de justice. En acceptant le risque qui se réalise, la victime se fait coauteur du dommage et doit à ce titre supporter une part de sa réparation. L'administration, en principe, n'est pas en effet tenue de réparer seule un préjudice dont elle n'est pas l'auteur exclusif. De manière plus générale, l'administration ne saurait être condamnée à une somme qu'elle ne doit pas : CE, Sect., 19 mars 1971, *Mergui*, *R.*, p. 225, concl. M. ROUGEVIN-BAVILLE.

1208 « La victime qui a participé au dommage ne peut rien réclamer » : *Digeste*, De regula juris, 50, 17, fragment 203, cité par H., L. et J. MAZEAUD, *Traité théorique et pratique de la responsabilité civile délictuelle et contractuelle*, 6ème éd., 1970, tome 2, 1151 p., p. 543.

1209 H.-B. POUILLAUDE, *Le lien de causalité dans le droit de la responsabilité administrative*, *op. cit.*, p. 386. Pour un constat semblable, voir encore H. BELRHALI, *Les coauteurs en droit administratif*, *op. cit.*, p. 136, p. 282 et p. 284 et M. DEGUERGUE, *Jurisprudence et doctrine dans l'élaboration du droit de la responsabilité administrative*, *op. cit.*, p. 456.

tort à qui consent »[1210]. Tel est en tout cas l'interprétation qu'en donne Rémy ROUQUETTE dans son *Dictionnaire du droit administratif*[1211].

450. Mais la prise en compte intégrale du consentement de l'administré et de ses conséquences ne se justifie pas uniquement par la volonté de responsabiliser l'administré. Il s'agit aussi très souvent de préserver un impératif d'intérêt général, la sécurité juridique.

B. La préservation de la sécurité juridique

451. Consacré explicitement de manière prétorienne en droit administratif interne par la décision du 24 mars 2006 *KPMG*[1212], le principe de sécurité juridique inspire cependant, depuis longtemps et parfois de manière implicite, un grand nombre de dispositifs juridiques. Tel est par exemple le cas du régime du retrait ou de l'abrogation des actes administratifs unilatéraux, régime dans lequel l'administration doit concilier ce principe avec celui de la légalité[1213]. La sécurité juridique n'a cependant pas vocation à ne s'appliquer qu'aux seules autorités administratives[1214] et s'il vient parfois limiter la volonté de celles-ci, il peut *a fortiori* faire de même pour l'administré[1215].

452. Le principe de sécurité juridique comporte de multiples composantes[1216], mais c'est principalement du point de vue de la stabilité

[1210] Pour une telle interprétation de cet adage dans le domaine de la responsabilité civile, voir notamment H. ROLAND et L. BOYER, *Adages du droit français*, *op. cit.*, pp. 959-962. Sur cet adage, voir X. PIN, « Le consentement à la lésion à soi-même en droit pénal. Vers la reconnaissance d'un fait justificatif ? », *La liberté du consentement, le sujet, les droits de l'homme et la fin des "bonnes mœurs"*, *Droits*, n°49, 2009, pp. 83-105.

[1211] R. ROUQUETTE, *Dictionnaire du droit administratif : terminologie, expressions, noms propres*, *op. cit.*, p. 871.

[1212] CE, Ass., 24 mars 2006, *KPMG*, *R.*, p. 154. Sur la sécurité juridique en générale, voir notamment CONSEIL D'ETAT, *Sécurité juridique et la complexité du droit. Rapport public 2006*, La Documentation française, 412 p.

[1213] Voir par exemple D. LABETOULLE, « Principe de légalité et principe de sécurité », dans *L'Etat de droit : mélanges en l'honneur de Guy Braibant*, Dalloz, 1996, 817 p., pp. 403-412.

[1214] En leur imposant par exemple, comme dans la décision *KPMG*, préc., de prévoir des mesures transitoires dans certaines circonstances.

[1215] C'est d'ailleurs le cas à propos de tout consentement, qu'il émane de l'administré ou non. L. ATTUEL-MENDES note ainsi que « les règles générales du consentement s'épanouissent au sein d'une logique de sécurité juridique. Le consentement, socle de l'acte juridique, en est un instrument. Par cette caractéristique, il s'éloigne de la simple volonté. En effet, la volonté contient par essence une puissance, une étendue, un rayonnement potentiel que le droit ne peut admettre en soi et se doit de canaliser » : *Consentement et actes juridiques*, *op. cit.*, p. 12.

[1216] Voir notamment Ph. RAIMBAULT, *Recherche sur la sécurité juridique en droit administratif français*, LGDJ, coll. « BDP », tome 256, 2009, 693 p. L'auteur distingue plusieurs conséquences de la sécurité juridique, parmi lesquelles il envisage notamment la juridique qu'il rencontre le consentement, ce dernier étant alors envisagé sous l'angle essentiel de son rapport au temps. Il y a là une question qui déborde largement les fonctions du consentement pour rejoindre celle de son régime, voire plus généralement encore la question de l'autonomie de la volonté en tant que théorie. Il importe tout de même, tant cela est porteur de conséquences pour la liberté de l'administré, d'évoquer cet aspect des choses. Deux types de consentements peuvent ainsi être distingués. Certains, pour produire tous leurs effets, doivent être renouvelés en permanence, comme cela est par exemple le cas en droit hospitalier ou pour l'ouverture des voies privées au public. D'autres, une fois émis, vont au contraire engager leur auteur, sans que celui-ci puisse prétendre que sa volonté actuelle ne correspond plus avec celle qu'il a précédemment manifestée[1217]. Il s'agit alors pour le droit, tout en reconnaissant une certaine liberté à l'administré par la prise en compte de sa manifestation initiale de volonté, d'en canaliser les effets afin de garantir à l'administration ou aux tiers la stabilité des situations ainsi créées.

453. Il est intéressant de reprendre ici des exemples qui ont déjà été étudiés sous un autre point de vue[1218], tant dans le domaine du contrat qu'en dehors. Il est dès lors possible d'évoquer les influences qu'exerce la sécurité juridique sur le consentement des candidats aux élections (1) ainsi que sur celui du partenaire de l'administration dans les contrats administratifs (2).

---

prévisibilité, la stabilité, mais encore l'unité du droit. Il s'agit donc, comme l'affirme B. MATHIEU, d'un « principe polysémique » : « La sécurité juridique, un principe constitutionnel clandestin mais efficient », dans *Mélanges Patrice Gélard. Droit constitutionnel*, Montchrestien, 2000, 489 p., pp. 301-305, p. 301.

[1217] C'est en cela que la problématique rejoint la question de l'autonomie de la volonté ou encore celle de l'objectivisation du consentement. Voir à ce sujet la phrase emblématique de G. TARDE : « au moment où l'on me dit que ma propre volonté oblige, cette volonté n'est plus, elle m'est devenue étrangère ; en sorte que c'est exactement comme si je recevais un ordre d'autrui. Recevoir du *paterfamilias*, du consul, d'un ministre, d'un garde champêtre, un ordre qui me déplaît, ou recevoir de mon moi passé un ordre qui ne me déplaît pas moins, où est la différence, en ce qui concerne mon intérêt actuel ? » : *Les transformations du droit : étude sociologique*, F. Alcan, 1893, 212 p., p. 124. Voir encore N. COUMAROS, *Le rôle de la volonté dans l'acte juridique (étude critique de la conception classique)*, Librairie du Recueil Sirey, 1931, 332 p., p. 166, et les citations relevées par l'auteur. Pour des éléments sur cette problématique en droit du contrat, voir notamment G. ROUHETTE, « Brefs propos sur le volontarisme contractuel », dans *Mélanges en l'honneur de Denis Tallon. D'ici, d'ailleurs, harmonisation et dynamique du droit*, Société de législation comparée, 1999, 362 p., pp. 317-319.

[1218] Il serait encore possible d'évoquer de nombreux autres exemples qui mettraient également en lumière la conciliation opérée au sein du droit administratif entre la liberté, manifestée par le consentement, et la stabilité des situations juridiques. Ainsi par exemple, un administré qui a formellement consenti à son extradition devant le juge judiciaire « ne peut revenir sur le consentement qu'il a ainsi donné » : CE, 3 mars 2003, *Zemeli*, n°248353.

1. La sécurité juridique et le consentement en matière électorale

454. Si le consentement des candidats garantit et manifeste leur liberté[1219], il s'agit cependant d'un consentement qui engage car le candidat ne peut pas retirer sa candidature comme il le souhaite[1220].

455. Cela serait en effet contraire au principe de sécurité juridique qui tend notamment à garantir une certaine stabilité, stabilité que la volonté individuelle ne doit pas perturber. Le droit doit alors trouver un équilibre entre la liberté des candidats et la sincérité et la qualité du scrutin, qui suppose nécessairement de laisser aux électeurs le temps d'examiner les programmes des différents candidats. De la sorte, si le consentement est une condition nécessaire de la candidature au moment de son dépôt, il ne l'est plus forcément au jour de l'élection[1221]. Autrement dit, le consentement d'un instant engage l'administré sur un temps plus long et celui qui a fait acte de candidature ne peut pas la retirer aussi librement qu'il pourrait le souhaiter[1222]. Plusieurs articles du Code électoral l'indiquent très clairement.

[1219] *Cf. supra*, section 1.

[1220] Sur la question du retrait de candidature avant le scrutin, voir notamment L. TOUVET et Y.-M. DOUBLET, *Droit des élections*, *op. cit.*, p. 197-198. Il y a un parallèle à faire avec le contrat où, de la même manière, se mêlent des éléments subjectifs, au premier rang desquels le consentement, avec des éléments davantage objectifs, comme la recherche de la sécurité juridique. Si le droit prend en compte ces deux types d'éléments, il privilégie bien souvent les seconds. G. ROUHETTE déclare ainsi que « savoir si une offre est librement révocable, ou est irrévocable en ce sens qu'une révocation indue donnera lieu à dommages-intérêts, ou est irrévocable en ce sens qu'une acceptation formera néanmoins le contrat – c'est-à-dire savoir dans quelle mesure il peut être mis fin par l'offrant au pouvoir d'acceptation qu'il avait conféré – est une pure question d'opportunité et de politique juridiques, et non de psychologie-fiction ou de pseudo-métaphysique » : « "Droit de la consommation" et théorie générale du contrat », dans *Etudes offertes à René Rodière*, Dalloz, 1981, 540 p., pp. 247-272, p. 264.

[1221] A l'inverse, un candidat qui souhaiterait maintenir sa candidature ne le peut pas nécessairement. Tel est le cas des remplaçants qui ne peuvent pas se maintenir si le candidat qu'ils remplacent souhaite retirer sa candidature. Voir par exemple CC, 13 nov. 1970, décision n°70-568/569 AN, *Gironde (2ème circ.)* : « Considérant qu'aucune disposition législative ou réglementaire n'imposant à un candidat qui entend se retirer l'obligation de recueillir le consentement préalable de son remplaçant, le grief tiré par le requérant de ce que Mme Vernhes aurait abusé de sa confiance en déclarant renoncer à se présenter après lui avoir demandé d'être son remplaçant est, en tout état de cause, sans influence sur la régularité de l'élection ».

[1222] On retrouve ainsi une des questions centrales à propos du consentement, à savoir celle qui consiste à mesurer l'engagement qu'il formalise. S'agit-il d'un consentement qui doit être en permanence renouvelé ou au contraire d'un consentement qui, une fois exprimé, continue de produire ses effets quelle que soit la volonté de celui qui l'avait exprimé ? La première hypothèse est bien sûr plus favorable à la conception moderne que l'on se fait de la liberté, permettant de retirer son consentement à tout moment. La seconde favorise au contraire la sécurité et la stabilité des situations juridiques.

En ce qui concerne l'élection des conseillers généraux, l'article R. 109-1 du Code électoral précise que « la candidature ne peut être retirée que jusqu'à la limite fixée pour le dépôt des candidatures ». Passé ce délai, le candidat n'a donc plus d'autre possibilité que d'être candidat aux élections, quand bien même il aurait changé d'avis.

456. L'engagement est encore plus fort en ce qui concerne les élections de listes, car « aucun retrait volontaire ou remplacement de candidat n'est accepté après le dépôt de la liste »[1223]. Le seul moyen pour un candidat désireux de retirer sa candidature serait de faire procéder au retrait de la liste entière[1224]. Comme l'indique l'article L. 267 du Code électoral, « les retraits des listes complètes qui interviennent avant l'expiration des délais prévus à l'alinéa 1 du présent article pour le dépôt des déclarations de candidatures sont enregistrés ; ils comportent la signature de la majorité des candidats de la liste ». Le retrait d'une liste est donc soumis à deux conditions cumulatives, ce qui le rend assez difficilement réalisable. La première condition est une condition de délai, le retrait ne pouvant avoir lieu qu'avant les dates limites de dépôt des listes[1225]. Cela signifie *a contrario*, que, passée cette date, aucun retrait de liste n'est plus possible. Par ailleurs, et alors même que la condition de délai serait remplie, la liste ne peut être retirée qu'à la condition de recueillir le consentement de la majorité de ses membres. Cette dernière condition est d'autant plus importante que la Haute juridiction administrative a jugé « que la signature de la majorité des candidats de la liste, dans les conditions définies par les dispositions précitées de l'article L. 267 du Code électoral, constitue une formalité nécessaire à la validité du retrait de la liste »[1226].

[1223] Article L. 267 du Code électoral. Si cet article concerne les élections des conseillers municipaux et des membres du conseil de Paris, les autres élections sont aussi concernées par cette interdiction. L'article L. 352 du même code prévoit également, en ce qui concerne les élections des conseillers régionaux, qu' « aucun retrait volontaire ou remplacement de candidat n'est accepté après le dépôt d'une liste ».

[1224] Une telle procédure pourrait notamment permettre de régulariser la composition d'une liste, par exemple en ce qui concerne les exigences de parité, le remplacement d'un seul candidat étant irrégulier. *Cf.* CE, 25 mars 2002, n°235942. En revanche, le retrait puis le dépôt d'une nouvelle liste avec par exemple un seul changement de candidat est tout à fait possible. Voir par exemple : CE, 23 mars 1984, *Elections municipales de Paris (1er secteur)*, n°52057.

[1225] Et peu importe que le retrait ait lieu au dernier moment, quand bien même le retrait n'aurait été transcrit sur le registre transmis au public qu'après la date limite du retrait : CE, 23 mars 1984, *Elections municipales de Paris (1er secteur)*, n°52057.

[1226] CE, 10 juill. 2002, *Elections municipales de Paris (13ème secteur)*, *R.*, p. 273. La tête de liste elle-même ne peut pas procéder au retrait de la liste sans cette majorité : « l'enregistrement du retrait de cette liste sur la seule demande de Mme Rassat, tête de liste, en l'absence de la signature de la majorité des membres de cette liste, est entaché d'irrégularité ». La tête de liste elle-même est soumise aux mêmes conditions que les autres

457. Des dispositions similaires sont reprises en ce qui concerne les élections des conseillers régionaux[1227], les conseillers municipaux de Nouvelle Calédonie et de Polynésie française, de Saint-Barthélemy, de Saint-Pierre-et-Miquelon, de Saint-Martin ainsi que pour les conseillers à l'assemblée de Guyane et à l'assemblée de Martinique[1228]. Il en est de même pour les élections des députés européens puisqu' « aucun retrait de candidat n'est accepté après le dépôt de la liste. Les retraits de listes complètes qui interviennent avant l'expiration des délais prévus pour le dépôt des déclarations de candidatures sont enregistrés ; ils comportent la signature de la majorité des candidats de la liste »[1229]. Tous les articles relatifs au retrait des listes dans ces élections mentionnent donc des conditions de délais ainsi que la nécessité d'obtenir la signature de la majorité de la liste en question. En posant ces conditions, le droit favorise la stabilité des listes, mais éventuellement au détriment de la volonté des candidats qui souhaiteraient retirer leur candidature.

458. C'est la même recherche de stabilité qui se retrouve, de manière plus évocatrice, en matière de contrats administratifs.

2. La sécurité juridique et le consentement en matière de contrat

459. Le juge administratif emploie de multiples techniques contentieuses afin d'éviter l'annulation des actes administratifs unilatéraux[1230]. De manière analogue, il veille à la stabilité des contrats administratifs[1231]. Si cet objectif de sécurité juridique a toujours été pris en considération en matière de contrat, ne serait-ce qu'en « filigrane »[1232] de la

---

candidats et voit donc sa liberté tout aussi limitée une fois que le dépôt de candidature est effectué.

[1227] L'article L. 352 du Code électoral énonce en effet que « les listes complètes peuvent être retirées, avant le premier tour, au plus tard le quatrième samedi précédant le scrutin, à midi ; avant le second tour, avant l'expiration du délai de dépôt des candidatures. La déclaration de retrait est signée par la majorité des candidats de la liste ».

[1228] Voir respectivement les articles L. 433, L. 488, L. 543, L. 515 et L. 558-24 du Code électoral.

[1229] Article 14 de la loi n°77-729 du 7 juill. 1977 *relative à l'élection des représentants au Parlement européen*, *JORF*, 8 juill. 1977, p. 3579.

[1230] On peut citer par exemple l'existence de délais assez stricts pour la formation d'un recours pour excès de pouvoir ou encore les techniques de la substitution de bases légales ou de motifs qui permettent de sauvegarder des actes qui auraient dû être annulés.

[1231] Voir notamment P. DELVOLVE, « Contrats publics et sécurité juridique », dans CONSEIL D'ETAT, *Le contrat, mode d'action publique et de production de normes. Rapport public 2008*, *op. cit.*, pp. 329-353.

[1232] D. POUYAUD, « Contentieux des contrats administratifs. Formation du contrat », *Jcl. adm.*, fasc. n°1126, sept. 2010, n°89.

jurisprudence, le juge administratif fait aujourd'hui figurer cet impératif dans les considérants de ses décisions. Deux affaires, suivant de peu la décision *KPMG*, sont particulièrement emblématiques de cette recherche de stabilité.

460. La première est la décision du 16 juillet 2007, dite « Tropic », dans laquelle la Haute juridiction, après avoir ouvert un nouveau recours au concurrent évincé devant le juge du contrat, énonce que « toutefois, eu égard à l'impératif de sécurité juridique tenant à ce qu'il ne soit pas porté une atteinte excessive aux relations contractuelles en cours et sous réserve des actions en justice ayant le même objet et déjà engagées avant la date de lecture de la présente décision, le recours ci-dessus défini ne pourra être exercé qu'à l'encontre des contrats dont la procédure de passation a été engagée postérieurement à cette date »[1233]. La décision indique encore que le juge, constatant l'existence de vices entachant la validité du contrat, peut, sous conditions, décider de l'annuler, « le cas échéant avec effet différé ».

461. Le Conseil d'Etat établit donc des relations entre la sécurité juridique et la matière contractuelle d'un double point de vue. Le juge peut d'une part prononcer l'annulation du contrat illégal avec un effet différé[1234]. D'autre part, il limite dans le temps les effets de sa jurisprudence afin de ne pas porter une atteinte trop importante aux relations contractuelles en cours à la date de sa décision, comme il avait lui-même invité le pouvoir réglementaire à le faire l'année précédente[1235].

462. De façon encore plus explicite, la décision *Commune de Béziers* de 2009 énonce que « les parties à un contrat administratif peuvent saisir le juge d'un recours de plein contentieux contestant la validité du contrat qui les lie ; qu'il appartient alors au juge, lorsqu'il constate l'existence d'irrégularités, d'en apprécier l'importance et les conséquences, après avoir vérifié que les irrégularités dont se prévalent les parties sont de celles qu'elles peuvent, eu égard à l'exigence de loyauté des relations contractuelles, invoquer devant lui ; qu'il lui revient, après avoir pris en considération la nature de l'illégalité commise et en tenant compte de *l'objectif de stabilité des relations contractuelles*, soit de décider que la poursuite de l'exécution du contrat est possible, éventuellement sous réserve de mesures de régularisation prises par la personne publique ou convenues entre les parties, soit de prononcer, le cas

---

1233 CE, Ass., 16 juill. 2007, *Sté Tropic Travaux Signalisation*, n°291545. Souligné par nous.

1234 La décision reste silencieuse sur les raisons d'une telle possibilité. Mais il est très probable que le juge entende par là garantir la stabilité des situations juridiques, en laissant notamment à l'administration le temps de prévoir les suites d'une telle annulation. Voir sur cette question l'intervention de J.-M. SAUVE lors du point presse du 18 juill. 2007, disponible à l'adresse http://www.conseil-etat.fr/content/download/238/742/version/1/file/pointpresse_180707.pdf, [2 sept. 2015], p. 2.

1235 Sur ce point, voir l'intervention de J.-M. SAUVE lors du point presse du 18 juill. 2007, préc., p. 3.

échéant avec un effet différé, après avoir vérifié que sa décision ne portera pas une atteinte excessive à l'intérêt général, la résiliation du contrat ou, en raison seulement d'une irrégularité invoquée par une partie ou relevée d'office par lui, tenant au caractère illicite du contenu du contrat ou à un vice d'une particulière gravité relatif notamment aux conditions dans lesquelles les parties ont donné leur consentement, son annulation »[1236].

463. Le juge administratif est donc amené à considérer dans un cadre étendu, celui de l'intérêt général, la légalité des contrats conclus par l'administration. Elle est de la sorte potentiellement relativisée, devant être conciliée avec d'autres impératifs. Parmi ceux-ci figure la stabilité du contrat lui-même, et par conséquent des situations juridiques, tant individuelles que collectives, qu'il a pu engendrer. L'impératif de stabilité des relations contractuelles peut donc s'imposer, ou au contraire profiter, non seulement aux cocontractants, mais aussi aux tiers, le contrat administratif ayant vocation à permettre l'exécution des services publics.

464. Le consentement des cocontractants de l'administration faisant partie des conditions de validité des contrats administratifs, se trouve également relativisé. Tel était d'ailleurs déjà le cas dans la jurisprudence relative aux vices du consentement, notamment en ce qui concerne la violence. Il s'agit sans doute de l'hypothèse la plus emblématique de cette conciliation entre la volonté des cocontractants et les nécessités de la sécurité juridique, par le fait que toute crainte ne suffit pas à entraîner la qualification de violence. C'est ainsi que le juge administratif estime, comme son homologue judiciaire, que pour que la violence puisse être cause de nullité d'un contrat il faut qu'elle soit illégitime, c'est-à-dire que la contrainte ne consiste pas seulement en la menace d'utiliser des voies de droit[1237]. Comme le note Benoît PLESSIX, ce principe « prend un relief tout particulier en droit administratif, si l'on songe aux nombreuses voies de droit dont dispose l'administration à l'endroit des particuliers et qu'il est souvent usuel de citer comme des exemples significatifs de prérogatives de puissance publique ». Pour que le vice du consentement soit admis, il faut encore que la contrainte soit déterminante, c'est-à-dire « de nature à » vicier le consentement du

---

[1236] CE, Ass., 28 déc. 2009, *Cne de Béziers*, n°304802. Nous soulignons.

[1237] Voir l'article 1114 du Code civil selon lequel « la seule crainte révérencielle envers le père, la mère, ou autre ascendant, sans qu'il y ait eu de violence exercée, ne suffit point pour annuler le contrat ». Le Conseil d'Etat a ainsi refusé d'annuler un contrat pour violence comme l'y incitait le requérant au motif que si ce dernier avait accepté de signer un marché sous la pression de l'administration qui le menaçait, en cas de refus de signature, de lui appliquer avec rigueur les conditions d'un autre marché qu'elle avait conclu avec lui. Mais cette menace résultait « d'un droit dont l'application devait entrer dans les prévisions de l'entrepreneur » : CE, 4 mai 1900, *Héritiers de Gouy*, *R.*, p. 319.

cocontractant de l'administration[1238]. Enfin, le juge administratif apprécie *in concreto* la réalité de la contrainte, c'est-à-dire qu'il tient compte de la force de résistance de celui qui se prétend victime de la violence[1239].

465. *A contrario*, ces trois exigences signifient bien que certaines formes de violence peuvent influer sur le consentement du cocontractant de l'administration sans pour autant que le juge administratif ne retienne la qualification de vice du consentement. Il semble ainsi que le juge administratif, alors que des requérants l'y invitaient, n'a jamais admis la nullité d'un contrat administratif pour violence[1240].

466. Cela montre bien, et il en irait de même à propos de l'erreur[1241] et du dol[1242], que le juge administratif cherche certes à prendre en considération la volonté des contractants, respectant par là leur liberté, mais qu'il ne saurait le faire de manière absolue. Le contrat, qui plus est administratif, s'insère dans une vie juridique et économique qui dépasse ses seuls auteurs. C'est donc à une conciliation que doit se livrer le juge. D'un côté, se pose la question de l'intégrité du consentement des cocontractants. De l'autre, il faut aussi voir les effets qu'a pu produire ou produit encore le contrat. C'est seulement au regard de l'intégralité de ces éléments que le juge peut se prononcer sur une éventuelle annulation du contrat[1243].

1238 Pour une telle formulation, voir par exemple, CE, 15 janv. 1931, *Boyreau*, *R.*, p. 49.

1239 Voir CE, Sect., 19 janv. 1945, *Sté anonyme des aéroplanes G. Voisin*, *R.*, p. 19. Une société, qui avait passé des marchés avec l'Etat, prétendait ne les avoir passés que sous la menace de ses ouvriers. Comme le note B. PLESSIX, « bien que l'arrêt ne nous renseigne peu, il est probable que le Conseil d'Etat a tenu compte de ce que les requérants étaient des dirigeants d'entreprises » : « La théorie des vices du consentement dans les contrats administratifs », *op. cit.*, p. 15.

1240 Pour un tel constat, voir D. POUYAUD, *La nullité des contrats administratifs*, *op. cit.*, p. 135. Cela n'empêche cependant pas de construire une théorie de ce vice du consentement à travers les réponses, mêmes négatives, données par le juge administratif aux requérants invoquant une contrainte de la part de l'administration.

1241 Le juge administratif reconnaît parfois que l'erreur constitue un vice du consentement. Mais il le fait cependant de manière très mesurée, par exemple en ne prenant pas en compte l'erreur inexcusable qui est pourtant identique, d'un point de vue purement subjectif et psychologique, à toute autre erreur. Sur les rapports entre l'erreur et la sécurité juridique, voir notamment les développements d'Y. WEBER, « La théorie des vices du consentement dans les contrats administratifs », *op. cit.*, pp. 335-337.

1242 Le juge administratif utilise par exemple la notion de dol incident afin de favoriser la stabilité des situations juridiques. De la sorte, à l'annulation du contrat se substitue l'attribution de dommages et intérêts. *Cf.* par exemple CE, 19 déc. 2007, *Sté Campenon Bernard et a.*, n°268918 et Fr. MODERNE, « Une illustration exemplaire de la théorie du dol dans le contentieux des contrats administratifs. A propos de l'arrêt du Conseil d'Etat du 19 décembre 2007, Société Campenon-Bernard et autres », *op. cit.* Voir encore CAA, Paris, 27 fév. 2007, *SNCF*, n°05PA03920 avec la note de L. RICHER, *AJDA*, 2007, pp. 1978-1982.

1243 Une telle conciliation correspond intimement à la réalité de la sécurité juridique. M. FROMONT écrivait que « le droit a toujours été écartelé entre deux exigences contraires :

467. L'on comprend dès lors pourquoi le juge administratif se montre réticent à reconnaître l'existence d'un vice du consentement[1244]. Comme l'indique Dominique POUYAUD, « le désir d'assurer une certaine stabilité aux conventions détermine le juge à tempérer son approche et à considérer que seuls les vices excédant une certaine gravité justifient la nullité »[1245]. Benoît PLESSIX estime aussi que « le juge administratif privilégie, non pas la protection de celui dont le consentement n'a pas été parfaitement éclairé, mais la sécurité des conventions administratives »[1246]. Yves WEBER allait plus loin et estimait pour sa part que l'objet de la fonction des vices du consentement était la stabilité des conventions, elle-même justifiée par la sécurité juridique. Il concluait que « la théorie des vices du consentement est entièrement conçue au seul bénéfice des exigences du service public »[1247].

---

la justice ou l'équité, d'une part, qui incite à modifier les règles et les situations juridiques pour améliorer constamment l'ordonnancement juridique ou l'adapter à une société changeante et se traduit par le principe de mutabilité ; la sécurité juridique, d'autre part, qui requiert la stabilité et se traduit donc par le principe inverse, celui du respect de l'état existant » : « Le principe de sécurité juridique », *AJDA*, n° spécial, 20 juin 1996, pp. 178-184, p. 178. Cette phrase, de portée générale, peut tout à fait être appliquée en matière de contrat. La justice ou l'équité, entendue en un sens strict et centré sur les cocontractants, correspondrait à l'attention portée à leur consentement. Quant au respect de l'état existant, il consisterait dans la stabilité du contrat et plus largement, dans toutes les situations juridiques qu'il a pu créer.

[1244] Bien qu'elle revête devant le juge administratif une dimension particulière, la recherche de la stabilité contractuelle n'est pas non plus indifférente au juge judiciaire. J. HAUSER indique ainsi qu' « à l'abri de la présomption d'intégrité du consentement bien des actes subsisteront, quoique viciés, parce que le Droit exigera pour leur destruction une preuve qui ne sera pas apportée. Les raisons de cette présomption tiennent au désir du droit objectif d'assurer un minimum de stabilité aux relations entre contractants même au prix d'une méconnaissance de la réalité objective » : *Objectivisme et subjectivisme dans l'acte juridique*, *op. cit.*, p. 160.

[1245] D. POUYAUD, *La nullité des contrats administratifs*, *op. cit.*, p. 105. L'auteur indique encore, p. 138, que l'ensemble de la jurisprudence administrative est « plus favorable à la sécurité des transactions qu'à la défense de l'intégrité du consentement ». Un certain nombre d'auteurs font le même constat. Chr. GUETTIER affirme ainsi que « le juge administratif du contrat semble toutefois assurer avant tout la stabilité des conventions au détriment parfois de la volonté interne des parties. Moins consensualiste que le juge judiciaire, il privilégie non pas l'autonomie de la volonté, mais le maintien des conventions » et L. RICHER que « la jurisprudence administrative marginalise la théorie des vices du consentement et privilégie la stabilité du contrat ». Voir respectivement *Droit des contrats administratifs*, *op. cit.*, p. 341 et *Droit des contrats administratifs*, 9ème éd., *op. cit.*, p. 148.

[1246] B. PLESSIX, « La théorie des vices du consentement dans les contrats administratifs », *op. cit.*, p. 16.

[1247] Y. WEBER, « La théorie des vices du consentement dans les contrats administratifs », *op. cit.*, p. 337.

468. Cette dernière affirmation semble cependant excessive[1248]. Car s'il est indéniable que le juge prend en compte la sécurité juridique, la stabilité des relations contractuelles et l'intérêt du service public, ce ne sont pas les seuls éléments qu'il apprécie. Si tel était le cas, il aurait très bien pu ne pas faire sienne la théorie des vices du consentement. En réalité et comme il le fait si souvent, le juge administratif se doit de concilier des préoccupations divergentes[1249], en l'occurrence, et *a minima*, le respect de la volonté des cocontractants et la stabilité des relations contractuelles[1250]. De la sorte, le droit administratif prend en compte la volonté de l'administré tout en la conciliant avec les nécessités de la vie en collectivité, parmi lesquelles figure la sécurité juridique.

Conclusion du chapitre

469. En exigeant le consentement des administrés, le droit administratif consacre certaines libertés à leur profit. Ces administrés peuvent en effet alors décider soit, positivement, de concourir à l'action de l'administration, soit, négativement, d'y faire obstacle. Cette faculté de choix laissée aux administrés n'est pas cependant sans implications. Tout consentement ne saurait engager et seul un consentement libre et éclairé a le pouvoir de le faire. Par ailleurs, cette faculté de choix n'est pas toujours profitable. Car, contrairement à une image trop répandue, la liberté n'est pas nécessairement,

[1248] Pour une discussion générale de la thèse d'Y. WEBER, voir B. PLESSIX, « La théorie des vices du consentement dans les contrats administratifs », *op. cit.*, spéc. pp. 17-18 ou *L'utilisation du droit civil dans l'élaboration du droit administratif*, *op. cit.*, pp. 209-214. L'auteur affirme notamment, p. 209, que « M. Weber a tout à fait raison de dire que la théorie des vices du consentement a en partie été conçue par le juge administratif aux fins de la stabilité juridique des contrats administratifs, afin que n'importe quelle déception subite d'un contractant ne vienne ruiner l'existence d'un lien contractuel ». Mais il nuance ensuite les affirmations de M. WEBER, estimant que la théorie des vices du consentement est surtout le moyen de sanctionner des comportements répréhensibles.

[1249] J. RIVERO affirmait ainsi, en parlant du Conseil d'Etat : « "Concilier" : le verbe qui revient si souvent dans ses décisions résume sa sagesse », « Préface », dans A. Mestre, *Le Conseil d'Etat, protecteur des prérogatives de l'administration, études sur le recours pour excès de pouvoir*, *op. cit.*, p. 7.

[1250] Pour un autre élément pris en compte par le juge, la moralité des relations contractuelles, voir B. PLESSIX, « La théorie des vices du consentement dans les contrats administratifs », *op. cit.*, spéc. pp. 17-18.

dans les faits, favorable aux administrés[1251]. Nombreuses sont en effet les hypothèses dans lesquelles la prise en compte de leur liberté peut entraîner des conséquences néfastes pour eux.

470. C'est une raison supplémentaire pour le droit administratif de ne pas conférer au consentement une portée trop absolue.

[1251] A moins peut-être d'adopter une vision particulièrement angéliste de ceux-ci. Si cette vision peut théoriquement être défendue, telle n'est pas celle que retient de l'administré le droit positif.

Chapitre II
Le consentement, consécration d'une autonomie limitée

471. Le droit administratif, dans certaines hypothèses, prend en compte le consentement des administrés, augmentant ainsi leur liberté. Les nécessités de la vie en société et tout particulièrement les impératifs de l'ordre public ne peuvent cependant pas laisser, en droit administratif peut-être plus encore que dans les autres branches du droit, un champ indéfini aux libertés individuelles. Celles-ci connaissent nécessairement des bornes et ces dernières se répercutent à leur tour sur le consentement qui ne saurait dès lors être souverain. Un tel constat est d'ailleurs applicable, quoique pour d'autres raisons, à l'administration. Celle-ci non plus n'est pas totalement libre, étant soumise à un certain nombre de sujétions qui visent à garantir la poursuite de l'intérêt général. Jean RIVERO, étudiant les rapports qu'entretient le droit administratif par rapport au droit commun, a depuis longtemps mis en lumière, à côté des « dérogations "en plus" » qui sont favorables à l'appareil d'Etat, les « dérogations "en moins" » qui s'imposent à lui[1252]. Plus récemment, Laurent RICHER affirmait très explicitement que des lois avaient rendu obligatoire l'insertion de clauses dans certains contrats, « dans le but de protéger la collectivité publique contre ses propres errements »[1253]. Le problème dépasse cependant largement la question de l'autonomie de la volonté et de la liberté contractuelle[1254]. L'autonomie des

[1252] J. RIVERO, « Existe-t-il un critère du droit administratif ? », *op. cit.*, p. 293. Cela n'est pas nouveau puisque l'Ancien Régime connaissait déjà ce genre de limitation. Voir J.-L. MESTRE, *Un droit administratif à la fin de l'Ancien Régime : le contentieux des Communautés de Provence*, *op. cit.*, p. 520. Pour une analyse semblable envisagée du point de vue de la compétence, voir Fr. VINCENT, *Le pouvoir de décision unilatérale des autorités administratives*, LGDJ, coll. « BDP », tome 70, 1966, 272 p., pp. 191-192.

[1253] L. RICHER, *Droit des contrats administratifs*, *op. cit.*, 9ème éd., p. 139. En ce qui concerne les contrats, c'est toute la question de la liberté contractuelle des personnes publiques.

[1254] Sur cette question, et parmi une littérature immense, voir notamment : J. MOREAU, « Les "matières contractuelles" », *AJDA*, 1998, pp. 747-752 ; S. NICINSKY, « Le dogme de l'autonomie de la volonté dans les contrats administratifs », *op. cit.*, pp. 45-46 ; B. PLESSIX, « Autonomie de la volonté et droit des contrats administratifs. Archéologie d'un silence », dans *Annuaire de l'Institut Michel Villey*, vol. 4, 2012, pp. 182- 206, et S. SAUNIER, administrés, qui aurait pu être identifiée dans plusieurs domaines, en dehors même de tout contrat, doit être relativisée et tout au plus est-il possible d'évoquer une *certaine* autonomie[1255].

472. Comme cela a déjà été indiqué lorsqu'il s'agissait d'étudier la fonction définitionnelle du consentement, ce dernier se révèle insuffisant pour *constituer* à lui tout seul une situation juridique. Parfois le droit administratif est encore plus sévère à l'égard de la volonté et le consentement se révèle indifférent. Afin de protéger certaines valeurs jugées fondamentales, le consentement ne peut produire aucun effet juridique et un certain nombre d'éléments, en principe objectifs, tiennent en échec la manifestation subjective de volonté.

473. Le consentement subit ainsi une double limite[1256]. D'une part, il est rarement suffisant pour créer ou modifier à lui seul la situation juridique des administrés et se révèle donc, même lorsqu'il est pris en compte, fondamentalement insuffisant (Section 1). D'autre part, il est des hypothèses dans lesquelles, alors qu'un certain nombre de principes auraient pu laisser penser qu'il serait pris en compte, le droit administratif dénie au consentement tout pouvoir, faisant de lui un élément foncièrement indifférent (Section 2).

« L'autonomie de la volonté en droit administratif français : une mise au point », *RFDA*, 2007, pp. 609-626.

[1255] Un tel constat semble valoir pour tout type d'autonomie. *Cf.* notamment M. JOYAU, *De l'autonomie des collectivités territoriales françaises. Essai sur la liberté du pouvoir normatif local*, LGDJ, coll. « BDP », tome 198, 1998, 362 p., p. 1.

[1256] Cette double limite traduit l'opposition qui existe en droit entre les éléments objectifs et les éléments subjectifs. L'objectif se contente en général de limiter le subjectif, mais dans certaines hypothèses il s'en affranchit totalement. Autrement dit, les libertés sont limitées par un certain nombre d'éléments objectifs, voire supprimées par ceux-ci. Sur cette question, voir notamment J. HAUSER, *Objectivisme et subjectivisme dans l'acte juridique*, *op. cit.*, et Th. REVET, « Objectivation ou subjectivation du contrat. Quelle valeur juridique ? », dans Chr. JAMIN et D. MAZEAUD (dir.), *La nouvelle crise du contrat*, Dalloz, coll. « Thèmes et commentaires », 2003, 260 p., pp. 83-96.

Section I
Le consentement insuffisant

474. Lorsqu'il est pris en compte, le consentement ne permet pas à l'administré de se donner sa propre loi, d'être autonome au sens fort du mot. La manifestation de volonté de l'administré est en effet limitée à un double point de vue. Dans certains cas le consentement est une condition nécessaire, mais insuffisante, pour créer un nouveau rapport de droit. Il doit être accompagné, au niveau de la *formation* de l'acte, d'éléments supplémentaires et objectifs pour permettre à l'administré de manifester sa liberté (I).

475. Dans d'autres hypothèses, le consentement n'a qu'un rôle électif et non constituant, c'est-à-dire qu'il permet seulement à l'administré de choisir entre plusieurs alternatives prévues par le droit positif. Il peut s'agir de choisir entre le fait de modifier une situation juridique par la formation d'un acte juridique ou au contraire de ne pas la modifier, et, dans le premier cas, choisir éventuellement entre différents actes juridiques. Dans ce cas, le consentement ne fait que permettre l'effectivité d'une norme préexistante et bien loin d'être la manifestation d'une « volonté constituante », il n'extériorise qu'une « volonté déclenchante »[1257]. Aussi est-il alors possible d'appliquer au consentement en général ce que Xavier MARTIN affirmait à propos du contrat, à savoir qu'il « ne crée pas plus d'énergie juridique que le doigt actionnant le commutateur ne crée l'énergie électrique : dans les deux cas, l'énergie vient d'ailleurs, et elle suppose tout un appareil, un réseau dont la puissance et l'ampleur sont sans commune mesure avec la part relativement très faible d'initiative et de pouvoir – presque rien – qui revient à l'individu »[1258]. Le consentement de l'administré est alors limité car cette simple faculté de choix est insuffisante pour pouvoir déterminer le *contenu* même de l'acte (II).

[1257] Pour une telle distinction, voir notamment P. EGEA, « Liberté et consentement : les formes de la volonté dans le droit de la bioéthique », S. HENNETTE-VAUCHEZ (dir.), *Bioéthique, biodroit, biopolitique : réflexions à l'occasion du vote de la loi du 4 août 2004*, LGDJ, coll. « Droit et Société », 2006, 154 p., pp. 135-150. X. PIN, dans sa thèse préc., adopte la même démarche et démontre que le consentement, dénué de tout pouvoir créateur, ne fait que déterminer l'effectivité d'une norme pénale préexistante.

[1258] X. MARTIN, « Anthropologie et Code Napoléon », *Bulletin de la société française d'histoire des idées et d'histoire religieuse*, 1984, n°1, pp. 39-62, p. 43.

I. Le consentement insuffisant quant à la formation de certains actes

476. Lorsque le consentement des administrés est pris en compte par le droit, il semble que les destinataires de l'action administrative aient toute liberté puisqu'ils participent ainsi à l'élaboration de l'acte. Mais cette liberté n'est jamais illimitée, même dans les domaines les plus favorables aux libertés des administrés. Qu'il s'agisse du contrat (A) ou du domaine médical (B), le consentement ne saurait à lui seul être efficace quant à la formation de l'acte juridique.

A. L'insuffisance du consentement pour la formation du contrat

477. Si de nombreux auteurs privatistes insistent longuement dans leurs écrits sur l'importance du consentement dans la formation du contrat[1259], les auteurs publicistes se font plus discrets sur cette question[1260]. Il a donc été nécessaire de rappeler que le consentement était une condition indispensable de la formation de tout contrat, fût-il administratif[1261]. Se pose maintenant la question de savoir quel est exactement son rôle dans la formation du contrat administratif. Autrement dit, il convient de s'interroger sur le fait de savoir si

---

[1259] Voir tout particulièrement : J. GHESTIN, G. LOISEAU, Y.-M. SERINET, *Traité de droit civil. La formation du contrat*, tome 1, *Le contrat. Le consentement*, *op. cit.*, pp. 487-1464. Il faut tout de même noter que certains éléments envisagés par les auteurs privatistes sous le thème du consentement le sont parfois à d'autres rubriques sous la plume des auteurs publicistes. Les questions qui concernent le consentement, au sens large, occupent donc plus de place dans les ouvrages de droit public que ce que la simple comparaison des tables des matières aurait pu laisser supposer.

[1260] Il convient tout de même de noter que cette affirmation est de moins en moins vraie. L'évolution du point de vue de la doctrine de droit public sur le contrat est en effet importante. Comme le note Fr. LOMBARD, « la science du droit administratif ne s'est intéressée au contrat administratif que dans le but de souligner ce qui le distinguait de son homologue civiliste » : *La cause dans le contrat administratif*, *op. cit.*, p. 8. Mais, après avoir insisté sur ce qui séparait le contrat administratif du contrat de droit commun, notamment sous l'influence des travaux de G. JEZE, de nombreux auteurs insistent au contraire à l'époque contemporaine sur les points de convergence entre les deux contrats. Voir notamment : M. CANEDO, « l'exorbitance du droit des contrats administratifs », dans F. MELLERAY (dir.), *L'exorbitance du droit administratif en question(s)*, LGDJ, 2004, 312 p., pp. 125-177 ; J.-B. SEUBE, « Contrats privés – contrats administratifs : points de convergence ? », *op. cit.*, pp. 367-383. Dans ce cadre général, nombreuses sont les thèses qui insistent aujourd'hui sur le rôle du consentement en matière de contrats administratifs. Voir notamment : P. BOURDON, *Le contrat administratif illégal*, *op. cit.*, pp. 309-344 ; L. MARCUS, *L'unité des contrats publics*, *op. cit.*, pp. 37-192 ; B. PLESSIX, *L'utilisation du droit civil dans l'élaboration du droit administratif*, *op. cit.*, pp. 192-214 ou encore D. POUYAUD, *La nullité des contrats administratifs*, *op. cit.*, pp. 31-139.

[1261] *Cf. supra*, n°127.

le principe du consensualisme est reçu par le droit administratif. Cela revient à se demander si les contrats administratifs sont des actes juridiques consensuels, c'est-à-dire résultant du seul échange des consentements[1262]. La réponse, comme en droit privé[1263], est affirmative. Mais il importe ici de bien préciser les choses. Reconnaître que les contrats administratifs sont en principe consensuels ne préjuge en rien de l'importance pratique du consentement dans la formation du contrat. Affirmer qu'il s'agit du principe ne signifie rien d'autre que le fait qu'à défaut de normes contraires, le contrat va pouvoir se former par le seul échange des consentements[1264]. Mais

---

1262 G. CORNU définit le consensualisme comme le principe « en vertu duquel, sauf exception, tous les actes juridiques sont consensuels » : *Vocabulaire juridique*, *op. cit.*, entrée « Consensualisme ». Le même auteur, à l'entrée « Consensuel », définit l'acte juridique consensuel comme celui « qui peut être conclu, au gré des intéressés, sous une forme quelconque [...] et dont on dit qu'il résulte du seul échange des consentements (*solo consensu*), dès lors que les volontés se sont accordées d'une manière ou d'une autre, soit par écrit (acte sous seing privé, acte authentique), soit oralement, même tacitement ». Il est important de ne pas perdre de vue que la question du consensualisme ne concerne que la manifestation de la volonté des contractants. Elle ne préjuge en rien de la nécessité, pour que le contrat soit valablement formé, de la présence d'éléments objectifs, comme la cause ou le contrat, comme cela devra d'ailleurs être envisagé. Il faut donc adopter du consensualisme, ou d'ailleurs du formalisme, selon le point de vue, une vision résolument modeste. Le consensualisme, même s'il n'est pas sans lien avec l'autonomie de la volonté, ne se confond pas avec elle. En bonne théorie, le débat autour de la question du consensualisme et du formalisme ne prétend pas rendre compte de la force obligatoire du contrat, mais simplement de la manière dont les volontés vont devoir s'exprimer pour pouvoir donner naissance à un contrat, indépendamment de leur contenu.

1263 J. GHESTIN affirme ainsi que, malgré une évolution dans le sens du formalisme, « il est encore permis de faire état d'un principe du consensualisme » : J. GHESTIN, G. LOISEAU, Y.-M. SERINET, *Traité de droit civil. La formation du contrat*, tome 1, *Le contrat. Le consentement*, *op. cit.*, p. 677. J.-L. BERGEL indique également que « le formalisme, en droit contemporain, paraît exceptionnel. Le principe général semble être celui du consensualisme et de la liberté » : *Méthodologie juridique*, *op. cit.*, p. 66.

1264 Il est encore intéressant de raisonner en termes de catégories juridiques. Le consensualisme s'opposant au formalisme, il s'agit en l'espèce d'une classification binaire : d'un côté les contrats consensuels, de l'autre, les contrats formalistes. Or, « il faut que, dans chaque classification, si l'une des catégories est limitative, l'autre soit résiduelle » : J.-L. BERGEL, *Théorie générale du droit*, *op. cit.*, p. 243. Les deux catégories ne peuvent pas être fermées, car cela empêcherait toute évolution et les situations nouvelles ne pourraient que difficilement s'intégrer aux catégories existantes. En prévoyant une catégorie résiduelle, ouverte, on est en revanche à même d'accueillir tous les éléments à qualifier qui ne rentreraient pas dans la catégorie limitative. Ceci permet de faire le parallèle avec les notions de principe et d'exception : le principe correspond à la catégorie résiduelle et les exceptions à la catégorie limitative. Mais en pratique, la catégorie limitative peut très bien être la plus importante et la catégorie résiduelle la plus rare si les exceptions sont plus nombreuses que les situations dans lesquelles le principe s'applique. En droit, les notions de principe et d'exception, si elles ont un rapport avec un jugement de valeur, n'en ont aucun avec un quantitativement, il se peut, et ce sera d'ailleurs le cas, que cela soit très marginal. En ayant bien présente à l'esprit cette distinction entre théorie et pratique[1265], il est alors possible de dire qu'au niveau des principes le consensualisme l'emporte (1), mais qu'en pratique, il cède très largement la place au formalisme (2).

1. Un consensualisme de principe

478. Un grand nombre d'auteurs s'accordent à reconnaître que le principe du consensualisme[1266] domine, en théorie, la formation des contrats administratifs. François BRENET affirme ainsi que « le consensualisme n'est pas étranger au droit des contrats administratifs [...] puisque la jurisprudence admet que le seul consentement des parties suffit, dans un certain nombre d'hypothèses, à créer un lien contractuel »[1267]. Christophe GUETTIER, relevant qu' « en règle générale, la validité des contrats administratifs n'est pas subordonnée à des conditions de forme particulière »[1268], conclut que « le consensualisme l'emporte en principe sur le formalisme »[1269]. Telle est encore la position des auteurs du *Traité des contrats administratifs* qui, après avoir montré les similitudes qui existent entre les contrats de droit privé et

---

jugement quantitatif. Elles ne tiennent leur intérêt pratique que de la technique juridique, le principe étant le régime juridique applicable à défaut de normes contraires.

1265 Cela est également valable en droit privé. *Cf.* J. GHESTIN qui affirme que « faire du consensualisme le principe implique seulement qu'il est la règle à défaut de dispositions contraires, sans préjuger de l'importance de celles-ci qui sont au demeurant de plus en plus nombreuses, ni de l'utilité du formalisme » : J. GHESTIN, G. LOISEAU, Y.-M. SERINET, *Traité de droit civil. La formation du contrat*, tome 1, *Le contrat. Le consentement*, *op. cit.*, p. 670.

1266 Il importe de bien noter que le consensualisme, comme l'indique la définition qu'en donne G. CORNU, n'est pas nécessairement l'absence de forme, mais l'absence de forme *imposée* par des normes extérieures aux parties. Comme le note Cl. PONCE, « le consensualisme n'implique pas qu'aucune forme n'est employée, mais bien qu'aucune forme n'est nécessaire », ou encore que « beaucoup plus que l'absence complète de forme, le consensualisme signifie plutôt la liberté de la forme » : *Le consensualisme dans les contrats administratifs*, *op. cit.*, p. 42. Au contraire, « formalisme ne signifie pas forme *compliquée*, mais forme *impérative*, c'est-à-dire imposée, sans équivalent possible, pour donner valeur juridique à la manifestation de volonté » : J. FLOUR, « Quelques remarques sur l'évolution du formalisme », dans *Le droit privé français au milieu du XXe siècle. Etudes offertes à Georges Ripert*, tome 1, *Etudes générales. Droit de la famille*, LGDJ, 1950, 554 p., pp. 93-114, p. 101.

1267 Fr. BRENET, « Formation du contrat administratif », *op. cit.*, n°36.

1268 Chr. GUETTIER, *Droit des contrats administratifs*, *op. cit.*, p. 362.

1269 *Ibid.*, p. 363.

les contrats administratifs, indiquent que « le *consensualisme* est la conception générale du droit contractuel français moderne »[1270].

479. Les contrats administratifs peuvent donc, par principe, être conclus sans qu'aucune forme particulière ne soit imposée. Telle est la position du juge administratif, qui, pour établir l'existence d'un contrat et en l'absence de règles particulières à ce sujet, cherche avant tout, non pas la présence de formes particulières, mais à voir si les parties avaient réellement la volonté réciproque de s'engager. Or, cette recherche pose essentiellement la question des contrats non écrits, contrats dont la jurisprudence admet tout à fait l'existence. Par un considérant de principe, la Haute juridiction administrative a par exemple affirmé récemment « qu'il ne résulte d'aucun texte ni d'aucun principe général du droit que la validité des contrats à durée déterminée des agents publics soit subordonnée à la conclusion d'un écrit »[1271]. Et ce que la Haute juridiction administrative affirme de tels contrats semble pouvoir être étendu, sauf exception, à tous les contrats administratifs. C'est ainsi qu'elle donne de nombreux exemples de contrat non écrits[1272], c'est-à-dire principalement de contrats verbaux[1273] et de contrats tacites.

480. Concernant les premiers, une des plus célèbres décisions du Conseil d'Etat en fournit une illustration. Dans l'affaire *Bertin*, à l'occasion de laquelle la Haute juridiction administrative est venue préciser les critères d'administrativité des contrats, le juge administratif reconnaît l'existence d'un « contrat verbal » liant l'administration aux époux Bertin chargés d'assurer, contre paiement de la part de celle-ci, l'hébergement de réfugiés en attendant leur retour dans leur pays d'origine[1274]. Récemment, le Conseil d'Etat a donné de nombreux exemples de contrats administratifs passés

---

1270 A. DE LAUBADERE, Fr. MODERNE et P. DELVOLVE, *Traité des contrats administratifs*, *op. cit.*, tome 1, p. 699.

1271 CE, 9 déc. 2009, n°310739.

1272 Sur les contrats non écrits de l'administration, voir notamment A. DE LAUBADERE, Fr. MODERNE et P. DELVOLVE, *Traité des contrats administratifs*, *op. cit.*, tome 1, pp. 569-570 ou encore J.-Chr. BRUERE, « Le consensualisme dans les contrats administratifs », *RDP*, 1996, pp. 1715-1749, pp. 1732-1735 et la jurisprudence citée.

1273 Que le droit administratif puisse connaître des contrats verbaux ne saurait surprendre, dans la mesure où, de manière générale à propos des actes de l'administration, les actes oraux sont en nombre « plus considérable qu'on ne pourrait le penser à première vue » : Ch. EISENMANN, *Cours de droit administratif*, *op. cit.*, tome 1, p. 397.

1274 CE, sect., 20 avr. 1956, *Epx Bertin*, *R.*, p. 167. Il est intéressant de noter également que le caractère oral ou écrit d'un contrat n'emporte pas de conséquence sur sa qualification. Pour des développements à ce sujet, voir A. DE LAUBADERE, Fr. MODERNE et P. DELVOLVE, *Traité des contrats administratifs*, *op. cit.*, tome 1, pp. 160-163.

uniquement par oral[1275] et fournit encore de telles illustrations aujourd'hui[1276].

481. Si le juge admet la possibilité de contrats purement verbaux, il adopte la même position en ce qui concerne les contrats tacites. Ceux-ci peuvent tout d'abord résulter de l'interprétation que le juge donne de certains faits[1277]. C'est ainsi que le Conseil d'Etat juge que se trouve placé dans une situation contractuelle l'architecte qui, même en l'absence de tout contrat écrit, avait préparé les documents nécessaires à la passation de marchés et avait surveillé les travaux[1278]. Ensuite, si le juge administratif reconnaît la possibilité de contrats tacites en l'absence de tout document écrit, à plus forte raison admet-il que des contrats puissent résulter de documents écrits qui traduisent la volonté réciproque de l'administration et d'un administré de conclure un contrat administratif, à condition qu'il s'agisse d'un réel accord et non de simples pourparlers. Une telle situation se rencontre par exemple pour des échanges de lettres. Cela n'est pas nouveau[1279], et le Conseil d'Etat l'a encore réaffirmé récemment en jugeant qu'une transaction pouvait être constituée dès lors qu'une société avait accepté l'offre faite par le préfet, quand bien même celui-ci n'aurait pas signé le document de la transaction, mais seulement la lettre l'accompagnant[1280].

482. Tous ces exemples, et peu importe par ailleurs leur multiplication[1281], traduisent bien la réalité du principe du consensualisme :

[1275] Voir par exemple CE, 17 fév. 1978, *Sté compagnie française d'entreprises*, *R.*, p. 88 ou encore CE, 15 juill. 2004, *Mme X.*, n°238543.

[1276] Voir notamment les décisions jurisprudentielles cités par Chr. GUETTIER, *Droit des contrats administratifs*, *op. cit.*, pp. 364-365.

[1277] *Cf.* les exemples cités par L. RICHER, *Droit des contrats administratifs*, *op. cit.*, 9ème éd., p. 131.

[1278] CE, 12 déc. 1973, *Cts Stym-Popper*, *T.*, p. 1034. Voir encore les exemples donnés par Chr. GUETTIER, *Droit des contrats administratifs*, *op. cit.*, p. 364.

[1279] Voir par exemple : CE, 23 janv. 1954, *Comptoir unique d'achat, de stockage, de vente et d'expédition de légumes*, *R.*, p. 66. Le Conseil d'Etat énonce qu' « en l'absence de toute réserve formulée par le comptoir à la réception de la lettre [du ministre], il est résulté de l'échange de correspondances dont ladite lettre est l'aboutissement une convention entre l'Etat et le comptoir ». Voir encore CE, 11 avr. 1951, *Ville de Marseille et Sté des eaux de Marseille c/Dame Pauvarel*, *R.*, p. 843 ou CE, 13 déc. 1967, *Chantemerle*, *T.*, p. 850.

[1280] CE, 10 fév. 2014, *Sté Gecina*, n°350265. Cela ne concerne pas les rapports entre l'administration et les administrés, mais le Conseil d'Etat a reconnu, de manière encore plus remarquable, qu'un contrat pouvait résulter de la concordance de deux actes unilatéraux. Voir notamment CE, 20 mars 1996, *Cne de Saint-Céré*, n°150038 ou encore CE, 5 oct. 2005, *Cne de Maurepas*, n°256362.

[1281] Etant entendu que plus ils seront nombreux, plus il sera facile d'établir le principe du consensualisme. Si Chr. GUETTIER note que « le juge manifeste parfois quelques réticences à reconnaître un contrat tacite ou verbal, le consensualisme contractuel ne lui paraissant pas établi », il ajoute que « la consécration jurisprudentielle de tels contrats, même peu nombreux, le juge administratif, s'il estime que des comportements de fait, des paroles ou des écrits traduisent un accord de volontés, n'hésite pas à les qualifier de contrat administratif[1282]. De la sorte, le juge manifeste « le peu de cas qu'il fait de la forme contractuelle, l'élément déterminant pour lui étant l'attitude des parties qui lui permet d'apprécier s'il y a eu volonté de conclure un contrat »[1283]. Mais le principe ne préjuge en rien de la réalité puisque la majeure partie des contrats administratifs sont, dans les faits, soumis à des conditions de forme.

2. Un formalisme en réalité dominant

483. Alors même que le principe du consensualisme est bien établi dans la jurisprudence administrative, la réalité est bien souvent différente puisque la plupart des contrats administratifs sont soumis à des exigences de forme[1284]. Le consensualisme, propre à garantir la liberté des cocontractants et à favoriser la rapidité des transactions, connaît des inconvénients, au premier rang desquels figurent la faible protection des cocontractants ainsi que l'insécurité juridique, tant pour ceux-ci que pour la société en général[1285]. L'évolution du droit au cours du XXème siècle a donc été marquée par une certaine renaissance du formalisme[1286] et le droit des

---

constitue une manifestation de la force du consensualisme contractuel » : *Droit des contrats administratifs*, *op. cit.*, p. 365.

1282 Les auteurs du *Traité des contrats administratifs* traduisent cela en disant qu' « en règle générale, la validité du contrat administratif n'est pas subordonnée à des conditions particulières de forme. L'accord de volonté suffit à créer le lien contractuel sans être assujetti à des modalités d'expression réglementées pour chaque cas par la loi » : A. DE LAUBADERE, Fr. MODERNE et P. DELVOLVE, *Traité des contrats administratifs*, *op. cit.*, tome 1, pp. 160-163.

1283 J.-Chr. BRUERE, « Le consensualisme dans les contrats administratifs », *op. cit.*, p. 1733.

1284 Sur le formalisme en général, voir notamment S. SAUNIER, *Recherche sur la notion de formalisme en droit administratif français*, PUAM, coll. « Centre de recherches administratives », 2007, 2 tomes, 1033 p.

1285 Sur les avantages et les inconvénients respectifs du consensualisme et du formalisme en droit privé, voir J. GHESTIN, G. LOISEAU, Y.-M. SERINET, *Traité de droit civil. La formation du contrat*, tome 1, *Le contrat. Le consentement*, *op. cit.*, pp. 670-677. Sur la question particulière de la sécurité juridique, voir par exemple J.-L. BERGEL, *Méthodologie juridique*, *op. cit.* L'auteur affirme notamment, p. 64, qu' « il faut choisir entre la meilleure sécurité juridique, qui suppose un système fondé sur le strict respect des formes de droit mais une complexité souvent abusive, et une grande liberté d'accomplissement des actes juridiques et juridictionnels mais une insuffisante sécurité ».

1286 Voir notamment J. FLOUR, « Quelques remarques sur l'évolution du formalisme », *op. cit.*, et plus récemment X. LAGARDE, « Observations critiques sur la renaissance du formalisme », *JCPG*, n°40, 6 oct. 1999, pp. 1767-1775.

contrats administratifs semble être passé « d'un formalisme minimal à un formalisme normal »[1287].

484. L'administration n'a jamais bénéficié d'une liberté totale pour la passation de ses contrats. Dès le Moyen Age, un certain nombre de ceux-ci ne doivent être signés qu'avec le plus offrant ou le moins disant, selon les cas. Dans ce but, des procédures particulières doivent être respectées et l'adjudication se répand, au point de devenir « le mode "normal" » de passation des contrats publics, tandis que « la procédure de gré à gré semble l'exception »[1288]. Les dernières décennies ont été marquées par la multiplication de ces formes et procédures, notamment afin de lutter contre la fraude et la corruption en favorisant la transparence. Il s'agit également de permettre à l'administration d'acquérir des biens ou des services au moindre coût, en augmentant la concurrence[1289].

485. Si on laisse de côté les règles concernant les *procédures* de passation des contrats administratifs[1290], la *forme* la plus caractéristique qui est parfois imposée pour la validité d'un contrat est la présence d'un écrit. Dans ces hypothèses, les consentements émis par l'administration et son cocontractant sont insuffisants pour faire naître un contrat. Ils doivent être matérialisés par écrit, le plus souvent sur papier[1291]. Par le passé, la jurisprudence a ainsi refusé de tenir compte d'un contrat de délégation de service public qui avait, ou aurait été passé par oral. La Haute juridiction a affirmé que la commune de Saint-André de Sangonis « ne saurait ne prévaloir d'une convention verbale pour soutenir que le sieur Bonniol était tenu d'assurer l'éclairage des voies publiques de la commune »[1292].

486. L'exigence d'un écrit résulte cependant généralement des textes. Cela concerne notamment les marchés publics, qui constituent une part importante des contrats administratifs. En vertu de l'alinéa premier de l'article 11 du Code des marchés publics, « les marchés et accords-cadres d'un montant égal ou supérieur à 25 000 euros HT sont passés sous forme

---

[1287] J.-Fr. LACHAUME, « Le formalisme », *AJDA*, 20 juin 1995, n° spécial, pp. 133-146, p. 138.

[1288] K. WEIDENDELD, *Histoire du droit administratif. Du XIVe siècle à nos jours*, *op. cit.*, pp. 95-98, p. 95.

[1289] Pour une présentation générale des conditions de passation des contrats administratifs, voir notamment Chr. GUETTIER, *Droit des contrats administratifs*, *op. cit.*, pp. 367-421.

[1290] Les exigences de formes sont cependant beaucoup plus nombreuses, surtout si l'on y assimile les obligations procédurales, comme les règles de passation d'un grand nombre de contrats administratifs.

[1291] Des contrats administratifs peuvent cependant être conclus par voie électronique. Sur ce point, voir N. FOUILLEUL, *Le contrat administratif électronique : l'exemple des marchés publics*, PUAM, 2007, 2 tomes, 891 p.

[1292] CE, Sect., 16 janv. 1931, *Bonniol*, *R.*, p. 61.

écrite »[1293]. Pareillement, l'article 250 du même code énonce notamment que « les marchés passés sur le fondement d'un accord-cadre sont des documents écrits qui précisent les caractéristiques et les modalités d'exécution des prestations demandées qui n'ont pas été fixées dans l'accord-cadre ».

487. En ce qui concerne les délégations de service public, rien, dans les textes, ne semble obliger l'administration à conclure ce type de contrats par écrit. Les procédures nécessaires à la passation de tels contrats laissent cependant difficilement entrevoir comment il pourrait en être autrement. L'obligation de transmission d'un certain nombre de contrats des collectivités territoriales au préfet va également dans ce sens[1294]. Finalement, « la plupart des contrats publics sont conclus sous la forme d'un écrit »[1295], ce qui signifie que le consensualisme connaît en pratique d'importantes limites, les consentements étant alors insuffisants par eux-mêmes à la formation du contrat. La même conclusion vaut encore pour l'établissement de la relation médicale dans le milieu hospitalier.

B. L'insuffisance du consentement dans le domaine médical

488. Le consentement est également incapable à lui seul de justifier les principaux actes liés au domaine médical. Il n'est qu'une des conditions de leur licéité. Bien que la recherche biomédicale n'en soit qu'un exemple particulier, il est particulièrement intéressant de s'y attarder dans la mesure où c'est à son propos qu'il a été le plus écrit sur le consentement, notamment après-guerre. Il serait alors tentant de ne voir dans la recherche biomédicale que la question du consentement, laissant de côté toutes les autres conditions objectives. Or le consentement des patients, qui n'est qu'une condition parmi d'autres pour les actes médicaux ordinaires (1), présente la même caractéristique pour les actes particuliers que constituent les recherches biomédicales sur l'être humain (2).

[1293] Cette rédaction, applicable à partir du 1er octobre 2015, est issue de l'article 2 du décret n°2015-1163 du 17 sept. 2015 *modifiant certains seuils relatifs aux marchés publics*, *JORF*, 20 sept. 2015, p. 16629, texte n°21.

[1294] Voir, pour ce qui concerne les communes, l'article L. 3131-2 du Code général des collectivités territoriales. Voir plus généralement L. RICHER, *Droit des contrats administratifs*, *op. cit.*, 9ème éd., p. 188.

[1295] Fr. BRENET, « Formation du contrat administratif », *op. cit.*, n°37.

1. L'insuffisance du consentement pour justifier un acte thérapeutique

489. Comme le rappellent notamment les articles 16-3 du Code civil et L. 1111-4 du Code de la santé publique, le consentement est un préalable obligatoire à tout acte médical[1296]. Mais, s'il s'agit d'une condition nécessaire en ce qu'aucun acte médical, sauf exception, ne saurait être licite sans le consentement du patient, elle n'est pas suffisante. Il importe donc de relativiser, sans en nier pour autant l'importance, le rôle que joue le consentement en droit médical[1297]. Dominique THOUVENIN indique ainsi à propos du consentement médical que les lois « disent à quelles conditions – généralement fort nombreuses – un médecin est autorisé à intervenir sur le corps d'une personne et l'exigence de l'accord de l'intéressé n'est qu'*une* de ces conditions, même si elle est considérée comme essentielle »[1298].

490. La question de la licéité des actes médicaux qui portent atteinte au corps humain présente un relief particulier en droit pénal[1299]. De manière

---

[1296] Voir *supra*, n°359.

[1297] Ces considérations sont à mettre en relation avec les débats concernant le rôle respectif des aspects subjectifs et objectifs dans différentes situations juridiques. Il ne s'agit pas ici d'opter exclusivement pour les uns ou pour les autres, mais simplement de chercher, pour le domaine envisagé, quelle est la combinaison de ces deux facteurs ainsi que leur équilibre. Sur cette question, voir notamment J. HAUSER, *Objectivisme et subjectivisme dans l'acte juridique*, *op. cit.*, et P. HEBRAUD, « Rôle respectif de la volonté et des éléments objectifs dans les actes juridiques », *op. cit.* Et en ce qui concerne plus spécifiquement le droit médical, voir L. BLOCH, « Objectivisme et subjectivisme dans l'acte médical : de l'acte juridique au fait juridique », dans G. WICKER (dir.), *Mélanges en l'honneur du professeur Jean Hauser*, LexisNexis et Dalloz, 2012, 1060 p., pp. 737-762.

[1298] D. THOUVENIN, « Consentement et assujettissement », dans Fr. GROS et G. HUBER (dir.), *Vers un anti-destin ? Patrimoine génétique et droits de l'humanité*, Odile Jacob, 1992, 585 p., pp. 471-478, p. 477. Cl. NEIRINCK affirme également que le consentement « est nécessaire mais non suffisant » : « Le consentement à l'acte médical. Analyse juridique », dans Cl. NEIRINCK (dir.), *L'acte médical et les droits du malade*, Presses de l'Université des Sciences Sociales de Toulouse, coll. « Droit et médecine », 1996, 180 p., pp. 91-111, p. 99.

[1299] En principe, en effet, un acte médical ne doit pas porter atteinte à l'intégrité du corps humain, celui-ci étant « inviolable », selon les termes de l'article 16-1 du Code civil. Mais force est de reconnaître que de nombreux actes médicaux, en particulier chirurgicaux, sont évidemment des atteintes au corps humain et pourraient donc à ce titre tomber sous le coup de la loi pénale. L'intervention d'un médecin pourrait ainsi relever éventuellement des violences volontaires, mais surtout des violences involontaires, prévues aux articles 222-19 à 222-21 du Code pénal. Il serait encore possible, lorsque l'intervention du médecin a entraîné la mort du patient, de faire référence aux articles 221-6 et s. du même code. Pour des développements substantiels sur ces questions, voir le chapitre consacré à « la protection de la vie et de l'intégrité corporelle du malade » par P. MISTRETTA, *Droit pénal médical*, Cujas, 2013, 454 p., pp. 137-217 et les références citées. L'auteur indique, p. 176, que la doctrine considère, en l'absence de statistiques, que « deux tiers voire trois quarts, des affaires pénales recensées en matière médicale sont liées à des cas d'homicide ou de blessures non intentionnelles ». Or, les atteintes au corps humain sont bien évidemment nécessaires à semblable et sur le terrain qui est le sien, le droit administratif doit également la résoudre, notamment à propos de l'éventuel engagement de la responsabilité du service public de la santé ou au sujet du contrôle des sanctions infligées par la chambre disciplinaire du Conseil national de l'Ordre des médecins[1300].

491. La réponse est conditionnée par plusieurs éléments qu'il est possible de ramener à trois séries d'exigences essentielles[1301]. La première, dans un but de sécurité des patients, concerne la personne qui est amenée à intervenir auprès du patient. Elle est relative au diplôme, à la nationalité et à l'inscription au tableau de l'Ordre des médecins, comme le prévoit notamment l'article L. 4111-1 du Code de la santé publique[1302]. A défaut de

---

l'exercice de la médecine. Il importe donc d'identifier quel va être le fait justificatif permettant au médecin d'intervenir. Force est de constater que « ce n'est pas le consentement du malade qui justifie, à lui seul, l'atteinte médicale ou chirurgicale à l'intégrité corporelle. C'est la loi qui, par une permission spéciale, autorise le titulaire du diplôme de docteur en médecine à accomplir sur le corps humain les actes nécessaires au traitement des maladies. Il en résulte qu'en principe la justification est exclue, en dépit du consentement donné par le patient, toutes les fois qu'un médecin ou un chirurgien n'agit pas dans un but curatif » : R. MERLE et A. VITU, *Traité de droit criminel*, tome 1, *Problèmes généraux de la science criminelle. Droit pénal général*, Cujas, 7ème éd., 1997, 1068 p., p. 603. L'article 122-4 du Code pénal prévoit en effet que « n'est pas pénalement responsable la personne qui accomplit un acte prescrit ou autorisé par des dispositions législatives ou réglementaires ». Sur l'absence d'effet justificatif général du consentement en droit pénal, outre les ouvrages de droit pénal général, voir par exemple : X. PIN, « Le consentement à la lésion à soi-même en droit pénal. Vers la reconnaissance d'un fait justificatif ? », *op. cit.* Sur la spécificité de la question en droit médical, *cf.* notamment : Fr. ARCHER, *Le consentement en droit pénal de la vie humaine*, *op. cit.*, pp. 59-163 et P. MISTRETTA, *Droit pénal médical*, *op. cit.*, pp. 83-90.

1300 Les décisions de cette chambre, juridiction administrative spécialisée, sont susceptibles de recours en cassation devant le Conseil d'Etat. Sur cette question, voir notamment A. LIET-VAUX, « Ordres professionnels. Discipline », *Jcl. adm.*, fasc. n°146, 2011, n°127-146.

1301 Il serait possible d'en rajouter d'autres, notamment l'exigence d'information du patient. C'est ainsi que des auteurs affirment que « de façon synthétique on peut donc dire qu'un acte médical ne peut être réalisé que si trois conditions sont cumulativement réunies : une justification médicale (du patient ou dans des cas limités d'autrui) ; une information éclairante ; un consentement » : Cl. BERGOIGNAN-ESPER et P. SARGOS, *Les grands arrêts du droit de la santé*, *op. cit.*, p. 13. Mais il est possible de rapprocher l'information de la condition de consentement, celui-ci devant être éclairé, donc informé.

1302 Cet article énonce que « nul ne peut exercer la profession de médecin, de chirurgien-dentiste ou de sage-femme s'il n'est : /1° Titulaire d'un diplôme, certificat ou autre titre mentionné aux articles L. 4131-1, L. 4141-3 ou L. 4151-5 ; /2° De nationalité française, de citoyenneté andorrane ou ressortissant d'un État membre de l'Union européenne ou partie à l'accord sur l'Espace économique européen [...] ; /3° Inscrit à un tableau de l'ordre des médecins, à un tableau de l'ordre des chirurgiens-dentistes ou à un tableau de l'ordre des sages-femmes, sous réserve des dispositions des articles L. 4112-6 et L. 4112-7 ». A l'inverse, l'article L. 4112-5 du même code énonce notamment que « l'inscription à un tableau de l'ordre rend licite l'exercice de la profession sur tout le territoire national ». Sur ces questions, sur lesquelles il n'est pas nécessaire de s'étendre ici, voir notamment : G. MEMETEAU, *Cours* réunir ces conditions, le praticien pourrait se voir condamné pour exercice illégal de la médecine[1303].

492. La seconde condition, relative cette fois à la situation du patient, est énoncée par l'article 16-3 du Code civil qui dispose, en son alinéa premier, qu' « il ne peut être porté atteinte à l'intégrité du corps humain qu'en cas de nécessité médicale pour la personne ou à titre exceptionnel dans l'intérêt thérapeutique d'autrui »[1304]. Cette condition de nécessité médicale est d'autant plus importante que le droit applique en la matière le principe de proportionnalité entre le bénéfice que peut espérer le patient et les risques que l'acte médical lui ferait courir. L'article L. 1110-5 du Code de la santé publique énonce ainsi, à propos du patient, que « les actes de prévention, d'investigation ou de soins ne doivent pas, en l'état des connaissances médicales, lui faire courir de risques disproportionnés par rapport au bénéfice escompté ». De même, l'article 40 du Code de déontologie

---

de droit médical, Les Etudes Hospitalières, 4ème éd., 2010, 721 p., p. 145-156 ; P. MISTRETTA, *Droit pénal médical*, Cujas, 2013, 454 p., pp. 333-357 ou encore J. PENNEAU, « Médecine. Accès à la profession de médecin. Exercice de la profession de médecin. Exercice illégal de la médecine », *Jcl. Lois pénales spéciales*, fasc. n°40, 2010.

1303 Cette condamnation peut revêtir un caractère pénal, en vertu de l'article L. 4161-5 du Code de la santé publique. P. MISTRETTA note ainsi que « s'il est une infraction composant le droit pénal médical connue tant des pénalistes que des médecins, c'est bien le délit d'exercice illégal de la profession de médecin. Nul n'ignore il est vrai que l'exercice de la profession de médecin est réservé et que le corps médical se montre particulièrement attentif en la matière » : *Droit pénal médical*, *op. cit.*, p. 333. Mais cette condamnation peut simultanément revêtir un aspect disciplinaire, en vertu notamment de l'article R. 4127-30 du Code de la santé publique selon lequel « est interdite toute facilité accordée à quiconque se livre à l'exercice illégal de la médecine ». Le Conseil d'Etat peut alors être amené à contrôler les sanctions infligées par la Chambre nationale de l'Ordre des médecins. Voir par exemple CE, 28 mars 2013, n°348089, à rapprocher de Cass., Crim., 8 janv. 2008, n°07-81193. Le Conseil d'Etat a par ailleurs fréquemment l'occasion d'appliquer l'article L. 4161-5 du Code de la santé publique, notamment lorsqu'il est saisi de recours contre des textes réglementaires ayant trait à des professions paramédicales. Voir par exemple : CE, 17 juill. 2013, n°347291 ; CE, 21 mars 2011, n°347358 ; CE, 23 janv. 2008, n°304478 ou encore CE, 29 déc. 2000, n°214289. Sur l'exercice illégal de la médecine, voir J.-B. THIERRY, « Exercice illégal de la médecine », dans Fr. VIALLA (dir.), *Les grandes décisions du droit médical*, LGDJ-Lextenso, coll. « Les grandes décisions », 2ème éd., 2014, pp. 352-360.

1304 La rédaction actuelle de cet article est due à l'article 9 de la loi n°2004-800 du 6 août 2004 *relative à la bioéthique*, *JORF*, 7 août 2004, p. 14040, texte n°1. L'article a d'abord mentionné « la nécessité thérapeutique » avant d'évoquer « la nécessité médicale » de la personne. Voir respectivement l'article 3 de la loi n°94-653 du 29 juill. 1994 *relative au respect du corps humain*, *JORF*, 30 juill. 1994, p. 11056 et l'article 70 de la loi n°99-641 du 27 juill. 1999 *portant création d'une couverture maladie universelle*, *JORF*, 28 juill. 1999, p. 11229. La rédaction actuelle, ajoutant l'intérêt thérapeutique d'autrui à la nécessité médicale, est la plus large. Cela permet par exemple d'inclure les prélèvements d'organes ou les stérilisations à visée contraceptive.

médicale[1305] énonce que « le médecin doit s'interdire, dans les investigations et interventions qu'il pratique comme dans les thérapeutiques qu'il prescrit, de faire courir au patient un risque injustifié ». L'article 41 du même code[1306] est encore plus strict en ce qui concerne les interventions mutilantes, puisqu'il prévoit notamment qu'elles ne peuvent être pratiquées « sans motif médical très sérieux ». Pour le dire simplement, le médecin doit s'abstenir d'un acte médical « lorsque le malade a plus à craindre de l'intervention sur son corps qu'à espérer »[1307].

493. Ce n'est qu'ensuite qu'intervient la dernière condition, relative cette fois-ci au patient lui-même, qui consiste dans son consentement, tel que l'exigent les articles 16-3 du Code civil et L. 1111-4 du Code de la santé publique.

494. Il est important de relever que ces conditions sont cumulatives, c'est-à-dire que si elles sont toutes nécessaires, aucune ne saurait à elle seule, pas même le consentement du patient, justifier un acte médical. Par ailleurs et de manière assez surprenante vu l'esprit du législateur au cours de la dernière décennie, la condition du consentement ne figure que dans le

---

1305 Codifié à l'article R. 4127-40 du Code de la santé publique. Le juge administratif semble n'être confronté qu'à peu d'affaires mettant en jeu cet article. Voir notamment CE, 7 mars 2008, n°298767. Pour un autre exemple, mais jugeant que le risque était en l'espèce justifié, voir CAA, Lyon, 3 nov. 2009, n°08LY00799.

1306 Codifié à l'article R. 4127-41 du Code de la santé publique.

1307 P. MISTRETTA, *Droit pénal médical*, *op. cit.*, p. 84. G. MEMETEAU indique aussi que « tout acte médical n'ayant pas directement et principalement pour but le mieux-être du sujet considéré dans son individualité (né ou à naître) est illicite. Le reste n'est qu'exception légale contingente. L'intérêt médical seul légitime l'intervention du professionnel sur le corps ou l'esprit de l'être humain, quel qu'ait pu être le consentement – à le supposer libre et éclairé – du sujet ou de ses représentants légaux » : *Cours de droit médical*, *op. cit.*, p. 373. A la même page, l'auteur continue en énonçant que « le médecin ne peut offrir une prestation inutile, ou inutilement dangereuse, sans rapport avec les exigences d'un traitement véritable. Faire courir des risques exagérés aux malades est manquer à la règle de base de la raison proportionnée ». Il est intéressant de noter que plusieurs types de pratiques ont posé question au sujet de ce critère de nécessité médicale. Il s'agit notamment de l'opération chirurgicale des transsexuels, de la chirurgie esthétique ou encore de la stérilisation à visée contraceptive. Concernant cette dernière, le législateur est venu clarifier les choses en introduisant les articles L. 2123-1 et L. 2123-2 du Code de la santé publique, par les articles 26 et 27 de la loi n°2001-588 du 4 juill. 2001 *relative à l'interruption volontaire de grossesse et à la contraception*, *JORF*, 7 juill. 2001, p. 10823. Voir aussi la décision du Conseil d'Etat validant le décret d'application : CE, 26 sept. 2005, n°248357. Concernant la chirurgie esthétique, une décision particulièrement claire vient mettre fin aux ambiguïtés qui avaient pu subsister en la matière en énonçant que « si l'article 16-3 du Code civil n'autorise à porter "atteinte à l'intégrité du corps humain qu'en cas de nécessité médicale pour la personne ou à titre exceptionnel dans l'intérêt thérapeutique d'autrui...", il résulte de l'article L. 6322-1 du Code de la santé publique que le législateur a entendu, par dérogation à ces dispositions, permettre la pratique des actes chirurgicaux à visée exclusivement esthétique, tout en l'encadrant strictement » : CE, 21 mars 2007, n°284951.

second alinéa de l'article 16-3 du Code civil, après la condition relative à la nécessité médicale, qui intervient dans l'alinéa premier[1308]. Cet ordre, sans nier l'importance du consentement, est en fait logique. Viennent en premier les conditions objectives et si celles-ci sont réunies, il est possible de s'attacher à la condition subjective : le consentement[1309]. Malgré des déclarations d'intention mettant au premier plan le consentement du patient, celui-ci ne peut être donné, en effet, qu'en toute connaissance de cause. Il importe donc au préalable de savoir qui va agir et si cela est justifié. Ce n'est qu'alors que le consentement du patient pourra être véritablement éclairé. Le contraire n'aurait pas de sens, car l'accord du patient ne saurait être un blanc-seing, mais un acquiescement à un acte médical précis et justifié, accompli par des personnels qualifiés. Claudine BERGOIGNAN-ESPER et Pierre SARGOS affirment ainsi que « la doctrine et la jurisprudence ont toujours exprimé une position ferme et constante : le seul consentement du patient à une intervention ne peut autoriser le médecin à pratiquer une intervention sur le corps humain, il faut qu'il y ait une justification thérapeutique commandée par l'intérêt du malade »[1310]. Dès lors, on ne peut que constater l' « insuffisance »[1311] du consentement lorsqu'il n'y a pas de justification médicale. Cet élément subjectif qu'est le consentement, loin d'exclure les éléments objectifs, doit au contraire se combiner avec eux pour permettre l'acte médical.

495. Si le consentement ne suffit pas à justifier à lui seul l'intervention médicale, *a fortiori* en sera-t-il de même en ce qui concerne la recherche

---

[1308] Cl. BERGOIGNAN-ESPER et P. SARGOS, traitant des conditions de licéité d'un acte médical n'évoquent ainsi le consentement qu'en dernière position : *Les grands arrêts du droit de la santé*, *op. cit.*, p. 13.

[1309] Pour une telle distinction des conditions objectives et subjectives, voir notamment J.-Chr. SAINT-PAU (dir.), *Droits de la personnalité*, *op. cit.* Les auteurs notent, p. 1310, qu'en matière médicale ces deux types de conditions se cumulent : « le filtre est donc double, un motif thérapeutique et l'accord du patient ». Ils articulent alors logiquement leurs raisonnements relatifs au droit au respect de son corps en deux sections, dont l'une, pp. 1310-1326, est consacrée au consentement comme « condition subjective du droit au respect de son corps » alors que l'autre, pp. 1326-1349, s'attache plus particulièrement aux limites de la volonté, notamment celles qui sont objectives comme le respect dû au corps humain et l'intérêt général. Les auteurs invitent donc à avoir une vision complète, mêlant facteurs objectifs et subjectifs. Ils affirment ainsi, p. 1310, que « l'individu a droit au respect de son corps, mais l'atteinte, fût-elle autorisée par l'individu, n'est pas nécessairement conforme à la loi. Le droit au respect de son corps trouve une limite naturelle dans le droit au respect du corps humain pour lequel la volonté de l'individu ne suffit pas à justifier l'atteinte ».

[1310] Cl. BERGOIGNAN-ESPER et P. SARGOS, *Les grands arrêts du droit de la santé*, *op. cit.*, p. 10.

[1311] *Ibid.*

biomédicale dans la mesure où, bien souvent, elle ne répond pas à l'intérêt direct du patient.

2. L'insuffisance du consentement pour justifier une recherche biomédicale

496. Il était possible d'écrire, jusqu'à un passé récent, que « toute expérimentation biologique sur un sujet sain même consentant est illicite »[1312]. Cela aurait amené à traiter de la question de la recherche biomédicale[1313] dans les développements ultérieurs consacrés à l'indifférence du consentement si le droit positif n'avait pas évolué sur cette question. Mais la recherche biomédicale, nécessaire au développement de la médecine, est aujourd'hui licite, même si elle répond à un encadrement juridique très précis, fruit « d'une difficile construction d'un droit de l'expérimentation humaine »[1314]. Il est dès lors possible de rechercher le rôle que joue le consentement dans ce droit et de montrer son insuffisance pour déterminer la licéité d'une telle recherche[1315].

497. Les données juridiques essentielles et de portée générale en matière de recherche biomédicale ont été introduites dans l'ordonnancement juridique par le législateur en 1988, par la loi dite « Huriet-Serusclat »[1316]. Elles sont aujourd'hui présentes tant dans le Code civil[1317] que dans le Code

---

1312 G. MAINGUET, *Le consentement du patient à l'acte médical*, Thèse, Paris, 1957, 136 p., p. 39.

1313 Celle-ci étant définie comme « les recherches organisées et pratiquées sur l'être humain en vue du développement des connaissances biologiques ou médicales » par l'article L. 1121-1 alinéa 1er du Code de la santé publique. Sur la recherche biomédicale en général, voir notamment J.-M. AUBY et L. HELMLINGER, « Ethique médicale. Aspects de droit administratif », *Jcl. adm.*, fasc. n°224, 2005, spéc. n°98-125, ou encore E. MARTINENT, « Des expérimentations en médecine à la recherche biomédicale », dans Fr. VIALLA (dir.), *Les grandes décisions du droit médical*, *op. cit.*, pp. 563-600.

1314 Cl. BERGOIGNAN-ESPER et P. SARGOS, *Les grands arrêts du droit de la santé*, *op. cit.*, p. 417.

1315 Des raisonnements similaires pourraient encore être menés dans d'autres domaines. Voir notamment, pour ce qui concerne l'examen des caractéristiques génétiques d'une personne ou son identification par ses caractéristiques génétiques, les articles 16-10 et 16-11 du Code civil.

1316 Loi n°88-1138 du 20 déc. 1988 *relative à la protection des personnes qui se prêtent à des recherches biomédicales*, *JORF*, 22 déc. 1988, p. 16032. Cette loi a été modifiée profondément par les articles 88 à 97 de la loi n°2004-806 du 9 août 2004 *relative à la politique de santé publique*, *JORF*, 11 août 2004, p. 14277, texte n°4.

1317 Les articles 16 à 16-9 ayant une portée générale et s'appliquant donc également aux recherches biomédicales.

de la santé publique qui y consacre un titre complet[1318]. Face aux menaces que peut faire courir la recherche biomédicale à l'être humain, le législateur a entouré cette activité d'un nombre important de conditions. Sans qu'il soit possible de toutes les énumérer dans ces brefs développements, il est possible d'indiquer les principales. Comme à propos de l'acte médical évoqué précédemment, certaines concernent des facteurs objectifs, d'autres des facteurs subjectifs.

498. Les principaux facteurs objectifs sont mentionnés dans les articles L 1121-2 et L. 1121-3 du Code de la santé publique. Ainsi, le premier article énonce notamment qu'aucune recherche biomédicale ne peut être effectuée sur l'être humain « si elle ne se fonde pas sur le dernier état des connaissances scientifiques et sur une expérimentation préclinique suffisante » et « si le risque prévisible encouru par les personnes qui se prêtent à la recherche est hors de proportion avec le bénéfice escompté pour ces personnes ou l'intérêt de cette recherche ». L'article indique encore que la recherche doit viser « à étendre la connaissance scientifique de l'être humain et les moyens susceptibles d'améliorer sa condition » tout en étant conçue de telle façon « que soient réduits au minimum la douleur, les désagréments, la peur et tout autre inconvénient prévisible lié à la maladie ou à la recherche »[1319]. Il est enfin précisé, ce qui montre bien l'importance de cette première série de conditions, que « la recherche biomédicale ne peut débuter que si l'ensemble de ces conditions sont remplies » et que leur respect « doit être constamment maintenu ». Le second article, quant à lui, indique notamment que les recherches biomédicales ne peuvent être effectuées que si elles sont réalisées « sous la direction et sous la surveillance d'un médecin justifiant d'une expérience appropriée » et dans « des conditions matérielles et techniques adaptées à l'essai et compatibles avec les impératifs de rigueur scientifique et de sécurité des personnes qui se prêtent à ces recherches »[1320]. La recherche doit encore bénéficier, selon les termes de l'article L. 1121-4, d'un avis favorable d'un comité de protection des personnes[1321] et de l'autorisation de l'Agence nationale de sécurité du médicament et des produits de santé[1322].

[1318] Voir le titre II du livre 1er de la première partie, articles L. 1121-1 à L. 1126-11. Ce titre a été modifié par la loi n°2012-300 du 5 mars 2012 *relative aux recherches impliquant la personne humaine*, *JORF*, 6 mars 2012, p. 4138, texte n°1.

[1319] L'article ajoute encore que « l'intérêt des personnes qui se prêtent à une recherche biomédicale prime toujours les seuls intérêts de la science et de la société ».

[1320] Pour des conditions tenant au lieu de la recherche biomédicale, voir encore l'article L. 1121-13 du même code.

[1321] *Cf.* l'article L. 1123-1 du Code de la santé publique.

[1322] *Cf.* l'article L. 1123-12 du Code de la santé publique.

499. Parmi les facteurs objectifs[1323], il convient encore de mentionner ceux qui concernent l'identification des personnes pouvant, ou au contraire ne pouvant pas, se prêter à de telles recherches. Les articles L. 1121-5 à L. 1121-8 énoncent ainsi notamment que, sauf exceptions, les femmes enceintes, les parturientes et les mères qui allaitent, les personnes privées de liberté par une décision judiciaire ou administrative, les personnes faisant l'objet de soins psychiatriques, les mineurs, et enfin les personnes majeures faisant l'objet d'une mesure de protection légale ou hors d'état d'exprimer leur consentement ne peuvent être sollicités pour se prêter à des recherches biomédicales. Ce sont donc ainsi un grand nombre de personnes qui sont exclues, de part leur vulnérabilité, de celles-ci[1324].

500. En ce qui concerne les facteurs subjectifs, qui dépendent réellement de la volonté des personnes faisant éventuellement l'objet des recherches, ils sont mentionnés dans un chapitre relatif à l'information et au consentement. L'article L. 1122-1-1 énonce ainsi qu'aucune recherche biomédicale « ne peut être pratiquée sur une personne sans son consentement libre et éclairé », recueilli après que lui a été délivrée une information importante concernant cette recherche[1325].

1323 On pourrait les qualifier de subjectifs car ils concernent les personnes, les sujets de l'expérimentation médicale. Mais il s'agit ici plutôt de facteurs qui demeurent objectifs en ce sens qu'ils ne dépendent pas de la volonté des sujets de la recherche biomédicale.

1324 Dans certains cas, le consentement est non seulement insuffisant, mais plus encore, indifférent. Cela est vrai pour un certain nombre de personnes qui ne sauraient, même de leur plein gré et sauf exception, faire l'objet de recherches biomédicales. Ces hypothèses pourraient ainsi être développées dans la section 2 de ce chapitre.

1325 L'alinéa 2 de cet article insiste sur l'importance que doit revêtir le consentement en indiquant que le consentement doit être donné « par écrit ou, en cas d'impossibilité, attesté par un tiers », ce dernier devant être totalement indépendant de l'investigateur et du promoteur de la recherche. L'article L. 1122-1-2 prévoit cependant une exception à la nécessité du consentement : celle de l'urgence. Mais dans ce cas, l'investigateur devra obtenir le consentement des membres de la famille du sujet de la recherche ou celui de la personne de confiance. L'intéressé devra alors être informé dès que possible et son consentement sollicité pour la poursuite éventuelle de la recherche. Voir encore l'article L. 1121-14 pour ce qui concerne la recherche sur les personnes en état de mort cérébrale. Le juge administratif avait déjà eu, avant même l'intervention du législateur, l'occasion d'affirmer que « les principes déontologiques fondamentaux relatifs au respect de la personne humaine, qui s'imposent au médecin dans ses rapports avec son patient ne cessent pas de s'appliquer avec la mort de celui-ci ; qu'en particulier, ces principes font obstacle à ce que, en dehors des prélèvements d'organes opérés dans le cadre de la loi du 22 décembre 1976, et régis par celle-ci, il soit procédé à une expérimentation sur un sujet après sa mort, alors que, d'une part, la mort n'a pas été constatée dans des conditions analogues à celles qui sont définies par les articles 20 à 22 du décret du 31 mars 1978 ; que, d'autre part, ladite expérimentation ne répond pas à une nécessité scientifique reconnue, et qu'enfin, l'intéressé n'a pas donné son consentement de son vivant ou que l'accord de ses proches, s'il en existe, n'a pas été obtenu » : CE, Ass., 2 juill. 1993, *Milhaud*, n°124960.

501. De cet exposé des conditions nécessaires à la licéité d'une recherche biomédicale, il est possible de donner des conclusions très proches de celles qui avaient été posées au sujet de l'acte médical. Le consentement du sujet de la recherche, comme le consentement du patient, ne saurait à lui seul justifier la licéité d'un tel acte. Il est alors possible de noter que « si, à l'évidence, l'individu concerné doit donner son accord pour participer à un protocole de recherche biomédicale [...], il est clair que cette volonté de participer ne suffit pas. Le droit au respect de tout corps humain s'oppose à l'admission de l'accord comme condition nécessaire et suffisante »[1326]. A l'inverse, cela signifie que certaines recherches, même entreprises avec le consentement de l'administré, sont interdites[1327].

502. De même que pour l'acte médical, le consentement n'apparaît pas, au titre des conditions de licéité d'une recherche biomédicale, dans une position première mais subordonnée. Le Code de la santé publique envisage en effet d'abord les conditions objectives avant de traiter des conditions subjectives[1328]. En revanche, il faut reconnaître que le consentement, tout en

[1326] J.-Chr. SAINT-PAU (dir.), *Droits de la personnalité, op. cit.*, p. 1341. L'auteur note encore, p. 1342, que même avec l'accord du patient tout n'est pas possible : « la recherche biomédicale obéit à des règles bien précises qui traduisent que l'individu n'a pas tous les droits sur son corps et que des tiers n'ont pas tous les droits au motif qu'il serait consentant ou que l'intérêt général justifie l'atteinte à l'intégrité physique ».

[1327] Pour un exemple de recherche illicite, voir par exemple CE, 4 fév. 1976, n°98917. Cette décision, confirmant la sanction prononcée par la section disciplinaire du Conseil national de l'Ordre des médecins, est intéressante en ce qu'elle relève plusieurs illégalités. D'une part, le médecin qui s'était livré à des expérimentations, bien qu'ayant obtenu le consentement des sujets mineurs, n'avait pas recueilli celui de leurs représentants légaux. Mais le Conseil d'Etat relève aussi, ce qui serait déjà un motif suffisant pour qu'il y ait violation des règles déontologiques, seules applicables à l'époque, que l'expérimentation avait été pratiquée sur des sujets sains et n'était destinée à leur procurer aucun avantage. Cette décision montre ainsi la nécessité tant des facteurs subjectifs que des facteurs objectifs.

[1328] Et cela répond, comme il a déjà été dit, à des impératifs logiques. Le consentement ne saurait être éclairé s'il était donné dans l'ignorance des conditions objectives de la recherche envisagée. On peut dès lors s'interroger sur la pertinence, au moins des points de vue logique et chronologique, de présenter en premier les conditions relatives au consentement et seulement dans un second temps les conditions objectives. Il en allait ainsi dans le « Code de Nuremberg », dont l'article premier disposait notamment qu' « il est absolument essentiel d'obtenir le consentement du malade » : cité dans N. LENOIR et B. MATHIEU, *Le droit international de la bioéthique (textes)*, PUF, coll. « Que sais-je ? », 1998, 126 p., p. 85. S'il s'agit non pas tant d'exposer les conditions de licéité d'une recherche biomédicale, mais de mettre en avant la dignité de la personne humaine, comme ce fut le cas à l'époque, la présentation de l'ordre des facteurs s'inverse logiquement. Sur le « Code de Nuremberg », voir notamment Ph. AMIEL, « Expérimentations médicales : les médecins nazis devant leurs juges », dans Fr. VIALLA (dir.), *Les grandes décisions du droit médical, op. cit.*, pp. 549-562. La gravité d'une expérimentation menée sans le consentement des sujets invite à insister sur leur consentement. Il convient juste de ne pas en faire la condition nécessaire et étant limité, tient un rôle plus important en matière de recherche biomédicale que d'acte médical. Tout se passe comme si, les éléments objectifs s'amenuisant[1329], les éléments subjectifs se développaient[1330]. L'information et le consentement sont alors mis en valeur et leur exigence est renforcée.

503. C'est ainsi que si l'on s'attache, non plus aux conditions de licéité des recherches biomédicales, mais aux éventuelles sanctions[1331] qui pourraient atteindre les promoteurs ou investigateurs de telles recherches, le consentement est particulièrement protégé. C'est l'élément qui apparaît en premier dans l'incrimination prévue par l'article 223-8 du Code pénal qui dispose que « le fait de pratiquer ou de faire pratiquer sur une personne une recherche biomédicale sans avoir recueilli le consentement libre, éclairé et exprès de l'intéressé, des titulaires de l'autorité parentale ou du tuteur ou d'autres personnes, autorités ou organes désignés pour consentir à la recherche ou pour l'autoriser, dans les cas prévus par les dispositions du Code de la santé publique est puni de trois ans d'emprisonnement et de 45 000 euros d'amende »[1332].

---

suffisante, ce qui serait faux au regard du droit positif, et sur le fond, éventuellement dangereux pour les sujets se prêtant à une telle recherche.

1329 Les recherches biomédicales ne répondant pas toutes au critère de la nécessité médicale pour la personne qui en est l'objet. Si des recherches, comme le montrent par exemple les articles L. 1121-5 à L. 1121-8 du Code de la santé publique, visent à permettre le développement de traitements qui pourront éventuellement profiter au sujet même de la recherche, ce n'est pas toujours le cas et des recherches sont parfois menées au bénéfice exclusif de tiers.

1330 Pour une telle analyse, voir notamment : S. PARICARD, « Le consentement aux actes médicaux non thérapeutiques », dans Association française de droit de la santé (dir.), *Consentement et santé*, *op. cit.*, pp. 103-117. L'auteur indique notamment, p. 104, quoique de manière excessive, que l'acte médical non thérapeutique « n'est pas un acte médical nécessaire. Il n'est fondé que sur la volonté de la personne ». Il est donc logique que le consentement joue un rôle plus important. Mais, s'il est exact de dire que le consentement tient le « premier rôle », il est inexact d'affirmer qu'il n'existe pas de « second rôle ». Les conditions objectives, si elles sont peut-être plus facilement remplies pour certains actes non thérapeutiques, ce qui n'est certainement pas le cas concernant les recherches biomédicales, demeurent tout de même nécessaires.

1331 Il est important de relever que ces sanctions sont extrêmement nombreuses. Comme le note P. MISTRETTA, « le dispositif pénal relatif aux recherches biomédicales a considérablement évolué pour s'enrichir au gré des différentes lois parmi lesquelles figurent notamment la loi n°2004-806 du 9 août 2004 relative à la politique de santé publique, et, dernièrement, la loi n°2011-814 du 7 juill. 2011 *relative à la bioéthique*. L'objectif du législateur reste d'autoriser la recherche biomédicale tout en la soumettant à des conditions très strictes, dont l'inobservation est pénalement sanctionnée » : *Droit pénal médical*, *op. cit.*, p. 432.

1332 Cet article prend place dans une section consacrée à « l'expérimentation sur la personne humaine ». Celle-ci comporte un second article, l'article 223-9, mais il ne comporte que des dispositions particulières concernant les personnes morales qui se rendraient coupables de l'infraction définie à l'article précédent.

504. D'une certaine manière il en est un peu de même dans le Code de la santé publique. Un chapitre entier du titre consacré aux recherches biomédicales concerne les sanctions pénales[1333]. Ses deux premiers articles[1334] rappellent les deux articles précités du Code pénal, insistant donc aussi sur le rôle du consentement. Mais les articles suivants, en revanche, prévoient d'autres incriminations[1335], montrant bien que le consentement n'est pas le seul élément de licéité d'une recherche biomédicale. Celle-ci pourrait très bien, tout en bénéficiant du consentement des sujets des expérimentations, être illicite pour d'autres motifs, par exemple l'absence d'autorisation par l'Agence nationale de sécurité du médicament et des produits de santé[1336].

505. Le consentement n'est donc bien que l'une des multiples conditions nécessaires à la réalisation de recherches biomédicales, comme il n'est en général qu'une des conditions de formation des actes juridiques. De la même manière, le consentement de l'administré est bien souvent insuffisant pour déterminer le contenu de ces actes.

1333 Sur l'encadrement pénal de la recherche biomédicale voir notamment : J.-L. MOURALIS, « Le cadre juridique de la recherche biomédicale en droit positif français », dans A. LECA (dir.), *La déontologie médicale. Actes du Vᵉ colloque national Droit, histoire, Médecine. Aix-en-Provence (1-2 décembre 2006), op. cit.*, pp. 39-64, spéc. pp. 63-64. Quant au Code de déontologie médicale, son article 15, codifié à l'article R. 4127-15 du Code de la santé publique, se contente d'indiquer que « le médecin ne peut participer à des recherches biomédicales sur les personnes que dans les conditions prévues par la loi ; il doit s'assurer de la régularité et de la pertinence de ces recherches ainsi que de l'objectivité de leurs conclusions ».

1334 Articles L. 1126-1 et L. 1126-2 du Code de la santé publique.

1335 *Cf.* les articles L. 1126-5 à L. 1126-11 du Code de la santé publique.

1336 *Cf.* l'article L. 1126-5 du Code de la santé publique. Un autre élément indiquant l'importance attachée au consentement du sujet de la recherche est le *quantum* des peines. S'il est vrai que l'absence de consentement n'est pas le seul élément à prendre en compte, c'est en revanche la condition la plus sévèrement réprimée. C'est ainsi que le fait de pratiquer une recherche biomédicale sans le consentement du sujet est puni de trois ans d'emprisonnement et de 45 000 euros d'amende, alors que, par exemple, le fait de se livrer à une recherche sans l'autorisation de l'Agence nationale de sécurité du médicament et des produits de santé n'est passible que d'un an d'emprisonnement et de 15 000 euros d'amende. Sur ces questions, voit notamment Chr. FICHET, « L'évolution législative et réglementaire de la recherche biomédicale ou la promotion de l'innovation dans un cadre protecteur et transparent », *LPA*, 20 juin 2008, n°124, pp. 5-10.

II. Le consentement insuffisant quant au contenu de certains actes

506. Dans bien des cas, le consentement des administrés demeure insuffisant pour constituer le contenu des actes et élaborer le régime juridique applicable aux administrés dans une situation donnée. Les textes ou le juge se réfèrent, non seulement au consentement, mais également à des considérations plus objectives, liées notamment à l'intérêt général ou à la justice, qui viennent limiter la portée de la manifestation de volonté. Celle-ci a pour seule conséquence de faire accéder les administrés au statut prévu par les lois du service public (A) ou encore au statut de cocontractant d'une personne publique, avec toutes les conséquences que cela comporte (B).

A. Le statut de l'usager volontaire d'un service public

507. Envisager le statut des usagers d'un service public nécessite non seulement d'identifier les notions de statut et d'usager, mais encore de s'assurer que l'une n'exclut pas l'autre. La notion de statut semble en effet généralement sous-entendre une dimension unilatérale alors que l'usager bénéficie, dans la plupart des cas, des prestations du service suite à une manifestation de volonté de sa part, concordante avec celle du gestionnaire du service public. Le *vocabulaire philosophique* LALANDE oppose de manière générale le statut au contrat[1337] et le mot fait le plus souvent référence à un « ensemble de règles établies par la loi » ou à la « condition juridique qui en résulte pour une personne, une catégorie de personne ou une institution »[1338]. L'usager, quant à lui, est « la personne qui bénéficie effectivement et directement de la prestation qu'offre le service et utilise, à cette fin, les installations de celui-ci »[1339]. Or, le plus souvent, la personne ne devient pas usager contre son gré mais bénéficie au contraire des prestations

---

[1337] Le statut y est défini de la manière suivante : « par opposition à *contrat*, se dit des rapports légaux qui s'établissent entre les hommes en l'absence de tout acte de volonté de leur part » : A. LALANDE, *Vocabulaire critique et technique de la philosophie*, *op. cit.*, entrée « Statut ». De manière semblable, M. DAME-CASTELLI définit le statut comme l' « ensemble des règles déterminant le fonctionnement d'une institution » ou la « situation prescrite par la loi à un groupe ou à un individu » ainsi que la « position conférée à l'individu ou au groupe dans tout système juridique, et d'où découlent rôles et attentes » : « Statut », dans A.-J. ARNAUD (dir.), *Dictionnaire de théorie et de sociologie du droit*, *op. cit.*, pp. 584-585, p. 584.

[1338] G. CORNU, *Vocabulaire juridique*, *op. cit.*, entrée « Statut ». Plus rarement, selon le même ouvrage, le statut désigne un « acte qui établit une règle ».

[1339] J.-Fr. LACHAUME, H. PAULIAT, Cl. BOITEAU et a., *Droit des services publics*, LexisNexis, coll. « Manuel », 2012, 727 p., p. 617.

du service suite à une manifestation de volonté de sa part[1340]. Il pourrait donc y avoir opposition entre la notion de statut, qui implique l'unilatéralité, et celle d'usager d'un service public, qui suppose généralement la volonté individuelle.

508. L'antinomie n'a cependant pas lieu d'être. D'une part, dans un sens large mais toujours juridique, le statut désigne aussi un « ensemble de droits et de devoirs »[1341], ce qui n'implique pas nécessairement l'unilatéralité. D'autre part, la situation des usagers des services publics, quand bien même elle résulterait du contrat, ne procède que partiellement de la volonté des usagers. Le terme statut semble donc au contraire particulièrement indiqué lorsqu'il s'agit d'envisager la situation juridique des usagers volontaires des services publics. Il existe une différence de statuts entre ceux qui sont placés dans une situation légale et réglementaire et ceux qui se trouvent dans une situation contractuelle (1). Pourant, force est de constater que leur situation juridique, même lorsqu'elle nécessite une démarche volontaire de leur part, ne résulte que très peu de leur volonté (2).

1. L'apparente diversité des situations juridiques dans lesquelles se trouvent les usagers

509. La situation des usagers des services publics préoccupe depuis longtemps la doctrine[1342]. Il ne s'agit cependant pas d'envisager la question

---

[1340] J. DU BOIS DE GAUDUSSON explique la raison d'une telle affirmation. L'auteur relève que l'usager est d'abord bénéficiaire d'une activité de service public. Cependant, comme tous les bénéficiaires ne sont pas des usagers, il convient de distinguer les bénéficiaires directs des bénéficiaires indirects. Les individus peuvent bénéficier indirectement du service, lorsqu'il n'existe pas de relation particulière entre le service et eux. Mais ils peuvent aussi « recevoir directement et individuellement des prestations ; ils sont, alors, les destinataires de l'activité administrative, ils en profitent directement et non plus par ricochet [...]. Ce sont les usagers » : J. DU BOIS DE GAUDUSSON, *L'usager du service public administratif*, *op. cit.*, p. 16. L'auteur résume ensuite sa pensée, p. 18 : « pour qu'il y ait usager, il faut donc à la fois une activité de service public – l'attribution d'une prestation – et une démarche de l'administré – l'entrée au service public ». Or une telle « démarche » revêt le plus souvent un caractère volontaire. Cette analyse est partagée et G.-J. GUGLIELMI et G. KOUBI affirment ainsi, après avoir relevé que parfois le statut d'usager d'un service public ne relève pas de la volonté individuelle, que « la plupart du temps l'accès à un service public relève d'un choix de la personne » : *Droit du service public*, Montchrestien, coll. « Domat droit public », 3ème éd., 2011, 804 p., p. 732-733. Il en est d'ailleurs de même pour le candidat usager, celui-ci pouvant être défini comme celui qui « manifeste la volonté, non équivoque, d'entrer en relation » avec le service public : J.-Fr. LACHAUME, H. PAULIAT, Cl. BOITEAU et a., *Droit des services publics*, LexisNexis, coll. « Manuel », 2012, 727 p., p. 624.

[1341] M. DAME-CASTELLI, « Statut », *op. cit.*, p. 584.

[1342] Voir notamment L. DUGUIT, « De la situation des particuliers à l'égard des services publics », *RDP*, 1907, pp. 411-439 ; « De la situation juridique du particulier faisant usage d'un point de vue théorique, mais plutôt de voir, malgré la multiplicité des situations possibles, que les différentes catégories d'usagers des services publics sont finalement dans des situations assez proches[1343].

510. Depuis la décision dite du « Bac d'Eloka »[1344] et l'abandon de la catégorie des services publics sociaux[1345], deux grandes catégories de services publics coexistent : les services publics administratifs et les services publics industriels et commerciaux[1346]. Dès lors, deux principes types de statuts s'opposent. Les usagers des services publics administratifs sont placés dans une situation légale et réglementaire tandis que les usagers des services publics industriels et commerciaux sont généralement dans une situation contractuelle. Une telle différence entraînerait de nombreuses conséquences, tant les régimes juridiques de la loi et du règlement d'une part et du contrat d'autre part diffèrent.

511. Les usagers des services publics administratifs gérés par une personne publique sont dans une situation légale et réglementaire, même si le service est payant[1347]. La signature d'un document ne change pas la nature de la relation existant entre l'usager et le gestionnaire du service[1348]. Lorsque

---

d'un service public », dans *Mélanges Maurice Hauriou*, Librairie du Recueil Sirey, 1929, 830 p., pp. 251-284 et G. JEZE, *Les principes généraux du droit administratif*, tome 3, *Le fonctionnement des services publics*, *op. cit.*, pp. 11-19. Pour des éléments historiques sur cette question, voir notamment J.-Fr. LACHAUME, « Quels droits publics subjectifs pour les usagers des services publics ? », dans Association française pour la recherche en droit administratif, *Les droits publics subjectifs des administrés*, *op. cit.*, pp. 115-129.

1343 Cette diversité est une des justifications de la « complexité de la situation juridique de l'usager du service public » : G.-J. GUGLIELMI et G. KOUBI, *Droit du service public*, *op. cit.*, p. 731. Voir encore A. COCATRE-ZILGIEN qui estime que la nature du lien juridique unissant les individus avec les services publics est d'une « extrême complexité » : « L'usager du service public industriel ou commercial en droit français », *op. cit.*, p. 269.

1344 TC, 22 janv. 1921, *Sté commerciale de l'Ouest africain c/Colonie de la Côte d'Ivoire*, *R.*, p. 91. Consacrant explicitement la catégorie des « services publics industriels », voir CE, 23 déc. 1921, *Cie générale d'armement*, *R.*, p. 1109.

1345 Voir TC, 12 janv. 1955, *Sieur Naliato c/l'Etat*, *R.*, p. 614 et TC, 4 juill. 1983, *Gambini c/Ville de Puteaux*, *R.*, p. 540.

1346 Pour des éléments sur la distinction de ces deux types de services publics, voir notamment N. FOULQUIER, « Le service public » dans GONOD (P.), F. MELLERAY, Ph. Yolka (dir.), *Traité de droit administratif*, *op. cit.*, tome 2, pp. 45-111, spéc. pp. 66-72 ou J.-Fr. LACHAUME, H. PAULIAT, Cl. BOITEAU et a., *Droit des services publics*, *op. cit.*, pp. 65-115.

1347 CE, 2 oct. 1985, *Jeissou et SEM du pont Saint-Nazaire/Saint-Brévin*, *R.*, p. 544.

1348 CE, 21 déc. 2001, *Perbal*, n°220997. « s'il est prévu qu'au moment de son inscription le doctorant "signe" avec le directeur de thèse "la présente charte", une telle indication implique simplement que les intéressés ont pris connaissance de ce document et n'a pas pour objet et ne pourrait d'ailleurs avoir légalement pour effet d'établir une relation de nature contractuelle entre les signataires ; qu'eu égard à la circonstance que les usagers du service public de l'enseignement supérieur sont placés à l'égard de ce dernier dans une situation réglementaire, ce dernier est une personne publique, ce n'est que de manière tout à « exceptionnelle »[1349] que les usagers des services publics administratifs sont liés au gestionnaire par un contrat. Tel est le cas, généralement, des locataires des habitations à loyers modérés ou, dans certains cas, les usagers d'une Caisse de crédit municipal[1350]. En revanche, les usagers des services publics industriels et commerciaux sont en général liés au gestionnaire du service par un contrat[1351].

512. A la situation légale et réglementaire s'opposerait donc la situation contractuelle. Tandis que la première serait marquée par l'unilatéralité, la seconde, reposant sur le consentement des usagers, pourrait laisser à la volonté de ceux-ci une large place. En réalité, les usagers des différents services publics et indépendamment de la manière dont ils entrent en contact avec le gestionnaire du service, relèvent d'un statut très largement indépendant de leur volonté.

2. L'application d'un statut largement indépendant de la volonté des usagers volontaires des services publics

513. Les usagers d'un service public sont soumis à, ou bénéficient d'un ensemble de règles qui ne dépendent que très peu de leur volonté. Comme l'affirmait Léon DUGUIT, soucieux de ne reconnaître aucun droit subjectif aux usagers, « ceux-ci sont tous dans une situation objective créée et réglée par la loi du service »[1352]. Près d'un siècle plus tard, cette affirmation n'est certainement plus exacte, mais il est vrai que le régime juridique des usagers est « déterminé bien plus par le fait que l'administré est lié juridiquement à l'administration que par les modalités d'établissement de ce lien. Ce qui importe ce n'est, effectivement, par tant le caractère volontaire ou non du rapport spécial existant entre l'administré et l'administration, mais l'existence ou non d'un rapport d'utilisation »[1353].

---

les dispositions de la charte des thèses adoptée par l'université Paris VI, s'appliquent aux doctorants dont les travaux sont en cours à la date de son adoption ».

1349 J.-Fr. LACHAUME, H. PAULIAT, Cl. BOITEAU et a., *Droit des services publics*, *op. cit.*, p. 620.

1350 Sur ces deux points, voir J.-Fr. LACHAUME, H. PAULIAT, Cl. BOITEAU et a., *Droit des services publics*, *op. cit.*, p. 621.

1351 TC, 24 juin 1954, *Dame Galland et a.*, *R.*, p. 717.

1352 L. DUGUIT, « De la situation juridique du particulier faisant usage d'un service public », *op. cit.*, p. 257. J.-Fr. LACHAUME estime ainsi que selon le doyen de Bordeaux, la volonté de l'usager « n'est aucunement opérationnelle sur le plan juridique » : « Quels droits publics subjectifs pour les usagers des services publics ? », *op. cit.*, p. 116.

1353 J. DU BOIS DE GAUDUSSON, *L'usager du service public administratif*, *op. cit.*, p. 22.

514. Comme l'indique André COCATRE-ZILGIEN, « de même que la notion de service public industriel ou commercial est en soi hybride, de même la situation juridique de l'usager d'un tel service »[1354]. Dès lors, « ce régime se révèle en réalité de nature mixte, c'est-à-dire mêle certains aspects de droit public et certaines données de droit privé »[1355]. Des auteurs évoquent alors, en ce qui concerne les services publics industriels et commerciaux, la réalité d'une relation « faussement contractuelle »[1356] de telle sorte que « les usagers sont placés dans une situation contractuelle qu'ils n'ont pas négociée » : « ils usent de prestations suivant des règles dont ils ne maîtrisent pas le contenu »[1357].

515. Les statuts des usagers des deux principaux types de services publics sont donc relativement semblables et Jean DU BOIS DE GAUDUSSON nie que « dans la réalité la situation de ces deux types d'usagers soit si différente »[1358]. Bertrand SEILLER, après avoir relevé qu'en règle générale les usagers des services publics administratifs sont dans une situation légale et réglementaire alors que les usagers des services publics industriels et commerciaux sont dans une situation contractuelle, affirme que « l'une et l'autre affirmation doivent être nuancées »[1359].

516. En réalité, les différents statuts des usagers sont assez proches les uns des autres et en la matière, le contractuel n'est peut-être pas si éloigné que cela du légal et du réglementaire. Bertrand SEILLER affirme ainsi que « la forme contractuelle apparente masque souvent une relation en réalité largement unilatérale »[1360] et d'autres auteurs critiquent « une analyse contractuelle artificielle »[1361]. Si certains évoquent la figure du contrat d'adhésion[1362], d'autres vont même jusqu'à nier qu'une telle notion rende compte des relations existant entre les usagers et les services publics industriels et commerciaux. Jean-François LACHAUME, Hélène PAULIAT

[1354] A. COCATRE-ZILGIEN, « L'usager du service public industriel ou commercial en droit français », *op. cit.*, p. 269.

[1355] G.-J. GUGLIELMI et G. KOUBI, *Droit du service public*, Montchrestien, coll. « Domat droit public », 3ème éd., 2011, 804 p., p. 727.

[1356] J.-Fr. LACHAUME, « Quels droits publics subjectifs pour les usagers des services publics ? », *op. cit.*, p. 128.

[1357] G.-J. GUGLIELMI et G. KOUBI, *Droit du service public*, Montchrestien, coll. « Domat droit public », 3ème éd., 2011, 804 p., p. 728.

[1358] J. DU BOIS DE GAUDUSSON, *L'usager du service public administratif*, *op. cit.*, p. 8.

[1359] B. SEILLER, *Droit administratif*, tome 2, *L'action administrative*, *op. cit.*, p. 335.

[1360] *Ibid.*

[1361] J.-Fr. LACHAUME, H. PAULIAT, Cl. BOITEAU et a., *Droit des services publics*, *op. cit.*, p. 629.

[1362] G.-J. GUGLIELMI et G. KOUBI évoquent ainsi la figure des « contrats d'adhésion ou d'abonnement dont le candidat-usager ne peut pas discuter les clauses » : *Droit du service public*, *op. cit.*, p. 733.

et Claudie BOITEAU affirment ainsi que « nous ne sommes même pas en présence d'un contrat d'adhésion puisque la rencontre des volontés des parties à l'acte ne possède aucun effet créateur de droit : les règles de gestion du service étant définies de façon unilatérale au moyen de lois ou d'actes administratifs réglementaires édictés par le pouvoir législatif ou réglementaire » [1363].

517. Les lois du service public sont la meilleure illustration de la proximité des statuts, indépendamment de la volonté manifestée. Les usagers du service public, quelles que soient leur situation concrète et la nature du service ou de son gestionnaire, sont tous soumis à ces lois qui ne dépendent pas d'eux. Comme l'affirment des auteurs au sujet de la présence de règles communes à tous les services publics, « on ne s'étonnera pas de la présence de telles règles dès lors qu'il existe un dénominateur commun à l'ensemble des services publics : la satisfaction de l'intérêt général »[1364]. La particularité de ces « lois » consiste en ce qu'elles sont applicables à l'ensemble des services publics[1365], et ce, même en l'absence de texte. L'égalité, la continuité et la mutabilité du service public s'imposent à l'ensemble des usagers, quelle que soit la nature du lien qui les unit au gestionnaire du service. La mutabilité est à cet égard particulièrement révélatrice, en ce que les usagers n'ont pas de droits à opposer à la modification du régime du service public et même l'existence d'un contrat ne fait pas obstacle à la modification unilatérale de la situation de l'usager[1366].

518. La situation des usagers volontaires des services publics présente donc un bon exemple d' « *hétéronomie consentie* »[1367]. Le consentement est manifeste car l'usager volontaire ne le devient que par une manifestation de volonté personnelle de bénéficier des prestations du service. Mais cette

---

1363 J.-Fr. LACHAUME, H. PAULIAT, Cl. BOITEAU et a., *Droit des services publics*, *op. cit.*, p. 629.

1364 *Ibid.*, p. 427.

1365 G.-J. GUGLIELMI et G. KOUBI affirment ainsi que « les activités qualifiées de "service public" », qu'elles soient exercées par des personnes publiques ou par des personnes privées, et que quel soit leur caractère, administratif, industriel ou commercial, sont soumises à un même ensemble de règles de droit. Cet ensemble constitue, en quelque sorte, le "noyau dur" du régime juridique du service public : toute activité de service public, voire les missions de service public qui pourraient être attribuées à certains organismes privés, sans distinction de mode d'exercice et de gestion, doivent répondre à des règles communes, à des grands principes généraux dits communément "lois du service public" » : *Droit du service public*, *op. cit.*, p. 547.

1366 CE, 6 mai 1985, *Min. des PTT c/Ricard*, *R.*, p. 144. Sur ces points, voir notamment R. CHAPUS, *Droit administratif général*, *op. cit.*, tome 1, p. 605.

1367 G. KARAVOKYRIS, *L'autonomie de la personne en droit public français*, Bruylant, 2013, 775 p., p. 26. L'auteur affirme que « l'autonomie est fondamentalement une "*hétéronomie consentie*" ».

situation est aussi largement hétéronome dans la mesure où ce consentement suffit à faire naître une situation qui dépasse l'usager. Lorsqu'il y a contrat entre l'individu et le gestionnaire du service, il n'intervient qu' « en bout de chaîne »[1368]. De la sorte, la volonté n'offre qu'un pouvoir de choix, une *electio juris*[1369], susceptible de déclencher l'application d'un statut préexistant. Mais elle ne donne pas aux usagers un pouvoir constituant. La formation du lien de droit dépend d'elle, mais son contenu lui échappe en grande partie. De telles analyses s'appliquent également, à un niveau plus général, au régime des contrats administratifs.

B. Le consentement insuffisant quant au contenu et au régime des contrats administratifs

519. De même que la formation du contrat administratif nécessite des éléments subjectifs et des éléments objectifs, son contenu et son régime mêlent, dans des proportions variables, ces deux types d'éléments. Comme l'affirme Jacques GHESTIN, « il faut, en réalité, faire la synthèse de la conception proprement juridique qui fait de *l'accord des volontés l'élément subjectif essentiel du contrat*, et de la conception, à la fois éthique et économique, déduite de notre tradition gréco-latine et judéo-chrétienne, qui fait de *l'utile et du juste les finalités objectives du contrat* »[1370]. Une telle affirmation n'est en fait qu'une manière de montrer que la liberté contractuelle, en droit privé et plus encore en droit administratif, se trouve limitée par un certain nombre d'éléments objectifs[1371]. Parmi ceux-ci, il

---

[1368] H. PAULIAT, « Usager, client, consommateur du SPIC local », *op. cit.*, p. 97.

[1369] Sur cette expression, voir H. ROLAND, *Lexique juridique. Expressions latines*, *op. cit.*, p. 91.

[1370] J. GHESTIN, « Avant-propos », dans Chr. JAMIN et D. MAZEAUD (dir.), *La nouvelle crise du contrat*, *op. cit.*, pp. 1-3, p. 2. Sans entrer dans des débats théoriques qui dépasseraient largement le cadre de cette étude, il serait intéressant de chercher à confronter la réalité du contrat administratif avec cette affirmation du Professeur GHESTIN, en particulier lorsqu'il indique que le contrat, en tant que tel, poursuit comme finalité « l'utile et le juste ». A première vue, rien ne semble s'opposer à l'introduction de cette formule en droit public, qui fait du contrat administratif un moyen au service de la poursuite de l'intérêt général, qui n'est qu'une forme particulièrement éminente de l'utile. Quant à la justice, un certain nombre de mécanismes techniques utilisés en droit des contrats administratifs semblent bien s'en inspirer.

[1371] Comme le note Fr. LOMBARD, « en tant qu'acte juridique issu de la volonté des parties mais qui ne bénéficie d'une force juridique qu'en vertu du droit positif, le contrat se trouve à la conjonction de deux influences : la volonté subjective des contractants, d'une part, le régime de formation et d'exécution déterminée par le droit objectif d'autre part » : *La cause dans le contrat administratif*, *op. cit.*, p. 23. Il en est de même en droit privé et, par exemple, depuis une vingtaine d'années le juge judiciaire s'octroie aussi « le pouvoir de refaire les convient d'insister particulièrement tant sur la cause du contrat (1) que sur le fait que les droits et obligations créés par ce dernier ne résultent que partiellement du consentement des parties (2).

1. La nécessité d'une cause licite

520. Si le contrat administratif peut en principe parvenir à l'existence juridique en l'absence de formes, il ne saurait se passer de cause[1372]. Sans qu'il soit utile de s'interroger, à la suite de certains auteurs, sur le fait de savoir si l'exigence d'une cause est un élément de « droit naturel »[1373] du contrat administratif, la cause, comme en droit privé, est une condition indispensable à la validité de tout contrat administratif[1374]. Le Conseil d'Etat a eu l'occasion de le réaffirmer récemment dans un considérant de principe aux termes duquel « une convention peut être déclarée nulle lorsqu'elle est dépourvue de cause ou qu'elle est fondée sur une cause qui, en raison de l'objet de cette convention ou du but poursuivi par les parties, présente un caractère illicite »[1375].

---

conventions en imposant aux parties des obligations auxquelles elles n'avaient pas même songé au moment de la conclusion du contrat » : J.-P. CHAZAL, « Les nouveaux devoirs des contractants. Est-on allé trop loin ? », dans Chr. JAMIN et D. MAZEAUD (dir.), *La nouvelle crise du contrat*, *op. cit.*, pp. 99-133, p. 106.

[1372] Voir Ph. MALAURIE qui affirme que « *nudo pacto oritur actio nudum a solemnitate sed non nudum a causa*, une action naît du pacte nu, nu de formalisme mais non de cause » : « Cause », dans D. ALLAND et S. RIALS (dir.), *Dictionnaire de la culture juridique*, *op. cit.*, pp. 172-178, p. 174. Sur cet adage, voir encore H. ROLAND et L. BOYER, *Adages du droit français*, *op. cit.*, pp. 244-247.

[1373] Fr. CHENEDE, « L'utilité de la cause de l'obligation en droit contemporain des contrats : l'apport du droit administratif », *Contrats Concurrence Consommation*, oct. 2008, n°10, étude 11, n°22. Pour un tel questionnement, voir encore Fr. LOMBARD : *La cause dans le contrat administratif*, *op. cit.*, p. 237.

[1374] L'article 1108 du Code civil, qui exige parmi les conditions de validité de toute convention la présence d' « une cause licite dans l'obligation », incite bien évidemment à traiter de la cause comme d'une condition de formation du contrat. Mais il ne semble pas illégitime de présenter la cause au moment d'une étude sur le contenu du contrat, car la formation de celui-ci ne saurait être séparée de sa licéité ou de son contenu. Dans la réalité, ce n'est pas un contrat abstrait qui se forme, mais bien tel ou tel contrat, avec ses clauses concrètes, son objet et sa cause. De même, au titre des présents développements, il serait tout à fait possible de parler de l'objet qui participe, avec la cause, à former le contenu concret du contrat. Sur la question de l'objet en tant qu'élément objectif du contrat administratif, voir notamment : A. DE LAUBADERE, Fr. MODERNE et P. DELVOLVE, *Traité des contrats administratifs*, *op. cit.*, tome 1, pp. 551-555 ; Chr. GUETTIER, *Droit des contrats administratifs*, *op. cit.*, pp. 351-357 ou encore B. PLESSIX, *L'utilisation du droit civil dans l'élaboration du droit administratif*, *op. cit.*, pp. 214-226.

[1375] CE, 15 fév. 2008, *Cne de La Londe-les-Maures*, n°279045. Il semblerait que cette décision comporte le premier considérant de principe relatif à la cause utilisé par le juge

521. Comme le démontre ce considérant ainsi qu'un grand nombre d'auteurs[1376], le juge administratif a, sous quelques réserves et avec quelques variantes, fait sien les principes du droit civil relatifs à la cause. Le Conseil d'Etat rappelle en effet l'importance de deux éléments indispensables à tout contrat[1377], à savoir la nécessité de l'existence d'une cause ainsi que la licéité de cette dernière. Malgré une jurisprudence « rare »[1378] et « peu fournie »[1379]

---

administratif. Sur cette question, voir J. BOUCHER et B. BOURGEOIS-MACHUREAU, « Les trois visages de la cause dans les contrats administratifs », *AJDA*, 2008, pp. 575-581. Ce considérant a depuis lors été repris par d'autres décisions jurisprudentielles. *Cf.* notamment CAA, Nantes, 22 oct. 2010, n°09NT01108 ou CAA, Lyon, 22 mars 2012, n°11LY01450.

[1376] Comme l'affirme Fr. BRENET, « le juge administratif s'aligne très largement sur les solutions posées par le Code civil et la jurisprudence de la Cour de cassation en matière d'existence et de licéité de la cause » : « Formation du contrat administratif », *op. cit.*, n°32. De même, les auteurs du *Traité des contrats administratifs* estiment que le juge administratif retient de la cause une conception très proche de celle adoptée par le juge civil et trouvent cette assimilation « justifiée » : A. DE LAUBADERE, Fr. MODERNE et P. DELVOLVE, *Traité des contrats administratifs*, *op. cit.*, tome 1, n°516. Mais le Conseil d'Etat a développé récemment une conception originale qui semble inconnue en droit privé : la cause envisagée comme base légale du contrat administratif, telle que semble la consacrer la décision CE, 20 fév. 2008, *Office national de la chasse et de la faune sauvage*, n°302053. Sur cette question, voir notamment J. BOUCHER et B. BOURGEOIS-MACHUREAU, « Les trois visages de la cause dans les contrats administratifs », *op. cit.*, et Fr. BRENET « Formation du contrat administratif », *op. cit.*, n°35.

[1377] Il est intéressant de noter que la Haute juridiction administrative ne vise pas directement l'article 1131 du Code civil, mais en reprend le contenu. Cet article, inchangé depuis 1804, énonce que « l'obligation sans cause, ou sur une fausse cause, ou sur une cause illicite, ne peut avoir aucun effet ». L'article 1133 indique quant à lui que « la cause est illicite, quand elle est prohibée par la loi, quand elle est contraire aux bonnes mœurs ou à l'ordre public ».

[1378] Fr. BRENET, « Formation du contrat administratif », *op. cit.*, n°32. L. RICHER et Fr. LOMBARD affirment encore que la jurisprudence administrative sur la cause du contrat est « peu développée » et que « la cause n'est pas une question familière au juge administratif ». Voir respectivement *Droit des contrats administratifs*, *op. cit.*, 9ème éd., p. 144 et *La cause dans le contrat administratif*, *op. cit.*, p. 21. Il est vrai que la Haute juridiction n'a rendu au sujet de la cause que peu de décisions, suffisamment toutefois pour qu'il soit légitime d'en tirer des conclusions. Il est par ailleurs intéressant de remarquer que la jurisprudence du juge administratif a eu recours à cette notion à plusieurs époques, s'échelonnant du XIXème siècle à nos jours. Sur l'aspect historique, voir B. PLESSIX, *L'utilisation du droit civil dans l'élaboration du droit administratif*, *op. cit.*, pp. 232-235 et la jurisprudence citée.

[1379] D. POUYAUD, *La nullité des contrats administratifs*, *op. cit.*, p. 157. Plusieurs explications à une telle rareté peuvent être avancées, dont deux semblent essentielles. D'une part, les règles et les conditions de passation des contrats administratifs, ainsi que la présence de l'administration parmi les parties ou encore la matière des contrats administratifs, limitent la probabilité d'un défaut de cause ou d'une cause illicite. D'autre part et peut-être surtout, l'inexistence de la cause peut aussi être sanctionnée par d'autres mécanismes, notamment l'erreur. Voir notamment B. PLESSIX, *L'utilisation du droit civil dans l'élaboration du droit administratif*, *op. cit.*, p. 232, ou encore D. POUYAUD qui affirme qu' « en réalité, absence de cause et erreur sur la cause sont très proches et, le plus souvent, se confondent » : *La* sur cette question, il est possible d'affirmer que le juge administratif reprend, en matière de cause, les grands principes du droit privé, notamment la distinction de deux types de causes. Il s'attache ainsi à « la cause définie comme la contrepartie de l'engagement de chaque contractant » [1380] et sanctionne éventuellement à ce titre le défaut de cause, mais il contrôle également « la cause définie comme le but poursuivi par les contractants » [1381], ce qui peut le conduire à prononcer la nullité du contrat pour cause illicite. On retrouve ainsi la distinction opérée par certains auteurs entre la cause de l'obligation et la cause du contrat[1382], ou encore entre la *causa proxima* et la *causa remota*[1383].

522. Au titre de l'absence de cause, la Haute juridiction administrative a ainsi annulé un contrat d'assurance qu'une compagnie maritime avait cru, pour respecter une obligation légale, devoir souscrire auprès du service public des assurances de guerre, alors qu'elle n'y était nullement tenue, étant déjà bénéficiaire d'une assurance couvrant un risque identique[1384]. Plus récemment, le Conseil d'Etat a reconnu qu'un contrat passé par un office public d'habitations à loyer modéré était « dépourvu de cause », dans la mesure où le marché de travaux portait sur la viabilisation de terrains alors que l'Office avait préalablement acheté ces terrains à la même société, en vertu d'un contrat de vente qui stipulait que les terrains étaient viabilisés[1385].

523. En ce qui concerne la licéité de la cause, la Haute juridiction administrative a récemment eu l'occasion de réaffirmer qu'elle pouvait résulter de l'objet du contrat ou du « but poursuivi par les parties »[1386]. Près d'un siècle plus tôt, le juge administratif avait fait une application remarquée du même principe en annulant un contrat, au motif que l'objet lui-même était illicite, les autorisations de l'administration ne pouvant être soumises à des redevances fiscales qui n'ont pas été établies par la loi[1387].

---

nullité des contrats administratifs, *op. cit.*, p. 157. C'est d'ailleurs une des raisons pour laquelle certains prônent la suppression de la cause. Pour une telle revendication, voir par exemple P. BOURDON, *Le contrat administratif illégal*, *op. cit.*, p. 34.

1380 A. DE LAUBADERE, Fr. MODERNE et P. DELVOLVE, *Traité des contrats administratifs*, *op. cit.*, tome 1, p. 558.

1381 *Ibid.*, p. 560.

1382 Distinction utilisée par exemple par Fr. LOMBARD, *La cause dans le contrat administratif*, *op. cit.*

1383 Voir notamment J. ROCHFELD, « Cause », dans *Répertoire de droit civil Dalloz*, 2012, n°1 ou D. POUYAUD, *La nullité des contrats administratifs*, *op. cit.*, pp. 155-157.

1384 CE, 12 nov. 1948, *Cie des Messageries maritimes*, *R.*, p. 428.

1385 CE, 26 sept. 2007, *Office public départemental des HLM du Gard*, n°259809-263586.

1386 CE, 15 fév. 2008, *Cne de La Londe-les-Maures*, n°279045.

1387 CE, 25 nov. 1921, *Les savonneries Henri Olive*, *R.*, p. 977. Dans cette espèce, le comité des matières grasses subordonnait l'autorisation d'importation de marchandises en provenance de l'étranger à une redevance dont devait s'acquitter le demandeur de

524. Au-delà de l'existence d'une jurisprudence administrative faisant application de la théorie de la cause, et malgré toutes les difficultés qui règnent autour de cette dernière[1388], il est maintenant nécessaire de voir la finalité poursuivie par le juge administratif lorsqu'il fait une telle utilisation. En reprenant notamment les études de Frédéric LOMBARD et de Benoît PLESSIX, il apparaît que la notion de cause a pour but essentiel de limiter la liberté contractuelle[1389] en introduisant des éléments objectifs dans le contrat, et cela tant en ce qui concerne l'existence de la cause, ce qui paraît relativement évident, que ce qui a trait à la licéité de la cause, ce qui l'est moins.

525. En ce qui concerne l'existence de la cause, Frédéric LOMBARD, après avoir écarté des interprétations qu'il juge erronées[1390], conclut que la cause est un « vecteur de l'utile et du juste dans le contrat administratif »[1391]. Or l'utile et le juste présentent, au moins en partie, un aspect objectif, ou du moins échappent partiellement à la volonté des parties. Dans le cadre d'un contrat synallagmatique, ne serait pas utile au cocontractant de l'administration la convention qui ne lui apporterait aucune contrepartie. De même, il ne serait d'aucune utilité, ni pour l'administration ni pour l'intérêt général, de conclure un contrat qui ne comporterait aucune contre-prestation

---

l'autorisation. La Haute juridiction estima alors que « l'obligation contractée par la société requérante envers l'administration pour être admise à importer ses marchandises reposait sur une cause illicite ».

1388 P. BOURDON affirme ainsi que « la doctrine est mal à l'aise, également en droit administratif, avec la définition de la cause » : *Le contrat administratif illégal*, *op. cit.*, p. 32.

1389 Il n'y a dès lors rien de surprenant à établir un lien entre l'importance donnée à la cause et la place accordée à la liberté contractuelle. Ph. MALAURIE affirme ainsi que « la théorie de la cause est donc un élément capital dans la théorie du contrat ; elle permet de mesurer l'importance de la volonté dans la formation de l'engagement contractuel et l'étendue du pouvoir du juge pour en contrôler l'existence et la rectitude. Il n'est donc pas surprenant que les théories et les époques libérales aient attaché le moins d'importance possible à la cause, au contraire des théories et des époques interventionnistes » : « Cause », *op. cit.*, p. 173.

1390 L'auteur se demande successivement si la notion de cause ne serait pas directement liée à celle d'autonomie de la volonté ou si elle ne serait pas une donnée ontologiquement liée à la notion de contrat. Mais il écarte ces deux interprétations, estimant que l'autonomie de la volonté est « inapte à expliquer l'utilisation de la cause » et que l'approche ontologique présente des « limites ». Voir Fr. LOMBARD, *La cause dans le contrat administratif*, *op. cit.*, p. 256 et 261. Pour une vision divergente sur l'approche ontologique de la cause, voir Fr. CHENEDE, « L'utilité de la cause de l'obligation en droit contemporain des contrats : l'apport du droit administratif », *op. cit.* Si la démonstration de l'auteur semble critiquable lorsqu'elle tend à affirmer que la notion de cause est consubstantielle à celle de contrat en ce qu'on ne saurait concevoir celui-ci en l'absence de celle-là, il démontre en revanche qu'un tel lien peut être établi entre la cause, et, non pas le seul contrat, mais plus largement les obligations.

1391 Fr. LOMBARD : *La cause dans le contrat administratif*, *op. cit.*, p. 237. L'auteur, en employant un tel titre, se réfère aux travaux de J. GHESTIN.

en faveur de l'administration. Quant à la justice, elle exige une certaine réciprocité dans le contrat et la cause est justement « un instrument privilégié de cette quête d'équilibre contractuel en droit administratif »[1392]. Benoît PLESSIX estime de la même manière que « loin de traduire un goût immodéré pour la philosophie de l'autonomie, il faut plutôt voir dans l'application de la cause aux contrats administratifs une préoccupation ancienne du juge administratif pour la *justice commutative* »[1393]. Grâce à la cause, prise dans son sens de contrepartie de l'obligation, les cocontractants sont protégés dans la mesure où ils peuvent invoquer la nullité de la convention dans laquelle serait absente la contre-prestation et agir ensuite le cas échéant sur le terrain de la répétition de l'indu. La cause assure de la sorte un certain équilibre du contrat, à tout le moins empêche que le déséquilibre soit excessif, ce qui serait avéré en cas d'absence de cause.

526. Quant à la licéité de la cause, les choses sont un peu différentes. Souvent qualifiée de cause subjective, on voit *a priori* mal comment elle pourrait contribuer à objectiver le contenu du contrat. Le juge administratif doit en effet se livrer à l'analyse de la conscience des cocontractants afin de connaître « le but réellement poursuivi par leurs auteurs »[1394], le mobile déterminant qui les a poussés à contracter. Un tel contrôle représente dès lors une « difficulté pratique redoutable »[1395] pour le juge. Mais si cette recherche présente un aspect subjectif en ce qu'elle nécessite de sonder l'intention des cocontractants, elle revêt également un côté objectif, essentiel, dans le sens où le juge, pour déclarer le mobile déterminant illicite, se fonde sur une conception, extérieure à la volonté des parties, de l'ordre public et des bonnes mœurs[1396]. Au-dessus de la volonté des parties, il y a donc un ordre public contractuel qui s'impose à elles et « si les sujets de droit bénéficient de la liberté contractuelle, leur volonté de s'engager n'est libre que pour autant qu'elle poursuit une fin légitime »[1397]. Il est alors possible de conclure de manière très générale, puisque le juge se réfère à une notion d'ordre

---

[1392] Fr. LOMBARD : *La cause dans le contrat administratif*, *op. cit.*, p. 297.

[1393] B. PLESSIX, *L'utilisation du droit civil dans l'élaboration du droit administratif*, *op. cit.*, p. 237. G. CHEVRIER affirme encore que la cause « assure le triomphe de l'équité sur le droit strict » : *Essai sur l'histoire de la cause dans les obligations (droit savant du Moyen-âge, Ancien droit français)*, Librairie du Recueil Sirey, 1929, 260 p., p. 9.

[1394] CE, 15 fév. 2008, *Cne de La Londe-les-Maures*, n°279045.

[1395] Fr. LOMBARD : *La cause dans le contrat administratif*, *op. cit.*, p. 206.

[1396] Il n'est pas certain que le juge administratif ait souvent l'occasion de se référer en matière de contrats administratifs à la notion de bonnes mœurs. Lorsque Fr. LOMBARD, dans sa thèse, préc., p. 226, indique que « la dimension moralisatrice de la cause est avérée », c'est bien évidemment dans un sens large qu'il faut l'entendre.

[1397] B. PLESSIX, *L'utilisation du droit civil dans l'élaboration du droit administratif*, *op. cit.*, p. 231.

public qui constitue un véritable standard, que « la notion de cause illicite apparaît comme un moyen de limiter le consensualisme »[1398].

527. Si l'on embrasse désormais d'un seul regard les deux acceptions de la cause précédemment évoquées, on s'aperçoit que celle-ci joue essentiellement un rôle de protection[1399]. Dominique POUYAUD affirme ainsi à propos de la *causa proxima* et de la *causa remota* que « la première joue un rôle de protection individuelle, alors que la seconde assume une fonction de protection sociale »[1400]. Elle permet une « protection substantielle »[1401], en rétablissant un certain équilibre entre les parties ou en sanctionnant le but illicite poursuivi par les parties. Elle protège donc tantôt les cocontractants, tantôt l'ordre public ou les bonnes mœurs. Or, ces protections font référence à des éléments extérieurs aux parties. La cause joue donc aussi un rôle important dans l'objectivisation du contrat, en rappelant, s'il en était besoin, que le consentement ne suffit pas pour faire un contrat, encore moins s'il est administratif. La cause a donc, au sens courant du mot, un rôle constituant dans le contrat. Il est alors possible de dire, pour établir une analogie avec un texte constitutionnel, au sens juridique du mot cette fois-ci, que « la liberté d'organisation dont disposent les parties grâce au contrat s'arrête là où commence la nécessité d'assurer une certaine cohérence de l'ordre juridique et une certaine moralité »[1402].

528. C'est encore la même idée qui se vérifie à propos du régime du contrat administratif.

2. L'existence d'un régime partiellement indépendant du consentement des parties

529. Œuvre largement prétorienne, le régime juridique applicable aux contrats administratifs se compose d'une multitude de règles techniques, dont une partie seulement résulte directement du consentement des parties. Si toutes proviennent de celui-ci en ce qu'il permet la formation du lien contractuel, elles doivent leur formulation à des principes supérieurs. Il

---

1398 *Ibid.*, p. 237.

1399 A ce titre, la cause pourrait aussi être évoquée dans la section 2, relative au consentement indifférent, puisque la cause peut dans certains cas s'opposer à toute efficacité d'un consentement pourtant donné dans les meilleures conditions. Tel serait spécialement le cas pour la cause illicite dans l'hypothèse où l'administration et son cocontractant auraient conclu un accord de volontés dont la cause serait contraire à l'ordre public. Le juge serait, en cas de recours, susceptible d'en prononcer l'annulation, indépendamment de la présence et de la qualité des consentements.

1400 D. POUYAUD, *La nullité des contrats administratifs*, *op. cit.*, p. 156.

1401 P. BOURDON, *Le contrat administratif illégal*, *op. cit.*, p. 34.

1402 Fr. LOMBARD, *La cause dans le contrat administratif*, *op. cit.*, p. 229.

importe de s'attarder sur le but qu'elles poursuivent, car, comme le relevait le professeur EISENMANN, « les normes juridiques [...] ne sont [...] jamais qu'un moyen au service de fins »[1403]. Comprendre ces fins permet alors au juriste de mieux saisir l'ensemble d'un phénomène juridique et en l'espèce d'insister sur le caractère insuffisant du consentement.

530. En ce qui concerne le régime du contrat administratif, il semble que le juge administratif s'inspire, notamment et au-delà le respect de la commune intention des parties[1404], de deux finalités principales. Il invoque d'une part la notion d'intérêt général lorsqu'il s'agit de fonder les pouvoirs de l'administration, et a recours d'autre part, au moins implicitement, aux principes d'équilibre et de justice lorsqu'il souhaite protéger les droits du cocontractant de l'administration. De la sorte il reconnaît l'importance d'éléments objectifs et vient ainsi limiter le rôle joué par le consentement dans le contrat administratif[1405]. Cette limite tient à deux facteurs principaux. D'une part, l'intérêt général et la justice sont, au moins partiellement, indépendants de la volonté des parties[1406]. D'autre part et surtout, ces principes peuvent être relevés par le juge administratif indépendamment de toute clause contractuelle exprimant l'accord de volontés des parties.

531. Les principaux pouvoirs de l'administration contractante, lorsqu'ils sont invoqués indépendamment des stipulations du contrat[1407], font ainsi tous

---

[1403] Ch. EISENMANN, *Cours de droit administratif*, *op. cit.*, tome 1, p. 504.

[1404] Sur ce point, voir notamment L. CONSTANS, « Une fiction juridique : la "commune intention des parties" », dans G. CLAMOUR et M. UBAUD-BERGERON (textes réunis et présentés par), *Contrats publics. Mélanges en l'honneur du Professeur Michel Guibal*, *op. cit.*, tome 1, 874 p., pp. 19-26.

[1405] Il convient au préalable de noter qu'une première limite à la volonté des parties concerne justement la qualification du contrat. Celle-ci ne saurait dépendre directement de leur volonté. Sur cette question, voir notamment R. CHAPUS, *Droit administratif général*, *op. cit.*, tome 1, n°719-3 et n°723-2, et la jurisprudence citée. Voir encore J.-N. RAINAUD, « Le contrat administratif : volonté des parties ou loi de service public ? », *RDP*, 1958, pp. 1183-1204, p. 1191.

[1406] Sans doute faudrait-il nuancer cette affirmation, notamment à propos de l'intérêt général dont l'appréciation repose largement sur l'administration elle-même. Cependant, une telle appréciation s'exerce tout de même sous le contrôle du juge administratif, qui, s'il n'exerce pas toujours sur ce point un contrôle très approfondi, permet éventuellement de dénier la réalité du « motif d'intérêt général » invoqué par l'administration. Sur cette question et en ce qui concerne le pouvoir de résiliation unilatérale, voir par exemple A. DE LAUBADERE, Fr. MODERNE et P. DELVOLVE, *Traité des contrats administratifs*, *op. cit.*, tome 2, n°1432.

[1407] Ces pouvoirs peuvent aussi résulter de clauses du contrat ou d'une nouvelle convention. Mais dans ces hypothèses, une éventuelle modification ou résiliation du contrat, ou une sanction de son cocontractant par l'administration, ne traduirait pas un pouvoir appartenant en tout état de cause à l'administration, mais plus simplement une application des principes classiques applicables à tous contrats. Les pouvoirs dont il s'agit dans les présents référence à l'intérêt général. Le pouvoir de modification unilatérale[1408], qui permet à l'autorité organisatrice, en cours de contrat, d' « apporter unilatéralement des modifications à la consistance des services et à leurs modalités d'exploitation »[1409], n'est légal que si l' « intérêt général » exige une telle intervention[1410]. Il ne s'agit pas pour l'administration d'agir de manière arbitraire, mais bien plutôt d'assurer « la marche normale du service »[1411], au besoin en imposant à son cocontractant la modification de la convention par laquelle ils sont liés[1412]. De même, le pouvoir de résiliation unilatérale[1413], qui consiste à mettre fin au contrat pour l'avenir, ne peut être mis en œuvre que s'il repose sur « un motif d'intérêt général »[1414] ou d' « intérêt public »[1415]. Il en est de même en ce qui concerne les pouvoirs de sanction[1416] et de contrôle[1417] dont dispose encore l'administration contractante.

---

développements sont bien ceux pouvant exister en dehors des textes et des stipulations contractuelles.

1408 Sur cette prérogative de l'administration, voir notamment L. RICHER, *Droit des contrats administratifs*, *op. cit.*, 9ème éd., pp. 232-235, et les références citées.

1409 CE, 2 fév. 1983, *Union des transports publics urbains et régionaux*, n°34027. Il est à noter que ces modifications unilatérales doivent répondre à des conditions précises. Sur celles-ci, voir par exemple Chr. GUETTIER, *Droit des contrats administratifs*, *op. cit.*, p. 437.

1410 Voir par exemple CE, 2 fév. 1983, *Union des transports publics urbains et régionaux*, n°34027. Sur la question des fondements du pouvoir de modification unilatérale, *cf.* notamment A. DE LAUBADERE, Fr. MODERNE et P. DELVOLVE, *Traité des contrats administratifs*, *op. cit.*, tome 2, n°1175.

1411 CE, 11 mars 1910, *Cie générale française des tramways*, *R.*, p. 216.

1412 L. RICHER note ainsi qu' « un contrat conclu dans l'intérêt général peut être résilié si l'intérêt général l'impose » : *Droit des contrats administratifs*, *op. cit.*, 9ème éd., p. 221.

1413 Sur ce pouvoir, voir notamment A. DE LAUBADERE, Fr. MODERNE et P. DELVOLVE, *Traité des contrats administratifs*, *op. cit.*, tome 2, n°1410 à 1437 ; Chr. GUETTIER, *Droit des contrats administratifs*, *op. cit.*, pp. 434-438 et L. RICHER, *Droit des contrats administratifs*, *op. cit.*, 9ème éd., pp. 221-232.

1414 CE, 23 janv. 1952, *Secrétaire d'Etat aux Forces armées c/Chambouvet*, *R.*, p. 50. Pour une formulation similaire récente, voir par exemple CE, 27 oct. 2010, *Syndicat intercommunal des transports publics de Cannes*, n°318617.

1415 CE, 4 janv. 1954, *Leroy*, *R.*, p. 3. Sur cette question, voir notamment A. DE LAUBADERE, Fr. MODERNE et P. DELVOLVE, *Traité des contrats administratifs*, *op. cit.*, tome 2, n°1432. Dans l'hypothèse où elle est prononcée sans faute de la part du cocontractant de l'administration, une résiliation qui ne résulterait pas d'un motif d'intérêt général serait « abusive » ou « injustifiée ». Sur ce point, voir par exemple Chr. GUETTIER, *Droit des contrats administratifs*, *op. cit.*, p. 439, et la jurisprudence citée.

1416 Les sanctions visent en effet, non seulement à condamner des atteintes au contrat, mais aussi et surtout à favoriser la bonne exécution des services publics, donc à permettre la réalisation de l'intérêt général. C'est ce qu'indique F. GARTNER lorsqu'il affirme que « c'est l'intérêt général qui justifie qu'on puisse imposer au cocontractant des sanctions qui ne seraient pas prévues par le contrat » : « Des rapports entre contrats administratifs et intérêt

532. Si ces pouvoirs, justifiés par l'intérêt général, tendent à introduire dans le régime du contrat administratif un primat des éléments objectifs sur la volonté des parties, il est aussi essentiel de noter qu'ils sont applicables même si les clauses du contrat ne les prévoient pas, ce qui diminue encore le rôle des éléments subjectifs du contrat. Le pouvoir de modification unilatérale, résultant explicitement des « règles générales applicables aux contrats administratifs »[1418], « existe même dans le silence du contrat »[1419]. Jean-Christophe BRUERE note ainsi que « l'existence d'un pouvoir de modification unilatérale au profit de l'administration, même encadré, constitue sans conteste un tempérament au consensualisme contractuel »[1420]. Christophe GUETTIER, même s'il développe quelques nuances, relève également qu'un tel pouvoir constitue une « atteinte à la volonté consensuelle des parties »[1421].

533. Il en est de même en ce qui concerne le pouvoir de résiliation unilatérale. Ce pouvoir peut être exercé même en l'absence de disposition contractuelle, puisqu'il procède lui aussi d'une « règle générale applicable aux contrats administratifs »[1422]. Le Conseil d'Etat relève de manière

---

général », *RFDA*, 2006, pp. 19-23, p. 21. *Cf.* CE, 31 mai 1907, *Deplanque c/Ville de Nouzon, R.*, p. 513.

[1417] L. RICHER, *Droit des contrats administratifs, op. cit.*, 9ème éd., n°494. L'auteur indique que la doctrine majoritaire, lorsqu'elle cherche à donner une justification au pouvoir de contrôle, le fait par « référence à la notion de service public ».

[1418] Cette formulation est aujourd'hui encore reprise par la Haute juridiction administrative. Voir notamment : CE, 27 oct. 2010, *Syndicat intercommunal des transports publics de Cannes*, n°318617 ou CE, 5 juill. 2013, n°367760.

[1419] L. RICHER, *Droit des contrats administratifs, op. cit.*, 9ème éd., p. 221. Chr. GUETTIER affirme également que « le pouvoir de modification unilatérale existe en dehors et dans le silence des dispositions du contrat » : *Droit des contrats administratifs, op. cit.*, p. 435.

[1420] J.-Chr. BRUERE, « Le consensualisme dans les contrats administratifs », *op. cit.*, p. 1727. L'auteur, p. 1726, s'interroge sur le fait de savoir si le pouvoir de modification unilatérale est réellement une atteinte au consensualisme dans la mesure où le cocontractant de l'administration, « en se liant à celle-ci, adhère en quelque sorte au régime des contrats administratifs. A partir de ce moment, il est réputé en accepter les conséquences, dont la modification unilatérale est un des aspects ». On retrouve dans cet argument un moment classique de la pensée volontariste. Sans qu'il soit possible ni d'ailleurs nécessaire ici de discuter cette thèse d'une manière générale, il suffit de noter qu'un cocontractant de l'administration qui ignorerait la qualification administrative d'un contrat dans lequel il est engagé se verrait soumis au même régime que s'il en avait eu connaissance. L'argument semble donc valoir dans un grand nombre de cas, ceux dans lesquels le cocontractant de l'administration, non seulement a conscience de se lier par un contrat administratif, mais aussi des règles particulières que cela implique quant au régime juridique du contrat. Mais rien n'autorise à l'étendre aux autres hypothèses.

[1421] Chr. GUETTIER, *Droit des contrats administratifs, op. cit.*, p. 436.

[1422] CE, Ass., 2 mai 1958, *Distillerie de Magnac-Laval, R.*, p. 246. Des décisions récentes reprennent la même formulation mais au pluriel. Voir par exemple : CE, Ass., 2 fév. 1987, *Sté TV6*, n°81131, n°82432, n°82437 et n°82443 ; CE, 16 fév. 1996, *Syndicat intercommunal* particulièrement explicite que ce pouvoir s'applique « alors même qu'aucune disposition législative ou réglementaire, non plus qu'aucune stipulation contractuelle, n'en ont organisé l'exercice »[1423]. Dès lors ce pouvoir, comme le précédent, « existe même dans le silence du contrat »[1424]. Il en résulte donc, une fois encore, que « le consensualisme contractuel peut [...] se trouver affecté par le pouvoir de résiliation unilatérale dont dispose l'administration »[1425].

534. Et ce serait le même constat qu'il faudrait poser suite à l'étude des pouvoirs de sanction[1426] et de contrôle[1427] dont est encore titulaire l'administration[1428].

535. Tous ces pouvoirs sont une illustration importante de l'insuffisance du consentement en ce qui concerne le régime des contrats administratifs, car celui-ci, dans le silence des textes et des contrats, est bien loin de se résumer au seul consentement des parties.

---

pour la collecte et le traitement des déchets et résidus ménagers de l'arrondissement de Pithiviers, n°82880, ou encore CE, 4 avr. 1997, n°137065 et CE, 4 mai 2011, n°334280.

1423 CE, 22 avr. 1988, *Sté France 5 et Asso. des fournisseurs de la Cinq*, n°86241 et 86242, *R.*, p. 157.

1424 Chr. GUETTIER, *Droit des contrats administratifs*, *op. cit.*, p. 438. Un exemple particulièrement intéressant concerne la résiliation pour faute. Comme celle qui résulte de l'intérêt général, elle peut s'appliquer sans qu'il soit besoin de stipulation contractuelle en ce sens : CE, 30 sept. 1983, *SARL Comexp*, *R.*, p. 393. Allant plus loin, le juge administratif estime que si le contrat prévoit une série de motifs de résiliation, celle-ci ne doit pas être interprétée de manière limitative. Sur ce point, voir L. RICHER, *Droit des contrats administratifs*, *op. cit.*, 9ème éd., p. 228.

1425 J.-Chr. BRUERE, « Le consensualisme dans les contrats administratifs », *op. cit.*, p. 1727.

1426 Plusieurs auteurs affirment ainsi que l'administration dispose du pouvoir de sanction indépendamment de toute clause contractuelle. Chr. GUETTIER et L. RICHER affirment ainsi que « l'administration peut prononcer ces sanctions d'office, même dans le silence du contrat » et que « certaines d'entre elles sont susceptibles d'être prononcées en l'absence de clause contractuelle ». Voir respectivement : *Droit des contrats administratifs*, *op. cit.*, p. 449 et *Droit des contrats administratifs*, *op. cit.*, 9ème éd., p. 240. Ces exemples ne signifient toutefois pas que l'administration puisse imposer, dans tous les contrats, tout type de sanctions à son cocontractant.

1427 Une telle affirmation serait cependant à nuancer, car la jurisprudence ne semble pas avoir consacré le pouvoir de contrôle à propos de tous les contrats administratifs sans distinction. L. RICHER estime ainsi qu'il est permis de considérer que « l'affirmation quasi unanime selon laquelle le pouvoir de contrôle figure au nombre des règles générales du contrat administratif, et, en particulier, de la concession, n'est pas étayée par la jurisprudence » : *Droit des contrats administratifs*, *op. cit.*, 9ème éd., p. 239. Pour un avis similaire, voir A. ROBLOT-TROIZIER, « Retour sur le pouvoir de contrôle de l'administration à l'égard de son cocontractant », *RFDA*, 2007, pp. 990-1004.

1428 R. CHAPUS résumait ces différents points en notant, à propos des prérogatives de l'administration contractante, qu' « il importe peu qu'elle n'en soit pas investie par le contrat. Elle les détient *en tout état de cause* et n'y saurait renoncer régulièrement » : *Droit administratif général*, *op. cit.*, tome 1, n°1377.

536. Si l'on suit maintenant le même raisonnement en ce qui concerne les droits du cocontractant de l'administration, il est possible d'arriver à une conclusion très proche. A la différence près que ce ne sont plus l'intérêt du service ou l'intérêt général qui vont justifier les solutions jurisprudentielles, mais bien plutôt le principe d'équilibre contractuel ou de justice commutative[1429]. Ainsi, en cas de modification unilatérale du contrat par l'administration, le cocontractant doit être indemnisé, et là encore, même en l'absence de stipulation expresse du contrat ou du cahier des charges en ce sens[1430]. De la même manière, « le pouvoir de résiliation unilatérale a pour contrepartie l'obligation d'indemniser intégralement le préjudice causé »[1431].

537. Une dernière série d'éléments doit encore être envisagée. Elle insiste sur le caractère objectif d'un certain nombre de droits et d'obligations créés par le contrat. Il a été vu que les principaux pouvoirs de l'administration et droits de son cocontractant étaient applicables même en l'absence de textes. Cela revenait pour le juge administratif à mettre en avant les éléments objectifs du contrat au détriment des éléments subjectifs que sont le consentement et la commune intention des parties. *A fortiori* en est-il de même lorsque ces pouvoirs et ces droits peuvent être appliqués malgré les prévisions contraires du contrat. Et de telles hypothèses existent bien. C'est ainsi que le « pouvoir de modification unilatérale, étant lié au pouvoir d'organisation du service public, ne peut être supprimé par le contrat »[1432]. De la même manière et pour la même raison, le pouvoir de résiliation unilatérale « ne peut faire l'objet d'une renonciation »[1433], celle-ci étant

---

[1429] Il convient ici de bien distinguer différents niveaux de discours. Si le juge administratif utilise parfois l'expression d' « équilibre contractuel » (voir par exemple CAA, Marseille, 10 oct. 2011, n°08MA05123 ou CAA, Nantes, 3 fév. 1993, n°89NT01218) mais ne semble pas employer celle de « justice commutative », cela ne signifie nullement que cette seconde notion ne puisse pas rendre compte de certaines décisions jurisprudentielles. Pour des développements sur la justice commutative dans le contrat administratif, voir notamment B. PLESSIX, *L'utilisation du droit civil dans l'élaboration du droit administratif*, *op. cit.*, pp. 292-308 et Fr. LOMBARD, *La cause dans le contrat administratif*, *op. cit.*, pp. 289-296.

[1430] Voir par exemple : CE, 27 oct. 1978, *Ville de Saint-Malo*, *R.*, p. 401.

[1431] L. RICHER, *Droit des contrats administratifs*, *op. cit.*, 9ème éd., p. 225. Sur la question de l'équilibre contractuel en général et les droits des cocontractants de l'administration, voir notamment le chapitre intitulé « Le rôle de la notion d'équilibre financier : l' "équivalence honnête" des prestations » dans A. DE LAUBADERE, Fr. MODERNE et P. DELVOLVE, *Traité des contrats administratifs*, *op. cit.*, tome 1, pp. 716-721.

[1432] L. RICHER, *Droit des contrats administratifs*, *op. cit.*, 9ème éd., p. 235.

[1433] *Ibid.*, p. 221. Voir notamment CE, 6 mai 1985, *Asso. Eurolat*, n°41589 et n°41699 et CE, 16 fév. 1996, *Syndicat intercommunal pour la collecte et le traitement des déchets et résidus ménagers de l'arrondissement de Pithiviers*, n°82880. Les indemnités consécutives à l'utilisation par l'administration de son droit de résiliation unilatérale peuvent cependant être limitées ou aménagées par la volonté des parties sans que la personne ayant contracté avec l'administration puisse invoquer le protocole n°1 additionnel à la Convention européenne des

« impossible »[1434]. C'est alors un argument encore plus fort pour montrer l'insuffisance du consentement pour former le régime du contrat administratif, ou, ce qui revient au même, le rôle limité de la volonté des parties dans la désignation de leurs droits et obligations. Le juge administratif consacre en la matière une sorte d'ordre public qui vient limiter les pouvoirs de l'administration contractante[1435]. Mais force est de constater que cet ordre public est beaucoup moins protecteur en ce qui concerne les droits du cocontractant de l'administration. Le Conseil d'Etat a ainsi admis qu'un contrat pouvait prévoir, en cas de résiliation unilatérale, que l'indemnité soit limitée ou même parfois inexistante[1436].

Les principaux pouvoirs de l'administration et les droits corrélatifs de ses cocontractants, même dans le silence des textes, sont loin de se réduire au seul consentement des administrés partenaires de l'administration, ni même à la volonté de cette dernière. Le consentement est insuffisant par lui-même à rendre compte du régime du contrat administratif. Tout au plus déclenche-t-il l'application d'un ensemble de règles juridiques qui lui préexiste, mais qu'il ne saurait constituer. Comme l'indique Jean-Nicolas RAINAUD, « le contrat administratif se caractérise par un régime exorbitant beaucoup plus large que celui éventuellement déterminé par les clauses expressément formulées. Un principe domine : la loi du service public s'impose à la volonté des parties. Si la notion de volonté constituait le principe fondamental, le juge devrait prendre en compte *toute* la volonté, mais *rien* que la volonté. Il ne peut en être ainsi parce que la loi du service public

droits de l'homme « pour écarter l'application des stipulations contractuelles limitant son droit à indemnisation, qu'elle a librement souscrites » : CE, 4 mai 2011, *CCI de Nîmes*, n°334280. Il est par ailleurs possible qu'un contrat prévoie que la résiliation ne pourra pas s'appliquer dans certaines hypothèses. *Cf.* par exemple CE, 11 mai 1990, *OPHLM de la ville de Toulon*, n°68689.

[1434] L. ERSTEIN, « Principes généraux applicables aux contrats administratifs », *Jcl. Contrats et marchés publics*, fasc. n°14, 2012, n°101.

[1435] Pour une telle interprétation, voir E. COLSON, « La possibilité d'exclure toute indemnisation en cas de résiliation unilatérale », *DA*, 2013, n°6, comm. 42. Pour une étude sur l'ordre public contractuel en droit administratif, voir notamment D. POUYAUD, *La nullité des contrats administratifs*, *op. cit.*, pp 177-282.

[1436] CE, 19 déc. 2012, *Sté AB Trans*, n°350341. Il convient cependant de noter que le juge réserve alors l'hypothèse de la faute lourde de l'administration. Sur cette réserve et plus généralement sur cette décision, dont la rédaction peut prêter à confusion, lire notamment E. COLSON, « La possibilité d'exclure toute indemnisation en cas de résiliation unilatérale », *op. cit.*

s'applique *contre* la volonté des parties »[1437]. Cette dernière hypothèse, dans laquelle le consentement des parties se révèle impuissant à écarter certaines règles, traduit le fait qu'en plus d'être insuffisant, le consentement peut également s'avérer indifférent.

[1437] J.-N. RAINAUD, « Le contrat administratif : volonté des parties ou loi de service public ? », *op. cit.*, p. 1188.

Section II
Le consentement indifférent

538. Dans de nombreux cas, le droit administratif ne tient pas compte du consentement de l'administré. Si cette constatation s'impose avec la force de l'évidence dans de nombreux domaines de ce droit dominé par l'intérêt général[1438], cela est plus surprenant dans certaines situations où l'on aurait pu s'attendre à ce que ce soit le cas. Seules ces dernières hypothèses retiendront ici l'attention. Il est alors intéressant d'identifier les raisons qui justifient l'indifférence du consentement, c'est-à-dire son inefficacité dans des domaines où l'on aurait été incité au contraire à penser que le droit lui ferait produire des conséquences.

539. L'analyse montre que cette indifférence résulte de deux facteurs principaux. Le premier consiste naturellement dans un certain nombre d'intérêts qui dépassent l'administré et dont il n'a pas la disposition tandis que le second, de manière *a priori* plus surprenante dans un système libéral, vise à protéger l'administré contre lui-même. Cela n'est cependant pas propre au droit administratif et cela existe également dans d'autres domaines du droit dans lesquels sont en relation des personnes en situation d'inégalité, comme c'est le cas en droit du travail ou de la consommation[1439]. En dénuant dans certaines situations tout pouvoir au consentement, le législateur réduit certes la liberté des individus mais leur assure une protection élevée. Comme l'indique la Cour de cassation, « l'interdiction de renoncer à un droit est sans doute la protection ultime du sujet de droit »[1440]. Tel est bien le principe qui semble justifier que le consentement se révèle parfois indifférent. Le

---

1438 Encore faut-il ajouter que l'intérêt général a vocation à l'emporter sur les intérêts particuliers des administrés. Il peut ainsi s'opposer à la volonté de ceux-ci et permettre à l'administration d'agir sans leur consentement.

1439 Le mécanisme du consentement indifférent permet alors de « brider » la liberté contractuelle afin de protéger les individus : N. MEYER, *L'ordre public en droit du travail. Contribution à l'étude de l'ordre public en droit privé*, Dalloz, coll. « Bibliothèque de droit privé », vol. 461, 2006, 375 p., p. 9. Pour le droit de la consommation, voir notamment G. ROUHETTE, « "Droit de la consommation" et théorie générale du contrat », *op. cit.*, spéc. pp. 255-256, le paragraphe intitulé « Protéger le consommateur contre lui-même ».

1440 COUR DE CASSATION, *L'ordre public dans la jurisprudence de la Cour de cassation. Rapport public 2013*, La Documentation française, 2014, 764 p., p. 475.

législateur ou le juge, afin d'éviter toute pression sur la volonté des administrés, ne permettent pas sa prise en compte[1441].

540. Protection d'un intérêt supérieur et protection des administrés contre eux-mêmes sont bien souvent concomitantes et une analyse plus fine laisse entrevoir toute la difficulté qu'il y a à les distinguer. Dès lors, le choix retenu insiste sur la finalité principale et dominante révélée par le droit, quitte à dissocier un peu artificiellement ce qui mériterait d'être davantage unit. Il apparaît alors, dans les cas envisagés, que le droit administratif refuse de prendre en compte le consentement soit pour protéger principalement des intérêts dont l'administré n'a pas la disposition parce qu'ils le dépassent (I), soit pour protéger plus spécialement les administrés contre eux-mêmes (II).

I. Le consentement indifférent et la protection d'intérêts supérieurs à ceux des administrés : l'exemple de l'honneur de la profession médicale

541. Les intérêts supérieurs à ceux des administrés sont de différents types. Il peut bien évidemment s'agir de ceux de la société tout entière, que l'on désigne sous l'appellation large d'intérêt général. Il est classique de noter que l'ordre public s'impose au consentement des administrés, voire à celui de l'administration. Cela est particulièrement visible dans le domaine des contrats administratifs ou encore en matière contentieuse[1442].

542. Mais il existe aussi d'autres intérêts, qui, sans nécessairement coïncider avec l'intérêt général, s'imposent également aux administrés.

[1441] Ces mécanismes, contrairement à la théorie des vices du consentement qui assure éventuellement une défense des individus *a posteriori*, instaurent une protection *a priori*. Sur ce point, voir notamment P. LOKIEC, « Garantir la liberté du consentement contractuel », *Droit social*, fév. 2009, pp. 127-130. L'auteur distingue les garanties *ex post* des garanties *ex ante*.

[1442] Les cas les plus emblématiques de l'indifférence du consentement sont alors ceux dans lesquels la renonciation, expression la plus forte du consentement, est impossible. Sur ce point, voir notamment Cl. BLUMANN, *La renonciation en droit administratif français*, *op. cit.*, pp. 131-148, le chapitre intitulé « La renonciation au recours en annulation (l'acquiescement à un acte administratif) » ; Chr. DEBOUY, *Les moyens d'ordre public dans la procédure administrative contentieuse*, PUF, coll. « Publications de la Faculté de droit et des sciences sociales de Poitiers », 1980, 528 p., pp. 421-425, le paragraphe consacré à « l'impossibilité de renoncer aux moyens d'ordre public », ou encore, plus récemment, E. AKOUN, *Les moyens d'ordre public en contentieux administratif*, Thèse, Grenoble, 2013, 2 tomes, spéc. tome 1, pp. 301-306, le paragraphe intitulé « La neutralisation de l'abandon consensuel du moyen d'ordre public ».

Parmi ces intérêts, un exemple révélateur est celui de l'honneur de la profession médicale.

543. Bernard BEIGNIER, dans sa thèse consacrée à *L'honneur et le droit*, indiquait à propos des corps professionnels que « le droit disciplinaire est bien dominé par la loi de l'honneur »[1443]. Cela vaut notamment pour un des principaux corps qui est celui des médecins. Le droit positif l'indique expressément puisque l'article L. 4121-2 du Code de la santé publique énonce que l'Ordre des médecins veille à « la défense de l'honneur et de l'indépendance de la profession médicale ». A ce titre et selon le même article, l'Ordre veille tout particulièrement « au maintien des principes de moralité, de probité, de compétence et de dévouement indispensables à l'exercice de la médecine [...] et à l'observation, par tous [ses] membres, des devoirs professionnels, ainsi que des règles édictées par le Code de déontologie prévu à l'article L. 4127-1 ». Or, l'alinéa premier de l'article 4 du Code de déontologie médicale[1444] énonce que « le secret professionnel institué dans l'intérêt des patients s'impose à tout médecin dans les conditions établies par la loi ».

544. Dès lors, se pose la question de savoir si l'administré-patient peut, par son consentement, délier le professionnel de santé du secret auquel celui-ci est tenu[1445]. La réponse à cette question délicate et controversée[1446] invite à s'intéresser tant aux fondements de l'obligation du secret (A) qu'aux

---

1443 B. BEIGNIER, *L'honneur et le droit*, LGDJ, coll. « Bibliothèque de droit privé », tome 234, 1995, 660 p., p. 407.

1444 Codifié à l'article R. 4127-4 du Code de la santé publique. L'alinéa 2 énonce quant à lui que « le secret couvre tout ce qui est venu à la connaissance du médecin dans l'exercice de sa profession, c'est-à-dire non seulement ce qui lui a été confié, mais aussi ce qu'il a vu, entendu ou compris ». Il y a là bien évidemment une référence très marquée au Serment d'Hippocrate. Le médecin qui prête ce serment s'engage en ces termes : « ce que dans l'exercice thérapeutique et même hors du traitement dans le commerce de la vie humaine j'aurai vu ou entendu qu'il ne faille pas répandre, je le tairai, estimant qu'il s'agit de mystère ». Traduction d'E. LITTRE, cité par R. VILLEY, *Histoire du secret médical*, *op. cit.*, p. 167.

1445 Cette question est fréquente dans d'autres matières, notamment le droit pénal et le droit civil. Mais elle concerne aussi le droit administratif, notamment lorsque le Conseil d'Etat est amené à exercer son contrôle sur les sanctions infligées aux praticiens par la section disciplinaire du Conseil national de l'Ordre des médecins.

1446 « Le secret professionnel est de ces sujets sur lesquels tout et le contraire de tout a été dit et écrit » indique G. MEMETEAU, *Cours de droit médical*, *op. cit.*, p. 289. Même si le point de vue adopté dans cette thèse n'est pas celui du droit pénal, il est intéressant de noter que M.-L. RASSAT affirme également que « l'infraction de violation du secret professionnel est l'une de celles qui étaient, dans le cadre de l'ancien Code, les plus complexes pour toute une série de raisons » : *Droit pénal spécial. Infractions au Code pénal*, Dalloz, coll. « Précis. Droit privé », 7ème éd., 2014, 1300 p., p. 543. L'auteur affirme également, p. 544, que « le nouveau Code pénal n'apporte que peu de réponses satisfaisantes ».

données éparses et parfois contradictoires fournies par le droit positif en la matière (B).

A. La pluralité des fondements du secret médical

545. Pour répondre à la question et voir ainsi le rôle du consentement du patient comme éventuelle justification à la révélation d'un fait couvert par le secret médical, plusieurs voies ont été empruntées[1447]. La première, utilisée par de nombreux auteurs[1448], consiste à se demander quels sont les fondements du secret pour affirmer ou au contraire infirmer l'efficacité du consentement (1). Cette démarche, pour intéressante qu'elle soit, présente cependant l'inconvénient d'être excessive et de procéder à des systématisations erronées (2).

1. Deux fondements opposés possibles du secret médical

546. Au-delà d'un éventuel contrat[1449] ou encore de textes législatifs particuliers, au premier rang desquels figure bien évidemment l'article

[1447] Pour une analyse plus pragmatique de cette problématique, voir notamment A.-M. DUGUET (dir.), *Séminaire d'actualité de droit médical. Le secret professionnel. Aspects légaux et déontologiques. Comparaisons avec l'étranger*, Bordeaux, Les Etudes Hospitalières, 2002, 232 p., ou encore C. GUILLAUME, *Dérogations civiles au secret médical et consentement du patient*, Mémoire de DESS, Bordeaux IV, 2000, 83 p.

[1448] Telle est par exemple la démarche de M.-L. RASSAT, *Droit pénal spécial. Infractions au Code pénal*, *op. cit.* L'auteur affirme, pp. 550-551, que « le règlement de la question de savoir si l'intérêt du déposant ou du dépositaire du secret peut justifier une révélation dépend du point de savoir quel est le fondement de l'obligation de se taire. Si l'on voit dans l'infraction la volonté de protéger la confiance que le public doit avoir dans certaines professions, la règle est d'ordre public, le secret doit être absolu et donc respecté alors même que le silence compromettrait l'intérêt du déposant et du dépositaire. Si l'on y voit la volonté de protéger celui qui s'est confié, la règle est d'ordre privé et le secret est relatif. L'intéressé peut délier le professionnel de son obligation au secret et l'intérêt bien compris du dépositaire peut même justifier une révélation spontanée du professionnel ». Le Conseil d'Etat établit le même lien de cause à effet entre le fondement du secret médical et la solution à donner à la question dont il s'agit : CONSEIL D'ETAT, *La transparence et le secret, Rapport public 1995*, La documentation française, 617 p., p. 156 : « reste que les hésitations de la jurisprudence entre fondement contractuel et fondement d'ordre public du secret médical, laissent toujours le champ libre à beaucoup d'incertitudes ». Voir encore J. PRADEL et M. DANTI-JUAN, *Droit pénal spécial : droit commun, droit des affaires*, Cujas, coll. « Référence », 6ème éd, 2014, Cujas, 788 p., p. 242 et P. MISTRETTA, *Droit pénal médical*, *op. cit.*, p. 311.

[1449] L'idée du recours au contrat est jugée « fallacieuse » par B. BEIGNIER, *L'honneur et le droit*, *op. cit.*, p. 408, note 1. Sans qu'il soit nécessaire de prendre parti sur cette question, il convient de relever qu'en admettant même que le recours au contrat soit justifié, il ne peut en tout cas pas occulter la recherche d'un fondement plus solide et plus général, au moins en ce

L. 226-13 du Code pénal[1450], deux types de fondements sont avancés qui servent eux-mêmes d'assise à deux grandes thèses concernant le secret médical[1451].

547. Un premier courant, sans doute dominant jusqu'aux années 1950, voit dans le secret médical le moyen de protéger des intérêts collectifs, au premier rang desquels[1452] l'honneur de la profession médicale tout entière, cet honneur résultant notamment de la confiance absolue dont doivent pouvoir bénéficier les médecins vis-à-vis des patients. Par exemple, MM. PRADEL et DANTI-JUAN énoncent qu' « en vérité, les intérêts de la personne concernée par le secret et ceux de son dépositaire ne sont pas les seuls en présence. Il faut aussi raisonner en ayant à l'esprit les intérêts de la profession en cause, et, notamment, l'image de confiance que doivent impérativement inspirer certaines activités (médecine, pharmacie, justice, etc.) »[1453]. Stéphanie MARY va plus loin lorsqu'elle affirme que le principe du secret médical « est devenu le symbole de l'honneur de toute une profession »[1454].

548. Les auteurs professant une telle doctrine peuvent s'appuyer sur un certain nombre d'arguments, notamment jurisprudentiels. Un arrêt souvent cité est celui de la Cour de Cassation de 1885, *Watelet*, qui énonce qu' « en imposant à certaines personnes, sous une sanction pénale, l'obligation du

---

qui concerne les médecins hospitaliers qui ne sont pas dans une relation contractuelle avec leurs patients tout en étant tenus au secret professionnel.

1450 Cet article énonce que « la révélation d'une information à caractère secret par une personne qui en est dépositaire soit par état ou par profession, soit en raison d'une fonction ou d'une mission temporaire, est punie d'un an d'emprisonnement et de 15 000 euros d'amende ». Il est complété d'un article 223-14 qui prévoit certaines dérogations. Le Code pénal de 1810 avait été le premier texte français à pénaliser la divulgation du secret médical. Son article 378 énonçait en effet à l'origine que « les médecins, chirurgiens et autres officiers de santé, ainsi que les pharmaciens, les sages-femmes et toute autre personne dépositaire, par état ou par profession, ou par fonctions temporaires et permanentes, des secrets qu'on leur confie, qui, hors le cas où la loi les oblige à se porter dénonciateurs, auront révélé ces secrets seront punis d'un emprisonnement d'un mois à six mois et d'une amende de 100 à 500 francs ».

1451 Sur cette question, voir notamment G. MEMETEAU, *Cours de droit médical*, *op. cit.*, pp. 291-303. L'auteur consacre une section entière à cette question, distinguant et analysant successivement la « thèse absolutiste d'ordre public » de la « thèse relativiste de l'intérêt privé ».

1452 Encore faudrait-il parler d'autres intérêts collectifs, telle la protection de la santé publique. Cl. BERGOIGNAN-ESPER et P. SARGOS, *Les grands arrêts du droit de la santé*, *op. cit.*, p. 348, affirment ainsi, à propos de la protection du secret médical, que « tout aussi fondamentalement, cette protection repose [...] sur une incontournable exigence de santé publique ».

1453 J. PRADEL et M. DANTI-JUAN, *Droit pénal spécial : droit commun, droit des affaires*, *op. cit.*, p. 247.

1454 S. MARY, *Révélation du secret médical et justification*, Thèse, Nantes, 2003, 343 p., p. 20.

secret comme un devoir de leur état, le législateur a entendu assurer la confiance qui s'impose dans l'exercice de certaines professions et garantir le repos des familles qui peuvent être amenées à révéler leurs secrets par suite de cette confiance nécessaire »[1455]. Plus récemment, la même juridiction réaffirme que « cette allégation, établie pour assurer la confiance nécessaire à l'exercice de certaines professions, ou de certaines fonctions, s'impose aux médecins comme un devoir de leur état »[1456]. Le juge administratif a également eu l'occasion de se prononcer dans ce sens, affirmant lui aussi que « l'obligation de respecter le secret professionnel [...] a un caractère général et absolu »[1457].

549. Un second courant, peut-être dominant aujourd'hui, voit au contraire le secret médical comme le moyen de garantir un intérêt purement individuel : la vie privée du patient. Par exemple, Christian VIGOUROUX estime que « certains secrets tendent à protéger l'action publique (secret défense, secret de la politique étrangère) » alors que « d'autres veillent sur les secrets des particuliers (secret médical, secret de l'avocat ou secret des correspondances »[1458]. Il est en effet possible de s'appuyer sur la lettre même de l'alinéa premier de l'article 4 du Code de déontologie médicale qui énonce que le secret professionnel est « institué dans l'intérêt des patients »[1459]. De même, le Conseil d'Etat affirme que « c'est du malade seul que dépend le sort des secrets qu'il a confiés à un médecin ou que celui-ci a pu déduire de son examen »[1460].

550. Une autre manière de dire la même chose et d'insister sur l'intérêt privé du secret médical consiste à mettre en avant davantage le droit du

---

[1455] Cass., Crim., 5 mai 1885, *Watelet, S.*, 1885, II, p. 121.

[1456] Cass., Crim., 27 juin 1967, n°66-91446.

[1457] CE, Ass., 12 avr. 1957, *Sieur Dévé, D.*, 1957, p. 336, concl. GAZIER. Pour d'autres exemples jurisprudentiels, voir Fr. MODERNE, « Le secret médical devant les juridictions administratives et fiscales », *AJDA*, 1973, pp. 404-414, spéc. pp. 406-409 et les références citées.

[1458] Chr. VIGOUROUX, *Déontologie des fonctions publiques*, Dalloz, coll. « Praxis Dalloz », 2006, 786 p., p. 512.

[1459] Codifié à l'article R. 4127-4 du Code de la santé publique. R. VILLEY indique dans *Histoire du secret médical, op. cit.*, p. 137, que ce membre de phrase a été « voulu par le Conseil d'Etat ». Le commentaire officiel du Code de déontologie médicale fait par l'Ordre des médecins juge également utile de mentionner ce fait. Voir http://www.conseil-national.medecin.fr/ [16 déc. 2014].

[1460] CE, Sect., 11 fév. 1972, *Sieur Crochette, R.*, p. 138, *JCPG*, 1973, II, n°17363, note R. SAVATIER. Quant à elle, la première chambre civile de la Cour de cassation a indiqué de manière on ne peut plus explicite que « la finalité du secret professionnel » était « la protection du non-professionnel qui les a confiés » : Cass., Civ. 1ère, 22 mai 2002, n°00-16305. Voir encore Cass., Civ. 1ère, 2 mars 2004, n°01-00333 et Cass., Civ. 1ère, 8 mars 2005, n°03-12044. Il est intéressant de noter que ces décisions sont toutes postérieures au 4 mars 2002.

patient que le devoir du professionnel. Anne LAUDE, Bertrand MATHIEU et Didier TABUTEAU placent ainsi de façon révélatrice leurs développements relatifs au secret médical dans un paragraphe consacré au « droit au respect de la vie privée »[1461]. Ils indiquent notamment que « dans une conception aujourd'hui humaniste des droits des malades, le secret médical n'est plus conçu comme une obligation pesant sur les professionnels de santé, mais comme un véritable droit du patient »[1462]. Plus encore, l'article L. 1110-4 du Code de la santé publique, inclus dans un chapitre consacré aux « droits de la personne », énonce notamment que « toute personne prise en charge par un professionnel, un établissement, un réseau de santé ou tout autre organisme participant à la prévention et aux soins a droit au respect de sa vie privée et du secret des informations la concernant »[1463]. Faire du secret professionnel un droit subjectif tend bien évidemment à en faire un secret instauré dans l'intérêt du patient, les droits subjectifs étant des prérogatives individuelles qui permettent à leur titulaire « de faire, d'exiger ou d'interdire quelque chose dans son propre intérêt », ou parfois seulement, « dans l'intérêt d'autrui »[1464].

551. De ces deux fondements possibles, l'ordre public ou l'intérêt privé, certains auteurs tentent alors de tirer des conséquences quant au rôle que pourrait tenir le consentement du patient. Les défenseurs de la thèse de l'ordre public inclinent vers une conception absolue du secret médical tandis que les autres en développent une conception relative. Dans le premier cas, la personne qui a confié le secret ne pourrait pas délier celui qui en est le dépositaire. Dans le second, ce serait en revanche possible.

552. Les défenseurs de la thèse absolue ont notamment pu prendre argument de certaines décisions des juridictions judiciaires, notamment pénales. Comme le notent deux auteurs, à plusieurs occasions depuis le célèbre arrêt *Watelet* du 19 décembre 1885 « la Chambre criminelle de la Cour de Cassation a affirmé le caractère "général et absolu" du secret

---

[1461] A. LAUDE, B. MATHIEU et D. TABUTEAU, *Droit de la santé*, *op. cit.*, p. 323.

[1462] *Ibid.*, p. 324.

[1463] La lecture des travaux préparatoires de la loi du 4 mars 2002 qui a introduit cet article dans le Code de la santé publique est instructive. La volonté des auteurs du texte est d' « adapter l'ensemble de notre système de santé au monde moderne » en privilégiant « les relations contractuelles » ou encore de placer le patient « au centre du système de santé ». Voir respectivement B. KOUCHNER, 2ème séance du 2 oct. 2001, *JORF*, 3 oct. 2001, p. 5316 et J.-L. PREEL, 2ème séance du 3 oct. 2001, *JORF*, 4 oct. 2001, p. 5421. Il n'y a dès lors rien d'étonnant à ce que, comme au sujet du consentement à l'acte médical, le législateur envisage la question du secret médical dans l'intérêt des patients.

[1464] Pour une telle définition, voir G. CORNU, *Vocabulaire juridique*, *op. cit.*, entrée « Droit ».

médical, *d'où elle a déduit* cette conséquence essentielle que le médecin ne peut en être délié même avec le consentement du malade »[1465].

553. Au contraire, les défenseurs de la thèse relative du secret admettent l'efficacité du consentement. Comme le notent MM. HONORAT et MELENNEC « il est unanimement admis que si le consentement de la victime ne constitue pas un fait justificatif en matière d'atteinte à l'intégrité corporelle, il est, au contraire, possible de renoncer aux droits concernant les biens ou l'honneur. Or, seule la réputation du patient peut avoir, éventuellement, à souffrir de la révélation des secrets par lui confiés au médecin »[1466]. Les auteurs prônent alors une relativisation du secret médical dans les cas où le patient y consentirait.

2. Des raisonnements exagérés présentant un excès de systématisation

554. A l'issue de l'analyse, trop rapide[1467], des deux principales conceptions antagonistes concernant le consentement du patient dans le secret médical, il convient maintenant, avec la plus grande prudence en cette matière, de porter un jugement sur ces raisonnements. A ce titre, deux éléments principaux et fondamentaux doivent ici être soutenus. D'une part, il semble bien que la nécessité de choisir entre l'un ou l'autre des fondements du secret médical soit une fausse question. Car, en réalité, un tel choix n'est pas possible[1468] et rien n'oblige d'ailleurs à ce que le secret médical ait un

---

1465 J. HONORAT et L. MELENNEC, « Vers une relativisation du secret médical », *JCPG*, 1979, doct., n°2936, n°23. Souligné par nous. Il est encore possible de relever un tel lien de cause à effet dans une décision de la chambre criminelle de la Cour de cassation du 8 mai 1947, *Decraene*, Bull. crim., n°124 ; *JCP*, 1948, II, n°4141 : à propos de l'obligation des médecins au secret médical, la Cour indique « qu'elle est générale et absolue et qu'il n'appartient à personne de les en affranchir ». Pour une explication détaillée de la thèse absolutiste, voir J. HONORAT et L. MELENNEC, « Vers une relativisation du secret médical », *op. cit.*, n°13. Les auteurs y indiquent notamment que, dans cette conception, « l'obligation au silence échappe à la volonté des parties. Le malade, en particulier, n'a pas le pouvoir de relever le médecin, même s'il estime que la révélation serait conforme à ses intérêts ».

1466 J. HONORAT et L. MELENNEC, « Vers une relativisation du secret médical », *op. cit.*, n°15.

1467 Pour une synthèse sur ces questions, voir notamment dans S. MARY, *Révélation du secret médical et justification*, *op. cit.*, pp. 60-82, le chapitre consacré à « l'influence du consentement du malade sur la répression du délit de violation du secret », et les références citées.

1468 Comme le note M.-L. RASSAT, le nouveau Code pénal lui-même « s'abstient [...], une fois de plus, de prendre clairement position sur la question essentielle du fondement de l'obligation au secret. Son emplacement paraît le rattacher à des objectifs privés, mais cette interprétation n'est pas compatible avec nombre des solutions du droit positif » : *Droit pénal spécial. Infractions au Code pénal*, *op. cit.*, p. 544.

fondement unique. Loin de devoir choisir entre l'ordre public et l'intérêt privé du patient[1469], il semblerait au contraire que le secret médical repose simultanément sur l'un et l'autre. C'est d'ailleurs ce qu'affirme tant le commentaire fait de l'article 4 du Code de déontologie médicale par l'Ordre national des médecins[1470] que la Cour européenne des droits de l'homme[1471] et un grand nombre d'auteurs aujourd'hui[1472]. Adopter une telle solution serait d'ailleurs le seul moyen de conserver à la jurisprudence, tant administrative que judiciaire, sa cohérence, reconnaissant que le juge doit concilier l'intérêt du patient avec l'ordre public et qu'il est amené, selon les circonstances de l'espèce, à faire prévaloir l'un ou l'autre.

555. D'autre part, la méthode consistant à chercher le fondement du secret médical pour en tirer des conclusions pratiques quant au rôle du consentement du patient semble vaine. Ce raisonnement n'est en effet pas valable, car la mineure, tant dans la thèse absolue que relative, est fausse. En admettant que le secret médical soit institué pour préserver l'honneur de la profession médicale, l'ordre public, ou encore la santé publique, en quoi le fait de révéler un secret avec le consentement du patient y serait-il

---

[1469] Telle pourrait d'ailleurs être la position du juge administratif qui n'a « pas pris clairement parti sur ce problème théorique » : Fr. MODERNE, « Le secret médical devant les juridictions administratives et fiscales », *op. cit.*, p. 406.

[1470] Ainsi est-il indiqué que « le secret professionnel du médecin [...] est à la fois d'intérêt privé et d'intérêt public » : http://www.conseil-national.medecin.fr/, [17 déc. 2014]. Il est par ailleurs intéressant de noter que, dans le Code de déontologie médicale, codifié dans la partie réglementaire du Code de la santé publique aux articles R. 4127-1 et s., la notion de secret médical est mentionnée dans la sous-section première consacrée aux « devoirs généraux des médecins » et non dans la suivante relative aux « devoirs envers les patients », contrairement à ce qu'aurait pu faire penser la partie législative et notamment l'article L. 1110-4.

[1471] Voir par exemple Cour EDH, 25 janv. 1997, *Z. c/Finlande*, n°22009/93, n°94 : « Le respect du caractère confidentiel des informations sur la santé constitue un principe essentiel du système juridique de toutes les Parties contractantes à la Convention. Il est capital non seulement pour protéger la vie privée des malades, mais également pour préserver leur confiance dans le corps médical et les services de santé en général ».

[1472] En matière pénale, des auteurs affirment ainsi à propos du délit de violation du secret médical qu'il peut « revêtir un aspect intermédiaire », comportant « un double fondement », ce qui traduirait ainsi une incrimination « pluri-offensive ». Voir respectivement : M.-L. RASSAT, *Droit pénal spécial. Infractions au Code pénal*, *op. cit.*, p. 542 ; S. MARY, *Révélation du secret médical et justification*, *op. cit.*, p. 24 et E. DREYER, *Droit pénal spécial*, Ellipses, coll. « Cours magistral », 2ème éd, 2012, 732 p. 191. Quant à eux, Cl. BERGOIGNAN-ESPER et P. SARGOS consacrent un de leurs paragraphes au « secret médical, valeur fondamentale du droit des personnes, de l'exercice de la médecine et de la santé publique » : *Les grands arrêts du droit de la santé*, *op. cit.*, p. 347-351. Voir encore B. HŒRNI et M. BENEZECH, *Le secret médical : confidentialité et discrétion en médecine*, Masson, coll. « Abrégés », 1996, 94 p., p. 2, pour qui « le respect de secret médical est d'intérêt privé comme d'ordre public ».

nécessairement contraire[1473] ? De même, en admettant que le secret médical soit institué dans le seul intérêt du patient, en quoi cela démontrerait-il qu'il est *toujours* loisible au patient de délier le professionnel du secret ? Pour que ce second raisonnement soit valide, il faudrait au préalable démontrer qu'il est possible pour un individu, en toutes circonstances, de renoncer à un droit qui a été institué dans son intérêt. Or cela n'est pas vrai de manière générale et c'est l'objet de tous ces développements que de le montrer[1474]. C'est d'ailleurs l'argument principal, non dénué de force, des adversaires du secret relatif. Si le patient pouvait par son consentement délier le professionnel du secret, indépendamment même du fait que des pressions pourraient être exercées sur lui afin qu'il consente à la révélation du secret médical[1475], son refus serait nécessairement interprété contre lui[1476]. Et la protection fournie par le consentement serait alors réduite à néant.

556. Ces développements permettent donc de conclure provisoirement. La première méthode, prenant comme argument le fondement du secret professionnel, nc permet pas de répondre à la question. Il convient dès lors d'en adopter une seconde, plus modeste, qui cherchera une réponse dans le

---

1473 S. MARY affirme ainsi que « non seulement le consentement du malade à la révélation supprime le fondement d'intérêt privé, mais le fondement d'intérêt public perd également toute sa force. Ce qui commande l'intérêt public, c'est que la confiance qui s'attache à la profession médicale ne puisse être atteinte par des révélations intempestives. Or, lorsque c'est directement à la demande de l'intéressé que le professionnel révèle le secret, il ne saurait diminuer cette confiance » : *Révélation du secret médical et justification, op. cit.*, p. 70. Sur un point légèrement différent, celui des dérogations légales au secret, les auteurs du *Traité de droit médical* écrivaient que « c'est l'intérêt social qui inclut, dans le ministère médical, le devoir de discrétion. Mais, en pesant les divers intérêts sociaux, la loi elle-même peut constater qu'un intérêt encore supérieur s'attache à la révélation de certains faits par le médecin. Elle peut, alors, interpréter l'ordre public comme l'invitant, non plus à se taire, mais à parler » : R. SAVATIER, J.-M. AUBY, J. SAVATIER et H. PEQUIGNOT, *Traité de droit médical, op. cit.*, p. 278.

1474 Pour ne pas ramener la démonstration à une tautologie il convient de se référer aux autres exemples donnés dans cette section afin de voir que le droit positif s'oppose à la renonciation de certains droits. Dès lors rien n'autorise *a priori* à penser que le consentement du patient permet de délier le professionnel du secret.

1475 A cet égard, la formulation d'un arrêt de la Cour de cassation est intéressante : « sauf dans les cas où sa révélation est permise ou imposée par la loi, le secret médical doit être observé à l'égard des tiers, en particulier quand ils en demandent la révélation par l'intermédiaire du malade lui-même » : Cass., Civ. 1ère, 18 mars 1986, n°84-15702.

1476 Pour la formulation d'un tel argument, voir notamment R. VILLEY, *Histoire du secret médical, op. cit.*, p. 77 : « en adoptant une telle habitude devant la justice ou les administrations, ne créerait-on pas très vite une obligation de fait pour le patient de lever le secret, sous peine d'être suspecté de dissimulation et de fraude ? Il n'y a plus de secret médical si le patient peut être forcé d'autoriser la divulgation ». Pour une explication semblable, voir encore R. SAVATIER, J.-M. AUBY, J. SAVATIER et H. PEQUIGNOT, *Traité de droit médical, op. cit.*, p. 275.

détail du droit positif et non dans une systématisation sans doute exagérée de celui-ci.

B. Les incertitudes résultant du droit positif

557. La question de savoir si le consentement du patient permet de délier le professionnel du secret ne semble pas avoir à ce jour de réponse arrêtée. Cela se vérifie aussi bien dans les textes (1) que dans la jurisprudence (2).

1. L'insuffisance des textes

558. L'analyse du droit positif incite à la plus grande prudence quant à la réponse à donner à la question de savoir si le patient peut délier, par son consentement, le professionnel du silence auquel celui-ci est astreint[1477]. Ni la loi ni la jurisprudence ne permettent en effet d'apporter une solution certaine et de portée générale à ce problème[1478]. Les hésitations demeurent et la réponse dépend en réalité de multiples facteurs qu'il semble impossible de ramener à l'unité.

559. D'un point de vue législatif, la combinaison des articles L. 226-13 et L. 226-14 du Code pénal ne permet aucune conclusion probante. Alors que le premier énonce que « la révélation d'une information à caractère

---

[1477] Est donc exclue la question qui consiste à se demander si le médecin peut, par autorisation ou même par obligation de la loi, déroger au secret médical. Si cette question est intéressante, notamment dans le débat sur les fondements du secret médical, elle n'a pas de rapport direct avec celle liée au rôle du consentement du patient, sauf lorsque la loi érige le consentement en fait justificatif.

[1478] Un argument consisterait à prendre appui sur la formulation même de certaines décisions du juge judiciaire. La Cour de cassation a eu l'occasion d'affirmer, à propos de l'obligation tenant les médecins au secret professionnel, « qu'elle est générale et absolue et qu'il n'appartient à personne de les en affranchir » : 8 mai 1947, *Decraene*, Bull., crim., n° 124 ; *JCP*, 1948, II, n°4141. La Cour ne prévoyant pas l'hypothèse du consentement du patient et ne distinguant pas entre la révélation qui serait faite avec l'accord de celui-ci et la révélation qui serait faite sans cet accord, il est possible d'en conclure que le consentement du patient demeure indifférent. Le raisonnement consiste en fait à appliquer à la jurisprudence la maxime « *ubi lex non destinguit nec nos distinguere debemus* » qui a pour conséquence de condamner « toute interprétation restrictive d'un texte conçu en termes généraux » : H. ROLAND et L. BOYER, *Adages du droit français*, *op. cit.*, n°453, p. 920. Or la rédaction des arrêts précités est bien conçue en termes généraux et il n'est dès lors pas possible d'en restreindre la portée aux seules hypothèses dans lesquelles le patient n'aurait pas donné son consentement. Mais l'argument, malgré sa valeur, est daté car les arrêts actuels n'emploient plus de telles rédactions. Quant au juge administratif, il semble ne jamais avoir utilisé de formule semblable et l'argument ne saurait donc prospérer en droit administratif.

secret par une personne qui en est dépositaire soit par état ou par profession, soit en raison d'une fonction ou d'une mission temporaire, est punie d'un an d'emprisonnement et de 15 000 euros d'amende », le second y apporte une série d'exceptions[1479]. Parmi celles-ci il en est une particulièrement intéressante puisqu'elle prévoit que le secret médical n'est pas applicable « au médecin qui, avec l'accord de la victime, porte à la connaissance du procureur de la République les sévices ou privations qu'il a constatés, sur le plan physique ou psychique, dans l'exercice de sa profession et qui lui permettent de présumer que des violences physiques, sexuelles ou psychiques de toute nature ont été commises. Lorsque la victime est un mineur ou une personne qui n'est pas en mesure de se protéger en raison de son âge ou de son incapacité physique ou psychique, son accord n'est pas nécessaire ». Si l'accord du patient, donc son consentement, permet au médecin, dans cette hypothèse, de divulguer un fait normalement couvert par le secret professionnel, cette exception légale ne permet pas de conclure de manière générale : elle n'a de valeur que dans son champ d'application spécifique et limité[1480]. La position qui consisterait à voir dans cette exception la preuve de l'efficacité certaine et générale du consentement en matière de secret médical n'est donc pas soutenable[1481].

[1479] L'article énonce que « l'article 226-13 n'est pas applicable dans les cas où la loi impose ou autorise la révélation du secret. En outre, il n'est pas applicable : /1° A celui qui informe les autorités judiciaires, médicales ou administratives de privations ou de sévices, y compris lorsqu'il s'agit d'atteintes ou mutilations sexuelles, dont il a eu connaissance et qui ont été infligées à un mineur ou à une personne qui n'est pas en mesure de se protéger en raison de son âge ou de son incapacité physique ou psychique ; /2° Au médecin qui, avec l'accord de la victime, porte à la connaissance du procureur de la République les sévices ou privations qu'il a constatés, sur le plan physique ou psychique, dans l'exercice de sa profession et qui lui permettent de présumer que des violences physiques, sexuelles ou psychiques de toute nature ont été commises. Lorsque la victime est un mineur ou une personne qui n'est pas en mesure de se protéger en raison de son âge ou de son incapacité physique ou psychique, son accord n'est pas nécessaire ; /3° Aux professionnels de la santé ou de l'action sociale qui informent le préfet et, à Paris, le préfet de police du caractère dangereux pour elles-mêmes ou pour autrui des personnes qui les consultent et dont ils savent qu'elles détiennent une arme ou qu'elles ont manifesté leur intention d'en acquérir une. /Le signalement aux autorités compétentes effectué dans les conditions prévues au présent article ne peut faire l'objet d'aucune sanction disciplinaire ».

[1480] D'autres exceptions semblables existent. Le seul article L. 1110-4 du Code de la santé publique en prévoit plusieurs. Il s'agit notamment des informations qui concernent plusieurs professionnels de santé dans ce qu'il est convenu d'appeler le secret partagé, ou encore l'information des membres de la famille d'un patient en cas de pronostic grave ou enfin l'information des ayants droit d'une personne décédée. Mais elles restent des exceptions soumises à des conditions strictes et ne permettent aucune conclusion générale.

[1481] Tel était par exemple le raisonnement de Ph. SALVAGE, « Le consentement en droit pénal », *RSC*, 1991, pp. 699-716, p. 704. L'auteur prenait appui sur l'alinéa 4 de l'article 378 de l'ancien Code pénal, qui était d'inspiration identique à l'actuelle dérogation dont il est

560. Les méthodes d'interprétation des textes inciteraient plutôt à penser le contraire. Jean-Louis BERGEL indique en effet que « l'argument *systématique*, issu de l'idée que l'ordre juridique est un système cohérent, conduit à en interpréter chaque élément en fonction de son contexte »[1482]. Or, si de deux dispositions législatives ayant trait au secret médical l'une prévoit expressément que le consentement du patient peut délier le professionnel alors que l'autre ne le prévoit pas, il est possible de conclure que dans la seconde hypothèse le consentement est, de par la volonté du législateur, inefficace[1483]. Une variante consiste plus simplement à développer un raisonnement *a contrario* sur les hypothèses prévues par l'article 226-14. Si le législateur ne s'est pas prononcé sur l'efficacité du consentement du patient, c'est peut-être qu'il entend promouvoir son inefficacité, spécialement dans un droit qui est d'interprétation stricte[1484]. Mais les solutions du juge administratif ne sont pas toujours conformes à ce point de vue, comme il va falloir le démontrer. Les arguments inspirés de la lettre même des textes législatifs semblent donc insuffisants[1485], d'autant plus que

---

question, pour affirmer, de manière générale, que « c'est donc bien en dernière analyse de la volonté souveraine du déposant que dépend la révélation du secret ».

[1482] J.-L. BERGEL, *Méthodologie juridique*, *op. cit.*, p. 151. L'argument systématique peut bien évidemment être critiqué, ou du moins sa portée être minorée, car rien ne permet d'affirmer catégoriquement que l'ordre juridique, même s'il y tend, soit effectivement un système cohérent. L'inflation législative et l'évolution rapide des textes incitent en ce domaine à la plus grande réserve. Pour une telle critique, voir par exemple V. CHAMPEIL-DESPLATS, *Méthodologies du droit et des sciences du droit*, *op. cit.*, pp. 186-187, le paragraphe consacré à « L'idéalisation de la systématisation des ordres juridiques ». Mais l'argument semble tout de même assez probant en l'espèce dans la mesure où les dispositions qu'il s'agit de comparer sont, non seulement inscrites dans le même code, mais figurent dans deux articles consécutifs, codifiés à la même date.

[1483] Pour une telle interprétation de l'article L. 226-14 du Code pénal, voir par exemple Fr. DESPORTES et Fr. LE GUNEHEC, *Droit pénal général*, Economica, coll. « Corpus. Droit privé », 16ème éd., 2009, 1248 p., p. 692, note 1.

[1484] Le dernier alinéa de l'article L. 1110-4 du Code de la santé publique serait encore un bon exemple de ce type de raisonnement. Il énonce en effet que « le secret médical ne fait pas obstacle à ce que les informations concernant une personne décédée soient délivrées à ses ayants droit, dans la mesure où elles leur sont nécessaires pour leur permettre de connaître les causes de la mort, de défendre la mémoire du défunt ou de faire valoir leurs droits, sauf volonté contraire exprimée par la personne avant son décès ». Un raisonnement *a contrario* conduit non seulement à refuser tout effet au consentement du *de cujus* en ce qui concernerait des informations qui ne seraient pas nécessaires aux héritiers pour « connaître les causes de la mort, de défendre la mémoire du défunt ou de faire valoir leurs droits », mais aussi dans toutes les hypothèses non mentionnées par le texte. En somme, le consentement de tous les patients autres que les personnes décédées. Le Conseil d'Etat a eu l'occasion d'appliquer ce raisonnement en ce qui concerne les informations pouvant échapper au secret : CE, 26 sept. 2005, n°270234.

[1485] Le Conseil d'Etat relevait déjà ces incertitudes et souhaitait « que la loi puisse s'employer à y mettre fin, éventuellement en déterminant de façon limitative les hypothèses où celui qui a si le point de vue du droit pénal est essentiel, il n'est pas le seul à prendre en compte.

561. Le Code de déontologie médicale ne dit rien sur le consentement du patient en matière de secret médical[1486]. Le commentaire qui en est fait par le Conseil de l'Ordre des médecins indique quant à lui que « le patient ne peut délier le médecin de son obligation de secret »[1487]. Mais, pour importante que soit cette précision, elle n'a pas en soi de valeur juridique. C'est dès lors vers les solutions données par le juge administratif qu'il faut se tourner à présent.

2. Les distinctions de la jurisprudence administrative

562. Se demandant si l'interlocuteur du professionnel pouvait le délier du secret, Bruno PY note, à propos de la jurisprudence judiciaire, que « certaines décisions, influencées par la théorie relativiste du secret, l'ont admis. D'autres, plus proches de la théorie absolutiste, l'ont refusé »[1488]. Et telle est également la position du juge administratif en ce qui concerne la révélation du secret médical à des tiers[1489]. Loin d'une systématisation rigide, il semble se prononcer au cas par cas, en relation étroite avec les circonstances de chaque affaire. Dans une décision de 1957, le Conseil d'Etat a admis que l'obligation de respecter le secret professionnel, tout en ayant un caractère général et absolu, n'a pas « pour objet et ne peut avoir

---

confié le secret pourrait le lever » : *La transparence et le secret*, *Rapport public 1995*, *op. cit.*, p. 156. Le législateur ne semble pas à ce jour avoir entendu l'appel de la Haute juridiction administrative.

[1486] Contrairement au Code de déontologie et statuts de la profession médicale de 1941. Son article 43 énonçait clairement, à propos du secret professionnel en clientèle, que « le secret professionnel lie le médecin d'une manière absolue » et « il n'appartient pas au client de l'en délier » : cité par A. LECA, « Introduction historique à l'éthique et à la déontologie médicales », *op. cit.*, p. 54.

[1487] Voir le commentaire de l'article 4 sur http://www.conseil-national.medecin.fr/, [17 déc. 2014].

[1488] Br. PY, « Secret professionnel », dans *Répertoire Dalloz de droit pénal et de procédure pénale*, 2003, n°159.

[1489] Etant entendu que le secret médical « n'est pas opposable au malade » : CE, 12 nov. 1969, *Sieur Pasquier*, *R.*, p. 495. Sur cette question, voir encore CE, Sect., 24 oct. 1969, *Min. de l'équipement et du logement c/Sieur Gougeon*, *R.*, p. 457. Le commissaire du gouvernement G. GUILLAUME indiquait dans ses conclusions sur cette décision que le fait pour un patient de demander à son médecin des informations le concernant pour les transmettre à des tiers « ne constitue pas une violation déguisée du secret, car le médecin n'est pas plus tenu au secret vis-à-vis du malade que le malade n'est tenu au secret à l'égard des tiers » : *D.*, 1969, pp. 732-734, p. 733. Il est donc toujours loisible au patient de demander à son médecin les informations qui le concernent, puis, dans un second temps, de les transmettre à des tiers s'il le souhaite.

pour effet d'interdire au médecin de faire connaître à son client lui-même les constatations médicales qu'il est en mesure de faire sur sa personne ; que, par suite, cette obligation n'interdit pas davantage au médecin, lorsqu'il est spécialement requis par son client, de délivrer à celui-ci des certificats, attestations ou documents destinés à exprimer lesdites constatations »[1490].

563. De même, dans une autre affaire, le praticien requérant « avait fait valoir devant la section des assurances sociales du Conseil national que les malades concernés l'avaient expressément autorisé à mentionner les affections dont ils étaient atteints sur les feuilles de soins ». Le Conseil d'Etat note que, « faute d'avoir répondu à cette argumentation, qui n'était pas inopérante, la section des assurances sociales a insuffisamment motivé sa décision »[1491]. Même si la Haute juridiction administrative ne donne pas ici de solution, le simple fait d'indiquer que l'argumentation du médecin, qui invoque le consentement des patients, n'est pas inopérante, semble bien indiquer que le juge administratif pourrait accorder au consentement sa pleine efficacité, au moins dans des cas similaires[1492].

564. Mais inversement, une décision récente rejette la requête formée contre une décision de la section disciplinaire du Conseil national de l'Ordre des médecins qui avait prononcé un blâme contre un praticien qui « avait autorisé, avec le consentement de l'intéressée, un journaliste à prendre une photographie de l'une de ses patientes dans son cabinet en vue de sa publication dans un hebdomadaire »[1493]. Le Conseil d'Etat estime ainsi que de tels agissements constituent « un manquement à la probité et à l'honneur » de la part du médecin.

565. Ces quelques exemples jurisprudentiels[1494] suffisent à conclure que le consentement du patient, s'il semble parfois permettre de délier le

---

[1490] CE, Ass., 12 avr. 1957, *Sieur Dévé*, *R.*, p. 266, *D.*, 1957, p. 336, concl. GAZIER. Sur la question de la relation entre le secret médical et les certificats médicaux, voir notamment A.-M. LARGUIER, *Certificats médicaux et secret professionnel*, Dalloz, coll. « Essais et travaux », 1963, 229 p.

[1491] CE, 6 juill. 1988, *Tabau*, *R.*, p. 278. Pour une formulation semblable, dans la même affaire, voir encore CE, 12 déc. 1990, n°101927.

[1492] Voir encore, pour la licéité du mécanisme prévoyant la transmission par le médecin traitant et « en accord avec le malade » de certains renseignements, sous pli confidentiel, au médecin-conseil : CE, 17 nov. 1982, *Cavalin*, *Gaz. Pal.*, 1983, I, somm., p. 228.

[1493] CE, 28 mai 1999, *Tordjemann*, R., p. 159, *JCPG*, 1999, IV, n°2834, *D.*, 1999, IR, p. 185. Sur cette décision, voir encore L. DUBOUIS, « Professions de santé », *RDSS*, avr.-juin 2000, p. 352-356, p. 355.

[1494] Il serait encore possible de rapprocher de ces décisions une autre, qui, bien que ne mentionnant pas explicitement le consentement, pourrait permettre une certaine analogie. Pour rejeter le pourvoi contre une décision du Conseil national de l'Ordre des médecins qui avait sanctionné un praticien pour avoir divulgué, en imprimant un livre, des informations à caractère secret au sujet de son patient décédé, la Haute juridiction administrative énonce « que l'obligation de secret professionnel qui s'impose au médecin ne saurait être levée par la médecin de son obligation, n'est pas systématiquement efficace[1495]. Dans certaines circonstances, le juge administratif ne tient pas compte de son existence et il est alors indifférent à la solution du litige.

566. Cela est confirmé par le Conseil d'Etat exerçant sa fonction non juridictionnelle. Dans son rapport public consacré à la transparence et au secret, le Conseil d'Etat préconisait notamment de « donner un statut légal [...] aux critères de partage entre situations où le secret professionnel peut être levé à l'initiative de celui qui s'est confié, et situations où celui-ci doit revêtir une portée absolue »[1496].

567. Ce souhait met en évidence plusieurs points fondamentaux. D'une part et par le fait même, il montre bien que pour le Conseil d'Etat la question n'est pas encore tranchée puisqu'il appelle le législateur à se saisir de la question. D'autre part, dans son contenu, ce vœu indique que la Haute juridiction entend bien que le consentement demeure, dans certaines hypothèses, indifférent. Car le Palais royal aurait pu tout simplement inviter le législateur à reconnaître de manière générale l'efficacité du consentement. Mais il ne l'a pas fait et a préféré lui indiquer une voie médiane dans laquelle le consentement du patient produirait tantôt ses effets, tantôt non. Cependant le Conseil n'est pas allé jusqu'à proposer des critères précis qui auraient permis de distinguer ces différentes hypothèses[1497]. Sans doute faudrait-il

---

circonstance que le patient aurait lui-même publiquement fait part de son état de santé ou de certains aspects de sa vie privée » : CE, 29 déc. 2000, *Gubler*, n°211240. Sur cette affaire, dite du « Grand secret », voir notamment G. NICOLAS, « Le secret médical devant le juge administratif », dans A. LECA (dir.), *La déontologie médicale. Actes du Vᵉ colloque national Droit, histoire, Médecine. Aix-en-Provence (1-2 décembre 2006), op. cit.*, pp. 191-202, spéc. pp. 193-195 et T. SENTOU, « Le grand secret. Le secret général et absolu en jurisprudence », dans A.-M. DUGUET (dir.), *Séminaire d'actualité de droit médical. Le secret professionnel. Aspects légaux et déontologiques. Comparaisons avec l'étranger, op. cit.*, pp. 27-33. Pour un exemple récent et relativement proche, voir encore CE, 15 déc. 2010, n°330314.

[1495] Cette conclusion est renforcée par le fait que le Conseil d'Etat admet de manière générale l'efficacité du consentement en matière de secret bancaire en affirmant que « le client d'une banque peut toujours renoncer à la protection du secret bancaire » : CE, 30 déc. 2009, n°306173. Par contraste, l'absence actuelle d'une telle formulation en matière de secret médical ne peut que renforcer l'idée que la Haute juridiction administrative ne l'admet pas encore dans ce domaine.

[1496] CONSEIL D'ETAT, *La transparence et le secret, Rapport public 1995*, *op. cit.*, p. 160.

[1497] Il serait alors intéressant de se demander quels pourraient être ces critères, même si cette question déborde largement le cadre cette étude. Avant cela, il importe déjà de relever que le fait même de chercher des critères montre bien, encore une fois, que le consentement est, à lui seul, insuffisant à entraîner telle ou telle conséquence. Il ne pourra justement délier le professionnel de son obligation qu'ajouté à d'autres conditions. Quant à celles-ci, il pourrait par exemple s'agir d'exiger que la révélation du secret soit réalisée dans l'intérêt exclusif du patient, et qui plus est sur son initiative et non sur celle du praticien. Ces exigences ont été mises en avant par Mme ROUL dans ses conclusions, inédites, sur la décision *Tordjemann*, préc. Comparant la situation de l'affaire en cause à celle des décisions *Dévé* ou *Crochette*, alors éventuellement tenir compte de la protection des administrés contre eux-mêmes, comme cela est déjà le cas dans un certain nombre d'hypothèses.

II. Le consentement indifférent et la protection des administrés contre eux-mêmes

568. La question de la protection de l'individu contre lui-même figure sans doute parmi les plus difficiles que compte l'étude de la police administrative[1498]. Mais, si c'est souvent dans ce cadre qu'elle est envisagée[1499], elle le dépasse largement et mérite d'être posée en termes plus

---

préc., le commissaire du gouvernement indiquait que « dans ces affaires, c'était le malade lui-même qui demandait, dans son intérêt, une certaine levée, d'ailleurs limitée, du secret médical. Il ne s'agissait donc pas, comme dans la présente affaire, d'un médecin prenant l'initiative, dans un intérêt autre que celui du malade concerné, de demander à celui-ci une levée du secret médical ». Pour de telles observations, voir encore Fr. WAREMBOURG-AUQUE, « Réflexions sur le secret professionnel », *RSC*, 1978, pp. 237-256, p. 254, et l'article 51 du Code de déontologie et statuts de la profession médicale de 1941, cité par A. LECA, « Introduction historique à l'éthique et à la déontologie médicales », *op. cit.*, p. 56. Peut-être que les principes de nécessité et de proportionnalité pourraient également intervenir dans cet ensemble de critères qui permettrait au consentement de libérer le professionnel de son obligation. Sans doute serait-il enfin nécessaire de prendre en compte la qualité du destinatrice du secret. Sur ce point, voir par exemple les conclusions, inédites, de Mme DE SILVA sur CE, 24 janv. 2007, *Min. de l'Intérieur et de l'Aménagement du Territoire c/M. Sanoussy Doumbia*, n°290476, qui énonce que « si le secret médical ne peut exister entre le médecin et le malade [...] le médecin ne peut trahir ce secret à l'égard de tiers, même avec l'accord du malade (voir 28 mai 1999 Tordjeman p. 159, fiché sur ce point), *sauf s'il s'agit d'une transmission à un médecin également tenu au secret*, et avec l'accord du malade (arrêt Crochette précité) ». Souligné par nous.

[1498] D. TRUCHET affirme par exemple qu'il s'agit là d'une question « délicate » : *Droit administratif*, *op. cit.*, p. 306. Pour S. HENNETTE-VAUCHEZ, la protection de l'individu contre lui-même serait « un point d'achoppement classique du droit administratif » : « Le principe de dignité dans la doctrine administrativiste », dans Ch. GIRARD et S. HENNETTE-VAUCHEZ (dir.), *La dignité de la personne humaine : recherche sur un processus de juridicisation*, PUF, coll. « Droit et justice », 2005, 318 p., pp. 54-69, p. 64.

[1499] Peu d'études semblent explicitement avoir été consacrées à la question de la protection des individus contre eux-mêmes en droit administratif. Si des ouvrages y font cependant référence, ils n'y consacrent souvent que quelques paragraphes. Voir notamment : N. ACH, « Police et morale », dans Ch. VAUTROT-SCHWARZ (dir.), *La police administrative : actes du colloque organisé les 14 et 15 mars 2013 à la Faculté de droit de Nancy*, PUF, coll. « Thémis Essais », 2014, 302 p., pp. 99-120 ; R. CHAPUS, *Droit administratif général*, *op. cit.*, tome 1, pp. 711-712 ; Ch.-E. MINET, *Droit de la police administrative*, Vuibert, coll. « Droit public », 2007, 414 p., pp. 46-48 et J. PETIT, « La police administrative », dans GONOD (P.), F. MELLERAY, Ph. YOLKA (dir.), *Traité de droit administratif*, *op. cit.*, tome 2, pp. 5-44, p. 14. Plus fréquemment, les ouvrages ne consacrent à cette question que généraux afin d'être perçue dans toute son étendue[1500]. Le droit positif envisage en effet une telle protection non seulement en matière de police administrative mais aussi dans d'autres domaines, par exemple celui de la santé.

569. La difficulté du sujet vient sans aucun doute de l'écart qui peut exister entre la théorie et la pratique. Ainsi, un certain nombre de solutions concrètes fournies par le droit positif ne semblent pas en accord, au moins à première vue, avec les principes fondateurs de nos sociétés libérales modernes. On peut en effet se demander comment concilier des mesures visant à protéger l'individu contre lui-même avec l'article 4 de la Déclaration des droits de l'homme et du citoyen aux termes duquel « la liberté consiste à pouvoir faire tout ce qui ne nuit pas à autrui ». C'est donc l'articulation de ces mesures avec les principes du libéralisme[1501] qui pose problème. Comment en effet des principes qui tendent à faire de tout pouvoir un mal devant être réduit au minimum nécessaire pour garantir la paix sociale et les droits de chacun peuvent-ils justifier la protection de l'individu contre lui-même[1502] ?

---

quelques lignes. Voir par exemple Ch. DEBBASCH et Fr. COLIN, *Droit administratif*, Economica, 10ème éd., 2011, 734 p., pp. 322-323 ; Ph. FOILLARD, *Droit administratif*, Bruxelles, Larcier, coll. « Paradigme », 2ème éd., 2013, 450 p., p. 275 ; Y. GAUDEMET, *Droit administratif*, LGDJ, coll. « Manuel », 20ème éd., 2012, 624 p., pp. 386-387 ; J. MORAND-DEVILLER, *Droit administratif*, LGDJ, coll. « Cours », 13ème éd., 2013, 800 p., p. 529 ; B. SEILLIER, *Droit administratif*, tome 2, *l'action administrative*, *op. cit.*, pp. 78-79, et D. TRUCHET, *Droit administratif*, *op. cit.*, pp. 308-309.

[1500] Certains articles abordant spécifiquement cette question dépassent le cadre strict de la police administrative. *Cf.* notamment : G. ARMAND, « L'ordre public de protection individuelle », *RRJ*, 2004-3, pp. 1583-1646 ; R. DESGORCES, « Agir contre soi », *RRJ*, 2003-1, pp. 37-46 ; S. HENNETTE-VAUCHEZ, « Le principe de dignité dans la doctrine administrativiste », *op. cit.*, pp. 54-69, pp. 63-64 ; D. KAPPELER, « La protection contre soi-même », dans *Mélanges offerts à la Société suisse des juristes*, Genève, Librairie de l'Université, coll. « Mémoires publiés par la faculté de droit de Genève », 1976, 353 p., pp. 155-167 ; D. ROMAN, « "A corps défendant". La protection de l'individu contre lui-même », *D.*, 2007, pp. 1284-1293. Aucune thèse ou ouvrage juridique ne semble avoir été consacré à la question de la protection de l'individu contre lui-même. Cette interrogation présente pourtant un grand intérêt sur le plan des principes tout en fournissant un certain nombre d'illustrations et de conséquences pratiques.

[1501] Sur le libéralisme en tant que philosophie politique, voir notamment Ph. RAYNAUD, « Libéralisme », dans Ph. RAYNAUD et S. RIALS (dir.), *Dictionnaire de philosophie politique*, *op. cit.*, pp. 393-400. Le régime actuel de la police administrative est une application concrète du libéralisme. Voir notamment les célèbres conclusions du commissaire du gouvernement CORNEILLE sur la décision CE, 10 août 1917, *Baldy*, *R.*, pp. 637-645, p. 640, qui affirme que « la liberté est la règle, la restriction de police l'exception ».

[1502] Un autre argument visant à ce que les pouvoirs publics ne protègent pas l'individu contre lui-même repose sur le fait que nos sociétés libérales accordent une grande importance à la séparation du public et du privé, du collectif et de l'individuel. Et si les pouvoirs publics peuvent intervenir dans l'espace public, tel ne devrait pas être le cas dans l'espace privé.

570. Dans un système libéral, qui repose par définition sur la liberté des individus et prône en conséquence la limitation des pouvoirs publics, il paraît à première vue impensable que les autorités administratives puissent mettre les individus à l'abri de leur propre entendement. Pourtant, le droit positif fournit de nombreuses illustrations qui sont autant d'exemples dans lesquels le consentement de l'administré est totalement indifférent. Il s'agit même des hypothèses de consentement indifférent les plus emblématiques, dans la mesure où il ne s'agit pas de limiter la volonté de l'individu au profit de l'ordre public ou de l'intérêt général, ce qui est classique et se justifie aisément, mais bien de contraindre sa liberté pour ce que le droit considère comme étant son propre avantage[1503].

571. Ces dérogations répondent à d'autres principes. Parfois ceux-ci sont affirmés explicitement par le droit positif. Tel est notamment le cas d'une certaine conception de la dignité de la personne humaine (B). Mais il est des hypothèses dans lesquelles ils n'apparaissent pas explicitement, rendant l'interprétation de ces exceptions disparates plus délicate (A).

A. Des hypothèses disparates de protection de l'administré contre lui-même

572. Par hypothèse, la protection de l'individu contre lui-même consiste à faire fi de sa volonté pour faire prévaloir certaines valeurs jugées plus importantes que le respect de la volonté individuelle. Si les hypothèses sont multiples (1), les plus emblématiques restent celles liées à la protection de la vie (2).

Cependant, cette distinction n'est peut-être pas aussi évidente que cela. Dans de nombreuses hypothèses, les deux éléments sont étroitement mêlés, tant et si bien qu'il est parfois, sinon toujours, difficile de distinguer ce qui concerne la collectivité de ce qui ne concerne exclusivement que l'individu. Pour un certain nombre d'exemples concrets allant dans ce sens, voir D. KAPPELER, « La protection contre soi-même », *op. cit.*

[1503] La Cour européenne des droits de l'homme a admis que les administrés puissent être protégés contre eux-mêmes, « dans leur propre intérêt ». Pour une telle formulation, voir par exemple Cour EDH, 4 avr. 2000, *Witold Litwa c/Pologne*, n°26629/95, §61 : « les personnes dont la conduite et le comportement sous l'influence de l'alcool constituent une menace pour l'ordre public ou pour elles-mêmes, même si aucun diagnostic d'« alcoolisme » n'a été posé les concernant, peuvent être détenues à des fins de protection du public *ou dans leur propre intérêt*, par exemple leur santé ou leur sécurité personnelle ». Nous soulignons.

1. De multiples hypothèses de protection des administrés contre eux-mêmes

573. Dans de nombreux domaines, le droit protège l'administré contre lui-même. Si certaines hypothèses appartiennent désormais au passé[1504], d'autres sont toujours actuelles. Parmi celles-ci, deux principales peuvent retenir l'attention[1505].

574. La première concerne la protection de la vie privée. Afin de garantir cette dernière, la constitution de fichiers relatifs à des données à caractère personnel nécessite le consentement des intéressés, en vertu de l'article 7 de la loi du 6 janvier 1978 *relative à l'informatique, aux fichiers et aux libertés*[1506]. L'expression de ce consentement, manifestation de la liberté personnelle, permet à l'administré d'autoriser le traitement ou au contraire de s'y opposer. Le législateur, soucieux de protéger de manière effective la vie privée, a cependant posé une double limite à ce consentement. Il l'a non seulement encadré, en exigeant un certain nombre de conditions devant garantir la pleine liberté des individus[1507], mais il a aussi souhaité aller plus loin que la seule protection de la volonté individuelle. Afin d'assurer une protection objective des personnes, éventuellement contre leur propre volonté, le législateur a également limité les conséquences que peut avoir le consentement en restreignant les objets sur lesquels il peut porter. De la sorte, il existe des hypothèses dans lesquelles la loi dénie au consentement toute valeur, empêchant ainsi la constitution de certains fichiers relatifs à des données à caractère personnel[1508].

1504 Tel est par exemple le cas de certaines interventions chirurgicales, notamment à visée contraceptive ou encore à visée esthétique. Sur le premier point, *cf. supra*, note n°1307. Sur le second, voir notamment G. MEMETEAU, *Cours de droit médical*, *op. cit.*, pp. 424-426 et E. LANDROS-FOURNALES, *La libre disposition du corps humain en droit médical*, *op. cit.*, pp. 306-308. Ces actes chirurgicaux, bien que très encadrés, sont en principe licites aujourd'hui. *Cf.* les articles L. 1151-2, L. 1151-3 et L. 6322-1 et s. du Code de la santé publique.

1505 Il serait encore possible d'évoquer la question de la protection de l'individu contre les sectes, ce qui rejoint celle relative au consentement aux soins. Sur ce point, voir notamment G. GONZALES, « L'objection à certains soins ou actes médicaux dictée par la conscience religieuse et la Convention européenne des droits de l'homme », dans *Au carrefour des droits : mélanges en l'honneur de Louis Dubouis*, Dalloz, 2002, 901 p., pp. 795-809, spéc. pp. 797-802.

1506 Loi n°78-17 du 6 janv. 1978 *relative à l'informatique, aux fichiers et aux libertés*, *JORF*, 7 janv. 1978, p. 227.

1507 Sur tous ces points, voir *supra*, n°247.

1508 Voir notamment I. DE LAMBERTERIE, « La place du consentement dans la collecte et le traitement des informations sensibles. La situation en France », *RGDM*, n°13, 2004, pp. 59-66.

575. Cela concerne les données, dites « sensibles », énumérées à l'article 8 de la loi du 6 janvier 1978. Celui-ci énonce qu'il s'agit des « données à caractère personnel qui font apparaître, directement ou indirectement, les origines raciales ou ethniques, les opinions politiques, philosophiques ou religieuses ou l'appartenance syndicale des personnes, ou qui sont relatives à la santé ou à la vie sexuelle de celles-ci »[1509]. Pour ces données, la loi prévoit explicitement l'interdiction de principe de tout traitement informatisé[1510], sauf si « la personne concernée a donné son consentement exprès ». Mais l'exception n'est pas absolue et le consentement peut se révéler indifférent si le législateur décide qu'il ne saurait autoriser la constitution d'un traitement relatif à des données sensibles.

576. Une telle restriction n'existait pas dans le texte initial de la loi de 1978, malgré les discussions qui avaient eu lieu lors du vote de la loi[1511]. La directive du 24 octobre 1995 prévoyait au contraire que les législations nationales pouvaient tenir le consentement pour indifférent[1512] et tel est le cas aujourd'hui. L'article 8 de la loi du 6 janvier 1978 énonce ainsi notamment que : « I. Il est interdit de collecter ou de traiter des données à

[1509] Article 8 de la loi n°78-17 du 6 janv. 1978 *relative à l'informatique, aux fichiers et aux libertés*, *JORF*, 7 janv. 1978, p. 227, dans sa rédaction issue de l'article 2 de la loi Loi n°2004-801 du 6 août 2004 *relative à la protection des personnes physiques à l'égard des traitements de données à caractère personnel et modifiant la loi n°78-17 du 6 janvier 1978 relative à l'informatique, aux fichiers et aux libertés*, *JORF*, 7 août 2004, p. 14063, texte n°2. Pour de plus amples développements sur cette question, voir notamment R. PERRAY, « Informatique. Données à caractère personnel. Conditions de licéité des traitements de données à caractère personnel », *Jcl. adm.*, fasc. n°274-20, 2014.

[1510] Il n'y a pas de différence, sur le fond, entre l'article 7 et l'article 8 de la loi, puisque dans tous les cas le consentement des personnes concernées est en principe nécessaire. Mais la présentation formelle des deux articles est différente. L'article 7 prévoit que la constitution du traitement est soumise au consentement, semblant faire de celui-ci une simple condition, alors que l'article 8 pose d'abord le principe de l'interdiction, envisageant l'exception du consentement seulement dans un second temps.

[1511] M. VIVANT affirme qu' « on avait débattu sur le point de savoir si l'accord ne risquait pas d'être "forcé". L'idée que chacun pouvait se prévaloir de ses origines et de ses opinions l'avait, à l'époque, emporté » : *Le Lamy Droit du numérique*, 2013, n°593.

[1512] Voir l'article 8 de la directive n°95/46/CE du Parlement européen et du Conseil du 24 oct. 1995 *relative à la protection des personnes physiques à l'égard du traitement des données à caractère personnel et à la libre circulation de ces données*, *JOCE*, 23 nov. 1995, n°L281, p. 31 : « 1. Les Etats membres interdisent le traitement des données à caractère personnel qui révèlent l'origine raciale ou ethnique, les opinions politiques, les convictions religieuses ou philosophiques, l'appartenance syndicale, ainsi que le traitement des données relatives à la santé ou à la vie sexuelle. /2. Le paragraphe 1 ne s'applique pas lorsque : /a) la personne concernée a donné son consentement explicite à un tel traitement, sauf dans le cas où la législation de l'Etat membre prévoit que l'interdiction visée au paragraphe 1 ne peut être levée par le consentement de la personne concernée ».

caractère personnel qui font apparaître, directement ou indirectement, les origines raciales ou ethniques, les opinions politiques, philosophiques ou religieuses ou l'appartenance syndicale des personnes, ou qui sont relatives à la santé ou à la vie sexuelle de celles-ci. /II. Dans la mesure où la finalité du traitement l'exige pour certaines catégories de données, ne sont pas soumis à l'interdiction prévue au I : /1° Les traitements pour lesquels la personne concernée a donné son consentement exprès, sauf dans le cas où la loi prévoit que l'interdiction visée au I ne peut être levée par le consentement de la personne concernée »[1513].

577. La rédaction de cet article est identique, à quelques détails près, à celle de la directive. Le législateur a cependant discuté cette question, estimant qu'un tel mécanisme devait « éviter que des organismes tels que des compagnies d'assurance ou des employeurs puissent, au seul motif qu'ils auraient obtenu le consentement de l'intéressé, procéder à la collecte et au traitement de données sensibles. Il est en effet à craindre qu'ils exercent une certaine pression sur les personnes »[1514].

578. Ce dispositif législatif est à rapprocher des alinéas 2 et 3 de l'article L. 1111-18 du Code de la santé publique qui énoncent que « l'accès au dossier médical personnel est notamment interdit lors de la conclusion d'un contrat relatif à une protection complémentaire en matière de couverture des frais de santé et à l'occasion de la conclusion de tout autre contrat exigeant l'évaluation de l'état de santé d'une des parties. L'accès à ce dossier ne peut également être exigé ni préalablement à la conclusion d'un contrat, ni à aucun moment ou à aucune occasion de son application. /Le dossier médical personnel n'est pas accessible dans le cadre de la médecine du travail ».

579. De telles hypothèses traduisent donc, non pas directement la volonté de protéger les administrés contre eux-mêmes, mais plutôt de les protéger contre leur propre faiblesse face à un tiers, en l'espèce, l'administration. De par l'exigence de consentement, les administrés sont en principe protégés contre celle-ci[1515], car il leur est alors possible de s'opposer

---

[1513] Article 8 de la loi n°78-17 du 6 janv. 1978 *relative à l'informatique, aux fichiers et aux libertés*, *JORF*, 7 janv. 1978, p. 227.

[1514] A. TURK, « Rapport fait au nom de la commission des Lois constitutionnelles, de législation, du suffrage universel, du Règlement et d'administration générale sur le projet de loi, adopté par l'Assemblée Nationale, relatif à la protection des personnes physiques à l'égard des traitements de données à caractère personnel et modifiant la loi n°78-17 du 6 janvier 1978 relative à l'informatique, aux fichiers et aux libertés », *Rapport n°218*, annexé au procès-verbal de la séance du 19 mars 2003, p. 60.

[1515] Les alinéas 2 et 3 de l'article L. 1111-18 du Code de la santé publique pourraient trouver à s'appliquer dans les relations entre les administrés et l'administration, par exemple lors de la conclusion de certains contrats.

à son action. Mais la prise en compte des rapports de pouvoir qui peuvent concrètement exister invite le législateur à faire preuve de réalisme. En rendant le consentement indifférent, il interdit concrètement que des pressions soient exercées sur les administrés dans le but d'obtenir leur accord à la constitution de traitements de données personnelles sensibles. Il y a bien là une protection efficace justifiée, en un certain sens, par la protection de l'individu contre lui-même.

580. Ainsi en est-il encore de même au sujet des couvre-feux que certains maires ont imposés aux mineurs. Une première série de mesures de couvre-feux avait été prise par des maires, à la fin des années quatre-vingt-dix, en vertu de leurs pouvoirs de police administrative générale, mais le juge administratif avait estimé que de telles mesures étaient illégales[1516]. Plus récemment, le maire d'Orléans a interdit, du 15 juin au 15 septembre 2001, la circulation entre 23 heures et 6 heures des mineurs de treize ans non accompagnés d'une personne majeure. Cette interdiction, qui concernait quatre secteurs de la ville, a fait l'objet d'un déféré préfectoral, partiellement accueilli par le tribunal administratif d'Orléans. Saisie en appel, la Haute juridiction administrative devait donc se prononcer sur la légalité d'un arrêté ayant pour finalité « la protection des mineurs de moins de treize ans contre les dangers auxquels ils sont tout particulièrement exposés » aux heures et dans les lieux définis par l'arrêté et qui « tiennent tant au risque d'être personnellement victimes d'actes de violence qu'à celui d'être mêlés, incités ou accoutumés à de tels actes »[1517]. L'arrêté du maire n'avait donc pas pour but de protéger l'une des composantes classiques de l'ordre public, que sont la sécurité, la tranquillité et la salubrité publiques. Il avait pour « objectif principal la protection des mineurs de moins de treize ans », ce que la décision admet d'ailleurs sans réserve, en indiquant que les articles L. 2212-1 et suivants ont vocation à « contribuer à la protection des mineurs ».

[1516] Voir notamment CE, ord., 29 juill. 1997, *Préfet du Vaucluse*, *RFDA*, 1998, p. 389. Sur cette décision, voir P.-L. FRIER, « Couvre-feu pour les mineurs ? », *RFDA*, 1998, pp. 383-388. Au sujet de ces arrêtés municipaux et de leur contentieux, voir notamment B. SIERPINSKI, « La police administrative au secours de la permission de minuit », *RA*, n°306 et 307, 1998 et 1999, pp. 723-730 et pp. 28-34.

[1517] CE, ord., 9 juill. 2001, *Préfet du Loiret*, *R.*, p. 337. Sur cette décision voir notamment G. ARMAND, « Le couvre-feu imposé aux mineurs : une conception nouvelle de la sécurité », *AJDA*, 2002, pp. 651-359 et A. LEGRAND, « Couvre-feu pour les mineurs », *D.*, 2002, pp. 1582-1585. Voir encore P.-J. QUILLIEN, « Comment prendre un arrêté “couvre-feu” ? », *JCPA*, n°2, 21 oct. 2002, pp. 75-76.

581. Des solutions semblables ont encore été adoptées dans d'autres décisions[1518], qui consacrent ainsi la possibilité, déjà invoquée par le maire d'Orléans en ce qui concerne les mineurs, de « les prévenir contre eux-mêmes »[1519]. Ces arrêtés ont donc une finalité différente des mesures de police administrative générale « classiques ». Tandis que celles-ci visent la prévention des troubles à l'ordre public en agissant au niveau des causes, les arrêtés dont il est question ont pour but de protéger de potentielles victimes, en l'occurrence les mineurs de treize ans, éventuellement contre leur propre volonté, voire contre celle des titulaires de l'autorité parentale[1520].

582. Ces arrêtés, ainsi que leur fréquente validation par le juge administratif, n'ont pas manqué de soulever des débats, tant dans la société civile qu'en doctrine[1521]. Le législateur a cependant confirmé cette pratique, tout en l'encadrant. Le pouvoir de prendre de telles mesures relève désormais de la compétence du préfet et constitue une police spéciale. Cette possibilité, qui a d'abord été consacrée dans la loi dite LOPPSI II[1522], résulte

---

[1518] Le juge administratif valide dans certains cas les arrêtés. Voir notamment CE, ord., 27 juill. 2001, *Ville d'Etampes*, *T.*, p. 1101. La rédaction du résumé donné aux tables du Recueil est intéressante en ce qu'elle indique explicitement que « s'il n'est pas établi que la délinquance soit spécifiquement imputable aux mineurs de treize ans, il reste que la protection de ces mineurs justifie des mesures destinées à prévenir les risques qu'ils encourent en circulant seuls la nuit dans la ville ». Voir encore CE, ord., 30 juill. 2001, *Préfet d'Eure et Loir*, n°236657 ; CE, ord., 2 août 2001, *Préfet du Vaucluse*, *T.*, p. 1101 ; CAA, Paris, 17 déc. 2002, *Cne de Yerres c/Préfet de l'Essonne*, n°02PA01102, *AJDA*, 2003, p. 299 ; CAA, Marseille, 13 sept. 2004, *Cne de Cagnes-sur-Mer*, n°01MA02568. Parfois, le juge administratif les annule, non sur le principe, mais s'il estime par exemple que de tels arrêtés ne sont pas nécessaires, faisant alors une application classique des conditions de légalité des mesures de police administrative générale. Voir par exemple : CE, ord., 10 août 2001, *Cne de Meyreuil*, *T.*, p. 1101 ou encore CAA, Paris, 2 mars 2006, *Cne de Montrouge*, n°03PA02781.

[1519] G. ARMAND, « Le couvre-feu imposé aux mineurs : une conception nouvelle de la sécurité », *op. cit.*, p. 358. L'auteur établit un parallèle, p. 358, entre ces couvre-feux pour mineurs et la décision *Cne de Morsang-sur-Orge* de 1995, notant que dans les deux cas les interdictions s'imposent « aux individus contre leur volonté » et que « l'on "ne peut consentir" à son insécurité plus qu' "à sa propre dégradation" ». Pour un raisonnement faisant également intervenir la dignité de la personne humaine, voir encore V. HAIM, « Les conditions de la légalité d'un arrêté réglementant la circulation des mineurs », *AJDA*, 2003, pp. 296-299.

[1520] B. SIERPINSKI indique à cet égard qu' « en principe, la police administrative s'occupe des causes des situations qui portent atteinte à l'ordre public, elle ne s'occupe pas directement des victimes » : « La police administrative au secours de la permission de minuit », *op. cit.*, p. 727.

[1521] Voir notamment les articles de journaux cités par B. SIERPINSKI ,« La police administrative au secours de la permission de minuit », *op. cit.*, pp. 723-724.

[1522] Voir l'article 43, aujourd'hui abrogé, de la loi n°2011-267 du 14 mars 2011 *d'orientation et de programmation pour la performance de la sécurité intérieure*, *JORF*, 15 mars 2011, p. 4582, texte n°2. Voir notamment X. LATOUR, « La LOPPSI, les collectivités territoriales et la luttre contre la délinquance », *AJDA*, 2011, pp. 1075-1081.

aujourd'hui du Code de la sécurité intérieure dont l'article L. 132-8 énonce que « le représentant de l'Etat dans le département ou, à Paris, le préfet de police peut décider, *dans leur intérêt*, une mesure tendant à restreindre la liberté d'aller et de venir des mineurs de treize ans lorsque le fait, pour ceux-ci, de circuler ou de stationner sur la voie publique entre vingt-trois heures et six heures sans être accompagnés de l'un de leurs parents ou du titulaire de l'autorité parentale les expose à un risque manifeste pour leur santé, leur sécurité, leur éducation ou leur moralité. La décision énonce la durée, limitée dans le temps, de la mesure, les circonstances précises de fait et de lieu qui la motivent ainsi que le territoire sur lequel elle s'applique »[1523].

583. La rédaction de ce texte est particulièrement intéressante dans la mesure où elle détaille précisément, non seulement les pouvoirs du préfet et leurs limites, mais aussi leurs finalités, à savoir la santé, la sécurité, l'éducation ou la moralité des mineurs. Il apparaît donc, même si cela ne ressort pas explicitement du texte, une nouvelle catégorie d'administrés, en l'espèce les mineurs, qui peuvent être protégés dans certains cas contre eux-mêmes.

2. Les hypothèses de protection des administrés contre eux-mêmes liées au respect de la vie

584. Au nom du respect de la vie[1524], il n'est pas rare de mettre l'existence de l'individu hors de portée de son propre pouvoir. Plusieurs exemples retiendront ici l'attention[1525]. S'ils ne sont pas forcément d'application courante, ils n'en restent pas moins emblématiques dans la mesure où ils posent très directement la question de l'articulation de différentes libertés avec la protection de la vie des individus, y compris contre leur propre consentement.

585. Une première hypothèse concerne le logement d'autorité imposé à des sans-abri par certaines autorités administratives. En 1997, le maire de la commune de Longjumeau avait ainsi prescrit la conduite d'office dans un site d'accueil des personnes sans domicile fixe errant par temps de grands

---

1523 Souligné par nous. La partie législative de ce code résulte de l'article premier de l'ordonnance n°2012-351 du 12 mars 2012 *relative à la partie législative du code de la sécurité intérieure*, *JORF*, 13 mars 2012, p. 4533, texte n°16.

1524 La question du refus de soins, qui pourrait bien évidemment être abordée dans ce paragraphe, le sera *infra*, n°613, lorsqu'il sera question des hypothèses de protection de l'administré contre lui-même fondées sur le respect de la dignité de la personne humaine.

1525 Il serait encore possible d'évoquer l'interdiction de certains sports extrêmes, ou encore la réglementation concernant les baignades comme le faisait le commissaire du gouvernement P. FRYDMAN dans ses conclusions sur CE, Ass., 27 oct. 1995, *Cne de Morsang-sur-Orge et Ville d'Aix-en-Provence*, 2 espèces, *RFDA*, 1995, pp. 1204-1215, p. 1209.

froids. Son arrêté disposait que « toute personne errant par temps de grands froids, ou se trouvant exposée aux aléas climatiques faisant craindre pour sa santé se voit proposer un site d'accueil où elle pourra séjourner au chaud. A défaut de consentement de l'individu, et dans la mesure où sa santé ou sa sécurité est menacée, celui-ci est conduit dans un bâtiment public refuge ». Le préfet ayant déféré au tribunal administratif cet arrêté, il fut jugé que « l'errance de personnes sans domicile fixe en période de grands froids n'est pas de nature à porter atteinte à l'ordre public », le maire ne pouvant dès lors, sur le fondement de ses pouvoirs de police administrative générale, limiter de la sorte la liberté d'aller et de venir des personnes errant sur sa commune[1526].

586. Dans une autre affaire plus récente, la cour administrative d'appel de Paris a admis la légalité d'un tel procédé[1527]. Le Préfet de police de Paris avait pris une note de service en janvier 2003 renforçant le plan « Grands froids » et prescrivant aux directeurs de la préfecture de police et au commandant de la brigade de sapeurs-pompiers de Paris la prise en charge d'autorité des personnes sans abri. Saisie par une association d'aide au logement, la cour devait, de manière *a priori* très classique, arbitrer entre la protection de l'ordre public invoquée par le préfet et le respect des libertés individuelles[1528] soutenu par l'association requérante. Or, ainsi que le montre la rédaction même de l'arrêt, la mesure avait seulement comme « but […] de tenter de sauver les personnes », le préfet entendant uniquement protéger les sans-abri contre tout risque d' « hypothermie mortelle ». Malgré cela, la cour estime que la note était au nombre des mesures que le préfet pouvait légalement adopter : « en subordonnant ainsi cette prise en charge d'autorité, par suite de l'échec des tentatives visant à obtenir le consentement des personnes en danger, à l'existence de températures fortement négatives et à celle d'un risque vital […], la note critiquée n'ordonne pas aux agents concernés d'accomplir un acte qui ne serait pas, dans le but ainsi défini de tenter de sauver les personnes sans abri par un accueil temporaire,

---

1526 TA, Versailles, 23 janv. 1998, *Préfet de l'Essonne c/Cne de Longjumeau*, *R.*, p. 623 ; *DA*, juin 1998, comm. 190.

1527 CAA, Paris, 21 déc. 2004, *Asso. Droit au logement Paris et environs*, n°03PA03824. Voir aussi le jugement attaqué : TA, Paris, ord., 1er juill. 2003, *Asso. Droit au logement Paris et environs*, *AJDA*, 2004, p. 836.

1528 Etant donné la rédaction de l'arrêt, l'association requérante devait estimer qu'étaient violés la liberté d'aller et de venir des sans-abri ainsi que leur droit de s'opposer à toute investigation ou thérapeutique ou encore que cette prise en charge d'autorité constituait un détournement de la procédure d'internement d'office. La rédaction comme le fond de l'arrêt étudié sont à rapprocher de CE, Ass., 26 oct. 2001, n°198546. La Haute juridiction administrative y affirme notamment, au sujet d'un patient refusant une transfusion sanguine, que « les médecins qui le soignaient ont choisi, dans le seul but de tenter de le sauver, d'accomplir un acte indispensable à sa survie et proportionné à son état ».

indispensable à la survie de ces personnes et proportionné à leur état ». Ce premier exemple montre bien que « le pouvoir de police administrative peut donc légalement être mis en œuvre – évidemment sous certaines conditions et dans certaines limites – pour protéger certaines catégories particulièrement vulnérables de la population »[1529], alors même qu'elles s'y opposeraient.

587. Une autre illustration confirme cette analyse : celle de l'alimentation forcée des détenus grévistes de la faim[1530]. Introduite en droit interne par un décret du 23 février 1959[1531], cette mesure figure aujourd'hui à l'article D. 364 du Code de procédure pénale[1532] qui indique que « si un détenu se livre à une grève de la faim prolongée, il ne peut être traité sans son consentement, sauf lorsque son état de santé s'altère gravement et seulement sur décision et sous surveillance médicales ». Si la rédaction de cet article diffère légèrement de celle qui l'avait précédée[1533], le fond des choses ne change pas et le mécanisme reste le même. Sous certaines conditions, il est possible d'alimenter de force un détenu, quand bien même celui-ci ne consentirait pas à une telle mesure. C'est donc un bon exemple de protection contre soi-même puisque le détenu gréviste de la faim pourra se voir alimenter alors même qu'il aurait souhaité, en toute connaissance de

[1529] J. MOREAU, « Le préfet peut légalement prescrire que, par grand froid, les sans-abri soient pris en charge d'autorité », *JCPA*, n°5, 4 fév. 2005, pp. 341-342.

[1530] Il serait possible de nier le fait qu'il s'agisse d'une hypothèse de protection contre soi-même, la mesure semblant poursuivre simultanément plusieurs objectifs. Mais comme l'un d'eux concerne la protection de la vie même du détenu, il ne semble pas illogique d'en traiter dans ces lignes.

[1531] Décret n°59-322 du 23 fév. 1959 *concernant l'application du code de procédure pénale*, *JORF*, 25 fév. 1959, p. 2328.

[1532] Dans sa rédaction issue de l'article 96 du décret n°98-1099 du 8 déc. 1998 *modifiant le code de procédure pénale (troisième partie : Décrets) et relatif à l'organisation et au fonctionnement des établissements pénitentiaires*, *JORF*, 9 déc. 1998, p. 18498.

[1533] L'article D. 390 du Code de procédure pénal, dans sa rédaction issue du décret n°59-322 du 23 fév. 1959 *concernant l'application du code de procédure pénale*, *JORF*, 25 fév. 1959, p. 2328, énonçait notamment que « si un détenu se livre à une grève de la faim prolongée, il peut être procédé à son alimentation forcée, mais seulement sur décision et sous surveillance médicales, et lorsque ses jours risquent d'être mis en danger ». Si l'essentiel reste identique, deux évolutions peuvent être mentionnées. D'une part, la rédaction initiale semblait plus restrictive en ce qui concerne l'état de santé du détenu permettant une éventuelle alimentation, puisque celle-ci ne pouvait être envisagée que si les jours du détenu risquaient « d'être mis en danger », alors que la rédaction actuelle se contente d'un état de santé gravement altéré. D'autre part et surtout, la rédaction nouvelle semble beaucoup plus conforme à l'esprit du droit médical contemporain. C'est désormais explicitement le consentement qui est le principe, et l'alimentation forcée l'exception, ce que ne mettait pas en évidence l'ancienne rédaction.

cause et en l'absence de satisfaction de ses revendications, poursuivre la grève, éventuellement jusqu'à la mort[1534].

588. Cette question ne semble cependant guère avoir retenu l'attention de la doctrine française. Cette attitude est sans doute encouragée par le fait qu'il ne semble pas exister de jurisprudence nationale sur cette question, et si la Cour européenne des droits de l'homme a été saisie à plusieurs reprises par des détenus ayant été alimentés de force, le problème se pose de manière très différente devant cette juridiction. Les requérants invoquent en effet, au moins pour le moment, la violation de l'article 3 de la Convention, relatif à la torture et aux traitements inhumains et dégradants[1535]. Dans un arrêt de 2005, la Cour a estimé que l'alimentation forcée des détenus pouvait en effet constituer un acte de torture au sens de l'article 3 de la Convention[1536]. Les commentaires se focalisent donc principalement sur cet aspect. Mais la Cour est tout de même obligée, au moins indirectement, de se prononcer sur la légitimité même de l'alimentation forcée, indépendamment des circonstances qui pourraient entraîner la qualification de torture ou de traitements inhumains et dégradants.

589. La Cour a ainsi considéré qu'une telle pratique ne revêt pas nécessairement ce caractère. Elle estime que l'alimentation forcée des détenus grévistes de la faim est possible à trois conditions[1537]. « La Cour doit tout d'abord s'assurer que la nécessité médicale ait été démontrée de manière convaincante. Il lui incombe ensuite de vérifier qu'il existe des garanties procédurales accompagnant la décision d'alimentation de force et que celles-

---

[1534] Il faudrait réserver les cas dans lesquels les détenus ne seraient pas en pleine possession de leurs facultés intellectuelles. Mais alors la question ressortirait davantage aux services psychiatriques qu'à l'administration pénitentiaire proprement dite.

[1535] L'article 3 de la Convention européenne des droits de l'homme dispose : « Nul ne peut être soumis à la torture ni à des peines ou traitements inhumains ou dégradants ».

[1536] Cour EDH, 5 avr. 2005, *Nevmerzitsky c/Ukraine*, n°54825/00. Sur cet arrêt, voir par exemple J.-P. CERE, « Droits des détenus », *Jcl. Libertés*, fasc. n°560, 2009, n°37. Voir encore Cour EDH, 19 juin 2007, *Ciorap c/Moldavie*, n°12066/02. Inversement, la qualification d'acte de torture n'a pas été retenue dans un arrêt plus récent : Cour EDH, 11 déc. 2013, *Rappaz c/Suisse*, n°73175/10.

[1537] Prenant la question sous un autre angle, il est possible de se demander si le refus d'intervention de l'Etat face à un détenu qui refuse de s'alimenter est conforme à la Convention, notamment son article 2 relatif au droit à la vie, qui dispose notamment que « le droit de toute personne à la vie est protégé par la loi ». La Cour estime que « les autorités ne peuvent pas être critiquées non plus d'avoir accepté le refus clair de toute intervention de M. Horoz, alors que son état de santé menaçait sa vie » : Cour EDH, 31 mars 2009, *Horoz c/Turquie*, n°1639/03, §28. Il est dès lors possible d'affirmer qu' « en somme, les Etats peuvent intervenir lorsque la personne est mourante, mais, dans le même temps, ne sont pas tenus de le faire lorsque celle-ci, exerçant sa volonté propre, refuse toute aide » : M. HERZOG-EVANS, *Droit pénitentiaire*, Dalloz, coll. « Dalloz action », 2ème éd., 2012, 1073 p., p. 352.

ci aient en l'espèce été respectées. Enfin, la manière dont un requérant est alimenté de force pendant sa grève de la faim ne doit pas représenter un traitement dépassant le seuil minimum de gravité exigé par l'article 3 de la Convention »[1538].

590. Une telle argumentation semble bien justifier le dispositif français résultant de l'article D. 364 du Code de procédure pénale. Les deux conditions posées par cet article sont reprises par la Cour, à savoir l'exigence d'une nécessité médicale et de garanties procédurales. La seule question consiste donc à savoir quels moyens peuvent être légitimement employés afin d'alimenter de force les détenus grévistes de la faim sans revêtir la qualification d'actes de torture ou de traitements inhumains ou dégradants.

591. Mais la question peut aussi être présentée sous un autre angle, celui de la protection de l'individu contre lui-même. Il faudrait dès lors argumenter à partir de l'article 8 de la Convention relatif au « respect de la vie privée et familiale » en utilisant les développements que la Cour a déduits de cet article, notamment la notion d'autonomie personnelle[1539]. Telle est la démarche que suivent Jean-Philippe MARGUENAUD et Damien ROETS lorsqu'ils indiquent qu' « il reste à la Cour à dire si une grève de la faim lucidement entreprise par un détenu relève de son droit à l'autonomie personnelle au sens de l'article 8§1 et à déterminer dans quelle mesure ce droit, qui, à la différence de ceux rattachés à l'article 3, n'est qu'un droit relatif, peut faire l'objet d'ingérences nécessaires dans une société démocratique au sens du §2 de l'article 8 »[1540]. Les auteurs indiquent alors qu' « on pourrait dès lors considérer que, quelles qu'en soient les modalités techniques, l'alimentation forcée d'un détenu qui poursuit en toute lucidité une grève de la faim est contraire à la Convention »[1541]. Mais s'il est vrai que de nombreuses organisations internationales plaident pour une interdiction de l'alimentation forcée[1542], la Cour, elle, estime qu'elle peut très bien être légitime si certaines conditions sont remplies[1543]. La protection de l'individu contre lui-même fait donc bien partie de sa jurisprudence.

1538 Cour EDH, 11 déc. 2013, *Rappaz c/Suisse*, n°73175/10.

1539 La notion d'autonomie personnelle est le « droit d'opérer des choix concernant son propre corps » : Cour EDH, 29 avr. 2002, *Pretty c/Royaume-Uni*, n°2346/02.

1540 J.-P. MARGUENAUD et D. ROETS, « Jurisprudence de la Cour européenne des droits de l'homme », *RSC*, 2008, pp. 140-167, p. 146.

1541 *Ibid.*, p. 145.

1542 O. PETER affirme ainsi que « de nombreuses organisations internationales, notamment représentant les professionnels de la santé, ne partagent pas cet avis et plaident pour une interdiction absolue de l'alimentation forcée dans le respect de la dignité et de l'autonomie personnelle » : « Alimentation et droits des personnes détenues : analyse dans la perspective du droit européen », *RTDH*, 2013, n°93, pp. 97- 121.

1543 Si des requérants ou la Cour elle-même se plaçaient sur le terrain de l'article 8 de la Convention, certaines questions théoriques ne manqueraient pas de se poser. Une difficulté

592. La même problématique se rencontre encore dans une autre hypothèse, plus connue : l'obligation faite aux automobilistes de porter une ceinture de sécurité[1544]. Si la mesure ne pose guère de problème aujourd'hui, ce ne fut pas le cas à ses débuts, dans les années soixante-dix et quatre-vingt[1545]. Par un décret du 28 juillet 1973[1546], le Premier ministre avait

---

apparaîtrait notamment à la Cour, celle de savoir s'il ne s'agit que d'autonomie personnelle, autrement dit, et cela vaut pour toutes les hypothèses de protection de l'individu contre lui-même, de se demander si la société n'est pas aussi concernée, à des degrés divers, par l'attitude des détenus grévistes de la faim, ceci afin de faire jouer les exceptions prévues à l'article 8. Un certain nombre d'auteurs relèvent en effet que l'action personnelle du détenu ne peut que difficilement être envisagée en faisant abstraction de toute considération sociale, voire politique. J.-Ph. MARGUENAUD et D. ROETS pointent ainsi du doigt la « difficulté de distinguer les cas dans lesquels l'alimentation forcée vise à protéger la vie du gréviste et ceux où elle tend d'abord à faire cesser une action de protestation par la mise en péril progressive de sa propre vie. Face à une telle imbrication des données médicales et contestataires, toute alimentation forcée a, inévitablement, un caractère hybride, mi-sanitaire/mi-disciplinaire » : « Jurisprudence de la Cour européenne des droits de l'homme », *op. cit.*, p. 145. D'autres auteurs insistent sur le même argument. Ph. SALVAGE notait ainsi que la disposition de l'article D. 390 était « surprenante à plus d'un titre », rien de semblable n'étant prévu pour le non-délinquant ou le délinquant non détenu. Il notait dès lors que l'explication liée à la protection de l'individu contre lui-même, « même si elle contient une part de vérité, est insuffisante : dans un pays où le suicide est autorisé, elle ne permet pas de comprendre pourquoi seul le détenu est concerné. S'il l'est, c'est parce qu'il s'agit de remédier au trouble qu'une grève de la faim est susceptible d'apporter au bon fonctionnement des institutions judiciaire et carcérale et au-delà de l'ordre social tout entier » : « Les soins obligatoires en matière pénale », *op. cit.*, p. 463. D'autres auteurs mettent bien en lumière que la grève de la faim du détenu n'est pas qu'une question individuelle. P. WACHSMANN montre que la grève de la faim peine à être reconnue lorsqu'elle « s'accompagne d'une publicité destinée à le transformer en manifestation de protestation » et G. LEBRETON que l'alimentation forcée des détenus permet « à la société de se défendre contre le "chantage au suicide" dont elle fait l'objet ». Voir respectivement *Libertés publiques*, *op. cit.*, p. 502 et *Libertés publiques et droits de l'Homme*, Sirey, coll. « Sirey Université. Droit public », 8ème éd., 2009, 569 p., pp. 293-294.

1544 Cette obligation sera en effet par la suite reprise par certains auteurs comme un argument en faveur d'autres hypothèses de protection de l'individu contre lui-même. Par exemple J.-Fr. FLAUSS évoque cette question à propos d'une affaire qui aura lieu vingt ans plus tard, celle du « lancer de nains ». Il affirme ainsi que « l'analyse de la jurisprudence judiciaire et administrative relative à l'obligation, pour les automobilistes, du port de la ceinture de sécurité, et pour les motards, du casque, tendrait toutefois à montrer que le juge admet que la protection des individus contre eux-mêmes est (devenue) un but de la police administrative générale » : « L'interdiction de spectacles dégradants et la Convention européenne des droits de l'homme », *RFDA*, 1992, pp. 1026-1031, p. 1030. Et l'auteur de conclure, de manière très générale, p. 1031, que « l'autorité nationale devrait être en mesure d'agir pour protéger les individus contre eux-mêmes », notamment en leur interdisant de renoncer à certains droits imprescriptibles.

1545 Le Conseil d'Etat s'est tout de même prononcé vingt ans plus tard sur une question voisine. Il lui était demandé de statuer sur la légalité d'un décret du 25 juin 1992, qui établissait, sur le fondement des articles L. 11-1 et L. 11-7 du Code de la route, la liste des institué le port obligatoire de la ceinture de sécurité pour les conducteurs et certains occupants des voitures automobiles particulières. Un arrêté interministériel daté du même jour fixait les conditions de cette obligation. Ressentant celle-ci comme une atteinte à leur liberté, les sieurs Bouvet de la Maisonneuve et Millet intentèrent un recours contre ces textes devant le Conseil d'Etat. La Haute juridiction administrative, faisant application de la jurisprudence *Labonne*, estima qu'il appartenait « au Gouvernement, en vertu des dispositions des articles 21 et 37 de la Constitution, de prendre les mesures de police applicables à l'ensemble du territoire, et notamment celles qui ont pour objet la sécurité des conducteurs des voitures automobiles et des personnes transportées ; qu'en faisant obligation à certains de ceux-ci, afin de réduire les conséquences des accidents de la route, de porter une ceinture de sécurité attachée, le décret attaqué n'a pas excédé les pouvoirs conférés à l'autorité réglementaire »[1547]. Deux ans plus tard, jugeant de la légalité d'un nouvel arrêté relatif aux conditions du port de la ceinture de sécurité, le Conseil d'Etat donna encore la même solution, en un considérant semblable[1548]. Enfin, par « un arrêt de rappel »[1549] du 22 janvier 1982, la Haute juridiction administrative, saisie d'un recours contre un arrêté semblable aux précédents, apporta encore la même réponse[1550].

---

contraventions de police donnant lieu à un retrait de points. Le requérant estimait en substance que le défaut de port du casque ou de la ceinture de sécurité, ne mettant pas en danger les tiers, ne pouvait pas donner lieu à une telle sanction. La Haute juridiction écarta cet argument, quand bien même les infractions en cause « ne seraient susceptibles de ne mettre en danger que la sécurité de leurs auteurs » : CE, 8 déc. 1995, *Meyet*, *R.*, p. 437.

1546 Décret n°73-561 du 28 juin 1973, *D.*, 1973, p. 250.

1547 CE, 4 juin 1975, *Sieurs Bouvet de la Maisonneuve et Millet*, *R.*, p. 330 ; *DA*, juill. 1975, n°223 et 250.

1548 CE, 17 déc. 1975, *Millet*, *D.*, 1977, juris., p. 74 ; note G. MORANGE.

1549 B. PACTEAU, note sous CE, 22 janv. 1982, *Asso. Auto défense et a.*, *D.*, 1982, juris., pp. 494-496.

1550 CE, 22 janv. 1982, *Asso. Auto défense et a.*, *D.*, 1982, juris., p. 494. D'autres décisions de justice seraient à citer. Il convient seulement de mentionner ici que les juridictions judiciaires ont également été confrontées au problème de la légalité de tels actes réglementaires, notamment à l'occasion de poursuites engagées sur leur fondement. Les juridictions du fond se sont partagées sur cette question, certaines jugeant les arrêtés légaux, d'autres non. Voir notamment les exemples cités par B. PACTEAU, note sous CE, 22 janv. 1982, *Asso. Auto défense et a.*, *D.*, 1982, juris., pp. 494-496, p. 496 et par M. PUECH, « Droit pénal et procédure pénale », *D.*, 1980, *IR*, , pp. 521-528, p. 521, et les références citées. Saisie du problème, la Cour de cassation, à l'instar de son homologue du Palais Royal, estimera elle aussi qu'en imposant l'obligation du port de la ceinture de sécurité l'autorité réglementaire n'a pas excédé ses pouvoirs : Cass., Crim., 20 mars 1980, *Ministère public près le Tribunal de police d'Illkirch-Graffenstaden c/Dlle Buchmann*, *D.*, 1980, *IR.*, p. 521. Mais la motivation de l'arrêt, presque absente, montre bien l'embarras de la Cour. Sur le problème en général, voir encore J.-G. MOORE, « "La ceinture en question", ou la question du libre choix », *Gaz. Pal.*, 1979, doct., pp. 140-142.

593. Dans ces affaires, le juge administratif, qui argumente d'ailleurs assez peu[1551], reconnaît implicitement que les autorités de police administrative peuvent protéger les individus contre eux-mêmes. Si l'expression n'est jamais employée par le juge, cela ne fait aucun doute. En matière de sécurité publique, argument avancé explicitement par le juge, il peut en effet s'agir de protéger les tiers, par exemple en instituant des limitations de vitesse, ou bien de protéger les seuls destinataires de la mesure, ce qui semble bien être le cas en ce qui concerne le port de la ceinture de sécurité. La Haute juridiction administrative indique que ces mesures de police ont pour finalité « de réduire les conséquences des accidents de la route », ce qui est très différent d'une mesure de prévention classique.

594. René CHAPUS, étudiant la question de la protection des individus contre eux-mêmes, s'interroge notamment sur les arguments de fond qui ont pu inspirer le Conseil d'Etat. Après en avoir envisagé plusieurs qu'il récuse[1552], il estime qu'il pourrait s'agir de protéger l'individu contre lui-même ou bien d'une solution qui n'est pas juridique, ce qui serait « sans doute l'opinion la plus proche de la vérité »[1553] : « dans une telle affaire, le Conseil d'Etat (comme sans doute la Cour de cassation), n'a pas voulu faire de droit : sans se préoccuper et s'embarrasser de considérations juridiques, il a voulu tenir pour régulière une mesure qui lui a paru assez peu contraignante (l'habitude aidant) et plus avantageuse que nuisible. Si c'est exact, il est inutile d'entreprendre la discussion *juridique* d'une solution qui n'est pas juridique »[1554].

[1551] La décision *Asso. Auto défense* de 1982, préc., comporte tout de même une argumentation un peu plus développée, puisque le Conseil d'Etat établit une sorte de bilan entre les avantages procurés par le port de la ceinture et les inconvénients qui peuvent parfois en résulter. Ce bilan peut s'apparenter à une sorte de contrôle de l'opportunité de l'obligation, qui a pu, contrairement à celle du port du casque qui ne fait aucun doute, prêter à discussion, notamment à cause du risque de strangulation, de noyade ou encore d'incendie. Ces considérations factuelles ne sont pas sans importance, notamment dans la mesure où l'opportunité d'une mesure de police est une condition de sa légalité. Pour une telle approche, voir notamment : G. MORANGE, « Réflexions sur la notion de sécurité publique. (A propos d'une prescription contestée de la police de la circulation : l'obligation du port de la ceinture de sécurité) », *D.*, 1978, chron., pp. 61-66.

[1552] Pour l'auteur, l'ordre public tel qu'il est entendu par la police administrative générale ne saurait avoir pour finalité la réduction des dépenses sociales. Par ailleurs, il récuse également le fait que ces mesures visent en réalité la protection des tiers usagers de la route. Car si cela est « admissible peut-être en ce qui concerne l'obligation de la ceinture, cette façon de voir ne paraît pas pouvoir l'être pour celle du casque » : R. CHAPUS, *Droit administratif général*, *op. cit.*, tome 1, n°912-2.

[1553] *Ibid.*

[1554] *Ibid.*

595. Si cette analyse présente bien évidemment un réel intérêt et fait montre de prudence, elle ne saurait pleinement convaincre. Reprenant la distinction entre le discours du droit et le discours sur le droit, il est en effet nécessaire de bien distinguer ce que dit le juge et ce que les auteurs peuvent écrire au sujet de la jurisprudence. Sans doute le juge administratif n'a-t-il pas explicitement jugé que la protection des individus contre eux-mêmes constitue un but de police. Mais dans la pratique, force est de reconnaître, tant à propos du port de la ceinture de sécurité que de la protection des sans-abri ou de l'alimentation forcée des détenus, que le juge estime légales des mesures qui poursuivent objectivement un tel but.

596. C'est d'ailleurs une des raisons qui ont amené certains auteurs à critiquer ces décisions. Tel est le cas de Georges MORANGE qui s'est intéressé à cette question et en a développé une analyse approfondie[1555]. Si celle-ci a été démentie par le juge, elle n'en reste pas moins intéressante en ce que, prenant pour point de départ des mesures relativement anodines, elle remonte jusqu'aux principes les plus fondamentaux du droit et de la politique. Pour cet auteur, les mesures prises par le Gouvernement pour rendre obligatoire le port de la ceinture de sécurité ou du casque sont illégales[1556].

597. L'analyse développée par l'auteur est intéressante, en ce qu'elle montre bien le problème de fond entre la mesure de police en cause et les principes mêmes du libéralisme. Pour lui, « la société libérale est celle qui reconnaît à chacun de ses membres le droit d'agir librement, si périlleux que puisse être son comportement pour lui-même, à la condition que ce comportement ne crée aucun risque pour les autres membres de la société »[1557]. Dès lors, la protection de l'individu contre lui-même, envisageable dans une société totalitaire[1558], ne saurait être possible dans une

[1555] Voir notamment : G. MORANGE, « Réflexions sur la notion de sécurité publique. (A propos d'une prescription contestée de la police de la circulation : l'obligation du port de la ceinture de sécurité) », *op. cit.*

[1556] L'auteur estime également que de telles mesures, même prises par le législateur, seraient inconstitutionnelles : « l'obligation du port de la ceinture, édictée par une loi *stricto sensu*, serait inconstitutionnelle tout comme l'est celle inscrite dans les décrets et arrêtés actuellement en vigueur » : G. MORANGE, « Réflexions sur la notion de sécurité publique. (A propos d'une prescription contestée de la police de la circulation : l'obligation du port de la ceinture de sécurité) », *op. cit.*, p. 65.

[1557] *Ibid.*

[1558] « L'Etat totalitaire, qui se veut une fin en soi, et qui considère chacun de ses membres comme étant au service de cette fin, pourra, par contre, conformément à sa propre logique, proscrire tout comportement, même sans répercussion possible sur les tiers, qui serait de nature à porter atteinte à la vie ou à la santé de son auteur car une telle atteinte serait, pour lui, une perte de substance » : G. MORANGE, « Réflexions sur la notion de sécurité publique. (A société libérale. L'obligation du port de la ceinture de sécurité et les principes du libéralisme seraient inconciliables. Pour l'auteur, à peine d'incohérence, il fallait soit changer la rédaction des articles 4 et 5 de la Déclaration des droits de l'homme et du citoyen[1559], soit juger les mesures litigieuses illégales, celles-ci étant « directement contraires »[1560] au libéralisme défendu par ces articles. Dès lors, il préconisait, non de renoncer aux principes du libéralisme, mais d'utiliser d'autres voies que l'interdiction de police, notamment la responsabilisation des citoyens. Il pourrait dès lors s'agir, en amont, d'instaurer des primes d'assurances majorées pour ceux qui refuseraient de porter la ceinture de sécurité ou encore, en aval, de faire jouer l'exception de risque accepté[1561].

598. Mais l'analyse ne satisfait pas non plus pleinement, car il y aurait, sur le plan théorique, matière à mener une discussion sur le lien entre les articles 4 et 5 et les mesures dont il est question. René CHAPUS rappelait qu' « aux termes de la définition constitutionnelle de la liberté, cette dernière "consiste à pouvoir faire tout ce qui ne nuit pas à *autrui*" [...]. C'est d'une tout autre liberté qu'il s'agirait si on la concevait comme le pouvoir de faire tout ce qui ne nuit pas "à la société" »[1562]. Cependant, et la question est délicate, dans quelle mesure des actes de l'individu peuvent-ils être totalement distingués des conséquences qu'ils ont sur la société ? De même, peut-on, comme le fait René CHAPUS, séparer aussi radicalement les actions qui nuisent à autrui et celles qui nuisent à la société ? Car si l'on conçoit facilement qu'une action qui nuit à autrui ne nuit pas nécessairement

---

propos d'une prescription contestée de la police de la circulation : l'obligation du port de la ceinture de sécurité) », *op. cit.*, p. 65.

[1559] L'article 4 de cette Déclaration énonce que « la liberté consiste à pouvoir faire tout ce qui ne nuit pas à autrui : ainsi, l'exercice des droits naturels de chaque homme n'a de bornes que celles qui assurent aux autres Membres de la Société la jouissance de ces mêmes droits. Ces bornes ne peuvent être déterminées que par la Loi » et l'article 5 que « la Loi n'a le droit de défendre que les actions nuisibles à la Société. Tout ce qui n'est pas défendu par la Loi ne peut être empêché, et nul ne peut être contraint à faire ce qu'elle n'ordonne pas ».

[1560] G. MORANGE, « Réflexions sur la notion de sécurité publique. (A propos d'une prescription contestée de la police de la circulation : l'obligation du port de la ceinture de sécurité) », *op. cit.*, p. 65.

[1561] Cette dernière solution est retenue par le juge judiciaire. Voir par exemple Cass., Civ. 2ème, 22 janv. 2004, n°02-14.918.

[1562] R. CHAPUS, *Droit administratif général*, *op. cit.*, tome 1, n°912-2. J.-Fr. FLAUSS indique quant à lui, à propos de l'affaire dite du « lancer de nains », qu'en conciliant l'article 4 de la Déclaration de 1789 et la Convention européenne des droits de l'homme, il deviendrait possible de « considérer que la liberté ne consiste pas à pouvoir faire tout ce qui ne nuit pas à autrui, mais à pouvoir faire tout ce qui ne nuit pas à la société (telle que cette notion est comprise dans la Convention européenne des droits de l'homme au travers de l'expression "société démocratique") » : « L'interdiction de spectacles dégradants et la Convention européenne des droits de l'homme », *op. cit.*, p. 1030.

directement à la société, il est plus difficile d'imaginer une mesure qui, nuisant à la société, ne nuirait pas aux individus qui en font partie. Et tel est bien le cas en l'espèce, les accidents de la route ayant notamment de lourdes conséquences financières[1563].

599. Afin de mieux rendre compte de la réalité qui unit étroitement l'individu et la société, ce qu'on appelle « la protection de l'individu contre lui-même » mériterait donc, au moins partiellement, d'être renommé. Il n'est dès lors pas déraisonnable de soutenir que l'opposition faite, au plan théorique, entre le libéralisme et le totalitarisme est excessive. Si l'individu ne saurait évidemment être réduit à ne constituer qu'un rouage de l'Etat, il semble tout aussi exagéré de prétendre que certains actes, par exemple le fait de refuser de porter un casque ou une ceinture de sécurité, n'ont pas de conséquences sur autrui.

600. Cela étant, la mesure existe, est validée par le juge et, l'évolution des mentalités ainsi que l'habitude aidant, ne semble plus être réellement contestée[1564]. Elle fournit donc un bon exemple, malgré les réserves qui viennent d'être évoquées, d'hypothèse de la protection de l'individu contre lui-même.

601. Ce sont d'autres débats qui ont été provoqués plus récemment par les mesures prises pour protéger l'administré contre lui-même, cette fois-ci au nom de la dignité humaine.

[1563] Il semble donc que G. MORANGE ait tort de soutenir que le port de la ceinture de sécurité soit contraire à l'article 5 de la Déclaration de 1789. Si l'on conçoit plus facilement qu'une telle obligation entre en conflit avec l'article 4, soutenir qu'il en serait de même vis-à-vis de l'article 5 semble erroné. Le fait de prendre des risques en ne bouclant pas sa ceinture concerne évidemment en premier lieu l'individu lui-même, mais les répercutions possibles en font nécessairement un acte nuisible à la société, qui peut dès lors être interdit. La question serait alors de savoir si cela relève de la compétence du pouvoir de police administrative générale ou bien du législateur.

[1564] L'existence d'un arrêt récent de la Cour européenne des droits de l'homme indique cependant que certains requérants contestent encore ces mesures. Voir Cour EDH, 14 déc. 1999, *Jean-Michel Viel c/France*, n°41781/98 : « la Cour estime qu'en tout état de cause, l'obligation faite au requérant, comme à tous conducteurs de véhicules à moteurs, de boucler sa ceinture de sécurité, ne saurait constituer un désagrément suffisant pour poser une question de manquement au respect de son droit à la liberté de pensée et de conscience ou de son droit à la liberté de circulation ». En conséquence de quoi, la Cour juge la requête irrecevable.

B. La protection de l'administré contre lui-même au nom de la dignité de la personne humaine

602. Le principe de la dignité humaine est à l'origine une notion théologique et philosophique[1565]. Il s'est par la suite imposé en droit international avant d'être également consacré en droit interne[1566]. Malgré toutes les incertitudes entourant le concept[1567] le juge administratif n'hésite plus à l'utiliser, y compris en dehors de toute référence textuelle. Si dans certains cas il s'agit de protéger la dignité des autres, il existe aussi des exemples jurisprudentiels dans lesquels il s'agit bien de protéger l'administré contre lui-même[1568]. « Le respect de la dignité de la personne humaine, concept absolu s'il en est, ne saurait en effet s'accommoder de quelconques concessions en des appréciations subjectives que chacun peut porter à son sujet »[1569] et peut donc s'opposer à la volonté de l'individu, rendant son consentement indifférent[1570].

[1565] Voir notamment : Th. DE KONINCK et G. LAROCHELLE (coord.), *La dignité humaine : philosophie, droit, politique, économie, médecine*, PUF, coll. « Débats philosophiques », 2005, 175 p. et Th. DE KONINCK, *De la dignité humaine*, PUF, 1995, 244 p.

[1566] Le Conseil constitutionnel affirme ainsi que « la sauvegarde de la dignité de la personne humaine contre toute forme d'asservissement et de dégradation est un principe à valeur constitutionnelle » : 27 juill. 1994, décision n°94-343/344 DC, *loi relative au respect du corps humain et loi relative au don et à l'utilisation des éléments et produits du corps humain, à l'assistance médicale à la procréation et au diagnostic prénatal*, cons. n°2.

[1567] La première incertitude concerne la définition même de la notion. Sans qu'il soit nécessaire de donner ici une définition de la dignité humaine, il convient juste de noter que certains auteurs estiment, à juste titre nous semble-t-il, que la dignité de la personne humaine est « le plus flou des concepts », ou plus simplement un principe « flou ». Voir respectivement O. CAYLA, « Dignité humaine : le plus flou des concepts », *Le Monde*, 31 janv. 2003, p. 14 ; V. SAINT-JAMES, « Réflexions sur la dignité de l'être humain en tant que concept juridique du droit français », *D.*, 1997, chron., pp. 61-66, p. 64. Il convient de noter que l'indétermination d'un concept, loin d'empêcher son efficacité, peut au contraire être un moyen de favoriser sa diffusion, en permettant son utilisation dans des contextes variés.

[1568] Pour une étude approfondie des différentes utilisations faites du concept, voir notamment Ch. GIRARD et S. HENNETTE-VAUCHEZ (dir.), *La dignité de la personne humaine : recherche sur un processus de juridicisation, op. cit.*, et plus récemment les multiples contributions autour de l' « affaire Dieudonné » : CE, ord., 9 janv. 2014, n°374508 et CE, 11 janv. 2014, n°374552.

[1569] P. FRYDMAN, « L'atteinte à la dignité de la personne humaine et les pouvoirs de police municipale. A propos des "lancers de nains". Conclusions sur Conseil d'Etat, Assemblée, 27 octobre 1995 (2 espèces), Commune de Morsang-sur-Orge et Ville d'Aix-en-Provence », *RFDA*, 1995, pp. 1204-1215, p. 1209.

[1570] Une telle affirmation repose sur une certaine définition de la dignité humaine. Celle-ci peut en effet recevoir différentes significations et il semble bien que celle retenue par le juge administratif, lorsqu'il s'agit de l'opposer à l'administré lui-même, consiste en « une série

603. Le cas le plus emblématique est bien évidemment la consécration, par le juge administratif, de l'interdiction qui a été faite des spectacles dits de « lancer de nains » (1). Mais il est d'autres hypothèses dans lesquelles le principe de dignité semble bien être utilisé, au moins de manière implicite, afin de protéger l'administré contre lui-même (2).

1. L'utilisation explicite de la dignité humaine dans l'affaire dite du « lancer de nains »

604. Par deux décisions d'Assemblée en date du 27 octobre 1995 le « respect de la dignité de la personne humaine » apparaît de manière remarquée en droit administratif[1571]. Si ces décisions bien connues font suite à des jugements des tribunaux administratifs de Versailles[1572] et de Marseille[1573], ce sont bien elles qui consacrent la notion dans la jurisprudence administrative. Les juges du fond avaient jugé quant à eux que l'attraction dite du « lancer de nains » n'était pas contraire à la dignité humaine ou du moins que l'affaire ne révélait pas de circonstances locales particulières et avaient ainsi annulé les arrêtés municipaux interdisant la tenue des spectacles. La Haute juridiction administrative quant à elle, après avoir indiqué dans un considérant de principe que « le respect de la dignité de la personne humaine est une des composantes de l'ordre public », et ce, « même en l'absence de circonstances locales particulières », estime que le

---

d'obligations incombant à tout individu en tant qu'il appartient au genre humain » : S. HENNETTE-VAUCHEZ, « Kant contre Jéhovah ? Refus de soins et dignité de la personne humaine », *D.*, 2004, pp. 3154-3160. Voir encore Fr. LLORENS, « Justice administrative et dignité humaine », *RDP*, 2011, pp. 299-320.

[1571] CE, Ass., 27 oct. 1995, *Cne de Morsang-sur-Orge*, n°136727. Voir aussi, le même jour, *Ville d'Aix-en-Provence*, n°143578. Sur ces décisions, voir notamment : J.-H. STAHL et D. CHAUVAUX, « Police municipale », *AJDA*, 1995, pp. 878-882 ; M.-Chr. ROUAULT, « L'interdiction par un maire de l'attraction dite de "lancer de nain" », *LPA*, 24 janv. 1996, n°11, pp. 28-32. Plus récemment, M. FRANC, « Une relecture de l'arrêt *Commune de Morsang-sur-Orge* », *AJDA*, 2014, pp. 103-107. Voir encore, faisant suite aux arrêts du Conseil d'Etat, la décision de la Cour européenne des droits de l'homme du 16 oct. 1996, *Manuel Wackenheim c/France*, n°29961/96 ainsi que la décision du Comité des droits de l'homme des Nations unies du 26 juill. 2002 dans *RTDH*, n°55/2003, pp. 1017-1042, obs. M. LEVINET. La première décision conclut à l'irrecevabilité de la requête et la seconde estime que l'interdiction édictée par les autorités administratives n'est pas contraire à l'article 26 du Pacte international relatif aux droits civils et politiques.

[1572] TA, Versailles, 25 fév. 1992, *Sté Fun Productions et M. Wackenheim c/Cne de Morsang-sur-Orge*, *RFDA*, 1992, pp. 1026-1027. Sur cette décision, voir notamment J.-Fr. FLAUSS, « L'interdiction de spectacles dégradants et la Convention européenne des droits de l'homme », *op. cit.*, et Chr. VIMBERT, « Police administrative », *AJDA*, 1992, pp. 525-527.

[1573] TA, Marseille, 8 oct. 1992, inédit.

spectacle du « lancer de nains » peut légalement être interdit par le maire sur le fondement de ses pouvoirs de police administrative générale.

605. Il convient alors de s'attarder sur un des arguments présentés en défense par la société Fun Productions ainsi que par M. Wackenheim, personne qui se prêtait librement et contre rémunération à l'attraction en cause. Celui-ci prétendait en effet que ce spectacle lui avait permis d'avoir un emploi et de mener une vie digne, alors qu'il était auparavant au chômage[1574].

606. Une fois admis que le respect de la dignité de la personne humaine était une composante de l'ordre public[1575], une question essentielle restait donc posée au juge : cette dignité peut-elle s'imposer à l'homme lui-même qu'elle entend protéger ? La réponse de la Haute juridiction administrative est affirmative, bien que peu explicite. En revanche, le commissaire du gouvernement, dans ses conclusions conformes sur ces décisions, indiquait aux juges : « vous ne pourrez accueillir l'argumentation des défendeurs selon laquelle les pouvoirs de police du maire ne sauraient ici trouver à s'appliquer, dès lors que, compte tenu là encore du consentement de M. Wackenheim, les mesures prises à ce titre reviendraient à tenter de protéger un administré contre lui-même. Il est en effet, précisément, tout à fait admis que des mesures de police administrative puissent légalement avoir un tel objet, comme le montre, entre autres, l'obligation du port de la ceinture de sécurité pour les automobilistes »[1576]. Il estimait alors logiquement que « le consentement du nain au traitement dégradant qu'il subit » est « juridiquement indifférent »[1577], et ce du fait de la portée absolue de la dignité de la personne humaine. Personne, pas même quelqu'un qui trouverait par ce biais le moyen de gagner sa vie, ne saurait renoncer à cette dignité. Comme l'indique Jean-François FLAUSS, le respect de la dignité

[1574] Voir les éléments donnés par P. FRYDMAN, « L'atteinte à la dignité de la personne humaine et les pouvoirs de police municipale. A propos des "lancers de nains". Conclusions sur Conseil d'Etat, Assemblée, 27 octobre 1995 (2 espèces), Commune de Morsang-sur-Orge et Ville d'Aix-en-Provence », *op. cit.*, p. 1209.

[1575] D'ailleurs fallait-il encore admettre que l'activité en cause soit attentatoire à la dignité humaine. Cela n'allait pas de soi, comme l'indiquait le commissaire du gouvernement dans ses conclusions précitées, p. 1207, lorsqu'il estimait qu'une telle qualification relevait de « l'intime conviction de chacun ». La meilleure preuve en est d'ailleurs que le tribunal administratif de Marseille avait pour sa part estimé que le spectacle en cause ne portait pas atteinte à la dignité humaine.

[1576] P. FRYDMAN, « L'atteinte à la dignité de la personne humaine et les pouvoirs de police municipale. A propos des "lancers de nains". Conclusions sur Conseil d'Etat, Assemblée, 27 octobre 1995 (2 espèces), Commune de Morsang-sur-Orge et Ville d'Aix-en-Provence », *op. cit.*, p. 1209.

[1577] *Ibid.*

humaine est un droit « non dérogeable »[1578]. Dès lors, et quelles qu'aient pu être les discussions qui ont entouré ces décisions, « le respect de la dignité de la personne humaine est affirmé, en tant que tel, comme une composante de l'ordre public et en l'espèce, s'impose à l'individu lui-même, qui se trouve protégé contre lui-même »[1579].

607. Il s'agit donc bien d'un exemple de protection de l'individu contre lui-même, motivé cette fois-ci par le respect de la dignité humaine[1580]. C'est encore le cas, au moins implicitement, dans d'autres hypothèses où le consentement se révèle encore indifférent.

2. L'utilisation implicite de la dignité de la personne humaine dans d'autres hypothèses

608. Si, dans l'affaire dite du « lancer de nains », le juge administratif a consacré explicitement le primat de la dignité de la personne humaine, cela n'exclut pas qu'il fasse de même, mais implicitement, dans un certain nombre d'autres domaines. Parmi ceux-ci[1581], deux retiendront

---

[1578] J.-Fr. FLAUSS, « L'interdiction de spectacles dégradants et la Convention européenne des droits de l'homme », *op. cit.*, p. 1029. Cette notion de « non-dérogeabilité » est assez fréquente lorsqu'il est question d'ordre public. Pour une telle utilisation en droit du travail, voir notamment Fl. CANUT, *L'ordre public en droit du travail*, LGDJ, coll. « Bibliothèque de l'Institut André Tunc », 2007, 513 p., spéc. le chapitre intitulé « Le développement accéléré des accords dérogatoires », pp. 243-301.

[1579] M.-Chr. ROUAULT, « L'interdiction par un maire de l'attraction dite de "lancer de nain" », *op. cit.*, p. 32. Une telle possibilité de protection de l'individu contre lui-même a suscité de nombreuses critiques faites au nom de la liberté et des droits de l'homme. Voir notamment : O. CAYLA, « Le coup d'état du droit ? », *Le débat*, 1998/3, pp. 108-133, spéc. pp. 122-133 ou encore C. BROYELLE qui voit une attitude « paternaliste » dans l'utilisation « à laquelle la dignité a donné lieu dans la décision *Morsang-sur-Orge* de 1995, où elle fut opposée à une personne dont le comportement, librement décidé, a été considéré comme attentatoire à sa propre dignité » : « Retour sur *Dieudonné* », *RFDA*, 2014, pp. 521-524, p. 523.

[1580] La question du « lancer de nains » n'est pas rattachée par tous les auteurs à celle de la protection de l'administré contre lui-même. Voir notamment les éléments donnés par S. HENNETTE-VAUCHEZ, « Le principe de dignité dans la doctrine administrativiste », *op. cit.*, p. 63. Cela est logique dans la mesure où il ne s'agit pas que de cela. Il est possible en effet de se demander s'il ne s'agit pas plutôt de protéger les tiers de la vue d'un tel spectacle. Il est tout de même légitime de faire ce lien entre l'affaire du « lancer de nains » et la question de la protection de l'individu contre lui-même dans la mesure où cette notion, même si elle ne rend sans doute pas compte à elle seule de la décision du juge, en fait indéniablement partie. Les conclusions du commissaire du gouvernement ainsi surtout que la rédaction même des décisions du Conseil d'Etat qui prend soin de préciser que la personne « se prêtait librement à cette exhibition » vont en ce sens.

[1581] D'autres hypothèses pourraient encore être relevées et il serait possible de voir ce qu'il en est à propos des arrêtés municipaux prescrivant des couvre-feux pour les mineurs ou surtout particulièrement l'attention : la protection de la dépouille mortelle des individus et le refus de soins.

609. A propos de la protection de la dépouille mortelle des individus, deux affaires pour le moins originales permettent de s'interroger à nouveau sur l'emploi de la dignité humaine afin de protéger l'individu contre lui-même[1582]. Dans les affaires *Leroy*[1583] de 2002 et *Martinot*[1584] de 2006, le Conseil d'Etat a dû se prononcer sur la légalité de la cryogénisation de cadavres[1585], c'est-à-dire de leur conservation par le froid pour une durée

---

ceux prévoyant la possibilité de conduire, en période de grand froid et même contre leur volonté, les sans-abri dans des lieux adaptés. Sur ces questions, *cf. supra*, n°580, et n°585.

[1582] Parler d'individu à propos de cadavre est sans doute excessif puisque la personnalité juridique disparaît à la mort, mais les liens entre *personne* et *cadavre* sont si étroits qu'il n'est pas déraisonnable d'esquisser un parallèle entre les deux situations. D'autant plus que c'est l'individu qui, en principe, règle par ses dernières volontés le sort de sa dépouille mortelle.

[1583] CE, 29 juill. 2002, *M. et Mlle Leroy*, n°222180. Sur cette décision, voir notamment B. BEIGNIER, « Sépultures : pot pourri », *Droit de la famille*, n°7, juill. 2004, comm. 130 ; J. MOREAU, « Le préfet ne peut que refuser l'autorisation de conserver, par cryogénisation, une personne défunte sur une propriété privée », *JCPA*, n°2, 21 oct. 2002, pp. 67-68. Voir encore, dans la même affaire, CAA, Bordeaux, 29 mai 2000, *Cts Leroy*, n°99BX02454 et TA, La Réunion, 21 oct. 1999, *Cts Leroy et a. c/Préfet de la Réunion*, n°9900799, 9900800 et 9900930, *JCPG*, n°14, 5 avr. 2000, p. 648. Pour des commentaires, voir notamment et respectivement : N. EXPOSTA, « Dans quels cas les sépultures peuvent-elles être autorisées sur les propriétés particulières ? », *DA*, nov. 2000, pp. 28-29 ; J.-L. REY, « La conservation d'un corps par un procédé de congélation ne constitue pas un mode d'inhumation pouvant être autorisé dans une propriété privée », *AJDA*, 2000, p. 896-897 et F. LEMAIRE, « Refus d'un préfet d'autoriser l'inhumation d'un défunt dans une propriété privée par cryogénisation », *JCPG*, n°14, 5 avr. 2000, pp. 648-652.

[1584] CE, 6 janv. 2006, *M. Rémy Martinot et a.*, n°260307. Sur cette décision, voir notamment E. AUBIN, « Hibernatus et le droit administratif », *JCPG*, 8 mars 2006, I, 120 ; L. BURGORGUE-LARSEN, « De l'inhumation à la crémation, en passant par la congélation : le mode de sépulture en question », *AJDA*, 2006, pp. 657-761 ; Fr. DROMARD, « La prise en compte de la Convention européenne des droits de l'homme par le Conseil d'Etat à l'épreuve de la cryogénisation (A propos de l'arrêt CE, 5e et 4e sous-sections réunies, 6 janvier 2006, Rémy Martinot et autres) », *RRJ*, 2007-3, pp. 1587-1598 ; L. ERSTEIN, « Le choix du mode de sépulture peut faire l'objet de restrictions dans l'intérêt de l'ordre et de la santé publics », *JCPG*, 12 avr. 2006, II, 10059 ; J. MOREAU, « Inhumation et crémation sont les deux seuls modes de sépultures autorisés », *CTI*, mars 2006, comm. 44 et la note de H. POPU, *Defrénois*, n°6, 30 mars 2006, pp. 500-508. Sur cette affaire, voir CAA, Nantes, 27 juin 2003, *Cts Martinot*, n°02NT01704 et TA, Nantes, 5 sept. 2002, *Cts Martinot*, *JCPG*, 2003, II, 10052. Sur ces deux décisions, voir notamment et respectivement : les conclusions de J.-Fr. MILLET, « Conservations des corps et respect des dernières volontés », *AJDA*, 2003, pp. 1871-1874 et C. BIGET, « La cryogénisation n'est pas un mode légal d'inhumation », *AJDA*, 2002, p. 724 ; S. DOUAY, « L'interdiction de la libre disposition de son corps par-delà la mort ou la conception morale et communautaire de la dignité humaine », *JCPG*, n°13, 26 mars 2003, II, 10052.

[1585] Pour des approches générales sur cette question, voir notamment : A.-Bl. CAIRE, « La cryogénisation entre science-fiction et science juridique », *RRJ*, 2011-4, pp. 1953-1972 ; I. CORPART, « Feu la cryogénisation », *D.*, 2006, pp. 1875-1880 ; R. HANICOTTE, indéterminée[1586]. Dans aucune de ces deux décisions la notion de dignité humaine n'apparaît explicitement. Mais dans la seconde, la Haute juridiction administrative indique que le choix du mode de sépulture « peut faire l'objet de restrictions notamment dans l'intérêt de l'ordre et de la santé publics ». Or, depuis l'arrêt du Conseil d'Etat de 1995 *Commune de Morsang-sur-Orge*, le respect de la dignité de la personne humaine est une composante de l'ordre public, comme la Haute juridiction a encore eu l'occasion de le rappeler récemment[1587]. Dès lors, faire référence, sans plus de précisions, à l' « ordre public » pour interdire le procédé de la cryogénisation des cadavres n'exclut pas que le juge administratif se soit référé à une certaine conception de la dignité humaine. Cela est d'autant moins impossible que l'arrêt de la cour administrative d'appel de Nantes, annulé pour d'autres motifs, mais confirmé sur ce point, précisait que les dispositions du Code général des collectivités territoriales imposant l'inhumation ou la crémation étaient justifiées, non seulement « par les nécessités de la sécurité et de l'ordre public », mais aussi par « la protection des défunts »[1588]. Or, en l'espèce, c'est le défunt lui-même qui avait souhaité un tel procédé de conservation. C'est donc bien contre lui-même, au minimum, qu'il s'agit alors de le protéger.

610. La décision de 2002 *M. et Mlle Leroy* ne faisait quant à elle aucune référence, même implicite, à la notion de dignité humaine. Mais le commissaire du gouvernement dans ses conclusions[1589] fait allusion à plusieurs reprises au « respect dû aux morts ». Il indique par ailleurs qu'un des buts de l'inhumation est, outre la disparition graduelle de la dépouille, de mettre le corps « à l'abri des atteintes voire des profanations ». Il n'est dès lors pas impossible de considérer que la législation française, qui n'autorise

---

« Sépulture à la carte : une liberté captive », *Gaz. Pal.*, 19 et 20 déc. 2012, pp. 3271-3275 ; I. POIROT-MAZERES, « Toute entreprise d'immortalité est contraire à l'ordre public. Ou comment le juge administratif appréhende…la cryogénisation », *DA*, juill. 2006, étude 13. Voir encore, sur la législation funéraire, D. DUTRIEUX, « Opérations funéraires », *Jcl. adm.*, fasc. n°150-30 ou dans *Jcl. coll. terr.*, fasc. n°717.

[1586] Dans l'affaire *Leroy*, les enfants de la défunte souhaitaient par ce procédé la conserver auprès d'eux, dans un caveau vitré installé dans le sous-sol de leur villa. Dans l'affaire *Martinot*, il s'agissait pour les enfants du Dr. Martinot d'exécuter les dernières volontés de leurs parents. Convaincu qu'un jour la médecine parviendrait à guérir toutes les maladies et à les ramener à la vie, le Dr. Martinot avait souhaité être conservé avec son épouse, à très basse température et dans les caves de son château, dans l'attente de leur « résurrection » médicale.

[1587] *Cf.* notamment CE, ord., 9 janv. 2014, n°374508, et les nombreux débats et commentaires doctrinaux suscités par cette affaire « Dieudonné ».

[1588] CAA, Nantes, 27 juin 2003, *Cts Martinot*, n°02NT01704.

[1589] T. OLSON, concl. inédites sur CE, 29 juill. 2002, *M. et Mlle Leroy*, n°222180.

pas d'autres alternative que l'inhumation ou la crémation[1590], vise tout autant à garantir le respect dû aux morts que l'hygiène publique. Certains commentateurs ont d'ailleurs mis en doute le fait que le refus de la cryogénisation serait uniquement fondé sur des considérations d'hygiène ou de santé publiques[1591].

611. C'est d'ailleurs ce que semble estimer la Haute juridiction administrative en 2006, lorsqu'elle prend soin d'indiquer que les restrictions imposées à la liberté des funérailles[1592] poursuivent l'intérêt de l'ordre et de la santé publics. La santé publique n'est donc pas seule en cause, mais s'y ajoute l'ordre public, dans ses autres composantes. Dès lors qu'il ne s'agit ni de la sécurité, ni de la tranquillité, il semble bien que le juge se réfère implicitement à la moralité publique, voir à la dignité humaine[1593]. Dans la même décision, le Conseil d'Etat indique encore que la législation funéraire vise à « protéger la santé publique » [1594] mais aussi à « organiser les modes

---

[1590] Voir notamment les articles L. 2223-2 et R. 2223-2 et s. du Code général des collectivités territoriales.

[1591] Ces auteurs indiquent par exemple que des modes de conservation guère plus respectueux de la santé publique sont tolérés, par exemple l'immersion des corps de certains marins ou encore la dépose des dépouilles mortelles dans des enfeus, tombeaux installés dans des murs ou dans des constructions en élévation. La cour d'appel d'Angers indiquait d'ailleurs que « selon les propres termes du préfet, il n'est pas question de dommage imminent mais de trouble manifestement illicite, tenant à l'existence d'un trouble "non pas de la santé mais de l'ordre public", dans la mesure où "la législation et la réglementation françaises ne sont pas respectées", et, ce, par référence aux dispositions du Code général des collectivités territoriales sur la police des funérailles et des lieux de sépulture ainsi qu'à une jurisprudence administrative en la matière » : Angers, 9 sept. 2002, *Cts Martinot c/Préfet du Maine-et-Loire*, *JCPG*, n°13, 26 mars 2003, II, 10052.

[1592] Cette liberté résulte notamment de l'article 3 de la loi du 15 nov. 1887 *sur la liberté des funérailles*, *Duvergier*, 1887, p. 451. Elle est par ailleurs protégée par l'article 433-21-1 du Code pénal qui dispose que « toute personne qui donne aux funérailles un caractère contraire à la volonté du défunt ou à une décision judiciaire, volonté ou décision dont elle a connaissance, sera punie de six mois d'emprisonnement et de 7 500 euros d'amende ».

[1593] Tel est encore l'avis de Fr. DROMARD qui serait « tenté de présumer, faute de preuves formelles, que la référence aux usages recèle avant tout une dimension morale » : « La prise en compte de la Convention européenne des droits de l'homme par le Conseil d'Etat à l'épreuve de la cryogénisation (A propos de l'arrêt CE, 5e et 4e sous-sections réunies, 6 janvier 2006, Rémy Martinot et autres) *op. cit.*, p. 1594.

[1594] Le Conseil d'Etat a admis dans sa décision de 2006 que la question de la cryogénisation relevait bien du domaine des articles 8 et 9 de la Convention européenne des droits de l'homme. Or, les seconds paragraphes de chacun de ces articles indiquent explicitement que la santé publique peut limiter les droits garantis dans les premiers paragraphes. L'article 8 énonce notamment que « toute personne a droit au respect de sa vie privée et familiale, de son domicile et de sa correspondance. /Il ne peut y avoir ingérence d'une autorité publique dans l'exercice de ce droit que pour autant que cette ingérence est prévue par la loi et qu'elle constitue une mesure qui, dans une société démocratique, est nécessaire [...] à la protection de la santé ou de la morale ». L'article 9 indique quant à lui que « toute personne a droit à la de sépultures selon les usages », ce qui ne résulte d'aucun des textes mentionnés aux visas. Tout se passe comme si le juge, conscient de la faiblesse des arguments relatifs à la seule santé publique, ajoutait à ceux-ci d'autres arguments relatifs à une certaine forme de dignité humaine, celle qui s'appliquerait à la dépouille mortelle et serait opposable rétroactivement aux dernières volontés du défunt lui-même. La meilleure preuve en est que le juge estime que le préfet était en situation de compétence liée pour refuser la conservation par congélation, alors qu'il aurait pu estimer qu'il s'agissait d'un mode de sépulture possible, soumis dès lors qu'il a lieu sur une propriété privée, à autorisation du préfet.

612. Plusieurs auteurs ont d'ailleurs interprété ces décisions comme consacrant la protection de l'individu contre lui-même au nom de la moralité publique ou de la dignité humaine[1595]. Sophie DOUAY affirme ainsi que la dignité devient, « pour l'autorité publique et le juge administratif, le moyen de réglementer et de censurer, selon ses propres conceptions morales, sa propre interprétation, le rapport de chacun avec lui-même, y compris, désormais, dans la mort »[1596].

613. Une seconde situation traduit encore le phénomène de protection de l'individu contre lui-même, semble-t-il au nom de la dignité humaine, ou

---

liberté de pensée, de conscience et de religion ; ce droit implique la liberté de changer de religion ou de conviction, ainsi que la liberté de manifester sa religion ou sa conviction individuellement ou collectivement, en public ou en privé, par le culte, l'enseignement, les pratiques et l'accomplissement des rites. /La liberté de manifester sa religion ou ses convictions ne peut faire l'objet d'autres restrictions que celles qui, prévues par la loi, constituent des mesures nécessaires, dans une société démocratique, à la sécurité publique, à la protection de l'ordre, de la santé ou de la morale publiques, ou à la protection des droits et libertés d'autrui ».

[1595] Voir la note de H. POPU, *Defrénois*, n°6, 30 mars 2006, pp. 500-508. L'auteur se demande, p. 507 : « pourquoi ne pas aller jusqu'à parler de moralité publique ? Au nom de la décence, de la dignité, la cryogénisation se veut prohibée » et ajoute qu' « on a l'impression que la dignité tend à supplanter la liberté ». Voir encore S. DOUAY, « L'interdiction de la libre disposition de son corps par-delà la mort ou la conception morale et communautaire de la dignité humaine », *op. cit.* L'auteur affirme, p. 574, que « les objectifs d'hygiène et de santé publiques » s'effacent au cours des procédures « devant ceux de décence et de moralité » et développe une partie sur « la conception morale et communautaire de la dignité humaine », estimant, p. 575, que « c'est finalement l'enjeu de la construction des notions de décence, et, ce faisant, de dignité, auxquelles le juge se réfère ici pour interdire la cryogénisation des deux corps ». Voir encore R. HANICOTTE, « Sépulture à la carte : une liberté captive », *op. cit.* Même si elle n'indique pas que les décisions y feraient référence, A.-Bl. CAIRE estime aussi qu'une convention de cryogénisation « heurterait sans doute aussi la dignité » : « La cryogénisation entre science-fiction et science juridique », *op. cit.*, p. 1972.

[1596] S. DOUAY, « L'interdiction de la libre disposition de son corps par-delà la mort ou la conception morale et communautaire de la dignité humaine », *op. cit.*, p. 576.

du moins d'une certaine conception de celle-ci[1597]. Il s'agit de l'attitude de certains médecins qui, face à des patients refusant des soins vitaux, sont tout de même intervenus, contre leur volonté, pour tenter de les sauver[1598]. Là encore, bien que le juge administratif n'ait pas explicitement utilisé la notion de dignité de la personne humaine, c'est par le contexte entourant les différentes décisions de jurisprudence rendues à ce sujet qu'il est possible de parvenir à cette conclusion.

614. En théorie, la question ne devrait pas poser beaucoup de problèmes. Le principe du consentement aux soins étant reconnu par différents textes[1599], il en découle nécessairement la possibilité pour le patient d'opposer aux personnes qui le soignent un refus. Par ailleurs certains textes indiquent explicitement cette possibilité[1600]. Mais dans la pratique, des équipes soignantes ont refusé de prendre en compte la volonté de patients qui, bien que leur pronostic vital soit engagé, refusaient de suivre

---

[1597] La question du refus de soins est aussi révélatrice de la liberté laissée à l'individu. Comme le note X. BIOY, c'est avec le refus de soins « que l'on mesure l'exacte portée de la protection de la personne par le principe du consentement à toute atteinte au corps » : *Le concept de personne humaine en droit public. Recherche sur le sujet des droits fondamentaux*, Dalloz, coll. « NBT », vol. 22, 2003, 913 p., p. 478.

[1598] Sur la question du refus de soins, voir notamment : CCNE, *Refus de traitement et autonomie de la personne*, *op. cit.* ; J. CLERCKX, « Une liberté en péril ? Le droit au refus de soins », *op. cit.* ; D. CHAUVAUX, « Transfusion contre la volonté du patient. Conseil d'Etat, Assemblée, 26 octobre 2001, Mme Catherine Senanayake. Conclusions », *RFDA*, 2002, pp. 146-156 ; V. EDEL, « Le refus de soins », *op. cit.* ; A. MERSCH, « Le refus de soins devant le Conseil d'Etat », *DA*, juill. 2002, chron. 13 et « Quand les juges font fi de la loi Kouchner et confirment la jurisprudence Sénanayaké », *JCPA*, 14 oct. 2002, pp. 26-27 ; M.-Chr. DE MONTECLER, « Imposer des soins à un malade est une atteinte à une liberté fondamentale, sauf si sa vie est en danger », *AJDA*, 2002, p. 723. Voir encore G. GONZALES, « L'objection à certains soins ou actes médicaux dictée par la conscience religieuse et la Convention européenne des droits de l'homme », dans *Au carrefour des droits : mélanges en l'honneur de Louis Dubouis*, Dalloz, 2002, 901 p., pp. 795-809 ; le paragraphe intitulé « droit au refus de traitement » dans S. HENETTE-VAUCHEZ, *Disposer de soi ? Une analyse du discours juridique sur les droits de la personnalité sur son corps*, *op. cit.*, pp. 153-177 ; B. MATHIEU, « De la difficulté de choisir entre la liberté et la vie. Réflexions sur la jurisprudence administrative relative à la transfusion des témoins de Jéhovah », *RGDM*, 2003, n°9, pp. 97-104, et P. RANCE, « Le médecin face au refus du patient de subir un acte médical. Interview de Jean Penneau », *D.*, 2002, n°38, pp. 2877-2879.

[1599] *Cf. supra*, n°359.

[1600] Voir notamment l'article L. 1111-2 du Code de la santé publique qui disposait à l'époque que « la personne malade peut s'opposer à toute investigation et thérapeutique ». Cet article résultait de l'article 1er de la loi n°99-477 du 9 juin 1999 *visant à garantir le droit à l'accès aux soins palliatifs*, *JORF*, 10 juin 1999, p. 8487. Aujourd'hui, l'article L. 1111-4 du Code de la santé publique dispose notamment que « le médecin doit respecter la volonté de la personne après l'avoir informée des conséquences de ses choix. Si la volonté de la personne de refuser ou d'interrompre tout traitement met sa vie en danger, le médecin doit tout mettre en œuvre pour la convaincre d'accepter les soins indispensables ».

les traitements nécessaires à leur survie[1601]. Les hypothèses les plus célèbres concernent des témoins de Jéhovah, dont les convictions s'opposent à toute transfusion sanguine, quand bien même leurs jours seraient en danger. Mais il ne s'agit là que d'un exemple possible, les raisons du refus de soins étant multiples et d'ailleurs totalement indifférentes pour le juge[1602].

615. Dans une première affaire, le juge administratif était amené à juger de la responsabilité d'un centre hospitalier qui avait, tout en ayant connaissance de l'opposition du patient, procédé à une transfusion sanguine sur celui-ci. La Haute juridiction décide cependant que, « compte tenu de la situation extrême dans laquelle M. Senanayake se trouvait, les médecins qui le soignaient ont choisi, dans le seul but de tenter de le sauver, d'accomplir un acte indispensable à sa survie et proportionné à son état ; que, dans ces conditions, et quelle que fût par ailleurs leur obligation de respecter sa volonté fondée sur ses convictions religieuses, ils n'ont pas commis de faute de nature à engager la responsabilité de l'Assistance Public-Hôpitaux de Paris »[1603]. Le Conseil d'Etat casse donc l'arrêt de la cour administrative d'appel de Paris, mais seulement en ce qu'il a entendu « faire prévaloir de façon générale l'obligation pour le médecin de sauver la vie sur celle de respecter la volonté du malade »[1604], alors qu' « il n'existe pas, pour le médecin, de hiérarchie abstraite et intangible entre l'obligation de soigner et celle de respecter la volonté du patient »[1605].

1601 Pour bien comprendre le dilemme qui peut se poser aux médecins, il faut voir que l'obligation de respecter la volonté des patients peut entrer en conflit avec un autre devoir, celui de protéger la vie.

1602 Pour des exemples variés de raisons pouvant amener au refus de soins, voir P. VERSPIEREN, « Consentement aux soins. Refus de soins », *Revue Laennec*, juin 1995, pp. 2-6, p. 4. La mise en valeur de la diversité des motifs possibles de refus de soins est intéressante. En mettant en avant la pluralité des raisons d'ordre pratique ou éthique, elle permet de relativiser la toute-puissance des médecins car, comme l'indique J. CLERCKX, « éthique et science sont de nature profondément différentes et [...] les opinions du médecin en matière d'éthique ne sont pas plus pertinentes que celles du patient » : « Une liberté en péril ? Le droit au refus de soins », *op. cit.*, p. 167.

1603 CE, Ass., 26 oct. 2001, *Mme Senanayake*, n°198546, *RFDA*, 2002, pp. 156-162, note D. DE BECHILLON, *LPA*, 19 août 2002, n°165, p. 3, note Chr. GUETTIER. Voir encore E. AUBIN, « Absence de responsabilité dans le cas de transfusions sanguines opérées sans le consentement du malade », *DA*, fév. 2002, comm. 40.

1604 CE, Ass., 26 oct. 2001, *Mme Senanayake*, n°198546.

1605 Communiqué de presse du Conseil d'Etat à propos de la décision CE, Ass., 26 oct. 2001, *Mme Senanayake*, n°198546, disponible sur le site de la Haute juridiction : www.conseil-etat.fr/ [8 mars 2015]. Il est important de relever que le Conseil d'Etat, s'il approuve en l'espèce le comportement des médecins en ce qu'il ne retient pas la responsabilité du centre hospitalier, n'indique pas que l'attitude contraire n'aurait pas été possible. Les médecins ont exercé un choix et non suivi une obligation. Cette décision remet donc, *in fine*, la décision dans les seules mains du médecin. Peut-être que la Haute juridiction administrative estime aussi qu'il s'agit davantage de protéger les médecins que l'individu lui-même.

616. Quelque temps après et malgré l'adoption de la loi du 4 mars 2002[1606], les juges administratifs se sont encore prononcés dans le même sens. Bien que « le droit pour le patient majeur de donner, lorsqu'il se trouve en état de l'exprimer, son consentement à un traitement médical [revête] le caractère d'une liberté fondamentale », au sens de l'article L. 521-1 du Code de justice administrative, « les médecins ne portent pas à cette liberté fondamentale [...] une atteinte grave et manifestement illégale lorsqu'après avoir tout mis en œuvre pour convaincre le patient d'accepter les soins indispensables, ils accomplissent, dans le but de tenter de le sauver, un acte indispensable à sa survie et proportionné à son état »[1607].

617. Ces deux décisions, si elles reconnaissent explicitement que les médecins ont agi dans le seul but de tenter de sauver le patient malgré lui, consacrant encore un exemple de protection de l'individu contre lui-même, ne se réfèrent pas directement à la dignité humaine. Mais il n'est pas impossible de penser que ce principe, dégagé quelques années plus tôt par le même juge, pourrait inspirer ces solutions. Les conclusions de Mireille HEERS[1608] sur l'arrêt de la cour d'appel de Paris sont à cet égard significatives[1609]. Elle indique ainsi que « la notion de dignité n'est pas synonyme de liberté autonome (*autonorma*). Elle comporte une dimension objective, qui se fonde sur l'appartenance de l'individu à l'humanité, qui amène à faire prévaloir, quand est en cause une valeur propre à la condition humaine, l'universel sur les préférences singulières »[1610]. S'appuyant sur

---

[1606] Loi n°2002-303 du 4 mars 2002 *relative aux droits des malades et à la qualité du système de santé*, *JORF*, 5 mars 2002, p. 4118. Celle-ci dispose par exemple, en son article 11 qui crée l'article L. 1111-4 du Code de la santé publique, qu' « aucun acte médical ni aucun traitement ne peut être pratiqué sans le consentement libre et éclairé de la personne et ce consentement peut être retiré à tout moment ».

[1607] CE, Sect., 16 août 2002, *Feuillatay*, n°249552. Voir encore TA, Lille, ord., 25 août 2002, *Epx G.*, *JCPG*, n°24, 11 juin 2003, II, n°10098, note L. LAMBERT-GARREL, A. FLASAQUIER, B. PITCHO et a., et TA, Rennes, 18 juin 2012, *Mme A. c/CHS Guillaume Régnier*, *JCPA*, 8 oct. 2012, p. 35, note E. PECHILLON. Sur la décision du tribunal administratif de Lille, voir E. AUBIN, « Refus de soins et urgence médicale après la loi du 4 août 2002 », *DA*, nov. 2002, comm. 188.

[1608] CAA, Paris, 9 juin 1998, *Mme Senanayake*, *D.*, juris., p. 277, note G. PELLISSIER, pp. 278-281. M. HEERS, « Responsabilité médicale et transfusion sanguine contre la volonté du patient. Conclusions sur cour administrative d'appel de Paris, 9 juin 1998, *Mme Donyoh et Mme Senanayake* (2 espèces) », *RFDA*, 1998, pp. 1231-1240.

[1609] Et tel est le jugement de S. HENNETTE-VAUCHEZ qui affirme qu'il lui semble possible « de voir dans les conclusions prononcées en appel sur l'arrêt Senanayake un cadre théorique pérenne de raisonnement juridictionnel sur les refus de soins » : « Kant contre Jéhovah ? Refus de soins et dignité de la personne humaine », *op. cit.*, p. 3155, note 9.

[1610] M. HEERS, « Responsabilité médicale et transfusion sanguine contre la volonté du patient. Conclusions sur cour administrative d'appel de Paris, 9 juin 1998, *Mme Donyoh et Mme Senanayake* (2 espèces) », *op. cit.*, p. 1234.

cette idée, le commissaire du gouvernement affirme alors que la protection de l'individu contre lui-même est tout à fait logique : « il existe des droits, comme l'interdiction des traitements inhumains et dégradants, auxquels même l'intéressé ne saurait renoncer »[1611], expliquant alors que « le principe d'indisponibilité du corps humain connaît des exceptions législatives. Mais comme celui de l'inviolabilité "*noli me tangere*", il est opposable à l'intéressé lui-même »[1612]. De manière semblable, « l'autonomie elle-même est conçue comme visant la protection de l'individu y compris contre lui-même »[1613].

618. Le principe de protection de l'individu contre lui-même étant acquis, le commissaire du gouvernement semble ensuite le rattacher à la notion de dignité humaine. Il compare en effet la solution qu'il propose à la formation de jugement à d'autres hypothèses de protection de l'individu contre lui-même : « qu'il s'agisse de sujets relativement anodins, comme l'obligation de porter la ceinture de sécurité mais aussi de la toxicomanie, de l'interdiction des mutilations volontaires, ou encore de l'exploitation commerciale d'un handicap, le raisonnement est le même »[1614]. Or, l'argumentation de cette dernière situation avait bien été bâtie, en 1995 et par le Conseil d'Etat lui-même, sur le respect de la dignité de la personne humaine.

619. Cela dit, le commissaire du gouvernement prononçant ses conclusions en cassation dans cette même affaire refusera explicitement de

---

1611 *Ibid.*, p. 1233.

1612 *Ibid.*, p. 1235.

1613 *Ibid.*, p. 1238. Dès lors, l'auteur peut invoquer à l'appui de ses conclusions, respectivement p. 1236, p. 1238 et p. 1236, un « ordre public de protection individuelle », ou encore un « ordre public de protection de la personne », visant explicitement « la protection de l'individu contre lui-même ». Telle est par exemple l'opinion d'A. PARIENTE, « Le refus de soins : réflexions sur un droit en construction », *RDP*, 2003, pp. 1419-1447, p. 1422, qui estime qu'il existe « une sorte de droit d'ingérence de l'Etat dans la vie des citoyens pour les protéger, y compris contre eux-mêmes ». *Contra*, voir notamment D. CHAUVAUX, « Transfusion contre la volonté du patient. Conseil d'Etat, Assemblée, 26 octobre 2001, Mme Catherine Senanayake. Conclusions », *op. cit.*, p. 150. L'auteur replace le débat sur le plan des principes de notre ordre juridique et politique semblant comparer, comme l'avait fait G. MORANGE à propos de la ceinture de sécurité, le libéralisme avec le totalitarisme : « dans un autre état social, cette obligation [de soins] pourrait être regardée comme étant au premier chef une obligation à l'égard de la collectivité, obligation qui s'imposerait au médecin mais également au malade. La collectivité exercerait alors un droit sur la santé de ses membres, droit dont les médecins seraient les garants. Dans le régime constitutionnel qui est le nôtre, en revanche, l'obligation de soins du médecin est, au premier chef, une obligation à l'égard du malade ».

1614 M. HEERS, « Responsabilité médicale et transfusion sanguine contre la volonté du patient. Conclusions sur cour administrative d'appel de Paris, 9 juin 1998, *Mme Donyoh et Mme Senanayake* (2 espèces) », *op. cit.*, p. 1236.

se placer sur le terrain de la dignité humaine[1615]. Si cela traduit indéniablement l'imprécision d'un tel concept, la décision du Conseil d'Etat du 21 octobre 2001 confirmera, s'il en était besoin, que le droit administratif ne récuse pas totalement l'idée de la protection de l'individu contre lui-même.

Conclusion du chapitre

620. Le consentement de l'administré apparaît donc limité. Tantôt il est pris en compte par le droit administratif mais ne peut pas produire tous les effets que pourraient souhaiter les administrés, tantôt le droit ne lui reconnaît aucune efficacité. Dans le premier cas de figure, le consentement se révèle insuffisant. Tout d'abord parce qu'il ne saurait à lui seul engendrer une nouvelle situation juridique ou modifier une situation juridique existante. Ensuite parce que bien souvent il ne se présente que comme la possibilité pour l'administré d'adhérer à un statut qui lui préexiste et dont il n'est ni l'auteur ni même le coauteur. Dans la seconde hypothèse, l'absence de consentement est en réalité une exception : il aurait dû être pris en compte en vertu de principes tels que l'autonomie ou la liberté, mais des impératifs supérieurs relatifs à l'ordre public et à la protection de l'administré contre lui-même en disposent autrement.

621. Dans la mesure où l'on « peut semble-t-il appeler "libéral" tout argument qui attribue une importance décisive au consentement des individus comme condition de la légitimité d'un ordre politique et à la liberté individuelle de choix d'une conception particulière du sens de la vie »[1616], faut-il voir dans la protection des administrés contre eux-mêmes une remise en cause des principes du libéralisme ? Ce n'est pas certain car non seulement les hypothèses relevées restent en nombre limité, mais en plus il n'est pas évident d'affirmer qu'elles concernent uniquement l'individu, tant l'individuel et le collectif demeurent interdépendants dans nos sociétés contemporaines[1617].

[1615] D. CHAUVAUX, « Transfusion contre la volonté du patient. Conseil d'Etat, Assemblée, 26 octobre 2001, Mme Catherine Senanayake. Conclusions », *op. cit.*, p. 151.

[1616] A. BOYER, « Libéralisme et contractualisme » dans Ph. RAYNAUD et S. RIALS (dir.), *Dictionnaire de philosophie politique*, *op. cit.*, pp. 400-406, p. 400.

[1617] M. FABRE-MAGNAN relève à cet égard qu' « en réalité, dans une vie en société, il n'est pas si fréquent qu'une décision ne relève que du rapport de soi à soi » : « Le domaine de

Conclusion de la deuxième partie

622. Le consentement des administrés assure une deuxième fonction, celle de permettre l'exercice d'un certain nombre de droits et de libertés. Le droit administratif, lorsqu'il impose à l'administration de prendre en compte le consentement des administrés, garantit leur liberté. Ceux-ci disposent alors de la faculté de donner leur consentement ou de le refuser. C'est d'ailleurs sans doute dans cette dernière hypothèse qu'apparaît de la manière la plus évidente la part d'autonomie que peut leur laisser l'administration qui en tire toutes les conséquences, notamment en responsabilisant davantage les administrés.

623. Cette liberté n'est cependant pas sans bornes et la prise en compte du consentement ne signifie pas sa souveraineté. Outre le fait que cette prise en compte ne vaut que dans certains cas, les manifestations de volonté des administrés demeurent limitées à un double point de vue. Le consentement peut d'abord se révéler insuffisant pour créer une situation juridique. Il ne s'analyse alors en réalité que comme un élément déclencheur d'une situation juridique objective préexistante qui lui échappe en grande partie. Le consentement est ensuite, dans certains cas, indifférent. Alors même que l'on aurait pu s'attendre à ce qu'il soit pris en compte, au nom par exemple du principe de liberté, le droit lui dénie tout pouvoir. La liberté des administrés est alors limitée par la nécessaire protection d'impératifs supérieurs, parmi lesquels figure notamment la protection des individus contre eux-mêmes.

624. Si le consentement des administrés manifeste toujours leur liberté, il n'est pas certain que cela leur soit nécessairement profitable. L'administration a également intérêt à en tirer profit, le consentement participant alors à la légitimation de l'appareil d'Etat.

---

l'autonomie personnelle. Indisponibilité du corps humain et justice sociale », *D.*, 2008, n°1, pp. 31-39, p. 32. Un auteur va même jusqu'à affirmer que « la liberté de l'individu est un bien…commun » : C. RUET, « L'autonomie personnelle dans la jurisprudence de la Cour européenne confrontée à la philosophie des droits de l'homme », dans M. DOAT et P. CHARLOT (coord.), *Liber amicorum Gilles Darcy. Détours juridiques : le praticien, le théoricien et le rêveur*, *op. cit.*, pp. 699-732, p. 722.

TROISIEME PARTIE
LE CONSENTEMENT DES ADMINISTRES COMME ELEMENT DE LEGITIMATION

625. L'administration ne saurait se passer de l'obéissance des administrés. Les actes qu'elle prend ou les prestations qu'elle fournit ont vocation à se concrétiser au niveau de leurs destinataires. Or, pour employer une formulation aux accents marxistes, « l'autorité des dominants vient de ce que les dominés tiennent leurs ordres pour légitimes »[1618]. La légitimité est en effet la qualité qui, « attribuée à un ordre juridico-politique, suppose sa "reconnaissance" comme domination, et la reconnaissance de sa capacité à dicter des ordres auxquels on doit obéir »[1619]. Ce besoin de légitimité ne concerne pas seulement le pouvoir politique, mais aussi l'administration. A l'instar des autres organisations sociales, « l'appareil d'Etat ne peut fonctionner sans le secours d'une idéologie qui assure l'adhésion spontanée des administrés et limite l'emploi des procédés de contrainte »[1620].

626. Historiquement, cette légitimité résulte pour l'administration française de la combinaison de deux principaux facteurs[1621]. D'une part, l'appareil d'Etat a été essentiellement vu et conçu comme un simple instrument d'exécution d'une volonté souveraine que d'autres étaient chargés d'incarner et de définir, en l'occurrence la Nation elle-même ou ses représentants. Dans cette conception, la légitimité de l'administration peut être qualifiée de « légitimité dérivée »[1622], puisqu'elle n'existe pas en elle-même mais provient de celle du pouvoir politique. La légitimité de l'administration repose sur son obéissance aux pouvoirs qui la dirigent. La

---

[1618] D. COLAS, « Légitimité », dans O. DUHAMEL et Y. MENY (dir.), *Dictionnaire constitutionnel*, PUF, 1992, 1112 p., pp. 565-566.

[1619] Fr. RAVIER DE LUCAS, « Légitimité », dans A.-J. ARNAUD (dir.), *Dictionnaire de théorie et de sociologie du droit*, *op. cit.*, pp. 343-345, p. 343. En philosophie politique et science politique, la légitimation consiste quant à elle en un « procédé par lequel un pouvoir ou un régime politique parvient à susciter et à maintenir l'adhésion des citoyens » ou encore le résultat de ce procédé : S. CASTIGNONE, « Légitimation », dans A.-J. ARNAUD (dir.), *Dictionnaire de théorie et de sociologie du droit*, *op. cit.*, p. 342.

[1620] J. CHEVALLIER, « L'intérêt général dans l'Administration française », *RISA*, 1975, pp. 325-350, p. 325.

[1621] Un grand nombre d'auteurs s'accordent à reconnaître le fait qu'il existe plusieurs sortes de légitimité, ce que Ch. EISENMANN appelle le « pluralisme des légitimités » : « Sur la légitimité juridique des gouvernements », dans Institut international de philosophie politique, *Annales de philosophie politique*, n°7, *L'idée de légitimité*, *op. cit.*, pp. 97-127, p. 124. Voir encore et notamment : M. FATIN-ROUGE STEFANINI, L. GAY et A. VIDAL-NAQUET, « Préface », dans M. FATIN-ROUGE STEFANINI, L. GAY et A. VIDAL-NAQUET (dir.), *L'efficacité de la norme juridique : nouveau vecteur de légitimité ?*, Bruylant, coll. « A la croisée des droits », 2012, 352 p., pp. 13-24, p. 14 : « à la légitimité fondée sur l'élaboration démocratique de la règle de droit, tend de plus en plus à se substituer/se superposer une légitimité *ex post*, plus technicienne, fondée sur l'efficacité de la production juridique ».

[1622] J. CHEVALLIER, « L'intérêt général dans l'Administration française », *op. cit.*, p. 329. L'auteur affirme ainsi, à la même page, que « les tâches de l'administration ne sont jamais initiales mais toujours secondes au regard des tâches politiques ».

stricte soumission à la loi est donc un facteur nécessaire, « un axiome fondamental sur lequel les bureaucraties administratives ont édifié leur légitimité »[1623]. Cela implique alors un étroit contrôle de la part du juge[1624], qui a pour but essentiel de vérifier que l'administration exécute bien la volonté de la Nation et non la sienne propre[1625].

627. A cette source de légitimité s'ajoute une seconde : la poursuite par l'administration de l'intérêt général et de lui seul. C'est là le fondement même du travail de l'administration, travail encore plus visible par la multiplication des interventions qu'il implique dans un Etat-providence. Loin des intérêts particuliers, individuels ou même collectifs, l'administration n'agit pas pour elle-même mais bien pour une fin qui la dépasse : l'intérêt général[1626]. Comme l'affirme Jacques CHEVALLIER, dont les travaux sont ici largement utilisés, la notion d'intérêt général constitue « le système idéal de légitimation de l'autorité dans les pays se réclamant du libéralisme »[1627].

628. Il serait excessif de prétendre que ces deux sources de légitimité se sont taries, mais il est certain qu'elles irriguent de manière moins abondante

---

1623 J. CHEVALLIER, « La dimension symbolique du principe de légalité », *RDP*, 1990, pp. 1651-1677, p. 1664.

1624 Sur ce point, voir D. LOSCHAK, « Le principe de légalité. Mythes et mystifications », *AJDA*, 1981, pp. 387-392. Voir plus généralement, sur les différents types de légitimité, M. WEBER, *Wirtschaft und Gesellschaft*, 1921, trad. par J. CHAVY et E. DE DAMPIERRE (dir.), *Economie et société*, tome 2, *Les catégories de la sociologie*, Pocket, coll. « Agora », 2003, 411 p., spéc. le chapitre intitulé « Les types de domination », pp. 285-390.

1625 La traduction juridique la plus concrète et la plus visible de cette idée est sans aucun doute le détournement de pouvoir qui permet au juge de sanctionner l'administration lorsqu'elle use de ses pouvoirs dans un but autre que celui qu'elle est censée poursuivre.

1626 Et telle est bien l'entreprise de légitimation de l'Etat et des gouvernants menée par DUGUIT lorsqu'il s'efforce de montrer que le droit administratif est tout entier construit autour de la notion de service public, activité elle-même définie par référence à l'intérêt général. J. CHEVALLIER affirme ainsi que « l'analyse de Duguit, qui a imprégné toute la doctrine française du droit public, reste une des composantes essentielles de l'idéologie de l'intérêt général » : « L'intérêt général dans l'Administration française », *op. cit.*, p. 329.

1627 *Ibid.*, p. 325. Dans cet article, l'auteur consacre une partie entière, pp. 325-339, à « l'intérêt général comme idéologie légitimante ». Voir encore, du même auteur : « Réflexions sur l'idéologie de l'intérêt général », dans CURAPP, *Variations autour de l'idéologie de l'intérêt général*, vol. 1, 1978, pp 11-45. D. TRUCHET affirmait plus généralement que l'intérêt général était « un moyen commode de faire progresser et de légitimer le droit » : « L'intérêt général dans la jurisprudence du Conseil d'Etat : retour aux sources et équilibre », *EDCE*, 1999, pp. 361-374, p. 362. L'intérêt général semblait déjà jouer un tel rôle de légitimation du pouvoir dès l'Ancien Régime. Sur ce point, voir Fr. SAINT BONNET, « L'intérêt général dans l'ancien droit constitutionnel », dans B. MATHIEU et M. VERPEAUX (dir.), *L'intérêt général, norme constitutionnelle*, Dalloz, coll. « Thèmes et commentaires », 2007, 108 p., pp. 9-21.

aujourd'hui qu'hier l'action administrative[1628]. L'administration occupe en effet en pratique la première place normative de l'Etat et « la conception libérale traditionnelle selon laquelle l'administration se contente de mettre en pratique un intérêt général dont le pouvoir politique définit le contenu ne correspond pas à la réalité des choses »[1629]. Plusieurs raisons pourraient être avancées mais il suffit ici de rappeler que la distinction entre le pouvoir politique et l'administration n'est pas aussi marquée qu'il y paraît ou encore que le pouvoir exécutif a acquis de nombreuses prérogatives qui interdisent de ne voir en lui aujourd'hui qu'un simple exécutant[1630]. Par ailleurs, s' « il était admis, explicitement ou implicitement, que l'intérêt général était la finalité de toute l'action administrative, [...] cette référence automatique ne fonctionne plus tandis que le doute, lui, est devenu systématique »[1631]. Il est donc possible de dire, tout en reconnaissant qu'elle joue encore un rôle non négligeable[1632], que « cette idéologie connaît actuellement un certain déclin »[1633].

[1628] Cette affirmation mériterait de longs développements théoriques qu'il n'est pas possible d'entreprendre ici. Il convient cependant de noter brièvement plusieurs points. D'une part et comme cela a déjà été relevé, la légitimité peut s'alimenter à différentes sources à une même époque. D'autre part et surtout, n'étant jamais définitivement acquise dans la pratique, la légitimité doit être entretenue et se renouveler constamment, étant ainsi en perpétuelle transformation. Sur ces points, voir explicitement J.-M. FEVRIER, « Sur l'idée de légitimité », *RRJ*, 2002-1, pp. 367-379, p. 371, ou encore R. POLIN, « Analyse philosophique de l'idée de légitimité », dans Institut international de philosophie politique, *L'idée de légitimité, Annales de philosophie politique*, n°7, *op. cit.*, pp. 17-28, pp. 27-28. Cette nécessaire transformation va jusqu'à des changements profonds de légitimité, chaque époque étant plus ou moins sensible à tel ou tel type de légitimité. « A chaque époque sa légitimité » affirme ainsi J.-J. CHEVALLIER étudiant l'œuvre de G. FERRERO : « La légitimité selon G. Ferrero », dans Institut international de philosophie politique, *L'idée de légitimité, Annales de philosophie politique*, n°7, *op. cit.*, pp. 211-221, p. 214. C'est à un tel changement que l'on assiste dans l'administration à l'époque contemporaine. Sur la question de l'évolution et des changements de légitimité selon les époques, *cf.* notamment, outre les travaux de M. WEBER, S. GOYARD-FABRE, « Légitimité », dans D. ALLAND et S. RIALS (dir.), *Dictionnaire de la culture juridique*, *op. cit.*, pp. 929-933, p. 930.

[1629] J. CHEVALLIER, « L'intérêt général dans l'Administration française », *op. cit.*, p. 333.

[1630] L'administration participant activement au processus législatif, il va de soi que sa légitimité ne peut provenir uniquement de sa propre soumission à une norme qu'elle a elle-même élaborée.

[1631] J.-M. PONTIER, « L'intérêt général existe-t-il encore ? », *D.*, 1998, chron., pp. 327-333, p. 330.

[1632] Voir par exemple C. LEGRAND, Fr. RANGEON et J.-Fr. VASSEUR, « Contribution à l'analyse de l'idéologie de l'intérêt général », dans CURAPP, *Discours et idéologie*, PUF, 1980, pp. 181-217. Plus qu'un changement de paradigme, il faut sans doute voir dans l'objet étudié un phénomène de stratification, de sédimentation. Une légitimité ne chasse pas l'autre, mais s'y ajoute et se combine dans des proportions variables. Sur ces notions, voir notamment Chr. ATIAS, *Epistémologie juridique*, *op. cit.*, pp. 184-190 et pour une application concrète

629. L'administration moderne se devait dès lors de faire évoluer ses procédés de légitimation[1634]. La vertu de prudence[1635], c'est-à-dire « la faculté qui nous fait simplement trouver les moyens d'atteindre les fins que nous voulons »[1636], lui impose de retenir ce qui lui permettra le mieux de parvenir à la réalisation de ses fins. Les moyens sont innombrables, mais les plus connus s'inscrivent notamment dans la rationalisation des choix budgétaires, la révision générale des politiques publiques ou encore la modernisation de l'action publique, mécanismes inspirés de la culture du résultat qui visent à une réforme de l'appareil d'Etat en améliorant son efficacité et en diminuant ses coûts. L'administration et le droit administratif se tournent dès lors et de plus en plus vers le privé, censé incarner les valeurs d'efficience, et adoptent ses normes et ses références telles que l'entreprise[1637] ou le rendement[1638].

M. DOAT, *Recherche sur la notion de collectivités locales en droit administratif français*, LGDJ, coll. « BDP », tome 230, 2003, 317 p., spéc. pp. 8-13.

1633 J. CHEVALLIER, « L'intérêt général dans l'Administration française », *op. cit.*, p. 338.

1634 Pour une étude sur les fondements traditionnels de la légitimité de l'administration et sur leur nécessaire évolution aujourd'hui, voir notamment J.-B. AUBY, « Droit administratif et démocratie », *DA*, fév. 2006, étude 3.

1635 Il serait intéressant de relever les applications que l'administration fait de la prudence. Une chose de première importance, à noter, est déjà la possibilité de se référer, au moins implicitement, à cette vertu. Celle-ci suppose en effet que la réalité sur laquelle il convient d'agir ne relève pas uniquement de la science, mais laisse au contraire place à l'indétermination et donc à la délibération. Sur ces questions, voir P. AUBENQUE, *La prudence chez Aristote*, PUF, coll. « Quadrige. Grands textes », 5ème éd., 2009, 220 p. L'évolution d'une administration omnisciente vers une administration qui ressent la nécessité de faire appel de plus en plus fréquemment à des experts, de solliciter l'avis des administrés et notamment des associations semble s'inscrire pleinement dans ce phénomène.

1636 P. PELLEGRIN, dans M. CANTO-SPERBER (dir.), *Dictionnaire d'éthique et de philosophie morale*, PUF, 1996, 1719 p., entrée « Prudence », pp. 1201-1207, p. 1203. Si la prudence concerne en premier lieu les individus, elle possède indéniablement une dimension collective. L'auteur indique même, p. 1203, que « la forme la plus déployée de la prudence c'est la prudence politique », ce qui permet incontestablement d'envisager l'action de l'administration à l'aune de cette vertu. Sur la notion de prudence, voir encore G. DELANNOI, *Eloge de la prudence*, Paris, Berg international, coll. « Pensée Politique et Sciences Sociales », 1993, 189 p., ou encore Ch. DELSOL (textes réunis par), *La prudence : colloque du vendredi 19 octobre 2007*, Paris, Palais de l'Institut, 2008, 132 p., spéc. G. ROMEYER-DHERBEY, « La prudence d'Aristote », pp. 9-22.

1637 J. CAILLOSSE affirme ainsi que « l'entreprise privée fascine l'Etat » : « L'administration française doit-elle s'évader du droit administratif pour relever le défi de l'efficience ? », *PMP*, n°2, 1989, pp. 163-182, p. 176.

1638 Après avoir démontré que le droit administratif a été longtemps vu comme incapable de favoriser la performance publique, J. CAILLOSSE énonce que « le droit administratif n'a pas manqué de s'ouvrir aux exigences du rendement » : « Le droit administratif contre la performance publique ? », *AJDA*, 1999, pp. 195-211, p. 204. Le même auteur affirme plus généralement que « dans le mode aujourd'hui dominant de lecture managériale des échanges

630. Parmi tous ces moyens, il en est un, même s'il est sans doute plus discret et plus modeste que ceux précédemment cités, qui est très favorable à l'administration : le consentement de l'administré. D'une part, parce que « l'autorité est exercée beaucoup plus efficacement et à moindre coût si elle repose sur le consentement actif des administrés »[1639]. Il serait donc possible dans une étude proche de la science administrative et de la sociologie du droit de rechercher les facteurs propres à augmenter l'adhésion des administrés à l'action de l'appareil d'Etat[1640]. D'autre part et de manière plus spécifique, il existe des hypothèses dans lesquelles le consentement de l'administré, formellement matérialisé, pourrait renforcer la légitimité de l'administration.

631. Le consentement de l'administré semble pouvoir jouer un rôle semblable à celui que joue, dans un système libéral et démocratique, le consentement du citoyen. De même que ce dernier est perçu comme étant la source de toute légitimité politique, celui de l'administré pourrait sans doute être à l'origine de la légitimité de l'administration, ou du moins participer à celle-ci. Parce qu'il permet d'éviter des procédures lourdes, coûteuses en temps, en moyens financiers et humains, le consentement est recherché par l'administration lors de son action concrète. Constituant notamment de la part de l'administré une renonciation à certains droits, le consentement est encore susceptible de procurer à l'administration une efficience accrue et par là de renforcer sa légitimité.

632. L'appareil d'Etat recherche donc de plus en plus le consentement de ses administrés, notamment dans deux directions principales et complémentaires. D'un côté, la participation directe de l'administré au processus administratif confère à celui-ci une légitimité démocratique plus appuyée. De l'autre, le consentement de l'administré est aussi un moyen utilisé par l'administration pour accroître l'efficience de son action, les décisions reposant sur l'accord de l'administré étant plus faciles à prendre et à faire exécuter que celles reposant sur la contrainte. Pour reprendre une distinction de BARTOLUS DE SASSOFERATO, le consentement de

---

sociaux, seul le droit privé s'est vu reconnaître le privilège d'être tourné vers l'efficacité » : « Introduction. Esquisse d'une réflexion sur une fausse évidence : l'efficacité du droit », dans M. FATIN-ROUGE STEFANINI, L. GAY et A. VIDAL-NAQUET (dir.), *L'efficacité de la norme juridique : nouveau vecteur de légitimité ?*, *op. cit.*, pp. 153-159, p. 154.

[1639] J. CHEVALLIER, « L'intérêt général dans l'Administration française », *op. cit.*, p. 326.

[1640] Il serait encore possible de développer les hypothèses dans lesquelles le consentement de l'administré évite l'engagement de la responsabilité de l'administration, comme lorsqu'il empêche qu'un acte ou un agissement soit qualifié de voie de fait ou d'emprise irrégulière, ou lorsqu'il permet au juge de retenir l'exception de risque accepté. Il s'agit d'autant d'hypothèses qui permettent de ménager les deniers publics. Sur ces notions, *cf. supra*, les chapitres 1 de la première et de la deuxième partie.

l'administré renforce la légitimité de l'administration à la fois *ex parte tituli* et *ex parte exercitus*, à la fois par son origine et par son exercice concret[1641]. Dans le premier cas, l'administration sera d'autant plus légitime qu'elle aura inclus, si possible de manière directe, les administrés dans la prise de décision. Dans le second, elle pourra revendiquer la même qualité dans la mesure où les objectifs qui lui sont assignés auront été atteints à moindre coût.

633. C'est donc parce qu'il est l'expression même d'une certaine forme de participation et parce qu'il est un élément essentiel dans la recherche de l'efficience de l'action administrative que le consentement des administrés peut concourir à la légitimation de l'origine (Chapitre 1) et de l'exercice (Chapitre 2) du pouvoir administratif.

[1641] Sur cette distinction, voir R. POLIN, « Analyse philosophique de l'idée de légitimité », *op. cit.*, pp. 26-27 ou encore N. BOBBIO, « Sur le principe de légitimité », dans Institut international de philosophie politique, *Annales de philosophie politique*, *L'idée de légitimité*, n°7, *op. cit.*, pp. 47-60, p. 50. Cet article est par ailleurs reproduit dans *Repenser le droit constitutionnel*, *Droits*, n°32, 2000, pp. 147-155. La même idée est reprise en langage moderne par la distinction entre la légitimité fondée sur les *inputs* et celle résultant des *outputs*. Pour l'utilisation d'une telle distinction, voir notamment M.-L. BASILIEN-GAINCHE, « Gouvernance et efficacité des normes juridiques », dans M. FATIN-ROUGE STEFANINI, L. GAY ; A. VIDAL-NAQUET, *L'efficacité de la norme juridique : nouveau vecteur de légitimité ?*, *op. cit.*, pp. 85-105, spéc. p. 88 ou encore J.-B. AUBY, « Droit administratif et démocratie », *op. cit.*, n°9.

Chapitre I
Le consentement, élément de légitimation de l'origine du pouvoir administratif

634. Les titres traditionnellement à l'origine du pouvoir administratif, à savoir la poursuite de l'intérêt général et l'autorité de la loi, « expression de la volonté générale »[1642], sont aujourd'hui bien souvent perçus comme insuffisants pour légitimer l'action de l'appareil d'Etat. La participation des administrés à l'édiction des actes administratifs semble en revanche à même de lui donner une légitimité renouvelée, en situant les destinataires des normes à la source même du pouvoir administratif qui les édicte.

635. La participation est cependant difficile à définir tant « la notion manque encore de précision »[1643]. Dans un sens large on peut l'entendre de toute forme d' « association des représentants des administrés ou des citoyens à l'action administrative »[1644]. Elle constitue alors un moyen précieux au service de l'administration, car si elle concourt à améliorer la

---

[1642] Article 6 de la Déclaration des droits de l'homme et du citoyen du 26 août 1789.

[1643] J.-P. FERRIER, « La participation des administrés aux décisions de l'administration », *RDP*, 1974, pp. 663-690, p. 663. J. CHEVALLIER affirme encore que « l'idée de participation est susceptible de multiples traductions et chacun peut y trouver ce qu'il veut y mettre » : « La participation dans l'administration française : discours et pratique », *Bulletin de l'IIAP*, 1976, pp. 85-119 et pp. 497-554, p. 111. Enfin, J. RIVERO indique pour sa part que « la participation [...] apparaît donc comme la possibilité donnée à des personnes de prendre elles-mêmes une certaine part à l'exercice du pouvoir, cette part pouvant aller de l'information et du dialogue jusqu'à l'association à la prise de décision » : « Introduction », dans Fr. DELPEREE, *La participation directe du citoyen à la vie politique et administrative*, Bruylant, coll. « Bibliothèque de la Faculté de droit de l'Université catholique de Louvain », 1986, 421 p., pp. 7-19, p. 13. Une telle description met en évidence l'imprécision et surtout l'étendue que peut recouvrir la notion.

[1644] M. LE CLAINCHE, « L'administration consultative, élément constitutif ou substitut de la démocratie administrative ? », *RFAP*, n°137-138, 2011, pp. 39-48, p. 40. Sur la participation, voir encore E. CHAPERON, « La participation à l'élaboration de l'acte administratif unilatéral (Essai de typologie) », dans G. DUPUIS (dir.), *Sur la forme et la procédure de l'acte administratif*, Economica, coll. « Recherches Panthéon-Sorbonne. Série Sciences juridiques. Administration publique », 1979, 124 p., pp. 112-118.

qualité des décisions administratives[1645], elle permet aussi de faciliter l'exécution des décisions administratives[1646]. Comme l'indique Jean-Marc SAUVE, « les décisions sont certainement d'autant mieux acceptées, et, partant, appliquées et sécurisées qu'elles ont été largement discutées, concertées, voire négociées en amont, dès le départ du processus »[1647].

1645 Voir notamment G. ISAAC, *La procédure administrative non contentieuse*, LGDJ, coll. « PBP », tome 79, 1968, 732 p., p. 204. Voir aussi H. BELRHALI, *Les coauteurs en droit administratif*, *op. cit.*, spéc. pp. 65-66, le paragraphe intitulé « l'amélioration de la qualité de l'acte administratif », ou encore G. BRAIBANT et C. WIENER, « Processus et procédure de décision », dans *Mélanges en l'honneur du Professeur Michel Stassinopoulos*, Paris et Athènes, LGDJ et Revue du droit public, coll. « Lois et Justice », 1974, 597 p., pp. 465-490. De manière générale et de ce point de vue, un parallèle peut être établi entre la procédure administrative non contentieuse et les procédures juridictionnelles, de droit privé ou de droit public, qui ont comme finalité première la recherche de la solution la plus juste possible. Sur cette question, voir notamment M.-A. FRISON-ROCHE, « 2 + 1 = la procédure », dans W. BARANES et M.-A. FRISON-ROCHE (dir.), *La justice, l'obligation impossible*, Autrement, coll. « Séries morales », 1994, 215 p., pp. 193-207, et J.-Fr. BURGELIN, J.-M. COULON et M.-A. FRISON-ROCHE, « L'office de la procédure », dans *Le juge entre deux millénaires : mélanges offerts à Pierre Drai*, Dalloz, 2000, 708 p., p. 253-267. Pour Fr. BURDEAU, « toute règle de procédure est une contrainte imposée à une autorité pour que son activité reste à la hauteur de sa mission » : « Procédure administrative », dans ALLAND et S. RIALS (dir.), *Dictionnaire de la culture juridique*, *op. cit.*, pp. 1222-1226, p. 1222.

1646 Sur ce point, voir notamment Association française pour la recherche en droit administratif, *Les procédures administratives*, *op. cit.*, spéc. G. DUMONT, « Théorie de la procédure », pp. 3-11.

1647 J.-M. SAUVE, « Avant-propos », dans CONSEIL D'ETAT, *Consulter autrement. Participer effectivement. Rapport public 2011*, La Documentation française, 2011, 226 p., pp. 9-11, p. 10. Les liens étroits qui unissent participation, légitimité de la décision et facilité d'exécution de celle-ci sont un thème très présent dans la doctrine du droit administratif et de la science administrative. B. DELAUNAY note ainsi que « la participation s'inscrit dans une politique de relations publiques et de "marketing administratif" qui vise à faciliter l'exécution des décisions administratives » : *L'amélioration des rapports entre l'administration et les administrés : contribution à l'étude des réformes administratives entreprises depuis 1945*, *op. cit.*, p. 135. De la même manière, Fr. RANGEON affirme, à propos des destinataires de la règle, que « leur association à l'élaboration du texte et au contrôle de son application sera également un facteur d'effectivité » : « Réflexions sur l'effectivité du droit », dans CURAPP, *Les usages sociaux du droit*, PUF, 1989, 335 p., pp. 126-149, p. 141. Parmi un grand nombre d'affirmations allant dans ce sens, il est encore possible de citer G. BRAIBANT et C. WIENER qui estiment que « la *participation* est également une exigence majeure. Sur le plan pratique, l'administration prend conscience aujourd'hui que son action sera d'autant mieux comprise qu'elle aura recueilli l'adhésion des intéressés : la conception régalienne cède le pas à la recherche de l'entente » : « Processus et procédure de décision », *op. cit.*, p. 478. Voir, dans le même ouvrage, A. DE LAUBADERE, « L'administration concertée », pp. 407-424, spéc. p. 415 ou encore J. CHEVALLIER, « Délibération et participation », dans CONSEIL D'ETAT, *Consulter autrement. Participer effectivement. Rapport public 2011*, *op. cit.*, pp. 195-205. Enfin, A. MAFILLE-TOURTIN, étudiant le rapport du Conseil d'Etat de 2011 dans un paragraphe intitulé « le recours à une forme nouvelle de persuasion », estime quant à elle que « le lien entre l'association du destinataire à la décision et sa légitimité ne fait

636. La participation peut aussi s'entendre en un sens plus restreint, plus strict. Jacques CHEVALLIER distingue ainsi, à côté de cette « participation-intégration » qui vise avant tout à renforcer l'autorité de l'appareil d'Etat, une « participation-accès au pouvoir »[1648]. Il est alors intéressant de se demander si et dans quelle mesure les administrés[1649] peuvent prétendre partager avec l'administration le pouvoir de décision dont elle dispose[1650]. Il s'agit donc d'envisager, non pas de manière générale la participation des administrés à l'action administrative, mais plus spécifiquement ce qu'on peut appeler, avec Charles EISENMANN, la participation « décisionnelle »[1651], celle dans laquelle les administrés eux-mêmes, ou éventuellement leurs représentants[1652], sont titulaires d'un réel pouvoir de décision. Il s'agirait ainsi de la manière la plus aboutie de conférer aux décisions administratives une légitimité provenant de la source dont elles émanent.

637. C'est donc le concept de démocratie administrative qu'il s'agit d'interroger[1653]. Bien qu'il soit là encore difficile de donner à cette notion à

---

plus aucun doute pour le Conseil d'Etat » : *L'auteur de l'acte administratif et la règle de droit administratif*, Thèse, Brest, 2011, 440 p., pp. 338-343, p. 340.

1648 J. CHEVALLIER, « La participation dans l'administration française : discours et pratique », *op. cit.*, p. 88.

1649 L'utilisation d'un pluriel vise ici à exclure les hypothèses dans lesquelles c'est un administré en particulier qui, par son consentement, est à l'origine de l'action administrative ou plus simplement l'autorise, légitimant ainsi celle-ci. Tel est le cas des atteintes aux droits publics subjectifs disponibles. Dans ces hypothèses, qu'il s'agisse par exemple du respect du corps humain en droit hospitalier, du respect de la propriété privée ou encore de la vie privée, la violation des droits de l'administré peut être couverte par son consentement. Dans ces situations en effet, s'il est question de légitimité de l'action administrative, il est avant tout question de liberté pour l'administré, ce qui justifie qu'il n'en soit pas traité ici à nouveau. *Cf.* en revanche *supra*, le premier chapitre de la première partie, ainsi que l'ensemble de la deuxième partie.

1650 Telle est bien la démarche de Ph. ZAVOLI lorsqu'il s'interroge : « les techniques de démocratie semi-directe sont-elles réservées au domaine législatif ou constitutionnel ou n'existent-elles pas pour les actes administratifs ? » : « La démocratie administrative existe-t-elle ? Plaidoyer pour une refonte de l'enquête publique et du référendum local », *RDP*, 2000, pp. 1495-1527, p. 1499.

1651 Ch. EISENMANN, *Cours de droit administratif*, *op. cit.*, tome 2, p. 375.

1652 Les développements à venir visent principalement à tester l'hypothèse de la participation directe des administrés à la vie administrative. Mais eu égard à l'importance que peut parfois revêtir la participation indirecte, elle ne saurait être exclue totalement. Tel sera notamment le cas pour le consentement de l'impôt qui provient essentiellement de représentants et non des administrés eux-mêmes. Mais son rôle historique dans nos démocraties modernes ne permet pas de l'occulter. Il s'agit bien d'une exception à la démarche adoptée.

1653 Sur ce sujet et en plus des références citées dans ce chapitre, voir encore P.-Y. CHICOT, « La démocratie administrative : essai de conceptualisation », *RA*, n°380, mars 2011, pp. 138-148 et J. LE GARREC, « Efficacité et démocratie administratives », *RFAP*, n°45, 1988, pp. 69-74.

première vue surprenante[1654] une définition précise[1655], il est possible d'affirmer qu'elle se compose, à l'instar de la démocratie envisagée sous son aspect politique[1656], de deux principaux éléments. Il peut s'agir de mettre en avant, dans le fonctionnement de l'administration, un certain nombre de valeurs substantielles, résumées dans le respect des droits des administrés, ou bien d'insister sur son aspect procédural et « constitutionnel », l'attention étant alors centrée sur le processus de prise de décision. C'est ce second aspect qui rend nécessaire la mobilisation du consentement des administrés. La démocratie administrative peut en effet comporter différents degrés, comme l'ont mis en valeur les travaux précurseurs de Jean RIVERO dans ce domaine[1657]. Elle pourrait se manifester de différentes manières, selon une progression audacieuse qui irait de la représentation à l'explication puis de la participation jusqu'à l' « ultime pas » qui serait le partage du pouvoir de décision[1658].

638. C'est cette hypothèse extrême qu'il va falloir développer, conformément à l'idéal même de la démocratie, qui consiste en « l'accord nécessaire »[1659] ou encore en « l'adéquation maximum »[1660] des gouvernants

---

1654 J. CHEVALIER ne voit-il pas dans cette notion un « oxymore » tandis que Br. DAUGERON estime que la démocratie et l'administration forment un « couple improbable » ? Voir respectivement « De l'administration démocratique à la démocratie administrative », *RFAP*, n°137-138, 2011, pp. 217-227, p. 217 et « La démocratie administrative dans la théorie du droit public : retour sur la naissance d'un concept », *RFAP*, n°137-138, 2011, pp. 21-37, p. 25.

1655 Sur les problèmes posés par la notion de démocratie administrative, voir notamment Br. DAUGERON, « La démocratie administrative dans la théorie du droit public : retour sur la naissance d'un concept », *op. cit.* L'auteur affirme notamment, p. 23, qu' « il existe une ambiguïté sur le sens donné à la notion par ceux-là mêmes qui l'emploient, tous ne s'accordant pas sur son sens ni même sur son objet », allant même jusqu'à affirmer, à la même page, qu' « elle constitue même pour certains ce que d'autres refusent radicalement d'y voir (la consultation directe des administrés sur le mode référendaire par exemple) ».

1656 A. MESTRE affirme ainsi que « la démocratie administrative peut s'analyser par référence à la démocratie politique » : « La démocratie administrative », dans *Mélanges offerts à Paul Couzinet*, Toulouse, Université des sciences sociales de Toulouse, 1974, 809 p., pp. 561-575, p. 562.

1657 G. HOUILLON qualifie les écrits de J. RIVERO en la matière de « visionnaires et précurseurs », ses œuvres se révélant d'une « très grande modernité » : « Jean Rivero. Démocratie et administration », *RFDA*, 2009, pp. 1057-1065, p. 1066.

1658 J. RIVERO, « A propos des métamorphoses de l'administration d'aujourd'hui : démocratie et administration », *op. cit.*, pp. 822-823.

1659 A. MATHIOT, « Bureaucratie et démocratie », *EDCE*, n°15, 1961, pp. 11-30, p. 19. Certains auteurs vont jusqu'à utiliser dans ce contexte le terme de consentement. C'est ainsi que par le vocable « démocratie administrative », Br. DAUGERON entend désigner « toutes les procédures censées recueillir ou attester, dans l'action de l'administration, du consentement des administrés » : « La démocratie administrative dans la théorie du droit public : retour sur la naissance d'un concept », *op. cit.*, p. 33.

et des gouvernés. Il est dès lors possible de se demander, avec le « père » du célèbre Huron, si l'on peut « en matière administrative comme en matière politique, pousser la participation au-delà de l'information et de la concertation préalable, jusqu'au partage du pouvoir de décision »[1661].

639. Si des auteurs semblent admettre cette hypothèse[1662], d'autres ont exprimé leur réserve sur cette question de sorte que « la perspective d'une coproduction des règles administratives par les citoyens serait encore jugée utopique ou insignifiante »[1663]. Jean RIVERO lui-même affirmait déjà que « l'administré ne devient pas le coauteur de la décision qui le concerne, comme l'exigerait une démocratisation absolue »[1664] et Jean-Marc SAUVE qu' « il ne s'agit nullement d'une participation à la décision au sens d'une codécision ; la décision reste le fait de l'autorité légitimement habilitée à la prendre et à l'assumer »[1665]. Hafida BELRHALI estime quant à elle que « la participation des administrés n'aboutit tout de même pas à constater l'existence d'une véritable démocratie administrative »[1666].

640. Deux éléments invitent cependant à reconsidérer la question. D'une part, s'il est certain que de manière générale il n'est pas possible d'affirmer que les administrés partagent avec l'administration le pouvoir de décision, rien n'interdit de rechercher si cela ne peut pas être le cas dans certains domaines particuliers, comme celui des collectivités locales. D'autre part, les évolutions récentes du droit relatives à la démocratie administrative

---

1660 J. RIVERO, « A propos des métamorphoses de l'administration d'aujourd'hui : démocratie et administration », *op. cit.*, p. 822.

1661 J. RIVERO, « Introduction », dans Fr. DELPEREE, *La participation directe du citoyen à la vie politique et administrative*, *op. cit.*, p. 17.

1662 Voir notamment J.-B. AUBY qui affirme qu'il existe « des mécanismes de démocratie administrative directe, c'est-à-dire des procédures par lesquelles, de l'extérieur, les citoyens sont invités à participer aux processus de la décision publique en donnant leur avis, voire en décidant eux-mêmes » : « Remarques préliminaires sur la démocratie administrative », *RFAP*, n°137-138, 2011, pp. 13-19, p. 16.

1663 B. FAURE, « Les deux conceptions de la démocratie administrative », *RFDA*, 2013, pp. 709-712, p. 712.

1664 J. RIVERO, « L'administré face au droit administratif », *op. cit.*, p. 149. Le même auteur estimait d'ailleurs, à propos de la participation directe en matière administrative, qu' « il apparaît difficile de la porter jusqu'au partage du pouvoir de décision », le dernier mot ne devant pas « être ôté à ceux qui sont responsables de l'intérêt général » : « Introduction », dans Fr. DELPEREE, *La participation directe du citoyen à la vie politique et administrative*, *op. cit.*, p. 15 et p. 17.

1665 J.-M. SAUVE, « Avant-propos », dans CONSEIL D'ETAT, *Consulter autrement. Participer effectivement. Rapport public 2011*, *op. cit.*, pp. 9-11, p. 10.

1666 H. BELRHALI, *Les coauteurs en droit administratif*, *op. cit.*, p. 65. L'auteur ajoute, p. 69, que « si la participation n'aboutit pas encore à une véritable démocratie administrative la raison tient à la différence entre participer et décider ».

ou à la décentralisation pourraient éventuellement avoir eu comme résultat de faire changer les choses.

641. C'est donc sans parti pris qu'il faut se demander s'il existe des hypothèses dans lesquelles les administrés partagent avec l'administration un pouvoir de décision, autrement dit s'ils peuvent être, en certains cas du moins, considérés comme *coauteurs* des normes administratives[1667].

642. La question n'est cependant pas exempte de difficultés tant la notion de coauteurs en comporte elle-même[1668]. Afin de tester l'hypothèse à propos des administrés, ce qui ne semble pas avoir été réellement fait jusqu'à présent[1669], il convient au préalable de disposer d'une définition des coauteurs suffisamment précise. De ce point de vue, les travaux menés par Hafida BELRHALI dans sa thèse serviront de référence, sans pour autant qu'il soit possible d'aller jusqu'à un alignement complet sur ses positions.

643. L'auteur reprend essentiellement les analyses de Charles EISENMANN et de ses continuateurs, notamment Pierre FERRARI, dont

---

1667 Il convient de noter que la question sera ici envisagée uniquement du point de vue théorique de la démocratie administrative. Il pourrait être aussi question de chercher à déterminer les éventuels partages de responsabilité qui pourraient avoir lieu entre l'administration et les administrés suite à l'édiction d'un acte administratif adopté grâce au concours de ceux-ci. C'est d'ailleurs un des intérêts habituels de l'identification des coauteurs dans toutes les branches du droit et, comme l'affirme Chr. FARDET, « la distinction des participants à l'acte juridique (auteur, coauteur, perfecteur, etc.) procède d'une cause dont l'intérêt est l'enjeu qu'elle induit. La cause est la définition des compétences de chaque participant, l'enjeu est la détermination de leurs responsabilités » : « Auteur, coauteur, perfecteur », dans ALLAND et S. RIALS (dir.), *Dictionnaire de la culture juridique*, *op. cit.*, pp. 109-111, p. 109.

1668 Ch. EISENMANN estime que savoir ce qu'il faut entendre exactement par agent, auteur ou organe d'un acte est « une question qui est loin d'être simple et de comporter une réponse évidente » : *Cours de droit administratif*, *op. cit.*, tome 2, p. 196. H. BELRHALI estime aussi que, « pluralité et complexité allant de pair », « l'analyse des coauteurs en droit administratif révèle une certaine complexité », de telle sorte que « l'idée de codécision doit être utilisée avec prudence » : *Les coauteurs en droit administratif*, *op. cit.*, respectivement p. 19, p. 1 et p. 105. C'est fort de ces mises en garde qu'il faut cependant aborder la question, conscient des dangers qu'elle présente.

1669 Les auteurs ayant traité de la question des coauteurs en droit administratif ne semblent pas réellement l'avoir posée pour les administrés. Si P. FERRARI note que la réflexion sur les coauteurs « pourrait être étendue à la répartition des tâches à l'intérieur d'une même personne publique ou encore aux rapports entre l'administration et les administrés », il n'apporte aucun élément de réponse à ce sujet. Voir « Essai sur la notion de co-auteurs d'un acte unilatéral en droit administratif français », *op. cit.*, p. 228. De la même manière, H. BELRHALI n'envisage dans sa thèse, préc., pp. 67-69, la question de l'administré comme coauteur d'un acte administratif que très rapidement, et semble conclure à son impossibilité, mais sans avoir réellement développé son argumentation. Voir cependant R. DEAU, *Les actes administratifs unilatéraux négociés*, *op. cit.*, pp. 280-312.

elle adapte cependant quelques solutions[1670]. A l'instar de ces auteurs, elle estime que « seuls les participants à l'élaboration de l'acte qui ont un rôle déterminant peuvent être qualifiés de coauteurs. Si leur contribution n'est pas indispensable à la création de l'acte, ils ne sont que de simples participants »[1671]. C'est dès lors la faculté de consentement qui fonde cette participation indispensable : « si des normes ne peuvent être posées qu'avec l'agrément, avec le consentement d'un certain sujet, celui-ci participe bien à la décision des normes »[1672]. Or, une faculté de consentement étant aussi une faculté de dissentiment, c'est le critère du consentement-opposition formulé par EISENMANN qu'il convient de retenir pour identifier les coauteurs. Comme l'affirme Hafida BELRHALI, ce critère « reste globalement pertinent pour exprimer l'influence déterminante des coauteurs sur l'acte »[1673].

644. Une conséquence de son utilisation est de mettre tous ceux à qui il peut être appliqué sur « un pied d'égalité vis-à-vis de l'auteur nominal »[1674].

1670 S'il n'est pas possible dans ces lignes de relever toutes les différences séparant ces auteurs, il convient cependant de noter les points principaux de désaccord qui existent entre eux. H. BELRHALI, si elle accepte globalement la définition des coauteurs donnée par Ch. EISENMANN, se sépare de ses analyses sur au moins deux points. Le premier concerne la question de la liberté dont les personnes doivent disposer pour être qualifiées de coauteurs. Alors que pour Ch. EISENMANN, un coauteur doit nécessairement être libre de sa décision, H. BELRHALI estime que cela n'est pas nécessaire. Voir respectivement Ch. EISENMANN, *Cours de droit administratif*, *op. cit.*, tome 2, p. 198. et thèse, préc., pp. 85-86. Cette divergence joue essentiellement en ce qui concerne le pouvoir de tutelle et n'a donc pas d'influence en ce qui concerne les administrés. Le second point de divergence leur est en revanche applicable et porte sur la question du *veto* temporaire. Alors que pour le disciple de KELSEN il s'agit d'une hypothèse dans laquelle le titulaire du pouvoir de *veto* peut être qualifié de coauteur, ce qui est le cas lorsque ce pouvoir est utilisé, H. BELHRALI exclut cette hypothèse. Sur ce point, *cf. infra*, note n°1776. Sur la notion de coauteur, voir encore S. REGOURD, *L'acte de tutelle en droit administratif français*, LGDJ, coll. « BDP », tome 142, 1982, 539 p.

1671 H. BELRHALI, *Les coauteurs en droit administratif*, *op. cit.*, p. 70. La participation indispensable s'entend d'une participation, non pas seulement matérielle, mais intelligente ou volontaire. Comme l'indique P. FERRARI, « si l'on définit l'auteur d'un acte par le pouvoir que possède une personne sur la naissance de la norme, il est évident que seul celui qui effectue une opération intellectuelle ou de volonté, ou bien les deux à la fois, peut être qualifié d'auteur de l'acte » : « Essai sur la notion de co-auteurs d'un acte unilatéral en droit administratif français », *op. cit.*, p. 218.

1672 Ch. EISENMANN, *Cours de droit administratif*, LGDJ, 1982, 2 tomes, 786 et 908 p. *op. cit.*, tome 2, p. 375. P. FERRARI estime pour sa part que « les uns et les autres, dont le consentement est indispensable pour que la norme existe dans l'ordre juridique, seront considérés comme des *co-auteurs* » : « Essai sur la notion de co-auteurs d'un acte unilatéral en droit administratif français », *op. cit.*, p. 219.

1673 H. BELRHALI, *Les coauteurs en droit administratif*, *op. cit.*, p. 91. Ce pouvoir de consentement-opposition constitue donc pour l'auteur, p. 73, l' « attribut des coauteurs ».

1674 *Ibid.*, p. 86.

Cette égalité, « inhérente aux coauteurs »[1675], tend donc à rapprocher les coauteurs, l'administration et les administrés s'ils peuvent être qualifiés comme tels.

645. Mais si les coauteurs d'un acte administratif unilatéral sont dans une situation d'égalité en ce que la participation de chacun d'entre eux est « déterminante »[1676], c'est-à-dire nécessaire à l'édiction de l'acte, cette égalité n'est pas forcément totale. Les contributions des différents auteurs sont toutes indispensables à l'entrée en vigueur régulière de la norme, mais elles peuvent être, au plan procédural, très différentes, car « la symétrie entre les rôles des coauteurs n'est pas exigée »[1677]. Les coauteurs ne sont donc pas nécessairement interchangeables et égalité ne signifie pas forcément identité. Comme l'affirme encore Hafida BELRHALI, c'est « la portée des participations à l'acte qui compte, c'est-à-dire la faculté de tel ou tel organe de permettre ou de s'opposer à l'entrée en vigueur de la norme. Or, des organes peuvent avoir des participations distinctes, donc des rôles distincts mais dont la portée est identique car ils sont dotés d'un pouvoir de consentement-opposition. Autrement dit, ce n'est pas l'égalité procédurale qui caractérise les coauteurs mais l'égalité normatrice »[1678]. Les coauteurs sont donc égaux en tant qu'ils disposent d'un pouvoir de consentement-opposition par rapport à l'édiction de la norme, mais peuvent avoir des rôles concrètement très différents, plus ou moins importants dans le processus normatif.

646. Tel est bien le cas à propos des administrés qui disposent d'un pouvoir de décision très limité. Il est possible de constater qu'ils ne peuvent qu'assez rarement être qualifiés de coauteurs des normes administratives, le partage du pouvoir de décision étant rarement consacré (Section 1). Mais plus encore, lorsqu'ils peuvent l'être, force est de reconnaître que ce n'est que de manière imparfaite, l'égalité réelle dans le processus de décision n'étant jamais atteinte (Section 2).

1675 *Ibid.*, p. 78.

1676 *Ibid.*, p. 88. L'auteur affirme que « les coauteurs sont sur un pied d'égalité car ils offrent tous une contribution déterminante à l'acte ».

1677 *Ibid.*, p. 104. L'auteur ajoute encore, p. 87, que « l'égalité entre les coauteurs ne signifie pas qu'ils remplissent des rôles strictement identiques » ou encore, à la même page, que « tout en étant égaux, les coauteurs ne sont pas interchangeables et ont des rôles différents ».

1678 *Ibid.*, p. 89.

Section I
Un partage du pouvoir de décision parcimonieusement consacré

647. La participation des administrés au processus administratif n'est décisionnelle que dans les cas où il est possible de relever à leur profit un pouvoir de consentement-opposition vis-à-vis de la norme[1679]. Ce pouvoir, exprimé essentiellement par des manifestations de volonté issues du suffrage, peut être analysé sous différents angles. Il est tout d'abord possible de relever que « la compétence de prendre un acte administratif inclut deux éléments que sont la détermination du contenu de l'acte et l'édiction de celui-ci »[1680]. Les hypothèses dans lesquelles les administrés possèdent un rôle décisionnel concernent surtout l'édiction de l'acte[1681] et la distinction perd donc de son importance quand il s'agit d'analyser le rôle des administrés. Le pouvoir de consentement-opposition peut aussi être envisagé selon les effets qu'il est susceptible de produire. Il se traduit alors essentiellement de deux façons : soit positivement en permettant l'entrée en

---

1679 Reconnaître le pouvoir de décision des administrés est lourd de conséquence, l'administration pouvant alors se voir imposer des normes ou au contraire être dans l'impossibilité d'en édicter certaines. Il est dès lors fréquent que l'administration fasse appel à la participation des citoyens uniquement afin de mieux faire accepter ses décisions, mais sans leur confier le pouvoir de décision. Comme l'indique L. BLONDIAUX, « l'une des manières les plus efficaces de se préserver des risques encourus par la participation consiste à lui ôter tout impact direct sur l'action » : *Le nouvel esprit de la démocratie. Actualité de la démocratie participative*, Seuil, coll. « La République des idées », 109 p., p. 78.

1680 H. BELRHALI, *Les coauteurs en droit administratif*, *op. cit.*, p. 104. A partir de cette distinction binaire, H. BELRHALI parvient à une distinction ternaire. Il existe ainsi des hypothèses dans lesquelles le coauteur ne fait que participer au contenu de la norme, au *negotium*. D'autres dans lesquelles il n'intervient que pour permettre l'entrée en vigueur de l'acte. D'autres enfin qui combinent les deux précédentes : ce sont les actes conjoints. Mais en l'état actuel du droit positif, les administrés ne semblent pas pouvoir être auteurs de ces derniers.

1681 Les administrés disposent de la possibilité d'influer sur le contenu des normes administratives, comme le montre la participation entendue dans son sens le plus large. Mais une chose est de pouvoir influer sur une décision, autre chose est d'en être l'auteur ou le coauteur. A ce sujet, voir l'exemple révélateur que constitue le débat public, tel qu'il résulte des articles L. 121-1 et s. du Code de l'environnement. Si le rôle des administrés est important, force est de constater que la Commission nationale du débat public a pour seule mission de favoriser le débat relatif à certains projets d'aménagement ou d'équipement d'intérêt national mais ne prend pas position sur le fond des projets qui lui sont soumis.

vigueur de la norme, soit négativement, en empêchant celle-ci. Le pouvoir de consentement comporte donc un double aspect et peut se définir comme « la faculté, ou pouvoir de concourir *ou* mettre obstacle à la genèse d'une norme »[1682].

648. Bien que cela soit artificiel au plan théorique, il est intéressant de distinguer concrètement les cas dans lesquels la pouvoir de décision des administrés est perçu comme s'exerçant plutôt de manière positive, en permettant l'entrée en vigueur d'une norme (I), de ceux dans lesquels il s'exerce avant tout de manière négative (II), en empêchant l'édiction de cette norme.

I. Le consentement comme participation positive à la création des normes

649. La première manière, la plus évidente, d'être reconnu comme coauteur d'une norme consiste à participer positivement à sa création. La présence du consentement dans un certain nombre de dispositifs juridiques, notamment constitutionnels, marque sans aucun doute la réalisation concrète et visible de la démocratie. Celle-ci, loin de rester un idéal théorique relevant de la philosophie politique, s'incarne dans un certain nombre de règles du droit positif. Si cela est désormais ancien en ce qui concerne le consentement de l'impôt (A), ce n'est que plus récemment qu'il en est aussi de même pour le référendum décisionnel local (B).

A. Le cas historique du consentement de l'impôt

650. Bien qu'il ne s'agisse pas à proprement parler d'un cas dans lequel les administrés, en l'espèce les contribuables, disposent d'un pouvoir de consentement direct, l'importance historique et politique du principe de consentement de l'impôt[1683] invite cependant à formuler quelques

[1682] Ch. EISENMANN, *Cours de droit administratif*, *op. cit.*, tome 2, p. 198. Nous soulignons. L'auteur note ainsi, p. 200, que l'approbation ou le refus d'approbation « sont les deux faces d'un même pouvoir ». Sur ce point, voir *supra*, n°342.

[1683] Le consentement *de* l'impôt ne doit pas être confondu avec le consentement *à* l'impôt, comme l'indiquent bon nombre d'auteurs qui s'accordent à faire cette distinction. Tous en revanche ne sont pas unanimes dans les définitions qu'ils donnent de ces deux notions. Par exemple, X. CABANNES affirme que « le consentement *à* l'impôt est l'autorisation donnée par le Parlement à la perception de l'impôt », alors que « le consentement *de* l'impôt est l'acceptation (morale, psychologique) de l'impôt par le contribuable ». M. BOUVIER estime observations à son sujet ne serait-ce que pour mettre en valeur le décalage qui existe entre les principes affirmés en droit positif et les applications qui en sont faites. Ces applications montrent en effet clairement le rôle subordonné et presque négligeable des administrés en la matière[1684]. L'étude du consentement de l'impôt au niveau national par les représentants de la nation permettra également de mieux saisir, dans un second temps, le rôle éventuellement joué par ce principe au niveau local, lorsqu'il ne s'agira plus de loi mais bien d'actes administratifs.

651. Il convient donc de montrer l'importance théorique et juridique du consentement de l'impôt (1) avant de voir que ce principe essentiellement démocratique a des conséquences très concrètes (2).

1. Un dispositif de premier plan

652. Parmi les dispositifs juridiques de valeur constitutionnelle qui font explicitement référence au consentement figure en premier lieu l'article 14 de la Déclaration de 1789 qui énonce que « tous les Citoyens ont le droit de constater, par eux-mêmes ou par leurs représentants, la nécessité de la contribution publique, de la consentir librement, d'en suivre l'emploi, et d'en déterminer la quotité, l'assiette, le recouvrement et la durée ». Cet article et les principes qu'il énonce[1685] occupent une place prépondérante dans la légitimation de l'impôt en lui donnant un caractère indéniablement

---

pour sa part que c'est le contraire : « il convient à notre sens de distinguer deux formes du consentement fiscal : le consentement à et de l'impôt. En effet, différent du consentement à l'impôt, dont la nature est avant tout sociologique, le consentement de l'impôt suppose que soit explicitement acceptée la levée du prélèvement par ceux sur qui en retombe la charge ou par leurs représentants. Il est donc avant tout de portée politique. Voir respectivement « L'Etat, le Parlement et le consentement annuel à l'impôt », *RFFP*, n°77, mars 2002, pp. 225-249, p. 226 et *Introduction au droit fiscal général et à la théorie de l'impôt*, LGDJ, coll. « Systèmes. Fiscalité », 12ème éd., 2014, 292 p., p. 164. Bien que les jurisprudences constitutionnelle, administrative et judiciaire utilisent, au moins dans les décisions publiées aujourd'hui sur le site Légifrance, l'expression « consentement à l'impôt » et non « consentement de l'impôt » pour désigner le vote de l'impôt par le Parlement, l'usage doctrinal semble plutôt contraire. Sans prendre parti sur la terminologie la plus adaptée, la plus courante sera adoptée dans cette thèse, le consentement *de* l'impôt signifiant alors le vote, formellement matérialisé, de l'impôt par le Parlement ou par une assemblée élue.

1684 *Cf. infra*, section 2.

1685 Cet article comporte deux aspects essentiels. Il permet tout d'abord aux citoyens de constater la nécessité de l'impôt et de le consentir. Il consacre ensuite un droit de contrôle sur l'utilisation qui en est faite, c'est-à-dire sur la dépense. Pour une telle présentation de cet article, voir notamment S. CAUDAL, « Article 14 », dans G. CONAC, M. DEBENE et G. TEBOUL (dir.), *La déclaration des droits de l'homme et du citoyen de 1789. Histoire, analyse et commentaires*, Economica, 1992, 365 p., pp. 299-315.

démocratique[1686]. Cela a d'ailleurs d'autant plus d'impact qu'ils bénéficient d'une ancienneté théorique et historique importante, tout en comportant, aujourd'hui encore, de multiples implications constitutionnelles de premier plan.

653. Le principe du consentement de l'impôt compte parmi les piliers de notre régime démocratique et parlementaire actuel[1687] et constitue le fondement de la démocratie représentative. Comme le note Guy CARCASSONNE, ce principe « a donné naissance au Parlement bien davantage que l'inverse »[1688]. Il remonte cependant bien au-delà et le Moyen Age ne l'ignorait pas complètement. Les états généraux, avec plus ou moins de succès et de régularité, autorisaient alors le roi à prélever l'impôt. Il était en effet admis que le roi devait vivre du sien, c'est-à-dire des revenus du domaine qui constituaient les finances ordinaires. Ce n'est qu'en cas de nécessité, le plus souvent lors de guerres, que le roi pouvait recourir à des finances extraordinaires, les impôts, étant alors tenu d'obtenir le consentement des représentants des états[1689]. Ce principe a connu bien des

---

[1686] M. BOUVIER estime ainsi que « le principe du consentement de l'impôt […] va figurer parmi les fleurons de la Déclaration des droits de l'homme et du citoyen, conférant une légitimité incomparable au pouvoir fiscal » : « Nouveau civisme fiscal et légitimité du recouvrement de l'impôt », *RFFP*, n°112, nov. 2010, pp. 25-44, pp. 28-29.

[1687] Plus largement, le principe du consentement de l'impôt constitue le socle des régimes parlementaires et démocratiques modernes. A. MANGIAVILLANO estime ainsi que « le consentement de l'impôt signale à lui seul le caractère démocratique du régime politique » : *Le contribuable et l'Etat*, Dalloz, coll. « NBT », vol. 126, 2013, 676 p., p. 36. Cela est particulièrement visible en ce qui concerne l'Angleterre dont les grands traits de l'histoire constitutionnelle médiévale sont dominés par cette question, depuis la *Magna Carta* de 1215, jusqu'au *Bill of Rights* de 1648, en passant par la *Petition of Rights* de 1628. Il faudrait encore voir la mise en œuvre et l'utilisation de ce principe à l'origine de l'indépendance américaine, motivée notamment par une révolte fiscale symbolisée par la *Boston Tea Party*. Pour une vision historique et synthétique de la question du consentement de l'impôt, notamment dans ses origines anglo-saxonnes, voir A. MAITROT DE LA MOTTE, *Droit fiscal*, PUF, coll. « Licence droit », 2011, 303 p., pp. 125-132. Pour des références sur les textes adoptés outre-Manche, *cf.* X. CABANNES, « L'Etat, le Parlement et le consentement annuel à l'impôt », *op. cit.*, p. 226.

[1688] G. CARCASSONNE, « La portée du principe du consentement à l'impôt et les limites du pouvoir fiscal du législateur (la technicité fiscale, les groupes de pression, la rétroactivité fiscale) », dans L. PHILIP (dir.), *L'exercice du pouvoir financier du Parlement. Théorie, pratique et évolution*, PUAM et Economica, coll. « Droit public positif », 1996, 152 p., pp. 43-47, p. 43. Les auteurs sont nombreux à mettre en perspective le consentement de l'impôt et à montrer ses liens avec la constitution de nos régimes politiques modernes. Voir notamment P. BELTRAME, « Le consentement de l'impôt. Devenir d'un grand principe », *RFFP*, n°51, 1995, pp. 81-89, p. 89.

[1689] Voir notamment la thèse de Y. THOMAS, *Essai sur le consentement à l'impôt aux derniers siècles de l'Ancien Régime (XVe-XVIIIe siècle)*, *op. cit.*, ou encore M. BOTTIN, « Consentement à l'impôt (Histoire du -) », dans L. PHILIP (dir.), *Dictionnaire encyclopédique de finances publiques*, 1991, 2 tomes, 1647 p., tome 1, pp. 432-435 et vicissitudes face à la doctrine du droit royal d'imposer qui s'amplifie parallèlement au renforcement de la monarchie. En pratique cependant, les théories du consentement de l'impôt se multiplient et comme le note Yves THOMAS, « on voit ainsi se développer les thèses sur le consentement général à l'impôt au moment même où il connaît ses dernières applications concrètes »[1690]. Il s'agit notamment des théories de Claude MEY qui affirme que « dans tout royaume policé, les impôts ne doivent jamais être établis que du consentement de la Nation »[1691]. De même, Jean-Jacques ROUSSEAU estime que « les impôts ne peuvent être établis légitimement que du consentement du peuple ou de ses représentants »[1692], faisant suite en cela à un grand nombre d'auteurs[1693].

654. Forts de ces principes, « tous les premiers grands textes constitutionnels ont ceci de commun que dans leur promotion de la liberté, ils investissent pleinement le champ fiscal »[1694]. Et tel est bien le cas en France où « le consentement à l'impôt est certainement le premier principe constitutionnel reconnu par la Constituante »[1695]. Quatre jours seulement après s'être déclarés Assemblée nationale, les députés votent un décret le 17 juin 1789 qui énonce que le « principe qui s'oppose à toute levée de deniers de contributions dans le royaume, sans le consentement formel des représentants de la nation » est un « principe constitutionnel et à jamais sacré »[1696]. L'Assemblée déclare alors que toutes « les contributions, telles

---

A. RIGAUDIERE, « L'invention de la souveraineté », *La souveraineté*, *Pouvoirs*, n°67, 1993, pp. 5-20, spéc. pp. 13-14. Sur le caractère à l'origine exceptionnel de l'impôt, voir Th. BERNS, L'impôt au seuil des Temps Modernes : souveraineté, propriété et gouvernement, dans Th. BERNS, J.-Cl. K. DUPONT et M. XIFARAS (dir.), *Philosophie de l'impôt*, Bruylant, coll. « Penser le droit », 2006, 270 p., pp. 19-36, spéc. pp. 23-27.

1690 Y. THOMAS, *Essai sur le consentement à l'impôt aux derniers siècles de l'Ancien Régime (XVe-XVIIIe siècle)*, *op. cit.*, tome 1, p. 32. Sans doute faudrait-il réserver le rôle qu'ont tenté de jouer, aux derniers siècles de l'Ancien régime, les parlements. En l'absence de réunion des états généraux, se développe la théorie de l' « interstice » en vertu de laquelle les parlements seraient dépositaires du droit de consentir l'impôt provisoirement, en attendant des états généraux futurs. Sur ce point, voir notamment M. BOTTIN, « Consentement à l'impôt (Histoire du -) », *op. cit.*, p. 435.

1691 Cl. MEY, *Maximes du droit public françois*, Amsterdam, Rey, 2ème éd., 1775, 2 tomes, 378 p. et 451 p., tome 1, p. 136. Sur ce point, voir par exemple J.-J. BIENVENU, « Impôt et propriété dans l'esprit de la déclaration », *La déclaration de 1789*, *Droits*, n°8, 1988, pp. 135-142, p. 137.

1692 J.-J. ROUSSEAU, *Discours sur l'économie politique*, Emmanuel du Villars, 1758, 75 p., p. 58. Cet article avait d'abord paru dans l'*Encyclopédie* de Diderot et d'Alembert, en 1755.

1693 Voir notamment les exemples cités par Y. THOMAS, *Essai sur le consentement à l'impôt aux derniers siècles de l'Ancien Régime (XVe-XVIIIe siècle)*, *op. cit.*

1694 A. MANGIAVILLANO, *Le contribuable et l'Etat*, *op. cit.*, p. 2.

1695 J.-J. BIENVENU, « Impôt et propriété dans l'esprit de la déclaration », *op. cit.*, p. 136.

1696 Décret du 17 juin 1789 *pour assurer la perception des impôts et le paiement de la dette publique*, *Duvergier*, tome 1, p. 23.

qu'elles se perçoivent actuellement dans le royaume, n'ayant point été consenties par la nation, sont toutes illégales et par conséquent nulles dans leur création, extension ou prorogation »[1697]. Quelque temps plus tard, c'est l'article 14 de la Déclaration des droits de l'homme et du citoyen qui sera adopté sans réelle difficulté[1698]. Et si pendant une trentaine d'années la portée du consentement de l'impôt reste « relative »[1699], ce principe a par la suite « été réaffirmé (directement ou indirectement) par la grande majorité des textes constitutionnels français »[1700]. C'est donc une grande partie de notre histoire constitutionnelle qui a mis au premier plan le principe du consentement de l'impôt, vu comme un symbole de la liberté, de l'indépendance et finalement de la démocratie.

655. Mais ce principe n'est pas seulement essentiel du point de vue théorique. L'intégration de la Déclaration des droits de l'homme et du citoyen dans le bloc de constitutionnalité entraîne également des conséquences pratiques importantes. Comme le note Loïc PHILIP, « tout le régime juridique de l'impôt est dominé par ce principe posé par l'article 14 de la Déclaration de 1789 »[1701]. Il trouve en effet sa traduction dans un certain nombre de dispositifs concrets affirmés par le droit positif dont le principal est le principe de légalité de l'impôt.

[1697] *Ibid.* Face aux nécessités budgétaires cependant, elle déclare consentir provisoirement pour la nation et autoriser la levée des contributions comme précédemment.

[1698] Sur ce point, voir S. RIALS, *La déclaration des droits de l'homme et du citoyen*, Hachette, coll. « Pluriel », 1988, 771 p., pp. 251-258. Pour des commentaires de l'article 14 de la Déclaration, voir notamment S. CAUDAL, « Article 14 », dans G. CONAC, M. DEBENE et G. TEBOUL (dir.), *La déclaration des droits de l'homme et du citoyen de 1789. Histoire, analyse et commentaires*, *op. cit.*, ou encore les développements sur cet article dans Ch. DEBBASCH (dir.), *Constitution. Ve République*. Textes – jurisprudence – pratique, Economica, 5ème éd., 2012, 617 p., pp. 100-102.

[1699] J.-L. ALBERT et L. SAIDJ, *Finances publiques*, Dalloz, coll. « Cours Dalloz », 8ème éd., 2013, 901 p., p. 11. X. CABANNES affirme pour sa part que « la Convention, le Directoire, le Consulat et l'Empire ont ignoré successivement le principe du consentement à l'impôt. Non respecté, ce principe n'en était pas pour autant oublié » : « L'Etat, le Parlement et le consentement annuel à l'impôt », *op. cit.*, p. 228.

[1700] X. CABANNES, « L'Etat, le Parlement et le consentement annuel à l'impôt », *op. cit.*, p. 228.

[1701] L. PHILIP, *Les fondements constitutionnels des finances publiques*, Economica, coll. « Poche finances publiques », 1995, 112 p., p. 54.

2. Une traduction formelle du consentement de l'impôt : le principe de légalité de l'impôt

656. Le principe de légalité de l'impôt découle directement de l'article 14 de la Déclaration des droits de l'homme et du citoyen[1702]. Entendant le vocable de légalité dans un sens strict, il signifie que « l'impôt est une matière réservée au législateur »[1703]. C'est logiquement l'article 34 de la Constitution qui l'énonce en indiquant que « la loi fixe les règles concernant [...] l'assiette, le taux et les modalités de recouvrement des impositions de toutes natures »[1704]. Le principe de légalité de l'impôt, s'il figure matériellement dans le corps de la Constitution doit cependant être rattaché à un système bien plus vaste. Comme l'affirme Charles CADOUX, « le consentement de l'impôt, qui est à la source du pouvoir politique, a été et reste la première prérogative des Parlements, par le vote du budget »[1705]. De même, « selon la tradition parlementaire, l'impôt légitime c'est l'impôt démocratique, le pouvoir fiscal étant détenu par une ou plusieurs assemblées représentatives ; c'est donc au Parlement et nulle part ailleurs que doit se faire la loi fiscale »[1706]. C'est la raison pour laquelle de nombreux auteurs indiquent que ce principe « tire son origine »[1707], « découle »[1708], ou encore

---

[1702] Il convient de noter qu'un autre principe découle également du consentement de l'impôt, ce qui en démontre toute la richesse : le principe d'intelligibilité de la loi fiscale. Le Conseil constitutionnel a ainsi reconnu qu' « en matière fiscale, la loi, lorsqu'elle atteint un niveau de complexité tel qu'elle devient inintelligible pour le citoyen, méconnaît [...] l'article 14 de la Déclaration de 1789 » : CC, 29 déc. 2005, décision n°2005-530 DC, *Loi de finance pour 2006*, cons. n°78.

[1703] J. LAMARQUE, O. NEGRIN et L. AYRAULT, *Droit fiscal général*, LexisNexis, coll. « Manuel », 2ème éd., 2011, 1463 p., p. 336. M. COLLET explique la différence qui existe dans l'utilisation du terme de « légalité » en droit administratif général et en droit fiscal. Pour l'auteur, « en droit administratif, le principe de légalité de l'action administrative désigne ainsi de façon très générale l'obligation qui pèse sur l'administration de se soumettre au droit. En revanche, lorsque les juristes parlent du principe de légalité du droit fiscal, ils envisagent une idée un peu différente : celle selon laquelle la Constitution impose que l'essentiel des règles qui forment le droit fiscal soit posé par la loi » : *Droit fiscal*, PUF, coll. « Thémis droit », 5ème éd., 2015, 427 p., p. 20.

[1704] Voir encore l'alinéa 1er de l'article 1er de la loi organique n°2001-692 du 1er août 2001 *relative aux lois de finances*, *JORF*, 2 août 2001, p. 12480, texte n°1, qui énonce que « dans les conditions et sous les réserves prévues par la présente loi organique, les lois de finances déterminent, pour un exercice, la nature, le montant et l'affectation des ressources et des charges de l'Etat, ainsi que l'équilibre budgétaire et financier qui en résulte. Elles tiennent compte d'un équilibre économique défini, ainsi que des objectifs et des résultats des programmes qu'elles déterminent ».

[1705] Ch. CADOUX, « Du consentement de l'impôt », *RSF*, 1961, pp. 427-450, p. 427.

[1706] M. BOUVIER, « Nouveau civisme fiscal et légitimité du recouvrement de l'impôt », *op. cit.*, p. 27.

[1707] M. BOUVIER, *Introduction au droit fiscal général et à la théorie de l'impôt*, *op. cit.*, p. 52.

n'est que « la traduction »[1709], le « corollaire »[1710] ou l' « expression juridique et politique »[1711] du principe du consentement de l'impôt. Comme le Conseil constitutionnel l'a rappelé, « les dispositions de l'article 14 de la Déclaration de 1789 sont *mises en œuvre* par l'article 34 de la Constitution »[1712].

657. Ce principe trouve encore à s'appliquer de manière très concrète au plan contentieux. C'est ainsi que le Conseil constitutionnel indique que la détermination d'un avantage fiscal est de la seule compétence du législateur[1713]. Les utilisations du principe viennent également donner des exemples fréquents de la théorie de l'incompétence négative. Si le Conseil ne sanctionne pas le législateur lorsque celle-ci est minime[1714], il lui arrive de

---

1708 A. MAITROT DE LA MOTTE, *Droit fiscal*, *op. cit.*, p. 126 ou L. PHILIP, *Les fondements constitutionnels des finances publiques*, Economica, coll. « Poche finances publiques », 1995, 112 p., p. 64.

1709 L. PHILIP, *Les fondements constitutionnels des finances publiques*, Economica, coll. « Poche finances publiques », 1995, 112 p., p. 55.

1710 A. MAITROT DE LA MOTTE, *Droit fiscal*, *op. cit.*, p. 131.

1711 M. BOUVIER, M.-Chr. ESCLASSAN et J.-P. LASSALE, *Finances publiques*, LGDJ, coll. « Manuel », 12ème éd., 2013, 878 p., p. 612.

1712 CC, 18 juin 2010, décision n°2010-5 QPC, *Sté Kimberly Clark*. Nous soulignons. La Haute juridiction administrative utilise également la même formulation pour faire le lien entre l'article 14 de la Déclaration de 1789 et l'article 34 de la Constitution. Voir par exemple : CE, 9 juill. 2010, n°317086 ou CE, 16 juill. 2010, *Sté Casino du grand Café*, n°338725.

1713 CC, 29 déc. 1984, décision n°84-184 DC, *Loi de finances pour 1985*, cons. n°26. Le Conseil, analysant l'article 79 de la loi de finances pour 1985, le déclare conforme à la Constitution, à condition de l'interpréter dans un sens compatible avec le principe de légalité : « considérant que, si cet article subordonne l'avantage fiscal qu'il édicte à la condition que les dons des entreprises soient faits à des fondations ou associations agréées par le ministre de l'Economie, des Finances et du Budget et le ministre de la Culture, cette dernière disposition n'a pas pour effet de conférer à l'autorité ministérielle le pouvoir, qui n'appartient qu'à la loi en vertu de l'article 34 de la Constitution, de déterminer le champ d'application de l'avantage fiscal dont il s'agit ; qu'elle doit être interprétée comme conférant seulement aux ministres qu'elle désigne le pouvoir de vérifier si la fondation ou l'association répond aux conditions prévues par l'article 79, c'est-à-dire si elle présente un intérêt général à caractère culturel ; qu'ainsi la disposition critiquée, qui a pour seul objet de charger les ministres intéressés de prendre les mesures individuelles nécessaires à l'application de la loi, ne méconnaît pas l'article 34 de la Constitution ».

1714 CC, 30 déc. 1987, décision n°87-237 DC, *Loi de finances pour 1988*, cons. n°6 : « Considérant qu'après avoir posé le principe de la compensation par l'État des pertes de recettes, l'article 16 de la loi y a apporté une limite ; qu'il ressort des débats devant le Parlement que cette limite concerne exclusivement des cotes d'imposition très faibles et est destinée à éviter que la compensation de toutes les pertes de recettes, même des plus minimes, n'entraîne un coût de gestion qui serait sans rapport avec la modicité des sommes en jeu ; que, dans ces conditions, en laissant au pouvoir réglementaire le soin de fixer le montant en deçà duquel il n'y aura pas lieu à compensation le législateur n'a pas méconnu l'étendue de sa compétence au regard de l'article 34 de la Constitution ».

le faire lorsque le législateur méconnaît trop gravement sa compétence[1715]. Telle est également la position du juge administratif lorsqu'il est amené à statuer sur des ordonnances prises en vertu de l'article 38 de la Constitution[1716]. De manière symétrique, celui-ci est aussi fondé à annuler pour incompétence des actes réglementaires empiétant sur le domaine de la loi[1717].

658. Si le principe de consentement de l'impôt se traduit donc principalement[1718] par le principe de légalité de l'impôt et donc par le vote des représentants des contribuables, d'autres procédés de suffrage reposent sur le consentement des administrés de manière plus directe. Tel est notamment le cas du référendum local décisionnel.

[1715] Voir notamment : CC, 10 juill. 1985, décision n°85-191 DC, *Loi portant diverses dispositions d'ordre économique et financier*, cons. n°5 ; CC, 29 déc. 1986, décision n°86-223 DC, *Loi de finances rectificative pour 1986*, cons. n°12 à 14 ; CC, 30 déc. 1987, décision n°87-239 DC, *Loi de finances rectificative pour 1987*, cons. n°4 et 5 ; CC, 8 janv. 1991, décision n°90-283 DC, *Loi relative à la lutte contre le tabagisme et l'alcoolisme*, cons. n°43, ou encore CC, 29 déc. 1998, décision n°98-405 DC, *Loi de finances pour 1999*, cons. n°59.

[1716] Dans certains cas, le juge administratif estime que l'autorité investie du pouvoir de prendre des mesures relevant du domaine de la loi reste en deçà de sa compétence et annule ainsi l'ordonnance attaquée. Voir par exemple : CE, Ass., 3 juill. 1998, n°185365. Dans d'autres hypothèses, le Conseil d'Etat juge au contraire que l'auteur de l'ordonnance n'a pas méconnu sa compétence. *Cf.* notamment : CE, Ass., 28 mars 1997, *Sté Baxter*, n°179049.

[1717] *Cf.* notamment : CE, Ass., 20 déc. 1985, n°28277 et CE, 29 oct. 2012, n°330421, cons. n°8.

[1718] Un second principe, celui de l'annualité de l'impôt, découle lui aussi du principe du consentement de l'impôt et en constitue un « corollaire » : J.-J. BIENVENU et Th. LAMBERT, *Droit fiscal*, PUF, coll. « Droit fondamental », 4ème éd., 2010, 470 p., p. 44. Gilbert ORSONI explique bien le lien presque indissociable qui unit le consentement de l'impôt et l'annualité de celui-ci en indiquant que « l'annualité budgétaire a pour fondement le consentement, dans les meilleures conditions possibles, des parlementaires, aux recettes et aux dépenses. En effet, seule une autorisation accordée à intervalles rapprochés par la représentation nationale permettrait d'éviter que le pouvoir exécutif ne bénéficie d'une latitude trop affirmée » : *Science et législation financières. Budgets publics et loi de finances*, Economica, coll. « Corpus droit public », 2005, 753 p., p. 274. Le principe a donc historiquement un fondement politique capital : « les exigences du régime représentatif ont imposé une périodicité suffisamment brève pour garantir l'efficacité du contrôle parlementaire sur les finances de l'Etat. La règle du consentement périodique et limité, qui s'est d'abord appliquée aux impôts, devait permettre au Parlement de surveiller de façon stricte la gestion gouvernementale » : M. BOUVIER, M.-Chr. ESCLASSAN et J.-P. LASSALE, *Finances publiques*, *op. cit.*, p. 284.

B. La récente consécration constitutionnelle du référendum local décisionnel

659. La participation et la démocratie ont toujours bénéficié d'une considération toute particulière au niveau local. Comme l'affirme Jacques CHEVALLIER, « dans la mesure où l'effectivité de la participation suppose une condition de proximité, les collectivités locales tendent à être l'un de ses points d'ancrage privilégié »[1719]. TOCQUEVILLE ne voyait-il pas déjà dans la démocratie locale l'école de la démocratie ? Si les administrés, par le référendum au sens fort du mot[1720], se voient reconnaître un réel pouvoir de décision en matière administrative[1721], il n'est donc pas surprenant que cela soit d'abord le cas en droit des collectivités territoriales. Ce n'est cependant que très récemment que le constituant a reconnu cette possibilité (2), tant les

---

[1719] J. CHEVALLIER, « De l'administration démocratique à la démocratie administrative », *op. cit.*, p. 225. Fr. DELPEREE, à l'issue de deux journées de travaux collectifs, pouvait ainsi relever « une adhésion quasi générale au principe de la consultation communale », ce qui était loin d'être le cas pour les consultations au niveau national : « Conclusions générales », dans Fr. DELPEREE (dir.), *La participation directe du citoyen à la vie politique et administrative*, *op. cit.*, pp. 355-368, p. 358.

[1720] Certains auteurs adoptent du référendum une conception large qui les amène à y voir aussi bien les votations destinées à recueillir l'avis des électeurs que celles valant décision. B. DELAUNAY affirme ainsi à propos du référendum administratif qu' « il peut n'être que "de consultation" lorsque les citoyens se contentent de formuler un avis que l'autorité n'est pas obligée de suivre, ou au contraire être "de décision" lorsque la décision ne peut être prise qu'avec leur consentement, soit que le vote confère à lui seul au texte force juridique, soit qu'il lie totalement la compétence de l'auteur de l'acte » : *L'amélioration des rapports entre l'administration et les administrés. Contribution à l'étude des réformes administratives entreprises depuis 1945*, *op. cit.*, p. 84. Ce rapprochement résulte bien souvent de la proximité, non pas juridique, mais politique qui peut exister entre les deux procédures. N. BELLOUBET-FRIER estime ainsi qu' « il importe peu [...] que les procédures référendaires demeurent ou non consultatives. Leur poids politique est trop important pour qu'il puisse y être aisément passé outre » : « Les référendums municipaux », *Le référendum*, *Pouvoirs*, n°77, 1996, pp. 163-179, p. 178. Pour un avis proche, voir encore M. VERPEAUX, « Référendum local, consultations locales et Constitution », *AJDA*, 2003, pp. 540-547, p. 542 ou du même auteur, « Le "référendum" communal devant le juge administratif : premier bilan », *RA*, 1996, pp. 95-107, p. 100. Il distingue cependant les deux procédures au plan juridique, comme le montrent notamment les guillemets qu'il emploie autour du terme référendum dans ce dernier article. Tel sera également notre point de vue, le terme référendum étant réservé, sauf mention contraire, aux votations valant décision.

[1721] Par définition, le référendum peut aboutir à un résultat positif comme à un résultat négatif et aurait donc pu être étudié dans le paragraphe suivant. Mais, comme l'indique un auteur, « le référendum signifie toujours "oui" dans l'esprit de celui qui l'organise », justifiant qu'il soit abordé ici. Voir J. VIGUIER, « De la mauvaise utilisation du terme "référendum" au plan local (la différence de logique entre référendum national et consultation locale) », *LPA*, 25 fév. 1998, n°24, pp. 12-20, p. 12.

oppositions à l'introduction d'un réel pouvoir de décision échappant partiellement aux élus étaient fortes (1).

1. De multiples obstacles à l'introduction du référendum local

660. L'histoire du référendum local est celle de tensions qui ont existé en droit public français pendant plus de deux siècles, mêlant des considérations sociologiques, juridiques et politiques. Si la Révolution avait semblé mettre fin à la participation directe des habitants dans les municipalités[1722], la seconde moitié du XIXème siècle a constitué au contraire un moment important de l'histoire du référendum local. A cette époque, le législateur débat sur l'opportunité d'introduire un tel mécanisme en droit positif ; la doctrine rédige bon nombre de travaux sur ce sujet et la pratique elle-même donne à voir les premiers exemples de référendums locaux[1723]. Mais, pour différentes raisons sur lesquelles il faudra revenir, la pratique et surtout le droit du référendum local n'ont jamais prospéré. Comme l'indique Bénédicte DELAUNAY, « notre pays reste assez réfractaire à ce procédé en matière administrative »[1724], de telle sorte que pendant longtemps, le droit local n'a pas connu de procédé conférant aux administrés un réel pouvoir de décision autrement qu'à l'occasion des élections.

661. Jusqu'à la réforme constitutionnelle du 28 mars 2003, le droit français ne reconnaissait donc pas de référendum local[1725]. Tout au plus, et d'ailleurs depuis peu de temps, comportait-il des dispositions relatives à la

---

[1722] Pour l'histoire de la participation directe au niveau communal sous l'Ancien Régime et la Révolution, voir notamment J. VIGUIER, « Premières expériences de "référendum" communal », *RFDA*, 1996, pp. 441-451.

[1723] Pour des éléments sur tous ces points, *cf.* notamment A. COUDEVYLLE, « Plaidoyer en faveur du référendum communal », *RA*, 1978, pp. 495-506, spéc., pp. 497-500 et J. VIGUIER, « Premières expériences de "référendum" communal », *op. cit.*, et les nombreuses références citées par l'auteur. Il est particulièrement intéressant d'étudier l'histoire concrète du référendum local dans la mesure où, « généralement, la pratique a précédé le droit en matière participative locale » : Patrick MOZOL, *La participation du public à la vie municipale*, PUAM, coll. « Collectivités locales », 2003, 2 tomes, 666 p., tome 2, p. 327. Voir encore, dans cet ouvrage, le chapitre consacré au référendum communal, tome 2, pp. 329-410. M. VERPEAUX affirme également que « l'encadrement de la consultation locale des électeurs est récent et la pratique des "référendums communaux" s'est longtemps déroulée dans le silence des textes » : « Référendums locaux et consultations locales des électeurs », *Encyclopédie Dalloz des Collectivités locales*, folio n°12232, sept. 2008, n°75.

[1724] B. DELAUNAY, *L'amélioration des rapports entre l'administration et les administrés. Contribution à l'étude des réformes administratives entreprises depuis 1945*, *op. cit.*, p. 85.

[1725] Voir la loi constitutionnelle n°2003-276 du 28 mars 2003 *relative à l'organisation décentralisée de la République*, *JORF*, 29 mars 2003, p. 5568, texte n°1.

consultation[1726] des électeurs des communes et des établissements de coopération intercommunale. La loi d'orientation n°92-125 du 6 février 1992 *relative à l'administration territoriale de la République*[1727] et la loi du 4 février 1995 *d'orientation pour l'aménagement et le développement du territoire*[1728] prévoyaient de telles consultations. Ce dispositif a d'ailleurs été étendu à l'ensemble des collectivités locales par la loi n°2004-809 du 13 août 2004 *relative aux libertés et responsabilités locales*[1729]. Le dispositif figure aujourd'hui aux articles L. 1112-15 à L. 1112-22 du Code général des collectivités territoriales pour l'ensemble des collectivités locales[1730] et aux articles L. 5211-49 du même code pour les établissements publics de coopération intercommunale.

662. Nombre d'auteurs, faisant référence au droit positif, insistent sur le fait que les procédures de consultations introduites en 1992 et 1995 n'ont pas valeur de décision mais emportent un simple avis. M. PAOLETTI y voit ainsi « une des composantes du processus décisionnel mais qui ne peut être confondu avec la décision »[1731]. Jean-François LACHAUME note que « ce

---

[1726] La consultation ne doit pas être confondue avec le référendum. Alors que celui-ci donne lieu à une décision, la consultation ne débouche que sur un avis simple, qui reste juridiquement facultatif.

[1727] Loi d'orientation n°92-125 du 6 fév. 1992 *relative à l'administration territoriale de la République*, *JORF*, 8 fév. 1992, p. 2064. Son article 21 disposait notamment que « les électeurs de la commune peuvent être consultés sur les décisions que les autorités municipales sont appelées à prendre pour régler les affaires de la compétence de la commune ». Il ne s'agit là que d'une application de l'article 10 qui énonçait de manière générale que « le droit des habitants de la commune à être informés des affaires de celle-ci et à être consultés sur les décisions qui les concernent, indissociable de la libre administration des collectivités territoriales, est un principe essentiel de la démocratie locale ».

[1728] Loi n°95-115 du 4 fév. 1995 *d'orientation pour l'aménagement et le développement du territoire*, *JORF*, 5 fév. 1995, p. 1973. Son article 85-I énonçait notamment que « les électeurs des communes membres d'un établissement public de coopération intercommunale peuvent être consultés sur les décisions que l'assemblée ou le président de cet établissement sont appelés à prendre pour régler les affaires de la compétence de l'établissement en matière d'aménagement ». A noter que cette loi consacrait un droit d'initiative populaire en la matière, à ceci près que la demande des électeurs ne pouvait pas contraindre les assemblées délibérantes à procéder à la consultation.

[1729] Loi n°2004-809 du 13 août 2004 *relative aux libertés et responsabilités locales*, *JORF*, 17 août 2004, p. 14545, texte n°1.

[1730] Comme le montre implicitement la place de ces articles dans la première partie du Code relative aux « dispositions générales », applicables à toutes les collectivités territoriales et comme l'indique explicitement l'article L. 1112-15 qui dispose que « les électeurs d'une collectivité territoriale peuvent être consultés sur les décisions que les autorités de cette collectivité envisagent de prendre pour régler les affaires relevant de la compétence de celle-ci », sans distinguer entre les différentes collectivités.

[1731] M. PAOLETTI, « La pratique politique du référendum local : une exception banalisée », dans CURAPP et CRAPS, *La démocratie locale. Représentations, participation et espace public*, PUF, 1999, 424 p., pp. 219-236, p. 232.

que certains ont appelé à tort le référendum communal n'a donc dans les textes en cause aucune vertu décisoire, il ne débouche que sur un avis consultatif supposé éclairer les conseils municipaux et des EPCI, même si ces conseils doivent faire preuve de courage dans l'hypothèse où ils désirent s'écarter, dans la décision qu'ils vont prendre, de l'avis émis, voire le contredire purement et simplement »[1732]. Michel VERPEAUX développe encore un paragraphe entier sur cette question, affirmant que « la consultation locale n'est pas un référendum »[1733]. Quant à G. KOUBI, elle estime que l'expression « référendum local » n'est « ni adéquate, ni satisfaisante ; elle n'est qu'une commodité de langage »[1734]. Mais c'est sans aucun doute Jacques VIGUIER qui insiste le plus dans deux de ses articles sur le caractère simplement décisionnel de ces consultations, relevant l'erreur qu'il y aurait à y voir un référendum[1735]. L'auteur, insistant à juste titre sur la différence entre consulter et décider, indique à propos de la consultation que « la différence de logique entre référendum national et consultation locale éclate ici aux yeux de tous. Le vote n'entraîne pas l'adoption ou le rejet d'un projet mais conduit à un simple avis »[1736]. Il ajoute encore, à propos du fait que la consultation « n'est qu'une demande d'avis »[1737], que « le législateur a apparemment eu peur d'être mal compris. Il serine cette formule »[1738].

663. Le juge administratif a également eu l'occasion de rappeler le caractère non décisionnel de la consultation locale en énonçant que « les résultats de la consultation [...] n'expriment qu'un simple avis qui ne lie pas

---

1732 J.-Fr. LACHAUME, « Libres propos sur des techniques de démocratie directe appliquées aux collectivités territoriales », dans E. CADEAU (dir.), *Perspective de droit public : mélanges offerts à Jean-Claude Hélin*, Litec, 2004, 544 p., pp. 387-398, p. 387.

1733 M. VERPEAUX, « Le "référendum" communal devant le juge administratif : premier bilan », *RA*, 1996, pp. 95-107, pp. 98-105. L'auteur indique ainsi, p. 98, que « quel que soit le nom donné à la procédure instaurée par la loi du 6 février, il n'est pas possible de considérer que la consultation débouche sur une décision prise par les électeurs ».

1734 G. KOUBI, « Droit des collectivités territoriales et "référendum administratif local" », dans CURAPP et CRAPS, *La démocratie locale. Représentations, participation et espace public*, *op. cit.*, pp. 197-217, p. 197.

1735 J. VIGUIER, « Premières expériences de "référendum" communal », *op. cit.*, et « De la mauvaise utilisation du terme "référendum" au plan local (la différence de logique entre référendum national et consultation locale) », *op. cit.*, p. 18.

1736 J. VIGUIER, « De la mauvaise utilisation du terme "référendum" au plan local (la différence de logique entre référendum national et consultation locale) », *op. cit.*, p. 18.

1737 L'article 21 de la loi n°92-125 du 6 fév. 1992 *relative à l'administration territoriale de la République*, préc., énonce ainsi que « la délibération qui décide la consultation indique expressément que cette consultation n'est qu'une demande d'avis ».

1738 J. VIGUIER, « De la mauvaise utilisation du terme "référendum" au plan local (la différence de logique entre référendum national et consultation locale) », *op. cit.*, p. 18.

l'autorité compétente pour prendre la décision »[1739]. Comme le relève Michel VERPEAUX, « le juge administratif a exercé un contrôle vigilant destiné à éviter tout dérapage vers une consultation locale qui se transformerait en une véritable décision locale »[1740]. Qu'il s'agisse des textes ou de la jurisprudence, « tout semble donc être fait pour que les électeurs n'apparaissent pas comme l'auteur d'une décision mais remplissent le rôle dévolu à un simple organe consultatif »[1741].

664. Une exception existe cependant depuis la loi n°71-588 du 16 juillet 1971 *sur les fusions et regroupement de communes*, dite loi Marcellin[1742]. L'article 8 de ce texte énonce que, sous certaines conditions, « les personnes inscrites sur les listes électorales sont consultées sur l'opportunité de la fusion de communes » et que « dans le cas où il résulte d'une consultation organisée suivant la procédure définie ci-dessus que la majorité absolue des suffrages exprimés correspondant à un nombre de voix au moins égal au quart des électeurs inscrits dans l'ensemble des communes consultées est en faveur de la fusion de ces communes, celle-ci est prononcée par arrêté préfectoral ». Ce dispositif, qui confie bien aux électeurs des communes concernées un pouvoir de décision réel dans la mesure où le préfet est obligé de prononcer la fusion si les conditions de majorité sont réunies, peut dès lors être qualifié, sans aucune ambiguïté, de véritable référendum[1743]. Jean-Marie BECET affirme ainsi que cet article « est propre à susciter la curiosité : pour la première fois en droit français, la procédure de

---

[1739] CE, 29 déc. 1995, *Géniteau*, n°154028. Très logiquement, le Conseil d'Etat estime alors dans la même décision que le résultat de la consultation « ne constitue pas un acte faisant grief susceptible de faire l'objet d'un recours pour excès de pouvoir ».

[1740] M. VERPEAUX, « Le "référendum" communal devant le juge administratif : premier bilan », *op. cit.*, p. 107. Le même auteur indique encore que « le législateur a tellement craint que les électeurs décident à la place des organes élus qu'il a introduit quantité de limites et de verrous » : « Référendums locaux et consultations locales des électeurs », *op. cit.*, n°180.

[1741] M. VERPEAUX, « Le "référendum local" et la Constitution », *Le droit constitutionnel des collectivités territoriales, Cahiers du Conseil constitutionnel*, n°12, mai 2002, pp. 124-128, p. 127.

[1742] Loi n°71-588 du 16 juill. 1971 *sur les fusions et regroupements de communes*, *JORF*, 18 juill. 1971, p. 7091. Sur cette loi, voir notamment J.-M. BECET, « Le référendum intercommunal et l'article 8 de la loi du 16 juillet 1971 sur les fusions et regroupements de communes », *RA*, 1971, pp. 528-534, p. 528 et A. COUDEVYLLE, « Plaidoyer en faveur du référendum communal », *op. cit.*, p. 498 et les nombreuses références citées. Voir encore J. BENOIT, « Les fusions de communes et communes nouvelles », *Encyclopédie Dalloz des Collectivités locales*, folio n°202, juin 2015.

[1743] Tel est bien l'avis de J. VIGUIER qui énonce que « la qualification de "référendum" communal pourrait être acceptée pour la fusion de communes où le vote positif entraîne l'obligation pour le représentant de l'Etat de prononcer par arrêté la fusion entre les collectivités concernées » : « De la mauvaise utilisation du terme "référendum" au plan local (la différence de logique entre référendum national et consultation locale) », *op. cit.*, p. 17.

référendum [...] est appliquée à des choix d'ordres administratif et local »[1744].

665. Mais à part cette procédure très particulière, le droit français ne connaissait pas le référendum local. Un grand nombre d'arguments étaient en effet avancés contre son introduction en droit positif. Parmi ceux-ci, il convient de mentionner des arguments relevant de la théorie politique, du droit positif mais aussi de la pratique politique propre à la France.

666. Un premier argument consistait à estimer que la pratique du référendum, tout particulièrement le référendum local, était incompatible avec notre système représentatif. Comme l'indiquait Jean RIVERO, « donner et retenir ne vaut : le vieil adage peut trouver application ici ; en reprenant une partie de la délégation qu'il a consentie à son élu, le citoyen manifeste, à l'égard de celui-ci, une réticence qui ébranle le fondement théorique du système, et son adéquation à la démocratie idéale »[1745]. C'est au fond l'opposition entre MONTESQUIEU et ROUSSEAU qui trouvait à s'appliquer de manière concrète à propos du référendum local[1746]. Et jusqu'à présent, c'est l'influence de MONTESQUIEU qui primait, de telle sorte que les conseils élus étaient « les uniques détenteurs d'un pouvoir de décision dans la grande tradition de la démocratie représentative »[1747]. Par peur de « "défaire" la démocratie représentative »[1748], le constituant et le législateur se sont toujours refusé à instaurer au niveau local des procédés de démocratie directe[1749].

667. Etaient ensuite soulevés des arguments proprement juridiques. Deux principaux textes ont été avancés afin de faire obstacle au référendum

---

[1744] J.-M. BECET, « Le référendum intercommunal et l'article 8 de la loi du 16 juillet 1971 sur les fusions et regroupements de communes », *op. cit.*, p. 528.

[1745] J. RIVERO, « Introduction », dans Fr. DELPEREE, *La participation directe du citoyen à la vie politique et administrative*, *op. cit.*, p. 9.

[1746] J. CHEVALLIER note ainsi que « la démocratie locale a été conçue par référence au modèle du "gouvernement représentatif" qui [...] s'est imposé, non sans difficultés, sous la Révolution, contre des aspirations à une "démocratie directe" s'appuyant sur Rousseau » : « Synthèse », dans CURAPP et CRAPS, *Démocratie locale. Représentation, participation et espace public*, *op. cit.*, pp. 405-415, p. 407.

[1747] J.-Fr. LACHAUME, « Libres propos sur des techniques de démocratie directe appliquées aux collectivités territoriales », *op. cit.*, p. 388.

[1748] A. VIOLA, « La démocratie locale en question », *LPA*, n°153, 1er août 2003, pp. 11-17, p. 15. Dans la discussion sur la loi du 6 fév. 1992, préc., le Premier Ministre évoquait, à propos d'une consultation qui serait trop extensive, une « mise en péril [...] de la démocratie représentative » : *JOAN*, deuxième séance du 26 mars 1991, 27 mars 1991, p. 438.

[1749] Cette volonté était encore active lors de la réforme de 2003, comme le montrent les débats parlementaires qui l'ont précédée. Voir notamment M. VERPEAUX qui affirme que « le souci de concilier la démocratie locale directe et la démocratie représentative est très présent dans les rapports parlementaires et les débats » : « Référendum local, consultations locales et Constitution », *op. cit.*, p. 542.

local. D'une part et seulement depuis 1958, l'article 72 de la Constitution, aux termes duquel les collectivités territoriales de la République « s'administrent librement par des conseils élus et dans les conditions fixées par la loi »[1750]. Deux lectures différentes de cet article ont opposé bon nombre d'auteurs. Pour certains, le texte ne prévoyant pas l'intervention directe des électeurs dans la prise de décision, le référendum était inconstitutionnel[1751]. Pour les autres au contraire, la même constatation les amenait à dire que, n'étant pas interdit, il était autorisé[1752].

[1750] Si l'article 72 a par la suite été modifié à deux reprises, en 1993 et en 2003, ce membre de phrase n'a pas substantiellement évolué.

[1751] Telle semble être par exemple l'opinion de D. MAILLARD DESGREES DU LOU, *Droit des relations de l'administration avec ses usagers*, *op. cit.*, p. 71 ou de B. FAURE, *Droit des collectivités territoriales*, Dalloz, coll. « Précis. Droit public, science politique », 3ème éd., 2014, 722 p., pp. 213-214. J.-B. AUBY affirme également qu' « il est clair que, constitutionnellement, aucun pouvoir important ne peut être extrait de l'orbite de l'assemblée locale et de l'exécutif qu'elle élit » : « La loi du 6 février 1992 et la citoyenneté locale », *RFDA*, 1993, pp. 37-46, p. 44. Tel a surtout été l'avis du Sénat en 1980 lorsqu'il a eu à se prononcer sur le projet de loi sur le développement des responsabilités des collectivités locales, qui prévoyait la possibilité de soumettre à référendum décisionnel toutes les questions communales, à l'exception du budget qui n'aurait pu faire quant à lui l'objet que d'une simple consultation. Sur ce point, voir J.-B. AUBY, J.-Fr. AUBY et R. NOGUELLOU, *Droit des collectivités locales*, PUF, coll. « Thémis droit », 5ème éd., 395 p., p. 378.

[1752] Voir par exemple N. BELLOUBET-FRIER, pour qui les arguments inspirés de l'article 72 contre le référendum local « ne sont pas fondés, cet article ayant pour objet d'affirmer le principe de libre administration des collectivités locales mais non d'assurer l'exclusivité d'un principe de démocratie représentative au niveau local » : « Les référendums municipaux », *op. cit.*, p. 170. De même, pour Fr. MICLO, « non seulement le "référendum local" n'est pas interdit, mais encore il n'est pas contraire à la Constitution » : note sous TA, La Réunion, 2 août 1982, *Hubert-Delisle*, *JCP*, 2003, juris., n°19994. Certains auteurs avançaient, outre des arguments issus de l'interprétation de l'article 72, des arguments issus de la jurisprudence du Conseil constitutionnel. Voir notamment : CC, 28 déc. 1982, décision n°82-149 DC, *Loi relative à l'organisation administrative de Paris, Marseille, Lyon et des établissements publics de coopération intercommunale*, cons. n°5 : « Considérant, d'une part, que [les dispositions de l'article 72 de la Constitution] ne font pas obstacle à la création de conseils d'arrondissement élus et de maires d'arrondissement élus dans leur sein par ces conseils ; qu'il en va de même pour ce qui est de l'attribution à ces organes de certaines compétences de décision et de gestion ». Voir aussi CC, 19 janv. 1988, décision n°87-241 DC, *Loi portant statut du territoire de la Nouvelle-Calédonie*, cons. n°8 : « Considérant que les articles 72 et 74 de la Constitution ne font pas obstacle à ce que la loi crée un emploi de secrétaire général et que son titulaire, dont la nomination comme le remplacement relèvent du conseil exécutif, reçoive compétence, d'une part, pour proposer à ce conseil la nomination aux emplois de direction de l'administration territoriale et, d'autre part, pour procéder au recrutement concernant les autres emplois ». Sans qu'il s'agisse d'un argument décisif, le dispositif n'ayant pas fait à l'époque l'objet d'un contrôle de constitutionnalité, la présence en droit français du référendum à propos de la fusion de communes tendrait aussi dans ce sens. J.-M. BECET relève à ce sujet qu' « il est d'ailleurs à noter qu'il ne s'est trouvé aucun représentant de la nation pour critiquer cette idée lors des débats, tant à l'Assemblée nationale qu'au Sénat » : « Le référendum intercommunal et

668. D'autre part et depuis bien plus de temps était aussi invoquée la loi du 5 avril 1884 afin de prononcer l'illégalité des référendums communaux. Le Conseil d'Etat a ainsi estimé « qu'en substituant ainsi à la décision qu'il lui appartenait de prendre lui-même pour le règlement d'une affaire d'intérêt communal la décision des électeurs intéressés, le conseil municipal d'Aigre a violé les dispositions précitées des lois des 5 avr. 1884 et 31 mars 1903 »[1753].

669. Plus récemment, un jugement du tribunal administratif de La Réunion, invoquait également, en plus de l'article 72 de la Constitution et de la loi de 1884, des principes généraux du droit, « parmi lesquels figure celui de l'unité et de la souveraineté nationale »[1754].

670. Enfin, un dernier groupe d'arguments, sans doute en pratique le plus important, reposait sur la tradition politique française. Il est avéré que de manière générale, les élus ont bien souvent craint le référendum. Des auteurs notent ainsi « les réserves traditionnelles » [1755], voire « la réticence, pour ne pas dire la crainte » [1756], des élus vis-à-vis des formes de démocratie directe, et plus spécialement du référendum. Et tel est aussi le cas de manière spécifique au niveau infra-étatique, le droit local français ayant « toujours été rétif à l'introduction de cette forme de démocratie directe, assimilée souvent à une forme de démagogie »[1757]. Comme le note Pierre DELVOLVE, « la démocratie directe ou participative au niveau local ne fait partie ni de notre culture politique ni de notre tradition juridique »[1758].

671. Quoi qu'il en soit de la pertinence de ces différents arguments, le constituant a introduit récemment le référendum décisionnel local en droit

---

l'article 8 de la loi du 16 juillet 1971 sur les fusions et regroupements de communes », *op. cit.*, p. 529.

[1753] CE, 7 avr. 1905, *Cne d'Aigre*, *R.*, p. 345. Voir encore, CE, 15 janv. 1909, *Cne de Brugnens*, *R.*, p. 35. L'alinéa premier de l'article 61 de la loi du 5 avr. 1884 *relative à l'organisation municipale*, *JORF*, 6 avr. 1884, p. 1557, énonçait que « le conseil municipal règle par ses délibérations les affaires de la commune ».

[1754] TA, La Réunion, 2 août 1982, *Hubert-Delisle*, *JCP*, 2003, juris., n°19994, note Fr. MICLO.

[1755] P. DELVOLVE, « Le référendum local (loi organique du 1er août 2003) », *RFDA*, 2004, pp. 7-20, p. 7.

[1756] A. VIOLA, « La démocratie locale en question », *op. cit.*, p. 11. M. VERPEAUX reprend également ce qualificatif, estimant que le droit français « se caractérise par une certaine réticence à l'égard de ces procédés de démocratie directe » : « Référendum décisionnel local : le Gouvernement persiste et signe », *JCPA*, n°21, 23 mai 2005, act. 203.

[1757] M. VERPEAUX, « Référendum local, consultations locales et Constitution », *op. cit.*, p. 541. Le même auteur ajoute que la plupart des élus sont, « presque par nature, hostiles aux formes de démocratie directe » : « Le "référendum" communal devant le juge administratif : premier bilan », *op. cit.*, p. 99.

[1758] P. DELVOLVE, « Le référendum local (loi organique du 1er août 2003) », *op. cit.*, p. 17.

positif français, mettant ainsi fin à la controverse et consacrant un véritable pouvoir de décision au profit des électeurs locaux.

2. La consécration constitutionnelle du référendum décisionnel local par la révision constitutionnelle du 28 mars 2003

672. Sans supprimer les formes antérieures de consultation des électeurs au niveau communal et intercommunal[1759], la réforme du 28 mars 2003 introduit, de manière générale et au plus haut niveau de hiérarchie des normes, l'existence du référendum local[1760]. Sans doute encouragé en partie par le droit international[1761] et surtout par la disparition d'un certain nombre d'arguments qui s'opposaient à sa reconnaissance[1762], le constituant a donc inséré dans la norme fondamentale un article 72-1 dont l'alinéa second dispose que « dans les conditions prévues par la loi organique, les projets de délibération ou d'acte relevant de la compétence d'une collectivité territoriale

---

[1759] Voir l'article 122 de la loi n°2004-809 du 13 août 2004 *relative aux libertés et responsabilités locales*, *JORF*, 17 août 2004, p. 14545, texte n°1, qui introduit les articles LO. 1112-15 à LO. 1112-22 dans le Code général des collectivités territoriales qui traitent de la « consultation des électeurs ». La réforme de 2003 étend même les dispositifs précédents, en les rendant applicables à toutes les collectivités territoriales régies par le titre XII de la Constitution. Voir la rédaction même de l'article LO. 1112-15 de ce code qui évoque sans distinction « les électeurs d'une collectivité locale ».

[1760] Celui-ci peut être défini comme « une manifestation de volonté du corps électoral par lequel celui-ci, agissant comme organe décisionnel, accepte ou refuse un projet établi par l'assemblée délibérante de la collectivité dans le cadre des compétences de cette collectivité » : B. FAURE, *Droit des collectivités territoriales*, *op. cit.*, p. 225.

[1761] Sur ce point, voir notamment M. VERPEAUX : « Référendums locaux et consultations locales des électeurs », *op. cit.* L'auteur affirme, au n°6, que si les normes conventionnelles « sont, en la matière, peu nombreuses et peu explicites », il est cependant possible de citer la Charte européenne de l'autonomie locale, signée à Strasbourg le 15 oct. 1985. La France a signé cette charte le jour même, mais n'a pu la ratifier que grâce à la loi n°2006-823 du 10 juill. 2006 *autorisant l'approbation de la Charte européenne de l'autonomie locale, adoptée à Strasbourg le 15 octobre 1985*, *JORF*, 11 juill. 2006, p. 10335, texte n°1. Faut-il dès lors voir la Charte comme un moteur de l'évolution constitutionnelle ou bien plutôt la réforme constitutionnelle comme un élément ayant favorisé la ratification de la Charte ?

[1762] Il s'agit notamment des arguments politiques qui voyaient dans le recours au référendum une possible déviance vers le bonapartisme ou de boulangisme. Sur ce point, voir A. COUDEVYLLE, « Plaidoyer en faveur du référendum communal », *op. cit.*, p. 500. La cinquième République a mis fin à cette défiance, d'abord en 1958 au niveau national par l'article 3 de la Constitution, puis au niveau local en 2003 par l'introduction dans le texte fondamental de l'article 72-1.

peuvent, à son initiative, être soumis, par la voie du référendum, à la décision des électeurs de cette collectivité »[1763].

673. Il est essentiel de remarquer que le constituant, tout en encadrant de manière stricte le nouveau dispositif en exigeant l'adoption d'une loi organique, traduit de manière très claire le changement opéré. Le texte emploie à deux reprises des mots qui ne laissent place à aucun doute. Il est tout d'abord question de « référendum »[1764]. Or ce vocable est toujours utilisé avec une grande précaution par les textes positifs qui prennent soin de distinguer les procédures valant véritable décision, auxquelles le terme de référendum est adapté, de celles n'ayant pas un effet aussi radical, pour lesquelles le mot consultation est préféré. Ensuite, l'article rajoute, de manière presque redondante, qu'il s'agit bien pour les électeurs d'une collectivité organisant un tel référendum de prendre une véritable « décision ».

674. C'est donc une avancée considérable pour la démocratie locale, sans commune mesure avec les dispositifs législatifs jusqu'alors en vigueur, dont la portée n'était que consultative[1765]. Et de même que les textes exigeaient à propos de la consultation non décisionnelle des électeurs qu'il ne s'agit que de recueillir un simple avis, l'article R. 1112-2 du Code général des collectivités territoriales indique que le dossier d'information sur le référendum mis à la disposition du public « précise que le résultat du référendum aura valeur de décision ».

675. Les auteurs n'ont pas manqué de relever le changement intervenu. Bertrand FAURE note que « le vote des électeurs prend force

---

[1763] Article introduit par l'article 6 de la loi constitutionnelle n°2003-276 du 28 mars 2003 *relative à l'organisation décentralisée de la République*, *JORF*, 29 mars 2003, p. 5568, texte n°1.

[1764] Très logiquement, l'article LO. 1112-1 du Code général des collectivités territoriales reprend ce terme, énonçant que « l'assemblée délibérante d'une collectivité territoriale peut soumettre à référendum local tout projet de délibération tendant à régler une affaire de la compétence de cette collectivité ». Cet article résulte de la loi organique n°2003-705 du 1er août 2003 *relative au référendum local*, *JORF*, 2 août 2003, p. 13218, texte n°2, qui introduit dans le code une section relative au « référendum local ».

[1765] C'est donc un des points essentiels discutés à propos de toute forme de consultation directe des électeurs qui se trouve résolu : celui de sa portée. Sur ce point, voir J. VIGUIER, « Premières expériences de "référendum" communal », *op. cit.*, p. 451. Une autre évolution majeure résulte notamment de l'élargissement du domaine de la consultation. Alors qu'il était jusqu'à présent limité au domaine communal et intercommunal, il s'applique désormais « à toutes les collectivités territoriales régies par le titre XII de la Constitution » : CC, 30 juill. 2003, décision n°2003-482 DC, *loi organique relative au référendum local*, cons. n°5. En revanche, le référendum ne s'applique pas aux établissements de coopération intercommunale, ceux-ci n'étant pas des collectivités territoriales.

décisionnelle »[1766], Michel VERPEAUX qu' « il s'agit, plus que de la participation mentionnée dans l'intitulé du chapitre, d'un véritable pouvoir de décision qui est ainsi consacré »[1767] et Jean-François LACHAUME que « le pas est désormais franchi » puisqu'il s'agit d'une « véritable procédure référendaire en ce sens que la consultation des électeurs vaut décision et non plus seulement avis, c'est-à-dire que l'on voit apparaître dans [le droit des collectivités territoriales] de véritables procédures de démocratie directe »[1768].

676. Il importe cependant de noter que le référendum prévu par l'article 72-1 de la Constitution n'a pas toujours valeur de décision. La loi organique précisant le texte constitutionnel et voulant éviter que des minorités puissent disposer d'un pouvoir normateur énonce en effet que « le projet soumis à référendum local est adopté si la moitié au moins des électeurs inscrits a pris part au scrutin et s'il réunit la majorité des suffrages exprimés »[1769]. A défaut, le référendum se transforme en simple consultation, dont les autorités locales ne sont pas obligées de tenir compte[1770].

677. Cette procédure de référendum consacre donc un réel pouvoir de décision aux électeurs locaux. Sous conditions, ils peuvent être les auteurs de certaines des normes administratives auxquelles ils seront par la suite soumis. Il y a donc là une hypothèse véritable de démocratie administrative, rendant les décisions de l'appareil d'Etat d'autant plus légitimes aux yeux de leurs destinataires. Comme l'affirme Jean-Marc SAUVE, « le référendum apparaît, dans certains cas, comme la forme suprême de la démocratie ou, à tout le moins, comme un instrument majeur de légitimation de l'action publique »[1771] dans la mesure où il s'agit d'assurer une « expression non

---

[1766] B. FAURE, *Droit des collectivités territoriales*, *op. cit.*, p. 229. A la même page, l'auteur tient par ailleurs à préciser qu' « en dépit de leur onction populaire, les décisions n'acquièrent cependant pas force légale. Celles-ci prennent rang administratif par le fait que les électeurs sont réputés se prononcer sur délégation de pouvoir des autorités décentralisées ».

[1767] M. VERPEAUX, « Référendums locaux et consultations locales des électeurs », *op. cit.*, n°10. Voir encore, du même auteur : « Référendum décisionnel local : le Gouvernement persiste et signe », *op. cit.*

[1768] J.-Fr. LACHAUME, « Libres propos sur des techniques de démocratie directe appliquées aux collectivités territoriales », *op. cit.*, respectivement p. 390 et p. 388.

[1769] Loi organique n°2003-705 du 1er août 2003 *relative au référendum local*, *JORF*, 2 août 2003, p. 13218, texte n°2. Voir l'article LO. 1112 du Code général des collectivités territoriales.

[1770] Il importe de noter que tous les mécanismes mis en place afin d'encadrer le référendum local ne peuvent que renforcer la légitimité de la décision qui en résulte.

[1771] J.-M. SAUVE, « Référendum et démocratie. Introduction », dans Centre d'études constitutionnelles et politiques, *Théorie et pratiques du référendum : actes de la journée d'étude du 4 novembre 2011*, Société de législation comparée, coll. « Colloques », vol. 17, 2011, 106 p., pp. 11-24, p. 16. L'auteur, p. 15, évoque aussi le référendum comme un « vecteur de plus grande force et légitimité de la décision publique ». Chr. PREMAT affirme médiatisée des citoyens »[1772]. Enfin, comme le relève Jacques CHEVALLIER, « la logique du gouvernement représentatif ne s'impose plus d'évidence au niveau local. La participation va être dès lors convoquée comme remède, comme "potion magique", pour combler ce déficit de légitimité »[1773].

II. Le consentement comme participation négative à la création des normes

678. En application du critère du consentement-opposition, une autre manière d'être coauteur d'une norme consiste à pouvoir refuser le consentement indispensable à son entrée en vigueur. Cela revient à disposer d'un véritable droit de *veto*[1774] ou de la faculté de donner un avis conforme[1775]. Dans ce cas, les coauteurs ne participent pas à l'élaboration intellectuelle du contenu de la norme, mais participent, par leur volonté, à son entrée en vigueur, ou au contraire, par leur *veto*, empêchent celle-ci[1776].

---

encore que « l'inclusion du référendum local dans les systèmes représentatifs est l'un des éléments permettant de caractériser la mutation profonde du gouvernement représentatif basée sur la recherche d'une légitimation en dehors du mécanisme électif » : *La pratique du référendum local en France et en Allemagne. Le moment référendaire dans la temporalité démocratique*, Thèse, Bordeaux IV, 2008, 707 p., p. 584.

[1772] J.-M. SAUVE, « Référendum et démocratie. Introduction », *op. cit.*, p. 24.

[1773] J. CHEVALLIER, « Synthèse », dans CURAPP et CRAPS, *Démocratie locale. Représentation, participation et espace public*, *op. cit.*, p. 408.

[1774] En latin, littéralement, « je m'oppose ». On retrouve ainsi une application directe du critère du consentement-opposition. Sur l'étymologie du mot *veto*, voir A. REY (dir.), *Le Robert, Dictionnaire historique de la langue française*, 1998, 4304 p., entrée « Veto ».

[1775] Sur ce point, *cf.* H. BELRHALI, *Les coauteurs en droit administratif*, *op. cit.*, spéc. pp. 100-101. Des auteurs appliquent déjà cette notion à propos des électeurs. Voir par exemple M. LE ROUX, « La relance du processus de fusion entre collectivités territoriales », *JCPA*, n°14, 4 avr. 2011, pp. 24-29, p. 25, à propos de la fusion de communes.

[1776] Une des questions débattues à propos des coauteurs consiste à savoir si ce droit de *veto*, pour être considéré comme un critère d'identification des coauteurs, doit être nécessairement définitif, ou s'il peut n'être que temporaire. Hafida BELRHALI penche pour la première solution, affirmant que « la participation d'un coauteur n'est pas seulement obligatoire, elle est en plus incontournable », de telle sorte que le *veto* « lorsqu'il n'est que temporaire n'entre pas dans les hypothèses de codécisions » : thèse préc., p. 92. Ch. EISENMANN se prononce en revanche en faveur de la seconde solution. Il estime en effet qu'il n'est « pas nécessaire que la volonté conforme du sujet soit absolument exigée, c'est-à-dire soit la condition *sine qua non* de la création des normes. Il suffit qu'elle le soit à un moment donné, c'est-à-dire qu'*à un certain stade de la procédure*, le sujet soit à même d'influer de façon décisive sur l'adoption ou la non-adoption des normes » : *Cours de droit administratif*, *op. cit.*, tome 2, pp. 383-384. Le disciple de KELSEN, que nous suivrons sur ce point, distingue donc deux types de coauteurs : « il est évident qu'il existe une notable différence entre le cas où l'accord d'un

Comme le note Hafida BELRHALI, « ils n'ont pas contribué en amont à fixer le contenu de l'acte mais ils peuvent paralyser le second élément de la compétence qui consiste à donner une force juridique au contenu de l'acte. Les pouvoirs d'autorisation et de veto apparaissent donc comme des consentements à l'acte »[1777].

679. Si ce pouvoir de *veto* s'exerce principalement entre différentes autorités constitutionnelles ou entre différentes instances d'organisation internationales, il existe également en ce qui concerne les administrés. Tel est notamment le cas en vertu de l'article 53 de la Constitution (A) et de plusieurs articles des titres XII et XIII du même texte (B).

A. Un mécanisme d'application général : l'alinéa 3 de l'article 53 de la Constitution

680. L'article 53 de la Constitution énonce en son troisième alinéa que « nulle cession, nul échange, nulle adjonction de territoire n'est valable sans le consentement des populations intéressées ». Cette disposition figurait déjà en droit positif français avant 1958 puisqu'il ne s'agit que d'une reprise, au mot près, de l'alinéa 2 de l'article 27 de la Constitution du 27 octobre 1946. Le principe porté par ces dispositions, qui avait déjà été appliqué dès le Moyen Age et sous la Révolution[1778], s'est appliqué à plusieurs reprises au cours de l'histoire de la cinquième République et ce encore très récemment[1779]. Le mécanisme mis en place par cet article est cependant

---

sujet est exigé absolument pour la création des normes, et celui où il ne l'est pas absolument, ou mieux peut-être : pas définitivement. Dans le premier cas, le sujet est *co-auteur nécessaire* des normes, il fait partie de l'organe de décision nécessaire de leur création. Aussi est-il co-auteur réel de toute norme édictée. Dans le deuxième cas, il ne l'est pas nécessairement, donc n'est pas toujours coauteur » : *Cours de droit administratif*, *op. cit.*, tome 2, p. 384.

[1777] H. BELRHALI, *Les coauteurs en droit administratif*, *op. cit.*, p. 102. Il est important de noter que la participation des administrés à la prise de décision agit essentiellement au niveau de la volonté et non de l'intelligence, ceux-ci ne disposant pas d'un réel pouvoir d'initier les normes. *Cf. infra*, section 2.

[1778] Sur cette question, voir notamment J.-Fr. DAUBELLE, « Référendum et droit à l'autodétermination », *Le référendum*, *Pouvoirs*, n°77, 1996, pp. 41-60, p. 41.

[1779] Voir par exemple CE, 8 juill. 2002, *Cne de Porta*, n°239366. Ce principe connaît une certaine actualité du fait qu'il trouve à s'appliquer, non seulement à propos de la question de l'indépendance de certaines parties du territoire français, mais aussi aux rectifications de frontières. Voir par exemple, au sujet d'un échange de territoires de 38 647 mètres carrés entre la France et le Grand-Duché du Luxembourg, la loi n°2002-169 du 12 fév. 2002 *autorisant l'approbation de l'accord entre le Gouvernement de la République française et le Gouvernement du Grand-Duché de Luxembourg portant rectification de la frontière franco-luxembourgeoise*, *JORF*, 13 fév. 2002, p. 2849, texte n°7 et le décret n°2002-1188 du 12 sept. 2002 *portant publication de l'accord entre le Gouvernement de la République française et le* largement indéterminé. Il convient donc d'éclaircir un certain nombre de points laissés en suspens par ce bref alinéa (1) avant de voir comment les administrés, par son application, se trouvent réellement détenteurs d'un droit de *veto* et par ce moyen éventuellement coauteurs d'une norme dont ils seront les principaux destinataires (2).

1. Un alinéa bien silencieux

681. Plusieurs questions importantes se sont posées au sujet de cet alinéa. La première consistait à déterminer les hypothèses dans lesquelles il était applicable. A le lire strictement, le texte parle uniquement de « cession », d'« échange » et d'« adjonction » de territoire. Etait-il cependant invocable en cas d'accession à l'indépendance[1780] de territoires relevant jusqu'alors de la souveraineté française, c'est-à-dire de sécession[1781] ? A ce sujet le rapport de René CAPITANT, établi à l'occasion de l'accession à l'indépendance des territoires de la Côte française des Somalis en 1966, fournit de précieuses indications[1782]. Le parlementaire

---

Gouvernement du Grand-Duché de Luxembourg portant rectification de la frontière franco-luxembourgeoise, signé à Luxembourg le 15 mars 2000, *JORF*, 21 sept. 2002, p. 15572, texte n°10. Pour un échange de territoire de 7893 mètres carrés entre les mêmes pays, voir encore J. CHARPENTIER, « Cession de territoire », *AFDI*, XXXVI, 1990, p. 988. Pour une autre illustration, concernant cette fois-ci une rectification de la frontière franco-suisse, voir la référence citée dans CAA, Lyon, 31 mai 2011, n°10LY01585. Les hypothèses envisagées par l'article dont il est question ne trouvent donc pas seulement à s'appliquer à propos de la décolonisation, mais aussi, assez fréquemment, sur le territoire métropolitain. Voir encore Quest. AN, n°8361, *JOAN*, 21 fév. 1994, p. 871.

1780 Il est intéressant de voir le lien qui existe de manière générale entre l'indépendance et le consentement de sorte que ce qui vaut à propos de l'indépendance d'un Etat, vaut, dans une certaine mesure et par analogie, pour d'autres types d'indépendance. Tel est par exemple le cas pour l'indépendance des magistrats garantie notamment par l'inamovibilité, celle-ci étant elle-même garantie par l'exigence formelle du consentement du magistrat avant toute affectation nouvelle. Le Conseil constitutionnel établit très clairement ce lien nécessaire entre inamovibilité et consentement dans sa décision du 26 janv. 1967, décision n°67-31 DC, *Loi organique modifiant et complétant l'ordonnance n°58-1270 du 22 décembre 1958 portant loi organique relative au statut de la magistrature*, dans laquelle le Conseil indique qu'« aux termes de l'article 64 de la Constitution "les magistrats du siège sont inamovibles" ; que l'ordonnance du 22 décembre 1958 portant loi organique relative au statut de la magistrature reprend, dans son article 4, premier alinéa, cette même disposition et, dans son deuxième alinéa, fait du principe ainsi posé une *application nécessaire* en précisant "qu'en conséquence le magistrat du siège ne peut recevoir sans son consentement une affectation nouvelle, même en avancement" ». Nous soulignons.

1781 Pour un point de vue international sur cette question, voir notamment R. RIVIER, *Droit international public*, PUF, coll. « Thémis Droit », 2ème éd., 2013, 701 p., pp. 279-285.

1782 R. CAPITANT, « Rapport, fait au nom de la Commission des lois constitutionnelles, de la législation et de l'administration générale de la République sur le projet de loi (n°2118)

relève que « sans doute, l'article 53 fait-il partie du titre VI, intitulé "Des traités et accords internationaux" [...]. De telle sorte qu'à première vue ses dispositions pourraient sembler n'être applicables qu'à l'hypothèse classique où la France cèderait à un Etat étranger ou bien acquerrait de celui-ci un territoire [...]. Mais cette conclusion serait erronée. Car il est certain que l'article 53 s'applique tout aussi bien à l'hypothèse plus moderne où un territoire cesserait d'appartenir à la République française pour constituer un Etat indépendant »[1783]. Pour lui, comme pour une majorité de parlementaires de l'époque[1784], il ne fait aucun doute que « l'article 53 de la Constitution s'applique dans le cas de sécession comme dans celui de cession »[1785]. Et telle est effectivement l'interprétation, « assez audacieuse »[1786], donnée par le Conseil constitutionnel à l'occasion de l'accession à l'indépendance des Comores[1787]. Les sages de la rue Montpensier énoncent que « les dispositions de cet article doivent être interprétées comme étant applicables, non seulement dans l'hypothèse où la France céderait à un État étranger ou bien acquerrait de celui-ci un territoire, mais aussi dans l'hypothèse où un territoire cesserait d'appartenir à la République pour constituer un État indépendant ou y être rattaché »[1788]. Le Conseil vient donc mettre fin à toute ambiguïté et comme le note alors Louis FAVOREU, « la portée du dernier alinéa de l'article 53 est donc désormais fixée et cela dans un sens qui semble communément admis mais n'est pas – il faut le constater – le sens littéral et premier »[1789].

682. Le Conseil constitutionnel a eu plus récemment l'occasion de le réaffirmer en indiquant que les dispositions de l'article 53 alinéa 3 « font

---

organisant une consultation de la population de la Côte française des Somalis, n°2199 », annexé à la séance du 30 nov. 1966, *Annales de l'AN*, *doc. Parlementaires*, 1966-1967, pp. 1005-1008.

[1783] R. CAPITANT, « *Rapport...* », n°2199, *op. cit.*, p. 1005.

[1784] L. FAVOREU affirme ainsi qu' « à vrai dire, nul ne paraissait douter de cela dans les rangs de l'opposition comme dans ceux de la majorité » : « La décision du 30 décembre 1975 dans l'affaire des Comores », *RDP*, 1976, pp. 557-575, p. 566.

[1785] R. CAPITANT, « *Rapport...* », n°2199, *op. cit.*, p. 1006.

[1786] Selon L. FAVOREU, « le juge constitutionnel a eu l'occasion [...] de donner une nouvelle fois une interprétation assez audacieuse d'un article de la Constitution qui s'apparente ici à une adaptation du texte constitutionnel » : « La décision du 30 décembre 1975 dans l'affaire des Comores », *op. cit.*, p. 575.

[1787] En vertu de la loi n°74-965 du 23 nov. 1974 *organisant une consultation des populations des Comores*, *JORF*, 24 nov. 1974, p. 11771, dont l'article premier énonce : « les populations des Comores seront consultées sur la question de savoir si elles souhaitent choisir l'indépendance ou demeurer au sein de la République française ».

[1788] CC, 30 déc. 1975, décision n°75-59 DC, *Loi relative aux conséquences de l'autodétermination des îles des Comores*, cons. n°2.

[1789] L. FAVOREU, « La décision du 30 décembre 1975 dans l'affaire des Comores », *op. cit.*, p. 568.

application aux traités et accords internationaux relevant du titre VI de la Constitution des principes de libre détermination des peuples et de libre manifestation de leur volonté, spécifiquement prévus pour les territoires d'outre-mer par l'alinéa 2 du préambule »[1790].

683. L'hypothèse de la sécession étant admise, se posait encore la question de savoir à quel type de territoire elle pourrait éventuellement bénéficier[1791].

684. Mais c'est surtout la nature de la consultation de la population qui doit ici retenir l'attention. Le consentement des populations concernées par l'hypothèse visée à l'alinéa 3 de l'article 53 de la Constitution a souvent été, dans l'histoire, recueilli suite à un référendum[1792]. Il aurait alors été tentant, dans le silence du texte constitutionnel, de penser que la compétence pour juger d'éventuels recours contre ces consultations appartenait au Conseil

---

[1790] CC, 2 juin 1987, décision n°87-226 DC, *Loi organisant la consultation des populations intéressées de la Nouvelle-Calédonie et dépendances prévue par l'alinéa premier de l'article 1er de la loi n°86-844 du 17 juillet 1986 relative à la Nouvelle-Calédonie*, cons. n°5.

[1791] Il aurait pu s'agir uniquement des territoires d'outre-mer, à l'exception des départements d'outre-mer et métropolitains. Mais il faut observer que la formulation employée par le Conseil constitutionnel n'opère pas une telle distinction et ne formule aucune réserve. Le Conseil constitutionnel a en effet affirmé, dans le troisième considérant de sa décision n°75-59 DC, préc., « que l'île de Mayotte est un territoire au sens de l'article 53, dernier alinéa, de la Constitution, ce terme n'ayant pas dans cet article la même signification juridique que dans l'expression territoire d'Outre-Mer, telle qu'elle est employée dans la Constitution ». Il semble dès lors possible d'affirmer, avec L. FAVOREU, qui se demandait si le droit de sécession s'appliquait aussi aux diverses parties du territoire national et notamment aux départements d'outre-mer et métropolitains, que « la formulation générale employée par le Conseil constitutionnel n'exclut pas cette possibilité » : « La décision du 30 décembre 1975 dans l'affaire des Comores », *op. cit.*, p. 571.

[1792] R. CAPITANT affirme ainsi que la volonté de la population du territoire s'exprime « par voie de référendum local » : « *Rapport…* », n°2199, *op. cit.*, p. 1006. Il faut cependant noter qu'il s'agit là d'une simplification de la réalité, la volonté de la population ayant parfois été recueillie par le biais de ses représentants, comme ce fut finalement le cas pour la cession à l'Inde de quatre établissements français : Yanaon, Karikal, Pondichéry et Mahé, alors même qu'une déclaration commune entre l'Inde et la France, puis une loi du 3 avr. 1950, prévoyaient de consulter la population par référendum, comme cela se fit pour Chandernagor. Sur ce point, voir J.-P. GILLI, note sous CE, Ass., 27 juin 1958, *Georger et Teivassigamany*, *D.*, 1959, juris., pp. 122-125, p. 122 et les références citées. Plus récemment et à propos d'un échange de territoires, certes inhabités, avec le Luxembourg, n'ont été consultées que les autorités locales élues, en l'espèce le maire, le conseiller général et le député du territoire concerné et non la population. Sur ce point, voir J. CHARPENTIER, « Cession de territoire », *op. cit.* Il n'est donc pas exact de dire que la population doit nécessairement se prononcer par référendum. Tout au plus est-il donc possible d'affirmer avec J.-Fr. DAUBELLE que « la France a été, de toutes les nations, celle qui a le plus souvent recouru, et de loin, au référendum d'autodétermination » : « Référendum et droit à l'autodétermination », *op. cit.*, p. 60.

constitutionnel, en vertu de l'article 60 de la Constitution de 1958[1793]. Ce débat a opposé MM. CAPITANT[1794] et PRELOT[1795] au sujet de l'indépendance de la Côte française des Somalis. Mais aujourd'hui, la question n'est plus de mise. Suite à différentes affirmations jurisprudentielles[1796], le texte même de l'article 60 a été modifié en 2003 afin de lever toute ambiguïté[1797]. Il dispose désormais que « le Conseil constitutionnel veille à la régularité des opérations de référendum prévues aux articles 11 et 89 et au titre XV. Il en proclame les résultats ». Dès lors et *a contrario*, les consultations organisées au titre de l'alinéa 3 de l'article 53 de la Constitution échappent à sa compétence[1798].

685. Un second point pourrait également faire douter que ces consultations concernent le droit administratif. Dans les différentes hypothèses rencontrées et lorsqu'il est fait appel à la population, ce sont les électeurs qui concrètement sont amenés à exprimer leur volonté. Il s'agit d'ailleurs d'un point général valable à propos de différentes consultations et qui n'est donc pas spécifique au mécanisme découlant de l'article 53 de la Constitution. Le choix des auteurs des textes en faveur de la consultation des

---

1793 Cet article, dans sa version en vigueur jusqu'au 29 mars 2003, énonçait que « le Conseil constitutionnel veille à la régularité des opérations de référendum et en proclame les résultats ».

1794 R. CAPITANT, « Rapport… », n°2199, *op. cit.*, p. 1006.

1795 Sur ce point, voir L. FAVOREU, « La décision du 30 décembre 1975 dans l'affaire des Comores », *op. cit.*, pp. 568-569 et les références citées.

1796 Voir notamment, CE, Ass., 30 oct. 1998, *Sarran, Levacher et a.*, n°200286 et n°200287. Cette décision énonce, à propos de l'article 60 de la Constitution qu' « il ressort de ces dispositions que seuls les référendums par lesquels le peuple français exerce sa souveraineté, soit en matière législative dans les cas prévus par l'article 11 de la Constitution, soit en matière constitutionnelle comme le prévoit l'article 89, sont soumis au contrôle du Conseil constitutionnel ». Telle était déjà l'interprétation qu'avait implicitement retenue le Conseil constitutionnel lorsqu'il avait jugé que le fait d'attribuer, comme le faisait l'article 5 de la loi déférée, à une commission spéciale dénommée « Commission de contrôle des opérations électorales » le contrôle du référendum organisé à l'occasion de l'indépendance des Comores n'était contraire « à aucune disposition de la Constitution. *Cf.* CC, 30 déc. 1975, décision n°75-59 DC, *Loi relative aux conséquences de l'autodétermination des îles des Comores*, cons. n°9.

1797 Modification introduite dans la Constitution par l'article 12 de la loi constitutionnelle n°2003-276 du 28 mars 2003 *relative à l'organisation décentralisée de la République*, *JORF*, 29 mars 2003, p. 5568, texte n°1.

1798 Pour une telle affirmation, voir notamment M. VERPEAUX, « Référendum local, consultations locales et Constitution », *op. cit.*, p. 540. A la même page, l'auteur estime que « rétrospectivement », il en est de même pour les consultations prévues à l'article 76 de la Constitution relatif à la Nouvelle-Calédonie. C'est donc finalement l'opinion de M. CAPITANT qui a prévalu. Le député affirmait que l'article 60 « n'est applicable qu'au référendum législatif prévu par les articles 11 et 89 de la constitution. Il ne l'est pas au référendum local prévu par l'article 53 » : « *Rapport…* », n°2199, préc., p. 1006.

« électeurs » et non pas des « habitants » ou des « contribuables » résulte de considérations essentiellement pragmatiques, comme le relève notamment Bertrand FAURE[1799]. Cette référence aux électeurs n'empêche donc pas qu'il s'agisse de consultations soumises au contrôle du juge administratif[1800], d'autant moins que ce n'est pas la seule hypothèse dans laquelle ce juge est amené à se prononcer sur des votations[1801], qu'il s'agisse de simples consultations ou de véritables décisions comme c'est potentiellement le cas en l'espèce.

2. L'intervention décisionnelle négative des électeurs

686. Il existe des hypothèses dans lesquelles aucun pouvoir de décision n'est conféré aux électeurs locaux, comme c'est par exemple le cas des votations prévues par l'article 72-1 alinéa 3 de la Constitution[1802]. Mais le troisième alinéa de l'article 53 a une portée plus grande et, en cas de consultation directe des électeurs, peut faire de ceux-ci des coauteurs de la norme, instaurant ainsi une véritable démocratie. Il s'agit bien ici d'une consultation qui peut être décisionnelle, comme c'est le cas pour un référendum. Comme le notait déjà René CAPITANT, « on a parfois contesté la légitimité de l'emploi du mot référendum dans cette hypothèse. On a parlé de simple consultation. En vérité, il s'agit de quelque chose de plus qu'une consultation, car la population intéressée est appelée non à formuler un simple avis, mais à donner ou à refuser un consentement, dont la constitution fait une condition de validité de l'opération »[1803].

[1799] B. FAURE, *Droit des collectivités territoriales*, *op. cit.*, p. 214.

[1800] Pour une telle opinion, voir notamment M. VERPEAUX, « Référendum local, consultations locales et Constitution », *op. cit.*, p. 540.

[1801] Tel est classiquement par exemple le cas des élections municipales en vertu de l'article L. 248 du Code électoral, mais aussi pour d'autres votations s'apparentant par certains aspects à des référendums, comme les consultations prévues par l'article 72-4 de la Constitution.

[1802] Cet article énonce que « lorsqu'il est envisagé de créer une collectivité territoriale dotée d'un statut particulier ou de modifier son organisation, il peut être décidé par la loi de consulter les électeurs inscrits dans les collectivités intéressées. La modification des limites des collectivités territoriales peut également donner lieu à la consultation des électeurs dans les conditions prévues par la loi ». Deux éléments fondamentaux distinguent ce mécanisme de celui prévu à l'article 53. Outre le fait que ces articles visent des finalités différentes, le premier consacre une simple faculté ouverte au législateur, qui « peut » consulter les électeurs des collectivités intéressées, sans que cela soit pour lui une obligation. Ensuite, à la différence de l'article 53 qui évoque la notion de « consentement », ou même de l'alinéa 2 de l'article 72-1 qui utilise le vocable de « référendum », le texte dont il est question utilise le terme de « consultation », indiquant par là qu'il ne s'agit pour les électeurs que de formuler un simple avis et en aucun cas une décision au sens juridique du terme.

[1803] R. CAPITANT, « *Rapport…* », *op. cit.*, p. 1006.

687. Il convient cependant de distinguer avec attention les conditions d'une telle portée décisionnelle en fonction des résultats mêmes de la consultation. Dans l'hypothèse où la population consultée se prononcerait en faveur de la cession ou de la sécession, rien n'impose juridiquement au Parlement d'entériner un tel choix. Cet article ne consacre donc pas un droit total à l'autodétermination. En revanche, si la population consultée s'oppose à la cession ou la sécession, il est impossible au législateur de continuer le processus entrepris. Comme l'indique le Conseil constitutionnel dans sa décision relative à l'indépendance des Comores à propos de Mayotte, « cette île ne saurait sortir de la République française sans le consentement de sa propre population »[1804]. L'article 53 alinéa 3 consacre donc « le droit acquis d'un Français à demeurer tel »[1805]. Nulle population ne peut être forcée de passer sous une domination étrangère ou de se voir imposer, le terme est un peu paradoxal, son indépendance[1806]. C'est donc bien un pouvoir de *veto* que l'article 53 offre aux populations intéressées.

[1804] CC, 30 déc. 1975, décision n°75-59 DC, *Loi relative aux conséquences de l'autodétermination des îles des Comores*, cons. n°4. A noter que cette affirmation est aujourd'hui reprise à l'article L. 3521-1 du Code général des collectivités territoriales qui dispose que « le Département de Mayotte [...] fait partie de la République et ne peut cesser d'y appartenir sans le consentement de sa population ». A propos de cet article, voir CC, 15 fév. 2007, décision n°2007-547 DC, *Loi organique portant dispositions statutaires et institutionnelles relatives à l'outre-mer*, cons. n°12 et n°13.

[1805] L. HAMON, note sous CC, 30 déc. 1975, décision n°75-59 DC, *Loi relative aux conséquences de l'autodétermination des îles des Comores*, *D.*, 1976, juris., pp. 537-542, p. 540. L'auteur, pp. 541, fait notamment référence aux travaux préparatoires du texte constitutionnel et note que ce sont les élus d'outre-mer qui réclament « pour ces territoires, pour ces populations d'outre-mer, le droit de demeurer Français ». A la même page, M. HAMON note encore que cet article « reconnaît un droit collectif, et non plus seulement individuel, de demeurer Français ». Sur ce « droit de demeurer Français », voir encore O. GOHIN, « L'évolution institutionnelle de la Nouvelle-Calédonie », *AJDA*, 1999, pp. 500-514, p. 502, note 15.

[1806] Une question, qui n'a pas encore de réponse théorique mais présente un intérêt pratique considérable, consiste à se demander ce qu'il faut entendre par l'expression « populations intéressées ». Selon l'interprétation concrète qui en sera faite, une part plus ou moins importante de la population pourrait se voir imposer une cession ou une sécession contre son gré. Tel était d'ailleurs un des problèmes essentiels lors de l'indépendance des Comores. L'archipel avait voté globalement en faveur de l'indépendance, mais Mayotte avait voté contre. La question se posait alors de savoir s'il était possible de séparer Mayotte des îles voisines, afin de faire demeurer la population mahoraise au sein de la République française. Alors que la saisine présentée au Conseil constitutionnel essayait de démontrer l'indivisibilité de l'archipel, celui-ci a au contraire répondu implicitement que les résultats exprimés à Mayotte pouvaient être distingués de ceux des autres îles. En poussant le raisonnement jusqu'au bout, un auteur affirme qu' « aucune collectivité territoriale de fait, si petite soit-elle, fût-elle une section de commune, un hameau sans réalité administrative distincte, ne devrait à la limite pouvoir être privée, contre son gré, du droit de demeurer française », avant d'ajouter : « sans doute peut-il y avoir des situations ou des raisons pratiques rendant en fait

688. Qui plus est, et cela en renforce l'importance, ce *veto* n'est pas simplement temporaire, mais bien définitif. Aussi longtemps que la population s'opposera au législateur, elle pourra avoir le dernier mot et aucune autre procédure ne pourra être mise en œuvre afin de passer outre ce refus.

689. Cependant, il importe de noter que ce pouvoir, pour important qu'il soit, ne confère pas à la population une faculté de décision pleine et entière, sauf lorsqu'il s'agit de conserver le *statu quo*. Le mécanisme dont il est question fonctionne de manière dissymétrique. Dans un cas, celui d'un vote positif, le législateur n'est pas tenu par les résultats. Mais dans l'autre, en cas de vote négatif, il lui est interdit de prononcer la cession ou la sécession. Comme l'indiquent Guy CARCASSONNE et Marc GUILLAUME, « le refus des populations intéressées interdit au Parlement d'autoriser la cession (ou la sécession) du territoire, mais leur acceptation, théoriquement, ne l'oblige pas à se conformer à leur vœu »[1807]. En d'autres termes, la population n'est pas auteur, mais seulement coauteur, car les consultations dont il est question « n'entraînent à elles seules aucun effet juridique immédiat »[1808]. La décision finale d'une évolution appartient concurremment aux populations consultées et au législateur, ce dernier devant nécessairement intervenir en vertu du principe d'indivisibilité de la République proclamé par l'article premier de la Constitution. L'intervention du législateur est nécessaire, tout comme est nécessaire le consentement de la population qui représente un « préliminaire obligatoire »[1809] à l'adoption de la loi. Mais pris unilatéralement, l'un comme l'autre sont dans l'incapacité de prononcer une cession ou une sécession.

690. De nombreux auteurs relèvent cet aspect. René CAPITANT affirme ainsi que « la Constitution dispose que les peuples qui, en 1958, sont entrés volontairement dans la République ne peuvent en sortir que par le *concours* de leur propre volonté et de celle de la France. La volonté de la France s'exprime alors sous forme de loi, celle de la population du territoire par voie de référendum local »[1810]. André ROUX estime pour sa part, à

---

impossible une division épousant de trop près le contour des majorités en allant d'un bureau de vote à l'autre » : L. HAMON, note sous CC, 30 déc. 1975, décision n°75-59 DC, *Loi relative aux conséquences de l'autodétermination des îles des Comores*, *op. cit.*, p. 541.

1807 G. CARCASSONNE et M. GUILLAUME, *La Constitution*, Seuil, coll. « Points. Essais », 12ème éd., 2014, 480 p., p. 265.

1808 J.-Fr. DAUBELLE, « Référendum et droit à l'autodétermination », *op. cit.*, p. 55.

1809 CE, Ass., 27 juin 1958, *Georger et Teivassigamany*, *R.*, p. 403.

1810 R. CAPITANT, « *Rapport…* », n°2199, *op. cit.*, p. 1006. Nous soulignons. A la même page l'auteur ajoute qu' « à la différence de ce qui s'est passé lors de l'entrée en vigueur de la Constitution, les territoires d'outre-mer n'ont plus la faculté de décider *unilatéralement* qu'ils se maintiendront dans la République française ou en sortiront. La décision exige la volonté propos de la sécession, qu'elle « ne peut donc plus résulter, comme en 1958, d'une décision unilatérale des TOM mais d'une *volonté commune* du territoire et du législateur français »[1811].

691. Le texte instaure dès lors un équilibre entre le pouvoir des populations et celui de l'Etat. Celles-là gardent la possibilité de s'opposer à un projet de cession ou de sécession qui irait contre leur volonté[1812] et celui-ci, en cas de vote favorable de la population, conserve tout de même une large maîtrise sur l'opération. Il peut la refuser ou l'accepter, mais il en fixe alors les conditions et le calendrier[1813]. De la sorte, la souveraineté nationale n'est pas amoindrie, comme c'est encore le cas dans d'autres mécanismes spéciaux.

B. Les mécanismes spéciaux des titres XII et XIII de la Constitution

692. Le constituant, avec l'aval du Conseil constitutionnel[1814], a récemment souhaité démocratiser les évolutions statutaires des collectivités

---

commune du territoire et du législateur français ». Souligné par nous. Il convient cependant de noter que l'auteur commet une erreur en ce qui concerne le maintien dans la République française. De par le *veto* consacré par l'article 53 alinéa 3, les populations concernées peuvent, unilatéralement, s'opposer à toute cession ou sécession. Il est vrai que le problème à l'origine du rapport était bien la sortie de la République, qui, elle, ne peut effectivement résulter de la seule volonté des populations locales.

[1811] A. ROUX, *Droit constitutionnel local*, Economica, coll. « Droit poche. Droit public fondamental », 1995, 112 p., p. 85. Souligné par nous.

[1812] Il est important de noter que le dispositif protège les populations locales qui ne souhaiteraient pas se voir imposer une cession, alors que celle-ci serait voulue par une majorité au niveau national. Sur ce point voir L. HAMON, note sous CC, 30 déc. 1975, décision n°75-59 DC, *Loi relative aux conséquences de l'autodétermination des îles des Comores*, *op. cit.*, p. 551. L'auteur évoque notamment le cas de l'Alsace pendant la Seconde Guerre mondiale.

[1813] Comme le note L. FAVOREU, « ce qui importait en fait au Conseil constitutionnel, c'était d'affirmer d'une part, que la procédure de sécession doit comporter la consultation de chaque population intéressée, et, d'autre part, que la sécession ne peut être autorisée et prendre effet qu'après la décision prise par le Parlement souverain. Le Parlement et donc la République restent maîtres de la décision d'accorder l'indépendance et du moment auquel cette indépendance prendra effet ainsi que des modalités » : « La décision du 30 décembre 1975 dans l'affaire des Comores », *op. cit.*, p. 570.

[1814] Le Conseil constitutionnel s'était par ailleurs déjà montré favorable aux consultations des populations d'outre-mer, avant même la réforme constitutionnelle de 2003. Le Conseil indiquait cependant que cela n'était possible qu'à la condition que le législateur ne s'estime pas tenu par le résultat de la consultation. Voir notamment CC, 4 mai 2000, décision n°2000-428 DC, *Loi organisant une consultation de la population à Mayotte*, cons. n°6 : « considérant qu'aux termes du deuxième alinéa du Préambule de la Constitution de 1958 : "En vertu de ces principes et de celui de la libre détermination des peuples, la République offre aux territoires d'outre-mer qui manifestent la volonté d'y adhérer des institutions territoriales, modifiant les titres XII et XIII de la Constitution, respectivement consacrés aux collectivités territoriales et à la Nouvelle Calédonie. Il a introduit dans le texte constitutionnel plusieurs articles ou alinéas prévoyant des mécanismes de référendum[1815]. Bien que l'évolution

nouvelles fondées sur l'idéal commun de liberté, d'égalité et de fraternité et conçues en vue de leur évolution démocratique" ; que, pour la mise en œuvre de ces dispositions, les autorités compétentes de la République sont, dans le cadre de la Constitution, habilitées à consulter les populations d'outre-mer intéressées, non seulement sur leur volonté de se maintenir au sein de la République française ou d'accéder à l'indépendance, mais également sur l'évolution statutaire de leur collectivité territoriale à l'intérieur de la République ; que, toutefois, dans cette dernière éventualité, lesdites autorités ne sauraient être liées, en vertu de l'article 72 de la Constitution, par le résultat de cette consultation ». Voir encore CC, 7 déc. 2000, décision n°2000-435 DC, *Loi d'orientation pour l'outre-mer.*

1815 Voir notamment A.-M. LE POURHIET, « Le référendum outre-mer », *Mondes et cultures*, tome LXV, 2005, vol. 1, pp. 476-484. Il existe également des mécanismes à la fois facultatifs et non décisionnels. Tels est le cas en vertu de l'article 72-1 alinéa 3 de la Constitution qui énonce que « lorsqu'il est envisagé de créer une collectivité territoriale dotée d'un statut particulier ou de modifier son organisation, il peut être décidé par la loi de consulter les électeurs inscrits dans les collectivités intéressées. La modification des limites des collectivités territoriales peut également donner lieu à la consultation des électeurs dans les conditions prévues par la loi ». Sur ce fondement, les électeurs de l'Ile de beauté ont été appelés à se prononcer sur l'évolution du régime de la Corse. Voir l'article premier de la loi n°2003-486 du 10 juin 2003 *organisant une consultation des électeurs de Corse sur la modification de l'organisation institutionnelle de la Corse*, *JORF*, 11 juin 2003, p. 9815, texte n°1 : « une consultation est organisée dans un délai de trois mois à compter de la promulgation de la présente loi afin que les électeurs de nationalité française inscrits sur les listes électorales de Corse donnent leur avis sur les orientations proposées pour modifier l'organisation institutionnelle de la Corse dans la République, qui figurent en annexe à la présente loi ». Sur cette consultation, voir notamment CE, Ass., 17 oct. 2003, *Consultation des électeurs de Corse*, n°258487 et la note de B. MALIGNER, *AJDA*, 2003, pp. 2386-2388. Suite à cette consultation, où le « non » l'a emporté, le législateur s'est abstenu de procéder à l'évolution envisagée. Certains auteurs affirment ainsi que la consultation, même non décisionnelle, confine ainsi au référendum, notamment du fait du recours au suffrage universel. Voir notamment M. VERPEAUX, « La consultation locale des populations métropolitaines. Ou le vrai-faux référendum », dans *Mouvement du droit public : du droit administratif au droit constitutionnel, du droit français aux autres droits. Mélanges en l'honneur de Franck Moderne*, Dalloz, 2004, 1264 p., pp. 417-436, p. 419 : « le recours au suffrage universel risque, néanmoins, de priver le législateur d'une grande partie de sa liberté de décision ». B. FAURE note aussi que « ce précédent est de nature à transfigurer le droit de la mutabilité statutaire en faisant émerger une *garantie d'intangibilité statutaire* au profit des électeurs – et non des élus – par une sorte de "*veto*" populaire qu'ils pourraient exprimer pour le cas où ils sont consultés » : *Droit des collectivités territoriales, op. cit.*, p. 39. De ce dispositif doit être rapproché celui résultant de l'article 72-4 alinéa 2 qui dispose notamment que « le Président de la République [...] peut décider de consulter les électeurs d'une collectivité territoriale située outre-mer sur une question relative à son organisation, à ses compétences ou à son régime législatif ». Pour les utilisations concrètes de ce dispositif, voir notamment J. BENETTI, « Les nouvelles formes de démocratie locale », dans B. MATHIEU et M. VERPEAUX (dir.), *Les mutations constitutionnelles des collectivités territoriales.*

ait toujours lieu par la voie législative, « celle-ci tend à devenir l'ultime étape d'un processus qui aménage la possibilité pour les électeurs des collectivités intéressées de faire entendre leur voix sur les modifications envisagées » [1816]. Hormis la Nouvelle-Calédonie qui est appelée à se prononcer sur son indépendance, il s'agit seulement d'un simple *veto*, de sorte que « cette évolution ne fait nullement entrevoir un droit à la mutabilité statutaire pour les collectivités »[1817]. Les mécanismes institués sont donc très différents selon qu'il s'agit des titres XII (1) ou XIII (2) de la Constitution.

1. Les dispositifs prévus par le titre XII de la Constitution

693. Comme l'indique Michel VERPEAUX, « la loi constitutionnelle du 28 mars 2003 fait une différence importante entre les collectivités territoriales situées outre-mer et les autres, et elle n'a constitutionnalisé, à l'article 72-4, une consultation des électeurs ayant valeur de consentement, que pour ces dernières »[1818]. Deux mécanismes concernant l'outre-mer méritent ici attention : l'alinéa premier de l'article indiqué par l'auteur et le dernier alinéa de l'article 73 de la Constitution. L'un comme l'autre consacrent au profit des électeurs un véritable droit de *veto*.

694. L'article 72-4 alinéa premier énonce qu' « aucun changement, pour tout ou partie de l'une des collectivités mentionnées au deuxième alinéa de l'article 72-3, de l'un vers l'autre des régimes prévus par les articles 73 et 74, ne peut intervenir sans que le consentement des électeurs de la collectivité ou de la partie de collectivité intéressée ait été préalablement recueilli dans les conditions prévues à l'alinéa suivant. Ce changement de régime est décidé par une loi organique »[1819]. Pour le passage d'une collectivité du

Huitième printemps du droit constitutionnel, Dalloz, coll. « Thèmes et commentaires », 2014, 138 p., pp. 73-80, p. 79.

[1816] B. FAURE, *Droit des collectivités territoriales*, *op. cit.*, p. 39.

[1817] *Ibid.*

[1818] M. VERPEAUX, « La consultation locale des populations métropolitaines. Ou le vrai-faux référendum », *op. cit.*, p. 419.

[1819] Introduit dans la Constitution par l'article 8 de la loi constitutionnelle n°2003-276 du 28 mars 2003 *relative à l'organisation décentralisée de la République*, *JORF*, 29 mars 2003, p. 5568, texte n°1. L'alinéa 2 de l'article 72-3 auquel le texte renvoie mentionne que « la Guadeloupe, la Guyane, la Martinique, La Réunion, Mayotte, Saint-Barthélemy, Saint-Martin, Saint-Pierre-et-Miquelon, les îles Wallis et Futuna et la Polynésie française sont régis par l'article 73 pour les départements et les régions d'outre-mer et pour les collectivités territoriales créées en application du dernier alinéa de l'article 73, et par l'article 74 pour les autres collectivités ». Cet article fut créé par l'article 8 de la loi constitutionnelle n°2003-276 du 28 mars 2003 *relative à l'organisation décentralisée de la République*, *JORF*, 29 mars 2003, p. 5568, texte n°1 et modifié par l'article 37 de la loi constitutionnelle n°2008-724 du régime prévu par l'article 73 vers les régimes résultant de l'article 74 ou vice-versa, le législateur organique ne dispose donc pas d'une totale liberté. Si cela est vrai en cas d'accord des électeurs puisqu'il n'est pas obligé de concrétiser ce dernier, il est en revanche tenu par leur refus, le consentement des électeurs étant une condition *sine qua non* de l'évolution. Ceux-ci peuvent ainsi faire obstacle au législateur et l'empêcher d'agir[1820].

695. Cette procédure a concerné notamment Mayotte, dont la population fut consultée le 29 mars 2009. Conformément au souhait de la population, l'île est passée du statut de collectivité d'outre-mer à un statut proche de celui d'un département d'outre-mer[1821]. De même, les électeurs de Saint-Barthélemy et Saint-Martin ont accepté le 7 décembre 2003 que leurs communes, jusqu'alors rattachées à la Guadeloupe, se transforment en collectivités d'outre-mer à part entière[1822]. En revanche, les électeurs de Guyane et de Martinique ont refusé, le 10 janvier 2010, l'évolution qui leur était proposée et leur collectivité continue donc de relever de l'article 73 de la Constitution.

696. De manière semblable, l'article 73 alinéa 7 de la Constitution prévoit une autre hypothèse dans laquelle les électeurs disposent d'un droit de *veto* à l'égard du législateur. Il énonce en effet que « la création par la loi

---

23 juill. 2008 *de modernisation des institutions de la Ve République*, *JORF*, 24 juill. 2008, p. 11890, texte n°2.

[1820] M. VERPEAUX note ainsi que « ce verrou ne fonctionne que dans un sens puisque le législateur n'est pas obligé de suivre un vote favorable à une évolution. Le consentement est donc essentiellement négatif : les électeurs ont la possibilité de dire non, mais leur "oui" peut être sans effet, du moins sur le plan juridique. C'est bien d'un veto dont il s'agit » : « Référendum local, consultations locales et Constitution », *op. cit.*, p. 547. A noter que si une loi est nécessaire pour procéder au changement de statut, la consultation des électeurs peut résulter d'un décret. Voir par exemple le décret du 29 oct. 2003 décidant de consulter les électeurs de Saint-Barthélemy (Guadeloupe) en application de l'article 72-4 de la Constitution, JORF, 30 oct. 2003, p. 18536, texte n°8, dont l'article premier énonce que « les électeurs de l'île de Saint-Barthélemy (Guadeloupe) seront consultés le 7 décembre 2003. /Ils auront à répondre par « oui » ou par « non » à la question suivante : « Approuvez-vous le projet de création à Saint-Barthélemy d'une collectivité d'outre-mer régie par l'article 74 de la Constitution, se substituant à la commune, au département et à la région, et dont le statut sera défini par une loi organique qui déterminera notamment les compétences de la collectivité et les conditions dans lesquelles les lois et règlements y sont applicables ? ».

[1821] Voir la loi organique n°2009-969 du 3 août 2009 *relative à l'évolution institutionnelle de la Nouvelle-Calédonie et à la départementalisation de Mayotte*, *JORF*, 6 août 2009, p. 13095, texte n°1 et la décision du Conseil constitutionnel du 30 juill. 2009, décision n°2009-587 DC, *loi organique relative à l'évolution institutionnelle de la Nouvelle-Calédonie et à la départementalisation de Mayotte*.

[1822] Voir l'article 4 de la loi organique n°2007-223 du 21 fév. 2007 *portant dispositions statutaires et institutionnelles relatives à l'outre-mer*, *JORF*, 22 fév. 2007, p. 3121, texte n°1 et CC, 15 fév. 2007, décision n°2007-547 DC, *Loi organique portant dispositions statutaires et institutionnelles relatives à l'outre-mer*.

d'une collectivité se substituant à un département et une région d'outre-mer ou l'institution d'une assemblée délibérante unique pour ces deux collectivités ne peut intervenir sans qu'ait été recueilli, selon les formes prévues au second alinéa de l'article 72-4, le consentement des électeurs inscrits dans le ressort de ces collectivités ». C'est donc de nouveau une certaine forme de référendum qui est instaurée par cet article. Qui plus est, « alors qu'en métropole un référendum est envisagé à titre facultatif, il se fait ici obligatoirement et le refus des "électeurs inscrits dans le ressort des collectivités" s'impose au législateur »[1823].

697. C'est effectivement ce qui s'est passé pour la Martinique et Guadeloupe, dont les électeurs, consultés le 7 décembre 2003, rejetèrent l'évolution qui leur était proposée[1824].

698. Les mécanismes similaires prévus par ces deux articles de la Constitution manifestent la volonté du constituant de démocratiser ces évolutions et de contribuer ainsi à les rendre plus légitimes. Comme le notent Guy CARCASSONNE et Marc GUILLAUME, « le fait, s'il y a lieu, de pouvoir recueillir le sentiment des premiers intéressés peut donner à des réformes le surcroît de légitimité qui facilite leur adoption »[1825].

699. Tel est a fortiori le cas lorsqu'il s'agit pour un territoire de la République de se prononcer sur son indépendance, comme la Constitution le prévoit spécifiquement pour la Nouvelle-Calédonie.

[1823] B. FAURE, *Droit des collectivités territoriales*, *op. cit.*, p. 40.

[1824] Voir notamment, pour la Guadeloupe, le décret 29 oct. 2003 *décidant de consulter les électeurs de la Guadeloupe en application de l'article 73 de la Constitution*, *JORF*, 30 oct. 2003, p. 18535, texte n°2, dont l'article premier énonce que « les électeurs de la Guadeloupe seront consultés le 7 décembre 2003. /Ils auront à répondre par « oui » ou par « non » à la question suivante : « Approuvez-vous le projet de création en Guadeloupe d'une collectivité territoriale demeurant régie par l'article 73 de la Constitution, et donc par le principe de l'identité législative avec possibilité d'adaptations, et se substituant au département et à la région dans les conditions prévues par cet article ? ». En revanche, consultés le 24 janvier 2010, les électeurs des régions monodépartementales de la Guyane et de la Martinique ont approuvé la transformation de leur collectivité en collectivité à statut unique. Voir la loi organique n°2011-883 du 27 juill. 2011 relative aux collectivités régies par l'article 73 de la Constitution, *JORF*, 28 juill. 2011, p. 12818, texte n°1 et la loi n°2011-884 du 27 juill. 2011 *relative aux collectivités territoriales de Guyane et de Martinique*, *JORF*, 28 juill. 2011, p. 12821, texte n°2.

[1825] G. CARCASSONNE et M. GUILLAUME, *La Constitution*, *op. cit.*, p. 360.

2. Le mécanisme prévu par le titre XIII de la Constitution relatif à la Nouvelle-Calédonie

700. La Nouvelle-Calédonie bénéficie d'un statut particulier, au point de relever d'un titre propre de la Constitution[1826]. Ce statut résulte notamment, suite à une période politiquement et socialement troublée, des accords de Matignon du 26 juin 1988. Conformément à l'esprit et à la lettre de l'article 53 alinéa 3 de la Constitution[1827], la loi référendaire du 9 novembre 1988 faisant suite à ces accords prévoyait un second[1828] scrutin d'autodétermination qui devait avoir lieu en 1998, afin que les populations de Nouvelle-Calédonie puissent « librement choisir leur destin »[1829].

701. Pour des raisons politiques, cette consultation n'eut finalement pas lieu et un nouvel accord fut signé à Nouméa le 5 mai 1998[1830]. La loi constitutionnelle n°98-610 du 20 juillet 1998 introduisit alors dans le texte fondamental les articles 76 et 77, rétablissant ainsi le titre XIII, désormais dénommé « Dispositions transitoires relatives à la Nouvelle-Calédonie ». L'article 76 alinéa 1 énonce que « les populations de la Nouvelle-Calédonie sont appelées à se prononcer avant le 31 décembre 1998 sur les dispositions de l'accord signé à Nouméa le 5 mai 1998 et publié le 27 mai 1998 au

---

1826 Voir notamment A. CHRISTNACHT, « Nouvelle-Calédonie », *Jcl. adm.*, fasc. n°130-50, 2009 ; J.-Y. FABERON, « La Nouvelle-Calédonie », dans *Encyclopédie Dalloz des Collectivités locales*, folio n°1952, sept. 2005 et O. GOHIN, « L'évolution institutionnelle de la Nouvelle-Calédonie », *op. cit.*

1827 Il aurait été possible de joindre ces développements à ceux relatifs à cet article. Mais dans la mesure où la Nouvelle-Calédonie bénéficie au sein de la Constitution de dispositions particulières qui diffèrent de l'article 53, il est justifié d'en parler séparément, tout en gardant à l'esprit les points communs qui peuvent unir les deux dispositifs. Voir notamment l'article 2 de la loi n°88-1028 du 9 nov. 1988 *portant dispositions statutaires et préparatoires à l'autodétermination de la Nouvelle-Calédonie en 1998*, *JORF*, 10 nov. 1988, p. 14087, qui fait explicitement référence à l'article 53 de la Constitution.

1828 Les populations de Nouvelle-Calédonie ayant déjà été consultées par un scrutin du 13 sept. 1987 qui avait amené 59% des inscrits à voter à 98% « oui » au maintien de la Nouvelle-Calédonie dans la République. *Cf.* A. CHRISTNACHT, « Nouvelle-Calédonie », *op. cit.*, n°11.

1829 Article 1er de la loi n°88-1028 du 9 nov. 1988 *portant dispositions statutaires et préparatoires à l'autodétermination de la Nouvelle-Calédonie en 1998*, *JORF*, 10 nov. 1988, p. 14087. Conformément à l'article 2 de cette loi, le scrutin devait avoir lieu entre le 1er mars et le 31 déc. 1998. Voir le décret du 5 oct. 1988 *décidant de soumettre un projet de loi au référendum*, *JORF*, 6 oct. 1988, p. 12569 dont l'article premier indiquait que « le projet de loi annexé au présent décret [...] sera soumis au référendum le 6 novembre 1988, conformément aux dispositions de l'article 11 de la Constitution ». Par près de 80% des suffrages exprimés, les électeurs ont répondu « oui » à la question qui leur était posée.

1830 Accord *sur la Nouvelle-Calédonie signé à Nouméa le 5 mai 1998*, *JORF*, 27 mai 1998, p. 8039.

Journal officiel de la République française »[1831]. Quant à l'article 77, il indique qu' « après approbation de l'accord lors de la consultation prévue à l'article 76, la loi organique, prise après avis de l'assemblée délibérante de la Nouvelle-Calédonie, détermine, pour assurer l'évolution de la Nouvelle-Calédonie dans le respect des orientations définies par cet accord et selon les modalités nécessaires à sa mise en œuvre [...] les conditions et les délais dans lesquels les populations intéressées de la Nouvelle-Calédonie seront amenées à se prononcer sur l'accession à la pleine souveraineté ».

702. L'accord de Nouméa, conformément à l'article 76, a été soumis au vote le 8 novembre 1998 et approuvé par les populations calédoniennes[1832]. Dès lors le scrutin d'autodétermination doit avoir lieu entre 2014 et 2019. L'article 217 de la loi organique du 19 mars 1999 relative à la Nouvelle-Calédonie[1833] prévoit en effet que « la consultation est organisée au cours du mandat du congrès qui commencera en 2014 ». C'est donc dans un avenir proche que la Nouvelle-Calédonie pourra éventuellement se prononcer en faveur de l'accession à la pleine souveraineté, ce que semble être l'option souhaitée par les signataires des accords de Nouméa[1834]. De manière surprenante, le texte prévoit que « si la réponse des électeurs à ces propositions est négative, le tiers des membres du Congrès pourra provoquer l'organisation d'une nouvelle consultation qui interviendra dans la deuxième

---

[1831] Voir l'article 2 de la loi constitutionnelle n°98-610 du 20 juill. 1998 *relative à la Nouvelle-Calédonie*, *JORF*, 21 juill. 1998, p. 11143.

[1832] Voir le décret n°98-733 du 20 août 1998 *portant organisation de la consultation des populations de la Nouvelle-Calédonie prévue par l'article 76 de la Constitution*, *JORF*, 22 août 1998, p. 12844. L'article 1er de ce texte indiquait que « la consultation prévue à l'article 76 de la Constitution aura lieu le dimanche 8 novembre 1998 ». L'article 2 énonçait notamment que « les électeurs auront à répondre par « oui » ou par « non » à la question suivante : « Approuvez-vous l'accord sur la Nouvelle-Calédonie signé à Nouméa le 5 mai 1998 ? ». Ce fut le « oui » qui l'emporta à 72% pour un taux de participation de 74%.

[1833] Loi organique n°99-209 du 19 mars 1999 *relative à la Nouvelle-Calédonie*, *JORF*, 21 mars 1999, p. 4197. L'article 217 de la loi organique fait référence au point 5 des accords de Nouméa. Aux termes de celui-ci, « au cours du quatrième mandat (de cinq ans) du Congrès, une consultation électorale sera organisée. La date de cette consultation sera déterminée par le Congrès, au cours de ce mandat, à la majorité qualifiée des trois cinquièmes. /Si le Congrès n'a pas fixé cette date avant la fin de l'avant-dernière année de ce quatrième mandat, la consultation sera organisée, à une date fixée par l'Etat, dans la dernière année du mandat. /La consultation portera sur le transfert à la Nouvelle-Calédonie des compétences régaliennes, l'accès à un statut international de pleine responsabilité et l'organisation de la citoyenneté en nationalité ». Sur le statut de la Nouvelle-Calédonie, voir encore la loi n°99-210 du 19 mars 1999 *relative à la Nouvelle-Calédonie*, *JORF*, 21 mars 1999, p. 4226 et CC, 15 mars 1999, décision n°99-409 DC, *loi relative à la Nouvelle-Calédonie*.

[1834] A ce titre, l'intitulé même du titre XIII de la Constitution est révélateur. Ce sont bien de dispositions « transitoires » dont il s'agit, l'horizon du processus étant l'accession à la pleine souveraineté.

année suivant la première consultation. Si la réponse est à nouveau négative, une nouvelle consultation pourra être organisée selon la même procédure et dans les mêmes délais. Si la réponse est encore négative, les partenaires politiques se réuniront pour examiner la situation ainsi créée »[1835].

703. Les dispositions relatives à la Nouvelle-Calédonie accordent donc aux électeurs de celle-ci un pouvoir tout à fait particulier. Outre qu'ils ont déjà été à plusieurs reprises consultés sur l'avenir de leur territoire, ils possèdent désormais une réelle faculté d'autodétermination. C'est en cela que le titre XIII de la Constitution se distingue de l'article 53 alinéa 3. Alors que celui-ci prévoit simplement un droit de *veto* pour les populations concernées, tout en laissant le législateur maître de la décision ultime en cas de réponse positive, les dispositions relatives à la Nouvelle-Calédonie vont plus loin. Ce n'est pas seulement d'un *veto* dont il s'agit, mais d'un véritable référendum, en raison des dispositions de l'article 77 de la Constitution. A moins qu'une nouvelle révision constitutionnelle ne revienne sur ces acquis, les électeurs de la Nouvelle-Calédonie seront donc en mesure de transformer leur volonté en une réelle décision s'imposant aux pouvoirs publics.

704. A l'issue de ces développements, il convient de noter avec Bertrand FAURE qu' « il faut bien admettre que l'exercice de la démocratie locale ne s'appuie qu'exceptionnellement sur les manifestations de la volonté du corps électoral »[1836]. S'il est possible de constater que les administrés disposent fréquemment d'un pouvoir indirect sur les normes qui leur sont applicables, comme c'est par exemple le cas en vertu du principe de consentement de l'impôt, il n'est possible en revanche de relever un pouvoir direct et réel de décision aux administrés-électeurs que dans un nombre d'hypothèses très réduit. C'est le cas en vertu de la loi pour certaines modifications concernant les collectivités territoriales, ou en vertu de la Constitution pour les référendums locaux, pour les cessions ou sécession de territoires ainsi que pour certaines évolutions relatives aux collectivités locales, entendues en un sens large. Dans ces hypothèses, les électeurs sont véritablement coauteurs des normes produites, en ce que leur participation est nécessaire à l'édiction de ces normes, soit positivement, soit négativement par le mécanisme du *veto*.

[1835] Ces dispositions ont été reprises par l'article 217 de la loi organique, préc. A noter que le texte soumis au contrôle du Conseil constitutionnel ne respectait pas ces trois consultations stipulées dans les accords et a été déclaré pour ce motif contraire à la Constitution, qui, par le biais de l'article 77, fait de ces accords une norme de référence pour la loi organique. Voir CC, 15 mars 1999, décision n°99-410 DC, *Loi organique relative à la Nouvelle-Calédonie*, cons. n°47 à 52. Sur la particularité de ce dispositif constitutionnel, voir notamment G. CARCASSONNE et M. GUILLAUME, *La Constitution*, *op. cit.*, pp. 377-382.

[1836] B. FAURE, *Droit des collectivités territoriales*, *op. cit.*, p. 211.

705. Mais il convient de relever que s'ils sont coauteurs, contribuant ainsi à légitimer par la source des normes, sinon administratives, du moins favorables à l'appareil d'Etat, il n'est jamais question d'une égalité pleine et entière avec l'administration.

Section II
Une égalité réelle jamais atteinte

706. Il est donc des hypothèses, certes peu fréquentes, dans lesquelles le pouvoir de décision appartient bien aux administrés concurremment à l'administration. Leur participation étant indispensable[1837], ils peuvent être qualifiés de coauteurs des normes administratives en question, renforçant ainsi leur légitimité.

707. Cependant s'il est possible de relever dans ces hypothèses l'égalité normatrice qui unit administration et administré par le biais du critère du consentement-opposition, force est de constater qu'il ne s'agit pas pour autant d'une égalité réelle. Les administrés ne sont sur un strict pied d'égalité avec l'administration, ni pour déterminer le contenu[1838] de la norme, arrêté tout entier par l'appareil d'Etat, ni en ce qui concerne l'initiative de la norme. Par ailleurs, le contrôle exercé sur cette faculté de consentement-opposition est bien souvent plus théorique qu'effectif, contrairement au contrôle strict qu'exerce le juge administratif sur le respect des compétences des autorités administratives.

708. Le pouvoir de consentement reconnu aux administrés ou à leurs représentants a donc des effets qui sont le plus souvent limités. Parfois, pour être réel, ce pouvoir échappe en grande partie aux administrés étant donné que s'ils peuvent consentir, le pouvoir d'initiative ne leur appartient pas dans la plupart des cas (I). Il arrive par ailleurs fréquemment que les pouvoirs reconnus aux administrés ou à leurs représentants soient plus théoriques qu'effectifs, la violation de leur consentement n'étant pas toujours sanctionnée par le juge (II).

[1837] Sous la réserve que l'administration puisse adopter la norme d'une autre manière. Tel est parfois le cas, par exemple pour le référendum local de l'article 72-1 alinéa 2 de la Constitution. Le recours aux électeurs n'est qu'une faculté et la norme envisagée peut très bien résulter des mécanismes classiques d'adoption des normes des collectivités territoriales. Si le recours au référendum est encadré, notamment dans le temps, afin de ne pas contrarier la pratique de la démocratie représentative, le contraire n'est pas vrai et l'on peut imaginer, juridiquement, qu'une collectivité territoriale adopte un acte qui aurait été pourtant rejeté précédemment par les électeurs lors d'un référendum.

[1838] Tel est par exemple le cas lorsque les autorités recourent à la procédure du référendum. Ce sont elles qui disposent de la procédure, et notamment en définissant la question posée aux électeurs, ceux-ci ne pouvant que répondre par « oui » ou par « non ».

I. L'absence d'initiative des administrés

709. Le pouvoir de consentement-opposition, lorsqu'il est formellement reconnu comme un pouvoir des administrés, tend à devenir matériellement un moyen bénéficiant aux seuls pouvoirs publics. Sauf exception, ce sont eux qui conservent l'initiative du recours au suffrage et n'y font appel qu'autant qu'ils le jugent nécessaire, sans qu'il soit possible aux administrés de le provoquer de manière impérative.

710. Il est donc possible d'affirmer que « la participation ne constitue qu'en apparence un dispositif de "dé-légitimation" [...] du gouvernement représentatif : elle est en réalité utilisée par les élus comme un moyen de *ré-assurance*, afin de conforter leur légitimité ; la "démocratie participative" ne saurait être conçue comme un substitut, mais comme un adjuvant à la "démocratie représentative" classique »[1839]. Il faut regarder au-delà des apparences et tenter de voir ce qui relève d'une réelle démocratisation du processus de prise de décision de ce qui ne découle que d'une volonté politique, si ce n'est politicienne, car bien souvent « le discours politique officiel, qui présente la participation comme un instrument de démocratisation de l'action administrative est contredit par l'attitude de l'administration qui entend toujours garder un contrôle étroit sur le processus participatif »[1840].

711. C'est en recherchant précisément les titulaires du pouvoir d'initiative qu'il est possible de mieux percevoir les finalités réelles du consentement des administrés. Il s'agit rarement de recueillir le consentement des administrés comme un moyen d'étendre la démocratie mais bien plutôt de constituer un formidable « multiplicateur de légitimité »[1841] pour les pouvoirs publics.

712. Parmi les exemples jusqu'ici abordés, ce phénomène est particulièrement visible pour les consultations intéressant le statut des

---

[1839] J. CHEVALLIER, « Synthèse », dans CURAPP et CRAPS, *Démocratie locale. Représentation, participation et espace public*, *op. cit.*, p. 410. L'auteur affirme encore, p. 411, qu'étant « plus "octroyée" que "conquise", la participation est ainsi *instrumentalisée* par les élus [...] en étant mise au service du renforcement, symbolique et pratique, de leur pouvoir ».

[1840] J. CHEVALLIER, « La participation dans l'administration française : discours et pratique », *op. cit.*, p. 498. Ce décalage entre les discours et la pratique est également mis en lumière, de manière très révélatrice, par R. ROMI qui intitule son chapitre relatif à la participation en droit de l'environnement « La recherche de l'acceptabilité des décisions, du droit à l'information au droit à la participation » : *Droit de l'environnement*, LGDJ, coll. « Domat droit public », 8ème éd., 2014, 614 p., pp. 161-189.

[1841] M. PAOLETTI, « La pratique politique du référendum local : une exception banalisée », *op. cit.*, p. 229.

collectivités locales ou des territoires de la République (A) ainsi que pour ce qui concerne le consentement de l'impôt (B).

A. L'absence d'initiative des administrés dans le domaine des collectivités territoriales ou des territoires de la République

713. Certains référendums ou consultations sont obligatoires en ce sens que les pouvoirs publics doivent nécessairement y recourir s'ils veulent parvenir à un résultat donné. Pour ceux-ci la question de savoir qui détient l'initiative de la consultation pourrait sembler vaine, mais il n'en est rien tant la réponse à cette interrogation met en lumière l'inégalité existant entre les pouvoirs publics et les administrés, même lorsque ceux-ci détiennent le statut de coauteurs.

714. Cette inégalité est peut-être encore plus flagrante lorsque le recours à la consultation n'est que facultatif, car dans ce cas, ce ne sont plus des textes généraux qui décident ou non de la consultation, mais les autorités publiques en fonction d'une situation concrète.

715. Il convient donc de constater que dans toutes les hypothèses dans lesquelles les administrés peuvent être dits coauteurs de normes administratives, l'initiative ne leur appartient jamais (1), ce qui est particulièrement singulier dans le cas du référendum local (2).

1. L'absence générale de tout pouvoir d'initiative pour les administrés

716. Qu'il s'agisse de procédures prévues simplement par le Code général des collectivités territoriales ou par la Constitution, le constat est le même : les administrés ne disposent d'aucun pouvoir d'initiative en matière de consultation décisionnelle, ce qui profite bien évidemment aux pouvoirs publics qui conservent ainsi la pleine maîtrise de ces dispositifs.

717. Tel est tout d'abord le cas pour un certain nombre de fusions ou de regroupements prévus par la loi. Plusieurs dispositifs très proches, issus de la loi du 16 décembre 2010[1842], peuvent être mentionnés[1843]. En vertu de

---

[1842] Voir l'article 29 de la loi n°2010-1563 du 16 déc. 2010 *de réforme des collectivités territoriales*, *JORF*, 17 déc. 2010, p. 22146, texte n°1.

[1843] Ces dispositifs, tout en demeurant en vigueur, sont aujourd'hui profondément modifiés, la consultation obligatoire des électeurs ayant été supprimée, cette modification entrant en vigueur au 1er janvier 2016. *Cf.* l'article 3 de la loi n°2015-29 du 16 janv. 2015 *relative à la délimitation des régions, aux élections régionales et départementales et modifiant le calendrier électoral*, *JORF*, 17 janv. 2015, p. 777, texte n°1. Saisi de la constitutionnalité de cette suppression, le Conseil constitutionnel l'a validée : « considérant qu'en vertu du troisième alinéa de l'article 72 de la Constitution, les collectivités territoriales s'administrent l'article L. 3114-1 du Code général des collectivités territoriales, des départements formant, dans la même région, un territoire d'un seul tenant peuvent, par délibérations concordantes de leurs conseils départementaux, demander à être regroupés en un seul département. Le même article précise que le regroupement ne peut avoir lieu que si le projet « recueille, dans chacun des départements concernés, l'accord de la majorité absolue des suffrages exprimés, correspondant à un nombre de voix au moins égal au quart des électeurs inscrits ». Il s'agit donc d'une hypothèse supplémentaire dans laquelle les électeurs disposent d'un droit de *veto*. Il est donc impossible que des départements fusionnent sans le consentement d'une majorité d'électeurs. Cependant, ceux-ci ne disposent d'aucun moyen pour provoquer la fusion. Par dérogation aux articles L. 3121-9 et L. 3121-10 l'initiative de celle-ci revient à 10% des membres de l'assemblée délibérative départementale et le regroupement ne peut en définitive être prononcé qu'en vertu d'un décret en Conseil d'Etat, dont l'intervention est purement facultative. Les pouvoirs publics contrôlent donc la procédure. D'une part, les élus locaux en conservent l'initiative. D'autre part, le pouvoir central dispose seul, en cas de vote positif, du pouvoir de prononcer le regroupement.

718. Des observations similaires pourraient être faites à propos de deux dispositifs semblables, concernant le regroupement de plusieurs régions ou la fusion d'une région avec les départements qui la composent, comme le prévoient respectivement les articles L. 4123-1 et L. 4124-1 du Code général des collectivités territoriales. Dans cette dernière hypothèse, le texte a même fait l'objet d'une application, les électeurs alsaciens ayant été consultés le 7 avril 2013 pour savoir s'ils souhaitaient la fusion de leurs deux départements avec leur région. En répondant « non » à la question qui leur était posée, les électeurs ont empêché la fusion d'avoir lieu, comme le prévoit le texte régissant le mécanisme[1844]. Mais s'ils avaient répondu

---

librement par des conseils élus, dans les conditions prévues par la loi ; que, selon la dernière phrase du dernier alinéa de l'article 72-1 : "La modification des limites des collectivités territoriales peut également donner lieu à la consultation des électeurs dans les conditions prévues par la loi" ; que ni ces dispositions ni aucune autre exigence constitutionnelle n'imposent la consultation des collectivités territoriales préalablement au dépôt d'un projet ou à l'adoption d'une loi modifiant leurs délimitations territoriales » : CC, 15 janv. 2015, décision n°2014-709 DC, *Loi relative à la délimitation des régions, aux élections régionales et départementales et modifiant le calendrier électoral*, cons. n°5.

[1844] Voir M. VERPEAUX, « L'Alsace ou la force des institutions », *JCPA*, n°17, 22 avr. 2013, pp. 2-4. L'auteur affirme, p. 3, conformément au texte, que le vote négatif des électeurs « empêche la procédure de fusion d'aboutir ».

« oui », le Gouvernement n'aurait pas été pour autant, juridiquement, dans l'obligation de prononcer la fusion[1845].

719. Un autre mécanisme est particulièrement intéressant dans la mesure où il s'agit du premier mécanisme de référendum introduit au niveau local. Il s'agit de celui résultant initialement de la loi 16 juillet 1971 *sur les fusions et regroupement de communes*[1846]. Même si le droit positif a beaucoup évolué sur cette question[1847], il est intéressant de voir les raisons profondes qui ont permis l'instauration de cette procédure alors unique. On pourrait facilement penser qu'il s'agit avant tout de motifs démocratiques, visant à respecter le choix des électeurs des communes, qui se verraient ainsi reconnaître une sorte de « droit à l'autodétermination »[1848]. Il y a bien évidemment de cela, tant une fusion imposée par le pouvoir central sans le consentement des populations risque d'entraîner de vives réticences, rendant le mécanisme inefficace[1849]. Mais il y a plus et le référendum de fusion « demeure, en toute hypothèse, fort éloigné des considérations

---

[1845] Un mécanisme assez proche pourrait encore être analysé. Il s'agit de celui résultant de l'article L. 4122-1-1 du Code général des collectivités territoriales qui prévoit la possibilité pour un département de changer de région. Si le texte prévoit que « le Gouvernement ne peut donner suite à la demande que si ce projet de modification des limites régionales recueille, dans le département et dans chacune des deux régions concernées, l'accord de la majorité absolue des suffrages exprimés, correspondant à un nombre de voix au moins égal au quart des électeurs inscrits », l'initiative appartient toujours aux élus locaux du département et des régions concernés et le pouvoir final de changement des limites régionales, sauf vote négatif, aux autorités centrales.

[1846] Loi n°71-588 du 16 juill. 1971 *sur les fusions et regroupements de communes*, *JORF*, 18 juill. 1971, p. 7091.

[1847] Le dispositif en vigueur est constitué par les articles L. 2113-2 à L. 2113-9-1 pour ce qui concerne la création de ces entités. Voir notamment J. BENOIT, « Les fusions de communes et communes nouvelles », *op. cit.*, ou encore B. FAURE, *Droit des collectivités territoriales*, *op. cit.*, pp. 322-326.

[1848] Les auteurs sont nombreux à faire le parallèle entre la procédure des fusions de communes avec le droit des peuples à disposer d'eux-mêmes dont la traduction en droit interne se trouve au troisième alinéa de l'article 53 de la Constitution dont il a déjà été question. Voir par exemple J.-M. BECET, « Le référendum intercommunal et l'article 8 de la loi du 16 juillet 1971 sur les fusions et regroupements de communes », *op. cit.*, p. 529, qui affirme que « le référendum intercommunal n'est pas sans rappeler l'institution similaire que connaît depuis longtemps le droit international, conformément au principe du droit des peuples à disposer d'eux-mêmes ». Pour un tel rapprochement, voir encore C. CHEVILLEY-HIVER, *La participation directe des citoyens aux décisions locales*, Thèse, Université de Franche-Comté, 1999, 637 p., p. 277.

[1849] Sur l'inefficacité de la contrainte et symétriquement l'importance du consentement des populations concernées, voir respectivement B. FAURE, *Droit des collectivités territoriales*, *op. cit.*, p. 322 et J.-M. BECET, « Le référendum intercommunal et l'article 8 de la loi du 16 juillet 1971 sur les fusions et regroupements de communes », *op. cit.*, p. 530. Voir encore M. LE ROUX, « La relance du processus de fusion entre collectivités territoriales », *op. cit.*, pp. 24-29.

démocratiques tenant à la participation des citoyens aux affaires qui les concernent »[1850]. La mise en lumière des titulaires du pouvoir d'initiative du référendum le révèle amplement[1851].

720. L'article 8 alinéa 1 de la loi de 1971 énonçait que « les personnes inscrites sur les listes électorales sont consultées sur l'opportunité de la fusion de communes lorsque la demande en est faite par la moitié des conseils municipaux des communes comptant les deux tiers de la population totale ou par les deux tiers des conseils municipaux des communes comptant la moitié de la population totale. Cette consultation peut être aussi décidée par le préfet ». Dès lors, deux autorités bénéficiaient de la faculté de recourir au référendum. D'une part, certains conseils municipaux majoritaires par leur nombre ou par l'importance de la population qu'ils représentent et d'autre part le préfet. Il apparaît dès lors que le recours au référendum est avant tout une arme destinée à vaincre les réticences soit de communes minoritaires, soit de l'ensemble des élus locaux.

721. Et c'est bien ce que relèvent les auteurs. Pour Carole CHEVILLEY-HIVER, il semble bien que « c'est précisément cette faculté qu'il y aurait de contourner la réticence des autorités communales, en opérant un transfert de compétence au profit des citoyens, qui a motivé le fond de la loi de 1971 »[1852]. Le référendum devient ainsi « une arme entre les mains de l'Etat contre les élus »[1853]. Pour André COUDEVYLLE, « ce référendum a un caractère très particulier ; ce n'est qu'une procédure d'appel au peuple par-dessus la tête des élus réticents à une formule d'association de communes », une « "arme dissuasive" contre certaines résistances

---

[1850] C. CHEVILLEY-HIVER, *La participation directe des citoyens aux décisions locales*, *op. cit.*, pp. 152-153.

[1851] Un autre élément tend à démontrer la même réalité : les conditions de majorité requise pour que soit prononcée la fusion. Alors qu'il suffisait de la majorité absolue des suffrages exprimés correspondant à un nombre de voix au moins égal au quart des électeurs inscrits dans l'ensemble des communes consultées pour que soit prononcée la fusion, une commune ne pouvait refuser la fusion, à moins que la consultation ait fait apparaître que les deux tiers des suffrages exprimés représentant au moins la moitié des électeurs inscrits dans cette commune ont manifesté leur opposition à la fusion. Sur ce point, voir l'article 8 de la loi Marcellin, préc.

[1852] C. CHEVILLEY-HIVER, *La participation directe des citoyens aux décisions locales*, *op. cit.*, p. 148. L'auteur affirme également, p. 149, que « l'intérêt principal du référendum local dans la procédure de fusion réside dans la possibilité offerte à l'Etat de court-circuiter les autorités communales. Il apparaît, à partir de là, que la procédure constitue moins un référendum local qu'un référendum étatique localisé ». Voir plus généralement son paragraphe intitulé « un référendum stratégique », pp. 148-153.

[1853] *Ibid.*, p. 151.

injustifiées à un mouvement de regroupement communal »[1854]. Quant à Jean-Marie BECET, il estime qu'il s'agit de « l'ultime recours », de « la dernière possibilité mise à la disposition des autorités »[1855]. D'où la raison pour laquelle l'initiative « appartient aux seules autorités favorables au projet de fusion »[1856].

722. Plus que de démocratie, c'est donc de l'intérêt des pouvoirs publics centraux dont il est question. La politique de diminution de l'émiettement communal passe certes par certaines incitations devant favoriser des regroupements volontaires, mais aussi, si ces mesures s'avèrent insuffisantes, par le recours au suffrage universel contre les élus. L'utilisation du référendum n'apparaît « que comme un moyen subsidiaire au service de la réalisation de la politique gouvernementale, employé seulement au cas où de vives réticences se font jour, parmi les élus locaux, à l'égard de cette politique »[1857].

723. Finalement, la procédure de fusion de communes telle qu'elle a pu exister dans le passé traduit bien les rapports ambigus qui peuvent s'instaurer entre la participation, même décisionnelle, et la démocratie administrative. Comme l'indique Bruno DAUGERON, on peine à justifier de la présence de certains mécanismes dans le concept de démocratie administrative, « si ce n'est pour légitimer une action bien souvent décriée mais que la subsomption sous la bannière de la démocratie est censée raccrocher au monde du Bien »[1858].

724. C'est un constat similaire qui peut être rapidement dressé au sujet des plusieurs mécanismes de la Constitution conférant pourtant aux électeurs un réel pouvoir de décision. C'est le cas tout d'abord avec l'article 53 alinéa 3 de la Constitution. Bien qu'il traduise en droit interne le principe du droit des peuples à disposer d'eux-mêmes, l'initiative d'un éventuel référendum d'autodétermination n'appartient qu'aux pouvoirs centraux de l'Etat. Si le consentement des populations est une condition nécessaire de l'accession à l'indépendance ou de la cession à un autre Etat, il n'est pas une

---

1854 A. COUDEVYLLE, « Plaidoyer en faveur du référendum communal », *op. cit.*, p. 498. Voir encore, J. VIGUIER, « De la mauvaise utilisation du terme "référendum" au plan local (la différence de logique entre référendum national et consultation locale) », *op. cit.*, p. 14.

1855 J.-M. BECET, « Le référendum intercommunal et l'article 8 de la loi du 16 juillet 1971 sur les fusions et regroupements de communes », *op. cit.*, p. 531.

1856 *Ibid.*

1857 *Ibid.*, p. 529. L'auteur affirme encore, p. 532, qu'« ainsi apparaît clairement le but spécifique assigné à l'institution. Il s'agit bien moins de préparer le succès réel de l'opération de fusion, en la faisant décider librement par la population elle-même, que d'essayer de l'imposer à une ou à plusieurs communes récalcitrantes ».

1858 Br. DAUGERON, « La démocratie administrative dans la théorie du droit public : retour sur la naissance d'un concept », *op. cit.*, p. 37.

condition suffisante. *In fine*, seul le législateur peut accepter que le territoire de la République soit amputé d'une de ses composantes. Comme l'indique Bertrand FAURE, « telle que mise sur pied, *la procédure n'est pas révélatrice d'un droit à faire sécession au profit des populations ou des collectivités intéressées* : elle doit demeurer une procédure d'exception maîtrisée par l'Etat en ce qu'elle ne va pas sans conséquence au regard d'un principe constitutionnel d'intégrité du territoire »[1859].

725. Il en est de même pour les mécanismes prévus par les titres XII et XIII de la Constitution.

726. L'article 72-4 alinéa premier énonce qu' « aucun changement, pour tout ou partie de l'une des collectivités mentionnées au deuxième alinéa de l'article 72-3, de l'un vers l'autre des régimes prévus par les articles 73 et 74, ne peut intervenir sans que le consentement des électeurs de la collectivité ou de la partie de collectivité intéressée ait été préalablement recueilli dans les conditions prévues à l'alinéa suivant. Ce changement de régime est décidé par une loi organique ». C'est donc, en dernier lieu, le législateur, qui plus est organique, qui décide seul d'un éventuel changement, sans que les électeurs puissent l'obtenir contre sa volonté.

727. De la même manière, l'article 73 alinéa 7 de la Constitution, prévoit un mécanisme qui laisse le dernier mot au législateur. Il énonce en effet que « la création par la loi d'une collectivité se substituant à un département et une région d'outre-mer ou l'institution d'une assemblée délibérante unique pour ces deux collectivités ne peut intervenir sans qu'ait été recueilli, selon les formes prévues au second alinéa de l'article 72-4, le consentement des électeurs inscrits dans le ressort de ces collectivités ».

728. Ces hypothèses dans lesquelles le consentement des électeurs est indispensable ne sont cependant pas nécessairement sans arrière-pensées. Ce recours à la démocratie n'est pas une fin en soi mais cache bien souvent la recherche d'une meilleure réalisation des objectifs de l'appareil d'Etat par une légitimation de ses actions. Comme le note Jacques CHEVALLIER, « le

---

[1859] B. FAURE, *Droit des collectivités territoriales*, *op. cit.*, p. 42. Il est possible de faire une analogie avec ce qu'affirmait M. CHARASSE au sujet d'une procédure semblable : « sauf le peuple français lui-même s'exprimant sur le plan national, aucune autorité ne peut contraindre le législateur à agir dans un sens ou dans un autre, et j'ajouterai que la Constitution interdit par ailleurs le mandat impératif […]. Il doit donc être clair dans notre esprit que, quelle que soit la réponse des électeurs aux consultations prévues au troisième alinéa de l'article 72-1, cette réponse ne peut être qu'un simple avis qui ne peut lier ni l'exécutif ni le législatif, c'est-à-dire ni le Gouvernement ni le Parlement. Sinon, ce serait reconnaître indirectement à une section du peuple le droit de s'attribuer l'exercice de la souveraineté nationale, ce qu'interdit l'article 3 de la Constitution. Le Gouvernement et le Parlement, mes chers collègues, ne peuvent pas être les simples notaires d'une volonté locale, si légitime soit-elle » : *JO Sénat*, séance du 5 nov. 2002.

discours démocratique remplit avant tout une fonction d'occultation en permettant de valoriser des réformes qui sont inspirées par un tout autre objectif. L'essentiel est de mettre l'administration mieux à même de remplir sa fonction »[1860]. De manière générale, les hypothèses étudiées, tout en traduisant indéniablement une certaine forme de démocratie directe, préservent la démocratie représentative. Par exemple, « le dispositif aménagé par la loi du 1er août 2003 est destiné à empêcher les dérives d'une démocratie locale directe risquant d'ébranler le régime représentatif et d'affecter la souveraineté nationale »[1861].

729. Le référendum local, qui n'exprime pourtant pas la souveraineté nationale[1862] et ne met pas en cause l'indivisibilité de la République[1863] devrait connaître une situation différente. Pour autant, l'initiative d'une telle consultation n'appartient pas davantage aux administrés.

2. Le cas particulier du référendum local

730. Le référendum local, parce qu'il concerne des questions purement administratives et relevant de la démocratie de proximité, aurait sans doute pu faire une place à l'initiative contraignante des administrés[1864]. Plusieurs

---

1860 J. CHEVALLIER, « La participation dans l'administration française : discours et pratique », *op. cit.*, p. 119. L'auteur évoque également « une participation *instrumentalisée*, mise au service des politiques publiques, dont elle vise à améliorer l'efficacité pratique et symbolique : il s'agit avant tout par la participation de "refonder la décision publique" » : « Synthèse », dans CURAPP et CRAPS, *Démocratie locale. Représentation, participation et espace public*, *op. cit.*, p. 413.

1861 P. DELVOLVE, « Le référendum local (loi organique du 1er août 2003) », *op. cit.*, p. 9. B. FAURE indique encore très clairement que « la mutabilité des statuts, telle qu'elle s'exerce dans le cadre constitutionnel révisé, est régie par des règles entièrement maîtrisées par l'Etat » : *Droit des collectivités territoriales*, *op. cit.*, p. 39.

1862 Sur cette question, voir C. CHEVILLEY-HIVER, *La participation directe des citoyens aux décisions locales*, *op. cit.*, pp. 68-81. L'auteur, dans une section intitulée « Référendum local et souveraineté nationale », démontre que le référendum local, malgré d'éventuelles ressemblances formelles, n'est pas un mode d'expression de la souveraineté nationale. Ce référendum, même lorsqu'il concerne l'outre-mer, demeure un référendum administratif.

1863 Tel n'est d'ailleurs pas non plus le cas pour les autres mécanismes étudiés, même si certains ont pu le prétendre. Voir notamment, au sujet des référendums relatifs aux fusions de communes, CC, 2 juill. 2010, décision n°2010-12 QPC, *Cne de Dunkerque*. Dans son cinquième considérant, le Conseil affirme que « la décision de procéder à la fusion de communes à la suite d'une consultation des électeurs ne met en cause ni la définition de la souveraineté nationale ni les conditions de son exercice ».

1864 La question de l'initiative contraignante des électeurs n'est qu'une des interrogations relatives aux limites que connaît le référendum local. Sur l'ensemble de celles-ci, voir notamment P. DELVOLVE, « Le référendum local (loi organique du 1er août 2003) », *RFDA*, 2004, pp. 7-20, spéc. pp. 9-16.

auteurs ou projets de textes l'auraient d'ailleurs souhaité[1865]. Mais tel n'est pas le cas[1866].

731. Le deuxième alinéa de l'article 72-1 de la Constitution dispose que « dans les conditions prévues par la loi organique, les projets de délibération ou d'acte relevant de la compétence d'une collectivité territoriale peuvent, à son initiative, être soumis, par la voie du référendum, à la décision des électeurs de cette collectivité ». Le texte est extrêmement clair et ne laisse place à aucune ambiguïté sur ce point : c'est bien à l'*initiative* d'une collectivité territoriale qu'on peut recourir au référendum. Le Conseil constitutionnel l'indiquait à propos de la loi organique : ce procédé « ne constitue, pour les collectivités territoriales, qu'une procédure facultative d'adoption de leurs délibérations et de leurs actes »[1867].

732. Cela est cohérent avec l'ensemble des mécanismes de démocratie locale dans la mesure où les consultations qui n'aboutissent qu'à la formulation d'un avis ne peuvent elles-mêmes résulter d'une initiative contraignante des électeurs. Si ceux-ci disposent, depuis la loi du 4 février 1995, d'un droit d'initiative, celui-ci ne contraint pas les élus à organiser une consultation[1868]. Comme l'indique Bertrand FAURE, c'est une « procédure

---

[1865] Comme l'affirme Chr. PREMAT, « pour les élus français, l'initiative populaire consultative ne doit pas être contraignante et tout projet portant sur l'institutionnalisation de cette contrainte est systématiquement rejeté en raison du danger qu'elle présente pour l'action des élus » : *La pratique du référendum local en France et en Allemagne. Le moment référendaire dans la temporalité démocratique*, *op. cit.*, p. 596.

[1866] Sur la question de l'initiative du référendum local, voir notamment C. CHEVILLEY-HIVER, *La participation directe des citoyens aux décisions locales*, *op. cit.*, qui consacre à cette problématique un sous-titre intitulé « l'initiative de la consultation », pp. 276-334.

[1867] CC, 30 juill. 2003, décision n°2003-482 DC, *loi organique relative au référendum local*, cons. n°10. L'aspect facultatif du référendum local ne lui est d'ailleurs pas spécifique et G. KOUBI indique plus généralement que « ces droits de la démocratie locale n'induisent pas une participation effective aux décisions municipales. Le droit des habitants de la commune à être informés et à être consultés n'est présenté que sous la forme d'une éventualité, d'une *possibilité* d'intervention des citoyens dans quelques-uns des processus décisionnels locaux » : G. KOUBI, « Droit des collectivités territoriales et "référendum administratif local" », *op. cit.*, p. 199.

[1868] L'article 85-1 de la loi n°95-115 du 4 fév. 1995 *d'orientation pour l'aménagement et le développement du territoire*, *JORF*, 5 fév. 1995, p. 1973 disposait notamment qu' « un cinquième des électeurs inscrits sur les listes électorales peuvent saisir le conseil municipal en vue de l'organisation d'une consultation sur une opération d'aménagement relevant de la décision des autorités municipales », de même qu' « un cinquième des électeurs inscrits sur les listes électorales des communes membres de l'établissement public de coopération intercommunale peuvent saisir celui-ci en vue de l'organisation d'une consultation sur une opération d'aménagement relevant de sa décision ». Aujourd'hui, le dernier alinéa de l'article LO. 1112-16 du Code général des collectivités territoriales énonce que « dans une commune, un cinquième des électeurs inscrits sur les listes électorales et, dans les autres collectivités territoriales, un dixième des électeurs, peuvent demander à ce que soit inscrite à l'ordre du complexe dont les étapes initiales se trouvent soumises au pouvoir délibérant de l'assemblée locale. De telle manière que l'initiative populaire ne peut s'imposer à lui »[1869]. *A fortiori* les textes relatifs au référendum décisionnel excluent-ils logiquement l'initiative populaire[1870]. L'article LO. 1112-2 du Code général des collectivités territoriales énonce en effet que « l'exécutif d'une collectivité territoriale peut seul proposer à l'assemblée délibérante de cette collectivité de soumettre à référendum local tout projet d'acte relevant des attributions qu'il exerce au nom de la collectivité, à l'exception des projets d'acte individuel » et c'est bien cette assemblée délibérante qui seule peut décider de recourir au référendum[1871].

733. L'article 72-1 alinéa premier du texte fondamental, instaurant un droit de pétition, aurait pu permettre de voir consacré le droit d'initiative[1872]. Il énonce en effet que les « électeurs de chaque collectivité territoriale peuvent, par l'exercice du droit de pétition, demander l'inscription à l'ordre du jour de l'assemblée délibérante de cette collectivité d'une question relevant de sa compétence ». Rien n'interdit dès lors qu'une pétition ait pour objet l'organisation d'un référendum. Mais en indiquant qu'il s'agit seulement de pouvoir « demander » et non pas « obtenir » l'inscription à l'ordre du jour de l'assemblée délibérante, le constituant ménage la liberté

---

jour de l'assemblée délibérante de la collectivité l'organisation d'une consultation sur toute affaire relevant de la décision de cette assemblée ».

[1869] B. FAURE, *Droit des collectivités territoriales*, *op. cit.*, p. 219. Voir encore, p. 220, la jurisprudence administrative citée par l'auteur. Sur la question de l'initiative populaire à propos de la consultation facultative des électeurs, *cf.* notamment A. VIOLA, « La démocratie locale en question », *op. cit.*, pp. 15-17 ou J. VIGUIER, « De la mauvaise utilisation du terme "référendum" au plan local (la différence de logique entre référendum national et consultation locale) », *op. cit.*, pp. 14-17. Pour la même question mais appliquée à la Révolution française, voir de ce dernier auteur, « Premières expériences de "référendum" communal », *op. cit.*, p. 442.

[1870] Les électeurs ne sont d'ailleurs pas les seuls à être exclus de l'initiative. M. VERPEAUX, après avoir affirmé que « la loi organique, assez logiquement dans l'esprit de la révision constitutionnelle, refuse aux citoyens ou aux électeurs l'initiative d'une consultation », ajoute que sont aussi « exclus de l'initiative les organes périphériques tels que les conseils économiques et sociaux régionaux ou, à Paris, Marseille et Lyon, les conseils et maires d'arrondissement » : « Référendums locaux et consultations locales des électeurs », *op. cit.*, n°21.

[1871] L'article LO. 1112-1 du même code énonce ainsi que c'est « l'assemblée délibérante d'une collectivité territoriale » qui « peut soumettre à référendum local tout projet de délibération tendant à régler une affaire de la compétence de cette collectivité ».

[1872] Sur ce sujet, voir notamment A. ORAISON, « Réflexions sur le droit de pétition reconnu aux électeurs des diverses collectivités territoriales par la loi constitutionnelle du 28 mars 2003 (la reconnaissance du "droit d'initiative populaire" dans le nouvel article 72-1 de la Constitution de la Ve République) », *LPA*, 11 août 2004, n°160, pp. 3-7. L'auteur estime, p. 4, que « "référendum local" et "droit de pétition" sont deux mécanismes de la démocratie directe locale qui ne sont pas indépendants l'un de l'autre ».

des élus qui ne sont pas tenus par la pétition qui leur est adressée[1873]. Comme l'indique André ORAISON, « cela revient à dire, par un raisonnement a contrario, que les assemblées délibérantes compétentes ne sont jamais dans l'obligation de prendre connaissance des pétitions qui leur sont adressées et d'en tirer des conséquences sur le plan juridique »[1874]. Ainsi un conseil municipal, saisi d'une demande de pétition en application de l'article L. 2142-3 du Code général des collectivités territoriales, reste « libre de donner ou non suite à cette demande »[1875].

734. Le droit de pétition reste donc, tout comme le référendum décisionnel, un mécanisme qui repose finalement sur la volonté des élus et non sur celle des électeurs, ceux-ci ne disposant pas d'un droit d'initiative contraignant[1876].

735. Pour des raisons politiques, et notamment parce qu'il y aurait une atteinte potentielle à la démocratie représentative ou un risque de démagogie,

---

[1873] Tel n'était pas le cas dans la rédaction initiale de la loi. Mais le Sénat a fait évoluer le texte sur ce point, le vidant de sa substance. Sur cette question voir A. VIOLA, « La démocratie locale en question », *op. cit.*, p. 16. Certains auteurs estiment cependant que la force politique d'une pétition devrait fortement tempérer son manque d'effet obligatoire au niveau juridique. Voir par exemple, J.-Fr. LACHAUME, « Libres propos sur des techniques de démocratie directe appliquées aux collectivités territoriales », *op. cit.*

[1874] A. ORAISON, « Réflexions sur le droit de pétition reconnu aux électeurs des diverses collectivités territoriales par la loi constitutionnelle du 28 mars 2003 (la reconnaissance du "droit d'initiative populaire" dans le nouvel article 72-1 de la Constitution de la Ve République) », *op. cit.*, p. 6. B. FAURE indique encore que « sauf à contrarier le fonctionnement normal de l'assemblée délibérante pour décider de ce que doivent être les affaires de la collectivité, ses modalités ne peuvent qu'être conçues restrictivement » : *Droit des collectivités territoriales*, *op. cit.*, p. 211.

[1875] A. LERCHER, « Consultation de la population : le conseil municipal peut rejeter l'initiative populaire », *AJDA*, 2005, pp. 1052-1056, p. 1052. L'arrêt sur lequel ces conclusions furent prononcées indique « qu'il appartient au conseil municipal de décider, sous le contrôle du juge, s'il entend ou non donner suite à une demande de consultation des électeurs présentée sur le fondement des dispositions de l'article L. 2142-3 du code général des collectivités territoriales ; qu'il n'est pas tenu, lorsqu'il est régulièrement saisi d'une telle demande par un cinquième des électeurs inscrits sur les listes électorales, d'organiser la consultation sollicitée ; que, par suite, le moyen tiré de ce que le refus d'organisation d'une telle consultation opposé par le conseil municipal de Luzarches méconnaîtrait les dispositions précitées du code général des collectivités territoriales n'est pas fondé » : CAA, Paris, 22 fév. 2005, n°01PA04331.

[1876] Pour reprendre le cadre théorique de la codécision, il est possible d'affirmer que les électeurs ne sont pas coauteurs de la norme qui pourrait décider de la consultation, étant donné que « l'organe qui émet une proposition dénuée d'effet contraignant n'entre pas dans la catégorie des coauteurs de l'acte final » : H. BELRHALI, *Les coauteurs en droit administratif*, *op. cit.*, p. 92.

le référendum local d'initiative populaire n'existe pas en droit français[1877] et n'appartient pas pour l'instant au « cercle possible de la discussion »[1878]. C'est un mécanisme qui repose entièrement dans les mains des élus comme le relèvent un très grand nombre d'auteurs. Pour Patrick MOZOL, il s'agit d' « un outil de gestion municipale mis à la disposition des élus locaux »[1879], d'une « procédure taillée sur mesure »[1880] pour ces mêmes élus. Philippe ZAVOLLI note encore que « ne déclenche pas une consultation qui veut »[1881] et Bertrand FAURE qu' « il ne saurait y avoir référendum contre la volonté des élus »[1882]. Il est finalement possible d'affirmer au sujet du référendum local que « dans le souci d'éviter que la consultation embarrasse les élus, les mécanismes mis au point aboutissent à en faire un instrument aux mains de ceux-ci »[1883].

736. Cette absence d'initiative des électeurs en matière de référendum est révélatrice des motivations profondes des auteurs des textes le concernant. Christophe PREMAT indique que « le référendum local est un dispositif occasionnel pouvant permettre à la fois de renforcer ou de défier le pouvoir local existant »[1884]. Force est de reconnaître que le mécanisme mis en place est fait pour qu'il soit difficile de défier le pouvoir existant, mais que, le cas échéant, il soit possible de le renforcer. Le référendum local, en l'absence de pouvoir d'initiative reconnu aux électeurs, constitue en effet un « outil de la communication politique »[1885] et un « multiplicateur de

---

1877 Pour une discussion approfondie de ce point, voir notamment C. CHEVILLEY-HIVER, *La participation directe des citoyens aux décisions locales*, *op. cit.*, spéc. la section intitulée « l'hostilité envers l'initiative populaire », pp. 297-305.

1878 M. PAOLETTI, « La pratique politique du référendum local : une exception banalisée », *op. cit.*, p. 224.

1879 P. MOZOL, *La participation du public à la vie municipale*, *op. cit.*, tome 2, p. 347.

1880 *Ibid.*, p. 348. L'auteur évoque encore, p. 397, une « conception élitiste du référendum communal, dont les règles d'organisation s'articulent principalement autour des représentants du pouvoir local ».

1881 Ph. ZAVOLLI, « La démocratie administrative existe-t-elle ? Plaidoyer pour une refonte de l'enquête publique et du référendum local », *op. cit.*, p. 1515.

1882 B. FAURE, *Droit des collectivités territoriales*, *op. cit.*, p. 227. Pour des exemples d'auteurs qui critiquent cet état de fait, voir notamment M. VERPEAUX, « Référendum local, consultations locales et Constitution », *op. cit.*, p. 542.

1883 J.-M. DENQUIN, « Référendums consultatifs », dans *Le Référendum*, *Pouvoirs*, n°77, 1996, pp. 79-93, p. 91. De manière surprenante mais révélatrice, J.-P. RAFFARIN, alors Premier ministre, affirmait que « le maire est un piéton qui marche parmi les citoyens. Il n'a pas peur de consulter sa population, surtout quand c'est lui qui choisit le sujet de la consultation » : cité par P. ROGER et J.-L. SAUX, « Le premier ministre a préféré les maires aux députés pour s'exprimer sur la décentralisation », Le Monde, 21 nov. 2002, p. 10.

1884 Chr. PREMAT, *La pratique du référendum local en France et en Allemagne. Le moment référendaire dans la temporalité démocratique*, *op. cit.*, p. 584.

1885 *Ibid.*, pp. 491-506.

légitimité »[1886] au profit des élus entre deux élections. Comme le dit encore Geneviève KOUBI, il s'agit non seulement d' « un droit qui ne prend sens qu'à condition que les autorités publiques assurent sa mise en œuvre »[1887] mais encore et plus fondamentalement d' « un mode de légitimation *a priori* de l'acte, de la décision – exécutoire – toujours éventuelle »[1888].

737. Pour des raisons différentes, c'est cependant un constat similaire qu'il faut dresser pour le consentement de l'impôt.

B. L'absence d'initiative des administrés en ce qui concerne le consentement de l'impôt

738. Etant entendu qu'il ne saurait être question en matière de consentement de l'impôt d'un consentement individuel du contribuable[1889], deux éléments principaux méritent d'être relevés. D'une part, le référendum, qui aurait pu permettre aux citoyens d'avoir un pouvoir direct sur l'impôt au niveau national, n'a pas cours en matière fiscale et budgétaire. Cela n'est pas nouveau et il est constant que, passées les premières déclarations de la Révolution, les titulaires du pouvoir fiscal ont toujours été moins nombreux que les titulaires du pouvoir de voter les lois[1890]. D'autre part, le pouvoir

---

[1886] M. PAOLETTI, « La pratique politique du référendum local : une exception banalisée », *op. cit.*, p. 229. Chr. PREMAT évoque encore, à propos du référendum, « le désir d'auto-légitimation » qu'il traduit lorsque le maire en a l'initiative propre : *La pratique du référendum local en France et en Allemagne. Le moment référendaire dans la temporalité démocratique*, *op. cit.*, p. 584.

[1887] G. KOUBI, « Droit des collectivités territoriales et "référendum administratif local" », *op. cit.*, p. 199.

[1888] *Ibid.*, p. 216.

[1889] Des auteurs notent ainsi que « le consentement dont il s'agit ne peut être regardé que comme le consentement de la communauté des citoyens. Seul le consentement de la Nation à l'impôt est constitutionnellement requis ; le consentement individuel de chaque contribuable pris isolément ne saurait l'être » : J. LAMARQUE, O. NEGRIN et L. AYRAULT, *Droit fiscal général*, *op. cit.*, p. 434. La simple étymologie du mot « impôt » rappelle d'ailleurs bien cette réalité, puisqu'il provient de *impositum*, « ce qui est imposé » : A. REY (dir.), *Le Robert, Dictionnaire historique de la langue française*, 1998, 4304 p., entrée « Impôt ». De la sorte, il est possible d'affirmer avec A. BARILARI que « le premier visage de l'impôt reste, pour l'individu, celui de la contrainte » : « Le consentement à l'impôt, fragile mais indispensable aporie », *Regards croisés sur l'économie*, 2007, n°1, pp. 27-34, p. 27. La définition de l'impôt indique enfin clairement cet élément, en insistant sur le fait qu'il s'agit d'un « prélèvement *obligatoire* destiné à financer les dépenses budgétaires de l'Etat et de certains autres organismes publics » : CORNU (G.), *Vocabulaire juridique*, *op. cit.*, entrée « Impôt ». Souligné par nous.

[1890] S. CAUDAL indique ainsi, à propos de la première constitution qui a suivi la Déclaration de 1789, celle du 3 sept. 1791, que « les représentants auxquels est conféré le droit de consentir à l'impôt sont entendus de façon plus restrictive que ceux auxquels appartient le fiscal détenu par les élus locaux, et qui constitue à ce titre un pouvoir administratif éventuellement soumis au contrôle du juge de l'administration, leur échappe en grande partie au profit des parlementaires, pourtant plus éloignés des citoyens. Ce qui aurait donc pu permettre de rapprocher le pouvoir fiscal des citoyens ne le fait donc que très imparfaitement et le pouvoir fiscal, reposant en principe sur le consentement des contribuables, est en réalité bien loin de cela, tant au niveau national (1) qu'au niveau local (2).

1. L'exclusion du référendum au niveau national

739. Bien que la souveraineté et donc le pouvoir législatif appartiennent concurremment au peuple et au Parlement en vertu de l'article 3 de la Constitution[1891], force est de constater que le peuple n'exerce pas le pouvoir fiscal autrement que par le truchement de ses représentants. Comme l'affirme Benoît JEAN-ANTOINE, « la tradition légicentriste française n'a jamais laissé place à des éléments de démocratie directe en ce qui concerne les finances étatiques. Aucun référendum sur une question fiscale ne fut donc organisé en 200 ans »[1892]. Laurence GAY note aussi qu' « en réalité, les techniques de démocratie directe n'ont jamais été utilisées en matière fiscale et de finances publiques [...]. Au vu de la pratique historique, le consentement à l'impôt a sans doute fini par être interprété comme attribution d'une compétence au législateur au détriment du pouvoir exécutif, mais aussi d'une compétence parlementaire au détriment du peuple »[1893].

740. Face à ce constat, reste à savoir si l'absence de référendum en matière fiscale résulte d'une interdiction théorique, d'ordre juridique, ou bien d'une inapplication pratique, d'ordre simplement politique, susceptible

---

pouvoir législatif » : « Article 14 », dans G. CONAC, M. DEBENE et G. TEBOUL (dir.), *La déclaration des droits de l'homme et du citoyen de 1789. Histoire, analyse et commentaires*, *op. cit.*, p. 303. Pour des éléments sur la distinction entre établir l'impôt et faire la loi, particulièrement marquée au Moyen Age, voir encore E. DE CROUY-CHANEL, « Le consentement à l'impôt », *Les impôts*, *Pouvoirs*, n°151, nov. 2014, pp. 5-14, p. 8.

1891 L'alinéa premier de l'article 3 de la Constitution indique que « la souveraineté nationale appartient au peuple qui l'exerce par ses représentants et par la voie du référendum ».

1892 B. JEAN-ANTOINE, « Le consentement direct du citoyen à l'impôt dans l'article 14 de la Déclaration des droits de l'homme et du citoyen du 26 août 1789 », dans J.-Cl. BOUAL et P. BRACHET (dir.), *Evaluation et démocratie participative*, L'Harmattan, coll. « Questions contemporaines », 2004, 252 p., pp. 21-29, p. 22. Sans doute serait-il plus exact de pointer du doigt la tradition parlementariste plutôt que légicentriste, le référendum législatif donnant bien naissance à une loi, mais qui n'est pas d'origine parlementaire.

1893 L. GAY, « Le Conseil constitutionnel et le droit fiscal », *D.*, 2011, pp. 1717-1719, p. 1718.

dès lors d'évolution. Les auteurs ne sont pas tous d'accord et deux tendances principales se dégagent en doctrine.

741. Certains auteurs, au premier rang desquels Jean-Claude MARTINEZ, estiment que le référendum fiscal est juridiquement possible[1894]. Ce dernier auteur pense d'ailleurs qu'il serait politiquement souhaitable, le référendum étant, selon lui, un moyen « nécessaire » afin de limiter le poids de l'impôt et de le légitimer, le consentement parlementaire s'apparentant selon lui à « une simple lapalissade »[1895], le Parlement consentant à l'impôt qu'il décide lui-même d'établir. L'auteur invoque, en plus d'autres arguments de nature historique, politique et de droit comparé, des arguments de droit positif. Il relève ainsi que la combinaison des articles 6 et 14 de la Déclaration des droits de l'homme et du citoyen[1896], et 3 et 11 de la Constitution[1897] seraient à même de justifier le référendum

---

[1894] D'autres auteurs, même s'ils ne semblent pas nécessairement partager la vision engagée de M. MARTINEZ, n'excluent pas pour autant la possibilité juridique du référendum fiscal, sur le fondement des alinéas 1 ou 3 de l'article 11 de la Constitution. Pour une telle opinion, voir notamment J. LAMARQUE, O. NEGRIN et L. AYRAULT, *Droit fiscal général, op. cit.*, p. 434. D'autres auteurs enfin adoptent une attitude prudente et s'ils n'excluent pas nécessairement la possibilité du référendum ne l'affirment pas non plus. *Cf.* par exemple B. JEAN-ANTOINE, « Le consentement direct du citoyen à l'impôt dans l'article 14 de la Déclaration des droits de l'homme et du citoyen du 26 août 1789 », *op. cit.*, qui estime, p. 22, que « l'élargissement du domaine référendaire aux questions "relatives à la politique économique ou sociale de la Nation" [...], pourrait peut-être impliquer un référendum incluant des questions financières. La nouvelle formulation n'étant pas assez précise pour en être totalement sûr, seul l'avenir nous le dira ».

[1895] J.-Cl. MARTINEZ, « Le droit de décider : le référendum fiscal », dans J.-Cl. MARTINEZ et J. LAMARQUE (dir.), *1789-1989. La révolution fiscale à refaire*, Litec, 1987, 356 p., pp. 218-229, p. 218. L'auteur estime à la même page que « les représentants des contribuables étant aussi les représentants du souverain, forcément *tout impôt établi est un impôt consenti* ». Sur ce point, voir également, du même auteur, *Le statut du contribuable*. tome 1, *L'élaboration du statut*, LGDJ, coll. « Bibliothèque de science financière », tome XV, 1980, 394 p., p. 326. Pour un avis semblable sur le référendum, voir le titre II de la seconde partie de la thèse de Ph. MILLAN, *Le consentement à l'impôt, op. cit.*, ou encore M. DALEN-DIABE, « Le référendum fiscal en droit français », dans J.-Cl. MARTINEZ et J. LAMARQUE (dir.), *1789-1989. La révolution fiscale à refaire, op. cit.*, pp. 247-252.

[1896] Cet article énonce notamment que « la Loi est l'expression de la volonté générale. Tous les Citoyens ont droit de concourir personnellement, ou par leurs Représentants, à sa formation ». L'article 14 indique pour sa part que « tous les Citoyens ont le droit de constater, par eux-mêmes ou par leurs représentants, la nécessité de la contribution publique, de la consentir librement, d'en suivre l'emploi, et d'en déterminer la quotité, l'assiette, le recouvrement et la durée ».

[1897] Le premier alinéa de l'article 11 énonce que « le Président de la République, sur proposition du Gouvernement pendant la durée des sessions ou sur proposition conjointe des deux assemblées, publiées au Journal officiel, peut soumettre au référendum tout projet de loi portant sur l'organisation des pouvoirs publics, sur des réformes relatives à la politique économique, sociale ou environnementale de la nation et aux services publics qui y fiscal. Il estime en effet que la matière fiscale n'est pas exclue de ces procédures, car il est possible de la rattacher à « l'organisation des pouvoirs publics ». Le recours au référendum serait d'autant plus justifié que si l'article 14 de la Déclaration pose une alternative, indiquant que « tous les Citoyens ont le droit de constater, *par eux-mêmes ou par leurs représentants* », la nécessité de la contribution publique et de la consentir librement, il mentionne en premier la possibilité de l'intervention directe des citoyens. L'intervention des représentants des citoyens ne tient quant à elle que la seconde place dans le texte[1898].

742. D'autres auteurs estiment encore que le référendum ne doit pas nécessairement être exclu en matière fiscale. Emmanuel DE CROUY-CHANEL affirme ainsi que « si tous les citoyens ont le droit de consentir l'impôt par eux-mêmes, les cas d'ouverture du référendum législatif, en particulier "les réformes relatives à la politique économique, sociale ou environnementale de la nation", ne doivent pas être interprétés de telle sorte qu'ils excluraient les référendums en matière fiscale »[1899], estimant même que « la question est susceptible de retrouver une actualité nouvelle avec la création du référendum d'initiative conjointe (parlementaire et citoyens) »[1900].

743. Certains auteurs en revanche s'opposent au référendum, tant du point de vue juridique que du point de vue politique. Tel est notamment le cas de Sylvie CAUDAL, qui estime que le raisonnement de M. MARTINEZ est juridiquement contestable, tout en notant par ailleurs qu'en admettant même que le référendum fiscal soit possible, il ne serait pas nécessairement

---

concourent, ou tendant à autoriser la ratification d'un traité qui, sans être contraire à la Constitution, aurait des incidences sur le fonctionnement des institutions ». Il est à noter qu'à l'époque à laquelle écrivait M. MARTINEZ, les matières visées à l'article 11 ne comportaient pas les « réformes relatives à la politique économique, sociale ou environnementale de la nation et aux services publics qui y concourent », la rédaction de cet article ayant été modifiée par l'article 1er la loi constitutionnelle n°95-880 du 4 août 1995 *portant extension du champ d'application du référendum, instituant une session parlementaire ordinaire unique, modifiant le régime de l'inviolabilité parlementaire et abrogeant les dispositions relatives à la Communauté et les dispositions transitoires*, *JORF*, 5 août 1995, p. 11744, avant d'être modifiée à nouveau par la réforme constitutionnelle du 23 juill. 2008.

1898 Pour une analyse détaillée de cette alternative, voir notamment B. JEAN-ANTOINE, « Le consentement direct du citoyen à l'impôt dans l'article 14 de la Déclaration des droits de l'homme et du citoyen du 26 août 1789 », *op. cit.* L'auteur y montre clairement le décalage qui existe entre le texte même de l'article 14 de la Déclaration, inspiré sur ce point de l'article 6, et les intentions réelles de ses rédacteurs. S. RIALS, étudiant l'article 14 de la Déclaration estime également que l'incise « par lui-même » consacre « un mécanisme bien improbable » : *La déclaration des droits de l'homme et du citoyen*, *op. cit.*, p. 251.

1899 E. DE CROUY-CHANEL, « Le consentement à l'impôt », *op. cit.*, pp. 12-13.

1900 *Ibid.*, p. 13.

souhaitable de l'instaurer[1901]. X. CABANNE pense également que « la mise en œuvre d'un référendum fiscal est exclue des cas envisagés par la Constitution »[1902].

744. Un argument fréquemment invoqué par les partisans comme par les opposants du référendum fiscal, celui du droit comparé, ne saurait apporter d'éléments de réponse déterminants. Car s'il est vrai que certaines constitutions l'excluent sans ambiguïté[1903], d'autres l'acceptent, permettant à la pratique référendaire de se développer en matière fiscale. Tel est notamment le cas de la Suisse ou des Etats-Unis[1904].

745. Il semblerait *in fine* qu'il puisse à l'heure actuelle en être de même en France, l'article 11 de la Constitution ayant vu son champ d'application s'étendre grâce à deux élargissements successifs[1905]. Son alinéa premier dispose aujourd'hui que « le Président de la République [...] peut soumettre au référendum tout projet de loi portant sur l'organisation des pouvoirs publics, sur des réformes relatives à la politique économique, sociale ou environnementale de la nation et aux services publics qui y concourent, ou tendant à autoriser la ratification d'un traité qui, sans être contraire à la Constitution, aurait des incidences sur le fonctionnement des institutions ». Il semble donc tout à fait envisageable d'inclure la matière fiscale dans l' « organisation des pouvoirs publics » ou encore les « réformes relatives à la politique économique, sociale ou environnementale de la nation et aux

---

1901 S. CAUDAL, « Article 14 », dans G. CONAC, M. DEBENE et G. TEBOUL (dir.), *La déclaration des droits de l'homme et du citoyen de 1789. Histoire, analyse et commentaires*, *op. cit.*, pp. 304-305.

1902 X. CABANNES, « L'Etat, le Parlement et le consentement annuel à l'impôt », *op. cit.*, p. 227, note 8.

1903 Voir par exemple la Constitution italienne dont l'article 75 énonce notamment qu' « un référendum populaire est fixé pour décider l'abrogation, totale ou partielle, d'une loi ou d'un acte ayant valeur de loi, lorsque cinq cent mille électeurs ou cinq Conseils régionaux le demandent. /Le référendum n'est pas admis pour des lois fiscales et budgétaires, d'amnistie et de remise de peine, d'autorisation de ratifier des traités internationaux ». Texte disponible à l'adresse www.senato.it/documenti/repository/istituzione/costituzione_francese.pdf, [19 mai 2015].

1904 Sur le référendum fiscal aux Etats-Unis, *cf.* notamment Fr. WAGNER, « Le référendum fiscal en droit comparé : l'exemple des U.S.A. », dans J.-Cl. MARTINEZ et J. LAMARQUE (dir.), *1789-1989. La révolution fiscale à refaire*, *op. cit.*, p. 230-246. Pour des exemples sur la Suisse, *cf.* notamment X. CABANNES, « L'Etat, le Parlement et le consentement annuel à l'impôt », *op. cit.*, p. 227, note 8.

1905 Voir les lois constitutionnelles n°95-880 du 4 août 1995 *portant extension du champ d'application du référendum, instituant une session parlementaire ordinaire unique, modifiant le régime de l'inviolabilité parlementaire et abrogeant les dispositions relatives à la Communauté et les dispositions transitoires*, *JORF*, 5 août 1995, p. 11744 et n°2008-724 du 23 juill. 2008 *de modernisation des institutions de la Ve République*, *JORF*, 24 juill. 2008, p. 11890, texte n°2.

services publics qui y concourent ». Telle semble d'ailleurs être l'interprétation du Conseil constitutionnel lui-même. A l'occasion d'un commentaire de la décision 2010-5 QPC, il estime en effet que l'article 14 de la Déclaration de 1789 « pourrait trouver à s'appliquer dans le cadre de l'article 11 de la Constitution »[1906].

746. Il est encore trop tôt pour l'affirmer de manière catégorique, mais peut-être que le pouvoir fiscal, échappant jusqu'à présent aux mains des citoyens eux-mêmes, pourrait bien leur revenir, au moins sur le plan juridique[1907]. Mais il faut tout de même noter que si c'était le cas, cela serait encore très limité, l'initiative appartenant, non pas directement au dixième des électeurs, mais à un cinquième des parlementaires, les premiers ne pouvant que soutenir les seconds.

2. L'exclusion d'un réel pouvoir fiscal au niveau local

747. Il a déjà été mentionné que le référendum local ne peut pas résulter de manière impérative de la volonté du corps électoral[1908]. Tout au plus celui-ci peut-il proposer que soit organisé un référendum, sans avoir l'assurance que ce sera effectivement le cas. En plus de cela, la matière

---

[1906] CONSEIL CONSTITUTIONNEL, « Commentaire de la décision n°2010-5 QPC – 18 juin 2010 SNC KIMBERLY CLARK », p. 5, texte disponible à l'adresse http://www.conseil-constitutionnel.fr/conseil-constitutionnel/root/bank/download/20105QPCccc_5qpc.pdf, [26 mai 2015].

[1907] Cela serait d'autant plus vrai que la réforme constitutionnelle de 2008 a modifié les règles relatives à l'initiative du référendum. Le troisième alinéa de l'article, dans sa rédaction issue de la réforme constitutionnelle du 2008 et entré en vigueur le 1er janvier 2015, conformément à l'article 10 de la loi organique n°2013-1114 du 6 déc. 2013 *portant application de l'article 11 de la Constitution*, *JORF*, 7 déc. 2013, p. 19937, texte n°1, indique qu' « un référendum portant sur un objet mentionné au premier alinéa peut être organisé à l'initiative d'un cinquième des membres du Parlement, soutenue par un dixième des électeurs inscrits sur les listes électorales. Cette initiative prend la forme d'une proposition de loi et ne peut avoir pour objet l'abrogation d'une disposition législative promulguée depuis moins d'un an ». Le référendum fiscal deviendrait alors possible, et pourrait résulter de l'initiative, non plus seulement du Gouvernement et du Président de la République, mais aussi d'un certain nombre de parlementaires soutenus par un dixième des électeurs.

[1908] Et quand bien même à l'avenir serait consacré le droit d'initiative locale, il est fort probable qu'en seraient exclues les questions relatives au budget. Tel était du moins le cas dans le projet de loi de 1978 sur le référendum local, qui ne fut jamais voté, mais qui prévoyait explicitement de distinguer les affaires fiscales des autres affaires relevant de la compétence de la commune. Tandis qu'un référendum pouvait être organisé sur les secondes, seule une consultation non décisionnelle pouvait concerner les premières. Voir l'article 152 du projet de loi *pour le développement des responsabilités locales*, n°187, présenté par R. BARRE et Chr. BONNET, *JO Sénat*, annexe au procès-verbal de la séance du 20 déc. 1978.

fiscale a été considérée jusqu'à présent comme réfractaire au référendum. Deux éléments s'additionnent donc afin d'exclure, si ce n'est en droit, du moins en pratique, tout recours au référendum fiscal local. Il n'est donc pas nécessaire de s'étendre sur ce point et mieux vaut s'attarder sur le pouvoir des représentants locaux des contribuables.

748. Les élus locaux ont acquis au cours des dernières décennies un certain nombre de pouvoirs[1909]. L'article 72-2 de la Constitution, résultant de la réforme constitutionnelle du 28 mars 2003, énonce ainsi que les collectivités territoriales peuvent recevoir tout ou partie du produit des impositions de toutes natures. La loi peut même les autoriser « à en fixer l'assiette et le taux ». Michel BOUVIER affirme que cet article « est potentiellement porteur d'un élargissement du principe du consentement de l'impôt en direction des élus locaux. Il permet de leur conférer en effet un embryon de pouvoir normatif en matière fiscale dans la mesure où il mentionne que la loi peut autoriser les collectivités territoriales à fixer l'assiette et le taux des impôts »[1910]. Le même auteur peut alors ajouter que « ce n'est plus là d'un partage du produit fiscal entre l'État et les collectivités locales dont il est question mais bien d'un partage du pouvoir normatif fiscal ». Et telle est bien la position du Conseil constitutionnel qui a dès lors appliqué explicitement, à propos des Conseils régionaux, « le principe du consentement des citoyens, par leurs représentants, aux charges publiques énoncées par l'article 14 de la Déclaration de 1789 »[1911].

749. Mais si la loi peut autoriser les collectivités locales à fixer l'assiette et le taux des impositions de toutes natures, c'est à la condition que cela se fasse, selon les termes de l'article 72-2 de la Constitution « dans les limites qu'elle détermine », comme le mentionne encore l'article 34 qui indique que la loi détermine les principes fondamentaux « de la libre administration des collectivités territoriales, de leurs compétences et de leurs ressources ». Le pouvoir fiscal local, bien qu'existant réellement et participant au principe

---

[1909] Voir par exemple l'article 2 de la loi n°80-10 du 10 janv. 1980, *portant aménagement de la fiscalité locale directe*, JORF, 11 janv. 1980, p. 72, qui énonce déjà qu' « à partir de 1981 [...], les conseils généraux, les conseils municipaux et les instances délibérantes des organismes de coopération intercommunale dotés d'une fiscalité propre votent chaque année les taux des taxes foncières, de la taxe d'habitation et de la taxe professionnelle ». Sans doute serait-il possible de faire ici une analogie avec la pratique de l'Ancien Régime durant lequel, « dans la limite des contraintes imposées par le roi, villes et états voient leurs pouvoirs fiscaux s'étendre », marquant un déplacement du principe de consentement de l'impôt du niveau national au niveau local : M. BOTTIN, « Consentement à l'impôt (Histoire du -) », *op. cit.*, p. 433.

[1910] M. BOUVIER, « Impôts directs locaux », *Jcl. adm.*, fasc. n°127-20, 2013, n°73.

[1911] CC, 14 janv. 1999, décision n°98-407 DC, *Loi relative au mode d'élection des conseillers régionaux et des conseillers à l'Assemblée de Corse et au fonctionnement des Conseils régionaux*, cons. n°19.

constitutionnel d'autonomie financière des collectivités locales[1912], est ainsi étroitement encadré par la loi, c'est-à-dire essentiellement par le Parlement[1913]. Dès lors, l'assemblée locale « ne peut donner son autorisation que dans la limite des pouvoirs dont elle dispose. L'autorisation budgétaire n'a alors plus le même sens. Par-dessus l'autorisation du budget de la région, du département ou de la commune, il y a une habilitation supérieure, celle du Parlement. Les assemblées locales ne sont pas fondées, comme le Parlement, à décider librement les dépenses et les recettes locales »[1914]. Guy CARCASSONNE indiquait, après avoir évoqué la dichotomie entre impôts nationaux et impôts locaux, que « la règle du consentement à l'impôt ne porte directement que sur les premiers ; certes elle existe indirectement pour les seconds, mais la liaison est à ce point distendue qu'elle confine parfois à l'évanescence »[1915].

750. Quant au consentement de l'impôt de certains Etats sous l'Ancien Régime, le juge administratif estime qu'il n'est plus possible de s'en prévaloir depuis août 1789, date de l'abolition des privilèges[1916].

751. De ces différents exemples montrant que l'initiative n'appartient jamais aux administrés, une conclusion s'impose. Comme le note Bénédicte DELAUNAY, « il n'est absolument pas certain que les procédures

---

[1912] Ce principe, reconnu par le Conseil constitutionnel dans sa décision du 29 déc. 2009, n°2009-599 DC, *Loi de finance pour 2010*, permet ainsi de donner des garanties effectives au principe de libre administration des collectivités territoriales proclamé à l'article 72 de la Constitution.

[1913] Les raisons d'un tel encadrement sont nombreuses et se justifient notamment par la volonté de sauvegarder le principe d'égalité. Accorder un trop grand pouvoir fiscal aux collectivités territoriales pourrait remettre en cause l'égalité des territoires. Des auteurs affirment ainsi que « l'on peut parfois lire les prémisses d'une sorte de dérive vers un néo-Moyen Age fiscal au sein des sociétés contemporaines » : M. BOUVIER, M.-Chr. ESCLASSAN et J.-P. LASSALE, *Finances publiques*, *op. cit.*, p. 733. Voir également les développements intitulés « La dérive vers un nouveau Moyen Age fiscal et la gouvernance des sociétés complexes », dans M. BOUVIER, *Introduction au droit fiscal général et à la théorie de l'impôt*, *op. cit.*, pp. 273-276.

[1914] A. TAILLEFFAIT, « Budgets locaux », *Jcl. adm.*, fasc. n°127-10, 2014, n°7.

[1915] G. CARCASSONNE, « La portée du principe du consentement à l'impôt et les limites du pouvoir fiscal du législateur (la technicité fiscale, les groupes de pression, la rétroactivité fiscale) », *op. cit.*, p. 44.

[1916] A un requérant invoquant, afin de se voir décharger de l'impôt sur le revenu des personnes physiques, un édit d'août 1532 enregistré au Parlement de Bretagne le 8 oct. 1532 et au Parlement de Paris le 18 nov. de la même année, le Conseil d'Etat répond que l'article 10 du décret de l'Assemblée nationale constituante des 4, 6, 7, 8 et 11 août 1789 « a aboli les dispositions remontant à l'Ancien Régime [dont il se prévaut] et qui auraient prévu le consentement à l'impôt des "Etats de Bretagne" » : CE, 11 déc. 1974, n°93637. Voir encore et notamment : CAA, Nantes, 14 mars 1990, n°89NT01065 et CAA, Nantes, 6 fév. 2004, n°01NT00130. Sur cette question, *cf.* X. CABANNES, « L'Etat, le Parlement et le consentement annuel à l'impôt », *op. cit.*, p. 226, note 5.

participatives entament un tant soit peu le privilège de la décision exécutoire, puisque le pouvoir décisionnel, qui est accordé exceptionnellement aux administrés, est sans doute largement compensé par la façon dont ces procédures renforcent celui que conserve l'administration »[1917]. A cela s'ajoute encore le fait que ces pouvoirs sont en réalité bien peu effectifs.

II. Un consentement souvent peu effectif

752. Lorsque les administrés disposent d'un pouvoir de consentement, directement ou par leurs représentants, il est fréquent que ce pouvoir ne connaisse pas de réelle sanction s'il vient à être méconnu. Il est alors possible d'estimer qu'il ne constitue pas véritablement un droit effectif. Cela est très marquant lorsqu'il s'agit d'étudier plus précisément la question du consentement de l'impôt (A). Il en est de même en ce qui concerne la doctrine Capitant dont le juge administratif ne semble pas en mesure d'assurer le respect par les pouvoirs publics (B).

A. Une effectivité limitée en matière de consentement de l'impôt

753. Le consentement de l'impôt est né historiquement de la volonté d'empêcher le pouvoir royal de lever des impôts, sans le consentement des seigneurs féodaux dans un premier temps, du peuple tout entier dans un second. Si ce mécanisme a donné naissance au parlementarisme et à la démocratie moderne[1918], il n'est pas certain qu'il tienne encore aujourd'hui le rôle déterminant de contrôle qui a été le sien dans le passé[1919].

754. Les limites au consentement de l'impôt sont en effet nombreuses et peuvent se concentrer en deux endroits : en amont, au niveau des pouvoirs actuellement réduits des représentants des contribuables (1) et en aval, par la timidité des juges lorsqu'ils sont amenés à statuer dans des affaires mettant en cause le principe du consentement de l'impôt (2).

[1917] B. DELAUNAY, *L'amélioration des rapports entre l'administration et les administrés. Contribution à l'étude des réformes administratives entreprises depuis 1945*, *op. cit.*, p. 169.

[1918] Tant et si bien qu'un auteur a pu noter que « l'impôt […] porte avec lui l'image flatteuse d'un compagnon de route de la démocratie », justement par les liens qu'il tisse avec le consentement : E. DE CROUY-CHANEL, « Le consentement à l'impôt », *op. cit.*, p. 5.

[1919] Cette question présente une étendue qui n'est pas des moindres. Il faudra donc s'efforcer d'en dresser un tableau général tout en renvoyant à des études particulières sur les nombreux points qu'il est impossible de développer dans ces lignes.

1. En amont : les pouvoirs réduits des représentants des contribuables

755. La faiblesse des pouvoirs de contrôle des représentants des contribuables en matière d'impôts contraste avec l'importance des principes proclamés. Cela se voit au niveau local, où les assemblées élues sont largement soumises au législateur[1920], mais aussi au niveau national, où le Parlement est confronté à des limites importantes[1921]. Ce sont évidemment celles qui sont les siennes de manière générale[1922], mais il en est aussi de spécifiques, sur lesquelles il convient d'insister plus particulièrement.

756. Il est tout d'abord nécessaire de noter que, malgré le principe du consentement de l'impôt, certains prélèvements obligatoires ne relèvent pas des pouvoirs du Parlement et sont donc instaurés par les titulaires du pouvoir réglementaire[1923].

1920 Voir *supra*, n°747.

1921 Il serait possible de distinguer les limites internes des limites externes, ces dernières étant notamment liées au développement d'instances supranationales. Sur ces dernières, voir notamment Ph. MILLAN, *Le consentement à l'impôt*, *op. cit.*, le titre II de la première partie. On pourrait à l'inverse estimer que la création d'un impôt européen permettrait un meilleur consentement, un dispositif fiscal plus audacieux nécessitant sans doute l'instauration d'une procédure de décision plus démocratique.

1922 Les rôles respectifs et l'évolution des pouvoirs législatifs et exécutifs constituent l'essentiel de la problématique. L'extension du pouvoir réglementaire et la rationalisation du parlementarisme opérée par la Constitution de 1958 ne sont évidemment pas des éléments favorables à la compétence du Parlement de manière générale, et encore moins en matière fiscale. Si certains auteurs évoquent donc, notamment, les mécanismes mis en place par les articles 16, 38, 44 al. 3 ou 49 al. 3 de la Constitution qu'ils jugent potentiellement contraires au principe du consentement de l'impôt, telle ne sera pas l'analyse développée dans ces lignes. D'une part parce que ces dispositifs ne sont pas spécifiques au droit fiscal, mais surtout parce qu'ils font tout de même intervenir le Parlement, ou lui donnent l'occasion de le faire. *Cf.* notamment les articles 38, 44 al. 3 et 49 al. 3. Pour une position opposée, voir par exemple A. MAITROT DE LA MOTTE, *Droit fiscal*, *op. cit.*, p. 133. La *loi organique relative aux lois de finances* ne semble pas marquer de changements profonds en ce domaine. Sur ce point, voir notamment J.-J. BIENVENU et Th. LAMBERT, *Droit fiscal*, *op. cit.*, p. 73, et les références citées.

1923 Sur ce point, voir notamment M. BOUVIER, *Introduction au droit fiscal général et à la théorie de l'impôt*, *op. cit.*, pp. 32-33. Par ailleurs, même dans le domaine qui relève normalement de la loi, il est arrivé, en de rares occasions, que des impôts soient institués par décret. Pour des exemples, voir M. BOTTIN, « Consentement à l'impôt (Histoire du -) », *op. cit.*, p. 435. De manière plus générale, voir J.-J. BIENVENU et Th. LAMBERT, *Droit fiscal*, *op. cit.* Les auteurs affirment, p. 21, que « la représentation des sources du droit fiscal a été constamment faussée par l'attachement à la valeur de la source législative, expression du principe de consentement à l'impôt. C'est là un type même d'aberration au sens étymologique du terme. Elle a certainement contribué à préserver longtemps la loi fiscale de tout contrôle de constitutionnalité mais n'a jamais réussi à contenir le développement d'un pouvoir réglementaire camouflé et à interdire la création d'une fiscalité d'origine extralégale ».

757. Par ailleurs, de nombreux auteurs constatent une suprématie, sinon de droit du moins de fait[1924], du Gouvernement dans l'adoption des textes fiscaux. Celle-ci s'explique sans doute en partie par le manque de moyens techniques dont dispose le Parlement[1925] mais aussi, et surtout selon certains, par son manque de volonté. Jean-Jacques BIENVENU note que « l'hégémonie de l'administration qui semble faire la loi peut s'expliquer par l'abdication du législateur sur cette question »[1926] et Guy CARCASSONNE expliquait que « ce qui manque au Parlement pour exercer son pouvoir, ce ne sont pas des moyens, c'est plutôt la volonté de s'en servir »[1927]. Toujours est-il que le Parlement n'exerce qu'un contrôle très limité sur le Gouvernement dans l'adoption des textes fiscaux, d'autant plus que celle-ci est « nécessaire pour la continuité de la vie nationale »[1928]. En pratique, l'impôt est donc toujours voté[1929], le droit de consentir l'impôt étant « exercé avec une bénignité à l'égard des intentions gouvernementales qui est admirable »[1930],

---

[1924] Certains mécanismes juridiques prévoient explicitement l'intervention du Gouvernement dans l'adoption des lois de finances. C'est le cas notamment des articles 40 et 47 de la Constitution. Le premier dispose que « les propositions et amendements formulés par les membres du Parlement ne sont pas recevables lorsque leur adoption aurait pour conséquence soit une diminution des ressources publiques, soit la création ou l'aggravation d'une charge publique ». Le troisième alinéa du second indique pour sa part que « si le Parlement ne s'est pas prononcé dans un délai de soixante-dix jours, les dispositions du projet [de loi de finance] peuvent être mises en vigueur par ordonnance ». Mais le plus souvent, la prépondérance de l'Exécutif ne se manifeste qu'au niveau politique, factuel, le Parlement accordant son consentement à l'impôt sans réelle difficulté.

[1925] Pour une telle interprétation, *cf.* notamment le paragraphe intitulé « L'effacement des parlementaires devant les techniciens », dans Ch. CADOUX, « Du consentement de l'impôt », *op. cit.*, pp. 444-449.

[1926] J.-J. BIENVENU et Th. LAMBERT, *Droit fiscal*, *op. cit.*, p. 37, et les références citées. Voir encore les références indiquées par les auteurs, p. 73, sur les « limites du rôle effectif du législateur dans l'élaboration du droit fiscal ».

[1927] G. CARCASSONNE, « La portée du principe du consentement à l'impôt et les limites du pouvoir fiscal du législateur (la technicité fiscale, les groupes de pression, la rétroactivité fiscale) », *op. cit.*, p. 47.

[1928] CC, 25 juill. 2001, décision n°2001-448 DC, *Loi organique relative aux lois de finances*, cons. n°5.

[1929] Pour des exceptions historiques remontant au XIXème siècle, voir notamment J.-L. ALBERT et L. SAIDJ, *Finances publiques*, *op. cit.*, p. 12.

[1930] G. CARCASSONNE, « La portée du principe du consentement à l'impôt et les limites du pouvoir fiscal du législateur (la technicité fiscale, les groupes de pression, la rétroactivité fiscale) », *op. cit.*, pp. 43-47, p. 45. A la même page, l'auteur indique encore que « dans l'ensemble le Parlement consent aux augmentations d'impôt avec une étonnante facilité, avec une extraordinaire facilité ». L. MEHL affirme de même que « le plus souvent, en matière fiscale, le consentement des élus manque de ferveur, alors que tel n'est pas le cas en d'autres matières » : « Le principe du consentement à l'impôt et autres prélèvements obligatoires. Mythe et réalité », *Les principes et les règles des finances publiques en question*, *RFFP*, n°51, 1995, pp. 65-79, p. 71.

de telle sorte qu'il est possible d'affirmer la « prépondérance actuelle du Gouvernement »[1931] et de conclure avec Guy CARCASSONNE que « le consentement à l'impôt est devenu une sorte de fiction malmenée par les nécessités des finances publiques »[1932].

758. Une autre limite est encore constituée par les pouvoirs d'interprétation de l'administration fiscale et du juge fiscal, pouvoirs qui s'exercent éventuellement au détriment du Parlement, en influant sur l'application des textes fiscaux. Alors que les auteurs semblaient généralement, au début du XXème siècle, faire leur la théorie de l'interprétation restrictive de la loi fiscale[1933], force est de reconnaître que le droit positif ne permet plus guère une telle attitude. L'article L. 80 A du Livre des procédures fiscales énonce ainsi qu' « il ne sera procédé à aucun rehaussement d'impositions antérieures si la cause du rehaussement poursuivi par l'administration est un différend sur l'interprétation par le redevable de bonne foi du texte fiscal et s'il est démontré que l'interprétation sur laquelle est fondée la première décision a été, à l'époque, formellement admise par l'administration. /Lorsque le redevable a appliqué un texte fiscal selon l'interprétation que l'administration avait fait connaître par ses instructions ou circulaires publiées et qu'elle n'avait pas rapportée à la date des opérations en cause, elle ne peut poursuivre aucun rehaussement en soutenant une interprétation différente. Sont également opposables à l'administration, dans les mêmes conditions, les instructions ou circulaires publiées relatives au recouvrement de l'impôt et aux pénalités fiscales ». Il est difficile de ne pas reconnaître dans ce dispositif qui vise à procurer aux contribuables une plus grande sécurité juridique, éventuellement au détriment du fisc, l'important pouvoir qui échoit à l'administration. Il est dès lors possible de « considérer que l'Administration dispose, d'une certaine manière, d'un pouvoir concurrent à celui des parlementaires, voire supérieur, puisque l'interprétation concrète qu'elle donne des textes légaux, même *contra legem*, sera la norme pertinente si le contribuable décide de se fonder

---

1931 J.-L. ALBERT et L. SAIDJ, *Finances publiques*, *op. cit.*, p. 12.

1932 G. CARCASSONNE, « La portée du principe du consentement à l'impôt et les limites du pouvoir fiscal du législateur (la technicité fiscale, les groupes de pression, la rétroactivité fiscale) », *op. cit.*, p. 45. Il convient cependant de noter que l'auteur, dans la suite de son article, nuance ce propos.

1933 A ce sujet J.-J. BIENVENU et Th. LAMBERT, faisant explicitement référence au consentement de l'impôt, indiquent qu' « il apparaît dangereux d'abandonner aux juges le pouvoir d'étendre le champ de l'impôt, prérogative qui devait rester l'apanage du législateur, donc des représentants de la nation » : *Droit fiscal*, *op. cit.*, p. 59. Les auteurs ajoutent cependant, à la même page, que ces conceptions sont « historiquement marquées ».

sur l'article L. 80 A du LPF »[1934]. Le Conseil d'Etat est même allé jusqu'à reconnaître explicitement, dans un avis contentieux, que si « ces dispositions n'ont ni pour objet ni pour effet de conférer à l'administration fiscale un pouvoir réglementaire ou de lui permettre de déroger à la loi », elles « instituent, en revanche, un mécanisme de garantie au profit du redevable qui, s'il l'invoque, est fondé à se prévaloir, à condition d'en respecter les termes, de l'interprétation de la loi formellement admise par l'administration, *même lorsque cette interprétation ajoute à la loi ou la contredit* »[1935].

759. Autant d'éléments qui indiquent, comme le dit Jean-Claude MARTINEZ citant PLATON, que « "la loi, reine du monde, des hommes et des dieux", ne se voit plus reconnaître cette majesté, en droit fiscal comme en toute autre discipline d'ailleurs. Directement ou indirectement, l'Administration fiscale participe de plus en plus à son élaboration » et « les sources administratives du statut du contribuable ont pris le pas sur la source législative. Le principe de légalité s'est altéré »[1936]. Et ce qui est valable en amont, à propos des textes fiscaux et de leur interprétation, l'est aussi en aval, au moment d'éventuels contentieux relatifs à l'impôt.

2. En aval : la prudence des juges constitutionnel et administratif

760. Le manque d'effectivité du principe de consentement de l'impôt est aussi dû au contrôle assez limité que les juges exercent sur les décisions fiscales censées matérialiser le consentement de l'impôt. Le juge constitutionnel devrait évidemment tenir une place particulière en la matière, le Conseil constitutionnel affirmant lui-même que l'examen des lois de finances « constitue un cadre privilégié » pour la mise en œuvre du droit garanti par l'article 14 de la Déclaration des droits de l'homme et du citoyen[1937]. C'est ainsi que les Sages de la rue Montpensier sanctionnent la méconnaissance par le législateur de sa propre compétence[1938] ou encadrent le pouvoir d'interprétation dont dispose l'administration en veillant à ce que le principe d'intelligibilité de la loi ne soit pas méconnu en matière fiscale[1939]. Mais, hormis ces hypothèses qui concernent toutes le principe de

---

1934 M. BLIN et C. DAMELINCOURT, « Le consentement à l'impôt : "Et vous, consentez-vous à prendre pour impôt la mesure ici présente ?" », *Revue de fiscalité de l'entreprise*, n°4/2014, pp. 5-12, p. 7.

1935 CE, Sect., 8 mars 2013, n°353782, point 1. Nous soulignons.

1936 J.-Cl. MARTINEZ, *Le statut du contribuable*. tome 1, *L'élaboration du statut*, *op. cit.*, p. 341.

1937 CC, 21 juill. 2001, décision n°2001-448 DC, *Loi organique relative aux lois de finances*, cons. n°3.

1938 Voir *supra*, n°657.

1939 Voir *supra*, note n°1702.

légalité[1940], force est de reconnaître que « le principe du consentement à l'impôt [...] n'a pas reçu à ce jour d'application positive »[1941]. De la sorte, le Conseil constitutionnel admet que l'affectation d'un impôt puisse changer, sans qu'il y ait atteinte au principe du consentement de l'impôt. Pour le juge constitutionnel en effet, ce principe « n'implique pas qu'une imposition prélevée initialement pour couvrir un besoin déterminé ne puisse être affectée à la couverture d'un autre besoin »[1942], et ce d'autant plus que « le Parlement a été clairement informé de leurs motifs et y a librement consenti par son vote »[1943]. Le Conseil constitutionnel a encore indiqué, à propos des conseils régionaux, que l'article 14 de la Déclaration « n'implique pas de règles particulières d'adoption, par l'organe délibérant, des dispositions financières et fiscales »[1944], permettant ainsi à l'exécutif régional de disposer d'importants pouvoirs face à l'assemblée délibérative en matière fiscale, qu'il s'agisse de faire adopter un budget sans vote[1945] ou bien par la procédure d'un vote « bloqué »[1946].

1940 Encore conviendrait-il de noter que le principe de légalité est également malmené. Comme l'indiquent M. BOUVIER, M.-Chr. ESCLASSAN et J.-P. LASSALE, « le principe de juridicité en la matière paraît largement dépasser le principe de légalité, tout au moins dans le sens accordé à ce dernier principe par la tradition démocratique et républicaine » : *Finances publiques*, *op. cit.*, p. 613.

1941 J. LAMARQUE, « Sources du droit fiscal. Droits fondamentaux constitutionnels », *Jcl. Procédures fiscales*, fasc. n°112, 1995, mis à jour en mars 2011, n°1-2. A. MAITROT DE LA MOTTE affirme également que « si le principe du consentement de l'impôt a parfois été invoqué, devant le Conseil constitutionnel, [...] ce dernier n'a jamais fait droit aux requêtes présentées devant lui » : *Droit fiscal*, *op. cit.*, p. 133.

1942 CC, 18 déc. 2001, décision n°2001-453 DC, *Loi de financement de la sécurité sociale pour 2002*, cons. n°22. Voir déjà, CC, 21 déc. 1999, décision n°99-422 DC, *Loi de financement de la sécurité sociale pour 2000*, cons. n°20. Pour une critique de cette solution, *cf.* par exemple B. MATHIEU et M. VERPEAUX (dir.), « Chronique de jurisprudence constitutionnelle n°28 (3ème partie) », *LPA*, 23 sept. 2002, n°190, pp. 4-13, p. 5, qui estiment que si la règle n'est pas nouvelle, elle « prête toujours à discussion ».

1943 CC, 18 déc. 2001, décision n°2001-453 DC, *Loi de financement de la sécurité sociale pour 2002*, cons. n°22.

1944 CC, 6 mars 1998, décision n°98-397 DC, *Loi relative au fonctionnement des Conseils régionaux*, cons. n°13. Voir aussi CC, 14 janv. 1999, décision n°98-407, *Loi relative au mode d'élection des conseillers régionaux et des conseillers à l'Assemblée de Corse et au fonctionnement des Conseils régionaux*, cons. n°18.

1945 *Cf.* CC, 6 mars 1998, décision n°98-397 DC, *Loi relative au fonctionnement des conseils régionaux*, cons. n°13 : « qu'en permettant qu'à défaut d'adoption du budget dans les conditions de droit commun, le président du conseil régional présente un nouveau projet de budget qui sera adopté sans vote, sauf à ce que la majorité des membres du conseil régional s'oppose à ce projet et adopte un projet alternatif, dans les conditions prévues par le nouvel article L. 4311-1-1 du code général des collectivités territoriales, le législateur n'a pas méconnu les exigences découlant de l'article 14 ».

1946 Dans cette dernière hypothèse, le Conseil constitutionnel a estimé que « dès lors que le conseil régional est libre de rejeter le texte qui lui est soumis en application dudit article, le

761. Plus significative est encore la position du Conseil en matière de consentement de l'impôt dans le cadre de la question prioritaire de constitutionnalité. L'instauration de cette procédure aurait pu faire espérer une évolution de la jurisprudence constitutionnelle sur la valeur du consentement de l'impôt, mais il n'en fut rien. Dans une décision du 18 juin 2010 le Conseil juge que « les dispositions de l'article 14 de la Déclaration de 1789 sont mises en œuvre par l'article 34 de la Constitution et n'instituent pas un droit ou une liberté qui puisse être invoqué, à l'occasion d'une instance devant une juridiction, à l'appui d'une question prioritaire de constitutionnalité sur le fondement de l'article 61-1 de la Constitution »[1947]. De la sorte, le contrôle du Conseil constitutionnel sur le consentement de l'impôt, déjà réduit *a priori*, est exclu *a posteriori*, au moins pour ce qui concerne le principe de légalité et en l'état actuel de la jurisprudence. Les sages indiquent donc par cette décision que le consentement de l'impôt ne constitue pas réellement, ou du moins pas de manière effective, un droit des citoyens ou des contribuables, mais simplement un droit du Parlement, justifiant dès lors qu'il soit exclu du mécanisme de la question prioritaire de constitutionnalité[1948].

---

législateur n'a ni privé l'organe délibérant de la région d'attributions effectives, ni méconnu le principe du consentement des citoyens, par leurs représentants, aux charges publiques énoncé par l'article 14 de la Déclaration de 1789 » : CC, 14 janv. 1999, décision n°98-407, *Loi relative au mode d'élection des conseillers régionaux et des conseillers à l'Assemblée de Corse et au fonctionnement des Conseils régionaux*, cons. n°19.

[1947] CC, 18 juin 2010, décision n°2010-5 QPC, *SNC Kimberly Clark*, cons. n°4. Il est intéressant de noter que la question du consentement de l'impôt a été l'occasion d'une des premières questions prioritaires de constitutionnalité, la décision portant le numéro 5. Elle fut transmise par le Conseil d'Etat moins de deux mois après l'entrée en vigueur de la nouvelle procédure au 1er mars 2010 : CE, 23 avr. 2010, *SNC Kimberly Clark*, n°327166. La décision du Conseil constitutionnel mentionne également, dans son considérant n°3, que « la méconnaissance par le législateur de sa propre compétence ne peut être invoquée à l'appui d'une question prioritaire de constitutionnalité que dans le cas où est affecté un droit ou une liberté que la Constitution garantit ». Pour une confirmation de cette décision par le Conseil constitutionnel, voir : CC, 28 mars 2013, décision n°2012-298 QPC, *SARL Majestic Champagne* ; CC, 25 oct. 2013, décision n°2013-351 QPC, *Sté Boulanger* ou encore CC, 8 oct. 2014, décision n°2014-419 QPC, *Sté Praxair SAS*.

[1948] Telle est bien l'analyse qui figure dans le commentaire de la décision disponible sur le site du Conseil. Il est indiqué, p. 4, que « comme le montre une jurisprudence constante du Conseil constitutionnel, l'article 14 de la Déclaration est davantage tourné vers le respect des droits des parlementaires que vers celui des justiciables *stricto sensu* » : CONSEIL CONSTITUTIONNEL, « Commentaire de la décision n°2010-5 QPC – 18 juin 2010 SNC KIMBERLY CLARK », texte disponible à l'adresse http://www.conseil-constitutionnel.fr/conseil-constitutionnel/root/bank/download/20105QPCccc_5qpc.pdf, [26 mai 2015]. Le Conseil réserve tout de même l'hypothèse dans laquelle serait affecté un droit ou une liberté que la Constitution garantit. C'est ainsi qu'il a pu sanctionner l'incompétence négative du législateur en matière fiscale, mais sur le fondement de

762. C'est donc, sans doute notamment pour des raisons pratiques[1949], une véritable dévaluation que continue d'opérer le Conseil, ce qui explique les déceptions formulées par plusieurs auteurs[1950]. Estimant que le Conseil ne fait que poursuivre sa dévaluation du principe alors qu'il avait l'occasion de le renforcer, tel auteur indique que le Conseil constitutionnel « paraît s'inscrire dans un courant bien établi qui tend à réduire le principe du consentement à l'impôt à un principe de légalité financière et fiscale »[1951]. Tel autre évoque une analyse « tristement logique si l'on considère que le Conseil n'a jamais placé le consentement de l'impôt que sur le modeste terrain de la répartition des compétences »[1952]. D'autres enfin mentionnent un principe « étonnant »[1953] ou encore « une décision qui déçoit »[1954].

---

l'article 16 de la Déclaration de 1789 et non en vertu de son article 14. Le Conseil affirme que « l'absence de détermination des modalités de recouvrement d'une imposition affecte le droit à un recours effectif garanti par l'article 16 de la Déclaration de 1789 » : CC, 25 oct. 2013, décision n°2013-351 QPC, *Sté Boulanger*, cons. n°15. Voir encore : CC, 28 mars 2013, décision n°2012-298 QPC, *SARL Majestic Champagne*, cons. n°6.

[1949] Si le Conseil constitutionnel acceptait la recevabilité de la question prioritaire de constitutionnalité il pourrait être amené à déclarer certaines dispositions législatives contraires à la Constitution ce qui reviendrait dès lors à libérer les contribuables concernés de leurs obligations fiscales.

[1950] Il convient cependant de signaler que d'autres, loin de critiquer la décision du Conseil constitutionnel, l'approuvent pleinement. C'est le cas d'A. BARILARI, inspecteur général des finances honoraire, qui estime que cette décision « revient à affirmer que le consentement à l'impôt est une prérogative du Parlement. Le Conseil, avec une sagesse dont nous ne pouvons que nous féliciter au regard des quelques expériences étrangères malheureuses de référendum sur l'impôt, écarte la nécessité voire la possibilité d'une expression directe de ce consentement » : « Le Conseil constitutionnel précise le domaine de compétence des QPC et confirme son interprétation de l'article 14 de la DDHC selon laquelle c'est le Parlement qui consent à l'impôt », *Constitutions*, 2010, n°4, pp. 597-598, p. 598. Conformément à ce qui a déjà été affirmé ci-dessus à propos de l'analyse que fait le juge constitutionnel du référendum en matière fiscale, l'auteur a raison d'affirmer que le Conseil écarte la nécessité du référendum, mais a sans doute tort d'estimer que le Conseil en exclut jusqu'à la possibilité.

[1951] L. GAY, « Le Conseil constitutionnel et le droit fiscal », *D.*, 2011, pp. 1717-1719, p. 1718. E. DE CROUY-CHANEL a la même position, évoquant un principe du consentement à l'impôt « résorbé en principe de légalité de l'impôt » : « Le Conseil constitutionnel mobilise-t-il d'autres principes constitutionnels que l'égalité en matière fiscale ? », *Le Conseil constitutionnel et l'impôt, Nouveaux Cahiers du Conseil constitutionnel*, n°33, oct. 2011, pp. 15-26, p. 19.

[1952] A. MANGIAVILLANO, *Le contribuable et l'Etat*, *op. cit.*, p. 41.

[1953] M. GUICHARD et R. GRAU, « Question prioritaire de constitutionnalité et incompétence négative du législateur », *Droit fiscal*, n°48, 2 déc. 2010, comm. 576.

[1954] Chr. DE LA MARDIERE, « Première décision "QPC" du Conseil constitutionnel en matière fiscale », *Constitutions*, 2010, n°3, pp. 419-421, p. 419.

763. Très logiquement et en vertu du troisième alinéa de l'article 62 de la Constitution[1955], les juges administratif et judiciaire[1956] adoptent la même position. Le Conseil d'Etat estime ainsi que « les dispositions de l'article 14 de la Déclaration de 1789 sont mises en œuvre par l'article 34 de la Constitution et n'instituent pas un droit ou une liberté qui puisse être invoqué, à l'occasion d'une instance devant une juridiction, à l'appui d'une question prioritaire de constitutionnalité sur le fondement de l'article 61-1 de la Constitution »[1957].

764. Tous ces éléments montrent bien qu'aujourd'hui les contrôles exercés tant par le Parlement que par les juges constitutionnel et administratif sur le Gouvernement en ce qui concerne le consentement de l'impôt sont assez limités. Malgré le fait que le principe dont il s'agit soit clairement affirmé au niveau constitutionnel, il est possible de dire qu'il connaît « un déclin indéniable »[1958] et que l'on assiste à l' « érosion du pouvoir fiscal du Parlement »[1959], de telle sorte que « nous sommes aujourd'hui très loin de l'application littérale de l'article 14 de la DDHC posant le principe du consentement des citoyens à l'impôt, aussi bien sous un angle juridique que politique. Au contraire, il semble que ce consentement se

---

[1955] Cet alinéa dispose que « les décisions du Conseil constitutionnel ne sont susceptibles d'aucun recours. Elles s'imposent aux pouvoirs publics et à toutes les autorités administratives et juridictionnelles ».

[1956] *Cf.* par exemple : Cass., Plén., 25 juin 2010, n°09-71801.

[1957] CE, 16 juill. 2010, *Sté Brasserie et casinos Les flots bleus*, n°339292. Pour des solutions semblables, voir encore et notamment : CE, 9 juill. 2010, n°317086 ou CE, 22 juin 2011, n°347813. De la même manière, le Conseil d'Etat a reconnu que « le principe d'annualité budgétaire n'est pas au nombre des droits et libertés garantis par la Constitution, au sens de son article 61-1 » : CE, 25 juin 2010, n°339842.

[1958] A. MAITROT DE LA MOTTE, *Droit fiscal, op. cit.*, p. 136. Beaucoup d'auteurs estiment également que le consentement de l'impôt connaît un réel « déclin ». Voir par exemple : G. ORSONI, « Du consentement de la dépense publique », dans *Mélanges offerts au doyen Charles Cadoux*, PUAM, 1999, 438 p., pp. 245-260, p. 252 ; M. BLIN et C. DAMELINCOURT, « Le consentement à l'impôt : "Et vous, consentez-vous à prendre pour impôt la mesure ici présente ?" », *op. cit.*, p. 6. De nombreux autres auteurs utilisent des expressions semblables pour caractériser le consentement de l'impôt aujourd'hui. F. BIN estime par exemple qu'il s'agit d'un principe aujourd'hui « très diminué » : « Consentement à l'impôt (histoire du) », dans Association française de finances publiques, *Dictionnaire encyclopédique de finances publiques*, disponible à l'adresse http://www.sffp.asso.fr/dictionnaire/index.php/Consentement_%C3%A0_l%27imp%C3%B4t_(histoire_du), [2 juin 2015].

[1959] M. BOUVIER, *Introduction au droit fiscal général et à la théorie de l'impôt*, *op. cit.*, p. 54. A propos du principe de légalité qui en est le corollaire, l'auteur affirme encore, respectivement p. 53 et 55, que « la réalité de l'application de ce principe, pourtant posé comme fondamental, en montre les faiblesses indéniables », tant et si bien que l'on est « amené à s'interroger sur la nature réelle du principe de légalité fiscale et à se demander s'il ne relève pas d'une illusion ».

dissipe chaque jour un peu plus »[1960]. De manière un peu comparable, le juge est également très prudent en ce qui concerne le contrôle d'un certain nombre de consultations.

B. Une effectivité limitée en matière de consultation : l'exemple de l'article 53 alinéa 3 de la Constitution

765. De même que l'impôt, la plupart des consultations directes des électeurs présentent un caractère politique, au sens noble du terme, assez marqué. C'est sans doute l'une des raisons qui expliquent la prudence du juge dans le contrôle qu'il opère sur certaines votations. Le juge administratif a pour l'instant toujours été dans l'impossibilité de contrôler les consultations organisées en vertu de l'article 53 alinéa 3 de la Constitution[1961]. Etant d'utilisation peu fréquente, le mécanisme de consultation des populations imposé par cet article n'a certes donné lieu qu'à peu de décisions du juge administratif. Cependant, lorsque des contentieux se sont formés, et bien qu'il en reconnaisse toute la valeur, le juge a dénié à cet article tout pouvoir effectif. Cela n'est pas nouveau et le problème s'est posé aussi bien sous la quatrième (1) que sous la cinquième République (2).

1. Un manque d'effectivité dû à la théorie des actes de gouvernement en 1958

766. Dans une première affaire de 1958, le Conseil d'Etat était saisi d'un litige relatif à la cession à l'Inde des Etablissements français de Karikal, Mahé, Yanaon et Pondichéry. Bien que cette décision ait été rendue sous la

---

[1960] M. BLIN et C. DAMELINCOURT, « Le consentement à l'impôt : "Et vous, consentez-vous à prendre pour impôt la mesure ici présente ?" », *op. cit.*, p. 9.

[1961] En règle générale, les référendums, spécialement s'ils sont décisionnels, sont soumis à un contrôle du juge. Comme l'indique M. VERPEAUX en effet, « une consultation ne peut être démocratique que si elle est exempte de toute fraude et s'il existe des mécanismes de contrôle. Recourir au suffrage universel n'a de sens que si celui-ci n'est pas dévoyé et si l'expression n'est pas dénaturée. Pour cela, des procédures doivent être mises en place » : « La consultation locale des populations métropolitaines. Ou le vrai-faux référendum », *op. cit.*, p. 434. Dans certains cas, en vertu de l'article 60 de la Constitution, ce contrôle ressortit à la compétence du Conseil constitutionnel. Dans toutes les autres hypothèses et sauf dispositions particulières, le contrôle est confié au juge administratif. C'est ainsi par exemple qu'il peut être saisi de la régularité des référendums locaux, en vertu de l'article LO. 1112-14 du Code général des collectivités territoriales qui énonce que « la régularité du référendum local peut être contestée dans les conditions, formes et délais prescrits pour les réclamations contre l'élection des membres de l'assemblée délibérante de la collectivité territoriale ayant décidé de l'organiser ». Or ces élections ressortissent elles-mêmes à la compétence du juge administratif.

précédente constitution[1962], elle est éclairante à plus d'un titre[1963]. Après son accession à l'indépendance, l'Union indienne s'était accordée avec la France afin de régler pacifiquement la question des comptoirs français. Il avait ainsi été prévu explicitement d'organiser un référendum et une loi française avait même été votée à cette fin[1964]. C'est d'ailleurs la procédure qui s'est déroulée pour Chandernagor qui fut ainsi cédée à l'Inde avec le consentement de sa population[1965]. Mais en ce qui concerne les quatre comptoirs du sud, le référendum n'eut pas lieu et fut remplacé, en vertu d'un arrêté du commissaire de la République pour les Etablissements français de l'Inde daté du 11 octobre 1954, par un congrès rassemblant uniquement des représentants de la population. A l'issue de ce congrès, durant lequel des pressions semblent avoir été exercées sur les participants[1966], les comptoirs furent *de facto* rattachés à l'Union indienne et un traité fut soumis à la ratification du Parlement.

767. C'est l'arrêté du 11 octobre qui fut attaqué devant le Conseil d'Etat. Celui-ci estima qu'il résultait des dispositions de l'article 27 de la Constitution alors en vigueur que « la consultation des populations intéressées est le préliminaire obligatoire du vote d'une loi autorisant la ratification d'un traité portant cession de territoire »[1967]. Cependant, par le fait même, les juges du Palais Royal ajoutèrent que cette consultation « n'est pas détachable de la procédure de ratification ; qu'il suit de là qu'il n'appartient qu'au Parlement d'apprécier, lors du vote de ladite loi, la régularité de cette consultation ». Dès lors, le juge administratif, s'il reconnaissait ainsi le rôle essentiel joué par le consentement des populations intéressées, refusait concrètement de se prononcer sur son éventuelle

[1962] Mais l'article 27 alinéa 2 de la Constitution du 27 oct. 1946 était rédigé dans les mêmes termes que l'alinéa 3 de l'article 53 de l'actuel texte constitutionnel.

[1963] Pour une présentation complète de la situation, voir J.-P. GILLI, note sous CE, Ass., 27 juin 1958, *Georger et Teivassigamany*, *op. cit.*, pp. 122-125.

[1964] Voir la loi n°50-406 du 3 avr. 1950 autorisant le Gouvernement à organiser par décret un référendum dans les Etablissements français de Pondichéry, de Karikal, de Yanaon et de Mahé et à engager les dépenses afférentes *aux frais de déplacement et de séjour des observateurs neutres appelés à assister à cette consultation*, *JORF*, 6 avr. 1950, p. 3706.

[1965] Voir notamment la loi n°49-698 du 26 mai 1949 *autorisant le Gouvernement à organiser par décret un référendum dans la ville libre de Chandernagor et à engager les dépenses afférentes aux frais de déplacement et de séjour des observateurs neutres appelés à assister à cette consultation*, *JORF*, 27 mai 1949, p. 5182.

[1966] J.-P. GILLI, note sous CE, Ass., 27 juin 1958, *Georger et Teivassigamany*, *op. cit.*, p. 122.

[1967] CE, Ass., 27 juin 1958, *Georger et Teivassigamany*, *R.*, p. 403.

violation, donnant ainsi un nouvel exemple d'application de la théorie des actes de gouvernement[1968].

768. Les commentateurs de la décision n'ont pas manqué à l'époque de le noter, certains la critiquant même ouvertement. Charles ROUSSEAU évoque ainsi « les conditions, parfaitement irrégulières au point de vue constitutionnel, dans lesquelles est intervenue la cession à l'Inde des Etablissements français de Karikal, Mahé, Yanaon et Pondichéry »[1969]. De manière plus précise, c'est sur la question du consentement qu'aurait dû formuler la population même des comptoirs que se concentrent les critiques de l'auteur : « cette solution, qui était inévitable dans l'état actuel de la jurisprudence, interdit pratiquement tout contrôle juridictionnel de la procédure de conclusion des traités internationaux. Elle n'en est que plus regrettable dans une hypothèse où l'irrégularité était aussi flagrante ; car ce n'est que par un véritable abus des mots que l'on peut assimiler au "consentement" authentique des populations intéressées la pseudo-consultation brusquée de Kijeour, scrutin orienté auquel ont pris part quelques dizaines de notables triés sur le volet et représentant moins d'un pour mille de la population affectée par la cession territoriale »[1970].

769. La critique est unanime et même des membres de la Haute juridiction administrative commentant cette décision n'ont pu s'empêcher de relever les conséquences dommageables auxquelles elle aboutit. « En reconnaissant sa compétence dans cette affaire, le Conseil d'Etat aurait très vraisemblablement été amené à censurer l'illégalité, au regard des dispositions constitutionnelles, de la procédure utilisée par le gouvernement, sur la régularité de laquelle il appartiendra au Parlement de se prononcer »[1971]. Saisi quelques années plus tard, le Parlement votera cependant la loi autorisant la ratification[1972]. Tout en reconnaissant les problèmes soulevés par cette consultation, il préférera s'incliner devant des

---

1968 Pour une discussion détaillée sur les mobiles du Conseil d'Etat, voir J.-P. GILLI, note sous CE, Ass., 27 juin 1958, *Georger et Teivassigamany*, *op. cit.*, pp. 122-125.

1969 Ch. ROUSSEAU, « Régularité constitutionnelle de la cession des Etablissements français de l'Inde (Cons. d'Etat, 27 juin 1958, *Georger et Teivassigamany*) », *RGDIP*, 1958, pp. 518-521, p. 519. Voir encore le titre d'un article, cité par l'auteur p. 519 : « La cession des Indes françaises est inconstitutionnelle ».

1970 Ch. ROUSSEAU, « Régularité constitutionnelle de la cession des Etablissements français de l'Inde (Cons. d'Etat, 27 juin 1958, *Georger et Teivassigamany*) », *op. cit.*, p. 521.

1971 J. FOURNIER et M. COMBARNOUS, « Chronique générale de jurisprudence administrative », *AJDA*, 1958, pp. 306-316, p. 311.

1972 Loi n°62-862 du 28 juill. 1962 *autorisant la ratification du traité de cession des Etablissements français de Pondichéry, Karikal, Mahé et Yanaon, signé à New Delhi le 28 mai 1956*, *JORF*, 29 juill. 1962, p. 7484. Voir les débats à l'Assemblée nationale dans *JOAN*, 2ème séance du 12 juill. 1962, p. 2401.

considérations factuelles et politiques, au détriment de la régularité juridique et de la consultation des populations concernées.

770. Pour des motifs différents mais aboutissant au même résultat, le juge administratif a encore réaffirmé récemment sa position.

2. Un manque d'effectivité dû à la théorie de la loi-écran en 2002

771. Dans une seconde affaire plus récente[1973], le juge administratif a de nouveau été confronté à une question semblable. Et de nouveau, la jurisprudence relative aux modes de contrôle de la hiérarchie des normes a empêché le contrôle effectif du droit reconnu par l'article 53 alinéa 3. Etait en cause dans cette affaire un échange de territoires de 15 595 mètres carrés entre la République française et Andorre, échange qui avait pour but de faciliter la construction d'un accès au tunnel sous l'Envalira. Aucune autorité locale et encore moins la population de la commune française concernée, la commune de Porta[1974], n'avait été consultée préalablement au vote de la loi de ratification du traité[1975]. Saisi d'un recours contre le décret publiant le

[1973] On pourrait également relever une autre décision du Conseil d'Etat faisant mention de l'alinéa 3 de l'article 53 de la Constitution, mais uniquement pour écarter son application. Voir CE, 27 juill. 1986, *M. Girod de l'Ain et a.*, n°52699, n°52738 et n°55316. La Haute juridiction estime que la réalisation par l'organisation européenne pour la recherche nucléaire CERN de l'anneau de collision à électrons et positons sur des terrains expropriés par l'Etat et loués par celui-ci à cette organisation internationale « n'emporte aucune cession de territoire au sens de l'article 53 de la Constitution ».

[1974] Il convient cependant de noter que le territoire échangé n'était pas habité. Mais dans une hypothèse semblable, le Gouvernement avait tout de même tenu à consulter les autorités locales, ce qui en l'espèce était d'autant plus justifié que les terrains en cause appartenaient au domaine privé de la commune. Comme le note P. JAN, « dans l'exposé des motifs d'une loi autorisant l'approbation d'un accord entre la France et le Luxembourg, le rapporteur précise à propos de territoires pourtant "inhabités" que "comme l'article 53 de la Constitution dispose que nulle cession, nul échange, nulle adjonction de territoire n'est valable sans le consentement des populations intéressées", le sous-préfet de Thionville a requis les avis favorables du maire de la commune de Volmerange, du conseiller général du canton de Cattenom et du député de la neuvième circonscription de la Moselle" » : « Sus à l'écran législatif ! (A propos de la légalité d'un décret inconstitutionnel) », *LPA*, 20 fév. 2003, n°37, pp. 20-22, p. 22. Voir la loi n°2002-169 du 12 fév. 2002 *autorisant l'approbation de l'accord entre le Gouvernement de la République française et le Gouvernement du Grand-Duché de Luxembourg portant rectification de la frontière franco-luxembourgeoise*, *JORF*, 13 fév. 2002, p. 2849, texte n°7 et le décret n°2002-1188 du 12 sept. 2002 *portant publication de l'accord franco-luxembourgeois portant rectification de frontières*, *JORF*, 21 sept. 2002, p. 15572, texte n°10.

[1975] Une loi était nécessaire en vertu du premier alinéa de l'article 53 de la Constitution qui énonce « les traités de paix, les traités de commerce, les traités ou accords relatifs à l'organisation internationale [...], ceux qui comportent cession, échange ou adjonction de territoire, ne peuvent être ratifiés ou approuvés qu'en vertu d'une loi ». Voir loi n°2001-590 du traité, le Conseil d'Etat estima « que si, pour vérifier si un traité ou un accord peut être regardé comme régulièrement ratifié ou approuvé, il appartient au juge administratif de se prononcer sur le bien-fondé d'un moyen soulevé devant lui et tiré de la méconnaissance, par l'acte de publication de cet engagement international, des dispositions de l'article 53 de la Constitution, il ne lui appartient pas, en revanche, dès lors que sa ratification ou son approbation a été autorisée en vertu d'une loi, de se prononcer sur le moyen tiré de ce que la loi autorisant cette ratification ou cette approbation serait contraire à la Constitution »[1976].

772. De nouveau, faisant ici application de la jurisprudence *SARL du Parc d'activités de Blotzheim et SCI Haseleaker*[1977], la Haute juridiction administrative reconnaît qu'il lui appartient en principe de vérifier que les conditions posées par l'article 53 de la Constitution sont remplies au moment du vote de la loi autorisant la ratification[1978]. Mais en l'espèce, il lui est

---

6 juill. 2001 *autorisant la ratification du traité entre la République française et la Principauté d'Andorre portant rectification de la frontière*, *JORF*, 7 juill. 2001, p. 10828, texte n°3 et le décret n°2001-761 du 28 août 2001 *portant publication du traité entre la République française et la Principauté d'Andorre portant rectification de la frontière, fait à Andorre-la-Vieille le 12 septembre 2000*, *JORF*, 30 août 2001, p. 13897, texte n°18.

[1976] CE, 8 juill. 2002, *Cne de Porta*, n°239366. Sur cette décision, voir notamment : Fr. DONNAT et D. CASAS, « Les limites du contrôle du juge administratif sur l'acte de publication d'un engagement international dont la ratification a été autorisée en vertu d'une loi », *AJDA*, 2002, pp. 1005-1007 ; O. GABARDA, « Contrôle de constitutionnalité des actes administratifs et contrôle de validité des engagements internationaux. Quelques réflexions à propos de l'arrêt du Conseil d'Etat du 8 juillet 2002, Commune de Porta », *RRJ*, 2003-4, pp. 2727-2736 ; P. JAN, « Sus à l'écran législatif ! (A propos de la légalité d'un décret inconstitutionnel) », *op. cit.* ; A. ONDOUA, « Le Conseil d'Etat, la loi, les traités et la Constitution », *JCPG*, 5 fév. 2003, II, n°10021 ;

[1977] CE, Ass., 18 déc. 1998, *SARL du Parc d'activités de Blotzheim et SCI Haseleaker*, n°181249.

[1978] Une question importante consiste à se demander, dans le silence de la Constitution, à quel moment doit intervenir la consultation de la population. Tandis que le Conseil d'Etat avait explicitement affirmé, dans sa décision *Georger et Teivassigamany* du 27 juin 1958, préc., qu'il s'agissait d'un « préliminaire obligatoire du vote d'une loi autorisant la ratification d'un traité portant cession de territoire », la décision *Cne de Porta* est plus discrète sur ce point. Car si la consultation est un préalable nécessaire au vote de la loi, celle-ci pourrait être dans l'absolu déclarée inconstitutionnelle, tout comme le décret de publication pris sur son fondement. En revanche, si la consultation peut être postérieure au vote de la loi, le décret n'ayant pas été précédé de cette formalité peut seul porter l'inconstitutionnalité. Il semble que sur ce point le juge administratif n'ait pas fait évoluer sa position et considère toujours, comme il l'avait fait en 1958, que la consultation des populations est un préalable obligatoire au vote de la loi. Comme l'indique P. JAN en faisant référence à la décision *Georger et Teivassigamany*, préc., « en refusant de contrôler le décret dans l'affaire présente, le juge administratif souscrit à ce raisonnement, sans quoi le découplage entre la loi et le décret rendait possible le contrôle de constitutionnalité de ce dernier : P. JAN, « Sus à l'écran législatif ! (A propos de la légalité d'un décret inconstitutionnel) », *op. cit.*, p 22. Pour une encore impossible de le vérifier en pratique, la loi faisant écran entre le décret et la Constitution.

773. Comme l'indiquait le commissaire du gouvernement COLLIN à la formation de jugement, le contrôle de la régularité de la procédure suivie pour la ratification de traités internationaux, s'il ne s'arrête pas en théorie à la simple existence d'une autorisation législative lorsque l'article 53 de la Constitution l'exige, « n'est concevable que lorsque l'autorisation du législateur n'est pas requise préalablement à la ratification. Dans le cas contraire le contrôle se heurte à la limite de votre jurisprudence *Arrighi* »[1979]. Par ailleurs, comme « aucune disposition législative ou réglementaire n'imposait la consultation du conseil municipal de la commune de Porta préalablement à l'intervention du décret portant publication du traité signé le 12 septembre 2000 »[1980], l'acte administratif est validé par le juge.

774. Si le commissaire du gouvernement évoquait l'intervention possible du juge constitutionnel, il n'est pas certain qu'il s'agisse là d'une vraie solution[1981]. Car à l'époque de la décision étudiée, le contrôle *a priori* de la constitutionnalité des lois était facultatif et dans les mains d'autorités qui ne sont pas directement concernées par l'échange des territoires, les populations concernées n'ayant aucun moyen direct de saisir le juge constitutionnel. Quant au palliatif que pourrait aujourd'hui constituer la question prioritaire de constitutionnalité, encore faudrait-il que le juge administratif accepte de transmettre la question au Conseil constitutionnel, ce qui n'est absolument pas certain[1982].

775. L'article 53 alinéa 3 de la Constitution tel qu'interprété selon la « Doctrine Capitant » consacre donc un droit très peu effectif. Qu'il s'agisse des théories de l'acte de gouvernement ou de la loi-écran, le juge

---

opinion différente, voir D. BOILET et J. Fr. LAFAIX, « Note de jurisprudence administrative. Contrôle de la conventionalité des lois (CE, 8 Juillet 2002, Commune de Porta) », *RDP*, 2003, pp. 1481-1503, spéc pp. 1490-1497.

1979 P. COLLIN, concl. inédites sur CE, 8 juill. 2002, *Cne de Porta*, n°239366.

1980 CE, 8 juill. 2002, *Cne de Porta*, n°239366.

1981 Le commissaire du gouvernement indiquait ainsi aux juges que « s'il appartient au Conseil constitutionnel, saisi de la loi autorisant la ratification par la voie de l'article 61, de se prononcer sur le respect de la procédure de ratification, au regard, notamment, des prescriptions de l'article 53§3 de la Constitution […], tel n'est pas votre rôle » : P. COLLIN, concl. inédites sur CE, 8 juill. 2002, *Cne de Porta*, n°239366.

1982 Au moins en cas de territoires inhabités. Pour s'en convaincre, il est possible de remarquer que dans ses conclusions sur l'affaire *Cne de Porta*, le commissaire du gouvernement, en quelques mots, déclare que les moyens issus des articles 72 et 53 de la Constitution « ne sont pas fondés » : P. COLLIN, concl. inédites sur CE, 8 juill. 2002, *Cne de Porta*, n°239366. Le Conseil d'Etat jugerait-il alors, en admettant déjà qu'il s'agisse d'un droit que la Constitution garantit, qu'il existerait un doute sérieux sur la constitutionnalité d'une telle loi ?

administratif n'est pas vraiment en mesure d'assurer un contrôle pleinement efficace du dispositif appelé par cet article, comme c'était déjà le cas pour le consentement de l'impôt. La proximité des hypothèses étudiées avec les questions éminemment politiques que sont l'impôt ou encore la cession ou la sécession de territoires interdit sans doute pour l'instant qu'il en soit autrement.

Conclusion du chapitre

776. De même que la liberté se mesure concrètement à la place laissée au consentement des individus, le degré de démocratie des procédures administratives peut s'évaluer en fonction du rôle tenu par le consentement des administrés dans celles-ci.

777. Or, au-delà des déclarations d'intention, ce rôle est des plus minimes. Les hypothèses dans lesquelles les administrés peuvent être qualifiés de coauteurs des normes administratives sont rares et « par beaucoup d'aspects, les mécanismes de participation sont loin d'ériger l'administré en partenaire-citoyen ou coauteur de la décision de l'administration »[1983]. Tout au plus, les administrés sont-ils réellement décideurs lorsque sont organisés des référendums décisionnels locaux ou lorsqu'ils disposent d'un droit de *veto*, comme c'est par exemple le cas pour un certain nombre d'évolutions institutionnelles concernant les collectivités locales ou la Nouvelle-Calédonie.

778. Encore convient-il de remarquer que dans ces hypothèses, les administrés sont rarement à l'origine de la décision. Dans la plupart des cas ce sont les pouvoirs publics, locaux ou nationaux, qui font appel au consentement des administrés afin de légitimer des projets dont ils portent eux-mêmes la paternité.

779. A moins qu'il ne s'agisse de premiers pas destinés à se faire plus nombreux dans un avenir proche, c'est un constat assez amer qu'il faut dresser[1984]. Comme le note Jacques CHEVALLIER, « il semble que la

[1983] V. CHAMPEIL-DESPLATS, « La citoyenneté administrative », *op. cit.*, p. 425.

[1984] « A l'heure du bilan, le constat est amer. A tant vouloir affirmer qu'il existait une démocratie administrative, l'on avait fini par y croire. Or, il est vain de dire que le public participe directement à l'élaboration des règles administratives » : Ph. ZAVOLLI, « La démocratie administrative existe-t-elle ? Plaidoyer pour une refonte de l'enquête publique et du référendum local », *op. cit.*, p. 1526.

participation serve en fait à étendre le pouvoir des dirigeants sous le couvert de la démocratie » et que sa véritable fonction soit la « légitimation du pouvoir de l'Etat »[1985]. Et ce que l'auteur affirmait à l'époque de la participation dans son sens le plus large, vaut également pour la participation décisionnelle.

780. Le rôle de cette participation dans la légitimation de la source du pouvoir administratif est donc assez réduit. C'est d'ailleurs la raison pour laquelle cette première forme de légitimation se double d'une seconde, relative cette fois à l'exercice du pouvoir administratif. C'est dès lors la question du rôle du consentement de l'administré dans l'efficience de l'appareil d'Etat qu'il faut envisager.

1985 J. CHEVALLIER, « La participation dans l'administration française : discours et pratique », *op. cit.*, respectivement p. 553 et p. 90.

Chapitre II
Le consentement, élément de légitimation de l'exercice du pouvoir administratif

781. Si la légitimité de l'administration provient parfois de la participation directe des administrés à la prise de décision, elle résulte aussi pour une large part du succès effectif des actions que l'appareil d'Etat entreprend. Dans cette dernière hypothèse, la légitimité repose essentiellement sur la réalisation efficiente[1986], c'est-à-dire non seulement efficace mais aussi au moindre coût, des finalités poursuivies par l'administration. Il ne s'agit plus seulement de légitimer l'action de l'administration par une évanescente référence à l'intérêt général, mais bien de vérifier que l'administration y parvient effectivement tout en préservant les deniers publics.

782. Ce type de légitimité est primordial dans un Etat providence qui cherche avant tout à satisfaire les besoins des citoyens par la multiplication de ses interventions et des services publics. Comme le note Charles DEBBASCH, « le poids de plus en plus grand des services de l'Etat dans la vie nationale a conduit l'administration à se poser le problème de *l'efficacité*, c'est-à-dire à recherches les moyens d'obtenir la meilleure administration au moindre coût »[1987]. L'Etat, investissant le champ social par ses interventions,

---

[1986] Pour des précisions sur ce terme, voir notamment A.-L. SIBONY, « Du bon usage des notions d'efficacité et d'efficience en droit », dans M. FATIN-ROUGE STEFANINI, L. GAY et A. VIDAL-NAQUET (dir.), *L'efficacité de la norme juridique : nouveau vecteur de légitimité ?*, *op. cit.*, pp. 61-84. L'auteur y affirme, p. 64, que « l'efficacité est la propriété de ce qui atteint son but, tandis que l'efficience est la propriété de ce qui atteint son but au moindre coût ». *Cf.*, dans le même ouvrage, L. HEUSCHLING, « "Effectivité", "efficacité", "efficience" et "qualité" d'une norme/du droit. Analyse des mots et des concepts », pp. 27-59. Voir encore Fr. RANGEON, « Réflexions sur l'effectivité du droit », *op. cit.* L'auteur y affirme, p. 130, que « l'efficacité est le caractère d'un acte ou d'une décision qui produit l'effet recherché par son auteur » et p. 133, qu' « on dira qu'une loi est efficiente si elle obtient les effets escomptés au moindre coût ».

[1987] Ch. DEBBASCH, « Le droit administratif face à l'évolution de l'administration française », *op. cit.*, p. 102. De la même manière, J. CHEVALLIER énonce que « la gestion d'un service public n'a plus grand-chose à voir avec la problématique classique de l'Etat de droit : il ne s'agit pas en effet de produire des normes, mais de fournir des prestations doit « faire preuve d'efficacité »[1988]. Cette notion compte alors parmi les modèles de référence pour l'administration de sorte que « la justification de son action ne réside plus dans les prescriptions législatives, en amont, mais dans la réussite, en aval, des opérations qu'elle engage : on la jugera sur les résultats qu'elle est capable d'atteindre »[1989].

783. On assiste donc, sinon à la naissance, du moins au développement[1990] d'une nouvelle forme de légitimité que l'administration est tenue de forger « en produisant la preuve qu'elle agit au mieux de l'intérêt collectif ; et cette preuve résultera notamment de la qualité et de la rigueur des méthodes de gestion utilisée »[1991]. Le fait de ne pas parvenir à ses fins serait pour l'administration un échec et nuirait à sa légitimité, tant celle-ci résulte aujourd'hui « des actions concrètes engagées par l'institution, de leur pertinence et de leurs résultats »[1992]. « C'est désormais l'efficacité qui, attestant la rationalité de son action, renforce le capital de légitimité de l'administration »[1993] de sorte qu'il est possible d'affirmer qu' « au règne de la loi se substitue progressivement celui de l'efficacité managériale »[1994].

---

matérielles ; l'efficacité devient la véritable contrainte axiologique et l'aune à laquelle sera évaluée la gestion publique » : « L'Etat de droit », *RDP*, 1988, pp. 313-380, p. 378.

1988 J. CHEVALLIER, *Sciences administratives*, 5ème éd., coll. « Thémis droit », 2013, 610 p., p. 16.

1989 J. CHEVALLIER et D. LOSCHAK, « Rationalité juridique et rationalité managériale dans l'administration française », *RFAP*, 1982, pp. 679-720, p. 695. On retrouve ici la distinction entre la légitimité provenant *ex parte tituli* et *ex parte exercitus*. La légitimité résultant de l'efficience d'une action fait évidemment partie de la seconde. Il est par ailleurs intéressant de noter qu'une telle démarche de légitimation par le résultat ne vaut pas seulement pour l'administration, mais aussi pour la loi : « la loi n'est plus assurée d'une légitimité *ab initio*, à ses caractéristiques propres, aux valeurs qu'elle incarne, à sa puissance normative intrinsèque : sa légitimité dépend de son aptitude à assurer la réalisation de certains objectifs, de l'efficacité des résultats enregistrés » : J. CHEVALLIER, « La juridicisation des préceptes managériaux », *PMP*, n°4, 1993, numéro spécial, *Droit et management public*, pp. 111-134, p. 128. Sur cette question, voir M. FATIN-ROUGE STEFANINI, L. GAY et A. VIDAL-NAQUET (dir.), *L'efficacité de la norme juridique : nouveau vecteur de légitimité ?*, *op. cit.*, ou encore Fr. ROUVILLOIS, *L'efficacité des normes : réflexions sur l'émergence d'un nouvel impératif juridique*, Paris, Fondation pour l'innovation politique, 2005, 63 p.

1990 La recherche de l'efficacité, voire de l'efficience, n'étant pas quelque chose de nouveau dans l'administration. Pour un tel constat, voir par exemple P. LEGENDRE, *Trésor historique de l'Etat en France. L'administration classique*, Fayard, coll. « Les savoirs », 1992, 638 p., spéc. pp. 446-453.

1991 J. CHEVALLIER et D. LOSCHAK, « Rationalité juridique et rationalité managériale dans l'administration française », *op. cit.*, p. 681.

1992 M. DOAT, *Recherche sur la notion de collectivité locale en droit administratif français*, *op. cit.*, p. 271. L'auteur consacre les développements de sa troisième partie, pp. 231-290, sur la collectivité locale comme entreprise et met ainsi en lumière les préoccupations d'efficacité qui sont aujourd'hui les siennes.

1993 J. CHEVALLIER et D. LOSCHAK, « Rationalité juridique et rationalité managériale dans l'administration française », *op. cit.*, p. 695. A la même page, les auteurs affirment

784. Le consentement des administrés, juridiquement exprimé[1995], peut être de nature à améliorer l'efficience de l'appareil d'Etat. Nombreuses sont les hypothèses dans lesquelles il favorise l'action de l'administration. Lors de l'étude du consentement comme instrument de définition d'un certain nombre de catégories en droit administratif, il a été mis en évidence qu'il intervenait très rarement comme discriminant positif d'une catégorie juridique alors qu'il jouait très souvent en revanche le rôle d'un critère négatif. La raison de cet état de choses apparaît désormais : le consentement de l'administré constitue fréquemment l'expression d'une renonciation, c'est-à-dire une « opération juridique visant à un abandon par son titulaire d'un droit ou d'une prérogative »[1996]. Cet abandon par les administrés de droits ou de prérogatives, qui ont nécessairement pour corollaires des

---

également que « l'efficacité apparaît comme le nouveau dogme, le nouvel impératif catégorique de l'administration sous-tendue par la rationalité managériale ».

[1994] M. DURUPTY, « Management et principe de légalité », *RFAP*, 1980, pp. 557-569, p. 557. L'auteur parle aussi, p. 559, de l' « invasion de l'efficacité ».

[1995] C'est avant tout sous l'angle juridique, et non sociologique, que le consentement des administrés est étudié dans cette thèse. Il convient cependant de remarquer que la problématique de l'efficience du droit invite à porter sur les réalités concrètes un regard sans doute plus appuyé qu'une démarche juridique « classique ». Par définition, l'efficience invite à la comparaison et ce d'un double point de vue. Il faut d'abord identifier les objectifs des pouvoirs normateurs avant de les mettre en regard avec les résultats obtenus afin de voir s'ils sont atteints. Il faut ensuite éventuellement comparer plusieurs dispositifs juridiques ayant la même finalité afin de voir lequel parvient le plus facilement aux objectifs poursuivis. Une telle démarche ne donc pas se passer d'une étude, au moins sommaire, des faits, car la notion d'efficience incite nécessairement à rapprocher droit et faits, normes et réalités concrètes. Comme l'indique J. CAILLOSSE, « pour "faire parler" la performance dans l'ordre juridique, on ne peut faire l'économie d'interrogations sur les modes opératoires du droit, sur les voies par lesquelles il se rend (in)efficace. En d'autres mots, le juriste ne peut que sortir d'une démarche classique : celle qui lui est si familière, et qui revient à rabattre l'analyse du droit sur son économie interne. S'interroger sur les performances juridiques, c'est, par la force des choses, se situer hors du droit stricto sensu, pour l'appréhender à partir de sa capacité à transformer les faits sur lesquels il prétend agir, pour les faire changer ou pour les mettre à l'abri du changement. En un mot, c'est introduire dans les préoccupations du juriste, et il y a quelque chose comme un retournement ironique des postures méthodologiques, des questionnements qui étaient réputés jusqu'alors définir le métier de sociologue » : *L'Etat du droit administratif*, LGDJ, coll. « Droit et société », 2015, 339 p., p. 89.

[1996] Cl. BLUMANN, *La renonciation en droit administratif français*, *op. cit.*, p. 6. Ph. FRUMER définit quant à lui la renonciation comme le « procédé juridique traduisant la volonté expresse ou tacite d'un individu de se dépouiller d'une prérogative, de l'abandonner ou de l'abdiquer, alors qu'il pourrait encore la faire valoir » : *La renonciation aux droits et libertés. La Convention européenne des droits de l'Homme à l'épreuve de la volonté individuelle*, Bruylant et éd. de l'Université de Bruxelles, coll. « Droit international », 2001, 752 p., pp. 13-14. Voir encore la définition donnée par J. DEHAUSSY, « Les renonciations au bénéfice de la loi en droit public », dans *Travaux de l'association Henri Capitant*, tome XIII, 1959-1960, Dalloz, 1963, 813 p., pp. 495-510, p. 498.

obligations à la charge de l'administration, peut être extrêmement favorable à l'efficience de l'appareil d'Etat. Cela est d'autant plus vrai que la renonciation constitue un abandon pur et simple : le droit auquel il est renoncé ne sera pas transmis à un tiers qui pourrait alors l'opposer à l'administration[1997].

785. Or, la renonciation nécessite une manifestation de volonté. Il s'agit d'ailleurs d'un point central de cet acte juridique. Claude BLUMANN estime ainsi que le « noyau minimum » de la notion de renonciation, en plus de l'élément objectif que constitue l'abandon pur et simple, comporte « un élément subjectif : une volonté d'abandon »[1998]. Ruth DIJOUX affirme pour sa part qu' « il est permis de voir dans le consentement l'un des éléments essentiels de la validité de la renonciation »[1999].

786. Les présents développements ne viseront cependant pas à constituer une nouvelle théorie du consentement dans la renonciation. Il s'agira bien davantage de mettre en lumière le lien qui unit ce dernier à la recherche d'efficience entreprise par l'administration. La renonciation est en effet bien souvent étudiée de manière partielle, seul le point de vue de son auteur étant pris en compte. Comme l'indique Edouard MEYNIAL, « il y a toujours à une renonciation comme deux faces, celle du renonçant et celle du bénéficiaire de la renonciation qui est un acquéreur »[2000]. Mais il ajoutait : « nous avons tendance aujourd'hui à nous placer plutôt du côté du renonçant »[2001]. L'étude de l'efficience de l'administration invite à adopter un point de vue plus vaste. Il est nécessaire d'envisager non seulement le consentement de l'administré-renonçant, mais aussi les effets qu'en retire

---

[1997] Cl. BLUMANN affirme ainsi que la renonciation comporte, en plus d'un élément subjectif, « un élément objectif : un abandon pur et simple sans qu'il y ait transmission volontaire du droit à un tiers » : *La renonciation en droit administratif français*, *op. cit.*, p. 442. Il énonce encore, p. 455, que « l'acte abdicatif n'est autre chose que la renonciation entendue dans son sens le plus juste, c'est-à-dire un acte juridique ayant pour objet l'extinction d'un droit, sans translation de ce droit à un tiers ».

[1998] Cl. BLUMANN, *La renonciation en droit administratif français*, *op. cit.*, p. 442.

[1999] R. DIJOUX, *La contractualisation des droits fondamentaux*, L'Harmattan, coll. « Logiques juridiques », 2012, 582 p., p. 276. L'auteur consacre donc, dans une partie relative aux conditions de validité de la renonciation, un titre entier à la volonté du renonçant. Voir encore O. DE SCHUTTER, et J. RINGELHEIM, « La renonciation aux droits fondamentaux. La libre disposition du soi et le règne de l'échange », disponible à l'adresse http://cridho.uclouvain.be/documents/Working.Papers/CridhoWPs012005.PDF, [4 sept. 2015], pp. 18-30 et J.-M. AUBY, « La renonciation au bénéfice de la loi en droit public français », dans *Travaux de l'association Henri Capitant*, tome XIII, *op. cit.*, pp. 511-536., p. 515.

[2000] E. MEYNIAL, « Des renonciations au Moyen âge et dans notre ancien droit (fin) », *op. cit.*, pp. 734-735.

[2001] *Ibid.*

l'administration-bénéficiaire et ainsi de mettre en lumière les relations qui unissent ces deux acteurs du droit administratif[2002].

787. Ces liens sont nombreux et particulièrement tangibles dans la procédure[2003]. C'est d'ailleurs « en matière procédurale que la renonciation

---

[2002] Plusieurs auteurs insistent essentiellement sur le caractère extinctif de la renonciation. Y. SEILLAN, qui identifie l'acte abdicatif à la renonciation lorsque celle-ci est unilatérale, affirme que « l'acte abdicatif opère l'extinction d'un droit, mais celle-ci est recherchée en elle-même, elle constitue le but de l'opération » : « L'acte abdicatif », *RTD civ.*, 1966, pp. 686-735, p. 693. L'auteur insiste, p. 703, en indiquant que « le but extinctif apparaît bien comme le ciment de la notion d'acte abdicatif. Il en assure l'autonomie ; il permet de l'individualiser par rapport aux autres actes juridiques. Il en constitue le véritable critère ». Cependant, il met en lumière, dans la suite de ses développements que l'acte abdicatif est également créateur d'un état de droit nouveau. De la même manière, P. RAYNAUD insiste sur le fait que « le seul résultat de l'acte de renonciation est de faire sortir le droit sur lequel il porte du patrimoine du renonçant ». Mais il ajoute aussitôt qu' « il pourra y avoir un bénéficiaire, mais celui-ci ne le sera pas en vertu de la renonciation. Cette dernière ne constituera pas son titre, elle sera seulement la condition de l'efficacité de celui-ci » : « La renonciation à un droit. Sa nature et son domaine en droit civil », *RTD civ.*, 1936, pp. 763-809, p. 782. Ce sont ces deux éléments qu'il faut envisager ensemble : non seulement la renonciation par l'administré à un de ses droits, mais aussi le bénéfice qui pourra en résulter pour l'administration. L'administré peut avoir intérêt à se déssaisir d'un droit dont il est titulaire. Pour ne prendre qu'un exemple, il peut être intéressant pour un requérant de renoncer à son droit au recours afin de gagner du temps. Le droit objectif peut admettre ce genre de situation, car il serait « aberrant de contraindre un individu à conserver un droit ou une prérogative dont manifestement il ne veut plus » : Cl. BLUMANN, *La renonciation en droit administratif français*, *op. cit.*, p. 19.

[2003] Indépendamment des formes et procédures, il serait encore possible de relever certaines hypothèses dans lesquelles le consentement de l'administré est, sur le fond, favorable à l'administration. Un premier exemple, d'actualité, concerne les dons d'organes. C'est afin de favoriser l'obtention de greffons que le législateur a eu recours à la notion de consentement présumé du défunt. Voir la loi n°76-1181 du 22 déc. 1976 *relative aux prélèvements d'organes*, *JORF*, 23 déc. 1976, p. 7665 et la réponse particulièrement explicite à Quest. AN, n°36337, *JOAN*, 10 fév. 2009, p. 1388. C'est encore la pénurie d'organes à greffer qui incite le Gouvernement à renforcer cette présomption de consentement. Voir l'article 46 *ter* du projet de loi voté par l'Assemblée nationale *de modernisation du système de santé*, n°406, enregistré à la Présidence du Sénat le 15 avr. 2015. Sur la question du consentement au prélèvement d'organes, voir notamment A. MARCEAU, « L'évolution de la responsabilité administrative hospitalière à travers l'exemple des greffes d'organes », dans M. DOAT et P. CHARLOT (coord.), *Liber amicorum Gilles Darcy. Détours juridiques : le praticien, le théoricien et le rêveur*, *op. cit.*, pp. 489-523, spéc. pp. 496-502. Un autre exemple intéressant concerne le transfèrement des détenus étrangers vers leur pays d'origine. Une telle opération, encouragée en raison la surpopulation carcérale actuelle, est en principe soumise au consentement du détenu. Voir notamment les articles 3 et 7 de la *Convention du Conseil de l'Europe sur le transfèrement des personnes condamnées signée à Strasbourg le 21 mars 1983*, annexée au décret n°83-1053 du 30 sept. 1985 *portant publication de la Convention du Conseil de l'Europe sur le transfèrement des personnes condamnées signée à Strasbourg le 21 mars* 1983, *JORF*, 2 oct. 1985, p. 11392. Voir l'article 729-2 du Code de procédure pénale, *a contrario*. Voir encore CAA, Paris, 16 fév. 1999, *Belin*, n°98PA00242, *RFDA*, est apparue en tout premier lieu »[2004] et c'est dans ce domaine que « la thématique de la renonciation trouve son terrain de prédilection »[2005]. Le consentement de l'administré permet alors notamment d'éviter des procédures lourdes, coûteuses en temps[2006], en moyens financiers et humains, procurant ainsi à l'administration une efficience accrue, à même de renforcer sa légitimité.

788. Comme dans le chapitre précédent mais de manière plus visible encore, le consentement de l'administré sert ici avant tout l'administration. Elle l'utilise donc abondamment et cela se vérifie aussi bien en ce qui concerne la procédure administrative non contentieuse (Section 1) que contentieuse (Section 2).

2000, p. 819, concl. E. COROUGE ; Fr. ROLIN, « Le contentieux administratif du transfèrement international des personnes condamnées », *RFDA*, 2000, pp. 808-819 et Quest. AN, n°107043, *JOAN*, 23 août 2011, p. 9188. Enfin, certaines hypothèses envisagées dans cette thèse sous le point de vue des définitions ou de la liberté, mais non reprises dans les développements présents, pourraient tout de même être analysées du point de vue de l'efficience de l'administration.

[2004] Cl. BLUMANN, *La renonciation en droit administratif français*, *op. cit.*, p. 151.

[2005] Ph. FRUMER, *La renonciation aux droits et libertés. La Convention européenne des droits de l'Homme à l'épreuve de la volonté individuelle*, *op. cit.*, p. 249.

[2006] Le Conseil d'Etat énonce ainsi que « le coût du temps est une préoccupation majeure pour une administration qui cherche la modernité et l'efficacité » : CONSEIL D'ETAT, *Régler autrement les conflits : conciliation, transaction, arbitrage en matière administrative*, La Documentation française, coll. « Les études du Conseil d'Etat », 1993, 163 p., p. 15.

Section I
Le consentement, instrument d'efficience au profit de l'administration active

789. La complexité de certaines formes et procédures préalables à l'édiction d'un acte administratif unilatéral[2007] est un facteur indéniable de complication et de coûts pour l'administration. Bien qu'indispensable à la garantie des droits des administrés, étant entendu que la procédure est la « sœur jumelle » de la liberté, le formalisme peut cependant « générer des coûts très onéreux »[2008]. Les procédures monopolisent des agents administratifs ou des magistrats, génèrent des lenteurs dans la prise de décision et engendrent des dépenses parfois non négligeables, pénalisant l'administration à un triple point de vue humain, temporel et financier.

790. Bien souvent l'administration n'a pas le choix de recourir ou non à ces procédures qui lui sont imposées par des normes auxquelles elle doit impérativement se soumettre. Mais certaines normes permettent parfois, afin d'alléger les contraintes juridiques et à condition que l'administré y consente, d'éviter tout ou partie d'une procédure[2009]. Lorsque celle-ci vise principalement à protéger le destinataire de l'action administrative, ce dernier peut en général y renoncer, étant entendu qu'en principe chacun est libre de « renoncer à ce qui a été introduit en sa faveur »[2010].

2007 Il pourrait d'ailleurs en être dit de même à propos de la signature d'un grand nombre de contrats.

2008 J. CAILLOSSE, « Le droit administratif contre la performance publique ? », *op. cit.*, p. 198.

2009 Les développements qui vont suivre s'inscrivent donc bien dans le cadre de la procédure administrative non contentieuse, c'est-à-dire dans la procédure permettant l'édiction d'un acte administratif unilatéral. La question de la contractualisation, qui permet à l'administration de recourir, avec le consentement de l'administré, au contrat plutôt qu'à l'acte administratif ne sera donc pas spécifiquement abordée dans cette section. Pour des éléments sur cette problématique très largement étudiée en droit administratif, voir *supra*, n°276, et les références citées.

2010 J. CARBONNIER, « Les renonciations au bénéfice de la loi en droit privé », dans *Travaux de l'association Henri Capitant*, tome XIII, *op. cit.*, pp. 283-297, p. 283, citant une phrase du Code de Justinien qui indiquait déjà que « c'est une règle de droit antique, que chacun soit libre de renoncer à ce qui a été introduit en sa faveur », « *regula est juris antiqui omnes licentiam habere his quae pro se introducta sunt renuntiare* » : 1, 3, 50 et 2, 3, 29. Cl. BLUMANN indique pour sa part qu'il serait « aberrant de contraindre un individu à

791. Dans ces hypothèses, le consentement de l'administré n'est pas indispensable à l'élaboration de la décision administrative ou à l'exécution de celle-ci. Si l'administré refuse son accord l'administration mettra alors en œuvre l'ensemble de la procédure prévue par les textes[2011]. Ces exemples sont particulièrement indiqués pour éclairer la différence concrète qui existe entre efficacité et efficience. Le fait pour l'administration de ne pas obtenir le consentement de l'administré ne l'empêche pas en principe de parvenir à ses fins. Ces procédures sont donc efficaces. Mais elles ne sont pas efficientes parce qu'il existe un autre moyen d'arriver au même résultat, mais plus rapidement, en mobilisant moins d'agents et en économisant les deniers publics.

792. L'administration, soumise à de fortes contraintes budgétaires, a donc tout intérêt à recourir, quand cela est possible, au consentement de l'administré afin que celui-ci renonce à certains de ses droits. Cette renonciation permet de substituer une procédure plus avantageuse pour l'administration à tout ou partie d'une procédure plus complexe. Cela se manifeste aussi bien dans la procédure administrative non contentieuse « ordinaire » (I) que dans celle qui comporte, comme cela arrive parfois, l'intervention d'un juge (II).

I. Le consentement, vecteur de la renonciation dans la procédure administrative non contentieuse « ordinaire »

793. La procédure administrative non contentieuse poursuit plusieurs finalités. Guy ISAAC distinguait notamment les formalités qui servent « la cause de l'autorité de décision » et celles qui ont pour but la protection « des sujets, des intéressés à l'acte »[2012]. Les procédures permettent donc à l'administration de parvenir à une meilleure réalisation de l'intérêt général tout en respectant les droits des administrés. Il apparaît dès lors que celles qui ont plus particulièrement pour but de servir la cause de la qualité de la décision ont un statut très différent de celles qui visent avant tout la protection de l'administré. Si les premières ne dépendent guère de la volonté

---

conserver un droit ou une prérogative dont manifestement il ne veut plus » : *La renonciation en droit administratif français*, *op. cit.*, p. 19.

[2011] V. ANTOINE qualifie dans ces hypothèses le consentement de « contournable » ou de « substituable » : *Le consentement en procédure pénale*, *op. cit.*, p. 140. Il faut bien faire la différence avec les hypothèses où il ne l'est pas, l'administration étant alors tenue d'obtenir le consentement de l'administré avant toute décision ou toute action. Tel est par exemple le cas, sauf exception, en matière hospitalière.

[2012] G. ISAAC, *La procédure administrative non contentieuse*, *op. cit.*, p. 175.

des destinataires de la norme qu'elle vise à produire, il n'en est pas forcément de même des secondes. Il est dès lors envisageable que, sous certaines conditions, l'administré y renonce, qu'un texte le prévoie explicitement ou non. Cela permet de faire l'économie, c'est-à-dire de se dispenser, d'épargner le recours à de telles procédures[2013]. Cette renonciation se rencontre dans un grand nombre de domaines très divers (A) et se manifeste de manière particulièrement tangible en ce qui concerne le consentement à l'impôt (B).

A. L'économie de la procédure administrative

794. Plus les procédures protectrices des administrés s'étoffent et se multiplient, plus le besoin de simplification peut être ressenti par l'administration. Cela est encore plus vrai lorsqu'elle intervient dans des domaines toujours plus étendus, ce qui fut le cas pendant longtemps. La renonciation de la part de l'administré à certaines garanties d'ordre procédural est dès lors extrêmement favorable à l'efficience recherchée par l'administration.

795. Des textes ne manquent donc pas qui autorisent une telle renonciation, permettant l'économie de certaines procédures. De très nombreux dispositifs législatifs prévoient, afin de parvenir à un objectif donné, deux procédures alternatives dont l'une repose explicitement ou implicitement sur le consentement du destinataire de la norme, l'autre non. Si la seconde nécessite des procédures complexes afin de garantir les droits de l'administré, la première favorise au contraire l'abandon de certaines d'entre elles, ce que rend possible de consentement de la personne qu'il s'agissait justement de protéger. Ce phénomène, qui n'est pas nouveau[2014], est extrêmement courant et se rencontre aussi bien en droit privé[2015] qu'en

---

[2013] Il s'agit donc d'éviter des dépenses inutiles ou excessives, mais aussi d'alléger, à tous points de vue, le travail de l'administration. Le mot « économie » signifiant non seulement « la gestion où l'on évite la dépense inutile », mais pouvant aussi s'entendre comme le fait de se dispenser de quelque chose, de l'éviter. *Cf. J.* REY-DEBOVE et A. REY (dir.), *Le Petit Robert*, *op. cit.*, entrée « Economie ». L'efficience de l'administration concerne donc un domaine plus vaste que le simple aspect financier de l'action publique.

[2014] Sans qu'il soit possible ici d'étudier si toutes ces procédures existent depuis longtemps ou pas, il convient simplement de noter que certaines d'entre elles sont très anciennes. Ainsi en va-t-il par exemple en matière d'expropriation ou d'extradition, respectivement en vertu des lois du 8 mars 1810 *sur les expropriations pour cause d'utilité publique*, *Duvergier*, tome 17, p. 46 et du 10 mars 1927 *relative à l'extradition des étrangers*, *JORF*, 11 mars 1927, p. 2874.

[2015] Les hypothèses concernant le droit privé sont innombrables et consistent bien souvent en une alternative entre la conclusion d'un accord entre deux particuliers ou le recours au juge qui agira alors d'autorité. C'est ainsi que l'alinéa 4 de l'article 595 du Code civil énonce que droit public. Dans ce dernier cas, il se retrouve en ce qui concerne tant les relations entre deux personnes publiques[2016] que les rapports entre une personne publique et une personne privée. Il s'agit donc d'un mécanisme encouragé par les autorités normatives. Il est dès lors prévu dans de nombreux domaines (1), ce qui montre clairement les avantages qu'il présente pour l'administration (2).

1. Un objectif encouragé par les autorités publiques

796. Parmi toutes les hypothèses dans lesquelles le consentement de l'administré[2017] permet de substituer, dans un objectif d'efficience, une procédure plus simple à une procédure normalement plus complexe, il en est certaines qui retiennent tout particulièrement l'attention en ce qu'elles

---

« l'usufruitier ne peut, sans le concours du nu-propriétaire, donner à bail un fonds rural ou un immeuble à usage commercial, industriel ou artisanal. A défaut d'accord du nu-propriétaire, l'usufruitier peut être autorisé par justice à passer seul cet acte ». De la même manière, l'alinéa 10 de l'article 515-7 du même code dispose que « les partenaires procèdent eux-mêmes à la liquidation des droits et obligations résultant pour eux du pacte civil de solidarité. A défaut d'accord, le juge statue sur les conséquences patrimoniales de la rupture, sans préjudice de la réparation du dommage éventuellement subi ».

[2016] Voir par exemple l'article L. 341-5 du Code de l'environnement qui dispose que « le monument naturel ou le site compris dans le domaine public ou privé d'un département ou d'une commune ou appartenant à un établissement public est classé par arrêté du ministre chargé des sites s'il y a consentement de la personne publique propriétaire. /Dans le cas contraire, le classement est prononcé, après avis de la commission supérieure des sites, perspectives et paysages, par décret en Conseil d'Etat. Un mécanisme semblable existait pour le transfert de certains biens impliquant des établissements publics de coopération intercommunale. Par exemple, l'article L. 5217-6 du Code général des collectivités territoriales disposait notamment, dans sa rédaction issue de l'article 12 de la loi n°2010-1563 du 16 déc. 2010 *de réforme des collectivités territoriales*, *JORF*, 17 déc. 2010, p. 22146, que « les biens et droits appartenant au patrimoine de l'établissement public de coopération intercommunale à fiscalité propre supprimé en application de l'article L. 5217-5 sont transférés à la métropole en pleine propriété. Lorsque les biens étaient mis, par les communes, à disposition de cet établissement public, en application des articles L. 1321-1 et L. 1321-2, le transfert de propriété est opéré entre la ou les communes concernées et la métropole. /A défaut d'accord amiable, un décret en Conseil d'Etat procède au transfert définitif de propriété. Il est pris après avis d'une commission dont la composition est fixée par arrêté du ministre chargé des collectivités territoriales ». Voir encore l'article L. 622-3 du Code du patrimoine relatif au classement, par l'Etat, d'objets mobiliers appartenant à des personnes publiques.

[2017] S'il s'agit assez souvent du consentement d'un seul administré, lorsque la procédure concerne l'édiction d'un acte individuel, il est d'autres situations dans lesquelles l'autorité administrative doit recueillir le consentement de tous les administrés concernés. Tel est notamment le cas pour les décisions d'espèce, par exemple le classement des réserves naturelles, qui fait référence, selon les termes de l'article L. 332-2 du Code de l'environnement, à l' « accord de l'ensemble des propriétaires concernés » pour que le classement puisse avoir lieu par décret simple et non par décret en Conseil d'Etat.

indiquent cette finalité. Plusieurs dispositifs législatifs ou réglementaires prévoient ainsi une telle alternative en utilisant l'expression « à défaut d'accord » ou même « à défaut de consentement ». Pour prendre un exemple dans un domaine dont il a déjà été question, l'article L. 631-9 du Code du patrimoine dispose que « l'Etat est autorisé à procéder d'office à l'exécution de fouilles ou de sondages pouvant intéresser la préhistoire, l'histoire, l'art ou l'archéologie sur les terrains ne lui appartenant pas [...]. A défaut d'accord amiable avec le propriétaire, l'exécution des fouilles ou sondages est déclarée d'utilité publique par décision de l'autorité administrative, qui autorise l'occupation temporaire des terrains ».

797. Une telle formulation est riche d'enseignement. Avant même d'envisager tous les avantages procurés par l'obtention du consentement dans ce genre de situation[2018], il importe de s'attarder sur l'expression indiquant l'alternative, à savoir la locution « à défaut de ». Le mot « défaut », issu de « défaillir »[2019], compte dans le vocabulaire courant deux sens principaux. S'il peut indiquer une imperfection, il vise en premier à signifier lieu l'idée de manque[2020]. Dans ce sens, il s'agit de l' « absence de ce qui serait nécessaire ou *désirable* »[2021], ou l' « absence de ce dont la présence est attendue ou *souhaitable* »[2022]. Ces quelques précisions montrent bien que dans les hypothèses envisagées le pouvoir normateur formule un jugement de valeur, un souhait. Entre deux procédures tout aussi efficaces, il « souhaite », il « désire » que ce soit celle reposant sur le consentement de l'administré qui soit employée, si cela est possible[2023].

[2018] Il convient également de noter que le juge considère parfois que des expressions comme « à défaut d'accord amiable » impliquent pour l'administration l'obligation, à peine d'illégalité, de rechercher le consentement de l'administré. Voir par exemple l'article L. 141-9 du Code de la voirie routière tel qu'interprété par CE, 6 juin 2008, n°299415 ou encore CE, 3 mars 1989, n°90148. *Cf. infra*, n°, pour ce qui concerne l'expropriation pour cause d'utilité publique.

[2019] Défaut est « probablement issu (v. 1165) de l'ancien français *défaute* [...] "manque, faute", dérivé de *défaillir* » : A. REY (dir.), *Le Robert, Dictionnaire historique de la langue française*, 1998, entrée « Défaut ».

[2020] Le vocabulaire juridique ne retient principalement que ce second sens, par exemple pour indiquer l'absence de comparution d'un témoin ou d'une partie devant un juge. Voir G. CORNU, *Vocabulaire juridique*, *op. cit.*, entrées « défaut », ainsi que « défaillance » et « défaillant ».

[2021] J. REY-DEBOVE et A. REY (dir.), *Le Petit Robert*, 2012, 2837 p., entrée « Défaut ». Nous soulignons.

[2022] A. LALANDE, *Vocabulaire critique et technique de la philosophie*, *op. cit.*, entrée « Défaut ». Souligné par nous.

[2023] Cette idée est encore renforcée par le fait que l'expression dont il s'agit figure le plus souvent comme la première possibilité, celle paraissant la plus normale, la seconde étant réservée à l'absence de consentement.

798. Cela vaut dans de nombreuses hypothèses très diverses. Si l'on en retrouve en temps normal, il est assez surprenant de constater que, même en des temps où l'intégrité du territoire et la protection de la population contre les agressions armées sont menacées, de tels mécanismes existent encore. C'est ainsi que l'article L. 2213-8 du Code de la défense indique, à propos des conditions dans lesquelles sont effectués les transports maritimes présentant un caractère d'intérêt national qu' « à défaut d'accord amiable ou en cas d'inexécution dudit accord par l'armateur, la réquisition des services de l'armateur ou de l'usage des navires nécessaires est décidée par arrêté conjoint du ministre des transports et du ministre de l'économie et des finances »[2024].

799. Une étude de science administrative serait intéressante pour montrer si l'administration se saisit pleinement des opportunités que lui offrent les textes en de telles hypothèses, qu'elles concernent des périodes exceptionnelles ou non. Outre le fait qu'il serait utile d'avoir des données chiffrées sur l'emploi de ces dispositifs, il conviendrait de savoir si l'administration fait tout ce qui est en son pouvoir pour inciter les administrés à consentir[2025].

800. Quoi qu'il en soit et indépendamment du fait que l'administration tente ou non de les utiliser, ces textes favorisent l'action de l'administration en permettant à l'administré de renoncer à un certain nombre de protections que lui fournit la procédure administrative non contentieuse.

[2024] Bien que cela n'apparaisse pas aussi clairement à propos des réquisitions pour les besoins généraux de la nation, l'article L. 2211-1 du Code de la défense prévoit dans ces cas que « les prestations nécessaires pour assurer les besoins de la défense sont obtenues par accord amiable ou par réquisition ». Cette alternative est réaffirmée à l'article L. 2213-1 du même code.

[2025] Pour une telle démarche en procédure pénale, voir par exemple C. VIENNOT, *Le procès pénal accéléré. Etude des transformations du jugement pénal*, *op. cit.* Dans son chapitre relatif au consentement, l'auteur consacre une section entière, pp. 310-336, aux arguments avancés par les acteurs du procès pour inciter le mis en cause à consentir aux mesures alternatives qui lui sont proposées. Il relève, parmi ce qu'il appelle « la mise en avant d'intérêts à consentir », trois éléments principaux : la célérité de ces mécanismes, leur plus grande discrétion et enfin l'éventualité de peines plus légères. En ce qui concerne les procédures administratives, il pourrait concrètement s'agir d'une certaine bienveillance dans l'attribution d'indemnités lorsque les textes en prévoient. Hormis cette hypothèse et dans l'exemple particulier du classement d'objets mobiliers appartenant à un particulier au titre des monuments historiques, l'administration pourrait aussi, afin d'inciter l'administré à consentir au classement, utiliser la marge de manœuvre dont elle dispose en ce qui concerne l'aide financière qui peut être apportée aux propriétaires d'objets classés en vue notamment de subvenir aux coûts supplémentaires d'entretien ou de restauration résultant du classement. *Cf.* l'article L. 622-25 du Code du patrimoine.

2. Un objectif pleinement justifié au regard de l'impératif d'efficience des procédures administratives

801. Le fait que les pouvoirs normateurs cherchent à favoriser les procédures reposant sur le consentement des administrés se conçoit facilement étant donné les avantages dont l'administration peut bénéficier dans de telles situations. Ces avantages se voient mieux lorsque l'on envisage, *a contrario*, les effets de l'absence de consentement. L'opposition de l'administré entraîne en effet généralement deux conséquences rendant l'action de l'administration plus compliquée, plus longue et plus coûteuse, en faisant intervenir notamment davantage d'agents[2026].

802. La première concerne les procédures supplémentaires qui vont être nécessaires à l'édiction de l'acte administratif. Il peut s'agir notamment de l'obligation faite à l'administration de recueillir l'avis de certains organismes. Tel est par exemple le cas en ce qui concerne le classement des objets mobiliers appartenant à une personne privée, qui, « à défaut de consentement du propriétaire », est prononcé d'office « par un décret en Conseil d'Etat pris après avis de la Commission nationale des monuments historiques »[2027]. Or l'avis d'une telle commission représente une procédure non négligeable, et pour l'administration qui sollicite l'avis et pour la commission elle-même[2028].

803. Il peut encore s'agir pour l'administration de procéder à des enquêtes publiques supplémentaires[2029]. Tel est par exemple le cas pour le

[2026] Il est intéressant de relever qu'un élément de vocabulaire semble révélateur de l'état d'esprit dans lequel le droit administratif a été conçu jusqu'à présent. Certains textes emploient, à propos de la procédure reposant sur le consentement de l'administré, le terme de « procédure simplifiée ». S'il est indéniable qu'une telle procédure est plus simple que celle qui devra être mise en œuvre en l'absence de consentement, elle semble tout de même traduire un présupposé : celui qui ferait du consentement de l'administré quelque chose d'exceptionnel. Si cela est vrai de manière générale et tout spécialement pour les matières les plus proches des domaines régaliens, on peut se demander si, dans certains domaines où la puissance publique se manifeste de moins en moins unilatéralement, il ne conviendrait pas de renverser le principe et l'exception et donc de délaisser le vocable « simplifiée » utilisé lorsque l'administré consent, et d'utiliser « renforcée », lorsque l'administré ne consent pas. Pour l'utilisation du vocable « simplifié », voir par exemple l'article R. 242-10 du Code de l'environnement qui dispose, à propos des réserves naturelles établies par décret, que « lorsque le projet de classement a reçu l'accord écrit du ou des propriétaires et titulaires de droits réels intéressés ou de leurs ayants droit éventuels, le préfet peut recourir à une consultation simplifiée ».

[2027] Article L. 622-4 al. 2 du Code du patrimoine.

[2028] Pour un aperçu de cette commission, voir notamment les articles R. 611-1 à R. 611-16 du Code du patrimoine.

[2029] Ou encore à d'autres formalités parfois minimes, comme la constatation contradictoire destinée à fournir les éléments nécessaires pour l'évaluation de certains dommages.

classement ou la modification du périmètre des réserves naturelles régionales. L'article L. 332-2-1 du Code de l'environnement prévoit ainsi qu' « à défaut d'accord de l'ensemble des propriétaires concernés, une enquête publique est réalisée conformément au chapitre II du titre II du livre Ier »[2030].

804. De la même manière, le fait de devoir recourir à un décret en Conseil d'Etat est un facteur important d'alourdissement de la procédure. Il suffit pour s'en convaincre de consulter le guide de légistique réalisé conjointement par le Secrétariat général du Gouvernement et par le Conseil d'Etat[2031]. Les développements très concrets consacrés à l'élaboration d'un décret en Conseil d'Etat donnent une liste impressionnante des moyens, notamment humains, qu'il faut mettre en œuvre pour parvenir à l'édiction d'un tel texte.

805. Dans un domaine relatif cette fois au droit de l'environnement, un tel mécanisme existe à propos des monuments naturels ou des sites appartenant à des personnes autres que l'Etat ou les départements et communes ainsi que leurs établissements publics. L'article L. 341-6 du Code de l'environnement dispose ainsi qu' « à défaut du consentement du propriétaire, le classement est prononcé, après avis de la commission supérieure, par décret en Conseil d'Etat »[2032].

806. Les exemples pourraient être multipliés, ils ne feraient que confirmer la complexité des procédures qui seront mises en œuvre à défaut

---

Cf. l'article 1er al. 4 de la loi du 29 déc. 1892 *relative aux dommages causés à la propriété privée par l'exécution des travaux publics*, *JORF*, 30 déc. 1892, p. 6319.

2030 Voir encore l'article 13 du décret n°70-492 du 11 juin 1970 *pris pour l'application de l'article 35 modifié de la loi du 8 avril 1946 concernant la procédure de déclaration d'utilité publique des travaux d'électricité et de gaz qui ne nécessitent que l'établissement de servitudes ainsi que les conditions d'établissement desdites servitudes*, *JORF*, 12 juin 1970, p. 5441, dans sa rédaction issue de l'article 11 du décret n°2013-813 du 10 sept. 2013 *portant simplification et clarification de certaines procédures relatives aux ouvrages des réseaux publics d'électricité et aux travaux sur ces réseaux*, *JORF*, 12 sept. 2013, p. 15337.

2031 Guide constamment mis à jour et disponible sur le site www.legifrance.fr [14 mars 2015].

2032 Bien que cela ne concerne pas les fonctions du consentement mais son régime, ce dispositif comporte des précisions intéressantes sur la manière dont le consentement devra être acquis. Au lieu de choisir l'*opt-in* ou l'*opt-out*, le pouvoir réglementaire a pris le parti de laisser ce choix à l'administration qui dispose de la faculté de définir les conséquences attachées au silence de l'administré. L'article R. 341-5 dispose ainsi que « pendant la durée de l'enquête, les propriétaires concernés peuvent faire connaître leur opposition ou leur consentement au projet de classement, soit par une mention consignée sur le registre de l'enquête, soit par lettre recommandée avec demande d'avis de réception adressée au commissaire enquêteur ou au président de la commission d'enquête au siège de l'enquête. /A l'expiration de ce délai, le silence du propriétaire équivaut à un défaut de consentement. Toutefois, lorsque l'arrêté de mise à l'enquête a été personnellement notifié au propriétaire, son silence à l'expiration du délai équivaut à un accord tacite ».

de consentement de l'administré. A l'inverse et par son consentement, l'administré peut renoncer à certaines protections que représentent ces formalités. Pour reprendre les mêmes exemples, le classement des objets mobiliers appartenant à une personne privée aura lieu simplement par décision de l' « autorité administrative »[2033], en l'occurrence le préfet de région. De même, « le monument naturel ou le site [...] est classé par arrêté du ministre chargé des sites s'il y a consentement du propriétaire »[2034].

807. Ces différences relatives à la mise en œuvre de procédures plus ou moins complexes selon que l'administré consent ou non à l'action de l'administration sont encore accentuées par un second phénomène, parfois lié au premier. Selon l'attitude de l'administré, l'autorité qui sera compétente pour prendre l'acte ne sera pas nécessairement la même. Contrairement aux procédures semblables qui existent en droit privé, les hypothèses étudiées n'imposent pas nécessairement le recours au juge. L'administration, en vertu du privilège du préalable, est dispensée du recours au juge pour créer des droits ou des obligations vis-à-vis des administrés. Mais, dans les hypothèses dont il est question, l'absence de consentement modifie généralement l'autorité compétente à l'intérieur même de la hiérarchie administrative. A l'autorité normalement compétente, souvent proche du dossier, se substitue une autorité plus élevée, jugée mieux à même de garantir les droits de l'administré. C'est ainsi que le préfet peut être substitué au conseil municipal[2035] ou à une entreprise privée gérant un service public[2036], le Premier ministre au Conseil régional[2037], au préfet de région[2038] ou encore à un ministre[2039].

[2033] Article L. 622-4 al. 1 du Code du patrimoine.

[2034] Article L. 341-6 du Code de l'environnement.

[2035] Tel est par exemple le cas au sujet de la procédure de transfert d'office de la propriété des voies privées ouvertes au public dans le domaine public de la commune sur laquelle ces voies sont situées. L'article L. 318-3 du Code de l'urbanisme prévoit ainsi que « cette décision est prise par délibération du conseil municipal. Si un propriétaire intéressé a fait connaître son opposition, cette décision est prise par arrêté du représentant de l'Etat dans le département, à la demande de la commune ».

[2036] *Cf.* TC, 18 mars 2013, n°C3897 et les dispositifs législatifs et réglementaires cités.

[2037] Voir notamment l'article L. 332-2-1 du Code de l'environnement relatif au classement et à la modification du périmètre des réserves naturelles régionales.

[2038] *Cf.* par exemple l'article L. 621-6 du Code du patrimoine relatif au classement au titre des monuments historiques des immeubles appartenant à des propriétaires autres que l'Etat, les collectivités territoriales ou leurs établissements publics respectifs.

[2039] Voir par exemple l'article L. 341-6 du Code de l'environnement qui dispose notamment que « le monument naturel ou le site appartenant à toute autre personne [...] est classé par arrêté du ministre chargé des sites s'il y a consentement du propriétaire [...]. /A défaut du consentement du propriétaire, le classement est prononcé [...] par décret en Conseil d'Etat ». Ces procédures protectrices de la volonté des administrés sont rigoureusement sanctionnées par le juge administratif. C'est ainsi que dans une affaire concernant certes une commune et

808. Ces garanties procurées par l'intervention d'une autorité administrative élevée sont favorables à l'administré et à la protection de ses droits, mais ne simplifient pas l'action administrative. *A contrario*, le consentement de l'administré, par la renonciation qu'il exprime, permet aux autorités administratives normalement compétentes d'édicter l'ensemble des actes nécessaire à une procédure qu'elles ont entreprise, sans avoir besoin de solliciter des autorités hiérarchiquement plus élevées.

809. Il convient de noter à propos de ces dispositifs, ou d'autres d'ailleurs encore plus explicites[2040], qu'ils fournissent de nombreux exemples d'actes administratifs unilatéraux pris en accord avec l'administré ou même avec son consentement. Cela est d'autant plus intéressant qu'ils sont explicitement envisagés par des textes, réglementaires ou même législatifs, que le juge administratif ne fait qu'appliquer, contrairement aux hypothèses souvent citées relatives notamment à la fixation des prix[2041]. De mêmes, ces actes unilatéraux ne résultent pas nécessairement d'une demande de l'administré[2042], mais le plus souvent d'une initiative de l'administration. Certes, le consentement de l'administré est exprimé préalablement à la prise de l'acte, la manifestation de volonté du destinataire de la norme et celle de son auteur s'inscrivant dans une perspective diachronique. Il n'en demeure pas moins qu'il serait contraire à la lettre des textes de ne pas y voir des

---

non un administré, un ministre avait fait adopter, par décret simple, un texte qui différait de celui proposé pour accord à la commune. La Haute juridiction administrative en a conclu à l'illégalité du décret, le classement de la réserve naturelle en cause devant être prononcé par décret en Conseil d'Etat dès lors qu'il n'était plus possible de le considérer comme ayant reçu le consentement de la commune. *Cf.* CE, 20 mai 1994, *Cne de Bresse*, n°096669, inédit. Sur cette affaire et plus généralement sur le classement des réserves naturelles en vertu des articles L. 332-1 et suivants du Code de l'environnement, voir Ch. CANS et Fl. CLAP, « Réserves naturelles », *Jcl. Environnement et développement durable*, fasc. n°3520, 2006, n°39, et tout spécialement les schémas des auteurs permettant de visualiser les simplifications procédurales résultant du consentement des propriétaires. Pour une affaire semblable illustrant bien le contrôle exercé par le Conseil d'Etat sur la réalité du consentement de tous les propriétaires concernés, voir encore CE, 1er juill. 1988, *Guerry*, n°72018 et n°72020.

[2040] C'est ainsi par exemple que l'article L. 622-20 du Code du patrimoine énonce que « les objets mobiliers […] qui, sans justifier une demande de classement immédiat, présentent, au point de vue de l'histoire, de l'art, de la science ou de la technique, un intérêt suffisant pour en rendre désirable la préservation, peuvent, à toute époque, être inscrits au titre des monuments historiques. Les objets mobiliers appartenant à une personne privée ne peuvent être inscrits qu'avec son consentement ». Or, l'inscription est bien un acte administratif unilatéral puisqu'elle est prise, dans le cadre d'une mission de service public, par « le préfet du département dans lequel est conservé l'objet mobilier », selon les termes de l'article R. 622-32 du même code.

[2041] Voir notamment, CE, 4. juill. 1975, *Syndicat national du commerce de la chaussure*, *R.*, p. 404. Sur cette question, voir *supra*, chapitre 1 de la première partie.

[2042] De telles demandes sont souvent mises en avant lorsqu'il s'agit de donner des exemples d'actes unilatéraux pris avec le consentement de l'administré.

actes unilatéraux consentis. Et non seulement en fait, mais aussi en droit, puisque ce consentement représente une condition nécessaire de l'édiction de tels actes.

810. Ce sont donc encore une fois les réalités concrètes de l'action administrative qui incitent les pouvoirs publics à prendre en compte le consentement des administrés, sans pour autant qu'il s'agisse nécessairement de contractualisation. De la même manière, la recherche d'efficience incite de plus en plus l'administration à prendre en compte le consentement individuel des contribuables.

B. La volonté individuelle des contribuables comme élément clef du consentement à l'impôt

811. Le domaine fiscal est un exemple emblématique de l'évolution actuelle de la légitimité de l'appareil d'Etat. Celle-ci était, en la matière, principalement fondée sur l'origine du pouvoir fiscal. A la source de ce dernier se trouvait le vote de la loi fiscale par les représentants des contribuables de telle sorte que l'impôt était justifié par la théorie du consentement *de* l'impôt[2043]. Pour de multiples raisons, parmi lesquelles il faut mentionner notamment l'augmentation de la pression fiscale[2044], cette légitimité par la source semble aujourd'hui insuffisante. Comme l'indique Charles CADOUX, « sans consentement des contribuables à l'impôt, le consentement parlementaire – suffisant au regard du droit – n'a plus qu'une portée très limitée »[2045]. L'administration cherche donc également à entourer les prélèvements fiscaux d'une légitimité résultant de l'exercice de son action. C'est le consentement *à* l'impôt[2046].

[2043] Sur ce point, voir le chapitre précédent.

[2044] Sur les facteurs généraux de résistance à l'impôt voir notamment Ch. CADOUX, « Du consentement de l'impôt », *op. cit.*

[2045] Ch. CADOUX, « Du consentement de l'impôt », *op. cit.*, p. 434.

[2046] Afin de recouvrer plus efficacement les sommes dues par les contribuables, l'administration a tout intérêt à se prévaloir de plusieurs titres de légitimité, même si aucun d'eux ne peut prétendre à lui seul faire accepter l'impôt. Comme l'indique A. BARILARI, « l'histoire montre que toutes les formes de résistance à l'impôt (évitement, évasion, fraude, refus, révolte fiscale) existent à toutes les époques, quelle que soit la source de légitimité mise en avant, divine, historique, charismatique ou même démocratique » : « Le consentement à l'impôt, fragile mais indispensable aporie », *op. cit.*, p. 29. Si le cumul des légitimités est de nature à réduire ces résistances, il serait illusoire d'y voir une solution définitive et absolue. Le même auteur estime encore, p. 34, que « réconcilier à tout jamais le citoyen et l'impôt n'est possible qu'au royaume d'Utopie, l'objectif dans ce domaine ne peut qu'être plus modeste : trouver, dans un cadre social déterminé, le moins mauvais équilibre entre les aspirations individuelles et les nécessités collectives ».

812. Celui-ci s'entend comme « l'adhésion des contribuables eux-mêmes à l'impôt voté par leurs représentants, impliquant par là même une connotation psychologique, individuelle et collective »[2047]. Certains auteurs mettent encore en avant la nature « sociologique »[2048] ou « psychosociologique »[2049] de ce consentement. Les éléments propres à le favoriser sont par conséquent innombrables. Il est possible d'évoquer des principes comme l'égalité fiscale, la justice de l'assiette de l'impôt ou la nécessité d'une pression fiscale maîtrisée. Mais ces éléments relèvent avant tout de la loi fiscale et donc du Parlement D'autres éléments, en revanche, sont plus concrets et concernent donc en premier lieu l'administration fiscale. Il lui revient alors en grande partie, par ses agissements quotidiens et les relations qu'elle entretient avec les contribuables, de favoriser le consentement à l'impôt. Michel BOUVIER énonce ainsi, après avoir relevé que les résistances à l'impôt allaient en augmentant, que « parmi les voies de solutions possibles pour limiter le phénomène, la question de la gouvernance fiscale et de la manière dont il est consenti à l'impôt, le civisme fiscal, est appréhendée comme étant essentielle »[2050]. Il s'agit pour l'administration fiscale de favoriser l'acceptation et le paiement de l'impôt par les contribuables de telle sorte que « le consentement de l'impôt ne se joue plus seulement au Parlement mais aussi pour beaucoup au niveau de la pratique administrative, l'administration fiscale devenant le vecteur de cette acceptation de l'impôt. Un glissement de sens semble ainsi s'opérer dès lors que le civisme fiscal prend une dimension plus administrative et gestionnaire que politique »[2051].

[2047] G. ORSONI, « Du consentement de la dépense publique », *op. cit.*, p. 247.

[2048] Voir par exemple M. BOUVIER, M.-Chr. ESCLASSAN et J.-P. LASSALE, *Finances publiques*, *op. cit.*, spéc. la section intitulée « La légitimité sociologique de l'impôt : le consentement à l'impôt », pp. 597-611.

[2049] L. MEHL, « Le principe du consentement à l'impôt et autres prélèvements obligatoires. Mythe et réalité », *op. cit.*, p. 67.

[2050] M. BOUVIER, « Nouveau civisme fiscal et légitimité du recouvrement de l'impôt », *op. cit.*, p. 26. A la même page, l'auteur énonce encore qu' « à la légitimité politique de l'impôt déjà ancienne, et dont le corollaire est le consentement de l'impôt entendu comme la création de la législation fiscale par les représentants des citoyens, vient s'ajouter une légitimité gestionnaire, fondée sur l'idée que l'attitude de l'administration est un facteur important du consentement direct du citoyen à l'application de la loi fiscale ».

[2051] M. BOUVIER, *Introduction au droit fiscal général et à la théorie de l'impôt*, *op. cit.*, p. 166. Le même auteur affirme encore que le nouveau civisme fiscal vise « à faire en sorte que l'impôt soit considéré comme légitime et accepté par le contribuable » : « Nouveau civisme fiscal et légitimité du recouvrement de l'impôt », *op. cit.*, p. 39. Pour un point de vue semblable, voir notamment A. BARILARI, « Le consentement à l'impôt, fragile mais indispensable aporie », *op. cit.*, pp. 27-34. L'auteur affirme, p. 32, que « ces difficultés font peser sur l'administration fiscale une nouvelle responsabilité. C'est désormais sur elle, sur ses relations concrètes avec le contribuable, sur sa capacité à le traiter en usager voire en client,

813. Parmi les moyens dont l'administration dispose afin de favoriser le consentement à l'impôt, il faut mentionner l'information, qui permet au citoyen de percevoir l'emploi de sa contribution[2052] ou encore le principe de commodité[2053]. Ces mécanismes débordent cependant le cadre du sujet. Car si c'est bien un consentement qui est recherché, cela relève bien souvent avant tout du fait, et non du droit[2054]. D'autres dispositifs reposent en revanche directement et juridiquement sur le consentement du contribuable. Ces hypothèses méritent donc une attention particulière en ce qu'elles entretiennent avec le consentement des liens étroits : non seulement elles ont le consentement pour finalité mais en plus elles reposent sur celui-ci. L'intérêt que représente pour l'administration fiscale le consentement individuel du contribuable s'observe dans de nombreux domaines (1), notamment dans celui de la dation en paiement qui présente un visage spécifique à plusieurs points de vue (2).

1. Droit fiscal et consentement individuel du contribuable

814. L'expression juridique du consentement individuel du contribuable se manifeste de manières très diverses. Si, par principe, la perception de

que reposent pour une bonne part la progression du consentement à l'impôt et la diminution des résistances de toute nature. En fait, si la marge de manœuvre sur le plan institutionnel est étroite, les mesures relevant de l'administration de l'impôt et de la communication peuvent plus largement contribuer à développer l'acceptation de l'impôt ». Voir encore, du même auteur, *Le consentement à l'impôt*, Presse de Sciences Po, 2000, 146 p., spéc. le chapitre 14, consacré à « Une nouvelle culture administrative ». L'auteur démontre comment les modalités concrètes employées par l'administration ont un impact important sur le consentement à l'impôt.

2052 Sur ces questions, voir notamment A. BARILARI, « Le consentement à l'impôt : du *Tea party* à l'écotaxe », *Après-demain*, n°29, fév. 2014, pp. 14-16.

2053 Sur ce point, voir par exemple N. DELALANDE, « Un consentement négocié. L'administration et les plaintes des contribuables en Seine-et-Oise (1860-1914) », *Consentir : domination, consentement et déni*, *Tracés. Revue de Sciences humaines*, n°14, 2008, pp. 43-54. Dans un paragraphe intitulé « Petits arrangements avec les normes », pp. 51-52, l'auteur affirme que « l'application des lois fiscales suppose un ensemble d'écarts et d'arrangements avec la norme qui rendent possible le bon déroulement du prélèvement. Le consentement est ainsi obtenu au quotidien grâce à une certaine tolérance des fonctionnaires vis-à-vis de leurs administrés ».

2054 Il faudrait évoquer ici le fait que bien souvent les contribuables s'acquittent volontairement de leurs impôts. Comme l'indique M. PELLETIER, « c'est le redevable qui consent lui-même à s'acquitter de sa dette d'impôt et ce n'est qu'en l'absence d'un tel consentement de la part du redevable que l'administration devra recourir à l'édiction d'un ordre de recette » : *Les normes du droit fiscal*, Dalloz, coll. « NBT », vol. 78, 2006, 593 p., p. 418. Voir encore J.-J. BIENVENU et Th. LAMBERT, *Droit fiscal*, *op. cit.*, pp. 130-139. Les auteurs, dans un paragraphe consacré à l'exécution des actes d'imposition, distinguent explicitement l'exécution amiable de l'exécution forcée.

l'impôt demeure une prérogative unilatérale de l'administration et prohibe à ce titre le recours au contrat, le Conseil d'Etat lui-même fait référence aux liens qui pourraient unir le contrat et la matière fiscale[2055]. Des exceptions existent d'ailleurs déjà[2056]. Il convient par exemple de mentionner le recours fréquent à la transaction en matière fiscale, ce qui fera l'objet de développements ultérieurs[2057]. Sans constituer des contrats, d'autres mécanismes font également appel à une démarche volontaire de l'administré[2058]. Plus spécifiquement, des mécanismes reposent explicitement sur le consentement, ou au moins l'accord, des contribuables. Si parmi ceux-ci certains présentent un caractère anecdotique[2059], d'autres en

2055 Voir notamment CONSEIL D'ETAT, *Le contrat, mode d'action publique et de production de normes. Rapport public 2008*, *op. cit.*, pp. 223-224.

2056 Sur ce point, *cf.* J.-J. BIENVENU et Th. LAMBERT, *Droit fiscal*, *op. cit.*, pp. 93-94. P. AMSELEK relevait déjà il y a plusieurs décennies que beaucoup d'actes administratifs unilatéraux étaient le fruit d'une négociation ou d'une concertation avec leurs destinataires. Il ajoutait que « cette négociation n'épargne pas même un secteur comme le droit fiscal, qui passe pourtant par excellence comme un droit imposé unilatéralement par les pouvoirs publics » : « L'évolution de la technique juridique dans les sociétés occidentales », *op. cit.*, p. 292, note 24. M. PERRIER affirme encore que « le domaine fiscal est régalien par nature [...]. Et pourtant, depuis quelques années, des possibilités de recours au contrat se sont développées » : *Le recours au contrat en matière de police administrative*, *op. cit.*, p. 81.

2057 Voir *infra*, section 2.

2058 Le point le plus emblématique serait alors sans aucun doute le mécanisme, qui tend à se développer eu égard aux impératifs de l'analyse économique du droit, du rescrit fiscal. Sur ce point, voir notamment CONSEIL D'ETAT, *Le contrat, mode d'action publique et de production de normes. Rapport public 2008*, *op. cit.*, spéc. pp. 67-69 et pp. 279-280 ; *Le rescrit : sécuriser les initiatives et les projets. Etude adoptée le 14 novembre 2013 par l'assemblée générale du Conseil d'Etat*, La Documentation française, coll. « Les études du Conseil d'Etat », 2014, 192 p., ou encore C. PERES, « Du contrat public en général et du "rescrit contractuel" en particulier », *Revue des contrats*, 1er janv. 2009, n°1, pp. 17-30 et les références citées. L'auteur affirme notamment, p. 30, qu' « en faisant de l'explicitation de la règle de droit et de son application aux situations juridiques des objets de consentement, l'accord de rescrit laisse aujourd'hui entrevoir, plus gravement, une loi en quête de légitimité, cherchant à sortir de l'impasse en sollicitant formellement l'adhésion personnelle des sujets de droit au stade de son application ». Il serait encore possible d'évoquer les marges de manœuvre laissées au contribuable qui peut dès lors exercer sa liberté en procédant à différents choix. Sur cette question, voir notamment M. COLLET, *Droit fiscal*, *op. cit.*, spéc. la section intitulée « Les choix de gestion », pp. 171-187. D'une manière plus générale, voir *supra*, la section 1 du chapitre second de la deuxième partie. Voir encore M. CHASTAGNARET, « La volonté individuelle en droit fiscal », dans M. NICOD (dir.), *De la volonté individuelle*, *op. cit.*, pp. 139-152.

2059 De nombreuses procédures fiscales nécessitent le consentement des contribuables. Celui-ci constitue bien souvent une renonciation à une protection qui avait été édictée en leur faveur. Ainsi en va-t-il par exemple en matière de vérification de comptabilité. En principe, le contrôle doit avoir lieu sur place afin de garantir le caractère contradictoire de la procédure. Mais il peut en être différemment avec l'accord du contribuable. *Cf.* CE, Sect., 26 fév. 2003, n°232841. De la même manière, l'emport de documents par l'administration fiscale dans ces revanche mettent bien en lumière la recherche d'efficience que poursuit l'administration fiscale. Peuvent ainsi être étudiés l'acceptation des rectifications contradictoires ainsi que l'accord concernant les délais de paiement que peut octroyer l'administration.

815. La procédure de rectification contradictoire permet à l'administration de corriger les erreurs intervenues dans les déclarations des contribuables. Une fois sa proposition de rectification élaborée, l'administration fiscale la notifie au contribuable. Il dispose alors en principe d'un délai de trente jours pour faire connaître son acceptation ou son refus[2060]. Alors que le refus du contribuable entraînera de nouvelles procédures, l'accord du contribuable est porteur d'effets extrêmement intéressants pour l'administration. Dans la plupart des cas, l'imposition sera alors consentie, sans que le contribuable ne fasse de recours. Et s'il venait tout de même à en faire, c'est sur lui que pèserait la charge de la preuve[2061] et c'est lui qui devrait démontrer le caractère « exagéré » de l'imposition. Comme l'indiquent Martin COLLET et Pierre COLLIN, « ce point est d'importance : il permet de comprendre tout l'intérêt, pour l'administration, d'obtenir un tel accord. Le renversement de la charge de la preuve qu'il produit constitue en effet un grand avantage pour elle. Ainsi, le vérificateur a tout intérêt à obtenir l'accord du contribuable : cela implique en principe la clôture du dossier [...] et même si le contribuable décide de revenir à la charge, en engageant une réclamation contentieuse, l'essentiel du travail pèsera sur ses épaules »[2062]. Cet accord fournit par ailleurs une hypothèse

---

circonstances est en principe interdit, à moins que le contribuable n'autorise le vérificateur à procéder ainsi. *Cf.* CE, Sect., 21 mai 1976, n°94052. Voir sur ces points M. COLLET et P. COLLIN, *Procédures fiscales. Contrôle, contentieux et recouvrement de l'impôt*, *op. cit.*, pp. 63-64. Les auteurs affirment à propos de l'emport de documents, p. 64, qu' « en pratique, ces emports sont très fréquents, car ils arrangent aussi bien le vérificateur que le contribuable ». Voir encore la procédure d'examen contradictoire de la situation fiscale personnelle. Ce mécanisme, prévu à l'article L. 12 du Livre des procédures fiscales, ne revêt « aucun caractère contraignant » et dépend donc du bon vouloir du contribuable. *Cf.* CE, Sect., 19 déc. 1984, n°34731. Les dispositifs qu'il serait possible de citer sont nombreux tant il est vrai que « les procédures fiscales n'excluent pas tout élément consensuel », cette tendance s'étant même « accentuée aux cours des dernières décennies » : L. MEHL, « Le principe du consentement à l'impôt et autres prélèvements obligatoires. Mythe et réalité », *op. cit.*, p. 68.

[2060] Voir les articles L. 57 et R. 57-1 et R. 59-1 du Livres des procédures fiscales.

[2061] L'alinéa 1er de l'article R. 194-1 du Livre des procédures fiscales indique en effet que « lorsque, ayant donné son accord à la rectification ou s'étant abstenu de répondre dans le délai légal à la proposition de rectification, le contribuable présente cependant une réclamation faisant suite à une procédure contradictoire de rectification, il peut obtenir la décharge ou la réduction de l'imposition, en démontrant son caractère exagéré ».

[2062] M. COLLET et P. COLLIN, *Procédures fiscales. Contrôle, contentieux et recouvrement de l'impôt*, *op. cit.*, p. 133. Les auteurs indiquent encore, p. 134, que « cela explique – parmi supplémentaire d'emploi par le juge de la théorie des vices du consentement en dehors de la matière contractuelle. Alors qu'il ne s'agit pas d'un contrat[2063], le juge administratif qualifie tout de même de « vice du consentement » l'acceptation qui résulterait de pressions de la part de l'administration[2064].

816. Une autre hypothèse emblématique nécessite le consentement du contribuable, cette fois-ci au niveau du recouvrement de l'impôt. Pour diverses raisons, les contribuables peuvent solliciter des aménagements des modalités de règlement de leur dette fiscale, notamment en demandant à bénéficier de délais supplémentaires. L'administration est ainsi amenée à prendre en compte les situations particulières des contribuables et leur propose alors de signer un accord, ou plan d'apurement. Ces accords reposent donc sur le consentement du contribuable. Ils constituent par ailleurs non seulement une décision, qui plus est créatrice de droits[2065], mais peuvent aussi être opposés à des poursuites qui seraient engagées au mépris des délais accordés[2066]. S'ils peuvent dès lors sembler à première vue défavorables à l'administration fiscale, ils peuvent au contraire s'avérer avantageux pour elle, celle-ci ayant tout intérêt à favoriser le recouvrement intégral de l'impôt, fût-ce au terme de délais plus importants que ceux normalement applicables. C'est la raison pour laquelle celle-ci « accorde très facilement de tels délais, pas tant par sollicitude que par pragmatisme :

---

d'autres facteurs – que, dans les dossiers complexes, il soit très fréquent que ce dialogue conduise le service vérificateur à accepter d'abandonner une part des redressements ou à minorer le montant des pénalités réclamées, sous réserve que le contribuable accepte expressément d'autres chefs de redressement ».

2063 CE, 28 juin 1961, *Cie générale…*, *R.*, p. 443.

2064 Voir notamment CE, 15 fév. 1989, n°46409. La rédaction de cette décision est intéressante. La Haute juridiction considère qu' « il résulte de l'instruction qu'au cours de la vérification de la comptabilité de la société anonyme MARESON, qui s'est déroulée au siège de l'entreprise du 24 novembre 1976 au 25 février 1977, l'inspecteur chargé du contrôle a menacé le président-directeur général de poursuites pénales, au cas où celui-ci n'accepterait pas les redressements envisagés et que ledit inspecteur, après avoir notifié ses propositions de redressements, a maintenu sa position jusqu'à ce qu'il ait obtenu par écrit l'acceptation de celles-ci ; que, dans les circonstances particulières de l'espèce et eu égard notamment à l'état de santé du dirigeant, la société requérante justifie que son acceptation des redressements repose sur un vice du consentement et qu'elle a été privée des garanties de la procédure contradictoire ». Ce dernier membre de phrase indique encore que le consentement du contribuable constitue bien une sorte de renonciation, puisqu'il ne lui permet plus de bénéficier des avantages offerts par la procédure contradictoire.

2065 CE, 18 mars 1994, *Asso. Gepod Formation*, n°129460.

2066 Sur ces points, voir notamment M. COLLET et P. COLLIN, *Procédures fiscales. Contrôle, contentieux et recouvrement de l'impôt*, *op. cit.*, pp. 313-314, dont s'inspirent les présents développements.

accepter l'étalement de la dette du contribuable reste bien souvent le meilleur moyen de recouvrer complètement l'impôt dû »[2067].

817. La recherche de l'efficience incite donc l'administration à s'appuyer sur le consentement de l'administré. Non pas qu'il s'agisse de légitimer théoriquement l'impôt, qui résulte des normes en vigueur suivant le principe de légalité, mais bien plutôt d'en favoriser, de manière très concrète, le recouvrement. Tel est encore le cas avec la dation en paiement qui présente un caractère consensuel très affirmé.

2. L'hypothèse particulière de la dation en paiement

818. La dation en paiement, parce qu'elle est un mode d'extinction d'une obligation « par l'exécution d'une prestation différente de celle initialement due »[2068], permet d'acquitter certaines dettes fiscales en nature[2069]. Elle revêt un caractère tout à fait particulier sous trois points de vue, tous relatifs à l'efficience de l'administration fiscale. D'une part, elle permet de lutter contre les effets néfastes induits par la monétarisation de l'impôt en facilitant l'acceptation de ce dernier. D'autre part, elle met en avant un aspect original dans la recherche d'efficience de l'administration, en ne poursuivant pas principalement une finalité économique[2070]. Enfin, la dation en paiement implique nécessairement le consentement du contribuable, qui doit d'ailleurs être exprimé à deux moments différents de la procédure.

819. Les impôts modernes sont monétarisés, c'est-à-dire qu'ils doivent normalement être payés en argent. Ils s'éloignent en cela des impôts que l'on pourrait qualifier d'archaïques, qui étaient principalement payés en nature. Si l'administration fiscale trouve dans la monétarisation de nombreux avantages, elle n'est pas non plus sans inconvénients. Avec ce principe, il est

---

2067 M. COLLET et P. COLLIN, *Procédures fiscales. Contrôle, contentieux et recouvrement de l'impôt*, *op. cit.*, pp. 310-311.

2068 Fr. BICHERON, *La dation en paiement*, éd. Panthéon-Assas, coll. « Thèses », 2006, 597 p., p. 35.

2069 Dans un autre domaine, celui de la responsabilité de la puissance publique, il existe également des hypothèses dans lesquelles c'est l'administration qui peut s'acquitter d'une dette en nature, en utilisant notamment ses services techniques au lieu de payer une somme à l'administré. Cette réparation nécessite alors le consentement de ce dernier. Sur ce point, voir notamment E. PICARD, « Fixation de l'indemnité », *Rep. resp. puiss. publ. Dalloz*, déc. 1987, n°4 à n°30 et Ph. TERNEYRE, « Responsabilité contractuelle », *op. cit.*, n°379 à n°390.

2070 Il convient également de noter que la procédure de la dation en paiement ne simplifie pas le travail de l'administration fiscale. C'est à un niveau plus général qu'il convient de situer le gain, par exemple au niveau de la conservation du patrimoine.

beaucoup plus compliqué pour le contribuable de savoir comment va être utilisé son impôt et à quelles fins[2071]. Or, il est communément admis que l'opacité de l'utilisation de l'impôt est un facteur de résistance non négligeable[2072]. A l'inverse, le fait pour le contribuable de percevoir l'utilisation de sa contribution est un élément propre à faciliter le consentement à l'impôt. La dation en paiement, parce qu'elle revêt un caractère très concret et trouve à s'appliquer dans des domaines bien délimités, permet au contribuable de comprendre facilement l'intérêt de sa contribution. Elle favorise de la part du contribuable qui remet directement un de ses biens à l'administration fiscale une meilleure perception de la finalité de son impôt et de l'utilisation qui en est faite. Cela est particulièrement visible en ce qui concerne la dation des œuvres d'art, étant donné qu'elles n'ont pour finalité que l'enrichissement des collections des musées et la mise à disposition du public d'œuvres d'intérêt historique[2073]. Il y a là un élément, certes psychologique, mais néanmoins de nature favoriser le consentement à l'impôt.

820. Un deuxième aspect de la dation en paiement l'inscrit pleinement dans la thématique de l'efficience. Les hypothèses envisagées jusqu'ici pouvaient essentiellement se ramener à l'efficience économique de

---

[2071] A. BARILARI note ainsi que « les contributions se sont monétarisées, ce qui a distendu le lien avec leur affectation et donc rendu plus difficile la perception de leur justification » : « Le consentement à l'impôt, fragile mais indispensable aporie », *op. cit.*, p. 30.

[2072] La finalité des impôts n'est pas toujours très claire pour le contribuable, d'autant plus que l'efficacité de la dépense publique est mise en cause par certains d'entre eux. M. BLIN et C. DAMELINCOURT affirment alors qu' « à partir du moment où les contribuables n'arrivent plus à entrevoir la raison pour laquelle ils contribuent, il peut s'ensuivre une rupture de leur consentement, avec l'apparition de phénomènes de résistance et de contestations relatives à l'impôt » : « Le consentement à l'impôt : "Et vous, consentez-vous à prendre pour impôt la mesure ici présente ?" », *op. cit.*, pp. 6-7.

[2073] M.-Chr. ESCLASSAN affirme ainsi qu' « on considère volontiers aujourd'hui que l'affectation de l'impôt a la vertu de favoriser le consentement du prélèvement fiscal par la meilleure "visibilité" qu'elle opère de l'utilisation de celui-ci » : « Finances publiques et patrimoine culturel. Un dispositif original pour l'enrichissement des collections publiques : la dation en paiement », dans M. DEGUERGUE (dir.), *L'art et le droit. Ecrits en hommage à Pierre-Laurent Frier*, Publications de la Sorbonne, coll. « De Republica », 2010, 415 p., pp. 143-167, p. 153. Les œuvres d'art ne sont pas les seuls biens qui peuvent être objets de la dation. Le mécanisme a été également étendu à d'autres politiques de l'Etat, comme la protection des certains espaces naturels sensibles. L'article 1716 bis du Code général des impôts énonce ainsi notamment que « les droits de mutation à titre gratuit et le droit de partage peuvent être acquittés par la remise d'œuvres d'art, de livres, d'objets de collection, de documents, de haute valeur artistique ou historique, ou d'immeubles situés dans les zones d'intervention du Conservatoire de l'espace littoral et des rivages lacustres définies à l'article L. 322-1 du code de l'environnement dont la situation ainsi que l'intérêt écologique ou paysager justifient la conservation à l'état naturel ou d'immeubles en nature de bois, forêts ou espaces naturels pouvant être incorporés au domaine forestier de l'Etat ».

l'administration. Même lorsqu'il s'agissait de lui faire gagner du temps ou de ne pas monopoliser inutilement ses agents, on pouvait relever que ces deux points étaient, au moins à grande échelle et en général, réductibles à une question financière. La dation en paiement poursuit essentiellement un autre objectif, celui de permettre à l'administration de se procurer des biens qu'elle n'aurait pas nécessairement la possibilité d'obtenir par d'autres moyens. Il s'agit donc d'un mécanisme fiscal utilisé à des fins extra fiscales. Concernant les œuvres d'art[2074], Paul MAINGUY, rapporteur du projet de loi « Malraux »[2075] à l'Assemblée nationale, énonçait ainsi que ce texte était « destiné à favoriser la conservation du patrimoine artistique national et historique de notre pays », afin d' « éviter la fuite à l'étranger de trop nombreuses œuvres d'art nationales »[2076].

821. Après quarante années d'application, le bilan du mécanisme semble plutôt satisfaisant de ce point de vue. Si les dations restent peu nombreuses, une dizaine par an environ, leurs enjeux sont importants, tant au niveau des montants estimés que des biens qu'elles ont permis d'acquérir. L'efficacité du mécanisme apparaît lorsque sont comparés les crédits d'acquisition d'œuvres d'art dont disposent les acteurs publics avec la valeur

2074 Sur ce point, voir notamment Fr. BICHERON, *La dation en paiement*, *op. cit.*, pp. 317-325, le chapitre intitulé « La dation en paiement d'un impôt ».

2075 Loi n°68-1251 du 31 déc. 1968 *tendant à favoriser la conservation du patrimoine artistique national*, *JORF*, 3 janv. 1969, p. 77. Voir aussi son décret d'application n°70-1046 du 10 nov. 1970 *fixant les conditions dans lesquelles sont donnés les agréments prévus par la loi n°68-1251 du 31 décembre 1968 tendant à favoriser la conservation du patrimoine artistique national*, *JORF*, 11 nov. 1970, p. 10438. L'article 2 de la loi disposait notamment que « tout héritier, donataire ou légataire peut acquitter les droits de succession par la remise d'œuvres d'art, de livres, d'objets de collection ou de documents de haute valeur artistique ou historique ».

2076 P. MAINGUY, Séance du 15 mai 1968, *JOAN*, 16 mai 1968, p. 1890. Le rapporteur énonçait encore que « chaque année le ministère des affaires culturelles, les musées, les bibliothèques, interviennent sur le marché des œuvres d'art. Malheureusement, la modicité des sommes dont ils disposent à cet usage ne leur permet pas d'acquérir toutes les œuvres qu'il serait souhaitable de conserver ». Il s'agit donc bien et avant tout de poursuivre une finalité culturelle qui ne serait pas aussi efficace par d'autres moyens. J. CHATELAIN indique encore que « le nombre et la qualité des achats dépendent évidemment des crédits alloués et de la compétence des organes chargés de ces achats. Mais dans la meilleure des hypothèses les achats ne sauraient suffire à constituer des collections véritablement complètes et suffisamment variées, simplement parce que les "acheteurs" publics, quelle que soit leur compétence, n'offrent pas la variété et ne peuvent pas prendre les mêmes risques que les collectionneurs privés, indépendants les uns des autres et agissant à leurs risques et périls. L'apport des collections privées, sous forme de dons et de legs est donc un élément fondamental des collections publiques » : « Donation et dation en droit public financier », *Le recouvrement*, *RFFP*, n°7, 1984, pp. 91-123, p. 91.

des dations. Celle-ci représente environ les deux tiers de ceux-là[2077]. Il suffit également de savoir que mécanisme de la dation a permis à l'Etat de recevoir des œuvres de Fragonard, de Renoir ou encore de Picasso, pour mesurer les résultats bénéfiques du mécanisme[2078]. La Commission interministérielle d'agrément pour la conservation du patrimoine artistique national estime *in fine* que « la dation a magnifiquement contribué à l'enrichissement des multiples facettes du patrimoine national »[2079].

822. Enfin, la dation en paiement doit être envisagée dans ses relations avec le consentement du contribuable car il ne s'agit pas d'une technique de paiement obligatoire, mais d' « une simple faculté offerte au contribuable »[2080]. Elle ne saurait alors se passer du consentement du contribuable, et c'est d'ailleurs ce qui lui assure un intérêt certain de la part des contribuables[2081]. Comme l'indique la Commission interministérielle d'agrément pour la conservation du patrimoine artistique national « une des principales raisons du succès de la dation réside dans la procédure elle-même. L'offre de dation relève en effet d'une démarche volontaire du contribuable, qui reste propriétaire de son bien et peut à tout moment renoncer à la dation en payant les droits dus en numéraire »[2082].

823. La volonté du contribuable revêt un caractère essentiel et se manifeste à deux étapes de la procédure. Tout d'abord, c'est lui qui en a l'initiative et propose à l'administration fiscale de s'acquitter de sa dette en

---

[2077] Pour des bilans chiffrés sur la dation, voir notamment M.-Chr. ESCLASSAN, « Finances publiques et patrimoine culturel. Un dispositif original pour l'enrichissement des collections publiques : la dation en paiement », *op. cit.*, pp. 163-167 et Commission interministérielle d'agrément pour la conservation du patrimoine artistique national, « La dation en paiement. Loi du 31 décembre 1968 », 33 p., p. 11 et p. 15. Cette plaquette est disponible à l'adresse http://www.culture.gouv.fr/culture/actualites/communiq/albanel/Plaquedation.pdf, [26 août 2015].

[2078] Pour une liste des biens acquis par dation, voir notamment M.-Chr. ESCLASSAN, « Finances publiques et patrimoine culturel. Un dispositif original pour l'enrichissement des collections publiques : la dation en paiement », *op. cit.*, pp. 155-162 ou la plaquette réalisée par la Commission interministérielle d'agrément pour la conservation du patrimoine artistique national, « La dation en paiement. Loi du 31 décembre 1968 », 33 p., p. 19.

[2079] Commission interministérielle d'agrément pour la conservation du patrimoine artistique national, « La dation en paiement. Loi du 31 décembre 1968 », *op. cit.*, p. 21.

[2080] M.-Chr. ESCLASSAN, « Finances publiques et patrimoine culturel. Un dispositif original pour l'enrichissement des collections publiques : la dation en paiement », *op. cit.*, p. 145.

[2081] D'autres avantages peuvent inciter les contribuables à essayer de recourir à la dation en paiement, comme la renommée qu'elle peut procurer. Sur ces avantages, voir notamment J. FINGERHUT, *La fiscalité des œuvres d'art*, Economica, 1995, 303 p., p. 219.

[2082] Commission interministérielle d'agrément pour la conservation du patrimoine artistique national, « La dation en paiement. Loi du 31 décembre 1968 », 33 p., p. 7. Cette plaquette est disponible à l'adresse http://www.culture.gouv.fr/culture/actualites/communiq/albanel/Plaquedation.pdf, [26 août 2015].

nature[2083]. Ensuite, l'administration pouvant discuter cette proposition et devant émettre un agrément, le contribuable doit encore accepter ce dernier. Comme l'indique l'alinéa 3 de l'article 2 de la loi du 31 décembre 1968 précitée, « la décision d'agrément fixe la valeur libératoire qu'elle reconnaît aux biens offerts en paiement. La dation en paiement n'est parfaite que par l'acceptation par l'intéressé de ladite valeur »[2084]. Le contribuable, et lui seul, « reste maître d'accepter en dernier ressort les conditions que lui propose le ministère des Finances »[2085]. Des auteurs voient dans la prise en compte de la volonté du contribuable un des facteurs de succès de la dation en paiement. Martin COLLET et Pierre COLLIN estiment ainsi que « l'intérêt juridique du mécanisme tient à ce qu'il repose sur un accord de volonté entre l'Etat et le contribuable »[2086]. Il est certain qu'un tel accord est de nature à rendre plus facile le paiement de l'impôt.

824. Le droit fiscal est donc un exemple intéressant qui permet de mettre en lumière le concours des légitimités. Par ailleurs, il démontre que puissance publique et consentement ne s'excluent pas nécessairement au sein d'une même matière. Comme l'indique Alain PUPIER, « il est indispensable de marier les deux méthodes, puissance publique et recherche du consentement »[2087]. Ce sont des considérations similaires qui justifient que l'administration cherche à obtenir le consentement des administrés afin d'éviter de devoir recourir au juge dans certaines procédures particulières.

2083 Afin d'éviter les manœuvres de certains contribuables cherchant un gain de trésorerie, les conditions de cette demande et tout particulièrement son retrait ont été davantage encadrés par l'article 53 la loi n°2011-1978 du 28 déc. 2011 *de finances rectificative pour 2011*, *JORF*, 29 déc. 2011, p. 22510, texte n°2, modifiant l'article 1716 bis du Code général des impôts.

2084 Ce dispositif se retrouve aussi à l'alinéa 5 de l'article 1716 bis du Code général des impôts.

2085 M. COLLET et P. COLLIN, *Procédures fiscales. Contrôle, contentieux et recouvrement de l'impôt, op. cit.*, p. 309. Sur le consentement dans la dation, voir notamment Fr. BICHERON, *La dation en paiement, op. cit.*, pp. 341-364, le chapitre intitulé « Consentement ».

2086 M. COLLET et P. COLLIN, *Procédures fiscales. Contrôle, contentieux et recouvrement de l'impôt, op. cit.*, p. 309. Certains auteurs se posent la question, étant donné cet accord de volontés, de la nature juridique de la dation en paiement. La jurisprudence administrative semble y voir pour l'instant un acte unilatéral. *Cf.* C. DAVID, O. FOUQUET, B. PLAGNET et a., *Les grands arrêts de la jurisprudence fiscale*, Dalloz, coll. « Grands arrêts », 5ème éd., 2009,1135 p., pp. 995-996. Pour une discussion générale sur cette question, voir notamment Fr. BICHERON, *La dation en paiement, op. cit.*, pp. 321-323 et CONSEIL D'ETAT, *Le rescrit : sécuriser les initiatives et les projets. Etude adoptée le 14 novembre 2013 par l'assemblée générale du Conseil d'Etat, op. cit.*, p. 17.

2087 A. PUPIER, *La recherche du consentement dans le contrôle fiscal. Des principes fondamentaux au pragmatisme de l'administration fiscale, op. cit.*, p. 158.

II. Le consentement, vecteur de la renonciation dans la procédure administrative non contentieuse faisant intervenir le juge

825. . Au sein même de la procédure administrative non contentieuse, il est de plus en plus fréquent que l'administration soit tenue de recourir à l'intervention d'un juge. Cette nécessité, particulièrement protectrice des administrés[2088], fait ainsi concourir le juge, qu'il soit administratif ou judiciaire, à l'action de l'administration. Au sein d'une procédure administrative plus vaste, le juge peut être amené à intervenir, par exemple en octroyant à l'administration une autorisation, concourant par là à la réalisation de la procédure. Cela n'est cependant pas sans inconvénients, tant pour l'administration que pour les administrés. Ceux-ci peuvent donc parfois renoncer à cette protection, ce qui aura corrélativement pour effets de renforcer l'efficience de l'action administrative. Si l'économie du recours au juge est favorisée de manière générale par de telles renonciations (A), ces dernières revêtent un caractère emblématique lorsqu'elles interviennent en matière d'expropriation (B).

A. L'économie du recours au juge

826. La nécessité de recourir au juge au sein d'une procédure administrative non contentieuse plus vaste fait concourir le juge judiciaire ou le juge administratif à l'action de l'administration. La première hypothèse pourrait sembler étrangère au droit administratif. Mais un tel recours, s'il concerne en premier lieu le juge judiciaire, implique aussi l'administration active dans la mesure où la saisine du juge va entraîner pour elle un surcroît d'activité et un allongement de la procédure, diminuant par là son efficience[2089]. Cela est encore plus vrai dans la seconde hypothèse lorsqu'il s'agit de saisir les juridictions administratives car, en plus des mêmes inconvénients, cela concerne directement les agents et les magistrats administratifs. Il est alors tout à fait conforme aux intérêts de l'administration de profiter de ce que l'administré peut renoncer à ces

---

[2088] L. CAVARE, souhaitant la multiplication des recours de l'administration au juge, estimait que « l'intermédiaire d'une juridiction est la plus grande garantie imaginée par la société pour assurer aux particuliers la sauvegarde de leurs droits » : *Les recours de l'administration devant le juge*, Montauban, J. Prunet, 245 p., p. 219.

[2089] A un niveau plus général il est possible de noter que les juridictions judiciaires remplissent une mission de service public dont l'organisation relève en conséquence du droit administratif. *Cf.* TC, 27 nov. 1952, *Préfet de la Guyane*, *R.*, p. 642. L'efficience des juridictions de l'ordre judiciaire concerne donc non seulement le pouvoir judiciaire, mais aussi le pouvoir exécutif. Mais c'est une tout autre question.

protections juridictionnelles. L'autorité publique fait alors l'économie du recours au juge, qu'il s'agisse du juge judiciaire (1) ou du juge administratif (2).

1. L'économie du recours au juge judiciaire

827. Le recours ponctuel au juge judiciaire dans le déroulement d'une procédure administrative non contentieuse plus vaste est extrêmement fréquent. Il s'agit le plus souvent, et conformément à la conception française de la séparation des pouvoirs, d'offrir un maximum de garanties aux administrés. Celles-ci sont d'autant plus importantes qu'elles résultent de l'intervention, non de la seule administration, mais du juge. Elles sont par ailleurs *a priori* renforcées lorsqu'il s'agit, non du juge administratif, juge « naturel » de l'administration, mais du juge judiciaire, gardien de la « propriété privée »[2090] et de la « liberté individuelle »[2091].

828. C'est ainsi que les administrés ou l'administration peuvent saisir, à défaut d'accord amiable, le juge judiciaire afin que celui-ci fixe le montant d'un certain nombre d'indemnités. Dans ce but, les textes prévoient notamment que puissent être saisis le « tribunal d'instance ou de grande instance » [2092] selon le montant de l'indemnité, ou encore de manière plus générale le « juge judiciaire »[2093] ou le « juge de l'expropriation »[2094]. On envisage dès lors aisément tout l'intérêt que l'administration peut avoir à trouver un terrain d'entente avec l'administré afin d'éviter l'intervention du juge judiciaire, qu'elle soit demandeur ou défendeur[2095].

[2090] Sur ce point affirmé par de nombreux auteurs, voir R. CHAPUS, *Droit administratif général*, *op. cit.*, tome 1, pp. 852-884.

[2091] Article 66 de la Constitution.

[2092] L'article L. 622-4 du Code du patrimoine énonce ainsi, au sujet de l'indemnité représentative du préjudice résultant pour le propriétaire de l'application de la servitude de classement d'office d'un objet mobilier au titre des monuments historiques, qu' « à défaut d'accord amiable, l'indemnité est fixée, selon le montant de la demande, par le tribunal d'instance ou de grande instance ».

[2093] Voir par exemple, à propos des indemnités qui peuvent résulter des servitudes liées à certaines lignes électriques aériennes, l'article L. 323-10 al. 3 du Code de l'énergie qui dispose qu' « à défaut d'accord amiable, l'indemnité est fixée par le juge judiciaire et est évaluée dans les conditions prévues par les articles L. 322-2 à L. 322-7 du code de l'expropriation pour cause d'utilité publique ».

[2094] *Cf.* notamment l'article L. 621-6 du Code du patrimoine qui prévoit, au sujet du classement des immeubles au titre des monuments historiques qu' « à défaut d'accord amiable, l'indemnité est fixée par le juge de l'expropriation ».

[2095] Le moyen le plus simple d'obtenir dans de tels cas l'accord de l'administré est évidemment de lui proposer des indemnités généreuses, du moins supérieures à celles qu'il pourrait légitimement attendre du juge. Mais il y a là une réelle difficulté juridique dont il sera davantage question dans la seconde section, à propos de la transaction.

829. Au-delà de ces exemples sur lesquels il n'y a pas lieu de s'attarder ici[2096], le juge judiciaire doit encore intervenir dans le cadre de certaines procédures administratives afin d'autoriser l'administration à agir. Il s'agit notamment de l'autorisation qu'il doit délivrer à des autorités administratives indépendantes afin que celles-ci puissent exercer certains de leurs pouvoirs, d'autant plus que ceux-ci sont toujours plus importants[2097].

830. Dans ce cadre, une décision du Conseil d'Etat de 2009 a livré des éléments particulièrement intéressants concernant le pouvoir qu'a la Commission Nationale de l'Informatique et des Libertés de procéder à des contrôles dans des locaux professionnels[2098]. Aux termes de l'article 44 de la loi du 6 janvier 1978[2099], dans sa rédaction en vigueur en 2004, « I. - Les membres de la Commission nationale de l'informatique et des libertés ainsi que les agents de ses services habilités dans les conditions définies au dernier alinéa de l'article 19 ont accès, de 6 heures à 21 heures, pour l'exercice de leurs missions, aux lieux, locaux, enceintes, installations ou établissements servant à la mise en œuvre d'un traitement de données à caractère personnel et qui sont à usage professionnel, à l'exclusion des parties de ceux-ci affectées au domicile privé. /Le procureur de la République territorialement compétent en est préalablement informé. /II. - En cas d'opposition du responsable des lieux, la visite ne peut se dérouler

---

[2096] Ce type de mécanismes sera étudié en ce qui concerne le recours au juge administratif. *Cf.* le paragraphe suivant, « L'économie du recours au juge administratif ».

[2097] Voir notamment CONSEIL D'ETAT, *Les pouvoirs de l'administration dans le domaine des sanctions*, La Documentation française, coll. « Les études du Conseil d'Etat », 1995, 197 p. Voir encore, dans un domaine voisin, A. MANGIAVILLANO, « La Cour européenne et la garantie juridictionnelle de l'inviolabilité du domicile en matière fiscale (Harmonies et discordes dans le dialogue des juges de l'impôt) », *RIDC*, n°1/2009, pp. 93-145. De nombreux dispositifs mériteraient une étude pour confirmer que l'administration, à défaut d'avoir obtenu le consentement d'un administré, recourt souvent au juge judiciaire, notamment pour effectuer des contrôles à domicile ou dans un certain nombre de locaux. Voir par exemple les articles L. 43 du Code des postes et télécommunication, L. 206-1 du Code rural et de la pêche maritime, L. 171-1 et s. du Code l'environnement, L. 6431-2 du Code des transports, L. 175-9 du Nouveau code minier et L. 253-3 du Code de la sécurité intérieure.

[2098] CE, Sect., 6 nov. 2009, *Sté Inter Confort*, n°304300. Pour une analyse de cette décision du point de vue de la renonciation, voir notamment J.-G. SORBARA, « La censure du contrôle sur place exercé par la CNIL : le Conseil d'Etat garant du droit au respect du domicile », *JCPA*, n°9, 1er mars 2010, comm. 2083. Pour des exemples similaires, voir encore CE, Sect., 6 nov. 2009, *Sté Pro Décor*, n°304301 ; CE, 14 déc. 2011, *Sté Optical Center*, n°330762 et CE, 7 mai 2012, *Sté Isotherm*, n°327995.

[2099] Article 44 de la loi n°78-17 du 6 janv. 1978 *relative à l'informatique, aux fichiers et aux libertés*, *JORF*, 7 janv. 1978, p. 227, créé par l'article 6 de la loi n°2004-801 du 6 août 2004 *relative à la protection des personnes physiques à l'égard des traitements de données à caractère personnel et modifiant la loi n°78-17 du 6 janvier 1978 relative à l'informatique, aux fichiers et aux libertés*, *JORF*, 7 août 2004, p. 14063.

qu'avec l'autorisation du président du tribunal de grande instance dans le ressort duquel sont situés les locaux à visiter ou du juge délégué par lui ».

831. La CNIL souhaitant procéder à un contrôle dans des locaux professionnels se trouve dès lors face à une alternative. Soit elle parvient à faire en sorte que le responsable des lieux ne s'oppose pas à sa visite de contrôle, soit elle est dans l'obligation de saisir le juge judiciaire afin d'obtenir de celui-ci une autorisation[2100]. Le Commissaire du gouvernement voyait à juste titre une procédure « hybride », « prévoyant l'intervention du juge sans qu'elle soit pour autant obligatoire »[2101]. Le recours au juge est d'autant plus défavorable à l'administration qu'en plus de nécessiter des démarches supplémentaires elle fait perdre à la visite son caractère inopiné et peut laisser au responsable du traitement le temps de faire disparaître d'éventuelles illégalités.

832. Saisi par une société qui avait été condamnée par la CNIL suite à une visite à laquelle elle ne s'était pas opposée, le Conseil d'Etat a été amené à juger de la légalité de cette procédure. Parmi les multiples questions qui lui étaient posées[2102], la Haute juridiction administrative a dû se prononcer sur la conventionnalité du dispositif au regard de l'article 8 de la Convention européenne des droits de l'homme relatif au respect de la vie privée et familiale, du domicile et de la correspondance[2103], les locaux professionnels bénéficiant de la protection accordée au domicile[2104]. Il s'agissait dès lors pour le juge de déterminer si les pouvoirs de la CNIL et leur mise en œuvre étaient une ingérence nécessaire dans une société démocratique, autrement dit de se demander si les garanties encadrant ces pouvoirs étaient proportionnées aux atteintes qu'ils permettent et nécessaires à la finalité

[2100] La saisine du juge judiciaire et non du juge administratif résulte dans cette hypothèse d'une jurisprudence constante du Conseil constitutionnel qui fait du juge judiciaire le gardien de l'inviolabilité du domicile dont il fait un élément de la liberté individuelle. *Cf.* CC, 29 déc. 1983, décision n°83-164 DC, *Loi de finances pour 1984*, cons. n°28.

[2101] J. BURGUBURU, « Pouvoir de visite et de contrôle de la CNIL dans les locaux professionnels », concl. sur CE, Sect., 6 nov. 2009, *Sté Pro Décor*, n°304301, *RJEP*, avr. 2010, pp. 17-26, p. 20.

[2102] Dans cette affaire très riche étaient notamment en débat la question de la compétence du juge administratif pour se prononcer sur ces sanctions, la définition du domicile ou encore le bien-fondé et la proportionnalité des sanctions infligées en l'espèce.

[2103] Cet article énonce que « 1. Toute personne a droit au respect de sa vie privée et familiale, de son domicile et de sa correspondance. /2. Il ne peut y avoir ingérence d'une autorité publique dans l'exercice de ce droit que pour autant que cette ingérence est prévue par la loi et qu'elle constitue une mesure qui, dans une société démocratique, est nécessaire à la sécurité nationale, à la sûreté publique, au bien-être économique du pays, à la défense de l'ordre et à la prévention des infractions pénales, à la protection de la santé ou de la morale, ou à la protection des droits et libertés d'autrui ».

[2104] Cour EDH, 16 avr. 2002, *Sté Collas Est c/France*, n°37971/97, §41.

poursuivie[2105]. A ce sujet, la Haute juridiction administrative énonce « qu'en raison tant de l'ampleur de ces pouvoirs de visite des locaux professionnels et d'accès aux documents de toute nature qui s'y trouvent que de l'imprécision des dispositions qui les encadrent, cette ingérence ne pourrait être regardée comme proportionnée aux buts en vue desquelles elle a été exercée qu'à la condition d'être préalablement autorisée par un juge ; que, toutefois, la faculté du responsable des locaux de s'opposer à la visite, laquelle ne peut alors avoir lieu qu'avec l'autorisation et sous le contrôle du juge judiciaire, offre une garantie équivalente à l'autorisation préalable du juge ».

833. Cette formulation est extrêmement intéressante. En indiquant que la faculté laissée à l'administré de s'opposer à la visite offre « une garantie équivalente » à une autorisation du juge judiciaire, la Haute juridiction en fait un élément central de la procédure. Si l'administré ne s'oppose pas à la visite ou même consent effectivement à celle-ci[2106], il n'est pas possible de parler d'atteinte au domicile[2107] et dès lors l'intervention du juge judiciaire n'est pas nécessaire. En disant qu'il s'agit d'une « garantie équivalente », le Conseil d'Etat met sur un pied d'égalité, ce qu'indique d'ailleurs

2105 B. PLESSIX note ainsi que « quand l'ampleur des pouvoirs est manifeste, le Conseil d'État dit explicitement que la seule garantie véritablement proportionnée est, préalablement à toute visite administrative, la nécessité d'une autorisation délivrée par un juge » : « Droit administratif », *JCPG*, 29 mars 2010, pp. 674-679, p. 674. En l'espèce, la Haute juridiction administrative estime « qu'en raison tant de l'ampleur de ces pouvoirs de visite des locaux professionnels et d'accès aux documents de toute nature qui s'y trouvent que de l'imprécision des dispositions qui les encadrent, cette ingérence ne pourrait être regardée comme proportionnée aux buts en vue desquelles elle a été exercée qu'à la condition d'être préalablement autorisée par un juge ».

2106 Il y a là une différence qui, si elle paraît anodine à première vue, est extrêmement importante. Une question essentielle était en effet posée par les requérants : pouvait-on considérer comme effectif le droit d'opposition alors que ni les textes ni la pratique de la CNIL ne prévoyaient que ce droit soit notifié au responsable des lieux ? En l'absence de notification, affirmer que l'absence d'opposition équivaut à un consentement est une présomption qui peut se révéler bien loin de la réalité. Le Conseil d'Etat juge alors, à propos de l'absence d'opposition, « qu'une telle garantie ne présente néanmoins un caractère effectif que si le responsable des locaux ou le représentant qu'il a désigné à cette fin a été préalablement informé de son droit de s'opposer à la visite et mis à même de l'exercer ». Constatant que cela n'a pas été le cas en l'espèce, les juges du Palais Royal annulent les sanctions comme prononcées au terme d'une procédure irrégulière. Pour des réflexions sur l'effectivité des droits et notamment celui de consentir ou non, *cf. infra*, n°878 à propos de l'utilisation par les juridictions de la visioconférence.

2107 CONSEIL D'ETAT, *Les pouvoirs de l'administration dans le domaine des sanctions*, *op. cit.*, p. 15. Voir encore P. KAYSER, « Le Conseil constitutionnel protecteur du secret de la vie privée à l'égard des lois », *Mélanges offerts à Pierre Raynaud*, Dalloz et Sirey, 1985, 854 p., pp. 329-348, p. 330.

l'étymologie du terme employé[2108], l'intervention du juge judiciaire et l'absence d'opposition de l'administré, en leur donnant la « même valeur »[2109]. La CNIL, préférant pour des raisons d'efficience se fonder sur le consentement du responsable des locaux, affirme même que le recours au juge présente un caractère « subsidiaire » par rapport à la volonté de l'administré[2110].

834. Suite à cette décision du Conseil d'Etat qui démunit partiellement la CNIL d'un de ses pouvoirs, celle-ci a fait évoluer ses pratiques, indiquant aux responsables des lieux qu'il avait la faculté de s'opposer à la visite[2111]. Elle a également souhaité que la législation évolue afin de conserver la possibilité d'un contrôle inopiné que ne permettait plus cette jurisprudence. Ce sera chose faite trois ans plus tard, mais sans que soit remis en question le caractère simplement alternatif du recours au juge judiciaire[2112].

[2108] Equivalent provient du latin « *aequivalens* », de « *aequivalere* », « avoir une valeur égale ». L'équivalence « désigne en particulier l'assimilation d'un titre, d'un diplôme à un autre ». Voir A. REY (dir.), *Le Robert, Dictionnaire historique de la langue française*, 1998, entrée « Equivalent ». Il est cependant permis de douter de cette équivalence, le Conseil d'Etat se faisant peut-être ici une vision idéalisée de l'administré. Car si ce dernier dispose effectivement de la faculté de s'opposer à la visite, comment savoir qu'il sera à même de la mettre en œuvre dans les faits ? C'est un questionnement semblable qui incite parfois le législateur ou le juge à faire du consentement un élément indifférent, estimant qu'il ne garantit pas toujours suffisamment les droits des administrés ou des justiciables. De manière générale sur ce point, voir *supra*, la section 2 du second chapitre de la deuxième partie.

[2109] J. REY-DEBOVE et A. REY (dir.), *Le Petit Robert*, 2012, 2837 p., à l'entrée « Equivalent », indiquent ainsi deux sens à l'adjectif. Il peut s'agir d'un élément « dont la quantité a la même valeur » qu'un autre, ou bien « qui a la même valeur ou fonction », « dont la portée est semblable ou identique ».

[2110] CNIL, Délibération n°2011-035 du 17 mars 2011 *de la formation restreinte prononçant une sanction pécuniaire à l'encontre de la société GOOGLE Inc.*, disponible sur le site www.legifrance.fr, [15 mars 2015].

[2111] Le Conseil d'Etat a alors eu l'occasion de juger de la régularité de la procédure ainsi modifiée. Dans une décision du 27 juill. 2012, *Sté AIS 2*, n°340026, il l'a estimée conforme à la Convention européenne.

[2112] L'article 44 de la loi fut alors modifié par l'article 7 de la loi n°2011-334 du 29 mars 2011 *relative au Défenseur des droits*, *JORF*, 30 mars 2011, p. 5504. et dispose désormais que « le responsable de locaux professionnels privés est informé de son droit d'opposition à la visite. Lorsqu'il exerce ce droit, la visite ne peut se dérouler qu'après l'autorisation du juge des libertés et de la détention du tribunal de grande instance dans le ressort duquel sont situés les locaux à visiter, qui statue dans des conditions fixées par décret en Conseil d'Etat. Toutefois, lorsque l'urgence, la gravité des faits à l'origine du contrôle ou le risque de destruction ou de dissimulation de documents le justifie, la visite peut avoir lieu sans que le responsable des locaux en ait été informé, sur autorisation préalable du juge des libertés et de la détention. Dans ce cas, le responsable des lieux ne peut s'opposer à la visite ». Quinze ans plus tôt, le Conseil d'Etat indiquait sur ce sujet qu'il ne fallait pas légiférer trop vite, mais laisser la jurisprudence constitutionnelle s'affiner progressivement. Il ajoutait cependant que « chaque fois que l'occasion s'en présente, il faut corriger les dispositions législatives qui, pour des

835. De la même manière l'administration a tout intérêt à recourir, lorsque cela est possible, au consentement de l'administré afin d'éviter d'avoir à s'adresser en cours de procédure au juge administratif.

2. L'économie du recours au juge administratif

836. La saisine du juge administratif, si elle est source de garanties pour les administrés, est également un facteur de complexification lorsqu'elle intervient dans le cours d'une procédure administrative non contentieuse. Cela justifie que l'administration cherche à l'éviter. Elle peut dans certains cas y parvenir en ayant recours au consentement de l'administré, qui permet là encore une réelle simplification tout en offrant à l'administré un niveau de garantie élevé, garanties assurées par le fait qu'il ne s'agit par définition que de renonciations consenties. Deux dispositifs principaux retiendront l'attention. Il s'agira tout d'abord de la procédure d'extradition dite « consentie » ou parfois, à tort, « volontaire »[2113], dont on peut se demander si elle ne constitue pas un bon exemple de procédure dans laquelle il est possible de se passer de l'intervention du juge administratif. Il s'agira ensuite d'étudier un grand nombre d'hypothèses dans lesquelles le recours au juge administratif peut être évité lorsqu'il s'agit pour lui de fixer, pour garantir la protection des administrés, un certain nombre de montants pécuniaires.

837. Si le dispositif relatif à la procédure d'extradition[2114] figure aujourd'hui en droit interne aux articles 696 à 696-47 du Code de procédure pénale, il n'en reste pas moins qu'il s'agit d'une procédure mixte, « à la fois judiciaire et administrative »[2115], si bien que « le droit administratif et le droit

---

raisons qui ne tiendraient qu'à leur ancienneté, apparaissent décalées par rapport aux principes aujourd'hui établis » : *Les pouvoirs de l'administration dans le domaine des sanctions*, La Documentation française, coll. « Les études du Conseil d'Etat », 1995, 197 p., p. 30.

[2113] La procédure n'étant pas à l'initiative de l'individu. Pour une telle critique, voir par exemple la note de Fr. JULIEN-LAFERRIERE sous CE, 27 janv. 1995, *Mme Angelika Voss*, n°164421, *D.*, 1995, juris., pp. 325-327.

[2114] L'extradition consiste en l'opération « par laquelle un Etat remet, sur sa demande, à un autre Etat, un individu qui se trouve sur le territoire du premier, mais qui, pénalement poursuivi ou condamné par le second, est réclamé par celui-ci pour y être jugé ou y subir sa peine » : G. CORNU, *Vocabulaire juridique*, *op. cit.*, entrée « Extradition ». Sur l'extradition en droit administratif en général, voir notamment A. BEAL, « Extradition », *Jcl. adm.*, fasc. n°233-75, 2011.

[2115] X. PIN, *Le consentement en matière pénale*, *op. cit.*, p. 583. Pour une description de la procédure d'extradition, voir notamment, et à titre historique, le titre 2 de la loi du 31 mars 1927 *relative à l'extradition des étrangers*, *JORF*, 11 mars 1927, p. 2874.

de l'extradition entretiennent des rapports étroits et anciens »[2116]. L'administration active en est partie prenante, notamment du fait de l'intervention de services diplomatiques et de sécurité, ou encore, dans la grande majorité des cas, pénitentiaires. Elle l'est encore de manière plus importante par l'intervention du Premier ministre lui-même, qui peut autoriser par décret l'extradition. Le juge judiciaire y participe également, notamment par l'intermédiaire de la chambre de l'instruction qui doit émettre un avis sur la demande d'extradition présentée par l'Etat requérant[2117]. Cette procédure concerne enfin le juge administratif puisqu'il admet que le décret d'extradition ne constitue plus un acte de gouvernement et peut donc être saisi d'un éventuel recours en excès de pouvoir contre celui-ci[2118].

838. Du fait des graves conséquences qu'elle présente pour l'intéressé, la procédure d'extradition offre un « caractère particulièrement contraignant »[2119] et extrêmement formaliste destiné à donner à la personne qui en est l'objet des garanties proportionnées aux enjeux de la procédure. Dès lors, il n'est pas surprenant que des textes aient cherché à la simplifier. Cette simplification vise principalement à accélérer la procédure d'extradition, originairement très lente, cela tant dans l'intérêt de l'entraide pénale que de l'extradable lui-même. Il s'agit, comme le relève un auteur, de passer d'une « course d'obstacles » à une « course de vitesse »[2120]. Parmi différents moyens envisagés[2121] figure la possibilité pour l'individu de renoncer à certaines protections instituées dans son intérêt exclusif en

---

2116 H. LABAYLE, « Le juge et le droit administratif de l'extradition face aux logiques de l'entraide répressive internationale », *RFDA*, 1994, pp. 21-34, p. 21.

2117 Conformément aux articles 696-13 et 693-15 du Code de procédure pénale aujourd'hui et hier en vertu de l'article 14 de la loi du 31 mars 1927 *relative à l'extradition des étrangers*, *JORF*, 11 mars 1927, p. 2874. Il s'agissait alors de la chambre de l'accusation.

2118 Traditionnellement, la Haute juridiction administrative considérait le décret d'extradition comme un acte de gouvernement. *Cf.* par exemple CE, 2 juill. 1836, *Boidron*, *R.*, p. 330. Le revirement est postérieur à la loi de 1927, puisqu'il résulte de la décision CE, Ass., 28 mai 1937, *Decerf*, *R.*, p. 534. Sur ce point, voir E. ROLIN, *Le Conseil d'Etat, juge de l'extradition*, LGDJ, coll. « Systèmes », 1999, 176 p., pp. 23-46. L'auteur consacre par ailleurs une section entière à l'extradition volontaire, pp. 74-79.

2119 P. WACHSMANN, *Libertés publiques*, *op. cit.*, p. 443. Historiquement, l'extradition n'a pas toujours présenté ces caractères, celle-ci ayant été pendant longtemps un acte purement politique que les souverains se consentaient mutuellement.

2120 M. MASSE, « L'entraide judiciaire internationale version française (suite) », *RSC*, oct.-déc. 2004, pp. 978-982, p. 981.

2121 Parmi ceux-ci on peut noter la réduction des garanties procédurales rendues aujourd'hui moins nécessaires par le rapprochement des législations pénales, particulièrement significatif pour les Etats européens. A ce sujet, voir notamment D. RICHARD, « Une contribution européenne aux tendances actuelles du droit extraditionnel : la Convention du 27 septembre 1996 », *JCPG*, 1997, I, n°3988, pp. 1-7.

consentant formellement à son extradition. Sans doute s'agit-il d'ailleurs d'un des exemples les plus topiques dans lequel l'individu peut renoncer aux « faveurs encombrantes de la loi »[2122].

839. Cette volonté de simplification par le recours au consentement de l'intéressé est une constante du droit extraditionnel pour sa « capacité à concilier à la fois l'exigence de rapidité et les garanties offertes à l'extradé »[2123]. L'article 15 de loi du 31 mars 1927 prévoyait déjà que l'intéressé pouvait déclarer renoncer au bénéfice de cette loi et consentir à être livré aux autorités du pays requérant[2124]. Plus récemment, une convention européenne signée le 10 mars 1995 prévoyait la même possibilité[2125], qui faisait ainsi du consentement le « centre de gravité de la convention »[2126]. De la même manière, l'article 696-13 du Code de

---

[2122] J.-D. BREDIN, « Les renonciations au bénéfice de la loi en droit privé français », dans *Travaux de l'association Henri Capitant*, tome XIII, *op. cit.*, pp. 355-380, p. 360.

[2123] E. CRABIT, *Recherches sur la notion d'espace judiciaire européen*, Lille, Atelier national de reproduction des thèses, 1988, 588 p., p. 98.

[2124] L'article 15 de la loi du 10 mars 1927 *relative à l'extradition des étrangers*, *JORF*, 11 mars 1927, p. 2874, énonçait que « si, lors de sa comparution, l'intéressé déclare renoncer au bénéfice de la présente loi et consent formellement à être livré aux autorités du pays requérant, il est donné acte par la Cour de cette déclaration. Copie de cette décision est transmise sans retard par les soins du procureur général au ministre de la justice pour toutes fins utiles ». Cette loi a été abrogée par l'article 20 de la loi n°2004-204 du 9 mars 2004 *portant adaptation de la justice aux évolutions de la criminalité*, *JORF*, 10 mars 2004, p. 4567, texte n°1, en même temps que son article 17 introduisait dans le Code de procédure pénale le dispositif actuel relatif à l'extradition.

[2125] *Convention établie sur la base de l'article K3 du traité sur l'Union européenne, relative à la procédure simplifiée d'extradition entre les États membres de l'Union européenne*, *JOCE*, 30 mars 1995, n°C78, p. 2. A propos de ce texte, voir notamment D. RICHARD, « Tendances actuelles du droit extraditionnel. Jurisprudence du Conseil d'Etat et Convention européenne du 10 mars 1995 », *JCPG*, 1996, I, n°3917, pp. 127-133.

[2126] F.-R. PAULINO PEREIRA, « Convention relative à la procédure simplifiée d'extradition entre les Etats membres de l'Union européenne », *Revue du Marché commun et de l'Union européenne*, n°391, oct. 1995, pp. 521-524, p. 522. L'auteur estime, p. 521, que la procédure simplifiée a vocation à concerner un tiers des cas d'extradition. Cela permet de se rendre compte des gains d'efficacité qu'elle permet, notamment la réduction de la durée de la procédure, dans l'intérêt commun des Etats et de l'intéressé lui-même. Le mandat d'arrêt européen remplace aujourd'hui, dans de nombreuses hypothèses, ce dispositif. Voir : Décision-cadre du Conseil du 13 juin 2002 *relative au mandat d'arrêt européen et aux procédures de remise entre Etats membres*, 2002/584/JAI, *JOCE*, 18 juill. 2002, L. 190/1 à 12. Sur le mandat d'arrêt européen, voir en premier lieu les articles 695-11 à 695-58 du Code de procédure pénale. *Cf.* encore et notamment, en plus des ouvrages de droit pénal ou de procédure pénale : S. PETIT-LECLAIR, « La mise en œuvre du mandat d'arrêt européen », dans F. JAULT-SESEKE, J. LELIEUR et Chr. PIGACHE (dir.), *L'espace judiciaire européen civil et pénal. Regards croisés*, Dalloz, coll. « Thèmes et commentaires. Actes », 2009, 188 p., pp. 99-105 ; I. JEGOUZO, « Le mandat d'arrêt européen ou la première concrétisation de l'espace judiciaire européen », *Gaz. Pal.*, 21-22 juill. 2004, pp. 2311-2313.

procédure pénale dispose que « lorsque la personne réclamée a déclaré au procureur général consentir à son extradition, la chambre de l'instruction est immédiatement saisie de la procédure ». Dans un tel cas, la procédure se trouve encadrée dans des délais très stricts, puisque le même article prévoit que « la personne réclamée comparaît devant elle dans un délai de cinq jours ouvrables à compter de la date de sa présentation au procureur général ». L'article 696-14 du même code énonce que « si, lors de sa comparution, la personne réclamée déclare consentir à être extradée et que les conditions légales de l'extradition sont remplies, la chambre de l'instruction, après avoir informé cette personne des conséquences juridiques de son consentement, lui en donne acte dans les sept jours à compter de la date de sa comparution ». Dès lors, il revient ensuite au Gouvernement de contrôler que les conditions de l'extradition sont remplies avant de prendre, le cas échéant, le décret d'extradition.

840. Reste à savoir précisément l'influence de ce consentement sur le recours au juge administratif. Il ne concerne pas en effet que la partie judiciaire de la procédure d'extradition. S'il est relevé par la chambre de l'instruction, il intéresse aussi le juge administratif. Le Conseil d'Etat a reconnu en 1995, dans une décision de la Section du contentieux, *Mme Angelika Voss*, qu'un décret était nécessaire même en cas d'extradition consentie et que la personne ayant donné son consentement était tout de même recevable à contester la légalité du décret en résultant[2127]. Conformément à cette jurisprudence, le Conseil d'Etat a été amené à plusieurs reprises à statuer sur la légalité de décrets d'extradition. Mais, loin de simplifier le travail de la Haute juridiction administrative, le consentement de la personne extradable impose au juge des contrôles supplémentaires. Car même s'il se refuse à contrôler la validité de la renonciation à la procédure normale d'extradition[2128], il en contrôle tout de même l'existence[2129].

[2127] CE, Sect., 27 janv. 1995, *Mme Angelika Voss*, n°164421 ; *JCPG*, 1995, IV, n°2680, p. 335, *D.*, 1995, juris., pp. 325-327, note Fr. JULIEN-LAFERRIERE. Sur cette décision voir notamment E. ROLIN, *Le Conseil d'Etat, juge de l'extradition*, *op. cit.*, qui y consacre d'importants développements dans sa section relative à l'extradition volontaire, pp. 74-79, ainsi que les éclairantes conclusions du commissaire du gouvernement R. HABRAHAM, « La nécessité d'un décret d'extradition même en cas de consentement de l'extradé », *RFDA*, 1995, pp. 1009-1016.

[2128] CE, 18 juin 1997, *Gaillard*, n°172604. La haute juridiction administrative affirme notamment, face à un requérant soutenant que sa renonciation n'était pas valide en raison de l'état dans lequel il se trouvait lorsqu'il l'a formulée, qu' « il n'appartient pas au Conseil d'Etat de contrôler la validité d'une telle renonciation ». Pour des solutions semblables, voir encore CE, 14 mars 2001, *Kunz*, n°220206 et CE, 3 mars 2003, *Zemeli*, n°248353.

[2129] Voir notamment CE, 23 mai 2003, *Rigo*, n°250162 : « Considérant qu'il ressort des mentions du décret attaqué que Mme X avait renoncé, devant la chambre de l'instruction de la

841. Dès lors, il n'apparaît pas possible de développer davantage, dans un paragraphe relatif à l'économie du recours au juge administratif, la question de l'extradition consentie. Si le consentement de l'intéressé simplifie le travail du juge judiciaire et de l'administration pénitentiaire et par ce moyen concourt à l'efficience de cette procédure, il complique potentiellement, en cas de recours, celui du juge administratif, en l'occurrence du Conseil d'Etat[2130].

842. Tel n'est pas en revanche le cas des hypothèses dans lesquelles le consentement de l'administré évite effectivement tout recours au juge administratif. Certains dispositifs présentent cet avantage, par exemple lorsqu'il est question de fixer le montant d'une indemnité due à l'administré ou bien au contraire lorsqu'il s'agit d'établir la somme que doit payer l'administré à l'administration.

843. Dans un certain nombre de situations l'administration est tenue de payer des indemnités à l'administré, du fait par exemple de dommages qu'elle aurait causés à sa propriété. Si dans certaines hypothèses le juge judiciaire, gardien de la propriété privée, est nécessairement saisi, dans d'autres il ne l'est qu'à défaut d'accord amiable entre l'administration et l'administré[2131]. Dans d'autres enfin, c'est le juge administratif qui doit être saisi si l'administration et l'administré ne parviennent pas à s'accorder sur le montant des indemnités. On retrouve dès lors un mécanisme semblable à celui qui a déjà été envisagé lorsqu'il était question de l'expression « à défaut d'accord amiable ».

844. Tel est notamment le cas pour l'indemnisation d'un certain nombre de servitudes. Dans la mesure où elles n'entraînent pas de dépossession, elles relèvent de la compétence du juge administratif[2132]. Ainsi en va-t-il de la servitude d'occupation temporaire et d'extraction de matériaux destiner à favoriser l'exécution des travaux publics[2133]. L'article 10 de la loi du

---

cour d'appel de Montpellier, au bénéfice de la loi du 10 mars 1927 et consenti formellement à être remise aux autorités slovaques, alors qu'il est constant, ainsi que cela ressort de l'avis même de la cour d'appel, qu'elle avait, au contraire, demandé à cette juridiction d'émettre un avis défavorable à son extradition ; qu'ainsi le décret accordant l'extradition de la requérante aux autorités slovaques est fondé sur un motif erroné et, par suite entaché d'illégalité ».

[2130] Ces quelques développements relatifs à l'extradition consentie auront par ailleurs permis de constater, s'il en était besoin, que la recherche de simplification par le recours au consentement semble être une donnée importante de toutes les branches du droit.

[2131] Pour des exemples d'un tel mécanisme, *cf. supra*, n°827.

[2132] A moins qu'elles puissent s'analyser comme des emprises irrégulières ou même des voies de fait. Dans ce cas, la réparation ressortit à la compétence du juge judiciaire.

[2133] Sur ce mécanisme, voir notamment J.-M. AUBY, P. BON, J.-B. AUBY et a., *Droit administratif des biens*, Dalloz, coll. « Précis », 6ème éd., 2011, 742 p., pp. 389-394 et N. FOULQUIER, *Droit administratif des biens*, LexisNexis, coll. « Manuel », 2ème éd., 2013, 748 p., pp. 660-667.

29 décembre 1892 prévoit ainsi qu' « immédiatement après la fin de l'occupation temporaire des terrains et à la fin de chaque campagne, si les travaux doivent durer plusieurs années, la partie la plus diligente, à défaut d'accord amiable sur l'indemnité, saisit le tribunal administratif pour obtenir le règlement de cette indemnité conformément à la loi du 22 juillet 1889 »[2134]. Un mécanisme semblable résulte de l'article R. 152-14 du Code rural et de la pêche maritime qui énonce, à propos de servitudes relatives à des canalisations souterraines dans les terrains privés non bâtis[2135], que « l'indemnisation des dommages résultant des travaux est fixée, à défaut d'accord amiable, par le tribunal administratif en premier ressort »[2136]. De la même manière, l'article L. 141-7 alinéa 1er du Code forestier dispose que « les indemnités qui pourraient être réclamées par les propriétaires et les titulaires d'un droit d'usage, dans le cas où le classement de leurs bois et forêts en forêt de protection entraînerait une diminution de revenu, sont réglées [...] soit par accord direct avec l'administration, soit, à défaut, par décision de la juridiction administrative ». Il en est encore de même en ce qui concerne l'indemnisation des servitudes résultant de l'instauration d'une réserve permanente de pêche[2137] ou encore celle des servitudes d'urbanisme, lorsqu'elles ouvrent le droit à indemnités[2138].

2134 Loi du 29 déc. 1892 *relative aux dommages causés à la propriété privée par l'exécution des travaux publics*, *JORF*, 30 déc. 1892, p. 6319. Cette loi présente encore d'autres mécanismes semblables, notamment pour établir le procès-verbal d'état des lieux précédant le début des travaux. A défaut de convention amiable et si le propriétaire refuse de signer l'état des lieux dressé contradictoirement entre l'administration et la personne désignée d'office pour représenter le propriétaire, c'est un expert désigné par le président du tribunal administratif qui établit celui-ci, selon l'article 7 al. 4 de la même loi. Pour des applications jurisprudentielles, voir notamment CE, 14 janv. 1976, *Min. de l'agriculture c/Dospital et asso. syndicale d'amélioration rurale de Labenne*, *R.*, p. 30 et CAA, Nantes, 8 nov. 2005, n°05NT01153 ; *AJDA*, 2006, pp. 1164-1165, concl. D. ARTUS. Voir encore TC, 5 juill. 1999, n°03121.

2135 L'article L. 152-1 du Code rural et de la pêche maritime prévoit, « au profit des collectivités publiques, des établissements publics ou des concessionnaires de services publics qui entreprennent des travaux d'établissement de canalisations d'eau potable ou d'évacuation d'eaux usées ou pluviales », l'existence d' « une servitude leur conférant le droit d'établir à demeure des canalisations souterraines dans les terrains privés non bâtis, excepté les cours et jardins attenant aux habitations ».

2136 L'article R. 152-13 du même code dispose en revanche que « le montant des indemnités dues en raison de l'établissement de la servitude est fixé conformément aux dispositions en vigueur en matière d'expropriation pour cause d'utilité publique », c'est-à-dire, à défaut d'accord amiable, par le juge de l'expropriation, comme l'indique l'article L. 311-5 du Code de l'expropriation pour cause d'utilité publique qui énonce qu' « à défaut d'accord sur le montant des indemnités, celles-ci sont fixées par le juge de l'expropriation ».

2137 L'article R. 436-77 du Code de l'environnement énonce ainsi que « le propriétaire riverain, privé totalement de l'exercice de son droit de pêche plus d'une année entière, peut adresser une demande d'indemnité au préfet. Celui-ci lui propose une indemnité, dont le

845. Permettre, dans ces hypothèses et dans d'autres encore[2139], à l'administration et à l'administré de s'entendre sur le montant des indemnités évite ainsi un recours au juge administratif augmentant l'encombrement des rôles et préjudiciable à la célérité et à l'efficacité de l'action administrative. Reposant sur le consentement de l'administré, cet évitement du recours au juge n'en reste pas moins protecteur de ses intérêts[2140].

846. Ces avantages font qu'il n'est pas surprenant que ce type de mécanisme soit également prévu par les textes lorsque c'est l'administré qui doit payer à l'administration des redevances. Tel est par exemple le cas à propos de contributions spéciales qui peuvent être imposées à certains usagers détériorant de manière anormale les routes départementales[2141] : « à défaut d'accord amiable, elles sont réglées annuellement sur la demande des départements par les tribunaux administratifs, après expertise, et recouvrées comme en matière d'impôts directs »[2142].

---

montant doit être accepté par écrit. /A défaut d'accord amiable, l'indemnité est fixée par le tribunal administratif ».

[2138] Le Code de l'urbanisme énonce ainsi en son article L. 160-5 que « n'ouvrent droit à aucune indemnité les servitudes instituées par application du présent code en matière de voirie, d'hygiène et d'esthétique [...]. Toutefois, une indemnité est due s'il résulte de ces servitudes une atteinte à des droits acquis ou une modification à l'état antérieur des lieux déterminant un dommage direct, matériel et certain ; cette indemnité, à défaut d'accord amiable, est fixée par le tribunal administratif ».

[2139] Voir encore, par exemple, l'article 2 de la loi n°43-374 du 6 juill. 1943 *relative à l'exécution des travaux géodésiques et cadastraux et à la conservation des signaux, bornes et repères*, *JORF*, 15 juill. 1943, p. 1881.

[2140] Du moins est-il permis de le penser *a priori*, les textes ne prévoyant pas de garanties particulières relatives à la manifestation de la volonté de l'administré étant donné les enjeux relativement modestes dont il est question.

[2141] *Cf.* l'article L. 131-8 du Code de la voirie routière qui énonce que « toutes les fois qu'une route départementale entretenue à l'état de viabilité est habituellement ou temporairement soit empruntée par des véhicules dont la circulation entraîne des détériorations anormales, soit dégradée par des exploitations de mines, de carrières, de forêts ou de toute autre entreprise, il peut être imposé aux entrepreneurs ou propriétaires des contributions spéciales, dont la quotité est proportionnée à la dégradation causée ».

[2142] Article L. 131-8 al. 3 du Code de la voirie routière. Il en est de même en ce qui concerne les routes communales. Le troisième alinéa de l'article L. 141-9 du même code est rédigé de manière semblable, à la seule différence que la demande émane logiquement de la commune et non du département. Ce mécanisme est encore repris à propos des chemins ruraux puisque l'article L. 161-8 du Code rural et de la pêche maritime dispose que « des contributions spéciales peuvent, dans les conditions prévues pour les voies communales par l'article L. 141-9 du code de la voirie routière, être imposées par la commune ou l'association syndicale mentionnée à l'article L. 161-11 aux propriétaires ou entrepreneurs responsables des dégradations apportées aux chemins ruraux ». Pour des exemples jurisprudentiels, voir par exemple TC, 22 juin 1992, n°02675 ou CAA, Nancy, 20 nov. 2014, n°13NC01928.

847. Qu'il s'agisse pour l'administration d'indemniser l'administré ou pour celui-ci de dédommager celle-là, les textes prévoient donc fréquemment que l'administré[2143] puisse renoncer à certaines garanties que lui fournissent la procédure administrative non contentieuse et le recours ponctuel au juge, qu'il soit administratif ou judiciaire. Cette renonciation est également favorable à l'efficience de l'action administrative lorsqu'elle intervient dans le domaine de l'expropriation.

B. Le cas particulier de l' « expropriation consentie »

848. Le consentement du propriétaire d'un bien immobilier que l'administration envisage d'acquérir peut intervenir en dehors de toute procédure d'expropriation pour cause d'utilité publique[2144]. Ces acquisitions amiables sont en principe semblables à celles du droit privé et relèvent, en cas de contentieux, du juge judiciaire, qui leur appliquera « les règles du droit civil »[2145].

849. Le consentement des propriétaires peut aussi intervenir dans le cadre d'une procédure d'expropriation pour cause d'utilité publique. Parce qu'elle remet en cause la propriété, droit « inviolable et sacré »[2146], l'expropriation est présentée comme une « prérogative de la puissance publique particulièrement exorbitante »[2147] et constitue la technique « la plus remarquable et la plus importante » de celles auxquelles « la puissance publique peut avoir recours pour *imposer* aux membres de la collectivité des prestations exigées par l'intérêt général »[2148]. Dès lors, expropriation et contrat semblent être deux techniques juridiques « aux antipodes l'une de

---

[2143] Puisque c'est essentiellement pour lui que sont instaurées les procédures de protection, l'administration étant normalement à même de défendre ses intérêts face aux administrés ou à ses partenaires. Cette affirmation mériterait cependant d'être nuancée aujourd'hui, dans la mesure où il n'est pas évident de déterminer *a priori* qui d'une petite commune ou d'une société multinationale se trouve en position avantageuse.

[2144] Pour une présentation des différentes manières dont l'administration peut acquérir la propriété de biens meubles ou immeubles, voir notamment C. CHAMARD-HEIM, « Les propriétés publiques », dans P. GONOD, F. MELLERAY, Ph. YOLKA (dir.), *Traité de droit administratif*, *op. cit.*, tome 2, pp. 283-341, spéc. pp. 312-313, où l'auteur oppose les modes d'acquisition de droit commun à ceux de droit public.

[2145] Article L. 1111-1 du Code général de la propriété des personnes publiques.

[2146] Article 17 de la Déclaration des droits de l'homme et du citoyen.

[2147] Y. GAUDEMET, *Traité de droit administratif*, tome 2, *Droit administratif des biens*, LGDJ, 15ème éd., 2014, 691 p., p. 418.

[2148] R. CHAPUS, *Droit administratif général*, *op. cit.*, tome 2, p. 683.

l'autre »[2149] et « traiter d'accords amiables dans l'exercice d'une prérogative de Puissance Publique, aussi exorbitante du droit commun, que celle de l'expropriation, peut sembler paradoxal »[2150].

850. Malgré cela, le consentement de l'exproprié n'est pas nécessairement impensable et comme le dit Etienne FATOME, il y a « place pour le contrat dans le cadre de la procédure d'expropriation »[2151]. Plusieurs manifestations du consentement peuvent effectivement émaner de l'exproprié. Bien qu'elles concernent la phase judiciaire de la procédure, il ne semble pas illégitime d'en faire état dans la mesure où l'expropriation pour cause d'utilité publique fait indéniablement partie des grands chapitres du droit administratif des biens. Or celui-ci s'intéresse tant à la phase administrative de la procédure qu'à sa phase judiciaire. C'est la raison pour laquelle le consentement de l'exproprié mérite d'être étudié, d'autant plus qu'il l'est en général assez peu, alors même qu'il constitue l'essentiel de deux techniques très fréquemment utilisées. Il apparaît alors intéressant de rendre compte de la présentation qui en est généralement donnée (1), avant de montrer comment ces mécanismes, par leurs effets et leur fréquence, concourent activement à une plus grande efficience de l'administration (2).

1. Une présentation classique marginalisant le consentement

851. Le consentement de l'exproprié peut se manifester à deux moments de la procédure d'expropriation pour cause d'utilité publique. Le premier, la « cession amiable », concerne et le transfert de propriété et le montant des indemnités. C'est « un acte volontaire qui suppose l'accord des parties, à la fois sur le principe de la vente et du prix, dont le contentieux relève du juge judiciaire de droit commun »[2152]. Le second, appelé « traité d'adhésion »[2153]

2149 E. FATOME, « Expropriation et contrat », *JCPA*, n°8, 21 fév. 2011, pp. 50-53, p. 50. L'auteur indique qu'expropriation et contrat « sont aux antipodes l'une de l'autre puisque l'expropriation est une technique juridique qui repose sur la contrainte alors que le contrat, lui, repose sur le consentement, sur le fait que les parties consentent à ce à quoi elles s'engagent ».

2150 J. LEMASURIER, « Les accords amiables et le droit de l'expropriation », dans *Le rôle de la volonté dans les actes juridiques. Etudes à la mémoire du professeur Alfred Rieg*, *op. cit.*, pp. 665-580, p. 565.

2151 E. FATOME, « Expropriation et contrat », *op. cit.*, p. 50.

2152 J. LEMASURIER, « Les accords amiables et le droit de l'expropriation », *op. cit.*, p. 566.

2153 Pour une telle appellation, voir notamment J.-M. AUBY, P. BON, J.-B. AUBY et a., *Droit administratif des biens*, *op. cit.*, p. 700 ; Ch. DEBBASCH, J. BOURDON, J.-M. PONTIER et a., *Droit administratif des biens*, PUF, coll. « Thémis droit public », 2ème éd., 1994, 366 p., p. 232 ou encore J. MORAND-DEVILLER, *Droit administratif des biens*, Montchrestien, coll. « Cours », 7ème éd., 2012, 722 p., p. 439.

ou « adhésion à l'expropriation »[2154], a des conséquences moins importantes. Il s'agit plus simplement d' « une convention passée entre expropriant et exproprié après l'ordonnance d'expropriation, par laquelle les deux parties se mettent d'accord sur le montant des indemnités »[2155]. L'un comme l'autre relèvent en principe, en cas de contentieux, du juge judiciaire de droit commun[2156].

852. Ces deux types d'accords résultent directement de la lettre même du Code de l'expropriation pour cause d'utilité publique. Celui-ci énonce en effet que « le transfert de propriété des immeubles ou de droits réels immobiliers faisant l'objet d'une procédure d'expropriation est opéré, *à défaut de cession amiable*, par voie d'ordonnance du juge de l'expropriation »[2157] ou encore qu' « *à défaut d'accord* sur le montant des indemnités, celles-ci sont fixées par le juge de l'expropriation »[2158]. Cette volonté de privilégier l'accord amiable sur la contrainte en matière d'expropriation ne date pas seulement du 1er janvier 2015, jour de l'entrée en vigueur nouveau code de l'expropriation[2159]. Il s'agit au contraire d'une constante du droit de l'expropriation. L'ancien code[2160] et l'ordonnance de 1958 *portant réforme des règles relatives à l'expropriation pour cause d'utilité publique*[2161] mentionnaient déjà ces accords amiables. Même la loi du 8 mars 1810 y faisait référence à plusieurs reprises, certes de manière plus discrète[2162].

2154 Y. GAUDEMET, *Traité de droit administratif*, tome 2, *Droit administratif des biens*, *op. cit.*, p. 489. On retrouve encore parfois l'expression « acte d'adhésion ». Voir notamment J.-M. AUBY, P. BON, J.-B. AUBY et a., *Droit administratif des biens*, *op. cit.*, p. 700.

2155 P. LOQUET, « L'accord amiable dans la procédure ordinaire d'expropriation. L'exemple du département du Nord », *AJPI*, avr. 1976, pp. 278-293, p. 286.

2156 Voir notamment, Cass., Civ. 3ème, 10 juill. 2013, n°12-13362.

2157 Article L. 220-1 du Code de l'expropriation pour cause d'utilité publique. Nous soulignons.

2158 Article L. 311-5 du Code de l'expropriation pour cause d'utilité publique. Souligné par nous. Sur les généralités concernant la procédure d'indemnisation, voir les articles L. 311-1 à L 311-9 de ce code.

2159 *Cf.* l'article 8 de l'ordonnance n°2014-1345 du 6 nov. 2014 *relative à la partie législative du code de l'expropriation pour cause d'utilité publique*, *JORF*, 11 nov. 2014, p. 19003, texte n°7.

2160 Voir notamment les articles L. 12-1 et L. 13-1.

2161 Ordonnance n°58-997 du 23 oct. 1958 *portant réforme des règles relatives à l'expropriation pour cause d'utilité publique*, *JORF*, 24 nov. 1958, p. 9694. Son article 6 énonçait qu' « à défaut d'accord amiable, le transfert de propriété des immeubles ou des droits réels immobiliers est prononcé [...] » par le juge et son article 12 qu' « à défaut d'accord amiable, les indemnités sont fixées, dans chaque département, par un magistrat du tribunal civil [...] ».

2162 Loi du 8 mars 1810 *sur les expropriations pour cause d'utilité publique*, *Duvergier*, tome 17, p. 46. Son article 12 énonçait, dans un titre relatif aux « mesures d'administration relatives à l'expropriation », que « lorsque les propriétaires souscriront à la cession qui leur

853. Malgré la continuité des textes, les accords amiables sont assez peu évoqués par les auteurs traitant du droit de l'expropriation[2163]. Certains ouvrages généraux de droit administratif des biens n'y font pas référence dans leur index et ne semblent pas traiter de cette question, du moins de manière développée[2164]. D'autres ouvrages y font référence, mais n'y consacrent alors en général que quelques brefs paragraphes[2165]. Même certains ouvrages ou publications spécialisés ne traitent que relativement brièvement des accords amiables[2166].

854. Par ailleurs, lorsque ces accords amiables sont évoqués, ils le sont généralement dans des développements relatifs aux incidents de

---

sera demandée, ainsi qu'aux conditions qui leur seront proposées par l'administration, il sera passé, entre ces propriétaires et le préfet, un acte de vente qui sera rédigé dans la forme des actes d'administration, et dont la minute restera déposée aux archives de la préfecture ». L'article 13, inséré dans un titre relatif à « la procédure devant le tribunal » et dans un paragraphe relatif à l'expropriation faisait référence à l'arrêté du préfet, « à défaut de convention entre les parties ». Dans le même titre enfin, mais cette fois-ci dans un paragraphe relatif aux indemnités, l'article 16 prévoyait le recours au juge « dans tous les cas où l'expropriation sera reconnue ou jugée légitime, et où les parties ne resteront discordantes que sur le montant des indemnités dues aux propriétaires ».

[2163] Il serait intéressant d'étudier les raisons d'un tel état de choses. Sans doute faudrait-il alors, parmi différents éléments, évoquer le fait que ces accords échappent largement au contentieux et par conséquent à la réflexion juridique. Sur cette question, voir J. RIVERO, « Remarques à propos du pouvoir hiérarchique », *op. cit.*, p. 155.

[2164] Ainsi est-il possible de citer, sous réserve de plus amples vérifications, R. CHAPUS, *Droit administratif général*, *op. cit.*, tome 2, ou Ph. GODFRIN et M. DEGOFFE, *Droit administratif des biens. Domaine, travaux, expropriation*, Sirey, coll. « Sirey Université », 10ème éd., 2012, 473 p.

[2165] Voir notamment J.-M. AUBY, P. BON, J.-B. AUBY et a., *Droit administratif des biens*, *op. cit.*, pp. 699-700 ; S. BOUSSARD et Chr. LE BERRE, *Droit administratif des biens*, LGDJ, coll. « Manuel », 2014, 474 p., pp. 433-435 ; Ch. DEBBASCH, J. BOURDON, J.-M. PONTIER et a., *Droit administratif des biens*, PUF, coll. « Thémis droit public », 2ème éd., 1994, 366 p., p. 231 et p. 239 ; N. FOULQUIER, *Droit administratif des biens*, LexisNexis, 2ème éd., 2013, 748 p., p. 507 ; Chr. GUETTIER, *Droit administratif des biens*, PUF, coll. « Thémis droit », 2008, 474 p., pp. 425-426 ; Y. GAUDEMET, *Traité de droit administratif*, tome 2, *Droit administratif des biens*, LGDJ, 15ème éd., 2014, 691 p., p. 482 et pp. 488-489 ; Chr. LAVIALLE, *Droit administratif des biens*, PUF, coll. « Droit fondamental », 1996, 395 p., pp. 354-355 ou encore J. MORAND-DEVILLER, *Droit administratif des biens*, *op. cit.*, p. 439 et p. 448.

[2166] Voir par exemple : R. HOSTIOU et J.-Fr. STRUILLOU, *Expropriation et préemption. Aménagement, urbanisme, environnement*, Litec, 4ème éd, 2011, 622 p., n°217 et 218, ainsi que n°226 à n°229 et n°260 ; R. HOSTIOU, « Expropriation pour cause d'utilité publique. Transfert de propriété », *Jcl. Collectivités territoriales*, fasc. n°1216, 2015, n°23 et n°24 ; « Expropriation pour cause d'utilité publique. Evaluation et indemnisation du bien exproprié », *Jcl. Collectivités territoriales*, fasc. n°1217, 2015, n°1 à n°5 ou encore M. SOUSSE, « Expropriation. Transfert de propriété », *Jcl. adm.*, fasc. n°400-14, 2014, n°55 à n°59.

procédure[2167]. Tel est le cas par exemple pour l'ouvrage de Jean-Marie AUBY, Pierre BON et Jean-Bernard AUBY. C'est dans un chapitre intitulé « Les incidents », que les auteurs développent la question des cessions amiables[2168]. De même, Yves GAUDEMET traite des cessions amiables dans une sous-section consacrée aux « incidents de la procédure normale » [2169]. Il convient cependant de noter que l'auteur indique, dans la dernière édition de son traité et après avoir relevé que la cession amiable « bénéfice d'une préférence », que « c'est donc un peu abusivement qu'on la présente ici comme un incident de la procédure normale »[2170]. Force est en effet de constater que la pratique est bien différente de la théorie puisque la place du contrat dans la phase judiciaire de l'expropriation « est en pratique extrêmement importante »[2171]. Une telle différence entre la réalité et la représentation qui en est donnée[2172] incite à étudier ce mécanisme en prenant davantage en compte les réalités concrètes qui s'y rapportent, intimement liées à des considérations d'efficience.

[2167] Les accords amiables sont encore évoqués lorsqu'il est question de la fixation, par le juge de l'expropriation, du montant des indemnités relatives à des biens qui, bien que compris dans une même opération d'expropriation, n'ont pas fait l'objet d'accords amiables. L'alinéa 1er de l'article L. 322-8 du Code de l'expropriation pour cause d'utilité publique énonce notamment que le juge tient compte des « accords intervenus entre l'expropriant et les divers titulaires de droits à l'intérieur du périmètre des opérations faisant l'objet d'une déclaration d'utilité publique et les prend pour base lorsqu'ils ont été conclus avec au moins la moitié des propriétaires intéressés et portent sur les deux tiers au moins des superficies concernées ou lorsqu'ils ont été conclus avec les deux tiers au moins des propriétaires et portent sur la moitié au moins des superficies concernées ». Sur ce point, voir notamment M. SOUSSE, « Expropriation pour cause d'utilité publique. Indemnités », *Jcl. adm.*, fasc. n°400-16, 2015, n°84 à n°86.

[2168] J.-M. AUBY, P. BON, J.-B. AUBY et a., *Droit administratif des biens*, *op. cit.*, pp. 699-700.

[2169] Y. GAUDEMET, *Traité de droit administratif*, tome 2, *Droit administratif des biens*, *op. cit.*, pp. 488-492.

[2170] *Ibid.*, p. 488.

[2171] E. FATOME, « Expropriation et contrat », *op. cit.*, p. 53.

[2172] J. LEMASURIER, qui a particulièrement étudié la question des accords amiables, met bien en lumière ce décalage. Elle affirme ainsi que « l'accord amiable est généralement présenté comme un incident de procédure, mais dans la pratique on estime à 90% le nombre d'acquisitions publiques réalisées à l'amiable, alors que l'intervention du juge de l'expropriation reste marginale » : *Le droit de l'expropriation*, Economica, 3ème éd., 2005, 686 p., p. 239.

2. Une pratique administrative recourant fréquemment au consentement de l'exproprié

855. Dans la pratique administrative de l'expropriation pour cause d'utilité publique, le recours aux accords amiables, qu'il s'agisse de la cession amiable ou du traité d'adhésion, est très fréquent. Deux principaux facteurs explicatifs doivent être mentionnés. Le premier tient tout d'abord au droit positif. La recherche d'accord amiable avec l'exproprié résulte explicitement du Code de l'expropriation pour cause d'utilité publique, qu'il s'agisse du transfert de propriété ou plus simplement de la fixation des indemnités d'expropriation[2173]. Dans ce but, « l'expropriant notifie le montant de ses offres et invite les expropriés à faire connaître le montant de leur demande »[2174], afin qu'ils puissent éventuellement les accepter ou au contraire faire une offre différente à l'expropriant. Le juge veille d'ailleurs au respect de cette formalité[2175].

856. Le second facteur d'explication tient aux avantages que présente la conclusion d'accords amiables par rapport à la saisine du juge de l'expropriation. Les auteurs ayant étudié plus particulièrement ces accords relèvent notamment qu'ils se justifient en partie par la lenteur de la procédure normale d'expropriation. Jeanne LEMASURIER indique que la cession amiable « répond au même objectif que la procédure d'extrême urgence quant à la prise de possession rapide des terrains »[2176]. Etienne FATOME estime également que « l'intérêt présenté par ces deux types de contrat aussi bien pour l'expropriant que pour l'exproprié est évident puisque leur conclusion permet à l'expropriant d'entrer plus vite en possession et à l'exproprié de toucher l'indemnité plus rapidement »[2177].

[2173] Voir notamment les articles L. 220-1 et L. 311-5 du code de l'expropriation pour cause d'utilité publique.

[2174] Article L. 311-4 du Code de l'expropriation pour cause d'utilité publique.

[2175] CE, 15 juill. 1964, *Min. de la Construction c/Cts Lefrançois*, *R.*, p. 425. La décision énonce que « si une tentative d'accord amiable doit précéder l'acquisition par les collectivités publiques des immeubles susceptibles d'être expropriés pour cause d'utilité publique, cette obligation n'est prévue, ni avant l'arrêté portant déclaration d'utilité publique, ni avant l'arrêté de cessibilité ; qu'ainsi la circonstance qu'aucune tentative d'accord amiable n'ait été faite par l'administration n'est pas de nature à entacher d'illégalité l'arrêté déclaratif d'utilité publique et l'arrêté de cessibilité ». Pour des formulations voisines, voir encore CE, 20 janv. 1971, *Cts Bolelli*, R., p. 56 ou CE, 17 janv. 1973, n°74821.

[2176] J. LEMASURIER, « Les accords amiables et le droit de l'expropriation », *op. cit.*, p. 565. De la même manière, l'auteur estime, p. 566, que le seul moyen d'éviter le retard dû au jugement fixant l'indemnité est de s' « entendre avec les propriétaires expropriés et d'établir des indemnités qui leur donnent satisfaction ». Tel est encore le point de vue de P. LOQUET : « L'accord amiable dans la procédure ordinaire d'expropriation. L'exemple du département du Nord », *op. cit.*, p. 291.

[2177] E. FATOME, « Expropriation et contrat », *op. cit.*, p. 53.

857. Le consentement de l'exproprié permet ainsi un gain de temps précieux, aussi bien pour l'administration pour l'administré. Cela justifie dès lors que le législateur cherche à faciliter ces accords amiables. Outre l'utilisation révélatrice que fait le législateur de la formule « à défaut de »[2178], la cession amiable « bénéficie d'une préférence qui a conduit à lui reconnaître des effets propres »[2179]. L'article L. 222-2 du Code de l'expropriation pour cause d'utilité publique indique dans son alinéa premier que « l'ordonnance d'expropriation éteint, par elle-même et à sa date, tous droits réels ou personnels existant sur les immeubles expropriés » et dans un deuxième alinéa qu' « il en est de même des cessions amiables consenties après déclaration d'utilité publique et, lorsqu'il en est donné acte par ordonnance du juge, des cessions amiables antérieures à la déclaration d'utilité publique ». Ce mécanisme permet ainsi de faire bénéficier les cessions amiables des avantages attachés aux ordonnances d'expropriation.

858. *In fine*, les accords amiables semblent avoir en pratique la faveur tant de l'administration que des administrés[2180]. En réalité, 80% voire 90% des acquisitions publiques seraient réalisées à l'amiable[2181]. Cet important pourcentage d'accords amiables paraît trouver son origine dans « une stratégie délibérée des services expropriants » consistant en « une politique d'entente, de "concertation", menée par le domaine. L'agent domanial semble rechercher systématiquement le consentement de l'exproprié et, à cette fin, il cherche à indemniser à sa juste valeur l'immeuble frappé d'expropriation ou, plus précisément, à verser des indemnités que l'exproprié estime justes »[2182].

859. De tels constats invitent à donner de la procédure d'expropriation pour cause d'utilité publique un visage quelque peu différent de celui qui en est généralement présenté. Les accords amiables méritent, de par leur

---

2178 Sur ce point, voir *supra*, n°796.

2179 Y. GAUDEMET, *Traité de droit administratif*, tome 2, *Droit administratif des biens*, *op. cit.*, p. 488.

2180 D'autant plus que les administrés ne sont pas dépourvus de protection face à l'expropriant. Le juge vérifie par exemple que ces accords ne sont pas entachés d'un vice du consentement. Comme l'indique J. LEMASURIER, « le propriétaire doit donner librement sont consentement ; un chantage à l'expropriation constituerait une faute de l'administration » :, *Le droit de l'expropriation*, *op. cit.*, p. 240. *Cf.* CE, 21 janv. 1972, *Min. du Travail c/Corlet*, *R.*, p. 71.

2181 Pour de tels chiffres, voir respectivement J. MORAND-DEVILLER, *Droit administratif des biens*, *op. cit.*, p. 439 et P. LOQUET, « L'accord amiable dans la procédure ordinaire d'expropriation. L'exemple du département du Nord »,*op. cit.*p. 279, avec les chiffres très précis fournis par l'auteur concernant le département du Nord, sur une période allant de 1970 à 1972.

2182 P. LOQUET, « L'accord amiable dans la procédure ordinaire d'expropriation. L'exemple du département du Nord », *op. cit.*, respectivement p. 289 et p. 287.

fréquence et l'intérêt qu'ils présentent, d'être plus largement mentionnés. Pierre LOQUET, relevant que la tentative d'accord amiable est obligatoire après l'acte déclaratif d'utilité publique, estime par exemple que « la procédure ordinaire d'expropriation doit s'analyser comme une phase administrative, suivie d'une tentative d'accord amiable et, selon que l'exproprié accepte ou refuse les indemnités offertes par l'administration, d'une phase judiciaire »[2183]. Jeanne LEMASURIER indique, à propos des accords amiables, qu'il « semble difficile de les considérer comme un simple incident de procédure » [2184]. Si elle les évoque brièvement dans son chapitre consacré aux « incidents de procédures », elle renvoie le lecteur à ses développements relatifs au transfert de propriété et à la fixation des indemnités, dans lesquels la question des accords amiables occupe une place importante[2185]. Il est dès lors possible de conclure avec l'auteur qu' « il convenait de traiter les accords amiables comme un procédé *usuel* de transfert de propriété »[2186].

860. Le consentement apparaît donc fréquemment comme le vecteur de l'abandon, par les administrés, d'un certain nombre de garanties que leur fournissent les procédures administratives non contentieuses. Ces renonciations, propres à augmenter l'efficience de l'appareil d'Etat, ne se rencontrent pas seulement dans le cadre des procédures non contentieuses. En matière contentieuse également, le consentement des administrés est susceptible de jouer un rôle identique.

[2183] *Ibid.*, p. 279. L'auteur déclare, à la même page, qu' « il faut présenter ce qui a été trop longtemps négligé et qui s'avère essentiel : la tentative d'accord amiable ».

[2184] J. LEMASURIER, *Le droit de l'expropriation*, *op. cit.*, p. 545.

[2185] Voir J. LEMASURIER, *Le droit de l'expropriation*, *op. cit.*, pp. 239-248, la section intitulée « Les accords amiables ». R. HOSTIOU insiste également sur les accords amiables et rappelle que « le transfert de propriété d'un bien compris dans le périmètre d'une DUP peut être, une fois que celle-ci est intervenue, opéré soit par la voie d'une ordonnance rendue par le juge de l'expropriation, soit, ce que l'on a trop souvent tendance à oublier, par la voie d'un accord amiable conclu entre le propriétaire et le bénéficiaire de la déclaration d'utilité publique » : « Cession amiable et droit de l'expropriation », *RDI*, 2013, pp. 425-427, p. 425.

[2186] J. LEMASURIER, *Le droit de l'expropriation*, *op. cit.*, p. 248.

Section II
Le consentement, instrument d'efficience au profit de l'administration contentieuse

861. La question cruciale qui se pose aujourd'hui à la juridiction administrative n'est plus guère celle de son existence, mais bien plutôt celle de sa capacité concrète à remplir les missions qui lui sont imparties[2187]. Comme l'indique le Conseil d'Etat, « le problème principal de la justice administrative, et de loin, est [...] son encombrement et l'impérieuse nécessité d'y faire face dans des délais raisonnables »[2188]. L'amélioration de l'efficience de cette juridiction emprunte de nombreux moyens parmi lesquels le consentement n'est qu'un élément[2189]. Mais, « face à l'explosion

---

[2187] D. LOCHAK indique ainsi que « le débat a tendance à se déplacer du terrain de la légitimité de l'existence de la juridiction administrative vers celui de l'opportunité de la maintenir telle quelle ou de la réformer plus ou moins profondément : on ne récuse plus la dualité de juridiction a priori, mais on prétend juger la justice administrative sur pièces, en fonction de sa capacité à répondre aux attentes du public, de son efficacité en somme » : « Quelle légitimité pour le juge administratif ? », dans CURAPP, *Droit et politique*, PUF, 1993, 310 p., pp. 141-151, p. 143. Le problème majeur de la juridiction administrative est donc aujourd'hui celui de son efficacité, ce qui explique la multiplication récente des travaux consacrés à ce sujet. Voir par exemple : J. CAILLOSSE, « Le juge administratif et la question de l' "efficacité" », *RDP*, 2013, pp. 27-51, ou J.-M SAUVE, « L'effectivité de la justice administrative », Intervention au Congrès de l'Union des Avocats Européens, Venise, 24 nov. 2006, disponible à l'adresse : http://www.conseil-etat.fr/content/download/170/538/version/1/file/congres_venise_241106.pdf, [19 août 2015]. Voir encore le colloque, au titre évocateur, organisé à l'Université de Brest par M. LAVAINE et R. MATTA-DUVIGNAU, *L'efficacité de la justice administrative. A la recherche d'une légitimité renouvelée*, 20 et 21 nov. 2014, à paraître. Sur la question de l'efficience des juridictions, voir notamment E. JEULAND, *Droit processuel général*, *op. cit.*, spéc. la section intitulée « Les nouveaux principes managériaux ? », pp. 318-327.

[2188] CONSEIL D'ETAT, *Régler autrement les conflits : conciliation, transaction, arbitrage en matière administrative*, *op. cit.*, p. 24.

[2189] Il en est de l'efficience du juge comme de sa légitimité. Or, « la légitimité d'une instance juridictionnelle est toujours un mystère, irréductible à des explications univoques » : D. SIMON, « La légitimité du juge communautaire », dans G. DARCY, V. LABROT et M. DOAT (dir.), *L'office du juge*, Sénat, 2006, 544 p., pp. 447-469, p. 459. Il n'y a dès lors rien d'étonnant à ce que le consentement puisse être compté au nombre des moyens propres à rendre le juge administratif plus efficient, même s'il ne constitue pas le seul. A côté de lui, on peut brièvement évoquer les réformes successives destinées à améliorer la justice administrative, notamment celles qui ont trait à son organisation, comme la création des cours administratives d'appel par la loi n°87-1127 du 31 déc. 1987 *portant réforme du contentieux* des recours et à la surcharge des juridictions, on ne saurait négliger aucune voie susceptible d'apporter des améliorations »[2190]. Le consentement des administrés peut constituer une de ces voies et plusieurs hypothèses peuvent être envisagées.

862. Le consentement permet tout d'abord, à l'instar de ce qu'il en est en matière non contentieuse, d'exercer un certain nombre de renonciations favorables à l'efficience de la résolution des litiges par le juge administratif. Au sein même de la procédure administrative contentieuse, le consentement des parties est fréquemment invoqué, tant par celles-ci que par le juge administratif[2191]. Le consentement, constituant le cœur de la renonciation, permet à celle-ci de remplir « une sorte de fonction pacificatrice ; elle apaise les relations juridiques, elle facilite le règlement des différends, des contestations, des litiges »[2192].

863. Le consentement permet ensuite d'éviter que le litige ne soit porté devant le juge, allégeant ainsi la charge de travail de celui-ci et entraînant par conséquent la diminution des délais de jugement des autres affaires. Le moyen le plus simple de favoriser l'efficience des juridictions administratives est de faire en sorte qu'elles ne soient pas saisies. Le recours aux modes alternatifs de règlement des différends est alors un moyen privilégié d'efficience pour la justice administrative[2193]. Le choix pour les

---

administratif, *JORF*, 1er janv. 1988, p. 7, ou encore la création ponctuelle de juridictions, comme celle du tribunal administratif de Montreuil par le décret n°2009-945 du 29 juill. 2009 *portant création d'un tribunal administratif à Montreuil et modifiant le code de justice administrative*, *JORF*, 1er août 2009, p. 12865, texte n°6. On peut encore noter l'instauration d'autres mécanismes destinés à prévenir le contentieux, par exemple le recours administratif préalable obligatoire. Sur ce point, voir notamment CONSEIL D'ETAT, *Régler autrement les conflits : conciliation, transaction, arbitrage en matière administrative*, *op. cit.*, pp. 32-38.

[2190] *Ibid.*, p. 27.

[2191] Il est intéressant de noter que cela n'est pas propre au contentieux administratif. D'autres contentieux, pourtant relatifs eux aussi à des matières régaliennes, recourent de plus en plus fréquemment au consentement des justiciables. Tel est notamment le cas en procédure pénale. Voir par exemple V. ANTOINE, *Le consentement en procédure pénale*, *op. cit.*, qui affirme, p. 350, que « prévoir des procédés qui permettraient d'obtenir le consentement de l'auteur assurerait l'efficacité de la justice pénale ». Voir encore C. VIENNOT, *Le procès pénal accéléré. Etude des transformations du jugement pénal*, *op. cit.* Dans un titre relatif au « procès pénal simplifié », l'auteur consacre un chapitre entier, pp. 287-337, au « consentement du mis en cause » dans lequel il démontre l'importance que tient le consentement lorsqu'il s'agit d'améliorer l'efficience du procès pénal.

[2192] Cl. BLUMANN, *La renonciation en droit administratif français*, *op. cit.*, pp. 468-469.

[2193] Voir notamment CONSEIL D'ETAT, *Régler autrement les conflits : conciliation, transaction, arbitrage en matière administrative*, *op. cit.*, p 14. L'étude évoque, entre autres arguments justifiant de parler des mesures alternatives de résolution des conflits, le souci de prévention du contentieux, particulièrement fort à cette époque. Voir encore l'article de R. LE GOFF, au titre évocateur : « Les modes alternatifs de règlements, vers l'efficience juridique ? », *JCPA*, n°30-34, 25 juill. 2005, pp. 1198-1200.

parties de régler leur litige en dehors du juge constitue « l'expression la plus parfaite de l'autonomie de la volonté des parties »[2194] et ces modes alternatifs « reposent sur le consentement des parties »[2195]. Dans ce cadre, la transaction administrative occupe une place particulière. L'amélioration de l'efficience des juridictions administratives passe alors par le biais du contrat qui contribue ainsi « à la prévention du conflit individuel ou collectif et à l'organisation de la sortie du conflit »[2196].

864. Si le consentement de l'administré est un élément permettant de substituer, au sein de la procédure contentieuse, des procédures plus efficientes à d'autres qui le sont moins (I), il permet aussi plus radicalement de substituer les mesures alternatives de règlement des différends à l'intervention juridictionnelle du juge administratif, comme c'est tout particulièrement le cas à propos de la transaction administrative (II).

I. Le consentement manifesté à l'occasion la procédure administrative contentieuse

865. Comme l'indiquait Claude BLUMANN, la fonction principale de la renonciation est une fonction « conciliatrice, pacificatrice »[2197]. Il n'est dès lors pas surprenant que la procédure, c'est-à-dire l' « ensemble des actes successivement accomplis pour parvenir à une décision »[2198], constitue un domaine privilégié pour la renonciation. Cette dernière est donc également

---

2194 B. HEMERY, *L'autonomie de la volonté dans le règlement juridictionnel en droit administratif français*, *op. cit.*, tome 2, p. 326.

2195 L. RICHER, « Les modes alternatifs de règlement des litiges en droit administratif », *AJDA*, 1997, pp. 3-9, p. 4. Il pourrait être intéressant de chercher à voir également le rôle joué par le consentement dans les autres modes alternatifs de règlement des litiges. Il est *a minima* certain qu'il s'agit toujours d'une condition nécessaire de ces formes de résolution des différends, qui reposent toujours « sur une base consensuelle » : A. NOURY, « Les modes alternatifs peuvent-ils prospérer dans le contentieux administratif ? », *JCPA*, n°30-34, 25 juill. 2005, pp. 1200-1210, p. 1202. En ce qui concerne l'arbitrage, J.-Cl. BONICHOT, P. CASSIA, B. POUJADE affirment qu'il s'agit d'un mode *amiable* de règlement des litiges « puisque l'arbitre tient son pouvoir de dire le droit non d'une délégation des pouvoirs publics, mais du consentement des parties » : *Les grands arrêts du contentieux administratif*, *op. cit.*, p. 1362. Voir encore J.-M. LE GARS, « La conciliation par le juge administratif », *AJDA*, 2008, pp. 1468-1471, p. 1470. Pour la conciliation, voir encore M. GUILLAUME-HOFNUNG, « Le rôle de la volonté dans la médiation », dans *Le rôle de la volonté dans les actes juridiques. Etudes à la mémoire du professeur Alfred Rieg*, *op. cit.*, pp. 427-448.

2196 CONSEIL D'ETAT, *Le contrat, mode d'action publique et de production de normes. Rapport public 2008*, *op. cit.*, p. 136.

2197 Cl. BLUMANN, *La renonciation en droit administratif français*, *op. cit.*, p. 469.

2198 G. CORNU, *Vocabulaire juridique*, *op. cit.*, entrée « Procédure ».

présente en matière contentieuse, portée par le consentement des justiciables. Celui-ci permet alors deux types de renonciations, favorables à l'efficience des juridictions administratives[2199]. Parfois, il ne s'agit pour le justiciable que de renoncer à certains droits processuels (A). Le consentement va parfois plus loin et permet la renonciation à des éléments qui concernent directement ou indirectement le fond du procès (B).

A. *Le consentement et la renonciation à certains droits processuels*

866. Parmi les différentes renonciations qu'il est possible d'évoquer[2200], deux méritent des développements particuliers. La première, relative à l'assistance du rapporteur public au délibéré, a déjà été l'objet de nombreux débats. Il ne s'agit pas de rajouter de nouvelles considérations à « un édifice déjà si chargé »[2201], mais plutôt d'envisager la question sous un angle nouveau, celui de l'efficience (1). La seconde, concernant l'utilisation par les juridictions administratives de certains moyens de communication, n'a sans doute pas été autant étudiée (2). L'une comme l'autre mettent pourtant en avant la recherche d'efficience à laquelle se livrent les juridictions administratives en prenant appui sur le consentement des parties.

[2199] Certaines renonciations présentent des avantages importants, ce que reconnaît la Cour européenne des droits de l'homme. Elle affirme ainsi que la renonciation d'un requérant à se prévaloir de son droit à un examen de sa cause par un tribunal présente « pour les intéressés comme pour l'administration de la justice des avantages indéniables » : Cour EDH, 27 fév. 1980, *Deweer c/Belgique*, n°6903/75, §49.

[2200] Il aurait encore pu être question de la renonciation à la publicité des débats ou du consentement à l'emploi des procédures dématérialisées devant les juridictions administratives. Voir notamment et respectivement B. ADAM-FERREIRA, « La renonciation est-elle compatible avec les protections des droits fondamentaux ? La renonciation aux droits procéduraux dans la jurisprudence du Conseil d'Etat et de la Cour européenne des droits de l'homme », *RFDA*, 2007, pp. 744-753 et L. CLUZEL-METAYER, « Procédures administratives électroniques », *op. cit.*, n°81 à n°85. Parce qu'il est susceptible de conséquences importantes pour les requérants, l'échange des pièces et la notification de la décision juridictionnelle par voie électronique doivent être acceptés par les parties. Un tel consentement, propre à favoriser la bonne administration de la justice, constitue d'une certaine manière une renonciation, par exemple celle de recevoir cette notification sous format papier, avec les éventuelles conséquences dommageables que cela peut avoir. *Cf.* notamment CE, 11 mai 2015, *Cne de Damouzy*, n°379356 ou CE, 6 oct. 2014, *Cne d'Auboué*, n°380778. Mais, outre le caractère un peu anecdotique de cette question, elle concerne non pas tant les administrés que leurs avocats.

[2201] F. MELLERAY, « Le commissaire du gouvernement participe à la fonction de juger (CE, 29 juillet 1998, Esclatine) : est-ce si sûr ? », dans G. DARCY, V. LABROT et M. DOAT (dir.), *L'office du juge*, *op. cit.*, pp. 360-369, p. 360.

1. La renonciation au procès équitable : le consentement à la présence du rapporteur public au délibéré

867. Le rapporteur public, ex-commissaire du gouvernement[2202], a été l'occasion de vifs et longs débats entre la France et la Cour européenne des droits de l'homme[2203]. Des requérants ont notamment invoqué le fait que sa présence au délibéré serait contraire à l'article 6§1 de la Convention. Après une « longue et pénible saga »[2204], une solution a finalement été trouvée qui repose sur la renonciation et le consentement des parties.

868. Conformément à la loi du 24 mai 1872 *portant réorganisation du Conseil d'Etat*[2205], le commissaire du gouvernement assistait au délibéré, même s'il n'y intervenait que rarement[2206]. Cette assistance se justifie par deux principaux arguments[2207]. Elle permet, d'une part, une éventuelle aide technique, dans la mesure où il est le dernier à avoir eu le dossier en main. D'autre part et plus fondamentalement, « cette obligation répond à une véritable exigence fonctionnelle. Que perdrait-on si le commissaire devait quitter la salle d'audience après avoir prononcé ses conclusions ? Une chose, essentiellement. N'assistant pas aux débats, le commissaire n'aurait plus une connaissance de première main des arguments échangés et des raisons qui ont finalement emporté la conviction de la formation de jugement. Il lui serait alors sensiblement plus difficile d'accomplir sa principale mission, qui consiste à avoir de la jurisprudence une connaissance intime afin d'être en

---

2202 La dénomination de « rapporteur public » a été substituée à celle de « commissaire du gouvernement » par l'article 1er du décret n°2009-14 du 7 janv. 2009 *relatif au rapporteur public des juridictions administratives et au déroulement de l'audience devant ces juridictions*, *JORF*, 8 janv. 2009, p. 479, texte n°8. Tous s'accordaient à reconnaître que l'appellation historique était inappropriée et que le commissaire du gouvernement était ainsi « mal nommé » : Br. GENEVOIS, « Le commissaire du gouvernement devant le Conseil d'Etat statuant au contentieux ou la stratégie de la persuasion », *RFDA*, 2000, pp. 1207-1218, p. 1208.

2203 Sur l'ensemble des points qui ont pu prêter à discussion, voir notamment Chr. MAUGUE, « Jugement. Du commissaire du gouvernement au rapporteur public », *Jcl. Justice administrative*, fasc. n°70-12, 2014.

2204 B. PACTEAU, « La justice administrative française désormais en règle avec la Cour européenne des droits de l'homme ? », *RFDA*, 2009, pp. 885-889, p. 887.

2205 Loi du 24 mai 1872, *portant réorganisation du Conseil d'Etat*, *JORF*, 31 mai 1972, p. 3625. L'article 16 indiquait que « trois maîtres des requêtes sont désignés par le Président de la République pour remplir au contentieux les fonctions de commissaire du Gouvernement. – Ils assisteront aux délibérations de la section du contentieux ».

2206 R. ODENT indiquait ainsi que « le commissaire du gouvernement assiste au délibéré ; il peut y intervenir ; il est d'usage qu'il le fasse avec une grande modération » : *Contentieux administratif*, *op. cit.*, tome 1, p. 978.

2207 Pour une telle présentation des deux motifs principaux qui invitent à la présence du rapporteur public au délibéré, voir notamment Chr. MAUGUE, « Jugement. Du commissaire du gouvernement au rapporteur public », *op. cit.*, n°76.

mesure de l'exposer et d'œuvrer à ce qu'elle soit appliquée conformément à son esprit ou bien, au besoin, à ce qu'elle soit amendée ou revue »[2208]. Si le rapporteur public n'assistait pas au délibéré, « il ne pourrait plus accomplir pleinement la fonction qui est la sienne. Sa position dans la juridiction se trouverait modifiée et l'efficacité de son intervention sensiblement réduite »[2209]. C'est notamment parce qu'il assiste au délibéré, entendant alors les arguments échangés, qu'il peut non seulement exercer « une influence doctrinale de premier rang »[2210], mais surtout concourir à la cohérence et la continuité de la jurisprudence, rendant ainsi plus efficace l'œuvre de la justice administrative dans la recherche du juste équilibre entre les prétentions des administrés et celles de l'administration.

869. Les intérêts des juridictions n'étant pas nécessairement ceux des requérants[2211], plusieurs d'entre eux ont estimé que l'assistance du commissaire du gouvernement au délibéré était contraire à l'article 6§1 de la Convention européenne des droits de l'homme. Saisie d'un recours, la Cour de Strasbourg a jugé, dans la célèbre affaire *Kress c/France*, qu' « il y a eu violation de l'article 6§1 de la Convention, du fait de la participation du commissaire du gouvernement au délibéré de la formation de jugement »[2212].

[2208] D. CHAUVAUX et J.-H. STAHL, « Le commissaire, le délibéré et l'équité du procès », *AJDA*, 2005, pp. 2116-2123, p. 217. Les auteurs poursuivent immédiatement : « une telle connaissance s'acquiert au fil des délibérés : c'est en assistant en témoin muet à l'échange d'arguments qui a lieu entre les juges que le commissaire affine sa compréhension des questions qu'il a à traiter, découvre les aspects qui ont pu lui échapper et prend l'exacte mesure des solutions retenues ».

[2209] D. CHAUVAUX et J.-H. STAHL, « Le commissaire, le délibéré et l'équité du procès », *op. cit.*, p. 2122. R. CHAPUS affirme également que l'assistance du commissaire du gouvernement au délibéré « est considérée comme importante, et même nécessaire, en ce qu'elle lui permet [...] d'être associé à la formation et à l'évolution de la jurisprudence, auxquelles on sait qu'il contribue éminemment par ses conclusions, et d'être ainsi aussi bien que possible informé de ce qu'il doit savoir pour le bon exercice de sa fonction » : *Droit du contentieux administratif*, *op. cit.*, p. 1022.

[2210] N. RAINAUD, *Le commissaire du gouvernement près le Conseil d'Etat*, LGDJ, coll. « BDP », tome 181, 1996, 195 p., p. 39.

[2211] L'intérêt bien compris des requérants pourrait au contraire faire penser que le contrôle de l'administration n'est pas seulement le fruit d'une affaire donnée, mais bien plutôt l'œuvre, désormais multiséculaire, de l'ensemble des juridictions administratives et de leurs acteurs. Dans le débat relatif à la présence du rapporteur public au délibéré, certains auteurs l'ont souligné. Voir par exemple L. MILANO, *Le droit à un tribunal au sens de la Convention européenne des droits de l'homme*, Dalloz, coll. « NBT », vol. 57, 2006, 674 p., p. 544. L'auteur estime que la Cour, en ne prenant pas suffisamment en compte les avantages procurés par la présence du commissaire du gouvernement au délibéré, oublie que les exigences de la bonne administration de la justice rejoignent les intérêts des justiciables.

[2212] Cour EDH, 7 juin 2001, *Kress c/France*, n°39594/98, §87.

La Cour estime, en se fondant sur la théorie des apparences[2213], que le justiciable « doit avoir la garantie que le commissaire du gouvernement ne puisse pas, par sa présence, exercer une certaine influence sur l'issue du délibéré »[2214].

870. Les autorités françaises ont alors estimé que la Cour, en indiquant que la violation de la Convention résultait de la *participation* du commissaire du gouvernement au délibéré, n'avait pas exclu sa simple *présence*. Un article R. 731-7 a donc été inséré dans le Code justice administrative aux termes duquel « le commissaire du Gouvernement assiste au délibéré. Il n'y prend pas part »[2215]. Mais la Cour, dans un arrêt *Martinie*, condamne la France pour la seule présence du commissaire du gouvernement au délibéré[2216].

871. Tenant toujours aux bienfaits de la présence du commissaire du gouvernement au délibéré[2217], les autorités normatives françaises ont proposé

2213 La Cour affirme ainsi qu'en « s'exprimant publiquement sur le rejet ou l'acceptation des moyens présentés par l'une des parties, le commissaire du gouvernement pourrait être légitimement considéré par les parties comme prenant fait et cause pour l'une d'entre elles. /Pour la Cour, un justiciable non rompu aux arcanes de la justice administrative peut assez naturellement avoir tendance à considérer comme un adversaire un commissaire du gouvernement qui se prononce pour le rejet de son pourvoi. A l'inverse, il est vrai, un justiciable qui verrait sa thèse appuyée par le commissaire le percevrait comme son allié. /La Cour conçoit en outre qu'un plaideur puisse éprouver un sentiment d'inégalité si, après avoir entendu les conclusions du commissaire dans un sens défavorable à sa thèse à l'issue de l'audience publique, il le voit se retirer avec les juges de la formation de jugement afin d'assister au délibéré dans le secret de la chambre du conseil » (§81). En vertu de la théorie des apparences, la Cour condamne donc la présence du commissaire du gouvernement au délibéré alors même qu'elle reconnaît que son rôle « n'est nullement celui d'un ministère public » (§87) et que son impartialité ne fait pas de doute (§71). En droit interne, l'impartialité des commissaires du gouvernement a toujours été une certitude absolue. N. RAINAUD affirme ainsi que « les termes de “liberté”, d' “indépendance”, semblent devoir revenir le plus souvent pour qualifier cette place du commissaire dans la procédure » : *Le commissaire du gouvernement près le Conseil d'Etat*, *op. cit.*, p. 105. Sur la théorie des apparences et la présence du commissaire du gouvernement au délibéré, voir encore P. FRAISSEIX, « La “subjectivisation” du droit administratif », *op. cit.*, spéc. le paragraphe intitulé « La théorie des “apparences” », pp. 14-15.

2214 Cour EDH, 7 juin 2001, *Kress c/France*, n°39594/98, §85.

2215 Voir l'article 6 du décret n°2005-1586 du 19 déc. 2005 *modifiant la partie réglementaire du code de justice administrative*, *JORF*, 20 déc. 2005, p. 19578, texte n°47.

2216 Cour EDH, 12 avr. 2006, *Martinie c/France*, n°58675/00. La Cour affirme, au paragraphe 53, que les termes « participation » ou « assistance » employés dans l'arrêt *Kress* sont synonymes. Elle condamne donc logiquement « la seule présence du commissaire du Gouvernement au délibéré, que celle-ci soit “active” ou “passive” » (§53). Pour une solution identique, voir encore Cour EDH, 20 avr. 2011, *Vernes c/France*, n°30183/06, §§48-49.

2217 Pour un tel exemple venant de membres du Conseil d'Etat, voir notamment D. CHAUVAUX et J.-H. STAHL, « Le commissaire, le délibéré et l'équité du procès », *op. cit.*, p. 2117. Les auteurs affirment notamment que « pour ceux qui sont familiers du une autre solution tendant à la « “conventionnalisation” du procès administratif »[2218]. Devant les tribunaux administratifs et les cours administratives d'appel, la présence du commissaire du gouvernement au délibéré est supprimée[2219]. Concernant cependant la procédure applicable devant Conseil d'Etat, il est créé au sein du Code de justice administrative un article R. 733-3 qui énonce que « sauf demande contraire d'une partie, le rapporteur public assiste au délibéré. Il n'y prend pas part. /La demande prévue à l'alinéa précédent est présentée par écrit. Elle peut l'être à tout moment de la procédure avant le délibéré »[2220].

872. Cette solution a été jugée conforme à la Convention non seulement par le Conseil d'Etat lui-même[2221], mais aussi par la Cour européenne des droits de l'homme[2222]. Cela est particulièrement intéressant dans la mesure

---

fonctionnement du Conseil d'Etat, l'obligation faite au commissaire du gouvernement d'assister aux débats de la formation de jugement ne peut apparaître comme un usage dépourvu d'importance pratique, susceptible d'être abandonné sans aucun dommage » ou encore que « le commissaire du gouvernement apporte une contribution précieuse à la qualité et à l'équité du procès. Cette contribution serait perdue si le commissaire était entièrement attrait à l'intérieur de la juridiction, c'est-à-dire s'il cessait de s'exprimer publiquement, ou si au contraire il devenait un intervenant extérieur, coupé de ses collègues et de l'examen collégial des affaires ». Voir encore les conclusions de R. KELLER sur la décision CE, 25 mai 2007, *Courty*, n°296327. Il indique ainsi qu' « en réformant l'article R. 733-3 du code de justice administrative, le gouvernement français invite la Cour à adopter l'approche « dynamique et évolutive » dont elle se réclame. Le message qu'il lui adresse consiste à dire que la réforme de l'article R. 733-3, loin de témoigner d'une mauvaise volonté à son égard ou d'un nostalgique combat d'arrière-garde, manifeste une conviction profonde : celle que l'assistance du commissaire au délibéré [...] n'est pas un simple usage qui pourrait être abandonné sans dommage, mais contribue à assurer la cohérence et la continuité de la jurisprudence, dans l'intérêt du justiciable lui-même ; elle résulte de l'essence même de la fonction de commissaire et touche ainsi au cœur de l'institution » : « Légalité du décret sur la présence du commissaire du gouvernement au délibéré », *AJDA*, 2007, pp. 1424-1427.

2218 S. EL BOUDOUHI, « Déférence de la CEDH envers le nouveau dispositif concernant le rapporteur public ou juste un sursis ? », *AJDA*, 2009, pp. 2468-2473, p. 2470. R. CHAPUS voit pour sa part dans cette évolution un « acte de soumission à la jurisprudence de la Cour européenne des droits de l'homme », les « offrandes propitiatoires » résultant du décret du 19 déc. 2005 n'ayant pas été suffisantes. Voir *Droit du contentieux administratif*, *op. cit.*, respectivement p. 1023 et p. 1025.

2219 L'article R. 732-2 du Code de la justice administrative énonce que « la décision est délibérée hors la présence des parties et du rapporteur public ».

2220 Article créé par l'article 5 du décret n°2006-964 du 1er août 2006 *modifiant la partie réglementaire du code de justice administrative*, *JORF*, 3 août 2006, p. 11570, texte n°19. La rédaction mentionnée est issue de l'article 1er du décret n°2009-14 du 7 janv. 2009 *relatif au rapporteur public des juridictions administratives et au déroulement de l'audience devant ces juridictions*, *JORF*, 8 janv. 2009, p. 479, texte n°8.

2221 CE, 25 mai 2007, *Courty*, n°296327. Voir encore CE, ord., 18 sept. 2006, *Sté Le Gambetta*, n°297401.

2222 Cour EDH, 15 sept. 2009, *Etienne c/France*, n°11396/08.

où l'argumentation des deux juridictions repose essentiellement sur le concept de renonciation et donc, *in fine*, sur le consentement des parties[2223].

873. Conformément à la volonté des pouvoirs publics de favoriser la présence du rapporteur public au délibéré, l'article R. 733-3 du Code de justice administrative, en ce qui concerne la procédure applicable devant le Conseil d'Etat, fait de l'assistance du rapporteur public le principe, son absence l'exception. Le cours normal de la procédure est en effet la présence du rapporteur public au délibéré, et ce n'est que si une partie demande que ce ne soit pas le cas qu'il en sera autrement. Les parties ont donc la possibilité de s'opposer à la présence du rapporteur public au délibéré et, juridiquement, tout est fait pour rendre ce droit effectif. La possibilité d'opposition résulte directement d'une lecture *a contrario* de l'alinéa premier de l'article : « sauf demande contraire d'une partie, le rapporteur public assiste au délibéré ». Il s'agit donc d'une sorte de récusation, à ceci près qu'elle n'a pas à être justifiée[2224]. Toute demande en ce sens, présentée « à tout moment de la procédure avant le délibéré », aura pour effet la non-participation du rapporteur public au délibéré. Ce mécanisme constitue le cœur de l'argumentation de la Cour dans l'arrêt *Etienne c/France*. Alors que la requérante avait « la possibilité de demander que le commissaire du gouvernement n'assiste pas au délibéré », elle a « renoncé à cette faculté ». De même, le Conseil d'Etat juge que « dès lors qu'il a prévu la possibilité pour le justiciable, informé par l'avis d'audience, d'être mis à même d'exercer effectivement son droit en s'opposant à la présence du commissaire du gouvernement au délibéré, le décret attaqué, loin de porter atteinte aux garanties prévues par l'article 6§1er de la convention tel qu'interprété par la Cour européenne des droits de l'homme, a contribué à les renforcer ».

874. Mais cette possibilité d'opposition doit encore être effective. A cette fin, le Conseil d'Etat note la présence d'une disposition du Code justice administrative en vertu de laquelle « l'avis d'audience adressé aux parties

---

[2223] De même, le comité des ministres du Conseil de l'Europe a validé le dispositif mis en place par le décret du 1er août 2006. Sur ce point, voir notamment M. MOLINER-BUBOST, « Le commissaire du gouvernement : épilogue. À propos du décret n°2009-14 du 7 janvier 2009 », *Gaz. Pal.*, 8-10 fév. 2009, n°41, pp. 246-248.

[2224] L'article L. 721-1 du Code de justice administrative énonce que « la récusation d'un membre de la juridiction est prononcée, à la demande d'une partie, s'il existe une raison sérieuse de mettre en doute son impartialité ». Elle dépend donc d'une appréciation, susceptible de discussion, de l'impartialité d'un membre de la juridiction. En ce qui concerne la présence du rapporteur public au délibéré, les choses sont donc différentes, et bien plus favorables aux parties qui n'ont aucune preuve à apporter, mais une simple demande à formuler. Le Conseil d'Etat le relève en indiquant « l'obligation de la juridiction de satisfaire la demande dès lors qu'elle est présentée » : CE, 25 mai 2007, *Courty*, n°296327.

reproduit les dispositions de l'article R. 733-3 »[2225]. La Cour indique de même que l'avis d'audience « faisait expressément mention de la possibilité de demander que le commissaire du gouvernement ne soit pas présent au délibéré ». Les requérants connaissent donc nécessairement le droit qu'ils ont de s'opposer à l'application du principe et s'ils ne le font pas, c'est qu'ils y ont renoncé, en toute connaissance de cause. La Cour relève ainsi que « n'ayant en l'espèce relevé aucun obstacle ayant empêché la requérante de faire usage de cette possibilité, elle considère que celle-ci ne saurait se plaindre devant la Cour de la participation du Commissaire du gouvernement au délibéré de la formation du Conseil d'Etat ».

875. Le texte instaure donc une présomption de renonciation au droit à un procès équitable[2226], renonciation qu'il entoure tout de même de précautions visant à rendre le droit d'opposition effectif. Sous ces conditions, le mécanisme devient conforme à la jurisprudence de la Cour et garantit ainsi l'objectif recherché par les pouvoirs publics français : la présence aussi fréquente que possible du rapporteur public au délibéré, au moins dans la procédure suivie par la Haute juridiction administrative.

876. Un point mérite cependant d'être souligné. Si les parties peuvent très facilement, en droit, s'opposer à la présence du rapporteur public au délibéré, il n'est pas certain qu'il en soit de même dans les faits. Danièle LOCHAK note à ce sujet que « cette faculté laissée aux parties [...] risque au demeurant de n'être guère utilisée (mais n'est-ce pas le but recherché ?) dans la mesure où elle pourra difficilement s'interpréter autrement que comme une marque de défiance »[2227]. Le très faible nombre d'affaires délibérées hors la présence du rapporteur public pourrait bien confirmer cette analyse et démontrer que le décret du 1er août 2006 parvient, par le biais d'un consentement présumé, aux objectifs qui étaient les siens[2228]. Pour reprendre une expression utilisée dans le droit des données personnelles[2229], en

---

2225 Le sixième alinéa de l'article R. 712-1 du Code de justice administrative dispose en effet que « l'avis d'audience reproduit les dispositions des articles R. 731-1, R. 731-2, R. 731-3, R. 733-1, R. 733-2 et R. 733-3 ».

2226 Pour une analyse du décret sous l'angle de la renonciation tacite au droit à un procès équitable, voir B. ADAM-FERREIRA, « La renonciation est-elle compatible avec les protections des droits fondamentaux ? La renonciation aux droits procéduraux dans la jurisprudence du Conseil d'Etat et de la Cour européenne des droits de l'homme », *op. cit.*

2227 D. LOCHAK, « Le juge administratif auteur de/du droit. Des ressorts de la légitimité aux processus de légitimation », dans L. FONTAINE (dir.), *Droit et légitimité*, Bruylant, coll. « Droit et justice », 2011, 380 p., pp. 161-189, pp. 172-173.

2228 Au 25 août 2015, le site *Legifrance* n'avait publié qu'une dizaine de ces décisions. Celles-ci portent la mention « après en avoir délibéré hors la présence du commissaire du gouvernement /du rapporteur public ». Pour des exemples, voir CE, 23 oct. 2006, *De Garate c/Min. Justice*, n°290966, ou CE, 18 fév. 2015, n°386296.

2229 *Cf. supra*, note n°590.

choisissant l'*opt-out*, les pouvoirs publics, tout en accordant aux parties le pouvoir de décision, mettent *de facto* en place un mécanisme favorisant la présence du rapporteur public au délibéré[2230].

877. C'est un mécanisme similaire qui permet encore aux juridictions administratives d'augmenter leur efficience en recourant, dans certaines hypothèses, à la visioconférence.

2. La renonciation à s'entretenir directement avec son juge : le consentement à l'utilisation de la visioconférence

878. Le consentement de l'administré-justiciable est encore favorable au fonctionnement des juridictions administratives lorsqu'il permet à celles-ci d'avoir recours aux technologies de l'information et de la communication[2231] et tout spécialement à la visioconférence[2232]. Afin de faire face à l'engorgement des juridictions françaises et de réduire les délais et les coûts générés par certaines procédures, il est de plus en plus fréquent de faire appel à ce procédé qui constitue un moyen propre à simplifier le travail des juridictions[2233], notamment administratives[2234].

[2230] Un parallèle avec l'ancien droit semble pouvoir ici être esquissé. E. MEYNIAL indique ainsi que certains juristes, au service des plus puissants, avaient tendances à ne prendre dans le droit romain que ce qui pouvait assurer leur domination sur les autres acteurs de la vie juridique et cherchaient au contraire à faire renoncer ceux-ci à ce qui aurait pu les protéger. De la sorte « le droit romain ainsi émondé a été bien plus avantageux à l'homme habile que le droit national plus ancien, parce qu'il offre à son activité des moyens d'actions bien autrement énergiques et bien autrement inéluctables. Il est devenu un moyen d'oppression bien plus perfectionné [...]. Voilà peut-être le secret de la résistance qu'opposent les post-glossateurs à la validité de beaucoup de renonciation » : « Des renonciations au Moyen âge et dans notre ancien droit (fin) », *op. cit.*, p. 745. S'il est bien évidemment excessif de voir dans le mécanisme étudié le moyen d'une « oppression », force est de constater qu'il favorise davantage les pouvoirs publics que les parties, du moins si l'on considère effectivement avec la Cour de Strasbourg que la présence du rapporteur public au délibéré est contraire au droit au procès équitable.

[2231] Sur ce point, voir par exemple Conférence des présidents des cours d'appel de l'Union européenne, *Les technologies de l'information et de la communication au service de la justice du XXIe siècle*, LGDJ-Lextenso, coll. « Grands colloques », 2013, 306 p.

[2232] Les textes et la jurisprudence parlent, indifféremment semble-t-il, de vidéoconférence, de visioconférence ou encore de moyens de communication ou de télécommunication audiovisuelles.

[2233] De nombreuses autres branches du droit sont concernées par cette évolution, au premier rang desquelles la procédure pénale. Les principaux dispositifs juridiques prévoyant le recours à la visioconférence concernent essentiellement les personnes privées de liberté, notamment les détenus dans un certain nombre d'hypothèses. Voir par exemple les articles 706-71, 712-6 et 712-13 du Code de procédure pénale. De manière plus générale, *cf.* l'article L. 111-12 du Code de l'organisation judiciaire.

879. La visioconférence permet en premier lieu de faciliter l'accès au juge et de favoriser ainsi les droits de la défense[2235]. Elle permet également de simplifier certaines procédures en épargnant aux magistrats ou aux agents de l'administration certains déplacements onéreux et chronophages[2236]. Autant de raisons[2237] pour lesquelles le recours à cette technique a été

[2234] Bien qu'il ne s'agisse pas d'une juridiction mais d'un établissement public, il semble encore que l'Office français de protection des réfugiés et apatrides procède parfois à l'audition des demandeurs d'asile par visioconférence, lorsque le centre de rétention est équipé d'un tel dispositif. Mais faute de texte ou de jurisprudence en la matière il n'en sera pas traité. Voir cependant les observations formulées à ce sujet par le Contrôleur général des lieux de privation de liberté dans son avis du 14 oct. 2011 *relatif à l'emploi de la visioconférence à l'égard de personnes privées de liberté*, *JORF*, 9 nov. 2011, texte n°65, n°4.

[2235] Pour une telle remarque, voir l'avis du 14 oct. 2011 du Contrôleur général des lieux de privation de liberté *relatif à l'emploi de la visioconférence à l'égard de personnes privées de liberté*, *JORF*, 9 nov. 2011, texte n°65, n°6.

[2236] Bien qu'il ne s'agisse pas d'hypothèses concernant le juge administratif, il est intéressant, au titre du droit comparé interne, d'envisager certains dispositifs relatifs au juge des libertés et de la détention dans la mesure où celui-ci se voit ouvrir assez largement par les textes le recours à la visioconférence. Un tel recours est notamment prévu par les articles L. 222-4, L. 222-6 et L. 552-12 du Code de l'entrée et du séjour des étrangers et du droit d'asile. Ce dernier article prévoit par exemple que la prolongation de la rétention en zone administrative, prononcée par le juge des libertés et de la détention, pourra résulter d'une audience utilisant des moyens de télécommunication audiovisuelle, ceci afin d'éviter aux services de sécurité de nombreuses extractions d'étrangers. La même préoccupation est très présente en procédure pénale afin cette fois-ci de limiter les extractions de détenus qui sont des procédures coûteuses et qui plus est parfois dangereuses. En 2009, les juridictions ont donc fait usage de la visioconférence « plus de 8500 fois dont plus de 5800 fois avec des personnes détenues » : Quest. AN, n°70078, *JOAN*, 22 juin 2010, p. 7047. Dans la même réponse ministérielle la garde des sceaux indiquait que, « consciente du rôle essentiel qu'est susceptible de jouer cet instrument dans la réduction du nombre des extractions judiciaires, afin de réduire la charge des escortes pesant sur les services de la police et de la gendarmerie nationale », elle avait demandé à ses services « un fort engagement dans la mise en œuvre de la visioconférence pour limiter les extractions des personnes détenues fixant un objectif de réduction annuel de 5% auxdites extractions ». On imagine les économies que peut procurer le recours à la visioconférence, laquelle est ainsi, avec le développement de l'informatique, au centre de la « modernisation indispensable » des juridictions, selon un communiqué du 25 sept. 2003 du garde des Sceaux : « Le budget de la justice à nouveau en hausse pour 2004 », *JCPA*, 6 oct. 2003, act. 515, p. 1286. Pour des données chiffrées et des arguments de politique législative sur ces questions, voir tout particulièrement le rapport d'information déposé par la Commission des lois constitutionnelles, de la législation et de l'administration générale de la République, en conclusion des travaux d'une mission d'information sur l'optimisation de la dépense publique et présenté par J.-L. WARSMANN, *Rapport n°1978*, enregistré à la Présidence de l'Assemblée nationale le 14 oct. 2009.

[2237] Pour un bon résumé des avantages que peut présenter le développement de la visioconférence dans un contexte de contraintes budgétaires, notamment en termes d'économie dans l'emploi des forces de sécurité ou de réduction de l'encombrement des juridictions, voir l'avis du 14 oct. 2011 du Contrôleur général des lieux de privation de liberté récemment favorisé tant par des instructions ministérielles[2238] que par le législateur.

880. En droit administratif, la plupart des hypothèses de recours à la visioconférence concernent le droit des étrangers et sont codifiées dans le Code de l'entrée et du séjour des étrangers et du droit d'asile. Un exemple topique résulte de l'article L. 733-1[2239] qui dispose notamment que les réfugiés « peuvent présenter leurs explications à la Cour nationale du droit d'asile et s'y faire assister d'un conseil et d'un interprète. /Afin d'assurer une bonne administration de la justice et de faciliter la possibilité ouverte aux intéressés de présenter leurs explications à la cour, le président de cette juridiction peut prévoir que la salle d'audience de la cour est reliée, en direct, par un moyen de communication audiovisuelle qui garantit la confidentialité de la transmission avec une salle d'audience spécialement aménagée à cet effet ouverte au public et située dans des locaux relevant du ministère de la justice plus aisément accessibles par le demandeur, dans des conditions respectant les droits de l'intéressé prévus par le premier alinéa [...]. Si l'intéressé est assisté d'un conseil, ce dernier est physiquement présent auprès de lui [...]. Le requérant qui, séjournant en France métropolitaine, refuse d'être entendu par un moyen de communication audiovisuelle est convoqué, à sa demande, dans les locaux de la cour ».

881. Cet article est complété par l'article R. 733-20 du même code[2240] qui dispose que « lorsque le président de la cour envisage de faire usage de la faculté prévue au deuxième alinéa de l'article L. 733-1, le requérant en est préalablement avisé. /Si l'intéressé réside sur le territoire métropolitain, cet avis lui est adressé par lettre recommandée avec demande d'avis de réception

---

relatif à l'emploi de la visioconférence à l'égard de personnes privées de liberté, *JORF*, 9 nov. 2011, texte n°65. Il estime, au n°5, que « pour un ensemble de raisons apparemment irrésistibles, tirées essentiellement de nécessités pratiques, la visioconférence est appelée à se développer ».

2238 Voir sur ce point Quest. AN, n°70078, *JOAN*, 22 juin 2010, p. 7047.

2239 Dans sa rédaction issue de l'article 98 de la loi n°2011-672 du 16 juin 2011 *relative à l'immigration, à l'intégration et à la nationalité*, *JORF*, 17 juin 2011, p. 10290, texte n°1. Pour un mécanisme semblable, voir encore l'article L. 213-9 du même code, résultant de l'article 24 de la loi n°2007-1631 du 20 nov. 2007 *relative à la maîtrise de l'immigration, à l'intégration et à l'asile*, *JORF*, 21 nov. 2007, p. 18993, texte n°1, qui dispose notamment, à propos de la demande d'annulation d'un refus d'entrée sur le territoire français au titre de l'asile, que « l'audience se tient dans les locaux du tribunal administratif compétent. Toutefois, sauf si l'étranger dûment informé dans une langue qu'il comprend s'y oppose, celle-ci peut se tenir dans la salle d'audience de la zone d'attente et le président du tribunal ou le magistrat désigné à cette fin siéger au tribunal dont il est membre, relié à la salle d'audience, en direct, par un moyen de communication audiovisuelle qui garantit la confidentialité de la transmission ».

2240 Cet article résulte du décret n°2013-751 du 16 août 2013 *relatif à la procédure applicable devant la Cour nationale du droit d'asile*, *JORF*, 18 août 2013, p. 14094, texte n°1.

ou par tout autre moyen permettant de faire la preuve de sa réception par le destinataire et comporte l'indication que l'intéressé a le droit de s'opposer à la mise en œuvre de cette faculté dans un délai de quinze jours à compter de la réception de l'avis ».

882. Le dispositif résultant de la combinaison de ces deux articles est extrêmement intéressant dans la mesure où, du moins en ce qui concerne les requérants séjournant en France métropolitaine[2241], il n'impose pas le recours à la visioconférence mais le propose. Le requérant a en effet la faculté de s'y opposer et cette faculté est renforcée et garantie par le fait que la décision de recourir à un tel moyen doit indiquer au requérant qu'il a la possibilité de ne pas l'autoriser. Cette précision, qui peut sembler d'ordre purement pratique, est cependant importante car elle rend la faculté d'opposition réellement effective. Grâce à elle et sauf exception, due par exemple à une négligence ou à la forclusion, l'absence d'opposition de la part du requérant peut réellement être analysée comme une manifestation de sa volonté. Il s'agit alors d'une véritable autorisation, ou ce qui revient concrètement au même en l'espèce, une renonciation à la faculté d'opposition qui appartient au

[2241] Cette précision montre bien que dans certaines hypothèses, le recours à la visioconférence peut être obligatoire et ne pas reposer sur le consentement du justiciable. Tel est notamment le cas pour les contentieux ayant lieu outre-mer. L'article L. 781-1 du Code de justice administrative dans sa rédaction issue de l'article 16 de l'ordonnance n°2009-536 du 14 mai 2009 *portant diverses dispositions d'adaptation du droit outre-mer*, *JORF*, 15 mai 2009, p. 8139, texte n°4, prévoit que « lorsque des magistrats sont simultanément affectés dans deux ou plusieurs tribunaux administratifs d'outre-mer et que leur venue à l'audience n'est pas matériellement possible dans les délais prescrits par les dispositions en vigueur ou exigés par la nature de l'affaire, le ou les membres de la formation de jugement peuvent siéger et, le cas échéant, le rapporteur public prononcer ses conclusions dans un autre tribunal dont ils sont membres, relié, en direct, à la salle d'audience, par un moyen de communication audiovisuelle ». Le dispositif avait été introduit par l'ordonnance n°2005-657 du 8 juin 2005 *relative à la tenue d'audiences à l'aide d'un moyen de communication audiovisuelle et modifiant le code de justice administrative (partie législative)*, *JORF*, 9 juin 2005 p. 10092, texte n°14. Le mécanisme prévu par cet article, s'il fait référence à la visioconférence et participe à ce titre à la recherche d'efficience des juridictions administratives, s'impose d'autorité puisqu'il prévoit au profit du justiciable ni consentement, ni possibilité d'opposition. Il ne s'agit donc pas d'une renonciation de la part de l'administré mais bien d'un procédé autoritaire destiné à améliorer l'efficience des juridictions administratives. Pour un autre exemple, voir encore l'article L. 522-3 du Code de l'entrée et du séjour des étrangers et du droit d'asile. Le Contrôleur général des lieux de privation de liberté estime, eu égard aux inconvénients et au risque d'atteinte aux droits de la défense que présente ce mécanisme, que le recours d'autorité à celui-ci ne devrait être possible que dans des hypothèses très restrictives, par exemple si le maintien de l'ordre public ou le respect d'un délai raisonnable dans lequel doit s'accomplir la procédure le justifient, mais pas pour des raisons purement économiques. Pour plus de précisions, voir son avis du 14 oct. 2011 *relatif à l'emploi de la visioconférence à l'égard de personnes privées de liberté*, *JORF*, 9 nov. 2011, texte n°65, n°12 et n°13.

requérant[2242]. Cette renonciation est extrêmement importante et pour s'en rendre compte il convient de s'attarder sur la conformité d'un tel dispositif aux normes supérieures, qu'il s'agisse de la Constitution ou de conventions internationales, au premier rang desquelles la Convention européenne des droits de l'homme.

883. Les articles étudiés font de l'absence d'opposition un élément central et nécessaire du recours à la visioconférence. Une telle référence, si elle n'est pas forcément nécessaire comme le prouve son exclusion pour les requérants non métropolitains[2243], est en revanche extrêmement importante dans la mesure où le recours à la visioconférence est, malgré tous les avantages qu'il peut présenter pour les juridictions, porteur de nombreux inconvénients pour les justiciables[2244].

884. Il est vrai que le recours aux procédés de télécommunication n'est pas seulement un problème de nature technique mais possède un impact non négligeable sur les conditions de fonctionnement de la Justice et sur les droits des justiciables[2245]. Parmi les principales difficultés que l'on peut

---

[2242] Le Conseil d'Etat, saisi d'un recours contre un décret introduisant dans le Code de l'entrée et du séjour des étrangers et du droit d'asile un article R. 733-20-1 afin de permettre la mise en œuvre de l'article L. 733-1, est venu préciser les choses. La Haute juridiction juge le décret légal, notamment parce qu'il prévoit que « lorsque le président de la Cour nationale du droit d'asile envisage de recourir au moyen de communication audiovisuelle pour entendre les explications du requérant, celui-ci en est préalablement informé par un avis [...] qui comporte, s'il réside sur le territoire métropolitain, l'indication de son droit de s'opposer à la mise en œuvre de cette procédure ». En revanche, les juges du Palais Royal précisent que « ni l'article L. 733-1, qui permet au requérant séjournant en France métropolitaine de refuser d'être entendu par un moyen de communication audiovisuelle, ni le droit à un procès équitable garanti par l'article 16 de la Déclaration des droits de l'homme et du citoyen n'exigeaient des auteurs du décret qu'ils instituent une procédure de consentement exprès » : CE, 23 sept. 2013, *Syndicat des avocats de France*, n°360070. Un tel mécanisme, propre à garantir un consentement effectif, résulte également de l'article 44 de la loi n°78-17 du 6 janv. 1978 *relative à l'informatique, aux fichiers et aux libertés* tel que modifié par l'article 7 de la loi n°2011-334 du 29 mars 2011 *relative au Défenseur des droits*, *JORF*, 30 mars 2011, p. 5504. Ce souci de l'effectivité se retrouve également dans la jurisprudence de la Cour européenne des droits de l'homme, celle-ci ayant reconnu que la Convention a pour but de « protéger des droits non pas théoriques ou illusoires, mais concrets et effectifs » : 9 oct. 1979, *Airey c/Irlande*, n°6289/73, §24. Formulation reprise par exemple dans Cour EDH, 13 mai 1980, *Artico c/Italie*, n°6694/74, §33.

[2243] Cette exclusion est jugée conforme à la Constitution par le Conseil constitutionnel : CC, 9 juin 2011, décision n°2011-631 DC, *Loi relative à l'immigration, à l'intégration et à la nationalité*, cons. n°94.

[2244] Les inconvénients concernent aussi la Justice elle-même. Au moins dans un premier temps et tant que les réticences vis-à-vis de ce procédé n'auront pas été dépassées, le recours à la visioconférence peut nuire à son image et à son prestige ou encore de porter atteinte au principe de publicité des audiences, ou du moins à la qualité de celles-ci.

[2245] S. DEYGAS affirme ainsi que « ces modalités techniques ne sont pas d'un intérêt purement formel mais jouent nécessairement sur la qualité des garanties accordées au relever, il faut noter le risque d'une déshumanisation de la justice[2246] ainsi qu'une potentielle atteinte aux droits de la défense[2247], notamment à l'égalité des armes[2248]. La visioconférence met fin à la présence physique du justiciable, présence qui peut s'apparenter à un moyen d'expression[2249]. Ce procédé ne saurait donc constituer « une commodité inconditionnelle »[2250] d'autant moins que la demande d'asile revêt une importance particulière pour les requérants dont il s'agit.

885. Toutes ces atteintes potentielles aux droits du justiciable pourraient faire douter de la légalité, entendue au sens large, du recours à la visioconférence. Mais les jurisprudences du Conseil constitutionnel et de la

---

demandeur » d'où il conclut que « les préoccupations des avocats, quant à la possible généralisation du procédé de visioconférence utilisé dans un but de plus grande facilité de conduite des procédures et d'accélération des jugements, sont légitimes » : « Visioconférence et garanties procédurales », *Procédures*, déc. 2013, comm. 367.

[2246] Fr. DESPREZ, « D'une précision sémantique et d'un frein posé aux conditions d'intervention du juge des libertés et de la détention en matière de rétention administrative », *Procédures*, juill. 2008, étude 7.

[2247] Pour une critique de la visioconférence en matière contentieuse, voir notamment, F. DEFFERRARD, « Contre la visiojustice », *D.*, 2011, p. 2878.

[2248] La Cour européenne des droits de l'homme dans l'arrêt *Delcourt c/Belgique*, 17 janv. 1970, n°2689/65 énonce à propos de l'article 6§1 de la Convention que « le principe de l'égalité des armes n'épuise pas le contenu de ce paragraphe ». Dans un arrêt *Dombo Beheer c/Pays-Bas* du 27 oct. 1993, n°14448/88, la même Cour a défini l'égalité des armes, certes dans les litiges opposant des intérêts privés, comme « l'obligation d'offrir à chaque partie une possibilité raisonnable de présenter sa cause - y compris ses preuves - dans des conditions qui ne la placent pas dans une situation de net désavantage par rapport à son adversaire ». Le fait pour le demandeur d'asile de ne pas se trouver en face de son juge alors que le rapporteur public a ce privilège, pourrait poser problème de ce point de vue.

[2249] Pour une analogie avec l'attitude corporelle des personnels de justice, voir G. CORNU, « L'expression corporelle dans le langage du droit », dans Société de législation comparée, *Mélanges en l'honneur de Denis Tallon : d'ici, d'ailleurs, harmonisation et dynamique du droit*, 1999, 362 p., pp. 45-55.

[2250] Contrôleur général des lieux de privation de liberté, avis du 14 oct. 2011 *relatif à l'emploi de la visioconférence à l'égard de personnes privées de liberté*, *JORF*, 9 nov. 2011, texte n°65, n°6. Dans cet avis, le Contrôleur recommande que le recours à la visioconférence soit subordonné au consentement éclairé de toute personne demanderesse ou défenderesse dans la procédure en question, sauf exceptions. Il indique notamment, au n°12, qu' « il ne doit pas être fait recours à la visioconférence dans les matières à trancher où les questions de fait (notamment de preuve) l'emportent sur les questions de pur droit, ou bien lorsque la personnalité de l'intéressé ou ses explications sont un élément déterminant de la décision à prendre ». Les recommandations du Contrôleur vont même plus loin puisque, telle qu'est rédigée sa phrase, il n'est pas impossible de penser qu'il souhaiterait voir exclure dans certaines hypothèses toute possibilité de recourir à la visioconférence, même avec le consentement de l'intéressé.

Cour européenne des droits de l'homme[2251] ont admis la validité d'un tel procédé, sous conditions cependant.

886. Le Conseil constitutionnel, saisi à au moins deux reprises de la constitutionnalité de lois prévoyant le recours à la visioconférence, en a admis le principe, mais en prenant soins à chaque fois de faire référence à la volonté du justiciable. Il a ainsi relevé en 2003 que le déroulement des audiences au moyen de techniques de télécommunication audiovisuelle était « subordonné au consentement de l'étranger »[2252]. Saisis en 2011 de la constitutionnalité du mécanisme dont il est question à l'article L. 733-1 précité, les sages de la rue Montpensier ne reprennent pas explicitement l'argument du consentement afin de juger le recours à la visioconférence conforme à la Constitution, la loi n'y faisant pas référence[2253]. Ils relèvent en revanche, comme pour insister sur la volonté du justiciable, que le dispositif législatif critiqué « dispose, en particulier, que le "requérant qui, séjournant en France métropolitaine, refuse d'être entendu par un moyen de communication audiovisuelle est convoqué, à sa demande, dans les locaux de la cour" »[2254]. Le Conseil relève encore, dans son considérant 93, que le recours à la visioconférence n'est pas imposé, mais permis. Dès lors, et après avoir encore évoqué un nombre important de garanties prévues par le texte, comme le fait que la salle dont il s'agit doive relever du ministère de la

[2251] Pour des éléments relatifs au point de vue de la Cour de cassation, voir notamment Fr. DESPREZ, « D'une précision sémantique et d'un frein posé aux conditions d'intervention du juge des libertés et de la détention en matière de rétention administrative », *op. cit.*

[2252] CC, 20 nov. 2003, décision n°2003-484 DC, *Loi relative à la maîtrise de l'immigration, au séjour des étrangers en France et à la nationalité*, cons. n°82.

[2253] On observe ainsi une évolution entre les deux dispositifs législatifs séparés pourtant d'à peine une décennie. Si dans un premier temps le législateur, sans doute conscient des réticences qui ne manqueraient pas de se faire jour, a choisi le système de l'*opt-in*, le temps aidant et les nécessités de recourir aux moyens de télécommunication l'ont incité à recourir dans un second temps au mécanisme moins protecteur pour le justiciable qu'est l'*opt-out*. Les députés avaient avancé cet argument dans leur saisine, mais le Conseil n'y a pas répondu dans sa décision. Voir le dossier présent sur le site internet du Conseil constitutionnel : www.conseil-constitutionnel.fr, [3 mars 2015]. Cet état de fait incite à faire le parallèle avec la technique de l'expérimentation. Comme l'indique Chr. ATIAS dans sa réponse à un questionnaire élaboré dans le cadre de la Fondation européenne de la recherche : « l'expérimentation est utilisée pour rendre moins apparent les problèmes cruciaux [...]. L'expérimentation n'est qu'un procédé pour faire accepter ce qui est d'abord refusé » : cité dans A. VIANDIER, *Recherche de légistique comparée*, *op. cit.*, p. 34. Pour une évolution semblable à propos de la composition pénale, voir C. VIENNOT, *Le procès pénal accéléré. Etude des transformations du jugement pénal*, *op. cit.*, p. 306.

[2254] CC, 9 juin 2011, décision n°2011-631 DC, *Loi relative à l'immigration, à l'intégration et à la nationalité*, cons. n°91. Il est intéressant de relever que le Conseil, dans son considérant 93, semble faire siens les arguments qui ont amené le législateur à favoriser le recours à la visioconférence en notant que « le législateur a entendu contribuer à la bonne administration de la justice et au *bon usage des deniers publics* ». Nous soulignons.

Justice, il conclut que « les dispositions contestées garantissent de façon suffisante la tenue d'un procès juste et équitable ». La nécessité pour le justiciable de consentir, ou, selon les cas, la faculté qu'il a de s'opposer à ce qu'il soit fait recours à la visioconférence, semble ainsi être un élément pris en compte par le juge constitutionnel pour déclarer ce mécanisme conforme à la Constitution.

887. Mais c'est surtout la jurisprudence de la Cour européenne des droits de l'homme qui semble rendre plus nécessaire le consentement dans certaines hypothèses. Elle a également été amenée à se prononcer sur les problèmes posés par le recours à la visioconférence eu égard aux exigences du procès équitable posées par l'article 6§1 de la Convention[2255]. Elle estime notamment que « cette forme de participation à la procédure n'est pas, en soi, incompatible avec la notion de procès équitable et public, mais il faut s'assurer que le justiciable est en mesure de suivre la procédure et d'être entendu sans obstacles techniques et de communiquer de manière effective et confidentielle avec son avocat »[2256]. Surtout, le recours à la visioconférence doit répondre, « dans chaque cas d'espèce », à « un but légitime »[2257]. C'est sans doute ici que se situe le nœud du problème. Les raisons économiques et budgétaires[2258] sont-elles considérées à elles seules comme suffisantes pour rendre légitime le recours à la visioconférence dans les hypothèses où d'autres arguments, par exemple l'ordre public, ne seraient pas invocables ? Ce n'est pas certain[2259].

[2255] Ceci dit, il ne peut s'agir que d'une analogie, la procédure étudiée ne rentrant pas dans le domaine de l'article 6§1 de la Convention, comme l'a rappelé le Conseil d'Etat dans sa décision du 23 sept. 2013, *Syndicat des avocats de France*, n°360070.

[2256] Cour EDH, 2 nov. 2010, *Sakhnovski c/Russie*, n°21272/03. Pour davantage de développements sur le point de vue de la Cour sur la visioconférence et le droit à un procès équitable voir notamment L. MILANO, « Visioconférence et droit à un procès équitable », *RDLF*, 2011, chron. 8, disponible uniquement sur internet à l'adresse www.revuedlf.com, [3 mars 2015].

[2257] Cour EDH, 5 oct. 2006, *Marcello Viola c/Italie*, n°45106/04, §67.

[2258] Ces raisons militent en faveur du recours à la visioconférence. M. MERINO note ainsi qu'une telle utilisation en matière de droit des étrangers « est purement économique. Il s'agit pour le Gouvernement de limiter la dépense publique en évitant le déplacement sous escorte de police des personnes concernées placées en zone d'attente » : « La réforme du contentieux des étrangers. Aspects positifs et négatifs d'une réforme contestée », *Droit administratif*, fév. 2008, étude 3. Les travaux parlementaires indiquent encore, comme le relève le Conseil constitutionnel dans sa décision n°2003-484 DC, précitée, que le législateur aurait entendu « limiter des transferts contraires à la dignité des étrangers concernés ». L'argument peine cependant à convaincre réellement, notamment du fait de son absence, ou du moins de sa discrétion, dans les raisons initiales du recours aux moyens de télécommunication devant les juridictions.

[2259] Dans son avis du 14 octobre 2011, précité, au n°13, le Contrôleur général des lieux de privation de liberté indique également que le recours obligatoire à la visioconférence doit

888. Le consentement du requérant, parce qu'il s'analyse en une renonciation au droit de comparaître personnellement devant son juge, assure au législateur et aux titulaires du pouvoir réglementaire la conventionnalité des mesures qu'ils ont édictées. Il permet dès lors au justiciable de participer activement, ou du moins de ne pas s'opposer au développement de l'efficience des juridictions administratives.

889. Cette renonciation sera tout autant profitable à ces mêmes juridictions dans d'autres hypothèses plus fondamentales.

B. La renonciation à certains éléments du procès

890. Au-delà de la renonciation à certaines procédures ou certains droits particuliers, l'administré-justiciable a aussi la faculté de renoncer à certains éléments intéressant, au moins indirectement, le fond d'un litige. Deux principaux mécanismes doivent ici être étudiés : l'acquiescement et le désistement. La consultation de la table des matières de l'ouvrage de contentieux administratif de Raymond ODENT est à cet égard révélatrice. A l'entrée « Renonciation », elle renvoie vers ces deux notions et vers elles seules[2260].

891. L'établissement des faits, qui constitue normalement l'objet exclusif des différentes mesures d'instruction[2261], peut contribuer à allonger la durée des procès. Cette opération met par ailleurs parfois le juge, en raison du caractère essentiellement inquisitorial de la procédure administrative contentieuse, dans l'obligation de demander des explications ou des documents, de vérifier ceux-ci, de visiter les lieux, de procéder à une enquête ou encore à un interrogatoire, quand il ne s'agit pas d'ordonner une expertise. Tous ces éléments sont susceptibles d'engendrer des coûts et des délais importants, ces derniers contribuant à encombrer les rôles des juridictions. La faculté de faire appel ou de se pourvoir en cassation entraîne les mêmes conséquences.

---

reposer sur des motifs sérieux. Or il estime que « les économies réalisées sur les coûts des extractions ou les difficultés de réunir les escortes nécessaires ne constituent pas, en principe, des motifs suffisants pour recourir à la visioconférence ».

[2260] R. ODENT, *Contentieux administratif*, *op. cit.*, tome 2, p. 757. A. HEURTE affirme que « l'acquiescement s'analyse [...] en une renonciation » : « L'acquiescement dans la procédure administrative », *op. cit.*, p. 182. Et dans sa thèse relative à la renonciation, Cl. BLUMANN développe abondamment les questions relatives à l'acquiescement et au désistement : *La renonciation en droit administratif français*, *op. cit.*

[2261] Comme l'affirme R. CHAPUS, « les mesures d'instruction ne peuvent se rapporter qu'à des *questions de fait*. Le juge connait le droit » : *Droit du contentieux administratif*, *op. cit.*, p. 882.

892. Acquiescement et désistement, qui reposent en principe sur le consentement soit du défendeur, soit du demandeur, soit éventuellement des deux, sont donc souvent accueillis favorablement par le juge administratif parce qu'ils permettent, soit de supprimer purement et simplement l'instance, l'action, voire le litige, soit au moins de favoriser une résolution plus efficace de ce dernier (1). Mais parfois, c'est justement cette finalité qui devient première, incitant les textes ou le juge à présumer de la part du justiciable un consentement pourtant bien hypothétique (2).

1. Des renonciations réellement voulues et favorables à l'efficience des juridictions administratives

893. Acquiescement et désistement se présentent normalement comme des actes consentis par les requérants qui les donnent ou les sollicitent. Le vocabulaire est à ce sujet source de précieux renseignements. Le dictionnaire indique ainsi que l'acquiescement consiste, juridiquement, en une « adhésion d'une personne à un acte fait, une demande formée, un jugement rendu contre elle » et au sens courant, en un « consentement », une « acceptation »[2262]. Il provient du latin *quiescere*, « se reposer » et signifiait initialement « avoir confiance en », « donner son assentiment », avant de prendre son sens actuel de « donner son accord »[2263]. Le désistement constitue quant à lui l'« abandon *volontaire* » d'un droit ou d'un avantage[2264]. Etymologiquement, le mot provient du latin *desistere*, « s'abstenir de, renoncer à »[2265].

894. Ces deux vocables possèdent donc une connotation volontaire très marquée et le droit positif se fait l'écho de cette conception, puisque ces actes ne peuvent résulter normalement que du consentement du requérant[2266].

[2262] J. REY-DEBOVE et A. REY (dir.), *Le Petit Robert*, *op. cit.*, entrée « Acquiescement ».

[2263] A. REY (dir.), *Le Robert, Dictionnaire historique de la langue française*, *op. cit.*, entrée « Acquiescer ». Le droit reprend ces éléments, puisque le *Vocabulaire juridique* indique qu'il s'agit de « se rallier à l'opinion d'autrui », d'« accéder à une demande », d'« accepter une décision », d'« adhérer à une proposition » ou encore de « déférer à une sollicitation » : G. CORNU, *Vocabulaire juridique*, *op. cit.*, entrée « Acquiescer ».

[2264] J. REY-DEBOVE et A. REY (dir.), *Le Petit Robert*, *op. cit.*, entrée « Désistement ». Souligné par nous. Le *Vocabulaire juridique* de G. CORNU, à l'entrée « Désistement », indique également qu'il s'agit d'« abandon volontaire d'un droit, d'un avantage ou d'une prétention ».

[2265] A. REY (dir.), *Le Robert, Dictionnaire historique de la langue française*, *op. cit.*, entrée « Désister ». Les auteurs relèvent encore que par extension, le terme signifie, dans le contexte d'une candidature électorale, « renoncer à se présenter à une élection ».

[2266] Cela a déjà été démontré, en ce qui concerne le désistement, dans le premier chapitre de la première partie de cette étude. Quant à l'acquiescement, il convient de renvoyer à la lecture de l'article d'A. HEURTE, « L'acquiescement dans la procédure administrative », *op. cit.*

895. L'acquiescement, notion « extrêmement complexe »[2267], peut se manifester au cours du procès de plusieurs manières très différentes. Il peut s'agir pour l'administré de renoncer à obtenir une indemnité ou d'acquiescer aux faits invoqués par l'adversaire, mais aussi d'acquiescer à une décision administrative ou encore à une décision de justice[2268]. Si les deux premières hypothèses ne posent pas de difficulté et permettent une simplification immédiate du travail du juge[2269], les deux autres sont plus délicates. La question s'est en effet posée de savoir s'il était possible d'acquiescer à un acte administratif unilatéral, c'est-à-dire non seulement de renoncer à attaquer une décision administrative, mais aussi d'en accepter le contenu[2270].

L'auteur affirme notamment, p. 185 et en s'appuyant sur la jurisprudence, qu' « il faut que l'intéressé ait déclaré expressément accepter le jugement de première instance » et que « cette manifestation de volonté doit intervenir en pleine connaissance de cause, et n'avoir pas été provoquée par des manœuvres de l'adversaire ». On retrouve ainsi un raisonnement qui s'apparente tout à fait à celui relatif aux vices du consentement en matière de contrat, prenant en compte tant l'élément volontaire qu'intellectuel de cette manifestation de volonté. Voir encore J.-M. AUBY et R. DRAGO, *Traité de contentieux administratif*, *op. cit.*, tome 2, p. 562. Les auteurs indiquent également qu'un acquiescement nécessite « la volonté non équivoque d'une partie d'accepter la décision ».

[2267] G. PEISER, « Incidents de procédure », *op. cit.*, n°1. R. ROUQUETTE définit en première analyse l'acquiescement comme un « acte juridique unilatéral d'une partie à un procès portant acceptation d'une prétention adverse » : *Dictionnaire du droit administratif : terminologie, expressions, noms propres*, *op. cit.*, entrée « Acquiescement ».

[2268] Il serait encore possible d'évoquer un autre mécanisme, supposant lui aussi le consentement du justiciable et qui favorise également l'efficience de la juridiction administrative : la renonciation au bénéfice de la chose jugée. Il est ainsi possible pour un administré de renoncer au bénéfice d'une décision de justice. Cela lui permet par exemple, bien qu'ayant obtenu gain de cause en première instance, d'éviter les longueurs de la procédure et l'incertitude du résultat suite à l'appel de l'administration. Aussi peut-il préférer accepter l'offre de l'administration, même inférieure à celle obtenue du juge. Mais l'avantage pour celui-ci n'est qu'indirect et résultera du désistement de l'administration en appel, suite à l'accord conclu avec l'administré. Sur ce point, voir notamment Cl. BLUMANN, *La renonciation en droit administratif français*, *op. cit.*, spéc. le chapitre intitulé « La renonciation au bénéfice de la chose jugée », pp. 185-196.

[2269] L'administré qui aurait ainsi renoncé à une indemnité mais prétendrait par la suite intenter une action en justice contre l'administration se verra ainsi opposer une « exception d'acquiescement » soulevée par l'administration défenderesse : J.-M. AUBY et R. DRAGO, *Traité de contentieux administratif*, *op. cit.*, tome 1, p. 857. Quant à l'acquiescement aux faits, il permet tout simplement de simplifier l'instruction. Pour des exemples jurisprudentiels, voir ceux cités par A. HEURTE, « L'acquiescement dans la procédure administrative », *op. cit.*, p. 183.

[2270] Pour une telle présentation de l'acquiescement à l'acte unilatéral, *cf.* Cl. BLUMANN, *La renonciation en droit administratif français*, *op. cit.*, p. 133. Pour des éléments de discussion sur la licéité de l'acquiescement à l'acte administratif unilatéral, voir le même ouvrage, pp. 137-150 ou A. HEURTE, « L'acquiescement dans la procédure administrative », *op. cit.*, spéc. pp. 182-183 et plus récemment, G. PEISER, « Incidents de procédure », *op. cit.*, n°12 à n°24.

Si le Conseil d'Etat semble éventuellement accepter le principe de l'acquiescement postérieur à une décision administrative[2271], force est de reconnaître qu'il ne semble jamais l'avoir admis en pratique[2272].

896. L'acquiescement à une décision de justice est plus facilement admis par le juge administratif. S'il a lieu en cours d'instance, c'est « la reconnaissance, par le défendeur, du bien-fondé de l'action »[2273] et ne pose pas de difficultés particulières. Il peut aussi s'agir de l' « acceptation du jugement rendu en première instance »[2274]. Si la légalité d'un acquiescement formulé antérieurement au jugement ne semble pas admise, il en est différemment de l'acquiescement formulé après le jugement. Comme l'indique André HEURTE, « l'exercice des voies de recours n'est jamais obligatoire et les parties peuvent valablement y renoncer »[2275]. De la sorte, et malgré certaines hésitations, « la jurisprudence permet au défendeur de renoncer, au cours de l'instance devant le juge d'appel, au bénéfice de la chose jugée par la juridiction du premier degré, et d'acquiescer ainsi aux conclusions du particulier requérant »[2276]. Si la chose reste rare, la jurisprudence en fournit tout de même quelques exemples[2277].

897. Le désistement se manifeste pour sa part de deux manières très différentes. Il peut s'agir dans certains cas de renoncer à l'instance engagée, mais sans renoncer pour autant à l'action. C'est le désistement d'instance. Mais il peut aussi s'agir de renoncer aux deux à la fois. C'est le désistement d'action, qui constitue ainsi un « désistement d'instance aggravé »[2278]. Si le premier n'est pas forcément susceptible d'augmenter l'efficience du juge administratif[2279], c'est en revanche nécessairement le cas du second, le juge

---

[2271] *Contra*, CE, 30 oct. 2007, n°299969. La Haute juridiction administrative affirme que « la faculté d'exercer un recours pour excès de pouvoir étant toujours ouverte aux requérants, le ministre n'est pas fondé à se prévaloir d'une prétendue renonciation de M. A à saisir le juge administratif ».

[2272] G. PEISER affirme ainsi qu' « en réalité, si l'on analyse la jurisprudence du Conseil d'État, on ne trouve aucun exemple d'acquiescement considéré comme justifiant l'application de la fin de non-recevoir. Mais les formules employées par le Conseil d'État montrent que le juge n'exclut pas la possibilité d'un tel acquiescement » : « Incidents de procédure », *op. cit.*, n°24.

[2273] *Ibid.*, n°30.

[2274] Cl. BLUMANN, *La renonciation en droit administratif français*, *op. cit.*, p. 173.

[2275] A. HEURTE, « L'acquiescement dans la procédure administrative », *op. cit.*, p. 185.

[2276] *Ibid.*, p. 186. L'auteur évoque aussi, p. 187, la question de l'acquiescement à certaines irrégularités de procédures.

[2277] CE, 27 nov. 1929, *Merlot*, *R.*, p. 1032 et CE, 30 nov. 1933, *Desseaux*, *R.*, p. 1119.

[2278] A. HEURTE, « Le désistement dans la jurisprudence du Conseil d'Etat. Le désistement en droit public et en droit civil », *op. cit.*, p. 81.

[2279] Un désistement d'instance n'empêche pas l'introduction d'une nouvelle instance. C'est la raison pour laquelle les juges ne sont guère favorables à ce type de désistement, surtout lorsqu'il intervient à la fin de l'instruction. Pour une telle affirmation, voir notamment étant tenu d'en donner acte, ce qui a pour conséquence d'exclure définitivement le litige du rôle des juridictions. Il ne consiste en effet pas à renoncer à certains éléments d'un procès donné, mais bien à toute requête ayant les mêmes fins et fondée sur les mêmes moyens.

898. La renonciation portée par un acquiescement favorise la résolution des litiges. Elle permet d'abord de simplifier la phase d'instruction, en rendant l'établissement des faits plus rapide. Elle permet ensuite, lorsque l'administré a renoncé à une indemnité ou à attaquer un acte administratif unilatéral, de lui opposer une « exception d'acquiescement ». Elle permet enfin, en cas d'acquiescement à un acte juridictionnel, d'accélérer l'issue du procès, en garantissant que les voies de recours ne seront pas exercées, conférant ainsi plus rapidement à la décision du juge l'autorité de la chose jugée et favorisant de la sorte la stabilité des situations juridiques. De même, le désistement d'action, en rendant irrecevable toute requête ayant les mêmes fins et fondée sur les mêmes moyens, constitue un moyen à même de participer au désencombrement des rôles des juridictions administratives.

899. Ces avantages amènent dès lors les autorités normatives ou le juge administratif à étendre ces mécanismes à des hypothèses voisines, arguant cette fois-ci du consentement présumé des requérants.

2. Des renonciations parfois présumées afin de renforcer l'efficience des juridictions administratives

900. Acquiescement et désistement, même s'ils reposent théoriquement sur la volonté des requérants, ne sont pas toujours réellement le fruit d'une décision de ceux-ci. Cela apparaît de manière particulièrement tangible dans deux mécanismes que sont l'acquiescement présumé aux faits, d'une part, et le désistement d'office, d'autre part[2280].

901. L'acquiescement présumé aux faits invoqués par le demandeur résulte initialement de l'article 56 de l'ordonnance du 31 juillet 1945 relative au Conseil d'Etat[2281]. Aujourd'hui, l'article R. 612-6 du Code de justice

---

J.-Cl. BONICHOT, P. CASSIA, B. POUJADE, *Les grands arrêts du contentieux administratif*, *op. cit.*, p. 809. Les auteurs affirment que « cette fin anticipée du litige est modérément appréciée par le juge lorsqu'elle survient à un moment où l'instruction est proche d'être close – voire juste après la clôture de celle-ci ».

2280 M. GUYOMAR et B. SEILLER parlent encore de désistement « forcé » : *Contentieux administratif*, Dalloz, coll. « HyperCours », 3ème éd., 2014, 582 p., p. 240.

2281 Ordonnance n°45-1708 du 31 juill. 1945 *sur le conseil d'Etat*, *JORF*, 1er août 1945, p. 4770, *D.*, 1945, IV, p. 197 et rectificatif p. 252. Ce mécanisme est étendu aux tribunaux administratifs par l'article 8 du décret n°53-934 du 30 sept. 1953 *portant réforme du contentieux administratif*, *JORF*, 1er oct. 1953, p. 8593, complétant l'article 9 de la loi du 22 juill. 1889 *sur la procédure à suivre devant les conseils de préfecture*, *JORF*, 24 juill.

administrative énonce que « si, malgré une mise en demeure, la partie défenderesse n'a produit aucun mémoire, elle est réputée avoir acquiescé aux faits exposés dans les mémoires du requérant ». Ce mécanisme, qui concerne le défendeur et doit avoir été explicitement prévu par un texte[2282], permet donc au juge administratif de tenir pour acquis les faits exposés par le demandeur, à moins qu'ils ne soient contredits par les pièces du dossier. Le défendeur perd alors la possibilité de contester la réalité des faits[2283].

902. Le désistement d'office constitue un mécanisme aux effets similaires. Initialement prévu par l'ordonnance du 31 juillet 1945 précitée[2284], il résulte aujourd'hui, en ce qui concerne la procédure applicable devant le Conseil d'Etat, de l'article R. 611-22 du Code de justice administrative. Aux termes de ce dernier, « lorsque la requête ou le recours mentionne l'intention du requérant ou du ministre de présenter un mémoire complémentaire, la production annoncée doit parvenir au secrétariat du contentieux du Conseil d'Etat dans un délai de trois mois à compter de la date à laquelle la requête a été enregistrée. /Si ce délai n'est pas respecté, le requérant ou le ministre est réputé s'être désisté à la date d'expiration de ce délai, même si le mémoire complémentaire a été ultérieurement produit. Le Conseil d'Etat donne acte de ce désistement »[2285].

1889, p. 3637. L'article 8 du décret disposait notamment que « le secrétaire-greffier du tribunal administratif adresse une mise en demeure à l'administration ou à la partie qui n'a pas observé le délai qui lui est imparti en exécution de l'article 6 [...]. Dans ce cas, si c'est le demandeur qui n'a pas observé le délai, il est réputé s'être désisté ; si c'est la partie défenderesse, elle sera réputée avoir acquiescé aux faits exposés dans le recours ».

2282 CE, 3 juin 1987, *Palacios*, n°75883.

2283 Il convient tout de même de signaler que cela ne vaut que pour l'instance en cours. Le défendeur ne perd pas la possibilité de contester la réalité des faits s'il interjette appel. *Cf.* CE, 9 oct. 1968, *Ville de Grenoble c/Dlle Gros*, *R.*, p. 482.

2284 Ordonnance n°45-1708 du 31 juill. 1945 *sur le Conseil d'Etat*, *JORF*, 1er août 1945, p. 4770. Pour les premières applications de ce texte, voir notamment CE, 30 avr. 1946, *Dame Collombert*, *R.*, p. 120 ou CE, 20 janv. 1954, *Sté Callot*, *T.*, p. 869. Pour une jurisprudence annonciatrice de la réglementation qui sera adoptée en 1945, voir par exemple CE, 22 juill. 1901, *Motte, Bossut fils et Cie*, R., p. 673. La Haute juridiction administrative estime que des requérants ne sauraient, après deux mises en demeure et avoir refusé de désigner leur expert, après avoir encore refusé l'expert désigné d'office par la juridiction, « se plaindre que le conseil de préfecture ait considéré cette réponse qui ne contenait d'ailleurs ni motifs de récusation, ni désignation d'un autre expert, comme un désistement de leur demande primitive » et par conséquent ne sont pas fondés par la suite à solliciter du Conseil d'Etat une vérification « qu'il ne tenait qu'à eux d'assurer en temps utile ».

2285 C'est l'article 6 du décret n°2006-964 du 1er août 2006 *modifiant la partie réglementaire du code de justice administrative*, *JORF*, 3 août 2006, p. 11570, texte n°19, qui a modifié le délai, le réduisant de quatre à trois mois. Mais il existe des exceptions en ce qui concerne certaines matières. *Cf.* l'article R. 611-23 du Code de justice administrative ou encore l'article R. 611-24, qui prévoit que des délais différents puissent être imposés par le président de la sous-section en raison de l'urgence. Voir encore, pour un mécanisme semblable : l'article

903. Devant la Haute juridiction et contrairement à ce qu'il en est concernant l'acquiescement présumé aux faits, le requérant ayant annoncé la production d'un mémoire complémentaire mais n'ayant pas honoré son engagement est réputé s'être désisté sans qu'il soit nécessaire de lui adresser mise en demeure préalable. Ce mécanisme présente donc une grande sévérité. Il se distingue de ce point de vue de celui existant devant les cours administratives d'appel et les tribunaux administratifs. L'article R. 612-5 du Code de justice administrative dispose que « devant les tribunaux administratifs et les cours administratives d'appel, si le demandeur, malgré la mise en demeure qui lui a été adressée, n'a pas produit le mémoire complémentaire dont il avait expressément annoncé l'envoi [...], il est réputé s'être désisté »[2286].

904. De manière semblable, l'article R. 611-25 du Code de justice administrative énonce que « si le requérant ou le ministre à qui le dossier a été communiqué en vue de la production d'un nouveau mémoire ne le rétablit pas dans le délai qui, lors de la communication, lui a été imparti, il est réputé s'être désisté à la date d'expiration de ce délai, même si le dossier est ultérieurement rétabli. Le Conseil d'Etat donne acte de ce désistement ». Et un mécanisme identique s'applique aussi devant les cours administratives d'appel et les tribunaux administratifs[2287].

R. 776-12 du Code de justice administrative, relatif au contentieux des obligations de quitter le territoire et des arrêtés de reconduite à la frontière : « lorsqu'une requête sommaire mentionne l'intention du requérant de présenter un mémoire complémentaire, la production annoncée doit parvenir au greffe du tribunal administratif dans un délai de quinze jours à compter de la date à laquelle la requête a été enregistrée. /Si ce délai n'est pas respecté, le requérant est réputé s'être désisté à la date d'expiration de ce délai, même si le mémoire complémentaire a été ultérieurement produit. Il est donné acte de ce désistement ».

[2286] Trois principales différences entre le mécanisme applicable devant les juridictions du fond de droit commun et devant le Conseil d'Etat assurent au premier un régime moins sévère pour le demandeur. Devant les tribunaux administratifs et les cours administratives d'appel, le texte indique premièrement que le mémoire complémentaire doit avoir été « expressément » annoncé. Deuxièmement, la mise en demeure que doit nécessairement adresser le juge est propre à diminuer l'effet de surprise, d'autant plus qu'elle doit indiquer la sanction encourue en cas de non-production du mémoire. Troisièmement, le juge peut ne pas donner effet à une mise en demeure infructueuse, s'il estime qu'en fait elle n'est pas nécessaire. *Cf.* CAA, Lyon, 10 mars 1992, *Cne de Pierrefeu-du-Var*, *T.*, p. 1224. Sur tous ces points, voir R. CHAPUS, *Droit du contentieux administratif*, Ordonnance n°45-1708 du 31 juill. 1945 *sur le conseil d'Etat*, *JORF*, 1er août 1945, p. 4770, *D.*, 1945, IV, p. 197 et rectificatif p. 252., pp. 862-863.

[2287] L'article R. 612-5 du même code dispose en effet que « devant les tribunaux administratifs et les cours administratives d'appel, si le demandeur, malgré la mise en demeure qui lui a été adressée, n'a pas produit le mémoire complémentaire dont il avait expressément annoncé l'envoi ou, dans les cas mentionnés au second alinéa de l'article R. 611-6, n'a pas rétabli le dossier, il est réputé s'être désisté ». L'article R. 611-6 du Code de justice administrative énonce que « le président de la juridiction ou, au Conseil d'Etat, le président de la sous-section chargée de l'instruction peut autoriser le déplacement des pièces,

905. Ces mécanismes, qu'il s'agisse de l'acquiescement présumé aux faits ou du désistement d'office prononcé pour non-présentation d'un mémoire complémentaire annoncé ou non rétablissement du dossier constituent pour le juge une réelle simplification, semblable à celle évoquée à propos de l'acquiescement ou du désistement expressément voulus par les requérants. Ils permettent ainsi de lutter contre l'allongement des procédures et l'encombrement des rôles, soit en permettant de tenir pour acquis les faits de l'affaire, en économisant alors un temps précieux, soit en imposant le donner acte du désistement, mettant ainsi fin à toute contestation[2288]. La solution était d'autant plus efficace que, dans la seconde hypothèse, il ne s'agissait pas d'un désistement d'instance, mais plus radicalement d'un désistement d'action[2289]. Les choses semblent cependant avoir évolué et un tel désistement pourrait bien se voir qualifier par le juge de simple désistement d'instance[2290].

---

pendant un délai qu'il détermine, dans une préfecture ou une sous-préfecture, ou au greffe d'une autre juridiction administrative. /En cas de nécessité reconnue, il peut également autoriser la remise momentanée de ces pièces, pendant un délai qu'il fixe, entre les mains des avocats des parties ou des représentants des administrations ».

[2288] L'annonce d'un mémoire complémentaire, qui n'a pas été évoquée ci-dessus, est également susceptible, devant le Conseil d'Etat, de retarder le début de l'instruction ou la communication du dossier à la défense et par voie de conséquence de rallonger la durée du procès. Voir l'article R. 611-21 du Code de justice administrative, *a contrario* : « devant le Conseil d'Etat, lorsque la requête ou le recours ne mentionne pas l'intention du requérant ou du ministre de présenter un mémoire complémentaire dans lequel seront précisés ou complétés les moyens énoncés ou à l'appui desquels de nouveaux documents ou éléments probants seront produits, la procédure d'instruction est *immédiatement* engagée ». Nous soulignons.

[2289] CE, 21 déc. 1994, *Lejeune*, *R.*, p. 1121 ou encore CE, 10 fév. 1995, *Poussin*, *R.*, p. 977. Voir encore, plus récemment : CE, 19 oct. 2007, n°289551. La formulation de la décision est précise : « si, en principe, un désistement d'office, comme tout désistement dont le juge administratif donne acte, a le caractère d'un désistement d'action – et qu'alors, en raison de l'autorité de chose jugée qui s'attache à la décision qui le prononce, une nouvelle demande présentée par le même requérant ayant la même cause et le même objet que celle s'étant conclue sur le désistement d'office ne peut qu'être rejetée – il revient cependant au juge saisi d'une telle demande d'apprécier si le désistement dont il avait été donné acte d'office ne revêt pas, au regard des circonstances particulières de l'espèce, le caractère d'un désistement d'instance ».

[2290] Voir le revirement de jurisprudence de 2010 faisant d'un désistement non qualifié par le juge un désistement d'instance et non plus d'action ? *Cf.* CE, Sect., 1er oct. 2010, *Epx Rigat*, n°314297. Sur cette décision, voir notamment F. MELLERAY, « Un désistement est désormais en principe un désistement d'instance », *DA*, déc. 2010, comm. 158. Certains auteurs indiquent explicitement que cette décision a vocation à s'appliquer au désistement d'office. Voir par exemple L. ERSTEIN qui affirme que « ce désistement d'office devrait, en toute logique, être désormais regardé comme un désistement d'instance » : « Désistement d'instance, un principe », *JCPA*, n°48, 29 nov. 2010, pp. 19-21, p. 20, ou encore les commentaires sous l'article R. 611-22 dans Z. AIT-EL-KADI (Coord.) *Code des procédures*

906. Et ce sont bien pour ces raisons que de tels mécanismes ont été institués par les textes ou par le juge administratif lui-même. Comme l'indique René CHAPUS, dans ces dispositifs « se manifeste une rigueur liée à l'encombrement des juridictions »[2291]. Plus spécifiquement, le même auteur estime ainsi que la rigueur du régime du désistement d'office devant le Conseil d'Etat « a été liée au surencombrement du Conseil »[2292] et Ludovic GARRIDO, dans un article au titre révélateur, que « le Conseil d'Etat possède là un formidable moyen de sanctionner les requérants distraits et par là même de désencombrer son prétoire même s'il n'en exploite pas encore toutes les potentialités »[2293]. Les auteurs des *Grands arrêts du contentieux administratif* indiquent que les justifications pratiques du désistement d'office consistent à « éliminer les requêtes pour lesquelles les plaideurs ne font pas montre d'une diligence minimale »[2294]. Bernard PACTEAU estime également que son institution « a répondu assurément à une juste inspiration : rationaliser le procès (dès lors qu'un mémoire a été annoncé, l'instruction s'en est trouvée retardée – si c'est abusivement, il faut sanctionner) et – selon un horrible mot à la mode – responsabiliser le requérant à qui il revient de

administratives, Dalloz, 2015, 1858 p., p. 433. D'autres auteurs semblent penser le contraire, au moins implicitement, en indiquant, dans des éditions postérieures à la jurisprudence *Rigat* et mentionnant expressément celle-ci, que le désistement d'office est un désistement d'action. Voir par exemple J.-Cl. BONICHOT, P. CASSIA, B. POUJADE, *Les grands arrêts du contentieux administratif*, *op. cit.*, p. 826. Et, à ce jour, la jurisprudence du Conseil d'Etat ne semble pas encore s'être prononcée sur la question. La première hypothèse repose sur la lettre de la jurisprudence *Rigat* qui indique qu' « en principe un désistement a le caractère d'un désistement d'instance ; qu'il n'en va autrement que si le caractère de désistement d'action résulte sans aucune ambiguïté des écritures du requérant ; que, par voie de conséquence, lorsque le dispositif de la décision de justice qui donne acte d'un désistement ne comporte aucune précision sur la nature du désistement dont il est donné acte, ce désistement doit être regardé comme un désistement d'instance ». Or les arrêts donnant acte d'un désistement d'office ne le qualifient pas et l'on pourrait penser dès lors qu'il s'agit d'un désistement d'instance. Mais la seconde hypothèse semble davantage correspondre avec les finalités et l'esprit du texte dont il est fait application. C'est à la jurisprudence qu'il reviendra de faire prévaloir l'une ou l'autre de ces interprétations.

[2291] R. CHAPUS, *Droit du contentieux administratif*, *op. cit.*, p. 856.

[2292] *Ibid.*, p. 863.

[2293] L. GARRIDO, « La responsabilisation des acteurs du procès administratif : remède aux délais excessifs de jugement ou avatar ? », *DA*, n°5, mai 2011, étude 9, n°38. L'auteur affirme encore, au n°39, que « sous la pression d'une logique de performance de la justice administrative, le juge administratif est encouragé à utiliser plus fréquemment des techniques punitives ou disqualifiantes pouvant empêcher l'accès au juge ».

[2294] J.-Cl. BONICHOT, P. CASSIA, B. POUJADE, *Les grands arrêts du contentieux administratif*, *op. cit.*, p. 827.

tenir ce qu'il a promis »[2295]. Jean-Philippe THIELLAY affirme enfin que « cette sévérité se justifie par le retard que l'annonce d'un mémoire dit "ampliatif" fait prendre à l'instruction et notamment à la communication du dossier à la défense »[2296].

907. La jurisprudence se fait aussi l'écho de ces affirmations. La Cour européenne des droits de l'homme a ainsi affirmé qu' « il ne fait pas de doute pour la Cour qu'un mécanisme tel que celui du désistement d'office, qui a pour but de réduire le délai d'instruction des recours devant les juridictions administratives, vise une bonne administration de la justice »[2297].

908. Assez logiquement, la rigueur du régime juridique du désistement d'office a donc varié en fonction de l'encombrement des rôles des juridictions administratives[2298].

[2295] B. PACTEAU, « *Vers la mort douce de la technique du désistement d'office en contentieux administratif ?* (Conseil d'Etat, 9 juillet 1997)», *LPA*, 18 mars 1998, n°33, pp. 15-19, p. 16.

[2296] J.-Ph. THIELLAY, « Instruction. Désistement », *Ordonnance n°45-1708 du 31 juill. 1945 sur le conseil d'Etat, JORF, 1er août 1945, p. 4770, D., 1945, IV, p. 197 et rectificatif p. 252.*, n°50.

[2297] Cour EDH, 15 janv. 2009, *Guillard c/France*, n°24488/04, §38. Une telle affirmation est encore reproduite au paragraphe 48. La Cour reconnaît donc le bien-fondé des arguments avancés par le Gouvernement français et repris dans l'arrêt, au §30 : « le Gouvernement souligne que ce mécanisme, qui a pour but d'assurer une bonne administration de la justice, est de nature à limiter les délais d'instruction des requêtes et contribue ainsi au respect du droit d'être jugé dans un délai raisonnable, au sens de l'article 6§1 ».

[2298] Bien qu'il ne s'agisse certainement pas de la seule raison invocable, il est indéniable que la sévérité du mécanisme a évolué parallèlement à l'encombrement des juridictions administratives. Les règles ont été rendues plus sévères par le décret n°81-29 du 16 janv. 1981, *JORF*, 18 janv. 1981, p. 275, dont l'article 5 prévoyait un délai de quatre mois. Il n'est aujourd'hui plus que de trois mois, en vertu de l'article 6 du décret n°2006-964 du 1er août 2006, *JORF*, 3 août 2006, p. 11570, texte n°19. Mais d'autres éléments du régime du désistement d'office contribuent à sa plus ou moins grande sévérité, comme la facilité avec laquelle le juge reconnaît, en cas d'ambiguïté, qu'une requête annonce un mémoire complémentaire. Sur ces points, voir notamment R. CHAPUS, *Droit du contentieux administratif, op. cit.*, pp. 858-859. La tendance de la jurisprudence depuis environ deux décennies semble être plus favorable au requérant. Selon G. PEISER, le décret de 1981 « avait institué devant le Conseil d'État un système de désistement d'office extrêmement rigoureux ». Par ailleurs, « ce texte très sévère avait été appliqué de façon implacable par le Conseil d'État qui en avait donné une interprétation très large. La rigueur des textes et surtout la rigueur jurisprudentielle s'expliqueraient mal aujourd'hui alors que le Conseil d'État n'est plus surchargé de litiges » : « Incidents de procédure », *Ordonnance n°45-1708 du 31 juill. 1945 sur le conseil d'Etat, JORF, 1er août 1945, p. 4770, D., 1945, IV, p. 197 et rectificatif p. 252.*, n°216. J.-Ph. THIELLAY estime aussi que « l'évolution du stock et des délais de jugement autorise aujourd'hui un regard différent sur le désistement d'office »: « Instruction. Désistement », *Ordonnance n°45-1708 du 31 juill. 1945 sur le conseil d'Etat, JORF, 1er août 1945, p. 4770, D., 1945, IV, p. 197 et rectificatif p. 252.*, n°71. Tel est également l'avis de R. CHAPUS qui affirme que « la rigueur de ce régime a été liée au surencombrement de Conseil [...]. Sa notable réduction, actuellement, doit avoir pour normale conséquence une

909. Ce sont ces avantages, très réels pour le juge, ainsi d'ailleurs que pour la partie adverse, qui ont incité les autorités normatives et le juge à mettre en place ces mécanismes. Il y a donc une différence fondamentale de finalité entre, d'une part, l'acquiescement aux faits et l'acquiescement présumé aux faits, et, d'autre part, entre le désistement volontaire et le désistement d'office. En théorie, il s'agit simplement de tenir compte de la volonté du requérant, comme l'indique le vocabulaire tout d'abord. En faisant référence dans tous les cas à l'acquiescement ou au désistement, les textes ou le juge semblent bien faire référence à la volonté des parties[2299]. Ce que font également les textes qui mentionnent que, dans certaines hypothèses, le requérant « est réputé » avoir acquiescé ou s'être désisté. Très logiquement, Mattias GUYOMAR et Bertrand SEILLER voient dans le désistement une application d'un principe plus vaste, celui du *non ultra petita*.

910. Cependant, malgré une présentation similaire, des différences capitales existent respectivement entre les deux formes d'acquiescement et les deux formes de désistement. Si dans tous les cas la volonté semble être à la base de ces mécanismes, ce n'est en réalité pas nécessairement le cas ni dans l'acquiescement présumé, ni dans le désistement d'office. Tandis qu'il y a d'un côté le souci du juge de tenir compte de la volonté des requérants, il y a de l'autre l'application d'impératifs qui leur sont extérieurs. Il s'agit ainsi pour le juge de mettre en œuvre des moyens propres à favoriser la bonne administration de la justice ainsi que son efficacité.

911. La doctrine constate elle aussi cette différence importante. André HEURTE énonce ainsi que « bien que plusieurs des arrêts cités emploient formellement le terme d'acquiescement [...], il s'agit d'une véritable déchéance, qui ne repose nullement sur la volonté présumée des parties »[2300]. Concernant le désistement d'office, le même auteur affirme encore qu'il ne faut pas « s'étonner de le voir prendre parfois l'aspect d'un abandon forcé, d'une sanction imposée par le tribunal à un demandeur négligent ou qui, plutôt, empêche par ses agissements le litige de se poursuivre [...], mais on est alors en présence d'une véritable déchéance, qui n'a, du désistement, que

---

atténuation de la rigueur » : *Droit du contentieux administratif*, *op. cit.*, p. 863. Une telle évolution est encouragée par la Cour européenne des droits de l'homme qui, tout en estimant le principe du désistement d'office conforme à la Convention, veille à ce qu'il ne présente pas, dans chaque cas d'espèce, une sévérité disproportionnée par rapport aux objectifs qu'il poursuit. *Cf.* Cour EDH, 15 janv. 2009, *Guillard c/France*, n°24488/04.

2299 De même, les expressions « acquiescement présumé » et « désistement tacite » ou parfois « désistement implicite » ne font que confirmer ce point.

2300 A. HEURTE, « L'acquiescement dans la procédure administrative », *op. cit.*, p. 187. L'auteur affirme encore, p. 187, que l'article 56 de l'ordonnance de 1945 fait de l'acquiescement présumé une sanction « contre l'inertie de l'administration ».

le nom »[2301]. Et certains auteurs, dans les définitions qu'ils en donnent, ne font pas même référence à la volonté du demandeur[2302].

912. Si le désistement d'office peut certes résulter indirectement de la volonté de demandeur et se rapprocher ainsi d'un désistement volontaire, l'hypothèse dans laquelle ça ne serait pas le cas ne doit pas être négligée[2303]. Frédéric SCANVIC, dans ses conclusions sur la décision *Ministre des départements et territoires d'outre-mer*, opposait radicalement les deux désistements. Selon lui, ils sont « bien différents. Manifestation de volonté dans un cas, il est l'expression souveraine de celui qui, après être venu saisir le juge, se ravise et en informe ce juge [...]. Alors que dans l'autre cas, le désistement d'office n'est que la conséquence de l'application d'une règle de procédure qui ne révèle en rien la volonté du requérant, tout au plus sa mauvaise volonté, souvent son manque d'attention, fréquemment sa méconnaissance du texte. On lit d'ailleurs que ce désistement est en réalité plus une sanction qu'un véritable désistement »[2304].

2301 A. HEURTE, « Le désistement dans la jurisprudence du Conseil d'Etat. Le désistement en droit public et en droit civil », *op. cit.*, p. 91.

2302 Pour R. ROUQUETTE, le désistement d'office est « une déchéance rigoureuse sanctionnant le défaut de production d'un mémoire complémentaire annoncé » et pour C. EUDE il s'agit de l'acte dans lequel « le juge constate par une décision juridictionnelle que le demandeur n'a pas produit le mémoire ampliatif dont il avait cependant expressément annoncé l'envoi ». Voir respectivement, *Petit traité du procès administratif. Contentieux administratif. Juridictions générales et spéciales*, *op. cit.*, n°415-35 et « Le désistement dans la procédure administrative contentieuse », *op. cit.*, p. 9. Il est intéressant de noter que la définition que donne R. ROUQUETTE du désistement en général indique qu'il s'agit d'une « manifestation de volonté d'un requérant (*sauf dans le cas du désistement d'office*), possible jusqu'à la clôture de l'instruction, qui abandonne tout ou partie de ses conclusions, sans condition ou sous condition » : R. ROUQUETTE, *Dictionnaire du droit administratif : terminologie, expressions, noms propres*, *op. cit.*, entrée « Désistement ». Souligné par nous.

2303 Les auteurs des *Grands arrêts du contentieux administratif*, préc., pp. 825-826, indiquent ainsi qu' « un désistement prononcé d'office par le juge peut résulter d'une volonté – exprimée négativement – du requérant de ne plus poursuivre l'instance : il lui « suffit » alors de ne pas produire le mémoire annoncé dans le délai imparti. Le plus souvent toutefois, le désistement d'office résulte de la carence involontaire du demandeur, qui a oublié ou n'a pas pu produire le mémoire dans le délai prescrit par les textes ou par la juridiction ». Les auteurs affirment encore, p. 809, que « le désistement est parfois subi par le requérant, en particulier lorsqu'il a tardé à produire le mémoire complémentaire annoncé ».

2304 Fr. SCANVIC, concl. sur CE, Sect., *Min. des départements et territoires d'outre-mer*, n°142456, *R.*, p. 43, *AJDA*, 1994, pp. 389-393, p. 391. Le commissaire du gouvernement citait encore d'autres arguments afin de marquer la différence entre les deux types de désistement. Ce à quoi il est possible de rajouter que la jurisprudence fournit des exemples de décisions dans lesquelles des requérants s'étant vu opposer un désistement d'office forment des recours en rectification d'erreur matérielle, ce qui tendrait à prouver que les désistements ont bien été prononcés par le juge contre leur volonté. Voir par exemple CE, 3 juin 2015, n°388743 ou CE, 15 oct. 2014, n°370066.

913. Les mécanismes étudiés ont donc la particularité de faire appel à la volonté présumée des parties pour répondre à des considérations d'efficience[2305]. Cela peut paraître surprenant dans un domaine où l'institution d'une déchéance aurait été possible[2306], mais se justifie cependant, au moins d'un point de vue strictement technique[2307]. De même que l'établissement de présomptions a notamment pour but de faciliter l'administration de la preuve, le recours à la notion d'implicite est un moyen fréquemment utilisé pour concourir à l'efficacité d'un mécanisme juridique[2308]. Il permet ici au juge d'appliquer les conséquences prévues par les textes, faisant éventuellement primer l'efficacité de la justice administrative sur la volonté réelle des requérants[2309]. La prise en compte d'une hypothétique volonté dans l'acquiescement présumé aux faits ou dans le désistement d'office constitue donc un moyen efficace, quoique

---

[2305] J.-L. BERGEL, à la suite de l'article 1349 du Code civil, définit la présomption comme « un mode de raisonnement juridique en vertu duquel, de l'établissement d'un fait, on induit un autre fait qui n'est pas prouvé » : *Théorie générale du droit, op. cit.*, p. 332. Tel est bien le cas dans les mécanismes dont il est question. Du constat que défendeur n'a pas contesté les faits, le juge estime qu'il y a acquiescé. De même, du simple fait que le demandeur ayant annoncé un mémoire complémentaire ne l'a finalement pas produit, le juge présume qu'il a entendu se désister de son recours. Il est par ailleurs important de noter que, sauf revirement de jurisprudence, ces présomptions, que l'on pourrait qualifier de légales bien qu'elles résultent de textes réglementaires, sont irréfragables.

[2306] A. HEURTE distingue très nettement acquiescement et déchéance en affirmant que « l'acquiescement est assez rarement admis devant les juridictions administratives, à la condition de le distinguer de certaines déchéances qui empruntent cependant son nom » : « L'acquiescement dans la procédure administrative », *op. cit.*, p. 187.

[2307] De tels procédés présentent en revanche de sérieux inconvénients. Ils vont notamment contre une tradition juridique qui veut que les renonciations ne se présument pas facilement. Cl. BLUMANN, faisant référence à l'adage *renunciatio non praesumitur*, affirme que « la renonciation dénote de la part de son auteur une intention de dépouillement qui ne peut être facilement présumée » : *La renonciation en droit administratif français, op. cit.*, p. 37. E. MEYNIAL relève qu'au Moyen Age « on n'accepte comme impliquant consentement du renonçant que l'acte ou les *verba* tels qu'on ne puisse les expliquer que par la volonté de manifester ce consentement. Dans le doute on ne présume pas la renonciation » : « Des renonciations au Moyen âge et dans notre ancien droit (fin) », *op. cit.*, p. 700. Telle est également, en droit positif cette fois, la position de la Cour de cassation qui affirme que « la renonciation à un droit ne se présume pas et ne peut résulter que d'un acte manifestant sans équivoque la volonté de renoncer » : Cass., Civ. 1ère, 8 juill. 2015, n°14-18189.

[2308] Voir notamment A. JENNEQUIN, *L'implicite en droit administratif*, Thèse, Lille II, 2007, 497 p., spéc. pp. 169-207.

[2309] A. JENNEQUIN affirme que l'implication a un « rapport très étroit avec l'idée de nécessité » : *L'implicite en droit administratif*, *op. cit.*, p. 5. C'est bien de cela dont il est question dans les mécanismes étudiés. Il s'agit de permettre au juge de tirer de faits certains une conséquence simple et nécessaire : l'acquiescement ou le désistement, en l'absence de manifestation de volonté du requérant.

d'application peu fréquente[2310], pour désencombrer les juridictions administratives. Telle est également la conséquence des transactions administratives, qui se présentent comme la substitution du procès administratif lui-même.

II. Le consentement manifesté en dehors de la procédure administrative contentieuse : l'exemple de la transaction administrative

914. Selon l'alinéa premier de l'article 2044 du Code civil, « la transaction est un contrat par lequel les parties terminent une contestation née, ou préviennent une contestation à naître »[2311]. Ce mode de résolution des litiges, qui peut éventuellement concerner toutes les catégories de personnes publiques[2312], n'est pas nouveau en droit administratif[2313]. Il connaît cependant à l'heure actuelle un regain d'intérêt, notamment parce qu'il est particulièrement favorable à l'efficience des juridictions[2314].

915. Les accords transactionnels administratifs, dont le régime juridique est globalement identique à celui du droit privé[2315], peuvent contribuer à

[2310] Le désistement d'office a concerné, devant le Conseil d'Etat, 0,8% des décisions rendues en 2003 et 1,3% de celles rendues en 2004 et 2005. Pour de tels chiffres, *cf.* Cour EDH, 15 janv. 2009, *Guillard c/France*, n°24488/04, §32.

[2311] Sur la transaction en droit administratif, voir notamment le dossier consacré à la transaction administrative dans *AJDA*, 1997, pp. 3-63, spéc. A. LYON-CAEN, « Sur la transaction administrative », pp. 48-53. Voir encore S. BOUSSARD, « Modes alternatifs de règlement des litiges », *Jcl. Justice administrative*, fasc. n°120, 2008.

[2312] Toute personne publique peut par principe conclure une transaction, sauf les établissements publics de l'Etat qui doivent préalablement y être autorisés, conformément à l'article 2045 alinéa 3 du Code civil qui dispose que « les établissements publics de l'Etat ne peuvent transiger qu'avec l'autorisation expresse du Premier ministre ».

[2313] C'est dès la fin du XIXème siècle que la jurisprudence administrative affirme qu' « aucune disposition de loi ou de règlement n'interdit à l'Etat la faculté de transiger » : CE, 17 mars 1893, *Cie du Nord, de l'Est et a. c/Min. de la Guerre*, *R.*, p. 245. Voir encore et par exemple : CE, 22 juin 1883, *Min de la Marine c/Corbet*, *R.*, p. 589 ; CE, 8 avr. 1921, *Cie de la N'Goko Sangha*, *R.*, p. 351 et CE, 3 nov. 1943, *Cne de Saint-Chély-d'Apcher*, *R.*, p. 241. Pour un historique, remontant jusqu'à l'Ancien Régime, de la transaction en matière administrative, voir R. RAYSSAC, *La transaction en matière administrative*, Thèse, Université François Rabelais de Tours, 1999, 2 tomes, 528 p., tome 1, p. 37 et s.

[2314] Dans ces courts développements relatifs à la transaction, ne seront pas étudiées les hypothèses concernant des polices administratives spéciales, dans lesquelles la transaction comporte une dimension répressive et présente certaines particularités. Sur cette question, voir notamment M. GUYOMAR, *Les sanctions administratives*, LGDJ, coll. « Systèmes », 2014, 201 p., pp. 56-60 et X. PIN, *Le consentement en matière pénale*, *op. cit.*, pp. 569-571.

[2315] Il est désormais acquis que les contrats de transaction peuvent être des contrats administratifs, et pas seulement s'ils concernent des litiges relatifs à des marchés publics ou à résoudre le problème de l'encombrement des juridictions administratives[2316]. D'une manière générale, « la transaction est motivée par des impératifs de rapidité et d'efficacité »[2317] et cela se vérifie aussi dans les liens qu'elle entretient avec le contentieux. Sa fonction principale est justement d'éviter le recours au juge et elle « allège la charge de travail des juridictions », de sorte qu' « elle peut contribuer à l'efficacité des procédures contentieuses »[2318]. Elle peut tout d'abord soustraire au juge un nombre important de litiges chaque année. Par ailleurs, « la démarche transactionnelle et la démarche contentieuse, loin de s'opposer, se complètent et se confortent mutuellement »[2319]. En effet, « la transaction, parce qu'elle peut réduire le contentieux de masse où les questions de faits l'emportent sur les questions de droit, permet également aux juridictions de privilégier le traitement des litiges importants, notamment de ceux qui posent un problème juridique sérieux. Ce faisant, les juridictions clarifient certains points de droit, ce qui renforce la sécurité juridique… et ouvre de nouveaux champs à la

---

des dommages de travaux publics. Sur la question de la compétence du juge administratif en matière de transaction administrative, voir notamment G. LE CHATELIER, « Transaction », *Rep. cont. adm. Dalloz*, 2010, n°70 à n°74 et TC, 18 juin 2007, *Sté Briançon bus*, n°C3600. Pour un état des lieux plus ancien sur cette question, voir notamment A. DE LAUBADERE, Fr. MODERNE et P. DELVOLVE, *Traité des contrats administratifs*, *op. cit.*, tome 1, p. 397. Bien qu'administratifs, ces contrats de transactions reprennent, pour l'essentiel, les principes établis en droit civil. Chr. GUETTIER affirme ainsi que « la jurisprudence du Conseil d'Etat a rendu applicable aux collectivités publiques la définition de la transaction de droit commun, ainsi que son économie générale » : *Droit des contrats administratifs*, *op. cit.*, p. 505. Pour un tel constat, voir encore CONSEIL D'ETAT, *Régler autrement les conflits : conciliation, transaction, arbitrage en matière administrative*, *op. cit.*, p. 60 ou B. PLESSIX, « Droit administratif », *JCPG*, n°40, 1er oct. 2008, I, n°191, p. 25. Voir encore, du même auteur, « Transaction et droit administratif », dans Bl. MALLET-BRICOUT et C. NOURISSAT, *La transaction dans toutes ses dimensions*, Dalloz, coll. « Thèmes et commentaires », 2006, 214 p., pp. 133-146.

2316 La conclusion de transactions par l'administration peut encore présenter d'autres avantages, notamment pour l'administration active. Elle lui permet par exemple de réaliser des économies de temps et d'argent, ou encore d'améliorer son image de marque auprès des administrés en faisant preuve de modernité, d'adaptabilité et d'ouverture d'esprit. Sur ces questions, voir entre autres la circulaire du 6 fév. 1995 *relative au développement du recours à la transaction pour régler amiablement les conflits*, *JORF*, 15 fév. 1995, p. 2518 et CONSEIL D'ETAT, *Régler autrement les conflits : conciliation, transaction, arbitrage en matière administrative*, *op. cit.*, pp. 74-76. La Haute juridiction administrative affirme notamment, p. 74, que « la démarche transactionnelle est un élément de la qualité du service public ».

2317 R. DIJOUX, *La contractualisation des droits fondamentaux*, *op. cit.*, p. 205.

2318 Circulaire du 6 fév. 1995 *relative au développement du recours à la transaction pour régler amiablement les conflits*, *JORF*, 15 fév. 1995, p. 2518.

2319 CONSEIL D'ETAT, *Régler autrement les conflits : conciliation, transaction, arbitrage en matière administrative*, *op. cit.*, p. 76.

transaction »[2320]. La transaction, même si elle intervient en dehors du contentieux, entretient donc avec lui des liens étroits.

916. L'aide que la transaction est susceptible d'apporter à l'efficience des juridictions administratives constitue une des raisons pour lesquelles elle a été encouragée par les pouvoirs publics[2321], qui devaient par ailleurs lutter contre les préjugés existant contre ce type de contrat au sein de l'administration[2322]. Le Conseil d'Etat a tout d'abord réalisé une étude, publiée en 1993, dans laquelle il estime que « la démarche transactionnelle doit être un réflexe des administrations dès l'examen d'un recours gracieux afin d'améliorer la qualité du service rendu »[2323]. Deux ans plus tard et à l'invitation de la Haute juridiction administrative, le Premier ministre a publié une circulaire dans laquelle il invite l'administration à recourir à la transaction, estimant, à propos de l'appareil d'Etat, qu' « il est de son devoir d'éviter une saisine des juridictions »[2324]. Le législateur a également favorisé

2320 *Ibid.* Ce lien entre transaction et procédure contentieuse explique que « la principale raison avancée pour justifier la démarche transactionnelle est l'encombrement des juridictions et l'allongement des délais de jugement » : R. RAYSSAC, *La transaction en matière administrative*, *op. cit.*, tome 1, p. 8.

2321 Encore faut-il noter que le recours à la transaction n'est pas toujours possible. La transaction ne saurait porter par exemple sur les questions de légalité qui relèvent du juge de l'excès de pouvoir. Une évolution semble cependant perceptible sur ce point. *Cf.* notamment C. BROYELLE, *Contentieux administratif*, LGDJ, coll. « Manuel », 2ème éd., 2013, 424 p. p. 187, note 125 et TA, Cergy-Pontoise, 8 janv. 2015, n°1209831, *AJDA*, 2015, p. 993, note S. MERENNE. Ce jugement admet la validité d'une transaction portant sur la légalité d'un acte individuel.

2322 Sur cette question, voir notamment J.-M. AUBY, « La transaction en matière administrative », *AJDA*, 1956, pp. 1-4, p. 1 ainsi que CONSEIL D'ETAT, *Régler autrement les conflits : conciliation, transaction, arbitrage en matière administrative*, *op. cit.*, p. 57. Des réticences et les cultures administratives des différents corps expliquent que la transaction connaisse des utilisations plus ou moins fréquentes selon les administrations. Sur ce point, voir par exemple CONSEIL D'ETAT, *Régler autrement les conflits : conciliation, transaction, arbitrage en matière administrative*, *op. cit.*, pp. 65-69. Pour des données chiffrées sur l'utilisation de la transaction dans différents types de litiges, *cf.* la même étude, pp. 64-66, ainsi que Y. GAUDEMET, « Le "précontentieux". Le règlement non juridictionnel des conflits dans les marchés publics », *AJDA*, 20 juill. 1994, n° spécial, pp. 84-90, p. 89.

2323 CONSEIL D'ETAT, *Régler autrement les conflits : conciliation, transaction, arbitrage en matière administrative*, *op. cit.*, p. 74.

2324 Circulaire du 6 fév. 1995 *relative au développement du recours à la transaction pour régler amiablement les conflits*, *JORF*, 15 fév. 1995, p. 2518. Le Premier ministre affirme que ce doit être notamment le cas « lorsque l'administration se trouve confrontée à des situations où les circonstances de fait et de droit ne présentent pas de difficultés particulières et où les réclamations des usagers sont fondées ». Voir encore la circulaire du 7 septembre 2009 *relative au recours à la transaction pour la prévention et le règlement des litiges portant sur l'exécution des contrats de la commande publique*, *JORF*, 18 sept. 2009, p. 15230, texte n°27 ainsi que celle du 6 avril 2011 *relative au développement du recours à la transaction pour régler amiablement les conflits*, *JORF*, 8 avr. 2011, p. 6248, texte n°1.

le recours à la transaction en lui étendant le bénéfice de l'aide juridictionnelle[2325]. Des instances internationales ainsi que la doctrine sont également favorables à cette évolution[2326].

917. Ces incitations ne furent peut-être pas toujours suivies de tous les effets désirés comme le prouve la multiplication des circulaires encourageant la transaction[2327]. Quoi qu'il en soit, ce mode de règlement amiable des litiges « n'existe que par le consentement des parties »[2328]. Ce consentement est certes nécessaire, d'un point de vue presque psychologique[2329], au succès de la transaction. Il constitue surtout, d'un point de vue juridique, un élément indispensable à la formation de ce contrat (A), d'autant plus qu'il est porteur, pour chaque contractant, d'une certaine forme de renonciation (B).

A. Un consentement indispensable à la transaction administrative

918. Le principe de l'autonomie de la volonté « domine le régime juridique applicable à la transaction »[2330], contrat qui se veut « consenti et

---

[2325] Voir l'alinéa 2 de l'article 10 de la loi n°91-647 du 10 juill. 1991 *relative à l'aide juridique*, *JORF*, 13 juill. 1991, p. 9170 qui énonce que l'aide juridictionnelle « peut être accordée pour tout ou partie de l'instance ainsi qu'en vue de parvenir, avant l'introduction de l'instance, à une transaction ou à un accord conclu dans le cadre d'une procédure participative prévue par le code civil ». Cette rédaction résulte de l'article premier de la loi n°98-1163 du 18 déc. 1998 *relative à l'accès au droit et à la résolution amiable des conflits*, *JORF*, 22 déc. 1998, p. 19343.

[2326] Au niveau international, voir notamment la recommandation 2001/9 *du Comité des Ministres aux Etats membres sur les modes alternatifs de règlement des litiges entre les autorités administratives et les personnes privées*, adoptée le 5 sept. 2001. Il est intéressant de voir que parmi les arguments avancés pour encourager le recours à la transaction en matière administrative, figure la question de l'encombrement des juridictions. Pour ce qui concerne la doctrine, il est révélateur de comparer la brièveté des développements consacrés par les auteurs du *Traité des contrats administratifs* à la transaction avec l'abondance des études, majoritairement favorables à ce procédé, consacrées aujourd'hui à ce sujet. Voir A. DE LAUBADERE, Fr. MODERNE et P. DELVOLVE, *Traité des contrats administratifs*, *op. cit.*, tome 2, pp. 909-911.

[2327] Voir encore P. LEWY qui affirme que « la transaction est incontestablement portée par un courant de faveur et vantée par l'enthousiasme des nouveaux convertis. Mais, en pratique, les résultats de cette technique ne paraissent pas être à la hauteur des espérances » : *La transaction en droit public français*, Thèse, Paris XIII, 2001, 255 p., p. 202.

[2328] R. RAYSSAC, *La transaction en matière administrative*, *op. cit.*, p. 493.

[2329] E. MEYNIAL affirme ainsi qu' « il n'y a de bonne paix que celle que les deux parties ont consentie, et non pas celle qu'un étranger, fût-il un arbitre investi de la puissance publique impose » : « La déclaration de volonté », *RTD civ.*, 1902, pp. 545-573, p. 573. Pour une analyse semblable, voir encore L. POULET, *Transaction et protection des parties*, LGDJ, coll. « Bibliothèque de droit privé », tome 452, 2005, 401 p., p. 50.

[2330] R. RAYSSAC, *La transaction en matière administrative*, *op. cit.*, p. 277.

égalitaire »[2331]. Comme toute convention, la transaction nécessite le consentement des parties. Celles-ci doivent, en vertu de la définition même de la transaction[2332], manifester leur intention commune de mettre fin au litige (1). Favorable à cet instrument propre à désencombrer son rôle, le juge administratif fait preuve d'un grand pragmatisme de manière à en encourager la conclusion (2).

1. La commune intention des parties de mettre fin au litige

919. Selon l'avis d'Assemblée du 6 décembre 2002, *Syndicat intercommunal des établissements du second cycle du second degré du district de L'Haÿ-les Roses et Sté CDI 2000*, le consentement des parties au contrat de transaction est la première condition de l'homologation de ces contrats par le juge administratif[2333]. Cette exigence constitue une constante de la jurisprudence administrative et comme pour les autres contrats, le juge doit non seulement s'assurer de l'existence du consentement mais également s'enquérir de son intégrité[2334].

920. Concernant l'existence du consentement, il faut, pour que la transaction soit valide, que l'accord de volontés, qui ne doit pas être équivoque[2335], soit réellement intervenu[2336]. La jurisprudence administrative se livre alors fréquemment à des appréciations semblables à celles des juridictions judiciaires sur l'offre de transaction et sur son acceptation. Celles-ci doivent avoir le même objet[2337] et concerner les mêmes parties[2338].

2331 P. LEWY, *La transaction en droit public français*, *op. cit.*, p. 13.

2332 Voir l'alinéa premier de l'article 2044 du Code civil, préc.

2333 CE, Ass., avis, 6 déc. 2002, *Syndicat intercommunal des établissements du second cycle du second degré du district de L'Haÿ-les Roses et Sté CDI 2000*, n°249153. La Haute juridiction administrative estime que, saisi d'une demande d'homologation, « le juge vérifie que les parties consentent effectivement à la transaction, que l'objet de cette transaction est licite, qu'elle ne constitue pas de la part de la collectivité publique intéressée une libéralité et qu'elle ne méconnaît pas d'autres règles d'ordre public ». Sur cet avis, voir notamment J.-Cl. BONICHOT, P. CASSIA, B. POUJADE, *Les grands arrêts du contentieux administratif*, *op. cit.*, n°73 et les références citées.

2334 Pour une décision faisant apparaître simultanément ces deux points, voir CE, 30 oct. 1974, *Cne de Saint-Pierre-les-Bois c/Gohin*, *R.*, p. 525. Sur la problématique générale relative aux vices du consentement dans le contrat de transaction, voir notamment Bl. MALLET-BRICOUT, « Vices et transaction », dans Bl. MALLET-BRICOUT et C. NOURISSAT, *La transaction dans toutes ses dimensions*, op. cit., pp. 35-51.

2335 CE, 24 janv. 1930, *Sté des grands travaux de Marseille*, *R.*, p. 112.

2336 CE, 7 sept. 1945, *Epx Raspiengeas*, *R.*, p. 188. Voir encore CE, 30 oct. 1974, *Cne de Saint-Pierre-les-Bois c/Gohin*, *R.*, p. 525 et TA, Versailles, 19 fév. 1982, *SA Dunoise c/SIVOM de la région du Mesnil-Saint-Denis*, *T.*, p. 667.

2337 Voir par exemple TA, Châlons-sur-Marne, 29 janv. 1985, *M. Alain Ottenwaelder c/Syndicat intercommunal d'assainissement du bassin de la Voire*, *RFDA*, 1985, p. 395,

A défaut, aucune transaction n'est conclue. Les transactions intervenant dans un contexte initialement marqué par un différend, les parties peuvent aussi être tentées de changer d'avis et se pose la question du retrait de l'offre. L'offre présentée par l'administration est irrévocable si elle a été acceptée, sinon, elle peut être retirée[2339].

921. Concernant l'intégrité du consentement[2340], le juge administratif fait sienne la position du juge judiciaire. Comme celui-ci et conformément aux articles du Code civil spécialement consacrés au consentement dans les transactions[2341], il se montre assez sévère pour la partie invoquant un tel vice. Le contrat de transaction a en effet pour but de mettre fin à un litige et plus que tout autre, ce contrat doit être stable. Comme l'affirme Laurent POULET, « en ce domaine plus qu'ailleurs, une protection excessive des parties risque de priver cette convention de tout intérêt »[2342]. Des considérations de sécurité juridiques invitent donc le juge à ne pas tenir un compte trop strict de la volonté interne des parties[2343], ce qui aurait pour conséquence éventuelle de faire de ces contrats de nouveaux objets de contentieux, alors précisément qu'ils ont pour finalité d'éviter le recours au juge.

922. Les rédacteurs du Code civil avaient ainsi exclu l'erreur de droit des vices pouvant affecter le consentement des transigeants. L'article 2052 alinéa 2 énonce ainsi que les transactions « ne peuvent être attaquées pour cause d'erreur de droit, ni pour cause de lésion ». L'article suivant affirme en revanche qu' « une transaction peut être rescindée lorsqu'il y a erreur dans la personne ou sur l'objet de la contestation. /Elle peut l'être dans tous les cas où il y a dol ou violence ».

---

note X. P. Alors que le requérant s'était engagé à renoncer à toute action en justice à condition que la personne publique paie non seulement les travaux qu'il avait dû réaliser mais aussi les frais d'expertise, celle-ci n'avait entendu payer que la première des sommes. Dès lors, le tribunal en conclut qu' « aucune transaction n'a été conclue entre les parties pour le règlement du litige les opposant ».

2338 *Cf.* notamment CE, 8 nov. 1963, *Cne de Castelmoron-sur-Lot*, *R.*, p. 544.

2339 Voir notamment CE, 9 nov. 1921, *Sté commerciale de carbures et produits chimiques*, *R.*, p. 918 ; CE, 7 janv. 1948, *Herrerias*, *T.*, p. 663 et CE, 30 oct. 1974, *Cne de Saint-Pierre-les-Bois c/Gohin*, *R.*, p. 525.

2340 Pour une étude approfondie des vices du consentement dans les transactions administratives, voir notamment R. RAYSSAC, *La transaction en matière administrative*, *op. cit.*, pp. 94-110 et P. LEWY, *La transaction en droit public français*, *op. cit.*, pp. 136-156.

2341 Voir notamment les articles 2052 à 2054.

2342 L. POULET, *Transaction et protection des parties*, *op. cit.*, p. 12.

2343 R. RAYSSAC affirme par exemple qu' « on constate que le juge adopte une conception relativement stricte des conditions de consentement » : *La transaction en matière administrative*, *op. cit.*, p. 93.

923. Conformément à ces dispositions légales, l'erreur peut être prise en compte par le juge administratif, à l'exclusion de l'erreur de droit[2344]. Une affaire particulièrement emblématique traduit la rigueur du juge en la matière. L'administration fiscale, détentrice d'une créance de 190 000 francs à l'encontre d'une société, lui avait proposé un protocole transactionnel. Celui-ci mentionnait, par erreur, la somme de 190 francs. L'entrepreneur, s'empressa d'accepter la transaction qui fut ainsi conclue. Ce n'est que plus tard que l'administration fiscale se rendit compte de son erreur. Saisi du litige, le juge refusa cependant d'annuler la transaction[2345]. S'ils sont théoriquement admis par le juge administratif, le dol et la violence semblent rares et ne présentent pas de particularité en la matière[2346].

924. Le juge administratif, soucieux de la stabilité des transactions, n'exerce donc pas un contrôle trop poussé sur la qualité du consentement des parties qui transigent. Afin de favoriser la conclusion de tels contrats, il fait également preuve de pragmatisme.

2. Le pragmatisme du juge administratif favorisant la conclusion de transactions

925. Parce qu'il perçoit tous les avantages que le recours à la transaction peut apporter à l'efficience de la justice administrative, le juge développe une jurisprudence favorable à la conclusion de tels contrats. Au stade de leur formation, il leur applique notamment le principe du consensualisme.

926. En principe, le contrat de transaction doit être conclu par écrit, conformément à l'alinéa 2 de l'article 2044 du Code civil qui énonce que « ce contrat doit être rédigé par écrit ». Dès lors, il ne se présume pas[2347] et le juge ne saurait estimer qu'une transaction intervenue pour réparer un

---

[2344] CE, 8 nov. 1972, *SARL Age France*, *R.*, p. 714. Ceci étant dit, il est parfois possible de faire annuler la délibération d'une assemblée délibérante autorisant un exécutif local à signer une transaction, si cette délibération résulte, elle, d'une erreur de droit. Voir CE, 8 déc. 1995, *Cne de Saint-Tropez*, n°144029.

[2345] CE, 28 sept. 1983, *Sté Etablissements Prévost*, *R.*, p. 376, concl. BISSARA.

[2346] P. LEWY affirme ainsi, à propos du dol, qu'il ne présente « pas d'originalité en la matière » : *La transaction en droit public français*, *op. cit.*, p. 137. Pour un exemple jurisprudentiel relatif au dol, voir par exemple CE, 19 fév. 1919, *Ville de Nanterre c/Sieur Jaccaz*, *R.*, p. 165. Concernant la violence, voir notamment CE, 18 mars, 1998, n°167396.

[2347] La cour administrative d'appel de Nancy semble toutefois avoir admis une exception à ce principe. Voir l'arrêt, non publié, cité par N. VINCI, *Guide de la transaction en droit administratif*, Territorial éditions, coll. « L'essentiel sur », 2012, 59 p., p. 11.

préjudice existant à une date donnée doit s'entendre comme excluant la réparation de dommages ultérieurs, le préjudice initial s'étant aggravé[2348].

927. Le juge administratif, considérant l'intention des parties comme déterminante, admet en revanche aisément que les transactions puissent se former très librement. Récemment le Conseil d'Etat a par exemple annulé un jugement d'un tribunal administratif qui avait refusé d'homologuer une transaction au motif que la signature du préfet, auteur de la proposition, ne figurait pas sur le protocole d'accord, mais sur la lettre l'accompagnant[2349]. Ce faisant, la Haute assemblée semble faire sienne la vision du juge judiciaire et telle est d'ailleurs l'attitude que le commissaire du gouvernement proposait explicitement à la formation de jugement de retenir[2350].

928. Cette décision manifeste la bienveillance du juge administratif à l'égard de la transaction[2351]. Elle n'est cependant pas nouvelle et le juge administratif a déjà, dans le passé, admis qu'un simple échange de lettres pouvait valoir transaction[2352]. Il en est encore de même à propos d'un « procès-verbal de conciliation »[2353], d'une « quittance signée »[2354], voire de l'absence de contestation d'une offre[2355].

929. Une telle jurisprudence manifeste la bienveillance du juge administratif vis-à-vis de la conclusion des transactions. Cela ne saurait surprendre lorsque l'on envisage les avantages que les juridictions peuvent en retirer.

2348 CE, 30 mars 1938 ; *Derue*, *R.*, p. 332.

2349 CE, 10 fév. 2014, *Sté Gecina*, n°350265. Sur cette décision, voir notamment S. DEYGAS, « Une simple lettre du préfet emporte consentement de l'Etat à la transaction », *Procédures*, avr. 2014, comm. 129 ; L. ERSTEIN, « Le consentement de la personne publique à une transaction », *JCPA*, 24 fév. 2014, act. 179 ; P. DEVILLERS, « Homologation de transaction : appréciation par le juge du caractère effectif du consentement des parties et du moment de la conclusion du contrat », *CMP*, avr. 2014, comm. 115 et A. ZARCA, « Le consensualisme au service de l'homologation des transactions », *AJDA*, 2014, pp. 1900-1904.

2350 N. POLGE, concl. sur CE, 10 fév. 2014, *Sté Gecina*, n°350265, *BJCP*, 1er mai 2014, n°94, pp. 190-195, p. 191 : « il n'y a pour vous aucune raison de vous écarter de la jurisprudence civile sur cette question de la formation du consensus transactionnel ».

2351 Elle constitue plus généralement la confirmation que le juge administratif est, en règle générale, assez peu formaliste et admet le principe du consensualisme en matière de contrat.

2352 CE, 23 avr. 1958, *Min. des PTT c/Cachard*, *T.*, p. 993. Une telle possibilité est d'ailleurs rappelée par la circulaire du 6 fév. 1995 *relative au développement du recours à la transaction pour régler amiablement les conflits*, préc. Le juge se contente parfois d'un écrit qui fait part de la proposition de l'administration et de l'acceptation du contribuable, si elle est approuvée par l'autorité compétente : CE, 4 mai 1988, *Kondolff*, n°58991, *LPA*, n°127, 21 oct. 1988, p. 14, concl. O. FOUQUET.

2353 CE, 7 oct. 1981, *ANIFOM c/Sahuc*, *R.*, p. 355.

2354 CE, 16 déc. 1987, *Boulacheb et Khelfa*, *R.*, p. 417.

2355 CE, 9 nov. 1919, *Sieur Marquis c/Ville de Pantin*, *R.*, p. 470.

B. Des renonciations favorables à l'efficience des juridictions administratives

930. La transaction ne peut être identifiée à une simple renonciation[2356]. Elle constitue en effet un contrat synallagmatique et doit nécessairement comporter des concessions réciproques[2357] alors que la renonciation est une « opération juridique visant à un abandon par son titulaire d'un droit ou d'une prérogative »[2358]. D'un certain point de vue cependant, les deux notions doivent être rapprochées. Si l'on détaille le mécanisme d'une transaction, il est indéniable qu'elle comporte une part de renonciation, quand bien même celle-ci serait compensée par certains avantages.

931. C'est justement cette proximité existant entre les deux institutions qui semble avoir pendant longtemps retenu l'attention des administrateurs et pourraient bien expliquer les réserves fréquentes qu'ils entretiennent à l'égard de la renonciation. Le Conseil d'Etat affirme ainsi qu' « il n'est pas interdit de penser que la conception ancienne de la transaction, qui voit dans la transaction une renonciation à des droits, ait marqué durablement le comportement parfois encore aujourd'hui réticent des administrations »[2359]. Cependant, et quand bien même la transaction serait une renonciation, il est « concevable qu'une renonciation de l'Administration serve aussi bien, sinon mieux, l'intérêt général que l'exercice rigoureux d'un pouvoir

---

[2356] Sur ce point, voir notamment R. RAYSSAC, *La transaction en matière administrative*, *op. cit.* L'auteur affirme, pp. 88-89, que « si l'esprit et le rôle de ces deux actes se rapprochent et connaissent ainsi certaines similitudes, il ne faut pas pour autant en conclure qu'ils soient identiques ».

[2357] Le code civil n'évoque pas la nécessité de concessions réciproques. La jurisprudence judiciaire en a cependant fait une condition de validité du contrat de transaction, suivie en cela par le juge administratif. Dans une décision *Commune de Théoule-sur-Mer*, le Conseil d'Etat estime que « lorsqu'il entend autoriser le maire à conclure une transaction, le conseil municipal doit, sauf à méconnaître l'étendue de sa compétence, se prononcer sur tous les éléments essentiels du contrat à intervenir, au nombre desquels figure notamment la contestation précise que la transaction a pour objet de prévenir ou de terminer et les concessions réciproques que les parties se consentent à cette fin » : CE, 11 sept. 2006, *Cne de Théoule-sur-Mer*, *R.*, n°255273, *AJDA*, 2006, p. 2125, note de J.-D. DREYFUS, *JCPG*, 2006, I, n°201, chron. B. PLESSIX. P. NIEL affirme que « sans concessions réciproques, il n'y a pas de transaction » : *Essai sur les fonctions du juge administratif face aux principes civils du contrat de transaction*, Thèse, Aix-Marseille, 2014, 453 p., p. 269. Sur la question des concessions réciproques, voir notamment Ch. JARROSSON, « Les concessions réciproques dans la transaction », *D.*, 1997, chron., pp. 267-273.

[2358] Cl. BLUMANN, *La renonciation en droit administratif français*, *op. cit.*, p. 6.

[2359] CONSEIL D'ETAT, *Régler autrement les conflits : conciliation, transaction, arbitrage en matière administrative*, *op. cit.*, p. 57. Pour une telle réticence, voir par exemple et par analogie, puisque l'auteur évoque la question de la conciliation et non directement celle de la transaction : M. LEVY, « La conciliation par le tribunal administratif et le rôle du juge dans l'instruction des litiges », *AJDA*, 1987, pp. 499-519, p. 504.

juridique »[2360]. La transaction n'est donc pas nécessairement contraire à ses intérêts ni à l'intérêt général. C'est toujours ce dernier que l'appareil d'Etat poursuit en transigeant et les concessions qu'il accepte de faire sont compensées par celles que les administrés consentent en retour[2361].

932. La transaction semble présenter pour le juge administratif encore plus d'avantages qu'elle n'en présente pour l'administration active[2362]. Car si elle fait parfois naître du contentieux ou si les parties sollicitent parfois le juge pour qu'il homologue leur accord, la conséquence principale et normale de la transaction est d'éviter tout recours au juge. Comme l'indique Géraldine CHAVRIER, « le procédé transactionnel doit éviter le recours au juge. Dès lors, il importe que l'accord qui en résulte soit définitif, c'est-à-dire qu'il ne soit pas susceptible de contestation juridictionnelle »[2363]. Le régime juridique de la transaction est finalisé par cet objectif, la principale conséquence de la transaction résidant dans son effet extinctif[2364]. Un tel effet est très favorable aux juridictions dans la mesure où, si le juge a été saisi, il met fin à son intervention (1). Par ailleurs et en l'absence de tout contentieux, l'effet extinctif de la transaction empêche que le juge soit saisi de tout litige ayant fait l'objet d'une transaction (2).

1. L'effet extinctif mettant fin à un contentieux existant

933. Des parties ayant saisi le juge administratif d'un litige peuvent toujours parvenir à un accord. Celui peut résulter de la concordance de leurs mémoires sur certains points ou sur l'intégralité du litige. Mais il se peut

---

2360 Cl. BLUMANN, *La renonciation en droit administratif français*, *op. cit.*, p. 201.

2361 G. LE CHATELIER affirme ainsi qu'il s'agit « de mettre en balance, d'une part, la valeur de la part de sa créance à laquelle renoncera l'administration et, d'autre part, l'avantage au regard de l'intérêt général que représente la conclusion de la transaction, notamment en termes de résolution plus rapide du litige » : « L'homologation juridictionnelle des transactions en droit administratif. Conclusions sur Conseil d'Etat, Assemblée, 6 décembre 2002, *Syndicat intercommunal des établissements du second cycle du second degré du district de L'Haÿ-les Roses et Sté CDI 2000* », *RFDA*, 2003, pp. 291-301, p. 299.

2362 La transaction n'est pas une solution qui ne fait peser aucune charge sur l'appareil d'Etat. Elle présente en réalité un transfert de la charge de travail des juridictions vers les administrations, celles-ci devant alors disposer des moyens techniques et humains nécessaires à la négociation et à la conclusion de tels contrats.

2363 G. CHAVRIER, « Réflexions sur la transaction administrative », *RFDA*, 2000, pp. 548-566, p. 563.

2364 Des effets principaux qui résultent de la transaction, l'effet extinctif est celui qui intéresse le plus les juridictions. L'effet déclaratif et l'effet relatif concernent davantage les parties. Sur les effets de la transaction, voir notamment P. LEWY, *La transaction en droit public français*, *op. cit.*, pp. 125-135, ou R. RAYSSAC, *La transaction en matière administrative*, *op. cit.*, pp. 258-263.

aussi que les parties formalisent un tel accord en signant une transaction. Si les parties le demandent, le juge est alors tenu de prononcer le désistement[2365]. Même en l'absence de demande en ce sens, le litige devient sans objet et le juge administratif prononce le non-lieu à statuer[2366]. Il en est d'ailleurs de même en ce qui concerne le Tribunal des conflits si celui-ci était saisi d'un litige auquel une transaction a mis fin, rendant vain qu'il se prononce sur l'ordre de juridiction compétent[2367].

934. La transaction constitue donc pour le juge administratif un moyen non négligeable de désengorger son rôle et contribue ainsi à l'efficience de la justice administrative. Elle constitue « un équivalent juridictionnel » [2368] tant au regard de sa fonction que de son effet. De la sorte, une solution conventionnelle remplace une solution juridictionnelle. Dès lors, de telles conventions présentent pour le juge administratif un avantage indéniable, voire « le seul intérêt réel de son utilisation : l'économie d'une procédure juridictionnelle »[2369]. Cela est d'autant plus remarquable que l'effet extinctif de la transaction « naît du seul fait de l'échange des consentements entre les parties »[2370] et existe également en dehors de tout contexte contentieux.

2. L'effet extinctif préventif de tout contentieux

935. La transaction, comme tout contrat, fait la loi des parties et s'impose à elles. L'alinéa premier de l'article 2052 du Code civil énonce même que « les transactions ont, entre les parties, l'autorité de la chose jugée en dernier ressort ». L'accord transactionnel fait ainsi obstacle au pouvoir qu'a l'administration de modifier unilatéralement les contrats administratifs et elle ne peut s'en libérer par sa seule volonté[2371]. Rien ne s'oppose en revanche à ce que les parties, d'un commun accord, y renoncent[2372].

2365 CE, 22 juill. 1992, *Sté nationale de construction*, *T.*, p. 1221 et p. 1224.

2366 CE, 26 juill. 1935, *Dame Moussempès*, *R.*, p. 902. ; CE, 9 juill. 1929, *Sieur Quillery*, *R.*, p. 703 ; CE, 12 nov. 1948, *Sté Dollfuss et Cie*, *R.*, p. 560 ; CE, 30 oct. 1974, *Cne de Saint-Pierre-les-Bois c/Gohin*, *R.*, p. 525 ou CE, 28 janv. 1994, *Sté Camus*, *LPA*, 30 nov. 1994, n°143, p. 27, note V. HAIM.

2367 TC, 3 juin 1996, *Maison de retraite de Sommevoire*, n°C2921.

2368 P. NIEL, *Essai sur les fonctions du juge administratif face aux principes civils du contrat de transaction*, Thèse, Aix-Marseille, 2014, 453 p., p. 334 et p. 335.

2369 G. CHAVRIER, « Réflexions sur la transaction administrative », *op. cit.*, p. 549. A la même page, l'auteur estime que le juge administratif a « considérablement modifié » la nature juridique de la transaction civile.

2370 R. RAYSSAC, *La transaction en matière administrative*, *op. cit.*, p. 258. Pour d'autres exemples jurisprudentiels, voir cet auteur, pp. 258-260, le paragraphe intitulé « L'effet extinctif ».

2371 CE, 28 janv. 1994, *Sté R. Camus et Cie*, *LPA*, n°143, 30 nov. 1994, p. 27, note V. HAIM.

2372 CE, 7 juill. 1948, *Epx Herrerias*, *T.*, p. 663.

936. La transaction constitue ainsi un engagement contractuel qui peut être invoqué devant le juge pour inexécution[2373]. Le Conseil d'Etat dans son avis « L'Haÿ-les-Roses » insiste sur ce point et rappelle que « le contrat de transaction, par lequel les parties terminent une contestation née ou préviennent une contestation à naître, a entre ces parties l'autorité de la chose jugée en dernier ressort. Il est exécutoire de plein droit, sans qu'y fassent obstacle, notamment, les règles de la comptabilité publique »[2374].

937. La transaction conclue s'oppose alors à toute réclamation contentieuse ultérieure[2375]. Les parties sont « irrecevables à saisir un juge d'une action ayant le même objet, la même cause et opposant les mêmes parties »[2376] et se voient opposer l' « exception de chose transigée »[2377]. Contrairement à ce qui se passe au stade de la formation des transactions où le juge administratif développe une jurisprudence assez libérale, l' « exception de chose transigée » fait l'objet de la part d'une juge d'une interprétation très stricte. Elle peut tout d'abord être soulevée par le juge alors même que les parties ne l'auraient pas explicitement prévue dans leur accord : elle découle de la transaction elle-même indépendamment de leur volonté extériorisée. Par ailleurs, une transaction conclue en des termes très généraux peut s'opposer à ce que la victime d'un dommage qui se serait aggravé postérieurement à l'intervention de l'accord saisisse le juge d'une demande d'indemnité complémentaire[2378]. Dans ces hypothèses, la sévérité du juge fait écho à la finalité même de la transaction qui est d'éviter les recours contentieux.

938. On pourrait alors être surpris d'une solution, adoptée récemment par le juge administratif, qui consiste pour celui-ci à accepter d'homologuer, en dehors de tout contentieux, certaines transactions. Des parties souhaitent parfois l'intervention du juge administratif afin qu'il confère au contrat ainsi conclu l'autorité de la chose jugée. S'il y a un certain paradoxe à recourir au

---

2373 CE, 17 fév. 1893, *Baratroux, R.*, p. 147 ; CE, 27 nov. 1912, *Oranie, R.*, p. 1105 ; CE, 5 mai 1971, *Ville de Carpentras c/Sieur Delhomme, R.*, p. 326 ; CE, 28 janv. 1994, *Sté R. Camus et Cie, LPA*, n°143, 30 nov. 1994, p. 27, note V. HAIM.

2374 Pour une application, voir notamment TA, Paris, 2 avr. 2003, *Lion, AJDA*, 2003, p. 1286, note E. SPITZ.

2375 CE, 8 juill. 1925, *Sieur Renaud, R.*,. p. 653 ; CE, 8 fév. 1956, *Dame Germain, R.*, p. 69 ; CE, 11 janv. 1961, *Gugenheim, T.*, p. 1101 ; CE, 4 oct. 1968, *Cne de Saint-Germain près Herment, T.*, p. 1002 et p. 1017 ; CE, 31 mars 1971, *Baysse, R.*, p. 1116 ; CE, 13 janv. 1984, *OPHLM de Firminy c/ MM. Delfante et Roux*, n°34135 ; CE, 28 nov. 1990, *OPHLM de la Meuse*, n°30875.

2376 M. GUYOMAR et B. SEILLER, *Contentieux administratif, op. cit.*, p. 249.

2377 R. CHAPUS, *Droit du contentieux administratif, op. cit.*, p. 390.

2378 CE, 8 févr. 1956, *Dame Germain, R.*, p. 69 voir encore CE, 25 juill. 1975, *Dame Ill, R.*, p. 442.

juge pour sanctionner un accord qui est exécutoire en lui-même[2379], cela n'est pas sans intérêt pour les parties[2380]. Le juge en tient compte et accepte, lorsque cela est nécessaire, d'homologuer le contrat. Cela se fait depuis longtemps lorsque le contrat est conclu alors qu'un procès est déjà pendant devant le juge administratif. La solution, qui est ancienne[2381], a été réaffirmée dans une décision *Sieurs Mergui*[2382]. Elle a même été confortée récemment, le juge estimant que la demande d'homologation pouvait avoir lieu à tout moment de la procédure contentieuse, y compris pour la première fois en cassation[2383]. La question se posait en revanche de savoir ce qu'il en était lorsque, indépendamment de tout contentieux, les parties demandaient au juge d'homologuer leur accord. Le Conseil d'Etat, dans un avis du 6 décembre 2002, est venu apporter une réponse de principe[2384]. De manière totalement prétorienne, la Haute juridiction administrative ouvre une voie de droit nouvelle consistant en la possibilité pour le juge administratif d'homologuer une transaction en dehors de tout litige. Le juge accepte ainsi d'homologuer l'accord des parties lorsque, pour des raisons d'intérêt général, « la conclusion d'une transaction vise à remédier à une situation telle que celle créée par une annulation ou la constatation d'une illégalité qui ne peuvent donner lieu à régularisation, ou lorsque son exécution se heurte à

[2379] L'alinéa premier de l'article 2052 du Code civil énonce que « les transactions ont, entre les parties, l'autorité de la chose jugée en dernier ressort ». Le juge administratif rappelle pour sa part que « le contrat de transaction, par lequel les parties terminent une contestation née ou préviennent une contestation à naître, a entre ces parties l'autorité de la chose jugée en dernier ressort. Il est exécutoire de plein droit, sans qu'y fassent obstacle, notamment, les règles de la comptabilité publique » : CE, Ass., avis, 6 déc. 2002, *Syndicat intercommunal des établissements du second cycle du second degré du district de L'Haÿ-les Roses et Sté CDI 2000*, n°249153.

[2380] Sur les intérêts qui peuvent inciter les parties à recourir au juge afin qu'il homologue une transaction déjà conclue, voir notamment les conclusions, préc., du commissaire du gouvernement sur CE, Ass., avis, 6 déc. 2002, *Syndicat intercommunal des établissements du second cycle du second degré du district de L'Haÿ-les Roses et Sté CDI 2000*, n°249153, pp. 296-297.

[2381] CE, 26 déc. 1917, *Demoiselle Linthout*, *R.*, p. 855 ; CE, 9 nov. 1919, *Sieur Marquis c/Ville de Pantin*, *R.*, p. 470 ; CE, 29 avr. 1957, *Sté commerciale de l'Ouest africain*, *R.*, p. 271.

[2382] CE, Sect., 19 mars 1971, *Sieurs Mergui*, *R.*, p. 225, concl. M. ROUGEVIN-BAVILLE.

[2383] CE, Ass., 11 juill. 2008, *Sté Krupp Hazemag*, n°287354. Le juge énonce que « les parties à une instance en cours devant le juge administratif peuvent présenter à celui-ci, y compris à l'occasion d'un pourvoi en cassation, des conclusions tendant à l'homologation d'une transaction par laquelle elles mettent fin à la contestation initialement portée devant la juridiction administrative ».

[2384] CE, Ass., avis, 6 déc. 2002, *Syndicat intercommunal des établissements du second cycle du second degré du district de L'Haÿ-les Roses et Sté CDI 2000*, n°249153. Pour des précédents, parfois contradictoires, émanant de juridictions du fond, voir les exemples donnés par G. LE CHATELIER dans ses conclusions préc., p. 295.

des difficultés particulières. Tel peut notamment être le cas en matière de marchés publics et de délégations de service public »[2385].

939. La solution valant en cas de contentieux est ainsi étendue aux situations dans lesquelles le juge n'a pas été saisi. La décision *Mergui* énonçait que « si à l'occasion d'un litige, une collectivité publique a offert de verser une indemnité à la victime d'un dommage, si cette offre a été acceptée et si les parties concluent à ce que le juge administratif sanctionne l'accord ainsi réalisé, il n'appartient à la juridiction compétente de donner acte de cet accord qu'à la condition que ce dernier ne méconnaisse aucune règle d'ordre public ». Comme le notait le commissaire du gouvernement Gilles LE CHATELIER, il ne s'agissait « que de faire tomber la proposition introductive pour pouvoir accepter d'exercer ce nouveau pouvoir »[2386] qui a donc été reconnu au juge administratif.

940. Il s'agit cependant d'un pouvoir soumis à de strictes conditions A défaut, le recours à la transaction perdrait toute raison d'être. L'avis du Conseil d'Etat précise donc que par principe l'homologation est refusée : « en dehors des cas où la contestation à laquelle il est mis fin a été précédemment portée devant le juge administratif, des conclusions tendant à ce que celui-ci homologue une transaction sont *en principe* dépourvues d'objet et par suite irrecevables »[2387]. Comme le notait le commissaire du gouvernement, l'homologation d'une transaction en dehors de tout contentieux doit conserver un « caractère exceptionnel »[2388].

941. La position du juge administratif semble donc équilibrée et pragmatique. Elle consiste à limiter les inconvénients qui peuvent résulter de la transaction tout en maintenant les avantages qui en résultent. Le juge, pour favoriser la conclusion de tels contrats, accepte dans certains cas de les homologuer. Cela lui permet en retour de désengorger son rôle, d'alléger sa charge de travail et ainsi de réduire ses délais de jugement. Le consentement des administrés manifesté dans la transaction, loin de marquer un affaiblissement de l'Etat et de sa Justice, semble alors avant tout favorable à l'efficience des procédures administratives contentieuses.

2385 *Ibid.*

2386 *Ibid.*, p. 298.

2387 CE, Ass., avis, 6 déc. 2002, *Syndicat intercommunal des établissements du second cycle du second degré du district de L'Haÿ-les Roses et Sté CDI 2000*, n°249153. Nous soulignons.

2388 G. LE CHATELIER, concl. préc., p. 298.

Conclusion du chapitre

942. La « *qualité primordiale* »[2389] exigée aujourd'hui du droit paraît bien être son efficacité. Le droit administratif n'échappe pas à la règle et c'est même dans cette branche du droit que le discours sur l'efficience des normes s'est d'abord développé[2390]. Cette volonté d'efficacité entraîne nécessairement des modifications du droit de telle sorte qu' « à la rigidité fait place la souplesse et à la stabilité l'adaptabilité »[2391]. Par ailleurs, la nécessité de rechercher l'obéissance ne passe pas uniquement par la contrainte, ou la menace de la contrainte, mais aussi par « l'adhésion des intelligences »[2392].

943. Le consentement des administrés semble à même de faciliter ces deux objectifs. Parce qu'il constitue notamment un des éléments essentiels de la renonciation par les administrés de leurs droits, ce consentement présente souvent pour l'administration des avantages indéniables. Aussi bien dans la procédure administrative non contentieuse que dans la procédure contentieuse, il permet de nombreuses simplifications desquelles résultent pour l'appareil d'Etat un certain nombre d'économies, non seulement financières, mais aussi de temps ou de personnel. Parce qu'il permet de renoncer à certaines procédures ou de substituer à certaines d'entre elles des procédures plus favorables à l'administration, le consentement constitue un élément à même d'améliorer l'efficience de cette dernière.

944. Cette recherche d'efficacité ne doit cependant pas aller contre d'autres valeurs primordiales poursuivies par le droit. Celui-ci ne peut se désintéresser, au profit de la seule efficience, des questions relatives à la poursuite de l'intérêt général[2393]. De même, la justice qui doit présider aux rapports entre l'administration et les administrés[2394] ne saurait être oubliée et

---

[2389] Fr. ROUVILLOIS, *L'efficacité des normes. Réflexions sur l'émergence d'un nouvel impératif juridique*, *op. cit.*, p. 7.

[2390] M. FATIN-ROUGE STEFANINI, L. GAY et A. VIDAL-NAQUET indiquent ainsi que « le discours sur l'efficacité a d'abord été perçu en droit administratif » : « Préface », dans M. FATIN-ROUGE STEFANINI, L. GAY et A. VIDAL-NAQUET (dir.), *L'efficacité de la norme juridique : nouveau vecteur de légitimité ?*, *op. cit.*, p. 21.

[2391] J. CHEVALLIER, « Vers un droit post-moderne ? Les transformations de la régulation juridique », *op. cit.*, p. 677.

[2392] J. RIVERO, « A propos des métamorphoses de l'administration d'aujourd'hui : démocratie et administration », *op. cit.*, p. 822.

[2393] Sur ce point, voir notamment la conclusion de l'article de J. CAILLOSSE, « Le droit administratif contre la performance publique ? », *op. cit.*, p. 211.

[2394] Pour des développements plus généraux relatifs à la question de la justice et de l'efficience des systèmes politiques, voir G. BIGOT, « La difficile distinction droit public/droit privé dans l'Ancien droit : l'exemple du droit administratif », *op. cit.* L'auteur affirme notamment, p. 100, qu' « un retournement s'opère au XVIe siècle avec la réception et la contestation de la pensée inspirée des écrits de Machiavel. Ceux-ci contribuent à un

« la primauté de la “Raison instrumentale” », qui se fixe comme étalon l’efficacité maximale, ne doit pas conduire à l’ « éclipse des fins »[2395]. Comme le note François RANGEON, « que le droit lui-même abandonne ses propres valeurs et se réduise à un simple instrument de recherche d’efficacité serait une démission, et en tout cas un recul de l’Etat de droit. Réduire le droit à une technique utilitaire de gestion des rapports sociaux visant la seule efficacité, ce serait en faire un outil aux mains de n’importe quel pouvoir [...], ce serait transformer le juriste en ingénieur social et oublier que le droit est aussi et peut-être avant tout un système de valeurs »[2396]. Sans doute cela constituerait-il d’ailleurs une erreur de stratégie dans la mesure où, comme l’affirme Norberto BOBBIO, « un ordre est d’autant plus efficace qu’il est plus juste »[2397]. Efficience et justice ne doivent donc pas être opposées, mais bien plutôt conciliées.

Conclusion de la troisième partie

945. L’obéissance durable et générale des administrés, parce qu’elle ne peut résulter de la seule contrainte, « doit s’inscrire dans un rapport de pouvoir considéré comme légitime »[2398]. Les formes de la légitimité traditionnelle de l’administration, fondées sur sa stricte soumission à la loi et sur la poursuite exclusive de l’intérêt général, semblent en déclin. Le consentement des administrés apparaît au contraire comme un remède à ce déficit de légitimité, en renforçant l’administration tant en amont qu’en aval de son action.

946. En amont, le consentement permet de concourir à la légitimation de la source même du pouvoir administratif. Celui-ci ne résulte plus uniquement et indirectement de la loi, c'est-à-dire du régime représentatif, mais parfois directement du consentement des administrés. Ceux-ci deviennent alors coauteurs des normes édictées. Par leur pouvoir de

---

renversement de la philosophie politique dans la mesure où l’art de gouverner s’affranchit des perspectives surnaturelles ; il se mesure à l’aune d’une efficacité qui à tendance à supplanter l’ancien critère de justice »

2395 J. CHEVALLIER, « Vers un droit post-moderne ? Les transformations de la régulation juridique », *op. cit.*, p. 662.

2396 Fr. RANGEON, « Réflexions sur l’effectivité du droit », *op. cit.*, p. 132.

2397 N. BOBBIO, « Sur le principe de légitimité », *op. cit.*, p. 50.

2398 L. LAFFORGUE, *La situation juridique du destinataire d’un acte administratif unilatéral*, *op. cit.*, p. 78.

consentement ou au contraire d'opposition, ils se voient appliquer l'idéal même de la démocratie, à savoir l'exacte identification des gouvernants avec les gouvernés. Ces hypothèses demeurent cependant assez rares et même lorsqu'elles sont établies, les administrés ne se situent pas sur un pied d'égalité avec l'administration, leur participation demeurant toujours tributaire de la volonté de l'appareil d'Etat.

947. L'instrument de légitimation que représente le consentement ne se cantonne donc pas en amont de l'action administrative. Il permet également d'améliorer celle-ci en aval, en renforçant son efficience qui devient ainsi « la condition et la caution de sa légitimité »[2399]. Le consentement des administrés permet en effet à ceux-ci de renoncer à certains de leurs droits, notamment procéduraux. L'administration, dans la procédure contentieuse comme non-contentieuse, peut alors adopter des procédures plus simples que celles normalement applicables. Une telle possibilité lui permet ainsi de parvenir plus aisément à ses fins.

948. Les sources de l'autorité, de l'obéissance et de la légitimité apparaissent finalement plurielles. Le consentement des administrés, qui n'en constitue qu'un ressort, se décline lui-même de plusieurs manières. Ce n'est donc pas la figure du changement de paradigme qu'il faut mettre en avant, mais plus modestement celle de la simple évolution de la légitimité. Celle-ci ne saurait d'ailleurs complètement remplacer la justice[2400]. De même que l'obéissance à la loi ne peut résulter de la seule considération de son origine ou de son efficacité, de même l'obéissance vis-à-vis de l'administration ne saurait résulter uniquement de ces causes. Il n'est pas possible de faire abstraction du but poursuivi par l'appareil d'Etat : l'intérêt général ou le bien commun. Comme l'affirmait récemment Jean-Marc SAUVE dans des propos qui valent également pour le consentement des administrés, « il serait naïf de penser que la dynamique délibérative sera à elle seule suffisante pour lever les hypothèques pesant sur la légitimité de l'action publique. La pensée de J. Habermas ou celle de B. Manin ne postulent pas la fin de celle de Rousseau et de la volonté générale exprimée par le peuple ou ses représentants. De même, l'intérêt général, le bien commun ont une dimension substantielle et ne peuvent pas être définis uniquement comme le fruit d'une procédure, aussi contradictoire et équitable soit-elle »[2401].

2399 J. CHEVALLIER, « Vers un droit post-moderne ? Les transformations de la régulation juridique », *op. cit.*, p. 669.

2400 Sur ce point, voir notamment L. JAUME, « Légitimité et représentation sous la Révolution : l'impact du jacobinisme », *La représentation, Droits*, n°6, 1987, pp. 57-67.

2401 J.-M. SAUVE, « Consulter autrement, participer effectivement », intervention lors du colloque du Conseil d'État sur le rapport public 2011, 20 janv. 2012, p. 12.

CONCLUSION GENERALE

949. Bien que « le Droit Public et le Droit Privé [soient] soumis à des “génies” distincts »[2402], le droit administratif est loin d'ignorer le consentement des administrés. Celui-ci se trouve présent, quoique de manière parfois discrète, dans un grand nombre de chapitres de la matière et « comme en d'autres domaines, notamment dans le domaine scientifique, ce que l'on prend d'abord pour une anomalie se révèle souvent moins rare que l'on ne pensait »[2403]. Les exemples donnés se sont révélés nombreux. Ce ne sont pas seulement le droit des contrats administratifs ou le droit hospitalier qui font place au consentement, mais aussi, pour ne prendre que quelques exemples, le droit administratif des biens, le droit des libertés publiques, le droit fiscal, le droit des collectivités locales, ou encore les procédures administratives non contentieuses et contentieuses.

950. Ce décalage existant entre la réalité et la représentation qui en est donnée pourrait de prime abord surprendre, mais il s'explique cependant aisément. Le droit administratif et la science s'y rapportant se sont historiquement construits par opposition au droit commun. Un objet tel que le consentement, élément clef du droit privé, ne pouvait dès lors retenir que difficilement l'attention de la doctrine administrativiste, préoccupée avant tout par l'autonomie de son domaine d'étude.

951. Au-delà de la présence du consentement en droit administratif, c'est la question de son rôle qui a constitué le cœur de cette étude. A ce titre, trois principales fonctions ont été identifiées. Le consentement des administrés permet tout d'abord de définir certaines catégories du droit administratif, servant alors essentiellement d'outil au juge ou à la doctrine. En revanche, malgré ce qu'une première impression aurait pu laisser envisager, il ne permet pas, même par son absence, de caractériser le droit administratif. Le consentement des administrés, si l'on s'intéresse davantage aux destinataires de l'action administrative, permet aussi l'exercice d'un certain nombre de leurs libertés, sans pour autant que cela aboutisse à leur reconnaître une autonomie absolue. Le consentement des administrés, si l'on prend cette fois-ci le point de vue de l'administration, permet enfin de renforcer la légitimité de l'appareil d'Etat, que ce soit par la démocratisation de son action ou par sa plus grande efficience. Parce qu'il constitue un des ressorts de l'obéissance, le consentement offre une source de légitimité supplémentaire à l'administration, qui se trouve ainsi renforcée.

[2402] Cl. PONCE, *Le consensualisme dans les contrats administratifs*, *op. cit.*, p. 6.

[2403] J.-M. PONTIER, « La notion d'états intermédiaires en droit administratif », dans J.-M. PONTIER (dir.), *Les états intermédiaires en droit administratif*, *op. cit.*, p. 36.

952. A l'instar d'autres matières, tout particulièrement du droit pénal[2404], la prise en compte du consentement des destinataires des normes n'a donc pas pour seul but la réalisation de leurs droits subjectifs. Elle ne constitue pas non plus nécessairement un obstacle à la poursuite de l'intérêt général. Il est même permis de penser, au contraire, que le consentement sert au moins autant l'administration que les administrés. Des auteurs évoquaient la « ruse »[2405] que pouvait constituer la contractualisation de l'action publique ainsi que le bénéfice que pouvait retirer l'appareil d'Etat de sa démocratisation[2406]. Sans aller jusqu'à y voir uniquement un « leurre »[2407], le consentement des administrés pourrait bien constituer un moyen de « séduction »[2408] employé par l'administration afin de « mettre un gant de velours à sa main de fer »[2409]. Ne pourrait-il pas être envisagé comme une nouvelle « soupape de sûreté »[2410] de l'action administrative ?

2404 X. PIN affirme ainsi, à la fin de son étude, que « la matière pénale peut accueillir le consentement sans pour autant abandonner les principes qui la gouvernent » : *Le consentement en matière pénale*, *op. cit.*, p. 651.

2405 Voir notamment J. CAILLOSSE, « Droit public-droit privé : sens et portée d'un partage académique », *op. cit.*, p. 962. J. CHEVALLIER et D. LOSCHAK évoquent aussi la « manipulation » qui peut résulter de la participation : « Rationalité juridique et rationalité managériale dans l'administration française », *op. cit.*, p. 717.

2406 Pour une telle analyse à propos de la démocratisation de l'administration : J. CHEVALLIER, « De l'administration démocratique à la démocratie administrative », *op. cit.*, p. 226 : « Si la reconnaissance de droits nouveaux aux administrés contribue au rééquilibrage de la relation administrative, illustré par la promotion de la "citoyenneté administrative", elle apparaît moins comme un instrument de réalisation de l'exigence démocratique que comme un moyen de conférer une plus grande rationalité et d'asseoir la légitimité de l'action administrative ».

2407 V. ANTOINE, *Le consentement en procédure pénale*, *op. cit.*, p. 354. L'auteur affirme que « la présence du consentement est un leurre destiné à donner l'illusion du respect des droits fondamentaux, tout en laissant penser que la volonté de l'auteur est prise en compte ».

2408 J. CAILLOSSE, « Droit public-droit privé : sens et portée d'un partage académique », *op. cit.*, p. 962. Voir encore, du même auteur, « Sur la progression en cours des techniques contractuelles dans l'administration », dans L. CADIET, *Le droit contemporain des contrats*, Economica, 1987, pp. 89-124.

2409 D. TRUCHET, « La structure du droit administratif peut-elle demeurer binaire ? A propos des catégories juridiques en droit administratif », *op. cit.*, p. 458.

2410 L. AUCOC, concl. sur CE, 13 mars 1967, *Bizet*, *R.*, p. 271, pp. 272-276, p. 274. Pour une telle vision sur un certain nombre d'avancées du droit administratif souvent présentées comme réalisées essentiellement pour la protection des administrés, voir notamment M.-H. RENAUT, *Histoire du droit administratif*, Ellipses, coll. « Mise au point », 2007, 159 p., p. 10 et surtout K. WEIDENDELD, *Histoire du droit administratif. Du XIV*e *siècle à nos jours*, *op. cit.*, spéc. p. 4 et B. DELAUNAY, *L'amélioration des rapports entre l'administration et les administrés. Contribution à l'étude des réformes administratives entreprises depuis 1945*, *op. cit.* L'auteur affirme par exemple, p. 938, que « paradoxalement, ces réformes – qui ne sont pas entreprises par souci de générosité, mais également dans l'intérêt de l'administration – confortent ses prérogatives. Elles tendent à réconcilier

953. Il apparaît ainsi que deux écueils doivent être évités. Le premier consisterait à ne voir dans le consentement qu'un instrument favorable aux libertés des administrés. Le second ferait voir le consentement uniquement comme un moyen de renforcer l'action administrative. Certes, « les doctrines simples ont plus d'attrait pour l'esprit que les complexes »[2411], mais il faut se garder de toute généralisation hâtive. Le droit administratif, en prenant en compte le consentement des administrés, leur accorde un certain nombre de libertés mais cela ne peut remettre totalement en cause le pouvoir de commandement de l'administration. En effet, « la fin du privilège de l'unilatéralité, par l'avènement d'un droit administratif fondé sur une stricte égalité des droits et des devoirs, relève de l'ordre de l'utopie : ce privilège est en effet au principe de l'institution administrative, qui repose sur le monopole de la contrainte ; et sa disparition impliquerait l'abolition de la forme étatique elle-même »[2412]. Le consentement des administrés, s'il est bien souvent recherché, n'est donc pas toujours pris en compte. A l'inverse, prétendre que l'administration ne tient compte du consentement des administrés que dans le but de renforcer sa légitimité n'est pas conforme à la réalité. Il n'est dès lors pas certain que l'équilibre du droit administratif se trouve modifié. Car, pour prendre l'image de la balance, ce que le consentement met d'un côté dans le plateau de l'administré, il le met aussi, sous une autre forme, dans le plateau de l'administration. Si l'introduction du consentement en droit fiscal a profondément modifié nos sociétés en donnant naissance au parlementarisme, la prise en compte du consentement des administrés ne semble pas constituer, en l'état actuel du droit positif, une révolution du droit administratif.

954. Cette étude, qui a davantage cherché à *comprendre* les fonctions du consentement des administrés qu'à les *expliquer*, mériterait d'être développée, tant il reste à écrire sur le sujet. Cependant, si elle parvenait à constituer un point de départ pour de nouvelles recherches, ou fournissait plus simplement des éléments propres à alimenter une discussion sur ce thème, alors l'objectif qu'elle s'était fixé serait atteint.

---

l'administration et les administrés, et à renforcer l'efficacité de son action par la collaboration de ces derniers, la réalisation d'un plus large consensus et la réduction des conflits ».

[2411] M. HAURIOU, *Principes de droit public*, *op. cit.*, p. 60.

[2412] J. CHEVALLIER, « Le droit administratif, droit de privilège ? », *op. cit.*, p. 67.

BIBLIOGRAPHIE

I. Ouvrages généraux

ARDANT (Ph.) et B. MATHIEU, *Institutions politiques et droit constitutionnel*, LGDJ, coll. « Manuel », 24ème éd., 2012, 662 p.

ARISTOTE, *Ethique à Nicomaque*, trad., introduction et commentaires par J. TRICOT, Librairie philosophique J. Vrin, coll. « Bibliothèque des textes philosophiques », 1997, 539 p.

ARISTOTE, *La politique*, trad. et introduction par J. TRICOT, Librairie philosophique J. Vrin, coll. « Bibliothèque des textes philosophiques », 1962, nouv. éd., 1995, 595 p.

ARISTOTE, *Métaphysique*, trad. et notes par J. TRICOT, Librairie philosophique J. Vrin, coll. « Bibliothèque des textes philosophiques », 1933, réimp. 1991, tome 1, *Livres A-Z*, 309 p.

ARISTOTE, *Topiques, Organon V*, trad. par J. TRICOT, Librairie philosophique J. Vrin, coll. « Bibliothèque des textes philosophiques », nouv. éd., 2004, 368 p.

ATIAS (Chr.), *Epistémologie juridique*, Dalloz, coll. « Précis droit privé », 2002, 230 p.

AUBERT (J.-L.) et Fr. COLLART DUTILLEUL, *Le contrat. Droit des obligations*, Dalloz, coll. « Connaissance du droit », 4ème éd., 2010, 141 p.

AUBERT (J.-L.) et E. SAVAUX, *Introduction au droit et thèmes fondamentaux du droit civil*, Sirey, coll. « Sirey Université », 13ème éd., 2010, 366 p.

AUTIN (J.-L.) et C. RIBOT, *Droit administratif général*, LexisNexis, coll. « Objectif droit », 5ème éd., 2007, 415 p.

BONNARD (R.), *Précis de droit administratif*, LGDJ, 4ème éd., 1943, 786 p.

BIGOT (G.), *Introduction historique au droit administratif depuis 1789*, PUF, coll. « Droit fondamental », 2002, 390 p.

BODIN (J.), *Les six livres de la République*, Lyon, Gabriel Cartier, 10ème éd., 1593, nouv. éd., Fayard, 1986, Livre Premier, 341 p.

BURDEAU (Fr.), *Histoire du droit administratif*, PUF, coll. « Thémis droit public », 1995, 494 p.

BURDEAU (G.), *Traité de science politique*, tome 2, *L'Etat*, LGDJ, 2ème éd., 1967, 682 p.

CARBONNIER (J.), *Droit civil*, tome 4, *Les obligations*, PUF, coll. « Thémis droit privé », 22ème éd., 2000, 665 p.

CARBONNIER (J.), *Droit civil*, tome 1, *Introduction. Les personnes. La famille, l'enfant le couple* et tome 2, *Les biens. Les obligations*, PUF, coll. « Quadrige manuels », 2004, 2574 p.

CARBONNIER (J.), *Sociologie juridique*, PUF, coll. « Quadrige », 2ème éd., 2004, 415 p.

CHAPUS (R.), *Droit administratif général*, Montchrestien, coll. « Domat droit public », 15ème éd., 2001, 2 tomes, 1427 p. et 797 p.

CHAPUS (R.), *Droit du contentieux administratif*, Montchrestien, coll. « Domat droit public », 13ème éd., 1540 p.

CHAMPEIL-DESPLATS (V.), *Méthodologies du droit et des sciences du droit*, Dalloz, coll. « Méthodes du droit », 2014, 432 p.

CONSTANTINESCO (V.) et S. PIERRE-CAPS, *Droit constitutionnel*, PUF, coll. « Thémis droit », 6ème éd., 2013, 535 p.

CORNU (G.), *Droit civil. Les biens*, Montchrestien, coll. « Domat droit privé », 13ème éd., 2007, 377 p.

FAVOREU (L.) et L. PHILIP, *Les grandes décisions du Conseil constitutionnel*, Dalloz, 16ème éd., 2011, 591 p.

FLOUR (J.), J.-L. AUBERT, E. SAVAUX, *Droit civil. Les obligations. 1. L'acte juridique*, Sirey, coll. « Université », 15ème éd., 2012, 524 p.

GHESTIN (J.), *Traité de droit civil. La formation du contrat*, LGDJ, 3ème éd., 1993, 976 p.

GHESTIN (J.), G. LOISEAU et Y.-M. SERINET, *La formation du contrat*, tome 1, *Le contrat. Le consentement*, LGDJ, coll. « Traité de droit civil », 4ème éd., 2013, 1526 p.

GHESTIN (J.), G. GOUBEAUX et M. FABRE-MAGNAN, *Traité de droit civil*, tome 1, *Introduction générale*, LGDJ, 4ème éd., 1994, 891 p.

GICQUEL (J.) et J.-E. GICQUEL, *Droit constitutionnel et institutions politiques*, LGDJ, 27ème éd., 2013, coll. « Domat droit public », 834 p.

GONOD (P.), F. MELLERAY, Ph. YOLKA (dir.), *Traité de droit administratif*, Dalloz, coll. « Traités Dalloz », 2011, 2 tomes, 841 p. et 711 p.

HAMON (Fr.) et M. TROPER, *Droit constitutionnel*, LGDJ, coll. « Manuel », 34ème éd., 2013, 744 p.

HAURIOU (M.), *Principes de droit public*, Sirey, 1910, réimp. Dalloz, coll. « Bibliothèque Dalloz », 2010, 734 p.

HAURIOU (M.), *La jurisprudence administrative de 1892 à 1929*, Sirey, 1929, réimp. La Mémoire du droit, 2000, 3 tomes, 743 p., 764 p. et 846 p.

JEZE (G.), *Les principes généraux du droit administratif*, tome 2, *La notion de service public. Les individus au service public. Le statut des agents publics*, Giard, 3e éd., 1930, réimp. Dalloz, coll. « Bibliothèque Dalloz », 2004, 848 p.

JEZE (G.), *Les principes généraux du droit administratif*, tome 3, *Le fonctionnement des services publics*, Giard, 3ème éd., 1926, réimp. Dalloz, coll. « Bibliothèque Dalloz », 2011, 519 p.
KELSEN (H.), *Reine Rechtslehre, Einleitung in die rechtswissenschaftliche Problematik*, Vienne, 2ème éd., 1960, trad. par Ch. EISENMANN, *Théorie pure du droit*, Dalloz, coll. « Philosophie du droit », 1962, 496 p.
LE POURHIET (A.-M.), *Droit constitutionnel*, Economica, coll. « Corpus », 5ème éd., 2013, 557 p.
MAINGUY (D.), *Introduction générale au droit*, LexisNexis, coll. « Objectif Droit – Cours », 5ème éd., 2010, 241 p.
MALINVAUD (Ph.) et D. FENOUILLET, *Droits des obligations*, LexisNexis, coll. « Manuel », 11ème éd., 2010, 761 p.
MATHIEU (B.) et M. VERPEAUX, *Droit constitutionnel*, PUF, coll. « Droit fondamental », 2004, 874 p.
MESTRE (J.-L.), *Introduction historique au droit administratif*, PUF, coll. « Droit fondamental », 1985, 294 p.
MIAILLE (M.), *Une introduction critique au droit*, François Maspéro, 1976, 388 p.
MONTESQUIEU (Ch.-L., DE), *De l'esprit des lois*, Genève, 1748, nouv. éd. par L. VERSINI, Gallimard, coll. « Folio Essais », 1995, 2 tomes, 1627 p.
MORAND-DEVILLER (J.), *Cours de droit administratif*, Montchrestien, 8ème éd., 2003, 857 p.
MOREAU (J.), *Droit administratif*, PUF, coll. « Droit fondamental », 1989, 569 p.
PLATON, *Œuvres complètes*, trad. L. BRISSON (dir.), Flammarion, 2008, 2004 p.
RICCI (J.-Cl.), *Introduction à l'étude du droit*, Hachette, coll. « Les fondamentaux », 2ème éd., 2002, 155 p.
RIVERO (J.) et J. WALINE, *Droit administratif*, Dalloz, 16ème éd., 1996, 503 p.
ROLAND (H.) et L. BOYER, *Adages du droit français*, Litec, 4ème éd, 1999, 1121 p.
ROUSSEAU (J.-J.), *Du contrat social ou principe de droit politique*, Amsterdam, 1762, nouv. éd. par G. MAIRET, Librairie générale française, coll. « Les classiques de la philosophie », 2011, 319 p.
SEILLER (B.), *Droit administratif*, tome 1, *Les sources et le juge*, Flammarion, coll. « Champs Université », 3ème éd., 2010, 341 p.
SEILLER (B.), *Droit administratif*, tome 2, *L'action administrative*, Flammarion, coll. « Champs Université », 3ème éd., 2010, 355 p.

SIEYES (E.-J.), *Qu'est-ce que le tiers état ?*, 1789, nouv. éd., PUF, coll. « Quadrige », 1982, 93 p.
STEINSALTZ (A.), *Le Talmud : l'Edition Steinsaltz. Guide et lexiques*, Ramsay, 1995, 290 p.
STIRN (B.), *Les sources constitutionnelles du droit administratif. Introduction au droit public*, LGDJ, coll. « Systèmes », 7ème éd., 2011, 213 p.
SUPIOT (A.), *Homo juridicus. Essai sur la fonction anthropologique du droit*, éd. du Seuil, coll. « La couleur des idées », 2005, 333 p.
THOMAS D'AQUIN (Saint), *Somme théologique*, trad. A.-M. ROGUET, éd. du Cerf, 1985, tome 3, 1158 p.
THOMAS D'AQUIN (Saint), *Commentaire sur les Ethiques,* trad. par Y. PELLETIER, texte disponible à l'adresse http://www.thomas-d-aquin.com/Pages/Traductions/Traductions4.html, [27 août 2015].
TRUCHET (D.), *Droit administratif*, PUF, coll. « Thémis droit », 4ème éd., 2011, 470 p.
TRUCHET (D.), *Le droit public*, PUF, coll. « QSJ ? », 2ème éd., 2010, 127 p.
VEDEL (G.) et P. DELVOLVE, *Droit administratif*, PUF, coll. « Thémis droit », 10ème éd., 1988, 1206 p.
VILLEY (M.), *La formation de la pensée juridique moderne*, PUF, coll. « Quadrige », 2003, 624 p.
WACHSMANN (P.), *Libertés publiques*, Dalloz, coll. « Cours Dalloz », 7ème éd., 2013, 807 p.
WEBER (M.), *Wirtschaft und Gesellschaft*, 1921, trad. J. CHAVY et E. DE DAMPIERRE (dir.), *Economie et société*, tome 2, *Les catégories de la sociologie*, Pocket, coll. « Agora », 2003, 411 p.
ZOLLER (E.), *Introduction au droit public*, Dalloz, coll. « Précis. Droit public, science politique », 2ème éd., 2013, 241 p.

II. Ouvrages spécialisés et thèses

Association française pour la recherche en droit administratif, *Les procédures administratives*, Dalloz, coll. « Thèmes et commentaires », 2015, 303 p.
AGBOTON (S.-M.), *Information et secret médical en droit administratif*, Thèse, Paris Ouest Nanterre La Défense, 2003, 425 p.
AIT-EL-KADI (Z.) (Coord.) *Code des procédures administratives*, Dalloz, 2015, 1858 p.

AKOUN (E.), *Les moyens d'ordre public en contentieux administratif*, Thèse, Grenoble, 2013, 2 tomes.

ALBERT (J.-L.) et L. SAIDJ, *Finances publiques*, Dalloz, coll. « Cours Dalloz », 8ème éd., 2013, 901 p.

ALLIES (P.), J. GATTI-MONTAIN, J.-J. GLEIZAL (et a.), *L'administration dans son droit. Genèse et mutation du droit administratif français*, Publisud, coll. « Critique du droit », 1985, 302 p.

ANTIPPAS (J.), *Les droits de la personnalité : de l'extention au droit administratif d'une théorie fondamentale de droit privé*, PUAM, coll. « Laboratoire de droit privé et de sciences criminelles », 2012, 467 p.

ANTOINE (V.), *Le consentement en procédure pénale*, Thèse, Montpellier I, 2011, 449 p.

APPLETON (P.) et M. SALAMA, *Droit médical*, Librairie du monde médical, 1931, 768 p.

ARCHER (Fr.), *Le consentement en droit pénal de la vie humaine*, L'Harmattan, coll. « Sciences criminelles », 2003, 618 p.

ATMANI (F.), *La protection des données à caractère personnel dans l'Union Européenne*, Thèse, Montpellier I, 1996, 2 vol., 535 p.

ATTUEL-MENDES (L.), *Consentement et actes juridiques*, Litec, 2008, coll. « Bibliothèque de droit de l'entreprise », 475 p.

AUBENQUE (P.), *La prudence chez Aristote*, PUF, coll. « Quadrige. Grands textes », 5ème éd., 2009, 220 p.

AUBY (J.-B.), J.-Fr. AUBY et R. NOGUELLOU, *Droit des collectivités locales*, PUF, coll. « Thémis droit », 5ème éd., 395 p.

AUBY (J.-M.) et R. DRAGO, *Traité de contentieux administratif*, LGDJ, 2ème éd., 1975, 2 tomes, 884 p. et 723 p.

AUBY (J.-M.), P. BON, J.-B. AUBY et a., *Droit administratif des biens*, Dalloz, coll. « Précis », 6ème éd., 2011, 742 p.

AVRIL (P.), *Les conventions de la Constitution, normes non écrites du droit politique*, PUF, 1997, coll. « Léviathan », 202 p.

AVRIL (P.) et J. GICQUEL, *Droit parlementaire*, Montchrestien, Coll. « Domat droit public », 4ème éd., 2010, 482 p.

BALIAN (S.), *La définition dans la loi. Essai de linguistique juridique*, La maison du dictionnaire, 2014, 295 p.

BARILARI (A.), *Le consentement à l'impôt*, Presse de Sciences Po, 2000, 146 p.

BARTHELEMY (J.), *Le rôle du pouvoir exécutif dans les républiques modernes*, Giard et Brière, 1906, 762 p.

BASTID (P.), *L'idée de Constitution*, Economica, coll. « Classiques », 1985, 197 p.

BASTIT (M.), *Naissance de la loi moderne*, PUF, coll. « Léviathan », 1990, 389 p.
BAZIN (E.), *Le consentement du consommateur*, Thèse, Reims, 1999, 671 p.
BEAUD (O.), *La puissance de l'Etat*, PUF, coll. « Léviathan », 1994, 512 p.
BEIGNIER (B.), *L'honneur et le droit*, LGDJ, coll. « Bibliothèque de droit privé », tome 234, 1995, 660 p.
BELRHALI (H.), *Les coauteurs en droit administratif*, LGDJ, coll. « BDP », tome 231, 2003, 391 p.
BERGEL (J.-L.), *Méthodologie juridique*, PUF, coll. « Thémis droit privé », 2001, 408 p.
BERGEL (J.-L.), *Théorie générale du droit*, Dalloz, coll. « Méthodes du droit », 5ème éd., 2012, 399 p.
BERGOIGNAN-ESPER (Cl.) et P. SARGOS, *Les grands arrêts du droit de la santé*, Dalloz, coll « Grands arrêts », 2010, 603 p.
BERLAND-BENHAIM (C.), *Le consentement et la bienfaisance dans la relation médicale*, Thèse, Aix-Marseille III, 2007, 495 p.
BEYLEVELD (D.) et R. BROWNSWORD, *Consent in the law*, Oxford and Portland, Oregon, Hart publishing, 2007, 388 p.
BICHERON (Fr.), *La dation en paiement*, éd. Panthéon-Assas, coll. « Thèses », 2006, 597 p.
BIENVENU (J.-J.), *L'interprétation juridictionnelle des actes administratifs et des lois : sa nature et sa fonction dans l'élaboration du droit administratif*, Thèse, Paris II, 1979, 2 tomes, 324 p. et 296 p.
BIENVENU (J.-J.) et Th. LAMBERT, *Droit fiscal*, PUF, coll. « Droit fondamental », 4ème éd., 2010, 470 p.
BIGOT (G.), *Introduction historique au droit administratif depuis 1789*, PUF, coll. « Droit fondamental », 2002, 390 p.
BIGOT (G.), *L'administration française. Politique, droit et société*, tome 1, *1789—1870*, LexisNexis, coll. « Manuel », 2010, 361 p.
BIGOT (G.), *L'administration française. Politique, droit et société*, tome 2, *1870-1944*, LexisNexis, coll. « Manuel », 2014, 500 p.
BIOY (X.), *Le concept de personne humaine en droit public. Recherche sur le sujet des droits fondamentaux*, Dalloz, coll. « NBT », vol. 22, 2003, 913 p.
BLACHER (Ph.), *Contrôle de constitutionnalité et volonté générale. Etude sur l'obiter dictum : "la loi votée ... n'exprime la volonté générale que dans le respect de la Constitution"*, PUF, coll. « Les grandes thèses du droit français », 2001, 246 p.
BLONDIAUX (L.), *Le nouvel esprit de la démocratie. Actualité de la démocratie participative*, Seuil, coll. « La République des idées », 109 p.
BLUMANN (Cl.), *La renonciation en droit administratif français*, LGDJ, coll. « BDP », tome 113, 1974, 498 p.

BODIN (J.), *Les six livres de la République*, Lyon, Gabriel Cartier, 10ème éd., 1593, nouv. éd., Fayard, 1986, Livre Premier, 341 p.
BONICHOT (J.-Cl.), P. CASSIA, B. POUJADE, *Les grands arrêts du contentieux administratif*, Dalloz, coll. « Grands arrêts », 4ème éd., 2014, 1400 p.
BONNET (B.) et P. DEUMIER (dir.), *De l'intérêt de la* summa divisio *droit public-droit privé ?*, Dalloz, coll. « Thèmes et commentaires », 2010, 297 p.
BONNET (J.), *Le juge ordinaire français et le contrôle de la constitutionnalité des lois. Analyse critique d'un refus*, Dalloz, coll. « NBT », vol. 81, 2009, 716 p.
BOURDON (P.), *Le contrat administratif illégal*, Dalloz, coll. « NBT », vol. 131, 2014, 939 p.
BOUSSARD (S.) et Chr. LE BERRE, *Droit administratif des biens*, LGDJ, coll. « Manuel », 2014, 474 p.
BOUVIER (M.), M.-Chr. ESCLASSAN et J.-P. LASSALE, *Finances publiques*, LGDJ, coll. « Manuel », 12ème éd., 2013, 878 p.
BOUVIER (M.), *Introduction au droit fiscal général et à la théorie de l'impôt*, LGDJ, coll. « Systèmes. Fiscalité », 12ème éd., 2014, 292 p.
BROYELLE (C.), *Contentieux administratif*, LGDJ, coll. « Manuel », 2ème éd., 2013, 424 p.
BRUNET (P.), *Vouloir pour la nation. Le concept de représentation dans la théorie de l'Etat*, Bruylant-LGDJ, coll. « La pensée juridique », 2004, 396 p.
BUCHER (Ch.-E.), *L'inexécution du contrat de droit privé et du contrat administratif. Etude de droit comparé interne*, Dalloz, coll. « NBT », vol. 102, 2011, 504 p.
BURDEAU (Fr.), *Histoire du droit administratif*, PUF, coll. « Thémis droit public », 1995, 494 p.
BUREAU (D.) et H. MUIR WATT, *Droit international privé*, tome 2, *Partie spéciale*, PUF, coll. « Thémis droit », 3ème éd., 2014, 712 p.
CAILLOSSE (J.), *L'Etat du droit administratif*, LGDJ, coll. « Droit et société », 2015, 339 p.
CANTIER (Br.), P. LIGNIERES et D. LINOTTE, *Droit du domaine public routier : compétences et responsabilités*, Litec, coll. « Administration territoriale, guide pratique », 2000, 254 p.
CANUT (Fl.), *L'ordre public en droit du travail*, LGDJ, coll. « Bibliothèque de l'Institut André Tunc », 2007, 513 p.
CARCASSONNE (G.) et M. GUILLAUME, *La Constitution*, Seuil, coll. « Points. Essais », 12ème éd., 2014, 480 p.
CARRE DE MALBERG (R.), *Contribution à la théorie générale de l'Etat*, Librairie de la société du Recueil Sirey, 2 tomes, 1920 et 1922, 837 p. et 638 p.

CARRE DE MALBERG (R.), *La loi, expression de la volonté générale*, Sirey, 1931, réimp. Economica, coll. « Classiques », 1984, 228 p.

CARRE DE MALBERG (R.), *Confrontation de la théorie de la formation du droit par degrés avec les idées et les institutions consacrées par le droit positif français relativement à sa formation*, Librairie du Recueil Sirey, 1933, 174 p.

CAVALLIOTI (A.), *L'origine et l'évolution de la théorie des nullités fondées sur les vices du consentement dans les contrats*, Thèse, Paris, Jouve et Cie, 1923, 120 p.

CAVARE (L.), *Les recours de l'administration devant le juge*, Montauban, J. Prunet, 245 p.

CHABANOL (D.), J.-P. JOUGUELET et Fr. BOURRACHOT, *Le régime juridique des marchés publics : droits et obligations des signataires des marchés de travaux*, Le Moniteur, coll. « Analyse juridique », 5ème éd., 595 p.

CHAMPEIL-DESPLATS (V.), *Méthodologie du droit et des sciences du droit*, Dalloz, coll. « Méthodes du droit », 2014, 432 p.

CHASSAGNARD-PINET (S.) et D. HIEZ (dir.), *La contractualisation de la production normative*, Dalloz, coll. « Thèmes et commentaires », 2008, 343 p.

CHEVALLIER (J.), *Sciences administratives*, 5ème éd., coll. « Thémis droit », 2013, 610 p.

CHOMSKY (N.) et E. HERMAN, *Manufacturing Consent. The Political Economy of the Mass Media*, 2002, trad. par D. ARIAS, *La fabrication du consentement. De la propagande médiatique en démocratie*, Marseille, Agone, coll. « Contre-feux », 2009, 669 p.

COLLET (M.), *Droit fiscal*, PUF, coll. « Thémis droit », 5ème éd., 2015, 427 p.

COLLET (M.) et P. COLLIN, *Procédures fiscales. Contrôle, contentieux et recouvrement de l'impôt*, PUF, coll. « Thémis droit », 2ème éd., 2014, 369 p.

Conférence des présidents des cours d'appel de l'Union européenne, *Les technologies de l'information et de la communication au service de la justice du XXIe siècle*, LGDJ et Lextenso, coll. « Grands colloques », 2013, 306 p.

CONSEIL D'ETAT, *Régler autrement les conflits : conciliation, transaction, arbitrage en matière administrative*, La Documentation française, coll. « Les études du Conseil d'Etat », 1993, 163 p.

CONSEIL D'ETAT, *Les pouvoirs de l'administration dans le domaine des sanctions*, La Documentation française, coll. « Les études du Conseil d'Etat », 1995, 197 p.

CONSEIL D'ETAT, *La transparence et le secret*, *Rapport public 1995*, La documentation française, 617 p.

CONSEIL D'ETAT, *Réflexion sur le droit de la santé. Rapport public 1998*, La Documentation française, 1998, 509 p.
CONSEIL D'ETAT, *Sécurité juridique et la complexité du droit. Rapport public 2006*, La Documentation française, 412 p.
CONSEIL D'ETAT, *Le contrat, mode d'action publique et de production de normes. Rapport public 2008*, La Documentation française, 2008, 397 p.
CONSEIL D'ETAT, *Le rescrit : sécuriser les initiatives et les projets. Etude adoptée le 14 novembre 2013 par l'assemblée générale du Conseil d'Etat*, La Documentation française, coll. « Les études du Conseil d'Etat », 2014, 192 p.
CORNU (M.) et V. NEGRI, *Code du patrimoine et autres textes relatifs aux biens culturels*, LexisNexis, 2012, 1953 p.
COSTA (D.), *Les fictions juridiques en droit administratif*, LGDJ, coll. « BPD », tome 210, 2000, 614 p.
COUMAROS (N.), *Le rôle de la volonté dans l'acte juridique (étude critique de la conception classique)*, Librairie du Recueil Sirey, 1931, 332 p.
COUR DE CASSATION, *L'ordre public dans la jurisprudence de la Cour de cassation. Rapport public 2013*, La Documentation française, 2014, 764 p.
CRABIT (E.), *Recherches sur la notion d'espace judiciaire européen*, Lille, Atelier national de reproduction des thèses, 1988, 588 p.
DAVID (C.), O. FOUQUET, B. PLAGNET et a., *Les grands arrêts de la jurisprudence fiscale*, Dalloz, coll. « Grands arrêts », 5ème éd., 2009,1135 p.
DEAU (R.), *Les actes administratifs unilatéraux négociés*, Thèse, Angers, 2006, 595 p.
DEBBASCH (Ch.), J. BOURDON, J.-M. PONTIER et a., *Droit administratif des biens*, PUF, coll. « Thémis droit public », 2ème éd., 1994, 366 p.
DEBBASCH et Fr. COLIN, *Droit administratif*, Economica, 10ème éd., 2011, 734 p.
DEBBASCH (Ch.) (dir.), *Constitution. Ve République.* Textes – jurisprudence – pratique, Economica, 5ème éd., 2012, 617 p.
DEBOUY (Chr.), *Les moyens d'ordre public dans la procédure administrative contentieuse*, PUF, coll. « Publications de la Faculté de droit et des sciences sociales de Poitiers », 1980, 528 p.
DEBRAY (J.-R.), *Le malade et son médecin : déontologie médicale*, Flammarion, 1965, 329 p.
DEGUERGUE (M.), *Jurisprudence et doctrine dans l'élaboration du droit de la responsabilité administrative*, LGDJ, coll. « BDP », tome 171, 1994, 884 p.

DELANNOI (G.), *Eloge de la prudence*, Paris, Berg international, coll. « Pensée Politique et Sciences Sociales », 1993, 189 p.
DELAUNAY (B.), *L'amélioration des rapports entre l'administration et les administrés : contribution à l'étude des réformes administratives entreprises depuis 1945*, LGDJ, coll. « BDP », tome 172, 1993, 1003 p.
DELOBEL (C.), *L'unilatéralisme en droit des contrats : essai de rationalisation*, Thèse, Nice, 2011, 676 p.
DELSOL (Ch.) (textes réunis par), *La prudence : colloque du vendredi 19 octobre 2007*, Paris, Palais de l'Institut, 2008, 132 p., spéc. G. ROMEYER-DHERBEY, « La prudence d'Aristote », pp. 9-22.
DELVOLVE (P.), *L'acte administratif*, Sirey, coll. « Droit public », 1983, 294 p.
DERGHAL (S.), *Le consentement matrimonial : essai d'une approche historique, canonique et civile*, Thèse, Toulouse I Capitole, 2012, 1675 p.
DEROUSSIN (D.), *Histoire du droit des obligations*, Economica, 2ème éd., 2012, 919 p.
DESPORTES (Fr.) et Fr. LE GUNEHEC, *Droit pénal général*, Economica, coll. « Corpus. Droit privé », 16ème éd., 2009, 1248 p.
DESRAMEAUX (G.-D.), *Droit électoral*, Levallois-Perret, Studyrama, coll. « Panorama du droit », 2013, 264 p.
DIJOUX (R.), *La contractualisation des droits fondamentaux*, L'Harmattan, coll. « Logiques juridiques », 2012, 582 p.
DOAT (M.), *Recherche sur la notion de collectivité locale en droit administratif français*, LGDJ, coll. « BDP », tome 230, 2003, 317 p.
DOUBLEIN (C.), *L'unilatéralisme dans les contrats*, Nantes, Mémoire de DEA, 2001, 103 p.
DREIFUSS-NETTER (Fr.), *Les manifestations de volonté abdicatives*, LGDJ, Coll. « Bibliothèque de droit privé », tome 185, 1985, 245 p.
DREYER (E.), *Droit pénal spécial*, Ellipses, coll. « Cours magistral », 2ème éd, 2012, 732 p.
DU BOIS DE GAUDUSSON (J.), *L'usager du service public administratif*, LGDJ, coll. « BDP », tome 115, 1974, 318 p.
DUGUIT (L.), *Etudes de droit public. L'Etat, le droit objectif et la loi positive*, Fontemoing, 1901, réimp. Dalloz, 2003, 623 p.
DUGUIT (L.), *Etudes de droit public. L'Etat, les gouvernants et les agents*, Fontemoing, coll. « Bibliothèque de l'histoire du droit et des institutions », 1903, 774 p., réimp. Dalloz, coll. « Bibliothèque Dalloz », 2005.
DUGUIT (L.), *Traité de droit constitutionnel*, tome 1, *La règle de droit. Le problème de l'Etat*, E. de Boccard, 1921, 593 p.

DUGUIT (L.), *Traité de droit constitutionnel*, tome 3, *La théorie générale de l'Etat*, E. de Boccard, 2ème éd., 1923, 800 p.
DUMONT (G.), *La citoyenneté administrative*, Thèse, Panthéon-Assas, 2002, 744 p.
DUPRE DE BOULOIS (X.), *Le pouvoir de décision unilatérale, étude de droit comparé interne*, LGDJ, coll. « BDP », tome 248, 2006, 444 p.
DUPUIS (G.), *Les privilèges de l'administration*, Thèse, Paris, 1962, 649 p., pp. 128-134.
EISENMANN (Ch.), *Cours de droit administratif*, LGDJ, 1982, 2 tomes, 786 et 908 p.
ENCINAS DE MUNAGORRI (R.), *L'acte unilatéral dans les rapports contractuels*, LGDJ, coll. « Bibliothèque de droit privé », tome 254, 1995, 551 p.
ENGEL (C.), *La nature juridique du consentement à l'expérimentation*, Mémoire de DEA, Paris I, 1994, 48 p.
FATIN-ROUGE STEFANINI (M.), L. GAY et A. VIDAL-NAQUET (dir.), *L'efficacité de la norme juridique : nouveau vecteur de légitimité ?*, Bruylant, coll. « A la croisée des droits », 2012, 352 p.
FINGERHUT (J.), *La fiscalité des œuvres d'art*, Economica, 1995, 303 p.
FOILLARD (Ph.), *Droit administratif*, Bruxelles, Larcier, coll. « Paradigme », 2ème éd., 2013, 450 p.
FOULQUIER (N.), *Les droits publics subjectifs des administrés. Emergence d'un concept en droit administratif français du XIXe au XXe siècle*, Dalloz, coll. « NBT », vol. 25, 2003, 805 p.
FOULQUIER (N.), *Droit administratif des biens*, LexisNexis, coll. « Manuel », 2ème éd., 2013, 748 p.
FORSTHOFF (E.), *Lehrbuch des Verwaltungsrechts, Erster Band, Allgemeiner Teil*, München und Berlin, C. H. Beck'sche Verlagsbuchhandlung, 9ème éd., 1966, trad. par FORTSAKIS (Th.), *Empirisme et conceptualisme en droit administratif français*, LGDJ, coll. « BDP », tome 152, 1987, 542 p.
FOUILLEUL (N.), *Le contrat administratif électronique : l'exemple des marchés publics*, PUAM, 2007, 2 tomes, 891 p.
FRAISSE (G.), *Du consentement. Essai*, éd. du Seuil, coll. « Non conforme », 2007, 135 p.
FRANCOIS (G.), *Consentement et objectivation. L'apport des principes du droit européen du contrat à l'étude du consentement contractuel*, PUAM, 2007, coll. « Institut de droit des affaires », 510 p.
FROMONT (M.), *Traité de droit administratif allemand*, Bruylant, 1969, 753 p.

FRUMER (Ph.), *La renonciation aux droits et libertés. La Convention européenne des droits de l'Homme à l'épreuve de la volonté individuelle*, Bruylant et éd. de l'Université de Bruxelles, coll. « Droit international », 2001, 752 p.

GARDIES (J.-L.), *Essai sur les fondements a priori de la rationalité morale et juridique*, LGDJ, coll. « Bibliothèque de philosophie du droit », 1972, 272 p.

GAUDEMET (Y.), *Les méthodes du juge administratif*, LGDJ, coll. « BDP », tome 108, 1972, 321 p.

GAUDEMET (Y.), *Droit administratif*, LGDJ, coll. « Manuel », 20ème éd., 2012, 624 p.

GAUDEMET (Y.), *Traité de droit administratif*, tome 2, *Droit administratif des biens*, LGDJ, 15ème éd., 2014, 691 p.

GAUDIN (J.-P.), *Gouverner par contrat*, Presses de Sciences Po, coll. « Références », 2ème éd., 2007, 275 p.

GHELLAL (A.), *Recherche sur la notion d'effet impératif des actes administratifs unilatéraux*, Thèse, Montpellier I, 1973, 373 p.

GILSON (E.), *Le thomisme. Introduction à la philosophie de saint Thomas d'Aquin*, Librairie philosophique J. Vrin, coll. « Etudes de philosophie médiévale », 5ème éd., 1948, 552 p.

GIRARD (Ch.) et S. HENNETTE-VAUCHEZ (dir.), *La dignité de la personne humaine : recherche sur un processus de juridicisation*, PUF, coll. « Droit et justice », 2005, 318 p.

GODE (P.), *Volonté et manifestations tacites*, PUF, coll. « Travaux et recherches de l'Université du droit et de la santé de Lille », 1977, 275 p.

GOUNOT (E.), *Le principe de l'autonomie de la volonté en droit privé. Contribution à l'étude critique de l'individualisme juridique*, Arthur Rousseau, 1912, 470 p.

GOYARD-FABRE (S.), *Philosophie critique et raison juridique*, PUF, coll. « Thémis. Philosophie », 2004, 253 p.

GUENOT (B.), *Du consentement nécessaire au médecin pour pratiquer une opération chirurgicale*, J. Rousset, 1904, 159 p.

GUETTIER (Chr.), *Droit administratif des biens*, PUF, coll. « Thémis droit », 2008, 474 p.

GUETTIER (Chr.), *Droit des contrats administratifs*, PUF, coll. « Thémis droit », 3ème éd., 2011, 640 p.

GUILLAUME (C.), *Dérogations civiles au secret médical et consentement du patient*, Mémoire de DESS, Bordeaux IV, 2000, 83 p.

GUYOMAR (M.), *Les sanctions administratives*, LGDJ, coll. « Systèmes », 2014, 201 p.

GUYOMAR (M.) et B. SEILLER, *Contentieux administratif*, Dalloz, coll. « HyperCours », 3ème éd., 2014, 582 p.
HALPERIN (J.-L.), *Histoire du droit privé français depuis 1804*, PUF, coll. « Quadrige manuels », 2ème éd., 2012, 391 p.
HASSLER (Th.), *Le droit à l'image des personnes : entre droit de la personnalité et propriété intellectuelle*, Paris et Strasbourg, LexisNexis et Université de Strasbourg, coll. « CEIPI », 2014, 229 p.
HAUSER (J.), *Objectivisme et subjectivisme dans l'acte juridique*, LGDJ, coll. « Bibliothèque de droit privé », tome 117, 1971, 339 p.
HEMERY (B.), *L'autonomie de la volonté dans le règlement juridictionnel en droit administratif français*, Thèse, Paris II, 1980, 2 tomes, 682 p.
HENNETTE-VAUCHEZ (S.), *Disposer de soi ? Une analyse du discours juridique sur les droits de la personne sur son corps*, L'Harmattan, coll. « Logiques juridiques », 2004, 447 p.
HENNETTE-VAUCHEZ (S.), *Le droit de la bioéthique*, La Découverte, 2009, 125 p.
HERON (J.) et Th. LE BARS, *Droit judiciaire privé*, Montchrestien, coll. « Domat droit privé », 4ème éd., 2010, 1016 p.
HERZOG-EVANS (M.), *Droit pénitentiaire*, Dalloz, coll. « Dalloz action », 2ème éd., 2012, 1073 p.
HŒRNI (B.) et M. BENEZECH, *Le secret médical : confidentialité et discrétion en médecine*, Masson, coll. « Abrégés », 1996, 94 p.
HŒRNI (B.) et R. SAURY, *Le consentement. Information, autonomie et décision en médecine*, Masson, coll. « Abrégés », 1998, 156 p.
HŒRNI (B.), *La relation médecin-malade. L'évolution des échanges patient-soignant*, Imothep, 2008, 288 p.
HOSTIOU (R.) et J.-Fr. STRUILLOU, *Expropriation et préemption. Aménagement, urbanisme, environnement*, Litec, 4ème éd, 2011, 622 p.
HOURSON (S.), *Les conventions d'administration*, LGDJ, coll. « BDP », tome 277, 2014, 622 p., pp. 44-47.
ISAAC (G.), *La procédure administrative non contentieuse*, LGDJ, coll. « BDP », tome 79, 1968, 732 p.
JAKOULOFF (K.), *L'influence des droits de la consommation et de la concurrence sur la théorie des vices du consentement*, Thèse, Paris Est, 2013.
JAMIN (Chr.) et D. MAZEAUD (dir.), *L'unilatéralisme et le droit des obligations*, Economica, coll. « Etudes juridiques », 1999, 103 p.
JANVILLE (Th.), *La qualification juridique des faits*, PUAM, 2004, 2 tomes, 345 p. et 745 p.
JENNEQUIN (A.), *L'implicite en droit administratif*, Thèse, Lille II, 2007, 497 p.

JEULAND (E.), *Droit processuel général*, LGDJ, coll. « Domat droit privé », 3ème éd., 2014, 734 p.
JONAS (C.), *L'opposition de la personne à l'acte médical*, Thèse, Tours, 1993, 586 p.
JOUZEL (T.), *Pouvoir et responsabilité au sein de l'administration décentralisée*, L'Harmattan, 2014, 376 p.
JOYAU (M.), *De l'autonomie des collectivités territoriales françaises. Essai sur la liberté du pouvoir normatif local*, LGDJ, coll. « BDP », tome 198, 1998, 362 p.
KARAVOKYRIS (G.), *L'autonomie de la personne en droit public français*, Bruylant, 2013, 775 p.
KLEIN (Cl.), *Théorie et pratique du pouvoir constituant*, PUF, coll. « Les voies du droit », 1996, 217 p.
KONINCK (Th., DE), *De la dignité humaine*, PUF, 1995, 244 p.
KONINCK (Th., DE) et G. LAROCHELLE (coord.), *La dignité humaine : philosophie, droit, politique, économie, médecine*, PUF, coll. « Débats philosophiques », 2005, 175 p.
LACHAUME (J.-Fr.), H. PAULIAT, Cl. BOITEAU et a., *Droit des services publics*, LexisNexis, coll. « Manuel », 2012, 727 p.
LAFFORGUE (L.), *La situation juridique du destinataire d'un acte administratif unilatéral*, Thèse, Toulouse I, 2007, 211 p.
LAMARQUE (J.), O. NEGRIN et L. AYRAULT, *Droit fiscal général*, LexisNexis, coll. « Manuel », 2ème éd., 2011, 1463 p.
LANDROS-FOURNALES (E.), *La libre disposition du corps humain en droit médical*, Thèse, Paris XIII, 2009, 529 p., pp. 306-308.
LARGUIER (A.-M.), *Certificats médicaux et secret professionnel*, Dalloz, coll. « Essais et travaux », 1963, 229 p.
LAUBADERE (A., DE), Fr. MODERNE et P. DELVOLVE, *Traité des contrats administratifs*, LGDJ, 1983, 2 tomes, 808 p. et 1124 p.
LAUDE (A.), B. MATHIEU et D. TABUTEAU, *Droit de la santé*, PUF, coll. « Thémis droit », 3ème éd., 2012, 728 p.
M. LAVAINE (M.) et R. MATTA-DUVIGNAU, *L'efficacité de la justice administrative. A la recherche d'une légitimité renouvelée*, colloque organisé à l'Université de Brest, 20 et 21 nov. 2014, à paraître.
LAVIALLE (Chr.), *Droit administratif des biens*, PUF, coll. « Droit fondamental », 1996, 395 p.
LE BLOND (J.-M.), *Logique et méthode chez Aristote. Etude sur la recherche des principes dans la physique aristotélicienne*, Vrin, coll. « Bibliothèque d'histoire de la philosophie », 4ème éd., 1996, 454 p.
LEBRETON (G.), *Libertés publiques et droits de l'Homme*, Sirey, coll. « Sirey Université. Droit public », 8ème éd., 2009, 569 p.

LE-COMBY (V.), *L'unilatéralisme et le droit des contrats*, Thèse, Paris XI, 2009, 404 p.
LEGENDRE (P.), *Trésor historique de l'Etat en France. L'administration classique*, Fayard, coll. « Les savoirs », 1992, 638 p.
LEMASURIER (J.), *Le droit de l'expropriation*, Economica, 3ème éd., 2005, 686 p.
LENOIR (N.) et B. MATHIEU, *Le droit international de la bioéthique (textes)*, PUF, coll. « Que sais-je ? », 1998, 126 p.
LESPARRE (J.), *Le consentement du délinquant*, Thèse, Bordeaux I, 1994, 508 p.
LE TOURNEAU (Ph.), *Responsabilité des vendeurs et fabricants*, Dalloz, coll. « Dalloz référence », 4ème éd., 2012, 341 p.
LETTERON (R.), *Libertés publiques*, Dalloz, coll. « Précis. Droit public, science politique », 9ème éd., 2012, 613 p.
LEWY (P.), *La transaction en droit public français*, Thèse, Paris XIII, 2001, 255 p.
LICHERE (Fr.), *Droit des contrats publics*, Dalloz, coll. « Mémentos Dalloz », 2014, 160 p.
LIMBACH (Fr.), *Le consentement contractuel à l'épreuve des conditions générales. De l'utilité du concept de déclaration de volonté*, LGDJ, coll. « Bibliothèque de droit privé », tome 412, 2004, 362 p.
LIZEE BUTRUILLE (C.), *Pour une lecture éthique du principe de consentement aux soins*, Thèse, Paris VIII, 1998, 339 p.
LOMBARD (Fr.), *La cause dans le contrat administratif*, Dalloz, coll. « NBT », vol. 77, 2008, 484 p.
LOUSTE (J.), *Le consentement dans le contrat médical*, Thèse, Nice, 1988, ANRT, 1989, 421 p.
MAFILLE-TOURTIN (A.), *L'auteur de l'acte administratif et la règle de droit administratif*, Thèse, Brest, 2011, 440 p.
MAILLARD DESGREES DU LOU (D.), *Droit des relations de l'administration avec ses usagers*, PUF, coll. « Thémis. Droit public », 2000, 567 p.
MAINGUET (G.), *Le consentement du patient à l'acte médical*, Thèse, Paris, 1957, 136 p.
MAITROT DE LA MOTTE (A.), *Droit fiscal*, PUF, coll. « Licence droit », 2011, 303 p.
MANGIAVILLANO (A.), *Le contribuable et l'Etat*, Dalloz, coll. « NBT », vol. 126, 2013, 676 p.
MARCUS (L.), *L'unité des contrats publics*, Dalloz, coll. « NBT », vol. 96, 2010, 608 p.

MARINO (L.), *Droit de la propriété intellectuelle*, PUF, coll. « Thémis droit », 2013, 425 p.
MARTIN (J.), *Les sources de droit privé des contrats administratifs*, Thèse, Panthéon-Assas, 2008, 853 p.
MARTIN (X.), *Mythologie du Code Napoléon. Aux soubassements de la France moderne*, Bouère, DMM, 2003, 510 p.
MARTIN DE LA MOUTTE (J.), *L'acte juridique unilatéral, essai sur sa notion et sa technique en droit civil*, Sirey, 1951, 343 p.
MARTINEZ (J.-Cl.), *Le statut du contribuable*, tome 1, *L'élaboration du statut*, LGDJ, coll. « Bibliothèque de science fiancière », tome XV, 1980, 394 p.
MARY (S.), *Révélation du secret médical et justification*, Thèse, Nantes, 2003, 343 p.
MARZANO (M.), *Je consens, donc je suis... : éthique de l'autonomie*, PUF, 2006, 261 p.
MATHIEU (B.), *La loi*, Dalloz, coll. « Connaissance du droit », 3ème éd., 2010, 138 p.
MATHIEU-IZORCHE (M.-L.), *Le raisonnement juridique*, PUF, coll. « Thémis droit privé », 2001, 439 p.
MATTATIA (F.), *Traitement des données personnelles. Le guide juridique. La loi Informatique et libertés et la CNIL. Jurisprudences*, EYROLLES, 2013, 187 p.
MAZEAUD (H., L. et J.), *Traité théorique et pratique de la responsabilité civile délictuelle et contractuelle*, tome 2, 6ème éd., 1970, 1151 p.
MEMETEAU (G.), *Cours de droit médical*, Les Etudes Hospitalières, 4ème éd., 2010, 721 p.
MERINO (M.), *L'obligation d'informer dans l'action administrative*, PUAM, 2006, 381 p.
MERLE (R.) et A. VITU, *Traité de droit criminel*, tome 1, *Problèmes généraux de la science criminelle. Droit pénal général*, Cujas, 7ème éd., 1997, 1068 p.
MESTRE (J.-L.), *Un droit administratif à la fin de l'Ancien Régime : le contentieux des Communautés de Provence*, LGDJ, coll. « BDP », tome 121, 1976, 597 p.
MEY (Cl.), *Maximes du droit public françois*, Amsterdam, Rey, 2ème éd., 1775, 2 tomes, 378 p. et 451 p.
MEYER (N.), *L'ordre public en droit du travail. Contribution à l'étude de l'ordre public en droit privé*, Dalloz, coll. « Bibliothèque de droit privé », vol. 461, 2006, 375 p.
MILLAN (Ph.), *Le consentement à l'impôt*, Thèse, Paris II, 1996, 2 tomes, 605 p.

MINET (Ch.-E.), *Droit de la police administrative*, Vuibert, coll. « Droit public », 2007, 414 p., pp. 46-48.
MISTRETTA (P.), *Droit pénal médical*, Cujas, 2013, 454 p.
MONDEVILLE (H., DE), *Chirurgie de Maître Henri de Mondeville*, trad. par A. NICAISE, Félix Alcan, 1893, 903 p.
MORAND-DEVILLER (J.), *Droit administratif des biens*, Montchrestien, coll. « Cours », 7ème éd., 2012, 722 p.
MORAND-DEVILLER (J.), *Droit administratif*, LGDJ, coll. « Cours », 13ème éd., 2013, 800 p.
MOZOL (P.), *La participation du public à la vie municipale*, PUAM, coll. « Collectivités locales », 2003, 2 tomes, 666 p.
NICINSKI (S.), *L'usager du service public industriel et commercial*, L'Harmattan, coll. « Logiques juridiques », 2001, 564 p.
NIEL (P.), *Essai sur les fonctions du juge administratif face aux principes civils du contrat de transaction*, Thèse, Aix-Marseille, 2014, 453 p.
ODENT (R.), *Contentieux administratif*, Dalloz, 2007, 2 tomes, 1051 p. et 783 p.
OLIVIER-MARTIN (Fr.), *L'administration provinciale à la fin de l'Ancien Régime*, Loysel, 1988, 421 p.
OLIVIER-MARTIN (Fr.), *Les lois du roi*, Cours de doctorat, 1945-1946, Loysel, 1988, 371 p.
OLIVIER-MARTIN (Fr.), *L'absolutisme français*, Cours de doctorat, 1950-1951, Loysel, 1988, 359 p.
ORSONI (G.), *Science et législation financières. Budgets publics et loi de finances*, Economica, coll. « Corpus droit public », 2005, 753 p.
OST (Fr.) et M. VAN DE KERCHOVE, *De la pyramide au réseau ? Pour une théorie dialectique du droit*, Bruxelles, Facultés universitaires Saint-Louis, coll. « Publications des facultés universitaires Saint-Louis », 2002, 596 p.
PANSIER (Fr.-J.) et A. GARAY, *Le médecin, le patient et le droit*, Rennes, ENSP, 1999, 223 p.
PAOLI (O., DE), *De la nécessité pour le médecin d'obtenir le consentement de la femme pour pratiquer une opération chirurgicale au cours d'un accouchement difficile*, Chacornac et Doutaut, 1909, 114 p.
PAPAEFTHYMIOU (S.), *La distinction du "droit privé-droit public" dans la théorie du droit et de l'Etat*, Thèse, Paris X, 1994, 684 p.
PELLETIER, *Les normes du droit fiscal*, Dalloz, coll. « NBT », vol. 78, 2006, 593 p.
PELTIER (L.), *Le consentement du patient à l'acte médical*, Thèse, Aix-Marseille III, 1991, 363 p.

PEQUIGNOT (G.), *Théorie générale du contrat administratif*, Pédone, 1945, 625 p.
PERRIER (M.), *Le recours au contrat en matière de police administrative*, Thèse, Lyon III, 2011, 603 p.
PHILIP (L.), *Les fondements constitutionnels des finances publiques*, Economica, coll. « Poche finances publiques », 1995, 112 p.
PICHOT-BRAVARD (Ph.), *Conserver l'ordre constitutionnel (XVIe-XIXe siècle). Les discours, les organes et les procédés juridiques*, LGDJ, coll. « Bibliothèque d'histoire du droit et du droit romain », tome 24, 2011, 522 p.
PIN (X.), *Le consentement en droit pénal*, LGDJ, coll. « Bibliothèque des sciences criminelles », tome 36, 2002, 724 p.
PLESSIX (B.), *L'utilisation du droit civil dans l'élaboration du droit administratif*, Panthéon-Assas, 2003, 878 p.
PONCE (Cl.), *Le consensualisme dans les contrats administratifs*, Thèse, Strasbourg, 1956, 180 p.
PONTIER (J.-M.) (dir.), *Les états intermédiaires en droit administratif*, PUAM, coll. « Centre de recherches administratives », 2008, 178 p.
PORTES (L.), *A la recherche d'une éthique médicale*, Masson-PUF, 1964, 210 p.
POUILLAUDE (H.-B.), *Le lien de causalité dans le droit de la responsabilité administrative*, Thèse, Paris II, 2011, 594 p.
POULET (L.), *Transaction et protection des parties*, LGDJ, coll. « Bibliothèque de droit privé », tome 452, 2005, 401 p.
POUYAUD (D.), *La nullité des contrats administratifs*, LGDJ, coll. « BDP », tome 158, 1991, 598 p.
PRADEL (J.) et M. DANTI-JUAN, *Droit pénal spécial : droit commun, droit des affaires*, Cujas, coll. « Référence », 6ème éd, 2014, 788 p.
PREMAT (Chr.), *La pratique du référendum local en France et en Allemagne. Le moment référendaire dans la temporalité démocratique*, Thèse, Bordeaux IV, 2008, 707 p.
PROUDHON (J.-B.-V.), *Traité du domaine public, ou de la distinction des biens considérés principalement par rapport au domaine public*, Dijon, Lagier, 1833-1934, tome 1, 502 p.
PUPIER (A.), *La recherche du consentement dans le contrôle fiscal. Des principes fondamentaux au pragmatisme de l'administration fiscale*, Thèse, Aix-Marseille III, 1992, 308 p.
PY (P.), *Le rôle de la volonté dans les actes administratifs unilatéraux*, LGDJ, coll. « BDP », tome 124, 1976, 180 p.
QUERMONNE (J.-L.), *L'évolution de la hiérarchie des actes juridiques en droit public français*, Thèse, Caen, 1952, 281 p.

RAIMBAULT (Ph.), *Recherche sur la sécurité juridique en droit administratif français*, LGDJ et Lextenso, coll. « BDP », tome 256, 2009, 693 p.
RAINAUD (N.), *Le commissaire du gouvernement près le Conseil d'Etat*, LGDJ, coll. « BDP », tome 181, 1996, 195 p.
RANOUIL (V.), *L'autonomie de la volonté : naissance et évolution d'un concept*, PUF, 1980, 165 p.
RASCHEL (E.), *La pénalisation des atteintes au consentement dans le champ contractuel,* LGDJ et Presses universitaires juridiques de Poitiers, coll. « Faculté de droit et des sciences sociales de l'université de Poitiers », 2014, 488 p.
RASSAT (M.-L.), *Droit pénal spécial. Infractions au Code pénal*, Dalloz, coll. « Précis. Droit privé », 7ème éd., 2014, 1300 p.
RAYROUX (P.), *Consentement, liberté de disposer de son coprs et licéité des conventions relatives au corps humain*, Thèse, Paris II, 1993, non reproduite.
RAYSSAC (R.), *La transaction en matière administrative*, Thèse, Université François Rabelais de Tours, 1999, 2 tomes, 528 p.
REGOURD (S.), *L'acte de tutelle en droit administratif français*, LGDJ, coll. « BDP », tome 142, 1982, 539 p.
RENAUT (M.-H.), *Histoire du droit administratif*, Ellipses, coll. « Mise au point », 2007, 159 p.
RIALS (S.), *La déclaration des droits de l'homme et du citoyen*, Hachette, coll. « Pluriel », 1988, 771 p.
RICHER (L.), *Droit des contrats administratifs*, LGDJ, coll. « Manuel », 7ème éd., 2010, 713 p. et 9ème éd., 2014, 668 p.
RIGAUX (Fr.), *La loi des juges*, O. Jacob, 1997, 319 p.
RIVERO (J.), *Les libertés publiques*, tome 2, *Le régime des principales libertés*, PUF, coll. « Thémis droit public », 5ème éd., 1996, 417 p.
RIVIER (R.), *Droit international public*, PUF, coll. « Thémis Droit », 2ème éd., 2013, 701 p.
ROLIN (Fr.), *Accord de volontés et contrat dans les relations entre personnes publiques*, Thèse, Paris II, 1997, 2 tomes, 611 p., tome 1, p. 193.
ROLIN (E.), *Le Conseil d'Etat, juge de l'extradition*, LGDJ, coll. « Systèmes », 1999, 176 p.
ROMI (R.), *Droit de l'environnement*, LGDJ, coll. « Domat droit public », 8ème éd., 2014, 614 p.
ROMILLY (J., DE), *La loi dans la pensée grecque, des origines à Aristote*, Les belles lettres, 2ème éd., 2002, 265 p.

ROUQUETTE (R.), *Petit traité du procès administratif. Contentieux administratif. Juridictions générales et spéciales*, Dalloz, coll. « Praxis Dalloz », 5ème éd., 2012, 1288 p.
ROUSSEAU (J.-J.), *Discours sur l'économie politique*, Emmanuel du Villars, 1758, 75 p.
ROUSSEAU (J.-J.), « Discours sur l'origine et les fondements de l'inégalité parmi les hommes », dans *Ecrits politiques*, éd. par G. MAIRET, Librairie générale française, coll. « Le livre de poche », 1992, 545 p., pp. 75-140.
ROUSSET (M.), *L'idée de puissance publique en droit administratif*, Dalloz, 1960, 269 p.
ROUVILLOIS (Fr.), *L'efficacité des normes : réflexions sur l'émergence d'un nouvel impératif juridique*, Paris, Fondation pour l'innovation politique, 2005, 63 p.
ROUX (A.), *La protection de la vie privée dans les rapports entre l'Etat et les particuliers*, Economica, coll. « Droit public positif », 1983, 279 p.
ROUX (A.), *Droit constitutionnel local*, Economica, coll. « Droit poche. Droit public fondamental », 1995, 112 p.
ROUX (Fr.) et K. SONTAG, *Guide juridique du canyonisme et des sports de nature*, Aix-en-Provence, Edisud, 2002, 155 p.
ROUX (Fr.) et K. SONTAG (dir.), *Droit des sports de nature*, Voiron, 2007.
SAADA-GENDRON (J.), *Hobbes et le sujet de droit : contractualisme et consentement*, CNRS, coll. « CNRS philosophie », 2010, 248 p.
SAILLANT (E.), *L'exorbitance en droit public*, Dalloz, coll. « NBT », vol. 109, 2011, 662 p.
SAINT-PAU (J.-Chr.) (dir.), *Droits de la personnalité*, LexisNexis, coll. « Traités », 2013, 1409 p.
SAUJOT (C.), *Le droit français de l'archéologie*, Cujas, 2ème éd., 2007, 352 p.
SAUNIER (S.), *Recherche sur la notion de formalisme en droit administratif français*, PUAM, coll. « Centre de recherches administratives », 2007, 2 tomes, 1033 p.
SAVATIER (R.), *Du droit civil au droit public, à travers les personnes, les biens et la responsabilité civile*, LGDJ, 1945, 149 p.
SAVATIER (R.), J.-M. AUBY, J. SAVATIER et H. PEQUIGNOT, *Traité de droit médical*, Librairies techniques, 1956, 574 p.
SCHMITT (C.), *Verfassungslehre*, 1928, trad. par L. DEROCHE, *Théorie de la Constitution*, PUF, coll. « Léviathan », 1993, 576 p.
TARDE (G.), *Les transformations du droit : étude sociologique*, F. Alcan, 1893, 212 p.
TATARU-CAZABAN (M.), Quod omnes tangit : *le problème du consentement politique de Thomas d'Aquin jusqu'à Nicolas de Cues*, Thèse,

Bologne, 2007, disponible à l'adresse http://amsdottorato.unibo.it/459/1/Tesi_Cazaban.pdf, [3 sept. 2015].

TEBOUL (G.), *Usages et coutume en droit administratif*, LGDJ, coll. « BDP », tome 153, 1989, 331 p.

TEISSEIRE (M.), *Essai d'une théorie générale sur le fondement de la responsabilité*, Rousseau, 1901, 333 p.

TERRE (Fr.), *L'influence de la volonté individuelle sur les qualifications*, LGDJ, coll. « Bibliothèque de droit privé », tome 2, 1957, 599 p.

THERON (S.), *La notion de condition. Contribution à l'étude de l'acte administratif*, L'Harmattan, coll. « Logiques juridiques », 2001, 640 p.

THOMAS (Y.), *Essai sur le consentement à l'impôt aux derniers siècles de l'Ancien Régime (XVe-XVIIIe siècle)*, Thèse, Paris II, 1974, 2 tomes, 750 p.

THOMAS-TUAL (B.), *Droit de la fonction publique et droit du travail*, Thèse, Rennes I, 1988, 558 p.

TIMSIT (G.), *Théorie de l'administration*, Economica, 1986, 375 p.

TOUVET (L.) et Y.-M. DOUBLET, *Droit des élections*, Economica, coll. « Corpus », 2ème éd., 2014, 658 p.

TROPER (M.), *Pour une théorie juridique de l'Etat*, PUF, coll. « Léviathan », 1994, 358 p.

TROPER (M.), *La philosophie du droit*, PUF, coll. « QSJ ? », 3ème éd., 2011, 126 p.

TRUCHET (D.), *Les fonctions de la notion d'intérêt général dans la jurisprudence du Conseil d'Etat*, LGDJ, coll. « BDP », tome 125, 1977, 394 p.

VAUTROT-SCHWARZ (Ch.), *La qualification juridique en droit administratif*, LGDJ, coll. « BDP », tome 263, 2009, 685 p.

VELLEY (S.), *Les origines du principe de légalité en droit public français*, Thèse, Paris X, 1988, 437 p.

VERNEAUX (R.), *Introduction générale et logique*, Beauchesne, 1964, 184 p.

VERNEAUX (R.), *Philosophie de l'homme*, Beauchesne, 2ème éd., 1985, 200 p.

VERPEAUX (M.), *La naissance du pouvoir réglementaire : 1789-1799*, PUF, coll. « Les grandes thèses du droit français », 1991, 434 p.

VIANDIER (A.), *Recherche de légistique comparée*, Berlin et Heidelberg, Springer-Verlag, 1988, 175 p.

VIENNOT (C.), *Le procès pénal accéléré. Etude des transformations du jugement pénal*, Dalloz, coll. « NBT », vol. 120, 2012, 605 p.

VIGOUROUX (Chr.), *Déontologie des fonctions publiques*, Dalloz, coll. « Praxis Dalloz », 2006, 786 p.

VILLEY (M.), *Philosophie du droit. Définitions et fins du droit. Les moyens du droit*, Dalloz, coll. « Bibliothèque Dalloz », 2001, 339 p. Rééd., en un seul volume, de deux ouvrages de l'auteur : *Philosophie du droit. 1. Définitions et fins du droit*, Dalloz, 4ème éd., coll. « Précis Dalloz », 1986, 205 p. et *Philosophie du droit. 2. Les moyens du droit*, Dalloz, 1979, 2ème éd., coll. « Précis Dalloz », 1984, 241 p.

VILLEY (M.), *Le droit et les droits de l'homme*, PUF, coll. « Quadrige », 2008, 169 p.

VILLEY (M.), *Critique de la pensée juridique moderne. Douze autres essais*, 1976, réimp. Dalloz, coll. « Bibliothèque Dalloz », 2009, 274 p.

VILLEY (R.), *Histoire du secret médical*, Seghers, coll. « Médecine et histoire », 1986, 170 p.

VINCENT (Fr.), *Le pouvoir de décision unilatérale des autorités administratives*, LGDJ, coll. « BDP », tome 70, 1966, 272 p.

VINCENT-LEGOUX (M.-C.), *L'ordre public : étude de droit comparé interne*, PUF, coll. « Les grandes thèses du droit français », 2001, 558 p.

VINCI (N.), *Guide de la transaction en droit administratif*, Territorial éditions, coll. « L'essentiel sur », 2012, 59 p.

VIVANT (M.), *Le Lamy Droit du numérique*, 2013.

WACHSMANN (P.), *Libertés publiques*, Dalloz, coll. « Cours Dalloz », 7ème éd., 2013, 807 p.

WALINE (M.), *L'individualisme et le droit*, Domat Montchrestien, 2ème éd., 1949, 436 p.

WEIDENFELD (K.), *Histoire du droit administratif. Du XIVe siècle à nos jours*, Economica, coll. « Corpus histoire du droit », 2010, 345 p.

ZAGHLOUL (M.), *La participation des administrés à l'acte administratif unilatéral*, Thèse, Toulouse I, 1986, 366 p.

III. Articles ou contributions, etc.

ACH (N.), « Police et morale », dans Ch. VAUTROT-SCHWARZ (dir.), *La police administrative : actes du colloque organisé les 14 et 15 mars 2013 à la Faculté de droit de Nancy*, PUF, coll. « Thémis Essais », 2014, 302 p., pp. 99-120.

ADAM-FERREIRA (B.), « La renonciation est-elle compatible avec les protections des droits fondamentaux ? La renonciation aux droits procéduraux dans la jurisprudence du Conseil d'Etat et de la Cour européenne des droits de l'homme », *RFDA*, 2007, pp. 744-753.

AKOUN (A.), « Consensus *[soc., pol.]* » dans S. AUROUX (dir.), *Les notions philosophiques : dictionnaire*, tome 1, *Philosophie occidentale, A-L*, PUF, coll. « Encyclopédie philosophique universelle », 1990, 1517 p., pp. 435-436.
ALBERT (N.), « Le dommage causé à soi-même : point de vue publiciste », *Responsabilité civile et assurances*, n°3, mars 2010, dossier n°13.
ALT-MAES (Fr.), « La réparation du défaut d'information médicale. Métamorphose et effets pervers », *JCPG*, n°19, 6 mai 2013, pp. 944-950.
AMIEL (Ph.), « Expérimentations médicales : les médecins nazis devant leurs juges », dans Fr. VIALLA (dir.), *Les grandes décisions du droit médical*, LGDJ-Lextenso, coll. « Les grandes décisions », 2ème éd., 2014, pp. 549-562.
AMSELEK (P.), « L'étonnement devant le droit », *Sur les notions du contrat*, *APD*, n°13, 1968, pp. 163-183.
AMSELEK (P.), « L'évolution générale de la technique juridique dans les sociétés occidentales », *RDP*, 1982, pp. 275-294.
ANCEL (P.), « Contractualisation », dans L. CADIET (dir.), *Dictionnaire de la justice*, PUF, 2004, 1362 p., pp. 231-236.
ARMAND (G.), « Le couvre-feu imposé aux mineurs : une conception nouvelle de la sécurité », *AJDA*, 2002, pp. 651-359.
ARMAND (G.), « L'ordre public de protection individuelle », *RRJ*, 2004-3, pp. 1583-1646.
ARNAUD (A-J.), « Liberté », dans A-J. ARNAUD (dir.), *Dictionnaire de théorie et de sociologie du droit*, LGDJ, 2ème éd., 1993, 758 p., pp. 345-346.
AUBERT (J.-L.), « A propos d'une distinction renouvelée des parties et des tiers », *RTD civ.*, n°2, avr.-juin 1993, pp. 263-278.
AUBIN (E.), « Absence de responsabilité dans le cas de transfusions sanguines opérées sans le consentement du malade », *DA*, fév. 2002, comm. 40.
AUBIN (E.), « Refus de soins et urgence médicale après la loi du 4 août 2002 », *DA*, nov. 2002, comm. 188.
AUBIN (E.), « Hibernatus et le droit administratif », *JCPG*, 8 mars 2006, I, 120.
AUBY (J.-B.), « Prescription juridique et production juridique », *RDP*, 1988, pp. 673-686.
AUBY (J.-B.), « La loi du 6 février 1992 et la citoyenneté locale », *RFDA*, 1993, pp. 37-46.
AUBY (J.-B.), « La bataille de San Romano. Réflexions sur les évolutions récentes du droit administratif », *AJDA*, 2001, pp. 912-926.
AUBY (J.-B.), « Droit administratif et démocratie », *DA*, fév. 2006, étude 3.

AUBY (J.-B.), « Procédés de l'urbanisme ordinaire au crible de la QPC », *DA*, n°11, nov. 2010, repère 10.
AUBY (J.-B.), « Remarques préliminaires sur la démocratie administrative », *RFAP*, n°137-138, 2011, pp. 13-19.
AUBY (J.-M.), « La transaction en matière administrative », *AJDA*, 1956, pp. 1-4.
AUBY (J.-M.), « Administrés », dans R. ODENT et M. WALINE (dir.), *Répertoire de droit public et administratif*, Dalloz, coll. « Encyclopédie juridique Dalloz », 1958, tome 1, 966 p., pp. 30-36.
AUBY (J.-M), « La renonciation au bénéfice de la loi en droit public français », dans *Travaux de l'association Henri Capitant*, tome XIII, 1959-1960, Dalloz, 1963, 813 p., pp. 511-536.
AUBY (J.-M.) et L. HELMLINGER, « Ethique médicale. Aspects de droit administratif », *Jcl. adm.*, fasc. n°224, 2005.
AVRIL (M.-O.), « Voirie routière », *Jcl. Adm.*, fasc. n°410-28, 2005.
AYNES (L.), « Rapport introductif », dans Chr. JAMIN et D. MAZEAUD (dir.), *L'unilatéralisme et le droit des obligations*, Economica, coll. « Etudes juridiques », 1999, 103 p., pp. 3-6.
BAECQUE (F., DE), « Exécutif », dans O. DUHAMEL et Y. MENY (dir.), *Dictionnaire constitutionnel*, PUF, 1992, 1112 p., pp. 427-428.
BARILARI (A.), « Le consentement à l'impôt, fragile mais indispensable aporie », *Regards croisés sur l'économie*, 2007, n°1, pp. 27-34.
BARILARI (A.), « Le Conseil constitutionnel précise le domaine de compétence des QPC et confirme son interprétation de l'article 14 de la DDHC selon laquelle c'est le Parlement qui consent à l'impôt », *Constitutions*, 2010, n°4, pp. 597-598.
BARILARI (A.), « Le consentement à l'impôt : du *Tea party* à l'écotaxe », *Après-demain*, n°29, fév. 2014, pp. 14-16.
BARRIERE (L.-A.), « Une approche historique de la *summa divisio* droit public-droit privé », dans BONNET (B.) et P. DEUMIER (dir.), *De l'intérêt de la* summa divisio *droit public-droit privé ?*, Dalloz, coll. « Thèmes et commentaires », 2010, 297 p., pp. 7-30.
BASILIEN-GAINCHE (M.-L.), « Gouvernance et efficacité des normes juridiques », dans M. FATIN-ROUGE STEFANINI, L. GAY ; A. VIDAL-NAQUET, *L'efficacité de la norme juridique : nouveau vecteur de légitimité ?*, Bruylant, coll. « A la croisée des droits », 2012, 352 p., pp. 85-105.
BASTIT (M.), « Suggestions sur les origines philosophiques de l'acte juridique », dans *L'acte juridique*, *Droits*, n°7, 1988, pp. 11-19.
BEAL (A.), « Extradition », *Jcl. adm.*, fasc. n°233-75, 2011.
BEAUD (O.), « Le souverain », *La souveraineté*, *Pouvoirs*, n°67, 1993, pp. 33-45.

BEAUD (O.), « La souveraineté dans la Contribution à la théorie générale de l'Etat de Carré de Malberg », *RDP*, 1994, pp. 1251-1301.
BEAUD (O.), « Michel Troper et la séparation des pouvoirs », dans *Michel Troper*, *Droits*, n°37, 2003, pp. 149-171.
BEAUD (O.), « Souveraineté », dans Ph. RAYNAUD et S. RIALS (dir.), *Dictionnaire de philosophie politique*, PUF, coll. « Quadrige. Dicos poche », 3ème éd., 2003, pp. 735-742.
BECET (J.-M.), « Le référendum intercommunal et l'article 8 de la loi du 16 juillet 1971 sur les fusions et regroupements de communes », *RA*, 1971, pp. 528-534.
BECHILLON (D., DE), « Le contrat comme norme dans le droit public positif », *RFDA*, 1992, pp. 15-35.
BECHILLON (D., DE) et Ph. TERNEYRE, « Contrat (contentieux des) », *Rep. cont. adm. Dalloz*, 2000.
BEIGNIER (B.), « Sépultures : pot pourri », *Droit de la famille*, n°7, juill. 2004, comm. 130.
BELLOUBET-FRIER (N.), « Les référendums municipaux », *Le référendum*, *Pouvoirs*, n°77, 1996, pp. 163-179.
BELTRAME (P.), « Le consentement de l'impôt. Devenir d'un grand principe », *RFFP*, n°51, 1995, pp. 81-89.
BENETTI (J.), « Les nouvelles formes de démocratie locale », dans B. MATHIEU et M. VERPEAUX (dir.), *Les mutations constitutionnelles des collectivités territoriales. Huitième printemps du droit constitutionnel*, Dalloz, coll. « Thèmes et commentaires », 2014, 138 p., pp. 73-80.
BENOIT (J.), « Les fusions de communes et communes nouvelles », *Encyclopédie Dalloz des Collectivités locales*, folio n°202, juin 2015.
BERGE (J.-S.), « La *summa divisio* droit privé-droit public et le droit de l'Union européenne : une question pour qui ? une question pour quoi ? », dans B. BONNET et P. DEUMIER (dir.), *De l'intérêt de la* summa divisio *droit public-droit privé ?*, Dalloz, coll. « Thèmes et commentaires », 2010, 297 p., pp. 45-56.
BERNS (Th.), « L'impôt au seuil des Temps Modernes : souveraineté, propriété et gouvernement », dans Th. BERNS, J.-Cl. K. DUPONT et M. XIFARAS (dir.), *Philosophie de l'impôt*, Bruylant, coll. « Penser le droit », 2006, 270 p., pp. 19-36.
BERTHELEMY (J.), « De l'exercice de la souveraineté par l'autorité administrative », *RDP*, 1904, pp. 209-227.
BIENVENU (J.-J.), « Remarques sur quelques tendances de la doctrine contemporaine en droit administratif », *Destin du droit de propriété*, *Droits*, n°1, 1985, pp. 153-160.

BIENVENU (J.-J.), « Impôt et propriété dans l'esprit de la déclaration », *La déclaration de 1789*, *Droits*, n°8, 1988, pp. 135-142.
BIGET (C.), « La cryogénisation n'est pas un mode légal d'inhumation », *AJDA*, 2002, p. 724.
BIGOT (G.), « La difficile distinction droit public/droit privé dans l'Ancien droit : l'exemple du droit administratif », *Naissance du droit français/1*, *Droits*, n°38, 2003, pp. 97-111.
BIGOT (G.), « Les bases constitutionnelles du droit administratif avant 1875 (Définir le droit administratif/1) », *RFDA*, 2003, pp. 218-224.
BIGOT (G.), « La dictature administrative au XIXe siècle : théorie historique du droit administratif (Définir le droit administratif/2) », *RFDA*, 2003, pp. 435-441.
BLIN (M.) et C. DAMELINCOURT, « Le consentement à l'impôt : "Et vous, consentez-vous à prendre pour impôt la mesure ici présente ?" », *Revue de fiscalité de l'entreprise*, n°4/2014, pp. 5-12.
BLOCH (L.), « Objectivisme et subjectivisme dans l'acte médical : de l'acte juridique au fait juridique », dans G. WICKER (dir.), *Mélanges en l'honneur du professeur Jean Hauser*, LexisNexis et Dalloz, 2012, 1060 p., pp. 737-762.
BOBBIO (N.), « Sur le principe de légitimité », dans Institut international de philosophie politique, *Annales de philosophie politique*, n°7, *L'idée de légitimité*, PUF, 1967, 221 p., pp. 47-60.
BOILET (D.) et J. Fr. LAFAIX, « Note de jurisprudence administrative. Contrôle de la conventionnalité des lois (CE, 8 Juillet 2002, Commune de Porta) », *RDP*, 2003, pp. 1481-1503.
BON (P.), « Voies ouvertes ou non ouvertes à la circulation », *Encyclopédie Dalloz des collectivités locales*, folio n°2258, juin 1999.
BONNET (B.), « La *summa divisio* droit public-droit privé, chimère ou pierre angulaire ? », dans BONNET (B.) et P. DEUMIER (dir.), *De l'intérêt de la* summa divisio *droit public-droit privé ?*, Dalloz, coll. « Thèmes et commentaires », 2010, 297 p., pp. 3-6.
BOTTIN (M.), « Consentement à l'impôt (Histoire du -) », dans L. PHILIP (dir.), *Dictionnaire encyclopédique de finances publiques*, 1991, 2 tomes, 1647 p., tome 1, pp. 432-435.
BOUCHER (J.) et B. BOURGEOIS-MACHUREAU, « Les trois visages de la cause dans les contrats administratifs », *AJDA*, 2008, pp. 575-581.
BOUCHER (Ph.), « "SAFARI", ou la chasse aux Français », *Le Monde*, 21 mars 1974, p. 9.
Collectif, *La qualification*, *Droits*, n°18, 1993.
BOURDON (P.), *Le contrat administratif illégal*, Dalloz, coll. « NBT », vol. 131, 2014, 939 p.

BOUSSARD (S.), « Modes alternatifs de règlement des litiges », *Jcl. Justice administrative*, fasc. n°120, 2008.
BOUVIER (M.), « Nouveau civisme fiscal et légitimité du recouvrement de l'impôt », *RFFP*, n°112, nov. 2010, pp. 25-44.
BOUVIER (M.), « Impôts directs locaux », *Jcl. adm.*, fasc. n°127-20, 2013.
BOUYSSOU (F.), « Voies privées et permis de construire », *RFDA*, 1985, pp. 901-908.
BOYER (A.), « Libéralisme et contractualisme » dans Ph. RAYNAUD et S. RIALS (dir.), *Dictionnaire de philosophie politique*, PUF, coll. « Quadrige. Dicos poche », 3ème éd., 2003, pp. 400-406.
BRACONNIER (S.), « La formation du contrat administratif », *Jcl. adm.*, fasc. n°610, 2000.
BRACONNIER (S.), « Les actions en dommages et intérêts pour infraction aux règles sur les ententes et abus de position dominante (à propos des arrêts du Conseil d'Etat du 19 décembre 2007, *Société Campenon-Bernard et autres* et du 19 mars 2008, *SA Dumez et autres*), *RDP*, 2008, pp. 1159-1186.
BRAIBANT (G.), « L'arrêt "syndicat des ingénieurs conseils" et la théorie des principes généraux du droit », *EDCE*, n°16, 1962, pp. 67-71.
BRAIBANT (G.) et C. WIENER, « Processus et procédure de décision », dans *Mélanges en l'honneur du Professeur Michel Stassinopoulos*, Paris et Athènes, LGDJ et Revue du droit public, coll. « Lois et Justice », 1974, 597 p., pp. 465-490.
BREDIN (J.-D.), « Les renonciations au bénéfice de la loi en droit privé française », dans *Travaux de l'association Henri Capitant*, tome XIII, 1959-1960, Dalloz, 1963, pp. 355-380.
BRENET (Fr.), « Formation du contrat administratif », *Jcl. Contrats et marchés publics*, fasc. n°12, 2009.
BRENET (Fr.), « Les contrats administratifs », dans P. GONOD, F. MELLERAY, Ph. YOLKA (dir.), *Traité de droit administratif*, Dalloz, coll. « Traités Dalloz », 2011, tome 2, pp. 217-281.
BRODERICK (J.-A.), O.P., « La notion d'"institution" de Maurice Hauriou dans ses rapports avec le contrat en droit positif français », *Sur les notions de contrats*, *APD*, n°13, 1968, pp. 143-160.
BROYELLE (C.), « Retour sur *Dieudonné* », *RFDA*, 2014, pp. 521-524.
BRUERE (J.-Chr.), « Le consensualisme dans les contrats administratifs », *RDP*, 1996, pp. 1715-1749, pp. 1732-1735.
BRUGUIERE (J.-M.), « Compétence du juge administratif en matière de droit d'auteur », *Propriétés intellectuelles*, avril 2014, n°51, pp. 175-176.
BRUNET (P.), « Le conflit des qualifications : le cas des actes réglementaires "en forme de convention" », *Revue des contrats*, avr. 2005, pp. 434-442.

BRUNET (P.), « Que reste-t-il de la volonté générale ? Sur les nouvelles fictions du droit constitutionnel français », *La loi*, *Pouvoirs*, n°114, sept. 2005, pp. 5-19.
BRUNET (P.), « La représentation », dans M. TROPER et D. CHAGNOLLAUD (dir.), *Traité international de droit constitutionnel*, tome 1, *Théorie de la Constitution*, Dalloz, coll. « Traités Dalloz », 2012, 815 p., pp. 607-641.
BURGORGUE-LARSEN (L.), « De l'inhumation à la crémation, en passant par la congélation : le mode de sépulture en question », *AJDA*, 2006, pp. 657-761.
BURDEAU (Fr.), « Naissance d'un droit », dans *Nonagesimo anno. Mélanges en hommage à Jean Gaudemet*, PUF, 1999, 898 p., pp. 521-540.
BURDEAU (Fr.), « Droit administratif », dans D. ALLAND et S. RIALS (dir.), *Dictionnaire de la culture juridique*, Lamy et PUF, coll. « Quadrige. Dicos poche », 2003, 1649 p., pp. 423-431.
BURDEAU (Fr.), « Procédure administrative », dans ALLAND et S. RIALS (dir.), *Dictionnaire de la culture juridique*, Lamy et PUF, coll. « Quadrige. Dicos poche », 2003, 1649 p., pp. 1222-1226.
BURDEAU (G.), « Essai sur l'évolution de la notion de loi en droit français », *APD*, 1939, pp. 7-55.
BURGELIN (J.-Fr.), J.-M. COULON et M.-A. FRISON-ROCHE, « L'office de la procédure », dans *Le juge entre deux millénaires : mélanges offerts à Pierre Drai*, Dalloz, 2000, 708 p., p. 253-267. CABANNES (X.), « L'Etat, le Parlement et le consentement annuel à l'impôt », *RFFP*, n°77, mars 2002, pp. 225-249.
CABRILLAC (R.), « La réception de la loi : consentement ou adhésion ? », dans S. CHASSAGNARD-PINET et D. HIEZ (dir.), *La contractualisation de la production normative*, Dalloz, coll. « Thèmes et commentaires », 2008, 343 p., pp. 153-163.
CADOUX (Ch.), « Du consentement de l'impôt », *RSF*, 1961, pp. 427-450.
CAILLE (P.-O.), « Président de la République », *Jcl. adm.*, fasc. n°100, 2014.
CAILLOSSE (J.) « Sur la progression en cours des techniques contractuelles dans l'administration », dans L. CADIET, *Le droit contemporain des contrats*, Economica, 1987, pp. 89-124.
CAILLOSSE (J.), « L'administration française doit-elle s'évader du droit administratif pour relever le défi de l'efficience ? », *PMP*, n°2, 1989, pp. 163-182.
CAILLOSSE (J.), « Droit et politique : vieilles lunes, nouveaux champs ? », *Droit et Société*, n°26, 1994, pp. 127-154.

CAILLOSSE (J.), « Droit public-droit privé : sens et portée d'un partage académique », *AJDA*, 1996, pp. 955-964.
CAILLOSSE (J.), « Le droit administratif contre la performance publique ? », *AJDA*, 1999, pp. 195-211.
CAILLOSSE (J.), « L'action publique contractuelle : beaucoup de bruit pour rien ? », dans *Droit et Société*, 2001, n°47, pp. 285-293.
CAILLOSSE (J.), « Actes et contrats de l'administration. Remarques sur une partition juridique déréglée », dans J.-M. PONTIER (dir.), *Les états intermédiaires en droit administratif*, PUAM, « Centre de recherches administratives », 2008, 178 p., pp. 101-117.
CAILLOSSE (J.), « Administré », dans J. ANDRIANTSIMBAZOVINA, H. GAUDIN et J.-P. MARGUENAUD (dir.), *Dictionnaire des droits de l'homme*, PUF, coll. « Quadrige. Dicos poche », 2008, 1074 p., pp. 11-16.
CAILLOSSE (J.), « Introduction. Esquisse d'une réflexion sur une fausse évidence : l'efficacité du droit », dans M. FATIN-ROUGE STEFANINI, L. GAY et A. VIDAL-NAQUET (dir.), *L'efficacité de la norme juridique : nouveau vecteur de légitimité ?*, Bruylant, coll. « A la croisée des droits », 2012, 352 p., pp. 153-159.
CAILLOSSE (J.), « Le juge administratif et la question de l' "efficacité" », *RDP*, 2013, pp. 27-51.
CAIRE (A.-Bl.), « La cryogénisation entre science-fiction et science juridique », *RRJ*, 2011-4, pp. 1953-1972.
CANEDO (M.), « l'exorbitance du droit des contrats administratifs », dans F. MELLERAY (dir.), *L'exorbitance du droit administratif en question(s)*, LGDJ, 2004, 312 p., pp. 125-177.
CANS (Ch.) et Fl. CLAP, « Réserves naturelles », *Jcl. Environnement et développement durable*, fasc. n°3520, 2006.
CARBONNIER (J.), « Les renonciations au bénéfice de la loi en droit privé », dans *Travaux de l'association Henri Capitant*, tome XIII, 1959-1960, Dalloz, 1963, 813 p., pp. 283-297.
CARCASSONNE (G.), « La portée du principe du consentement à l'impôt et les limites du pouvoir fiscal du législateur (la technicité fiscale, les groupes de pression, la rétroactivité fiscale) », dans L. PHILIP (dir.), *L'exercice du pouvoir financier du Parlement. Théorie, pratique et évolution*, PUAM et Economica, coll. « Droit public positif », 1996, 152 p., pp. 43-47.
CARLYLE (A.-J.), « La notion de "contrat" dans les doctrines politiques », *Sur les notions de contrats*, *APD*, 1940, n°1-4, pp. 77-84.
CASTIGNONE (S.), « Légitimation », dans A-J. ARNAUD (dir.), *Dictionnaire de théorie et de sociologie du droit*, LGDJ, 2ème éd., 1993, 758 p., p. 342.

CATHERINE (A.), « La codécision, entre mythe et réalité », dans Association française de droit de la santé, *Consentement et santé*, Dalloz, coll. « Thèmes et commentaires », 2014, 386 p., pp. 119-130.

CAUDAL (S.), « Article 14 », dans G. CONAC, M. DEBENE et G. TEBOUL (dir.), *La déclaration des droits de l'homme et du citoyen de 1789. Histoire, analyse et commentaires*, Economica, 1992, 365 p., pp. 299-315.

CAYLA (O.), « Le coup d'état du droit ? », *Le débat*, 1998/3, pp. 108-133.

CAYLA (O.), « Dignité humaine : le plus flou des concepts », *Le Monde*, 31 janv. 2003, p. 14.

CERE (J.-P.), « Droits des détenus », *Jcl. Libertés*, fasc. n°560, 2009.

CHAMARD-HEIM (C.), « Les propriétés publiques », dans P. GONOD, F. MELLERAY, Ph. YOLKA (dir.), *Traité de droit administratif*, Dalloz, coll. « Traités Dalloz », 2011, tome 2, pp. 283-341.

CHAMOT (C.), « Information et consentement éclairé du patient : l'importance de l'entretien individuel dans les règles d'administration de la preuve », *Gaz. Pal.*, 2013, n°71 et n°72, 12 mars 2014, pp. 12-16.

CHAMPEIL-DESPLATS (V.), « La citoyenneté administrative », dans GONOD (P.), F. MELLERAY, Ph. YOLKA (dir.), *Traité de droit administratif*, Dalloz, coll. « Traités Dalloz », 2011, tome 2, pp. 397-432.

CHAPERON (E.), « La participation à l'élaboration de l'acte administratif unilatéral (Essai de typologie) », dans G. DUPUIS (dir.), *Sur la forme et la procédure de l'acte administratif*, Economica, coll. « Recherches Panthéon-Sorbonne. Série Sciences juridiques. Administration publique », 1979, 124 p., pp. 112-118.

CHARPENTIER (J.), « Cession de territoire », *AFDI*, XXXVI, 1990, p. 988.

CHASTAGNARET (M.), « La volonté individuelle en droit fiscal », dans M. NICOD (dir.), *De la volonté individuelle,* Presses de l'Université de Toulouse I Capitole, coll. « Travaux de l'IFR Mutations de normes juridiques », 2009, 303 p., pp. 139-152.

CHATELAIN (J.), « Donation et dation en droit public financier », *Le recouvrement*, *RFFP*, n°7, 1984, pp. 91-123.

CHAUVEL (P.), « Consentement », dans *Répertoire de droit civil Dalloz*, 2007.

CHAUVAUX (D.), « Transfusion contre la volonté du patient. Conseil d'Etat, Assemblée, 26 octobre 2001, Mme Catherine Senanayake. Conclusions », *RFDA*, 2002, pp. 146-156.

CHAUVAUX (D.) et J.-H. STAHL, « Le commissaire, le délibéré et l'équité du procès », *AJDA*, 2005, pp. 2116-2123.

CHAVRIER (G.), « Réflexions sur la transaction administrative », *RFDA*, 2000, pp. 548-566.

CHAZAL J.-P.), « Les nouveaux devoirs des contractants. Est-on allé trop loin ? », dans Chr. JAMIN et D. MAZEAUD (dir.), *La nouvelle crise du contrat*, Dalloz, coll. « Thèmes et commentaires », 2003, 260 p., pp. 99-133.
CHENEDE (Fr.), « L'utilité de la cause de l'obligation en droit contemporain des contrats : l'apport du droit administratif », *Contrats Concurrence Consommation*, oct. 2008, n°10, étude 11.
CHENEDE (Fr.), « Les emprunts du droit privé au droit public en matière contractuelle », ADJA, 2009, pp. 923-928.
CHENOT (B.), « La notion de service public dans la jurisprudence économique du Conseil d'Etat », *EDCE*, n°4, 1950, pp. 77-83.
CHENOT (B.), « L'existentialisme et le droit », *RFSP*, janv-mars 1953, pp. 57-68.
CHENOT (B.), « Avant-propos », *EDCE*, n°28, 1976, pp. 9-10.
CHEVALLIER (J.), « L'intérêt général dans l'Administration française », *RISA*, 1975, pp. 325-350.
CHEVALLIER (J.), « La participation dans l'administration française : discours et pratique », *Bulletin de l'IIAP*, 1976, pp. 85-119 et pp. 497-554.
CHEVALLIER (J.), « Réflexions sur l'idéologie de l'intérêt général », dans CURAPP, *Variations autour de l'idéologie de l'intérêt général*, vol. 1, 1978, pp 11-45.
CHEVALLIER (J.), « L'analyse institutionnelle », dans CURAPP, *L'institution*, PUF, 1981, 411 p., pp. 3-61.
CHEVALLIER (J.) et D. LOSCHAK, « Rationalité juridique et rationalité managériale dans l'administration française », *RFAP*, 1982, pp. 679-720.
CHEVALLIER (J.), « Le droit administratif, droit de privilège ? », *Droit administratif. Bilan critique*, *Pouvoirs*, n°46, 1988, pp. 57-70.
CHEVALLIER (J.), « L'Etat de droit », *RDP*, 1988, pp. 313-380.
CHEVALLIER (J.), « La dimension symbolique du principe de légalité », *RDP*, 1990, pp. 1651-1677.
CHEVALLIER (J.), « La séparation des pouvoirs », dans *La continuité constitutionnelle en France de 1789 à 1989. Journée d'études des 16-17 mars 1989*, PUAM-Economica, coll. « Droit public positif », 1990, 178 p., pp. 113-146.
CHEVALLIER (J.), « Administration (– et Constitution) », dans O. DUHAMEL et Y. MENY (dir.), *Dictionnaire constitutionnel*, PUF, 1992, 1112 p., pp. 9-11.
CHEVALLIER (J.), « Regards sur l'administré », dans M. CHAUVIERE et J.-T. GODBOUT (dir.), *Les usagers entre marché et citoyenneté*, L'Harmattan, coll. « Logiques sociales », 1992, 332 p., pp. 25-40.
CHEVALLIER (J.), « La juridicisation des préceptes managériaux », *PMP*, n°4, 1993, numéro spécial *Droit et management public*, pp. 111-134.

CHEVALLIER (J.), « Le droit administratif entre science administrative et droit constitutionnel », dans CURAPP, *Le droit administratif en mutation*, PUF, 1993, 321 p., pp. 11-40.
CHEVALLIER (J.), « Présentation », dans CURAPP, *Public/privé*, PUF, 1995, 230 p., pp. 5-18.
CHEVALLIER (J.), « La fin des écoles ? », *RDP*, 1997, pp. 679-700.
CHEVALLIER (J.), « L'évolution du droit administratif », *RDP*, 1998, pp. 1794-1809.
CHEVALLIER (J.), « Vers un droit post-moderne ? Les transformations de la régulation juridique », *RDP*, 1998, pp. 659-690.
CHEVALLIER (J.), « Synthèse », dans CURAPP et CRAPS, *Démocratie locale. Représentation, participation et espace public*, PUF, 1999, 424 p., pp. 405-415.
CHEVALLIER (J.), « L'obligation en droit public », *L'obligation*, *APD*, 2000, n°44, pp. 179-194.
CHEVALLIER (J.), « Loi et contrat dans l'action publique », dans *Les Cahiers du Conseil constitutionnel*, n°17, 2004, pp. 81-86.
CHEVALLIER (J.), « Délibération et participation », dans CONSEIL D'ETAT, *Consulter autrement. Participer effectivement. Rapport public 2011*, La Documentation française, 2011, 226 p., pp. 195-205.
CHEVALLIER (J.), « De l'administration démocratique à la démocratie administrative », *RFAP*, n°137-138, 2011, pp. 217-227.
CHEVALLIER (J.-J.), « La légitimité selon G. Ferrero », dans Institut international de philosophie politique, *L'idée de légitimité*, *Annales de philosophie politique*, n°7, 1967, pp. 211-221.
CHEVRIER (G.), *Essai sur l'histoire de la cause dans les obligations (droit savant du Moyen-âge, Ancien droit français)*, Librairie du Recueil Sirey, 1929, 260 p.
CHEVRIER (G.), « Remarques sur l'introduction et les vicissitudes de la distinction du "*jus privatum*" et du "*jus publicum*" dans l'œuvre des anciens juristes français », *La distinction du droit privé et du droit public et l'entreprise publique, APD*, n°1, 1952, pp. 5-77.
CHICOT (P.-Y.), « La démocratie administrative : essai de conceptualisation », *RA*, n°380, mars 2011, pp. 138-148.
CHRISTNACHT (A.), « Nouvelle-Calédonie », *Jcl. adm.*, fasc. n°130-50, 2009.
CLAVREUL (C.), « Sieyès et la genèse de la représentation moderne », *La représentation*, *Droits*, n°6, 1987, pp. 45-56.
CLEMENT (J.-N.), « Carrières et environnement », *Jcl. Environnement et Développement durable*, fasc. n°4018, 2010.

CLERCKX (J.), « Une liberté en péril ? Le droit au refus de soins », *RDP*, 2004, pp. 139-168.
CLUZEL-METAYER (L.), « Procédures administratives électroniques », *Jcl. adm.*, fasc. n°109-24, mars 2013.
COCATRE-ZILGIEN (A.), « L'usager du service public industriel ou commercial en droit français », *RTC. com.*, 1960, pp. 265-282.
COLAS (D.), « Légitimité », dans O. DUHAMEL et Y. MENY (dir.), *Dictionnaire constitutionnel*, PUF, 1992, 1112 p., pp. 565-566.
COLSON (E.), « La possibilité d'exclure toute indemnisation en cas de résiliation unilatérale », *DA*, 2013, n°6, comm. 42.
COMBREXELLE (J.-D.), « Les prérogatives du maître d'ouvrage public sur une œuvre sont-elles limitées par les droits moraux de l'auteur sur cette œuvre ? », *BJCP*, n°7, 1er nov. 1999, pp. 583-587.
CONSTANS (L.), « Une fiction juridique : la "commune intention des parties" », dans G. CLAMOUR et M. UBAUD-BERGERON (textes réunis et présentés par), *Contrats publics. Mélanges en l'honneur du Professeur Michel Guibal*, Montpellier, Presse de la Faculté de droit de Montpellier, coll. « Mélanges », 2006, tome 1, 874 p., pp. 19-26.
CORNU (G.), « Les définitions dans la loi », dans *Mélanges dédiés à Jean Vincent*, Dalloz, 1981, 458 p., pp. 77-92.
CORNU (G.), « L'expression corporelle dans le langage du droit », dans Société de législation comparée, *Mélanges en l'honneur de Denis Tallon : d'ici, d'ailleurs, harmonisation et dynamique du droit*, 1999, 362 p., pp. 45-55.
CORPART (I.), « Feu la cryogénisation », *D.*, 2006, p. 1875-1880.
COSTA (J.-L.), « La prise en charge par les communes des voies privées dans les ensembles d'habitation », *Administrer*, nov. 1981, pp. 6-8.
COSTE (F.), P. COSTEY et L. TANGUY, « Editorial », *Consentir : domination, consentement et déni, Tracés. Revue de Sciences humaines*, n°14, 2008, pp. 5-27.
COTTIER (C.), « Le juge administratif et les litiges sur les "œuvres de l'esprit" », *RIDA*, n°227, janv. 2011, pp. 4-67.
COUDEVYLLE (A.), « Plaidoyer en faveur du référendum communal », *RA*, 1978, pp. 495-506.
COUTON (X.), « Lotissements. Réalisation. Gestion des équipements collectifs », *Jcl. Civil Annexes*, V° Lotissements, fasc. n°50, 2008.
COUTON (X.), « Requiem pour le transfert d'office des voies privées ouvertes à la circulation publique », *Construction-urbanisme*, sept. 2015, n°9, comm. 116.
CROUY-CHANEL (E., DE), « Le Conseil constitutionnel mobilise-t-il d'autres principes constitutionnels que l'égalité en matière fiscale ? », *Le*

Conseil constitutionnel et l'impôt, *Nouveaux Cahiers du Conseil constitutionnel*, n°33, oct. 2011, pp. 15-26.
CROUY-CHANEL (E., DE), « Le consentement à l'impôt », *Les impôts*, *Pouvoirs*, n°151, nov. 2014, pp. 5-14.
CRUCIS (H.-M.), « Notion d'acte administratif », *Jcl. adm.*, fasc. n°106-10, 1996.
DALEN-DIABE (M.), « Le référendum fiscal en droit français », dans J.-Cl. MARTINEZ et J. LAMARQUE (dir.), *1789-1989. La révolution fiscale à refaire*, Litec, 1987, 356 p., pp. 247-252.
DAME-CASTELLI, « Statut », dans A.-J. ARNAUD (dir.), *Dictionnaire de théorie et de sociologie du droit*, LGDJ, 2ème éd., 1993, 758 p., pp. 584-585.
DANTI-JUAN (M.), « Le consentement et la sanction », *dans Mélanges offerts à Pierre Couvrat. La sanction du droit*, PUF, coll. « Publications de la Faculté de droit et des sciences sociales de Poitiers », 2001, 559 p., pp. 367-381.
DARCY (G.), « La décision exécutoire. Esquisse méthodologique », *AJDA*, 1994, pp. 663-678.
DAUBELLE (J.-Fr.), « Référendum et droit à l'autodétermination », *Le référendum*, *Pouvoirs*, n°77, 1996, pp. 41-60.
DAUGERON (Br.), « La démocratie administrative dans la théorie du droit public : retour sur la naissance d'un concept », *RFAP*, n°137-138, 2011, pp. 21-37.
DEBBASCH (Ch.), « Le droit administratif face à l'évolution de l'administration française », *RISA*, 1973, vol. 39, n°2, pp. 101-107.
DEBBASCH (Ch.), « Le droit administratif, droit dérogatoire au droit commun ? », dans *Mélanges René Chapus*, Montchrestien, 1992, 707 p., pp. 127-133.
DEFFERRARD (F.), « Contre la visiojustice », *D.*, 2011, p. 2878.
DEGOMMIER (S.), « La prise de photographies d'un nouveau-né lors de l'accouchement et le droit au respect de la vie privée », *AJDA*, 2012, pp. 1512-1514.
DEHAUSSY (J.), « Les renonciations au bénéfice de la loi en droit public », dans *Travaux de l'association Henri Capitant*, tome XIII, 1959-1960, Dalloz, 1963, 813 p., pp. 495-510.
DELALANDE (N.), « Un consentement négocié. L'administration et les plaintes des contribuables en Seine-et-Oise (1860-1914) », *Consentir : domination, consentement et déni*, *Tracés. Revue de Sciences humaines*, n°14, 2008, pp. 43-54.
DELEBECQUE (Ph.), « L'anéantissement unilatéral du contrat », dans Chr. JAMIN et MAZEAUD (D.) (dir.), *L'unilatéralisme et le droit des obligations*, Economica, coll. « Etudes juridiques », 1999, 103 p., pp. 61-69.

DELIANCOURT (S.), « Les voies privées ouvertes à la circulation générale », *La Gazette des communes*, 9 janv. 2006, n°1820, pp. 48-54.
DELIANCOURT (S.), « Les droits du propriétaire d'une voie privée ouverte au public », *AJDA*, 2008, p. 1334-1338.
DELIANCOURT (S.), « Le mécanisme de l'article L. 318-3 du Code de l'urbanisme : un procédé particulier d'incorporation d'une voie privée dans le domaine public communal », *JCPA*, n°22, 26 mai 2008, pp. 41-44.
DELIANCOURT (S.), « L'appréciation du consentement d'un propriétaire d'une voie privée empruntée par le public et l'atteinte au droit de propriété », *Annales des loyers*, n°4, 1er avr. 2014, pp. 610-626.
DELPEREE (Fr.), « Conclusions générales », dans Fr. DELPEREE (dir.), *La participation directe du citoyen à la vie politique et administrative*, Bruylant, coll. « Bibliothèque de la Faculté de droit de l'Université catholique de Louvain », 1986, 421 p., pp. 355-368.
DELVOLVE (P.), « Le référendum local (loi organique du 1er août 2003) », *RFDA*, 2004, pp. 7-20.
DELVOLVE (P.), « Contrats publics et sécurité juridique », dans CONSEIL D'ETAT, *Le contrat, mode d'action publique et de production de normes. Rapport public 2008*, La Documentation française, 2008, 397 p., pp. 329-353.
DENQUIN (J.-M.), « Référendums consultatifs », dans *Le Référendum*, *Pouvoirs*, n°77, 1996, pp. 79-93.
DEPUSSAY (L.), « Hiérarchie des normes et hiérarchies des pouvoirs », *RDP*, 2007, pp. 421-443.
DESGORCES (R.), « Agir contre soi », *RRJ*, 2003-1, pp. 37-46.
DESMONS (E.), « Droit privé, droit public », dans D. ALLAND et S. RIALS (dir.), *Dictionnaire de la culture juridique*, Lamy et PUF, coll. « Quadrige. Dicos poche », 2003, 1649 p., pp. 520-525.
DESPREZ (S.), « D'une précision sémantique et d'un frein posé aux conditions d'intervention du juge des libertés et de la détention en matière de rétention administrative », *Procédures*, juill. 2008, étude 7.
DEVILLERS (P.), « Homologation de transaction : appréciation par le juge du caractère effectif du consentement des parties et du moment de la conclusion du contrat », *CMP*, avr. 2014, comm. 115.
DEYGAS (S.), « Visioconférence et garanties procédurales », *Procédures*, déc. 2013, comm. 367.
DEYGAS (S.), « Une simple lettre du préfet emporte consentement de l'Etat à la transaction », *Procédures*, avr. 2014, comm. 129.
DIETENHOEFFER (J.), « Mise en concurrence du candidat sortant : la détermination des obligations de la personne publique », *CMP*, n°5, mai 2008, étude 5.

DONNAT (Fr.) et D. CASAS, « Les limites du contrôle du juge administratif sur l'acte de publication d'un engagement international dont la ratification a été autorisée en vertu d'une loi », *AJDA*, 2002, pp. 1005-1007.
DOUAY (S.), « L'interdiction de la libre disposition de son corps par-delà la mort ou la conception morale et communautaire de la dignité humaine », *JCPG*, n°13, 26 mars 2003, II, 10052.
DOUMBE-BILLE (S.), « L'élection en droit administratif », *RDP*, 1992, pp. 1065-1102.
DRAGO (R.), « Paradoxes sur les contrats administratifs », dans *Etudes offertes à Jacques Flour*, Répertoire du notariat Defrénois, 1979, 439 p., pp. 151-162.
DRIARD (J.-H.), « Le transfert d'office de voies privées dans le domaine public communal est conforme à la constitution », *AJCT*, 2010, p. 183.
DROMARD (Fr.), « La prise en compte de la Convention européenne des droits de l'homme par le Conseil d'Etat à l'épreuve de la cryogénisation (A propos de l'arrêt CE, 5e et 4e sous-section réunies, 6 janvier 2006, Rémy Martinot et autres) », *RRJ*, 2007-3, pp. 1587-1598.
DUBOUIS (L.), « Le droit communautaire a-t-il un impact sur la définition du droit administratif ? », *AJDA*, n°spécial, 20 juin 1996, pp. 102-108.
DUBOUIS (L.), « Professions de santé », *RDSS*, avr.-juin 2000, p. 352-356.
DUBOUIS (L.), « Démocratie sanitaire et droit de la personne malade. A propos de la loi du 4 mars 2002 sur les droits des malades et la qualité du système de santé », dans *Mouvement du droit public : du droit administratif au droit constitutionnel, du droit français aux autres droits. Mélanges en l'honneur de Franck Moderne*, Dalloz, 2004, 1264 p., pp. 127-143.
DUGUET (A.-M.) (dir.), *Séminaire d'actualité de droit médical. Le secret professionnel. Aspects légaux et déontologiques. Comparaisons avec l'étranger*, Bordeaux, Les Etudes Hospitalières, 2002, 232 p.
DUGUIT (L.), « De la situation des particuliers à l'égard des services publics », *RDP*, 1907, pp. 411-439.
DUGUIT (L.), « De la situation juridique du particulier faisant usage d'un service public », dans *Mélanges Maurice Hauriou*, Librairie du Recueil Sirey, 1929, 830 p., pp. 251-284.
DUMONT (G.), « Théorie de la procédure », dans Association française pour la recherche en droit administratif, *Les procédures administratives*, Dalloz, coll. « Thèmes et commentaires », 2015, 303 p., pp. 3-11.
DUMONT (H.) et S. VAN DROOGHENBROECK, « La loi », dans M. TROPER et CHAGNOLLAUD (D.) (dir.), *Traité international de droit constitutionnel*, tome 1, *Théorie de la Constitution*, Dalloz, coll. « Traités Dalloz », 2012, 815 p., pp. 529-572.

DUPUIS (G.), « Définition de l'acte unilatéral », dans *Recueil d'études en hommage à Charles Eisenmann*, Cujas, 1975, 467 p., pp. 205-213.
DURUPTY (M.), « Management et principe de légalité », *RFAP*, 1980, pp. 557-569.
DUTRIEUX (D.), « Opérations funéraires », *Jcl. adm.*, fasc. n°150-30 ou dans *Jcl. coll. terr.*, fasc. n°717.
DUVAL (F.), « Le régime du transfert dans la voirie communale des voies privées ouvertes au public : un essai de simplification administrative qui reste à transformer », *Les annales de la voirie*, n°96, mai 2005, pp. 83-85.
ECKERT (G.), « Droit administratif et droit civil », dans P. GONOD, F. MELLERAY et Ph. YOLKA (dir.), *Traité de droit administratif*, Dalloz, coll. « Traités Dalloz », 2011, tome 1, pp. 601-649.
ECKERT (G.), « Passation du contrat », *Jcl. Contrats et Marchés publics*, fasc. n°420, 2012.
ECKERT (G.), « Police et contrat », dans Ch. VAUTROT-SCHWARZ (dir.), *La police administrative*, PUF, coll. « Thémis Essais », 2014, 302 p., pp. 167-183.
EDEL (V.), « Le refus de soins », *LPA*, 14 déc. 2007, n°250, pp. 9-20.
EGEA (P.), « Liberté et consentement : les formes de la volonté dans le droit de la bioéthique », S. HENNETTE-VAUCHEZ (dir.), *Bioéthique, biodroit, biopolitique : réflexions à l'occasion du vote de la loi du 4 août 2004*, LGDJ, coll. « Droit et Société », 2006, 154 p., pp. 135-150.
EISENMANN (Ch.), « L' "Esprit des lois" et la séparation des pouvoirs », dans *Mélanges R. Carré de Malberg*, Librairie du Recueil Sirey, 1933, réimp. Topos Verlag et Duchemin, 1977, 536 p., pp. 165-192.
EISENMANN (Ch.), « Droit public, Droit privé (en marge d'un livre sur l'évolution du droit civil français du XIXe au XXe siècle) », *RDP*, 1952, pp. 903-979.
EISENMANN (Ch.), « Le droit administratif et le principe de légalité », *EDCE*, n°11, 1957, pp. 25-40.
EISENMANN (Ch.), « Quelques problèmes de méthodologie des définitions et des classifications en science juridique », *La logique du droit, APD*, n°11, 1966, pp. 25-43.
EISENMANN (Ch.), « Sur la légitimité juridique des gouvernements », dans Institut international de philosophie politique, *Annales de philosophie politique*, n°7, *L'idée de légitimité*, PUF, 1967, 221 p., pp. 97-127.
EISENMANN (Ch.), « Essai d'une classification théorique des formes politiques », *Politique*, 1968, pp. 5-88.
EISENMANN (Ch.), « Essais de définition », dans *Le consensus*, *Pouvoirs*, n°5, 1978, pp. 28-29.

EISENMANN (Ch.), « Les fonctions de l'Etat », dans Ch. EISENMANN, *Ecrits de théorie du droit, de droit constitutionnel et d'idées politiques*, textes réunis par Ch. LEBEN, Panthéon-Assas, coll. « Les introuvables », 2002, 668 p., pp. 183-220.
EL BOUDOUHI (S.), « Déférence de la CEDH envers le nouveau dispositif concernant le rapporteur public ou juste un sursis ? », *AJDA*, 2009, pp. 2468-2473.
ENCINAS DE MUNAGORRI (R.), « De la cohérence des contrôles de constitutionnalité : la *summa divisio* est-elle un atout ou un obstacle ? », dans B. BONNET et P. DEUMIER (dir.), *De l'intérêt de la* summa divisio *droit public-droit privé ?*, Dalloz, coll. « Thèmes et commentaires », 2010, 297 p., pp. 107-120.
ERSTEIN (L.), « Le choix du mode de sépulture peut faire l'objet de restrictions dans l'intérêt de l'ordre et de la santé publics », *JCPG*, 12 avr. 2006, II, 10059.
ERSTEIN (L.), « Désistement d'instance, un principe », *JCPA*, n°48, 29 nov. 2010, pp. 19-21.
ERSTEIN (L.), « Principes généraux applicables aux contrats administratifs », *Jcl. Contrats et marchés publics*, fasc. n°14, 2012.
ERSTEIN (L.), « Le consentement de la personne publique à une transaction », *JCPA*, 24 fév. 2014, act. 179.
ESCLASSAN (M.-Chr.), « Finances publiques et patrimoine culturel. Un dispositif original pour l'enrichissement des collections publiques : la dation en paiement », dans M. DEGUERGUE (dir.), *L'art et le droit. Ecrits en hommage à Pierre-Laurent Frier*, Publications de la Sorbonne, coll. « De Republica », 2010, 415 p., pp. 143-167.
EUDE (C.), « Le désistement dans la procédure administrative contentieuse », *AJDA*, 1984, pp. 3-13.
EVEILLARD (G.), « La citoyenneté administrative : vecteur de nouveaux droits publics subjectifs des administrés ? », dans Association française pour la recherche en droit administratif, *Les droits publics subjectifs des administrés*, LexisNexis, coll. « Colloques et débats », 2011, 238 p., pp. 97-113.
EVEILLARD (G.), « La place de la volonté générale dans l'élaboration de l'acte administratif unilatéral », *La volonté générale*, *Jus Politicum*, n°10, disponible à l'adresse http://juspoliticum.com/La-place-de-la-volonte-generale.html, [4 sept. 2015].
EXPOSTA (N.), « Dans quels cas les sépultures peuvent-elles être autorisées sur les propriétés particulières ? », *DA*, nov. 2000, pp. 28-29.
FABERON J.-Y.), « La Nouvelle-Calédonie », dans *Encyclopédie Dalloz des Collectivités locales*, folio n°1952, sept. 2005.

FABRE-MAGNAN (M.), « Le domaine de l'autonomie personnelle. Indisponibilité du corps humain et justice sociale », *D.*, 2008, n°1, pp. 31-39.
FADEN (R.-R.) et T.-L. BEAUCHAMP, *A history and theory of informed consent*, New-York et Oxford, Oxford University Press, 1986, 392 p.
FAGOT-LARGEAULT (A.), « Le consentement éclairé. Historique du concept de consentement », *Médecine et droit*, n°6, mai-juin 1994, pp. 55-56.
FARDET (Chr.), « Auteur, coauteur, perfecteur », dans ALLAND et S. RIALS (dir.), *Dictionnaire de la culture juridique*, Lamy et PUF, coll. « Quadrige. Dicos poche », 2003, 1649 p., pp. 109-111.
FATIN-ROUGE STEFANINI (M.), L. GAY et A. VIDAL-NAQUET, « Préface », dans M. FATIN-ROUGE STEFANINI, L. GAY et A. VIDAL-NAQUET (dir.), *L'efficacité de la norme juridique : nouveau vecteur de légitimité ?*, Bruylant, coll. « A la croisée des droits », 2012, 352 p., pp. 13-24.
FATOME (E.), « L'urbanisme contractuel », *AJDA*, n°spécial, 20 mai 1993, pp. 63-72.
FATOME (E.), « Expropriation et contrat », *JCPA*, n°8, 21 fév. 2011, pp. 50-53.
FAURE (B.), « Les deux conceptions de la démocratie administrative », *RFDA*, 2013, pp. 709-712.
FAVOREU (L.), « La décision du 30 décembre 1975 dans l'affaire des Comores », *RDP*, 1976, pp. 557-575.
FELDMAN (J.-Ph.), « La séparation des pouvoirs et le constitutionnalisme. Mythes et réalités d'une doctrine et de ses critiques », *RFDC*, n°83, 2010, pp. 483-496.
FERRARI (P.), « Essai sur la notion de co-auteurs d'un acte unilatéral en droit administratif français », dans *Recueil d'études en hommage à Charles Eisenmann*, Cujas, 1975, 467 p., pp. 215-229.
FERRIER (J.-P.), « La participation des administrés aux décisions de l'administration », *RDP*, 1974, pp. 663-690.
FEVRIER (J.-M.), « Sur le fondement de l'autorité des décisions exécutoires », *RRJ*, 1999-3, pp. 873-894.
FEVRIER (J.-M.), « Sur l'idée de légitimité », *RRJ*, 2002-1, pp. 367-379.
FIALAIRE (J.) et E. MONDIELLI, « Le droit au respect de la vie privée », dans J. FIALAIRE, E. MONDIELLI et A. GRABOY-GROBESCO, *Libertés et droits fondamentaux*, Ellipses, coll. « Universités. Droit », 2012, 678 p., pp. 459-497.
FICHET (Chr.), « L'évolution législative et réglementaire de la recherche biomédicale ou la promotion de l'innovation dans un cadre protecteur et transparent », *LPA*, 20 juin 2008, n°124, pp. 5-10.

FLAUSS (J.-Fr.), « L'interdiction de spectacles dégradants et la Convention européenne des droits de l'homme », *RFDA*, 1992, pp. 1026-1031.
FLOGAITIS (S.), « Contrat et acte administratif unilatéral », dans *L'Etat de droit : mélanges en l'honneur de Guy Braibant*, Dalloz, 1996, 817 p., pp. 229-251.
FLOUR (J.), « Sur l'influence du droit public sur le droit privé en France », dans *Journées de droit civil franco-suisse, Travaux de l'association Henri Capitant*, tome II, 1948, pp. 184-199.
FLOUR (J.), « Quelques remarques sur l'évolution du formalisme », dans *Le droit privé français au milieu du XX*[e] *siècle. Etudes offertes à Georges Ripert*, tome 1, *Etudes générales. Droit de la famille*, LGDJ, 1950, 554 p., pp. 93-114.
FORNACCIARI (M.) et D. CHAUVAUX, « Exonérations ou atténuations de responsabilité », *Rep. resp. puiss. publ. Dalloz*, oct. 2011.
FOULQUIER (N.), « La conformité peu convaincante à la Constitution de l'incorporation d'office des voies privées ouvertes à la circulation publique », *RDI*, 2010, pp. 612-614.
FOULQUIER (N.), « Le service public » dans P. GONOD, F. MELLERAY et Ph. YOLKA (dir.), *Traité de droit administratif*, Dalloz, coll. « Traités Dalloz », 2011, tome 2, pp. 45-111.
FOURNIER (J.) et M. COMBARNOUS, « Chronique générale de jurisprudence administrative », *AJDA*, 1958, pp. 306-316.
FRAISSEIX, « La "subjectivisation" du droit administratif », *LPA*, 15 oct. 2004, n°207, pp. 12-16.
FRANC (M.), « Une relecture de l'arrêt *Commune de Morsang-sur-Orge* », *AJDA*, 2014, pp. 103-107.
FREUND (J.), « Droit et politique. Essai de définition du droit », *Le droit investi par la politique*, *APD*, n°16, 1971, pp. 15-35.
FRIER (P.-L.), « Couvre-feu pour les mineurs ? », *RFDA*, 1998, pp. 383-388.
FRISON-ROCHE (M.-A.), « 2 + 1 = la procédure », dans W. BARANES et M.-A. FRISON-ROCHE (dir.), La justice, l'obligation impossible, Autrement, coll. « Séries morales », 1994, 215 p., pp. 193-207.
FRISON-ROCHE (M.-A.), « Remarques sur la distinction de la volonté et du consentement en droit des contrats », *RTD civ.*, juill.-sept. 1995, pp. 573-578.
FRISON-ROCHE (M.-A.), « Unilatéralité et consentement », dans Chr. JAMIN et D. MAZEAUD (dir.), *L'unilatéralisme et le droit des obligations*, Economica, coll. « Etudes juridiques », 1999, 103 p., pp. 21-30.
FROMONT (M.), « Le principe de sécurité juridique », *AJDA*, n° spécial, 20 juin 1996, pp. 178-184.

FRYDMAN (P.), « L'atteinte à la dignité de la personne humaine et les pouvoirs de police municipale. A propos des "lancers de nains". Conclusions sur Conseil d'Etat, Assemblée, 27 octobre 1995 (2 espèces), Commune de Morsang-sur-Orge et Ville d'Aix-en-Provence », *RFDA*, 1995, pp. 1204-1215.
G. (Y.), « Le droit des collectivités publiques de modifier les œuvres d'art en leur possession. Note sous Conseil d'Etat, 14 juin 1999, *Conseil de fabrique de la cathédrale de Strasbourg* », *RFDA*, 2000, pp. 600-604.
GABARDA (O.), « Contrôle de constitutionnalité des actes administratifs et contrôle de validité des engagements internationaux. Quelques réflexions à propos de l'arrêt du Conseil d'Etat du 8 juillet 2002, Commune de Porta », *RRJ*, 2003-4, pp. 2727-2736.
GALABERT (J.-M.) et M. GENTOT, « Les actes administratifs intervenant sur demande des intéressés : effets juridiques du retrait de la demande », *AJDA*, 1962, pp. 146-147.
GARRAUD (P.) et M. LABORDE-LACOSTE, « Le rôle de la volonté du médecin et du patient quant au traitement médical et à l'intervention chirurgicale. Limites et conséquences juridiques, notamment en droit pénal, de cette volonté », *Revue générale du droit, de la législation et de la jurisprudence*, 1926, pp. 129-153 et pp. 193-252.
GARRIDO (L.), « La responsabilisation des acteurs du procès administratif : remède aux délais excessifs de jugement ou avatar ? », *DA*, n°5, mai 2011, étude 9.
GARTNER (F.), « Des rapports entre contrats administratifs et intérêt général », *RFDA*, 2006, pp. 19-23.
GAUDEMET (Y.), « Le "précontentieux". Le règlement non juridictionnel des conflits dans les marchés publics », *AJDA*, 20 juill. 1994, n° spécial, pp. 84-90.
GAUDEMET (Y.), « Prolégomènes pour une théorie des obligations en droit administratif français », dans *Nonagesimo anno. Mélanges en hommage à Jean Gaudemet*, PUF, 1999, 898 p., pp. 613-627.
GAUDEMET (Y.), « Loi et contrat », *Les Cahiers du Conseil constitutionnel*, n°17, 2004, pp. 75-76.
GAUDEMET (Y.), « Le contrat administratif, un contrat hors la loi », *Les cahiers du Conseil constitutionnel*, n°17, 2004, pp. 91-94.
GAY (L.), « Inexistence d'un droit au consentement à l'impôt justiciable de la QPC », *D.*, 2011, p. 1713.
GENEVOIS (Br.), « Le commissaire du gouvernement devant le Conseil d'Etat statuant au contentieux ou la stratégie de la persuasion », *RFDA*, 2000, pp. 1207-1218.

GHESTIN (J.), « La notion de contrat », *Le contrat*, *Droits*, n°11, 1990, pp. 7-24.
GHESTIN (J.), « Avant-propos », dans Chr. JAMIN et D. MAZEAUD (dir.), *La nouvelle crise du contrat*, Dalloz, coll. « Thèmes et commentaires », 2003, 260 p., pp. 1-3.
GHESTIN (J.) et Y.-M. SERINET, « Erreur », dans *Répertoire de droit civil Dalloz*, 2006.
GLASER (E.), « Réouverture d'une voie privée à la circulation publique », *RLCT*, n°36, 1er juin 2008, p. 23.
GLASER (E.), « Atteinte au droit à l'image et compétence du juge administratif », *RLCT*, n°69, juin 2011, pp. 27-28.
GODFRIN (Ph.) et M. DEGOFFE, *Droit administratif des biens. Domaine, travaux, expropriation*, Sirey, coll. « Sirey Université », 10ème éd., 2012, 473 p.
GOHIN (O.), « L'évolution institutionnelle de la Nouvelle-Calédonie », *AJDA*, 1999, pp. 500-514.
GONZALES (G.), « L'objection à certains soins ou actes médicaux dictée par la conscience religieuse et la Convention européenne des droits de l'homme », dans *Au carrefour des droits : mélanges en l'honneur de Louis Dubouis*, Dalloz, 2002, 901 p., pp. 795-809.
GONZALEZ (G.) et ROMAN (P.), « Les voies privées ouvertes à la circulation publique. Gestion et occupation par le concessionnaire de transport et de distribution d'électricité », *CJEG*, oct. 1991, pp. 307-316.
GOURON (A.), « Aux origines médiévales de la maxime Quod omnes tangit », dans J.-L. HAROUEL (dir.), *Histoire du droit social : mélanges en hommage à Jean Imbert*, PUF, 1989, 572 p., pp. 277-286.
GOYARD-FABRE (S.), « Contrat (– social) », dans S. AUROUX (dir.), *Les notions philosophique : dictionnaire*, tome 1, *Philosophie occidentale : A-L*, PUF, coll. « Encyclopédie philosophique universelle », 1990, 1517 p., pp. 475-477.
GOYARD-FABRE (S.), « Contrat social », dans A.-J. ARNAUD (dir.), *Dictionnaire de théorie et de sociologie du droit*, LGDJ, 2ème éd., 1993, 758 p., pp. 106-111.
GOYARD-FABRE, « Légitimité », dans D. ALLAND et S. RIALS (dir.), *Dictionnaire de la culture juridique*, Lamy-PUF, coll. « Quadrige. Dicos poche », 2003, 1649 p., pp. 929-933.
GRIMM (D.), « La souveraineté », dans M. TROPER et D. CHAGNOLLAUD (dir.), *Traité international de droit constitutionnel*, tome 1, *Théorie de la Constitution*, Dalloz, coll. « Traités Dalloz », 2012, 815 p., pp. 547-606.

GUERARD (S.), « Voirie routière. Voies privées et chemins ruraux », *Jcl. adm.*, fasc. n°410-28, 2015.
GUGLIELMI (G.-J.) et G. KOUBI, *Droit du service public*, Montchrestien, coll. « Domat droit public », 3ème éd., 2011, 804 p.
GUICHARD (M.) et R. GRAU, « Question prioritaire de constitutionnalité et incompétence négative du législateur », *Droit fiscal*, n°48, 2 déc. 2010, comm. 576.
GUILLAUME-HOFNUNG (M.), « Le rôle de la volonté dans la médiation », dans *Le rôle de la volonté dans les actes juridiques. Etudes à la mémoire du professeur Alfred Rieg*, Bruylant, 2000, 935 p., pp. 427-448.
GUILLAUMONT (O.), « L'action des collectivités confrontée au respect du droit à l'image, à la vie privée et au droit d'auteur », *RLCT*, n°70, juill.-août 2011, pp. 31-35.
GUILLOD (O.), « Introduction. Le consentement dans tous ses états », dans Association française de droit de la santé, *Consentement et santé*, Dalloz, coll. « Thèmes et commentaires », 2014, 386 p., pp. 1-15.
GURVITCH (G.), « Les idées maîtresses de Maurice Hauriou », *APD*, 1931, pp. 155-194.
GUYOMAR (M.), « Le chœur à deux voix : dissonances et résonances », dans F. MELIN-SOUCRAMANIEN et F. MELLERAY (dir.), *Le professeur Jean Rivero ou la liberté en action*, Dalloz, coll. « Thèmes et commentaires », 2012, 133 p., pp. 91-95.
HAIM (V.), « Les conditions de la légalité d'un arrêté réglementant la circulation des mineurs », *AJDA*, 2003, pp. 296-299.
HANICOTTE (R.), « Sépulture à la carte : une liberté captive », *Gaz. Pal.*, 19 et 20 déc. 2012, pp. 3271-3275.
HARICHAUX (M.), « Les droits à information et consentement de l' "usager du système de santé" après la loi n°2002-303 du 4 mars 2002 », *RDSS*, n°4, 1er oct. 2002, pp. 673-685.
HAURIOU (M.), « La théorie de l'institution et de la fondation (essai de vitalisme social) », dans *Aux sources du droit, le pouvoir, l'ordre et la liberté*, Bloud et Gay, 1933, 191 p., pp. 72-86, réimp. par le Centre de philosophie politique et juridique de l'Université de Caen, coll. « Bibliothèque de Philosophie politique et juridique. Textes et documents », 1986.
HAURIOU (M.), « Le pouvoir, l'ordre, la liberté et les erreurs des systèmes objectivistes », dans *Aux sources du droit, le pouvoir, l'ordre et la liberté*, Bloud et Gay, 1933, 191 p., pp. 72-86, p. 75, réimp. par le Centre de philosophie politique et juridique de l'Université de Caen, coll. « Bibliothèque de Philosophie politique et juridique. Textes et documents », 1986.

HAURIOU (M.) et G. DE BEZIN, « La déclaration de volonté dans le droit administratif », *RTD civ.*, 1903, pp. 543-586.
HEBRAUD (P.), « Rôle respectif de la volonté et des éléments objectifs dans les actes juridiques », dans *Mélanges offerts à Jacques Maury*, tome 2, *Droit comparé, théorie générale du droit et droit privé*, Dalloz et Sirey, 1960, 596 p., pp. 419-476.
HEERS (M.), « Responsabilité médicale et transfusion sanguine contre la volonté du patient. Conclusions sur cour administrative d'appel de Paris, 9 juin 1998, *Mme Donyoh et Mme Senanayake* (2 espèces) », *RFDA*, 1998, pp. 1231-1240.
HENNEBEL (L.) et G. LEWKOWICZ, « La contractualisation des droits de l'homme. De la pratique à la théorie du pluralisme politique et juridique », dans G. LEWKOWICZ et M. XIFARAS (dir.), *Repenser le contrat*, Dalloz, coll. « Méthodes du droit », 2009, 305 p., pp. 221-244.
HENNETTE-VAUCHEZ (S.), « Kant contre Jéhovah ? Refus de soins et dignité de la personne humaine », *D.*, 2004, pp. 3154-3160.
HENNETTE-VAUCHEZ (S.), « Le principe de dignité dans la doctrine administrativiste », dans Ch. GIRARD et S. HENNETTE-VAUCHEZ (dir.), *La dignité de la personne humaine : recherche sur un processus de juridicisation*, PUF, coll. « Droit et justice », 2005, 318 p., pp. 54-69.
HERTZOG (R.), « L'autonomie en droit : trop de sens, trop peu de signification ? », dans G. COHEN-JONATHAN, Y. GAUDEMET, R. HERTZOG et a. (dir.), *Mélanges Paul Amselek*, Bruylant, 2005, 857 p., pp. 445-470.
HERZOG-EVANS (M.), « Particularités du droit à l'image des détenus », *AJPénal*, 2013, pp. 57-58.
HEURTE (A.), « Le désistement dans la jurisprudence du Conseil d'Etat. Le désistement en droit public et en droit civil », *AJDA*, 1959, pp. 81-91.
HEUSCHLING (L.), « "Effectivité", "efficacité", "efficience" et "qualité" d'une norme/du droit. Analyse des mots et des concepts », dans M. FATIN-ROUGE STEFANINI, L. GAY et A. VIDAL-NAQUET (dir.), *L'efficacité de la norme juridique : nouveau vecteur de légitimité ?*, Bruylant, coll. « A la croisée des droits », 2012, 352 p., pp. 27-59.
HOLLUB (J.), « Quod omnes tangit… », *RHD*, 1951, pp. 97-102.
HOLLEAUX (A.), « Vers un ordre juridique conventionnel », *Bulletin de l'IIAP*, oct.-déc. 1974, pp. 9-33.
HONORAT (J.) et L. MELENNEC, « Vers une relativisation du secret médical », *JCPG*, 1979, doct., n°2936.
HOSTIOU (R.), « Cession amiable et droit de l'expropriation », *RDI*, 2013, pp. 425-427.

HOSTIOU (R.), « Expropriation pour cause d'utilité publique. Transfert de propriété », *Jcl. Collectivités territoriales*, fasc. n°1216, 2015.
HOSTIOU (R.), « Expropriation pour cause d'utilité publique. Evaluation et indemnisation du bien exproprié », *Jcl. Collectivités territoriales*, fasc. n°1217, 2015.
HOUILLON (G.), « Jean Rivero. Démocratie et administration », *RFDA*, 2009, pp. 1057-1065.
IZORCHE (M.-L.), « Réflexions sur la distinction », dans *Mélanges Christian Mouly*, Litec, 1998, tome 1, 455 p., pp. 53-68.
JAMIN (Chr.), « Les sanctions unilatérales de l'inexécution du contrat : trois idéologies en concurrence », dans Chr. JAMIN et D. MAZEAUD (dir.), *L'unilatéralisme et le droit des obligations*, Economica, coll. « Etudes juridiques », 1999, 103 p.
JAMIN (Chr.) et D. MAZEAUD, « Avant-propos », dans Chr. JAMIN et D. MAZEAUD (dir.), *L'unilatéralisme et le droit des obligations*, Economica, coll. « Etudes juridiques », 1999, 103 p., pp. 1-2.
JAN (P.), « Sus à l'écran législatif ! (A propos de la légalité d'un décret inconstitutionnel) », *LPA*, 20 fév. 2003, n°37, pp. 20-22.
JARROSSON (Ch.), « Les concessions réciproques dans la transaction », *D.*, 1997, chron., pp. 267-273.
JAUFFRET-SPINOSI (C.), « Rapport français », dans D. TALLON et D. HARRIS (dir.), *Le contrat aujourd'hui : comparaisons franco-anglaises*, LGDJ, coll « Bibliothèque de droit privé », 1987, 443 p.
JAUME (L.), « Représentation », dans Ph. RAYNAUD et S. RIALS (dir.), *Dictionnaire de philosophie politique*, PUF, coll. « Quadrige. Dicos poche », 3ème éd., 2003, pp. 651-657.
JEAMMET (Ph.), M. REYNAUD et S.-M. CONSOLI, *Psychologie médicale*, Paris, Masson, 2ème éd., 1996, 394 p.
JEAN-ANTOINE (B.), « Le consentement direct du citoyen à l'impôt dans l'article 14 de la Déclaration des droits de l'homme et du citoyen du 26 août 1789 », dans J.-Cl. BOUAL et P. BRACHET (dir.), *Evaluation et démocratie participative*, L'Harmattan, coll. « Questions contemporaines », 2004, 252 p., pp. 21-29.
JEAUNEAU (E.), « "Nani gigantum humeris insidentes": Essai d'interprétation de Bernard de Chartres », *Vivarium*, vol. 5, n°2, 1967, pp. 79-99.
JEGOUZO (I.), « Le mandat d'arrêt européen ou la première concrétisation de l'espace judiciaire européen », *Gaz. Pal.*, 21-22 juill. 2004, pp. 2311-2313.
JEGOUZO (Y.), « L'administration contractuelle en question », dans *Mouvement du droit public : du droit administratif au droit constitutionnel,*

du droit français aux autres droits. Mélanges en l'honneur de Franck Moderne, Dalloz, 2004, 1264 p., pp. 543-556.
JESTAZ (Ph.), « La qualification en droit civil », *La qualification, Droits*, n°18, 1993, pp. 45-53.
JEZE (G.), « De l'application des règles du droit privé aux manifestations unilatérales ou contractuelles de volonté du droit public », *RDP*, 1923, pp. 16-21.
JOSSERAND (L.), « La "publicisation" du contrat », dans *Introduction à l'étude du droit comparé. Recueil d'Etudes en l'honneur d'Edouard Lambert*, LGDJ, 1938, tome 3, 558 p., pp. 143-158.
JOZEFOWICZ (J.), « L'impolitique en droit public : une tentation récurrente mais récusée », *RRJ*, 2011-3, pp. 1185-1224.
KAPPELER (D.), « La protection contre soi-même », dans *Mélanges offerts à la Société suisse des juristes*, Genève, Librairie de l'Université, coll. « Mémoires publiés par la faculté de droit de Genève », 1976, 353 p., pp. 155-167.
KAYSER (P.), « Le Conseil constitutionnel protecteur du secret de la vie privée à l'égard des lois », *Mélanges offerts à Pierre Raynaud*, Dalloz et Sirey, 1985, 854 p., pp. 329-348.
KERVEGAN (J.-Fr.), « "From status to contract" ? Variations sur un thème trop bien connu », dans G. LEWKOWICZ et M. XIFARAS (dir.), *Repenser le contrat*, Dalloz, coll. « Méthodes du droit », 2009, 305 p., pp. 93-104.
KLOEPFER (W.), « Réflexions sur l'admission du recours pour excès de pouvoir en matière contractuelle », *AJDA*, 2003, pp. 585-592.
KLOEPFER (W.), « L'acte unilatéral et le consentement », *RRJ*, 2004-2(1), pp. 937-965.
KOLBERT (E.), « Faute médicale et volonté du malade en matière de responsabilité hospitalière », *AJDA*, 2007, pp. 1470-1473.
KOUBI (G.), « Droit des collectivités territoriales et "référendum administratif local" », dans CURAPP et CRAPS, *La démocratie locale. Représentations, participation et espace public*, PUF, 1999, 424 p., pp. 197-217.
L'HUILLIER (J.), « Les contrats administratifs tiennent-ils lieu de loi à l'administration ? », *D.*, 1953, chron., p. 87-90.
LABARRIERE (P.-J.), « Autonomie [philo. géné.] », dans S. AUROUX (dir.), *Les notions philosophiques : dictionnaire*, tome 1, *Philosophie occidentale, A-L*, PUF, coll. « Encyclopédie philosophique universelle », 1990, 1517 p., pp. 199-200.
LABAYLE (H.), « Le juge et le droit administratif de l'extradition face aux logiques de l'entraide répressive internationale », *RFDA*, 1994, pp. 21-34.

LABETOULLE (D.), « La qualification et le juge administratif : quelques remarques », *La qualification*, *Droits*, n°18, 1994, pp. 31-43.
LABETOULLE (D.), « Principe de légalité et principe de sécurité », dans *L'Etat de droit : mélanges en l'honneur de Guy Braibant*, Dalloz, 1996, 817 p., pp. 403-412.
LACHAUME J.-Fr.), « Le formalisme », *AJDA*, 20 juin 1995, n° spécial, pp. 133-146.
LACHAUME (J.-Fr.), « Libres propos sur des techniques de démocratie directe appliquées aux collectivités territoriales », dans E. CADEAU (dir.), *Perspective de droit public : mélanges offerts à Jean-Claude Hélin*, Litec, 2004, 544 p., pp. 387-398.
LACHAUME (J.-Fr.), « Quels droits publics subjectifs pour les usagers des services publics ? », dans Association française pour la recherche en droit administratif, *Les droits publics subjectifs des administrés*, LexisNexis, coll. « Colloques et débats », 2011, 238 p., pp. 115-129.
LACHAUME (J.-F.), « La définition du droit administratif », dans P. GONOD, F. MELLERAY et Ph. YOLKA (dir.), *Traité de droit administratif*, Dalloz, coll. « Traités Dalloz », 2011, tome 1, pp. 103-143.
LAFAIX (J.-Fr.), *Essai sur le traitement des irrégularités dans les contrats de l'Administration*, Dalloz, coll. « NBT », vol. 87, 2009, 768 p., p. 19.
LAGARDE (X.), « Observations critiques sur la renaissance du formalisme », *JCPG*, n°40, 6 oct. 1999, pp. 1767-1775.
LAHMER (M.), « Séparation et balance des pouvoirs », dans D. ALLAND et S. RIALS (dir.), *Dictionnaire de la culture juridique*, Lamy et PUF, coll. « Quadrige. Dicos poche », 2003, 1649 p., pp. 1406-1411.
LEMAIRE (F.), « Refus d'un préfet d'autoriser l'inhumation d'un défunt dans une propriété privée par cryogénisation », *JCPG*, n°14, 5 avr. 2000, pp. 648-652.
LAMARQUE (J.), « Sources du droit fiscal. Droits fondamentaux constitutionnels », *Jcl. Procédures fiscales*, fasc. n°112, 1995, mis à jour en mars 2011.
LAMBERTERIE (I., DE), « La place du consentement dans la collecte et le traitement des informations sensibles. La situation en France », *RGDM*, n°13, 2004, p. 59-66.
LATOUR (X.), « La LOPPSI, les collectivités territoriales et la luttre contre la délinquance », *AJDA*, 2011, pp. 1075-1081.
LAUBADERE (A. DE), « Administration et contrat », dans *Mélanges offerts à Jean Brèthe de la Gressaye*, Bordeaux, Bière, 1967, 826 p., pp. 453-467.
LAUBADERE (A., DE), « L'administration concertée », dans *Mélanges en l'honneur du Professeur Michel Stassinopoulos*, Paris et Athènes, LGDJ et Revue du droit public, coll. « Lois et Justice », 1974, 597 p., pp. 465-490.

LAUBADERE (A., DE), « Les difficultés actuelles de l'identification du contrat administratif en droit français », dans Universidad de la Repùblica, *Estudios de derecho administrativo*, tome 1, Montevideo, Uruguay, Division publicaciones y ediciones, 1979, 527 p., pp. 69-84.
LAUDE (A.), « Le patient, nouvel acteur de santé ? », *D.*, 2007, pp. 1151-1155.
LAVIALLE (Chr.), « L'influence de saint Thomas d'Aquin sur la pensée de Maurice Hauriou », *RRJ*, 2000-4, pp. 1335-1347.
LECA (A.), « Introduction historique à l'éthique et à la déontologie médicales », dans LECA (A.) (dir.), *La déontologie médicale. Actes du Ve colloque national Droit, histoire, Médecine. Aix-en-Provence (1-2 décembre 2006),* PUAM, 2007, Coll. « Droit de la santé », 404 p., pp. 13-59.
LECA (A.) et C. BERLAND-BENHAIM, « Le consentement aux soins, replacé dans une perspective historique », dans Association française de droit de la santé, *Consentement et santé*, Dalloz, coll. « Thèmes et commentaires », 2014, 386 p., pp. 19-34.
LE CHATELIER (G.), « L'homologation juridictionnelle des transactions en droit administratif. Conclusions sur Conseil d'Etat, Assemblée, 6 décembre 2002, *Syndicat intercommunal des établissements du second cycle du second degré du district de L'Haÿ-les Roses et Sté CDI 2000* », *RFDA*, 2003, pp. 291-301, p. 299.
LE CHATELIER (G.), « Transaction », *Rep. cont. adm. Dalloz*, 2010.
LE CLAINCHE (M.), « L'administration consultative, élément constitutif ou substitut de la démocratie administrative ? », *RFAP*, n°137-138, 2011, pp. 39-48.
LECUYER (G.), « Les droits de la personnalité au Palais-Royal », *D.*, 2011, pp. 1945-1950.
LECUYER (H.), « La modification unilatérale du contrat », dans Chr. JAMIN et D. MAZEAUD (dir.), *L'unilatéralisme et le droit des obligations*, Economica, coll. « Etudes juridiques », 1999, 103 p.
LE GARREC (J.), « Efficacité et démocratie administratives », *RFAP*, n°45, 1988, pp. 69-74.
LE GARS (J.-M.), « La conciliation par le juge administratif », *AJDA*, 2008, pp. 1468-1471.
LEGENDRE (P.), « La facture historique des systèmes. Notations pour une histoire comparative du droit administratif français », *RIDC*, 1971, pp. 5-47.
LEGER (J.) et J.-M. PONTIER (dir.), « Cour administrative d'appel de Marseille. Décisions de septembre à décembre 2007 », *JCPA*, n°18, 28 avr. 2008, pp. 17-23.

LE GOFF (R.), « Les modes alternatifs de règlements, vers l'efficience juridique ? », *JCPA*, n°30-34, 25 juill. 2005, pp. 1198-1200.
LEGRAND (A.), « Couvre-feu pour les mineurs », *D.*, 2002, pp. 1582-1585.
LEGRAND (C.), Fr. RANGEON et J.-Fr. VASSEUR, « Contribution à l'analyse de l'idéologie de l'intérêt général », dans CURAPP, *Discours et idéologie*, PUF, 1980, pp. 181-217.
LEMASURIER (J.), « Les accords amiables et le droit de l'expropriation », dans *Le rôle de la volonté dans les actes juridiques. Etudes à la mémoire du professeur Alfred Rieg*, Bruylant, 2000, 935 p., pp. 665-580.
LE POURHIET (A.-M.), « Le référendum outre-mer », *Mondes et cultures*, tome LXV, 2005, vol. 1, pp. 476-484.
LE ROUX (M.), « La relance du processus de fusion entre collectivités territoriales », *JCPA*, n°14, 4 avr. 2011, pp. 24-29.
LE ROY (M.), « Respect du droit d'auteur et du droit à l'image par les personnes publiques : le rôle du juge administratif », *RLDI*, n°76, nov. 2011, pp. 16-21.
LIET-VAUX (A.), « Ordres professionnels. Discipline », *Jcl. adm.*, fasc. n°146, 2011.
LIET-VEAUX (G.), « Quelques précisions sur la transformation de voies privées urbaines en voies publiques », *RA*, 1971, pp. 29-32.
LLORENS (Fr.), « Justice administrative et dignité humaine », *RDP*, 2011, pp. 299-320.
LOCHAK (D.), « Le principe de légalité. Mythes et mystifications », *AJDA*, 1981, pp. 387-392.
LOCHAK (D.), « L'agencement des catégories juridiques : la structure du droit administratif », dans P. ALLIES, J. GATTI-MONTAIN, J.-J. GLEIZAL et a., *L'administration dans son droit. Genèse et mutation du droit administratif français*, Publisud, coll. « Critique du droit », 1985, 302 p., pp. 89-106.
LOCHAK (D.), « Les revues de droit public », dans A.-J. ARNAUD (dir.), *La culture des revues juridiques françaises*, Milan, Giuffrè, 1988, 140 p., pp. 47-57.
LOCHAK (D.), « Le droit administratif, rempart contre l'arbitraire ? », *Droit administratif. Bilan critique, Pouvoirs*, n°46, 1988, pp. 43-55.
LOCHAK (D.), « Quelle légitimité pour le juge administratif ? », dans CURAPP, *Droit et politique*, PUF, 1993, 310 p., pp. 141-151.
LOCHAK (D.), « Le juge administratif auteur de/du droit. Des ressorts de la légitimité aux processus de légitimation », dans L. FONTAINE (dir.), *Droit et légitimité*, Bruylant, coll. « Droit et justice », 2011, 380 p., pp. 161-189.
LOKIEC (P.), « Contractualisation et recherche d'une légitimité procédurale », dans S. CHASSAGNARD-PINET et D. HIEZ (dir.), *La*

contractualisation de la production normative, Dalloz, coll. « Thèmes et commentaires », 2008, 343 p., pp. 95-108.
LOKIEC (P.), « Garantir la liberté du consentement contractuel », *Droit social*, fév. 2009, pp. 127-130.
LOQUET (P.), « L'accord amiable dans la procédure ordinaire d'expropriation. L'exemple du département du Nord », *AJPI*, avr. 1976, pp. 278-293.
LUHMANN (N.), « Fonction », trad. G. HORMANN et A.-J. ARNAUD, dans ARNAUD (A.-J.) (dir.), *Dictionnaire de théorie et de sociologie du droit*, LGDJ, 2ème éd., 1993, 758 p., pp. 265-266.
LYON-CAEN (A.), « Sur la transaction administrative », *AJDA*, 1997, pp. 48-53.
MADIOT (Y.), « De l'évolution sociale à l'évolution individualiste du droit contemporain », dans P. COUVRAT (textes réunis par), *Les orientations sociales du droit contemporain : écrits en l'honneur du professeur Jean Savatier*, PUF, 1992, 441 p., pp. 353-365.
MALAURIE (Ph.), « Cause », dans D. ALLAND et S. RIALS (dir.), *Dictionnaire de la culture juridique*, Lamy-PUF, coll. « Quadrige. Dicos poche », 2003, 1649 p., pp. 172-178.
MALLET-BRICOUT (Bl.), « Vices et transaction », dans Bl. MALLET-BRICOUT et C. NOURISSAT, *La transaction dans toutes ses dimensions*, Dalloz, coll. « Thèmes et commentaires », 2006, 214 p., pp. 35-51.
MALWE (Cl.), « Le droit moral de l'architecte et les bâtiments publics », *RDI*, 2011, p. 424-434.
MANGIAVILLANO (A.), « La Cour européenne et la garantie juridictionnelle de l'inviolabilité du domicile en matière fiscale (Harmonies et discordes dans le dialogue des juges de l'impôt) », *RIDC*, n°1/2009, pp. 93-145.
MARCEAU (A.), « L'évolution de la responsabilité administrative hospitalière à travers l'exemple des greffes d'organes », dans M. DOAT et P. CHARLOT (coord.), *Liber amicorum Gilles Darcy. Détours juridiques : le praticien, le théoricien et le rêveur*, Bruylant, 2012, 921 p., pp. 489-523.
MARDIERE (Chr., DE LA), « Première décision "QPC" du Conseil constitutionnel en matière fiscale », *Constitutions*, 2010, n°3, pp. 419-421.
MARGUENAUD (J.-P.) et D. ROETS, « Jurisprudence de la Cour européenne des droits de l'homme », *RSC*, 2008, pp. 140-167.
MARIANI-BENIGNI (I.), « L' "exception de risque accepté" dans le contentieux administratif de la responsabilité », *RDP*, 1997, pp. 841-877.
MARONGIU (A.), « Q.o.t, Principe fondamental de la Démocratie et du Consentement au XIVe siècle », *Album Helen-Maud Cam*, Publications

universitaires de Louvain, 1960 et 1961, 2 tomes, 290 p. et 379 p., tome 2, pp. 101-115.
MARTENET (V.) et C. DEVAUD, « La révocation du consentement aux soins médicaux », dans *Mélanges en l'honneur de François Dessemontet*, Centre du droit de l'entreprise de l'Université de Lausanne, coll. « CEDIDAC », 2009, 444 p., pp. 265-278.
MARTIN (X.), « Anthropologie et Code Napoléon », *Bulletin de la société française d'histoire des idées et d'histoire religieuse*, 1984, n°1, pp. 39-62.
MARTINENT (E.), « Des expérimentations en médecine à la recherche biomédicale », dans Fr. VIALLA (dir.), *Les grandes décisions du droit médical*, LGDJ-Lextenso, coll. « Les grandes décisions », 2ème éd., 2014, 893 p., pp. 563-600.
MARTINEZ (J.-Cl.), « Le droit de décider : le référendum fiscal », dans J.-Cl. MARTINEZ et J. LAMARQUE (dir.), *1789-1989. La révolution fiscale à refaire*, Litec, 1987, 356 p., pp. 218-229.
MASSE (M.), « L'entraide judiciaire internationale version française (suite) », *RSC*, oct.-déc. 2004, pp. 978-982.
MATHIEU (B.), « La sécurité juridique, un principe constitutionnel clandestin mais efficient », dans *Mélanges Patrice Gélard. Droit constitutionnel*, Montchrestien, 2000, 489 p., pp. 301-305.
MATHIEU (B.), « Les droits des personnes malades », *LPA*, 19 juin 2002, n°122, pp. 10-18.
MATHIEU (B.), « De la difficulté de choisir entre la liberté et la vie. Réflexions sur la jurisprudence administrative relative à la transfusion des témoins de Jéhovah », *RGDM*, 2003, n°9, pp. 97-104.
MATHIEU (B.) et M. VERPEAUX (dir.), « Chronique de jurisprudence constitutionnelle n°28 (3ème partie) », *LPA*, 23 sept. 2002, n°190, pp. 3-13.
MATHIOT (A.), « Bureaucratie et démocratie », *EDCE*, n°15, 1961, pp. 11-30.
MAUGAIN (G.), « L'acte de procédure », *Rep. proc. civ. Dalloz*, 2014.
MAUGUE (Chr.), « Jugement. Du commissaire du gouvernement au rapporteur public », *Jcl. Justice administrative*, fasc. n°70-12, 2014.
MAULIN (E.), « Carré de Malberg », dans O. CAYLA et J.-L. HALPERIN (dir.), *Dictionnaire des grandes œuvres juridiques*, Dalloz, 2010, 620 p., pp. 82-91.
MAZEAUD (H.), « Défense du droit privé », *D.*, 1946, chron., pp. 5-6.
MEHL (L.), « Le principe du consentement à l'impôt et autres prélèvements obligatoires. Mythe et réalité », *Les principes et les règles des finances publiques en question*, *RFFP*, n°51, 1995, pp. 65-79.
MEKKI (M.), « Le discours du contrat : quand dire ce n'est pas toujours faire », *Revue des contrats*, avr. 2006, pp. 297-310.

MEKKI (M.), « Les incidences du mouvement de contractualisation sur les fonctions du contrat », dans S. CHASSAGNARD-PINET et D. HIEZ (dir.), *La contractualisation de la production normative*, Dalloz, coll. « Thèmes et commentaires », 2008, 343 p., pp. 323-343.

MELLERAY (F.), « L'exorbitance du droit administratif en question(s) », *AJDA*, 2003, pp. 1961-1964.

MELLERAY (F.), « Le commissaire du gouvernement participe à la fonction de juger (CE, 29 juillet 1998, Esclatine) : est-ce si sûr ? », dans G. DARCY, V. LABROT et M. DOAT (dir.), *L'office du juge*, Sénat, 2006, 544 p., pp. 360-369.

MELLERAY (F.), « Un désistement est désormais en principe un désistement d'instance », *DA*, déc. 2010, comm. 158.

MELLERAY (F.), « Existe-t-il un critère du droit administratif ? A propos de deux articles de Jean Rivero », dans F. MELIN-SOUCRAMANIEN et F. MELLERAY (dir.), *Le Professeur Jean Rivero ou la liberté en action*, Dalloz, coll. « Thèmes et commentaires », 2012, 133 p., pp. 55-65.

MEMETEAU (G.), « Le consentement éclairé en France. Le point de vue du juriste », dans D. JOLLY (dir.), *L'information du patient. Du consentement éclairé à la décision partagée*, Paris, Flammarion Médecines-Sciences, 1999, 67 p., pp. 6-7.

MEMETEAU (G.), « La déontologie dévorée par la bioéthique », dans A. LECA (dir.), *La déontologie médicale. Actes du Ve colloque national Droit, histoire, Médecine. Aix-en-Provence (1-2 décembre 2006)*, PUAM, 2007, Coll. « Droit de la santé », 404 p., pp. 93-106.

MENY (Y.), « L'ouverture au public des voies privées urbaines », *AJDA*, 1971, pp. 18-28.

MENY (Y.), « Convention constitutionnelle », dans O. DUHAMEL et Y. MENY (dir.), *Dictionnaire constitutionnel*, PUF, 1992, 1112 p., pp. 232-233.

MENY (Y.), « Les conventions de la Constitution », *1789-1989. Histoire constitutionnelle*, *Pouvoirs*, n°50, 1989, pp. 53-68.

MERINO (M.), « La réforme du contentieux des étrangers. Aspects positifs et négatifs d'une réforme contestée », *Droit administratif*, fév. 2008, étude 3.

MERSCH (A.), « Le refus de soins devant le Conseil d'Etat », *DA*, juill. 2002, chron. 13.

MERSCH (A.), « Quand les juges font fi de la loi Kouchner et confirment la jurisprudence Sénanayaké », *JCPA*, 14 oct. 2002, pp. 26-27.

MESTRE (A.), « La démocratie administrative », dans *Mélanges offerts à Paul Couzinet*, Toulouse, Université des sciences sociales de Toulouse, 1974, 809 p., pp. 561-575.

MESTRE (J.-L.), « La contribution des droits romain et canonique à l'élaboration du droit administratif », *AEAP*, vol. 5, 1983, pp. 925-943.
MESTRE (J.-L.), « Introduction. Histoire du droit constitutionnel et de son enseignement », dans L. FAVOREU, P. GAÏA, R. GHEVONTIAN et a., *Droit constitutionnel*, Dalloz, coll. « Précis Dalloz », 14ème éd., 2011, 1077 p., pp. 1-31.
MEYNIAL (E.), « Des renonciations au Moyen âge et dans notre ancien droit (fin) », *NRH*, 1904, pp. 698-746.
MIELLET (B.), « Accès à la nature à des fins de loisirs », *Jcl. Environnement et Développement durable*, fasc. n°3650, 2007.
MILANO (L.), *Le droit à un tribunal au sens de la Convention européenne des droits de l'homme*, Dalloz, coll. « NBT », vol. 57, 2006, 674 p.
MILANO (L.), « Visioconférence et droit à un procès équitable », *RDLF*, 2011, chron. 8, disponible uniquement sur internet à l'adresse www.revuedlf.com, [3 mars 2015].
MILLARD (E.), « Hauriou et la théorie de l'institution », *Droit et Société*, n°30/31, 1995, pp. 381-409.
MILLARD (E.), « L'aveu théorique comme préalable au travail juridique savant », Communication au VIème congrès français de droit constitutionnel, 10 juin 2005, 8 p., disponible à l'adresse http://www.droitconstitutionnel.org/congresmtp/textes4/MILLARD.pdf, [17 sept. 2015].
MODERNE (Fr.), « Le secret médical devant les juridictions administratives et fiscales », *AJDA*, 1973, pp. 404-414.
MODERNE (Fr.), « Autour de la nature juridique des accords conclus entre l'administration et les organisations professionnelles en matière de prix », *Droit social*, déc. 1975, pp. 505-516.
MODERNE (Fr.), « Permanence et actualité d'une théorie classique : le dol dans la formation des contrats de l'administration », *CJEG*, n°574, mars 2001, pp. 91-102.
MODERNE (Fr.), « Une illustration exemplaire de la théorie du dol dans le contentieux des contrats administratifs. A propos de l'arrêt du Conseil d'Etat du 19 décembre 2007, Société Campenon-Bernard et autres », *RFDA*, 2008, pp. 109-123.
MOLINER-BUBOST (M.), « Le commissaire du gouvernement : épilogue. À propos du décret n°2009-14 du 7 janvier 2009 », *Gaz. Pal.*, 8-10 fév. 2009, n°41, pp. 246-248.
MONSEMBERNARD (M., DE), « Marchés publics (contentieux des) », *Rep. cont. adm. Dalloz*, 2013.
MONTADOR (J.), « Le défaut de consentement et la responsabilité des services publics hospitaliers », *RDSS*, 1971, pp. 180-192.

MONTECLER (M.-Chr., DE), « Imposer des soins à un malade est une atteinte à une liberté fondamentale, sauf si sa vie est en danger », *AJDA*, 2002, p. 723.

MONTEILS-LANG (L.), « Perspectives antiques sur la philosophie du consentement », *Consentir : domination, consentement et déni, Tracés. Revue de Sciences humaines*, n°14, 2008, pp. 31-41.

MOORE (J.-G.), « "La ceinture en question", ou la question du libre choix », *Gaz. Pal.*, 1979, doct., pp. 140-142.

MORANGE (G.), « Réflexions sur la notion de sécurité publique. (A propos d'une prescription contestée de la police de la circulation : l'obligation du port de la ceinture de sécurité) », *D.*, 1978, chron., pp. 61-66.

MOREAU (J.), « Les "matières contractuelles" », *AJDA*, 1998, pp. 747-752.

MOREAU (J.), « Le préfet ne peut que refuser l'autorisation de conserver, par cryogénisation, une personne défunte sur une propriété privée », *JCPA*, n°2, 21 oct. 2002, pp. 67-68.

MOREAU (J.), « Le préfet peut légalement prescrire que, par grand froid, les sans-abris soient pris en charge d'autorité », *JCPA*, n°5, 4 fév. 2005, pp. 341-342.

MOREAU (J.), « Inhumation et crémation sont les deux seuls modes de sépultures autorisés », *CTI*, mars 2006, comm. 44.

MOREAU (J.), « Police administrative. Ouverture et fermeture des voies privées à la circulation publique », *JCPA*, n°26, 23 juin 2008, pp. 35-36.

MORITZ (M.), « Constitutionnalité du transfert de propriété des voies privées ouvertes à la circulation publique dans les ensembles d'habitations », *JCPA*, n°44, 2 nov. 2010, n°2331, pp. 38-40.

MOURALIS (J.-L.), « Le cadre juridique de la recherche biomédicale en droit positif français », dans A. LECA (dir.), *La déontologie médicale. Actes du Vè colloque national Droit, histoire, Médecine. Aix-en-Provence (1-2 décembre 2006),* PUAM, 2007, Coll. « Droit de la santé », 404 p., pp. 39-64.

NEGRI (V.), « Recherche archéologique. Cadre général », *Jcl. Environnement et Développement durable*, fasc. n°3600, 2003.

NEGRI (V.), « Archéologie préventive », *Jcl. Environnement et Développement durable*, fasc. n°3610, 2005.

NEGRI (V.), « Archéologie préventive », *Jcl. adm.*, fasc. n°467, 2005.

NEIRINCK (Cl.), « Le consentement à l'acte médical. Analyse juridique », dans Cl. NEIRINCK (dir.), *L'acte médical et les droits du malade*, Presses de l'Université des Sciences Sociales de Toulouse, coll. « Droit et médecine », 1996, 180 p., pp. 91-111.

NERSON (R.), « Le respect par le médecin de la volonté du malade », dans *Mélanges dédiés à Gabriel Marty*, Université des Sciences Sociales de Toulouse, 1978, 1184 p., pp. 853-880.
NICINSKI (S.), « Le dogme de l'autonomie de la volonté dans les contrats administratifs », dans G. CLAMOUR et M. UBAUD-BERGERON (textes réunis et présentés par), *Contrats publics. Mélanges en l'honneur du Professeur Michel Guibal*, Montpellier, Presse de la Faculté de droit de Montpellier, coll. « Mélanges », 2006, 2 tomes, 874 p. et 714 p., tome 1, pp. 45-61.
NICOLAS (G.), « Le secret médical devant le juge administratif », dans A. LECA (dir.), *La déontologie médicale. Actes du Vè colloque national Droit, histoire, Médecine. Aix-en-Provence (1-2 décembre 2006)*, PUAM, 2007, Coll. « Droit de la santé », 404 p., pp. 191-202.
NICOLAY (P .), « Avant-propos », *EDCE*, n°34, 1982-1983, pp. 9-10.
NOGUELLOU (R.), « La décision administrative et son destinataire, *RFDA*, 2013, pp. 732-736.
NOURY (A.), « Les modes alternatifs peuvent-ils prospérer dans le contentieux administratif ? », *JCPA*, n°30-34, 25 juill. 2005, pp. 1200-1210.
ONDOUA (A.), « Le Conseil d'Etat, la loi, les traités et la Constitution », *JCPG*, 5 fév. 2003, II, n°10021.
ORAISON (A.), « Réflexions sur le droit de pétition reconnu aux électeurs des diverses collectivités territoriales par la loi constitutionnelle du 28 mars 2003 (la reconnaissance du "droit d'initiative populaire" dans le nouvel article 72-1 de la Constitution de la Ve République) », *LPA*, 11 août 2004, n°160, pp. 3-7.
ORSONI (G.), « Du consentement de la dépense publique », dans *Mélanges offerts au doyen Charles Cadoux*, PUAM, 1999, 438 p., pp. 245-260.
PACTEAU (B.), « *Vers la mort douce de la technique du désistement d'office en contentieux administratif ?* (Conseil d'Etat, 9 juillet 1997)», *LPA*, 18 mars 1998, n°33, pp. 15-19.
PACTEAU (B.), « La justice administrative française désormais en règle avec la Cour européenne des droits de l'homme ? », *RFDA*, 2009, pp. 885-889.
PAOLETTI (M.), « La pratique politique du référendum local : une exception banalisée », dans CURAPP et CRAPS, *La démocratie locale. Représentations, participation et espace public*, PUF, 1999, 424 p., pp. 219-236.
PAPAEFTHYMIOU (S.), « La distinction "droit privé-droit public" en France entre 1848 et 1900 : le paradigme positiviste perdu », dans O. BEAUD et P. WACHSMANN (dir.), *La science juridique française et la science juridique allemande de 1870 à 1918, Annales de la faculté de droit*

de Strasbourg, Presses Universitaires de Strasbourg, 1997, n°1, 345 p., pp. 101-135.

PAPPALARDO (A.), « Rapport général », dans *La discrimination*, *Travaux de l'association Henri Capitant*, tome LI, Société de législation comparée, 2004, pp. 17-30.

PARICARD (S.), « Le consentement aux actes médicaux non thérapeutiques », dans Association française de droit de la santé (dir.), *Consentement et santé*, Dalloz, coll. « Thèmes et commentaires », 2014, 386 p., pp. 103-117.

PARIENTE (A.), « Le refus de soins : réflexions sur un droit en construction », *RDP*, 2003, pp. 1419-1447.

PAULIAT (H.), « Usager, client, consommateur du SPIC local », dans J.-B. AUBY et S. BRACONNIER, *Services publics industriels et commerciaux : questions actuelles*, LGDJ, coll. « Décentralisation et développement local », 2003, 255 p., pp. 80-110.

PAULIAT (H.), « Le juge du référé-liberté a-t-il mis fin aux jours de la "folle du logis" ? », *JCPA*, n°8, 18 fév. 2013, pp. 32-35.

PAULINO PEREIRA (F.-R.), « Convention relative à la procédure simplifiée d'extradition entre les Etats membres de l'Union européenne », *Revue du Marché commun et de l'Union européenne*, n°391, oct. 1995, pp. 521-524.

PAYRE (J.-P.), « Faute et fait de la victime dans le contentieux de la responsabilité administrative extra-contractuelle », *AJDA*, 1980, pp. 398-406.

PEISER (G.), « Incidents de procédure », dans *Rep. cont. adm. Dalloz*, janv. 2007.

PELLEGRIN (P.), « Prudence », dans M. CANTO-SPERBER (dir.), *Dictionnaire d'éthique et de philosophie morale*, PUF, 1996, 1719 p., pp. 1201-1207.

PENNEAU (J.), « Médecine. Accès à la profession de médecin. Exercice de la profession de médecin. Exercice illégal de la médecine », *Jcl. Lois pénales spéciales*, fasc. n°40, 2010.

PERES (C.), « Du contrat public en général et du "rescrit contractuel" en particulier », *Revue des contrats*, 1er janv. 2009, n°1, pp. 17-30.

PERRAY (R.), « Informatique. Données à caractère personnel. Conditions de licéité des traitements de données à caractère personnel », *Jcl. adm.*, fasc. n°274-20, 2014.

PERRIN (A.), « Conditions d'exercice du recours pour excès de pouvoir. Conditions particulières relatives à la nature de l'acte contesté », *Jcl. adm.*, fasc. n°1140, 2011.

PETER (O.), « Alimentation et droits des personnes détenues : analyse dans la perspective du droit européen », *RTDH*, 2013, n°93, pp. 97- 121.
PETIT (Br.) et S. ROUXEL, « Art. 1111 à 1115. Contrat et obligations – violence », *Jcl. Civil Code*, 2013.
PETIT (Br.) et S. ROUXEL, « art. 1109, fasc. unique. Contrat et obligations. Consentement », *Jcl. Civil Code*, 2012.
PETIT (J.), « La police administrative », dans GONOD (P.), F. MELLERAY, Ph. Yolka (dir.), *Traité de droit administratif*, Dalloz, coll. « Traités Dalloz », 2011, 2 tomes, 841 p. et 711 p., tome 2, pp. 5-44.
PETIT (J.), « Ouvrage public. Notion », *Jcl. Propriétés publiques*, fasc. n°8, 2013, n°232.
PETIT-LECLAIR (S.), « La mise en œuvre du mandat d'arrêt européen », dans F. JAULT-SESEKE, J. LELIEUR et Chr. PIGACHE (dir.), *L'espace judiciaire européen civil et pénal. Regards croisés*, Dalloz, coll. « Thèmes et commentaires. Actes », 2009, 188 p., pp. 99-105.
PICARD (E.), « Fixation de l'indemnité », *Rep. resp. puiss. publ. Dalloz*, déc. 1987.
PIE XII, « Allocution au congrès d'histopathologie », 13 sept. 1952, dans Moines de Solesmes, *Les enseignements pontificaux. Le corps humain*, Desclée et Cie, 3ème éd., 1960, 628 p., pp. 181-195.
PIE XII, « Allocution à des médecins et anesthésistes », 22 nov. 1957, dans Moines de Solesmes, *Les enseignements pontificaux. Le corps humain*, Desclée et Cie, 3ème éd., 1960, 628 p., pp. 527-535.
PIMENTEL (C.-M.), « Du contrat social à la norme suprême : l'invention du pouvoir constituant », *Autour de la notion de Constitution*, *Jus politicum*, n°3, 2009, disponible à l'adresse http://juspoliticum.com/Du-contrat-social-a-la-norme.html, [4 sept. 2015].
PIN (X.), « Le consentement à la lésion à soi-même en droit pénal. Vers la reconnaissance d'un fait justificatif ? », *La liberté du consentement, le sujet, les droits de l'homme et la fin des "bonnes mœurs"*, *Droits*, n°49, 2009, pp. 83-105.
PIOTRAUT (J.-L.), « Les droits de propriété littéraire et artistique à l'épreuve des juridictions administratives », *RFDA*, 1997, pp. 105-115.
PLESSIX (B.), « La théorie des vices du consentement dans les contrats administratifs », *RFDA*, 2006, pp. 12-18.
PLESSIX (B.), « Transaction et droit administratif », dans Bl. MALLET-BRICOUT et C. NOURISSAT, *La transaction dans toutes ses dimensions*, Dalloz, coll. « Thèmes et commentaires », 2006, 214 p., pp. 133-146.
PLESSIX (B.), « Droit administratif », *JCPG*, n°40, 1er oct. 2008, I, n°191.
PLESSIX (B.), « Droit administratif », *JCPG*, 29 mars 2010, pp. 674-679.

PLESSIX (B.), « Autonomie de la volonté et droit des contrats administratifs. Archéologie d'un silence », dans *Annuaire de l'Institut Michel Villey*, vol. 4, 2012, pp. 182- 206.
POIROT-MAZERES (I.), « Toute entreprise d'immortalité est contraire à l'ordre public. Ou comment le juge administratif appréhende...la cryogénisation », *DA*, juill. 2006, étude 13.
POLIN (Cl.), « La définition de la légitimité chez Burke », Institut International de Philosophie Politique, *L'idée de légitimité*, *Annales de philosophie politique*, n°7, 1967, pp. 161-180.
POLIN (R.), « Analyse philosophique de l'idée de légitimité », Institut International de Philosophie Politique, *L'idée de légitimité*, *Annales de philosophie politique*, n°7, 1967, pp. 17-28.
PONCELA (P.), « Les liaisons dangereuses du droit à l'image et du droit à l'information du public », *RSC*, juill.-sept. 2012, pp. 649-659.
PONTIER (J.-M.), « L'intérêt général existe-t-il encore ? », *D.*, 1998, chron., pp. 327-333.
PONTIER (J.-M.), « La notion d'état intermédiaire en droit administratif », dans J.-M. PONTIER (dir.), *Les états intermédiaires en droit administratif*, PUAM, coll. « Centre de recherches administratives », 2008, 178 p., pp. 11-71.
POULET-GIBOT LECLERC (N.), « La contractualisation des relations entres personnes publiques », *RFDA*, 1999, pp. 551-565.
POUPEAU (D.), « Les détenus ne perdent pas tout droit sur leur image », *AJDA*, 2012, p. 1436.
POUYAUD (D.), « Contentieux des contrats administratifs. Formation du contrat », *Jcl. adm.*, fasc. n°1126, sept. 2010.
PUECH (M.), « Droit pénal et procédure pénale », *D.*, 1980, *IR*, pp. 521-528.
PY (Br.), « Secret professionnel », dans *Répertoire Dalloz de droit pénal et de procédure pénale*, 2003.
QUILLIEN (P.-J.), « Comment prendre un arrêté "couvre-feu" ? », *JCPA*, n°2, 21 oct. 2002, pp. 75-76.
RAIMBAULT (Ph.), « Le corps humain après la mort. Quand les juristes jouent au "cadavre exquis"... », *Droit et Société*, n°61, 2005, pp. 817-844.
RAINAUD (J.-N.), « Le contrat administratif : volonté des parties ou loi de service public ? », *RDP*, 1958, pp. 1183-1204.
RANCE (P.), « Le médecin face au refus du patient de subir un acte médical. Interview de Jean Penneau », *D.*, 2002, n°38, pp. 2877-2879.
RANGEON (Fr.), « Réflexions sur l'effectivité du droit », dans CURAPP, *Les usages sociaux du droit*, PUF, 1989, 335 p., pp. 126-149.

RAVIER DE LUCAS (Fr.), « Légitimité », dans A-J. ARNAUD (dir.), *Dictionnaire de théorie et de sociologie du droit*, LGDJ, 2ème éd., 1993, 758 p., pp. 343-345.

RAYNAUD (P.) « La renonciation à un droit. Sa nature et son domaine en droit civil », *RTD civ.*, 1936, pp. 763-809.

RAYNAUD (Ph.), « Anciens et Modernes », dans Ph. RAYNAUD et S. RIALS (dir.), *Dictionnaire de philosophie politique*, PUF, coll. « Quadrige. Dicos poche », 3ème éd., 2003, pp. 12-16.

RAYNAUD (Ph.), « Libéralisme », dans Ph. RAYNAUD et S. RIALS (dir.), *Dictionnaire de philosophie politique*, PUF, coll. « Quadrige. Dicos poche », 3ème éd., 2003, pp. 393-400.

REMY-CORLAY (P.), « L'existence du consentement », dans P. REMY-CORLAY et D. FENOUILLET (dir.), *Les concepts contractuels français à l'heure des Principes du droit européen des contrats*, Dalloz, coll. « Thèmes et commentaires », 2003, 276 p., pp. 29-51.

RENARD (G.), « Qu'est-ce que le droit constitutionnel ? Le droit constitutionnel et la théorie de l'institution », dans *Mélanges R. Carré de Malberg*, Sirey, 1933, 534 p., pp. 485-499.

REVET (Th.), « Objectivation ou subjectivation du contrat. Quelle valeur juridique ? », dans Chr. JAMIN et D. MAZEAUD (dir.), *La nouvelle crise du contrat*, Dalloz, coll. « Thèmes et commentaires », 2003, 260 p., pp. 83-96.

REY (J.-L.), « La conservation d'un corps par un procédé de congélation ne constitue pas un mode d'inhumation pouvant être autorisé dans un propriété privée », *AJDA*, 2000, p. 896-897.

REYNIER (M.), « L'information, condition du consentement », dans E. MARTINEZ et Fr. VIALLA (dir.), *Les grands avis du CCNE*, LGDJ, coll. « Les grandes décisions », 2013, 809 p., pp. 164-172.

RICHARD (D.), « Tendances actuelles du droit extraditionnel. Jurisprudence du Conseil d'Etat et Convention européenne du 10 mars 1995 », *JCPG*, 1996, I, n°3917, pp. 127-133.

RICHARD (D.), « Une contribution européenne aux tendances actuelles du droit extraditionnel : la Convention du 27 septembre 1996 », *JCPG*, 1997, I, n°3988, pp. 1-7.

RICHER (L.), « Les modes alternatifs de règlement des litiges en droit administratif », *AJDA*, 1997, pp. 3-9.

RICOEUR (P.), « Volonté », dans Y. KIRCHNER et J.-M. PRUVOST-BEAURAIN (dir.), *Encyclopædia Universalis*, 5ème éd., 2002, 28 volumes, vol. 23, pp. 760-765.

RIGAUDIERE (A.), « L'invention de la souveraineté », *La souveraineté*, *Pouvoirs*, n°67, 1993, pp. 5-20.

RIGAUDIERE (A.), « Pratique politique et droit public dans la France des XIVe et XVe siècles », dans *Le privé et le public*, *APD*, n°41, 1997, pp. 83-114.
RIVERO (J.), « *Droit public et droit privé : conquête, ou* statu quo *?*, *D.*, 1947, chron., pp. 69-72.
RIVERO (J.), « Le juge administratif français : un juge qui gouverne ? », *D.*, 1951, chron., pp. 21-24, reproduit dans A. DE LAUBADERE, A. MATHIOT, J. RIVERO et a., *Pages de doctrine*, LGDJ, 1980, tome 2, pp. 303-312.
RIVERO (J.), « Apologie pour les "faiseurs de systèmes" », *D.*, 1951, chron., pp. 99-102.
RIVERO (J.) « Existe-t-il un critère du droit administratif ? », *RDP*, 1953, pp. 279-296.
RIVERO (J.), « Jurisprudence et doctrine dans l'élaboration du droit administratif », *EDCE*, 1955, pp. 27-36.
RIVERO : « Le Huron au Palais-Royal, ou réflexions naïves sur le recours pour excès de pouvoir », *D.*, 1962, chron., pp. 37-40.
RIVERO (J.), « A propos des métamorphoses de l'administration d'aujourd'hui : démocratie et administration », dans *Mélanges offerts à René Savatier*, Dalloz, 1965, 972 p., pp. 821-833.
RIVERO (J.), « Remarques à propos du pouvoir hiérarchique », *AJDA*, 1966, pp. 154-155.
RIVERO (J.), « Préface », dans A. Mestre, *Le Conseil d'Etat, protecteur des prérogatives de l'administration, études sur le recours pour excès de pouvoir*, LGDJ, coll. « BDP », tome 116, 1974, 312 p., pp. 7-9.
RIVERO (J.), « Nouveaux propos naïfs d'un Huron sur le contentieux administratif », *EDCE*, n°31, 1979-1980, pp. 27-30.
RIVERO (J.), « Contrôle juridictionnel et nouvelles protections de l'administré », dans Ch. DEBBASCH (dir.), *Administration et administrés en Europe. Actes du colloque sur "le contrôle juridictionnel et les nouveaux modes de protection en Europe" tenu à Aix en octobre 1983*, CNRS, 1984, 352 p., pp. 325-336.
RIVERO (J.), « Introduction », dans Fr. DELPEREE, *La participation directe du citoyen à la vie politique et administrative*, Bruylant, coll. « Bibliothèque de la Faculté de droit de l'Université catholique de Louvain », 1986, 421 p., pp. 7-19.
RIVERO (J.), « Préface », dans Th. FORTSAKIS, *Empirisme et conceptualisme en droit administratif français*, LGDJ, coll. « BDP », tome 152, 1987, 542 p., pp. 13-15.
RIVERO (J.), « L'administré face au droit administratif », *AJDA*, n° spécial, 20 juin 1995, pp. 147-150.

RIVERO (J.), « La question : "Existe-t-il un critère du droit administratif ?" est-elle toujours actuelle ? », dans F. Mélin-Soucramanien et F. Melleray, *Le Professeur Jean Rivero ou la liberté en action*, Dalloz, coll. « Thèmes et commentaires », 2012, 133 p., pp. 67-74.
ROBBE (Fr.), « Contentieux des élections locales », *Jcl. adm.*, fasc. n°1132, 2007.
ROBERT (J.), « Le corps humain et la liberté individuelle en droit français », dans *Le corps humain et le droit*, *Travaux de l'association Henri Capitant*, Dalloz, 1975, pp. 463-484.
ROBERT-WANG (L.), « Volonté générale », dans D. ALLAND et S. RIALS (dir.), *Dictionnaire de la culture juridique*, Lamy et PUF, coll. « Quadrige. Dicos poche », 2003, 1649 p., pp. 1531-1534.
ROBLOT-TROIZIER (A.), « Retour sur le pouvoir de contrôle de l'administration à l'égard de son cocontractant », *RFDA*, 2007, pp. 990-1004.
ROCHFELD (J.), « Le mélange des branches : le Conseil d'Etat et le dol dans la formation du contrat », *Revue des contrats*, 2008/3, pp. 671-676.
ROCHFELD (J.), « Cause », dans *Répertoire de droit civil Dalloz*, 2012.
ROGER (P.) et J.-L. SAUX, « Le premier ministre a préféré les maires aux députés pour s'exprimer sur la décentralisation », Le Monde, 21 nov. 2002, p. 10.
ROLIN (Fr.), « Le contentieux administratif du transfèrement international des personnes condamnées », *RFDA*, 2000, pp. 808-819.
ROMAN (D.), « "A corps défendant". La protection de l'individu contre lui-même », *D.*, 2007, pp. 1284-1293.
ROMEYER-DHERBEY (G.), « La prudence d'Aristote », dans DELSOL (Ch.) (textes réunis par), *La prudence : colloque du vendredi 19 octobre 2007*, Paris, Palais de l'Institut, 2008, 132 p., pp. 9-22.
ROMI (R.), « La requalification par le juge des actes négociés en actes unilatéraux », AJDA, 1989, pp. 9-14.
ROUAULT (M.-Chr.), « L'interdiction par un maire de l'attraction dite de "lancer de nain" », *LPA*, 24 janv. 1996, n°11, pp. 28-32.
ROUHETTE (G.), « "Droit de la consommation" et théorie générale du contrat », dans *Etudes offertes à René Rodière*, Dalloz, 1981, 540 p., pp. 247-272.
ROUHETTE (G.), « La force obligatoire du contrat. Rapport français », dans D. TALLON et D. HARRIS (dir.), *Le contrat aujourd'hui : comparaisons franco-anglaises*, LGDJ, coll « Bibliothèque de droit privé », 1987, 443 p., pp. 27-55.
ROUHETTE (G.), « Brefs propos sur le volontarisme contractuel », dans *Mélanges en l'honneur de Denis Tallon. D'ici, d'ailleurs, harmonisation et*

dynamique du droit, Société de législation comparée, 1999, 362 p., pp. 317-319.

ROUSSEAU (Ch.), « Régularité constitutionnelle de la cession des Etablissements français de l'Inde (Cons. d'Etat, 27 juin 1958, *Georger et Teivassigamany*) », *RGDIP*, 1958, pp. 518-521.

ROUVILLOIS (Fr.), « Le raisonnement finaliste du juge administratif », *RDP*, 1990, pp. 1817-1857.

RUET (C.), « L'autonomie personnelle dans la jurisprudence de la Cour européenne confrontée à la philosophie des droits de l'homme », dans M. DOAT et P. CHARLOT (coord.), *Liber amicorum Gilles Darcy. Détours juridiques : le praticien, le théoricien et le rêveur*, Bruylant, 2012, 921 p., pp. 699-732.

S. (L.), « Les vices du consentement en matière de marchés », *AJ*, éd. Travaux, nov. 1952, pp. 413-415.

SAINT BONNET (Fr.), « L'intérêt général dans l'ancien droit constitutionnel », dans B. MATHIEU et M. VERPEAUX (dir.), *L'intérêt général, norme constitutionnelle*, Dalloz, coll. « Thèmes et commentaires », 2007, 108 p., pp. 9-21.

SAINT-BONNET (Fr.), « Le droit des libertés publiques, antonyme du droit administratif au XIXe siècle », *RDP*, 2012, pp. 457-472.

SAINT-JAMES (V.), « Réflexions sur la dignité de l'être humain en tant que concept juridique du droit français », *D.*, 1997, chron., pp. 61-66.

SALVAGE (Ph.), « Le consentement en droit pénal », *RSC*, 1991, pp. 699-716.

SALVAGE (Ph.), « Les soins obligatoires en matière pénale », *JCPG*, 1997, doct., n°4062, pp. 460-466.

SAUNIER (S.), « L'autonomie de la volonté en droit administratif français : une mise au point », *RFDA*, 2007, pp. 609-626.

SAUNIER (S.), « La théorie de l'autonomie de la volonté dans les actes administratifs », dans M. NICOD (dir.), *De la volonté individuelle,* Presses de l'Université de Toulouse I Capitole, coll. « Travaux de l'IFR Mutations de normes juridiques », 2009, 303 p., pp. 205-220.

SAUVE (J.-M.), « L'effectivité de la justice administrative », Intervention au Congrès de l'Union des Avocats Européens, Venise, 24 nov. 2006, disponible à l'adresse : http://www.conseil-etat.fr/content/download/170/538/version/1/file/congres_venise_241106.pdf, [19 août 2015].

SAUVE (J.-M.), « Avant-propos », dans CONSEIL D'ETAT, *Consulter autrement. Participer effectivement. Rapport public 2011*, La Documentation française, 2011, 226 p., pp. 9-11.

SAUVE (J.-M.), « Référendum et démocratie. Introduction », dans Centre d'études constitutionnelles et politiques, *Théorie et pratiques du référendum*

: actes de la journée d'étude du 4 novembre 2011, Société de législation comparée, coll. « Colloques », vol. 17, 2011, 106 p.
SCHRAMECK (O.), « Droit administratif et droit constitutionnel », *AJDA*, n° spécial, 20 juin 1995, pp. 34-42.SCHUPBACH (H.-R.), « Les vices de la volonté en procédure civile », dans *Hommage à Raymond Jeanprêtre. Recueil de travaux offert par la Faculté de droit et des sciences économiques de l'Université de Neuchâtel*, Neuchâtel, Ides et calendes, coll. « Travaux publiés par la Faculté de droit et des sciences économiques de l'Université de Neuchâtel. Série juridique », 1982, 181 p., pp. 61-100.
SCHUTTER (O., DE), et J. RINGELHEIM, « La renonciation aux droits fondamentaux. La libre disposition du soi et le règne de l'échange », disponible à l'adresse http://cridho.uclouvain.be/documents/Working.Papers/CridhoWPs012005.PDF, [4 sept. 2015].
SEILLAN (Y.), « L'acte abdicatif », *RTD civ.*, 1966, pp. 686-735.
SEILLER (B.), « L'exorbitance du droit des actes administratifs unilatéraux », dans F. MELLERAY (dir.), *L'exorbitance du droit administratif en question(s)*, LGDJ, 2004, 312 p., pp. 107-124.
SEILLER (B.), « Acte administratif. (I – Identification) », *Rep. cont. adm. Dalloz*, 2010.
SEILLER (B.), « Droits publics subjectifs et transformations contemporaines du contentieux », dans Association française pour la recherche en droit administratif, *Les droits publics subjectifs des administrés*, LexisNexis, coll. « Colloques et débats », 2011, 238 p., pp. 191-209.
SEILLER (B.), « Les juges de l'administration », dans P. GONOD, F. MELLERAY, Ph. YOLKA (dir.), *Traité de droit administratif*, Dalloz, 2011, coll. « Traités Dalloz », tome 2, pp. 435-485.
SENTOU (T.), « Le grand secret. Le secret général et absolu en jurisprudence », dans A.-M. DUGUET (dir.), *Séminaire d'actualité de droit médical. Le secret professionnel. Aspects légaux et déontologiques. Comparaisons avec l'étranger*, Bordeaux, Les Etudes Hospitalières, 2002, 232 p., pp. 27-33.
SEUBE (J.-B.), « Contrats privés – contrats administratifs : points de convergence ? », dans G. CLAMOUR et M. UBAUD-BERGERON (textes réunis et présentés par), *Contrats publics. Mélanges en l'honneur du Professeur Michel Guibal*, Montpellier, Presse de la Faculté de droit de Montpellier, coll. « Mélanges », 2006, 2 tomes, 874 p. et 714 p., tome 1, pp. 367-383.
SFEZ (L.), « Institution (Doctrine) », dans D. ALLAND et S. RIALS (dir.), *Dictionnaire de la culture juridique*, Lamy et PUF, coll. « Quadrige. Dicos poche », 2003, 1649 p.

SHINKONDO (M.-H.), « La notion de contrat administratif : acte unilatéral à contenu contractuel ou contrat civil de l'administration ? », *RTD civ.*, 1993, pp. 239-262.
SIBONY (A.-L.), « Du bon usage des notions d'efficacité et d'efficience en droit », dans M. FATIN-ROUGE STEFANINI, L. GAY et A. VIDAL-NAQUET (dir.), *L'efficacité de la norme juridique : nouveau vecteur de légitimité ?*, Bruylant, coll. « A la croisée des droits », 2012, 352 p., pp. 61-84.
SIERPINSKI (B.), « La police administrative au secours de la permission de minuit », *RA*, n°306 et 307, 1998 et 1999, pp. 723-730 et pp. 28-34.
SIMON (D.), « La légitimité du juge communautaire », dans G. DARCY, V. LABROT et M. DOAT (dir.), *L'office du juge*, Sénat, 2006, 544 p., pp. 447-469.
SINGER (J.), « Police des voies privées », *Départements et communes*, janv. 1982, p. 40.
SORBARA (J.-G.), « La censure du contôle sur place exercé par la CNIL : le Conseil d'Etat garant du droit au respect du domicile », *JCPA*, n°9, 1er mars 2010, comm. 2083.
SOULIER (G.), « Discrimination », dans ARNAUD (A.-J.) (dir.), *Dictionnaire de théorie et de sociologie du droit*, LGDJ, 2ème éd., 1993, 758 p., pp. 184-186.
SOUSSE (M.), « Expropriation. Transfert de propriété », *Jcl. adm.*, fasc. n°400-14, 2014.
SOUSSE (M.), « Expropriation pour cause d'utilité publique. Indemnités », Jcl. adm., fasc. n°400-16, 2015.
SPITZ (J.-F.), « Etat de nature et contrat social », dans Ph. RAYNAUD et S. RIALS (dir.), *Dictionnaire de philosophie politique*, PUF, coll. « Quadrige. Dicos poche », 3ème éd., 2003, 892 p., pp. 255-260.
STAHL (J.-H.) et D. CHAUVAUX, « Police municipale », *AJDA*, 1995, pp. 878-882.
STOCKINGER (P), « Autonomie », dans A-J. ARNAUD (dir.), *Dictionnaire de théorie et de sociologie du droit*, LGDJ, 2ème éd., 1993, 758 p., pp. 47-49.
TAILLEFFAIT (A.), « Budgets locaux », *Jcl. adm.*, fasc. n°127-10, 2014.
TERNEYRE (Ph.), « Responsabilité contractuelle », *Rep. resp. puiss. publ. Dalloz*, avr. 2012.
TERRE (Fr.), « Volonté et qualification », *Le rôle de la volonté dans le droit*, *APD*, n°3, 1957, pp. 99-123.
TERRE (Fr.), « La "crise de la loi" », *La loi*, *APD*, n°25, 1980, pp. 17-28.
TESTU (Fr.-X.), « La distinction du droit public et du droit privé est-elle idéologique ? », *D.*, 1998, chron., pp. 345-355.

THERON (S.), « Les catégories en droit administratif », *RRJ*, 2005-4(2), pp. 2399-2420.

THIELLAY (J.-Ph.), « Instruction. Désistement », *Jcl. Justice administrative*, fasc. n°69, 2009.

THIERRY (J.-B.), « Exercice illégal de la médecine », dans Fr. VIALLA (dir.), *Les grandes décisions du droit médical*, LGDJ-Lextenso, coll. « Les grandes décisions », 2ème éd., 2014, pp. 352-360.

THOUVENIN (D.), « Consentement et assujettissement », dans Fr. GROS et G. HUBER (dir.), *Vers un anti-destin ? Patrimoine génétique et droits de l'humanité*, Odile Jacob, 1992, 585 p., pp. 471-478.

TIBERGHIEN (F). « Le contrat en droit administratif », *D.*, 2008, p. 1192.

TIMSIT (G.), « Droit administratif et science administrative », dans P. GONOD, F. MELLERAY et Ph. YOLKA (dir.), *Traité de droit administratif*, Dalloz, coll. « Traités Dalloz », 2011, tome 1, pp. 709-732.

TOUZEAU (L.), « Le transfert d'office des voies privées à la commune considéré comme conforme à la Constitution », *DA*, n°12, déc. 2010, comm. 163.

TREMEAU (J.), « La constitutionnalité des transferts d'office des voies ouvertes à la circulation publique », *AJDA*, 2011, pp. 223-227.

TROPER (M.), « L'opposition droit public-droit privé et la structure de l'ordre juridique », *PMP*, vol. 5, n°1, 1987, pp. 181-198.

TROPER (M.), « L'interprétation de la Déclaration des droits. L'exemple de l'article 16 », *La Déclaration de 1789*, *Droits*, n°8, 1988, pp. 111-122.

TROPER (M.), « Les classifications en droit constitutionnel », *RDP*, 1989, pp. 945-956.

TROPER (M.), « Souveraineté », dans A-J. ARNAUD (dir.), *Dictionnaire de théorie et de sociologie du droit*, LGDJ, 2ème éd., 1993, 758 p., pp. 580-581.

TROPER, « Contrat social », dans Y. KIRCHNER et J.-M. PRUVOST-BEAURAIN (dir.), *Encyclopædia Universalis*, 5ème éd., 2002, 28 volumes, vol. 6, pp. 389-392.

TROPER (M.), « Séparation des pouvoirs », dans Ph. RAYNAUD et S. RIALS (dir.), *Dictionnaire de philosophie politique*, PUF, coll. « Quadrige. Dicos poche », 3ème éd., 2003, pp. 708-714.

TRUCHET (D.) « Nouvelles récentes d'un illustre vieillard. Label de service public et statut du service public », *AJDA*, 1982, pp. 427-439.

TRUCHET (D.), « Le contrat administratif, qualification juridique d'un accord de volontés », dans L. CADIET (dir.), *Le droit contemporain des contrats. Bilan et perspectives*, Economica, coll. « Travaux et recherches », 1987, pp. 185-205.

TRUCHET (D.), « L'intérêt général dans la jurisprudence du Conseil d'Etat : retour aux sources et équilibre », *EDCE*, 1999, pp. 361-374.
TRUCHET (D.), « La structure du droit administratif peut-elle demeurer binaire ? A propos des catégories juridiques en droit administratif », dans Centre de formation permanente, *Clés pour le siècle : droit et science politique, information et communication, sciences économiques et de gestion*, Dalloz, 2000, 1818 p., pp. 443-464.
TRUCHET (D.), « Hôpitaux (Responsabilité des services hospitaliers) », *Rep. resp. puiss. publ. Dalloz*, sept. 2005.
TRUCHET (D.), « Le consentement en droit de la santé », dans J.-P. CAVERNI et R. GORI (dir.), *Le consentement : droit nouveau du patient ou imposture ?*, In press, coll. « Champs libres », 2005, 209 p., pp. 23-36.
TRUCHET (D.), « Les définitions législatives », dans G. DRAGO (dir.), *La confection de la loi*, PUF, coll. « Cahiers des sciences morales et politiques », 2005, 308 p., pp. 193-207.
TRUCHET (D.), « Conclusion », dans J.-M. PONTIER (dir.), *Les états intermédiaires en droit administratif*, PUAM, « Centre de recherches administratives », 2008, 178 p., pp. 167-172.
TRUCHET (D.), « Rapport de synthèse », *RFDA*, 2013, pp. 741-742.
VAN DE KERCHOVE (M.), « Acte juridique », dans A.-J. ARNAUD (dir.), *Dictionnaire encyclopédique de théorie et de sociologie du droit*, LGDJ, 2ème éd., 1993, p. 4-6.
VANDYCKE (R.), « Consensus », dans ARNAUD (A.-J.) (dir.), *Dictionnaire de théorie et de sociologie du droit*, LGDJ, 2ème éd., 1993, 758 p., pp. 101-103.
VEDEL (G), « Le droit administratif peut-il être indéfiniment jurisprudentiel ? », *EDCE*, n°31, 1979-1980, pp. 31-44.
VELLEY (S.), « Légalités », dans M. DOAT et P. CHARLOT (coord.), *Liber amicorum Gilles Darcy. Détours juridiques : le praticien, le théoricien et le rêveur*, Bruylant, 2012, 921 p., pp. 867-884.
VENEZIA (J.-C.), « Puissance publique, puissance privée », dans *Recueil d'études en hommage à Charles Eisenmann*, Cujas, 1975, 467 p., pp. 363-378.
VENEZIA J.-C.), « Réflexion sur le rôle de la volonté en droit administratif », dans *Etudes offertes à Pierre Kayser*, PUAM, 1979, 2 tomes, 502 p. et 455 p., tome 2, pp. 383-393.
VERNY (E.) : « Avant-propos », dans Cour de cassation, *Les discriminations dans la jurisprudence de la Cour de cassation*, Rapport 2008, 482 p., pp. 49-59.

VERPEAUX (M.), « Le “référendum” communal devant le juge administratif : premier bilan », *RA*, 1996, pp. 95-107.
VERPEAUX (M.), « Le “référendum local” et la Constitution », *Le droit constitutionnel des collectivités territoriales, Cahiers du Conseil constitutionnel*, n°12, mai 2002, pp. 124-128.
VERPEAUX (M.), « Référendum local, consultations locales et Constitution », *AJDA*, 2003, pp. 540-547.
VERPEAUX (M.), « La consultation locale des populations métropolitaines. Ou le vrai-faux référendum », dans *Mouvement du droit public : du droit administratif au droit constitutionnel, du droit français aux autres droits. Mélanges en l'honneur de Franck Moderne*, Dalloz, 2004, 1264 p., pp. 417-436.
VERPEAUX (M.), « Référendum décisionnel local : le Gouvernement persiste et signe », *JCPA*, n°21, 23 mai 2005, act. 203.
VERPEAUX (M.), « Référendums locaux et consultations locales des électeurs », *Encyclopédie Dalloz des Collectivités locales*, folio n°12232, sept. 2008.
VERPEAUX (M.), « Le contrôle de constitutionnalité est-il indifférent à la *summa divisio* ? », dans B. BONNET et P. DEUMIER (dir.), *De l'intérêt de la* summa divisio *droit public-droit privé ?*, Dalloz, coll. « Thèmes et commentaires », 2010, 297 p., pp. 97-105.
VERPEAUX (M.), « L'Alsace ou la force des institutions », *JCPA*, n°17, 22 avr. 2013, pp. 2-4.
VERSPIEREN (P.), « Consentement aux soins. Refus de soins », *Revue Laennec*, juin 1995, pp. 2-6.
VIALLA (Fr.), « Le principe du consentement », dans E. MARTINEZ et Fr. VIALLA (dir.), *Les grands avis du Comité consultatif national d'éthique*, LGDJ, coll. « Les grandes décisions », 2013, 809 p., pp. 129-163.
VIARD (M.-P.), « L'inexistence d'un préjudice lié au droit à l'image », *AJDA*, 2008, pp. 1005-1006.
VIGUIER (J.), « Premières expériences de “référendum” communal », *RFDA*, 1996, pp. 441-451.
VIGUIER (J.), « De la mauvaise utilisation du terme “référendum” au plan local (la différence de logique entre référendum national et consultation locale) », *LPA*, 25 fév. 1998, n°24, pp. 12-20.
VILLEY (M.), « Essor et déclin du volontarisme », dans *Leçons d'histoire de la philosophie du droit*, Dalloz, coll. « Philosophie du droit », 2ème éd., 1962, 315 p., réimp. Dalloz, coll. « Bibliothèque Dalloz », 2002, pp. 271-283.
VIMBERT (Chr.), « Police administrative », *AJDA*, 1992, pp. 525-527.

VIOLA (A.), « La démocratie locale en question », *LPA*, n°153, 1er août 2003, pp. 11-17.
WACHSMANN (P.), « Qualification », dans D. ALLAND et S. RIALS (dir.), *Dictionnaire de la culture juridique*, Lamy et PUF, coll. « Quadrige. Dicos poche », 2003, 1649 p., pp. 1275-1283.
WAGNER (Fr.), « Le référendum fiscal en droit comparé : l'exemple des U.S.A. », dans J.-Cl. MARTINEZ et J. LAMARQUE (dir.), *1789-1989. La révolution fiscale à refaire*, Litec, 1987, 356 p., p. 230-246.
WALINE (J.), « Le rôle de la volonté dans la théorie de l'acte administratif unilatéral et dans le droit civil des contrats », dans *Le rôle de la volonté dans les actes juridiques. Etudes à la mémoire du professeur Alfred Rieg*, Bruylant, 2000, 935 p., pp. 869-881.
WALINE (M.), « Empirisme et conceptualisme dans la méthode juridique : faut-il tuer les catégories juridiques ? », dans *Mélanges en l'honneur de Jean Dabin*, tome 1, *Théorie générale du droit*, Sirey, 1963, 410 p., pp. 359-371.
WAREMBOURG-AUQUE (Fr.), « Réflexions sur le secret professionnel », *RSC*, 1978, pp. 237-256.
WARUSFEL (B.), « L'émergence d'un droit public de la propriété intellectuelle », dans M. CONAN et B. THOMAS-TUAL, *Les transformations du droit public. Actes de la journée d'études organisée le 20 juin 2008 à Brest*, La Mémoire du droit, 2010, 302 p., pp. 161-212.
WEBER (Y.), « La théorie des vices du consentement dans les contrats administratifs », dans *L'unité du droit : mélanges en hommage à Roland Drago*, Economica, 1996, 503 p., pp. 315-341.
XIFARAS (M.), « Le code hors du code. Le cas de la "transposition" de la propriété au droit administratif », *Esprit du Code civil (2)*, *Droits*, n°42, 2006, pp. 49-74.
ZARCA (A.), « Le consensualisme au service de l'homologation des transactions », *AJDA*, 2014, pp. 1900-1904.
ZARKA (Y.-Ch.), « Etat de nature et fiction dans la pensée politique moderne », dans *La fiction*, *Droits*, n°21, 1995, pp. 105-111.
ZAVOLI (Ph.), « La démocratie administrative existe-t-elle ? Plaidoyer pour une refonte de l'enquête publique et du référendum local », *RDP*, 2000, pp. 1495-1527.

IV. Conclusions des commissaires du gouvernement ou des rapporteurs publics

Certaines conclusions, présentées formellement comme des articles, figurent dans la rubrique « Articles ou contribution », *supra*.

ARTUS (D.), concl. sur CAA, Nantes, 8 nov. 2005, n°05NT01153, *AJDA*, 2006, pp. 1164-1165.

AUCOC (L.), concl. sur CE, 13 mars 1967, *Bizet*, *R.*, p. 271, pp. 272-276.

BATUT (A.-M.), concl. sur TC, 17 juin 2013, n°3911, disponibles à l'adresse http://www.tribunal-conflits.fr/PDF/3911_Conclusion_conclusions_tc_3911.pdf.

BISSARA (Ph.), concl. sur CE, 28 sept. 1983, *Sté Etablissements Prévost*, *R.*, p. 376.

BRAIBANT (G.), concl. sur CE, 2 mars 1973, *Syndicat national du commerce en gros des équipements, pièces pour véhicules et outillages*, *R.*, p. 181 ; *AJDA*, 1973, p. 323.

BURGUBURU (J.), concl. sur CE, Sect., 6 nov. 2009, *Sté Pro Décor*, n°304301, *RJEP*, avr. 2010, pp. 17-26.

CHAUVAUX (D.), concl. sur CE, Sect., 5 janv. 2000, *AP-HP c/M. Guilbot et Cts Telle*, n°198530 et n°181899, *RFDA*, 2000, pp. 641-653.

CHENOT (B.), concl. sur CE, 10 fév. 1950, *Sieur Gicquel*, *R.*, pp. 100-104.

COLLIN (P.), concl. inédites sur CE, 8 juill. 2002, *Cne de Porta*, n°239366.

CORNEILLE (L.) concl. sur CE, 23 mars 1917, *Péchin*, *RDP*, 1917, pp. 271-277.

CORNEILLE (L.), concl. sur CE, 10 août 1917, *Baldy*, *R.*, pp. 637-645.

COROUGE (E.), concl. sur CAA, Paris, 16 fév. 1999, *Belin*, n°98PA00242, *RFDA*, 2000, p. 819.

DEWAILLY (S.), concl. sur TA, Melun, 26 mai 2005, *Mlle A.*, *AJDA*, 2005, pp. 1853-1856.

FOUQUET (O.), concl. sur CE, 4 mai 1988, *Kondolff*, n°58991, *LPA*, n°127, 21 oct. 1988, p. 14.

GAZIER (Fr.), concl. sur CE, Ass., 12 avr. 1957, *Sieur Dévé*, *R.*, p. 266, *D.*, 1957, p. 336.

GUILLAUME (G.), concl. sur CE, Sect., 24 oct. 1969, *Min. de l'équipement et du logement c/Sieur Gougeon*, *R.*, p. 457, *D.*, 1969, pp. 732-734.

GUILLAUME (G.), concl. sur CE, 11 fév. 1972, *OPHLM du Calvados et Caisse franco-néerlandaise de cautionnement*, *AJDA*, 1972, pp. 245-249.

GUILLAUME (G.), concl. sur CE, 13 oct. 1972, *Sté anonyme de banque « Le Crédit du Nord » c/Office public d'HLM du Calvados*, *R.*, p. 630, *AJDA*, 1973, p. 213.

HABRAHAM (R.), concl. sur CE, Sect., 27 janv. 1995, *Mme Angelika Voss*, n°164421, *RFDA*, 1995, pp. 1009-1016.
HAIM (V.), concl. sur CAA, Paris, 22 avr. 2004, *Sté Bouygues et a.*, *AJDA*, 2004, pp. 1417-1425.
JOSSE (P.), concl. sur CE, 3 avr. 1936, *Sudre*, *DP*, 1936, III, p. 57.
KAHN (J.), concl. sur TC, 3 mars 1969, *Sté Interlaid*, *AJDA*, 1969, p. 307.
KELLER (K.), concl. sur CE, 25 mai 2007, *Courty*, n°296327, *AJDA*, 2007, pp. 1424-1427.
LATOURNERIE (R.), concl. sur CE, 29 janv. 1932, *Dame veuve Janson*, *R.*, p. 128, *D.*, 1933, III, pp. 11-12.
LERCHER (A.), concl. sur CAA, Paris, 22 fév. 2005, n°01PA04331, *AJDA*, 2005, pp. 1052-1055.
MILLET (J.-Fr.), concl. sur CAA, Nantes, 27 juin 2003, *Cts Martinot*, n°02NT01704, *AJDA*, 2003, pp. 1871-1874.
OLSON (T.), concl. inédites sur CE, 29 juill. 2002, *M. et Mlle Leroy*, n°222180.
POLGE (N.), concl. sur CE, 10 fév. 2014, *Sté Gecina*, n°350265, *BJCP*, 1er mai 2014, n°94, pp. 190-195.
ROUGEVIN-BAVILLE (M.), concl. sur CE, Sect., 19 mars 1971, *Mergui*, *R.*, p. 225.
ROUL (A.-Fr.), concl. inédites, sur CE, 28 mai 1999, *Tordjemann*, *R.*, p. 159.
SCANVIC (Fr.), concl. sur CE, Sect., *Min. des départements et territoires d'outre-mer*, n°142456, *R.*, p. 43, *AJDA*, 1994, pp. 389-393.
SILVA (I., DE), concl. sur CE, 24 janv. 2007, *Min. de l'Intérieur et de l'Aménagement du Territoire c/M. Sanoussy Doumbia*, n°290476.
THIELLAY (J.-Ph.), concl. inédites sur CE, 5 mars 2008, *Bermond*, n°288540.

V. <u>Notes de jurisprudence, chroniques, et observations</u>

Certaines notes ou chroniques, présentées formellement comme des articles, figurent dans la rubrique « Articles ou contribution », *supra*.

AUBY (J.-B.), note sous Cass., Civ. 3ème, 9 déc. 1987, *Cne de Galfingue*, n°86-15396, *AJDA*, 1988, p. 424.
B. (E.), note sous CE, 12 fév. 1990, *Elections municipales du Raincy*, *R.*, p. 789, *LPA*, 29 mars 1991, n°38, pp. 24-25.

BECHILLON (D., DE), note sous CE, Ass., 26 oct. 2001, *Mme Senanayake*, n°198546, *RFDA*, 2002, pp. 156-162.
BRACONNIER (S.), note sous CAA, Paris, 17 avr. 2007, *SNCF*, n°05PA04298, *AJDA*, 2007, pp. 2200-2206.
BRUGUIERE (J.-M.), note sur Paris, 31 oct. 2013, *SAS Empreinte Multimedia c/Inserm*, n°12/21933, *Propriétés intellectuelles*, n°50, janv. 2014, pp. 88-89 [arrêt non reproduit].
D. (D.), note sous CE, 15 fév. 1989, *Cne de Mouvaux*, n°71992, *CJEG*, fév. 1990, pp. 55-57.
DELIANCOURT (S.), note sous CAA, Marseille, 22 oct. 2007, *Tourrenc*, n°05MA02078, *JCPA*, 28 avr. 2008, n°2109, pp. 22-23.
DREYFUS (J.-D.), note sous CE, 11 sept. 2006, *Cne de Théoule-sur-Mer*, n°255273, *AJDA*, 2006, p. 2125.
DUTRIEUX (D.), note sous TA, Lille, 11 mars 1999, *Cts Kheddache c/Cne de Maubeuge*, n°97338, *AJDA*, 1999, p. 1026.
GILLI (J.-P.), note sous CE, Ass., 27 juin 1958, *Georger et Teivassigamany*, *D.*, 1959, juris., pp. 122-125.
GILLIG (D.), note sous CAA, Lyon, 21 juin 2012, *M. Muller*, n°11LY00363, *JCPA*, n°35, 3 sept. 2012, pp. 34-35.
GODFRIN (Ph.), note sous TA, Paris, 21 avr. 1971, *Ville de Paris c/sieurs Ribette, Manoury et dame Ropert*, *AJDA*, 1972, p. 164.
GUETTIER (Chr.), note sous CE, Ass., 26 oct. 2001, *Mme Senanayake*, n°198546, *LPA*, 19 août 2002, n°165, p. 3.
HUTEN (N.), note sous CAA, Lyon, 21 juin 2012, *M. Muller*, n°11LY00363, *AJDA*, 2013, pp. 861-863.
JULIEN-LAFERRIERE (Fr.), note sous CE, Sect., 27 janv. 1995, *Mme Angelika Voss*, n°164421, *D.*, 1995, juris., pp. 325-327.
HAIM (V.), note sous CE, 28 janv. 1994, *Sté Camus*, *LPA*, 30 nov. 1994, n°143, p. 27.
HAMON (L.), note sous CC, 30 déc. 1975, décision n°75-59 DC, *Loi relative aux conséquences de l'autodétermination des îles des Comores*, *D.*, 1976, juris., pp. 537-542.
JEZE (G.), note sous CE, 29 mars 1917, *Péchin*, *RDP*, 1917, p. 269.
JEZE (G.), note sous CE, 16 juill. 1920, *Chirac*, *RDP*, 1920, p. 532.
LAMBERT-GARREL (L.), A. FLASAQUIER, B. PITCHO et a., note sous TA, Lille, ord., 25 août 2002, *Epx G.*, *JCPG*, n°24, 11 juin 2003, II, n°10098.
LANDON (P.), note sous CE, Sect., 5 nov. 1971, *Cne de Billère*, *AJDA*, 1973, p. 96.
LENOAN (M.), note sous Cass., Civ., 24 mai 1948, *D.*, 1948, juris., p. 517.

LEVINET (M.), obs. sous Comité des droits de l'homme des Nations unies du 26 juill. 2002, *RTDH*, n°55/2003, pp. 1017-1042.
LIET-VEAUX (G.), note sous CE, 5 mai 1958, *Dorie et Jaunault*, *T.*, p. 852 ; *RA*, 1958, pp. 396-399.
MALIGNER (B.), note sous CE, Ass., 17 oct. 2003, *Consultation des électeurs de Corse*, n°258487, *AJDA*, 2003, pp. 2386-2388.
MARTIN (J.), note sous CAA, Paris, 22 avr. 2004, *SNCF*, n°99PA01031, *JCPG*, 26 janv. 2005, pp. 161-166.
MERENNE (S.), note sous TA, Cergy-Pontoise, 8 janv. 2015, n°1209831, *AJDA*, 2015, p. 993.
MICLO (Fr.), note sous TA, La Réunion, 2 août 1982, *Hubert-Delisle*, *JCP*, 2003, juris., n°19994.
MORANGE (G.), note sous CE, 17 déc. 1975, *Millet*, *D.*, 1977, juris., p. 74.
MOREAU (J.), note sous CAA, Douai, 4 mars 2004, *Communauté urbaine de Lille c/De Clercq*, n°01DA00341, *JCPA*, 2004, n°1331, p. 644.
P. (X.), note sous TA, Châlons-sur-Marne, 29 janv. 1985, *M. Alain Ottenwaelder c/Syndicat intercommunal d'assainissement du bassin de la Voire*, *RFDA*, 1985, p. 395.
PACTEAU (B.), note sous CE, 22 janv. 1982, *Asso. Auto défense et a.*, *D.*, 1982, juris., pp. 494-496.
PECHILLON (E.), note sous TA, Rennes, 18 juin 2012, *Mme A. c/CHS Guillaume Régnier*, *JCPA*, 8 oct. 2012, p. 35.
PELLISSIER (G.), note sous CAA, Paris, 9 juin 1998, *Mme Senanayake*, *D.*, juris., p. 277.
PLESSIX (B.), note sous CE, 11 sept. 2006, *Cne de Théoule-sur-Mer*, n°255273, *JCPG*, 2006, I, n°201.
POPU (H.), note sous CE, 6 janv. 2006, *M. Rémy Martinot et a.*, n°260307, *Defrénois*, n°6, 30 mars 2006, pp. 500-508.
RENARD-PAYEN (O.), note sous Cass., Civ. 1ère, 3 fév. 2004, *Cts Pellissier c/Cne de Saint-Paul-le-Froid*, *JD* n°2004-022096, *JCPA*, 12 avr. 2004, n°1276, pp. 550-551.
RICHER (L.), note sous CE, 1er déc. 1976, *Berezowski*, *D.*, 1978, juris., p. 45.
RICHER (L.), note sous CAA, Paris, 27 fév. 2007, *SNCF*, n°05PA03920, *AJDA*, 2007, pp. 1978-1982.
SAISON-DEMARS (J.) et M. GIRER, note sous CE, 10 oct. 2012, *Michel C.*, n°350426, *RGDM*, n°46, mars 2013, pp. 362-364.
SAVATIER (R.), note sous CE, Sect., 11 fév. 1972, *Sieur Crochette*, *R.*, p. 138, *JCPG*, 1973, II, n°17363.
SPITZ (E.), note sous TA, Paris, 2 avr. 2003, *Lion*, *AJDA*, 2003, p. 1286.

VIALLA (Fr.), note sous CE, 10 oct. 2012, *Michel C.*, n°350426, *JCPG*, 2012, pp. 2109-2110.
VIER. (Ch.-L.), note sous CE, 2 mars 1973, *Syndicat national du commerce en gros des équipements, pièces pour véhicules et outillages*, *R.*, p. 181, *AJDA*, 1973, p. 323.
VIER (Ch.-L.), note sous CE, 23 oct. 1974, *Sieur Valet et association pour la défense des intérêts professionnels de la boucherie du bassin parisien*, *R.*, p. 500 ; *AJDA*, 1975, pp. 364-367.
VIOUJAS (V.), note sous CE, 10 oct. 2012, *Michel C.*, n°350426, *JCPA*, n°46, 19 nov. 2012, pp. 34-37.

VI. Dictionnaires

COLLECTIF, *Encyclopédie, ou dictionnaire raisonné des sciences, des arts et des métiers*, Briasson, David, Le Breton, Durand, 1751, tome 1, 914 p.
ALLAND (D.) et S. RIALS (dir.), *Dictionnaire de la culture juridique*, Lamy et PUF, coll. « Quadrige. Dicos poche », 2003, 1649 p.
ARNAUD (A.-J.) (dir.), *Dictionnaire de théorie et de sociologie du droit*, LGDJ, 2ème éd., 1993, 758 p.
CANTO-SPERBER (M.) (dir.), *Dictionnaire d'éthique et de philosophie morale*, PUF, 1996, 1719 p.
CAYLA (O.) et J.-L. HALPERIN (dir.), *Dictionnaire des grandes œuvres juridiques*, Dalloz, 2010, 620 p.
CORNU (G.), *Vocabulaire juridique*, PUF, coll. « Quadrige », 8ème éd., 2007, 986 p.
DUHAMEL (O.) et Y. MENY (dir.), *Dictionnaire constitutionnel*, PUF, 1992, 1112 p.
Y. KIRCHNER et J.-M. PRUVOST-BEAURAIN (dir.), *Encyclopædia Universalis*, 5ème éd., 2002, 28 volumes.
LALANDE (A.) (dir.), *Vocabulaire critique et technique de la philosophie*, PUF, coll. « Quadrige dicos poche », 2ème éd. « Quadrige », 2006, 1323 p.
REY-DEBOVE (J.) et REY (A.) (dir.), *Le Petit Robert*, 2012, 2837 p.
REY (A.) (dir.), *Le Robert, Dictionnaire historique de la langue française*, 1998, 4304 p.
ROLAND (H.), *Lexique juridique. Expressions latines*, LexisNexis, 5ème éd., 2010, 451 p.
ROLAND (H.) et L. BOYER, *Adages du droit français*, Litec, 4ème éd., 1999, 1021 p.

ROUQUETTE (R.), *Dictionnaire du droit administratif : terminologie, expressions, noms propres*, Le Moniteur, 2002, 891 p.

VII. Autres

BIN (F.), « Consentement à l'impôt (histoire du) », dans Association française de finances publiques, *Dictionnaire encyclopédique de finances publiques*, disponible à l'adresse http://www.sffp.asso.fr/dictionnaire/index.php/Consentement_%C3%A0_l%27imp%C3%B4t_(histoire_du), [2 juin 2015].
CAPITANT (R.), « Rapport, fait au nom de la Commission des lois constitutionnelles, de la législation et de l'administration générale de la République sur le projet de loi (n°2118) organisant une consultation de la population de la Côte française des Somalis, n°2199 », annexé à la séance du 30 novembre 1966, *Annales de l'AN, doc. Parlementaires*, 1966-1967, pp. 1005-1008.
CCNE, *Refus de traitement et autonomie de la personne*, Avis n°87, 14 avr. 2005, disponible à l'adresse http://www.ccne-ethique.fr/sites/default/files/publications/avis087.pdf, [6 sept. 2015].
CNIL, *Les collectivités locales*, 2009, disponible à l'adresse http://www.cnil.fr/fileadmin/documents/Guides_pratiques/CNIL_Guide_CollLocales.pdf, [6 sept. 2015].
CNIL, *Rapport d'activité 2011*, disponible à l'adresse http://www.cnil.fr/fileadmin/documents/La_CNIL/publications/Cnil-RA2011/, [6 sept. 2015].
Commission Nationale Consultative des Droits de l'Homme (CNCDH), *Avis sur l'effectivité des droits des personnes âgées*, 27 juin 2013, *JORF*, n°0176, 31 juill. 201, texte n°101.
CNIL, Délibération n°2011-035 du 17 mars 2011 *de la formation restreinte prononçant une sanction pécuniaire à l'encontre de la société GOOGLE Inc.*, disponible sur le site www.legifrance.fr, [15 mars 2015].
Commission interministérielle d'agrément pour la conservation du patrimoine artistique national, « La dation en paiement. Loi du 31 décembre 1968 », 33 p., p. 19. Cette plaquette est disponible à l'adresse http://www.culture.gouv.fr/culture/actualites/communiq/albanel/Plaquedation.pdf, [26 août 2015].
COLLECTIF, *Le consensus*, *Pouvoirs*, n°5, 1978.
COLLECTIF, *La volonté*, *Droits*, n°28, 1999.
COLLECTIF, *Le droit public survivra-t-il à sa contractualisation ?*, *Revue de droit de l'Université libre de Bruxelles*, n°33, 2006.

COLLECTIF, *La liberté du consentement. Le sujet, les droits de l'homme et la fin des "bonnes mœurs" /1* et *2/*, *Droits*, n°48 et n°49, 2008 et 2009.
CONSEIL CONSTITUTIONNEL, « Commentaire de la décision n°2010-5 QPC – 18 juin 2010 SNC KIMBERLY CLARK », texte disponible à l'adresse http://www.conseil-constitutionnel.fr/conseil-constitutionnel/root/bank/download/20105QPCccc_5qpc.pdf, [26 mai 2015].
Contrôleur général des lieux de privation de liberté, Avis du 14 oct. 2011 *relatif à l'emploi de la visioconférence à l'égard de personnes privées de liberté*, *JORF*, 9 nov. 2011, texte n°65.
DELEBARRE (M.), « Rapport fait au nom de la commission des lois constitutionnelles, de législation, du suffrage universel, du Règlement et d'administration générale sur le projet de loi organique relatif à l'élection des conseillers municipaux, des délégués communautaires et des conseillers départementaux et sur le projet de loi relatif à l'élection des conseillers départementaux, des conseillers municipaux et des délégués communautaires, et modifiant le calendrier électoral », *Rapport n°250*, session ordinaire 2012-2013, enregistré à la Présidence du Sénat le 19 déc. 2012.
EVIN (Cl.), B. CHARLES et J.-J. DENIS, « Rapport n°3263 fait au nom de la Commission des affaires culturelles, familiales et sociales sur le projet de loi relatif aux droits des malades et à la qualité du système de santé », enregistré à l'Assemblé nationale le 18 sept. 2001.
GOUVERNEMENT, *Guide pratique PDESI/CDESI*, disponible à l'adresse http://www.cdesi-sportsdenature.fr/docs/guidecdesi13Mo.pdf, [6 sept. 2015].
JCPA, « Le budget de la justice à nouveau en hausse pour 2004 », *JCPA*, 6 oct. 2003, act. 515, p. 1286.
Médiateur national de Pôle emploi, *La gestion de la liste des demandeurs d'emploi. Les radiations*, janv. 2013, disponible sur le site www.pole-emploi.org., [12 oct. 2015].
SAUVE (J.-M.), Point presse du 18 juill. 2007, disponible à l'adresse http://www.conseil-etat.fr/content/download/238/742/version/1/file/pointpresse_180707.pdf, [2 sept. 2015].
TURK (A.), « Rapport fait au nom de la commission des Lois constitutionnelles, de législation, du suffrage universel, du Règlement et d'administration générale sur le projet de loi, adopté par l'Assemblée Nationale, relatif à la protection des personnes physiques à l'égard des traitements de données à caractère personnel et modifiant la loi n°78-17 du 6 janvier 1978 relative à l'informatique, aux fichiers et aux libertés », *Rapport n°218*, annexé au procès-verbal de la séance du 19 mars 2003
WARSMANN (J.-L.), Rapport d'information déposé par la Commission des lois constitutionnelles, de la législation et de l'administration générale de la

République, en conclusion des travaux d'une mission d'information sur l'optimisation de la dépense publique, *Rapport n°1978*, enregistré à la Présidence de l'Assemblée nationale le 14 oct. 2009.

INDEX JURISPRUDENTIEL

I. Conseil d'Etat

CE, 30 avr. 1946, *Dame Collombert*, *R.*, p. 120.
CE, 25 juill. 1947, *Sté l'Alpha*, *R.*, p. 344.
CE, 7 janv. 1948, *Herrerias*, *T.*, p. 663.
CE, 17 mars 1948, *Poungavananattar et a.*, *R.*, p. 132.
CE, 16 avr. 1948, *Vaquerie*, *R.*, p. 165.
CE, 21 mai 1948, *Sté coopérative ouvrière de production, entreprises générales ouvrières rhodaniennes*, *R.*, p. 641.
CE, 7 juill. 1948, *Epx Herrerias*, *T.*, p. 663.
CE, 12 nov. 1948, *Cie des Messageries maritimes*, *R.*, p. 428.
CE, 12 nov. 1948, *Sté Dollfuss et Cie*, *R.*, p. 560.
CE, 24 fév. 1950, *Dame de Blégier*, *R.*, p. 123.
CE, 26 avr. 1950, *Domergue*, *R.*, p. 813.
CE, 11 avr. 1951, *Ville de Marseille et Sté des eaux de Marseille c/Dame Pauvarel*, *R.*, p. 843.
CE, 23 janv. 1952, *Secrétaire d'Etat aux Forces armées c/Chambouvet*, *R.*, p. 50.
CE, 11 mai 1953, *Cts Gandon*, *R.*, p. 220.
CE, 4 janv. 1954, *Leroy*, *R.*, p. 3.
CE, 20 janv. 1954, *Sté Callot*, *T.*, p. 869.
CE, 23 janv. 1954, *Comptoir unique d'achat, de stockage, de vente et d'expédition de légumes*, *R.*, p. 66.
CE, 8 fév. 1956, *Dame Germain*, *R.*, p. 69.
CE, Sect., 20 avr. 1956, *Epx Bertin*, *R.*, p. 167.
CE, 13 mars 1957, *Sté « L'immobilière Construction de Paris »*, *R.*, p. 170.
CE, Ass., 12 avr. 1957, *Sieur Dévé*, *R.*, p. 266, *D.*, 1957, p. 336.
CE, 29 avr. 1957, *Sté commerciale de l'Ouest africain*, *R.*, p. 271.
CE, 16 nov. 1957, *Ville de Marseille c/Dame Poro*, *R.*, p. 1041.
CE, 23 avr. 1958, *Min. des PTT c/Cachard*, *T.*, p. 993.
CE, Ass., 2 mai 1958, *Distillerie de Magnac-Laval*, *R.*, p. 246.
CE, 5 mai 1958, *Dorie et Jaunault*, *T.*, p. 852.
CE, 6 juin 1958, *Ayssi*, *R.*, p. 323.
CE, Ass., 27 juin 1958, *Georger et Teivassigamany*, *R.*, p. 403.
CE, 11 janv. 1961, *Gugenheim*, *T.*, p. 1101.
CE, 21 avr. 1961, *Veuve Agnesi*, *R.*, p. 253.
CE, 28 juin 1961, *Cie générale…*, *R.*, p. 443.
CE, Sect., 26 avr. 1963, *Min. des postes et télécommunications c/sieur Dengremont*, *R.*, p. 253.
CE, 8 mai 1963, *Cne de Maisons-Laffitte*, *R.*, p. 276.
CE, 8 nov. 1963, *Cne de Castelmoron-sur-Lot*, *R.*, p. 544.
CE, 15 juill. 1964, *Min. de la Construction c/Cts Lefrançois*, *R.*, p. 425.
CE, 13 déc. 1967, *Chantemerle*, *T.*, p. 850.

CE, 4 fév. 1976, n°98917.
CE, Sect., 21 mai 1976, n°94052.
CE, 1er déc. 1976, *Berezowski*, *D.*, 1978, juris., p. 45.
CE, 5 janv. 1977, *Marcuccini*, n°00261.
CE, 9 fév. 1977, *Ville de Limoges*, *R.*, p. 742.
CE, 1er avr. 1977, n°00941.
CE, 22 juill. 1977, n°95443.
CE, 4 janv. 1978, *Elections municipales de Herrlisheim*, *T.*, p. 821.
CE, 17 fév. 1978, *Sté compagnie française d'entreprises*, *R.*, p. 88.
CE, 16 juin 1978, *Sté d'achats et de consignations*, *RDP*, 1980, p. 1478.
CE, 27 oct. 1978, *Ville de Saint-Malo*, *R.*, p. 401.
CE, 9 mars 1979, *Paysa*, *RDP*, 1980, p. 1478.
CE, 30 nov. 1979, *Ville Joeuf*, R., p. 2.
CE, Sect., 7 déc. 1979, *Sté Les fils de Henri Ramel*, n°13001.
CE, 1er fév. 1980, *OPHLM de la ville de Brest c/Sté lorientaise de bâtiments et de travaux publics*, *RDP*, 1981, p. 521.
CE, 6 fév. 1980, *Confédération syndicale des familles*, n°09857.
CE, 22 fév. 1980, n°13217.
CE, 30 mai 1980, *Sté de la piscine de la Dame Blanche*, *R.*, p. 257.
CE, 25 juill. 1980, *Buisson*, n°10023.
CE, 17 oct. 1980, *Mme Braesch et a.*, n°17395, *R.*, p. 940.
CE, 1er juill. 1981, *SA Carrière Chalumeau*, *R.*, p. 292.
CE, 7 oct. 1981, *ANIFOM c/Sahuc*, *R.*, p. 355.
CE, Ass., 2 juill. 1982, *Huglo*, R., p. 257.
CE, 17 nov. 1982, *Cavalin*, *Gaz. Pal.*, 1983, I, somm., p. 228.
CE, 2 fév. 1983, *Union des transports publics urbains et régionaux*, n°34027.
CE, 28 sept. 1983, *Sté Etablissements Prévost*, *R.*, p. 376.
CE, 30 sept. 1983, *SARL Comexp*, *R.*, p. 393.
CE, 13 janv. 1984, *OPHLM de Firminy c/ MM. Delfante et Roux*, n°34135.
CE, 23 mars 1984, *Elections municipales de Paris (1er secteur)*, n°52057.
CE, Sect., 19 déc. 1984, n°34731.
CE, 13 mars 1985, *SARL Barlocher-France-Production*, n°16173.
CE, 6 mai 1985, *Asso. Eurolat*, n°41589 et n°41699.
CE, 6 mai 1985, *Min. des PTT c/Ricard*, *R.*, p. 144.
CE, 2 oct. 1985, *Jeissou et SEM du pont Saint-Nazaire/Saint-Brévin*, *R.*, p. 544.
CE, Ass., 20 déc. 1985, n°28277.
CE, 22 janv. 1986, *Sté de construction et de ravalements*, *RDP*, 1986, p. 1729.
CE, Sect., 25 juill. 1986, *Epx Djebbar*, *R.*, p. 214.

CE, 8 déc. 1995, *Cne de Saint-Tropez*, n°144029.
CE, 8 déc. 1995, *Meyet*, *R.*, p. 437.
CE, 29 déc. 1995, *Géniteau*, n°154028.
CE, 16 fév. 1996, *Syndicat intercommunal pour la collecte et le traitement des déchets et résidus ménagers de l'arrondissement de Pithiviers*, n°82880.
CE, 15 mars 1996, *Mlle Durand*, *R.*, p. 85.
CE, 20 mars 1996, *Cne de Saint-Céré*, *R.*, p. 87.
CE, 10 juill. 1996, *Meunier*, n°143487.
CE, 30 sept. 1996, *Elections municipales de Bischheim*, n°177158, n°177159 et n°177160.
CE, 8 janv. 1997, n°176627.
CE, 10 mars 1997, n°151787.
CE, 24 mars 1997, n°165273.
CE, Ass., 28 mars 1997, *Sté Baxter*, n°179049.
CE, 4 avr. 1997, n°137065.
CE, 16 juin 1997, n°161900.
CE, 18 juin 1997, *Gaillard*, n°172604.
CE, ord., 29 juill. 1997, *Préfet du Vaucluse*, *RFDA*, 1998, p. 389.
CE, 18 mars, 1998, n°167396.
CE, Ass., 3 juill. 1998, n°185365.
CE, Ass., 30 oct. 1998, *Sarran, Levacher et a.*, n°200286 et n°200287.
CE, 16 nov. 1998, *M. Sille*, n°175142.
CE, Ass., 18 déc. 1998, *SARL du Parc d'activités de Blotzheim et SCI Haseleaker*, n°181249.
CE, 5 mai 1999, n°198221.
CE, 28 mai 1999, *Tordjemann*, *R.*, p. 159.
CE, 14 juin 1999, *Conseil de fabrique de la cathédrale de Strasbourg*, n°181023.
CE, 5 nov. 1999, n°186298.
CE, Sect., 5 janv. 2000, *AP-HP c/M. Guilbot et Cts Telle,* n°198530 et n°181899.
CE, 6 nov. 2000, n°198459.
CE, 10 nov. 2000, *Sté l'Etoile commerciale*, n°193541.
CE, 29 déc. 2000, *Gubler*, n°211240.
CE, 29 déc. 2000, n°214289.
CE, 14 mars 2001, *Kunz*, n°220206.
CE, ord., 23 mars 2001, *Sté Lidl*, *R.*, p. 154.
CE, ord., 9 juill. 2001, *Préfet du Loiret*, *R.*, p. 337.
CE, ord., 27 juill. 2001, *Ville d'Etampes*, *T.*, p. 1101.
CE, ord., 30 juill. 2001, *Préfet d'Eure et Loir*, n°236657.
CE, ord., 2 août 2001, *Préfet du Vaucluse*, *T.*, p. 1101.

CE, Ass., 16 juill. 2007, *Sté Tropic Travaux Signalisation, R.*, p. 360.
CE, 26 sept. 2007, *Office public départemental des HLM du Gard*, n°259809 et n°263586.
CE, 19 oct. 2007, n°289551.
CE, 7 nov. 2007, n°280818.
CE, 19 déc. 2007, *Sté Campenon-Bernard et a.*, n°268918.
CE, 23 janv. 2008, n°304478.
CE, 15 fév. 2008, *Cne de La Londe-les-Maures*, n°279045.
CE, 20 fév. 2008, *Office national de la chasse et de la faune sauvage*, n°302053.
CE, 5 mars 2008, *Bermond,* n°288540.
CE, 7 mars 2008, n°298767.
CE, 6 juin 2008, n°299415.
CE, 4 juill. 2008, *Romel*, n°301375.
CE, Ass., 11 juill. 2008, *Sté Krupp Hazemag*, n°287354.
CE, 2 sept. 2009, *Mme P.*, n°292783.
CE, Sect., 6 nov. 2009, *Sté Inter Confort*, n°304300.
CE, Sect., 6 nov. 2009, *Sté Pro Décor*, n°304301.
CE, Ass., 28 déc. 2009, *Cne de Béziers*, n°304802.
CE, 30 déc. 2009, n°306173.
CE, 25 juin 2010, n°339842.
CE, 9 juill. 2010, n°317086.
CE, 9 juill. 2010, *Anastasio*, n°338977.
CE, 16 juill. 2010, *Sté Casino du grand Café*, n°338725.
CE, 16 juill. 2010, *Sté Brasserie et casinos Les flots bleus*, n°339292.
CE, 23 juill. 2010, n°332761.
CE, Sect., 1er oct. 2010, *Epx Rigat*, n°314297.
CE, 27 oct. 2010, *Syndicat intercommunal des transports publics de Cannes*, n°318617.
CE, 10 nov. 2010, n°314449.
CE, 15 déc. 2010, n°330314.
CE, 21 mars 2011, n°347358.
CE, 27 avr. 2011, *Cts Fédida*, n°314577.
CE, 4 mai 2011, n°334280.
CE, 4 mai 2011, *CCI de Nîmes*, n°334280.
CE, 22 juin 2011, n°347813.
CE, 11 juill. 2011, n°328183.
CE, 23 nov. 2011, n°341258.
CE, 30 nov. 2011, n°327658.
CE, 14 déc. 2011, *Sté Optical Center*, n°330762.
CE, 15 fév. 2012, *Mme Quennesson*, n°333631.

II. Tribunal des conflits

TC, 22 janv. 1921, *Sté commerciale de l'Ouest africain c/Colonie de la Côte d'Ivoire*, *R.*, p. 91.
TC, 27 nov. 1952, *Préfet de la Guyane*, *R.*, p. 642.
TC, 24 juin 1954, *Dame Galland et a.*, *R.*, p. 717.
TC, 12 janv. 1955, *Sieur Naliato c/l'Etat*, *R.*, p. 614.
TC, 25 mars 1957, *Sté Mittelberger*, *R.*, p. 813.
TC, 13 janv. 1958, *Moleux*, *R.*, p. 791.
TC, 30 juin 1969, n°C01928.
TC, 15 oct. 1973, n°01982, *Sté Filmsonor Marceau.*
TC, 6 janv. 1975, n°C01995.
TC, 2 juill. 1979, n°C02121.
TC, 2 juill. 1979, n°C02122.
TC, 4 juill. 1983, *Gambini c/Ville de Puteaux*, *R.*, p. 540.
TC, 5 déc. 1983, *Niddam c/SNCF*, *R.*, p. 541.
TC, 22 juin 1992, n°02675.
TC, 1er mars 1993, n°02695.
TC, 16 mai 1994, *Allard c/Malemort-sur-Corrèze*, *R.*, p. 599.
TC, 3 juin 1996, *Maison de retraite de Sommevoire*, n°C2921.
TC, 5 juill. 1999, n°03121.
TC, 15 déc. 2003, n°C3378.
TC, 21 juin 2004, n°C3397.
TC, 21 juin 2004, n°C3400.
TC, 20 juin 2005, *Ville de Tours*, n°C3456
TC, 23 avr. 2007, n°C3590.
TC, 18 juin 2007, *Sté Briançon bus*, n°C3600.
TC, 17 déc. 2007, n°C3586.
TC, 15 fév. 2010, n°C3722.
TC, 21 juin 2010, n°C3751.
TC, 13 déc. 2010, n°C3767.
TC, 2 mai 2011, n°C3770.
TC, 18 mars 2013, n°C3897.
TC, 17 juin 2013, n°C3911.
TC, 7 juill. 2014, *M. M. c/Département de Meurthe-et-Moselle*, n°C3954 et n°C3955.

III. Cours administratives d'appel, tribunaux administratifs ou conseils de préfecture

CAA, Bordeaux, 29 mai 2000, *Cts Leroy*, n°99BX02454.
CAA, Paris, 2 nov. 2000, n°99PA01082.
CAA, Douai, 26 fév. 2002, *Cne de Nieppe*, n°99DA00433.
CAA, Bordeaux, 28 fév. 2002, *Fontaine*, n°98BX00490.
CAA, Lyon, Plén., 30 mai 2002, *Alves Martin da Rocha*, *R.*, p. 525.
CAA, Nantes, 18 juin 2002, n°00NT01102 et 00NT01731.
TA, Lille, ord., 25 août 2002, *Epx G.*, *JCPG*, n°24, 11 juin 2003, II, n°10098.
TA, Nantes, 5 sept. 2002, *Cts Martinot*, *JCPG*, 2003, II, 10052.
CAA, Paris, 17 déc. 2002, *Cne de Yerres c/Préfet de l'Essonne*, n°02PA01102, *AJDA*, 2003, p. 299.
TA, Paris, 2 avr. 2003, *Lion*, *AJDA*, 2003, p. 1286.
CAA, Marseille, 19 avr. 2003, *Agostini*, n°99MA00841.
CAA, Nantes, 27 juin 2003, *Cts Martinot*, n°02NT01704.
TA, Paris, ord., 1er juill. 2003, *Asso. Droit au logement Paris et environs*, *AJDA*, 2004, p. 836.
CAA, Lyon, 16 déc. 2003, n°00LY01640.
CAA, Nantes, 6 fév. 2004, n°01NT00130.
CAA, Douai, 4 mars 2004, *Communauté urbaine de Lille c/De Clercq*, n°01DA00341, *JCPA*, 2004, n°1331, p. 644.
CAA, Paris, 22 avr. 2004, *Sté Bouygues*, n°99PA01016.
CAA, Paris, 22 avr. 2004, *SNCF*, n°99PA01031, *JCPG*, 26 janv. 2005, p. 161.
CAA, Marseille, 6 juill. 2004, n°03MA02222.
CAA, Paris, 8 juill. 2004, *Julia*, n°00PA00332.
CAA, Marseille, 13 sept. 2004, *Cne de Cagnes-sur-Mer*, n°01MA02568.
CAA, Marseille, 15 nov. 2004, n°01MA02641.
CAA, Paris, 21 déc. 2004, *Asso. Droit au logement Paris et environs*, n°03PA03824.
TA, Melun, 26 mai 2005, *Mlle A.*, *AJDA*, 2005, p. 1856.
CAA, Marseille, 24 oct. 2005, *Cne de Mandelieu la Napoule*, n°04MA02081.
CAA, Nantes, 8 nov. 2005, n°05NT01153.
CAA, Paris, 2 mars 2006, *Cne de Montrouge*, n°03PA02781.
CAA, Lyon, 20 juill. 2006, n°02LY02163.
CAA Paris, 8 nov. 2006, n°04PA00518.
CAA, Paris, 1er fév. 2007, n°03PA00165.
CAA, Lyon, 8 fév. 2007, *Cne de Chamonix Mont-Blanc*, n°04LY00708.
CAA, Paris, 27 fév. 2007, *SNCF*, n°05PA03920.
CAA, Paris, 17 avr. 2007, *SNCF*, n°05PA04298.
CAA, Lyon, 15 mai 2007, *M. D.*, n°04LY00116, *AJDA*, 2007, p. 1470.

IV. Juridictions judiciaires

Cass., Crim., 2 août 1929, *S.*, 1931, I, p. 60.
Cass., 28 janv. 1942, *Teyssier*, *DC.*, 1942, jur., p. 63.
Cass., Crim., 8 mai 1947, *Decraene*, Bull. crim., n°124.
Cass., Civ., 24 mai 1948, *D.*, 1948, juris., p. 517.
Cass., Crim., 27 juin 1967, n°66-91446.
Cass, Civ. 1ère, 20 janv. 1971, *Essier et a. c/Epx Thébault et a.*, n°69-11213.
Cass., Crim., 20 mars 1980, *Ministère public près le Tribunal de police d'Illkirch-Graffenstaden c/Dlle Buchmann*, *D.*, 1980, *IR.*, p. 521.
TGI, Paris, 19 mai 1982, *Maria Callas*, *D.*, 1983, juris., p. 147.
Cass., Civ. 1ère, 18 mars 1986, n°84-15702.
Cass., Civ. 3ème, 9 déc. 1987, *Cne de Galfingue*, n°86-15396, *AJDA*, 1988, p. 424.
Cass., Civ. 1ère, 8 mars 1988, *SA Nègre frères c/Ville de Marseille*, n°86-16589.
Paris, 16 avr. 1996, JD n°1996-022230.
Cass., Civ. 1ère, 22 mai 2002, n°00-16305.
Angers, 9 sept. 2002, *Cts Martinot c/Préfet du Maine-et-Loire*, *JCPG*, n°13, 26 mars 2003, II, n°10052.
Cass., Civ. 2ème, 22 janv. 2004, n°02-14918.
Cass., Civ. 1ère, 3 fév. 2004, *Cts Pellissier c/Cne de Saint-Paul-le-Froid*, *JD* n°2004-022096, *JCPA*, 12 avr. 2004, n°1276, pp. 550.
Cass., Civ. 1ère, 2 mars 2004, n°01-00333.
Cass., Civ. 1ère, 27 avr. 2004, n°02-11219.
Cass., Civ. 2ème, 30 juin 2004, n°02-19599.
Cass., Civ. 1ère, 8 mars 2005, n°03-12044.
Cass., Crim., 8 janv. 2008, n°07-81193.
Lyon, 10 janv. 2008, n°06-05297.
Cass., Plén., 25 juin 2010, n°09-71801.
Cass., Civ. 1ère, 12 juill. 2012, n°11-17510.
Cass., Civ. 3ème, 10 juill. 2013, n°12-13362.

V. **Conseil constitutionnel**

CC, 6 nov. 1962, décision n°62-20 DC, *Loi référendaire du 6 nov. 1962 relative à l'élection du président de la République au suffrage universel.*
CC, 26 janv. 1967, décision n°67-31 DC, *Loi organique modifiant et complétant l'ordonnance n°58-1270 du 22 décembre 1958 portant loi organique relative au statut de la magistrature.*
CC, 13 nov. 1970, décision n°70-568/569 AN, *Gironde (2ème circ.).*

CC, 29 déc. 1998, décision n°98-405 DC, *Loi de finances pour 1999.*
CC, 14 janv. 1999, décision n°98-407 DC, *Loi relative au mode d'élection des conseillers régionaux et des conseillers à l'Assemblée de Corse et au fonctionnement des Conseils régionaux.*
CC, 15 mars 1999, décision n°99-410 DC, *Loi organique relative à la Nouvelle-Calédonie.*
CC, 21 déc. 1999, décision n°99-422 DC, *Loi de financement de la sécurité sociale pour 2000.*
CC, 4 mai 2000, décision n°2000-428 DC, *Loi organisant une consultation de la population à Mayotte.*
CC, 7 déc. 2000, décision n°2000-435 DC, *Loi d'orientation pour l'outre-mer.*
CC, 25 juill. 2001, décision n°2001-448 DC, *Loi organique relative aux lois de finances.*
CC, 18 déc. 2001, décision n°2001-453 DC, *Loi de financement de la sécurité sociale pour 2002.*
CC, 30 juill. 2003, décision n°2003-482 DC, *loi organique relative au référendum local.*
CC, 31 juill. 2003, décision n°2003-480 DC, *loi modifiant la loi n°2001-44 du 17 janvier 2001 relative à l'archéologie préventive.*
CC, 20 nov. 2003, décision n°2003-484 DC, *Loi relative à la maîtrise de l'immigration, au séjour des étrangers en France et à la nationalité.*
CC, 29 déc. 2005, décision n°2005-530 DC, *Loi de finance pour 2006.*
CC, 27 juill. 2006, décision n°2006-540 DC, *Loi n°2006-961 du 1er août 2006 relative au droit d'auteur et aux droits voisins dans la société de l'information.*
CC, 15 fév. 2007, décision n°2007-547 DC, *Loi organique portant dispositions statutaires et institutionnelles relatives à l'outre-mer.*
CC, 30 juill. 2009, décision n°2009-587 DC, *loi organique relative à l'évolution institutionnelle de la Nouvelle-Calédonie et à la départementalisation de Mayotte.*
CC, 18 juin 2010, décision n°2010-5 QPC, *Sté Kimberly Clark.*
CC, 2 juill. 2010, décision n°2010-12 QPC, *Commune de Dunkerque.*
CC, 6 oct. 2010, décision n°2010-43 QPC, *Epx. A.*
CC, 9 juin 2011, décision n°2011-631 DC, *Loi relative à l'immigration, à l'intégration et à la nationalité.*
CC, 28 mars 2013, décision n°2012-298 QPC, *SARL Majestic Champagne.*
CC, 25 oct. 2013, décision n°2013-351 QPC, *Sté Boulanger.*
CC, 8 oct. 2014, décision n°2014-419 QPC, *Sté Praxair SAS.*

VI. Cour européenne des droits de l'homme

INDEX THEMATIQUE

(Les chiffres renvoient aux numéros des paragraphes)

A

B

C

D

E

F

P

Q

R

S

TABLE DES MATIERES

Structures éditoriales du groupe L'Harmattan

L'Harmattan Italie
Via degli Artisti, 15
10124 Torino
harmattan.italia@gmail.com

L'Harmattan Hongrie
Kossuth l. u. 14-16.
1053 Budapest
harmattan@harmattan.hu

L'Harmattan Sénégal
10 VDN en face Mermoz
BP 45034 Dakar-Fann
senharmattan@gmail.com

L'Harmattan Cameroun
TSINGA/FECAFOOT
BP 11486 Yaoundé
inkoukam@gmail.com

L'Harmattan Burkina Faso
Achille Somé – tengnule@hotmail.fr

L'Harmattan Guinée
Almamya, rue KA 028 OKB Agency
BP 3470 Conakry
harmattanguinee@yahoo.fr

L'Harmattan RDC
185, avenue Nyangwe
Commune de Lingwala – Kinshasa
matangilamusadila@yahoo.fr

L'Harmattan Congo
67, boulevard Denis-Sassou-N'Guesso
BP 2874 Brazzaville
harmattan.congo@yahoo.fr

L'Harmattan Mali
Sirakoro-Meguetana V31
Bamako
syllaka@yahoo.fr

L'Harmattan Togo
Djidjole – Lomé
Maison Amela
face EPP BATOME
ddamela@aol.com

L'Harmattan Côte d'Ivoire
Résidence Karl – Cité des Arts
Abidjan-Cocody
03 BP 1588 Abidjan
espace_harmattan.ci@hotmail.fr

L'Harmattan Algérie
22, rue Moulay-Mohamed
31000 Oran
info2@harmattan-algerie.com

L'Harmattan Maroc
5, rue Ferrane-Kouicha, Talaâ-Elkbira
Chrableyine, Fès-Médine
30000 Fès
harmattan.maroc@gmail.com

Nos librairies en France

Librairie internationale
16, rue des Écoles – 75005 Paris
librairie.internationale@harmattan.fr
01 40 46 79 11
www.librairieharmattan.com

Librairie l'Espace Harmattan
21 bis, rue des Écoles – 75005 Paris
librairie.espace@harmattan.fr
01 43 29 49 42

Lib. sciences humaines & histoire
21, rue des Écoles – 75005 Paris
librairie.sh@harmattan.fr
01 46 34 13 71
www.librairieharmattansh.com

Lib. Méditerranée & Moyen-Orient
7, rue des Carmes – 75005 Paris
librairie.mediterranee@harmattan.fr
01 43 29 71 15

Librairie Le Lucernaire
53, rue Notre-Dame-des-Champs – 75006 Paris
librairie@lucernaire.fr
01 42 22 67 13

www.ingramcontent.com/pod-product-compliance
Lightning Source LLC
LaVergne TN
LVHW011215061026
849535LV00001BA/41
* 9 7 8 2 3 4 3 1 9 2 2 3 9 *